JN293479

満州企業史研究

鈴木邦夫【編著】

日本経済評論社

目　次

序　章　本書の課題 1
　　1　満州企業史研究の課題　1
　　2　本書の分析方法　6

第Ⅰ部　資本系列

第1章　経済政策と企業法制 13
　　はじめに　13
　　第1節　経済政策　14
　　　1　満鉄経済調査会の出現と経済政策の立案　14
　　　2　経済政策の立案　16
　　　3　経済調査会の政策立案活動　16
　　　4　満州国の経済統制策　26
　　　5　五ヵ年計画への道　28
　　　6　五ヵ年計画の展開と破綻　30
　　第2節　法人税制と企業法制　31
　　　1　満州事変以前の法人税制と企業法制　31
　　　2　初期満州国税制　33
　　　3　日本人への課税と治外法権撤廃　36
　　　4　満州国の中華民国「公司法」の準用　39
　　　5　特殊会社の法制　41
　　　6　為替リスク回避の二重法人化　45
　　　7　「会社法」　47
　　　8　「外国法人法」　51
　　　9　アジア太平洋戦争期の企業法制　53
　　おわりに　55

第2章　資本系列の概要 ……………………………………………… 63

はじめに　63
第1節　在満州法人企業の概要　63
 1　調査時点別概要　63
 2　設立年別分布状況　66
 3　業種別分布状況　67
 4　本店所在地別分布状況　71
 5　資本金規模別分布状況　72
第2節　在満州法人企業の資本系列の概要　74
 1　特殊・準特殊法人　75
 2　民間法人　78
おわりに　81

第3章　南満州鉄道系企業 ……………………………………………… 91

はじめに　91
第1節　満州事変前における株式投資の推移　91
第2節　満業設立前の株式投資状況　94
第3節　満州重工業開発の設立と重工業部門の委譲　99
第4節　第2次世界大戦末期の投資状況　100
おわりに　104

第4章　東洋拓殖系企業 ……………………………………………… 107

はじめに　107
第1節　満州事変前の満州投資と関係会社　108
 1　満州事変前の満州投資　108
 2　東省実業の満州投資　113
第2節　満州国期の関係会社投資　115
 1　東洋拓殖投資の概要　115
 2　満州国期新設関係会社投資　117
 3　既存関係会社投資　122
 4　拓殖・林業投資　125
 5　電力投資　126

おわりに　128

第5章　満州国政府系企業 ……………………………………………………… 135

　　はじめに　135
　　第1節　初期満州国の出資　136
　　　　1　満州国の資金調達と出資体制　136
　　　　2　特殊会社・準特殊会社の設置　137
　　　　3　普通法人への出資　144
　　第2節　日中戦争期の満州国政府出資　147
　　　　1　満州国出資体制の強化　147
　　第3節　アジア太平洋戦争期の特殊会社の整理統合と公社の増設　155
　　おわりに　157

第6章　満州重工業開発系企業 ………………………………………………… 161

　　はじめに　161
　　第1節　満州重工業開発の満州投資の開始　162
　　　　1　日本産業の満州移駐　162
　　　　2　満州重工業開発の政府保有株取得　164
　　　　3　第1次産業開発計画発動後の投資　166
　　　　4　満州重工業開発の関係会社の子会社投資　169
　　第2節　満州重工業開発の資金調達の転換　172
　　　　1　満州重工業開発の増資と満州投資証券への日本内株式譲渡　172
　　第3節　アジア太平洋戦争期の満州重工業開発の投資　174
　　　　1　満州炭砿事業の満業傘下の分社化　174
　　　　2　その他事業投資　165
　　おわりに　180

第7章　財閥と大手事業法人系企業 …………………………………………… 185

　　はじめに　185
　　第1節　三井財閥　186
　　第2節　大倉財閥　196
　　第3節　三菱財閥・住友財閥　205
　　　　1　三菱財閥　205

        2　住友財閥　212
　第4節　王子製紙　216
　第5節　鐘淵紡績・東洋紡績　221
        1　鐘紡の満州進出　221
        2　日中開戦と満州における事業拡大　224
        3　鐘淵実業の設立と事業展開　226
        4　鐘淵工業の設立と満州進出の結果　231
        5　東洋紡績の満州進出　232
        6　タイヤ工業　232
        7　精麻加工業　234
        8　人造繊維（スフ）工業　235
        9　紡織工業　236
        10　満州東洋紡績株式会社への改組　237
        11　対満投資の結末　238
　第6節　共同出資による進出　240
        1　共同出資型企業の2類型　240
        2　満州国主導型共同出資企業　243
        3　業界協調型共同出資企業　246
        4　共同出資による満州企業進出の意義　253
　おわりに　254

第8章　満州地場企業　269

　はじめに　269
　第1節　規模別企業構成の特質　272
        1　法人企業構造の変化　272
        2　資本規模別企業構成　274
　第2節　満州の企業構造と地場企業　275
        1　満州企業の区分方法　275
        2　満州地場企業と満州投資の特徴　277
        3　満州地場企業の存在構造　280
　第3節　満州地場企業の特質　283
        1　役員の兼任状況　283
        2　設立パターン　291

おわりに 298

第Ⅱ部　産業別企業分析

第1章　交　通 305

はじめに 305

第1節　陸　運 306
1　南満州鉄道 306
2　満州事変前の日系中小陸運企業の概要 309
3　金福鉄路公司と奉天電車の設置 311
4　天図軽便鉄路の設置 313
5　満州国期中小陸運企業の概要 315
6　南満州電気・大連都市交通 320
7　大連都市交通系事業者 322
8　その他の中小事業者 326
9　国際運輸の設立と事業拡張 328
10　満州事変以降の国際運輸の営業 331

第2節　倉　庫 334

第3節　海　運 343
1　1920年代の主な定期航路 343
2　大連を拠点とする船舶会社 346
3　1930年代から1940年代の状況 353

第4節　空　運 356
1　満州航空の設立 356
2　満州航空の特殊会社への改組 360

おわりに 362

第2章　通信・電力・ガス 377

はじめに 377

第1節　通　信 378
1　満州事変以前の電気通信 378
2　満州電信電話の設立 379
3　満州電信電話の諸事業 383

第2節　電　力　398
　　1　電力事業の発展過程　398
　　2　電力事業の企業構造　402
　　3　満州国設立以前の企業活動　406
　　4　満州国設立以後の企業活動　414
第3節　ガ　ス　420
　　1　ガス事業の発展過程　420
　　2　南満州瓦斯と満州瓦斯　423
おわりに　429

第3章　金　融　437

はじめに　437
第1節　満州事変前の日系銀行の増大　438
第2節　1920年代の銀行業の衰退と整理　442
　　1　弱小銀行の廃業　442
　　2　満州銀行への弱小銀行の統合　444
第3節　満州国初期銀行行政と治外法権下の日系銀行　447
　　1　「銀行法」公布による金融業再編　447
　　2　非日系金融機関の設立・再編　449
　　3　日系銀行の治外法権体制下の営業　453
第4節　満州国戦時体制下の銀行行政の転換と普通銀行の統合・再編　455
　　1　銀行行政の転換　455
　　2　銀行の統合・再編　457
第5節　保険業・無尽業　463
　　1　満州における保険業の概要と大連火災海上保険　463
　　2　満州国の保険政策　464
　　3　満州生命保険と満州火災海上保険　467
　　4　無尽業　469
おわりに　471

第4章　取引所と関連業種　479

はじめに　479

第1節　満州事変前の日系取引所と周辺事業者　480
  1　満州の日系取引所　480
  2　安東取引所と哈爾浜取引所　481
  3　奉天商品証券交易所　483
  4　満州事変前の満州取引所　485
  5　取引所周辺事業者　487
第2節　関東州の取引所と周辺業者　491
第3節　満州国の取引所と証券会社　495
  1　満州国の取引所政策　495
  2　満州事変後の満州取引所　496
  3　満州証券取引所　498
  4　満州国の取引所周辺業者　499
おわりに　503

第5章　商業と貿易　509

はじめに　509
第1節　日本人による初期の対満州進出と商人　510
第2節　日本人の商業人口と商業関係の法人企業　513
第3節　第1次大戦期における主要商品をめぐる競争と戦後恐慌による蹉跌　527
第4節　1920年代〜1930年代における大豆3品をめぐる競争　535
第5節　統制の実施と商社の業績　541
おわりに　544

第6章　紡織工業　551

はじめに　551
第1節　綿　　業　552
  1　在来綿糸布製造業と近代綿関係企業　552
  2　綿関係企業の進出概況　554
  3　綿関係企業の進出　557
第2節　製麻（紡麻）業・毛織物業・その他の繊維関連産業　565
  1　製麻（紡麻）業　565
  2　毛織物業　568

3　絹業（柞蚕糸関係）・染色業　571
　　第3節　紡織企業の資本系列　572
　　　　1　1936年の紡織企業群　573
　　　　2　1942年の紡織企業群　573
　　おわりに　577

第7章　食料品工業……………………………………………583

　　はじめに　583
　　第1節　食料品工業の概要　584
　　　　1　満州事変前の食料品工業　584
　　　　2　満州国期の食料品工業　586
　　第2節　製糖業　594
　　　　1　南満州製糖　594
　　　　2　満州製糖　596
　　　　3　北満州製糖　598
　　第3節　製粉業　599
　　　　1　満州製粉　599
　　　　2　日満製粉　600
　　　　3　その他の製粉業者　603
　　第4節　その他食品加工業と製氷業　604
　　第5節　酒造業　607
　　　　1　酒造業の概要　607
　　　　2　満州麦酒　608
　　第6節　塩　業　610
　　　　1　満州事変前製塩業者　610
　　　　2　満州国の製塩政策　611
　　　　3　満州塩業　613
　　第7節　煙草産業　615
　　　　1　東亜煙草　615
　　　　2　亜細亜煙草　616
　　　　3　満州煙草　617
　　　　4　満州国の東亜煙草・満州東亜煙草・満州葉煙草　618
　　第8節　水産業・畜産業　621

　　　　　1　水産業　621
　　　　　2　満州畜産・満州畜産公社　622
　　　　　3　その他畜産業　624
　　おわりに　625

第8章　鉱　　業 …………………………………………………………635

　　はじめに　635
　　第1節　満州事変前の日系鉱業投資　636
　　　　　1　日系鉱業投資の概要　636
　　　　　2　満鉄の鉱業投資　639
　　第2節　満州国の鉱業の概観　642
　　第3節　満州国石炭業　646
　　　　　1　満州炭砿　646
　　　　　2　東辺道開発と満業系炭砿　651
　　第4節　満州国産金業　654
　　　　　1　満州採金　654
　　　　　2　その他産金会社　656
　　第5節　満州国非鉄鉱業　658
　　　　　1　満州国政府系非鉄鉱業　658
　　　　　2　満業系非鉄鉱業　661
　　　　　3　満鉄系非鉄鉱業　663
　　　　　4　その他の非鉄鉱業　666
　　おわりに　667

第9章　金属工業 …………………………………………………………675

　　はじめに　675
　　第1節　満州事変前　680
　　第2節　満州事変期　683
　　　　　1　鉄　　鋼　683
　　　　　2　非鉄金属　686
　　第3節　戦時体制期　688
　　　　　1　概　　要　688
　　　　　2　鉄　　鋼　689

　　　　　3　中小鉄工業の組織化　694
　　　　　4　非鉄金属　697
　　おわりに　700

第10章　機械器具工業 …………………………………703

　　はじめに　703
　　第1節　満州事変前　706
　　　　　1　第1次大戦期　706
　　　　　2　戦間期　711
　　第2節　満州事変期　714
　　　　　1　接収資産による法人　714
　　　　　2　特殊会社・準特殊会社　716
　　　　　3　大手機械器具工業法人　719
　　　　　4　主要中規模法人　720
　　第3節　日中戦争以降　723
　　　　　1　概　要　723
　　　　　2　兵器工業　726
　　　　　3　航空機工業　727
　　　　　4　自動車工業　729
　　　　　5　その他の車両工業　738
　　　　　6　造船業　741
　　　　　7　工作機械・工具工業　742
　　　　　8　電気機械器具工業　743
　　　　　9　化学機械工業　747
　　　　　10　鉱山機械器具工業　747
　　　　　11　農業機械・農具工業　750
　　　　　12　その他の重要工業　751
　　おわりに　754

第11章　窯　業 …………………………………761

　　はじめに　761
　　第1節　窯業における企業構造　762
　　　　　1　窯業企業の構造的特質　762

　　　　2　第1次大戦期までの窯業　764
　　　　3　満州事変期までの窯業　767
　　　　4　日中戦争期以降の窯業　769
　　第2節　セメント製造企業の事業活動　772
　　　　1　日露戦後期のセメント製造企業　772
　　　　2　第1次大戦期のセメント製造企業　774
　　　　3　大同洋灰　775
　　　　4　満州洋灰　777
　　　　5　撫順セメント　778
　　　　6　関東州小野田セメント製造　779
　　　　7　満州小野田洋灰と哈爾浜洋灰　780
　　　　8　本渓湖洋灰　782
　　　　9　安東セメントと東満セメント　784
　　　　10　セメント販売統制と満州共同セメント　785
　　第3節　窯業企業の事業活動　787
　　　　1　普通煉瓦製造企業　787
　　　　2　耐火煉瓦製造企業　790
　　　　3　ガラス製造企業　794
　　　　4　陶磁器製造企業　798
　　　　5　その他の窯業企業　799
　　おわりに　800

第12章　化学工業　807

　　はじめに　807
　　第1節　化学工業における企業構造　811
　　　　1　満州企業構造における化学工業の位置　811
　　　　2　化学工業の企業構成　812
　　　　3　事業分野別企業構成　815
　　第2節　マッチ工業　816
　　第3節　皮革工業　818
　　第4節　油脂工業　820
　　　　1　製油工業　820
　　　　2　大豆化学工業　824

　　　　　3　硬化油工業　825
　　　　　4　塗料工業　827
　　　　　5　企業構造の特質　829
　　第5節　染料工業　831
　　第6節　ゴム工業　833
　　　　　1　ゴム工業の発展過程　833
　　　　　2　ゴム工業企業　835
　　第7節　酸・アルカリ工業　837
　　　　　1　化学肥料工業　837
　　　　　2　ソーダ工業　839
　　　　　3　企業構造の特質　842
　　第8節　電気化学工業　843
　　第9節　薬品工業　846
　　　　　1　製薬工業　846
　　　　　2　火薬工業　850
　　　　　3　企業構造の特質　851
　　第10節　液体燃料・アルコール工業　853
　　　　　1　液体燃料工業　853
　　　　　2　アルコール工業　858
　　第11節　その他化学工業　859
　　おわりに　861

第13章　製紙業　873

　　はじめに　873
　　第1節　満州国設立以前　874
　　第2節　満州国建国後　880
　　おわりに　889

第14章　農業・林業　895

　　はじめに　895
　　第1節　農　業　896
　　　　　1　満州事変以前の移民会社　896
　　　　　2　満州事変後の移民会社の概要　900

　　　　　3　満州国期の東亜勧業　902
　　　　　4　鮮満拓殖・満鮮拓殖　903
　　　　　5　満州拓殖・満州拓殖公社　905
　　　　　6　満州国期の大連農事　907
　　　　　7　農地造成　908
　　第2節　林　　業　910
　　　　　1　満州事変前の鴨緑江採木公司と満鉄系林業　910
　　　　　2　王子製紙系・大倉組系事業と共栄起業による再編　914
　　　　　3　満州国における「大同林業公司」設置計画　917
　　　　　4　満州国林業の概要　918
　　　　　5　満州林業　921
　　　　　6　満州造林・満州林産公社　924
　　　　　7　満州国の満鉄系・満炭系林業　926
　　　　　8　その他の満州国の民間林業会社　928
　　第3節　綿花集買　931
　　おわりに　933

第15章　請負労力供給業・不動産業　943

　　はじめに　943
　　第1節　満州国設立以前の請負・労力供給業　944
　　第2節　満州国設立後の請負労力供給業　950
　　第3節　満州国設立以前の不動産業　958
　　第4節　満州国設立後の不動産業　963
　　おわりに　968

第16章　サービス産業　973

　　はじめに　973
　　第1節　旅館・娯楽業　973
　　　　　1　旅館業　973
　　　　　2　満鉄とホテル・旅館業　976
　　　　　3　東亜交通公社満州支部　979
　　　　　4　娯楽業　982
　　第2節　雑　　業　986

おわりに　991

第17章　メディア産業 …………………………………………………995

はじめに　995
第1節　メディア産業の企業構造　999
　1　メディア企業の構造変化　999
　2　メディア企業の事業分野構成　1003
第2節　満州国成立以前のメディア企業　1006
　1　企業構成　1006
　2　新聞社　1007
　3　興行および印刷業　1010
第3節　満州国成立以後のメディア企業　1011
　1　新　　聞　1011
　2　出　　版　1014
　3　映画制作および興行　1019
　4　印　　刷　1024
おわりに　1029

終章　戦後処理と総括 ……………………………………………………1037

第1節　満州企業の戦後処理　1037
　1　国民政府の企業接収体制　1037
　2　瀋陽における接収企業　1039
　3　日本国内の敗戦処理　1043
第2節　総　　括　1046

あとがき …………………………………………………………………………1077

執筆分担

鈴木（SU）、小林（KO）、柴田（SI）、疋田（HI）、花井（HA）、須永（SN）、吉川（KI）、老川（OI）

序章 SU、

第Ⅰ部
　第1章　はじめに（KO、SI）、第1節（KO）、第2節（SI）、おわりに（KO、SI）
　第2章（HI）、第3章（HA）、第4章（SI）、第5章（SI），第6章（SI）
　第7章　はじめに（SU、HI、HA、SN）第1節（SU）、第2節（SU）、第3（HI）、第4節（SU）、第5節（HA）、第6節（SN）、おわりに（SU、HI、HA、SN）
　第8章（SN）

第Ⅱ部
　第1章　はじめに（SI、SU、KI）、第1節（SI）、第2節（SU）、第3節（SU）、第4節（KI）、おわりに（SI、SU、KI）
　第2章　はじめに（HI、SN）、第1節（HI）、第2節（SN）、第3節（SN）、おわりに（HI、SN）
　第3章（SI）、第4章（SI）、第5章（SU）、第6章（HA）、第7章（SI）、第8章（SI）、第9章（HI）
　第10章　はじめに（HI）、第1節（HI）、第2節（HI）、第3節1～3（HI）、4（OI）、5～12（HI）おわりに（HI）
　第11章（SN）、第12章（SN）、第13章（SU）、第14章（SI）、第15章（KI）、第16章（KI）、第17章（SN）
　終章　第1節（SI）、第2節（SU）

凡　例

1. 年の表記は西暦で行なった。ただし、必要な場合には元号を併記した。
2. 「満州国」等は括弧をつけるべきであるが、頻繁に使用するため括弧を省略した。
3. 資料、文献名など、正字で表記されたものは、通用の書体に直して引用した。
4. 本文中では、原則として、各章の初出は、会社名を略さずに表記した。2回目からは、株式会社、合名会社、合資会社、股份有限公司など法人格を表す言葉を省略した。
   ただし、南満州鉄道株式会社→満鉄、東洋拓殖株式会社→東拓、満州重工業開発株式会社→満業と表記することがある。
5. つぎの文献に関しては.原則として、次のように短縮表記をする。
   a. 大連商工会議所編『満州銀行会社年鑑』1936年版（1936年刊）→『1936銀行会社年鑑』、
      同　1942年版（1943年刊）→『1942銀行会社年鑑』
      他の年版も→『19・・銀行会社年鑑』
   b. 満州鉱工技術員協会編『満州鉱工年鑑』1942年版（1942年刊）→『1942鉱工年鑑』
      同　1944年版（1944年刊）→『1944鉱工年鑑』
      日清興信所編『満州会社興信録』1922年版→『1922興信録』
      同　1923年版→『1923興信録』
   c. 満州中央銀行資金部資金統制課『満州国会社名簿（資本金20万円以上）』1943年3月31日現在→『1943会社名簿（20万円以上）』
      同（20万円未満）→『1943会社名簿（20万円未満）』
      同（20万円以上）1944年3月31日現在→『1944会社名簿（20万円以上）』
6. ⋯は不祥、▲はマイナス、―は数値なし。

序　章　本書の課題

1　満州企業史研究の課題

　本書は、日清戦争前（1880年代）から敗戦（1945年）と戦後処理までの満州における企業（とりわけ日系企業）の活動を包括的に分析することを課題とする。
　あらかじめ本書で用いる満州がどの地域を指すか特定しておこう。というのは、満州という言葉は時により異なる意味で使用されていたからである。たとえば、旧東三省（奉天省、吉林省、黒竜江省）を満州と呼び、あるいは旧東三省と関東州をあわせた地域を満州と呼んだ。さらには「満州国」（以下、括弧を省略）が旧東三省だけでなく、東部内蒙古（熱河省、興安省）をも領土としたため、東部内蒙古も含めて満州と呼ぶことがあった。本書では、満州という言葉を旧東三省だけでなく、関東州と東部内蒙古を含めた意味で使用する。このような意味での満州という地域は、現在、広義の意味で中国東北部と呼ばれている地域（遼寧省、吉林省、黒竜江省という狭義の意味での中国東北部に、内モンゴル自治区北東部、河北省の一部を加えた地域）にほぼ相当している。
　敗戦時点で、満州は満州国と関東州に分かれていた。満州国には、1943年3月31日現在、満州国に本店を有する4920の法人企業が存在し、また関東州には、1942年11月30日現在、関東州に本店を有する1328の法人企業が存在していた[1]。単純に合計すると6000を超える企業が満州に存在していることになる。これらの法人企業の中には中国人が設立したものやロシア人が設立したものなども含まれているが、大半は「日系企業」である。1942、1943年頃でみると、これら満州の法人企業には、大は満鉄という公称資本金14億円、払込10億2621万円（1942年9月1日現在）の巨大企業から、小は公称資本金20万円未満の小企業

まで含まれている。法人の小企業には、実態が個人商店と変わらないものがある。そして、これら法人企業に加えて、膨大な数の個人企業（個人商店）が存在していた。

　本書でいう「日系企業」とは、日本人（日本国籍を有する朝鮮人を含む）・日本法人・日本政府が出資して満州に設立した企業だけでなく、中国人・ロシア人や中国法人との合弁企業を含んでいる。満州国建国後は、満州国が日本法人・満州国法人などと共同で出資して設立した企業（たとえば、「特殊会社」「準特殊会社」）をも含んでいる。満州国は事実上、日本が支配しており、しかも「特殊会社」などの経営を日本人が担っていたため、日系企業とみなす。このほか、日系企業には日本国内に本店を有して満州に支店・事業所を設置して活動しているものも含んでいる。

　つぎに満州に本店を有する法人の日系企業の国籍について触れておこう。満州国建国以前でみると、関東州に本店を有する法人は日本法人（日本国法人）である。関東州外の満州所在の日本領事館に登記した企業も日本法人である。このほか日系企業のうちの合弁企業には、日本法人だけでなく、中国法人（1914年1月13日発布の公司条例による）や、契約により設立され、法人登記されていない企業（たとえば本渓湖商弁煤鉄有限公司、遼陽電灯公司、渓城鉄路公司、これらは中国法人とみなされる企業）、条約によって設立され、法人登記のされていない企業（たとえば鴨緑江採木公司、これは二重国籍をもつとみなされる企業）が含まれている[2]。1937年12月1日に治外法権の撤廃と満鉄付属地行政権の満州国への移譲が行なわれる以前では、満州国内にある満鉄付属地に本店を有する企業も日本法人である。

　満州国建国後は、満州国が中華民国の「公司法」（1931年7月1日施行、日本名は「会社法」）を暫定的に援用したため、この法によって満州国内に作られた法人は、満州国法人である。満州国固有の「会社法」が公布されるのは1937年6月24日である。

　以上から、日系企業には日本法人、中国法人（みなされるものを含む）、日中二重国籍とみなされる法人、満州国法人があり、そのほか法人組織になっていない個人商店がある。

本書が分析の対象とする企業は次のとおりである。満州国建国以前では、われわれの能力不足のため中国法人のほとんどを含めることができない。そのため、いずれも本店を満州に有する日本法人、合弁企業の中国法人（これとみなされる法人を含む）、日中二重国籍とみなされる法人と、日本国内に本店を有し満州に支店・事業所を設置している一部の法人に留める。個人企業については、得られるデータが少ないため、一部を分析の対象とするにとどめ、分析の主な対象は法人企業とせざるをえない。このため、以下で法人企業を指す場合は「企業」あるいは「会社」と表記し（個人を含む意味で使う場合は断りを付す）、個人企業を指す場合は、「個人企業」あるいは「個人商店」と表記する（ただし「日系企業」には個人企業を含める）。

　満州国設立後は、満州に本店を有する企業すべてに分析の対象を拡大する。つまり、日系企業ではない満州国法人（中国系企業）をも分析の範囲に含む。なお、どの時期においても組合（たとえば金融組合）については網羅的に把握することが困難なため、分析の対象外とする。

　つぎにこれまで日系企業に関してどのような研究が行なわれたかをみよう。すでにこの分野の研究については、2002年に山本裕が「『満州』日系企業研究史」[3]で詳細なサーベイを発表している。そのため、以下では簡単にどのような研究があるかを紹介し、ついで本書の研究史上の位置を、いくつかの研究との関係で明示する。

　まず、満州の日系企業を主な分析対象とした著書をみよう。満鉄とその傘下企業に関しては詳細で膨大な研究が存在する。安藤彦太郎編『満鉄─日本帝国主義と中国─』（御茶の水書房、1965年）を嚆矢として、原田勝正『満鉄』（岩波書店、1981年）、金子文夫『近代日本における対満州投資の研究』（近藤出版社、1991年）、高橋泰隆『日本植民地鉄道史論─台湾、朝鮮、満州、華北、華中鉄道の経営史的研究─』（日本経済評論社、1995年）、小林英夫編『近代日本と満鉄』（吉川弘文館、2000年）、松村高夫・解学詩・江田憲治編著『満鉄労働史の研究』（日本経済評論社、2002年）、庾炳富『満鉄撫順炭鉱の労務管理史』（九州大学出版会、2004年）、加藤聖文『満鉄全史─「国策会社」の全貌─』（講談社、2006年）が刊行されている。中国では解学詩『鞍鋼史』（1989年）、蘇崇民『満鉄史』

（1990年）などが刊行され、後者は1999年に葦書房から日本語訳も出版された。紹介は省くが、これ以外に満鉄に関する多数の論文がある。

金融関係では、満州中央銀行史研究会編『満州中央銀行史―通貨・金融政策の軌跡―』（東洋経済新報社、1988年）、安冨歩『「満州国」の金融』（創文社、1997年刊）、柴田善雅『占領地通貨金融政策の展開』（日本経済評論社、1999年）がある。商業関係では、柳沢遊『日本人の植民地体験―大連日本人商工業者の歴史―』（青木書店、1999年）がある。鉱工業関係では、松本俊郎『侵略と開発―日本帝国主義と中国植民地化―』（御茶の水書房、1992年）、松本俊郎『「満州国」から新中国へ―鞍山鉄鋼業からみた中国東北の再編過程　1940‐1954―』（御茶の水書房、2000年）がある。

大倉財閥の動向に関しては大倉財閥研究会編『大倉財閥の研究―大倉と大陸』（近藤出版社、1982年）が、三井財閥の動向に関しては坂本雅子『財閥と帝国主義―三井物産と中国―』（ミネルヴァ書房、2003年）、三井文庫編（鈴木邦夫執筆）『三井事業史』本篇、第3巻（下）（2001年）がある。

これ以外に日系企業に関わる論考が掲載されている著書として、満州史研究会編『日本帝国主義下の満州―「満州国」成立前後の経済研究―』（御茶の水書房、1972年）、浅田喬二・小林英夫編『日本帝国主義の満州支配―十五年戦争期を中心に―』（時潮社、1986年）、山本有造編『「満州国」の研究』（緑蔭書房、1993年）がある。また、政治史などの分野では、鈴木隆史『日本帝国主義と満州―1900‐1945』上・下（塙書房、1992年）、L．ヤング『総動員体制―満州と戦時帝国主義の文化―』（岩波書店、2001年）、Yoshihisa Tak Matsusaka, *The Making of Japanese Manchuria, 1904-1932*（Cambridge, Harvard University Press, 2001）がある。

以上の研究のうち、われわれが踏まえるべき前提とした研究成果のうち、主要な3点に関して、本書との関係を示す。まず、金子文夫『近代日本における対満州投資の研究』は、1905年から1930年までの日本から満州への対外経済進出（主に投資）について、その特質と問題点を解明したものである。その際、鉄道と金融を二大基軸として、対満州投資の全体的構造と機能、それらの段階的な変容を検討している。本書は、この研究を踏まえて対象時期を敗戦まで拡げて、日

本から満州への進出の全時期を対象として、悉皆調査的な企業データを用いて包括的に企業のあり方を分析する。

　つぎにミクロ的視野（日系企業）ではなく、マクロ的な視野から満州国経済を分析した山本有造『「満州国」経済史研究』（名古屋大学出版会、2003 年）と本書との関係を示す。同書はマクロ指標を利用して、満州国 14 年間の経済的パフォーマンスを数量的・実証的に分析したものである。具体的には国民所得、生産指数、貿易（国際収支）の数値を用いて詳細な分析をしている。同書は、満州国の政策と結果（実績）との関係を明らかにした。しかし実績をもたらす具体的な生産については対象外におかれた。つまり政策のもとでなされる企業経営や農民経営の分析なしに、政策と結果との因果関係が論じられているのである。これに対し本書は、同書での 1930 年代、1940 年代前半における日本からの対満州投資（資本輸出）についての注目すべき分析を踏まえて、具体的な投資のあり方（企業の設立、増資）と企業の活動に焦点をあてる。

　さらに原朗「『満州』における経済統制政策の展開―満鉄改組と満業の設立をめぐって―」（安藤良雄編『日本経済政策史論』下、東京大学出版会、1976 年）と本書との関係を示す。同論文は、満州における経済統制政策の実施過程と実態（満業の設立、満業の投資など）を関連付けて論じたものである。われわれは政策の立案過程・実施過程と実態との関連を明らかにすることの重要性を認識しているが、しかし、本書ではその関連を詳述するというやり方をとらず、実態（企業活動）に力点をおいて分析をおこなう。

　3 つの研究でのみ本書との関係を示したが、しかし、この他に本書に関係する多数の著書・論文が刊行され、日系企業に関する歴史や活動の分析がなされている。これらの研究全般について述べれば、いまだ満州での企業全体を視野に入れた研究はない。つまり、これまでは巨大企業あるいは特殊会社の研究が中心であり、例外的に中小商工業者を対象とした研究もあるが、これも大連という地域に限定されている。このため満州における企業（法人と個人）の全貌は明らかにされていない。そこで本書は、企業全体を視野に入れて（ただし、上述のように一部抜け落ちがあるが）、大は満鉄から小は検番にいたるまで、企業（法人と個人）を対象として分析を行なう。

2　本書の分析方法

　本書では満州における企業（法人と個人）を次のような方法で分析する。

　第1に、企業を分類して資本類型を提示し、各資本類型（および傘下に編成する資本系列）ごとに頂点の企業（および満州国政府）とその傘下企業の活動を捉えるようにする。従来の研究では、企業といっても満鉄・満業という特定の企業とその資本系列だけに限定されがちであった。たとえば、満州国政府系企業についてはまったく視野から抜け落ちていた。本書では後述のように、この満州国政府系企業や満州地場企業など様々な資本類型（および資本系列）を提示して分析の対象範囲を拡げ、それぞれの全体像を明らかにする。なお、あらかじめ述べておくと、ある企業が複数の資本系列に属する場合がある。

　第2に、満州の産業を分類して、産業ごとに企業の動向を分析する。その際、産業そのものを分析するのではなく、個別企業の投資のあり方を解明する。満州には雑多な企業が多数存在した。各産業での主要な企業について設立（あるいは日本からの進出）の経緯、成長の過程、合併・解散の理由などを検討し、それによって満州における経済活動の担い手の存在を、時期を追いながら幅広く明らかにする。

　第3に、満州国期（1932年満州国設立から敗戦まで）に関しては、満州国・関東軍の企業に対する政策との関連を明らかにしながら、企業の設立や生産・経営などを明らかにする。

　このように資本類型（資本系列）の側面と、産業内における各企業の活動の側面という二つの方向から企業をみる（満州国期では企業に対する政策も視野に入れる）ことで、企業や資本系列が満州においてどのように活動したかが立体的に明らかとなる。このような産業論にも配慮した企業史的アプローチによって、特に、マクロ的視野では見えにくい個々の企業の発展・停滞の要因、政策論的な研究ではみえにくい政策意図とはズレた実態（あるいは政策とのズレが生じるなかでの企業の対応）が浮かび上がり、一筋縄では捉えにくい日本の対満州進出の過程・実態が明らかとなる。

つぎに、企業全体を視野に入れるための包括的な法人のデータについて述べよう。本書ではこれを記録している以下の資料を使い、法人データをコンピュータで入力し、この入力データを利用した。

第1の資料は、日清興信所編『満州会社興信録』1922年版（米国議会図書館所蔵）である。『満州会社興信録』は1923年版（米国議会図書館所蔵）も刊行されているが、最初の版である1922年版を使用する。同書は1921年6月末現在を基準として官庁（関東庁、各領事館）の商業登記簿に記載された「邦人経営会社の本支店全部を網羅」したものである。

第2の資料は、大連商工会議所編『満州銀行会社年鑑』1936年版と1942年版である。『満州銀行会社年鑑』は1935年版から毎年刊行され、1942年版まで続いた。このうち日中戦争開始前の1936年版（1936年5月末現在を基準として「各地民政署、日本領事館及満州国地方院の商業登記簿に現存せるものを全部網羅」）と最終版となった1942年版（基準年月の明示はないが、1942年9月末頃と推定、ただし、関東州については11月まで追加、関東州に本店を有する日本法人、満州国法人と、関東州・満州国外に本店を有し、関東州・満州国に支店を有する日本法人の株式会社も記載）を利用する。

『満州銀行会社年鑑』の1935年版から1940年版については、ゆまに書房から『「満州」進出企業年鑑』という新しいタイトルを付して復刻版が刊行されている。

第3の資料は、満州鉱工技術員協会編『満州鉱工年鑑』1944年版である。『満州鉱工年鑑』は1942年版が刊行されているが、より企業数が多く、記載内容が詳細な1944年版を用いる。ただし、記載している企業は大手のみで、しかも関東州に本店を有する企業を含まないという難点がある。会社によって1944年版の基準時点は異なる。基準時点は1943年4月現在から10月現在の間である。

第4の資料は、満州中央銀行資金部資金統制課編『満州国会社名簿』（資本金20万円以上）1943年3月31日現在と『満州国会社名簿』（資本金20万円未満）である（ともに吉林省社会科学院満鉄資料館所蔵）。『満州国会社名簿』は1944年3月31日現在のものも刊行されているが、資本金20万円以上のものしか確認できなかった（吉林省社会科学院満鉄資料館、遼寧省档案館所蔵。20万円未満が刊行されたかどうか不明）。そのため、満州国内のすべての企業を網羅した

1943年3月31現在のものを用いた。ただし、この名簿も関東州に本店を有する企業を含まないという難点をもっている。

このような企業データなどを利用して、本書の第Ⅰ部では企業間結合に着目し、満州における資本類型とその企業のもとに編成された資本系列（企業グループ・財閥）を摘出した。非民間系では、大きなものとして満鉄系企業グループ、東洋拓殖系企業グループ、満州国系企業グループ、満州重工業開発系企業グループが形成された。民間系では、財閥と大手法人企業が大きなグループを形成し、そのうち財閥では三井財閥、大倉財閥、三菱財閥、住友財閥が、大手法人企業では王子製紙グループ、鐘淵紡績グループ、東洋紡績グループが満州に多額の投資をおこなった。これらのグループ・財閥に所属する企業のなかには、複数のグループあるいは財閥に含まれているものがある。

このほか日本の大手法人が、単独ではなく共同で出資する形態も、一つの資本類型と捉え、分析の対象として取り上げた。さらに、地場で成長する企業についても資本類型として捉え、独自に分析の対象とした。

なお、持株会社整理委員会編『日本財閥とその解体　資料』（1950年）では、十大財閥として上記の4財閥のほかに安田財閥、浅野財閥、古河財閥、中島財閥、野村財閥を挙げているが、満州での投資が限られているため、節を設けて取り上げることはしなかった。また、鮎川財閥については、これと人的関係のあった満州重工業開発を取り上げるにとどめ、鮎川財閥それ自体の満州での投資については節を設けなかった。

第2部では、産業別に企業の活動実態を明らかにするため、『満州銀行会社年鑑』（1942年版）の産業分類を基準とし、その一部を修正して産業を区分した。

本書の産業分類と当該年鑑のそれとの大まかな対応関係は以下のとおりである・第1章交通（「交通・運輸」、「倉庫・保険・通信」のうちの倉庫）、第2章通信・電力・ガス（「電気・瓦斯」、「倉庫・保険・通信」のうちの通信）、第3章金融（「銀行」、「無尽業」、「金融業」、「倉庫・保険・通信」のうちの保険）、第4章取引所と関連業種（「取引所」、「商事会社」に含まれている証券会社）、第5章商業と貿易（証券会社を除く「商事会社」）、第6章紡織工業（紡織及染色工業）、第7章食料品工業（「食料品工業」）、第8章鉱業（「鉱業」）、第9章金属工業（「金属

工業」)、第10章機械器具工業(「機械器具工業」)、第11章窯業(「窯業」)、第12章化学工業(製紙を除いた「化学工業」)、第13章製紙工業(「化学工業」に含まれている製紙)、第14章農業・林業(「製材及木製品工業」、「拓殖興業」)、第15章請負労力供給業・不動産業(「請負・労力供給」、「土地・建物」)、第16章サービス業(「旅館・娯楽場」、「雑業」)、第17章メディア産業(「新聞・雑誌」、「印刷及製本業」と「旅館・娯楽場」に含まれている満州映画協会)。当該年鑑には、以上のほかに、「投資会社」(満州重工業開発や大倉事業など)や「其他之工業」という項目がある。しかし、これらについては第Ⅱ部では特に分析対象とはしなかった。

　本書の構成は、以下のとおりである。第Ⅰ部ではまず第1章で経済政策と企業法制を検討し、ついで第2章で資本類型を摘出し、資本系列の概要を述べる。さらに第3章以下で資本類型・資本系列についてその形成と広がり(産業)を明らかにする。第Ⅱ部では産業別に企業の活動実態を検討し、ついで終章で敗戦後の処理を述べ、最後に本書全体についてのまとめをおこなう。

注

1) 『1943会社名簿(資本金20万円以上)』、『1943会社名簿(資本金20万円未満)』、『1942銀行会社年鑑』。
2) 南満州鉄道株式会社社長室調査課『満蒙に於ける各国の合弁事業』第1輯(1922年)7-12頁。
3) 田中明編著『近代日中関係史再考』(日本経済評論社、2002年)43-76頁。

第Ⅰ部　資本系列

第 1 章　経済政策と企業法制

はじめに

　満州事変以前の中国東北の関東州と満鉄附属地では日本の商法の会社編が適用されるなど、日本の法制が援用されていた。1931年9月18日満州事変が勃発、短期間に関東軍は中国東北を占領し翌32年3月には満州国が設立された。
　満州国を演出した中心人物は関東軍の幕僚たちであった。満州事変勃発時の関東軍司令官は本庄繁中将で、参謀長は三宅光治少将、そのもとに板垣征四郎大佐、石原莞爾中佐、竹下義晴中佐、片倉衷大尉らが幕僚として作戦指導を行なっていた。占領地行政は31年12月に設立された統治部が担当した。統治部長には東北帝大から満鉄に入社し、外務省や陸軍省の嘱託、関東軍財務顧問を経験し、満州の事情に明るかった駒井徳三が就任した。ところが32年8月の異動で軍司令官は本庄繁中将から武藤信義大将に、参謀長は三宅光治少将から小磯國昭中将に交替した。軍司令官は中将から大将に参謀長は少将から中将へとそれぞれ一ランク上昇しスタッフの数も大幅に増員されて、全体的に軍中央からの統制が強化された[1]。幕僚たちも板垣、竹下を除いて半数近くが満州を去った。
　満州国の内政を指導する統治部は32年2月に特務部に改編され、8月には参謀長兼任として小磯國昭が部長に就任した。それまで部長だった駒井徳三は満州国建国と同時に国務院総務長官に転出した。いずれにしても関東軍の力が大幅に増強されたのである。事変後の1931年12月に関東軍の手で統治部が組織されると、多数の満鉄調査課員が引き抜かれてここに所属して統治政策の立案に従事した。さらに満州での経済建設工作を行なう国策的機関を設立するために、関東軍参謀の石原莞爾と竹下義晴の両中佐は、新たな調査機関の設立を満鉄調査課に働

きかけはじめた。

　ここでは、まず事変後に設立された経済調査会の活動を通じて満州国の経済政策形成の全般的背景を考察し、それに続き企業活動に直結する税制と会社法制を検討する。経済調査会の活動は以下述べる通りだが、あらかじめ税制についてその概容を述べれば、関東州は日本敗戦まで日本の租借地であり続けたため、日本企業は「所得税法」の延長による法人課税が導入された。また満鉄付属地においては、その満州国への返還がなされる1937年12月1日までは、中国法体系・満州国法体系とは別の法人税制が成り立っていた。満州国は既存税制を踏襲したが、治外法権撤廃後に日本型法人税制が適用された。満州における日系事業者の会社法制は、日本の「商法」会社篇に準拠していた。満州国は満州国法人に中国の会社法制準用したが、治外法権撤廃で日本の会社法制が全面導入された。

　従来の研究としては、満州国の関税について注目され、大連海関接収とその関税収入について関心が寄せられてきた[2]。また満州国初期の日本型税制導入を試みた時期の解説がある[3]。治外法権の撤廃・満鉄付属地行政権の移譲については従来から研究が進んでいる[4]。満州国会社法制については研究が遅れているため、顧慮すべき業績は見当たらないが、中国の会社法制と日本の会社法制を比較検討した研究が参考になる[5]。

第1節　経済政策

1　満鉄経済調査会の出現と経済政策の立案

　まず経済調査会設立の経緯を述べれば、事変直後満鉄調査課の宮崎正義は、関東軍の要請に応えて20名ほどの調査課員を組織して奉天（現、瀋陽）に新機関を設立したが、関東軍からより大きな機関の設立を要請され、再度組織化に着手した。宮崎は、当時本社外事課長だった奥村慎次と語らって大規模な調査機関の設立に乗りだし、石原重高、岡田卓雄、松木俠らの満鉄の課長や主任クラスの中堅幹部を組織して、奉天事務所長の宇佐美寛爾や本社総務部次長兼調査課長の石川鉄雄、本社総務部部長の山崎元幹らを説得して設立準備にとりかかった。32

年1月8日に関東軍参謀の石原莞爾、片倉衷と松木俠、宮崎正義、石原重高の5名は奉天のヤマトホテルに会合し、大調査部を創ること、委員長には満鉄理事の十河信二を推薦することを申し合わせた[6]。

宮崎らはこの結果を江口定條満鉄副総裁を筆頭とする満鉄幹部に報告し了解を取り付けると、さらに1月17日に板垣征四郎、石原莞爾両関東軍参謀と細部の詰めを行ない、1月16日付で関東軍参謀長の三宅光治から江口定條あての設立依頼状が発送された[7]。

これを受けて満鉄は1月21日に重役会議を開きこれを承認し、1月26日に職制を発表した[8]。「経済調査会規程」は4条から成っていた。第1条では、奉天に経済調査会を置くことが述べられ、第2条では、総裁に直属し経済計画に関する調査・立案を掌ることが謳われていた。第3条では、構成員として正副委員長各1名、委員、幹事、調査員若干名をおくこと、委員長は理事のなかから総裁が任命し、他のメンバーは、委員長の申請により総裁が任命することが定められていた。第4条では、必要があるときは随時委員をおくことができる、となっていた。

同時に定められた「経済調査会各部事務分掌内規」によれば、調査会は5部から構成され（第1条）、第1部は、「経済一般ニ関スル調査及立案」「他部ニ属セサル調査」（第2条）を、第2部は「産業、植移民及労働ニ関スル調査及立案」（第3条）を、第3部は「交通ニ関スル調査及立案」（第4条）を、第4部は「商業及金融ニ関スル調査及立案」（第5条）を、第5部は「法政一般及文化ニ関スル調査及立案」（第6条）を担当することとなっていた。さらに部には主査をおき、各主査は委員をもって当て（第7条）、幹事は「会務ノ処理ニ関スル事項」「他部ニ属セサル事項」を担当することとなっていた[9]。

経済調査会の委員長には十河信二（満鉄理事）が、副委員長には石川鉄雄（前総務部次長兼調査課長）がそれぞれ就任した。十河は、戦後は国鉄総裁として、また新幹線実現の推進者としてもその名が知られているが、一高から東京帝国大学を卒業後長く鉄道院に勤め、1930年からは満鉄理事に就任していた。委員には山崎元幹（総務部長で委員を兼ね、32年10月4日理事に任命、委員を解かれた）、田所耕耘（監理部次長）、根橋禎二（技術局次長）、宇佐美寛爾（奉天事務

所長)、久保孚(撫順炭鉱次長)、宮崎正義(第1部主査を兼務)、奥村慎次(第2部主査を兼務)、佐藤俊久(元鉄道部次長で第3部主査を兼務)、中島宗一(前地方部庶務課文書係主任で第4部主査を兼務)、岡田卓雄(第5部主査を兼務)がそれぞれ就任した。幹事には、第1部主査の宮崎正義と調査課長の伊藤武雄が就任した[10]。

2　経済政策の立案

　満鉄経済調査会の目的は、満鉄の一機関でありながらあくまでも満洲国全体の経済計画を立案する点にあった。

> 「経済調査会ハ、形式的ニハ満鉄ノ機関テアルカ、実質的ニハ軍司令官統率ノ下ニ在ル軍ノ機関テアッテ、純然タル国家的見地ニ立ッテ、満洲全般ノ経済建設計画ノ立案ニ当ルヘキテアル、従ツテ満鉄会社自体ノ利害ヲ超越シテ、時トシテハ満鉄ノ利益ニ反スル計画立案ヲナス事モアルカモ知レナイ」[11]

これは1932年8月に、橋本虎之助に代わって参謀長兼特務部長に就任した小磯國昭に対して十河信二が経済調査会とはなにかを簡略に解説した冒頭の一文である。十河の説明の全体の要点は、経済調査会は単なる調査機関ではなく調査・立案機関として関東軍の手足となって活動することが期待されている機関であること、総裁に直属するのでたしかに満鉄の機関ではあるが、国家目的のためには満鉄と対立することもあえて辞さずという基本方針をもつこと、経済統制には権力統制と任意統制の2種類があること、経済調査会は満州での経済参謀本部の役割を果たすことなどであった。経済調査会の特徴を簡潔に言い当てているといえよう。

3　経済調査会の政策立案活動

　では、1932年2月以降36年9月までの4年半におよぶ経済調査会の活動はどのようなものであったのか。ここではその全貌を知るために、いくつかの時期に分けて経済調査会の活動を見てみることとしよう。ここでは『満鉄経済調査会史料』に依拠して4期に分けて見てみることとしたい[12]。具体的には「昭和九年度経済調査会業務成績考査調書」に依って見てみよう[13]。

[第1期の活動（1932年1月〜6月）]

　第1期の目標は「創業時代」のため「内部ノ組織ヲ制定」し「満蒙経済建設統制策」を策定すること、具体的には「満州統制経済及日満統制経済ノ確立」を図ることであった。この目的のために経済調査会は1932年1月29日の第1回会議以降連日のように会議を開催し、次のような項目を設定した。

　　第一　日満経済ヲ単一体ニ融合シ両者ノ間ニ自給自足経済ヲ確立ス
　　第二　国防経済ヲ確立（国防資源ノ開発）
　　第三　人口的勢力ヲ扶値
　　第四　満州経済ヲ自由放任ニ委セシメス国家統制ノ下ニ置クコト [14]

こうした事業を推進するにあたって、経済調査会委員長十河信二は、満鉄経理部長に全面支援の要請文を送っている [15]。

　　特ニ御同意乃至御協力ヲ得タキ事項
　　一、貴部（局、所）ニ於テ所蔵セラルル調査立案書類〈ニシテ本会業務ニ関係アルモノ〉（差支ナキ限リ全部）ノ提供又ハ借覧ノ便宜ヲ計ラレタキコト尚右書類ノ目録ヲ可成早ク作成提供セラレタキコト（提供又ハ借覧書類ノ保管ニ関シテハ本会幹事宮崎正義〔奉天駐在経済調査会委員兼幹事〕並伊藤武雄〔大連駐在、総務部調査課長兼経済調査会幹事〕ノ両人ニ於テ直接ノ責任ヲ負フモノトス）
　　二、本会事業ニ対シ貴部（所、局）所属員ヲシテ進ンテ協力セシメラレタキコト

言わんとすることは、満鉄への全面的な協力要請にほかならない。十河の要請にもかかわらず、というべきか、十河がこうした要請をせねばならなかった、というべきか、新生の経済調査会は満鉄の全面的協力なくしては活動できなかったのである。

　これ以外に経済調査会がかかえていた問題は、極端なまでの事務所不足だった。出発した経済調査会のための事務所が準備できなかったのである。1932年2月に満鉄の奉天社員倶楽部に移転したが、極端な住宅難でスタッフを十分に収容できず、第1部と第5部の一部が移駐したにとどまった。全体的に、出発したばかりのためさまざまな齟齬を生み出していたのである [16]。

これに対する満鉄本社からの回答は、厳しいもので2月6日付で「貴会ニ於テ奉天社員倶楽部建物ヲ当分使用セラルル件別便電報ヲ以テ承認ノ通テアリマスカ右ハ時局柄会社業務ノ進展上応急止ヲ得サルモノトシテ一時的ニ承認スルモノニシテ久シキニ亘リ社員共同ノ福祉機関ノ機能ヲ停止スルコトハ好シカラサル儀ニ付可成速急ニ他ニ適当ナル建物ヲ物色御移転ノ事ニ御配慮被下度右ハ当然御考慮ノ事トハ存シマスカ念ノ為申シ進メマス」[17] というものだった。

この状況は当分続いたようで、5月3日付では「当会事務室中庶務班、第2部室、第4部室ハ、左記ノ通ニシテ狭隘ニ付適当ナル室割当方至急御考慮願度。尚外ニ目下申請中ノ嘱託4名ニ対スル執務室モ必要ニ付併セ御配慮相願度」[18] となっており、8月27日付でも「首題ノ件ニ関シテハ先ニ経調庶第20号45ヲ以テ重ネテ御配慮ヲ願ヒオケルカ尚第3部及第5部ノ人員増加ノ関係上現在ノ事務室ニテハ机ノ置場モ無ク執務困難ナル現状ニ付至急何分ノ御考慮相煩度」[19] と訴えていた。事務所不足はその後も続き32年9月に関東軍司令部が新京（長春）に移転するに伴い経済調査会も新京移転を余儀なくされ、ふたたび事務所不足に悩まされることとなるが、この点は第2期の項で再度言及しよう。

では、彼らはどのようにこの間の活動を総括していたのか。まず、彼ら自身の総括の弁を聞こう。「昭和6年度経済調査会業務成績考査調書」は言う、「6年度業績トシテハ設立後僅々2箇月ヲ経過セルニ止マルヲ以テ未タ具体的ニ提示シ得ルニ至ラサレトモ満蒙統制経済樹立ノ意図ノ下ニ広ク満蒙ノ経済一般ニ関スル調査ニ着手シ成案ヲ急キツツアリ」[20] と。昭和6年度は1932年1月の発足から年度終わりの3月までの僅か2ヵ月間であった。昭和6年度に行なう予定の調査項目は200余。調査員は専属の調査員委員と幹事含めて128名で、これに兼務調査員64名を加えると総勢192名。総経費は5万円であった。

この第1期の活動の「批判点」は多岐にわたる。主だったものをあげれば、一つは「満蒙・日満統制経済ノ確立」という「指導原理」が徹底されず、「会全体カ渾然タル有機体トシテ活動スル域ニ達セリト云ヒ難」く「指導原理ヲ普及徹底セシムルニ付一段ノ工夫ヲ要ス」ことであった[21]。さらに二つめとして「組織権限」の面でも問題を残した。経済調査会は軍の機関なのか、それとも、満鉄の機関なのかという点は創立期から論議されていた問題であったが、経済調査会が発

足した後もこの問題は決着がつかず、「経済調査会カ軍ノ機関タルコトニ重点ヲ置ク限リ満鉄自体ノ利害トハ何処カニ矛盾ヲ生スルニ至ルヘシ」[22]といった状況だった。これを改善するため満鉄の利益を考慮し、経済調査会の立案をチェックする機関を満鉄サイドに作る必要性を述べていた。三つ目としては、人員配置の問題で、5部門相互の連携が緊密ではなく、関東軍との連絡は緊密でも会社内部の連絡は十分ではなかったという。

[第2期の活動（1932年7月～33年3月）]

　第2期の目標は「満洲経済開発第一期計画ノ樹立時代」のため、「満洲経済建設要綱」を策定するための計画立案と調査に向けられた。同「要綱」は第2期が終了する1933年3月に最終決定された。

　この満州国の基本経済方策を確定するにあたり、前述したように十河は32年8月に特務部長に着任したての小磯に6点にわたる基本方針を述べていた。小磯は32年8月8日付で、関東軍参謀長兼特務部長として満州に赴任したが、その就任の挨拶で、「経済建設ノ重大性ニ就テ」「関東軍ノ特性発揮ニ就テ」「軍参謀部第3課トノ関係ニ就テ」「経済調査会トノ関係ニ就テ」「満州国政府トノ関係ニ就テ」の5点にわたって言及し、「経済調査会トノ関係ニ就テ」は「満鉄経済調査会ハ特務部ノ陣容完備ニ先チ此種機構ノ必要ヲ自覚シ進テ献身的活動ヲ企図シ既ニ7ケ月以前カラ業務ヲ開始シテ居リ相当深刻ナル研究ヲモ重ネテ居ツタ実情ニ鑑ミラレ其調査資料ヲ利用セラルヘキハ勿論提携研究ニ従事シ其ノ利用ニ遺憾ナキ様ニ致シ度イト思フノテアリマス」[23]と述べていた。

　前向きの小磯を前に、十河は大要次のような基本方針を述べた。「根本方針ノ第1ハ、対満州国ノ関係テアリマス。満州国ノ政治、行政ハ満州国人ヲシテ之ニ当ラシメ、日本トシテハ成可ク深入リヲセス大綱ヲ誤マラシメナイ程度ノ指導ニ止メテ余リ干渉カマシイ事ハ避ケルト云フ事カ根本方針ノ第1」である。続けて「之ニ反シテ経済的方面ニ於テハ、日本ハ何処迄モ満州ニ於ケル経済的権益ヲ確保スル事ニ努力シナケレハナラナイト思ヒマス。之カ根本方針ノ第2テアリマス」。

　十河は政治は中国人の面子を立てるため彼らに表面上譲っても、経済はあくま

で日本側のコントロールの下に置かねばならぬ、と主張する。「満州ニ於ケル経済的権益ノ確保ニ就テ、如何ナル目標ニ向ツテ進ムヘキカト申シマスト、我国ノ国民経済ノ自給自足、国防経済ノ独立ト云フ事タト信シマス」「斯クノ如ク我国民経済ノ自給自足ヲ確立セムトスルニ就テハ日満両国ヲ打ツテ一丸トシ、所謂単一経済圏ヲ形成致シマシテ、之ニ統制経済政策ヲ樹立スル事カ必要タト考ヘマス。之カ根本方針ノ第3テアリマス」。統制を行なうには一定の計画経済を作成する必要があるし、理想をいえば日満あげて統制政策を施行する必要があるが、当面は新国家満州国で行なう方がやりやすい。統制には権力統制と任意統制の二つがある。権力統制というのは国家が権力的に企業を銃制する方法であり、任意統制というのは企業家が任意に相談して協定して自らを縛るものである。十河が主張するのは権力統制の実施であって任意統制ではない。また、統制の範囲であるが、生産・交易・分配・消費のうち、統制すべきは生産部門の統制である。なぜなら比較的実施が容易で、しかも効果が大きいからである。この点が、生産から流通、消費にいたるまで全面的に統制している社会主義国と違うところである。

「次ニ統制ニ関スル最高機関、指導機関ト申シマスカ、或ハ計画機関ト申シマスカ、統制ノ最高機関ハ日本側ニ於テ之ヲ掌握シナケレハナラヌト考ヘマス。之カ根本方針ノ第4テアリマス」。日本が関東州や満鉄付属地をもっている現状では、満州国と日本はその統制の条件が相違し、両国の関係は複雑であるが、この二つの国を統制できる機関としては関東軍をおいてほかにはない。具体的には、関東軍司令官を長に、関東軍特務部が中心となって、その下で経済調査会がスタッフとなって経済参謀本部を形成して統制に当たるべきである。

加えて「満州ニ於ケル経済統制ニ於テ直接事業経営ノ衝ニ当ルヘキ枢軸的実行機関ハ満鉄ヲ措イテ外ニナイト信スルノテアリマス。之カ根本方針ノ第5テアリマス」。日本国家が自ら統制に乗り出すことができない条件下では、とりあえず、満鉄会社に事業を集中し、ここが総合的に事業経営を展開することが最良である。満鉄が中心となって運営すべきか他の機関をつくるべきかについては種々の議論が出たが、もし満鉄に企業経営を委せるのであれば、満鉄自身改革をくわえる必要があるし、なににもまして「統制ニ関スル最高機関」が満鉄を監督できるようなシステムを作らなければならない。

さらに十河はいう。「満州国ノ経済的建設ノ為、所謂経済参謀本部ニ於テ調査立案スルモノハ総合的ノ計画テナケレハナラヌト思ヒマス。之カ根本方針ノ第6テアリマス」。立案者は個々の分野のエキスパートなので独立の計画としてはすぐれていても、総合性がないと統制計画としては意味をなさない。

経済調査会と特務部が「一心同体」で進むならこうした課題を実現することは容易であろう、と述べて特務部が「ドシドシ吾々ヲ御使ヒ下スツテ」計画の実現を推進することを求めたのである[24]。

小磯はこれにたいして「経済調査会カ満洲経済開発上極メテ重要ナ機関テアリ、関東軍特務部ト唇歯輔車ノ関係ニ在ルコトハ申ス迄モナイ所テアリマス」とした上で、「特務部ト経済調査会トカ一心同体トナツテ業務ヲ進ムルコトカ特ニ切要ト信シマス」と述べ「特務部ト経済調査会トノ連繋ニ付テハ従来或ハ未タ十分テナカツタ点モアルヤニ聞キ及ンテ居リマスカ、小磯カ此度就任ニ当リマシテハ特ニ特務部職員ニ対シ経済調査会ノ使命ノ重大性ヲ述ヘ之ト密接ニ提携スヘキコトヲ要望シタ次第テアリマシテ、此ノ点ニ付テハ今後モ十分ニ所期ノ目的ヲ達成シタイト考ヘテ居リマス」[25]と決意のほどを述べていた。

経済調査会と特務部との立案をめぐる打ち合わせ会議の進行状況は、「経済調査会関係会議要録」によってその概要を知ることができる。これによれば、関東軍関係の会議は32年1月が1回、4月が1回、7月が1回、8月がなしと少ないが、9月以降になると急増を開始する。9月が13回、10月が15回、11月が13回、12月が21回、翌年1月が13回、2月が9回、3月が22回と急増する。経済調査会関係も、1932年2月が2回、3月が3回、4月が3回、と低調であるが、その後会議数は増加を開始する。5月には9回、6月には17回、8月には19回、9月には14回といった具合である。その後は若干減少して11月4回、12月5回となる。いずれも32年後半になると会議数は最高潮に達し、関東軍、経済調査会ともに「満州経済建設要綱」作成に向けてフル稼働していることがわかる[26]。

1932年9月の関東軍司令部の新京（長春）移転にともない、経済調査会も本部を新京に移転させる準備を開始する。9月13日付「長春移転ニ伴フ事務所ノ件」によれば「現在長春ニ在ル社有建物ハ勿論市中側建物ニシテ事務室ニ使用可能ナルモノハ其ノ全部ヲ軍ニ於テ借上方予約済ナル為不得已　1、軍借上建物内

ノ一部ヲ割愛シテ貰フカ　2、長春地方事務所内ノ一室ヲ割愛シテ貰フカ（地事ハ 10 月 1 日迄ニ経理係ヲ残シ現在ノトコロヨリ社員倶楽部へ移転ノコトニ決定ス）　3、新ニ支那家屋ヲ探シテ改修スルカ此ノ外方法ナシ」[27] と述べて、事務所の確保の困難なことを指摘していた。結局は、「新京出張所ハ満洲国並軍トノ連絡ノ為ニ昭和 7 年 11 月新京ニ開設セラレ」[28] たが、そのためにヤマトホテルの一室が確保されたのである。事務所不足のため、「都合ニ依リ昭和 7 年 10 月 25 日以降当分ノ間経済調査会ノ事務ハ之ヲ大連ニ於テ行フ」[29] ことが決定されて、規定上は、経済調査会の本部は奉天から新京に移転したことになってはいたが、実際は大連から移動することはなかった。

[第 3 期の活動（1933 年 4 月～34 年 3 月）]

　第 3 期は第 2 期における「満洲経済開発方策ノ基本的立案」の完成をうけて「軍ノ協力ノ下ニ満洲資源ノ一般的調査並経済的基礎調査」[30] を行なうことであった。

　こうしたなかで、創立以来一貫して経済調査会を実際的にリードしてきた宮崎正義は、小磯の命を受けて満州を離れて東京へ移住することとなる。密命を帯びた宮崎の東京行きの真の目的は、東京において経済統制のプラン作りを行なうことであった。

　1933 年 9 月 30 日付の八田嘉明満鉄副総裁宛の小磯の電文はそれを物語る。「関東軍嘱託タル貴社経済調査会宮崎正義ヲ東京ニ在勤セシメ日満経済ブロックニ於ケル経済統制方策ノ研究立案ヲ委嘱致シ度キニ就テハ貴社ニ於テ右目的ノ為メ適当ナル機関ヲ東京ニ設ケラルル様御取計相成候ハハ最好都合ニ存シ此段及御依頼候也」[31]。

　宮崎は、東京に着くと東京事務所の開設に奔走した。「東京出張所ハ日満統制経済ノ整調並日本政府要路トノ連絡ノ為ニ昭和 8 年 12 月東京ニ開設セラレタ」[32] が、「15 日ヨリ丸ビル 5 階 511 区乃至 513 区内ニ経調東京出張所ヲ開設致シ早速各区間ニ別紙略図（省略）ノ如ク三菱側ニ於テ全経費負担ノ上間仕切致シ呉ルル様支社ヲ通シテ三菱ヘ交渉致シ之カ見積ノ結果間仕切所要額概算 420 余ニシテ三菱側全額負担ハ困難ニ付キ両者折半支払ニ願度トノ回答ニ接シマシタ」[33] と報告

していた。

　東京での宮崎の活動は「関東軍ノ東京駐在員ナルニ依リ其意味ニテ所要ノ報告其他往復文書等ハ直接関東軍ヘモ送付相成様致度」[34]と小磯から命ぜられたように、直接関東軍と繋がっていた。関東軍から彼に与えられた密命は「尚貴職御上京ノ際小職ヨリ貴職ニ申上ケタル通リ満州ヲ含メル日本関係全地域ノ経済建設計画ヲ中央政府ニ対シ援助促進セラレ其ノ結論トシテ満州側ニ於テ分担施設スヘキ部分ヲ明カニセラレルコトハ目下中央ノ政情ヨリシテモ或ハ困難カトモ察スルカ併セテ御留意ノ上何分ノ御尽力煩シ度シ」[35]といったものであった。

　宮崎の動きに象徴されるように、経済調査会はその活動の重点を東京へと移転しはじめた。では第3期はどのような活動を行なったのか。「昭和8年度経済調査会業務成績審査調書」[36]によれば第3期に着手した計画は全部で275件（うち中止および未着手は27件）であった。全体的に調査立案のうち実態調査活動が増えると同時に、年報の編集や執筆といった案件が増加を開始した。

　次にこの期の評価を見てみよう。まず、「要旨」は「経済調査会ノ業績ハ大体良好ニシテ予期ノ成績ヲ挙ケツツアリ」とした上で「形式ハ会社ノ機関ナルモ実質ハ必スシモ会社ノ指揮命令ノ徹底スル組織ニ非ス故ニ之ヲ改メテ分離スヘキ部分ハ分離シ残スヘキ部分ハ純然タル会社ノ機関トナス必要アリト思考ス」と述べて、出発当初から問題となっていたこの機関の性格に課題を残していることを指摘していた[37]。この点については「批判」の項で再び触れよう。

　「業績ノ概要」は「『ブレイーントラスト』トモ謂フヘキ本会ノ活動モ自覚シタ満州国ニ於ケル重要産業ノ建設立案ニシテ本会ヲ経由セサルモノナク之亦之カ調査モ各方面ニ亘リ頗ル広汎ニシテ北支停戦協定後ハ其ノ調査ノ区域ヲ北支方面ニ迄拡張セリ」と述べていた[38]。1933年頃から次第に調査の重点を満州国から華北へと移しはじめたことを示唆している。いずれにしても調査活動そのものは順調であったと総括していた。

　では、どのような問題点を抱えていたのであろうか。昭和8年の「審査調書」の「批判」はいう。

　「本会ノ如キ実際上会社組織中ニ完全ナル統制ヲ保チ得サル機関ノ存在ヲ許スコトハ臨機的処置トシテハ不已得トスルモ既ニ満州国ニ於ケル経済政策ノ大部

分ノ決定セル今日ニ於テハ会社自ラ経済調査機関ヲ必要トスル以上之ヲ本来ノ会社ノ機関トシテ其ノ本来ノ業務ニ従事セシムヘキナリ」とした上で、もし軍が必要とするのであれば、「斯ノ如キ方面ノ人々ハ一時非役トシテ軍ヲ援助シテ可ナリト思考ス」としていた[39]。この時点でも相も変わらず経済調査会の性格をめぐり見解の相違が出ていたことがわかる。

[第4期の活動（1934年4月以降）]

　この時期は一方で、満鉄の内部の機構整備が進むと同時に、他方で調査課題が満州国から華北、華中といった中国本土に転換していく時期に該当する。またこの時期になると、それまで経済調査会をリードしてきた十河信二が委員長を辞任し河本大作と交代している。十河は委員長辞任後は興中公司の社長として引き続き華北での満鉄の活動に側面から携わることとなる。経済調査会の調査活動も満州国内でのそれは中心ではなくなり、調査の主力は華北、華中へと移っていく。

　まず「昭和9年度経済調査会業務成績考査調書」[40]によりながら、この期の活動の概要を見てみることとしよう。第4期に着手した立案調査案件は全部で525件、内訳は会付きが10件、幹事室会務班が10件、第1部が146件、第2部が168件、第3部が97件、第4部が53件、第5部が36件、第6部が5件という内容になっていた。この時期になると、調査立案案件は、具体的な政策の展開に照応して細部に及ぶものとなる。したがって、案件もその数を増すのである。

　ところで、第4期になると、満鉄経済調査会の性格をめぐる設立当初の論争は一定の結論を見出したことがわかる。同調書の「経済調査会今後ノ動向ニ関スル意見」[41]はいう。まず「当初ノ目的ヲ達成セリ」としたあとで、「重役会議ハ先ニ本会ヲシテ従来ノ軍トノ従属関係ヲ廃シテ会社恒久的機関トス可ク社議ヲ決定セリ」とし、創立以来続いていた論争は、ここに一応の決着を見ることとなったのである。こうしたことになった理由の一つは「現在ニ於テハ緊急ヲ要スル重要問題極メテ少ク、9年度ノ如キモ最高委員会ハ開催セラレス、委員亦熱意ヲ失フニ至リ」、そのために「社内各部ニ散在セル調査機関並之ニ類似スル機関ヲ新設産業調査部（仮称）ニ於テ総合統制スルコト」が必要となったためであった。

　また「関東軍トノ関係」についていえば、「経済調査会カ緊急ナル満洲ノ事態

ニ善処スヘク、軍ノ機関トシテ事実上之ニ従属セルハ過渡的状態トシテ已ムヲ得サリシモノ認ム」るにしても、「乍然今日ニ於テハ満州ニ於ケル事態モ略安定ヲ見タルニ依リ最早斯ル過渡的状態ヲ持続スルノ要ナキモノト認ム」としていた。かつての関東軍との密接な関係は消え失せている。したがって、「総裁ハ軍ノ最高顧問トシテ関東軍ノ重要諮問ニ答ヘ、重要建言ヲ為ス可キ地位ニ在ルニ拘ラス其ノ統制下ニ在ル会社一機関ヲ特ニ軍ノ従属機関トシテ会社ノ意志ト別個ニ直接軍ノ重要諮問ニ答ヘ、重要建言ヲ為サシムル要ナカルヘシ」としていた。「勿論今後必要ナル調査立案ニ関シ、軍ト協力シ、之ヲ援助スルニ吝ナラスト雖斯ル場合ニ於テモ常ニ会社ノ自主性ヲ失ハサル様留意スヘキ要アリト認ム」という付帯条件はつけていた。

これまで経済調査会が担ってきた調査・立案機能は、「満州産業開発ニ関シテハ満州国カ国家的義務ニ於テ為ス可キモノ又同国国力ニ於テ為シ得ルモノハ速ニ同国調査機関ニ委ネ今後ハ社業発展ニ必要ナル方面ノ調査立案ヲ第一義トシ此ノ根本方針ノ下ニ同国調査機関ト協力シ之ヲ援助スヘキモノト認ム」と結論づけていた。

つまりは、満州国の官僚機構が整備され、企画立案能力が増加した今、経済調査会の役割と使命は事実上終わり、調査部は満鉄本来の会社の一部としての調査活動に戻りつつあったのである。これと関連して調査会内部の機構のなかにもさまざまな変化が現れる。たとえば、第3期までは、「定員並経費予算ニ対シテモ事実上殆ト無拘束状態ニ放任セル感アリタリ」[42]という状況であったが、第4期は「特務部又解体セラレ本会ノ斯ル過渡的変態的運用ノ必然性ノ減シタルヲ認メ茲ニ従来ノ軍トノ従属関係ヲ廃シテ会社恒久的機関トシ更ニ定員及予算ノ無拘束制度ヲモ廃スルニ社議決定ヲ見ルニ至リテ本会ノ事業経営方針モ漸ク其ノ軌道ニ乗リタルモノト謂フヘシ」[43]と述べていた。

これまでは「規程上ノ改正ヲ行フ事ナク」、「主査並幹事ノ権限ニ関シテハ本年度ニ於テハ未タ成文化サレタル規程ナカリキ」状況で、「総裁直属ノ機関ナルモ其ノ組織ニ於テハ社内各機関ト著シク其ノ趣ヲ異ニシ委員長ノ統制下ニ委員会6部一室（幹事室）ヲ以テ構成セラル（9年度末）」[44]状況だったが、「昭和7年1月本会ノ創設セラレテヨリ本年度末即チ昭和10年2月前記新職制ニ変更セラル

ルニ至ル迄未タ1回ノ改変ヲ見タル事ナキモ、事実上ニ於テハ関東軍ノ要求ニ基キ屢変革セラルル所アリタリ。即チ本会ハ創設当初ニ於テハ奉天ニ設置セラレタルモ、関東軍司令部ノ新京移駐ニ伴ヒ、昭和7年10月本会モ亦規定上新京ニ設置セラルルニ至レリ、而シテ本会業務ハ種々都合上当分ノ間大連ニ於テ行フ事トナリタルモ、新京トノ連絡ヲ密ニスル必要アリテ同年11月軍トノ連絡機関トシテ新京ニ本会新京出張所ヲ開設セリ、其ノ後東京政府ト軍トノ連絡ノ必要切ナルモノアリテ翌8年12月軍ノ要求ニ基キ右連絡機関トシテ本会東京出張所開設セラレ幹事並調査員ノ駐在ヲ見ルニ至レリ」[45]という変遷ぶりだった。

また部局という点でも「本会カ昭和7年1月創設セラレテヨリ間モナク幹事ノ下ニ庶務班設置セラレ、更ニ同年9月ニハ経理班ノ新設セラレタルアリ、而シテ翌11月ニハ前記新京出張所ノ開設行ハレ、更ニ昭和8年4月ニハ第1部ノ業務内容ニ変更アリ、同年末ニハ東京ニ前記東京出張所ノ新設ヲ見ルニ至レリ、其ノ後昭和9年2月従来ノ軍トノ従属関係ヲ廃シテ本会ヲ会社恒久的機関トスルニ社議決定ヲ見ルニ及ヒ本会各部ヲ更ニ数個ノ各班ニ分類シ、内容ノ改善ヲ図ル所アリタルモ、此ノ間何等規程上ノ変更ヲ行フコトナク、遂ニ昭和10年2月第6部新設ヲ機ニ始メテ規程上ニ於テモ前記新職制ノ如キ変革ヲ行ヒタリ」[46]といった変遷であった。

部局面でも「昭和10年度ニ入リテ副委員長、主査並幹事室幹事ノ事務専決内規ノミハ制定セラレタルモ」、「各部各班ノ担当業務ノ重複又ハ混乱セルモノアリ例ヘハ第1部ニ於ケル第2班第3班第4班ニ於テ各班同シク統計業務ヲ担当スルカ如キ第2部ニ於ケル第5班第6班ノ業務ノ如キ更ニ又第3部ニ於ケル第3班第4班及第4部ニ於ケル第1班第2班ノ業務ノ如キ何レモ類似業務ヲ分班セル等業務分担上無統制ノ感アリタルモ本年度末第6部ノ新設ニ伴フ組織ノ改正ニ於テハ此等ノ重複混乱ヲ一掃シ加フルニ各部各班ノ名称ヲ可及的容易ニ業務内容ヲ示スカ如キ名称ヲ付シタルハ適宜ノ処置ナリト認ムルモ第4部貿易班、商業班、翻訳班ノ業務ハ一班ニ総合統制セラレテ可ナルヘシ」[47]といった状況だった。

4　満州国の経済統制策

満鉄経済調査会の立案調査のなかで初期の中心課題の一つが統制経済案の作成

だった。満鉄経済調査会のなかにあってその中心人物は、宮崎正義だった。宮崎は「日満経済の融合」「自給自足経済の確立」「国防経済の確立」「人口的勢力の扶植」にくわえて「満州経済を自由放任に委せしめず国家統制の下に置くこと」を強調し、その具体案作成に乗り出した[48]。

　1932年6月に奉天の満鉄理事公館で、第1回の関東軍と経済調査会の合同会議が開催された。満州の経済建設を推し進めるための基本方針を決定する重要な会議であった。そこには関東軍の高級参謀、そして十河委員長を筆頭とする経済調査会の主だったメンバーが参加した。この席で宮崎正義作成の「満州経済統制策」に基づいて日満経済政策が検討された。同資料の前編の「満州経済建設ノ根本政策」は8章259頁、後編の政策編4章75頁から構成されていた。

　前編では、世界恐慌から説き起こし「資本主義ハ生産ノ無政府性ノ上ニノミ存立シ得ルカノ如ク見エル。世界経済恐慌ハ修正スルコトノ出来ナイ無統制ナル生産競争ノ重圧ノ下ニ恐ルベキ世界経済機構ノ破綻ヲ来タサントシテイル」と述べて、日本の現状にふれ、日本の経済発展に果した資本主義の役割は否定できないが、「ソノ反面ニ於イテ旧制度ガ次第ニ爛熟シ来タルトトモニ、真正ナル企業家精神ハ営利ノ追究ニ幻惑サレテ堕落スルニ至ッタ。即チ企業支配階級ノ不合理ナル利潤獲得及ビソノ浪費ハソレデアル。サラニ之ヲ具体的ニ云ウナラバ、蛸配当、自社株価ノ操縦、重役賞与ノ過大、株主配当ノ過多等々ニ現ルル一部階級ノ利益ノタメノ株式組織応用ハソノ一ツナリ」として、現状の資本主義の欠陥について指摘する。

　そしてこれを克服する方策こそ日満「両国ノ産業的経済的融合」「日満経済ブロック経済ノ確立」であり、「コノ目標ヘノ推進ノ為ニ、基本的ナ方策トシテ導カルルモノハ、目先ノ営利ニ囚ワレザル所謂統制経済ト人的要素ノ扶植ヲ主眼トスル移植民政策ノ実行デアル」と結んでいた。こうした基本視角のうえに満州経済の発展とその特質、日満経済関係の現状、日本の満州経営の沿革、満支関係の沿革、満ソ経済関係、満州とその他列強の関係が記述されていた。

　こうした状況把握を前提に後編の政策編では、経済建設の基本原則として「日満経済ヲ単一体ニ融合シ合理化スルコト」「国防経済ヲ確立スルコト」「不抜ノ日本経済勢力ヲ満州ニ移植スルコト」「国民全体ノ利益ヲ基調トスルコト」を掲げ、

上記の目標達成の為には経済統制が重要だが、その際の統制は「総合的意図或イハ計画アルヲ要スル」とし、その目的に沿って、国家統制としてはその強弱にしたがい法制的・管理的・経営的統制があり、経済的統制としては、契約的・助成的・資本的統制があるとした。問題はこうした統制のやり方を上手に使って目的を達成する必要があるわけで、国営企業については管理的あるいは経営的統制を、基礎産業・国防産業・交通事業については監理的統制を、それ以外については「当分民間ノ経営ニ委カス」こととしたのである[49]。宮崎は、明らかにソ連の経済統制とは異質の経済統制のあり方を模索していた。つまり、国家による全面的統制ではなく、国家統制を必要とする分野とそうでない分野をわけて国家目的にしたがってそれを使い分けることを考えていたのである。そこには明らかにソ連の影響がみられるが、ソ連のやり方そのものではなく、それを日本の当時の土壌のなかに応用していこうとしたのである。

5　五ヵ年計画への道

他方で、経済調査会での統制案作成と並行して日本国内でも統制案の作成が進行していた。その中心人物の1人が松井春生であった。松井春生は1891年に三重県に生まれている。三重一中から一高を経て1916年に東京帝国大学法科大学政治学科を卒業している。彼の卒業した第1次世界大戦中は、日本全体が大戦の好景気に燃えていたときだった。同じ16年に東京帝国大学を卒業して官界入りした人物には内務官僚では大達茂雄、安井英二が、大蔵官僚では石渡荘太郎、青木一男らがいた。

松井は内務官僚として東京府・内務部庶務課を振り出しに千葉県理事官・視学官、法制局参事官を経て27年には資源局書記官として資源局で総務課長兼企画課長に就任し、日本の総動員計画を立案する中心人物となっていったのである。以降、彼は一貫して資源局畑を歩んで、日本の総動員体制作りに邁進すると同時に統制経済体制作りに専念することになる。

こうした経験をふまえて34年に出版したのが『経済参謀本部論』であった。彼はこの本のなかで経済参謀本部の設置の必要性を強調した。彼も宮崎と同様に、世界恐慌下では経済を野放しにしておくのではなく統制を加える必要性を指摘し

た。その際、統制の形態には「絶対的社会主義統制経済」「部分的国家社会主義統制経済」「指導的統制経済」「統一的統制経済」の四つがあるが、松井は最後の「統一的統制経済」こそが望まれる統制の形態だと述べた。最初の二つはいずれもソ連の統制経済を念頭に置いたもので、前者は革命直後のソ連の計画経済を、後者はネップ以降のソ連の計画経済をさす。3番目の「指導的統制経済」なるものは、資本主義体制の枠内での国家の指導による統制全般をいう。これに対して最後の「統一的統制経済」は「指導的統制経済」を一歩進めたもので、国家の経済政策を計画的に統一して実施しようというものであった[50]。

それを具体化するための機関が経済参謀本部にほかならなかった。それは、各省庁の見地を総合し統一するためにも、議会や政府の足らないところを補う意味でも必要であった。したがって、それは、経済の専門家を集めた常設の「頭脳的組織」として設置することが予定されたのである。松井の試案によれば、「帝国経済会議」と題する経済参謀本部は「内閣総理大臣の監督に属し、帝国経済政策の合理化に付審議立案し、其の成案を閣議に提出する」[51]となっていた。

同じ経済の統制という点から出発しても、宮崎と松井ではその意図する内容は異なっていた。宮崎は統制の方法を思索したのに対し、松井は議会とは相対的に独立した統制立案機関の設置を考えた。少なくとも30年代前半では両者は異なっていたが、30年代中期になると両者は一体化することになる。

松井の構想が具体的姿をとってあらわれたのが内閣調査会で、岡田啓介内閣のブレーン組織として35年5月に発足したのである。この機関の設立には陸軍から永田鉄山、官僚としては後藤文夫、吉田茂、馬場鍈一が、政党からは社会大衆党の亀井貫一郎らが参加していた。松井は調査官としてここに加わったが、調査官には松井以外にも鈴木貞一、奥村喜和男、和田博雄などが顔をそろえていた。そのほかに専門委員には多彩な顔ぶれがそろっていた。これは日本で最初の「経済参謀本部」であり、総合国策機関の誕生であった[52]。

この機関はやがて宮崎たちが立案した五ヵ年計画と連動して組織の拡大が要請され、1937年5月には企画庁が成立した。これが企画院に拡大するのは1937年10月のことであった。

6　五ヵ年計画の展開と破綻

　1937年以降宮崎正義らが作成した「満州産業開発5ヵ年計画」は実施に移されていく。しかし満州を一大工業地域に転換させていく動きは、スタート半年足らずで日中戦争に直面し、五ヵ年計画の修正を求められる。長期的展望の上で強固な軍事基礎産業を構築していこうという動きは後景に退き、当面する戦争を成功裏に導くために軍事基礎産業を犠牲にして軍需産業を増強する動きに転じた。

　日中戦争勃発後の1937年9月には「臨時資金調整法」「輸出入品等臨時措置法」が公布され、10月には資金・資材を軍事産業に重点的に投下するために計画経済を指導するための中心機関として企画院が設立された。1938年以降は、この企画院の指導下で国内の物資を調整し、軍に集中するための物資動員計画がスタートした。

　こうした動きは満州国にも波及してここでも物資動員計画が実施に移されていった。しかし石炭や鉄鉱石の増産では一定の進展をみせたものの、製鉄や人造石油、軽金属では技術的制約から大きな増産を見せなかった。特に日本本国からの資材と熟練労働者の供給の不安定性が、満州工業建設のネックとなった[53]。

　こうして物資動員計画は、内外情勢の変動に大きく左右されて改定が繰り返された。1939年9月の独ポ戦が勃発するとヨーロッパからの輸入が途絶して計画に齟齬を来たし、1940年から41年にかけての対米関係の悪化と対米貿易の破綻は、これまた日本の物資動員計画に破綻をもたらしていった。41年12月のアジア太平洋戦争の勃発と対米貿易の破綻は、日本の物資動員計画のこれまでの基準が「輸出力」と輸入量の確定から「大東亜共栄圏」内の「輸送力」いかんに転換された。しかし戦局の悪化と米軍による日本海上輸送力撃滅作戦の展開は、「輸送力」に壊滅的打撃を与えて、物資動員計画を破綻させていった。満州国では、日本からの精密機械と熟練労働者の供給を絶たれて急速に五ヵ年計画を破綻させることとなった[54]。

　以上満州統制経済の立案と実施推移を概観した。ではそうしたなかで、その推進主体となった企業に対しいかなる税制が展開されたのか。第2節でその点を論じたい。

第2節　法人税制と企業法制

1　満州事変以前の法人税制と企業法制

　関東州においては日本の所得税制が適用されるのは遅く、1907年4月1日設置の関東都督府特別会計の税目は地租と塩税のみであった[55]。そのため関東州の日本人居住者の所得税負担は免除されていた。1920年7月31日「所得税法」全文改正で法人税制が強化されると、関東州においても1920年7月31日勅令「関東州所得税令」の公布で、以後は個人・法人への所得課税が行なわれた。この所得税の大部分は満鉄が負担した[56]。同令以降、個別税目が関東州に追加されていく。他方、満鉄付属地については、日本側行政権を満鉄が代行したため、満鉄が付属地住民・企業に対する公課賦課金を、また商埠地においては居留民賦課金を徴収した。これは満鉄による土木・教育・衛生の分野の付属地行政史の一環としてこれまでも満鉄側から説明されてきた[57]。

　ただし中華民国法人税制が存在するため、関東州・満鉄付属地以外の商埠地で活動する法人については、二重課税の発生がありえる。また日本権益を満州各地で拡張する過程で、満鉄付属地における日系事業者の営業活動や収益について、個別に条約を締結し中国側に一定の課税権を認めた事例も少なくない。一方では日本と中国との協定で設置された合弁法人については、協定で課税条項が盛り込まれていたため、当初から二重課税回避が制度化されていた。鴨緑江採木公司、本渓湖煤鉄公司等がこれに該当する。満鉄付属地の奉天ほかでは中国人事業家との合弁事業の形態も見られた。

　満鉄付属地における日系法人に対し、東三省行政側が日本利権への攻撃として、課税の攻勢を強めていたことが1920年代後半の特徴である。日本側領事館や日本企業は不当課税であるとしてそれに納得せず、課税回避をはかりつづけたが、やむをえなく課税に応ずる場合も少なくなかった。こうした事態が満州事変勃発前まで続いた。

　関東州・満鉄付属地に日本の会社法制が援用される。勅令で設置される満鉄以

外の関東州内に本店を有する普通法人については、1908年9月24日勅令「関東州裁判令」で日本の「民法」(1896年4月26日)と「商法」(1899年3月9日)が適用され、国際的には日本の法人となったが、国内法的には準外国会社としての位置づけとなった。それでもこれにより関東州における日本法人の活動の法的基盤は、難点はあるものの与えられたことになり、日本の法令に準拠して日本法人の設立が行なわれる。他方、関東州以外の中国において本店を有する日本の領事館登記を行なった法人については、1903年10月8日調印「日清両国間の追加通商航海条約」第4条で、日本法人として扱われ、そのまま活動が可能となった。その後、関東州およびその他の植民地と日本との法人の法的地位の差異を埋める必要が生じ、1918年4月17日「共通法」により、朝鮮・台湾・関東州に関する植民地法令が国内法令とおおむね民事上同一視されるものとなった[58]。これにより関東州と満鉄付属地の日本法人は日本の会社法制のもとで等しく位置づけられた。以後の満州における日本法人の法的インフラは日本とほぼ同様となった。なお日本法人であるため、法人の資本金は日本円を単位とする。

　他方、合弁法人の資本金が日本円以外の通貨で設置された事例も少なくない。例えば1908年9月11日設置の日本政府出資の鴨緑江日清合同採木公司、1910年5月22日設置の合名会社大倉組出資の日清合弁本渓湖煤砿公司、1922年4月4日設置の満鉄出資の日中露合弁の札免採木公司はいずれも中国通貨を資本金とした[59]。ただし日中合弁で設置された企業の場合には、個別合弁協定・契約により創業されるが、その協定により設置される法人の性格は曖昧なものが少なくなく、当該法人の登記がなされないまま事業が行なわれるため国籍さえも定かでない事例も発生していた。たとえば大倉組との合弁で1907年9月に設置された瀋陽馬車鉄道股份有限公司は、奉天の満鉄付属地を本店としたが、日本法人としての登録を行なわないまま、中国法人の事業のような形態で操業されていた[60]。また安東を本店とする鴨緑江製材無限公司は鴨緑江採木公司と大倉組の合併により、1915年10月1日に「公司条例」による無限公司として設置されたが、日本法人として設置されたかも曖昧なまま、法人登記がなされないまま事業が続いていた[61]。このような事例はほかにも多く、そのため満州における合弁事業には多くの難点が発生していた。

日本・中国両国の合弁会社設立について、日本の会社法制では資本を銀で充当することができなかった。そのため日本の事業家の中には、資本金を銀建てとするため1914年1月13日公布、9月1日施行「公司条例」により中国法人を設立する事例もみられた[62]。しかし同条例の規定では日本人経営企業の保護が十分に期待できなかった。この不利を打開するため、日本の法律により銀による出資を認めることを要望し、その結果「支那ニ本店ヲ有スル会社ノ資本ニ関スル法律」1923年3月31日公布、8月15日施行となった。新たな日本の法律により、中国における日本法人の資本金の銀による払込が認められた。因みにこの法律施行前の銀資本金により設置された日本人経営の中国法人は、農業2、工業21、金融業5、運輸倉庫業5、貿易業24、合計57、公称資本金2935.9万円、払込1041万円である[63]。かなりの銀資本出資の需要が見られた。この法律公布後の銀による出資の合弁法人設立はかなり容易になった。ただし満州における合弁法人の件数はもとより少ない。この法律施行後の銀資本出資の合弁法人として確認できる事例は、1926年の満州企業の一覧では株式会社はわずか1件、1923年9月設立の株式会社東山鉱山公司（本店鉄嶺、資本金10万元、4分の1払込）のみである。これ以外には法人形態が不明の1924年4月設立の復興公司（本店本渓湖、資本金50万元（奉天小洋票）全額払込、日中折半出資）以外に確認できない[64]。この法律の適用を受けた法人は関内の上海本店法人にはかなりの件数でみられるが、満州では有効に活用されなかった。

2　初期満州国税制

満州占領前の東三省でも流通税を中心に広範な税目があった。省政府で課税されるのみならず、その下位の政府の財政収入のため別に課税されていた[65]。伝統的な中国の税制体系では、関税と事実上の塩専売に近い塩税を主とするが、それ以外にも物財の流通課税を中心に課税体系が編成されていた。他方、所得課税は微弱である。所得課税には所得補足の必要等で税務執行上の負担の問題もあるが、それ以上に釐金として知られていた内国流通課税を中心とする中国の租税思想に根ざすものといえよう。

初期満州国財政が直面したのは、予算制度とならび税制の確立である。1932

年6月26日に大連他9ヵ所の海関を接収し、関税徴収を開始した。国民政府はそれを事実上黙認し、大連海関を筆頭に営口海関等は満州国の管理下に置かれた[66]。満州国の海関と関税制度の経緯はここでは省略し、関税・屯税を除く国税の税目に論点を限定しよう。

　満州国財政部は1932年3月1日の満州国体制出現後、租税制度構築に多くの時間を割かねばならなかった。税目の法律的整備のみならず、税務執行体制を確立し、それにより徴収を確保する必要に迫られていた。それなしで満州国財政は維持し得ない。満州国以前の時期にも、税目は表面上、国税と地方税とに区分されていたものの、中央集権が確立できなかったため、国民政府の徴税権が東北の各省に対し、事実上棚上げにされたままとなっていた。満州国樹立後、徴税範囲を確定するため、1932年9月13日財政部訓令「国税地方税分案」により、現行税制の徴税機関にかかわらず、従来、中央政府・省政府の歳入に属していた税目は総て国税とし、その他の税目は地方税とし市県の収入とした。これにより規定された満州国国税は、関税、塩税のほか砿税、煤税、営業税、銷場税、牲畜税、漁税、出産税、酒税、統税等があり、そのほかこれらの租税に付随する捐費、および従来、中央政府の国民政府に属した税目のうち、一部を除きすべて国税とした[67]。中国では地方で従来の財源とした税収を安易に中央に移転することはなく、そのまま地方財源に取り込んでしまう場合も珍しくなかった。たとえば東三省では東北辺防軍軍事費充当のためという名目で税収が中央に移転されずに、そのまま東北における財源となった[68]。

　併せて税率の見直しも行ない、従来の軍閥軍事費財源調達を主たる目的とした高税率を是正し、負担を緩和して不満を回避した。また既存執行体制をほぼ承継したこともあり、満州国は従来の税目を踏襲したため、その課税体系は著しく流通課税に偏重し、所得を中心とした収益課税は乏しかった。満州国設立前の東北財政の事例として、1930年度奉天省歳入では、税収に占める消費税74.8％、収益税16.6％、交通税8.6％という構成となっており[69]、所得課税の比重は著しく低いものであった。この計算の基礎となる税目には海関で課税する関税・屯税および専売制度に近い塩税は除外されており、これらを加算すると流通課税はさらに比重が高くなる。関税・屯税・塩税を加算した満州国大同元年度予算では、消

費税 87.7％、収益税 7.8％、交通税 4.5％という構成となっていた[70]。そのため初期満州国の租税体系は日本の税体系と大きく異なり、著しく間接税に偏重したものとして成立した。とりわけ特徴的なことには、初期満州国は個人・法人に対する所得税を持たない。収益税として分類されるものは、田賦、牙税、統税、烟酒牌照税等の営業税に限定されている[71]。そのため日本の「所得税法」による個人・法人に対する所得課税のような税目は皆無といえた。こうして初期満州国は占領前東三省の税制を大枠で踏襲し、省別税率格差を軽減しつつ統一するといった調整を加えたにすぎないものであった。その後、満州国を日本型租税国家に改造する努力が日系官僚によってなされる。

ところで先述のように伝統的に中国の課税体系は流通課税であり、軍閥の省政府時代には軍事費調達のための過大な税負担が課されてきた。満州国設立後に旧来の税目の税率の引下げを実行し[72]、占領地大衆の反感をそらしていたが、財源確保のため基本的に旧来の税制を撤廃することは考慮されなかった。既存の税目の上にさらに新たな税法体系を導入し、満州国の税制として確立する。その税法の公布を通観しよう。1933 年 4 月 13 日「釐金税収入印紙発行ノ件」公布で、中国の伝統的な財の地域間移動に伴う課税を導入した。11 月 30 日に「出産糧穀税法」が公布され、12 月より糧穀を扱う事業者への糧石取扱に対し課税し、穀物流通課税を統一した。1934 年 6 月 18 日に「巻菸税法」公布で煙草取引に課税した。また 8 月 29 日に「木税法」を公布し、木材搬出に課税した。さらに 1935 年 12 月 26 日「三種統税法」公布により、吉林省・熱河省で綿紗、麦粉、水泥（セメント）の流通課税が施行されていたが、法律として満州国全域に課税するものとなった。その後 6 月 29 日「営業税法」と「法人営業税法」を公布し、個人と法人の営業に課税を行なうことで、所得課税への移行を準備した。さらに 7 月 29 日に「酒税法」を公布し、醸造業者から徴税する体制を確立した。これも日本の「酒造税法」（1896 年 3 月 28 日）とほぼ同様の酒造業者を納税義務者とした課税である。また 5 月 15 日の「地税法」公布で、地価標準による資産課税を導入し、土地所有権、商租権等の不動産権利の確定に伴い、同日の「契税法」公布で、これらの契約の登録に課税した。

特に税制の日満関係で注目される 1936 年 6 月 10 日「満州国ニ於ケル日本国民

ノ居住及満州国ノ課税ニ関スル日満条約」の締結で、同月12日に「南満州鉄道付属地営業税令」と「南満州鉄道付属地法人営業税令」を公布し、課税の治外法権撤廃に伴い満鉄付属地における満州国の「営業税法」と「法人営業税法」の課税回避を監視し、臨時関東税務署及び税務所設置で対処した。満州国における特許権等の知的所有権の保護体制と連動し、4月9日に「特許登録税法」と「意匠登録税法」を公布した。7月1日に「菸税法」を公布し、葉煙草耕作者および製造者に課税を追加した。さらに12月3日に「印花税法」を公布し印税規定を確立した。このように初期満州国において、従来の税制を補強するような形で、間接税を中心とした税法体系が組み立てられていった。

　税収を概観すると、1932年度で租税収入9600万円、うち内国税2500万円であり、関税に大きく見劣りしていた。先述のような税目の整理と満州国税としての法的整備を進め、内国税収は増大したが、関税収入も日本との貿易の拡大の中で増大するため、日中戦争勃発まで内国税は徴税の容易な関税収入に届くことはなかった。伝統的な流通課税に偏重した満州の税体系を、日本型租税国家へ移行させるのは容易なものではなかった。

3　日本人への課税と治外法権撤廃

　満州事変後に満州における日本人は急増した。満州における日本人は治外法権で課税の対象外となっているが、個別条約等の規定に基づき日本人への課税が認められている税目があるほか、現実には同様に多くの条約で規定されていない課税黙認が行なわれていた。

　条約や特殊協定で日本人・日本法人への課税が認められている事例を紹介しよう。関税および通商条約に規定されている通過税は治外法権の対象外である。1930年5月6日に締結された「日本帝国と支那共和国との間に締結せられたる関税協定」によって、輸入品に限っては通過税の課税対象外となった。ただし、その協定によると、中国政府は綿糸輸入に対する消費税課税について、課税対象外にせず、そのまま賦課権限を留保した。それを承継した満州国は、輸入関税のほか、輸入綿糸に対し、消費税、すなわち満州国の綿糸統税を課税する法的根拠として日本人への課税を行なっていた。そのほか日本人個人・法人が満州国内の

自治に参画する場合に負担する公課も例外として認められている[73]。個別の協定で日本人・日本法人課税が認められているものとして、満鉄の撫順・煙台炭砿生産品に対する満鉄への課税、本渓湖煤鉄公司への合弁企業ゆえの課税、鉱山事業者への「南満州及東部内蒙古に関する条約」（1915年5月25日調印）に基づく日本の鉱業権に対する課税等がある。その他、「鴨緑江日清合同採木公司章程」（1908年5月14日調印）に基づく、合弁法人の鴨緑江採木公司への課税等があった[64]。

　実際には、これら以外に満州国内で日本人への課税が黙認されてきた。1927年4月18日の南京国民政府成立後、条約で規定した範囲を超えて国民政府側による非居住者に対する課税が実施され、それに対して日本政府が有効な対応措置を取れずにいたため、事実上の課税がまかり通っていた。とりわけ日貨排斥運動の手段として、日本人個人・法人を標的として課税が行なわれる場合も多かった。この満州事変前の東三省における課税黙認が概ね満州国に踏襲された。満州国樹立後は、条約で規定されないそれまでの課税黙認を拒否することも可能であったが、満州国の財政事情に配慮して、日本政府は満州国の踏襲する規定以外の課税に対する黙認を続けた。それまで満州で事業を続けていた事業者は東北軍閥による「不当課税」と認識していたため、満州事変後の税負担軽減を期待していたはずである。しかしこうした期待に反して、満州国による日本人個人・法人への課税の黙認が続いた。この満州国における課税の黙認には、大使館が満州国政府に課税の了解を与えた課税と、そうでない課税がある。日本人個人・法人は条約で規定する納税義務ではないとはいえ、大使館が課税の了解を与える方針を下す場合には、それは日本政府の方針でもあり、在留日本人が課税に応じなければ強制退去もありうるものであった[75]。

　他方、満州国財政部は税源確保のため、日本人課税を必要と見ていた。1934年度経常部予算に関東軍への国防分担金900万円を計上し、土地商租権を全満州国に開放したため、満州国財政部はその代償として日本人課税を承認するべきであるとの立場を取り、国税13種、すなわち、下記のように税目の課税の黙認を日本大使館に対し非公式に要求してきた。1934年4月の満州国の日本人課税状況として、先述の条約・特殊協定上の納税義務のあるものは当然にも納税義務者

であるが、満州事変前から従来も課税の黙認をしている統税（綿糸・綿布、麦粉、セメント、煙草）についてはそのまま課税を続け、さらに新たな税目の課税の黙認要求となった。すなわち火柴公売費、酒税、糧商営業税、田賦、契税、鉱税、営業税、牲畜税、漁税、出産税、塩税、各種地方税という、広い範囲にわたるものであった[76]。そのほか事実上課税されていたものとして、木税がある。それでも日本人は満州国籍者に比べ満州国における課税負担は小さいため、課税回避手段として満州国において日本人名義を借りて事業を行なう満州国籍者が増大していったようである[77]。これが頻発すれば満州国の税務執行上の公平性からみて問題を発生する。満州国財源確保の要請と税務執行上の問題から、1934年秋以降に治外法権撤廃を視野に入れた、満州国における日本人課税問題が注目されるに至った。

　先の1934年の日本人への課税黙認要求に対し、日本政府はそれを了解したため、課税の黙認範囲が拡大した。1935年12月2日対満事務局一部事務官会議決定「日本人ニ対スル国税処理要綱」によると[78]、この時点で課税黙認の税目として承認されている税目として、田賦、契税、出産糧穀税、木税、鉱業税、鉱業登録税、酒税、捲菸税、三種統税（綿糸布・麦粉・セメント）、火柴公売費がある。このうち火柴公売費、田賦、契税等は新たに黙認税目として追加されたものである。さらにその他の税目として、営業税、法人営業税、牲畜税、屠宰税、印花税があり、これらの課税黙認となっていない税目に関して、日本側に黙認させたうえで、1936年7月1日より課税を実行に移すという方針を掲げていた。こうして治外法権が表面上は存続していたものの、日本人・法人への課税範囲は逐次拡大し続けていた。

　このほか在満州朝鮮人については、1909年9月4日調印「間島ニ関スル協約」により、課税の対象とされ、商埠地以外にも居住と土地家屋所有権が認められてきた。ところが満州国体制の中で、1934年に新たに土地所有を認めない動きが生じたため、在満州国朝鮮人は課税に服さない動きが出てきたという[79]。

　こうして満州国前の省政府による課税への黙認の伝統を引き継いで、財源の乏しい満州国がそのまま日本人に対する課税の黙認をとりつけ、さらに黙認の範囲を拡張して、事実上の納税義務者として日本人を取り込み、さらにその課税対象

を拡大した。治外法権撤廃と併せて全面課税に移行する方針を固めていた。そして先述のように 1936 年 6 月 10 日に日満条約が締結され、満鉄付属地における日本人・法人課税の治外法権が撤廃され、満州国の税法が日本人・法人に適用されることとなった。さらに 1937 年 12 月 1 日の治外法権全面撤廃と満鉄付属地行政権の返還で満州国の課税体系が確定する。それにより税源として日本人所得・取引等へ課税が拡大したものの、満州国が租税国家として自立できるまで、所得税体系の強化等で、まだ制度改正に多くの時間を投入しなければならない。

　産業開発計画の発動の中で産業構造が急激に変動するが、その中で 1937 年 12 月 6 日「勤労所得税法」と「自由職業税法」が公布され勤労者と自営業者への所得課税に着手した。これにより自営業者の法人転換が促進された。さらに、1940 年 12 月 28 日「事業所得税法」と 1941 年 11 月 1 日「法人所得税法」と「資本所得税法」が公布され、満州国における税制は所得課税に傾斜する日本型税制への段階的移行を目指すものとなった。法人税制の整備が進み、法人事業の方が個人事業より税負担を軽減しやすいため、法人への転化がその後も続くことになる。ただし資金統制の弱い多数の小規模資本金の法人の設立となる。

4　満州国の中華民国「公司法」の準用

　満州国樹立後、当面する各種の制度設計のための法令作業に忙殺され、満州国全域に新たな会社法制を導入できずにいた。そのため日本の「商法」（会社篇）を参考にして公布された、1929 年 12 月 27 日中華民国「公司法」（施行 1931 年 7 月 1 日）を、1932 年 3 月 9 日勅令「暫ラク従前ノ法令ヲ援用スルノ件」で、満州国の方針に抵触しない限り一律に援用するとして、そのまま暫定的に満州国に適用した。「公司法」以前の中華民国の法人を規定する法令としては、「公司条例」が施行されていたが、国民政府は「公司条例」を全文改正して、「公司法」に改めた。「公司法」は中国の資本主義体制化に対応した法人法制として機能することが期待されていた。ただし満州事変前の満州における中国人設置による「公司法」に準拠した法人は、「公司法」の施行が満州事変直前のためほとんどなかったはずである。

　「公司法」は、法人を無限公司（合名会社に相当、以下同様）、両合公司（合資

会社)、股份有限公司 (株式会社)、股份両合公司 (株式合資会社) に分類し、この規定に基づく法人組織を選択するものとなる。そのため満州国における普通法人は「公司法」の規定に即し、上記のいずれかの形態を採用せざるを得ない。満州国における日本人の普通法人設置は、株式会社組織であれば満州国で登記する場合には股份有限公司、合名会社であれば無限公司、合資会社であれば両合公司となる。この「公司法」に基づき満州国最初の股份有限公司として、1933年7月1日に大興股份有限公司が、満州中央銀行の現業部門を切離して設置された[80]。「公司法」は日本の「商法」(会社篇)と近似しているため、満州国体制になってもそのまま適用可能であった[81]。それが満州国出現後に、急いで「公司法」を廃止し、新たな「商法」(会社篇)の翻訳版を満州国に導入せずに済んだ大きな理由であろう。ただし「公司法」の規程で日本の会社法制と齟齬があるため、日本人事業者にとっては対応しにくい点が多数見られた。

　日本事業者の対満投資促進のため、「公司法」全文改正前に一部修正を行なう。関東軍司令部は1934年5月16日「公司法一部改正ニ関スル件」を審議し、日本人企業の投資上の障害を除去するため、「公司法」とその付属法令のうち利用の多い股份有限公司制度について、緊要な部分の改正を行なうものとした。その改正点は、法人の有限責任社員または株主はほかの会社の株主になる場合に、四分の一の出資額を上限とするとの規程を廃止する、日本の会社法制では、株式会社資本金は四分の一払込で設立可能であるが、「公司法」では二分の一以上の払込で法人設立となり、日本の会社設立を容易にする四分の一払込に基準を引き下げる、株主総会の決議を出席株主の株式の過半数で成立を認める等と修正を加え、そのほか会社の資本金と計算を日本通貨で行なうことを認めることを特別の法律で規程する、日本人の満州国内法人設立は付属地内の業務を主たる事業としない企業については満州国法人とする、との会社法制の修正提案を行ない、同日に満州国実業部に送付した[82]。このうち資本金の通貨について満州国側では1934年6月18日に、満鉄付属地を含む満州国内で設立される会社は特殊のものを除き、必ず満州国法人とすることを了承してもらい、金融業を除き会社の資本金は実業部の許可を受け、外国の通貨をもって定めることを可能とするとの勅令案を取りまとめた[83]。これに対して関東軍は実質的な会社法制の治外法権撤廃を意味する

付属地内企業については受け入れず、満鉄付属地内営業を主とするものを除外するとの原則を付して、満州国側の提案を受け入れた[84]。

　以上の方針に沿って、1934年8月17日公布勅令「公司資本ニ関スル件」で資本金は実業部の認可を得て外国貨幣で定めることを認めた。ただし銀行・保険・信託・無尽・交易所については適用外とした。また満州国法人設立を認める場合には、その本店所在地を満鉄付属地外に設置させることとした[85]。法人登記については、国民政府実業部「公司登記規則」1931年6月30日公布、7月1日施行の規程が同様に準則主義により、満州国に引き継がれたが、満州国による法人登記体制を確立するため、司法部・実業部共同勅令「大同元年3月1日前ニ設立シタル公司ノ登記ニ関スル件」で、3月1日より1年以内に再登記の申請を行なわせ、この期間内に再登記をしない法人は解散とみなすものとした。こうして既存の法人の再登記を強制し、登記簿基準の法人設立年月日が再登記期間に集中することとなった。再登記を行なったことにより、特定年次における法人新設の急増との誤読が発生しやすい。

　なお中華民国の法人法制では、外国法人に関する法制は整備されていない。そのため既存の治外法権による保護がなければ活動しにくい状況にあった。満州国の「公司法」に準拠した股份有限公司を設立することを好まなければ、日本人事業者は関東州・満鉄付属地で日本法人登記をして、そのまま治外法権に守られて満州国でほぼ内国民待遇で事業を行なうことができた。しかも満州国になってからは、日本法人の事業に排他的な扱いはさほど取られなかった。ただし例外として財源確保のため、先述の税制上の課税強化等がある。そのため満州国法人として「公司法」の適用を受けて股份有限公司を設立して事業を行なうか、満鉄付属地で登記して日本の「商法」の規定に従って法人として事業を行なうかで選択できた。

5　特殊会社の法制

　満州国の特殊会社制度はある程度日本型の特殊会社制度を導入したものである。日本の植民地のための特殊会社として、個別の法令に基づき設置された事例も多い。たとえば1906年6月7日勅令「南満州鉄道株式会社令」による満鉄や、1908

年8月27日「東洋拓殖株式会社法」による東拓などがこれに該当する。満鉄は植民地満州の一部をなす大連に本店を置いて設置された特殊会社で[86]、日本の対満投資の中心に立った。追い詰められた戦時統制経済の補強者として、関東州を本店とする日本の特殊会社は増設される。すなわち1943年6月2日勅令「関東州住宅営団令」により、関東州住宅営団が、日本の住宅営団に倣って設置され、1944年7月26日勅令「関東州産業設備営団令」により、関東州産業設備営団が、日本の産業設備営団に倣って設置され、さらに1944年8月9日勅令「関東州価格平衡金庫令」により、関東州価格平衡金庫が、満州国の経済平衡資金部に倣って設置された[87]。

満州国における特殊会社制度は日本の特殊会社の政府出資法人に近い制度である。満州国の特殊会社とは、1933年3月1日「満州国経済建設要綱」で、「国防的若クハ公共公益的性質ヲ有スル重要産業ハ公営又ハ特殊会社ヲシテ経営セシム」としたが、民間企業側の懸念があるため、翌年6月27日「声明書」により、国防上重要産業、公益事業および一般産業の基礎産業である交通、通信、鉄鋼、軽金属、金、石炭、石油、自動車、硫安、曹達、採金、採木等について特別の措置を講ずるものとし、それ以外の分野については広く民間の進出を歓迎するとして、懸念の払拭に努めた[88]。満州国に導入された特殊会社については、①法令に基づく会社、②満州国と他国の条約に規定される会社、準特殊会社については、①政府出資の会社、②会社設立の際に命令を受けた会社、③定款に政府の干渉を規定した会社、④産業法規により政府の命令監督を受ける会社、のいずれかにあるいは複数に該当する[89]。ただし個別設置法令が公布されても準特殊会社の事例もある。準特殊会社を特殊会社にしない理由として、満鉄・満業・東拓・満州中央銀行等の関係会社であり、特別の法令で政府介入を規定する必要が乏しかったためである。そのほか当初は準特殊会社として設置されたが、業種別統制権限を法律で規定して特殊会社に転換した事例もある。たとえば準特殊会社の満州棉花股份有限公司が特殊会社の満州棉花株式会社に転換した[90]。逆に特殊会社から普通法人に転換した満州炭砿株式会社の事例もある。そのほか政府出資の普通法人もあり、上記の基準の例外もある。

満州国で特殊会社は多数設置されたものの、「特殊会社通則法」のような法律

は公布されず、特殊会社全般を規定する法律はない。特殊会社が日本法人と満州国法人、日満条約法人により成り立っているため、それを満州国の法律で一元的に規定することは不可能である。また準特殊会社については、もとより個別法人設置法令がなく、事実上の地域的あるいは業種的独占が認められている法人が該当する事例があるため、個別の法人設置を規定した法令は必ずしも必要ではない。特殊会社と準特殊会社の区分にはやや曖昧なものがあり、また準特殊会社と普通会社との区分にもあいまいな面が残る。ただし満州国の特殊会社については、すべて設置法か設置条約がある。

1936年7月24日に関東軍司令部は「満州国特殊会社及準特殊会社ノ指導監督方策」を決定し、満州国国務院に通知した[91]。それによれば満州国政府の監督機関の充実を図り、満州国産業政策全般の見地から、役員任期等の人事・役員等給与・事業計画・利益金処分で指導するものとした。これに対応して、総務庁企画処は1936年8月29日に「特殊会社指導監督方策ニ基ク処置要領案」をまとめているが、特殊会社監督を一元的に統制するため総務庁に関係各部で組織する委員会で基本方策を決定させ、実業部における監督機構の一元化をはかりそれを強化するとの方針を打ち出した[92]。実業部の監督権限の強化はほかの所管部署の監督権限の圧縮となる。日本の中央省庁から派遣された職員は官僚制のセクショナリズムから監督権限の後退となる決定を受け容れないため、諒解を得ることが難しく、特殊会社を統一的な基準で特定の部署が監督するという体制は機能しなかったとみられる。

統一的な基準に換え実業部は「重要産業統制法」を提案し、規定される産業の幅を広く取り、同法の所管を通じて権限の拡張を試みた。それにより個別事業法・個別特殊会社法により規定される鉱工業全般を概ね統制する通則法が公布された。重要産業とは勅令により政府が指定するもので、指定業種の事業を営むものは政府の許可制に置かれる、政府は事業者に生産・販売に関し必要な命令を行なうことができる、生産制限等の協定、製造設備の拡張・変更、事業場と法人の解散については政府の許可を得るものとした。「重要産業統制法」は1937年5月1日に公布施行された。1936年11月16日に同法施行により見込まれている指定業者として以下が列記されていた[93]。付属地本店の日本法人、支店法人、関

東州本店法人を含み、兵器製造業では株式会社奉天造兵所、航空機製造業では満州航空株式会社、自動車製造業では同和自動車工業株式会社、液体燃料製造業では満州石油株式会社、満州油化工業股份有限公司、大同酒精股份有限公司、満鉄撫順製油工場、満鉄撫順石炭液化工場、金属製錬事業では株式会社本渓湖煤鉄公司、満州採金株式会社、国立金鉱精錬所、満州軽金属製造株式会社、株式会社昭和製鋼所、日満マグネシウム株式会社、炭砿業では満州炭砿株式会社、満鉄撫順炭砿、毛織物製造業では満蒙毛織株式会社、紡績および綿織物業では営口紡織股份有限公司、奉天紡紗廠股份有限公司、内外綿株式会社、満州紡績株式会社、満州福紡株式会社、麻製品製造業では満日亜麻紡織股份有限公司、満州製麻株式会社、製粉業では日満製粉株式会社、麦酒業では大満州忽布麦酒股份有限公司、哈爾浜麦酒股份有限公司、満州麦酒株式会社、亜細亜麦酒株式会社、製糖業では満州製糖股份有限公司、北満製糖株式会社、煙草業では満州煙草股份有限公司、啓東煙草股份有限公司、老巴奪煙草股份有限公司、東亜煙草株式会社、曹達製造業では満州曹達股份有限公司、肥料製造業では満州化学工業株式会社、撫順炭砿副産物工場、パルプ製造業では東満州人絹巴爾普股份有限公司、満州パルプ工業股份有限公司、日満パルプ製造股份有限公司、東洋パルプ股份有限公司、康徳葦パルプ股份有限公司、鴨緑江製紙株式会社、油房業では満州大豆工業株式会社、大連油脂工業株式会社のほか旧来の事業者365件、セメント製造業では大同洋灰股份有限公司、満州小野田洋灰股份有限公司、哈爾浜洋灰股份有限公司、本渓湖洋灰股份有限公司、満州洋灰股份有限公司、撫順セメント株式会社、関東州小野田セメント製造株式会社、マッチ製造業では吉林燐寸株式会社、日清燐寸株式会社、宝山燐寸株式会社がある。以上のうち個別特別会社法や個別事業法で規定されている会社も多いが、これらをより強力に「重要産業統制」で統制下に置くことになる。列記された日本法人は治外法権撤廃で満州国法人に転換するか、外国法人支店事業所となるため、これらも併せて統制下に置かれることになる。

　事実上同一の事業を、日本法人と満州国法人の両建とした事例がある。1937年9月7日設置の満州鴨緑江水力発電株式会社と朝鮮鴨緑江水力発電株式会社で、前者は満州国の特殊会社、後者は朝鮮の特殊会社として出現した。両社のバランスシートは2社に均等に分割して区分経理されている。そのため2国本社法人の

ような事例とはみなせない。国籍を異にする 2 社で同一の事業に従事しているという形態が取られていた（「鴨緑江及図們江発電事業覚書に関する件」1937 年 8 月 23 日産業部布告）。また両社の資本金は常に同額とし、両社は資本金の 2 分の 1 の株式を相手国側の株主に保有させ、さらに両社の株主に両社の株式を同数保有させ、両社資産負債は両社共同とし、両者の事業経営により生じた損益は両社に均等に配分することにした[94]。したがって両者の事業内容は当初からその負担・損益等において完全に統合され、それが折半されている。

　別の事例として、満州拓殖公社に吸収合併される前の、満鮮拓殖株式会社と鮮満拓殖株式会社がある。この両社は満州における朝鮮人移民事業を行なうものである。満鮮拓殖は 1936 年 6 月 26 日「満鮮拓殖股份有限公司法」により、同年 9 月 14 日に満鮮拓殖股份有限公司として設置された（本店新京）。払込資本金 750 万円の特殊会社である。「会社法」施行後、1938 年 7 月 21 日に設置法が「満鮮拓殖株式会社法」に改められ、法人名も満鮮拓殖株式会社に改称された。別に特殊会社の日本人移民事業のための満州拓殖株式会社があり混乱しやすいが別法人である。鮮満拓殖は 1936 年 6 月 4 日制令「鮮満拓殖株式会社令」により、満鮮拓殖より先に、同年 9 月 9 日に設置された日本法人である（本店京城、資本金 800 万円全額払込）。両社ともに特殊法人であるが、政府出資法人ではない。両社にはいずれも政府出資がなされなかったのみならず、満鮮拓殖への満州国側出資はなく、その資本金の全額が鮮満拓殖から出資される。他方、鮮満拓殖への出資者は、満鉄、東拓、朝鮮殖産銀行、朝鮮銀行、三井物産株式会社、株式会社三菱社、株式会社住友本社、生命保険各社等が出資していた。財閥系等の民間企業の出資は政府の要請によるものであろう。両社の事業は事実上一体化し、役員も同一であり、前者では総裁、後者では理事長と名称は異なるが同一人物が就任していた[95]。1941 年 10 月 27 日に満鮮拓殖の設置法は廃止され、同日に廃止となった。この両社の事例は、名を二つ持ち、二つの国に分かれていながら資金は朝鮮の会社が負担し、事業は一つという事例である。

6　為替リスク回避の二重法人化

　満州国では 1932 年 7 月 1 日に満州中央銀行が設置され、満州中央銀行券で満

州国通貨統一を図り、満州国は銀系通貨の満州中央銀行券で統一された[96]。満州国で事業を行なう日本法人は満州中央銀行券建で取引をすることとなった。その後の満州国体制の安定化によりカントリーリスクは低下したものの、1930年代前半の銀相場の下落で、日本の対満州直接投資の会計勘定を銀建取引にするリスクを抱えた。そのため一部の日本法人は国内の株主の意向もあり、為替リスク回避のために、現業部門を満州中央銀行券建の現地法人として分社化して切り離し、日本法人は円建のまま持株会社化した。それにより日本法人本体としての為替リスクを表面的に分離する体制となった。事業の実態を満州国事業法人の「公司法」に基づく子会社の股份有限公司に任せ、その実質管理を日本法人の株式会社が行なうという体制となった。実際には、持株会社も奉天にそのまま本社を置き、事業法人も奉天に置くような事例があり、会計上の操作のためのみの設立であった。そのため満州国において活動した法人の払込資本金を集計する場合には、この操作により法人数が事実上二重計算に近い状態となる。こうした事態への対処を迫られた結果として、先述の1934年8月17日の公司の資本金の外国通貨、すなわち日本円建計算の承認となる。この措置により資本金部分については為替変動リスクから除外されたが、それ以外の計算項目については、為替変動リスクを抱えたままとなる。

　そのため為替リスク回避のための二重法人設立を採用した事例が発生する。例えば日満製粉株式会社がある。関東軍の設置斡旋により、日本内製粉業者各社の出資で1934年6月25日に設立された日本法人日満製粉株式会社は、設立時から満州国法人となることを求められた。しかし「公司法」の規定が、日本側出資者になじみがないため、当初は日本法人として出発し、後日満州国法人へ転換すると約束して事業に参入した。しかし日満製粉はそのまま日本法人であり続けたため、関東軍側から満州国法人に転換することを強く求められた。この間、1935年12月に満州中央銀行券と日本円の等価が実現したが、それが永続性を持つと必ずしも予想できなかったこともあり、1936年12月15日に「公司法」に基づく満州国法人日満製粉股份有限公司を設立し、日満製粉株式会社の全事業資産を譲渡して操業させた形にして処理した[97]。日本の「商法」会社篇が適用され、かつ付属地治外法権を享受できるため、日本法人は法人法制体系の異なる満州国へ

満州国法人として直接進出には逡巡する事例が少なくなかったとみられる。その後、後述のように治外法権撤廃・「会社法」公布で、満州国法人に切り離しておく必然性が薄れ、日本法人が満州国法人に転換し、現業の満州国法人を吸収合併することになる。

7　「会社法」

1937年6月24日に満州国は「商人通法」、「会社法」、「運送法」、「倉庫法」、「海商法」等を公布した。これより前の5月13日には「手形法」、「小切手法」も公布している。そのほか同じ時期の個別業態法の公布を列記することができる。このうち「商人通法」では商業登記、商号、商業帳簿、営業譲渡、代理商、仲立人、問屋、匿名組合等を規定し、商業登記体制と商業行為者とその行為者の位置づけを行なった。

当初の満州国の法人体系は、基本的に「公司法」を承継しているため、普通法人としては股份有限公司等が一般の法人の形態である。満州国でも個別特殊会社については、個別の特殊会社設置を規定した法律でその法人の内容を規定できるが、満州国普通法人の場合に会社法制上「公司法」に準拠せざるを得ない。日本法人のまま満鉄付属地で事業を継続する途も残されていたことも、「公司法」の暫定施行と「会社法」公布が遅れた理由である。しかし1937年の産業開発計画発動後に法人設立が急増すると、日本の対満州国投資は急増し、それに伴い日本人経営の法人が満州各地で事業を展開する事例が急増し、日本法人と満州国法人の並立の齟齬が拡大したと見られる。そのため満州国の会社法体系を日本型に切り替える必要が生じた。さらに治外法権撤廃と付属地行政権返還が日程に乗り、結局満州国に日本の会社法制をそのまま導入することとなった。そして1937年6月24「会社法」の公布、12月1日施行となった。1937年12月1日満鉄付属地の満州国移譲に伴い、付属地を本店とする日本法人もすべて満州国法人に切り替えられるため、日本型会社法の公布がふさわしかった。法人の国籍だけが問題となり、それ以外の法人形態については、満州国法人と日本法人の規定は大差なかった。

他方、先述の為替リスク回避のための法人は、1937年12月1日の治外法権撤

廃・満鉄付属地移譲に伴い、満州国の株式会社に転換し、併せて事業法人の股份有限公司を本体に吸収合併した事例が多い。先に紹介した日本法人日満製粉株式会社は1937年12月1日には日本国法人から満州国法人化に転化した。「会社法」の施行により、法人名はそのまま改める必要がなかった。その後、満州国側の命令により、1938年1月19日に、現業を担当する形にしていた満州国法人の日満製粉股份有限公司は事業資産を日満製粉株式会社に移譲して解散した[98]。

「会社法」で株式会社・合名会社・合資会社を定義した。特に株式会社についてはその設立、株式会社の株式、株式会社の機関としての株主総会・取締役・監査役を位置づけ、会社の計算、社債発行、定款変更、会社整理、解散、清算を規定した。また合名会社の設立・対内外関係・社員の退社・解散等を規定している。合名会社の規定の多くは合資会社にも適用されている。最低資本金の規定はないが、1株50円、4分の1以上の払込で設立するとして、日本と同じ規定が盛り込まれている。中国語の対訳法文でも「株主」、「株券」、「株式会社」、「合名会社」、「合資会社」、「株主総会」、「発起人」、「総会」、「清算人」が用いられている。他方、日本語と違う用語は「取締役」が「董事」、「監査役」が「監査人」、「社長」が「董事長」、「債権者」が「債権人」とされ、一部異なるがほとんど日本の用語が導入された。こうしてこの法律により満州国はほとんど日本と同じ会社法体系に置かれた。これにより日本人の株式会社設立が容易になる。もちろん設立後の増資も容易である。この法律より先に満州国で「民法」、「破産法」が公布され、会社法制は一段と整備されていた。

この「会社法」により、満州国の股份有限公司は株式会社、両合公司は合資会社、無限公司は合名会社と改称した。治外法権撤廃に伴う会社法制の切り替えにより、満鉄付属地、中東鉄道付属地および満州国内各地商埠地で日本法人本店を設置して活動していた法人は満州国法人に転換する。治外法権撤廃前の1936年6月2日総務庁企画処がまとめている集計によると、日本法人は株式会社240社、合資会社643社、合計883社が満州国法人に転換するものとされた（**図表Ⅰ-1-1**）。そのほか日本法人で満州国内支店営業をしていた法人のうちで、別法人として満州国内本店を設置するものとして4件ある。これに該当するのは東亜煙草株式会社（本店東京）、国際運輸株式会社（本店大連）、満州急送貨物運輸株式会

図表 I-1-1　満州国法人転化見込件数

(単位：件)

	法人新設		本店設置	支店設置	
	株式会社	合資会社	株式会社	株式会社	合資会社
銀行	10	―	―	3	―
無尽	6	―	―	3	―
取引所清算会社	4	―	―	11	―
金融売買仲介	28	17	―	26	8
商事	30	357	―	―	321
市場	6	―	―	―	―
紡織染色	6	108	―	5	108
化学	13	―	―	15	―
金属機械器具	11	―	―	5	―
製材木製品	8	―	―	4	―
食料品工業	26	―	―	7	―
雑工業	6	―	―	4	―
窯業鉱業	17	7	―	13	12
電気ガス	4	―	―	2	―
交通運輸	6	17	―	18	46
倉庫保険ラジオ	4	―	―	2	―
拓殖興業	16	8	―	6	24
土地建物	18	21	―	10	13
請負労力供給	2	50	―	7	34
新聞印刷	9	―	―	4	―
旅館娯楽場	6	―	―	―	―
雑業	4	58	―	―	57
合計	240	643	4	145	623

出所：満洲国総務庁企画処「会社統制ニ関スル資料」1936年6月2日（一橋大学社会科学文献情報センター蔵『美濃部洋次文書』H29-1）。
注：紡織・染色の合資会社は「工業」と分類されているものである。

社（1933年10月設立、本店大連）、大連火災海上保険株式会社（本店大連）である[99]。そのため治外法権撤廃と「会社法」施行で、満州国内本店法人は少なくとも887社が出現するものと見られた。6月から12月1日の治外法権撤廃までさらに付属地・商埠地における日本法人の登記が続くため、これをかなり上回る件数の日本法人が満州国法人に転換したはずである。治外法権撤廃後の日本法人支店営業は満州国法人に比べ対政府取引その他で不利な位置に立たされるため、満州国との取引を行なう企業は、満州国現地法人営業に積極的に転換する。

それによりたとえば、先述のように持株会社の日本法人と事業会社の満州国法人の二重構造を暫定的に採用していた事例も満州国法人化させる法人に含まれるため、満州国法人件数の増大は上記の集計よりもやや少なめになる。他方、日本

法人に満州国内本店法人を設置させるとした上記4社のうち、国際運輸（大連）は1937年11月26日に満州国内店舗網を一括切り離し、同名の満州国法人の国際運輸株式会社（奉天）を設立して移譲し、大連の会社がその親会社となり[100]、東亜煙草は満州東亜煙草株式会社を1937年10月25日に設立し（本店奉天）、分離した。大連火災海上保険は1937年12月1日の満州火災海上保険株式会社設立後に解散し事業譲渡し、満州急送貨物運輸はこの情報を整理している時期にはすでに休業中であった[101]。

　「会社法」と後述の「外国法人法」の施行により満州国で新たな企業法制が始動した。政府はこの法体系に沿った法人による事業を奨励した。こうして満州国に多数の日本の会社法制に準拠した会社が設置されることとなった。また満州国法人への転換に当たっては、治外法権撤廃前の奉天等の日本領事館登記法人は、治外法権撤廃と同時にその登記事務は満州国に引き継がれ、そのまま満州国法人として登記されるとの便法を講じた。そのため多数の日本法人がそのまま事務処理の負担なく満州国法人に転換した。法人国籍の再登記を行なう場合には税負担と手数料が発生するが、今回の治外法権撤廃に伴い既存の日本法人が満州国内に本店を有せず支店のみ営業している事業者が、その支店を満州国法人に転換する際に、満州国による法人登記に伴う課税と手数料は、1937年11月30日国務院訓令「満州国ニ於ケル治外法権ノ撤廃及南満州鉄道付属地行政権ノ移譲ニ関スル条約第4条ノ適用ニ関スル件」第7項により免除された。そのため既存満州国内日本法人支店等の満州国法人化は軽便に実施できた。また公司の資本金の外貨による採用を認めた先述の勅令は、満州国の法人体系が公司から会社へと転換したことに伴い、1938年9月15日勅令「会社ノ資本金ニ関スル件」で、経済部大臣の認可を得て金融業を除き外国の貨幣を充当することを認めた。そのほか会社設立を行なったのは、満州国に参入した日本人のみならず、多数の中国人事業家も含まれている。「会社法」施行後に、満州国の中国人経営と思われる多数の法人設立が見られた。

　そのため第1次産業開発5ヵ年計画期に満州国の法人は急増する。1937年7月7日日中戦争勃発に伴い、日本の戦時経済統制は強化され、同年9月10日に「臨時資金調整法」が公布施行された。日中戦争の広がりにより日本の戦時統制

経済が強化され、日本の統制法規が満州国においても導入される。1938年4月1日「国家総動員法」に倣い、満州国でも1938年2月26日「国家総動員法」を公布施行した。日本の設備資金統制の導入から1年を経て、満州国においても1938年9月20日に「臨時資金統制法」を公布施行した[102]。それにより銀行の設備資金に統制が課せられたが、併せて増資・合併・社債発行・株式払込等が経済部の認可制となった。満州国の企業は同法により資金統制を受けるが、小規模企業は適用除外となった。すなわち同日公布の経済部令「臨時資金統制法施行規則」により資本金50万円以上の企業が対象となり、それ以下の企業の設立については規制を受けなかった。そのため資本金50万円以下の企業が急増する。1939年1月から12月25日の間に設置された払込資本金50万円以下の中小法人は737社を数えた[103]。この小企業適用除外枠はその後1939年12月26日「臨時資金統制法」改正で、同日に同施行規則が改正され、50万円から20万円に引き下げられ、20万円以上が統制の対象となると、20万円未満の小企業が急増した。払込資本金20万円以下の法人は株式会社・合資会社・合名会社で1940年に615社、1941年に652社、1942年に735社、1943年に186社の設置をみた[104]。強力な統制経済によって維持される満州国の企業活動の中で、資本金20万円以下が規制の対象から除外されたことに伴い、統制外の自由な経済活動を享受できる小企業として、合名会社・合資会社はもちろん、株式会社でも20万円を下回る企業数が格段に多いという状態になる。そのほか先述の個人課税の強化による小規模法人の税制上の利点もあり、日本人経営のみならず中国人経営の零細法人はこの層に大量に発生した。

8　「外国法人法」

先述したように初期満州国の会社法制の不備を列記した中に、関東軍側は日満関係について考慮すべき点として、「公司法」で会社を設立する場合の治外法権国人たる発起人や役員に対する罰則取締、満州国内において設立する外国法人に対する監督および課税および外国法人が満州国内に支店営業所を設置する場合の取り扱いを掲げていた[105]。このうち日本人の発起人と課税権は治外法権撤廃とともに片付いたが、外国法人、すなわち日本企業の満州国内営業については、治

外法権が撤廃されるとその活動の法的根拠を失うことになる。

　治外法権撤廃に併せて、満州国における日本法人の支店営業を法的に位置づける必要が発生した。そのため1937年10月21日に満州国は「外国法人法」を公布した。この法律は日本の満鉄付属地返還が施行される同年12月1日に施行された（1937年11月25日勅令「外国法人法施行期日ニ関スル件」）。この法律は外国法人、実質的に多くは日本法人の満州国における全般的な活動を、満州国の「会社法」に準拠して規定したものである。それによれば、外国法人とは、法律または条約によりその成立を認められたもののほか、外国、地方団体および営利法人に限り設置を認め、外国法人は同種類または最も類似する満州国法人と同一の権利能力を有する、ただし法律または条約において特別の規定を与えているものについてはこの限りではない、満州国に支店を設けている外国法人はこれと同種類または最も類似する満州国の会社がなすべき登記と同一の登記をする、外国法人は満州国における代表者を定めて登記し、支店設置の登記を行なう等が定められていた。ただし満州国内で主たる事業を行なう外国営利法人についてはこの法律は適用されず、そのため法律施行後6ヵ月以内に満州国法人への転換を余儀なくされる。

　こうして満州国における外国法人で、満州国内事業が主たる事業とは見なせない法人は、そのまま「外国法人法」に基づき支店・支店代表者等について外国法人登記を行なえば、概ね「会社法」と同等に近い法的保護を受けることができた。日本法人であり続けることを選択した法人は「外国法人法」の規定に従い、支店を満州国で法人登記し、「会社法」に準拠した外国法人としての扱いを受けることになる。先述の1936年6月の国務院企画処集計では、関東州・日本本土・植民地朝鮮を本店とする法人で、満州国に外国法人支店として設置させるものとして、株式会社145社、合資会社623社、合計768社を数えていた[106]。ほとんど日本法人である。

　満州国における日本法人支店は主たる事業を満州国内で行なうものでなければ、そのまま「外国法人法」に従い、日本人として事業を継続することも可能となった。ただし規模の大きな満州国事業については、店舗・事業資産をもとに満州国法人への転換が促進された。外国法人として営業活動を続けるよりも、満州国法

人に転換したほうが有利な状況が発生した。満州国内事業を別会社、多くは完全子会社のような現地法人を設置した例が多い。他方、そのまま外国法人として活動を継続した事業者も少なくなかった。

この対処により、事業の実態は不変でも、日本本土もしくは関東州の事業と分離されて、満州国で事業を行なう法人件数が増大する。日本本土の事業者の支店営業が、満州国法人に転換したため、満州関係の法人の増大が確認できよう。実質的な事業資産規模そのものは満州国現地法人の分離前とくらべ急増したわけではないが、「外国法人法」の適用回避のための満州国内事業の満州国法人化は、法人件数の底上げとなり、しかも一定規模以上の法人でかなり見られた。満州における法人の総資産・払込資本金等の合計数値は、重複を排除して集計できないため水脹れが発生している。満鉄が個別事業を関係会社として分社化した事例にも見出せる。他方、先述のように日本法人・満州国法人の二重構造を解消して水脹れを解消した事例もある。満州国の産業開発計画発動という経済活動の拡大の中での企業活動の範囲は拡大する。満州国の効率的な経済統制にとって、満州国で活動する日本法人の「外国法人法」による満州国法人化は望ましいものであった。特にここで強調したいのは1937年12月1日満鉄付属地行政権返還と治外法権撤廃に伴う法律への対処という側面であり、そのため特定年次で一挙に日本法人が満州国内事業資産を用いた満州国法人への転換を実現した。

9　アジア太平洋戦争期の企業法制

先述の「重要産業統制法」では重要産業と政府が指定した産業に対して、政府がその経営に介入する権限が与えられた。当初から重要産業の範囲は広く設定されていたが、さらにその産業の裾野を広げると、鉱工業全般に及ぶことになる。鉱工業全般に介入する法律として、1942年10月6日に「産業統制法」が公布され、「重要産業統制法」が廃止された。「産業統制法」は産業一般を統制する法律となり、当該業種は事業新設拡張、事業の廃止譲渡、合併解散、休止、定款変更については政府の許可を受ける体制となり、さらに政府が必要と認める統制産業については合併・譲渡・委託等を命ずることができるものとなった。そしてこの法律により統制対象の産業が指定された。その対象業種を規定している1942年

10月6日勅令「産業統制法ノ施行ニ関スル件」によると、全86業種が指定され、たとえば石炭鉱業、紡績業、非鉄金属精錬業、電気機器製造業、航空機製造業、兵器製造業、セメント製造業、製紙業、油房業等が含まれており、鉱工業のほぼ全体を網羅していた。所管については、兵器製造業については治安部、農業用機械製造業、油房業、煙草製造業、製糖業等は興農部、造船業については交通部、その他産業はすべて経済部が統制を担当した。軍需産業や重化学工業のみならず、繊維産業や印刷業等にまで幅広く指定した。こうして政府の幅広い製造業への介入に法的根拠が与えられた。幅広い業種への政府介入が強化は、企業の廃業数の傍証が必要であるが、先述の1943年の中小法人設立の急減の一因であろう。

　さらに軍需生産を強化するため、当該産業は一段と政府の統制下に移される。すなわち1945年4月30日公布「軍需会社法」により、重要軍需物資の生産加工修理を行なう軍需事業に対し軍需会社の指定を行ない、指定を受けた軍需会社は戦力増強の国家要請に応え、全力で事業の遂行に当たらせる、軍需会社には生産責任者を置き、株式会社では取締役を充当する、この生産責任者が代表して業務執行に当たる、軍需会社には基幹的会社を指定し、その会社と協力関係のある企業を協力会社として指定する、軍需会社は主務大臣の認可を受けた場合には株主総会の議決を経ずして業務を執行できる、生産責任者がその職務を果たさない場合には主管大臣が解任できる、また軍需会社の役員および職員等が生産責任者の指揮に従わない場合には、主務大臣がそれらの者に解任を含む懲戒処分を行うことができるとし、政府の増産政策を生産責任者を指定して実施に移させるものとした。この法律は1945年5月1日に施行された。こうして特殊会社を含む主要な製造業者は軍需会社の指定を受け、政府の行政命令に基づいて活動することを求められた。この体制は日本の1943年10月31日「軍需会社法」を模倣したものである。ただし日本の制度で見られたような、特定銀行との融資関係は設定されていない。満州国では大口資金供給を行なう銀行が、満州国法人の銀行としては、満州中央銀行、満州興業銀行と興農金庫に限られていたため、そのような指定は必要なかった。しかし軍需会社制度の導入は日本の敗色の明らかな時期であり、5月以降に指定を受けても、この法律が十分機能する前に日本敗戦となった。

おわりに

　満鉄経済調査会の活動は、満洲国建国を経済政策面で支えただけでなく、その影響が日本国内の戦時経済建設の柱となる5ヵ年計画案に及んだという意味で注目すべき内容をもっていた。むろんその発端は満洲国建国過程での調査会の活動にあったことはいうまでもないが、それが日本を包む5ヵ年計画へと結実していくためには、日本国内での総力戦体制つくりの流れがあり、これが1935年段階で結合していく点が見逃されてはならない。5ヵ年計画は、戦時体制つくりを企図した日満政策集団の結合の姿にほかならなかった。もっともこの結合は、その直後に始まる盧溝橋事件の勃発と日中全面戦争のなかで破綻していくこととなる。

　満州国の法人税制は、満州国前の時期では関東州における日本型法人税体系の導入のほかは、満鉄付属地における法人税制はなく、満鉄への賦課金支払で法人税に代替していた。しかしそこへ東北軍閥の日本企業への課税が試みられ、課税権をめぐり紛議が絶えなかった。満州国は従来の流通課税の税目を整理しつつ、法人に対しては所得課税を重視する税体系を採用した。満州国になっても満鉄付属地の日本法人に対して、二重課税に近い事態が発生し、軋轢が続いた。それが1937年の満鉄付属地返還と治外法権撤廃により最終的に解消された。

　関東州と満鉄付属地には日本の会社法体系が段階的に導入された。満州において中国人との合弁では日本の法制で銀本位による法人設立は困難で、それを緩和する法律が制定され、銀資本の合弁法人の設立が容易になった。満州国出現後に中華民国の「公司法」をそのまま適用して日本支配下満州国で法人の基本法令となった。他方、満鉄付属地ではそのまま日本法制度による会社が設立された。治外法権撤廃と付属地行政権の返還がなされた1937年12月1日に、「会社法」が施行され、これにより日本の会社法制がほぼそのまま導入された。それに伴い満州国の「股份有限公司」が「株式会社」に改称した。日本法人の満州国内の支社は「外国法人法」の規定に従うものとなったが、日本型会社法制が導入されたため、満州国法人に転換し、分離された事例が見られた。

　「会社法」施行後に、満州国法人化で日本との取引の関係で困る場合には、関

東州に親会社もしくは子会社を設置することで、それが日本法人として活動すれば、従来どおりの日本法人としての利点を享受できた。満州国という日本の属領とは別の非公式帝国の性格から、法的な整合性の部分的欠如が発生していたため、満州国内で日本側と一体として事業する際に、法人形態で工夫が必要となった。それが同名の別法人設置、鴨緑江の共同事業の別法人設置等として現れている。日本人のみならず、中国人経営の零細事業も多数の株式会社・合名会社・合資会社として出現したが、それを促進したのは法人の税法上の便益と「臨時資金統制法」の適用除外枠の享受を求めたためであった。

注

1) 吉田裕「関東軍」（浅田喬二・小林英夫編『日本帝国主義の満州支配』時潮社、1986年）。
2) たとえば松野周治「関税及び関税制度から見た『満州国』——関税改正の経過と論点」（山本有造編『「満州国」の研究』緑蔭書院、1995年）がある。
3) 柴田善雅「初期『満州国』財政制度の構築」（宇野重昭編『深まる侵略　屈折する抵抗——1930・40年代日・中のはざま』研文出版、2001年）。
4) たとえば副島昭一「『満州国』統治と治外法権撤廃」（前掲『「満州国」の研究』）がある。
5) 川井伸一「中国会社法の歴史的検討——序論」（本庄比佐子編『戦前期中国実態調査資料の総合的研究』1998年4月）。
6) 小林英夫編『満鉄経済調査会史料』（柏書房、2001年）第1巻、84-86頁。なお第1節は、拙著『満鉄調査部の軌跡』（藤原書店、2006年）第4章第1、第2節をベースに修正を行なったものである。
7) 同前、第2巻19頁。
8) 同前、第2巻、126頁。
9) 同前、第2巻、128-129頁。
10) 同前、第1巻、87-88頁。
11) 「十河委員長『経済調査会ノ事業概要　新任小磯関東軍特務部長ニ対スル説明速記』昭和7年9月22日午前10時特務部会議室ニ於テ」（同前、第3巻、18-38

第 1 章　経済政策と企業法制　57

頁）。
12)『史料満鉄経済調査会』のなかで、経済調査会の活動とその特徴を時期区分して記述したものは「昭和 9 年度経済調査会業務成績考査調書」〔別冊〕である。このほかに経済調査会の活動を時期区分したものは、松本豊三編『南満州鉄道株式会社第三次十年史』、同『昭和十年度満鉄調査機関要覧』などがある。「昭和 9 年度経済調査会業務成績考査調書」〔別冊〕は、そうしたもののなかでは比較的古いものであろう。
13)「昭和 9 年度経済調査会業務成績考査調書」〔別冊〕、(『満鉄経済調査会史料』第 3 巻、134‐135 頁)。
14) 前掲『満鉄経済調査会沿革史』第 1 巻、89 頁にもみられる。
15) 十河信二「経済調査会ノ事業ニ対シ協力方依頼ノ件」(『満鉄経済調査会史料』第 3 巻、409‐410 頁)。
16)「奉天社員倶楽部ヲ事務室トシテ使用方ノ件」(同前、第 2 巻、251 頁)。
17) 同前、第 2 巻、257 頁。
18) 同前、第 2 巻、263 頁。
19) 同前、第 2 巻、266 頁。
20) 同前、第 3 巻、41 頁以下。
21) 同前、42 頁。
22) 同前、43 頁。
23)「特務部長訓辞」(同前、第 3 巻、362 頁以下)。
24)「経済調査会ノ事業概要」(前第 3 巻、16 頁以下)。
25)「小磯特務部長挨拶要旨」(同前、第 3 巻、362 頁以下)。
26)「経済調査会関係会議要録」(同前、第 5 巻、333 頁以下)。
27)「長春移転ニ伴フ事務所ノ件」(同前、第 2 巻、270、284‐285 頁)。
28)「昭和 9 年度経済調査会業務成績考査調書」〔別冊〕(同前、第 3 巻、139 頁)。
29) 同前、第 2 巻、282 頁。
30) 同前、第 3 巻、135 頁。
31) 同前、第 2 巻、30 頁。
32)「昭和 9 年度径済調査会業務成績考査調書」(同前、第 3 巻、139 頁)。

33）同前、第2巻、302頁。
34）「経済調査会東京支部ト関東軍トノ連繋ニ関スル件」〔別冊〕（同前、第2巻、29頁）。
35）同前、第2巻、27頁。
36）同前、第3巻、72頁以下。
37）同前。
38）同前。
39）同前。
40）同前、第3巻、117頁以下。
41）同前、第3巻、123 - 128頁。
42）同「別冊」（同前、第3巻、136頁以下）。
43）同前。
44）同前。
45）同前。
46）同前。
47）同前。
48）満鉄経済調査会『満洲経済統制策』（南満洲鉄道株式会社、1932年）。
49）同前。
50）松井春生『経済参謀本部論』（日本評論社、1934年）。
51）同前、291頁。
52）古川隆久『昭和戦中期の総合国策機関』（吉川弘文館、1992年）。
53）この間の経緯と研究成果の検討に関しては小林英夫『増補「大東亜共栄圏」の形成と崩壊』（御茶の水書房、2006年）第3編参照。
54）小林英夫『帝国日本の総力戦体制』（有志舎、2005年）参照。
55）平井広一『日本植民地財政史研究』（ミネルヴァ書房、1997年）248 - 254頁。
56）同前、254頁。
57）南満州鉄道株式会社総裁室地方部残務整理委員会『南満州鉄道付属地沿革全史』（1939年、龍渓書舎復刻、1977年）参照。
58）南満州鉄道株式会社社長室調査課『満蒙に於ける各国の合弁事業』(1)（1922年）

174-178 頁。

59) 同前、(2)、63-73、86-87、155-157 頁。なお本渓湖煤砿公司は 1911 年 10 月 6 日に本渓湖煤鉄有限公司と改称した。

60) 同前、207-209 頁。

61) 同前、73-75 頁。

62) 「公司条例」施行以前の時期の中国会社法制は、1903 年公布「大清欽定商律」とその付属法令の「公司律」であった（同前、(1)、163 頁）。

63) 「支那ニ本店ヲ有スル会社ノ資本金ニ関スル法律」ニ関スル件」（外務省記録、議 TS-3）。

64) 南満州鉄道株式会社調査課『満蒙における日本の投資状態』（1928 年）。

65) 東三省の各省できわめて多岐にわたる税目が課税されていた。これについては財政部税務司『建国後ニ於ケル内国税制度整理改善ノ概要』（1935 年 3 月）参照。

66) 前掲「関税及び関税制度からみた『満州国』」参照。

67) 南満州鉄道株式会社経済調査会第 5 部『満州国現行租税制度』（1933 年 1 月）1、7 頁。

68) 同前、6 頁。

69) 同前、20 頁。実際には収益税として分類されているものが消費税に該当するため、奉天省の税制を再計算すると消費税は 80.8％、収益税 11.0％、交通税 8.2％になるという試算がなされていた（同前、22 頁）。

70) 同前、23 頁。

71) 同前、18 頁。

72) 1932 年 1 月現在の田賦と営業税の滞納額を免除し、同年田賦税率を半減し、警費・塩捐を 1932 年 12 月より廃止し、同 12 月より 1933 年 6 月まで契税罰則の適用を停止した。このほかかなりの税目の負担軽減を行なっている（財政部税務司『建国後ニ於ケル内国税制度整理改善ノ概要』1935 年 3 月、21-23 頁）。

73) 南満州鉄道株式会社経済調査会『満州国邦人課税情況』（1934 年 7 月現在）3-4 頁。

74) 同前、5-9 頁。満鉄の炭砿については、さしあたり蘇崇民『満鉄史』（中華書局、(1990 年、邦訳『満鉄史』山下睦男ほか訳、葦書房、1999 年）および本書第 II 部第

8 章を参照。

75）前掲『満州国邦人課税情況』16-19 頁。

76）「本邦人及本法人貨物に対する満州国課税一覧表」1934 年 4 月 13 日（同前、20-22 頁）。

77）同前、24-25 頁。

78）吉林省社会科学院満鉄資料館 06101。

79）朝鮮銀行京城総裁席調査課『満州国ノ対邦人課税権問題ニ就テ』（1935 年 5 月）（吉林省社会科学院満鉄資料館 06100）。

80）大興公司については柴田善雅「『満州国』における大興公司の活動」（『中国研究日報』第 607 号、1998 年 9 月）参照。

81）「公司法」と「商法」（会社篇）の類似点については、前掲「中国会社法の歴史的検討―序論」参照。

82）関東軍参謀部「満州国公司法暫定改正ニ関スル件」1934 年 5 月 16 日（一橋大学社会科学統計文献センター蔵『美濃部洋次文書』（以下、『美濃部洋次文書』）H16-1-2）。

83）南満州鉄道株式会社経済調査会『満州国国籍並会社国籍及資本方策』（1935 年 9 月）81-82 頁。

84）同前、82 頁。

85）実業部発財政部「満州国法人ノ住所ニ関スル件」1935 年 3 月 13 日（『美濃部洋次文書』H16-1-2）。

86）例外として 1938 年 11 月 7 日設置の日本の法律による関内占領地投資の特殊法人の中支那振興株式会社は上海に本店を置いた。

87）満州国の経済平衡資金部については、柴田善雄『占領地通貨金融政策の展開』（日本経済評論社、1999 年）第 5 章参照。

88）横浜正金銀行調査部『満州国特殊会社制度に就て』（1942 年）105-106 頁。

89）同前、1-2 頁。

90）同前、2-3 頁。

91）『美濃部洋次文書』H37-1-1。

92）『美濃部洋次文書』H37-2。

93）「重要産業統制法指定産業業者一覧表」1936年11月16日（『美濃部洋次文書』H18-39-1）。実業部統制科の作成と思われる。一部の法人名を正式のものに修正している。
94）前掲『満州国特殊会社制度に就て』134頁。
95）満鮮拓殖株式会社・鮮満拓殖株式会社『鮮満拓殖株式会社・満鮮拓殖株式会社五年史』(1941年) 14-26頁。
96）満州中央銀行券による通貨統一については、前掲『占領地通貨金融政策の展開』第2章参照。
97）日満製粉株式会社史『創業五周年史』(1939年) 10-14頁。
98）同前、14-15頁。
99）満州国総務庁企画処「会社統制ニ関スル資料」1936年6月2日（『美濃部洋次文書』H29-1）。
100）『1936銀行会社年鑑』。
101）国際運輸株式会社『国際運輸株式会社二十年史』(1942年)。
102）関東州については1937年11月10日勅令「関東州臨時資金調整令」が公布された。
103）『1942銀行会社年鑑』。
104）同前、『1944会社名簿（20万円以上）』、『1944会社名簿（20万円以下）』。
105）前掲『満州国国籍並会社国籍及資本方策』95頁。
106）前掲「会社統制ニ関スル資料」。ただし外国法人として支店設置させるものの集計後に削除されている株式会社3件を含む。

第2章　資本系列の概要

はじめに

　本章では、在満州法人企業を概観し、その資本系統別グルーピングを試みることとする。概観では、本研究でえられた法人企業データベースの全体像を示す。資本系統別分類にあたっては、敗戦後の『閉鎖機関とその特殊清算』や『日本財閥とその解体』などの諸調査を利用して分類するとともに、1944年3月末を最終調査時点とするこのデータベースを多少とも補うこととする。

第1節　在満州法人企業の概要

1　調査時点別概要

　本研究では、1921年6月末現在から1942年10月末現在にかけての4時点の在満州法人データを分析した。この法人企業データは、日本の対満州支配のあり方によって大きく制度的枠組みが異なるが、各時点の法人数と資本金額（株式会社にあっては払込資本金）とを比較すると、**図表Ⅰ-2-1**のようになる。

　1921年は、すでに戦後恐慌による経済的な打撃と五四運動以降の排日によって在満州日系法人の経営環境は大幅に悪化しており、『1922興信録』においても活動休止ないし解散を予測するコメントが多い。法人総数713社、資本金総額5億6000万円強だが、その68％を南満州鉄道株式会社（以下、満鉄とする）1社が占めている。

　1926年は満鉄庶務部調査課の『満蒙に於ける日本の投資状態』[1]（以下『投資

図表 I-2-1　在満州法

		法人数						
		株式	合資	合名	公司	小計	支店	合計
1921年06月30日		424	238	51		713	151	864
1926年12月31日		454	763	107	23	1,347		1,347
1936年05月31日		746	1,452	244		2,442	79	2,521
	日本法人	621	1,433	234		2,288		2,288
	満州国法人	125	19	10		154		154
1942年09月30日		2,822	2,461	1,239		6,522	231	6,753
	日本法人	506	680	142		1,328		1,328
	満州国法人	2,316	1,781	1,097		5,194		5,194
1943年03月31日		2,439	1,556	925		4,920		4,920
	特殊	35						
	準特殊	30						
1944年03月31日		1,640	69	48		1,757		1,757
	特殊	30						
	準特殊	26						

出所：『1922 興信録』、南満州鉄道株式会社庶務部調査課『満蒙に於ける日本の投資状態』（1928 年）、『1936 銀行会（20 万円以上）』。
注：(1) 1926 年 12 月 31 日の「株式」には「合弁株式会社」数を含む。
　　(2) 1936 年 05 月 31 日の満州法人の形態は、股份有限公司・両合公司・無限公司であり、それぞれ「株式」、
　　(3) 資本金額および平均資本金額の「株式」には満鉄は含まず。

状態』とする）によるものだが、1921 年に対して、資本金額は 13 ％多いが、法人数は 2 倍、とくに合資会社が 3 倍、合名会社が 2 倍となっている。しかし、急増した合資会社では平均資本金額が大きく低下している。逆に合名会社は平均資本金額も増加させている。また、中国籍法人での投資（公司）も掲載され、とくに払込資本金 500 万円を超える札免採木公司や本渓湖煤鉄公司を筆頭に、鉱業・林業の中・大規模法人が多い。

　1936 年は、占領した満州の経済構造再編をめざして、基礎経済工作から生産力拡充計画に移行する時期である。占領後に法人設立が増加したので、法人数で 2 倍弱、資本金額で 2 倍強となった。とくに株式会社の資本金増が多く、法人数では合資会社が多い。満州国は、まず中華民国の会社法を継承したので、満州国籍法人は股份有限公司・両合公司・無限公司の形態をとっている。その総法人数は 154 社でわずか 6 ％だが、資本金額では 20 ％を占め、租借地や付属地の日本国籍法人よりもはるかに大きな平均資本金額を有する。

法人の推移

(単位：千円)

満鉄	資本金額					平均資本金額			
	株式	合資	合名	公司	合計	株式	合資	合名	公司
380,000	162,664	14,762	3,756		561,182	385	62	74	
337,156	233,139	24,717	8,746	30,448	634,205	515	32	82	1,324
584,208	696,872	49,339	18,871		1,349,290	935	34	77	
584,208	421,838	47,597	17,971		1,071,614	680	33	77	
	275,034	1,742	900		277,676	2,200	92	90	
1,026,208	5,232,288	132,619	80,866		6,471,981	1,855	54	65	
1,026,208	324,014	26,422	15,431		1,392,075	642	39	109	
	4,908,275	106,196	65,435		5,079,906	2,119	60	60	
	5,921,653	116,339	87,027		6,125,019	2,428	75	94	
	2,751,658					78,619			
	833,943					27,798			
	6,815,803	22,257	29,620		6,867,680	4,156	323	617	
	2,151,419					71,714			
	977,625					37,601			

社年鑑』、『1942 銀行会社年鑑』、『1943 会社名簿（20 万円以上）』、『1943 会社名簿（20 万円未満）』、『1944 会社名簿

「合資」、「合名」の欄に掲載した。

　1942 年が、関東州租借地と満州国の全法人をカバーしえる最後の時点である。法人数・資本金額とも、付属地行政権が「返還」されていることを割り引いても、満州国籍法人を中心に激増している。満鉄は、依然として最大の企業であるが、改組もあって総資本金での割合が 16％にまで低下している。さらに、関東州所在の日本国籍法人数が減少に転じ、経済の中心地域が満州国内に移りつつあることを示している。

　1943 年のデータは、1942 年の満州国籍のそれと対比できる。資本金額はどの形態でも増加しているが、法人数では株式会社だけが増加し、合資・合名は減少に転じている。また、『満州国会社名簿』では特殊会社および準特殊会社が区分されているので、それを集計するとわずか 65 社で総資本金額の 59％も占めている。

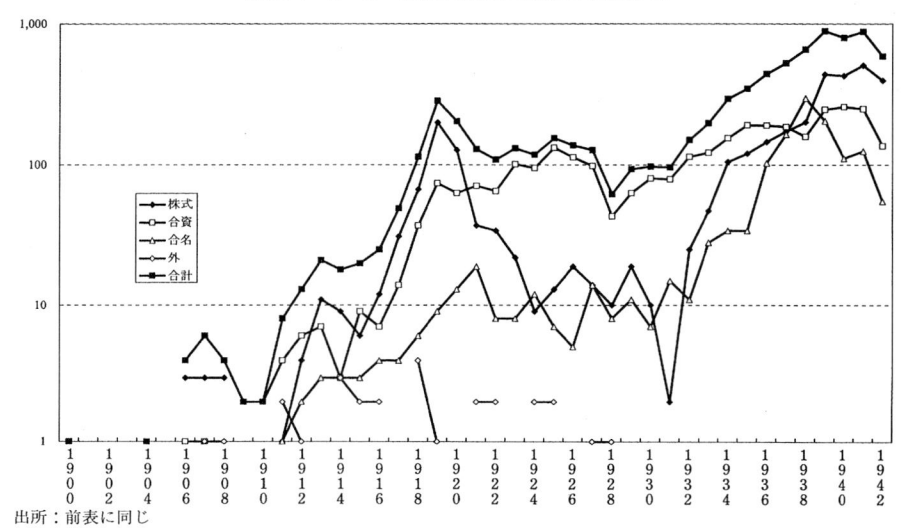

図表Ⅰ-2-2　在満州法人の設立年別分布

出所：前表に同じ

2　設立年別分布状況

　1921年から1942年までの4時点の法人データについて、継続・継承関係を確認の上、設立年別にプロットしたのが**図表Ⅰ-2-2**である。形態を変えた場合は、設立当初の形態で分類される。日露戦後の1906年から毎年、企業設立が見られるようになる。設立法人数は、1910年前後に減少した後、1913年にかけて増大し、さらに第1次世界大戦期のブームに乗って急増したが、1919年をピークとして1928年まで漸減し、昭和恐慌期に若干の設立増を見て、満州国設立以降1940年ごろまで急増している。これを法人形態別に見れば、1920年以前と1939年以後は株式会社が多いが、その間は合資会社が多い。株式会社の設立動向は、全法人設立数の動向を増幅した形となっている。合名会社は、合資よりも平均資本金額が大きく、設立件数は少ないものの株式会社より合資会社に近い設立動向を示し、1936年から急増して1938年には株式・合資よりも多数となった後、減少している。この動向から、満州での広義の日系法人企業設立については、おおまかに日露戦後期（1906～13年）、第1次大戦期（1914～20年）、中国統一期

(1921 〜 31 年)、満州国期 (1932 〜 45 年) と、景気循環と政治外交状況とを考慮した時期区分ができよう。

3 業種別分布状況

業種分類基準は『1922 興信録』、『投資状態』、『銀行会社年鑑』、『会社名簿』でそれぞれ異なっているので、『1922 興信録』のデータに『1942 銀行会社年鑑』の基準を適用して各法人の「目的」により再分類したが、他のデータは再分類していない。また、『銀行会社年鑑』、『会社名簿』の各年版の間でも個々の法人の分類が異なる場合もあり、不安定かつ不完全である。そこで、**図表Ⅰ-2-2** での各法人の継続・継承関係においては、仮に『1942 銀行会社年鑑』の分類に従っている。**図表Ⅰ-2-3** に『1922 興信録』と『1942 銀行会社年鑑』の業種別分布を対比して示す。業種の配列は本書の構成にほぼ合わせてある。

『1922 興信録』では、資本金構成で、満鉄の大きさによる交通・運輸の圧倒的地位 (69 %) が目に付く。これに、銀行業・金融業 (7.5 %)、商事会社 (4.9 %)、土地・建物 (3.3 %) が続く。製造業は、食品工業 (2.7 %)、化学工業 (1.8 %)、製材及木製品工業 (1.6 %) などを合わせて 9.5 %程度であり、その内容はほぼ農林産加工業 (製粉・油脂・有機肥料・製材) といってよい。法人数の構成では、商事会社 (29 %) を筆頭に、交通・運輸 (7.6 %)、食品工業 (7.3 %)、窯業 (6.3 %)、金融業 (5.6 %)、土地・建物 (5.0 %) などが続く、特産取引にかかわる業種が多く、窯業では建材としての煉瓦製造が中心である。金属・機械工業は、自立的な資本主義的再生産構造にとっての要となるが、その構成比はきわめて小さい。このように、1921 年系列の業種構成が示すところは、大豆・高粱などの農産物や森林資源などの取引・輸送・加工に依存した非自立的経済構造である。

20 年後の『1942 銀行会社年鑑』では、資本金額構成における交通・運輸の大きさが緩和されて 19 %にまで低下し、17 %を占める鉱業がこれに次ぎ、以下、商事会社 (8.7 %)、投資会社 (8.1 %)、化学工業 (8.2 %)、金属工業 (7.8 %)、機械工業 (6.9 %)、電気・瓦斯 (4.4 %) などが比較的大きな割合を占めている。重化学工業の拡大に主導されて、製造業は 28 %にまで増大した。その内容も、鉄・非鉄の金属精錬、産業機械・兵器、合成肥料・人造石油などとなり、大きな

図表 I-2-3　在満州法人の業種別分布（上：資本金、下：法人数）

(単位：千円、社)

業　種	1921年06月末				1942年09月末			
	株式	合資	合名	小計	株式	合資	合名	小計
交通・運輸	387,315	799	197	388,311	1,233,429	5,151	2,685	1,241,265
電気・瓦斯	1,330	—	—	1,330	284,500	—	138	284,638
銀行業	29,876	—	—	29,876	95,999	—	—	95,999
金融業	12,189	87	—	12,275	33,934	777	489	35,200
無尽業	—	—	—	—	1,528	—	—	1,528
倉庫・保険・通信	2,388	189	—	2,577	74,668	490	85	75,243
取引所	3,925	—	—	3,925	3,000	—	—	3,000
清算会社	6,625	—	—	6,625	610	—	—	610
市場	250	—	—	250	1,394	—	—	1,394
商事会社	20,528	5,104	1,732	27,363	476,620	44,585	39,763	560,968
投資会社	1,200	—	—	1,200	526,620	—	—	526,620
紡織及染色工業	8,335	100	—	8,435	138,617	1,269	2,511	142,398
食料品工業	13,873	1,042	360	15,274	122,579	4,456	7,450	134,485
鉱業	3,350	130	70	3,550	1,090,939	5,498	1,113	1,097,549
金属工業	605	620	40	1,265	500,532	2,152	766	503,451
機械器具工業	2,025	160	250	2,435	436,970	4,883	3,156	445,009
窯業	3,543	978	95	4,615	105,411	4,312	1,215	110,938
化学工業	9,170	1,185	—	10,355	521,944	5,746	1,948	529,639
拓殖興業	2,697	729	50	3,475	206,387	5,246	4,544	216,177
製材及木製品工業	7,543	1,170	20	8,733	39,198	6,093	1,252	46,543
請負・労力供給	2,050	1,435	560	4,045	77,700	27,247	5,004	109,950
土地・建物	17,495	764	203	18,461	107,209	5,265	4,666	117,140
印刷及製本業	250	20	—	270	13,983	653	183	14,818
其他之工業	1,783	141	—	1,924	133,124	4,085	2,281	139,490
新聞・雑誌	701	—	—	701	5,317	234	—	5,551
旅館・娯楽場	1,043	10	100	1,153	17,933	2,300	904	21,136
雑業	2,578	103	80	2,761	7,884	2,177	715	10,775
分類不明	—	—	—	—	470	—	—	470
払込資本金合計	542,664	14,762	3,756	561,182	6,258,496	132,619	80,866	6,471,981
うち製造業	47,126	5,414	765	53,305	1,751,162	27,925	10,800	1,789,887
業　種	株式	合資	合名	小計	株式	合資	合名	小計
交通・運輸	24	24	6	54	94	93	37	224
電気・瓦斯	9	—	—	9	4	—	2	6
銀行業	25	—	—	25	54	—	—	54
金融業	36	4	—	40	42	37	14	93
無尽業	—	—	—	—	16	—	—	16
倉庫・保険・通信	7	3	—	10	21	7	1	29
取引所	3	—	—	3	2	—	—	2
清算会社	10	—	—	10	3	—	—	3
市場	4	—	—	4	2	—	—	2
商事会社	87	95	21	203	794	1,093	698	2,585
投資会社	2	—	—	2	7	—	—	7
紡織及染色工業	9	2	—	11	72	22	32	126
食料品工業	30	19	3	52	174	116	81	371
鉱業	8	3	2	13	98	63	17	178
金属工業	4	7	1	12	91	39	13	143

業　種	1921年06月末				1942年09月末			
	株式	合資	合名	小計	株式	合資	合名	小計
機械器具工業	5	3	2	10	230	74	41	345
窯業	28	14	3	45	123	69	18	210
化学工業	20	8	—	28	207	67	51	325
拓殖興業	13	10	1	24	124	74	25	223
製材及木製品工業	23	11	1	35	95	84	20	199
請負・労力供給	6	13	5	24	142	286	60	488
土地・建物	24	8	4	36	113	76	40	229
印刷及製本業	6	1	—	7	40	20	11	71
其他之工業	11	6	—	17	188	128	41	357
新聞・雑誌	4	—	—	4	14	3	—	17
旅館・娯楽場	8	1	1	10	25	31	9	65
雑業	18	6	1	25	43	79	28	150
分類不明	—	—	—	—	4	—	—	4
法人数合計	424	238	51	713	2,822	2,461	1,239	6,522
うち製造業	136	71	10	217	974	481	195	1,650

出所：前表に同じ。
注：製造業の内訳は、紡織及染色工業・食料品工業・金属工業・機械器具工業・窯業・化学工業・製材及木製品工業・印刷及製本業・其他之工業である。

比重を持った鉱業を合わせてみれば、地下資源利用の高度加工経済への変貌が著しい。法人数構成では、商事会社（40％）がさらに割合を大きくし、これに請負・労力供給（7.5％）、食料品工業（5.7％）、其他之工業（5.5％）、機械器具工業（5.3％）、化学工業（5.0％）、土地・建物（3.5％）などが続いている。商事会社の内容も、農林産物取引だけでなく機械器具・金属材料などを扱うものが増え、産業構造転換に伴う建設事業の増大から請負・労力供給の拡大もみられた。

『1943会社名簿』で満鉄の大きさの影響を受けない満州国内部の業種分布を見ると、資本金分布において、鉱業が24％とさらに大きく、建設を含む雑業が14％、以下、金属工業（9.8％）、化学工業（9.5％）、その他の工業（7.9％）、機械器具工業（7.0％）、販売と金融を除くその他の商業（5.1％）となり、製造業の割合は42％もの大きさになっている。法人数構成でも、物品販売業が32％、以下、雑業（17％）、その他の工業（9.3％）、食料品工業（7.9％）、機械器具工業（6.1％）、化学工業（4.5％）などが続く。製造業は38％である。商業の集積が厚い大連を持つ関東州との違いも明瞭である。

以上のように、1940年代初頭では、急速な重化学工業化が進展中であることがうかがえ、しかも、従来強調されてきた鉄鋼業だけでなく、産業機械工業の成

図表 I-2-4 満州進出企業の本店所在地分布の変化

(単位:千円)

本店所在地	1922年						1943年			
	株式	合資	合名	小計	支店	総計	株式	合資	合名	総計
安東省	30 7,225	9 362	3 125	42 7,712	7 250	49 7,962	92 68,832	51 4,414	30 2,509	173 75,755
牡丹江省	—	—	—	—	—	—	76 33,693	41 4,207	24 2,637	141 40,537
間島省	—	—	—	—	—	—	157 102,344	29 2,174	38 2,907	224 107,425
吉林省	34 4,014	12 413	4 213	50 4,640	6 358	56 4,998	699 3,172,831	377 26,140	202 19,540	1,278 3,218,511
興安西省	—	—	—	—	—	—	—	1 160	—	1 160
興安東省	—	—	—	—	—	—	—	3 270	—	3 270
興安南省	1 75	—	—	1 75	—	1 75,000	1 198	1 100	4 440	6 738
興安北省	—	—	—	—	—	—	8 2,078	3 63	1 120	12 2,261
錦州省	18 4,773	6 430	2 160	26 5,363	5 0	31 5,363	76 231,389	43 2,262	27 2,026	146 235,677
黒河省	—	—	—	—	—	—	8 1,191	1 80	1 190	10 1,461
三江省	—	—	—	—	—	—	34 105,522	17 1,503	12 765	63 107,790
四平省	8 663	2 25	1 100	11 788	—	11 788	23 6,337	15 1,187	17 1,945	55 9,469
通化省	6 4,625	2 250	—	8 4,875	—	8 4,875	16 147,165	5 452	3 210	24 147,827
東安省	—	—	—	—	—	—	8 101,122	3 290	1 150	12 101,562
熱河省	—	—	—	—	—	—	5 1,824	4 285	1 60	10 2,169
浜江省	16 5,400	—	—	16 5,400	—	16 5,400	175 157,869	181 15,553	144 14,056	500 187,478
奉天省	118 42,596	40 1,985	13 1,190	171 45,771	22 0	193 45,771	1,030 1,781,599	758 55,189	404 38,054	2,192 1,874,842
北安省	—	—	—	—	—	—	10 1,920	6 435	9 828	25 3,183
竜江省	—	—	—	—	—	—	20 5,239	17 1,575	7 590	44 7,404
記載無し	—	1 6	—	1 6	1 125	2 131	500	—	—	500
小計	231 69,370	72 3,470	23 1,788	326 74,628	41 733	367 75,361	2,438 5,921,653	1,556 116,339	925 87,027	4,919 6,125,019

図表 I-2-4 続き

本店所在地	1922年					
	株式	合資	合名	小計	支店	総計
関東州	193 473,294	166 11,292	28 1,969	387 486,554	29 500	416 487,054
その他共計	424 542,664	238 14,762	51 3,756	713 561,182	70 1,233	783 562,415
日本	― ―	― ―	― ―	― ―	67 388,744	67 388,744
朝鮮	― ―	― ―	― ―	― ―	10 50,325	10 50,325
中国	― ―	― ―	― ―	― ―	4 775	4 775
法人数総計 資本金総計	424 542,664	238 14,762	51 3,756	713 561,182	151 441,077	864 1,002,258

出所：前表に同じ。
注：(1) 省名およびその領域は、『1943会社名簿』による。
　　(2) 上段は法人数、下段は払込資本金額（千円）。

長も検出できる。

4 本店所在地別分布状況

　本店所在地別分布についても、1921年と1943年を対比して、その変化を概観しておこう。図表 I-2-4 は、『1943会社名簿』記載の省区分にあわせて『1922興信録』の企業データを分類し、その法人数と資本金額とを集計したものである。ここで、『1943会社名簿』ではなく『1942銀行会社年鑑』を用いると関東州や支店も含まれるのでより正確な対比ができるはずだが、残念ながら、『銀行会社年鑑』の本店所在地データの記載に不備があって省ないし主要都市別の分類が不正確になるため、『会社名簿』を用いることにした。この原データにも、所管地名と法人本店所在地との間に若干の不整合や誤記があるので、本店所在地を近傍のデータ系列で確認することなどにより補正した。

　まず、『1922興信録』では、支店を除いて、大連がその大部分を占める関東州のウェイトが、法人数で54％、資本金額で87％と、ともに大きい。ただし、法人数の多さは、とくに合資会社の多さによるもので、株式会社では50％を割っている。資本金額の大きさは、上述のように、満鉄の巨大さによるものである。関東州以外の後に満州国領域に含まれる地域でも、日本法人はその多くが満鉄付属地に立地しており、中華民国の法権の下にあるものは少数であった。付属地の中でも、奉天省領域（奉天、鞍山、撫順、鉄嶺、開原などの都市を含む）のウェイトが大きく、法人数・資本金額ともにその過半を占めていた。奉天省領域に次いでは、朝鮮と接する安東省領域と長春を持つ吉林省領域および営口を含む錦州省領域が、やや大きな割合を示していた。以上から、大連を中心とし奉天市を副

軸とする日本法人企業の在満地域分布状況が、きわめて明瞭であった。

　満州全域を支配下に置いて産業構造転換政策を推進した20年後には、**図表Ⅰ-2-1**で見たように、関東州の地位が低下した。法人数も減少し、資本金額も満鉄を除けばやはり減少するという絶対的な低下を示した。これに対して、満州国領域では、中国系法人等も補足されたためであるとはいえ、法人数で15倍、資本金額で82倍と、きわめて大きく拡大した。この拡大の中心地は首都の新京特別市であり、これを含む吉林省領域は法人数で25倍、資本金額で694倍もの増大を示し、構成比も法人数で26％、資本金額では53％のウェイトを持つにいたった。法人数では、哈爾浜を含む浜江省領域も、31倍と大きく増加し、その構成比は10％を越えた。奉天省領域は、法人数13倍、資本金額41倍と、伸び率の絶対値は大きなものの、吉林省領域のそれにははるかに及ばず、構成比を顕著に下げている。それでも、法人数構成比では47％と満州国最大の集積を示し、資本金額でも30％を維持している。その他の領域は、合資・合名会社を中心に、新たな法人の補足と新設が見られ、点ないし線から面への、法人活動の地理的拡大が観測されるものの、構成比はむしろ低下した。結局、新京＞奉天＞哈爾浜の三極に偏った法人の設立が進んだと言える。

　ただし、新京の大きさは特殊会社・準特殊会社を中心とする法人の本店の立地によるものであり、事業地を基礎に考えれば、奉天鉄西区や鞍山などの工業地帯を持つ奉天省領域は大きく、鉱山業の顕著な拡大はさらに三都市以外への事業地の分散を示すことになろう。また、商業関係を中心に、その支店・出張所・駐在員事務所のネットワークの拡大も少なくなく、この点からも資本主義的経済環境の拡張が進められたと考えてよいだろう。

5　資本金規模別分布状況

　次に、この構造変化を主導した主体検出のため、資本金規模別分布の検討を行なう。

　資本金規模を、200円から10倍ずつ2億円以上までの7階級に区分し、その法人数と資本金額の動向を示したものが、**図表Ⅰ-2-5**である。資本金200万円以上を「大企業」、2万円以上200万円未満を「中企業」、200円以上2万円未満

図表 I-2-5 在満州法人の資本金規模別分布の推移

(単位：千円)

法人数	1921/06/30	1926/12/31	1936/05/31	1942/09/30	1943/03/31	(特殊会社)	1944/03/31	(特殊会社)
2億円以上	1	1	1	4	6	6	6	3
2,000万円以上	—	1	4	42	42	28	51	28
200万円以上	17	28	73	245	236	26	282	21
20万円以上	*199*	215	327	998	926	5	1,228	3
2万円以上	**398**	**603**	**1,041**	**3,748**	**3,116**	—	186	—
2,000円以上	94	*479*	*943*	*1,437*	582	—	—	—
200円以上	4	16	52	47	7	—	—	—
合 計	713	1,343	2,441	6,521	4,915	65	1,753	55
不 明		4	1	1	5		4	
資本金額	1921/06/30	1926/12/31	1936/05/31	1942/10/31	1943/03/31	(特殊会社)	1944/03/31	(特殊会社)
2億円以上	**380,000**	**337,156**	**584,208**	*2,032,458*	*1,700,378*	1,700,378	*2,030,266*	1,335,244
2,000万円以上	—	22,000	230,750	**2,299,866**	**2,339,396**	1,664,743	**2,686,005**	1,636,250
200万円以上	56,463	*115,994*	*306,598*	1,289,669	1,275,130	216,030	1,482,761	153,925
20万円以上	*95,805*	107,167	157,334	530,349	513,462	4,450	647,476	36,253
2万円以上	28,031	38,044	63,175	307,497	291,481	—	21,173	—
2,000円以上	877	3,825	7,160	12,084	5,165	—	—	—
200円以上	6	19	66	58	7	—	—	—
合 計	561,182	624,205	1,349,290	6,471,981	6,125,019	3,585,601	6,867,680	3,161,672

出所：前表に同じ。
注：太字は最頻値、斜字は第2位の頻度。

を「小企業」、と呼ぶことも可能であろう。読取りの便のため、最頻値は太字、第2位は斜字で示した。また、1943年と1944年には特殊・準特殊会社の法人数・資本金額も記入した。

1943年までのいずれのデータでも、法人数の最頻値は2万円以上20万円未満の階級（「中企業」）にある。ただし、次位の階級は、1921年ではその1ランク上の20万円以上200万円未満であったが、次の3時点では1ランク下の2000円以上2万円未満の階級（「小企業」）であった。とくに36年には、この階級が4割に近い。20年代と30年代前半は、おおむね「小企業」が増大した時期といえる。ただし、満州国設立以降、投資の中心が満州国地域に移行していくため、新設法人の資本金規模の上昇は、満州国地域でより早く進行したと推測できる。

ところで、この分布からは、満州は「中企業」が分厚く存在する地域であったように見えるが、それはこのデータが法人企業に限定されているためである。個人企業を含めると、様相は一変する。ただ、個人企業の把握はきわめて困難であり、時系列的には追求していない。『投資状態』が収録している1927年9月の関

東庁業態調査によれば、関東州に3342社、満鉄付属地およびその接攘地に4480社、合計7822社があるとされている。『投資状態』が記載する法人数1347社に対して5.8倍という大きさである。満鉄調査課は、運転資金や不動産も含むものであるが、その「投資額」を約9500万円と推計している。『投資状態』の法人総資本金額が満鉄を除いても3億円に近いことと比較すれば、一部には資本金数十万円を超えるものがあるにしても、個人企業はきわめて零細な企業群であることがわかる。法人企業の増大は、この個人企業の「法人成り」によるところも少なくない。

他方、資本金額分布からは、法人設立が「中企業」中心から「大企業」中心にシフトしていったことが読み取れる。中国統一期の相対的停滞の中でも最頻値の階級が上方にシフトし、満州国期においてはさらに加速されている。満州経済の規模拡大は、満鉄を別にしても「大企業」が主導したと見てよい。とくに、満州国期においてこの「大企業」化を担った法人の中核が、特殊会社・準特殊会社である。1943年のトップ6社（資本金額で28％を占める）は、すべてこれである。

第2節　在満州法人企業の資本系列の概要

資本不足の日本経済が満州国の経済構造を全面的に転換する場合、「重複」投資の余裕はなく、かつ、関東軍と満州国による企業統制の必要から、重要産業においては特殊会社による「1業1社」での経営を目指したことは、よく知られている。しかし、1940年9月、満州国政府は「特殊会社の機能刷新強化に関する件」[2]を発表して、特殊会社に対する統制の緩和の方向と能率追求、特殊会社株式の民間への開放などを打ち出し、1942年12月には「満州国基本国策大綱」[3]で「計画的統制経済の原則」の維持を強調しつつも満州経済構造再編計画への特殊会社方式の適用を限定して「1業1社主義」を放棄することを明らかにした。こうして、満州経済再編の中心方策では民間大企業の誘致が漸次中心となり、『1944会社名簿』が記載する特殊・準特殊会社は『1943会社名簿』から10社減少、資本金も若干減っている。

1 特殊・準特殊法人

　特殊会社・準特殊会社は、特別立法による法人ないし政府からの特恵的保護と監督が加えられている法人であるから、まず、『1936銀行会社年鑑』と『1942銀行会社年鑑』および『資本系統別満州株式会社調査表』[4]から、各時点での満州国政府出資53法人を**図表Ⅰ-2-6**に摘記し、設立日順に配列した。満州事変以前設立の法人への出資は、満鉄を除き、旧政権関係の接収資産によるものであり、その後に設立した特殊会社・準特殊会社の中にも㈱奉天造兵所のように接収資産を出資したものがある。満州国政府設立後に設立された満州国政府出資法人には、金融統制（満州中央銀行・満州興業銀行）、物流統制（日満商事・満州生活必需品）、度量衡統制（満州計器）、教育統制（満州図書）などの統制機関のほか、戦略的物資開発（人造石油・鉱業・農畜産物等）の推進機関や投資機関（満州重工業開発）等が含まれ、この払込資本金の合計は約26億円となるが、そのうち10億円は日本法人の満鉄が占めている。満州国政府が50％以上の株式を所有している企業は、満州中央銀行を始めとする22社であり、これらを「満州国政府系」企業とよぶことができよう。なお、満州中央銀行は、当業の㈱大興公司のほか、㈱興徳銀行、㈱奉天商業銀行、㈱志成銀行、㈱営口商業銀行、㈱東興銀行の諸銀行に出資しており、これら金融機関の払込資本金は1700万円弱に及ぶ。

　生産力拡充計画の中心的推進機関は満州重工業開発であり、敗戦直前の時点でのその出資先法人を**図表Ⅰ-2-7**にリストアップした。金属鉱山、石炭鉱山、金属工業・機械工業・化学工業の企業を中心に、払込資本金合計が26億円強となる36会社があげられているが、在満法人は27社ほどであり、その払込資本金は約25億円である。満州国政府の出資傾向と比べて持株比率が高く、100％出資企業が9社、50％超出資法人が7社、50％出資が5社であり、25％以上出資が大部分である。少なくとも50％以上の出資がある法人群を「満州重工業開発系」企業と呼称できよう。しかし、この高い株式保有率が必ずしも経営上のコントロールを意味せず、傘下の軍需工業や生産力拡充計画産業への資金供給ルートとしての性格が強まっていったことは、すでに明らかにされている[5]。

　満州事変以前の対満進出の国策機関には、南満州鉄道株式会社や東洋拓殖株式

図表Ⅰ-2-6　満州国政府関係法人

関係会社名	掲載年 1936	掲載年 1939	掲載年 1942	設立日	払込資本金（千円）	発行株数（株）
南満州鉄道㈱			○	1906.11.26	1,026,208	28,000,000
㈱本渓湖煤鉄公司		○	○	1910.05.22	100,000	2,000,000
奉天紡紗廠股份有限公司＊	○			1921.10.00	4,172	45,000
股份有限公司哈爾浜交易所＊	○			1922.04.01	1,200	11,200
㈱満州中央銀行	○	○	○	1932.06.15	15,000	300,000
満州航空㈱	○	○	○	1932.12.16	45,000	1,200,000
満州電信電話㈱	○	○	○	1933.08.31	68,125	2,000,000
満州石油㈱	○	○	○	1934.02.24	30,000	800,000
同和自動車工業㈱	○			1934.03.31	3,200	160,000
満州棉花㈱	○	○		1934.04.19	11,000	300,000
満州炭砿㈱	○	○	○	1934.05.07	300,000	6,000,000
満州採金㈱	○	○	○	1934.05.16	60,000	1,200,000
大安汽船股份有限公司	○	○	○	1934.09.12	350	7,000
満州電業㈱	○	○	○	1934.11.01	192,000	6,400,000
満州鉱業開発㈱	○	○	○	1935.08.24	45,000	1,000,000
満州火薬販売㈱		○		1935.11.11	500	10,000
㈱奉天商工銀行＊		○		1935.12.27	2,200	22,000
満州林業股份有限公司	○		○	1936.02.29	30,000	600,000
満州塩業㈱	○		○	1936.04.28	22,500	500,000
㈱奉天造兵所		○	○	1936.07.24	25,000	50,000
日満商事㈱		○		1936.10.01	15,000	600,000
満州計器㈱		○	○	1936.10.23	8,000	160,000
満州生命保険㈱		○	○	1936.10.23	1,500	60,000
㈱満州弘報協会		○		1936.10.23	2,850	60,000
㈱満州興業銀行		○	○	1936.12.07	37,500	600,000
満州油化工業㈱		○		1937.02.23	7,500	400,000
裕東煤鉱㈱＊		○		1937.04.03	600	60,000
康徳鉄山㈱＊		○		1937.04.06	3,000	60,000
満州図書㈱		○	○	1937.04.09	6,500	160,000
満州鉱業㈱		○	○	1937.06.23	7,500	200,000
熱河鉱山㈱		○		1937.07.05	1,000	20,000
東亜鉱山㈱			○	1937.07.05	2,000	100,000
満州合成燃料㈱		○	○	1937.08.06	50,000	1,000,000
㈱満州映画協会		○	○	1937.08.21	8,500	180,000
満州拓殖公社		○	○	1937.08.31	65,000	1,300,000
満州畜産㈱		○	○	1937.09.01	20,000	500,000
満州豆稈パルプ㈱		○		1937.09.04	5,000	20,000
満州鴨緑江水力発電㈱		○	○	1937.09.07	62,500	2,000,000
満州糧穀㈱		○		1937.12.21	5,000	200,000
満州重工業開発㈱		○	○	1912.09.18	506	13,500,000
満州鴨緑江航運		○		1938.04.01	750	15,000
満州房産㈱		○		1938.02.19	30,000	600,000
満州電気化学工業㈱		○	○	1938.10.24	26,250	600,000
満州葉煙草㈱		○		1938.12.28	7,750	200,000
満州硫安工業㈱		○	○	1939.02.09	12,500	1,000,000
満州生活必需品㈱		○	○	1939.02.23	30,000	1,000,000
満州特殊製紙㈱		○	○	1939.03.02	3,500	70,000

(1936、39、42 年)

満州政府持株		最大ないし2位の主要株主	
保有株数(株)	保有率		(株)
1,000,000	3.6 %	大蔵大臣	14,000,000
800,000	40.0 %	満州重工業開発	599,200
22,381	49.7 %	満州中央銀行	3,378
1,420	12.7 %	満鉄	4,920
300,000	100.0 %		
700,000	58.3 %	満鉄	100,000
345,000	17.3 %	駐満全権大使	555,000
280,000	35.0 %	満州興業銀行	127,000
4,000	2.5 %	満鉄	58,000
20,000	6.7 %	農事合作社	20,000
	0.0 %	満州重工業開発	
1,200,000	100.0 %		
5,750	82.1 %	多田栄吉	200
137,060	2.1 %	満州興業銀行	159,305
950,000	95.0 %	満鉄	50,000
5,000	50.0 %	奉天造兵所	1,000
23,471	10.7 %	満州生命保険	10,800
350,000	58.3 %	満鉄	100,000
150,000	30.0 %	大日本塩業	73,520
40,000	80.0 %	三井物産・大倉商事	10,000
300,000	50.0 %	満鉄	300,000
130,000	81.3 %	武鶴次郎	2,920
30,000	50.0 %	第一生命ほか9社	30,000
30,840	51.4 %	満鉄	24,160
150,000	25.0 %	朝鮮銀行	150,000
200,000	50.0 %	満州興業銀行	100,000
2,180	3.6 %	満州炭砿	5,150
40,000	66.7 %	上島慶篤	20,000
126,000	78.8 %	東京書籍・日本書籍	18,200
		満鉄	200,000
8,000	40.0 %	三井鉱山	8,000
8,000	8.0 %	三井鉱山	87,800
340,000	34.0 %	三井物産	226,000
90,000	50.0 %	満鉄	90,000
299,800	23.1 %	日本国政府	300,000
355,000	71.0 %	満州拓殖公社	29,800
19,900	99.5 %	酒伊繊維工業	20,256
999,000	50.0 %	東洋拓殖・朝鮮送電	800,000
130,000	65.0 %	満州拓殖	50,000
4,500,000	33.3 %	(議決権株式では50％)	
3,000	20.0 %	満州鴨緑江水電	9,000
200,000	33.3 %	東洋拓殖	199,900
400,000	66.7 %	満州電業	200,000
20,000	10.0 %	啓東煙草	40,500
500,000	50.0 %	産業組合	400,000
65,500	6.6 %	満鉄	46,291
30,000	42.9 %	康徳製紙・満鉄	30,000

会社をはじめとする特殊会社があり、それぞれ系列企業群を形成して権益を浸透していった。満州事変後にそれが再編成されたが、一定の地歩を占め続けた。まず、満鉄の出資企業を図表Ⅰ-2-8にリストアップした。ただし、払込資本金額は『1942銀行会社年鑑』による。満鉄出資の在満法人数は50を超えているが、その払込資本金合計は12億円強で、その半分を満州製鉄が占める。満鉄の投資規模は、満鉄改組の結果、相対的に小さく、また輸送関係および関東州関係の法人への投資に集中していった。代って、華北への投資が大きい。また、出資比率100％の法人が14、50％以上も14と過半を占めるが、25％未満の出資法人数も12ある。満州重工業開発ほどには保有率は高くない。少なくとも50％以上出資の28法人は、「満鉄系」と呼んでよいだろう。満州

78 第Ⅰ部 資本系列

関係会社名	掲載年 1936	掲載年 1939	掲載年 1942	設立日	払込資本金（千円）	発行株数（株）
協和鉄山㈱		○	○	1939.08.05	10,000	200,000
㈱満州石炭液化研究所		○	○	1939.08.16	7,000	200,000
吉林人造石油㈱		○	○	1939.09.04	140,000	4,000,000
満州火薬工業㈱			○	1941.02.01	8,500	170,000
満州造林㈱			○	1941.02.14	8,000	160,000
満州農産公社			○	1941.08.01	54,000	7,000,000

出所：『1936銀行会社年鑑』、『1942銀行会社年鑑』、満鉄調査部『資本系統別満州株式会社調査表』（1939年12月）
注：(1) 数値データは掲載年次の遅いものを採用した。(2) 法人名に＊を付したものは普通法人。(3) 他の主要株

図表Ⅰ-2-7　満州重工業開発関係会社（1945年5月25日現在）

会社名	設立日	公称資本金（千円）	払込資本金（千円）	満州重工業開発㈱持株 持株数（株）	払込額（千円）	簿価（千円）	持株率
阜新炭砿㈱	1943.03.01	220,000	220,000	4,400,000	220,000	220,000	100.0 %
満州飛行機製造㈱	1938.06.20	200,000	175,000	4,000,000	175,000	175,000	100.0 %
鶴岡炭砿㈱	1943.02.26	170,000	170,000	3,400,000	170,000	170,000	100.0 %
満州鉱山㈱	1938.02.28	150,000	150,000	3,000,000	150,000	150,000	100.0 %
満州炭砿㈱	1934.05.07	100,000	100,000	2,000,000	100,000	101,427	100.0 %
満州自動車製造㈱	1939.05.11	100,000	75,000	2,000,000	75,000	75,000	100.0 %
西安炭砿㈱	1943.02.26	70,000	70,000	1,400,000	70,000	70,000	100.0 %
札賷炭砿㈱	1941.11.21	50,000	25,000	1,000,000	25,000	25,000	100.0 %
満州坑木㈱	1939.09.23	10,000	10,000	200,000	10,000	10,000	100.0 %
満州軽金属製造㈱	1936.11.10	200,000	140,000	3,950,000	138,100	138,100	98.6 %
満州工作機械㈱	1939.09.01	20,000	20,000	384,620	19,231	19,231	96.2 %
満州重機㈱	1940.05.17	50,000	50,000	900,000	45,000	45,000	90.0 %
渓域炭砿㈱	1942.01.19	50,000	50,000	880,620	44,031	44,031	88.1 %
営城子炭砿㈱	1937.11.17	8,000	8,000	133,200	6,660	6,660	83.3 %
満州マグネシウム㈱	1944.03.08	20,000	20,000	300,000	15,000	15,000	75.0 %
満州製鋼㈱	1944.04.00	740,000	640,000	11,500,000	475,000	503,050	74.2 %
密山炭砿㈱	1941.07.11	200,000	200,000	2,000,000	100,000	100,000	50.0 %
琿春炭砿㈱	1939.09.29	30,000	30,000	300,000	15,000	15,000	50.0 %
本渓湖特殊鋼㈱	1938.10.22	20,000	20,000	200,000	10,000	10,000	50.0 %
南票炭砿㈱	1939.05.01	20,000	20,000	200,000	10,000	10,000	50.0 %
満州石炭工業㈱	1943.08.01	10,000	10,000	100,000	5,000	5,000	50.0 %
協和鉄山㈱	1939.08.05	10,000	10,000	80,000	4,000	4,000	40.0 %
㈱満州工廠	1934.05.22	60,000	45,000	602,056	15,100	15,100	33.6 %
安東軽金属㈱	1944.04.14	200,000	100,000	1,000,000	25,000	25,000	25.0 %
大陸化学工業㈱	1942.05.11	10,000	10,000	50,000	2,500	2,500	25.0 %
南満化成㈱	1943.12.29	10,000	2,500	50,000	625	625	25.0 %
満州軽合金工業㈱	1944.05.01	50,000	123,500	500,000	6,250	6,250	5.1 %
日産汽船㈱		45,722	39,047	335,673	13,986	24,000	35.8 %
龍烟鉄鉱㈱	1939.07.26	180,000	108,000	1,200,000	36,000	36,000	33.3 %
その他7社		—	—	4,420,855	12,292	12,451	
合　計		3,003,722	2,641,047	50,486,968	1,993,775	2,033,425	

出所：『閉鎖機関とその特殊清算』1954年、675-676頁。
注：原表には本渓湖煤鉄公司も計上されているが、昭和製鋼所と東辺道開発とともに満州製鉄に統合された。

満州政府持株		最大ないし2位の主要株主	
保有株数 (株)	保有率		(株)
40,000	20.0 %	満州重工業開発・上島慶篤	160,000
80,000	40.0 %	神戸製鋼所	35,000
1,400,000	35.0 %	帝国燃料興業	1,400,000
20,000	12.5 %	満鉄・東洋拓殖	80,000

など。
主が複数のものの株式数は合計値。

政府系や満州重工業開発系と比べて出資先法人の平均資本金規模は小さく、前者は全部の払込資本金が200万円を超えているが、満鉄系ではそれ未満の法人も散見される。

東洋拓殖株式会社の出資法人も**図表Ⅰ-2-9**に掲げた。同社の法人投資の特徴は、朝鮮を主としつつも、満州、華北、南洋・南方など広範囲に展開していることである。地域別に平均出資比率を比べると、南洋・南方が38％ともっとも大きく、満州が24％でこれに次ぎ、朝鮮は15％にとどまる。その他の地域は、出資先法人の資本金額は大きいものの、出資比率は低い。東洋拓殖出資の在満州法人は15社、その払込資本金合計は4億円弱で、満州国政府や満州重工業開発、満鉄とくらべてだいぶ少ない。出資先の業種も、農林業や不動産、金融にほぼ限られていた。出資比率が50％以上の6法人は、「東洋拓殖系」といえよう。

2　民間法人

在満州法人企業構造の「大企業」化を促した存在は、上述の特殊会社および準特殊会社とともに、一部それとも重なる形で進出した日系大企業、とくに財閥系企業である。持株会社整理委員会による持株会社指定企業の株式保有調査[6]から、「持株会社」が保有する在満州企業に、各財閥の研究から明らかになったそれを加えると、**図表Ⅰ-2-10**のように198社を数えることができた。

持株会社整理委員会の業種分類により企業数を集計すると、鉱業12社、農業水産食品10社、繊維工業20社、金属工業12社、機械工業19社、化学工業32社、製紙工業9社、窯業8社、開発2社、陸運（交通）2社、土建・倉庫5社、商事39社、電気・瓦斯1社、その他27社となる。この資本金規模別分布を**図表Ⅰ-2-11**に示す。「中企業」と「大企業」からなるが、6割弱が「大企業」であり、2億円以上の企業も3社ある。すなわち、満鉄、満州重工業開発株式会社、

図表Ⅰ-2-8　南満州鉄道

関係会社名	設立日	払込資本金 (千円)	満鉄持株 持株数 (株)	保有率	帳簿価格 (千円)
国際運輸㈱	1926.08.01	15,000	600,000	100.0 %	30,000
大連汽船㈱	1915.02.10	25,700	514,000	100.0 %	22,530
大連都市交通㈱	1926.05.21	15,000	600,000	100.0 %	22,500
満州不動産㈱	1937.10.30	15,000	400,000	100.0 %	15,000
㈱富錦鉱業所		15,000	600,000	100.0 %	15,000
大連船渠鉄工㈱	1937.08.01	7,800	200,000	100.0 %	10,000
日本精蠟㈱	1929.02.23	4,000	80,000	100.0 %	3,000
満鮮坑木㈱	1919.12.21	1,500	60,000	100.0 %	2,250
大連窯業㈱	1925.07.15	1,200	60,000	100.0 %	2,100
福昌華工㈱	1926.10.15	1,800	36,000	100.0 %	1,800
満州鉱業㈱	1937.06.23	7,500	200,000	100.0 %	1,450
大連農事㈱	1929.04.15	5,000	200,000	100.0 %	1,000
北満水産㈱		600	12,000	100.0 %	600
哈爾浜土地建物㈱	1920.05.01	500	10,000	100.0 %	
奉天工業㈱	1938.07.30	700	46,000	76.0 %	1,150
営口水道㈱	1906.11.15	1,000	12,807	64.0 %	
湯崗子温泉㈱	1920.03.02	250	10,110	50.6 %	126
東亜土木企業㈱	1920.01.10	1,250	50,205	50.2 %	778
日満商事㈱	1936.10.01	15,000	600,000	50.0 %	14,500
関東州工業土地㈱	1939.07.12	7,500	100,000	50.0 %	3,750
撫順セメント㈱	1934.07.18	6,250	75,000	50.0 %	3,438
㈱満州映画協会	1937.08.21	7,500	90,000	50.0 %	3,188
満州実業振興㈱	1937.11.28	5,000	50,000	50.0 %	2,500
満州畜産工業㈱	1936.11.16	3,000	30,000	50.0 %	1,500
満州酒精工業㈱		3,000	30,000	50.0 %	1,500
復州鉱業㈱	1937.08.28	1,250	20,000	50.0 %	698
満州林産塗料㈱		1,000	10,000	50.0 %	500
大連工業㈱	1918.04.05	1,000	10,160	50.0 %	455
満州化学工業㈱	1933.05.30	25,000	258,500	46.8 %	10,340
満州日報㈱		2,000	17,870	44.7 %	894
南満州瓦斯㈱	1925.07.18	15,000	150,000	37.5 %	4,725
満州曹達㈱	1936.05.22	16,000	170,000	34.0 %	5,125
満州車両㈱	1938.05.05	15,000	200,250	33.4 %	5,012
満州人造石油㈱	1943.06.01	12,500	300,000	30.0 %	11,250
日満化学工業㈱	1942.03.17	25,000	6,000	30.0 %	100
康徳産業㈱	1944.01.25	2,500	14,000	28.0 %	700
満州造林	1941.02.14	8,000	40,000	25.0 %	2,000
協和建物㈱	1934.07.23	2,000	20,000	25.0 %	500
満州紡績㈱	1923.03.15	3,500	43,250	21.6 %	
関東州実業振興㈱	1935.06.28	5,000	17,800	17.8 %	
満州拓殖公社	1937.08.31	65,000	200,000	15.4 %	5,000
満州特殊製紙㈱	1939.03.02	3,500	30,000	15.0 %	1,500
満州製鉄㈱	1944.04.01	640,000	900,000	11.3 %	45,000
満州生活必需品㈱	1939.02.23	30,000	164,892	10.0 %	8,245
満州豆稈パルプ㈱	1937.09.04	5,000	40,000	10.0 %	1,500
満州林産化学工業㈱	1942.07.08	5,000	40,000	10.0 %	1,500
満州医薬品生産㈱	1943.11.11	10,000	20,000	10.0 %	1,000

関係会社

他の主要株主

大連工業
関甲子郎、大塚寿賀次
間庭志一、児玉翠静、山田三平、西園慶助、青山貞子、宇佐美寛爾、小野木光治
磯部宣正、小島定吉、吉田八郎、丁鑑修、細江謙吉、上山造景
満州国政府

満州軽金属
満州国政府

満州畜産

福井商工、佐志雅雄、相生常三郎

進和商会、山葉洋行、平井大次郎、相生合名会社
全購連、東洋窒素工業など

摂津貯蓄銀行、満州興業銀行、大同生命、日本生命、満州瓦斯証券、富国徴兵保険、千代田生命
旭硝子、満州化学工業、昌光硝子
日本車両製造、住友金属工業、日立製作所、三菱重工業、汽車製造、山一証券

満州国政府、東洋拓殖
和田敬三、西菊野、山中福治郎、馬場庄江、佐藤壬一
富士瓦斯紡績、岡崎本店、伊藤文吉、日華生命、岡崎合資
人絹組合、満関貿連、勝又文彦、和洋紙組合、高木馬吉
満州国政府、日本国政府、東洋拓殖、三井物産、三菱社、住友本社
満州国政府、康徳製紙、特種製紙
満州重工業開発
満州国政府、満鉄生計組合、満州消費組合
酒伊繊維工業、満州国政府、満州興業銀行
東洋拓殖、満蒙毛織、旭産業、小田萬蔵、加藤鉄矢、満州大倉商事、高島屋、満州皮革など

関係会社名	設立日	払込資本金 (千円)	満鉄持株		
			持株数 (株)	保有率	帳簿価格 (千円)
満州航空㈱	1932.12.16	45,000	100,000	8.3 %	2,501
撫順窯業㈱	1920.02.27	2,000	6,450	7.0 %	323
満州塩業㈱	1936.04.28	22,500	30,000	4.0 %	1,125
満州電信電話㈱	1933.08.31	68,125	69,800	3.5 %	
満州鉱業開発㈱	1935.08.24	45,000	50,000	2.8 %	625
満蒙毛織㈱	1918.12.25	22,500	16,400	1.0 %	495
日満倉庫㈱	1929.04	7,750	150,000	50.0 %	3,875
北支那開発㈱	1938.11.07		200,700	2.3 %	2,509
華北交通㈱	1939.04.17		2,400,000	30.0 %	120,000
大同炭砿㈱	1940.01.10		200,000	5.0 %	10,000
山東鉱業㈱	1923.05.07		55,980	8.3 %	1,999
中支那振興㈱	1938.11.07		200	0.5 %	3
その他					3,810
合　計		1,272,175			412,967

出所：前掲『閉鎖機関とその特殊清算』399頁、『1942銀行会社年鑑』など。
注：「帳簿価格」の記載がないものは、他の資料より追加したもの。

満州電業株式会社の3社である。この3社は典型的な特殊会社であるが、さらに密山炭砿株式会社、東亜鉱山株式会社、満州曹達株式会社、満州大豆化学工業株式会社などの準特殊会社も、「持株会社」の投資対象に含まれる。特殊会社では「持株会社」の出資比率はあまり高くはないが、準特殊会社では80％に及ぶ場合もあり、政府と私的独占との「共同出資」会社といえる企業も少なくない。とくに化学工業の特殊会社には、「持株会社」の子会社に近いものが多い。したがって、特殊会社・準特殊会社を一概に国家資本系と把握することには問題がある。

投資主体側は、まず、持株会社整理委員会が「財閥」としている三井（53社）、三菱（20社）、住友（9社）、安田（3社）、鮎川（5社）、浅野（6社）、大倉（4社）、野村（2社）がある。そのほか、日本製鉄株式会社（2社）、国際電気通信株式会社（1社）といった国家資本系大企業、さらに鐘淵紡績株式会社（12社）、東洋紡績株式会社（10社）のような繊維工業大企業、東京芝浦電気株式会社（3社）、株式会社神戸製鋼所（2社）などのような重工業大企業がある。これらを「独立系大企業」と括っておこう。われわれの研究では、とくに三井・大倉・三菱・住友の満州関係四大財閥と、独立系大企業としては王子・鐘紡・東洋紡の3社を、とくに取り上げる。これに加え、三井と三菱（5社）の共同出資や王子製

他の主要株主
満州国政府、三井、三菱、住友、大日本航空など
大山庄一、坂本スミ、手塚安彦、岡本時雄、川路喜平、弓場常太郎、小林エイ
大日本塩業、満州国政府、旭硝子、徳山曹達、満州化学工業
満州国政府
東洋拓殖、加藤安、九鬼健一郎、堤八郎、日之出商会
北支那開発
北支那開発、蒙古自治政府

紙株式会社と大倉系企業の共同出資（2社）、さらに鉄道車両工業や電線工業のカルテルメンバーによる共同出資（各1社）といった「共同投資」があり、このような複数の「財閥」ないし「持株会社」が投資した企業は38社となる。以上の投資形態上の特徴から、「財閥系大企業」、「独立系大企業」によるその在満州子会社設立、「産業カルテル」あるいは類似ないし異業種の「共同出資」による在満州子会社がある、と概括することができよう。

　このような「大企業化」を推進した投資主体に対して、「小企業」、「中企業」の設立を推進した主体は、さらに多様である。最初から法人企業を設立するものは、日本本国や朝鮮などの植民地あるいは中国租界または満州における既成法人企業の場合が多いが、関東軍や関東庁ないし現地企業に一定期間勤務した後、まず個人企業を設立し、その定着の上で法人化するものが少なくない。日系だけではなく、朝鮮や沿海州などから満州に移住し、そこで起業した朝鮮系の経営者も、とくに安東や間島に多く見出される。現地既成法人の経営者の間には、地縁的・事業的結合を生じている部分があり、彼らの共同出資にかかる法人も相当数見出せる。満州国設立によって、漢民族系企業やロシア系企業などもその会社法システムに組み込まれて再登記を強制されたので、『1936銀行会社年鑑』以後のデー

タにはこうした法人も含まれていく。しかしながら、こうした中小企業の多くは資料が不足し、その個別の詳細な分析は困難である。逆に、アジア太平洋戦争の開始とそれ以前の関係悪化とによって敵国となった外国法人は撤収ないし接収されていくが、この点は、香港上海銀行やテキサス石油など、「支店」においてとくに顕著である。

おわりに

　以上、第一次大戦期に株式会社を中心に急増した日系法人は、満鉄調査課によって「僅かに稍々順調なる発達を遂げて年々三千数百万余円の利益を上げつゝある唯一の満鉄を除いては、大勢に於て失敗に帰した」と断定された中国統一期においても、合資会社を中心にその数を増やした。満州事変後には、特殊会社・準特殊会社とそれと結合した日系大企業を中核として急増し、農産物や森林資源の取引・輸送・加工に依存した経済構造から地下資源依存の高度加工経済への経済構造転換に連携するとともに、法人企業構造の「大企業化」ももたらした。すなわち、満鉄だけでなく、「満州国政府系」、「満州重工業開発系」、「東洋拓殖系」、「財閥系大企業」、「独立系大企業」、「共同出資」が加わったより厚い大企業群を頂点に、日系・朝鮮系・漢民族系などの中小企業群が、一部には地縁的あるいは血縁的さらには事業的なネットワークを構成しつつ重層化し、さらにはより多数の個人企業の裾野をもつ企業構造である。そして、この大企業化は、内部成長よりも、日本からの資本輸出によって、急速に構築されたのである。

注
1) 南満州鉄道株式会社庶務部調査課『満蒙に於ける日本の投資状態』(1928年)。
2) 1940年9月25日に満州国政府が発表。満州商工公会中央会編『康徳十一年五月現在　満州国産業経済関係要綱集　第壹輯』(1944年10月、172-176頁) 所収。
3) 1942年12月8日に満州国政府が公布。同前、(13-24頁)。
4) 満鉄調査部『統計彙輯第5号　資本系統別満州株式会社調査表』(1939年2月)。
5) 原朗「『満州』における経済統制政策の展開―満鉄改組と満業の設立をめぐって

一」(安藤良雄編『日本経済政策史論』下、東京大学出版会、1976 年)。
6) 持株会社整理委員会編『日本財閥とその解体　資料』(1950 年)。

86　第Ⅰ部　資本系列

図表 I-2-9　東洋拓殖の関係会社（1945 年 6 月 30 日現在）

（単位：千円）

会社名	本店所在地	業務	資本金	株式数	払込額	東拓引受分（1945 年 6 月）		
						株式数	払込額	(%)
北満興業	黒河	農林畜産物の生産加工販売	10,000	200,000	5,000	200,000	5,000	100%
海林木材	牡丹江	伐木、製材事業	5,000	100,000	5,000	100,000	5,000	100%
東省実業	奉天	金融、株式引受、生産品取次販売	5,000	100,000	500	100,000	500	100%
大同酒精	哈爾浜	酒精及その加工品の製造販売	4,000	40,000	3,418	31,650	2,583	79%
満蒙毛織	奉天	毛糸、毛織物の製造販売	80,000	1,600,000	36,000	800,368	23,578	50%
満州製材	新京	製材業及木工品の製造加工	20,000	400,000	15,000	140,000	5,250	35%
満州林産化学工業	新京	革寧繋革材の製造	20,000	400,000	10,000	100,000	5,000	25%
満州造林	新京	苗圃経営、林業用種苗の採取、売買、輸出入	8,000	160,000	8,000	40,000	2,000	25%
北満産業	綏化	各種砂糖の製造販売、開拓牧畜	25,000	500,000	6,250	100,000	1,250	20%
日満製粉	哈爾浜	製粉業	20,000	400,000	12,500	49,820	1,743	12%
満州特産工業	奉天	高粱大豆等の精白加工販売酒精事業	24,000	480,000	10,500	40,000	875	8%
満州拓殖公社	新京	拓殖事業の経営、拓殖資金の供給	130,000	2,600,000	130,000	75,000	3,750	3%
満州塩業	新京	塩の製造加工販売	25,000	500,000	25,000	2,000	100	0%
東拓土地建物	大連	不動産経営	5,000	100,000	1,625	100,000	1,625	100%
関東州工業土地	大連	工業用地の造成、経営管理	10,000	200,000	7,500	5,000	188	3%
満州小計	15 社		391,000	7,780,000	276,293	1,883,838	58,441	24%
朝鮮小計	39 社		936,030	18,720,600	725,880	2,865,852	120,415	15%
華北小計	9 社		820,000	16,325,000	603,050	314,391	14,370	2%
華中小計	3 社		140,000	2,300,000	77,203	152,000	7,725	7%
南洋・南方小計	6 社		90,000	1,800,000	88,600	685,534	33,804	38%
他地域会社小計	10 社		520,100	10,402,000	414,425	502,084	11,189	5%
株式会社小計	82 社		2,897,130	57,327,600	2,185,450	6,403,699	245,945	11%
営団等小計	8 社		340,000	3,700,000	335,500	37,100	3,680	1%
合　計	90 社		3,237,130	61,027,600	2,520,950	6,440,799	249,625	11%

出所：前掲『閉鎖機関とその特殊清算』286-289 頁。

第 2 章 資本系列の概要　87

図表 I-2-10　持株会社の対満州株式投資

（単位：千円）

会社名	業種	出資持株会社		地域	設立日	公称資本金	払込資本金	持株率	持株会社合計	うち3大財閥
密山炭砿	鉱業	準持	日本製鉄	遼道	1941.07.11	200,000	125,000	40 %	50,000	—
康徳鉱業	鉱業		鐘紡	奉天	1937.10.27	10,000	32,500	31 %	10,000	—
満州黒鉛鉱業	鉱業		鐘紡	新京	1940.06.01	5,000	5,000	93 %	4,653	—
周杖子水銀	鉱業		三井	満州	1942.09.26	8,700	4,350	97 %	4,210	4,210
昭徳鉱業	鉱業		三菱	新京	1940.02.05	6,000	6,000	60 %	3,600	3,600
南満鉱業	鉱業		三菱	海城	1918.04.08	40,000	30,000	10 %	3,000	3,000
東亜鉱山	鉱業	準持	三井	奉天	1937.07.05	5,000	3,000	80 %	2,400	2,400
熱河堂石鉱業	鉱業		住友	隆化	1941.10.03	2,000	2,000	99 %	1,975	1,975
大満鉱業	鉱業		東洋紡	熱河/平泉	1939.06.13	3,500	3,500	29 %	1,000	1,000
天宝山鉱業	鉱業		三井	延吉	1937.10.16	3,500	3,500	29 %	1,000	1,000
その他2社とも合計						285,700	216,600	38 %	83,190	17,538
東洋製粉	農水食		三井	奉天	1937.02.27	2,000	2,000	100 %	2,000	2,000
その他9社とも合計						51,500	38,250		6,255	4,575
満州東洋紡績	繊維		東洋紡	安東	1939.09.04	25,000	25,000	100 %	25,000	—
満州紡績	繊維		富士紡・岡崎	遼陽	1923.03.15	10,000	9,992	78 %	7,834	—
満州柞蚕興業	繊維	準持	片倉	鳳城	…	7,500	7,500	100 %	7,500	—
康徳毛織	繊維		鐘紡	新京	1937.11.13	5,000	5,000	100 %	4,980	—
奉天紗廠	繊維		鐘紡	奉天	1922.09.30	9,000	5,625	64 %	3,615	—
満州繊維工業	繊維		大建	安東	1941.07.23	2,980	2,980	99 %	2,963	—
満州福紡	繊維		敷島紡	大連	1923.04.01	3,000	3,000	97 %	2,900	—
満州製絨所	繊維		大建	奉天	1937.11.15	…	…		2,300	—
徳利紡織	繊維		富士紡	奉天	1937.09.11	12,000	9,675	21 %	2,080	—
満州麻工業	繊維		三菱	新京	1939.07.25	10,000	10,000	20 %	2,000	2,000
満州苑麻委	繊維		三井	奉天	1941.05.01	1,000	1,000	100 %	1,000	1,000
その他9社とも合計						135,280	126,447		65,025	3,627
安東軽金属	金属		住友	安東	1944.04.15	200,000	100,000	45 %	45,000	45,000
満州住友金属工業	金属		住友	奉天	1934.09.17	30,000	30,000	88 %	26,494	26,494
満州神鋼金属工業	金属		神鋼	鞍山	1936.03.18	30,000	20,000	100 %	20,000	—
満州軽金属	金属		住友	満州	1944.05.01	54,000	14,500	43 %	6,250	6,250
三菱関東州マグネシウム	金属		三菱	大連	1943.05.31	15,000	3,750	100 %	3,750	3,750
満州日本鋼管	金属		浅野	鞍山	1935.06.28	5,000	4,000	70 %	2,785	—

88　第Ⅰ部　資本系列

会社名	業種		出資持株会社	地域	設立日	公称資本金	払込資本金	持株率	持株会社合計	うち3大財閥
満州軽金属製造	金属	特	住友・日曹	撫順	1936.11.10	90,000	90,000	2 %	1,450	1,400
その他5社とも合計						501,500	290,625	60 %	174,333	89,037
満州三菱機器	機械		三菱	奉天	1935.11.20	20,000	20,000	98 %	19,500	19,500
満州電線	機械		住友・古河・日産	奉天	1937.03.19	40,000	25,000	56 %	14,021	5,652
満州日立製作所	機械		日産	奉天	1938.03.31	10,000	8,750	100 %	8,750	—
満州車輌	機械		三菱・住友・日産	奉天	1938.05.05	20,000	15,000	40 %	6,000	4,000
満州通信機	機械		住友	奉天	1936.12.24	6,000	6,000	85 %	5,100	5,100
奉天造兵所	機械	特	三井・大倉	奉天	1937.10.07	25,000	25,000	20 %	5,000	2,500
奉天製作所	機械		日産	奉天	1939.04.28	5,000	5,000	60 %	3,000	3,000
沖通信機	機械		安田	新京	1940.09.30	2,000	2,000	100 %	2,000	—
満州東京芝浦電気	機械		東芝	新京	1937.06.24	3,000	3,000	57 %	1,700	1,700
満州牽引車製造	機械		三井	満州	1945.07.01	3,000	3,000	50 %	1,500	1,500
満州発動機製造	機械		三井	錦州	1939.08.05	3,000	3,000	42 %	1,250	1,250
満州無線工業	機械		松下	新京	1942.12.01	2,500	2,500	46 %	1,143	—
その他6社とも合計						156,100	128,280	57 %	73,696	45,002
吉林人造石油	化学	特	日窒	吉林	1939.09.04	150,000	150,000	30 %	45,000	—
満州合成燃料	化学	特	三井	新京	1937.08.06	100,000	90,000	34 %	30,600	30,600
東洋タイヤ工業	化学	特	東洋紡	新京	1938.06.	15,000	15,000	70 %	10,500	—
満州石油	化学	準特	三井・三菱	新京	1934.02.24	40,000	40,000	17 %	6,950	6,950
満州曹達	化学		三菱	奉天	1936.05.21	25,000	18,250	35 %	6,388	6,388
大陸化学工業	化学		三井	大連	1944.03.29	10,000	10,000	50 %	5,000	5,000
三菱油脂工業	化学		三菱	満州	1907.05.22	5,000	5,000	100 %	5,000	5,000
東栢化成工業	化学	準特	三菱・東洋紡・大建	新京	1940.09.12	5,000	5,000	73 %	3,668	3,668
満州大豆化学工業	化学		鐘紡	奉天	1940.06.20	30,000	7,500	37 %	2,800	1,550
康徳興農化学	化学		三井	新京	1943.10.06	5,000	2,500	70 %	2,500	—
満州運鉱剤	化学	準特	神鋼	奉天	1942.08.07	3,000	3,000	70 %	2,100	2,100
満州石炭液化研究所	化学		三井	奉天	1939.08.16	15,000	15,000	13 %	2,000	—
康徳染色	化学		鐘淵	満州	1935.04.17	2,000	2,000	100 %	2,000	—
龍江酒精工業	化学		三井	満州	1944.12.	3,000	3,000	53 %	1,600	1,600
三江製油	化学		鐘淵	満州	1944	1,500	1,500	100 %	1,500	1,500
南満化成工業	化学		三菱	鞍山	1943.12.29	10,000	2,500	50 %	1,250	1,250
満州電気化学工業	化学	特	三菱	吉林	1938.10.06	100,000	100,000	1 %	1,000	1,000

会社名	業種	特	参加資本	本店所在地	設立年月日	公称資本	払込資本	日系比率		
満州神東塗料	化学		住友	奉天	1938.09.12	2,500	2,500	40 %	1,000	1,000
松花江工業	化学		三井	(哈爾浜)	1945.06.07	1,000	1,000	100 %	1,000	1,000
不二工業	化学		三菱	新京	1945.04.27	1,000	1,000	100 %	1,000	1,000
その他12社とも合計						593,800	521,550		136,008	71,716
錦州パルプ	製紙		王子	錦州	1939.06.02	30,000	30,000	97 %	29,240	—
満州鐘淵製紙	製紙		鐘紡	満州	1936.09.11	…	…	…	12,500	—
安東製紙工業	製紙		日本毛織・大倉	満州	1936.09.10	10,000	10,000	53 %	7,612	—
東洋パルプ	製紙		王子・大倉・大建	汪清県	1943.12.28	20,000	5,000	38 %	5,300	—
満州造紙	製紙		王子・東洋紡	新京	1939.04.13	3,500	3,500	44 %	1,888	—
満州製紙	製紙		大建・野村	奉天		76,000	61,000		1,529	0
その他3社とも合計									59,301	
満州昌光硝子	窯業		三菱	奉天	1937.09.20	3,000	3,000	100 %	3,000	3,000
哈爾賓セメント	窯業		三井	哈爾浜	1935.02.01	10,000	10,000	21 %	2,122	2,112
三宝窯業	窯業		三井	延吉	1939.09.01	3,000	1,500	100 %	1,500	1,500
南満州炉材	窯業		浅野	満州	…				1,250	—
その他4社とも合計						33,600	28,455		8,797	7,387
満州拓殖	開発	特	三井・三菱・住友	新京	1935.12.	130,000	81,250	8 %	6,250	6,250
満州重工業開発	開発	特	内外綿・日産	新京	1937.12.01	675,000	506,250	0 %	75	—
満州航空	陸運	特	三井・三菱・住友・古河・神鋼	新京	1932.09.26	60,000	56,250	25 %	13,800	12,900
南満州鉄道	陸運	特	住友・三菱・服部・安田・内外・綿・三菱	大連	1906.11.26	1,400,000	856,208	0 %	4,171	2,259
満州電業	電瓦	特	三菱・住友・松下	新京	1934.11.01	320,000	232,000	0 %	1,073	1,050
康徳合祖	土建倉		三菱	新京	1937.09.08	3,200	3,200	75 %	2,400	2,400
その他4社とも合計						18,800	12,550	28 %	3,576	2,963
大倉事業	商事		大倉	新京	1939.02.14	50,000	12,500	100 %	12,500	—
満州大倉産業	商事		大倉	満州	1939.08.	10,000	5,000	95 %	4,750	—
満蒙天産開発	商事		倉繁紡・三井・三菱	新京	1939.07.06	5,000	5,000	87 %	4,351	1,500
満州生活必需品	商事		三井・三菱	新京	1939.02.23	50,000	33,000	4 %	1,430	1,430
その他35社とも合計						200,080	117,180		27,178	5,032

90　第Ⅰ部　資本系列

会社名	業種	出資株会社	地域	設立日	公称資本金	払込資本金	持株率	持株会社合計	うち3大財閥
共栄起業	其他	王子・大倉	吉林	1923.06.01	10,000	5,500	100%	5,500	—
協和運草	其他	三井	新京	1939.10.26	5,490	5,490	96%	5,281	5,281
三菱産業	其他	三井	新京	1936.07.16	5,000	4,500	100%	4,500	4,500
南満工業	其他	日鉄	満州	…	…	…	…	4,000	—
康徳桟	其他	三菱・日産・三井	哈爾浜	1940.10.25	3,000	3,000	100%	3,000	3,000
満州塩業	特	日曹・日窒・三井・鐘紡	新京	1936.04.28	43,000	28,750	7%	2,130	1,854
満州合板工業	其他	三井	満州	1941.01.22	5,000	2,500	50%	1,250	1,250
満州人造板工業	其他	日本毛織	満州	…	2,000	2,000	50%	1,000	—
東亜毛皮革	其他	鐘紡	奉天	1937.09.01	2,000	1,000	100%	1,000	—
その他18社とも合計					228,620	176,370		34,286	18,972
総　計					4,865,980	3,449,266		697,014	288,307

出所：持株会社整理委員会編『日本財閥とその解体資料』(1950年) 241-281 頁、東京電報通信社編『戦時体制下に於ける事業及び人物 (第2版)』(同社、1944年、復刻版、大空社、1990年)、満州鉱工技術員協会編『満州鉱工年鑑』1944 年版 (東亜文化図書株式会社、1944年)、三井文庫『三井事業史』本篇、第3巻 (下)、『三菱社誌』各巻など。

注：「持株会社」の出資額が 100 万円以上のもののみ、社名等を摘出。

図表Ⅰ-2-11　持株会社投資法人の規模別分布

(単位：千円)

	法人数	資本金額
2億円以上	3	1,594,458
2,000万円以上	22	1,241,750
200万円以上	81	543,978
20万円以上	67	65,600
2万円以上	9	1,230
2,000円以上	—	—
200円以上	—	—
合　計	182	3,447,016
不　明	16	

注：前表より作成。

第3章　南満州鉄道系企業

はじめに

　満鉄が単なる鉄道会社ではなく、満州開発において先導的役割を果たしたことは周知の事実であり、満州各産業部門の主要企業の多くが何らかの形で満鉄の出資を受けていた。それら満鉄関連企業の個別の動向については、本書の第Ⅱ部で取り扱われるので、本章では取り上げない。本節の課題は、満鉄の株式投資の全般的推移を追うことに置かれる[1]。もっとも、この点についても、金子文夫、安冨歩、蘇崇民などによってすでに詳細に明らかにされており、付け加えるべき点は少ない[2]。そこで本章では、社外投資の激増によりコンツェルン化が明確となる1930年代、特に「満州国」建国以降を主な対象時期として、コンツェルン化が完成したとされる1930年代半ばに、満鉄コンツェルン（満鉄およびその出資企業群）が、『1936銀行会社年鑑』に捕捉された満州・関東州の企業群全体の中で、いかなる位置を占めたかを検討する。そして、満業設立に伴う変化（分業関係の形成とその影響）を踏まえつつ、戦争最末期にかけて満鉄の社外投資がいかなる展開をみせたのかについても追跡を試みる。

第1節　満州事変前における株式投資の推移

　第1次大戦前に満鉄は社外企業への出資をはほとんど行なっていなかった（1914年度末株式投資〔評価〕額119万円）。しかし日本の対満州投資全体の趨勢と同様に、同社の有価証券保有額（投資〔評価〕額）は大戦期に大きく増大し、1919年度末には721万円になった[3]。有価証券はほぼすべて株式であり、大戦前

図表 I-3-1　満鉄関係会社（1930年9月末現在）

(単位：千円)

企業名	創設	資本金	払込	満鉄引受	満鉄払込	満鉄評価額	持株比率
<運輸・倉庫>	年.月						%
大連汽船	1915.02	25,000	13,750	25,000	11,000	11,000	100.0
渓城鉄路公司	1916.04	570	570	399	399	100	70.0
朝鮮鉄道※	1923.09	54,500	17,650	150	53	30	0.3
国際運輸	1926.08	10,000	3,400	8,090	2,751	1,618	80.9
福昌華工	1926.10	1,800	1,800	1,800	1,800	1,800	100.0
金福鉄路公司	1925.11	4,000	2,000	90	54	18	2.3
南満州旅館	1927	8,000	6,560	8,000	6,560	3,880	100.0
日満倉庫※	1929.04	5,000	2,000	5,000	2,000	2,000	100.0
<工業>							
日清燐寸	1907.10	300	180	3	2	0	1.0
昭和製鋼所	1929.07	100,000	25,000	100,000	25,000	25,000	100.0
日本精蝋	1929.02	2,000	2,000	2,000	2,000	2,000	100.0
東洋窒素工業※	1926.12	5,000	1,250	1,500	375	625	30.0
満州紡績	1923.03	5,000	3,750	1,250	938	75	25.0
満州船渠	1923.04	1,400	700	1,400	700	280	100.0
昌光硝子※	1925.04	3,000	3,000	1,200	1,200	120	40.0
大連窯業	1925.07	1,200	1,200	1,200	1,200	120	100.0
大連油脂工業	1916.04	250	250	90	90	…	36.0
大連工業	1918.04	500	250	254	127	74	50.8
満蒙毛織	1918.12	3,000	1,950	159	103	…	5.3
南満州硝子	1928.11	300	75	50	13	13	16.7
満州製粉	1906.12	5,750	3,545	29	18	…	0.5
東亜煙草※	1906.11	11,500	7,300	12	7	…	0.1
南満州製糖	1916.12	10,000	8,500	260	221	…	2.6
大連製油	1918.09	3,000	908	15	5	…	0.5
<商業>							
長春市場	1917.05	50	30	25	15	…	50.0
満州市場	1917.09	400	100	200	50	32	50.0
撫順市場	1918.05	100	25	10	3	1	10.0
満蒙冷蔵	1922.06	1,000	250	5	1	…	0.5
撫順炭販売※	1923.03	3,000	1,500	1,650	825	990	55.0
<信託・金融・保険>							
東亜興業※	1909.08	20,000	13,200	60	40	…	0.3
中日実業※	1913.08	5,000	5,000	60	60	…	1.2
開原取引所信託	1915.12	2,000	875	70	31	36	3.5
長春取引所信託	1916.03	1,000	250	503	126	60	50.3
公主嶺取引所信託	1919.08	500	375	250	188	188	50.0
四平街取引所信託	1919.09	500	125	250	63	63	50.0
奉天取引所信託	1921.07	500	500	250	250	125	50.0
鞍山不動産信託	1921.10	1,000	1,000	426	426	…	42.6
大連火災海上保険	1922.07	2,000	500	666	167	67	33.3
<農林業>							
華興有限公司	1921.06	銀200	銀200	銀100	銀100	120	50.0
大連農事	1929.04	10,000	5,000	10,000	5,000	5,000	100.0
東亜勧業	1921.12	10,000	2,500	9,520	2,380	1,142	95.2
満鮮坑木	1919.12	1,500	600	1,500	600	300	100.0
札免採木公司	1922.06	銀6000	銀6000	銀2000	銀2000	300	33.3

第3章 南満州鉄道系企業 93

企業名	創設	資本金	払込	満鉄引受	満鉄払込	満鉄評価額	持株比率
＜鉱業＞							
開平炭坑※	1912.06	200万ポンド	196万ポンド	4万9980ポンド	4万9980ポンド	1,203	2.5
大興煤鉱	1914.10	銀100	銀60	銀50	銀30	184	50.0
南満鉱業	1918.04	375	375	195	195	…	52.0
山東鉱業※	1923.05	5,000	2,250	2,200	990	220	44.0
復州鉱業	1929.02	500	413	230	190	132	46.0
＜電気・瓦斯＞							
営口水道電気	1906.11	2,000	2,000	1,320	1,320	1,321	66.0
南満洲瓦斯	1925.07	10,000	9,300	10,000	9,300	5,000	100.0
南満州電気	1926.05	25,000	22,000	25,000	22,000	22,000	100.0
＜土木・不動産＞							
阪神築港※	1929.07	10,000	2,500	4,000	1,000	1,000	40.0
東亜土木企業	1920.01	5,000	1,250	2,510	628	151	50.2
＜新聞＞							
満州日報社	1907.11	750	750	750	750	75	100.0
哈爾浜日日新聞社	1922.11	200	200	150	150	…	75.0
盛京時報社	1925.11	350	350	200	200	4	57.1
＜その他＞							
元山海水浴※	1923.06	150	150	100	100	…	66.7
登瀛閣	1928.11	25	15	13	8	12	50.0
総　計　58社		378,970	180,971	230,062	103,666	86,859	57.3 %

出所：金子文夫『近代日本における対満州投資の研究』（近藤出版社、1991年）表 8-7。創立年月を補正した。
注：金子前掲書は満鉄出資額を払込額ではなく満鉄評価額で算定しているので、本表では満鉄出資比率から満鉄払込
　　額を算定して補充した。※印は満州・関東州に所在していない企業。

　後期の投資先は、社内事業を分離して設立された関係企業群と公益的観点に基づいて投資された助成企業群であった。主な関係企業は、大連汽船（1915年2月出資、資本金200万円、満鉄出資比率100％）、渓城鉄路公司（1916年4月出資、資本金57万円、満鉄出資比率70％）、振興鉄鉱公司（1916年4月出資、資本金140万円、満鉄出資比率50％）、大連油脂工業（1916年4月出資、資本金100万円、満鉄出資比率37％）、大連工業（1918年4月出資、資本金50万円、満鉄出資比率42.8％）、満鮮坑木（1919年12月出資、資本金300万円、満鉄出資比率50％）などであり、助成企業は、満州市場（1916年8月出資、資本金40万円、満鉄出資比率50％）、長春市場会社（1917年5月出資、資本金5万円、満鉄出資比率50％）などの市場会社、長春取引所信託（1916年3月出資、資本金50万円、満鉄出資比率10％）、四平街取引所信託（1919年8月出資、資本金50万円、満鉄出資比率20％）などの取引所、大石橋電灯（1916年7月出資、資本金50万円、満鉄出資比率55％）などの電力会社、南満州製糖（1916年12月出資、

資本金 1000 万円、満鉄出資比率 2.6％）などの工業会社であった。もっとも、金子も指摘するように[4]、第一次大戦期に「満鉄が投資機関としての機能を高めた」とはいえ、「コンツェルン形成の観点からみると、未だ端緒的段階」にすぎなかった。

1920 年代に満鉄は株式投資を大きく拡大した。この結果、満州事変直前の実績では（図表Ⅰ-3-1）、株式投資額は評価額ベースで 8687 万円に達し（1919 年度末の 12.0 倍）、実際払込額では円建投資額だけで 1 億 0660 万円（その他に銀貨建て投資 2130 元、ポンド建て投資 4 万 9980 ポンド）に至った[5]。投資先も 58 社（1919 年度末 26 社）に拡大し、業種もいっそう多様化した。注目されるのは、払込額 150 万円以上の大口投資先 11 社のうち大連汽船と東亜勧業を除く 9 社（昭和製鋼所、南満州電気、南満州瓦斯、南満州旅館、大連農事、国際運輸、日満倉庫、日本精蝋、福昌華工）が 1920 年代後半に設立されたことである。しかも、これら 9 社のうち国際運輸（満鉄持株比率 80.9％）以外はすべて満鉄持株比率 100％の完全な子会社であり、投資額（対 9 社）は評価額ベースで全体の 78.6％という圧倒的なウェイトを占めた。この意味で、1920 年代後半は、満鉄がコンツェルン形成を本格化させた時期であるといえよう[6]。

ただし、1920 年代の満鉄事業投資額では、社内事業が社外投資を上回っており、収益でも、1920 年代末（29 年度）の実績みると、満鉄収入の 86％は鉄道・鉱山部門が占め、株式投資は急増したが、みるべき成果をあげていなかった[7]。特に新設会社は収益性に乏しく、同表の株式評価額と払込額との乖離はこれを反映している。これらはコンツェルンが未完成であったことを示唆する。

第 2 節　満業設立前の株式投資状況

1920 年代後半〜30 年代半ばすぎの満鉄の有価証券投資動向をみると（図表Ⅰ-3-2）、第 1 に 1927 年のみは公社債投資が株式投資を上回ったが、1928 年以降は公社債投資が減少するのに対し、株式投資は一挙に活性化し、圧倒的比重を占めるようになったこと、第 2 に 1930〜1932 年については世界大恐慌の影響と張政権の圧迫による満鉄経営悪化のために株式投資は停滞的に推移したものの、

図表 I-3-2 満鉄の有価証券投資

(単位：千円)

年度	有価証券投資額（増加）		有価証券整理回収額（減少）		年度末残高	
	公社債	株　式	公社債	株　式	公社債	株　式
1927	9,309	5,945	907	11,765	9,447	45,830
1928	2,286	14,500	5,392	9,069	6,341	51,262
1929	1,326	36,165	306	561	7,362	86,865
1930	674	821	2,293	38	5,743	87,648
1931	214	323	2,688	3,880	3,269	84,091
1932	13	951	27	203	2,985	85,109
1933	407	47,354	229	2,261	3,434	129,932
1934	237	32,287	608	5,333	3,063	156,887
1935	39	53,788	92	13,828	3,011	199,858
1936	362	41,350	2,576	37,702	796	200,494

出所：南満州鉄道株式会社『南満州鉄道株式会社第三次十年史』2737-2740頁。
注：有価証券投資額は新規投資額を、また有価証券整理回収額は却による回収額と資産評価替えによる整理額を指す。後掲の表 I-3-3 に示した満鉄の株式保有（払込額）との相違が生じているのは、資産評価替えに伴う整理額が累積したためである。

　1933年以降は毎年3000～5000万円前後にのぼる巨額の投資が行なわれるようになったことがわかる。すなわち、満鉄のコンツェルン形成は1920年代後半（特に28年以降）に本格化し、1930年代初頭の一時的中断をはさんで、「満州国」成立後に再び急速に進展したのである。この結果、満業設立直前の1937年3月には図表 I-3-3 に示される状況に拡大した。
　表によれば、満鉄投資先企業はほぼすべての事業分野（運輸・交通、工業各分野、商事、鉱業、拓殖、林業、土木建築、電気瓦斯など）を網羅しており、企業数は80社、公称資本金合計は7億3458万円で、満鉄引受分は3億4285万円（46.7％）、払込資本金合計5億1992万円に対する満鉄払込分は2億4,807万円（47.7％）に達した[8]。1930年代初頭に満鉄の株式投資額（払込額）は1億円を超えていたが、37年まで2倍以上に増加したのである。
　この80社の内で満鉄が株式の100％を有する直系子会社は15社、50％以上100％未満の傍系子会社32社で合計47社にのぼり、その47社で満鉄株式投資額（払込額）の90.3％という圧倒的ウェイトを占めた。これら子会社企業群に、満鉄持株比率が30％を超え、経営に強い影響を与えうる準子会社を加えると57社となり、満鉄株式投資額全体の95.0％に達した。1920年代後半から進められてきた満鉄コンツェルン化の完成された姿が示されている。

図表 I-3-3　満鉄関係会社（1937年3月末現在）

(単位：千円)

企業名		創設 年月	資本金	払込	満鉄引受	満鉄払込	持株比率 %
<交通・運輸・倉庫>							
大連汽船		1915.02	25,700	14,450	25,700	14,450	100.0
日満倉庫※		1929.04	10,000	8,250	10,000	8,250	100.0
国際運輸		1926.08	5,000	1,700	5,000	1,700	100.0
福昌華工		1926.10	1,800	1,800	1,800	1,800	100.0
大連都市交通		1926.05	5,000	4,400	5,000	4,400	100.0
営口水道交通		1906.11	2,000	2,000	1,321	1,321	66.0
満州航空	M¥	1932.09	8,580	8,580	1,650	1,650	19.2
溪城鉄路公司		1916.04	570	570	399	399	70.0
朝鮮鉄道※		1923.09	54,500	17,650	150	53	0.3
金福鉄路公司		1925.11	4,000	2,400	90	54	2.3
<工業>							
昭和製鋼所		1929.07	100,000	82,000	100,000	82,000	100.0
満州化学工業		1933.05	25,000	18,750	12,925	9,694	51.7
満州軽金属製造	△ M¥	1936.11	25,000	6,250	14,000	3,500	56.0
日満マグネシウム※		1933.10	7,000	2,450	3,500	1,225	50.0
同和自動車工業		1934.03	6,200	3,200	2,900	1,450	46.8
撫順セメント		1934.07	2,500	2,500	2,500	2,500	100.0
満州石油		1934.02	10,000	7,500	2,500	2,250	25.0
日本精蝋		1929.02	2,000	2,000	2,000	2,000	100.0
満州曹達	M¥	1936.05	8,000	4,000	2,000	1,000	25.0
東洋窒素工業※		1926.12	5,000	1,250	1,500	375	30.0
満州紡績		1923.03	5,000	3,125	1,250	781	25.0
昌光硝子※		1925.04	3,000	3,000	1,200	1,200	40.0
満州塩業	M¥	1936.04	5,000	1,250	1,000	250	20.0
満州大豆工業		1934.07	1,500	1,500	800	800	53.3
大連窯業		1925.07	600	600	600	600	100.0
大連油脂工業		1916.04	500	500	340	340	68.0
大連工業		1918.04	500	250	254	127	50.8
満蒙毛織		1918.12	5,500	5,500	142	142	2.6
南満州硝子		1928.11	300	300	50	50	16.7
満州製粉		1906.12	5,750	3,545	30	21	0.5
東亜煙草※		1906.11	11,500	9,400	8	8	0.1
南満州製糖		1916.12	10,000	10,000	260	260	2.6
大連製油		1918.09	3,000	908	14	6	0.5
<商事>							
日満商事	△ M¥	1936.10	10,000	6,000	6,000	3,600	60.0
銑鉄共同販売※		1932.08	1,000	250	340	85	34.0
大連火災海上保険		1922.07	2,000	500	665	166	33.3
新京取引所信託		1916.03	1,000	250	514	129	51.4
哈爾浜交易所	M¥	1933.10	2,000	1,200	250	125	12.5
満州畜産工業	△ M¥	1936.11	300	300	300	300	100.0
新京屠宰	M¥	1936.04	300	300	150	150	50.0
満州市場		1917.09	400	400	200	200	50.0
新京市場		1917.05	100	100	50	50	50.0
撫順市場		1918.05	100	25	10	3	10.0
安東市場		1935.08	165	165	83	83	50.0
錦州市場		1934.06	50	50	25	25	50.0
満州火薬販売	M¥	1935.11	500	375	50	38	10.0
満蒙冷蔵		1922.06	1,000	250	5	1	0.5

第3章 南満州鉄道系企業 97

企業名		創設	資本金	払込	満鉄引受	満鉄払込	持株比率
<興業・拓殖>							
興中公司		1935.12	10,000	5,000	10,000	5,000	100.0
大連農事		1929.04	10,000	5,000	10,000	5,000	100.0
満州拓殖	M¥	1936.01	15,000	12,000	5,000	4,000	33.3
鮮満拓殖	△※	1936.09	20,000	8,000	5,000	2,000	25.0
日仏対満事業		1936.02	100	100	50	50	50.0
中日実業※		1913.08	5,000	5,000	60	60	1.2
東亜興業※		1909.08	20,000	13,200	50	30	0.3
東亜勧業		1921.12	10,000	2,500	9,850	2,463	98.5
<林業>							
満鮮坑木		1919.12	1,500	600	1,500	600	100.0
札免採木公司	M¥	1922.06	4,800	4,800	2,444	2,444	50.9
満州林業	M¥	1936.02	5,000	3,750	1,250	938	25.0
<鉱業>							
満州炭砿	M¥	1934.05	16,000	16,000	8,000	8,000	50.0
満州採金	M¥	1934.05	12,000	7,175	5,000	2,500	41.7
山東鉱業※		1923.05	5,000	2,250	2,799	1,260	56.0
満州鉱業開発	M¥	1935.08	5,000	3,100	2,500	1,350	50.0
満州鉛鉱		1935.06	4,000	4,000	2,000	2,000	50.0
南満鉱業		1918.04	600	600	420	420	70.0
復州鉱業		1929.09	1,000	750	460	345	46.0
大満採金		1934.06	200	50	100	25	50.0
開平砿務※	£	1912.06	34,286	33,600	857	857	2.5
<電気・瓦斯>							
満州電業		1934.11	90,000	90,000	45,000	45,000	50.0
南満州瓦斯		1925.07	10,000	10,000	5,000	5,000	50.0
<土地・建物・土木請負>							
阪神築港※		1929.07	10,000	3,000	4,000	1,200	40.0
奉天工業土地		1935.03	5,500	5,500	2,750	2,750	50.0
東亜土木企業		1920.01	5,000	1,250	2,510	628	50.2
哈爾浜土地建物		1920.05	500	500	500	500	100.0
鞍山不動産信託		1921.10	1,000	1,000	426	426	43.2
元山海水浴※		1923.06	150	150	100	100	66.7
<通信・弘報>							
満州電信電話		1933.08	50,000	36,250	3,500	1,750	7.0
満州弘報協会 △	M¥	1936.09	2,000	1,875	1,148	1,148	57.4
<旅館・その他>							
遼東ホテル		1928.09	1,000	900	550	495	55.0
湯崗子温泉		1920.03	1,000	250	506	126	50.6
登瀛閣		1928.11	25	25	15	15	60.0
総計		80社	734,576	519,917	342,853	248,072	47.7 %
満州・関東州総計		66社	548,140	412,467	313,290	231,370	56.1 %
『1936銀行会社年鑑』企業		62社	510,840	398,042	291,842	222,822	56.0 %

出所：前掲『南満州鉄道株式会社第三次十年史』付表。

注：(1) 企業名にM¥や£が添記されている企業は、それぞれ満州国幣およびポンド貨による投資先。それぞれ1M¥＝1円、1シリング2ペンス＝1円（1937年3月末ポンド為替相場）として円換算した。
(2) 企業名に※印が添えられている企業は満州・関東州に所在していない企業、△印が添えられている企業は1936年6月以降の設立で、『1936銀行会社年鑑』（1936年5月現在）には捕捉されていない企業。

これら満鉄コンツェルンの傘下企業を一覧すれば、満州・関東州の主要な企業が網羅されており、ここからだけでも満鉄系企業ないし満鉄の株式投資が満州経済の中でいかに重要な位置を占めたかが窺える。もっとも、これらの投資先には日本内地、朝鮮および中国の企業も含まれているので、それを除外し、満州・関東州の企業に限定して再計算すると、満鉄投資先企業数は 80 社から 66 社に減り、公称資本金合計は 5 億 4814 万円、払込資本金合計は 4 億 1247 万円に減少する。満鉄引受資本金も 3 億 1329 万円、満鉄払込金も 2 億 3137 万円へと若干減少するが、非満州・非関東州企業にへの投資は、満鉄持株率が低く、出資額も大きくないものが多かったため、大幅な減少はみられない。この 66 社の満鉄持株比率をみると、43 社で 50 ％を超え、これら 43 社で満鉄の対満州・関東州投資額の 92.1 ％という圧倒的な割合を占めた（持株比率 30 ％以上は 49 社、満鉄投資額に占めるウェイトは 96.0 ％）。満鉄の平均所有比率（株式払込総額に占める満鉄払込額の割合）も 47.7 ％から 56.1 ％に増大しており、満州・関東州の企業に限定した場合、満鉄の支配力はいっそう強かったといえよう。

　表示された満鉄の投資額は巨額ではあるが、満州・関東州の企業全体の中でどの程度のウェイトを占めたのであろうか。これを推計することで 1930 年代半ばの満州経済における満鉄のプレゼンスの大きさを確認したい。もちろん、満鉄の満州経済におけるプレゼンスは株式投資という局面に限定されていたわけではない。しかし、ここではその影響力をはかる一つの指標として満鉄およびその投資先企業群の資本金総額を『1936 銀行会社年鑑』の株式会社・股份公司の資本金集計値と比較したい[9]。もっとも、このためには、非満州・非関東州の企業に加えて同年鑑に捕捉されていない（調査時点である 1936 年 5 月以降に設立された）企業を除く必要がある[10]。この手続きを経て 1936 年 5 月時点の満鉄投資残高を推定したのが、同表最下欄に示した 62 社の数値であり、これに満鉄自体の公称資本金 8 億円、払込資本金 5 億 8421 万円を加えると、満鉄および満鉄投資先企業の資本金総計は公称資本金 13 億 1084 万円、払込資本金 9 億 8225 万円に達した。

　一方、『1936 銀行会社年鑑』のすべての株式会社・股份公司の資本金を合計すると、約 19 億 4500 万円で、払込資本金は 12 億 8400 万円弱である。これと比較

すれば、満鉄および満鉄出資企業のウェイトは公称資本金で全株式会社・股份公司の 67.4％、払込資本金で 76.5％という圧倒的な比率を示した。つまり、資本金ベースでみた場合、満鉄およびその投資先企業（62 社）だけで、満州・関東州の株式会社ないし股份公司全体の 4 分の 3 前後を占めていたのである。

この 62 社のうち 1939 社は満鉄持株比率が 50％以上、45 社が 30％以上の子会社・準子会社であり、その公称資本金総額（払込資本金総額）は持株比率 50％以上の子会社が 3 億 4991 万円（2 億 8446 万円）、30％以上の準子会社まで拡大すると、3 億 8711 万円（3 億 909 万円）となる。子会社・準子会社に限定した場合でも、『1936 銀行会社年鑑』に捕捉された全株式会社・股份公司の公称資本金総額（払込資本金総額）に占めるウェイトは、子会社および満鉄で 59.1％（67.7％）、満鉄・子会社・準子会社の場合は 61.0％（69.6％）であった。すなわち、満鉄が直接に影響力を行使しうる企業群は、資本金ベースで満州の株式会社・股份公司全体の三分の二前後にも達しており、満鉄コンツェルンの形成は、満鉄が満州経済に巨大な影響力を与えうる主体になったことを意味していた。

ただし、これら有価証券に対する満鉄の評価額は 80 社合わせて 2 億円 50 万円弱で（前掲図表Ⅰ-3-2）、実際の払込額（2 億 4807 万円）には達せず、払込額と評価額の乖離も 1930 年と同程度の水準にとどまった。株式投資先の一部は、依然、収益性に問題を含んでいた。

第 3 節　満州重工業開発の設立と重工業部門の委譲

1937 年、日本・満州両国政府の援助のもと、産業開発 5 ヵ年計画に従って重工業化を推進するために、資本金 4 億 5,000 万円という空前の規模を誇る特殊会社・満州重工業開発株式会社が設立された[11]。産業開発 5 ヵ年計画の早期実現をはかるためには、すでに十分な事業経験を有する経営者・組織の進出が望まれたため、鮎川義介の率いる日本産業株式会社の本社が満州に移転・改組するという特異なパターンで、1937 年 12 月 1 日に満州国法人となり、12 月 27 日に満州重工業開発に改組された。なお、同社株式の半分は一般民間株主が引き受け、半分は満州国政府が出資することとなった。満業は満州国内で鉄鋼業・軽金属工業、

図表 I-3-4　満州重工業開発への株式委譲

企業名	持株数	単価	払込	委譲額
	千株	円／株	円	千円
昭和製鋼所	1,100	70.00	44.50	77,000
満州炭砿	旧株 160	52.55	50.00	8,408
	新株 640	13.14	12.50	8,410
満州軽金属製造	280	25.00	25.00	7,000
満州採金	100	52.57	50.00	5,257
同和自動車工業	58	25.00	25.00	1,450
計				107,525

出所：財団法人満鉄会『南満州鉄道第四次十年史』（龍溪書舎、1986年）525頁。

自動車製造業、航空機製造業、石炭・金・亜鉛・鉛・銅などの鉱業を営む巨大な国策会社となり、満州重工業化の中核的な担い手となった。

満業の設立は満鉄関連事業に大きな影響を及ぼした。**図表 I-3-4**に示したように、満業設立に伴い、1938年3月には昭和製鋼所、満州炭砿、満州軽金属製造、満州採金、同和自動車工業の全持株は満州国政府に譲渡されることとなった。譲渡価格は約1億0750万円で、後に譲渡された満州石油の持株の一部（譲渡期日不明）を含めれば、約1億0890万円にのぼった。これは前掲**図表 I-3-3**（1937年3月時点）の満州・関東州内の満鉄関係会社に対する投資総額（株式払込額）の45％に及んでおり、また単に株式を失っただけでなく、重工業関連の人材も株式に伴って移動した。投資額が満鉄の満州経済における影響力を反映する指標とみれば、少なくともそのウェイトは低下したといえよう。満州国に譲渡された重工業関連会社の株式は、満業に譲渡された。

満業の成立は、満鉄1社に集中していた一般日本投資家の対満投資経路の多様化や従来の1業1社主義の変更という点で大きな転換をもたらした。また同時に、これを契機として、満鉄は重工業投資から撤退し、鉄道交通部門、撫順炭砿を核とした石炭事業・人造石油製造事業にその活路を見出していくこととなった。

第4節　第2次世界大戦末期の投資状況

既述のように、1930年代後半以降の満鉄関連会社に対する新規・追加投資に

ついては『南満州鉄道株式会社第四次四十年史』にまとめられており、また個別企業については関連する各章で触れられるので省略し、戦争最末期に近い1945年3月時点における満鉄の関連会社についてみよう（**図表Ⅰ-3-5**）。

同表は不明な部分を含んでいるが、まず前掲**図表Ⅰ-3-3**に捕捉されていない1937年3月以降の新規投資先を確認すると、交通部門では2社（華北交通、満州車両）、工業部門8社（大連船渠鉄工、撫順窯業、日満化学、満州医薬品生産、満州特殊製紙、奉天工業、満州製鉄、満州豆稈パルプ）、商事部門4社（満州実業振興、関東貿易振興、満州生活必需品、戦時金融公庫）、興業・拓殖・農林部門7社（満州造林、満州林産塗料、北満水産、康徳産業、北支那開発、中支那振興、満州林産化学工業）、鉱業部門4社（満州鉱業開発、富錦鉱業所、大同炭砿、満州人造石油）、電気瓦斯部門なし、土地・建物・土木請負部門4社（満州不動産、昭和建物、関東工業土地、永安建物）、その他6社（満州日日新聞社、満州新聞社、康徳新聞社、ハルビン・スコエ・ウレミヤ社、満州映画協会、満州酒精工業）であり、合計では35社にのぼる。すなわち、投資先企業71社のほぼ半分が1937年4月以降の新規投資で占められていた。新規投資先は非満洲・非関東州所在の企業も含み、投資部門も多岐にわたるが、巨額の投資先としては、交通業（華北交通）、製鉄業（満州製鉄）、鉱山業（富錦鉱業所）などが注目される[12]。なお、満州製鉄は重工業部門投資であり、投資額も4500万円と大きいが、満業傘下の製鉄企業を合同した巨大企業であり[13]、満鉄持株比率も低く、満業との分業関係（重工業部門は満業が担当）の形骸化を意味するものではなかった。

こうした新規投資の実行と既存関係会社に対する追加投資の拡大により、満鉄の投資額残高（払込額）は1937年の2億4700万円余から5億2200万円弱へと倍増した。1937年末の満業成立に伴って株式委譲で満鉄投資額が半減したことを考慮すれば、満業設立後から戦争末期にかけて満鉄の投資額は4倍を超える拡大を示したことになろう。その意味では、満業と一定の分業関係を保ちつつ、満鉄は交通業や鉱山業などを軸に旺盛な投資活動を維持したと考えられる。

しかしながら、同時に注目されるのは、関係会社に対する支配力の低下である。平均持株比率が37年の47.7％から45年には16.3％に大きく下落したことも満鉄の関係会社への影響力の弱体化を暗示していよう。より詳細にみれば、投資先

図表 I-3-5 満鉄関係会社（1945年3月末現在）

(単位：千円)

企業名	創設年月	資本金	払込	満鉄払込	持株比率
＜交通・運輸・倉庫＞					%
大連汽船	1915.02	50,000	31,755	31,755	100.0
日満倉庫	1929.04	15,000	15,000	7,500	50.0
国際運輸	1926.08	200,000	65,000	47,500	65.0
福昌華工	1926.10	1,800	1,800	1,800	100.0
大連都市交通	1926.05	30,000	26,250	26,250	100.0
営口水道	1906.11	2,000	2,000	1,321	66.0
満州航空	1932.09	100,000	100,000	5,000	8.3
華北交通　n	1939.04	400,000	381,954	120,000	30.0
満州車両　n	1938.05	30,000	25,000	5,013	33.4
＜工業＞					
大連船渠鉄工　n	1937.08	30,000	18,000	15,000	83.0
満州化学工業	1933.05	27,600	27,600	12,925	46.8
撫順窯業　n	1920.02	4,500	4,500	436	7.0
日満化学工業　n	1942.03	1,000	1,000	300	30.0
満州医薬品生産　n	1943.11	30,000	20,000	2,000	10.0
撫順セメント	1934.07	7,500	6,875	3,438	50.0
満州特殊製紙	1925.03	20,000	20,000	1,500	15.0
日本精蠟	1929.02	4,000	4,000	4,000	100.0
満州曹達	1936.05	25,000	18,250	6,250	34.0
奉天工業　n	1938.07	3,000	2,250	1,725	76.0
満州製鉄	1944.04	740,000	640,000	45,000	11.3
満州豆桿パルプ　n	1937.09	20,000	15,000	1,500	10.0
満州塩業	1936.04	40,000	36,640	1,375	4.0
大連窯業	1925.07	3,000	2,550	2,100	100.0
大連工業	1918.04	1,000	1,000	508	50.0
満蒙毛織	1918.12	80,000	42,500	616	1.0
＜商事＞					
日満商事	1936.10	60,000	29,000	20,000	50.0
満州実業振興　n	1937.11	5,000	5,000	2,500	50.0
関東州実業振興　n	1935.06	5,000	5,000	900	18.0
満州生活必需品　n	1939.02	80,000	63,750	8,244	10.0
戦時金融公庫　n	1942.04	300,000	300,000	125	0.0
満州畜産工業	1936.11	3,000	3,000	1,500	50.0
安東市場	1935.08	165	165	83	50.0
＜興業・拓殖・農林＞					
満州造林　n	1941.02	8,000	8,000	2,000	25.0
大連農事	1929.04	10,000	5,000	5,000	100.0
満州林産塗料　n	…	1,000	1,000	500	50.0
満州拓殖公社	1937.08	130,000	113,750	10,000	0.7
北満水産　n	…	600	600	600	100.0
康徳産業　n	1944.01	2,500	2,500	700	28.0
北支那開発　n	1938.11	442,000	311,750	2,509	2.3
中支那振興　n	1938.11	100,000	45,048	10	0.0
中日実業	1913.08	5,000	5,000	60	1.2
東亜興業	1909.08	20,000	13,200	39	0.3
満鮮坑木	1919.12	120,000	2,250	2,250	100.0
満州林産化学工業　n	1942.12	20,000	20,000	2,000	25.0
満州林業	1936.02	30,000	30,000	2,500	8.3

企業名	創設	資本金	払込	満鉄払込	持株比率
<鉱業>					
満州鉱業 n	1937.06	10,000	8,750	8,750	100.0
富錦鉱業所 n	1944.04	30,000	30,000	30,000	100.0
大同炭砿 n	1940.01	120,000	56,000	10,000	8.3
山東鉱業※	1923.05	35,000	35,000	2,795	8.3
満州鉱業開発	1935.08	115,000	85,500	2,500	2.8
満州人造石油 n	1943.06	50,000	50,000	15,000	30.0
復州鉱業	1937.06	10,000	7,000	3,500	50.0
大満採金公司	1934.06	200	50	25	50.0
開平砿務	1912.06	3,000	2,940	736	25.0
<電気・瓦斯>					
南満州瓦斯	1925.07	20,000	20,000	7,500	37.5
<土地・建物・土木請負>					
満州不動産 n	1937.10	20,000	20,000	20,000	100.0
協和建物 n	1934.07	4,000	2,000	500	25.0
関東州工業土地 n	1939.07	10,000	7,500	3,750	50.0
東亜土木企業	1920.01	5,000	5,000	2,510	50.2
永安建物 n	1940.04	100	100	10	10.0
日仏事業公司	1936.02	100	100	50	50.0
<その他>					
満州日日新聞社 n	1942.01	2,000	2,000	894	44.7
満州新聞社 n	1942.01	1,700	1,700	563	39.2
康徳新聞社 n	1942.01	3,400	3,400	1	13.5
ハルビンスコエウレミヤ社 n	1942.01	217	217	86	47.5
満州映画協会	1937.08	9,500	9,250	5,000	50.0
大連火災海上保険	1922.07	2,000	500	166	33.3
元山海水浴	1923.06	150	150	75	50.0
満州酒精工業 n	…	5,000	3,000	1,500	50.0
湯崗子温泉	1920.03	1,000	250	126	50.5
登瀛閣	1928.11	25	25	1	1.0
総計	71社	3,567,757	3,211,789	521,944	16.3%

出所：『南満州鉄道株式会社第四次十年史』534-537頁。
注：(1) 本表の数値は信憑性に欠ける部分が多いが、修正のための根拠となる数値が得られないので、原史料のデータをそのまま掲載した。nは1937年4月以降に投資を開始した企業。
(2) 総計の数値は原史料のままとした。ただし、計算の結果は、公称資本金3,665,057千円、払込資本金2,823,369千円、満鉄払込522,370千円であり、平均持株率も18.5％となる。この差異が生じた要因は不明である。

71社のうちで満鉄の株式所有比率が50％を超える子会社は31社にのぼったが、その31社に対する満鉄の払込額は満鉄株式投資総額（総払込額）の半分を割り込むに至った（48.0％）。満州への日本資本の投下が加速し、また巨大化する中で、満鉄の投資活動もまた活性化したものの、傘下企業の株式投資需要の多くを満鉄が担い、子会社に対する強い影響力を保ちつつ、コンツェルンとしての実体を維持していくことは次第に困難になっていったのである。

1945年3月末現在での満鉄による満州への投資は60社、払込額3億7856万

円にのぼった。

おわりに

　1920年代に本格化した満鉄のコンツェルン形成は、「満州国」の成立を契機として一挙に活性化し、1930年代半ば（満業設立前）に最も完成された姿を示すに至った。完成されたコンツェルンは部分的に朝鮮、中国、日本内地の企業を含んでいたが、その圧倒的部分は満州・関東州の企業群で占められており、満州、関東州所在企業に限定すれば、むしろより洗練された（いっそう強い傘下企業への支配力をもつ）コンツェルンを築き上げていた。また、この完成された満鉄コンツェルンは資本金レベルで満州・関東州の株式会社・股份有限公司の四分の三前後を占め、文字通り巨大な影響力を有していたのである。

　しかし、この完成したばかりの満鉄コンツェルンは、満業設立に伴う分業関係の形成（重工業部門の委譲）を通じて変質を余儀なくされた。資本金レベルでみる限り、満州・関東州経済に対する満鉄コンツェルンの影響力は低下した。

　もっとも、続くアジア太平洋戦争下においても満鉄は交通業や鉱山業などを中心に株式投資をさかんに行ない、大戦末期にかけて投資残高は著しく増加した。しかし、この動きはコンツェルンの再編・強化を意味するものではなかった。戦時インフレの進行に伴い傘下企業の株式資金需要が肥大化する中で、満鉄も株式投資を増加させたものの、持株比率はむしろ低落した。この結果、傘下企業に対する影響力は低下し、コンツェルンとしての実体を失っていったのである。

注

1) 本章では企業出資（株式投資）に限定して、満鉄の社外事業投資を検討する。したがって、社外事業投資に通常含まれる貸金は除外されている。これは本章の目的が、1930年代後半以降の満州企業出資において満鉄が果たした役割を推計することに置かれているためである。

2) 満州事変以前における満鉄の社外投資については、金子文夫『近代日本における対満投資の研究』（近藤出版社、1991年）や安冨歩『「満州国」の金融』（創文社、

1997年）がすでに詳細に解明しているが、株式投資額は評価額で把握されており、株式投資活動の水準を計る上でやや難点を含んでいる（注5参照）。そこで本章では払込額に基づいて投資額を算定する方法を併用するが、払込額がわかる年次は限定されているため、連続的なデータが得られないという問題がある。なお、満州事変以降、1930年代後半までの満鉄関連会社の活動状況については、蘇崇民『満鉄史』第12章（葦書房、1999年、446-505頁）にも詳細な記載がある。また、30年代半ば以降の新設会社についても財団法人満鉄会『南満州鉄道株式会社第四次四十年史』（龍渓書舎、1986年）が事業分野別に簡単にまとめている（527-534頁）。

3）満州事変以前における満鉄の有価証券投資については前掲『近代日本における対満投資の研究』224-228頁による。

4）同前、224、226頁。

5）株式投資活動の水準をはかる指標としては、特定時点での資産評価額ではなく、実際に満鉄が株式に払い込んだ金額が望ましい。しかし、前述のように払込額については連続したデータが得られないため、ここでは評価額の推移をみる。なお1930年度3月末の実績は圧倒的なウェイトを占める円建て投資額のみを合計した。同時点の為替相場で銀貨建て、ポンド建て投資額を換算して合算することは可能かもしれないが、いぜんとして実際投資額（投資時点の為替相場ベース）とは異なる値しか得られないためである。したがって、分割払込の時期を確定できない限り、実際投資額の正確な測定は技術的に困難といえよう。

6）前掲『近代日本における対満投資の研究』386頁。

7）同前、394頁。

8）満鉄持株比率は、公称資本金ベースでも払込資本金ベースでも同じ値をとるはずであるが、1％のズレが生じている。原表の数値に誤りがあると思われるが、修正は困難であり、また微細な相違にすぎないのでそのままにした。

9）満鉄が得た払込資本金が満鉄の株式投資に利用されたとみれば、満鉄の資本金と株式投資額を合算するのはダブルカウントに当たる。しかし、これが問題となるのは満州への純投資額を算定する場合であり、純投資額の推定は本章の課題ではない。

10）より正確には、1936年5月以降の増資および追加払込額も除く必要がある。データが欠如しているために控除していないが、結論にはほとんど影響しないであろ

う。

11）以下、満業設立に伴う変化については、前掲『南満州鉄道株式会社第四次十年史』524‐526頁。なお、満鉄の国策会社的性格を改め、鉄道と炭砿経営を担う民間会社化しようという満鉄改組とそれに代わる満業設立の経過については小林英夫『満鉄―「知の集団」の誕生と死』（吉川弘文館、1996年）135‐147頁を参照。

12）たとえば、華北交通には1億2000万円にのぼる巨額の投資が行なわれており、満業による圧迫を避けて華北進出をはかる動きが満鉄内部にみられたが、その満鉄総資産に占めるウェイトは2.8％にすぎず、満鉄の事業基盤はあくまで満州に置かれていたと指摘されている（前掲『「満州国」の金融』218頁）。

13）満州製鉄は、満業傘下の昭和製鋼所、本渓湖煤鉄公司、東辺道開発の3社が合同して、1944年2月に設立された公称資本金7億4000万円の巨大製鉄会社であった（前掲『満鉄』196‐197頁）。

第 4 章　東洋拓殖系企業

はじめに

　東洋拓殖株式会社は1908年12月28日に京城に本店を置く政府出資法人として設置された。その後、東拓は本店を東京に移し、満州においても不動産担保金融機関として進出が認められた。東拓については、社史・回想録の類も複数刊行されている[1]。東拓の満州進出の経緯と活動についてこれまでの研究の蓄積は厚く[2]、1920年代末までの日本の満州投資についても東拓の投資も視野に入れたまとまった研究がある[3]。

　本章では、満州における東拓の投資による関係会社事業を概観する。東拓の業務は長期融資・農事経営のほかの関係会社投資があるが、関係会社による農事経営は満州における土地商租権の制約で困難であったとの説明があり[4]、長期融資も1920年代前半で衰退していたことがすでに確認されている[5]。東拓の満州における直営事業としては、塩業への参入が満州国期で注目できるがその研究はなされていない。特に満州国期の東拓の活動については、これまで解明が遅れている[6]。満州国期には巨額の開発投資が東拓にさほど依存することなく実現を見たため、東拓の位置づけは低く、それゆえ東拓の満州国における投資については関心を呼ばなかったとみられる。

　また東拓の直接の出資と貸付金の検討がこれまでなされてきたが、東拓の満州事変以前の出資・融資案件は規模の大きなものに限定されている。東省実業については、東拓の満州における投資先の法人に着目する研究でもでも紹介がないため[7]、いくらか詳しく紹介しよう。また満州国期の東拓の活動基盤は制約されたため、その融資にも着目して東拓の満州国における投資の実態を明らかにする必

図表 I-4-1　満州事変以前

	設立年月日	設立時・取得時資本金等			備　考
		公称	払込	東拓出資	
㈱遼東銀行	1916.04.02	1,000	250	25	本店大連、満州銀行設立時に統合
㈱貔子窩銀行	1917.01.15	1,000	250	62.5	1921.5.14 遼東銀行に吸収
北満電気㈱	1918.04.10	1,200	600	150	日本人が中心
東省実業㈱	1918.05.04	3,000	750	187.5	在満日本人多数
満蒙毛織㈱	1918.12.25	10,000	2,500	437.5	満鉄 125 千円
中東海林実業公司→	1919.04.05	3,000	1,250	630	吉林省政府
中東海林採木有限公司	1924.01.23	3,500	3,500	1,750	〃
東亜勧業㈱	1921.12.10	20,000	5,000	2,150	満鉄と大倉組
㈱鴻興公司	1926.06.05	500	125	125	東拓のみ
㈱正隆銀行	1908.01.15	240	240	―	安田系
㈱満州銀行	1923.07.31	30,000	8,720	187.5	地場日本人系

出所：東洋拓殖株式会社『営業報告書』各期、東亜勧業株式会社『第 1 回営業報告書』1918 年 11 月決算、東亜勧業業報告書』1918 年 11 月決算、ほか同営業報告書、『1922 興信録』、南満州鉄道株式会社調査課『満蒙における省図書館蔵）、朝鮮銀行東京調査部『満州会社調』（1922 年 3 月）（アメリカ議会図書館蔵）、『1922 興信録』、
注：(1) 1920 年 1 月 31 日に東拓は中東海林実業公司を日本紙器製造株式会社に譲渡、その後、1922 年 4 月に買い
　　(2) 東省実業への東拓出資 1928 年は 1926 年 3 月。

要がある。そのため満州国における東拓の関係会社出資のみならず貸付金にまで視野を広げて言及する。

第 1 節　満州事変前の満州投資と関係会社

1　満州事変前の満州投資

　東洋拓殖株式会社（1908 年 12 月 28 日設立、本店京城）は 1917 年 7 月 21 日「東洋拓殖株式会社法」改正により、満州への進出が法的に認められた。これは寺内内閣による朝鮮銀行・東拓の満州への参入により、日本利権の獲得と満州の金本位制への移行を長期的に展望するものであった。東拓は同年 10 月 1 日に定款を変更し、本店を東京に移し、朝鮮ほか、外国への長期資金供給を業務とした。また監督権限はそれまでの朝鮮総督府から拓殖局（1917 年 7 月 31 日設置、1922 年 11 月 1 日より拓殖事務局、1924 年 12 月 20 より内閣拓殖局、1929 年 6 月 10 より拓務省）に移った。東拓は 1917 年 10 月 8 日に大連、奉天にまた 1919 年 6

の東洋拓殖の満州関係出資

(単位:千円)

1922年資本金			1928年資本金		
公称	払込	東拓出資	公称	払込	東拓出資
3,000	1,575	87.5	—	—	—
—	—	—	—	—	—
1,200	600	150	1,200	900	225
3,000	3,000	187.5	1,750	1,750	1,254
10,000	3,500	612.5	3,000	1,950	—
3,000	…	…			
—	—	—	3,500	3,500	1,750
20,000	5,000	2,150	20,000	5,000	1,996
—	—	—	500	125	125
20,000	9,500	—	12,000	5,624	不明
			10,000	2,906	小額

株式会社『東亜勧業株式会社拾年史』(1933年)、東省実業株式会社『第1期営る日本の投資状態』(1928年)、大連実業会『満州商工人名録』(1909年)〔遼寧「中東海林実業公司ニ関スル件」1927年10月27日 (外務省記録E4-2-1-4)。戻した。1924年1月23日改組。

月10日に哈爾浜に支店を開設した[8]。この間の資金力の強化のため、1918年5月22日に公称資本金を1000万円から2000万円に、また1919年9月10に5000万円に増資した[9]。払込資本金の10倍まで東洋拓殖債券の発行枠が与えられるため、社債発行残高も増大した。東拓の満州における主要業務は日本人植民者・企業への長期資金供給であった。しかし第1次大戦期の好況の中で満州に進出したものの、1920年戦後恐慌により、長期融資の担保であった株式・不動産の暴落により融資資産は不良資産に転換した。そのほか東拓は朝鮮銀行とともに日本人居留民の要望を入れた政府の救済融資スキームの窓口となり、低利融資の供給を行なった。東拓は大蔵省から低利資金として1923年7月31日と12月28日の2回計400万円の貸下を受け、自己資金と合計し783万円を満州財界救済策として貸し出した[10]。これらの政府救済融資も不良債権に転じた。そのため東拓の長期融資は概ね失敗したと総括されている。東拓は1927年3月期に回収困難および評価額下落の資産2083万円のうち590万円の損失を表明化させ、特別整理で処理するという困難な事態となった[11]。東拓は主に満州における融資債権の不良化で経営危機に陥ったため、満州事変勃発まで満州における長期資金供給機関としては、期待された活動を見せなかった。

東拓の1917年10月以降の満州における業務として、関係会社を通じた事業投資がある。満州における関係会社として数件が確認できている(**図表Ⅰ-4-1**)。そのうち投資規模の大きなものとして1918年4月10日設立の北満電気株式会社

（本店哈爾浜）、1918年5月4日設立の東省実業株式会社（本店奉天）、1918年12月25日設立の満蒙毛織株式会社（本店奉天）、1921年12月10日設立の東亜勧業株式会社（本店奉天）がある。この4社は東拓の満州における個別事業の別働隊である。

北満電気株式会社は日露合弁の発送電会社として、1918年4月10日に資本金120万円（払込90万円）で哈爾浜に設置された（取締役高瀬梅吉〔東拓理事〕）。当初の資本金の25％を東拓が引き受けた。北満電気は既存のロシア人発電事業を買収し、電力事業に参入した。東拓は北満電気に対して189万円を貸付け、さらに社債45万円を引き受けて資金支援を行なった[12]。東拓は経営者を送り込んだ。株式の9割を日本人出資者が引き受けていた。当初は哈爾浜界隈最大の電力供給事業者となり利益も十分実現できた。ただし同社の事業は正式な認可を得たものではなかった。その後、哈爾浜市で電車敷設の利権の公募があり、北満電気がそれに応募して、当初は採用されそうであったが、日本側利権獲得への反発があり採用されなかった[13]。その後、哈爾浜電業公司の設立計画が進捗する中で、東拓は「日支提携」を名目に新設の電力会社に北満電気を買収してもらい、それにより日本側の哈爾浜における電力電車利権の確保を図る方針を提案し、交渉したが[14]、これでは日本側利権の獲得が乏しいため採用されず、結局、哈爾浜電業公司の設立となる。同公司は吉林永衡官銀銭号の支配下に設置され、電力供給業を拡張し哈爾浜における電車事業にまで拡大する中で、北満電気は激しい競争にさらされた。そのため北満電気は1926年上期に無配に転落し、以後も不振を続けた[15]。その後、不振の中で、東拓は日本人投資家の保有する北満電気の株式を買い受けて、日本利権の維持を図った。その結果、満州事変以後の時期には、東拓の保有株式は半額程度まで上昇している。

東省実業は満州における東拓融資業務の別働隊の金融業者で、第1次大戦期の好況時期に設置され、日本人事業者相手に事業拡張を行なった。東拓が貸し付けられないリスクの高い融資先に、東省実業経由で迂回融資を行なったものといえる。満州全域における日本人社会で戦後恐慌後の融資先の延滞債権への転落と担保価格の暴落により経営危機に陥った。東省実業は深刻な経営危機に陥り、事業清算しても不思議ではない状況となったが、東拓が出資融資で支援を強め、倒産

にまでいたることなく、満州国期まで延命できた。同社については後述する。

　満蒙毛織は奉天を拠点とする日系最大の繊維事業者である。同社は軍部の軍絨自給策を受けて、政府が満鉄・東拓に資金出資を要請し、日中合弁事業として設置されたもので、当初の公称資本金1000万円、払込250万円、東拓払込190万円、満鉄払込50万円で、ほぼこの両社が出資して支配下に置いた。出資から見て合弁は形のみであったといえよう。東拓は総裁石塚英蔵を社長として兼務させ、経営に責任を負う体制をとった。工場は奉天郊外に置き、満蒙毛織は満州における毛織物需要が底堅い中で、日系繊維産業直接投資の代表的事業者となった。満蒙毛織は満州における独占的な毛織の供給事業者となったが、原料羊毛の調達に苦慮し、輸入に依存したため、1923年上期から欠損を頻発し、東拓は貸付金金利を免除し、関東庁・満鉄が補助金を交付することで支援を続けざるを得なかった[16]。満蒙毛織は不振を続けた結果、1925年4月30日に資本金公称300万円、払込195万円に減資し[17]、その後の経営建直しのため合同毛織株式会社技師の椎名義雄を経営陣に迎え入れ[18]、1931年8月6日の公称資本金50万円、払込32.5万円と、1933年9月14日の資本金40万円全額払込の2回の減資を経て、ようやく損失処理を終え、1934年1月25日に増資し、資本金100万円全額払込となり[19]、事業拡張に乗り出せる状況となった。

　東亜勧業は満州における日本人移民のための土地取得と移民送出を目的とするもので、1920年代満州移民のための最大事業者となる。日本人移民の農牧用の土地取得は、困難であり、しかも当該地官憲からの土地商租権を認めないとする妨害を受ける。そのため東亜勧業の事業は停滞せざるを得ない。東拓は東亜勧業の持株を1928年4月に満鉄に譲渡して[20]、東亜勧業の経営から撤収した。

　東拓は満州進出後に大連・奉天・哈爾浜で融資事業を営むが、戦後恐慌により回収不能に陥る。不良債権を多額に抱え、東拓は先述のように特別整理に追い詰められる。その過程で不良債権処理のため担保価格の暴落した不動産を資産として取得したが、それを本体から切り離した。その受け皿が1926年6月5日設立の株式会社鴻業公司である。同社は本店を大連に置き、東拓の満州店舗の融資担保を取得し、その処分による現金化と管理を行なった。鴻業公司は東拓から不良債権を購入し、その時間をかけた処分を行ない、その資金は東拓からの出資と借

入金でまかなわれた。不良債権のいわば関係会社への移転によるオフバランス化が行なわれた。同社は東拓の満州における担保不動産として取得した不動産管理処分を行なう会社であり、東拓の不良資産を不動産として集めて別会社に分離したものである。1920年代の慢性的な不況色の中で、日本の銀行はこうした不動産・株式等を処分する関係会社を設立する例が見られた[21]。

そのほか満州の銀行業の支援として、東拓の満州進出前の1916年5月13日に大連に設置された株式会社遼東銀行と、1917年1月に関東州の貔子窩に設置された株式会社貔子窩銀行に出資している。いずれも弱小銀行であり、後者は1921年5月14日に前者に吸収合併された[22]。その結果、遼東銀行の資金力は強まったが、第1次大戦後の反動で満州経済が不振に陥る中で、1923年7月31日に株式会社満州銀行が設立される際に吸収され消滅した[23]。東拓の出資は満州銀行株式に転じたが、同行の不振による減資を経て、東拓持株は減少した。

東拓の合弁事業としてやや複雑な経緯をたどった事例に、中東海林実業公司への林業投資がある。東拓が吉林省側と協議し、1919年4月5日に日中合弁の中東海林実業公司を設立した。公称資本金日本円300万円、払込125万円、東拓出資63万円、中国側出資62万円も東拓が肩代わりした。中東海林実業公司が事業に着手したものの、東拓の派遣した公司理事長の吉野小一郎が財産横領の廉で東拓から告訴された。両者の間でもつれた争いとなり、この不始末が北満最初の合弁事業に影響するのを恐れた外務省と拓殖局は、1920年1月31日に東拓の権利義務を225万円で日本紙器製造株式会社に譲渡させた。ところがその後、中東海林実業公司は経営困難に陥り、1922年4月に東拓が日本紙器製造から中東海林実業公司の権利義務を171万円で買い戻して東拓の経営に移した[24]。その後も同公司の経営は改善されず、東拓は吉林省側と打開策を交渉した。その結果、1924年1月23日に「中東海林採木有限公司契約書」を吉林財政庁と中東海林実業公司とが締結し、中東海林採木有限公司を同日に設置した。資本金日本円350万円、折半出資とし、中東海林実業公司が既存林区と実物資産を出資し、吉林省財政庁は同公司から借り入れて出資するものとした[25]。事業主体を改組したものの、中東海林採木の事業は改善されず、東拓は、中東海林採木の事業の一時中止を決断した[26]。しかし簡単に合弁事業を操業中止に追い込めず、その後も中東海林採木

は細々と満州事変まで操業を続けた。

2 東省実業の満州投資

東省実業株式会社について詳しく紹介しよう。同社は本店を奉天に置き、資本金300万円、6万株、四分の一払込で設置された。定款によると、東省実業の業務は、①生産品・不動産を担保とした貸付・手形貸付、②生産品・不動産の売買・仲介、③諸調査・鑑定・設計、④信託・保証、⑤賃貸目的の家屋建設、転売・貸付を目的とする土地建物の買い入れ売却、⑦株式債券の応募引受、⑧各種拓殖事業である[27]。さらに1919年12月24日株主総会で一般倉庫業を追加した。

1918年11月末の株主名簿によれば、株主408名、6万株のうち1.5万株を東拓が保有した[28]。以下、個人で最も多い2100株の株主も東拓奉天支店支配人である。そのほかの出資者は満州における日本人が中心である。東省実業設置に際して、満州における日本人移民が積極的に応募したため、東拓の資金負担を軽減した。東拓からの資金借入れ事業者や、その他の在満日本人事業者は設立後の東省実業からの資金借入れを期待したものが少なくなかったはずである。取締役社長馬越恭平（大日本麦酒株式会社社長）、専務取締役内藤熊喜、取締役庵谷忱、加藤定吉（以上満州事業家）ほかであり、馬越のみ東京在住の実業家である。1918年11月期の総資産579万円、うち未払込資本金225万円、各種貸付金250.9万円、株式引受（組合出資を含む）29.4万円、預貯金35.6万円であり、未払込資本金を控除した資産合計354万円のうち、各種貸付金が最大項目であった。資金調達として、借入金232.3万円があり、払込資本金を上回る債務で事業を行なっていた[29]。東拓からの借入金と思われる。

東省実業の事業初期の株式取得の内容を紹介しよう。1918年11月期から1920年11月期の株式保有状況では、営業報告書に若干の誤記が含まれているようであるが、第1次大戦期の旺盛な資金需要に応じて、東拓の系列会社として積極的に引き受けていたことがわかる。これらの事業者に対しては、株式保有のみならず長期短期の融資にも応じていたはずである。1918年11月期では10社への出資が確認できる。ただしこのうち、東洋畜産興業株式会社（1918年9月設立、本店京城）のように朝鮮に本店を持つ東拓関係会社への出資がある。これは東拓

の要請で一部を取得したものであろう。また恵通銭号（1918年5月設立、長春）のように株式会社形態でない中国地場官憲経営の事業への出資も含まれている。日系事業者として、奉天信託株式会社（1914年7月15日設立）、奉天窯業株式会社（1918年6月3日設立）、満州ベンジン工業株式会社（1918年9月5日設立、本店大連）、北満製粉株式会社（不詳）、哈爾浜印刷株式会社（1918年10月15日設立）、北満倉庫株式会社（1918年10月設立、本店哈爾浜）、北満セメント瓦株式会社（本店哈爾浜）がある。東洋畜産興業株式会社を除き、合計18.1万円（大洋票建を混計）となる。東省実業は出資のみならず貸付も行なっている。東拓と連携して融資先を選別したはずであるが、先述の出資先への融資も含まれていよう30)。1919年5月期に出資先は広がり、大陸窯業株式会社（1919年2月25日設立、本店大連）、北満運輸倉庫株式会社（1919年2月設立、本店哈爾浜）、安東興業株式会社（1919年2月3日設立）、株式会社瑞祥号（1919年3月、本店奉天）ほか計8社に出資を行なった。新規出資は大きく増大して51.9万円となり、一段と投資額を増やしていた。日本人事業者への融資であるが、このうちには関東庁・満鉄支援で設置されて事業が行き詰っていた満州刷子工業株式会社（1919年5月設立、本店撫順）や、東拓の要請で引き受けた勝栄石綿工業株式会社（1918年6月18日設立、本店奉天）のような事例がある31)。東拓が手控えるリスクの高い融資を、東拓に代り実行した。

　東省実業の出資先には不振事業者が発生しており、それに対して救済融資が見られた。1919年11月期では瑞祥号の事業を継承した南満農産株式会社（1918年3月設立、本店奉天）への6000円の出資が含まれているが、同社は経営危機にあり、東省実業はこの出資に対し全損処理を余儀なくされた。それ以外の新規出資として満州で奉天実業貨桟（1918年10月設立）ほか2件の中国人事業者に12.8万円を出資した。東省実業の資本金はこの期に半額払込みとなり、資金に余裕が出たものの、その出資先はウラジオストック45.4万円、済南16.7万円となり、満州における新規出資は手控えていた32)。しかし1920年戦後恐慌の襲来で、満州における日本人経済界は大打撃を受ける。不動産・株式価格の急落となり、東拓のみならず東省実業の貸向けた融資先の担保価値も暴落した。東省実業の出資・融資先の事業者は借入金を返済できる状況にはなかった。東省実業は1920

年5月期では資本金300万円全額払込となったが、すでに満州における新規投資はリスクを伴うため、満州新規出資はなく、親会社東拓株式の取得、華北事業者ほかの株式が少額追加されただけであった。1920年11月期で大連製油株式会社（1918年9月25日設立）と吉林実業煙草店（1920年10月設立）へ計6.1万円の出資が見られた[33]。過日出資しているほかの事業者の多くは経営危機に直面しており、配当は期待できないものであり、東省実業の貸付金も利子・収入が期待できなくなり、東省実業自体が経営危機に直面した。1921年5月期以後、東省実業の営業報告書にこれらの出資先の記載は消滅した。

東省実業は1921年11月期に損失を計上し、馬越恭平は専務取締役から身を引き高橋寛一が就任し、ほぼ満州事業家のみで経営する体制となる[34]。こうして東拓の出資・融資先の戦後恐慌後の不良債権への転換のみならず、満州における東拓別働隊のファイナンス・カンパニーの東省実業も同じ境遇に陥った。東省実業は自社の経営危機のため1922年5月期に200万円に減資して、社債150万円を東拓に引き受けて貰い、さらに同年11月期に東拓の出資により300万円に増資し（払込225万円）、損失処理と資金力強化を行なった[35]。さらに東省実業の苦境は続くため、1927年11月期に払込250万円を半額減資し、資本金175万円払込として前期繰越損125万円を損失処理した。この二度目の減資に併せて東拓は他の投資家から東省実業株式を買い取り、一部個人株以外の株式を保有し、東省実業は東拓のほぼ全額出資子会社となる。その結果、総資産816万円に対し資本金175万円、借入金401万円（東拓・朝鮮銀行）、社債200万円（東拓）という完全な東拓丸抱え状態に陥った[36]。そして東拓からの派遣役員が経営を続けた。東省実業の主要業務の出資・融資は損失を続けるため、毎期に損失を計上し続け、満州事変前に東省実業は再起することができなかった。

第2節　満州国期の関係会社投資

1　東洋拓殖投資の概要

東拓は満州国期の日中戦争勃発以前の時期については、満州事変以前からの関

係会社への出資・融資を続け、また1930年代前半に設置された会社への出資・融資で、満州国における新規事業に投資を行なった。1933年9月12日に新京支店を開設し、満州国事業の拡大に備えた[37]。その後、1937年以降の満州産業開発計画の発動に伴い、満州国における資金需要は急増し、新規企業への投資を行なった。東拓の新設法人に対する多額の投資先は、移民・林業・電力が主要な業目といえよう。これら業種に対し満州事変前から東拓は投資していたが、満州国期には新たな企業への多額の出資となる。とりわけ1937年の満州産業開発計画の発動に伴う多額資金需要に応ずるため、東拓は新規設立法人に出資額を上乗せし、対前年度投資残高は増大をたどった。また一部の関係会社には融資も継続した。しかし東拓は日中戦争期に国策を背景に朝鮮・満州ほかへの投資を増大させていたため、資金繰りが悪化する。そのため東拓は1940年10月9日に「当社貸出方針モ重点主義ニ転換」するとした[38]。1941年以降の東拓の出資は一部企業を除き伸びが止まり、また後述のように電力業出資から後退し、その投資資産を売却することで資金確保に走るという事態に直面する。

　さて満州事変以降、東拓の満州国からの撤収が関東軍側で検討された。しかし朝鮮総督府側からの巻き返し、間島地域における在満朝鮮人のかなりのプレゼンス、金融制度上の農地等を担保とする長期金融機関の未設等が考慮され、東拓は満州国における営業が維持された[39]。1936年12月の満州興業銀行設立の検討に当たっても、不動産担保の長期金融機関設立が考慮されたが、長期の工業金融機関の設立に重点が移動したため、不動産担保金融の農業金融機関の設立は後日の課題となり、東拓は満州内営業を延命できた。さらに満州中央銀行の地方店舗を承継して1943年8月1日に興農金庫が設立されたが[40]、興農金庫は農業金融制度における長期金融の提供という課題を背負い、都市部不動産金融等は最初から除外されていた。そのためこの設置に当たっても東拓は排除されることはなかった。こうして東拓は満州国出現後も満州国の消滅まで延命できた。これは横浜正金銀行が満州における貿易金融を担当するため、進出して以降、満州国設立後も満州国内で外国為替取引の必要性から延命でき、日本敗戦を迎えた事例と近似するものである。満州事変以前のみならず満州国時期についても、東拓と全面的に競合する金融機関が発生しなかったことがその存続を担保したものといえよう。

大蔵省預金部資金の供給による東拓債保有は、1934年末で関東州および満鉄付属地向資金供給として分類できるものは435万円と見られる。これは在満商工業者救済資金として供給されたが、その後1940年末では関東州で190万円に減退した。大蔵省は東拓を満州国における国策的資金供給の窓口として、1940年までは積極的に利用する方針をとらなかった。その後、1942年末では東拓債の関東州向預金部資金保有を確認できないが、他方、満州国における資金供給として東拓債1190万円を保有しており、東拓の満州国特殊会社向資金供給のため、預金部資金による東拓債保有が増大した[41]。預金部資金による東拓債の保有は、満蒙毛織や東省実業の資金供給を支援するものではない。

2　満州国期新設関係会社投資

1922年9月29日に哈爾浜に本店を置いて設置されたボロヂン高田醸造株式会社に対し、東拓は資金を貸付けたが、回収不能となり、酒精工場等を1930年5月に取得した。満州国となり、乱立する北満の酒精企業を再編するため、満州国政府の推めで、大酒精事業家の徐鵬志と東拓は出資折半し、1933年11月21日に大同酒精股份有限公司（本店哈爾浜）、を設置した[42]。大同酒精の資本金167万円全額払込に対し、東拓は83.5万円（満州中央銀行券建）の出資を行なっているが、双方とも出資の過半は工場等の現物出資である[43]。同社はエチルアルコール生産事業を満州国で拡張した。同公司は「会社法」施行後の1938年4月8日に大同酒精株式会社に商号変更した。大同酒精には出資額を上回る貸付金供与を行った。1940年6月には貸付金157万円にまで増大した。1941年6月の増資で東拓出資額は258.2万円に増大し、貸付金は短期的に減少したがその後も増大した（**図表Ⅰ-4-2、図表Ⅰ-4-3**）。大同酒精は満州の有力アルコール製造事業者としてエチルアルコールのほかブタノールも製造し利益を上げた[44]。

1934年5月16日設置の満州採金株式会社は満州国内の旧政府所有金鉱区を満州国法人化したものであるが、満州国政府が主要株主として現物出資し、東拓も一部現金出資した[45]。その後、満州採金の株式は満州国政府に売却された。満州国における金鉱開発は、1941年12月開戦でその意義が消滅したため、満州採金は金鉱業整備に当たっていたが、1943年9月7日に満州鉱業開発株式会社に吸

118 第Ⅰ部 資本系列

図表Ⅰ-4-2 満州国期の東洋拓殖の

	設立年月	1935年6月	12月	37年6月	38年6月	12月	39年12月
(満州)							
東省実業㈱	1918.05.04	1,748	999	1,000	2,000	2,000	3,000
満蒙毛織㈱	1918.12.25	1,592	1,592	4,592	5,621	5,621	10,723
北満電気㈱→満州電業㈱	1918.04.10	483	1,800	1,805	2,031	2,031	2,257
中東海林採木有限公司 →㈱海林採木公司	1924.01.23	1,750	1,750	1,750	1,750	—	—
㈱満州銀行	1923.07.31	176	176	—	—	—	—
㈱正隆銀行	1908.01.15	0.7	0.7	—	—	—	—
㈱鴻業公司→東拓土地建物㈱	1926.06.05	125	125	125	125	125	1,625
大同酒精(股)→大同酒精㈱	1933.11.21	835	835	835	835	835	835
満州採金㈱	1934.05.16	500	1,000	1,000	2,000	2,000	—
日満製粉㈱	1934.06.25	573	573	933	933	933	933
満州特産工業㈱	1935.06.25	62	62	62	62	125	125
満州塩業㈱	1936.04.28	—	—	25	50	50	75
満州鴨緑江水力発電㈱	1937.09.07	—	—	—	2,500	2,500	10,000
満州拓殖公社	1937.08.31	—	—	—	2,497	2,497	3,750
満州房産㈱	1938.02.19	—	—	—	5,000	5,000	5,000
満州林業㈱	1936.02.29	—	—	—	—	3,000	3,000
海林木材㈱	1938.12.24	—	—	—	—	2,500	3,750
関東州工業土地㈱	1939.07.12	—	—	—	—	—	62
北満産業㈱	1941.06.23						
満州造林㈱	1941.02.15						
満州林産化学工業㈱	1942.07.08						
北満興業㈱	1944.08.08						
満州製材㈱	1944.08.30						
(朝鮮)							
鮮満拓殖㈱	1936.09.09	—	—	2,000	2,000	2,000	2,000
朝鮮鴨緑江水力発電㈱	1937.09.07	—	—	—	2,500	2,500	10,000
朝鮮電業㈱	1943.08.02						
総計		29,689	30,193	56,237	90,502	108,009	150,594

出所:「東洋拓殖株式会社昭和10年度上期利益金処分ニ関スル件」1935年8月14日拓務省決裁(外務省記録E82)、殖株式会社昭和12年上期利益金処分ニ関スル件」1937年8月11日拓務省決裁(外務省記録E84)、東洋拓殖30日現在(外務省記録E93)、東洋拓殖株式会社経理課「諸勘定比較表」1942年6月期(外務省記録E96)、比較表」1944年6月期(外務省記録E99)、内務省管理局「東洋拓殖株式会社昭和19年下期利益金処分ノ件」月4日(外務省記録E100)、満州国総務庁「海林公司関係林場処理要綱」1938年9月7日(外務省記録E55)。
注:朝鮮における関係会社は多数あるが、本章で言及し、満州投資に関係のある3社のみ掲示した。そのほか1933していたが取得時は不明で、15万円を満鉄が出資していた(日満実業協会『満鉄関係会社業績調』1934年6月

収合併された。

満州国における製粉業者で日本側製粉業者の共同出資により、日満製粉株式会社が1934年6月25日に設立された(資本金200万円全額払込、本店奉天)。同社は付属地における日本法人であり、そのうち東拓は50万円を出資し、最大株

満州関係出資

(単位：千円)

40年6月	41年6月	12月	42年6月	12月	43年6月	12月	44年6月	12月	45年6月
4,000	4,700	4,700	4,700	4,700	4,700	4,700	4,700	4,700	4,700
10,723	10,682	10,682	15,701	15,701	17,172	17,172	17,172	26,481	24,157
2,482	3,275	1,051	—	—	—	—	—	—	—
—	—	—	—	—	—	—	—	—	—
—	—	—	—	—	—	—	—	—	—
—	—	—	—	—	—	—	—	—	—
1625	1625	1625	1625	1625	1625	1,625	1,625	1,625	1,625
835	2,582	2,582	2,582	2,582	2,582	2,582	2,582	2,582	2,582
1,073	860	860	860	1,280	1,280	1,280	1,529	1,529	1,529
187	187	187	187	250	250	375	500	500	1,125
75	90	90	90	90	90	90	90	90	90
10,000	10,000	12,500	12,500	12,500	12,500	15,000	—	—	—
3,750	3,375	3,375	3,375	3,375	3,375	3,375	3,375	3,375	3,375
5,000	9,800	9,800	—	—	—	—	—	—	—
3,000	2,500	2,500	2,500	2,500	2,500	2,500	2,500	0	—
3,750	3,750	3,750	3,750	3,750	3,750	3,750	5,000	5,000	5,000
62	62	125	120	120	120	182	182	182	182
—	1,250	1,250	1,150	1,150	1,150	1,150	1,150	1,150	1,150
—	2,000	—	—	1,840	1,840	1,840	1,840	1,840	—
—	—	—	—	1,250	2,500	2,500	3,750	3,750	5,000
—	—	—	—	—	—	—	—	5,000	5,000
—	—	—	—	—	—	—	—	5,250	5,250
2,000	1,800	—	—	—	—	—	—	—	—
10,000	10,000	12,500	12,500	12,500	12,500	15,000	—	—	—
—	—	—	—	—	—	10,100	10,100	10,100	10,100
152,303	206,414	212,800	233,259	257,619	273,131	290,979	216,281	249,940	255,320

「東洋拓殖株式会社昭和10年下期利益金処分ニ関スル件」1935年2月22日拓務省決裁（外務省記録E84）、「東洋拓
「関係会社一覧表」1939年12月末現在（外務省記録E91）、東洋拓殖「持株会社ニ対スル投資明細表」1941年6月
東洋拓殖株式会社経理課「諸勘定比較表」1943年12月期（外務省記録99）、東洋拓殖株式会社経理課「諸勘定内訳
1945年2月17日（外務省記録E100）、東洋拓殖株式会社「昭和20年上期決算利益金処分認可申請ノ件」1945年8

年11月期に1922年11月1日設立の株式会社哈爾浜日日新聞社、資本金20万円、全額払込に7,140円の出資を保有
〔外務省記録E2-2-1-3〕）。

主となった。同社は為替リスク回避のため満鉄付属地における日本法人として設置され、その事業を担当する全額子会社の日満製粉股份有限公司（1936年12月9日設置、本店奉天、資本金200万円金額払込）を事業法人として抱えていた。その後、1937年12月1日付属地行政権の返還で、日満製粉股份有限公司を吸収

図表 I-4-3　東洋拓殖の満州

	1933年12月	34年6月	12月	35年6月	12月	36年6月	12月	37年6月
満蒙毛織㈱	2,547	3,420	2,571	2,881	3,120	120	445	1,445
東省実業㈱	245	301	231	198	188	223	481	611
北満電気㈱	2,339	2,339	2,339	2,339	—	—	—	—
東亜勧業㈱	143	130	117	104	91	—	—	—
㈱正隆銀行	2,330	2,324	2,190	2,139	1,000	1,000	—	—
㈱満州銀行	722	646	—	—	—	—	—	—
㈶聖徳会	1,900	1,900	1,900	1,900	1,900	—	—	—
大同酒精㈱	—	137	120	118	—	210	100	610
日満製粉㈱	—	—	350	640	1,090	990	2,600	100
鴻業公司㈱→東拓土地建物㈱	—	—	126	—	—	—	—	—
満州特産工業㈱	—	—	—	—	—	—	—	—
海林木材㈱	—	—	—	—	—	—	—	—

出所：「東洋拓殖株式会社昭和10年上期利益金処分ニ関スル件」1935年8月14日拓務省決裁（外務省記録E82）、殖株式会社昭和12年上期利益金処分ニ関スル件」1937年8月11日拓務省決裁（外務省記録E84）、「東洋拓会社昭和13年下期利益金処分ニ関スル件」1939年2月17日拓務省決裁（外務省記録E86）、「東洋拓殖株式和15年上期利益金処分認可申請ノ件」1940年7月31日（外務省記録E91）、東洋拓殖株式会社経理課「諸勘録E99」。

注：東拓と住宅用不動産管理等の聖徳会との出資関係は不明だが、関係会社貸付金一覧に掲載があり、ここにでも

合併して商号を日満製粉株式会社のままとした。同社に対しても東拓はかなりの貸付金を続けていた。

満州における大豆加工を目標とした満州特産工業株式会社は（本店奉天）、1935年6月25日に設立された。特産大豆を原料とした加工を業務とする。資本金300万円、払込75万円、付属地における日本法人で、理化学興業株式会社の系列であり、そこに東拓は6.2万円を出資した。満州特産工業は理化学研究所の開発した合成酒技術を導入し、合成酒を製造販売し好評を得た[46]。その後、付属地行政権の返還で満州国法人に切り替えられた。満州特産工業は資金需要が相対的に少ないためか、東拓からの出資も増えず、貸付金はほとんど不要であった。

1938年2月19日設置の満州房産株式会社は、1938年2月10日公布「満州房産株式会社法」に基づき、満州国における日本人の急増に対処し宿舎設置と管理を目的とした準特殊会社であり、満州国政府・満州興業銀行・東拓が設立時に各1000万円を出資して支援した[47]。満州房産の東拓出資はその後、1942年6月期に回収し、翌年11月29日の設置法廃止で普通法人に転換した。

そのほか北満の甜菜を原料とする製糖業の北満産業株式会社が1941年6月23日に本店を綏化に置いて設置された。資本金2500万円、払込625万円である。

関係会社貸付金

(単位：千円)

12月	38年6月	12月	39年6月	12月	40年6月	42年6月	12月	43年6月	12月	44年6月
2,945	2,945	7,170	8,720	9,720	10,000	12,255	14,734	19,673	19,629	21,850
70	—	370	281	1,405	2,329	6,940	9,772	11,597	14,122	16,142
—	—	—	—	—	—	—	—	—	—	—
—	—	—	—	—	—	—	—	—	—	—
—	—	—	—	—	—	—	—	—	—	—
380	750	820	1,370	570	1,570	1,330	1,600	3,450	3,850	4,200
600	600	4,000	1,700	700	600	4,550	2,250	2,250	—	—
—	—	—	—	—	—	1,476	1,733	1,450	1,436	1,422
—	—	—	300	300	—	—	—	—	—	—
—	—	—	—	—	—	—	100	812	1,000	1,000

「東洋拓殖株式会社昭和10年下期利益金処分ニ関スル件」1935年2月22日拓務省決裁（外務省記録E84)、「東洋拓殖株式会社昭和13年上期利益金処分ニ関スル件」1938年8月15日拓務省決裁（外務省記録E86)、「東洋拓殖株式会社昭和14年下期利益金処分ニ関スル件」1940年2月16日拓務省決裁（外務省記録E87)、東洋拓殖株式会社「昭定比較表」1943年下期（外務省記録E99)、東洋拓殖株式会社経理課「諸勘定内訳比較表」1944年6月期（外務省記

掲載した。

払込資本金で塩水港製糖株式会社287.5万円、東拓124.5万円を出資している[48]。しかし創業後まもなく、同年12月のアジア太平洋戦争勃発で大量粗糖生産地のジャワを占領したため、満州の粗糖産業の意義が低下し、休業に追い込まれた。

　規模の大きな日本法人は満鉄付属地における日本側金融機関として朝鮮銀行か東拓に資金を依存した。これらの満州国出現後に設置された東拓の関係会社3社への短期資金供給のため、東拓は満州国内で資金調達を行なっていた。日本からの送金で調達するよりも地場調達の方が有利との判断があった。1935年9月10日の拓務省決裁で東拓の満州国内借入金限度2000万円を2500万円に拡張することを認めた。その資金拡張で東拓は日満製粉、大同酒精のほか中東海林採木への貸出枠の拡張が認められた[49]。中東海林採木は東拓と満州国政府との合弁に切り替えられていた。そのほか東拓は満州国における余裕資金の運用を政府指定預金と日本国債に限定されていたが、1938年6月1日「本邦内ニ於テ募集シタル外国債ノ待遇ニ関スル法律」により満州国債が日本国債と同等の扱いを受けるようになったため、拓務省・大蔵省は東拓の余裕資金を満州国債に振り向けることを認めた。

3 既存関係会社投資

　東拓は満州銀行と正隆銀行に対し少額の出資続けていた。そのほか東拓は 1933 年 12 月期で正隆銀行 233 万円、満州銀行 72.2 万円の貸付金残高を持ち、両行に対しては出資以上の融資残高でその営業を支えていた。この資金は政府からの支援枠である。その後、1934 年 12 月期に満州銀行への貸付金を全額回収したが、1936 年 6 月期でも正隆銀行への 100 万円の貸付が残っていた。1936 年 12 月 7 日に満州興業銀行が設置されると、朝鮮銀行満州国内店舗と正隆銀行・満州銀行は満州興業銀行に統合された。満州興業銀行は満州国と朝鮮銀行の折半出資として設置されたため[50]、それに伴い東拓は満州銀行・正隆銀行の株式を売却処理し、満州興業銀行への出資に切り替えず、出資を回収した。併せて 1936 年 12 月期に正隆銀行への貸付も回収している。

　鴻業公司は 1939 年 4 月 1 日に東拓土地建物株式会社に改組され、資本金は公称 12.5 万円から公称 162.5 万円へと大幅に引き上げられた[51]。これに伴い従来の東拓の担保流れ不動産の処分のための事業から、広範な不動産事業に改組して、満州国における事業を拡張した。鴻業公司はすでに青島に事業所を設置し、東拓の華北店舗が取得した担保流れの不動産の管理にも当たっていたが、東拓土地建物に改組されて資金力を増し、一段と事業を拡張させた。

　また東省実業も満州国期に事業環境が好転したため、1935 年 5 月 10 日に東拓負担による損失処理を行ない、不良債権処理を終えて、再度金融業務の拡張に転ずる方針とした。すなわち資本金を 175 万円から 100 万円に減資し、そのほか東拓借入金・東拓未払利息等 56 万円の東拓の負担を得て不良貸付金と累積損失ほかを償却するものとし、1935 年 11 月期にこの損失処理を実行した。その結果、東省実業のバランスシートは改善され、身軽になったため、利益を計上できるまでに復活した[52]。東省実業は 1937 年 11 月期に公称資本金 500 万円（払込 200 万円）に増資し、資金増強した上で、同年 12 月 1 日に満州国法人に転換した[53]。さらに東拓は東省実業出資を 1939 年 12 月期に 300 万円、1940 年 6 月期に 400 万円へと引き上げ、満州国における投融資の別働隊としての機能を復活させた。平行して東省実業は東拓から借入金により資金調達を行なっていた。1933 年 12

月期で25.4万円であったが、1938年6月期には増資による資金調達で借入金は皆無となった。その後の東省実業の資金需要の増大に対応し、同年12月期で37万円、1940年6月期で232.9万円、1941年12月期で274万円へと増大を辿った。東拓の東省実業への貸付金を円滑に調整することで、満州国における東拓が直接かかわらない各種の小口の資金需要に東省実業を通じて応じていたといえよう。貸付先は満州国における日本人事業者の小口取引と思われる。東省実業の満州国内融資の拡大、産業開発計画による資金需要の高まりの中で1938年9月20日「臨時資金統制法」による統制枠の中で、資金的余裕を東拓が与えたことにより積極的に事業を拡張した。そのほか東省実業は満州国法人に転換していたため、1942年5月29日に大連を拠点とする東拓土地建物株式会社の業務委託を引き受けて、東拓土地建物勘定として同社の満州国内不動産管理に当たった[54]。

　満蒙毛織は東拓の有力事業法人として、東拓からの資金投入を受け事業規模を拡張していた。満蒙毛織は1932年11月1日に株式会社満蒙毛織百貨店（本店奉天、資本金35万円全額払込）を設立した。同社の株式の4分の1以上を満蒙毛織が保有し、社長として満蒙毛織の社長椎名義雄が兼務していた。満蒙毛織百貨店のその後の増資に満蒙毛織は応じており、満蒙毛織の出資は1935年12月期の15.9万円から1937年6月期の45.4万円、1939年12月期の107.2万円、1942年6月期の157万円となり、1939年11月2日増資で資本金200万円全額払込となりそのうち、満蒙毛織は7割以上の株式を保有していた。そのほか東拓は満州における貸付金で満蒙毛織を支援した。東拓の満蒙毛織貸付金は1933年12月に資本金を上回る254.7万円に達していた。1936年6月には250万円から550万円への増資（全額払込）により資金繰りが好転し、貸付金は12万円に減少したが、1937年12月で294.5万円となり、その後の増資を続ける中で、東拓貸付金も平行して増大し、1938年12月で717万円、1940年6月で1000万円となり、多額の貸付がなされていた。これにより満蒙毛織は多額の設備投資を続け、満州国以外の地域の華北・蒙疆への投資に充当することができた。

　他方、満蒙毛織は東拓からの出資と借入金にのみ依存しているわけではなく、国内市場で満蒙毛織株式の流通による資金調達も行なわれた。満蒙毛織は事業拡張により、1941年10月に満蒙毛織工業株式会社（本店名古屋、後に東京）を設

置し、また華北と蒙疆に事業所を設置し、そのほか蒙疆に関係会社2社、華中に2社を設置した55)。いずれも社長は満蒙毛織の社長椎名義雄の兼務であり、満蒙毛織が事業の責任を持った。そのため満蒙毛織は東拓の関内投資の別働隊の位置づけが可能である。満蒙毛織は東拓からの資金的支援を受け、有力事業法人として大いに活躍した。しかし1943年10月1日に満蒙毛織は満州や関内の事業に傾注するため、満蒙毛織工業を東洋紡績株式会社系の東亜紡織株式会社に売却した。満蒙毛織の満蒙毛織工業に対する出資株式を東亜紡織株式に交換して東亜紡織の株式を取得した56)。日本における企業整備の一環として多数の繊維産業が強制統合されたが、そこに満蒙毛織系事業も巻き込まれたことになる。椎名義雄は東亜紡織の取締役に列した。それにより満蒙毛織は資金繰りが緩和されたが、それでも不足する資金を満蒙毛織は東拓のみならず、東亜紡織から借り入れることもあった。東拓の満州における事業投資額として1945年3月期で満蒙毛織に対して2415.7万円の出資が見られていた。

　株式保有が確認されている関係会社一覧には掲載がないが、1934年6月の刊行物で出資の記載がある会社として、1922年11月1日設立の株式会社哈爾浜日日新聞社がある。1934年同時期の同社資本金20万円は全額払込であるが、1万株（1株20円）のうち満鉄が7500株を保有し、満鉄系の会社と見られていた。そのほか東拓と三井物産株式会社は第2位の株主として375株を保有していた57)。東拓は満鉄に付き合って哈爾浜日日新聞社の株式を取得したようである。同社株式の取得時期と、その後の帰趨も不明であるが、株式会社満州弘報協会設置時に、満鉄と同様に処分したのかもしれない。

　そのほか関係会社の貸出先に掲載されている財団法人聖徳会の前身は、1912年に土建業関係者のために設置された任意の社会事業団体の大連聖徳会であり、土建業者の会員のため1917年に大連で大蔵省預金部低利資金200万円を東拓経由で借入れて、1920～1922年で397戸の住宅を建築した。同会はその間の1919年に社団法人大連聖徳会に改組した。その後、分譲住宅のため大連聖徳会は東拓経由の借入金の償還が困難となり、この住宅経営は苦境に陥った。同会を追って満州各地に同様の組織が設置された58)。その後、満州国期に財団法人聖徳会に改組されたようである。その際に東拓が同会の出資金の拠出に応じたかについては

不明である。東拓の詳細な決算報告で、同会への貸出残高がそのままこの表に掲示されている。確認できる1933年以前の同会に対する東拓貸出残高については不明である。

4 拓殖・林業投資

1937年8月31日に満州拓殖公社が設置されると、東拓は満州拓殖公社の資本金5000万円、払込3000万円に対し、250万円の出資を行なった。拓務省の指示もあり、東拓は日本人移民推進策に積極的に支援したことになる（第Ⅱ部第14章参照）。東拓の当初業務目的に掲げられていた移民事業と満州拓殖公社は直接にかかわるため、東拓としてもっとも出資しやすい事業であろう。ただし満州拓殖公社の事業資産規模から東拓の発言権は限られたものであった。

他方、満州拓殖公社設立前、「鮮満拓殖株式会社令」に基づき、1936年9月9日に鮮満拓殖株式会社が朝鮮に設置された。同社は朝鮮人満州移民支援を目的とする満州国特殊法人の満鮮拓殖股份有限公司（1936年9月9日設置、資本金2000万円、払込800万円）の全額持株会社として機能していた。満鮮拓殖股份有限公司は1937年12月1日「会社法」施行後、1938年7月21日に設置法改正で、満鮮拓殖株式会社に改称していた。東拓は鮮満拓殖に200万円を出資しており、その出資は1941年6月期まで続いていた。満鮮拓殖の事業資金供給として、東拓は鮮満拓殖に対して出資のみならず融資でも応じていた。その事例として、1940年9月30日に承認を受けた融資案件が、10月1日に実行された。その期限は1941年9月末であり。東拓が鮮満拓殖に328万円を貸付け、担保は満鮮拓殖株式25万株、払込額625万円、金利6.2％、その連帯保証人として満鮮拓殖が名を連ねた。資金使途は鮮満拓殖の満鮮拓殖への貸付、満鮮拓殖の事業資金であり、この償還原資として、満州拓殖公社が翌年に満鮮拓殖を吸収合併する際に、鮮満拓殖に交付すべき現金で償還するものとした[59]。こうして東拓は鮮満拓殖に貸し付け、朝鮮経由で満鮮拓殖に資金供給を行なっていた。鮮満拓殖の借入金は朝鮮総督府の許可を受けたはずである。1941年10月27日に満鮮拓殖の設置法は廃止され、満州拓殖公社に吸収された。

1936年2月29日に満州林業股份有限公司が設置されたが、それが満州林業株

式会社に転換後の 1938 年後半に東拓が保有する満州における中東海林採木有限公司の林業利権を満州林業に移転することで、その出資に切り替えた（参照第Ⅱ部第 14 章）。さらに同社が 1944 年 8 月 14 日に満州林産公社に改組される際に、東拓は満州林業出資を満州国政府に譲渡した。満州林業への出資の関係で、1942 年 7 月 8 日設置の満州林産化学工業株式会社への出資も行なっている。そのほか林業投資としては、東拓は満州における林業利権の整理により残った製材部門事業で、1938 年 12 月 24 日に海林木材株式会社を設置し、同社に出資を行なっており、林業投資を続けた。

5　電力投資

東拓の北満電気への出資は続いていたが、1934 年 11 月 1 日満州電業株式会社の設置に伴い、北満電気の事業は吸収されたため、満州電業への出資に切り替え、併せて東拓は満州電業への出資額を上乗せした。東拓は政府の意向も受けて国策電力会社への資金的支援を強化した。ただし東拓の出資比率は急落し、影響力を行使するほどのものではなくなった。

東拓の満州国における注目すべき投資として、電力業投資がある。先述の北満電気への出資が満州電業の設立とともに、満州電業への出資の切り替えが行なわれたが、それ以上に多額の資金供給を行なったものに鴨緑江水力発電事業がある。鴨緑江水力発電は日本窒素肥料株式会社の社長野口遵と同副社長久保田豊が朝鮮総督府と満州国政府に折衝して企画を実現させたものであったが、事業法人設立に当たってその本社国籍で軋轢が生じたため、資産負債利益損失を折半した 2 法人設立という形態として、朝鮮鴨緑江水力発電株式会社と満州鴨緑江水力発電株式会社が 1937 年 9 月 7 日に設置された。前者は当初は普通法人として設置されたが、のち 1943 年 3 月 30 日制令「朝鮮電力管理令」による設置となり、後者は 1937 年 8 月 18 日「満州鴨緑江水力発電株式会社法」による特殊会社として設置された。両社とも設立時の資本金 1250 万円（全額払込）である。この企画に東拓が出資を申し入れ、朝鮮総督も東拓の顔を立ててそれを受け入れた。その結果前者については東拓と日本窒素肥料系の長津江水力発電株式会社が出資し、後者については満州国政府と東拓が出資した。すなわち東拓は鴨緑江水力発電会社の両

方へ20％、各250万円を出資した[60]。日本窒素肥料側も多額投資負担が見込まれたため、東拓の出資への参入を受け入れたようである。このプロジェクトそのものが朝鮮と満州国における事業の一体化の中で進められるため、両方に店舗を有する長期資金供給を主要目的とする東拓が積極的にかかわることとなった。満州国側は半額出資を引き受けるが、その出資主体としては、日本窒素肥料は直接にかかわることができなかったため、満州国政府のみならず東拓の出資はこの電力開発プロジェクトにとって有効に機能したはずである。その後、出資額は増大し、1940年6月期で東拓は両社に各1000万円を出資しており、東拓の満州関係事業としては最大の規模となった。

　他方、朝鮮における電力国家管理体制の強化策として1943年8月2日に朝鮮電業株式会社が「朝鮮電力管理令」に基づき設置された。最大出資者は日本窒素肥料である。朝鮮電業は同令に基づく特殊法人であり、既存の電力事業者は朝鮮電業に事業の譲渡を強制され[61]、受け入れさせられた。併せて同社は満州鴨緑江水力発電への東拓に代る出資者になる。東拓は以下のように朝鮮電業に朝鮮内の電力会社の株式のみならず、満州鴨緑江水力発電の株式を売却する。それは他方で東拓の資金繰りの悪化を緩和するものであった。

　東拓の電力投資の譲渡は段階的に進行した[62]。1943年末の満州電業を除く電力関係保有株式として、保有額で江界水電株式会社3923万円、朝鮮水電株式会社950万円、朝鮮電力株式会社759.75万円、朝鮮鴨緑江水力発電1500万円、満州鴨緑江水力発電1500万円がある。この株式のうち1944年上期に東拓は江界水電株の売却3907.2万円、償却15.7万円（朝鮮電業へ合併）、朝鮮水電株の売却950万円（朝鮮電業へ合併）、朝鮮電力株の売却729.46万円、償却30.2万円（朝鮮電業へ合併）、朝鮮鴨緑江水電株の売却1500万円（朝鮮電業に売却）、満州鴨緑江水力発電株の売却1500万円（朝鮮電業に売却）を行ない、朝鮮電業に電力業関係の保有株のほとんどを処分した。東拓は朝鮮鴨緑江水力発電と満州鴨緑江水力発電の株式に換え、朝鮮電業社債を保有することとなった。これにより東拓は満州国における有力な大口出資案件を失った。朝鮮における電力業の統制の中心に立った朝鮮電業に電力株式を譲渡した結果、朝鮮電業が鴨緑江水力発電事業を事実上傘下に置いた。鴨緑江水力発電プロジェクトの基本方針として、朝鮮側

と満州国側の均等出資が位置づけられており、東拓出資を朝鮮電業が肩代わりしたことで、特殊法人の朝鮮電業が均等出資の担い手に転じた。東拓は朝鮮電業債券を取得したが、それを処分する。1943年12月期でその保有はみられないが、1944年6月期で9099.8万円の取得と2281.6万円の売却があり、1944年6月末で6818.2万円の保有となっている。また朝鮮電業株式1010万円を取得した[63]。その後の朝鮮電業との関係を見ると、1944年下期に同社債券3698.9万円を売却し、期末3118.3万円に減少した[64]。その売却理由は東拓の資金不足のようである。東拓は資金繰りのため朝鮮電業債券をその後も売り続けた[65]。1944年12月期の東拓の関係会社の株式払込458.2万円、増資・新規引受13社3364.7万円であり、この資金をほぼ朝鮮電業社債の売却で調達できた。

おわりに

東拓は第1次大戦期に満州に進出し、関係会社投資と長期融資に着手した。東拓の関係会社は多くはなかったが、吉林省との合弁法人を含むほか、地場銀行にも支援し、北満電気や満蒙毛織のように事業を拡張できた事例もある。東省実業は大戦末期に参入し、かなりの件数の企業に出資を行ない、東拓の別働隊のファイナンス・カンパニーとして迂回資金供給を行なったとみなせる。しかし1920年代半ばから後半にかけての東拓と東拓の関係会社は不振を続けた。

満州国出現後においても、東拓は存続が認められた。そして満州国の新設会社の日満製粉、大同酒精、満州特産工業に出資を行なった。また既存の関係会社にも支援を行なった。鴻業公司は東拓土地建物に改組され不動産事業を強化した。また東省実業は治外法権撤廃を期して満州国法人に切り替え、併せて増資して再起を図った。満蒙毛織への出資融資を拡大して資金支援を強めた。東拓は新規製造業・電力・拓殖・その他事業に投資を行ない、東拓は朝鮮を超える規模の投資残高を示すことができた。しかもこれらの関係会社には東拓は出資のみならず多額の資金を貸し付けて支援した。また鮮満拓殖に対してかなりの額の出資に応じた。しかし移民事業が満州拓殖公社に統合されると東拓の影響力は低下した。鴨緑江水力発電事業に関しては、朝鮮・満州国で事業を行なう特殊会社として、多

額の資金を供給した。しかし朝鮮電業が設立されると、東拓の地位は朝鮮電業に取って代わられ、鴨緑江水力発電の株式を転売せざるを得なかった。

注

1) 東洋拓殖株式会社『東洋拓殖十年誌』(1918年)、同『東洋拓殖株式会社二十年誌』(1928年)、同『東洋拓殖株式会社三十年誌』(1939年)。東拓関係者の回顧録として大河内一雄『遙かなり大陸――わが東拓物語』(續文堂、1981年)、同『幻の国策会社東洋拓殖』(日本経済新聞社、1982年)、同『国策会社東洋拓殖の終焉』(續文堂、1991年)、があり、社史の記述のない時期については参考になる。
2) 代表的な業績として河合和男ほか『国策会社・東拓の研究』(不二出版、1999年)、黒瀬郁二『東洋拓殖会社――日本帝国主義とアジア太平洋』(日本経済評論社、2003年)、がある。
3) 金子文夫『近代日本における対満州投資の研究』(近藤出版、1991年)。
4) 浅田喬二「満州における土地商租権問題――日本帝国主義の植民地的土地収奪と抗日民族運動の一側面」(満州史研究会編『日本帝国主義下の満州』御茶の水書房、1972年)が先駆的研究であり、近年では江夏由樹「中国東北地域における日本の会社による土地経営――中国史研究のなかに見えてくる日本社会」(『一橋論叢』第131巻第4号、2004年4月)、同「近代東北アジア地域の経済統合と日本の国策会社――東亜勧業株式会社の事例から」(『東北アジア研究』第8号、2003年)、同「東亜勧業株式会社の歴史からみた近代中国東北地域――日本の大陸進出に見る『国策』と『営利』」(江夏ほか編『近代中国北地域史研究の新視角』山川出版、2005年)がある。
5) 柴田善雅「日本の対満州通貨金融政策の形成とその機能の実態――第一次大戦から二〇年代中頃にかけて」(『社会経済史学』第43巻第2号、1977年8月)。
6) 前掲『国策会社・東拓の研究』と前掲『東洋拓殖会社』では、満州国期における東拓の活動については関係会社リストを掲示している程度であり、研究が進んでいない。
7) 前掲『東洋拓殖会社』では、東省実業を満州都市建設への東拓の「姉妹会社」としての間接融資機関として位置づけている。

8) 東洋拓殖株式会社『第 10 期営業報告書』1918 年 3 月決算、13 頁、同『第 12 期営業報告書』1920 年 3 月決算、5 頁。そのほか満州事変前の 1924 年 9 月 8 日に朝鮮の元山支店下に間島出張所が設置された（同『第 17 期営業報告書』1925 年 3 月決算、4 頁）。1925 年 2 月 1 日に独立出張所となり、さらに 1931 年 8 月 1 日に間島支店に昇格した（前掲『東洋拓殖株式会社三十年誌』76 頁）。

9) 東洋拓殖株式会社『第 11 期営業報告書』1919 年 3 月決算、2 頁、同『第 12 期営業報告書』1920 年 3 月決算、2-3 頁。

10) 同『第 16 期営業報告書』1924 年 3 月決算、5 頁。

11) 同『第 19 期営業報告書』1927 年 3 月決算、11-12、19 頁。

12) 「ハルピン市電車問題経過覚書」1924 年 9 月 18 日（外務省記録 F1-9-2-29）。

13) 「哈爾浜電車問題概要」1922 年 12 月（外務省記録 F1-9-2-29）。

14) 前掲「ハルピン市電車問題経過覚書」。

15) 前掲『東洋拓殖会社』159-163 頁。なお北満電気については、同書の巻末株式引受会社のリストにはなぜか欠落している。吉林永衡官銀銭号については、満州中央銀行『満州中央銀行十年史』（1942 年）、参照。

16) 同前、147-150 頁。

17) 南満州鉄道株式会社『関係会社統計年報』1938 年版、710 頁。

18) 前掲『幻の国策会社東洋拓殖』201-202 頁。

19) 前掲『関係会社統計年報』1938 年版、710 頁。

20) 東亜勧業株式会社『東亜勧業株式会社拾年史』（1933 年）、18 頁。満州土地取得については前掲の先行研究も参照。

21) たとえば特殊銀行として、朝鮮銀行には昭和証券株式会社（1927 年 10 月 20 日設立）と甲子不動産株式会社（1925 年 6 月 25 日設立）、台湾銀行には蓬莱不動産株式会社（1931 年 4 月設立）があり（閉鎖機関整理委員会『閉鎖機関とその特殊清算』1954 年）、地方の銀行として大分合同銀行には合同不動産株式会社（1928 年 1 月 12 日設立決議）がある（柴田善雅『南洋日系栽培会社の時代』日本経済評論社、2005 年、260 頁）。

22) 東洋拓殖株式会社『第 14 期営業報告書』1922 年 3 月決算、10 頁。

23) 同上『第 16 期営業報告書』1924 年 3 月決算、11 頁、満州銀行『第 1 期営業報告

書』1923年12月決算、5-8頁。
24）「中東海林実業公司ニ関スル件」1927年10月27日（外務省記録E4-2-1-4）。なお前掲『東洋拓殖会社』ではこの、改組経緯については言及がない。大倉財閥研究会『大倉財閥の研究―大倉と大陸』（近藤出版、1982年）、369頁では、中東海林採木公司は東拓との関係は深いものの、株式を日本紙器製造に譲渡したままと理解しているが、誤りである。
25）「中東海林採木有限公司契約書」1924年1月23日（外務省記録E4-2-1-4）。
26）東洋拓殖株式会社「中東海林採木有限公司ノ件」（仮題）1927年7月8日（外務省記録E4-2-1-4）。
27）「東省実業株式会社定款」。
28）東省実業株式会社「株主名簿」1918年11月30日現在。
29）同『第1期営業報告書』1918年11月決算、8-15頁。
30）同前、4-7頁。東省実業の出資先企業の設立年月等については、『1922興信録』、『1936銀行会社年鑑』、南満州鉄道株式会社地方部勧業課『南満州商工要鑑』（1919年）（アメリカ議会図書館蔵）、南満州鉄道興業部商工課『満州商工概覧』（1929年）（アメリカ議会図書館蔵）を参照。
31）東省実業株式会社『第2期営業報告書』1919年5月決算、4-5頁。
32）同『第3期営業報告書』1919年11月決算、4-8頁。
33）同『第4期営業報告書』1920年5月決算、3-5頁。
34）同『第7期営業報告書』1921年11月決算、2、5頁。
35）同『第8回営業報告書』1922年5月決算、2-4頁、同『第9回営業報告書』1922年5月期、3頁。
36）同『第18期営業報告書』1927年5月決算、8頁、『第19期営業報告書』1927年11月期、2-3、6-8頁。1923年の満州金融疎通資金により東省実業は復配し、その後「経営を安定化させていった」と前掲『東洋拓殖会社』137頁ではみているが、出資融資先の操業環境から東省実業の経営が安定する環境にはなく、またその後の減資と東拓丸抱えへの移行の説明がなく、事実関係の評価に問題があろう。
37）前掲『東洋拓殖株式会社三十年誌』76頁。
38）東拓理事斉藤力「当社貸出方針ニ関スル件」1940年10月9日（外務省記録

E92)。

39) 興農金庫については、柴田善雅『占領地通貨金融政策の展開』（日本経済評論社、1999年）第4章参照。

40) 同前第2章参照。

41) 柴田善雅『戦時日本の特別会計』（日本経済評論社、2001年）第3章参照。

42) 前掲『幻の国策会社東洋拓殖』183-184頁。

43) 『1935銀行会社年鑑』588頁。

44) 前掲『幻の国策会社東洋拓殖』187-188頁。

45) 前掲『占領地通貨金融政策の展開』、前掲『戦時日本の特別会計』参照。

46) 前掲『幻の国策会社東洋拓殖』189頁。

47) 柴田善雅「『満州国』における大興公司の活動」（『中国研究月報』第607号、1998年9月）10頁。

48) 「在満州企業調査報告」（外務省記録E2-2-1-3-35）。

49) 「東拓ノ銀資金（満州国幣）借入ニ関スル件」1935年9月10日拓務省決裁（外務省記録E86）。

50) 満州興業銀行設立については、前掲『占領地通貨金融政策の展開』第3章参照。

51) 『1942銀行会社年鑑』、東省実業株式会社『第41期営業報告書』1938年11月決算、同1939年5月決算から改組日を判断した。

52) 東省実業株式会社『第34期営業報告書』1935年5月決算、同『第35期営業報告書』1935年11月決算。

53) 同『第39期営業報告書』1937年11月決算。

54) 同『第48回営業報告書』1942年5月決算、2頁。

55) 蒙疆占領地日系会社については、柴田善雅「蒙疆における企業活動」（内田知行・柴田善雅編『日本の蒙疆占領：1937—1945』研文出版、2007年）参照。華中の関係会社については前掲『幻の国策会社東洋拓殖』204-206頁。

56) 東亜紡織株式会社『東亜紡織70年史』（1993年）82-85頁。

57) 日満実業協会『満鉄関係会社業績調』（1934年6月）（外務省記録E2-2-1-3）。

58) 沈潔『「満州国」社会事業史』（ミネルヴァ書房、1996年）160-161頁。

59) 「貸付条件」（仮題）（外務省記録E92）。

60) 永塚利一『久保田豊』(1966年) 200-201、216頁。
61) 東拓が7割を出資していた江界水力発電（公称資本金5000万円、払込1250万円）は1943年9月20日を事業譲渡日と定められ、資産評価を受けた（前掲『幻の国策会社東洋拓殖』178-179頁）。
62) 前掲『国策会社東拓の研究』では1945年3月期保有株式が計上されて、鴨緑江水力電気両社株式の消滅が閉鎖機関整理委員会の統計で紹介されるがなんら説明がなく、そもそも満州国期の解説がない。
63) 東洋拓殖株式会社「昭和19年上期決算書」（外務省記録E99）。
64) 内務省管理局「東洋拓殖株式会社昭和19年下期利益金処分ノ件」1945年2月17日（外務省記録E100）。
65) さらに1945年6月期では朝鮮電業社債は1868.4万円の減少となり、1945年6月期末現在1249.9万円となった。この資金調達により東拓の保有株式増大530万円と国債増大520万円が可能となった（東洋拓殖株式会社「昭和20年上期決算利益金処分認可申請ノ件」1945年8月4日〔外務省記録E100〕）。

第5章　満州国政府系企業

はじめに

　満州国政府出資法人は、その多くが個別立法により設置されているため、特殊会社制度として概括されている[1]。特殊会社制度には準特殊会社も含まれ、これら国策法人の満州国におけるプレゼンスは巨大なものである。満州国は満州国出現当初に旧東北軍閥の所有していた事業を承継した。さらに満鉄の資金力で特殊会社を設置し、満業設置により、満鉄と満州国の出資が満業に肩代わりされて、新たな企業体制が構築されたことがすでに多面的に解明されている[2]。特に満州国政府は満業に対する半額出資を行ない、金額的には満業に対する出資が傑出する。また満州国の資金循環を視野に入れて満鉄・満業の資金を、長期資金のストック統計を加工して分析したものもある[3]。

　ここでは満州国出現後の満州国出資法人を幅広く捉え、特殊会社・準特殊会社として、法的独占や地域独占が与えられた事業のみならず、それ以外の帰趨の必ずしも判然としない事業を行った普通法人までも視野に入れて、満州国政府出資法人を紹介する。その範囲の広さにより、満州国が関わらざるを得なかった広範な事業を、出資した企業によって行なっていたことを確認したい。時期区分としては、①満州国出現による当初の旧東北軍閥政権からの承継企業の満州国出資法人への切り替えと満州事変期の主にインフラ重視の時期の企業設置、②1937年以降の産業開発計画に伴う満業への事業移転の時期、さらに③アジア太平洋戦争期の株式会社形態から公社設立による類似事業の統合を図る時期に区分して考えたい。

第1節　初期満州国の出資

1　満州国の資金調達と出資体制

　政府出資法人設置の際の満州国の財源調達は、国債発行に依存した。その制度として導入されたのが投資特別会計である。同特別会計は1934年度予算が施行される1934年7月1日より設置された。1934年度予算によると、投資特別会計の歳入では借入金600万円を中心とし、他方歳出で183.2万円の出資と235万円の融資のみであったが、1935年度には借入金1000万円で800万円の出資、1936年度予算で1800万円の借入金で1600万円の出資を行ない、急速に出資額を増大させた。その出資先としては、1934年度で満州航空股份有限公司、満州石油株式会社、満州電信電話株式会社等であり、1935年度は満州拓殖股份有限公司、満州鉱業開発株式会社等で独占的な特殊会社や特別の事業担当法人、専売制の担当会社である。この中には他会計経由の現物出資も含まれている[4]。これにより満州国企業体制の一つの特徴でもある特殊会社（準特殊会社を含む）体制の樹立を促進した。とりわけ1937年度からの産業開発5ヵ年計画による統制経済の中で実施される資金割当の中で、満州国政府の長期資金供給も重要な役割を果たすことになるが[5]、それ以前の時期の特殊会社設立にも政府資金の深い関わりとして投資特別会計が位置づけられる。

　こうして政府出資法人設立に当たり、特別会計による出資財源を管理する体制が出現した。財源調達としては、1934年7月18日「投資事業公債法」に基づく投資事業公債発行に依存するため、出資による配当率が公債利子率よりも高くないと損失を発生せざるをえない。投資特別会計の設置後において、ほぼ産業開発計画前に満州国における特殊会社・準特殊会社への出資が確認できる。そのほか通常は準特殊会社としても扱われない企業への出資が見られ、投資特別会計の投資の範囲はかなり広いものであった。満州国政府の政府出資企業の範囲は、後日準特殊会社として区分される企業以外の政府出資法人をも視野に入れていたことを告げるものであろう。そのほか貸付金も金融合作社連合会に供給されており[6]、

出資・融資を政府の判断で特別会計から行なうという制度となった。ただしこの時点では出資が重視された特別会計であったといえる。この特別会計の性格は、日本の特別会計制度でも未経験のものである。日本では政府資金を統合管理する大蔵省預金部特別会計により、政府資金を歳入歳出外資金として長期貸付に充当する体制が1925年度より構築されてきたが[7]、投資特別会計の出資を主たる業務とする特別会計として、投資特別会計に遅れて1940年度に政府出資特別会計が設置され、政府出資法人への出資をほぼ所管する体制が導入される。投資特別会計は日本の政府出資特別会計に先行する制度でもあった。

さらにその後の状況を付言すれば、1937年度には1937年1月20日「興業金融公債法」に基づく満州興業銀行への公債発行による資金供給が行なわれており[8]、同年度の出資総額を上回るものであり、投資特別会計の性格は単に出資のみならず、融資へも力点を置くものとなったことを告げるものであろう。

以上の投資特別会計の設置により、満州国は、動員できる大衆的な資金蓄積が乏しい中で、満州国・日本における国債発行を通じて長期資金を調達し、それを出資財源に充当し、さらに一部は長期融資に充当することが可能となった。しかし満州国では日本の大蔵省預金部資金のような巨額かつ長期運用可能の歳入歳出外資金の創出は短期間では不可能であり、国債発行に依存せざるをえない。それは主に満州中央銀行の国債消化か、日本市場での国債消化となり、前者は満州国における通貨発行残高を押し上げるものとなる。この投資特別会計の機能が全面的に展開するのは、産業開発五ヵ年計画発動以後であり、対日・対国内の投資事業公債発行で多額資金の調達に踏み切り、それを産業開発計画の特殊会社等に供給した。その原型は投資特別会計が設置された初期満州国財政の中で確立していた。設立当初においても満州中央銀行からの資金調達により、特殊会社等に資金を供給しており、その原型は調達資金規模を拡大するだけで、広範な出資・融資を可能とした[9]。

2 特殊会社・準特殊会社の設置

満州国の出資法人として、特殊会社制度がきわめて重要であった。特殊会社とは特定法律等によりその設置が規定され、しかも満州国の産業統制業務を担当す

る法人である。もちろん満州国の特殊会社すべてに満州国政府が出資したわけではなく、政策的な選択がなされている。満州国における通則的な法人法制は1929年12月27日中華民国「公司法」であり、その例外規定として特殊会社が個別立法により規定されるものである。準特殊会社も特殊会社に似た機能を持つ。ただし準特殊会社は個別の法律に基づき満州国全域にわたる産業独占・統制権限を規程するものではない。設立に個別の規程法規が公布されても、それが満州全域の独占・産業支配を認めるものでなければ、それは準特殊会社と位置づけられる。そのため特定法人設立法規の有無のみで特殊会社・準特殊会社を識別することはできない。

　この節では、初期満州国、すなわち1937年満州産業開発五ヵ年計画が発動される前の、関東軍と満鉄経済調査会が先導した統制経済のインフラと主要産業の掌握のための特殊会社制度の構築の時期に当たる。これについて概観しよう。

　1932年3月1日に満州国が出現すると、最初に設置された特殊会社は満州中央銀行であった。満州国出現以前から設立に関して、特に発行通貨の金建か銀建かで、最も議論されたうえで、1932年6月11日「満州中央銀行法」に基づき、同年6月15日に設置された。当初資本金3000万円、半額払込、全額政府出資である（図表Ⅰ-5-1）。同行により満州国通貨体制の構築が急がれた[10]。

　1932年10月29日には旧政権の奉天造兵所の事業資産を運用する日本法人の株式会社奉天造兵所が設置された。公称資本金200万円（払込）である。三井物産株式会社と合名会社大倉組が折半出資した。準特殊会社としての位置づけであり、両社に当面の操業を任せた。同社は1936年7月4日「株式会社奉天造兵所法」により、特殊会社に改組され、資本金1200万円、3分の1政府出資となった。残る3分の1を満鉄、六分の一を三井物産と大倉組が引き受けていた。

　1932年9月22日に満州航空株式会社が日満協定で準特殊会社として設置された。公称資本金385万円で、満州国のほか満鉄・住友合資も出資した。同社は航空運送と航空機製造の両事業を担当した。この航空機製造の事業も旧政権の事業資産を承継したものである。後に三井物産・三菱商事株式会社も出資した。1938年6月20日に満州飛行機製造株式会社が設置されると、航空機製造部門を切り離し、1941年7月21日「満州航空株式会社法」により特殊会社に転換した。

1932年の2番目の特殊会社は1933年3月26日「満州ニ於ケル日満合弁通信会社ノ設立ニ関スル協定」により同年8月31日設置の満州電信電話株式会社である。当初資本金5000万円、このうち満州国政府は600万円を現物出資している。この現物出資財産は旧政権の電気通信設備である。同社は日満政府合弁法人であり、日本政府の通信事業特別会計が出資した。

1933年12月16日に大安汽船股份有限公司が旧政権の事業資産を引き継いで設置され、満州国政府は1935年4月19日に株式を取得している。同社も準特殊会社として扱われた。同社の事業はその後、大安汽船株式会社に改称後もそのまま続いた。

1934年に満州国が新規出資して設立した特殊会社は4社ある。1934年2月21日「満州石油株式会社法」が公布され、同年2月24日に満州石油株式会社が設置された（本店新京）。石油採掘から販売までを担当した。当初資本金500万円、満州国は100万円を出資したが、政府出資比率は低く、満鉄200万円、三井物産50万円、小倉石油株式会社50万円ほかが出資した。同年11月の「石油専売法」で満州石油は国内石油配給の独占事業者となる。1935年3月に大連製油所を完成し、さらに満州里付近で油井による原油の試掘に着手した[11]。同年3月22日「同和自動車工業株式会社法」により3月31日に同和自動車工業株式会社が設置された。当初資本金620万円であり（払込170万円）、これに対して満州国政府は旧奉天迫撃砲廠の土地建物23.6万円分を20万円として現物出資した[12]。ほかの出資者は満鉄290万円、日本の自動車会社310万円で、満州国政府の出資比率は低いままであり、その後満業設置で、保有株式を譲渡した。

1933年2月27日「満州炭砿株式会社法」により1934年5月7日に満州炭砿株式会社が設置され、満州国政府は同社の株式を取得した。満州国政府は鉱山利権や既存炭砿法人株式で692.1万円を現物出資している[13]。

1934年5月3日「満州採金株式会社法」公布により同年5月16日に満州採金株式会社が設置された。公称資本金1200万円、払込259.1万円、政府出資公称498万円、現物出資235万円であった。ほかの出資は満鉄500万円（公称）、東拓200万円（公称）、満州中央銀行2万円（公称）である。政府の砂金鉱区の現物出資がなされている[14]。

140　第Ⅰ部　資本系列

図表 I-5-1　満州国政府出資特殊会社・準特殊会社（1）

（単位：千円）

会社名	設立年月日	当初資本金	払込	政府出資	政府払込	1942払込	42政府出資	45・6公称	45・6払込	政府出資払込	備考
（特殊会社）											
満州中央銀行	1932.06.15	30,000	15,000	30,000	15,000	15,000	15,000	100,000	25,000	25,000	
満州電信電話㈱	1933.08.31	50,000	29,375	6,000	6,000	68,125	11,625	100,000	100,000	17,250	当初政府現物出資
満州石油㈱	1934.02.24	5,000	1,250	1,000	250	30,000	10,500	40,000	40,000	14,000	
同和自動車工業㈱	1934.03.31	6,200	1,700	200	200	—	—	—	—	—	1942.6.6法廃止、満州自動車製造㈱に統合
満州炭礦㈱＊	1934.05.07	16,000	16,000	6,921	6,921	—	—	—	—	—	政府出資現物
満州採金㈱	1934.05.16	12,000	2,591	5,000	2,350	40,000	40,000	—	—	—	政府出資現物 2350千円、1943.9.7、満州鉱業開発に統合
満州鉱業開発㈱	1935.08.24	5,000	3,100	2,500	1,550	45,000	42,750	115,000	102,500	100,000	
満州火薬販売㈱	1935.11.11	500	375	250	187	—	—	—	—	—	1941.2.25法廃止
満州塩業㈱	1936.04.28	5,000	1,250	2,500	625	22,500	6,750	40,000	32,500	15,250	
(設)満州弘報協会 →㈱満州弘報協会	1936.09.28	3,000	2,500	1,542	1,285	—	—	—	—	—	1940.12.28法で廃止
満州拓殖㈱ →満州拓殖公社	1935.12.23	15000	9000	5,000	3,000	—	—	—	—	—	1938.8.31満州拓殖公社に統合
満州生命保険㈱	1936.10.23	3,000	1,500	1,500	750	1,500	750	3,000	1,500	750	
満州軽金属製造㈱	1936.11.10	25,000	12,500	10,000	5,000	80,000	—	—	—	—	満業に譲渡
満州興業銀行	1936.12.07	30,000	15,000	14,930	7,465	37,500	18,750	100,000	90,000	25,000	
（準特殊会社）											
鴨緑江採木公司	1908.09.24	2,800	2,800	1,400	1,400	2,800	1,400	2,800	2,800	1,400	1934.4.4取得
穆稜煤鉄公司	1924.04.26	6,000	6,000	3,000	3,000	—	—	—	—	—	1934.4.4取得
満州航空㈱＊＊	1932.09.26	3,850	3,850	1,350	1,350	45,000	28,000	60,000	60,000	35,000	1941.7.21法で特殊会社に改組
㈱奉天造兵所＊＊	1932.10.29	25,000	25,000	20,000	20,000	25,000	20,000	25,000	25,000	20,000	日本法人の㈱奉天兵造所を1936.7.4法で改組
大安汽船(股) →大安汽船(股)	1933.10.25	350	350	287	287	350	350	350	350	350	

第5章　満州国政府系企業　141

満州棉花(股)→満州棉花(株)**	1934.04.19	2,000	500	1,000	250	11,000	5,500	32,500	32,500	1938.12.14 法て特殊会社に改組、商号変更
満州計器(股)→満州計器(株)*	1934.05.07	3,000	1,500	1,500	750	8,000	6,500	8,000	6,500	1936.10.16 法て特殊会社に改組
満州電業(股)→満州電業(株)**	1934.11.01	90,000	90,000	17,515	17,515	192,000	40,000	640,000	326,849	1940.12.21 法て特殊会社に改組
満州油化工業(股)→満州油化工業(株)**	1935.09.01	2,500	1,250	—	—	—	—	—	—	1938.2.17 特殊会社に改組、1938.2.22 特殊会社に改組、1941.7.21 法て廃止
本渓湖煤鉄(股)→(株)本渓湖煤鉄公司	1935.09.25	10,000	10,000	4,000	4,000	200,000	40,000	—	—	1910.5.22 設立の既存合弁法人を改組、満州製鉄に統合
満州林業(股)→満州林業(株)**	1936.02.29	5,000	2,500	2,500	1,250	30,000	7,500	60,000	29,000	1938.11.13 法て特殊会社に改組
日満商事(株)**	1936.10.01	10,000	6,000	—	—	15,000	—	—	14,500	1939.12.26 法て特殊会社に改組

出所）横浜正金銀行調査部『満洲特殊会社制度ニ就テ』(1942年)、満洲帝国政府財政部理財司国有財産科『政府出資関係諸公司章程類集』(1934年7月)、満州国政府『満洲国特殊、準特殊会社一覧表』(1938年5月)(旧大蔵省資料Z809-36-20)、日満実業協会『満鉄関係会社業績調』(1934年6月)(外務省記録E2-2-1-3)、南満州鉄道株式会社経済調査会『満州事変後設立会社業態』(1935年)(スタンフォード大学フーバー研究所旧東アジア図書館蔵)、『満州特殊会社』1945年6月末(独立行政法人日本貿易振興機構アジア経済研究所蔵図書館R7-29)、『満州準特殊会社』1945年6月末(同R7-30)、満州国史編纂委員会『満州国年表』(1956年)、『満州準特殊会社』1945年6月末(同蔵公権文書R7-30)。

注：*は普通法人から特殊会社に転換、**は準特殊会社から特殊会社に改組

1934年には準特殊会社2社に出資している。1934年4月6日「満州棉花股份有限公司法」公布により、同年4月19日に満州棉花股份有限公司が設置された。当初公称資本金200万円、払込50万円、うち政府出資25万円である。残る半額は遼陽農事合作社が出資した。同社は設置法律で規定されているが、その業務が満州の綿花の全量収買統制ではなく、旧奉天省の一部のみの統制を担当するため、準特殊会社として位置づけられている。また1934年11月1日に満州電業股份有限公司が設置された。公称資本金9000万円である。同社は満鉄の電力部門を分離した南満州電気株式会社の電力業資産を中心とした既存発電売電会社を統合したものであり、満州国全域の電力事業の発電配電売電の統制機関ではなく、設置法も公布されず、また他にも発電業者が存在するため、準特殊会社と位置づけられている。同社は「会社法」施行後に満州電業株式会社と商号変更し、さらに1940年12月21日「満州電業株式会社法」により満州国の発送電を全面的に統制する特殊会社に改組された。

1935年には特殊会社2社、準特殊会社2社の株式を取得した。1935年9月1日「満州鉱業開発株式会社法」公布により、同月24日に満州鉱業開発株式会社が設置された。公称資本金500万円、半額払込、政府出資125万円、満鉄払込125万円である。石炭以外の鉱業開発と鉱区管理を目的とした。これにより鉱山業の特殊会社による開発体制が政府出資と満鉄出資を受けてほぼ固まった。同年11月1日「満州火薬販売株式会社法」により同年11月11日に満州火薬販売株式会社が特殊会社として設置された。資本金50万円、政府出資50万円、ほか満鉄・昭和製鋼所・満州炭砿・奉天造兵所・本渓湖煤鉄公司各5万円の出資であった。満州国内の火薬取引の独占が同社に認められた。同年9月1日に満州油化工業股份有限公司が設置された。資本金250万円である。政府出資のほか、満州炭砿、満州石油ほかが出資した。同社は法律により満州国内独占や統制権限が与えられているわけではないため、準特殊会社として位置づけられる。1935年9月25日に本渓湖煤鉄有限公司が本渓湖煤鉄股份有限公司に改組された。同社は旧政権と大倉組の合弁法人であったが、旧政権資産を承継して改組された。資本金1000万円払込、政府出資400万円で、大倉組出資600万円であった[15]。同社は満州国における株式会社昭和製鋼所と並ぶ有力鉄鋼業者であるが、設置法はなく

満州全域の供給独占もなく、準特殊会社に位置づけられる。

　1936年には特殊会社6社、準特殊会社1社に出資した。1936年4月23日「満州塩業株式会社法」公布により、同年4月28日に満州塩業株式会社が設置された。公称資本金500万円、払込125万円、半額の62.5万円を満州国が引き受けた。ほかには公称資本金で満鉄100万円、大日本塩業株式会社160万円、旭硝子株式会社30万円、徳山曹達株式会社30万円、満州化学工業株式会社25万円である。同社は対日輸出用等の塩の一手販売権を有した。1936年4月9日「股份有限公司満州弘報協会法」により、9月28日に股份有限公司満州弘報協会が設置され、満州国の新聞・通信・出版事業への投資を行ない、メディア統制を担当したほか、満州事情案内所業務を直営した。満鉄の出資した新聞会社の株式の現物出資を受けた。公称資本金300万円、払込250万円、政府出資154.2万円である[16]。ほかに満州電信電話が出資した。1936年10月19日「満州生命保険株式会社法」により同月23日に満州生命保険株式会社が設置された。資本金300万円、半額払込、政府出資150万円、払込75万円であり、ほかの出資者は公称資本金で第一生命保険株式会社・千代田生命保険株式会社・日本生命保険株式会社各社25万円である。1934年5月7日に満州国の計器の製造供給を独占する満州計器股份有限公司が、政府出資を受けずに準特殊会社として設置されたが、1936年10月19日「満州計器股份有限公司法」により、同月28日に特殊会社に改組された。公称資本金300万円、払込150万円で、政府が半額出資し、事業を強化した。また同年11月2日「満州軽金属製造株式会社法」により同月10日に満州軽金属製造株式会社が設置された。資本金2500万円、半額払込、政府出資4割である。ほかの出資は満鉄、住友金属工業株式会社、日本電工株式会社ほかである。満州国唯一のアルミ精錬事業者となる。同年12月3日「満州興業銀行法」により同月7日に満州興業銀行が設置された。資本金3000万円、半額払込、政府と朝鮮銀行の各半額出資である。満州国内の朝鮮銀行・正隆銀行・満州銀行を統合し、設置された[17]。1936年の準特殊会社設置として、同年2月20日「満州林業股份有限公司法」により同月29日に満州林業股份有限公司が設立された。資本金500万円、政府出資250万円、ほかに満鉄・共栄起業株式会社各125万円を出資した。同社は満州国における吉林省林業利権を統合した会社である。伐

木・製材・販売の特定地域独占を有するのみであり、満州全域の林業を統制する法人ではないため、準特殊会社と位置づけられる。同社は「会社法」施行で満州林業株式会社と改称した。さらに1938年11月13日の設置法の改正で特殊会社に改組される。

以上の満州国初期に満州国政府出資により設置された特殊会社・準特殊会社を眺めると、満州国の特殊会社制度の特徴として、1業1社が知られているが、この時期に設置された特殊会社はこの原則に即して設置された。政府による統制と産業支配・独占が制度として認められた。また準特殊会社でも旧政権の事業を承継したものを含んでいる。これらの業態を一覧すれば、当初の満州中央銀行、満州電信電話、満州航空、奉天造兵所をはじめとし、ここに列記された事業は、石油専売、自動車製造、炭砿開発管理、産金、その他の鉱業開発、火薬販売、塩業、政府広報、生命保険、計器、軽金属製造、長期金融で1業1社体制が確認できる。現物出資や旧東北軍閥からの承継事業であれば現金出資は不要である。1936年末の特殊会社・準特殊会社に対する政府現物出資は、確認できる限りでは、合計4155.2万円であり、この分が満州国政府の現金出資負担を軽減させていた。そのほか旧政権持株を承継した本渓湖煤鉄公司出資もそれに含ませることができよう。満州国政府の出資払込の合計は1935年12月で7677万円ほどの巨額であるが、そのうち4155万円が現物出資で、400万円が本渓湖煤鉄公司株式承継、奉天造兵所230万円・満州電信電話600万円・満州炭砿692万円・満州電業1615万円等の実物資産の出資があり[18]、これらからみても現金出資は3522万円に抑えることができたとみられる。それでも満州国はこの資金調達をせざるを得ず、この資金が満州中央銀行からの資金調達（借入・公債発行）と日本への公債発行で主に賄われていた。

3　普通法人への出資

1931年9月18日の満州事変により、東北軍閥の政府資産・個人資産は関東軍が接収し、それを逆産処理することで多数の企業が満州国出資法人に切り替えられた[19]。これらの事業はその後、特殊会社あるいは準特殊会社に転換された事業も多いが、廃止の年月すら不明の中小規模企業が含まれている。特殊会社・準特

第5章 満州国政府系企業　145

図表Ⅰ-5-2　満州国政府出資普通法人

(単位：千円)

会社名	設立年月日	政府取得日	組織変更	当初資本金	払込	政府出資	政府払込
鴨緑江採木公司	1908.09.24	1934.04.04		2,800	2,800	1,400	1,400
穆稜煤鉄公司	1924.02.26	1933.12.18	解散	6,000	6,000	3,000	3,000
奉天紡紗廠(股)	1921.09.30	1934.04.04	㈱に改組	4,500	4,171	2,398	2,223
(股)六合成造紙廠	1935.07.10		王子製紙系に	630	…	…	…
(股)哈爾浜交易所	1922.04.01		1933.10.1改組、解散	2,000	1,200	…	…
奉天工業土地(股)＊	1935.03.11	1935.03.11	㈱に改組、満州土地開発㈱に吸収	5,500	5,500	2,750	2,750
延和金鉱(股)	1935.10.30	1935.11.20		800	600	200	150
奉天商工銀行(股)	1935.12.27	1934.11.20	㈱に改組	2,200	2,200	234	234
中東海林採木有限公司	1924.01.23	1933.12.28	㈱に改組	3,500	3,500	1,750	1,750
北免採木公司		1934.06.08	解散	6,000	6,000	2,000	2,000
海敏採木公司		1934.06.08	解散	3,250	3,250	2,000	2,000
鉄嫩採木公司		1934.06.08	解散	2,000	500	600	150
毓大輪船公司		1934.02.20	解散	300	300	200	200
籌兆桐林業公司			解散	…	…	…	…
裕東炭砿(股)			解散	…	…	…	…
錦県電気(股)			解散	171	…	…	…
肇新窯業(股)			解散	480	…	…	…
本渓湖煤鉄有限公司	1910.05.22		1935.09.25に改組	10,000	10,000	4,000	4,000

出所：前掲『満州特殊会社制度ニ就テ』、前掲『政府出資関係諸公司章程類集』、前掲『満州国特殊、準特殊会社一覧表』、前掲『満州国年表』。

注：(1) ＊は新規出資、他は承継出資。
　　(2) そのほか株式会社マンチュリア・デイリー・ニュースへの出資がある。
　　(3) 哈爾浜交易所と本渓湖煤鉄の資本金は改組時。

　殊会社体制から漏れた雑多の企業は、満州国の産業政策の中において、その意義は決定的に低いものであるが、それについても言及しておこう。その形態の事業としては、1933～34年に満州国政府が株式を取得したものがある（図表Ⅰ-5-2）。これらはいずれも旧政権事業であり、逆産処理の過程で満州国政府に帰属したものである。1932年3月1日から1年間で、満州国登記体制前の事業の再登記を求めたが、それにより事業を法人化したものも含まれているようである。再登記により設立日が1932年3月以降となった事業者がある。

　鴨緑江採木公司は日本政府・清国政府間協定により1908年9月24日設置されたが、1934年4月4日に株式を取得した（資本金280万円、全額払込、政府半額出資）。奉天紡紗廠股份有限公司は1921年9月30日設置であるが、これを1934年4月4日に取得した。また穆稜煤鉄公司は1924年2月26日設置、資本金600万円であるが、1933年12月28日に半額を取得した。股份有限公司哈爾

浜交易所は、その前身が1922年4月1日設置された。1933年の「交易所法」に準拠し、1933年8月24日に改組された。哈爾浜交易所には満鉄出資のほか、満州中央銀行・大連取引所等が出資し、そのほか満州国が出資に応じた。延和金鉱股份有限公司は1935年10月30日設置で、間島省の金鉱山を経営し、公称資本金80万円、払込60万円、満州国政府は四分の一を保有した。

　1935年3月11日に奉天工業土地股份有限公司が設置された。同社は奉天の工業用土地供給を目的とする法人であり、特定法律による統制権限や独占は規定されていないため普通法人と位置づけられる。公称資本金550万円払込、政府出資は半額の275万円である。その後同社は奉天工業土地株式会社に改称した後、1939年6月1日設立の満州土地開発株式会社に吸収された。

　そのほかの満州国普通法人の株式取得は、東拓も半額出資している中東海林採木有限公司（1924年1月23日設置、本店哈爾浜）のような事例もある。この満州国の株式取得は旧吉林省側の出資を肩代わりしただけであり、満州国になってから新規投資したものでない。日本側の出資がなされていたもののうち、国際合弁契約の取扱や日本側出資者の処理が問題になるため、満州国が旧政権資産を承継した。満州国が経過的に株式を承継して法人が存続しただけの事例が多いと見られる。これらの事例を除けば、中小規模のこれらの普通法人の事業のほとんどが、その後、特殊会社・準特殊会社あるいは同業者に統合されて消滅した。電力業は満州電業に統合された。その後の帰趨が不明の企業は1930年代には解散して消滅した。ただし1935年12月27日設置の奉天商工銀行股份有限公司は、旧軍閥政権が出資していた奉天儲蓄会を満州国時期に法人化したものであり、満州国の普通銀行育成政策の中で延命して、株式会社奉天商工銀行となり、そのまま日本敗戦まで存続する。

　表に掲載のない出資として、株式会社マンチュリア・デーリー・ニュースがある。同社は1933年10月11日に大連に本店を置いて設置された日本法人である。資本金10万円全額払込であるが、同社に満鉄が4.8万円、満州国、在満州国日本大使館、関東軍と関東庁が各1.3万円出資していた[20]。英字新聞の発行による満州国体制の英語圏へのプロパガンダ戦略を満鉄と日満政府が支援した。満州国政府による日本法人への唯一の出資事例であるが、満鉄以外の出資当事者の立場

もあり、1934年末までに満鉄が全株を肩替わりしていた[21]。

第2節　日中戦争期の満州国政府出資

1　満州国出資体制の強化

　1937年に産業開発計画が発動されると、満州国ではそれに対応した満州国特殊会社が出現する。その中心的な事業投資を担ったのが、特殊会社の満州重工業開発である。同社は1937年12月20日「満州重工業開発株式会社管理法」により、同年12月27日に日本産業株式会社が満州国に移転し、満州国法人の特殊会社に転換した。純粋持株会社として、満州国における重工業・鉱業開発投資を担当する。早期の事業投資効果を上げるため、満業は満州国と満鉄が保有していた鉱工業部門の株式の譲渡を受けたが、満州国からは昭和製鋼所、同和自動車工業、満州炭砿、満州軽金属製造及び満州採金の株式の譲渡を受けた（第Ⅰ部第6章参照）。ただし満州国は、満州炭砿の株式保有比率を低下させたものの保有を続けた。熱河鉱業についても、満州鉱業開発の全額出資会社に切り替える中で、満州国政府の出資が譲渡された。満州国政府はこれらの株式を譲渡する一方で、満業に出資している。以後の満業の関係会社投資は、主に満業の日本における資金調達に依存する。

　満州産業開発時期に満州国の新たな出資法人が出現する。1937年12月1日「会社法」施行後には、法人商号は「会社」が付されることとなった。そのため満州国系新設法人は「株式会社」となり、既設法人も「股份有限公司」を「株式会社」に改称することとなる。もちろん設置法により商号が「株式会社」としている法人についてはそのままとなる。

　1937年に満州産業開発5カ年計画が発動され、その計画を達成するための事業者として特殊会社・準特殊会社が多数設置された。政府出資の特殊会社としては6社、準特殊会社は3社がある（**図表Ⅰ-5-3**）。1937年の新設特殊会社は、同年3月29日「満州図書株式会社法」により、同年4月9日に満州図書株式会社が設置された。資本金200万円、払込100万円、うち半額政府出資である。残

図表 I-5-3　満州国政府出資特殊

会社名	設立年月日	当初資本金	払込	政府出資	政府払込	1942年払込
（特殊会社）						
満州図書㈱	1937.04.09	2,000	1,000	1,000	500	6,500
満州合成燃料㈱	1937.08.06	50,000	10,000	17,000	3,400	50,000
㈱満州映画協会	1937.08.21	5,000	1,250	2,500	625	7,500
満州拓殖公社	1937.08.31	50,000	5,000	15,000	15,000	65,000
満州鴨緑江水力発電㈱	1937.09.07	12,500	12,500	10,000	10,000	62,500
満州重工業開発㈱	1912.09.18	450,000	450,000	225,000	225,000	506,250
満州房産㈱＊	1938.02.19	30,000	30,000	10,000	10,000	30,000
満州電気化学工業㈱	1938.10.24	30,000	7,500	20,000	5,000	26,250
満州糧穀㈱	1938.12.21	10,000	5,000	7,500	3,250	—
満州硫安工業㈱	1939.02.09	50,000	12,500	25,000	6,250	12,500
満州土地開発㈱	1939.06.01	20,000	5,000	20,000	5,000	10,000
吉林人造石油㈱	1939.09.04	100,000	20,000	50,000	10,000	140,000
満州特産専管公社	1939.10.20	30,000	15,000	30,000	15,000	—
満州穀粉管理㈱	1940.01.17	10,000	5,000	1,000	500	—
㈹満州国通信社→㈱満州国通信社	1941.08.25	2,800	2,800	2,500	2,500	2,800
満州火薬工業㈱	1941.02.01	8,500	8,500	350	350	8,500
満州農産公社	1941.07.21	70,000	54,000	66,500	51,300	54,000
興農金庫	1943.08.01	50,000	50,000	50,000	50,000	—
満州製鉄㈱	1944.04.01	740,000	640,000	40,000	40,000	—
満州農地開発公社	1944.02.21	50,000	30,000	50,000	30,000	—
満州畜産公社	1944.05.01	35,000	35,000	35,000	35,000	—
満州林産公社	1944.08.14	70,000	35,000	70,000	35,000	—
満州繊維公社	1944.05.08	30,000	10,500	30,000	10,500	—
満州農産公社	1945.06.25	100,000	54,000	100,000	54,000	—
（準特殊会社）						
熱河鉱山㈹→熱河鉱山㈱→東亜鉱山㈱	1937.07.05	1,000	600	400	240	2,000
満州畜産㈹→満州畜産㈱	1937.09.01	5,000	2,500	2,750	1,375	20,000
満州豆稈パルプ㈱	1937.09.03	10,000	5,000	1,000	500	5,000
満州鴨緑江航運㈱	1938.04.01	750	750	150	150	750
康徳鉄山	1938.04.06	3,000	3,000	2,000	2,000	—
開豊鉄道㈱	1938.08.09	2,820	2,587	308	282	—
満州葉煙草㈱	1938.12.28	10,000	2,500	1,000	250	7,750
満州生活必需品配給㈱→満州生活必需品㈱＊＊	1939.02.23	10,000	5,000	2,000	1,000	30,000
満州特殊製紙㈱	1939.03.02	2,500	1,500	1,500	900	3,500
㈱石炭液化研究所	1939.07.24	6,000	3,000	4,000	2,000	7,000
舒蘭炭砿㈱	1939.07.26	10,000	2,500			30,000
満州柞蚕㈱	1939.07.31	5,000	1,250	2,500	625	5,000
協和鉄山㈱	1939.08.09	10,000	10,000	2,000	2,000	10,000
新京食料品貯蔵㈱	1939.10.27	1,000	1,000	300	300	2,000
㈱満州事情案内所	1939.12.28	500	250	500	250	375
㈱満州資源愛護協会	1940.06.06	2,500	2,500	500	500	2,500
満州特殊鉄鉱㈱	1940.10.01	30,000	7,500	20,000	5,000	30,000
満州造林㈱	1941.02.15	8,000	8,000	4,000	4,000	8,000
国際運輸㈱（奉天）＊＊＊	1937.11.25	4,000	3,000	—	—	8,500

第5章　満州国政府系企業　149

会社・準特殊会社（2）

（単位：千円）

1942年政府出資	1945年6月公称	払込資本金	政府払込	備　考
5,850	5,500	4,625	3,100	
17,000	100,000	90,000	30,600	
3,750	9,000	8,500	4,250	
15,000	130,000	113,750	48,125	
31,250	100,000	75,000	37,500	
225,000	675,000	506,250	225,000	設立年月日は日本鉱業㈱、満州移駐後、1937.12.27設置法施行で改称
10,000	—	—	—	1943.11.29法廃止
17,500	100,000	100,000	67,000	
—	—	—	—	満州農産公社設立に統合
6,250	6,000	6,000	6,000	
10,000	—	—	—	満州農地開発公社に改組
49,000	50,000	37,500	13,125	日本窒素肥料系
—	—	—	—	満州農産公社設立で統合
—	—	—	—	満州農産公社設立で統合
2,500	2,800	2,800	2,500	1937.7.1 ㈱満州国通信社設置、1941.8.25法律で特殊会社設置
350	20,000	20,000	2,350	満州火薬販売を吸収
51,300	—	—	—	1945.6.25法で改組
—	50,000	50,000	50,000	
—	740,000	640,000	40,000	昭和製鋼所と本渓湖煤鉄公司を統合
—	50,000	40,000	40,000	満州土地開発㈱を改組
—	35,000	35,000	29,250	満州畜産㈱、満州畜産工業㈱、満州羊毛㈱を合併
—	70,000	35,000	35,000	満州林業㈱を改組
—	30,000	10,500	10,500	
—	100,000	54,000	54,000	旧満州農産公社を改組
160	5,000	3,000	400	1940.3.27東亜鉱山に改称
17,750	—	—	—	満洲畜産公社に改組
500	20,000	15,000	1,500	
150	750	750	—	満州鴨緑江水力発電出資、当初払込は推定
—	—	—	—	上島出資、当初払込は推定
—	—	—	—	1938.12.20設立の奉北交通㈱に統合
775	20,000	15,000	1,500	
26,000	80,000	65,000	46,475	1939.12.26法で特殊会社に改組
1,500	20,000	20,000	3,250	
2,800	15,000	15,000	13,000	
6,000	—	—	—	吉林人造石油㈱出資
2,500	15,000	8,750	5,000	
2,000	10,000	10,000	2,000	満業出資
…	3,000	3,000	1,300	
375	—	—	—	満州弘報協会に吸収
500	—	—	—	満業に譲渡
—	60,000	—	—	満州林業公社に吸収
4,000	—	—	—	
—	100,000	71,000	35,000	

会社名	設立年月日	当初資本金	払込	政府出資	政府払込	1942年払込
満州海運㈱	1942.06.01	180	180	—	—	180
穆稜炭砿㈱	1943.07.01	8,000	8,000	3,000	3,000	—
満州医薬品生産㈱	1943.11.11	10,000	5,000	2,000	1,000	—
満州興農産業㈱	1943.06.-	…	…	…	…	—
㈱満州特別建設団	1944.10.20	20,000	10,000	20,000	10,000	—

出所：前掲『満州特殊会社制度ニ就テ』、前掲『政府出資関係諸公司章程類集』、前掲『満州国特殊、準特殊会社一覧』工公会『満州国法人名録』1940年版（大連市図書館蔵）、前掲「満州特殊会社」、前掲「満州準特殊会社」、
注：(1) ＊は普通法人に転換、＊＊は特殊会社に転換、＊＊＊は当初普通法人
　　(2) 特殊会社に株式会社満州日報社（資本金500万円払込、政府出資339万円）と株式会社康徳新聞社（資本満州国通信社の統制下に置かれており、特殊会社の分類は誤りとみられる。そのため除外した。

る半額出資者は公称資本金で東京書籍株式会社、日本書籍株式会社、両合公司康徳図書印刷所各22万円、大阪書籍株式会社・日満文教株式会社各18万円であり、日本の出版取次企業が満州で同様の取次業務を支援し、満州国における図書流通、併せて民間出版統制を行なう組織として設置された。7月29日に「満州合成燃料株式会社法」が公布され、8月6日に満州合成燃料株式会社が設置された。資本金5000万円、払込1000万円、政府出資1700万円、残る出資者は満州炭砿800万円、満鉄500万円、満州石油300万円、三井鉱山株式会社・三井物産各580万円、三井合名会社560万円で、満州国政府系・満鉄系・三井系の出資で設置された。同社は満州国における合成燃料製造の独占会社と位置づけられた。8月2日に「満州拓殖公社設立に関する協定」が調印され、8月31日に満州拓殖公社が設置された。同社は日満両国政府出資の特殊会社で、日本の国策移民を満州国に送出する体制が確立した。同公社設立で「会社法」公布後、「公社」を商号とする法人が出現した。同年8月14日「株式会社満州映画協会法」により同月21日に株式会社満州映画協会が設置された。同社に満州国政府と満鉄が出資した。同社は満州国の国策映画の制作・配給を業務とした[22]。同年8月18日「満州鴨緑江水力発電株式会社法」公布で、9月7日に満州鴨緑江水力発電株式会社が設置された。同社は鴨緑江の大規模水力発電事業の日満共同事業で、満州国と東拓および朝鮮水力電気株式会社と朝鮮送電株式会社が出資した。満州産業開発第1次5カ年計画の発動のため欠かせない資金調達と開発戦略のため、1937年12月20日「満州重工業開発株式会社法」の同月27日施行で日本産業株式会社が満州国に移駐し、満州国法人の満州重工業開発株式会社に転換した。満州重

42年政府出資	45年6月公称	払込資本金	政府払込	備　考
—	10,000	5,284	906	
—	8,000	8,000	3,000	解散した普通法人を復活、準特殊会社か不明
—	10,000	10,000	2,000	
—	20,000	15,000	5,000	該当法人なく1943.6.3設立の本店新京の満州興農工業㈱か
—	20,000	20,000	20,000	

覧表』、南満州鉄道株式会社調査部『資本系統別満州株式会社調査表』(1939年12月)、前掲『満州国年表』、新京商『1942銀行会社年鑑』、満州生活必需品株式会社『満州生活必需品株式会社概要』(1940年)。

金500万円、375万円払込、政府出資329.1万円)を、「満州特殊会社」で掲げているが、特別の法律を確認できず、

工業開発の満州移転に伴い、同社は倍額増資を行ない満州国政府は半額を出資し、併せて満州国の出資している鉱工業関係法人の株式を満業に有償譲渡した(第Ⅱ部第6章参照)。

　1937年設置の準特殊会社は3社ある。1937年9月3日に三井系の資金で熱河鉱山股份有限公司が設置された。それに満州国が一部出資した。同社は「会社法」施行後、熱河鉱山株式会社に商号変更し、さらに熱河以外も事業を拡げたため、1940年3月27日に東亜鉱山株式会社と商号変更したが、そのまま三井系資本により経営が続いた[23]。9月1日に満州畜産股份有限公司が、9月3日に満州豆秸パルプ股份有限公司がそれぞれ設置された。前者は満州国政府の主要出資で設置され、そのほか満州拓殖株式会社と鮮満拓殖株式会社が出資した。満州拓殖はその後満州拓殖公社に切り替えられ、鮮満拓殖も吸収した。「会社法」施行後に満州豆秸パルプ股份有限公司は満州豆秸パルプ株式会社に、満州畜産股份有限公司は満州畜産株式会社に改称した。満州豆秸パルプは資本金1000万円、特産大豆繊維からパルプ製造を行なう事業者であり、酒伊繊維工業株式会社の大豆を原料としたパルプ技術に着目し、それを支援するため、満州国・満鉄が出資していた。1938年末で酒伊繊維工業株式会社が70％、満州国・満州興業銀行・満鉄各10％の出資であり、この時点ではマイノリティー出資に抑えていた[24]。

　1938年には政府出資を伴い特殊会社3社、準特殊会社2社の設置となった。そのうちの特殊会社としては、1938年2月10日「満州房産株式会社法」の公布により、同月19日に満州房産株式会社が設置された。資本金3000万円全額払込、満州国政府・満州興業銀行・東拓各1000万円の出資である。同社は設立時に既

存の株式会社大興公司の子会社の大徳不動産股份有限公司（1934年6月4日設立、資本金100万円払込）を吸収し、大徳不動産の抱えていた宿舎資産等を承継した。そして新京を中心とした日本人急増都市の不動産供給に従事した[25]。同社は1943年11月29日に設置法廃止で普通法人に転換した。1938年10月6日「満州電気化学工業株式会社法」の公布により、同年10月24日に満州電気化学工業株式会社が設置された。また同年11月2日「満州糧穀株式会社法」公布により同年12月21日に満州糧穀株式会社が設置され、満州国における穀物流通の統制を開始した。そのほか1938年2月17日「満州油化工業株式会社法」公布により、2月22日に準特殊会社の満州油化工業は特殊会社に改組され、満州国の独占的事業者として位置づけられた。同社はその後1941年7月21日に解散した。1938年10月7日「綿花統制法」の公布を受けて、12月14日「満州棉花株式会社法」により、準特殊会社の満州棉花股份有限公司は特殊会社に改組され、同時に満州棉花株式会社に商号を変更した。すなわち地域限定の綿花収買の準特殊会社から、満州国全域の綿花統制を担当する特殊会社に位置づけが強化された。なお同社とは別に満州棉花股份有限公司に出資していた日本法人の満州棉花株式会社（1926年10月20日設置、本店大連、大手綿花商社と大倉組が出資）があり、混乱しやすい。1938年に満州国出資準特殊会社としては、1938年4月1日設立の満州鴨緑江航運株式会社、4月6日設立の康徳鉄山株式会社、8月9日設立の開豊鉄道株式会社がある。開豊鉄道は旧政権時代に敷設を開始した鉄道・自動車運輸業者であり、その政府出資の利権を満州国が承継した。同年12月28日設置の満州葉煙草株式会社もあり、葉煙草収買の地域独占を認められていた。ただし満州国の出資は小額である。

　1939年では満州国政府出資に伴う新設特殊会社は4社、準特殊会社の改組による特殊会社化を含み2社ある。そのうちの特殊会社としては、1938年12月20日「満州硫安工業株式会社法」公布により1939年2月9日に満州硫安工業株式会社が設置された。同社は満州国硫安製造の独占的事業者となった。1939年4月20日「満州土地開発株式会社法」公布により、6月1日に満州土地開発株式会社が設置された。同社に対して満州国が出資した。既存の奉天工業土地は同社に吸収された。同社は満州国における穀物生産拡大のための農地開発を目的とし

た。同年9月2日「吉林人造石油株式会社法」が公布され、同年9月4日に吉林人造石油株式会社が設置された。当初の公称資本金1億円という巨大な事業である。同社に満州国は出資したが、日本側出資として日本窒素肥料株式会社が引き受け、事実上同社が事業を担当し、資本金を倍増させた[26]。同年10月17日「満州特産専管公社法」の公布により、10月20日に満州特産専管公社が設置された。これに満州国も出資した。満州特産専管公社は満州国の特産物、すなわち大豆・大豆粕・大豆油を収買することが目的である。こうして満州国に2件目の公社組織が出現した。しかも完全な満州国法人である。特定農産物収買の公的な性格を主張するために公社を商号に含ませたものと思われる。1939年12月26日「満州生活必需品株式会社法」公布施行により、同年2月23日に満州国政府半額出資で設置された準特殊会社の満州生活必需品配給株式会社が改組され、同日に満州生活必需品株式会社に改称した。当初公称資本1000万円、同社に満州国と満鉄・満鉄生計組合・満州消費組合が出資した。同社は末端消費者への消費財流通を担当した。そのほか12月26日「日満商事株式会社法」公布施行により、1936年10月1日設立の日満商事株式会社が従来の満鉄傘下の石炭販売事業から、満州国全域の石炭流通統制を担当する特殊会社に改組された[27]。

　1939年には満州国政府出資を伴う準特殊会社が満州生活必需品以外に7社設置されたが、そのうちの1939年3月2日設立の満州特種製紙株式会社には満鉄も出資している。7月24日株式会社石炭液化研究所、7月26日舒蘭炭砿株式会社、7月31日満州柞蚕株式会社、8月9日協和鉱山株式会社、10月27日新京食料品貯蔵株式会社、12月25日株式会社満州事情案内所がそれぞれ設置された。舒蘭炭砿には吉林人造石油も出資している[28]。小規模産業もしくは特定地域産業の支援のため出資した。そのうち満州事情案内所は満州への投資を紹介する政府公報の一翼を担うものである。

　1940年では、満州国政府出資を伴う新設特殊会社は1社、準特殊会社は2社ある。そのうちの特殊会社としては、1939年12月25日「満州穀粉管理株式会社法」公布により、1940年1月17日に満州穀粉管理株式会社が設置された。同社に満州国が出資した。これにより糧穀・特産物についで小麦粉等の流通管理が開始された。満州電業株式会社は1940年12月21日「満州電業株式会社法」公

布施行により、準特殊会社から満州国全域の発電・配電業務を統制する特殊会社へと位置づけが強化された。同社への満鉄出資は満州国政府に肩代わりされた。満州国政府の経済部（投資特別会計）と貯金部が出資した。満州興業銀行も出資している。日本側からは簡易生命保険特別会計積立金、郵便年金特別会計積立金、日本の生命保険会社が出資した。そのほか1940年に設置された準特殊会社として、1940年6月6日設置の株式会社満州資源愛護協会と、10月1日設置の満州特殊鉄鉱株式会社がある。他方1940年12月28日法律で満州弘報協会は廃止された。

　1941年の新設特殊会社は、3社ある。1940年11月25日「満州火薬工業株式会社法」により、1941年2月1日に満州火薬工業株式会社が設置され、奉天造兵所の火薬製造部門、南満火工品株式会社（1929年7月26日設立、本店撫順）の撫順工場および満州火薬販売を統合した。1941年7月14日「満州農産公社法」公布による、7月21日の満州農産公社設置とともに、既存の満州糧穀・満州特産専管公社および満州穀粉管理が統合され、農産物流通の巨大法人が設立された。満州農産公社の公称資本金7000万円、うち政府出資6650万円で、前の3法人と同様にほぼ政府出資で成り立っていた。公社制度を用いて農産物流通全般に公的性格を持たせようとした。そして満州農産公社への短期資金供給を強めることで事業の円滑な遂行を図った。通信業者として1937年7月1日に股份有限公司満州国通信社が設置され、「会社法」施行で株式会社満州国通信社に改称していた。さらに1941年8月25日「満州国通信社法」で既存の満州国通信社が改組し、特殊会社の株式会社満州通信社が設置された。それにより資本金280万円に増強され、ほぼ政府出資である。同社は内外情報収集とメディアへの配信が業務であり、満州弘報協会を廃止し、そのメディア統制を踏襲した。同年の準特殊会社として1941年2月15日設置の満州造林株式会社があり、国策造林を実施した。

　以上のように日中戦争期の満州国政府出資法人の新設と改組を紹介したが、そのほか満州国の出資比率の上昇となった事例として満州採金と満州鉱業開発がある。前者は満業の保有株式を回収し、後者は満州国の増資引受による満鉄持分の低下となった。

　さらに既存満州国出資法人に対する満州国の増資の引受による資金供給は続い

た。それにより満州国の株主としての地位が変動した事例は少なくない。例えば満州石油は1936年8月31日に公称1000万円に、1938年2月28日に公称資本金2000万円に、1941年2月28日に4000万円に増資を行ない[29]、満州国が引き受けたため、満州国は当初の20％のマイノリティー出資から40万株中14万株を保有する筆頭株主に躍り出た。この資金力の強化で満州石油は関係会社への投資も行っている。すなわち満州石油は1938年末で、1938年5月5日設置の関東タンカー株式会社、資本金40万円払込に四分の一を出資し、そのほか関内占領地の1932年7月29日設置の大華火油股份有限公司の65万元のうち64万元を出資し、1938年7月5日設置の蒙疆石油股份有限公司、資本金80万円のうち45万円を出資した。そのほか満州油化工業株式会社と満州合成燃料株式会社にもマイノリティー出資を行なっていた[30]。このような関係会社出資の事例はほかにも満州鉱業開発でもみられる。

第3節　アジア太平洋戦争期の特殊会社の整理統合と公社の増設

　1941年12月アジア太平洋戦争勃発後には、満州国では新たな業種の特殊会社の設立がすでに不要となっており、逆に既存特殊会社が淘汰される時期となる。満州国系列の特殊会社で規模の大きな事例は、満業を除けばインフラ部門と農林業が中心となっていたが、それ以外にも満業と満鉄が引き受けない分野で特殊会社として資金が必要な多数の企業が設置された。しかしこれらのうちには事業の存続意義が消滅して廃止される事例がみられる。満州採金は産金業に意義が消滅し、1943年9月7日に満州鉱業開発に吸収されて消滅した。普通法人に転換した事例もある。満業関係会社に移っていた満州炭砿は1943年6月28日に設置法が廃止され、同年7月1日に普通法人に転換した。満州房産の設置法が1943年11月29日に廃止され、同年12月1日に資本金2000万円払込に減資し普通法人に転換し、その際に政府出資を回収した。

　1942年以降に新たに出現した準特殊会社は5社ある。そのうちの穆稜炭砿株式会社（1943年7月1日設置）は、かつて満州国政府出現時に旧政権から承継した企業資産であり、その後出資を引き揚げていたが、資金繰りに応じて出資を

行なった。特に多額出資がなされたのは国際運輸株式会社（1937年11月16日設置、本店奉天）である。資本金1億円、払込7100万円、満州国出資3600万円であり、残りは満鉄が引き受けた[31]。同社は親会社の国際運輸株式会社（1926年8月1日設置、本店大連）から資本金全額の出資を受けていた。ところが1945年6月時点で上記のような出資を受けることになった。国際運輸（奉天）の資金は、親会社の国際運輸株式会社（大連）から調達したが、国際運輸（大連）の資本金はすべて満鉄から供給されていた。国際運輸（奉天）の1944年3月期の資本金2900万円、2150万円払込であったが[32]、満州国で操業する国際運輸（奉天）の資金力増強が必要となり、1944年4月以降、1945年6月までに上記のような大幅増資を行なった。その際に国際運輸（大連）の国際運輸（奉天）への出資とその他の貸付金等を満鉄が取得して直接出資に切り替え、そのほか満州国からも出資を受け、資金力を強化したことになる。そのほか満州海運株式会社と満州医薬品生産株式会社があり、前者は海運の重要性から、後者は医薬生産の重要性から、資金繰りに応じて出資した。後者には政府出資のほか、満鉄、昭和製鋼所、大日本製薬株式会社等日本の製薬会社が出資し、大日本製薬社長が満州医薬品生産社長を兼務した[33]。株式会社満州特別建設団が1944年10月20日に設置された（本店新京）。資本金2000万円（1000万円払込）で満州国政府は全額出資している。設置法は公布されておらず、準特殊会社としての位置づけである。1945年6月まで全額払込となった。満州国の中小建設業者を統合した組織であるが、この組織に参加した企業については不明である[34]。既存事業の再編として、1944年2月29日「満州製鉄株式会社法」により、同年4月1日に満州製鉄株式会社が設立され、本渓湖煤鉄公司、昭和製鋼所および東辺道開発株式会社を吸収し、巨大な製鉄事業者となった。

特殊会社として新たに設置されたものとして、1943年7月26日「興農金庫法」公布施行により、同年8月1日に興農金庫が設置された。資本金500万円（全額払込）で満州国政府の全額出資により設置された。興農金庫は満州中央銀行の農業金融業務と地方店舗を承継し、農業金融に資金を供給した[35]。それ以外に、既存の再編として注目されるのは、1944年に設置される公社である。すでに公社形態としては満州拓殖公社、満州特産専管公社、満州農産公社の前例があるが、

特殊会社制度として、公共的性格を強めた公社という形態が選択される。そして1944年2月21日「満州農地開発公社法」公布施行により、同日に満州農地開発公社が設置された（公称資本金5000万円、全額政府出資）。併せて特殊会社の満州土地開発が吸収された。これにより農産物増産強化のための土地投資を支援する体制が取られた。また1944年4月25日「満州畜産公社法」により、5月1日に満州畜産公社が設置された（資本金3500万円払込、全額満州国出資）。設立に当たっては既存の準特殊会社の満州畜産のほか満州畜産工業株式会社と満州羊毛株式会社を吸収した。同年5月8日「満州繊維公社法」が公布され、同日に満州繊維公社が設置された（資本金3000万円、払込1050万円、全額政府出資）。同公社は同日の「繊維及繊維製品統制法」改正で、満州国繊維流通を独占的に統制する組織として設立された。同公社設立に伴い、従前の統制組織の社団法人満州繊維連合会は解散した。1944年8月14日に「満州林産公社法」が公布施行され、同日に満州林産公社が設置された（資本金7000万円、大半を満州国出資）。これに伴い特殊会社の満州林業は満州林産公社に吸収された。同公社は満州林業の全面的な統制機関となり、公社形態でその事業規模を拡張している。既存の満州農産公社の活動で問題が発生したため、1945年6月25日「満州農産公社法」により、既存の満州農産公社は同名の法人に切り換えられた（資本金1億円、全額政府出資）。設置に当たっては既存の満州農産公社への政府出資5400万円を移転し、それに出資を上乗せするものとした。この法律により満州農産公社は公布日に設置された。この設立に先立ち満州農産公社改組委員会が設置され、改組方針を検討し、法律公布後の改組の事務に当たった。満州拓殖公社も事業規模を拡張し続けた。こうして1944年以降に公社形態の特殊会社に満州国は多額の資金支援を行なって、物資動員による経済活動を支えたといえよう。これらの淘汰と再編を経て満州国の出資している日本敗戦時の特殊会社は30社ほどとなった。そのほか準特殊会社もかなりの件数が残った。

おわりに

満州国政府出資の特質を次のように要約できる。特殊会社・準特殊会社への出

資による法人設立が多い。その業種は農林業とインフラ事業が多く、陸上輸送は満鉄が引き受けているため除外されている。満州国単独出資法人は乏しく、満鉄とのジョイントの出資法人が多く、1936年までの満州国出資は満鉄の出資財源も必要としていた。それは満鉄経済調査会による満州産業化計画の発動過程で、満鉄が積極的に関わり、出資枠を確保したことと関連している。満州国の出資財源として投資特別会計の出資がなされ、出資以外の資金供給は満州中央銀行からの財源調達で行なうことができる。満州国の出資財源は日本からの満州国債投資にも依存した。準特殊会社が産業開発計画の中で位置づけが変化し、特殊会社に転換した事例もある。初期から一貫して出資残高は多いが、満業ほど急速な金額の伸びはない。1937年の満業の設置により、同社に半額出資することで、鉱工業関係法人株式を満業に譲渡し、満州国政府出資法人はインフラと農林業が中心となった。準特殊会社は重厚長大の既存鉄工業を含むが、必ずしも重要でない地域的かつ副次的な産業も多い。株式会社形態以外の公社形態法人は満州拓殖公社に始まり、満州国政府出資法人としてその後も増大し、1944年に公社形態の採用で満州国政府系特殊会社かなり改組再編された。

　満州国出資の普通法人も存在し、これらは旧政権の事業を逆産処理の中で承継したものであり、土着企業の満州国法人化をみた。そのため雑多な業種を抱える。満州国出資普通法人の多くは1933年2月末の満州国法人の既存事業再登記期限満了前に政府出資法人として存続させることをやめ、売却処分がなされた。

注

1) 原朗「1930年代の満州経済統制政策」（満州史研究会『日本帝国主義下の満州』御茶の水書房、1972年）。
2) 原朗「『満州』における経済統制政策の展開」（安藤良雄編『日本経済政策史論』（下）東京大学出版会、1976年）。
3) 安冨歩『「満州国」の金融』（創文社、1997年）。
4) 1934年度に国有財産整理資金特別会計に満州航空の土地買収費と同和自動車工業の土地建物買収費を、また国都建設局特別会計に満州電信電話の土地買収費を、それぞれ繰り入れている（『康徳元年度総予算』128頁）。

5) 特殊会社体制については、横浜正金銀行調査部『満州国特殊会社制度に就て』（1942年）、参照。その後の産業開発計画との関連で、特殊会社に言及するものとしてさしあたり、前掲「1930年代の満州経済統制政策」および「『満州』における経済統制政策の展開」参照。
 6) 金融合作社連合会については柴田善雅『占領地通貨金融政策の展開』（日本経済評論社、1999年）第4章参照。金融合作社連合会『金融合作社七年史』（1939年）も参照。
 7) 大蔵省昭和財政史編集室『昭和財政史』第12巻「預金部資金・政府出資」（吉田震太郎・藤田武執筆、東洋経済新報社、1962年）、参照。
 8) 前掲『占領地通貨金融政策の展開』83-85頁。
 9) 日本資金の満州国国債経由の対満州国投資の概略については、前掲『占領地通貨金融政策の展開』第5章、参照。日本からの対満投資統計の推移は山本有造『「満州国」国際収支に関する既存統計について』（1980年）参照。
10) 満州中央銀行設立については多くの先行研究がある。さしあたり前掲『占領地通貨金融政策の展開』第2章参照。
11) 南満州鉄道株式会社『関係会社統計年報』1938年版、687頁。
12) 『1936銀行会社年鑑』。同和自動車については老川慶喜「『満州国』の自動車産業——同和自動車工業の経営：1935年7月～1937年12月」（『立教経済研究』第55巻第3号、2001年1月）参照。
13) 満州炭砿については、第Ⅱ部第8章参照。そのほか前掲「満州における経済統制の展開」が詳しい。
14) 満州採金については第Ⅱ部第8章参照。拙著『戦時日本の特別会計』（日本経済評論社、2002年）第4章参照。
15) 大倉財閥研究会『大倉財閥の研究——大倉と大陸』（近藤書店、1982年）第5章参照。
16) 前掲『関係会社統計年報』1263-1265頁。
17) 満州興業銀行設置については、前掲『占領地通貨金融政策の展開』第3章参照。
18) 横浜正金銀行調査部『満州国特殊会社制度に就て』（1942年2月）15-12、38-39頁。

19) 満州事変後の張学良等の東北軍閥資産の逆産処理については、安藤彦太郎編『満鉄—日本帝国主義と満州』（御茶の水書房、1965 年）参照。
20) 南満州鉄道株式会社経済調査会『満州事変後設立会社業態』1935 年 2 月（スタンフォード大学フーバー研究所旧東アジア図書館蔵）196‐197 頁。
21) 『1935 銀行会社年鑑』396 頁。
22) 閉鎖機関整理委員会『閉鎖機関とその特殊清算』（1954 年）を参照。満州映画協会の活動については胡昶・古泉『満映—国策電影面面観』（中華書局、1990 年）が詳細である。
23) 熱河鉱山・東亜鉱山については『三井事業史』本篇第 3 巻下（鈴木邦夫執筆）2001 年、参照。
24) 前掲『関係会社統計年報』1938 年版、695 頁。
25) 柴田善雅「『満州国』における大興公司の活動」『中国研究月報』第 607 号、1998 年 9 月）参照。
26) 日本窒素肥料の関係会社については、大塩武『日窒コンツェルンの研究』（日本経済評論社、1989 年）241‐243 頁参照。
27) 日満商事については山本裕「『満州国』における鉱物流通組織の再編過程—日満商事の設立経緯」（『歴史と経済』第 178 号、2003 年 1 月）。
28) 前掲『日窒コンツェルンの研究』275‐276 頁。
29) 『1942 銀行会社年鑑』。
30) 前掲『関係会社統計年報』1938 年版、687 頁。
31) 「満州準特殊会社」1945 年 6 月末（独立行政法人日本貿易振興会アジア経済研究所蔵張公権文書 R7‐30）。
32) 国際運輸株式会社（奉天）『第 11 期営業報告書』1944 年 3 月決算、6 頁。
33) 大日本製薬株式会社『大日本製薬八十年史』（1978 年）79 頁。
34) 前掲「満州準特殊会社」、『満州国政府公報』1945 年 1 月 19 日。満州特別建設団は 1939 年 9 月設立の満州建設機材株式会社、資本金 2000 万円、払込 1500 万円に全額出資しているが（前掲「満州準特殊会社」）、同社については不明。
35) 前掲『占領地通貨金融政策の展開』第 4 章参照。

第6章　満州重工業開発系企業

はじめに

　満州国における工業化戦略は、当初は満鉄と満州国政府の事業投資により主に担われた。しかし満鉄は改組により鉄道業中心に後退を余儀なくされた。他方、満州国による事業投資は、国債の発行により資金調達を行なったが、それだけでは資金に限界が発生した。しかも 1937 年の産業開発計画の発動により、資金需要は急増する。日本からの直接投資を呼び込むため、投資のコア企業として、日本産業株式会社の満州移駐と満州重工業開発株式会社への改組が行なわれる。この経緯については、これまでも満州国統制経済の焦点として、まとまった研究がある[1]。そのほか満業設立については、これまでも言及されている。従来の満業の研究では、鮎川義介・日本産業の研究の延長上で語られる場合には、日本における資金調達戦略に注目されている[2]。そのほか満州国内における満業の長期資金フローとして検討がなされている[3]。この研究では細かな時期区分による資金ストックデータから加工することで解説を加えている。満業については「閉鎖機関令」による戦後処理の過程でまとめられた事業の概要も有用である[4]。個別の満業系企業を検討する研究もあるがここでは省略しよう。満業系企業については、鉄鋼業で研究が厚い[5]。

　ここでは満業系企業をその設立と、企業活動の実態にいくらか詳しく紹介することで、満業系企業集団の概要を描くことを目的とする。すなわち満業系企業集団の設立と変遷に解説を加える。併せて個別企業に対して広く着目した上で、出資と貸付金について資金的な精査を行ない、企業系列分析として既存研究を統計的に補強することを目標とする。満業設立経緯については既存の詳細な研究を越

えることはできない。満業の資金調達と投資を、満州国企業体制全般の中で位置付けを図る。満業投資研究の補強として間接投資会社にまで視野を広げる。

第1節　満州重工業開発の満州投資の開始

1　日本産業の満州移駐

　満州投資に関心を持っていた鮎川義介は日本産業株式会社（1912年9月18日設立、久原鉱業株式会社を1928年12月に商号変更）を経営し、1920年代後半から1930年代前半に、多数の企業を買収により傘下に取り込み、あるいは既存事業を分社化して傘下企業に転換し、日本産業コンツェルンと呼ばれる企業集団を形成していた。日本産業コンツェルンと呼ばれた日本の企業を紹介すると、例えば株式会社日立製作所は久原鉱業から分離独立したが、株式関係は強固に残っていた。日本産業護謨株式会社は久原農園（1916年1月19日設置）から日本産業株式会社となり、日本産業護謨園と改称し、さらに1934年3月6日に日本産業護謨株式会社として分離独立して傘下企業に転換したものである[6]。また1934年2月に日本産業汽船株式会社は買収により日本産業の傘下企業となり、日本油脂株式会社は1921年4月に鮎川系と無関係のスタンダード油脂株式会社として設立された後、合併と商号変更の変遷を繰り返し、1937年6月に日本産業の買収で傘下の日本油脂株式会社となっていた。このように日本産業の傘下企業には久原鉱業以来の既存企業の分立で関係会社となったもののみならず、無関係の企業を買収することで企業集団に組み込まれる事例は多数見られた。一方、その過程で日本産業が直営事業として抱えていた事業は分立していったため、持株会社としての機能は一段と強まった。こうした企業グループ戦略を続けたが、特に1930年代前半の満州事変景気の中で、日本産業は資金調達戦略として、証券市場を多用したことはよく知られている。

　鮎川は1936年に満州国を訪問し、日本産業の満州移駐を決定した。この理由として、鮎川は日本産業の満州移駐により満州国における持株会社となり、日本における証券市場を利用してその資金調達をするという戦略を採用したが、併せ

て日本における税制上の課税回避を図るという趣旨も有したといわれている[7]。鮎川側の思惑と満州国側の資金調達戦略とが合致した。そして1937年11月20日に本店を新京の満鉄付属地に移転した。併せて従来の日本産業本店を東京支店とした。同年12月1日に満州国の治外法権撤廃・満鉄付属地行政権移譲となる前の11月24日には移転手続きを完了した。1937年12月11月25日期末の日本産業の貸借対照表を見ると、総資産3億8309万円、うち未払込資本金2662万円、有価証券2億6992万円、投資会社勘定4300万円、銀行勘定3041万円で、負債資本では資本金2億2500万円、社債2055万円、借入金7291万円で当期純益1095万円を計上する優良企業であった。この期に特別配当2％を上乗せして、年12％の配当を行なっていた。保有証券は日本鉱業、日本化学工業株式会社、日本水産株式会社、日立製作所、日本油脂、日本産業護謨、日産自動車株式会社、日立電力株式会社、日産汽船株式会社等が並び、これらの企業からの配当が主要な収益の持株会社であった。しかも日本産業の株主は5万4573人という規模で[8]、これらの投資家が満州投資に参加することになる。また満州移駐に際して保有していた日本の有力事業法人株式が満業の日本内証券市場における資金調達で用いられることになる。

　1937年12月20日「満州重工業開発株式会社管理法」の公布施行で、日本産業は満州重工業開発株式会社に商号変更し、同法に基づき満州国特殊法人に転換した[9]。併せて満業は満州国政府から半額出資を得て資金力を大幅に強化した。それにより満州国政府出資2.25億円出資、資本金総額4.5億円の巨大な会社が満州国に出現した。ただし日本産業の満州移駐は新たな法人の設立ではないため、満業の設立年月はやはり久原鉱業の設立年月のままである。満業を規定した法律により享受する満業の特典は、政府株配当は一般民間株の配当率の半分といった、日本の特殊会社にも採用された民間配当優先条項があり、日本の民間株主の満業株の取得を勧めた。

　また満州国移駐に伴い、満業は既存の満州国出資法人の株式を肩代わりして、満業の傘下に移した。満業が満州国出資法人の株式を購入した際に、満州国に有利な価格設定がなされた。すなわち1株当たり払込金額44.5円の昭和製鋼所株式を70円で取得するなどの操作を行ない、満州国の譲渡価格1億2718.9万円は

図表 I - 6 - 1　満州重工業

	設立年月日	譲渡時点公称資本金	払込資本金	当初保有	1938.5	38.11
㈱昭和製鋼所	1929.07.04	100,000	89,000	77,000	83,050	108,050
同和自動車工業㈱	1934.03.31	6,200	3,700	1,650	1,880	3,560
満州炭砿㈱	1934.05.07	80,000	32,000	31,283	47,282	63,282
満州軽金属製造㈱	1936.11.10	25,000	12,500	12,000	24,000	30,250
満州採金㈱	1934.05.16	12,000	12,000	5,257	5,257	5,257
満州鉱山㈱	1938.02.28	—	—	12,500	12,500	25,000
満州飛行機製造㈱	1938.06.20	—	—	—	—	5,000
東辺道開発㈱	1938.09.14	—	—	—	—	6,800
満州自動車製造㈱	1939.05.11	—	—	—	—	—
㈱本渓湖煤鉄公司	1935.09.25	—	—	—	—	—
協和鉱山㈱	1939.08.01	—	—	—	—	—
満州重機㈱	1940.05.17	—	—	—	—	—
満州ボーリング㈱	1940.06.04	—	—	—	—	—
満州特殊鉄鉱㈱	1940.10.15	—	—	—	—	—
精炭工業㈱	1941.08.01	—	—	—	—	—
札費炭砿㈱	1941.11.21	—	—	—	—	—
出資合計		223,200	149,200	139,690	173,969	247,199

出所：満州重工業開発株式会社『満業並在満関係会社事業概要』（1939年6月）、満州重工業開発株式会社『営業報

払込金額総計を2882.8万円も上回っていた。満業側が資金繰りに苦しい満州国側に配慮したものであろう。満州国の譲渡金額が、満州国の満業への出資に回り、満州国の当初払込総額1億8937.5万円で相殺しても、出資で不足する7118.6万円が満州国の持出分となった[10]。この持出分が満州国における政府債務の増大となった。

2　満州重工業開発の政府保有株取得

満業は移駐に伴い満州国・満鉄が出資していた企業の株式の譲渡を受けた。満鉄保有株式は満州国政府が取得したうえで、満業に譲渡した。それらを概観しよう（**図表 I - 6 - 1**）。株式会社昭和製鋼所は、満鉄が1917年5月に直営で着手した鞍山の製鉄事業を法人として分離して、本店京城に置いて1929年7月4日設立された。工場敷地の取得を経て1932年に満州国に事業所を設置して事業に着手し、さらに1933年5月2日に本店を工場所在地の鞍山に移転し、満州の日本法人となった。同社の公称資本金1億円で、全株を満鉄が保有していた。同社は満州国の準特殊会社に位置づけられる。1937年11月26日に同社は払込8900万

開発関係会社出資（1）

（単位：千円）

39.5	39.11	40.5	40.11	41.5	41.11	備考
133,050	158,050	183,050	183,050	183,050	183,050	1933.5.2 京城から鞍山に移転
3,560	14,500	25,440	25,440	25,440	—	満州自動車製造に統合
109,282	169,282	225,502	300,502	300,502	300,502	
36,500	49,000	78,700	78,700	78,700	78,700	
5,257	—	—	—	—	—	満州国に譲渡
37,500	50,000	80,000	100,000	100,000	125,000	
10,000	20,000	40,000	60,000	80,000	80,000	
14,000	42,500	64,000	91,950	115,350	125,350	
25,000	25,000	25,000	25,000	25,000	25,000	
—	40,000	40,000	40,000	40,000	40,000	
—	4,000	4,000	4,000	4,000	4,000	上島慶蔵系
—	—	—	41,800	38,600	45,000	
—	—	—	740	740	1,480	
—	—	—	2,375	2,375	4,750	満州鉱山より取得
—	—	—	—	—	1,250	
—	—	—	—	—	12,500	1941.11.30 満州炭砿から取得
374,149	572,332	765,692	953,557	993,757	1,026,582	

告書』各期、閉鎖機関整理委員会『閉鎖機関とその特殊清算』(1954年)。

円となったが、満業設置に伴い、満鉄は1938年3月2日に持株の45％90万株、払込4005万円分を満州国政府に譲渡した。さらに同年9月16日に昭和製鋼所は倍額増資し[11]、満業が増資新株を引受け、満業の支配下に移った[12]。

同和自動車工業株式会社は1934年3月22日「同和自動車工業株式会社法」により同月31日に設置された特殊会社である。同社の政府出資は僅かに20万円で、満鉄が筆頭株主として日本の自動車製造業者等に出資を仰ぎ、増資を行ったが[13]、満業の満州投資の開始で政府と満鉄の保有株を取得し、公称資本金620万円、払込370万円のうち満業は満州国政府0.4万株（現物出資20万円）と満鉄5.8万株（290万円）計165万円に相当する株式の譲渡を受けている。満業以外の出資者として、日本国内の自動車工業株式会社、東京瓦斯電気工業株式会社、三菱造船株式会社、日本車両製造株式会社、川崎車両株式会社、戸畑鋳物株式会社、日本自動車株式会社の各社が出資している。同和自動車工業は満業と日本国内の自動車関係会社の合弁事業として資本系列が改組された[14]。

満州炭砿株式会社は1934年2月27日「満州炭砿株式会社法」により同年5月7日設置された特殊会社である（資本金1600万円全額払込）。資本金の半額を満

鉄、残りを満州国財政部・交通部・満州中央銀行その他が現物出資して保有していた。同社は増資し、公称資本金8000万円（3200万円払込）となった。満業は満州移駐後に、満州炭砿の株式を満鉄・満州国政府・満州中央銀行から取得し、満業保有は3128.3万円となり、ほぼ完全に満業の支配下に置いた。譲渡を受けた政府保有株式は現物出資692.1万円、現金出資116万円である。こうして満州政府系と満鉄系の出資を満業に統合した。

満州軽金属製造株式会社は1936年11月2日「満州軽金属製造株式会社法」により同月11日に設置された特殊会社である（本店撫順）。同社の設立時の公称資本金2500万円、払込1250万円であり、政府出資1000万円（半額払込）のほか満鉄が出資した。満業設置と同時に満州国政府株式20万株、500万円払込が譲渡され、その後、1938年3月10日に満鉄保有株28万株、700万円が満州国に譲渡されて、それを満業が取得した[15]。その結果ほぼ満業の出資となったが、残りは株式会社住友本社、日満アルミニウム株式会社、日本曹達株式会社ほかが出資している。満州にアルミ製錬技術を導入するため、日本の先端企業と組んで操業させる必要があり、これら企業の出資を受けた。

満州採金株式会社は1934年5月3日「満州採金株式会社法」に基づき同月16日に設置された特殊会社で、公称資本金1200万円（全額払込）である。満業は同社の株式525.7万円の譲渡を受けた。譲渡を受けたのは満州国政府498万円（うち現物出資235万円）と満鉄2万円の出資でのほか満州中央銀行からの出資である。そのほか東拓の出資が残った[16]。

こうして満業は満州の大規模持株会社として事業投資を開始した。以上の政府持株の取得は巨額なものではあるが、それまで日本産業が日本国内で頻繁に行なっていた企業買収と同等のものと理解されよう。満業が取得した満州国株式をいずれ証券市場で売却することで新たな資金調達の道を開きつつ、さらに企業グループ戦略を強めることも展望されていた。

3　第1次産業開発計画発動後の投資

1937年4月に発動された満州産業開発計画に基づく満州工業化戦略が実施に移され、それに対応したさらなる満業投資が行なわれる。満業の投資には株式取

得による資金供給のほか長期短期貸付金がある。前者は資金供給のみならず関係会社への支配の力量を示す。後者は関係会社の長期短期の資金に柔軟に応ずることで、資金調整が可能である。貸付金には満業による株式払込や増資引受までの前貸金が含まれる。第1次産業五カ年開発計画の時期の満業の投資を概観しよう。

満業の進出後に満州国から株式を肩代わりして取得した後の満業の出資・融資の残高は、1941年まで一覧できる。まず満業系企業の新設として株式取得から概観しよう（図表Ⅰ-6-1）。1938年に満州鉱山株式会社に1250万円の出資を行ない、1938年6月16日「満州飛行機製造株式会社法」に基づく同月20日設立の満州飛行機製造株式会社への500万円の出資、1938年9月14日設置の準特殊会社の東辺道開発株式会社への680万円の出資を行ない、鉱工業投資を強めた。そのほか1939年5月5日「満州自動車製造株式会社法」に基づく同年5月11日に満州自動車製造株式会社が設置され、自動車製造業への投資を強化し、同社が同和自動車工業を吸収合併した。

合名会社大倉組と旧政権との合弁法人として設置された本渓湖煤鉄有限公司は[17]、満州国出現後に1935年9月25日に満州国政府と大倉組の合弁法人の準特殊会社の本渓湖煤鉄股份有限公司に切り替えられていた。同社の資本金1000万円全額払込、満州国政府出資400万円、大倉組出資600万円であった。その後1937年12月1日「会社法」施行で、1938年3月に同社は株式会社本渓湖煤鉄公司に改称していた。1939年6月に1億円に増資し、満業が4000万円を出資し、大倉組4000万円と同額となった。こうして満業は満州国の有力製鉄業者の昭和製鋼所と並び本渓湖煤鉄公司を関係会社にした。これは満州国の重工業開発戦略にとっても当然の選択といえた。さらに1941年12月に2億円に増資した（全額払込）。昭和製鋼所は1939年5月25日「株式会社昭和製鋼所法」により資本金2億円の準特殊会社として位置づけられている。

以後も満業は満州国の鉱工業関係の普通法人に投資を続けた。すなわち1939年8月1日設置の協和鉱山株式会社に400万円、1940年5月17日設置の満州重機株式会社に4180万円、同年6月4日設置の満州ボーリング株式会社に74万円、1940年10月15日設置の満州特殊鉄鉱株式会社に237.5万円を出資した。満州特殊鉄鉱の株式は満州鉱山が関係会社としていたものを、満業が取得したものであ

図表 I-6-2　満州重工業開発関係会社貸付金 (1)

(単位：千円)

	1939.5 残高	39.11 残高	40.5 残高	40.11 残高	41.5 残高	41.11 残高
満州炭砿㈱	7,000	20,000	42,500	55,700	173,739	204,960
満州軽金属㈱	—	13,118	1,697	15,750	28,592	34,676
満州鉱山㈱	—	13,758	10,872	7,461	25,546	25,546
東辺道開発㈱	—	5,731	10,949	7,020	7,020	23,439
満州飛行機製造㈱	—	9,879	11,886	6,382	6,382	16,819
㈱本渓湖煤鉄公司	—	—	5,016	53,704	75,246	100,385
㈱昭和製鋼所	—	—	—	10,101	39,692	50,972
同和自動車工業㈱ →満州自動車製造㈱	—	—	—	10,133	10,133	19,451
以上小計	7,000	62,486	82,920	166,251	366,350	476,248
その他不明	3,084	3,652	52,893	3,495	27,588	− 4,791
当期貸付	7,049	56,053	69,675	33,934	194,192	107,519
期末貸付残高	10,084	66,138	135,813	169,746	393,938	471,457
株式取得払込	126,950	198,184	193,359	187,865	40,200	32,825
株式残高	374,149	572,333	765,692	953,557	993,757	1,026,582

出所：満州重工業開発株式会社『営業報告書』各期。
注：『営業報告書』の関係会社別投融資増減を株式保有期末残高とつき合わせて集計。増減のない場合も株式取得もしくは払込がなされれば、出資前貸しの引揚がなされたとし見なした。

る。満業と関係会社との間の株式のやり取りは他にも見られる。

　以上の第1次産業開発計画の鉱工業に満業は投資を続けた。満業の譲渡時点の払込資本金1.39億円が、その後の事業拡張・設備投資に伴う増資に応じ、1939年5月期には3.74億円、1940年5月期には7.65億円へと急増した。1940年5月期の最大出資先は満州炭砿2.25億円、以下、昭和製鋼所1.83億円、満州鉱山0.8億円と続いた。とりわけ満州炭砿を通じた炭砿への投資が多額になされたことがわかる。ただし満州炭砿は理事長河本大作が独自の動きを示すため、必ずしも満業の炭砿投資戦略に沿ったものではなく、個別炭砿への投資については満州炭砿が決定権を有していたと思われる。

　満業のこれらの出資先企業への資金供給は株式払込にとどまらない。満業は持株会社として関係会社への長短貸付金によっても資金供給を行なっていた（**図表 I-6-2**）。1939年5月期で個別企業への貸付金として確認できるのは満州炭砿700万円のみであるが、同年11月期にはそれが満州炭砿2000万円に急増し、そのほか満州軽金属製造1311万円、満州鉱山1375万円、東辺道開発573万円、満州飛行機製造987万円、その他合計6613万円に急増していた。さらに1940年

11月期では本渓湖煤鉄公司5370万円もあり、満州炭砿の5570万円につぐ融資先となった。満州軽金属製造1575万円、昭和製鋼所1010万円と続いた。満業の出資と融資で石炭業・製鉄業に重点が置かれた。そのほかの製造業では、満州軽金属製造は満業の主要出資下にある企業として操業を続けた。満州軽金属製造のみならず、1940年5月期より貸出残高が減少している満州鉱山、東辺道開発、満州飛行機製造のような事例もあるが、この4社はいずれも増資による自己資本の充実により借入金を償還しており、これらの借入金は増資前借金に近い性格であった。借入金の場合には確定利子の支払いが必要となるが、出資であれば利益が出ない限り配当は不要であり、資金負担が軽いといえよう。なお満州採金への出資は、満州国産金政策に関わるため、1939年12月に満業が満州国政府に譲渡して切り離した。

4 満州重工業開発の関係会社の子会社投資

満業の関係会社出資はその設備投資に充当されるのみならず、その関係会社が子会社を設置してその子会社に事業の一部を任せていた。そのため満業の直接の出資のない企業であっても、満業の間接投資先の企業といえる。その事例を紹介する（図表Ⅰ-6-3）。満業の関係会社として先にかかげた満州軽金属製造は傘下に満州マグネシウム工業株式会社、安東セメント株式会社、撫順セメント株式会社、満州炭素工業株式会社を置き、1939年で満州マグネシウム工業払込資本金500万円、撫順セメント払込資本金500万円であった。このうち満州マグネシウム工業は1941年11月29日に満州軽金属製造に吸収合併され、後者がマグネシウム製造を直営に移した。撫順セメントは1938年9月増資で満州軽金属工業が出資したものである。また満州鉱山も関係会社の満州鉛鉱株式会社（当初は満州鉛鉱股份有限公司として設置、「会社法」施行後に改称、払込資本金400万円）、熱河鉱業株式会社（払込資本金30万円）をもち、本体による直営鉱山のみならず、各地で関係会社を通じた鉱業投資を行なっていた。このうち満州鉛鉱は1935年6月19日に日満鉱業株式会社が満鉄と折半出資して設置したもので、その満鉄持株を満業設立時に満業が承継して、それを満州鉱山に譲渡したものである。これらの満業の譲渡株式が満州鉱山に対する満業の保有株式に転じた。

図表 I-6-3　満州重工業開発の間接投資会社（持株比率20％以上もしくは100万円以上）

(単位：千円)

関係会社	間接投資会社	設立年月	1940.12出資額	備考
（満州国）				
満州軽金属製造㈱	満州マグネシウム工業㈱	1938.07.08	10,000	1941.11.29満州軽金属製造が吸収
	安東セメント㈱	1940.03.29	8,000	
	撫順セメント㈱	1934.07.18	2,500	50％満鉄保有
満州鉱山㈱	満州鉛鉱(股)→㈱	1935.06.19	8,906	満業に譲渡、錦西鉄道㈱、満州選鉱剤㈱に出資
	熱河鉱業㈱	1935.10.02	300	
	岫巖鉱業㈱	1936.09.08	156	27.8％保有、1943年
	満州特殊鉄鉱	1940.10.15	5,000	満業に譲渡、欒平鉄道㈱に出資
	㈱満山製作所	1939.11.14	500	
	長城金鉱㈱	1935.08.17	298	
満州炭砿㈱	㈱阜新製作所	1937.09.02	1,115	満炭・野村合名、満炭株を満業に譲渡
	営城子炭砿㈱	1937.11.27	2,400	満業傘下に
	満炭坑木㈱	1939.09.23	5,000	満業坑木に改称
	琿春炭砿㈱	1939.09.29	10,000	東満州産業と折半出資、満炭株満業譲渡
	東辺道開発㈱＊	1938.09.14	10,000	
	杉松崗炭砿㈱	1939.04.28	1,200	1941.10.31東辺道開発に移転
	舒蘭炭砿㈱	1939.07.26	6,000	
	満炭鉱機㈱	1939.10.31	2,300	
	満州合成燃料㈱＊	1937.08.06	2,400	
	安奉鉱業㈱	1937.11.12		日本鉱業より譲渡
㈱本渓湖煤鉄公司	本渓湖特殊鋼㈱	1938.10.22	875	大倉事業㈱系
	本渓湖坑木㈱	1920.12.29	25	
	本渓湖洋灰㈱＊	1935.10.02	1,400	
	本渓湖ドロマイト㈱	1936.06.25	170	
	東辺道開発㈱＊	1938.09.14	1,000	
満州重機㈱	満州機械製造㈱	1940.10.10	5,000	
同和自動車工業㈱	満州化工㈱	1939.03.11	260	
満州自動車製造㈱	満州化工㈱	1939.03.11	250	
満州小計			85,055	
（日本）				
㈱日立製作所	㈱満州日立製作所	1938.03.11		本店奉天
	満州変圧器㈱	1939.04.28		大阪変圧器㈱と共同出資、本店奉天
	満州架線金具㈱	1943.10.22		㈱日本可鍛鋳鉄所と折半出資、本店奉天
日本油脂㈱	奉天油脂㈱→満州油脂㈱	1938.06.18		1940.2商号変更
	満州化工㈱	1939.03.11	480	1941.10満州油脂に吸収
	大連油脂工業㈱→大連農業㈱	1916.04.26		満鉄系、1938.11買収、1940.5油脂事業を譲渡、1941.6大連農業㈱に商号変更
日本水産㈱	日満漁業㈱	1934.04.14		本店大連

出所：1939年は前掲『満業並在満関係会社事業概要』、『1939銀行会社年鑑』、『1940銀行会社年鑑』、満州重工業開発株式会社『関係会社事業概況』第2回（1941年2月）（アメリカ議会図書館蔵）。

注：(1)　＊は持株比率20％以下。
　　(2)　1938年7月6日に満業の日本油脂株式を日本水産と日産化学工業に譲渡。
　　(3)　岫巖鉱業は集計時点が異なる。

第6章　満州重工業開発系企業　171

満州炭砿は地域炭砿を個別企業に改組するが、1939年で10件の出資がみられる。このうち安奉鉱業株式会社は日本鉱業株式会社の全額出資事業を、満業が承継してやはり満州炭砿に譲渡したものである。野村合名会社と共同で設立した株式会社阜新製作所や東満州産業株式会社と共同で設立した琿春炭砿株式会社も注目されよう。本渓湖煤鉄公司は本渓湖特殊鋼株式会社、1940年払込資本金87.5万円、ほか7社の関係会社出資を行なっている。その中には満鉄系の石炭商社の日満商事株式会社も含まれており、本渓湖煤鉄公司からの出資費比率は高くはなかったが、それ以外の本渓湖周辺の事業者に対し本渓湖煤鉄公司は有力な出資主体であり、地域に特化した間接投資がなされていたと見ることができよう。

日本産業が日本国内で多数の系列企業を傘下に取り込んでいたため、日本に多数の関係会社を保有していたが、日本産業の満州移駐と満業への転換後も、満業は日本内旧日本産業関係会社株式をそのまま保有していた。その日本内関係会社が満州関係会社に出資している事例がある。たとえば株式会社日立製作所（1920年2月久原鉱業から分離独立）の株式会社満州日立製作所（1938年3月11日設置、本店奉天）への250万円払込出資がある。同社は設立時公称資本金500万円半額払込で設置され、全額日立製作所が投資した。その後も増資を続け、1941年5月6日に公称資本金1000万円、払込875万円という、満州における日立製作所の唯一のそして重点投資先であった[18]。

満州の油脂産業として、満鉄が1916年4月26日設置の大連油脂工業株式会社に設立時から出資していた。同社の業績が振るわず、減資し資本金50万円になっていたところ、1938年11月に日本油脂株式会社が35万円で買収した。大連油脂工業とは別に1938年6月18日に奉天油脂工業株式会社を日本油脂が設置し、同社は1940年2月に商号を満州油脂株式会社と変更し事業を拡大していた[19]。1938年7月6日に満業は保有日本油脂株式を日本水産株式会社と日産化学工業株式会社に売却した。以後の日本油脂系間接投資会社はさらにその中間にこの2社が挟まる形となった。日本油脂は1939年3月11日に満州化工株式会社を設置して電気溶接棒の製造を開始したが、同社は1941年10月に満州油脂に吸収合併された[20]。1941年5月で奉天油脂の資本金624万円払込、うち日本油脂は518.2万円を出資して支配下においていた。先の大連油脂工業も1940年5月に満州油

脂に工場設備を事業譲渡したが、法人として残り、1941年6月に日本油脂傘下に大連農薬株式会社として商号変更し農薬生産に参入した。こうして満州国と大連で日本油脂は事業を拡大させ続けたといえよう。

そのほか満業系の日本内関係会社の間接投資としては、日本水産株式会社（1937年4月設立）の日満漁業株式会社（1934年4月14日設立、本店大連）への100万円払込出資がそれに当たる。日満漁業は大連を拠点に主として海老の買い付け事業を行なっていた。その後、1944年10月1日に南満州海洋漁業統制株式会社が設置されると、船舶と施設を譲渡して、さらに1945年1月30日に日本海洋漁業統制株式会社（日本水産系の漁業統制会社、1943年3月31日設置）、が日満漁業株式会社を吸収合併した[21]。以上のように日立製作所や日本油脂、日本水産は、満業との資金関係が希薄になっても、満業が事実上先導した満州への投資から撤収せず関係会社事業を強めていた。

第2節　満州重工業開発の資金調達の転換

1　満州重工業開発の増資と満州投資証券への日本内株式譲渡

満業の資本金は1941年6月30日増資で、公称6.75億円に増大した。しかし満業増資はその後はなされず、日本の株式市場を通じた資金調達は実現できない。それに代わり満業社債の発行で資金調達を行なう。その資金市場も日本に依存した。満業は「満州重工業開発株式会社管理法」に基づき、満州国政府保証債の発行が可能である。それに基づき、満業は1939年3月1日より満業債の発行を開始した。その消化市場は日本国内であり、日本になじみの薄い満業債の消化が苦しむことが懸念された。そのため従来の逓信省系の簡易生命保険積立金のみならず大蔵省預金部資金も引き受けることとした。外国政府保証の債券の取得については、安全確実の金融資産に投資するという原則の大蔵省預金部資金の運用方針に抵触する可能性があり、満業債を引き受けてよいかとの預金部資金運用委員会で議論がなされ、一部に難色を示す意見も見られたが、大蔵省預金部資金局が押し切った[22]。以後、大蔵省預金部資金の満業債券保有額は増大していった。1941

年 3 月期で大蔵省預金部資金は 9897 万円を保有し、その後も増大し、敗戦時で 1 億 6750 万円を保有していた[23]。

満業保有の日本法人株式の一括処分により満業は短期的に多額資金を取得できる。「満州投資証券株式会社法」1941 年 5 月 10 日公布により、特殊会社満州投資証券株式会社が 6 月 2 日に設立された。資本金 4 億円、払込 6000 万円で発足した。満業は同社の日本関係株式を満州投資証券への一括売却という形で資金を得た。ただし満州投資証券はその取得株式を値崩れ防止のため日本市場で一挙に売却せずに保有した[24]。満州投資証券は日本の生命保険会社の出資で資金調達を行ない、その資金で満業保有株を取得したため、追加的な株式大量取得のような案件が発生しない限り、一挙に売却する必要性は乏しかった。こうして満州投資証券保有株式の大量流動化が阻止された。この結果、満業の間接投資は整理された。満業持株から満州投資証券の保有に切り替えられたことにより、満業の間接投資からは切り離されても、たとえば日立製作所の満州国現地法人の満州日立製作所はそのまま出資関係が続いた。他方、日本油脂の現地法人の満州大豆工業は 1940 年 6 月 2 日設立の満州大豆化学工業株式会社により同年末に工場設備等が一括買収され消滅した。しかしアジア太平洋戦争の勃発で、日本の証券市場は統制が強まり、満業の日本債券市場の資金調達は困難になった。

鮎川義介は満業総裁の椅子を 1943 年 1 月に高碕達之助に譲り、満州を去った。その後は財団法人義済会で日本の持株会社機能を復活しようと試みるが成功しなかった[25]。これにより鮎川の満業との関係は消滅した。満州国のインフレと日本の資金統制の強化により、日本からの資金調達が一段と困難となり、以後の満業の資金調達は満州国資金市場に依存する。すなわち満州中央銀行の満業債券消化と借入金に依存することになる。満業は満州国内における満業社債発行と満州中央銀行からの短期資金借入で繋いで、資金確保に走った。満州興業銀行が多額の満業債を取得したほか、多額融資にも応じた。同行は 1942 ～ 1945 年で満業債を 8.55 億円引き受けており、そのほか 1944 年で融資残高 327 万円に達していた[26]。1945 年 6 月末で、満業社債残高は満州国内 29.65 億円、日本内 6.61 億円、満州国銀行借入 6.09 億円であり、満州国内での資金調達に大きく傾いていた[27]。これについては関東軍と満州国政府も強く後押ししたため、資金繰りで追い詰め

られることはなかったが、日本からの投資を呼び込むことができなければ、その存在意義は低下せざるを得ない。敗戦に近づくと、満業の「重要な方針はすべて軍当局が決定し、それに必要な資金は政府の命令で中央銀行が融資した。満州重工業の自主性はすべて失われて」いたと[28]、総裁高碕は説明している。

第3節　アジア太平洋戦争期の満州重工業開発の投資

1　満州炭砿事業の満業傘下の分社化

　有力関係会社の満州炭砿の石炭産業投資が良好とはいえないため、個別炭砿業を満州炭砿から切り離して満業系法人とし、満業の支配で管理する体制に切り替えることになった。そのため多数の炭砿会社の株式取得は満業の業種を炭砿業と分類されるような第三者的評価を受ける理由となる[29]。満業は精炭砿業株式会社を1941年8月1日に、また礼賚炭砿株式会社を1941年11月21日に設置し（**図表Ⅰ-6-4**)、両社に出資し、個別事業として満業の監督下においた。精炭砿業の設立は12月開戦前の資産凍結の時期であるが、この時期の炭砿業関連事業投資として区分して理解する[30]。1941年12月のアジア太平洋戦争勃発後、さらに1942年5月期では密山炭砿株式会社（1941年7月10日設立）と渓城炭砿株式会社（1942年1月19日設置）に出資した。さらに1943年5月期では阜新炭砿株式会社（1943年3月1日設立）、鶴岡炭砿株式会社（1943年2月26日設立）、西安炭砿株式会社（1943年2月26日設立）、北票炭砿株式会社（1943年2月28日）の3社を満州炭砿の事業から法人化する際に満業が直接出資に切り替えた。そのほか先に法人化されていた琿春炭砿株式会社（1939年9月29日設置）、営城子炭砿株式会社（1937年11月17日設置）への出資を行なった。このうち間島省の琿春炭砿は満州炭砿と東満州産業（1938年3月29日、本社東京）の折半出資で設置されたもので[31]、当初資本金1000万円であった。それを1940年6月17日に倍額増資した。その株式を満業が満州炭砿から承継し、1500万円の出資となったものである。また満州炭砿の関係会社であった坑木供給を業務とする満炭坑木株式会社（1939年9月23日設置、本店新京、満州炭砿の全額出資）の出資

も引き受け、それを1943年11月期に満業坑木株式会社と改称して、満州炭砿から法人名でも切り離した。また満州炭砿の傘下の炭砿としては最大規模の阜新炭砿の所用機械の供給を主要業務とする株式会社阜新製作所（1937年9月20日設立、本店阜新）は、満州炭砿・野村合名会社ほかの出資で設置された。同社の株式を満業が満州炭砿から譲渡を受けて関係会社とした。こうして1943年5月期で満州炭砿の傘下炭砿を概ね満業の直接の関係会社に改組して、満業がその事業を管理することとなった。満州炭砿が関わる事業の満業の関係会社化は1943年5月期で概ね終えた。満州炭砿の設置法は1943年6月28日廃止となり、同日に満業の買上償却で資本金を1億円に減資した。同社は普通法人に転換し、その後も残りの弱小炭砿の直営を続けた。それに伴い満州炭砿の資本金は1943年11月期に3億0050万円から1億0142万円に減少している。こうして満業が満州炭砿の個別事業所を切り離して関係会社に移すことで、関係会社の件数では炭砿業が突出して多く、しかも炭砿業出資のみで、満州炭砿を含み、満州炭砿の減資した1943年11月期では、南票炭砿株式会社を含むが、6億7262.9万円という巨額に達していた。そのため満業を炭砿事業者と区分する解説もある程度うなづけよう（**図表Ⅰ-6-2**）。

2　その他事業投資

　増資と日本内株式の満州投資証券に譲渡した後、上記のように満業は満州炭砿の事業を満業系法人に切り替えてそれに資金を傾注したが、それ以外の事業にも投資を続けている。重点産業の製鉄業では、「満州製鉄株式会社法」に基づいて、1944年4月1日に昭和製鋼所、本渓湖煤鉄公司および東辺道開発を統合し、特殊会社満州製鉄株式会社が設置された。それにより満州製鉄は資本金7億4000万円（払込6億4000万円）という満州国製造業最大の規模となる。東辺道開発は当初計画と程遠い結果に終わり[32]、その事業の幕引きに満州製鉄に統合して消滅させた。満業は満州製鉄の設立で従来の3社の投資額をそのまま承継し5億0305万円の出資を維持した。それよりも昭和製鋼所と本渓湖煤鉄公司という従来の準特殊会社の重厚長大企業を代表する2社を合併させたことで、より効率的な運営が期待されたはずである。ただし満州製鉄は大倉組の持株比率の低下によ

図表 I-6-4 満州重工業開発関係会社出資 (2)

(単位：千円)

関係会社	設立年月日	1942.5	43.5	43.11	44.5	44.11	45.5	45.6	備考
㈱昭和製鋼所→満州製鉄㈱	1929.07.04	183,050	183,050	283,050	503,050	503,050	503,050	475,000	1944.4.1に満州製鉄に統合
満州炭鉱㈱	1934.05.07	300,502	300,502	101,427	101,427	101,427	101,427	100,000	普通法人に転換
満州軽金属製造㈱	1936.11.10	78,700	78,700	138,100	138,100	138,100	138,100	138,250	
満州鉱山㈱	1938.02.28	100,000	150,000	150,000	150,000	150,000	150,000	150,000	
満州飛行機製造㈱	1938.06.20	90,000	10,000	100,000	100,000	125,000	175,000	175,000	
東辺道開発㈱	1938.09.14	139,000	139,000	139,000	—	—	—	—	満州製鉄に統合
満州自動車製造㈱	1939.05.11	25,000	50,000	50,000	75,000	75,000	75,000	75,000	
㈱本渓湖煤鉄公司	1935.09.25	80,000	80,000	80,000	—	—	—	—	満州製鉄に統合
協和鉱山㈱	1939.08.01	4,000	4,000	4,000	4,000	4,000	4,000	4,000	
満州重機械㈱	1940.05.17	45,000	45,000	45,000	45,000	45,000	45,000	45,000	
満州ボーリング㈱	1940.06.04	1,480	—	—	—	—	—	—	満州鉱業開発に譲渡
満州特殊鉄鉱㈱*	1940.10.15	9,500	29,500	59,000	59,000	5,000	5,000	5,000	満州鉱山より取得、満州鉱山に譲渡
粕炭工業㈱	1941.08.01	1,250	3,750	5,000	5,000	5,000	5,000	5,000	
札賓炭鉱㈱	1941.11.21	12,500	12,500	12,500	25,000	25,000	25,000	25,000	
密山炭鉱㈱	1941.07.10	50,000	70,000	87,500	100,000	100,000	100,000	100,000	満州炭砿より取得
渓城炭砿㈱*	1942.01.19	6,628	37,402	37,402	44,031	44,031	44,031	44,031	満州炭砿より取得
満州鉛鉱㈱	1935.06.19	—	17,906	25,406	76,906	—	—	—	満州鉱山より取得、満州鉱山に譲渡
満州工作機械㈱*	1939.09.01	—	19,070	19,133	19,201	19,231	19,231	19,231	1943.3 満業が経営を肩代わり
阜新炭砿㈱	1943.03.01	—	155,379	155,379	176,919	198,459	220,000	220,000	満州炭砿を分離
鶴岡炭砿㈱	1943.02.26	—	98,249	98,249	122,166	146,083	170,000	170,000	満州炭砿を分離
西安炭砿㈱	1943.02.26	—	58,826	58,826	70,000	70,000	70,000	70,000	満州炭砿を分離
北票炭砿㈱	1943.02.28	—	45,678	45,678	—	—	—	—	満州炭砿を分離
琿春炭砿㈱*	1939.09.29	—	15,000	15,000	15,000	15,000	15,000	15,000	満州鉱業開発より移転
営城子炭砿㈱	1937.11.17	—	6,110	6,660	6,660	6,660	6,660	6,660	
満炭坑木㈱→満業坑木㈱	1939.09.23	—	5,000	10,000	10,000	10,000	10,000	10,000	1943年商号変更
㈱阜新製作所	1937.09.20	—	4,000	4,000	4,000	—	—	—	
満州石炭工業㈱*	1943.08.01	—	2,500	3,750	5,000	5,000	5,000	5,000	満州炭砿より取得
満州火薬工業㈱*	1941.02.01	—	1,070	1,070	1,070	1,070	—	—	
南満化成工業㈱*	1943.12.29	—	—	—	625	625	625	625	
満州マグネシウム㈱*	1944.03.08	—	—	—	15,000	15,000	15,000	15,000	
大陸化学工業㈱*	1944.03.29	—	—	—	625	2,500	2,500	2,500	
安東軽金属㈱	1944.04.15	—	—	—	12,500	12,500	25,000	25,000	

第6章 満州重工業開発系企業

社名	日付							備考
南貿炭砿(株)*	1939.05.01	—	—	—	—	—	10,000	満州炭砿より取得
本渓湖特殊鋼(株)*	1938.10.22	—	—	—	7,000	10,000	10,000	本渓湖煤鉄公司保有を取得
満州軽金属(株)*	1944.05.27	—	—	—	—	6,250	6,250	満州軽金属製造から取得
(株)満州工廠	1934.05.22	—	—	—	—	7,600	15,100	11,300
日満鍛工(株)	1938.09.13	—	—	—	—	625	—	—
満州塩業(株)	1936.04.28	—	—	—	—	625	—	—
竜烟鉄砿(株)	1939.07.26	—	—	—	—	36,000	36,000	36,000	蒙疆法人
満州金鉱(株)	1935.10.02	—	—	—	—	—	—	300	改組 1940.3.11
雑7社		—	—	—	—	—	12,451	—
合計		1,126,610	1,622,192	1,735,130	1,892,280	1,888,836	2,014,425	1,969,147

出所：満州重工業開発株式会社「営業報告書」各期、前掲「閉鎖機関とその特殊清算」、「満州重工業開発株式会社及関係会社資金一覧表」1945年8月末（独立行政法人日本貿易振興機構アジア経済研究所蔵原公権文書 R7-36）、「満業関係会社一覧表」1945年11月10日作成（同原公権文書 R7-37）、「満州株式会社」1945年6月末（同原公権文書 R7-29）、「満州準特殊会社」1945年6月末（同原公権文書 R7-30）
注：(1)1945年6月期に原資料で満州特殊鉱業58,000千円が掲載されているが、その前の2期で投資を引き揚げており、また「満業関係会社一覧表」に掲載されていないため、記載は誤りと思われる。竜烟鉄鉱の投資を引き揚げたのではなく、蒙疆法人のため掲載しなかったものと思われる。
(2)*は1945年8月時点掲載数値を採録。1945年6月期と8月期の資料には満業の事業支配下において直接投資である間接投資の企業も列記しているが、出資していないため省略した。

り資本的独立が達成され、巨大国策製鉄会社となり、さらに満業からの相対的独自性を主張した。むしろ満業は、満州製鉄に資金供給をしつつも影響力は低下したと思われる。出資額はその後の引き上げはなされなかったが、満業は貸付金の優先割当で資金供給をつづけた。満州軽金属製造は1943年1月15日に再度増資し、公称資本金8000万円となったが、満業もそれに合わせて出資額を引き上げていった[33]。ただし満州軽金属の満業以外の出資者は、株式会社住友本社、昭和電工株式会社、住友電気工業株式会社の3社に切り替わっていた。

満業は製鉄業としては、ほかに蒙古連合自治政府（1939年9月1日設立）法人の竜烟鉄鉱株式会社にも出資している。同社は蒙疆の1939年5月6日「竜烟鉄鉱株式会社法」により1939年7月26日に設置された蒙疆の特殊会社である。当初は株式会社興中公司（1935年12月20日設置、本店大連、満鉄全額出資の中国関内投資会社）の出資を受けたが[34]、興中公司の投資を北支那開発株式会社が肩代わりし、竜烟鉄鉱の出資は蒙古連合自治政府と北支那開発の両者の折半出資となっていた。満州製鉄は蒙疆最大かつ品位の高

い原料鉄鉱石を供給する竜烟鉄鉱から鉄鉱石の輸入を図った。竜烟鉄鉱は採掘の増強のため、増資により機械器具そのほかの設備を調達することにした。その増資にかかり、竜烟鉄鉱は資金調達で従来の蒙古連合自治政府と北支那開発の折半出資に、満業が割り込むことで、竜烟鉄鉱の鉄鉱石の満州国の輸入確保を行なった。この交渉に当たっては満州製鉄が竜烟鉄鉱に出資するのではなく、満州製鉄の親会社の満業から竜烟鉄鉱の増資新株三分の一を引き受け、残りが北支那開発・蒙古連合自治政府の折半とし、各三分の一の3600万円を引き受ける形で資金供給を行なうものとした。そして1944年5月10日に満業は竜烟鉄鉱への出資を実行した[35]。この案件は満業の唯一の関内企業への投資である。

それ以外の増資後に新規出資した関係会社について、いくらか説明をしよう。先述の満業の既存炭砿の法人化による資金投資が一巡した後、1943年以降、炭砿以外の産業にもかなりの件数の投資を見せる。すなわち満州火薬工業株式会社（1941年2月1日設立）は株式会社奉天造兵所傘下の火薬製造部門の南満火工品株式会社（1929年7月26日設立、本店撫順）と満州火薬販売株式会社（1935年11月11日設置の特殊会社）を統合したもので、後者は本渓湖煤鉄公司の間接投資会社であったものを、直接投資会社に引き上げたといえよう。火薬も鉱業に欠かせない重要な中間生産財である。南満化成工業株式会社は日本化成工業株式会社（1934年8月設立）との合弁で、1943年12月9日設置された。大陸化学工業株式会社は三井化学工業株式会社との合弁出資により、1944年3月29日に新京に設置され、資本金1000万円で、満業は四分の一を出資した[36]。1944年4月15日に設置された安東軽金属株式会社は、資本金2億円、半額払込、満業4分の1、株式会社住友本社半額、満州製鉄四分の一の出資である。満州軽金属製造の住友系の出資と平行し、安東軽金属にも住友系の出資がなされており、軽金属工業に優位性を持つ住友系のかかわりが深まった。これらの満業の新規出資先は、満州国の資金統制が強まる中で、資金調達で苦慮するため、満業系企業として資金調達に活路を見出した事例とみられる。先述の満州軽金属製造の関係会社の満州マグネシウム工業は廃止されたが、それとは別に1944年3月8日に満州マグネシウム株式会社がマグネシウムの重要性に鑑み営口に設置された。資本金2000万円、全額払込で満業1500万円、満州軽金属製造500万円の出資である[37]。本渓

図表 I-6-5　満州重工業開発関係会社貸付金（2）

(単位：千円)

	1942.5 残高	42.11 残高	43.5 残高	43.11 残高	44.5 残高	44.11 残高	45.8 残高
満州炭砿㈱	187,682	179,941	—	—	—	—	48,726
満州軽金属製造㈱	39,012	41,674	50,487	—	—	—	36,522
満州鉱山㈱	22,192	4,295	4,295	—	—	—	270,546
東辺道開発㈱	25,672	37,207	55,615	—	—	—	—
満州飛行機製造㈱	11,167	1,167	1,167	—	—	—	103,160
㈱本渓湖煤鉄公司	43,164	48,164	48,164	—	—	—	—
㈱昭和製鋼所 →満州製鉄㈱	70,489	98,487	154,658	—	—	—	1,279,712
同和自動車工業㈱ →満州自動車製造㈱	27,567	11,996	18,346	—	—	—	36,220
満州特殊鉄鉱㈱	4,750	15,300	30,100	—	—	—	—
渓城炭砿㈱	3,920	5,677	4,121	—	—	—	5,584
精炭工業㈱	—	1,900	1,250	—	—	—	8,364
札賚炭砿㈱	—	2,565	4,815	—	—	—	8,429
密山炭砿㈱	—	34,210	21,710	—	—	—	1,022
満州工作機械㈱	—	8,450	13,711	—	—	—	54,566
満州鉛鉱㈱	—	8,587	15,137	—	—	—	—
阜新炭砿㈱	—	—	2,800	—	—	—	60,500
鶴岡炭砿㈱	—	—	2,400	—	—	—	81,460
西安炭砿㈱	—	—	701	—	—	—	8,164
北票炭砿㈱	—	—	1,351	—	—	—	17,628
琿春炭砿㈱	—	—	4,581	—	—	—	6,807
営城子炭砿㈱	—	—	4,374	—	—	—	19,380
㈱阜新製作所	—	—	1,395	—	—	—	1,907
以上小計	435,615	499,620	441,178	…	…	…	2,048,697
その他不明	− 3,065	− 4,206	− 3,796	…	…	…	486,077
当期貸付	− 38,907	62,864	− 58,032	191,227	66,281	648,067	…
期末貸付残高	432,550	495,414	437,382	628,609	694,890	1,342,957	2,534,774
株式取得払込	150,028	109,615	430,999	17,937	157,148	23,235	…
株式残高	1,176,610	1,286,225	1,717,224	1,735,161	1,892,310	1,915,545	1,932,397

出所：満州重工業開発株式会社『営業報告書』各期、前掲「満州重工業開発株式会社及関係会社資金一覧表」。
注：(1)『営業報告書』の関係会社別投融資増減を株式保有期末残高とつき合わせて集計。
　　(2) 増減のない場合も株式取得もしくは払込がなされれば、出資前貸しの引揚がなされたと見なした。
　　(3) 1943年11月、1944年5月、1944年11月の企業別貸出残高不明。

湖特殊鋼株式会社（1938年10月22日設置）は当初、本渓湖煤鉄公司の間接投資会社であったが、満州製鉄の設立後に、満業が大倉組系の出資を引き取って、関係会社に移した。他方、満業出資企業の増大のみならず、出資が消滅している事例もある。満州特殊鉄鉱株式会社（1940年10月15日設置、本店新京）は満州製鉄出現後に事業を満州製鉄に譲渡したとみられる。

おわりに

　満業は満州国に移駐する際に半額政府出資を得て、巨大な持株会社として出現した。その資金力で満州国・満鉄から鉱工業関係の出資を肩代わりし、産業開発計画における鉱工業投資の主役の位置に立った。出資・融資・短期貸付で20社を越す事業法人に資金供給を行なった。さらに規模の大きな関係会社は満州国における子会社に資金を供給した。これは満業関係会社の満州国投資とみなせるため、連結ベースを考慮すれば、満業の連結会社は支配子会社を超えた範囲に広げることができよう。また満業は満業株式のみならず社債発行で大蔵省預金部資金から満州国政府保証で消化してもらい、日本政府資金の直接調達さえ可能となった。満州国鉱工業会社の資金需要に対する日本政府の直接支援といえよう。こうして満業は鉱工業の多業種にわたり投融資を実行した。ただし産業開発計画発動後の満業の新規着手事業での成功例は少ない。またアジア太平洋戦争期の末期となると、日本からの資金調達は困難となるため、満州中央銀行からの長期・短期の資金調達でしのぐことで資金供給を続けた。満業の満州中央銀行への資金依存が深まるため、満業の証券発行により資金供給するという持株会社機能の実質的な後退が進んでいたといえよう。満業設立後に新規事業として立ち上げた業種で事業が成り立った事例は乏しい。結局、満業設立前から操業していた鉱山と装置産業のみが、資金・資材等の制約の強まる中で何とか操業を維持できたに過ぎなかった。

　企業グループの特徴として、関係会社直営事業の満業関係会社への分立がみられた。これにより満業の関係会社の持つ有力事業部門を満業直接管理に移行させようとした。それは満業設立前から操業していた規模の大きな関係会社の独自性の排除の試みであり、関係会社直営事業または間接投資事業を独立させ、満業の関係会社に編入することで、求心力を持たせようとした。これは特に満州炭砿の分社化で顕著である。

注

1) 原朗「「満州」における経済統制政策の展開」(安藤良雄編『日本経済政策史論』下、東京大学出版会、1976年)。
2) 中村隆英「日産と鮎川義介」(『総研レビュー』第16号、2000年3月)。
3) 安冨歩『「満州国」の金融』(創文社、1997年) 第3章。
4) 閉鎖機関整理委員会『閉鎖機関とその特殊清算』(1954年)。そのほか持株会社整理委員会『日本財閥とその解体』上 (1951年) が日本産業系企業集団の解説として有用である。
5) 松本俊郎『侵略と開発――日本資本主義と中国植民地化』(御茶の水書房、1992年) 同『「満州国」から新中国へ――鞍山鉄鋼業から見た中国東北の再編過程 1940～1954』(名古屋大学出版会、2000年)。
6) 柴田善雅『南洋日系栽培会社の時代』(日本経済評論社、2005年) 第2～4章参照。
7) 前掲「日産と鮎川義介」参照。
8) 日本産業株式会社『第51回営業報告書』1937年下半期、3-6、11-16頁。日本化学工業は日本産業が1937年7月1日に大日本肥料株式会社を買収した際に、その化学工業部門を傘下の日本炭砿株式会社に合併させたため、同社の商号を変更した。さらに後に、日産化学工業株式会社に商号変更する。
9) 前掲『閉鎖機関とその特殊清算』参照。日本国内事業で満業傘下にならなかった事業法人は満業と同時に設置された国内の持株会社の株式会社日産の傘下におさめられた。
10) 満州重工業開発株式会社『第1回営業報告書』、1937年11月決算、11、23頁。
11) 南満州鉄道株式会社『関係会社統計年報』1938年版、591頁。
12) 『1942 銀行会社年鑑』。
13) 『1936 銀行会社年鑑』。
14) 同和自動車工業については、老川慶喜「「満州国」の自動車産業――同和自動車工業の経営:1935年7月～37年12月」(『立教経済学研究』第55巻第3号、2002年1月) 参照。
15) 前掲『関係会社統計年報』1938年版、755頁。

16） 満州採金の設置とその事業については、本書第 8 章参照。柴田善雅『占領地通貨金融政策の展開』（日本経済評論社）1999 年、第 5 章、『戦時日本の特別会計』（日本経済評論社、2001 年）第 4 章参照。
17） 本渓湖煤鉄公司の設立と満州国期の改組については、大倉財閥研究会『大倉財閥の研究―大倉と大陸』（近藤出版、1982 年）。
18） 株式会社日立製作所『日立製作所史』2（1960 年）17‐18 頁。
19） 日本油脂株式会社『日本油脂三十年史』（1967 年）370‐374 頁。
20） 同前、370‐374 頁。
21） 日本水産株式会社『日本水産 50 年史』（1961 年）312‐313、318、417‐18 頁。
22） 前掲『戦時日本の特別会計』第 3 章参照。
23） 大蔵省昭和財政史編集室『昭和財政史』第 12 巻「大蔵省預金部」（吉田震太郎執筆、東洋経済新報社、1962 年）付表 24‐29 頁。
24） 前掲『閉鎖機関とその特殊清算』参照。
25） 義済会については同前参照。
26） 前掲『占領地通貨金融政策の展開』99 頁。
27） 「満州特殊会社」1945 年 6 月末（独立行政法人日本貿易振興機構アジア経済研究所蔵張公権文書 R7‐29）。
28） 高碕達之助集刊行委員会『高碕達之助集』上（1965 年）149‐150 頁。
29） 満州技術委員会『満州鉱工業年鑑』1944 年版、では満業は炭砿業に分類されている。
30） 炭砿業の満炭の事業から満業系形企業への切り離しについては、前掲「『満州』における経済統制政策の展開」参照。
31） 東満州産業は 1938 年 3 月設立、本店東京。同社は朝鮮と接する東満州地域に多業種の投資を行なう。
32） 東辺道開発については、本書第 8 章のほか、前掲「『満州』における経済統制政策の展開」参照。
33） 『1942 銀行会社年鑑』。
34） 興中公司については、柴田善雅「華北における興中公司の活動」（『東洋研究』第 138 号、2000 年 12 月）。

35) 柴田善雅「蒙疆における企業活動」(内田知行・柴田善雅編『日本の蒙疆占領：1937‐1945』研文出版、2007年) 参照。前掲『「満州国」の金融』「統計」で、竜烟鉄鉱については特記のないままほかの満業系満州国法人の企業金融と一括満州関係として扱われており、誤解を与えかねない。
36) 詳細は、財団法人三井文庫『三井事業史』本編第3巻 (下) (鈴木邦夫執筆) (2001年)。1942年5月11日に設置された同名の別法人 (本店奉天、資本金10万円) があるため混乱しやすい。
37) 安東軽金属と満州マグネシウムについては、「満州準特殊会社」1945年6月 (独立行政法人日本貿易振興機構アジア経済研究所蔵張公権文書R7‐30) と「満業関係会社一覧」1945年11月10日 (同張公権文書R7‐37) による。

第7章　財閥と大手事業法人系企業

はじめに

　三井財閥の満州での活動に関しては多くの研究がある。最近の研究をあげれば、明治期から1930年代までの三井物産の満州などでの活動を分析した坂本雅子『財閥と帝国主義―三井物産と中国―』(ミネルヴァ書房、2003年)や、1940年代前半における満州での三井財閥の事業展開を包括的に捉えた三井文庫編(鈴木邦夫執筆)『三井事業史』本篇、第3巻(下)(2001年)がある。

　大倉財閥の満州における活動については、大倉財閥研究会編『大倉財閥の研究―大倉と大陸―』(近藤出版社、1982年)が詳細な検討を行なっている。なかでも「第4章　満州における大倉財閥の研究」(金子文夫執筆)は、満州事変前における対満進出と満州国における対満投資とに時期区分して包括的に投資の動向を明らかにしている。

　三菱財閥と住友財閥の満州進出については、まず、旗手勲『日本の財閥と三菱―財閥企業の日本的風土―』(楽游書房、1978年)が、借款投資を検討して、国策追随的進出から新たな資源獲得を目指した「本格的」な海外投資への転換とその挫折を描いた。また、三島康雄らの『第二次大戦と三菱財閥』(日本経済新聞社、1987年)が、事業部門ごとに対満州進出の事例を紹介している。そして麻島昭一『戦間期住友財閥経営史』(東京大学出版会、1983年)は、住友の内部資料により、満州住友鋼管(満州住友金属工業)の設立・拡張・資金調達を紹介している。

　大手事業法人の満州進出については、王子製紙に関して原沢芳太郎「王子製紙の満州(中国東北部)進出―『余裕』あっての戦略の失敗―」(土屋守章・森川

英正編『企業者活動の史的研究』日本経済新聞社、1981年）があるが、鐘淵紡績・東洋紡績の活動を分析した研究はない。

　満州に設立された法人企業の中には、日本本国の特定産業における主要企業が協調して出資し設立された企業が存在する。こうした共同出資型企業の研究としては満州車両を取り上げた沢井実『日本鉄道車輛工業史』（日本経済評論社、1998年）がある。

第1節　三井財閥

　日本企業・日本人商人の対満州商業進出は、営口（牛荘）から始まる。三井物産は、1890年に上海支店の山本条太郎を営口に派遣し、紀昌洋行のバンジネルの斡旋で中国人商店（広東系）の東永茂に寄寓させ、大豆・大豆粕の調査に当たらせた[1]。山本の営口滞在は短期であった。ついで日本郵船が日清戦争前の1891年3月に神戸－営口線を開設した[2]。日本郵船の営口での代理店は、日本の代理領事も務めていたフレデリック・バンジネル（英国人）が経営する紀昌洋行であった。

　三井物産は日清戦争終結直後の1895年9月にまず上海支店の山本条太郎に対して営口詰めを命じ、ついで10月に、越前堀出張所（主な取扱商品は肥料）の元主任の依田治作に対して営口詰めを命じた。三井物産は東永茂を代理店として、そこで山本・依田を勤務させたと思われる。1895年に上海支店、越前堀主張所、兵庫支店はいずれも大豆・大豆粕の買越許可限度額を本店から得ており、東永茂を代理店として営口から大豆・大豆粕の本格的な輸移入を開始したと思われる。

　依田は翌1896年7月に営口代理店詰め主任を命じられている。三井物産が正式な事務所として営口出張所（初代の出張所長は依田）を設置するのは1897年6月である[3]。

　三井物産が遼東半島南端（のちの関東州）に進出するのは、かなり後のことである。その経緯はつぎのとおりである。1898年3月にパブロフ条約によってロシアが遼東半島の租借権を獲得し、1899年にダルニー（青泥窪）市を設置し、ダルニー港を自由港とした。三井物産は翌1900年1月にポート・アーサー（旅

順)に「関東省出張員」(本店直轄)事務所を設置した。1901年度の三井物産取扱高をみると、全額(81.6万円)が日本からの輸出であり、輸入は皆無である[4]。日本への輸出地である営口とは対照的な位置にあった。事務所がポート・アーサーからダルニー(のちの大連)へ移転するのは1903年4月である。日露戦争開始の1904年2月に事務所は閉鎖されたが、5月に日本軍がダルニーを占領すると、新たに三井物産は12月、「青泥窪出張員」(本店直轄)事務所を設置した。その後、1905年12月に青泥窪が大連と改称されたため、「大連出張員」となった。他方、1905年10月に神戸支店営口出張員が営口支店となり、11月に牛荘支店と改称している。大連出張員は1906年3月からこの牛荘支店の管轄下に組み込まれ、牛荘支店が中心となって満州進出を担うこととなった。牛荘支店は、1906年5月に奉天出張員と鉄嶺出張員、1907年2月に吉林出張員、3月に寛城子出張員(のち長春出張員と改称)を設置して、満鉄沿線の満州南部へと進出した。1906年から牛荘支店は、満州向け綿布輸出を目的に設立された日本綿布輸出組合(1906年2月大阪紡績株式会社、三重紡績株式会社、岡山紡績株式会社、金巾製織株式会社、天満織物株式会社により設立)の綿布を2年間無手数料で取り扱い、米国綿布を満州市場から駆逐していくなど、綿糸・砂糖・マッチ・軍器など日本からの輸出品を売り広めた[5]。また大豆に関しては、日系商社のなかではじめて三井物産が1908年7月に満州産大豆の欧州への積み出しに成功した。以後、満州からの欧州向け大豆輸出が拡大して、満州産大豆が急速に国際相場商品に成長し、その生産量が急増したことが注目される[6]。

もっとも満州所在店に限定しないでみると、1900年代後半における満州関係の最大の取引先は南満州鉄道株式会社(1906年11月26日設立)であった。三井物産による満鉄からの軌条、橋梁、枕木、機関車、車両などの注文引受高は、満鉄創業から約4年の間に2779.8万円に上り、他の商社を圧倒した。その他、満鉄が経営する撫順炭砿の石炭を華北の天津や日本内地で大量に販売している[7]。

三井物産は牛荘支店を拠点とする支店網のほかに、1907年11月に、米穀肥料部の管轄下に哈爾浜出張員と浦塩斯徳(ウラジオストック)出張員を設置して、東清鉄道沿線での満州北部産大豆などの集荷と積み出しを行なった。また、安東県については、1906年4月、京城支店の管轄下に安東県出張員を設置した。

満州南部・北部での業務統一と貿易拡張のため、1910年10月に安川雄之助を部長とする満州営業部（事務所は大連出張所内）を設置し、この管轄下に鉄嶺出張所、浦塩斯徳出張員、牛荘出張所、奉天出張所、哈爾浜出張員を配置した[8]。ただし、大連出張所と安東県出張所の二つは、満州営業部に組み込まれず、本店直轄組織であった。そして1912年9月、満州営業部と大連出張所が統合されて、大連支店となり（初代支店長は安川）、さらに1914年5月、安東出張所が大連支店の管轄に入ることで、大連支店が満州全域で商売を統括することとなった。

製造業についてみると、三井物産は東永茂店主の潘玉田らと合弁で1907年5月22日に株式会社三泰油房（公称資本金は銀50万円全額払込）を設立し、大豆粕・大豆油の生産に乗り出した。三井物産の出資は60％、中国人側の出資は40％である。同社は法人登記を牛荘領事館で行なったため本店を営口とする日本法人であるが、事業地を関東州の大連市大桟橋付近軍用地区2号に定めて、ここで搾油・大豆粕製造工場を経営した[9]。同時期の1907年3月8日に、横浜の肥料商の松下久治郎と大倉組が共同で日清豆粕製造株式会社（公称300万円、払込75万円、本店東京）も、上記軍用地区内の三泰油房工場の隣接地に建設費約30万円で工場を建設し、満州における日系製油工場のトップを切って1908年8月に工場を稼働させている[10]。日中合弁の三泰油房もほぼ同時期に生産を開始したものと思われる。

三泰油房の業績（**図表Ⅰ-7-1**）は、1910年度に14万円の当期利益を計上したものの、1913、1914年度とも大幅な当期損失を計上した。そのため、1915年度に公称資本金を50万円から30万円へと減資した。その後、第1次大戦期には好成績をあげ（並行して三井物産から多額の資金援助を受け設備を拡張）[11]、1922年度まで黒字経営を続けた。1921年頃の満州所在油房の工場別大豆粕製造能力（1日当たり）を見ると、第1位は日清製油（1918年に日清豆粕製造から改称）7000枚であり、ついで三泰油房、大連製油、小寺油房がともに5000枚であり[12]、三泰油房は大豆粕製造大手の一角を占めていた。

三井財閥では、三井物産に続いて王子製紙が満州に投資した。王子製紙は三井合名会社の傍系会社の位置にあった（1916年11月の三井合名会社の持株率は33％）。王子製紙は第1次大戦期の1917年11月16日に中国側（北京政界の要

人）と日本側（王子製紙）の折半出資により、日中合弁の富寧造紙股份有限公司（公称資本金日本円100万円、払込25万円、本社吉林）を設立し、木材パルプ製造と水力発電、製紙を行なおうとした。ついで1918年10月22日に、王子製紙は日中合弁で華森製材公司（資本金日本円200万円、本店吉林）を設立した。王子製紙は半額の100万円を出資した。中国側は吉林省政府である。同公司は富寧造紙の製紙工場に対する原木供給のために設立された。さらに王子製紙は同年11月9日に形式的には中国人全額出資、実質的には日中合弁の黄川採木有限公司（公称資本金日本円400万円、払込100万円、本店吉林）を設立した。100万円の払込は王子製紙が中国側に同額を貸し付けておこなわれた。同公司は富寧造紙の製紙工場に対する原木供給のために設立された[13]。

しかし、治安の悪化と排日運動激化のために、上記の3

図表Ⅰ-7-1 三泰油房の業績

（金額単位：銀千円。1935年度から金千円、配当率：%）

年度	当期損益	配当率	年度末資本金（払込）
1908	38	—	500 (500)
1909	▲73	—	500 (500)
1910	145	5	500 (500)
1911	1	—	500 (500)
1912	58	5	500 (500)
1913	▲52	—	500 (500)
1914	▲187	—	500 (500)
1915	23	5	300 (300)
1916	39	8	300 (300)
1917	42	5	300 (300)
1918	109	15	300 (300)
1919	100	15	300 (300)
1920	168	15	300 (300)
1921	139	34	300 (300)
1922	41	5	300 (300)
1923	▲42	—	300 (300)
1924	17	—	300 (300)
1925	76	10	300 (300)
1926	36	6	300 (300)
1927	64	12	300 (300)
1928	…	…	300 (300)
1929	…	…	300 (300)
1930	…	…	300 (300)
1931	…	15	300 (300)
1932	72	15	300 (300)
1933	100	15	500 (500)
1934	109	12	500 (500)
1935	109	12	2,500 (2,500)
1936	258	8	2,500 (2,500)
1937	520	10	2,500 (2,000)
1938	810	10	5,000 (5,000)
1939	964	10	5,000 (5,000)
1940	1,225	10	5,000 (5,000)
1941	1,065	10	5,000 (5,000)

出所：南満州鉄道株式会社庶務部調査課『満蒙に於ける日本の投資状態』（1928年）181、217-218頁、『1936銀行会社年鑑』173頁、『1940銀行会社年鑑』63-64頁、『1942銀行会社年鑑』44頁、大連商工会議所『満州事業成績分析』1940年度（第4回）～1941年度（第5回）、鈴木邦夫「『満州国』における三井財閥」Ⅱ（『電気通信大学紀要』第2巻第1号、1989年6月）271頁。

注：(1) 1935年7月に資本金を銀建てから金建てに変更し（金67.5万円）、同時に250万円（全額払込）へと増資し、さらに1937年8月に500万円（全額払込）へと増資した。
(2) 1935年12月11日に本店を営口から大連に移転した。
(3) 決算期は年1回、7月である。なお、『満蒙に於ける日本の投資状態』の数値は、三泰油房の会計年度とずれていると推定されるため修正して掲出した。

公司の経営は芳しくなく、大倉組系の豊材股份有限公司（1918年11月14日設立、公称資本金日本円500万円、払込125万円、本店長春）と吉省興林造紙股份有限公司（1921年11月設立。公称資本金500万円、払込125万円、本店吉林）も経営は不振となった。そのため、これまで満州地域で競争関係にあった王子製紙と大倉組が協力して、原木供給・製紙を行なうことになり、1923年3月22日に「満州林業合同契約」が結ばれた。これに基づき1923年6月1日に日本法人の共栄起業株式会社（公称資本金850万円全額払込、本店長春）を設立した[14]。公称資本金1000万円への増資（同年6月12日）後の持株率は、王子製紙53.5％、大倉組46.5％である。共栄起業は、これまでの5公司を存続させながら、それらの権利義務を継承して、経営を軌道に乗せようとした。しかし、事業は不振を極め、1931年1月31日には公称資本金を500万円（全額払込）に減資し、さらに1938年11月25日には100万円（全額払込）にまで減資せざるをえなかったのである[15]。

なお、王子製紙は1932年5月20日の大合同（王子製紙、富士製紙、樺太工業の合併）後、三井合名会社との協議に基づき、三井合名会社の傘下から完全に抜け出し、社長藤原銀次郎が主導する独立系大企業として行動していくため、ここでは大合同後の王子製紙による満州の投資には言及しない。

ところで、この共栄起業のほかに、1920年代に三井財閥が満州で新たに生産事業に投資し経営に関与した例はみあたらない。1920年代では満州各地に支店網を敷設していた三井物産が農産物などの商品取引・貿易を大規模に展開した。また三泰油房では1923年度に赤字に陥るなど経営が振るわなくなったが、1925年8月1日（1926年度）からは三井物産大連支店へ経営を委託する契約を結んで、三井物産から所要原料大豆の供給を受け三井物産のために搾油に従事するなど、三井物産の支援を受けて経営の建て直しを図った[16]。

1930年代に入ると、満州国建国後の1932年10月29日、三井物産は大倉組との共同出資で、日本法人の株式会社奉天造兵所（本店奉天）を設立した。同社の公称資本金は200万円（払込50万円）で、三井物産・大倉商事がそれぞれ100万円ずつ引き受けた。同社は旧東三省兵工廠の払い下げを受けて、兵器や機械類を製造することを目的とした。この出資は、泰平組合（日本製武器販売のための組織）のメンバーである三井物産・大倉商事が関東軍からの要請を受けてなされ

たものと推定される。設立4年後には、「株式会社奉天造兵所法」(1936年7月4日公布)に基づき1936年10月23日に満州国法人の株式会社奉天造兵所(公称資本金460万円全額払込、本店奉天)に改組された。総株数9200株の内訳は、満州国政府4600株(230万円)、三井物産2300株(115万円)、大倉組2300株(115万円)である。同社は1939年3月8日に増資して、公称資本金2500万円(払込970万円)とした。2500万円全額払込が完了する1941年頃でみると、総株数5万株の内訳は、満州国4万株(2000万円)、三井物産5000株(250万円)、大倉商事5000株(250万円)である。三井物産・大倉商事の持株率はそれぞれ12.5％に過ぎないが、投資額は250万円に上っている。また、特殊会社化後の同社の業績をみると、1936年度～1940年度に6～8％の配当を出しており、経営内容は良好だったようである[17]。

　1930年代前半で注目されるもう一つの動向は、三泰油房が副業として1925年から開始した大豆・雑穀の委託売買業務(代理業＝糧桟)への投資である。同社の糧桟業務は、買い主の委託を受けて荷主から安く農産物を買い取るのではなく、荷主の委託を受けて高く販売するところに特徴がある。1931年7月頃には、大連支店での見込商売の損失などのため閉店に追い込まれた糧桟の中国人商店万合公(本店長春)の地盤と店舗を引き継いで、長春に三泰桟(個人名義、資本金銀5万円)を設置し、1933年10月には哈爾浜で中国人商店日新昌と提携して哈爾浜三泰桟(個人名義)を設置し、同年11月には四平街でも糧桟店舗を買い取り、地盤を引き継いで四平街三泰桟(個人名義)を設置した[18]。

　このうち哈爾浜については1935年7月6日に哈爾浜三泰桟股份有限公司(公称資本金10万円全額払込、本店哈爾浜)を三泰油房と日新昌との共同出資により設立した[19]。さらに1936年には満州国の税法改正と日本人への営業税課税実施に対応して、新京・四平街の三泰桟をそれぞれ株式会社新京三泰桟(1936年7月16日設立、公称資本金10万円全額払込、本店新京、全額三泰油房出資)、株式会社四平街三泰桟(1936年7月22日設立、公称資本金20万円全額払込、本店四平街、全額三泰油房出資)に改組した[20]。以上の3会社は1937年8～9月にいずれも公称資本金100万円全額払込に増資した。さらにこれらの三泰桟へ多額の融資を行なっていた三井物産が1939年5月に株式全部を三泰油房から肩代

図表 I-7-2　満州地域における三井系

業種	会社名	設立年月日	主な事業目的	公称資本金	払込資本金	総株数
鉱業	東亜鉱山	1937.07.05	非鉄金属採掘・製錬	千円 5,000	千円 3,000	株 100,000
	三宝鉱業	1939.09.04	石炭採掘	1,000	825	20,000
	天宝山鉱業	1937.10.16 (1942.02.02)	非鉄金属採掘・製錬	3,500	3,500	70,000
	周杖子水銀	1942.09.26	水銀採掘・製錬	8,700	4,350	174,000
	小計			18,200	11,675	364,000
化学 I	満州合成燃料	1937.08.06	合成石油製造	100,000	90,000	2,000,000
	満州選鉱剤	1942.08.07	選鉱剤製造	3,000	3,000	60,000
	大陸化学工業	1944.03.29	ピッチ・コークス・石炭酸製造	10,000	10,000	200,000
	松花江工業	1945.06.07	ロケット燃料製造	1,000	1,000	10,000
	小計			114,000	104,000	2,270,000
化学 II	三泰油脂工業	1907.05.22	油脂製造	5,000	5,000	100,000
	東棉化成工業	1940.09.12	油脂・食品・合板製造	5,000	5,000	100,000
	三江製油	1944	油脂製造	* 1,500	* 1,500	30,000
	竜江酒精工業	1945.01.25	アルコール製造	3,000	3,000	60,000
	小計			14,500	14,500	290,000
機械	満州発動機製造	1939.08.05	発動機・車両用品製造	3,000	3,000	60,000
	満州牽引車製造	1945.07.01	牽引車製造	3,000	3,000	60,000
	太陽バルブ製作所	1937.01 (1945.01頃)	バルブ製造	1,000	500	20,000
	小計			7,000	6,500	140,000
繊維	東棉紡織	1938.02.15	綿紡織・紡毛	20,000	20,000	400,000
	満州苘麻蚕	1941.05.01	苘麻繭など雑繊維加工	1,000	1,000	20,000
	康徳被服	1941.06.13 (1943.07.04)	織布	1,000	750	20,000
	小計			22,000	21,750	440,000
食品等	東洋製粉	1937.02.27	製粉	2,000	2,000	40,000
	満州豚毛工業	1938.11.30	整毛、ブラシ製造	5,000	4,250	100,000
	協和煙草	1939.10.26	煙草製造	5,490	5,490	109,800
	満州配合飼料	1941.06.27	飼料製造	1,000	500	20,000
	東亜農産工業	1943.07.08	澱粉・デキストリン製造	1,500	1,500	30,000
	満州合板工業	1944.01.22	合板製造	5,000	2,500	100,000

第7章　財閥と大手事業法人系企業

主要事業会社（昭和20年8月15日現在）

三井系主要株主（所有株数）	その他の主要株主（所有株数）	三井系持株 合計	払込金額	持株率
		株	千円	%
三井鉱山（旧8,000株・新80,000株）	満州国政府（旧8,000株）上島慶篤（旧4,000株）	88,000	2,400	88.0
三井鉱山（旧4,800株・新14,000株）	高山治作＊（1,200株）	18,800	765	94.0
三井鉱山（20,000株）	南満州太興合名系（15,000株）、満州興業銀行（35,000株）	20,000	1,000	28.6
三井物産（168,400株）	中西伸次（5,600株）	168,400	4,210	96.8
		295,200	8,375	
三井本社（新・旧半々452,000株）、三井鉱山（同228,000株）	満州国政府（新・旧半々680,000株）、帝国燃料興業（旧200,000株、新320,000株）	680,000	30,600	34.0
三井物産（42,000株）	満州鉱山（18,000株）	42,000	2,100	70.0
三井化学工業（100,000株）	満州重工業開発（50,000株）、満州製鉄（50,000株）	100,000	5,000	50.0
三井本社・三井物産・三井鉱山・三井化学工業・三井造船（各2,000株）		10,000	1,000	100.0
		832,000	38,700	
三井物産（100,000株）		100,000	5,000	100.0
東洋棉花（33,360株）上海紡績＊（40,000株）		＊73,360	＊3,668	＊73.4
三泰産業（30,000株）		30,000	1,500	＊100.0
三井物産（32,000株）	大隈一二三（16,000株）	32,000	1,600	53.3
		225,360	11,768	
三井物産（25,000株）、東棉紡織（25,000株）	発動機製造（10,000株）	50,000	2,500	83.3
三井物産（30,000株）	満州自動車製造（30,000株）	30,000	1,500	50.0
三井物産（16,000株）		16,000	400	80.0
		96,000	4,400	
三井物産（8,000株）東洋棉花（284,000株）		292,800	14,600	73.0
東洋棉花（5,000株）東棉紡織（15,000株）		20,000	1,000	100.0
三井物産（20,000株）		20,000	750	100.0
		332,000	16,350	
日本製粉（40,000株）		40,000	2,000	100.0
三井物産（47,500株）	満州畜産＊（52,500株）	47,500	2,019	47.5
三井物産（105,612株）		105,612	5,281	96.2
三井物産（10,000株）	日本配合飼料（10,000株）	10,000	250	50.0
三井物産（15,000株）三泰産業（15,000株）		30,000	1,500	100.0
三井木材工業（50,000株）	満州林業（50,000株）	50,000	1,250	50.0

業種	会社名	設立年月日	主な事業目的	公称資本金	払込資本金	総株数
				千円	千円	株
	満州穀物工業	1944.05.26	澱粉・ブドウ糖製造	1,000	1,000	20,000
	三 宝 窯 業	1945	陶磁器・煉瓦製造	3,000	1,500	60,00
	小　　　計			22,490	18,740	449,800
商業	営 口 三 泰 桟	1937.06.20	農産物取扱	500	500	10,000
	三 泰 産 業	1936.07.16	農産物取扱	5,000	4,500	100,000
	小　　　計			5,500	5,000	110,000
工事	満州三機工業	1943.10.04	工事	1,000	1,000	20,000
	総　　　計			204,690	183,165	4,083,800

出所：三井文庫編『三井事業史』本篇、第 3 巻（下）(2001 年)（鈴木邦夫執筆）696 - 699 頁。
注：(1) 満州地域に本店をおく公称資本金 15 万円以上の事業会社を掲出した。
　　(2) 本表の三井系株主は、三井本社、三井直系会社、三井準直系会社およびそれらの子会社とした。
　　(3) 会社設立当時ではなく、その後に三井による投資が行なわれた場合には、設立年月日欄の（ ）内にその年月
　　(4) ＊は推定値である。
　　(5) 「化学Ⅱ」は、主に農産物等を原料とする化学工業、「化学Ⅰ」はそれ以外の化学工業である。
　　(6) 松花江工業の株式は、1 株額面 100 円、その他の株式は 1 株額面 50 円である。
　　(7) 三泰産業の設立日を訂正した。

わりした。1939 年 7 月 25 日には新京三泰桟が二つの三泰桟を合併して、11 月 8 日に三泰産業株式会社（公称資本金 300 万円全額払込、本店新京、全額三井物産出資）に商号変更した。前述のように三つの三泰桟は、荷主から委託を受けて農産物を販売する委託売買を原則としたため、三泰産業は三井物産の下請ではない、独立した別個の集荷網を形成していた。いいかえれば、三井物産は満州地域において、自身の強力な集荷網と三泰産業という別個の強力な集荷網を形成することになったのである [21]。1941 特産年度に満州国の農産物（大豆・小麦など 8 品目）特約収買人に指定された際の割当量の比率は、三井物産 24.6 ％（第 1 位）、三泰産業 23.8 ％（第 2 位）である。ともに三菱商事の 14.1 ％（第 3 位）を大きく上回り、三井系 2 社で 48.4 ％も占めている [22]。

　1930 年代後半になると、第 1 次満州産業開発 5 ヵ年計画が実施された 1937 年以降、三井物産・三泰油房だけでなく、三井鉱山・東洋棉花・日本製粉・三井化学工業なども生産事業への投資を行なっていった。**図表Ⅰ-7-2**は、1945 年 8 月 15 日時点で、満州国・関東州地域に本店を置く公称資本金 15 万円以上の三井系事業会社を掲出したものである。1937 年には東亜鉱山株式会社（設立時の名称は熱河鉱山株式会社、同じく公称資本金 100 万円、払込 60 万円、本店新京）、

三井系主要株主（所有株数）	その他の主要株主（所有株数）	三井系持株		
		合計	払込金額	持株率
		株	千円	%
東洋棉花（8,500株）、三泰産業、(8,500株)		17,000	850	85.0
三泰産業（60,000株）		60,000	1,500	100.0
		330,112	14,649	
三井物産（10,000株）		10,000	500	100.0
三井物産（100,000株）		100,000	4,500	100.0
		110,000	5,000	
三機工業（20,000株）		20,000	1,000	100.0
		2,240,672	100,242	

日を記載した。

満州合成燃料株式会社（設立時の公称資本金5000万円、払込1000万円、本店新京）、東洋製粉株式会社（設立時の名称は東洋製粉股份有限公司、同じく公称資本金200万円、払込100万円、本店奉天）、営口三泰桟株式会社（設立時の公称資本金10万円全額払込、本店営口）の4社が設立された。設立時の出資は、三井鉱山が東亜鉱山へ、三井鉱山・三井合名会社・三井物産が満州合成燃料へ、日本製粉が東洋製粉へ、三井物産が営口三泰桟へ行なった。このうち、人造石油を製造する満州合成燃料は、「満州合成燃料株式会社法」（1937年7月29日公布）により設立された特殊会社で、その株主構成は満州国政府34％、三井3社34％、その他32％であったが、経営は三井鉱山が担当した[23]。

　三井財閥では1937年以降、鉱業・化学・機械・金属・繊維・食品など様々な分野で次々と企業を設立ないし買収し、総数は1945年8月15日時点で29社にまで増加した。この29社に対する三井系投資額（払込資本金ベース）は1億0024万円に及んでいる。なかでも、満州合成燃料（3060万円）、東棉紡織（1460万円）、協和煙草（528万円）、三泰油脂工業（1945年に三泰油房が社名変更、500万円）への投資が巨額である。

第2節　大倉財閥

　満州国設立以前でみると、大倉財閥は日本の財閥のなかで最も手広く、しかも最も大量の投資を満州関係で行なった財閥である。大倉財閥が投資した主な企業を時系列でみると（出資比率は1929年末の数値）、1907年3月7日設立の日清豆粕製造株式会社（公称資本金300万円、払込75万円、本店東京、大豆粕・大豆油製造事業、大倉側50％余り出資、他の出資者は松下久治郎）、1910年5月22日設立の商弁本渓湖煤砿有限公司（資本金200万元、石炭採掘、大倉側50％出資、他の出資者は奉天省政府）、1913年2月設立の株式会社安東県大倉製材所（公称資本金20万円全額払込、大倉側出資比率不詳、他の出資者は秋田木材株式会社）、1915年10月1日設立の鴨緑江製材無限公司（資本金50万円、大倉側50％出資、他の出資者は鴨緑江採木公司）、1918年11月14日設立の豊材股份有限公司（公称資本金日本円500万円、払込125万円、木材伐採・製材事業、大倉側50％出資、他の出資者は中国人政治家）、1919年5月24日設立の鴨緑江製紙株式会社（公称資本金500万円、払込125万円、大倉側52.1％出資、他の出資者は大川平三郎など）、1921年11月設立の吉省興林造紙股份有限公司（公称資本金500万円、払込125万円、木材伐採事業、大倉側50％出資、他の出資者は中国人）、1923年5月設立の華興公司（資本金銀20万元、水田・牧畜事業、大倉側50％出資、他の出資者は中国側）、1923年6月1日設立の共栄起業株式会社（公称資本金850万円全額払込、大倉側46.5％出資、他の出資者は王子製紙）、1926年6月5日設立の奉天電車株式会社（公称資本金150万円、払込は推定37.5万円、鉄道事業、大倉側推定66.7％出資）である。

　以上の10社は、いずれも大倉単独の出資ではなく、共同出資であることが特徴である。10社のうち、日本内地にも工場を有する日清製油（日清豆粕製造が1918年に社名変更）と、鴨緑江製材に改組される安東県大倉製材所、さらに豊材・吉省興林造紙を除くと（共栄起業と二重計算となるため）、6社に対する1929年末の大倉側（上記の出資者は大倉鉱業と大倉組）の投資額合計は、698万円と銀424.1万元に達する[24]。大口の投資先は共栄起業464.6万円、本渓湖煤鉄

（1911年に本渓湖煤砿から社名変更）銀350万元、鴨緑江製紙208.4万円である。なお、日清製油への大倉側（大倉組と大倉喜七郎）投資額は推定110万円前後である[25]。

つぎに大倉財閥による最初の対満州投資である日清豆粕製造をみよう。大倉喜八郎は横浜の肥料商松下久治郎（松下商店）と共同で、日本内地で需要が高まりつつあった大豆粕の製造のため、1907年3月7日に日清豆粕製造（公称資本金300万円、払込75万円、本店東京）を設立した。取締役社長は大倉組の高島小金治、取締役は松下久治郎と大倉組の柴田虎太郎であった。同社定款で、大豆粕・大豆油の製造販売だけでなく、大豆・大豆粕・大豆油の委託販売をも目的と規定した（その後、1909年10月に大豆・大豆粕・大豆油の売買も目的に追加）。同社はまず3月14日に営口出張所を開設して松下商店からの大豆・大豆粕の委託買付を開始し、ついで6月17日付で大連埠頭の軍用地1万1000坪余りを借地する許可をえた。先述のように三井物産が中国人商人とともに出資して設立した三泰油房（1907年5月22日設立）もほぼ同時期に軍用地内の隣接する土地を借り入れている。

日清豆粕製造は、1907年12月に大連工場の建物を完成させ、翌1908年7月に豆粕圧縮機などの設備の据え付けを完了し、純粋日本系資本の中で先頭を切って8月に生産を開始した。工場建物・機械の総工費は30余万円、運転開始直後の増設により達した豆粕の製造能力は1日当たり7000枚（約200トン）である。満州のすべての油房のなかで、この工場の製造能力は第1位となる大きなものである。しかも、埠頭との連絡（原料の引き取りや製品の積み出し）は満鉄の鉄道引き込み線で円滑に行なえるため、同業の中国系企業より遥かに利便性が高かった[26]。

第1次大戦前に、大豆とその加工品は価格変動の激しい国際商品となった。そのため、製油業者はしばしば原料高・製品安という苦境に陥った。日清製油は、製油業での収益の不安定性を大豆などの売買業務や委託売買業務でカバーしようとしたが、それでも1909年下期（1909年10月～翌年3月）に初めて損失（2.4万円）を計上し、さらに1913年度（1913年4月～翌年3月）には9.1万円の損失を招いた（**図表Ⅰ-7-3**）。このため、1914年7月に公称資本金300万円（払

figure 図表 I-7-3　日清製油の業績

(金額単位：千円、配当率：％)

年期	当期損益	配当率	期末資本金（払込）	年期	当期損益	配当率	期末資本金（払込）
1906 下	—	—	3,000 (750)	1925	493	8	6,000 (3,750)
1907 上	18	—	3,000 (750)	1926	367	8	6,000 (3,750)
下	13	6	3,000 (750)	1927	▲640	—	6,000 (3,750)
1908 上	22	6	3,000 (750)	1928	18	—	6,000 (3,750)
下	40	8	3,000 (750)	1929	▲7	—	6,000 (3,750)
1909 上	41	9	3,000 (750)	1930	▲319	—	6,000 (3,750)
下	▲24	—	3,000 (750)	1931	2	—	6,000 (3,750)
1910 上	1	—	3,000 (750)	1932	9	—	6,000 (3,750)
下	72	8	3,000 (750)	1933	40	—	6,000 (3,750)
1911 上	27	—	3,000 (750)	1934	133	—	6,000 (3,750)
下	27	8	3,000 (750)	1935	1,034	6	6,000 (3,750)
1912	52	6	3,000 (750)	1936	1,545	10	6,000 (3,750)
1913	▲91	—	3,000 (750)	1937	588	8	6,000 (3,750)
1914	187	8	600 (600)	1938	589	8	6,000 (3,750)
1915	152	10	600 (600)	1939	834	10	6,000 (3,750)
1916	77	10	600 (600)	1940	986	10	6,000 (3,750)
1917	381	30	600 (600)	1941	1,079	10	6,000 (5,250)
1918	658	30	3,000 (1,800)	1942	2,115	10	6,000 (5,250)
1919	2,019	30	3,000 (3,000)	新1942 下	1,210	10	6,000 (5,250)
1920 上	1,195	75	3,000 (3,000)	1943 上	1,244	10	6,000 (5,250)
1921	571	17	6,000 (3,750)	下	1,015	10	6,000 (5,250)
1922	567	12	6,000 (3,750)	1944 上	1,023	10	6,000 (5,250)
1923	737	12	6,000 (3,750)	下	971	10	6,000 (6,000)
1924	507	12	6,000 (3,750)				

出所：『日清製油60年史』(1969年) 344-347頁。
注：1911年までの上期は当年4月～9月、下期は当年10月～翌年3月である。ただし、1906年下期は翌年3月のみである。1912年度～1919年度は当年4月～翌年3月までである。1920年上期は当年4月～7月までの4か月間である。1921年度から1942年度は前年8月～当年7月までである。新1942年下期は当年8月～翌年3月までの8か月間である。1943年～1944年の上期は当年4月～9月、下期は当年10月～翌年3月までである。

込75万円）を公称資本金60万円（全額払込）に減資し、10月には高島に代わって松下が社長に就任するなど、体制を立て直した。

1914年の第1次大戦勃発直後は大豆粕の需要不振のため大連での市況は振るわなかったが、まもなく欧米での食用油の欠乏のため、大豆油に対する需要が急増した。日清豆粕製造の業績は1914年度から好転し、1917年度には38万円の利益を計上して30％もの高配当を行なった。1918年5月には商号を日清製油株式会社に変更し、7月、公称資本金300万円（払込180万円）に増資して、松下商店の土地・工場を買収した[27]。その後も、業績は好調に推移し、1920年上期（4～7月）にはわずか4か月間で、119.5万円もの利益を計上し、配当率（年率）

75％の高配当を記録した。第1次大戦勃発から戦後恐慌までは、同じ大連に工場をもち好成績をあげた三泰油房（**図表Ⅰ-7-1**）よりも、日清製油の業績の方が上回っていた。

　この業績好調の時期に日清製油は、1919年2月6日に満州ペイント株式会社（公称資本金50万円、払込12.5万円、本店大連）を設立し、同年10月10日に満州石鹸株式会社（資本金100万円、推定払込額25万円、本店大連）を設立して、新たな拠点を築き、そこに原料（大豆油、麻実油、あまに油など）を供給した[28]。満州ペイントは多くの人に資本参加を呼びかけて設立されたようであり、満州石鹸は既存の石鹸製造所2箇所の併合を日清製油が支援して、設立されたものである[29]。

　日清製油は1921年秋に大連工場で、1922年春に横浜工場でそれぞれ最新の技術である板粕製造設備を竣工させ、大連の精製設備建設も含めると、建設費の総額は115万円に上った（うち大連61万円、横浜54万円）。1921年度～1926年度まで日清製油の業績は堅調に推移している。しかし銀価格・日本円の急激な変動などのため1927年度に実質200万円以上の巨額の損失が発生させてしまった。固定資産の評価替えや内部留保の取り崩しによってかなりの部分の損失を補填したが、それでも64万円の損失を計上せざるをえなかった[30]。この後も、1930年度には満州からの輸出不振や、農産物生産過剰による価格暴落に災いされて約32万円の赤字を計上するなど、1934年度まで業績不振が続いた。業績が回復するのは1935年度からであり、その後、業績は敗戦まで堅調に推移した。なお、1925年6月に松下久治郎が死去したため、8月、大倉組の門野重九郎が社長に就任し、1936年9月には門野に代わって松下外次郎（久治郎の養子）が社長に就任した。

　新会社の設立をみると、日清製油が1934年6月23日に満州塗料株式会社（公称資本金20万円、払込5万円、本店大連）を設立した。社長に満州財界の大物である相生由太郎が就任している。さらに日本法人である満州ペイントは1939年9月4日に満州国法人の奉天満州ペイント株式会社（公称資本金49.5万円全額払込、本店奉天）を設立し、中華民国においても1939年10月に上海満州ペイント株式会社（公称資本金50万円、本店上海）を設立し、建設ブームに乗って

商権を拡大した。敗戦時の満州ペイントの払込資本金は300万円（公称資本金と同額）であった[31]。

　日清製油も1938年9月30日に満州国法人の株式会社日清桟（公称資本金100万円、払込50万円、本店新京）を設立した（日清製油の持株率は91％）。日清桟は日清製油の3出張所（哈爾浜、新京、四平街）の業務・人員を引き継ぎ、糧桟業務を開始した。日清桟は満州国の1941特産年度に農産物の特約収買人に指定され、三井物産、三泰産業、三菱商事に次ぐ第4位（7.6％）の割り当てを受けている。日清桟は増資して1944年3月末現在、公称資本金300万円（払込200万円）となった[32]。

　日清製油での大倉系持株率の推移をみると、会社設立時の50％から1920年7月の公称資本金600万円への増資時には29％に低下し、敗戦時点まで29％（大倉鉱業が出資、3万5173株）である。1941年7月時点でみると、第1位の株主は松下チヨ（4万5020株、持株率37.5％）となっており、大倉側は第2位（大倉組3万5173株、大倉喜七郎1600株）の株主である[33]。

　つぎに再び大倉財閥の対満州投資全体の動向をみよう。満州国建国後、本渓湖煤鉄股份有限公司（資本金大洋銀700万元、大倉・中国政府折半出資）が改組され、1935年9月25日に公称資本金1000万円全額払込となった（のち、1938年3月、株式会社本渓湖煤鉄公司に商号変更）。出資は大倉鉱業600万円、満州国政府400万円で、大倉の持株率が60％に上昇した。この本渓湖煤鉄公司は大倉鉱業、浅野セメントと共同で、1935年12月2日に本渓湖洋灰股份有限公司（公称資本金300万円、払込150万円、本店本渓湖、持株率は大倉鉱業23.5％、大倉商事4.5％、本渓湖煤鉄43.7％）を設立し、さらに大倉鉱業と共同で1936年6月25日に本渓湖白雲石工業股份有限公司（公称資本金30万円全額払込、本店本渓湖、持株率は大倉鉱業28.3％、本渓湖煤鉄56.7％）を、大倉鉱業・大倉組と共同で1938年10月22日に本渓湖特殊鋼株式会社（公称資本金1000万円、払込250万円、本店本渓湖、持株率は大倉鉱業31.8％、大倉組31.7％、本渓湖煤鉄公司34.9％）を設立した[34]。

　ところが関東軍・満州国政府が本渓湖煤鉄を満州重工業開発株式会社の傘下に組み入れることを意図して、本渓湖煤鉄公司に対して大規模な設備増強（そのた

めの増資）を要求、満州重工業開発に大量の新株を引き受けさせようとした。そのため本渓湖煤鉄公司は1939年6月1日に公称資本金1000万円を10倍の1億円全額払込に増資した。

これに先立ち、本渓湖煤鉄公司の株式を自己の統制下におこうとする満州国政府と大倉鉱業との対立の妥協策として、大倉鉱業と大倉組が1939年2月14日に満州国法人の大倉事業株式会社（公称資本金5000万円、払込1250万円、本店新京）を設立し、大倉事業が本渓湖煤鉄公司・本渓湖洋灰・本渓湖特殊鋼・本渓湖ドロマイト工業の株式を大倉鉱業・大倉組から肩代わりしている。

このような事情から、1億円への増資後の本渓湖煤鉄公司の株式（総株数200万株）は、大倉事業80万株、満州重工業開発80株、満州国政府40万株となり、大倉側の持株率は満州重工業開発と同じ40％に低下した。なお、1941年12月に公称資本金を2億円に増資したが、大倉事業が新株80万株を引き受けたため、持株率は40％のままである[35]。

本渓湖煤鉄公司と大倉とが出資した企業についても、持株の変更が行われた。1940年9月末現在、本渓湖特殊鋼の株式のうち大倉事業名義が12万6800株（持株率63.4％）あったが、1943年6月現在では10万株（持株率50％）に減少した。他方、本渓湖洋灰の株式をみると、1936年2月現在、本渓湖煤鉄2万6200株（持株率43.7％）、大倉鉱業1万4100株（同23.5％）、大倉商事2700株（同4.5％）、浅野セメント1万1400株（同19％）であった。ところが1938年5月2日に公称資本金が300万円から500万円へ、1939年11月5日に1500万円へと合計5倍に引き上げられたとき増資新株を本渓湖煤鉄公司に割り当てず、大倉事業などに割り当てた。そのため、1941年7月現在では大倉事業18万5300株（持株率61.8％）、浅野証券保有株式会社5万9400株（19.8％）、本渓湖煤鉄公司2万6800株（8.9％）、満州大倉商事1万4700株（4.9％）となっており、大倉側が20万株（66.7％）を占めて経営の主導権を握っている[36]。

ところで、その後、本渓湖煤鉄公司は、同じ満州重工業開発の傘下にあった株式会社昭和製鋼所、東辺道開発株式会社と合併され、1944年4月1日に満州国特殊会社の満州製鉄株式会社（公称資本金7億4000万円、払込6億4000万円、本店鞍山）となった。総株数1480万株のうち、大倉事業の持株は160万株であ

る。満州重工業開発の持株率が77.7％であるのに対して、大倉事業の方はわずか10.8％となってしまった[37]。

また、大倉組が51.6％の株（1936年4月末現在）を所有していた鴨緑江製紙は、不振のため1935年6月にその経営を王子製紙（株式の所有は王子製紙ではなく、王子証券が鴨緑江製紙株2万5200株を所有し、株主の第2位）に委託した。そのため大倉組の鴨緑江製紙への関与は希薄となり、1942年には鴨緑江製紙は王子製紙の傍系会社となった[38]。

共栄起業では、業績不振のため、公称資本金を1000万円全額払込（持株率は大倉組46.5％、王子製紙53.5％）から1931年1月31日に500万円全額払込へと減資し、さらに1938年11月25日に100万円全額払込へ減資した。ようやく1942年8月に林野局との間で部分林制契約を締結し、敦化県で山林経営を行なうことになったため、1944年頃に公称資本金を10倍の1000万円（払込550万円）に増資した。その際、鴨緑江製紙の経営に関与しなくなった大倉組（増資前の持株は9292株、持株率46.5％）は増資新株18万株のうち、7950株を引き受けるにとどまったため、持株率を8.6％に低下させた。逆に王子製紙は残る増資新株をすべて引き受け、持株率を91.4％に引き上げて共栄起業を経営しようとした[39]。

つぎに先述の鴨緑江製紙（1944年3月31日現在、公称資本金500万円、払込400万円）は、1945年3月に王子製紙傘下の六合製紙株式会社（1944年3月31日現在、公称資本金150万円全額払込）・安東造紙株式会社（1944年3月31日現在、公称資本金300万円、払込237.5万円）と合併・解散して、新設の安東製紙工業株式会社（公称資本金1025万円、払込862.5万円）となった。この結果、敗戦頃の新会社での大倉鉱業の持株率は25.8％（5万2100株）に低下し、王子製紙が筆頭株主となった[40]。

最後に敗戦時点頃に大倉財閥の対満州投資がどのようになっていたかを推定しよう。1943年4月に大倉鉱業が合名会社大倉組を吸収合併されたため、大倉財閥の本社は大倉鉱業である。投資のルートは三つある（図表Ⅰ-7-4）。第1は直接ではなく、満州国法人の大倉事業を通じた満州製鉄（本渓湖煤鉄公司の後身）・満州磐城セメントなどへの投資である。第2は、日本法人の大倉土木・大倉

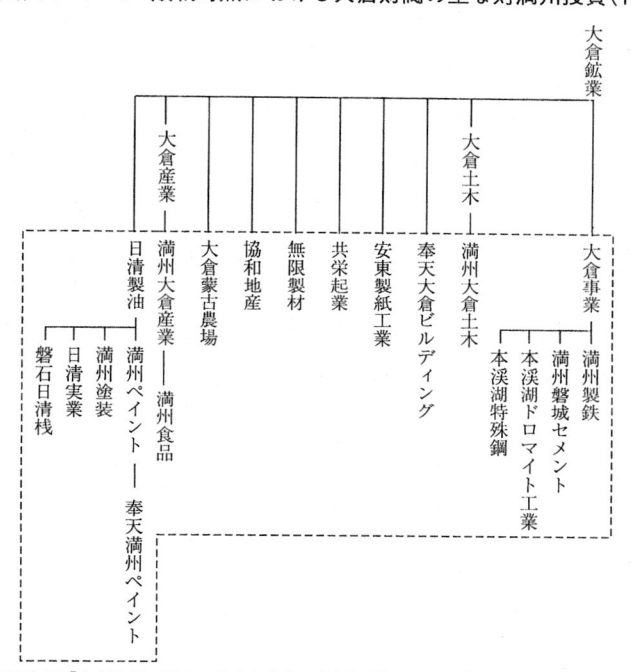

図表 I-7-4　敗戦時点における大倉財閥の主な対満州投資(1)

```
大倉鉱業
├─ 大倉産業
│   ├─ 日清製油
│   │   ├─ 磐石日清桟
│   │   ├─ 日清実業
│   │   └─ 満州塗装
│   ├─ 満州大倉産業 ── 満州食品
│   │   └─ 満州ペイント ── 奉天満州ペイント
│   ├─ 大倉蒙古農場
│   ├─ 協和地産
│   ├─ 無限製材
│   ├─ 共栄起業
│   ├─ 安東製紙工業
│   └─ 奉天大倉ビルディング
├─ 大倉土木
│   ├─ 満州大倉土木
│   └─ 本渓湖特殊鋼
└─ 大倉事業
    ├─ 満州製鉄
    ├─ 満州磐城セメント
    └─ 本渓湖ドロマイト工業
```

出所：大倉財閥研究会編『大倉財閥の研究—大倉と大陸』（近藤出版、1982 年）390-391 頁、持株会社整理委員会編『日本財閥とその解体　資料』（1950 年）272-281、390-392 頁。
注：(1)『大倉財閥の研究』の 1942 年末現在の協和地産と大倉蒙古農場の株主は大倉組となっている。『日本財閥とその解体　資料』には大倉鉱業（大倉組と合併）が株主となっている企業として協和地産、大倉蒙古農場が記載されていないが、大倉鉱業の子会社と推定して掲出した。
　　(2) 点線で囲った企業が満州で活動している企業である。

産業・日清製油を通じての投資である。第 3 は大倉鉱業による安東製紙工業などへの直接の投資である。

　敗戦時点における大倉系の投資額、持株率などを示したのが**図表 I-7-5**である。ただし、持株会社整理委員会編『日本財閥とその解体　資料』から満州関係の企業データを抽出し、不足分は 1941 年 7 月〜1944 年 3 月末のデータで補足したため、敗戦時点の実際の数値よりもやや過小の部分がある。大倉系株主による払込額の合計は 1 億 1917 万円に達しており、満州での三井系株主の払込額合計 1 億 0024 万円を上回っている。払込額 100 万円以上の企業をあげると、第 1 位は満州製鉄が 8000 万円で飛び抜けて大きい。第 2 位は大倉事業であるが、この

204　第Ⅰ部　資本系列

図表 I-7-5　敗戦時点における大倉財閥の主な対満州投資 (2)

会社名	設立年	本店	公称資本（払込）	総数	大倉系株主額面（払込）	持株、持株率	事業内容
日清製油㈱	1907.03.07	東京	600万円（600万円）	12万株	大倉鉱業 175.9万円（175.9万円）	3万5173株、29.3％	搾油
満州ペイント㈱	1919.02.06	大連	150万円　c)（150万円）	3万株	日満製油 38万円（38万円）	7600株、25.3％	塗料製造
安東製紙工業㈱	1945.03	安東	1025万円（862.5万円）	20.5万株	大倉鉱業 208.4万円（208.4万円）	5万2100株、25.8％	製紙
共栄起業㈱	1923.06.01	吉林	1000万円（550万円）	20万株	大倉鉱業 86.2万円（66.3万円）	1万7242株、8.6％	林業
満州塗装㈱	1934.06.23	大連	20万円（20万円）	4000株	b) 日清製油 20万円（20万円）	4000株、100％	塗装
本渓湖洋灰㈱	1935.12.02	本渓湖	1500万円（1000万円）	30万株	b) 大倉事業 926.5万円（c 673万円）	20万株、66.7％	セメント製造
					d) 満州大倉商事 73.5万円（49万円）		
無限製材㈱	1936.01.25	安東	100万円（100万円）	2万株	大倉鉱業 22.5万円（22.5万円）	4500株、22.5％	製材
本渓湖ドロマイト工業㈱	1936.06.25	本渓湖	30万円　a)（30万円）	6000株	c) 大倉事業 9.9万円（9.9万円）	1980株、33.0％	ドロマイト採掘加工
協和地産㈱	1937.06.28	奉天	50万円（50万円）	5000株	c) 大倉龍 46.4万円（46.4万円）	4640株、92.8％	土地建物経営
奉天大倉ビルディング㈱	1938.03.31	奉天	35万円（35万円）	7000株	大倉鉱業 15万円（15万円）	3000株、42.9％	ビル管理
日清実業㈱	1938.09.30	新京	300万円　a)（200万円）	6万株	a) 日清製油 300万円（200万円）	6万株、100％	雑業
本渓湖特殊鋼㈱	1938.10.22	本渓湖	1000万円　a)（625万円）	20万株	c) 大倉事業 500万円（312.5万円）	10万株、50％	特殊鋼製造
㈱磐石日清棱	1938.11.28	磐石	10万円　c)（10万円）	2000株	c) 日清製油 10万円（10万円）	2000株、100％	棱業
大倉事業㈱	1939.02.14	新京	5000万円（1250万円）	100万株	大倉鉱業 5000万円（1250万円）	100万株、100％	投資
満州食品㈱	1939.08.05	奉天	30万円　a)（30万円）	6000株	c) 満州大倉商事 10万円（10万円）	2000株、33.3％	缶詰製造
満州大倉産業㈱	1939.08.25	新京	1000万円（500万円）	20万株	c) 大倉事業とともに50万円（25万円）	20万株、100％	商業
満州大倉土木㈱	1939.09.03	奉天	1000万円　a)（250万円）	10万株	c) 大倉組 800万円（200万円）、大倉組・大倉事業ともに50万円（25万円）、大倉土木 200万円（50万円）	100％	土木建
奉天満州ペイント㈱	1939.09.04	奉天	49.5万円　a)（49.5万円）	9900株	c) 満州ペイント 46万円（46万円）	9200株、92.9％	塗料製造
㈱大倉業古農場	1942.01.26	奉天	40万円（20万円）	8000株	c) 大倉組 30万円（15万円）	6000株、75％	農業、牧畜
満州製鉄㈱	1944.04.01	鞍山	7億4000万円（6億4000万円）	1480万株	大倉事業 8000万円（8000万円）	160万株、10.8％	製鉄

出所：持株会社整理委員会編『日本財閥とその解体　資料』(1950年)、「大倉財閥の満州関係会社一覧」(1942年末基準)（前掲『大倉財閥の研究』390-391頁、「1943会社名簿」(20万円以上)、「1944会社名簿」(20万円以上)、「1942紅工年鑑」、「1944紅工年鑑」。

注：(1) a) 1944年3月31日現在の数値、b) 1943年6月あるいは8月頃の数値、c) 1942年末頃の数値、d) 1941年7月現在。これ以外は『日本財閥とその解体　資料』の数値。
(2) ㈱東洋棋は、1944年4月1日以降に日清実業㈱に商号変更した。
(3) 1944年9月30日現在、満州土木の払込資本金は600万円に増加している（満州国『政府公報』1945年1月31日）。大倉系の持株が1942年末と同じと仮定すると、大倉組の払込額は400万円、満州土木の大倉土木の払込額は100万円に増加する。
(4) 1945年3月31日、本渓湖洋灰は満州磐城セメント（旧社名、満州セメント）との合併を決議し、解散することとなり（満州国『政府公報』1945年4月19日）、敗戦直前の7月に合併されたが、データ不明のため本渓湖洋灰のままとした。

会社は満州製鉄などへ出資するトンネル会社であり、除外して見た方が適切かもしれない（除外しても大倉系の投資額は三井を上回る）。第3位は本渓湖洋灰（1945年7月、満州磐城セメントに吸収合併）722万円、第4位は満州大倉産業500万円、第5位は本渓湖特殊鋼312.5万円、第6位は安東製紙工業208.4万円、第7位は満州大倉土木250万円、第8位は日清実業（日清桟）200万円、第9位は日清製油175.9万円である。ところが第1位の満州製鉄の持株率は10.8％に過ぎず、第6位の安東製紙工業は25.8％にとどまっている。

投資額の上位9社のうち、大倉事業と、支店の現地法人化企業である満州大倉産業、満州大倉土木を除くと、大倉鉱業が経営の主導権と握っているのは本渓湖洋灰（持株率66.7％）、本渓湖特殊鋼（持株率50％）にとどまるようである[41]。大倉側が第2位の株主である日清製油では、大倉組の門野重九郎に代わって専務の松下外次郎が1936年に社長に就任してから、敗戦まで松下が経営を指揮しており、日清製油とその傘下の日清実業などに対する大倉側の関与は薄まったようである。

また、かつては464.6万円（払込資本金ベース）もの投資額があり、その後の原資により10分の1にまで減少した共栄起業と、かつて大倉組が経営に深く関与した企業（鴨緑江製紙）の後身である安東製紙工業については、王子製紙に経営を委ね、大倉側は経営にほとんど関与しなくなったようである。

総じて、三井を上回る巨額の投資を大倉財閥が満州で行なっていたが、1930年代後半以降、大倉組・大倉鉱業が経営に関与できる大企業は次第に狭められていったのである。

第3節　三菱財閥・住友財閥

1　三菱財閥

三菱系企業が出資した在満州法人は、第2章の「**図表Ⅰ-2-10　持株会社の対満州株式投資**」の元データから抽出すると、総計43社、その払込資本金合計16億円強となる。三菱系企業は、これに、共同ないし単独で合計約7500万円を

出資していた。投資主体としては、三菱商事株式会社が一番多く、全部で27社に1536万円、単独でも21社に1126万円を出資しているが、この半分は統制会社・集買会社であり、物資動員・配給機構に組み込まれたことによる投資である。他の半数は一手販売権を得たメーカー、とくに同系企業の対満投資への協力などによる出資といえる。㈱三菱本社は5社に854万円を、三菱重工業株式会社は6社に2066万円を、三菱鉱業株式会社は3社に555万円を、三菱化成工業株式会社は7社に1400万円を、三菱電機株式会社は2社に262万円を、それぞれ出資していた。

三菱財閥と満州の最初の関わりは、南満州鉄道株式会社への出資とその鉱山開発への協力であった[42]とされるが、三菱重工業と岩崎康弥の出資があるものの、その構成比はネグリジブルである。

南満鉱業株式会社（1918年4月8日設立、マグネサイト鉱業、本店大連）には、三菱商事が投資していたが、設立の中心は荒井泰治らと三井系であり、当初からの関わりではない。満蒙殖産株式会社（1920年3月6日設立、創立資本金公称330万円、払込82.5万円、本店大連）にも三菱商事が出資している。同社は、「向井龍造氏主唱の下に三菱を背景として設立せられ奉天化学工業、満州皮革の両株式会社及向井骨粉工場を買収し之れを基礎として業務を開始」[43]したものである。1920年7月に公称500万円、払込125万円に増資したものの、その後の業績は芳しくなく、1922年10月と1931年5月の2回にわたって減資し、50万円全額払込とした。満州事変後も拡張はなかったが、「統制で取引不能となるまで」[44]三菱商事との関係は維持された。

図表Ⅰ-2-10には欠けているが、1925年11月10日設立の㈱金福鉄路公司（創立資本金公称400万円、払込100万円、本店大連）にも出資がある。同社は、大倉組（4570株）が中心となり、三井物産株式会社（4700株）、三菱合資会社（4700株）、住友合資会社（2700株）や中国側の出資を集め、満鉄線の金州駅から関東州南部海岸沿いに城子瞳までの路線を運営したものである。満鉄から補助金を得、大連発城子瞳行の直通列車も運行されて比較的成績がよく、安東への延長も計画されていたが、「昭和十四年五月一日開催ノ定時株主総会ノ決議ニ依リ同社ノ事業財産及営業権ヲ南満州鉄道株式会社ニ譲渡解散シ」[45]た。

満州事変後、三菱の対満投資も増加した。最初は1932年4月30日の満州国政府に対する満州中央銀行紙幣発行準備金借款（2000万円、三井と三菱で折半）であるが、これは半ば強制であった。三菱は、準特殊会社満州航空株式会社（1932年9月26日設立、創立資本金公称385万円、払込192.5万円、本店新京）と満州電業股份有限公司（1934年11月1日設立、創立資本金9000万円全額払込済、本店新京）の設立には関わらなかったが、その後の増資のなかで、三菱重工業がそれぞれ7.2％と0.3％ほどの株式を取得し、前者には役員（郷古潔）も派遣した。石油統制を目的とする満州石油株式会社（1934年2月24日設立、創立資本金公称500万円、払込125万円、本店新京）には、三菱鉱業と三菱商事が、日本石油株式会社・小倉石油株式会社や三井物産ともども創立メンバーとなった。日満製粉株式会社（1934年6月25日設立、創立資本金200万円全額払込済、本店哈爾浜）も、「関東軍特務部の計画に基き日満関係資本団の協力に依り康徳元年6月資本金200万円を以て設立せられ、曾て旧政権が所有し満州事変後満州中央銀行の管理に移りたる……合計4個工場を譲受け営業を開始」[46]し、普通法人ながら特殊会社的な扱いを受けたものであるが、三菱商事が創立に参加した。満州磐城セメント株式会社は1945年7月に満州セメント株式会社（1934年5月11日設立、創立資本金200万円全額払込済、本店遼陽）が商号を変更したものであり、満州セメントは、磐城セメント株式会社が中心となって「国産セメント製造の為、率先し資本を広く日満合弁とし康徳元年創立され、其の後康徳6年12月資本金1000万円に増資」[47]した。三菱商事は、磐城セメントと一手販売契約を結んでおり、その満州進出に連携したものといえる。このように、1934年までの投資は、三菱財閥としての主体的な戦略によるとは言いがたい。

1933年1月に三菱航空機株式会社の笹本顧問（予備役陸軍中将）が国民の募金による「愛国号、九二式偵察機三機ノ満州国出動ヲ機トシ之ガ技術的援助及在満航空部隊並戦車部隊慰問ノ為メ技手職工各一名ヲ伴ヒ約三週間ノ予定ヲ以テ」[48]満州に出張したことなどを皮切りに、三菱独自の満州進出が検討されていく。同年8月には三菱合資理事（赤星陸治）と同社地所課技師長とが新京の都市計画などを視察し、11月27日に満州国政府国都建設局との間で新京の大同大街などの土地長期商租契約を締結して、貸ビル（康徳会館、1935年6月竣工）やアパート

（白山住宅、34年10月竣工）を建設した。新京でのオフィスおよび住宅への需要は大きく、これらは直ちに増築されていった。そして、1937年9月、三菱合資の㈱三菱社への改組の直前に、康徳吉租股份有限公司（創立資本金250万円全額払込済、本店新京）を設立し、康徳会館や白山住宅は三菱合資から同社への現物出資となった。

さらに、1934年5月にも三菱合資理事（船田一雄）、三菱商事農産部長、同機械部副長、東山農事株式会社総務部長が満州に出張し、その報告により三菱重工業・三菱電機・三菱商事が奉天鉄西地区に三菱電機のサービス・ショップとしての機械工場の建設を検討し、三菱合資会社もこれに参加することとなり、翌年11月に満州機器股份有限公司（創立資本金公称300万円、払込75万円、満州国籍ではあるが資本金は金円建、本店奉天）を設立した。同社は、その後急拡張をとげて三菱財閥としての最大の在満子会社となり、商号も満州三菱機器株式会社と改称して、正式に三菱の本社「関係会社」にランクインされた。

この満州三菱機器や康徳吉租と同様、三菱本社によって「関係会社」ないし「傍系会社」として扱われた[49]在満法人には、満州昌光硝子株式会社、満州雲母株式会社、昭徳鉱業株式会社、満州大豆化学工業株式会社、㈱康徳桟、三菱関東州マグネシウム株式会社、南満化成工業株式会社の7社があった。また、三菱本社も出資している事実上の関係会社に、不二工業株式会社があった。さらに、「関係会社」である日本光学工業株式会社は満州光学工業株式会社を設立し、「縁故会社」の東京海上火災保険株式会社と明治生命保険株式会社は「分系会社」の三菱海上火災保険株式会社とともに、満州火災海上保険株式会社に出資し、「縁故会社」である三菱製紙株式会社も満州パルプ工業株式会社に出資した。これら13社が、三菱財閥としての対満州法人投資の中核といえよう。

満州昌光硝子（1937年9月20日設立、創立資本金公称300万円、払込150万円、本店奉天）は、旭硝子株式会社の子会社である昌光硝子株式会社（1925年4月17日設立、資本金450万円、本店東京）の100％出資子会社であり、板硝子需要の急増に対応して現地生産を行ったものである。旭硝子は、1934年8月に三菱鉱業との共同出資で日本タール工業株式会社を設立し、1944年4月にそれを改称した日本化成工業株式会社と合併して三菱化成工業株式会社となり、三菱

の「分系」会社に編入された。満州雲母（1938年4月17日設立、資本金100万円、本店安東）は、真空管やキャパシターなどの絶縁材料として不可欠な雲母の採掘を目的とする三菱商事と三菱電機の共同子会社である。三菱は、この後も蒙彊雲母株式会社と東亜雲母株式会社を設立し、この資源の確保を図っていった。昭徳鉱業（1940年2月5日設立、資本金600万円、本店新京）は、三菱鉱業（60％出資）が特殊会社の満州採金株式会社（40％出資）との共同出資で、牡丹江省穆稜県八面通の砂金採集場と吉林省磐石県石咀子の銅鉱山の経営を目的に設立したものである。満州大豆化学工業は、満州大豆の高度利用加工を目的として設立された準特殊会社であるが、旧満州大豆工業株式会社酒精抽出工場を買収して大豆酒精抽出工業の確立達成を図るとともに連結低温抽出工場も建設していた。1943年11月に、「満州国に於ける大豆高度加工工業確立要綱に基き、日本化成工業会社が満州大豆化学工業株式会社の経営に参加し、従来の資本的連携より一歩を進め、技術的連携其他経営の全面に亘り極めて緊密なる関係に立ち、厖大なる満州特産大豆の化学的処置に依り……潤滑油、グリセリン、ブタノール、アルコール、アセトン、カゼイン等一連の誘導品の飛躍的増産を企図し」[50]たことによって、三菱側の持株比率を20％とし、社長ほかの役員を派遣して傍系会社に編入したものである。康徳桟（1940年12月25日設立、創立資本金19万円全額払込済、本店哈爾浜）は、三菱商事の別働隊であり、統制の下で「農産物収買については、相当広い地域にわたって指定集買人となったので、別組織である康徳桟の名のもとに農産物の集買・加工に加えて、見返物資の販売などに広範囲の業務を営む」[51]ことができた。また、1945年5月現在で、竜江製油会社（斉々哈爾）・康徳飼料工業会社（哈爾浜）・満州飼料工業会社（奉天）を経営し、吉林省乾安県での農牧場や天然ソーダ開発、松花江流域での淡水魚漁労などを直営するほか、精米・製粉・酒精・澱粉などの農産加工工場の建設も計画していた。三菱関東州マグネシウム（1940年5月31日設立、創立資本金1500万円）は、関東州の石河工場で金属マグネシウムを生産する目的を持って、三菱本社も資本参加して設立されたものであり、敗戦間際の1945年6月に操業したが、同年10月12日にソ連軍に接収された。南満化成工業（1943年12月29日設立、資本金公称1000万円・払込250万円、本店鞍山）は、「鞍山に於ける昭和製鋼所の製鉄事

業より派生し生産せらるる豊富なるタール製品原料に着目之を日本化成工業会社の技術により処理し以て同国に於ける綜合化学工業の確立を目指し」[52]て、日本化成工業・満州重工業開発・昭和製鋼所の3社共同出資で設立された。不二工業（1945年4月27日設立、創立資本金100万円全額払込済、本店新京）は、「昭和十九（1944）年七月陸海軍協同シ噴射飛行機燃料ノ製造ヲ計画シ之ガ実施ヲ管掌スル『特薬部』ヲ新設シ十九年暮関東軍管下満州ニ於テ月産二百瓩プラントヲ二箇所ニ設立スルコトトナリ三菱ニ対シ吉林地区ニ一箇所設営ノ命令」[53]があり、三菱製紙会社の子会社である㈱江戸川工業所の設計に基づいて1945年10月1日操業開始を目標にプラント建設に入ったものであり、敗戦時には建設中であった。満州光学工業（1938年6月28日設立、創立資本金公称200万円、払込80万円、本店奉天）は、岩崎家出資の縁故会社である日本光学工業の100％出資子会社である。日本光学工業は海軍の要請で設立された光学兵器メーカーであり、満州光学工業も同様に光学兵器生産に関わった。日本光学工業は、1941年7月の増資に際して三菱本社も出資し、その「関係会社」となった。満州火災海上保険（1937年12月1日設立、創立資本金公称500万円、払込125万円、本店新京）は、満鉄系の大連火災海上保険会社（1922年7月28日設立、資本金公称200万円、払込50万円、本店大連）を基礎にして満州国政府の1業1社主義の下で準特殊会社として設立されたものだが、大連火災海上保険にはすでに東京海上火災保険が大株主として出資（16.6％）していた。1942年10月では、東京海上火災保険以外の三菱系株主として明治火災海上保険（6650株）および三菱海上火災保険（6650株）があり、1943年に両社を東京海上火災保険が合併したことで同社の持株率は30％以上になった。満州パルプ工業（1936年5月11日設立、創立資本金公称500万円、払込250万円、本店本店牡丹江）は、寺田合名会社系であったが、1938年1月の増資以後に三菱製紙が筆頭株主となり、社長職も把握し子会社化したものである。

　前述した満州航空・満州石油・満州電業・満州大豆化学工業・満州火災海上保険のほかにも、満州塩業株式会社や満州曹達株式会社・満州電気化学工業株式会社・満州生活必需品株式会社といった特殊会社・準特殊会社への出資がある。これらは国家的政策代行機関でもあるが、満州大豆化学工業のように「分系会社」

に編入されたものもあり、三菱側から役員を派遣している特殊会社・準特殊会社にいたってはむしろ多数派である。また、特殊会社・準特殊会社には、他の財閥ないし独立系大企業との共同出資の形が多い。

満州塩業（本店新京）は、「康徳元年（1934年）日満官民により塩業調査団を組織、数カ月に亘り適地調査をなし、同3年4月資本金500万円を以て設立し、……康徳6年1月1000万円を増資す、……（康徳8）年5月資本金1000万円増資、現在資本金2500万円」[54]となったものである。設立直後の大株主は、大日本塩業会社（3.2万株）、満州国政府（2.5万株）、満鉄（2万株）、旭硝子（6000株）、徳山曹達株式会社（6000株）、満州化学工業（5000株）、曹達晒粉同業会（4000株）、東洋拓殖（2000株）であった。その後の拡張と増資の中で、満鉄や満州化学工業などは株数を増やさなかったが、旭硝子は6％の出資比率を維持し、役員を派遣するにいたった。満州曹達（創立資本金公称800万円・払込400万円、本店新京）は、旭硝子（35％）、満鉄（25％）、満州化学工業（25％）、昌光硝子（15％）の4社共同出資により1936年5月22日付で満州国特殊法人として設立された。前述のように昌光硝子は旭硝子の子会社であり、満州化学工業も満鉄が51％の株式を握っているので、実質的には旭硝子と満鉄との共同出資といえる。「尚康徳9年8月末奉天工場場を奉天曹達株式会社と改組独立せしめ」[55]た。満州移民政策の遂行機関として設立された満州拓殖（1936年1月4日設立、創立資本金公称1500万円、払込900万円、翌年8月31日公称資本金5000万円、払込資本金3000万円の満州拓殖公社となる、本店新京）への出資は、1935年に「関東軍参謀長板垣少将ヨリ『既ニ北満ニ於テ買収済ノ土地約百万町歩ヲ利用シ満州移民促進ノ目的ノ下ニ資本金一千五百万円ヲ以テ満州移民会社ヲ創立セントシ既ニ満州国政府並ニ満鉄ヨリ金一千万円ノ出資ヲ得タルニ付残額金五百万円ヲ三井三菱ニ於テ各半額宛出資方』申入アリ後拓務省当局ヨリモ内交渉」[56]があって決定したものであり、三井・住友も出資しており、満州中央銀行紙幣発行準備金借款と同様の国策協力型の投資である。満州電気化学工業（創立資本金公称3000万円、払込750万円、本店吉林）は、1938年10月6日付勅令第246号「満州電気化学工業株式会社法」に基づいて同年10月24日設立された。カーバイドからアセチレンを発生させ、高圧アセチレンから合成ゴム・合成樹脂・合成繊維

などを誘導するいわゆるレッペ合成を工業化するものであり、当時の先端化学工業を目指すものであった。このため、「創立後間もなく日本内地に於て最も優秀なる専門的技術を有する電気化学工業株式会社、大日本セルロイド株式会社及日本化成工業株式会社の技術並に資本の参加を得、各専門分野を分担して事業遂行に当」[57]ることとしたものである。日本化成工業、後の三菱化成工業の出資比率は１％であったが、技術面の位置ははるかに高かったと判断される。

　以上のように、三菱財閥の中核的在満法人群には財閥内共同投資と単独投資とがあり、共同投資タイプは三菱合資会社から分離した「分系会社」が参加し、しかも多くのケースで三菱商事も出資している。こうした重要投資は、本社の主導の下で運営される「分系会社」などの職員からなる横断的な検討組織（社長室会・査業委員会・財務委員会など）で検討の上で実施されることが通例であり、異業種結合のシナジー効果を追求していたことがうかがえる。単独投資は、コンツェルン体制整備後に「分系」に編入されたものか、「関係会社」あるいは「縁故会社」によるものが多い。また、特殊会社・準特殊会社への投資や役員派遣も少なくない。

2　住友財閥

　住友財閥系企業が出資した在満法人も、第2章の「**図表Ⅰ-2-10　持株会社の対満州株式投資**」から抽出すると、その数は19社であり、三菱と比べて大分少ない。その払込資本金合計15億円強に対し、住友財閥各社は共同ないし単独で合計約１億1260万円を出資しており、出資総額は三菱よりも多い。投資主体としては、㈱住友本社が一番多く全部で10社に2425万円を、次いで扶桑金属つまり住友金属工業株式会社が９社に4395万円を、さらに住友電気工業株式会社と日新化学すなわち住友化学工業株式会社が４社ずつそれぞれ1160万円と1710万円を、そして日本電気株式会社が１社に510万円を、出資している。このほか、財閥当主の住友吉左衛門が３社に269万円、財閥家族３名が１社に109万円を出資している。三菱と比べると、財閥本社と家族のウェイトが高い。また、少数の企業に集中的に投資しているが、それは安東軽金属株式会社（1944年４月15日設立、創立資本金公称２億円、払込１億円、本店安東）の大きさと商事部門を欠

いていることとによる。

　住友も、三菱と同様に満鉄への出資から対満投資が始まり、事業上の関連をもつ住友金属工業とともに財閥当主も出資しており、その投資額は三菱よりも大きい。

　満州棉花株式会社（1926年10月20日設立、創立資本金公称100万円、払込25万円、本店大連）は、1921年から関東庁農事試験場が改めて米綿の栽培試験を実施し、またそれを関東州内に奨励したが、1925年には栽培希望者が増大したので「関東州内産出棉花の買入れ、及び加工、棉花及び種子の販売、棉花栽培用品の供給、棉花の栽培等を目的として関東庁及び棉花栽培協会の胆入りで」[58]設立したものであり、鐘淵紡績株式会社が2万株中2350株をもって筆頭であり、住友合資会社も250株を保有した。

　満州化学工業株式会社（1933年5月30日設立、創立資本金公称2500万円、払込1250万円、本店大連）は、満鉄が1928年に立案した鞍山での製鉄事業の副産物利用による硫安製造計画が、1933年にいたって大連で実現されたものである。特許関係から東洋窒素工業が、また販路確保から全国購買組合連合会が、それぞれ創立に関わったほか、三井・三菱と共に住友合資会社も協力した。満州航空への出資は三井・三菱と異なり、住友の場合は本社である住友合資会社が設立当初から出資した。

　三菱の新京不動産投資に若干先んじて、住友伸銅鋼管株式会社（持株率60％）と住友合資会社（同40％）が共同して、鞍山の昭和製鋼所構内に満州住友鋼管株式会社（1934年9月17日設立、創立資本金公称1000万円、払込250万円、本店鞍山）を設立した。住友伸銅鋼管が満州事変以後の軍拡と満州での建設投資などによって生産能力を超える受注を得たため、中国本部への輸出をも視野に入れ、満州での現地生産を決定したものである[59]。最初は鋼管のみを生産したが、1937年11月から製鋼所の建設を、また1938年9月に機械製作所の建設をそれぞれ開始して翌年10月に完成させた。住友伸銅鋼管は1935年9月に㈱住友製鋼所を合併して住友金属工業株式会社と改称したが、満州住友鋼管も1938年1月に満州住友金属工業株式会社に改称した。さらに、1939年4月に本店を奉天に移し、1940年7月には3倍に増資して工場設備の拡充を図った。

1932年、インターナショナル・スタンダード・エレクトリック（International Standard Electric Co.）は日本電気の経営権を住友に委譲した。満州通信機股份有限公司（創立資本金公称100万円、払込50万円、本店奉天）は、「昭和11年12月、満州に於ける通信機械の需要の増加に伴い、日本電気株式会社に於ても、現地の要望に応え、当社を設立すること、なり、資本全額を日本電気に於て出資した」60)ものである。1937年5月に五ヵ年計画に対応するため3倍に増資し、さらに1939年9月、関東軍の現地調弁方針により軍用機器の増産を行うため倍額増資を行なうとともに、日本電気の関係会社である東洋通信機株式会社・安立電気株式会社・日本通信工業株式会社にも資本参加させた。1940年には関東軍の監察工場に指定された。なお、日本電気は、1943年2月に住友通信工業株式会社に改称し、同時に住友の「傍系会社」から「連系会社」に格上げされて直系会社の扱いになった。

　国華護謨工業株式会社（創立資本金公称100万円、払込25万円、本店奉天）は、住友電気工業および日本護謨工業株式会社、つちやたび合名会社が共同して、労働者用の地下足袋・ゴム靴類やゴムベルトの製造を目的に設立したものである。1939年9月に倍額増資を行ない、生産能力の強化を図った。

　神東塗料株式会社は、1932年に奉天営業所を開設し、1938年9月に満州神東塗料株式会社（創立資本金公称100万円、払込25万円、本店奉天）を設立した。住友化学工業が資本参加（40％）し、1939年4月には産業部重要産業統制法に基づいて亜鉛華製造の許可を受け、さらに1940年度より再生油加工並に消毒剤の製造も始めた。

　熱河蛍石鉱業株式会社（創立資本金130万円全額払込、本店熱河省隆化）は、隆化鉱業株式会社（1940年4月11日設立、資本金15万円全額払込、本店隆化）が1940年末からの鉱区調査で有望な蛍石鉱区を発見して1941年度に全満生産量の半分を供給することを目標として採掘に入った61)が、これを継承して同年10月に住友本社と住友化学工業の共同出資で設立したものである。隆化鉱業との間に役員の継承関係はない。

　安東軽金属株式会社は、満州重工業開発株式会社総裁の高碕達之助から、満州軽金属製造株式会社（1936年11月10日設立、創立資本金公称2500万円、払込

625万円、本店撫順）が建設しつつあった安東工場の建設と経営を、住友本社理事の古田俊之助に依頼して設立されたものである。住友の同社への出資は、その在満法人出資で最大の5000万円となった。

満州軽合金工業株式会社（1944年5月1日設立、創立資本金払込1450万円）は、「航空機用軽合金素材緊急増産を目的として満州重工業と折半出資のもとに，資本金5000万円の満州軽合金工業を設立した」[62]ものである。

住友も、前述の満鉄や満州航空のほか、満州電業株式会社・満州拓殖公社・満州軽金属製造といった特殊会社に出資しているが、いずれも持株比率は低い。このうち、満州軽金属製造への出資について若干付言しておこう。同社設立準備において商工省から同業者・加工業者・需要者などに合計1000万円の出資を要請することになったが、満鉄東京支社長から同省にその候補リストが提出[63]されている。そこには、三井合名会社・三菱合資会社・住友合資会社・日本電気株式会社・日満アルミニウム株式会社など13社が列挙されていたが、9月に至って陸軍省から関東軍参謀長に「内地側当業者ノ参加ニ付テハ商工省側モ漸次貴方ノ真意ヲ諒解シ大イニ努力セル結果、住友50万円及日本電工、日満アルミ、日本曹達ノ3社合シテ50万円ノ出資ニ応諾スル見込確定セルニ付右金額ハ僅少ナレ共商工省及当事者ノ誠意ヲ認メ貴方モ諒承アリ度ク、三井、三菱は一応辞退セルモ他社トノ付合トシテ参加方ヲ更ニ慫慂セル処付合程度（各25万円以上ハ困難ナリ）ナラバ応スル如キ態度ナルニ付之ヲ如何ニ措置スルヤ意見承リ度ク（当方トシテハ敢ヘテ三井、三菱ノ参加ヲ懇望スル意ナシ）」[64]との結果と意向が通知され、関東軍参謀もこれに同意し、住友合資（1万株）、日本電気工業（8000株）、日満アルミニウム（1000株）、日本曹達（1000株）となった。この出資関係が、前述の安東軽金属への出資要請につながる一要因となった。

満州電線股份有限公司（1937年3月19日設立、創立資本金公称500万円、払込250万円、本店奉天）と満州車両株式会社（1938年5月5日設立、創立資本金公称500万円、払込125万円、本店奉天）は、それぞれ住友電気工業と住友金属工業が参加するカルテルの共同出資会社であり、とくに満州電線は事実上の特殊会社として扱われた。

第4節　王子製紙

　日本から満州へと進出した独立系企業のうち、満州で多数の企業に投資して経営を行なった代表的な企業として、王子製紙株式会社をあげることができる。1944年3月31日現在でみると**図表Ｉ-7-6**のように12社が存在する。うち、王子製紙の社史で「傍系会社」としているのは、鴨緑江製紙株式会社と満州豆稈パルプ株式会社の2社であり、残る10社が直系会社である。

　はじめにこの時点以後の動向をみると、鴨緑江製紙・安東造紙株式会社・六合製紙株式会社の3社が1945年3月に合併し、新会社として設立された安東製紙工業株式会社（公称資本金1025万円、払込862.5万円）となって敗戦をむかえている。持株会社整理委員会編『日本財閥とその解体　資料』記載の「安東製紙工業」への王子製紙払込金額563万円（推定持株数13万3752株）・大倉鉱業208万円（推定持株数5万2100株）から推定すると、王子製紙の持株率は65％、大倉鉱業26％であり、王子製紙が過半数を制している。また、1945年に日満パルプ製造株式会社は錦州パルプ株式会社に吸収合併された[65]。

　つぎに王子製紙が「満州」で多数の事業を展開する経緯をみる前に、あらかじめ王子製紙自体の設立・合併の経緯について述べる。はじめ王子製紙は、1873年2月12日に「抄紙会社」という名前で創立された。「王子製紙株式会社」となるのは1893年11月である。その後、1898年8月に大川平三郎と渋沢栄一が退社して、三井財閥系の企業となり、1911年10月に藤原銀次郎（三井物産小樽支店長兼木材部長）が専務取締役に就任して、まもなく同社の建て直しに成功した。これに対して、王子製紙専務取締役の地位から追放された大川平三郎は四日市製紙株式会社・九州製紙株式会社・中央製紙株式会社・木曽興業株式会社・中之島製紙株式会社（以上を大川系5社とよぶ）などの経営にあたったのち、王子製紙・富士製紙株式会社に対抗するため、未だ王子製紙・富士製紙の手の及んでいない樺太のパルプ材資源に着目して、1914年1月19日に大川系5社の共同事業として樺太工業株式会社（公称資本金200万円）を設立し、樺太での亜硫酸木材パルプの製造に乗り出した[66]。富士製紙では、窪田四郎が1919年6月に社長辞

図表 I-7-6　王子製紙系企業（1944年3月31日現在）

(単位：千円)

会社名	本店所在地	設立年月日	公称資本金 (払込資本金)		営業目的
鴨緑江製紙㈱	安東	1919.05.24	5,000	(4,000)	紙類紙料の製造販売
安東造紙㈱＊	安東	1936.09.11	3,000	(2,375)	巻煙草用紙の製造販売
六合製紙㈱	安東	1935.07.10	1,500	(1,500)	各種紙類の製造販売
錦州パルプ㈱	錦州	1939.06.01	30,000	(7,500)	製紙用葦パルプ及紙類製造
錦州殖産㈱	錦州	1943.12.30	10,000	(10,000)	製紙原料用葦其他付帯事業
日満パルプ製造㈱	新京	1936.09.11	10,000	(10,000)	各種木材パルプ製造販売
満州造紙㈱	新京	1943.12.28	20,000	(5,000)	各種パルプ紙類製造販売
共栄起業㈱	吉林	1923.06.01	1,000	(1,000)	林業の経営及木材の売買管理
満州豆稈パルプ㈱	新京	1937.09.08	10,000	(7,500)	各種木材パルプ製造販売
春陽鉱業㈱＊＊	新京	1944.03.10	2,000	(1,000)	石炭その他鉱物の採掘経営

出所：『1944会社名簿（資本金20万円以上）』。
注：(1) 本表は王子製紙株式会社『王子製紙社史』本編（2001年）の「表序-13　戦後喪失した主な海外資産一覧」中の「満州地域」記載の「直系工場・事業場（所）」と「傍系会社」となっている会社を提出した。このうち「傍系会社」とされている会社は鴨緑江製紙と満州豆稈パルプの2社である。
　　(2) ＊の部分は、『1944会社名簿（資本金20万円以上）』では、安東造紙㈱ではなく、安東製紙㈱となっている。
　　(3) ＊＊について。上記出所には、『王子製紙社史』本編74頁で「直系工場・事業所」となっている「春陽鉱業（駱駝山事業所）」が搭載されていない。「泰陽鉱業㈱」という会社が登載されている（本店新京、1944年3月10日設立、2000（1000）、石炭其他鉱物の採掘経営、取締役社長石和柏蔵）。石和は王子製紙系の人物である。「泰陽鉱業㈱」は「春陽鉱業㈱」の誤りである（満州国『政府公報』1944年4月21日）。
　　(4) 本表の出所では鴨緑江製紙の設立年月日を1919年6月8日としているが、鴨緑江製紙の『事業報告書』（第1回）は会社設立を1919年5月24日としている。
　　(5) 満州豆稈パルプは、1944年3月31日現在ではまだ王子製紙系企業ではないが、掲出した。王子製紙系となるのは1945年8月1日である。

任に追い込まれ、有力株主の一人である大川平三郎が後任の社長に就任した[67]。ところが大川と確執があったといわれる専務取締役の穴水要七が1929年1月に死去すると、王子製紙は窃かに遺族との間で富士製紙株（穴水合名会社所有）の買い取り交渉を行ない、15万4900株の買い取りに成功した。その他にも買い増しを行なって20万株近くを王子製紙は所有することになり、持株率13％の筆頭株主に躍り出た。大川側の所有は9万株にすぎなかったため、1929年3月、藤原銀次郎社長は王子製紙から常務取締役小笠原菊次郎を富士製紙の専務取締役に送り込み、経営権の掌握を図った。引き続き富士製紙社長の地位にとどまっていた大川は、1930年になると樺太工業の財務面での行き詰まりを打開するため、王子製紙・富士製紙・樺太工業の3社合同を働きかけ、その後、紆余曲折をへて1932年5月20日、王子製紙が富士製紙・樺太工業を合併する形で、3社の大合同がなされ、日本国内で断然他を圧倒する独占的な大企業ができあがったのであ

る。藤原銀次郎は合併後の王子製紙の経営を主導し、大川は閑職の相談役に退けられた[68]。王子製紙はこの大合同後に三井財閥の傘下から完全に抜け出し、藤原の主導する独立系大企業として行動していく。

このように日本国内での製紙業界には、大川平三郎（あるいは大川系企業）と藤原銀次郎（あるいは王子製紙）との確執が存在したのである。3社大合同前における満州への製紙業者の進出もこの確執と関連させてみる必要がある。

満州への進出では藤原銀次郎（王子製紙）側が先行した。1917年11月16日に中国側と合弁で富寧造紙股份有限公司（王子製紙出資比率50％、吉林省での木材パルプ製造、製紙）を設立し、1918年10月22日には中国側と合弁で華森製材公司（王子製紙出資比率50％、吉林省での伐採）を設立し、同年11月9日には表面上中国人事業の形をとって事実上王子製紙全額出資の黄川採木有限公司（吉林省での伐採）を設立した。第1次大戦期の好況の時に、王子製紙は巨額の資金を投下して利権漁り的な行動を行なったのである[69]。

王子製紙・富士製紙に対抗して、樺太でパルプ生産のために樺太工業を設立した大川は、満州でも王子製紙に対抗してパルプ生産に乗り出すため大倉組と共同で鴨緑江製紙を設立することとした。鴨緑江製紙の『事業報告書』によると、1919年5月24日に創立総会を開催し（同社はこの日を創立日としている）、6月7日に安東領事館に設立登記を申請し、登記を受けた。公称資本金は500万円（第1回払込徴収125万円）で、役員は会長大倉喜八郎、副会長大川平三郎、常務取締役長谷川太郎吉などである[70]。長谷川は樺太工業の常務取締役であった。鴨緑江製紙は、のちの満州国建国時点で、同国最大の製紙会社となっている。創立まもない1919年10月31日現在の大株主は（総株数10万株、株主数44名）、大倉喜八郎4万2600株、大川平三郎2万株、下郷伝平（中之島製紙社長）1万株などであった。「渋沢同族株式会社社長渋沢敬三」・尾形次郎という渋沢系の名前や、阿部房次郎（東洋紡績役員）など、大倉系・大川系以外の出資がみられるため、どれが大倉側・大川側の名義株であるか判定しがたいが、この時点での大倉系の持株比率はいまだ50％に達していないようである。

上述の王子製紙による林業利権確保・パルプ製造・製紙事業（三つの公司）では巨額の投資にもかかわらず、芳しい成果を上げることが出来なかった。そのた

め、同じく林業利権確保のための巨額の投資（二つの公司）にもかかわらず振なかった合名会社大倉組と共同で王子製紙は新たに1923年6月1日、日本法人の共栄起業株式会社を設立し、5公司の事業を継承させた。新会社の公称資本金は850万円（全額払込）という巨額である[71]。同年6月12日に1000万円に増資した際の出資比率は王子製紙53.5％、大倉組46.5％である。会長門野重九郎（大倉組）、社長藤原銀次郎で、王子製紙と大倉組の共同経営となった[72]。

このように合併によって事態を打開しようとしたが、共栄起業の業績も不振を極め、1929年秋以降休業状態に陥り、1931年6月12日には累積損失を埋めるために公称資本金を500万円に減資し、さらに1938年11月25日には100万円に減資した[73]。大川系の鴨緑江製紙の方も、パルプ専業であったためパルプ市況の悪化により事業内容は振るわず、これを打開するため1927年1月に製紙工場を稼働させたが、1931年上期まで事業は不振であった[74]。

このように1920年代の満州・関東州地域は、日本の製紙業者にとって新規投資を行なうような魅力を欠く地域となった。

王子製紙の3社大合同後、1935年1月に鴨緑江製紙は工場の経営に関して王子製紙に救援を依頼した。これを受けて王子製紙は6月から同社の委託経営を引き受けた。委託経営に落ち着いたのは、大倉側が鴨緑江製紙を王子製紙に合併することを考えたのに対して、大川平三郎が自己のパルプ工場の存続を希望したためという[75]。1936年4月現在（公称資本金500万円、払込400万円）での持株率は、大倉組51.6％、王子証券25.2％、大川合名会社4.8％、田中栄八郎（大川平三郎の実弟）3.8％などであり、出資面では大倉組が過半を占め、王子証券が第2位であった。1943年6月現在でも持株率は大倉組51.4％、王子証券25.3％でほとんど変化していない[76]。

王子製紙が再び新規投資をはじめるのは産業開発5ヵ年計画開始直前の1936年からである。

1936年に王子製紙は股份有限公司六合成造紙廠（1935年7月10日設立、公称資本金150万円全額払込）の株を満州国政府財務部から購入して同社の経営に乗り出した。同社の前身は1927年に中国人・韓が安東に建設した製紙工場であり、1930年安東六合成公記造紙廠（公称資本金70万円）という会社組織になったの

図表 I-7-7　王子製紙の対満州企業投資（敗戦時点）

（金額単位：千円、持株率単位：%）

会社名	公称資本金	払込資本金	所有株数	払込金額	持株率
安東製紙工業	10,250	8,625	133,752	5,528	65.2
錦州パルプ	40,000	40,000	584,800	29,240	73.1
共栄起業	10,000	5,500	182,758	4,837	91.4
満州造紙	20,000	5,000	150,000	1,875	37.5
満州パルプ工業	10,000	10,000	14,950	748	7.5
合計	90,250	69,125	1,066,260	42,227	

出所：前掲『日本財閥とその解体　資料』。
注：出所には錦州殖産、春陽鉱業の株式について記載がない。

ち、1932年に資本関係を満州政府財務部、満州中央銀行、韓家の3者に統合し、ついで1935年に設立された同社が事業を引き継いだのである[77]。同社は製紙原料であるパルプの供給を鴨緑江製紙と日満パルプ製造から受けて、主に模造紙と印刷用紙を製造した[78]。1943年6月現在での王子製紙持株率は96％（名義貸株を含めると、100％と推定）である。

王子製紙は六合成造紙廠の経営に乗り出した同じ1936年の9月11日に安東造紙株式会社（公称資本金50万円、払込35万円、本店安東）と日満巴爾普製造股分有限公司（公称資本金1000万円、払込500万円、本店新京）を設立した[79]。安東造紙は古麻を原料としたライスペーパー（煙草用紙）を製造し、満州で独占的な地位を築いた[80]。1942年5月現在でみると安東造紙（1938年9月12日に公称資本金300万円、払込112万5000円に増資）の大株主は、王子証券株式会社（持株率89.6％）である[81]。他方、日満巴爾普製造は、吉林省の敦化に工場を設置し（1938年6月竣工）、パルプの製造を行なった。1938年11月21日には商号を日満パルプ製造株式会社に変更した。1943年6月現在の王子製紙持株率は93.3％である[82]。

ついで王子製紙は1939年6月2日、錦州パルプ株式会社（公称資本金3000万円、払込750万円、本店は錦州）を設立した。同社は葦を原料として製紙パルプを製造することを目的とした。同社は広く株式を公開して資金を調達する方針であったため、1942年4月現在でみると筆頭株主の王子証券の持株率は63.1％である[83]。さらに王子製紙は、1943年12月30日に錦州殖産株式会社（製紙原料としての葦生産などを目的）、1943年12月28日に満州造紙株式会社（パルプ・

紙製造を目的)、1944年3月10日に春陽鉱業株式会社（製紙用エネルギー原料の石炭採掘を目的としたものと思われる）を設立し、1945年の敗戦直前（8月1日）には、技術面で難渋していた満州豆稈パルプ株式会社（準特殊会社、1940年12月末現在の大株主は酒伊繊維工業株式会社、満州国経済部大臣、満州興業銀行、満鉄）から依頼されて同社の経営を引き受けた[84]。

敗戦時点での王子製紙の投資額は、すくなくとも5社、4223万円（払込金額）に上った（**図表Ⅰ-7-7**）。

第5節　鐘淵紡績・東洋紡績

1　鐘紡の満州進出

1930年代の後半になると、鐘淵紡績（以下、鐘紡と略す）の主要部門である紡績・織布は、貿易摩擦による海外市場の縮小、戦時統制による綿花輸入・綿布製造および国内価格に対する規制の強化を通じて発展的展望を失っていった[85]。この過程で、スフなどによる綿製品の代替化が進んだが[86]、スフは北米からの原料パルプ輸入に、羊毛も豪州からの輸入に依存しており、その増産には原料不足と価格騰貴がネックとなっていた。この状況をうけて、満州における木材資源ないし木材に代わる植物資源（葦）の獲得、牧羊地としての北満開発が魅力的な投資対象として浮上することとなった。

一方、鐘紡側は、1935年10～11月、36年11～12月の二度にわたり津田信吾社長が満州視察を行なうなど、1930年代半ばには満州進出の準備を進めていた。満州進出の成否には関東軍や満州国との関係調整が影響を与えるため、視察の際には、関東軍参謀（板垣征四郎・石原莞爾）、満州国幹部（軍司令官本庄繁、総務長官星野直樹）と会合する機会も設けられた。会合の席上、津田社長は「三分の一主義」という自らの大陸事業観を説明し、関東軍、満州国側の同意を得るとともに、星野総務長官から満州での鐘紡事業を満州国も支援する旨の約束を取り付けた[87]。

満州進出に当たり鐘紡が着目した事業は、牧羊、農業、および地下資源開発の3部門であった。この点について津田社長は1937年1月の株主総会で以下のように強い期待を表明していた[88]。

　前後二回の視察により知り得たところは、満州国北西部を占むる大半は理想的の放牧地帯であり、……又満州国の東部地方は是亦農耕地帯として、極めて有望であり、南部地方は奉天を中心として一大工業地帯であることであります。若しそれ地下資源豊富にして多種多様なる事は、蓋し驚くべき将来性を有することでありまして、其の地域は満州全土に拡がって居ります。そして今日迄に調査されたものは真に一部分であります。約言すれば、満州全土は神代から今日迄未開発に残された宝庫であって、新亜米利加を発見したと同様に最早資源なしと憂ふる必要はない。(傍点引用者)

すでに「鐘紡は繊維工業、重工業、化学工業の三本足で立つ」という基本方針を策定していたが[89]、満州はその重要な基盤として組み込まれたのである。

津田社長が本格的進出の準備を始めた1935年4月に、鐘紡は早くも康徳染色股份有限公司(資本金50万円、全額払込)を奉天に設立し、最初の満州進出を遂げていた。鐘紡の出資比率は明確ではないが、設立翌年の1936年時点で社長に鐘紡重役倉知四郎が就任しており、1942年時点では全額を鐘紡が出資していることが確認できるので[90]、恐らく設立当初から鐘紡が同社株式のすべてないし圧倒的部分を所有し、完全な子会社として設立されたのではないかと考えられる。同社は染色とともに織物の各種加工と販売を行なったが、『1942銀行会社年鑑』によれば、民需のみならず、軍官需の「被服資料たる紡績綿布の染色」を手がけ、「年額1300万m^2を突破せる紡績綿布の染色を行」なっていたとされる。同社の事業成績は不明であるが、1938年9月には資本金200万円(全額払込)への4倍増資を行なっており、経営は比較的順調であったと思われる。

子会社の設立によらず、鐘紡自体が直接満州に進出して手がけた初の事業は緬羊飼育であった。鐘紡は満州国政府より王府(吉林省、新京北方)の国有地を借り受けて1936年11月から牧場の建設に取りかかり、翌37年10月に6300町歩の

種牧場が完成した。この牧羊事業に専門家は反対したが、津田は同事業を日本の対豪州国際収支の改善に資するものと位置づけ、積極的にこれを進めた[91]。

なお、王府牧場に関連して毛皮・皮革の工場が建設されたが、これは1937年8月、奉天に設立された東亜毛皮革株式会社（1942年時点の資本金200万円、払込100万円、後掲図表Ⅰ-7-9参照）のことを指している[92]。

王府種牧場の建設開始から1ヵ月後の1936年12月、康徳葦パルプ股份有限公司が営口に設立され（資本金500万円、払込250万円、全株鐘紡所有）、同地で葦パルプ工場建設に着手した[93]。同工場は葦を利用した人絹用パルプ・製紙用パルプ製造を目的としており、計画が発表されると、王子製紙をはじめとして業界から無謀との声があがった。しかし、初代工場長に就任した岡田耕や第2代工場長の本木誠三らの努力によって1938年頃には生産も軌道に乗り、同年には日産22トンから45トン（年産1万5000トン超）への拡張が計画されるなど、「葦パルプの工場経営は鐘紡近来のヒット」と過大にまで評価されるようになった[94]。工場拡張に対応して、1938年4月には営口に葦農場も設置された。

工場新設だけでなく、既存工場の買収による進出も行なわれた。東満州人絹パルプ株式会社は、王子製紙の大川平三郎らを中心に1936年6月に設立をみたが（資本金3000万円、払込750万円、東満州間島省和龍県開山屯）、創業当初から経営不振に喘いでいた。そこで、1937年3月、鐘紡は同社株全株を買収して子会社化（社名は同じ、社長津田信悟）し、満州における木材パルプ製造に参入した。買収後、鐘紡から派遣された中司清は短期間で事業の建て直しに成功し、1938年には日産約60トン（年産約2万1000トン）を記録して単独工場としては東洋一の規模を誇るに至った。満州国は同社に東満州の山林を伐採して原料材を提供しており、また主要材であった赤松の品質が優良であったため、カナダや北欧を凌ぐ製品パルプを、四分の三程度の低コストで製造できた。このため、同社の採算は良好で、「新興事業として東満パルプは有望である」と評価されていた。なお、同社の建て直しに活躍した中司清は、手腕を津田から認められて鐘紡新京出張所長に任命され、鐘紡の満州事業全体を統括することになった[95]。

2 日中開戦と満州における事業拡大

　1937年7月に始まった日中間の武力衝突は、華北一帯に拡がり、日中全面戦争へと拡大した。日中戦争を契機に、津田信悟は鐘紡の国策への全面協力姿勢を明確にした[96]。また1937年7月の第100回株主総会で、社長任期制（3期9年）を定めた定款の廃止が決議された。津田が大陸における積極的な事業方針を打ち出したのは1935年以降であり、まだ新事業の基盤は安定していなかった。他方、任期制の下で残された期間は3年であり、事業の安定を見届けぬまま辞任するのは無責任とする考えが背後にあったという。もっとも、鐘紡に対して巨額の債権（貸付・社債）をもつ三井・三菱両銀行が津田の続投を望んでおり、債権者の意向に配慮せざるをえないという事情もあった[97]。

　日中開戦に伴って国策に対する順応姿勢が打ち出されると、鐘紡の満州事業は活性化した。その場合、先述の新京出張所長中司清が子会社経営陣に加わることによって、鐘紡の満州事業全体の統括がはかられていた。

　1937年10月、奉天に康徳鉱業株式会社（資本金100万円、払込50万円、取締役社長津田信吾、鐘紡全額出資と推定）が設立された[98]。同社はマグネサイトおよびドロマイトの採掘・焙焼・販売を行なった。中司清は同社の常務取締役に就任している。同社は、1938年5月に楊家甸鉱業所（奉天省、マグネサイト採掘）および老母溝鉱業所（奉天省、鉛・蛍石採掘）を開設し、翌39年4月には賽馬集鉱業所（奉天省、強粘結原料炭・無煙炭採掘）を設置した。事業規模の拡大に対応して、同社は1941年に未払込資本金の全額払込を行ない、さらに42年2月には資本金1000万円（払込325万円）に増資した[99]。

　1937年11月、鐘紡は裕慶徳毛織有限公司（1921年設立、資本金65万元）を買収して、康徳毛織株式会社（資本金300万円、半額払込、全株鐘紡所有、新京特別市）を設立し、代表取締役には葦パルプ工場を立ち上げた本木誠三が、取締役には中司清がそれぞれ就任した。同社は1941年9月に300万円全額払込済となった[100]。なお、同社の工場はハルビンに設置された。

　1938年末には奉天紡紗廠への資本参加を行なった[101]。同社は1921年9月に官民合弁によって資本金450万円（払込417万1500円）で設立された唯一の中国

系紡績兼営織布大企業であったが、満州事変前には経営が完全に行き詰まっていた[102]。満州国成立後、旧奉天省政府出資分を満州国が引き継ぎ、役員の刷新を行なって立て直しを図ったが奏功せず、1938年には満州国政府所有株（2万2381株）、満州中央銀行所有株（3378株）が鐘紡に売却され、経営権も実質的に鐘紡に委譲された。この結果、ようやく経営は軌道に乗り始めた（1938年度1割配当、39年度8％配当、40年度8％配当）[103]。業績好転をうけて設備拡張が計画され、資金調達のため、1940年1月に資本金900万円（払込675万円）に倍額増資した[104]。1938年の譲渡株数から鐘紡の所有比率を計算すると28.6％になるが[105]、42年には同社株式の62％を鐘紡が所有していた。増資新株の引受を積極的に行ない、持株比率を高めたものと思われる。ただし、1942年における同社経営陣をみると、取締役社長は陳楚材で、専務以下の取締役、監査役も中国人が依然として占め、鐘紡側から派遣された役員は中司清1人（監査役）であった[106]。しかし、これは「（鐘紡にとって――引用者）経営をするのにはその方がいい」からで、「経営に当たっては鐘紡支社の人が手伝」う形で、経営の実体は鐘紡が掌握していた[107]。

鐘紡は、1937年2月15日付で営業部に農務課（後の農林部）を設置した。農務課長に招聘されたのは、広田内閣の特命によりアフガニスタンで農業政策の指導を行なう予定であった東京農業大学教授の池本喜三夫であった。招聘のきっかけをつくったのは、石原莞爾であった。石原はかねてから池本の農業政策に関心をもち、満州・中国でそれを実現することが、日中融和と五族協和につながると考えていた。そこで、石原は池本を津田社長に紹介し、津田も池本の考えに共鳴して招聘が実現したという。

以後、内地、台湾、満州、朝鮮などにおける農業関係事業は農務課の下に統括され、同課の設置を契機に朝鮮や満州などでの農業関係事業が大きく拡大することが期待されていた[108]。なお、後述のように、満州における諸事業のうち農務課（農林部）所管の農牧関係事業は本社直営で行ない、その他の事業は基本的に別会社を買収ないし設立する形で進められた。

農務課設置時点で、同課の満州関係事業は、既に触れた吉林省の王府種牧場（1936年11月設置）だけであった。しかし、1938年4月に営口農場（人絹パル

図表 I-7-8　鐘紡農務課関係収支の動向

(単位：千円)

年次	1939	1940	1941	1942	1943	1944	累計
収入	1,321	1,482	3,557	4,684	6,385	11,477	28,906
支出	2,081	2,698	5,013	6,343	7,194	11,357	34,686
差引損益	-760	-1,216	-1,456	-1,659	-809	120	-5,780

出所：鐘紡株式会社『鐘紡百年史』(1988年) 316頁。

プ用の葦栽培)、同年10月に興安牧場(軍馬改良と飼育、緬羊・牛飼育)、1939年2月には開山屯製麻工場(亜麻・大麻の耕作・製造)、1940年6月には義大製粉工場(小麦粉製造)が所管事業に加わった。この中では営口農場(1万9600町歩)と興安牧場(12万町歩)が圧倒的規模を誇っていた[109]。その後も農務課(農林部)の事業は順調に拡大し、1944年7月の満州における事業箇所は5農牧場、3工場を数えるに至った(後掲図表 I-7-10)。また、同時点の農務課(農林部)地域別事業所数は、満州8、日本内地5、中国3、朝鮮2、台湾1、マレー1で、満州は最も重要な事業基盤となっていた[110]。

ただし、農牧関係事業全体の収支をみると(図表 I-7-8)、1938年度までは赤字で1944年度に12万円の黒字を出したものの、1939〜1944年度の累計では578万円の累積赤字を計上していた。この原因は明確ではないが、栽培・飼育などの農牧関係投資はその成果が回収されるまでに一定の期間を要するため、おそらく事業が採算ベースに乗る前に敗戦を迎えたものと思われる[111]。

3　鐘淵実業の設立と事業展開

1937年末時点で鐘紡は1億4400万円にものぼる巨額の債務を抱えていた。その内訳は三井銀行・三菱銀行からの借入金が各々約2000万円(36年上期借入)、支払手形約5800万円、社債残高が4550万円であった。鐘紡は恐慌下の1930年に配当率を35％から25％に引き下げたが、その後は豊富な内部蓄積を利用して25％という高配当を維持するとともに、内外における諸事業を拡大していた。しかし、1936年上期には資金が不足し、三井・三菱両行から合計約4000万円の借入を行なった。この結果、借入金が急増し、1937年末には総資産額約3億1900万円に対する自己資本(約1億4500万円)比率が45.5％に低下した。

これをうけて、三井・三菱両行は、既述のように津田社長の任期延長を要請するとともに、増資による借入金の処理を通じて鐘紡の財務体質を改善することを求めた。鐘紡は資本金6000万円を一挙に3倍増資して1億8000万円とする計画を立てたが、1937年9月に制定された臨時資金調整法により平和産業の増資には強い規制が設けられており、丙種、すなわち平和産業の指定をうけた鐘紡の場合、3倍増資はもちろん、倍額増資すら困難な状況にあった。

そこで、鐘紡は、大蔵大臣池田成彬らに働きかけ、倍額増資（資本金1億2000万円）を認可させると同時に、資本金6000万円の新会社鐘淵実業株式会社を設立し、繊維部門を除く時局事業を移管する形で、実質的に3倍増資を実現することとなった。鐘紡増資と鐘淵実業の設立は1938年6月26日付で認可され、同年11月25日に増資払込の登記を完了した（資本金1億2000万円、払込7500万円）が、増資新株の払込額は1株12円50銭で、増資による払込総額は1500万円にのぼった[112]。

鐘淵実業の担当は時局産業に限られたので、満州における諸事業のうち鐘淵実業が継承したのは葦人絹パルプ製造業、鉱業だけであり（後掲図表Ⅰ-7-10参照）、農牧関係の農務課事業、康徳毛織・奉天紡紗廠といった紡織関係の子会社は鐘淵実業に移管されなかった。農務課の事業は、従来通り、鐘紡直営で行なわれ、1939年以降も、開山屯（39年2月）、柳河（40年3月）、老頭溝（42年8月）に亜麻紡績の工場を設けて亜麻栽培と集荷に尽力したほか[113]、竜江に葦栽培農場を設置する（43年9月）など、積極的に事業の拡大を進めた。紡織関係子会社2社の具体的事業内容は1939年以降も大きく変化したわけではないが[114]、資本規模については、康徳毛織が1941年9月の追加払込（150万円）により資本金300万円（全額払込）となり、奉天紡紗廠は、既述のように1940年の倍額増資により資本金900万円（払込675万円）となった。

鐘紡が増資払込の登記を行なった1938年11月25日に、鐘紡実業も登記を完了し、資本金6000万円（払込1500万円、1株50円、12円50銭払込）で設立された。総株数120万株のうち72万株（60％）は鐘紡株主に優先的に割り当てられ（鐘紡株10株につき鐘淵実業株6株）、残りの48万株（40％）は、発起人引受700株を除いて鐘紡が引き受けた（引受人がない株式も鐘紡が引受）。同社の

図表 I-7-9　鐘淵実業の初年度事業計画

(単位：千円)

事業内容	事業費	備考
康徳葦パルプ会社（株式10万株）	2,500	株式継承 ☆
全南鉱業会社（株式2万株）	2,500	株式継承
樺太採炭鉱業会社（株式12万株）	1,250	株式継承
康徳鉱業会社（株式2万株）	500	株式継承
神島化学工業会社（株式1.2万株）	300	株式継承 ☆
神島人造肥料会社（株式1万株）	1,280	株式継承
北満斎々哈爾・新設予定葦パルプ工場（日産30トン建設運営費第1期分）	3,000	工場新設 ☆
新義州工場買収費（当時の工場設備費）	2,000	工場買収
新義州パルプ工場完成までの費用・運営費	3,000	工場追加費用
他に子会社の借入金返済及手許資金	920	その他
合　　計	15,000	

出所：前掲『鐘紡百年史』345-346頁。
注：備考欄の☆印は満州関係の事業。

取締役社長は津田信吾（鐘紡社長）が、常務取締役は鐘紡常務取締役の城戸季吉と三宅郷太がそれぞれ兼任した。ただし、平取締役10名のうち中村庸（鐘紡取締役）1名を除く9名は非鐘紡の役員で占められ、監査役4名のうち野崎広太（鐘紡監査役）、名取和作（鐘紡取締役）以外の2名は非鐘紡の役員であった[115]。

　鐘淵実業の初年度事業計画では（**図表 I-7-9**）、払込資本金1500万円のうち600万円（40.0％）が満州関係の諸事業に充てられる予定であり、朝鮮や樺太など植民地を含む外地事業の中で満州が大きなウェイトを占めた。なお、鐘淵実業に移管されるべき東満州人絹パルプ（資本金750万円、全額払込済）が、理由は不明だが、初年度事業に含まれていない。ただし、『1942銀行会社年鑑』は同社全株を鐘淵実業の所有としているので、同年までには同社の事業も鐘淵実業に継承されたと考えられる。この東満州人絹パルプまで含めた場合、鐘淵実業にとって満州での諸事業の重要性はさらに高まることになる。また、表で注目されるのは、単なる鐘紡からの継承事業（子会社持株の継承）ではなく、鐘淵実業として新たに取り組む予定事業が北満・斎々哈爾での葦パルプ工場建設（300万円）と新義州パルプ工場の買収および追加工事（計500万円）に限られていたことである。新規の事業予定地としても満州が重視されていたことが窺われる。なお、第1期（～1939年6月25日）の経営実績をみると、純益約86万円（対払込資本利益率11.4％）、配当約61万6000円（配当率年7％）であり、比較的順調な滑り出しを示していた[116]。

　鐘淵実業傘下の諸会社の活動状況や鐘淵実業の投資活動などについては不明な

点が多い。判明する限りでいえば、傘下の康徳鉱業は、既述のように1939年4月に賽馬集の炭田（本渓湖近傍）を買収して鉱業所を設置し、翌40年に年産20万トン、自家用炭の自給を目的に採掘を開始したが、41年3月には推定埋蔵量2億2000万トンにも及ぶ良質な製鉄用炭（7000～8000カロリー）の大鉱脈が発見された。これをうけ、1942年以降、満州国政府・軍当局は支援を本格化し、5ヵ年計画（開発資金4200万円、年産目標100万トン）の策定と安泰線鳳城駅から130キロの専用鉄道線敷設が行なわれた[117]。既述の1942年2月の大増資（資本金100万円・全額払込から資本金1000万円・払込325万円へ）も大鉱脈発見に伴う開発資金調達の一環として行なわれたものであろう。なお、年次は確定できないが、1943年ないし44年には資本金の追加払込が行なわれ、1000万円の全額払込を完了した。

康徳葦パルプや東満州人絹パルプの動向は不明だが、葦人絹パルプ、木材人絹パルプは概して好調な成績を収めたようであり、康徳葦パルプは1940年10月の250万円追加払込により資本金500万円（全額払込）となり、東満州人絹パルプも1942年ないし43年には資本金1500万円（全額払込）に倍額増資した。

鐘淵実業自体の事業活動については、後掲図表Ⅰ-7-10に総括されている鐘紡関係の諸事業や『1942銀行会社年鑑』などによって、その一端を窺うことができる。

まず、1940年6月、新京に満州黒鉛鉱業株式会社（1942年時点で資本金100万円、半額払込）が設立されたが、設立にあたって鐘淵実業が株式の一部を引き受けたとみられる。同社が傍系企業であったことは、1942年時点の同社重役に中司清や稲田幾次郎といった鐘紡関係者が就任していた点にも示されている。同社はマグネサイト鉱石採掘と各種耐火材料製造販売を業務としており、すでにみたように鐘実傘下の康徳鉱業はこの事業を進めていた。何故、全額出資して子会社化しなかったかは明確でないが、満州黒鉛鉱業の活動ベースである鉱業権自体は丸山虎一という人物が所有しており、そのため共同経営の形をとらざるを得なかったのではないかと推測される。なお、丸山は同社取締役に就任した。

1943年10月には、奉天に康徳興農化学株式会社が設立された（1944年時点の資本金500万円、250万円払込）。鐘淵実業の出資比率は不明で、同社の経営陣

図表 I-7-10　鐘淵工業の満州関係事業（1944年7月末現在）

支店	なし		
出張所			
新京出張所	新京特別市大同大街		
チチハル出張所	竜江省チチハル市正平胡同		
佳木斯出張所	佳木斯市向陽大街		
研究所	なし		
鉱業・直系			
・康徳鉱業㈱	奉天市	1937年10月27日創立	
養馬集鉱業所	奉天省	強粘結原料炭、無煙炭	1939年4月設置
楊家甸鉱業所	奉天省	マグネサイト	1938年5月設置
老母溝鉱業所	奉天省	鉛・蛍石	1938年5月設置
・大石橋マグネシア工業	奉天省	マグネシア・クリンカー	1939年2月創立
鉱業・傍系			
・満州黒鉛鉱業㈱	新京特別市		1940年6月1日創立
適道鉱業所	東満総省	黒鉛	
重工業並びに金属工業	なし		
航空機部品事業	なし		
化学工業・直系			
・康徳興農化学㈱	奉天市	大豆油、脱脂、油滓	1943年10月創立
パルプ、製紙事業・直系			
・満州鐘淵製紙㈱	新京特別市	1944年10月東満州人絹パルプが商号変更	
営口工場	営口市	製紙パルプ、洋紙、和紙	
開山屯工場	間島省	パルプ、洋紙	
繊維事業（綿、スフ）・直系			
・奉天紡紗廠	奉天市	綿糸布	1936年11月9日創立
・康徳染色㈱	奉天市	綿布・染色・漂白・起毛	1935年4月17日創立
繊維事業（絹・生糸）	なし		
繊維事業（毛・麻）・直系			
・康徳毛織㈱	新京特別市	毛糸・毛布・羅紗	1937年11月13日創立
ハルピン工場	ハルピン道		
農牧畜業・直営			
・王府牧場	吉林省	乳牛、緬羊	1936年11月設置
・興安牧場	興安東省	緬羊、牛、馬	1938年10月設置
・営口農場	営口市	葦	1938年4月設置
・竜江農場	龍江省	葦	1943年9月設置
・南満養兎場	奉天市	養兎	1942年11月設置
・開山屯製麻工場	東満総省	亜麻	1939年2月設置
・老頭溝工場	東満総省	亜麻	1942年8月設置
・柳河工場	通化省	亜麻	1940年3月設置
その他・直系			
・東亜毛皮革㈱	奉天市	毛皮革	1937年8月創立

出所：前掲『鐘紡百年史』399-409頁より作成。

図表 I-7-11　敗戦による在満資産の喪失額（鐘淵工業・簿価）

種　別	喪失額	資産内容
直営事業	58万8,573円	亜麻繊維処理工場3、農場2、牧場2、事務所1
投資・長期貸付	4,205万5,975円	満州鐘淵製紙会社ほか株式および貸付
満州関係　計	4,264万4,548円	(11.4 %)
鐘淵工業　総計	3億7,438万6,392円	(100.0 %)

出所：前掲『鐘紡百年史』409頁。

についても判明しないが、1944年時点で直系会社（後掲**図表 I-7-10**）とされていることから、おそらく鐘実の全額出資で設立されたとみられる。同社は大豆油の抽出や甘草の精製を行なった[118]。

4　鐘淵工業の設立と満州進出の結果

　1944年2月1日、鐘紡と鐘淵実業は合併し、鐘淵工業株式会社が設立された。同社は、3億2000万円という空前の資本規模を備えていたが、実体としては臨時資金調整法の関係から鐘紡・鐘淵実業がそれぞれ分かれて展開してきた時局関係の諸事業を改めて1社にまとめあげたにすぎない[119]。鐘淵工業の取締役社長には両社の社長を兼任していた津田信吾が就任したが、新会社の経営陣で注目されるのは、満州で活躍してきた本木誠三（康徳毛織社長）が常務取締役に、中司清が取締役に選任されたことであろう。鐘紡にとって満州での諸事業の重要性が増大したことが示唆されている。

　戦争最末期に設立された鐘淵工業の諸事業は、戦時下に進展した鐘紡関係諸事業の集大成を示していた。**図表 I-7-10**は、鐘淵工業の事業群の中から満州関係の事業を抜粋したものである。すでに説明してきた諸事業が並んでいるが、その事業分野は鉱業・化学・農畜産など鐘紡本来の事業である繊維以外の広範な諸部門に拡がっていた。次項で取り上げる東洋紡の満州における事業展開が基本的に繊維関係に限定され、ある意味では保守的な特徴を有していたのと比較すると、同じ紡績資本とはいえ、この点で鐘紡は大きく異なっており、戦時期満州での同社事業展開の特徴が示されている。

　なお、鐘淵工業設立後の変化として若干注目されるのは、1944年に東満州人絹パルプが康徳葦パルプを合併して資本金1000万円に増資し、さらに同年10月

に満州鐘紡製紙株式会社に商号変更したことである。ただし、同社の経営陣などの詳細は不明である。また、鐘淵実業が当初から新事業として予定していた斎々哈爾の葦パルプ工場は、同表には含まれていない。何らかの理由で事業が中断されたか、あるいは鐘紡の傘下事業から外れた可能性もあるが、事情は不明である。

　最後に、満州進出の結末を、敗戦による在外資産の喪失額（簿価）から検討しよう（図表Ⅰ-7-11）。まず注目されるのは、喪失資産額の圧倒的部分を株式を中心とする投資・長期貸付（約4200万円）が占め、池本の指導下で広く展開されていた農林部（旧農務課）関係直営事業の喪失資産額が60万円にも満たなかったことであろう。もっとも、この資産額の数値は、鐘紡内部における農林部事業の位置づけに直結するわけではない。農林牧畜事業は、その定着に長期間を要するという固有の特徴をもっている。したがって、この数値の低さは、満州における農林畜産関係諸事業がいまだ本格的な展開を見ないまま敗戦を迎えたことを示唆していよう。なお、満州関係喪失資産の合計は4265万円弱にのぼったが、鐘紡は、津田社長の国策協力方針の下で、南方・中国で広範な時局関係諸事業を手がけていたため、喪失資産額全体に占める満州関係事業のウェイトは11％程度にとどまった[120]。

5　東洋紡績の満州進出

　東洋紡績の満州進出に関する資料は限られている。『東洋紡績七十年史』に若干の記載があり、同書巻末の関係会社にはデータが示されているが[121]、子会社設立により進出が行なわれたため、営業報告書に外地事業に関する具体的記載はほとんどない。また、営業報告書には有価証券投資の合計しか示しておらず、子会社の設立や東洋紡績の具体的な投資状況を個別に知ることもできない。したがって、以下では、社史の限定された情報と『1942銀行会社年鑑』、『1942鉱工年鑑』などの情報を基礎として検討を行なう。

6　タイヤ工業

　1930年代に入り、タイヤ需要が本格的に伸び始めると、東洋紡績はタイヤコード製造に着目するようになった。1932年、ダンロップ、グッドリッチ、日本

タイヤのタイヤコードを生産していた竹村商店からタイヤコード繊維の紡糸依頼を受けたのを契機に、東洋紡績は竹村商店とタイヤコード製造で提携することとなり、天満工場でタイヤコード繊維の紡糸と製織を開始した[122]。

　1937年7月に日中戦争が始まり、長期化の様相を呈すると、満州・中国へのタイヤ輸出の要請が強まったが、これに対して日本政府はタイヤを現地調達する方針を明らかにした。この方針をうけて、東洋紡績はタイヤコードの原材料製造だけでなく、タイヤコードからタイヤまでの一貫製造を手がける企業を満州に設立する方向で本格的な検討をはじめたとみられる[123]。

　すなわち、東洋紡績は、1937年の11月に同社専務伊藤傳七を満州視察に派遣し、伊藤は自動車タイヤ会社設立の了解を得て帰国した[124]。この了解をうけ、同社は1937年12月1日付で満州国産業部大臣に重要産業許可申請を行なった[125]。申請に対する許可は1938年3月17日付の産業部指令第439号で与えられ、重要産業統制法に基づいて企業を設立することが認可された。もっとも認可を受けたとはいえ、東洋紡はまだタイヤ製造のノウハウに習熟していたわけではなかった。そこでまず、ダンロップ、ブリジストン両社と提携交渉を行なった。交渉は不調に終わったが、日中戦争拡大の中で事態を憂慮した陸軍が斡旋に乗り出した結果、最終的には横浜護謨製造との提携に成功した。

　こうして1938年6月17日、奉天に東洋タイヤ工業株式会社が設立された。同社は資本金1000万円、払込250万円で出発したが、1938年12月、1939年7月の追加払込により全額払込済みとなった。その後、1944年に増資を行ない、同年5月時点の資本金は1500万円（全額払込）に増大した[126]。既述のように、同社は東洋紡績と横浜護謨製造との提携事業であったが、出資比率などの詳細は不明である。ただし、1942年における経営陣の構成をみると、代表権をもつ専務取締役の作川鐸太郎に加えて、取締役（常務取締役2名を含む）7名のうち5名を東洋紡績の役員が占めており、経営権は東洋紡績側が掌握していたとみられる[127]。

　同社は、設立翌年の1939年7月に第1期の工場建設（奉天）を終え、9月から自動車タイヤ製造を開始した。技術的な面では、東洋紡績がタイヤコード技術を、横浜護謨製造がタイヤ製造技術を担った。1940年8月にはベルト類の生産設備、1941年6月には第1期ホース工場、同年9月には石綿ゴムパッキング工

場を完成させるなど、設立後も設備の拡充につとめ、1942年10月12日付で特殊方面の監査工場の指定を受けた[128]。なお、設備拡充の過程でタイヤ以外の製品も手がけるようになり、1942年の営業内容は「各種のタイヤ及其の他のゴム製品の製造販売並に其の原料の生産・売買」とされていた[129]。

経営成績については不明だが、中核をなすタイヤ生産は必ずしも順調に展開したわけではなかったようであり、操業開始後も東洋紡と横浜護謨の協調関係は円滑さを欠いていたと指摘されている。なお、同社はゴム製品製造の拡大をうけ、1943年2月に「東洋ゴム販売株式会社」を吸収合併したと『七十年史』に記されているが[130]、1939年12月に同社と東洋紡績の共同出資で奉天に設立された子会社・東洋護謨製品販売株式会社（1942年資本金45万円、半額払込）を吸収合併したと考えられる。

7　精麻加工業

タイヤ製造会社の設立計画が進展する中で、東洋紡績は満州への進出により積極的な関心を示すようになった[131]。1938年、同社首脳陣は満州視察を行なった。その際、満州国政府高官と懇談し、「（満州国への事業進出を希望するならば──引用者）現在のように嘱託員ではなく、相当の社員を本社から派遣し、常駐せしめられる方が宜しかろう」との示唆を得た。これをうけ、1939年4月に東洋紡績新京出張所（新京特別市北安路）が設置され、人物の特定はできないが有力な社員が派遣された。出張所の目的は、満州における新規事業の調査、研究、新会社設立の出願手続き、資金導入、資材獲得など企業進出のための業務全般に及んでおり、さらに在満関係会社間の連絡と調整の機能も果たすことになっていた。この目的に従い、新京出張所は様々な新規の計画と新会社の設立を手がけたが、東洋精麻加工株式会社もその一つであった。

1939年5月15日、東洋紡績は重要産業統制法により製麻企業の経営を認可され、同年8月、吉林に東洋精麻加工株式会社を資本金200万円（全額払込）で設立した[132]。東洋紡績の出資比率は不明だが、1942年時点では代表権をもつ専務取締役鈴木徳蔵以外のすべての取締役・監査役が東洋紡績の役員であり、少なくとも同社の経営権に対して東洋紡績は強い影響力をもっていた。

同社の業務は、大麻の栽培、麻類・靱皮繊維類の採繊や精綿加工販売であり、主要目的は紡績用大麻繊維の採繊にあった。工場は吉林市に置かれ、大麻繊維年産3300トンの採繊高をあげた。大麻繊維はもともと紡機に掛かりにくいという欠点をもっていたので、同社では採繊方法の研究を進め、農事試験場も設置して、大麻耕作に関する研究にも取り組んだ。綿紡・毛紡・絹紡のいずれにも利用できる繊維の精製加工が同社の目標であり、原綿不足による休錘の緩和につながる点で時局対応事業であったといえる。同社は1941年11月に資本金500万円、払込350万円に増資したが[133]、創設後の経営成績などの詳細は不明であり、後述のように1943年11月には同じ東洋紡績傘下の東洋人繊に合併された。

8　人造繊維（スフ）工業

東洋紡績は、1926年に人造絹糸工場を設置して人造繊維生産に着手していたが、1930年代には、人造絹糸だけでなく人造繊維全般の研究に取り組み始めた[134]。1933、34年には堅田工場（滋賀県）の一部で人繊（スフ）の試験製造に成功し、翌35年には敦賀人絹工場、天満工場、四日市工場でも人繊（スフ）の紡出を開始した。1937年7月には人繊（スフ）専門工場である岩国工場の第1期工事が終了し、操業を始めた。同工場は、1939年3月には第2期工事を終了し、人繊は年産1740万ポンドとなった。他方、敦賀人絹工場などでも設備の拡充が行なわれた結果、1939年下期には東洋紡績の人繊生産は年産118トンとなった。

国内での人繊生産の本格化とノウハウ蓄積をうけ、東洋紡績は満州での人繊生産を検討し始めた[135]。1938年、佳木斯において原木からパルプを製造し、それを原料とする人繊の生産を計画した。しかし、満州のパルプ製造業に参入するのは、日満パルプ製造、東洋パルプ、満州パルプ工業など既存のパルプ製造企業各社の存在から困難で許可も期待薄と判断し、満州での現地需要を満たすための人繊製造に限定した形に計画を修正することとなった。この人繊会社の設立は、1939年4月に設置をみた新京出張所（前述）にとって最初の重要な事業となった。同出張所は設置直後から新会社設立に向けて積極的に活動し、1939年5月には人繊事業に限定した企業設立を出願し、9月に許可を得た。

こうして1939年9月、資本金1000万円（創立時の払込不詳、1942年時点で

は全額払込）の東洋人繊株式会社が安東に設立された。同社の出資比率は不明だが、1942年時点の経営陣をみると、代表取締役社長作川鐸太郎以下、取締役・監査役はすべて東洋紡績役員が兼任しており、東洋紡績の完全な子会社であった。

同社は本店・営業所・工場のすべてを安東に置いたが、肝心の工場建設が終了したのは1940年末であり、設立後1年以上を要した。建設の遅滞は、物動計画による制約下で建設資材、設備機械、さらに工場用品の調達が困難をきわめたためであった。安東工場の機械設備は、既述の滋賀県・堅田工場でスフ製造を担っていた第一工場の設備一切を移設して調達されたが、これも物動の制約を反映していた。ようやく1941年4月に人繊工場は操業を開始したが、生産実績は目標の日産10トンにはほど遠く、日産3～6トン程度にすぎなかった。この点も、生産資材の入手難により操業が遅滞したためであった。もっとも、1944年8月の実績をみると、目標には達しないとはいえ、日産8.5トンに成長していた。1942年時点における同社の事業は「ステープルファイバー其他各種人造繊維の製造販売事業」とされており、スフを中核とする人繊事業という設立当初の目的が貫徹していた。

9　紡織工業

1939年6月、新京（長春）に満州天満紡織株式会社が設立された[136]。設立時の資本金は1000万円（払込250万円）であったが、株式はすべて天満織物会社が所有しており、天満織物の完全な子会社であった。設立時の計画では、新京に本店を、綿関係を中心に紡糸・織布を行なう工場を安東に設置する予定であったが、理由は不明だが、実際には安東工場は建設にすら至っていない状況にあり、計画は中断していた。

同社の安東工場の建設予定地は、前述した東洋人繊の工場に隣接しており、東洋紡績が進出するには好都合な立地条件を備えていた。1941年6月、計画の中断に着目していた東洋紡績はついに同社の買収に踏み切った。買収の詳細（東洋紡績の所有比率など）は知ることができないが[137]、1942年時点の同社経営陣の構成をみると、代表権をもつ専務取締役吉川辰之助以下、監査役1名を除いてすべて東洋紡績の役員によって占められており、完全に経営傘下に置かれていた。

同社は、買収後ただちに紡機 1 万 6000 錘、織機 500 台を備えた工場の建設（第 1 期計画）に取り組んだ。同社は翌 1943 年に払込資本金 500 万円になるが[138]、後述のように、同年 11 月には東洋精麻加工（前述）とともに東洋人繊（前述）に合併されており、プラントの稼働をみる前に法人としては消滅した可能性もある。なお、合併前の経営状況については知ることができない。

図表 I-7-12　満州東洋紡績の主要設備（能力）推移

主要設備（継承会社名）		設立時の能力	備　考	
人繊設備	（旧東洋人繊）	日産 10 トン	増資後日産 13 トン	
切繊機	（同）	5 台	…	
軟繊機	（同）	6 台	…	
精紡機	（旧満州天満）	16,000 錘	同	50,000 錘
織機	（同）	500 台	同	1,000 台
精繊機	（同）	35 台	…	

出所：東洋紡績株式会社『東洋紡績七十年史』(1953 年) 385-386 頁。
注：(1) 精麻関係の設備（能力）は不明のため除かれている。
　　(2) …は不詳。

10　満州東洋紡績株式会社への改組

1943 年 11 月 1 日、東洋精麻、満州天満紡織は東洋人繊株式会社に合併され、東洋人繊がその事業すべてを継承することとなった[139]。合併の意図について『七十年史』は東洋紡績の満州各種事業の統一にあったと述べており、この点からすれば、横浜護謨製造との共同事業であった東洋タイヤ工業が合併から除外されたのは当然ともいえる。新会社の設立意図に関する社史の説明はやや抽象的で明確さを欠いているが、新会社が合併と同時に社名を東洋人繊から満州東洋紡績株式会社（本店は安東）に改めたことは、東洋紡績にとって満州の諸事業が単なる子会社を通じた副次的なビジネスではなくなったこと、また東洋紡績としてもこれを重要な事業と捉えて積極的に拡大をはかっていくという事業態度を明示したものといえよう。なお、新会社・満州東洋紡績の社長には東洋紡績役員で東洋人繊社長であった作川鐸太郎がそのまま留任した。

積極的な事業姿勢は、満州東洋紡績の資本金推移にも示されていた。設立時の同社資本金 2500 万円は、既存各社の資本金（東洋人繊 1000 万円、満州天満紡織 1000 万円、東洋精麻加工 500 万円）の単純合計額にすぎなかった。しかし、『1944 鉱工年鑑』に捕捉された払込資本金は 2100 万円で、合併時の各社払込資本合計 1850 万円（東洋人繊 1000 万円、満州天満紡織 500 万円、東洋精麻加工

350万円）を250万円上回っており、追加払込が実施されたことがわかる。さらに、社史によれば、1944年5月に資本金2500万円の全額払込を完了し、年次は不明だが、敗戦までに資本金を5000万円とする倍額増資を実施した。

同社の設備・能力の変遷を示した**図表Ⅰ-7-12**によれば、大幅増資を通じて同社の人繊生産能力が大きく拡大したこと、精紡機・織機の大規模な増設が行なわれたことが判明する。もっとも、同社はスフを中心とする人造繊維生産に最重点を置いたため、精麻関係設備の改善は遅れたようである。たとえば、計画では精麻工場に麻ホース・紐類・軍用手袋工場を増設することになっていたが、結局は実現をみなかった。戦争最末期における積極的な投資がどの程度の成果を収めたかは興味深い問題だが、残念ながら敗戦までの経営状況の詳細は不明である。

なお、満州東洋紡績が設立されても、既述の東洋紡績新京事務所は廃止されなかった[140]。この事実は、満州東洋紡績の役割があくまで満州における人造繊維を中心とした既存諸事業の統括に限定されており、東洋紡績にとって有利な新規事業を調査し、その起業を計画・立案するという進出の司令塔としての機能を担ったわけではないことを示している。司令塔としての役割は依然として新京事務所が果たし続けた。ただ、結果的にいえば、これまで触れた以外で新京事務所が立案した企業設立で実現したのは1944年2月の満州中部製絨株式会社（奉天、資本金・払込不明、フェルト生産）にとどまり[141]、その他はたんなる計画のままに終わった[142]。これらの実現されなかった企業設立計画としては、1939年の東洋産業株式会社（柞蚕・スフを原料とする紡糸・製織・加工の一貫生産を予定）、1940年の東洋柞蚕工業株式会社（資本金3000万円を予定、柞蚕繊維による衣料供給を計画）があげられる。

10　対満投資の結末

敗戦が東洋紡績の対満投資すべてを無に帰したことはいうまでもない。最後に、対満投資が東洋紡績の対外投資全体の中でどの程度のウェイトを占めたか、その損失によるダメージがどれほどにのぼったのかを確認しておこう。

同社の「1950年3月25日社債目論見書」から作成した**図表Ⅰ-7-13**によれば、同社の在外固定資産・棚卸の損失に占める満州のウェイトは1％未満にすぎ

図表 I-7-13　東洋紡績の対外投資

在外固定資産・棚卸の損失	投資額（＝損失額）
うち朝鮮（3工場、1支店）	2,998万8,000円（98.0％）
中国（2事務所）	37万8,000円（1.2％）
満州（1事務所：新京）	23万2,000円（0.8％）
総計	3,059万8,000円（100.0％）
同系会社に対する投資損失	投資額（＝損失額）
「主なるもの」	計1億728万750円（100.0％）
うち中国（4社）	5,371万9,500円（50.1％）
朝鮮（1社）	996万7,500円（9.3％）
満州（2社）	4,359万3,750円（40.6％）
総　計	1億3,936万9,000円

出所：東洋紡績株式会社「1950年3月25日社債目論見書」。

図表 I-7-14　東洋紡績の在満関係会社

企業名	備　考
満州大豆化学工業㈱	1940年4月設立、新京特別市興仁大路、資本金3000万、払込750万円、工場：大連第1・第2工場
東洋穀産工業㈱	1940年6月設立、四平街市永楽区長楽街、資本金100万、払込75万
満州レザー㈱	1940年8月設立、奉天市鐵西区励工街、資本金50万、払込済
大同バルブ製造㈱	1942年5月設立、奉天市朝日区東亜街、資本金40万、払込済
東洋鉄工㈱	1942年9月設立、奉天市鐵西区励工街、資本金30万、払込済
満州恒化工業㈱	1942年10月設立、奉天市鐵西区啓工街、資本金30万、払込済
満州中部製絨㈱	1944年2月設立、奉天市北関区大北街、資本金100万、払込不詳

出所：前掲『東洋紡績七十年史』711-728頁。

ず、圧倒的な部分（98.0％）は朝鮮の工場・支店関係が占めていた。ただし、これは東洋紡績の満州での直営事業が新京事務所に限定されていたことを示すにすぎず、同社にとって満州投資とその損失が微少であったことを意味するわけではない。東洋紡績の満州進出は子会社を設立する形で展開したので、そのダメージは同系会社に対する投資の損失として集中的に表れた。しかも、直営事業の損失合計（在外固定資産・棚卸損失）約3060万円に対して、同系会社投資の損失合計は1億3940万円にのぼり、その「主なるもの」約1億730万円のうち40.6％、4360万円弱を満州関係の2社（満州東洋紡績、東洋タイヤ工業）が占めた。直営事業と同系会社投資を合計した場合、5400万円を超える中国投資の損失には及ばないものの、対満投資の損失は4400万円近くとなり、朝鮮投資のそれを凌駕していた。また、正確にいえば、東洋紡績の系列会社投資は、この表に捕捉さ

れた在満2社のみではなかった。**図表Ⅰ-7-14**には、系列企業には数えられないものの、東洋紡績が部分的に出資を行なった在満企業群を示した。東洋紡績の出資比率は不明であり、また満州大豆化学工業以外に大きな資本金規模をもつ企業は含まれていないが、これらに対する投資も損失に加えねばならない[143]。こうした点からすれば、少なくとも、満州への企業進出は戦時下東洋紡績の対外投資において一つの中核的な部分を構成していたと考えるべきであろう。

第6節 共同出資による進出

1 共同出資型企業の2類型

　満州に対する日系企業の進出パターンとして日本本国の有力企業が共同出資の方式で満州に事業会社を設立するケースが存在する。本節ではこうした共同出資形態で設立された満州企業について検討する。株式保有状況が判明する満州企業のなかからこうした共同出資方式で設立されたと考えられる企業を抽出すると10社が確認できる。『満州銀行会社年鑑』などの満州企業ディレクトリーのデータによれば、確認し得る範囲で、満州に設立された日系法人企業数は7700社以上にのぼる。それらの相当数は合名会社や合資会社形態による中小零細企業であるが、それでも比率から言えばこうした共同出資方式による企業進出は必ずしも多いとは言えない。しかし、その反面で、こうした方式により設立された企業はその多くが満州における日系企業の中でも有力企業であった。

　これらの企業の特徴は、特殊会社および準特殊会社形態で設立された企業が多いことにある。1942年10月現在で満州には35社の特殊会社および30社の準特殊会社が存在した。そのうち特殊会社で4社、準特殊会社で1社が共同出資方式により設立された企業であった。周知のように、特殊会社は満州国勅令による特殊会社法に準拠し設立された企業であり、準特殊会社は特殊会社法の制定はないが、会社設立許可について附款命令に基づく満州国政府の経営関与権が存在するか、あるいは会社定款にそれを規定した企業である。共同出資方式により設立された企業のなかに、こうした満州国政府の経営関与権を内在させる企業が多く存

図表Ⅰ-7-15　満州国主導型共同出資企業（1942年10月現在）

会社名	特殊	設立年月日	公称資本金（千円）	払込資本金（千円）	主要株主と保有株数	株主数	本店所在地
満州石油株式会社	特殊	1934.02.24	40,000	30,000	経済部大臣：280000、満州興業銀行：127000、貯金部：100000、三井物産：79900、日本石油：109900、三菱鉱業：56000、満石共栄会：11000、三菱商事：23900	13名 1941.12.末現在	新京
満州塩業株式会社	特殊	1936.04.28	25,000	22,500	経済部大臣：150000、大日本塩業：73520、満鉄：20000、旭硝子：16680、徳山曹達：12000、満州化学工業：5000	13名 1940.12.末現在	新京
満州図書株式会社	特殊	1937.04.09	8,000	6,500	経済部大臣：126000、東京書籍：9100、日本書籍：9100、日満文教：8500、大阪書籍：7300	—	新京
満州合成燃料株式会社	特殊	1937.08.06	50,000	50,000	経済部大臣：340000、三井物産：226000、三井鉱山：114000、帝国燃料興業200000、満州炭砿：60000、満州石油：60000	6名 1941.03.末現在	新京

出所：大連商工会議所編『満州銀行会社年鑑』昭和17年版、1943年、満州鉱工技術員協会『満州鉱工年鑑』康徳11年版、東亜文化図書、1944年。

在することから、共同出資方式で設立された企業は二つの類型に区分すべきものと思われる。一つの類型は満州国の産業政策という国策的な目的の下に設立された企業に出資を含めて誘引されたケースであり、他の類型は日本本国の主要企業が共同投資方式で満州進出を図るために企業設立をしたケースである。本節で抽出した10社はいずれも主要株主構成を見ると、日本本国における当該産業部門の有力企業による出資を確認できる。しかし、その出資者構成を見ると、特殊会社として設立され最大株主が満州国政府である企業群と主要株主に満州国政府や国策的企業が存在せず日本本国の主要企業が出資の中心となっている企業群である。前者のタイプを満州国主導型共同出資企業とし、後者のタイプを業界協調型共同出資企業と類型化し、この観点から共同出資企業を区分して**図表Ⅰ-7-15**および**図表Ⅰ-7-16**に掲出した。

　図表Ⅰ-7-15に掲出した企業はすべて特殊会社である。満州国成立の翌年の

図表 I-7-16　業界協調型共同出資企業（1942年10月現在）

会社名	特殊	設立年月日	公称資本金（千円）	払込資本金（千円）	主要株主と保有株数	株主数	本店所在地
満州火災海上保険株式会社	準特殊	1937.12.01	5,000	1,250	東京海上火災保険：19450、三菱海上火災保険：6650、明治火災海上保険：6650、大正海上火災保険：6650	42名 1942.02.末現在	新京
日満製粉株式会社		1934.06.25	10,000	10,000	東洋拓殖：29740、日本製粉：12300、三井物産：11900、三菱商事：5900、第一徴兵保険：5000、木村徳兵衛店：3500、日清製粉：3300、住友生命保険：6850	1713名 1942.08.末現在	哈爾浜
関東州興業株式会社		1934.09.13	2,000	2,000	宝酒造：5000、合同酒精：5000、大日本酒類：5000、協和化学工業：2980	18名 1941.12.末現在	大連
満州製糖株式会社		1935.12.26	20,000	15,000	大日本製糖：95000、台湾製糖：54000、塩水港製糖：38000、明治製糖：48000、三和信託：30000、南洋興発：9600	779名 1942.10.末現在	奉天
満州電線株式会社		1937.03.19	20,000	12,500	古河電工：86380、住友電工：86380、藤倉電線：56960、日立製作所：43560	11名 1942.05.末現在	奉天
満州車両株式会社		1938.05.05	20,000	15,000	日本車両製造：40000、住友金属工業：39900、日立製作所：39600、三菱重工業：39200、汽車製造：37000株、山一証券：26900	970名 1942.05.末現在	奉天

出所：大連商工会議所編『満州銀行会社年鑑』昭和17年版、1943年、満州鉱工技術員協会『満州鉱工年鑑』康徳11年版、東亜文化図書、1944年。

1933年3月に満州国政府は「満州国経済建設綱要」に基づき特殊会社設立を軸とする経済統制の強化と自律的な満州経済建設方針を明らかにする。しかし、日本本国経済との連繋を閉ざした満州の産業開発計画は現実的ではなく、1934年3月に日本政府は「日満経済統制方策要綱」を閣議決定し、「現地適応主義」による日本本国経済と満州産業開発との連動性を重視する基本方針を打ち出した。満州国政府も同年6月に「一般企業に対する声明」を発表し「国防上重要ナル産業公共公益的事業及一般産業ノ根本基礎タル産業」については「特別ノ措置」を講

ずるが、その他の一般産業については「広ク民間ノ進出経営ヲ歓迎」することを表明した[144]。共同出資による企業進出もこうした経済政策に対応して進展したと考えられる。これらの特殊会社形態で設立された共同出資企業は明らかに国策的な「特別ノ措置」を講じられた企業であった。これらの企業には日本本国における有力関連企業が出資していることに間違いはないが、それ以上に満州国政府あるいは満州産業政策を濃厚に反映する企業の出資比率が高い。満州石油は満州国政府の持株比率が35.0％あり、これに満州興業銀行および貯金部の持株比率を加えると63.4％となる。以下、満州塩業の満州国政府持株比率は30.0％、満州図書の満州国政府持株比率は78.8％、満州合成燃料の満州国政府持株比率は34.0％となっている。これら満州国主導型共同出資企業は国策に基づき設立された企業であり、日本本国の関連企業出資は企業経営を人的、技術的に実体として担う諸企業が、その限りで出資を行なったものと考えられる。

これに対し**図表Ⅰ-7-16**に掲出した企業の主要株主には満州国政府をはじめとする国策的な投資主体は存在しない。その意味では日本本国企業の共同出資による満州進出企業としては、この業界協調型共同出資企業の類型が日本企業の共同出資方式による満州直接投資の意図をより直接的に反映したものと言うことができる。

2 満州国主導型共同出資企業

まず、共同出資型企業の類型である満州国主導型共同出資企業の設立経緯について以下で簡単に紹介しよう。

1934年2月24日に公称資本金500万円（払込125万円）で満州石油株式会社が設立される。同年10月10日に資本金500万円の払込が完了し、1936年8月31日に公称資本金額が1000万円に増資される。この払込は1937年9月30日に完了し、1938年2月28日には倍額増資を行ない公称資本金2000万円になる。この払込が1939年11月1日に完了すると1941年2月28日にさらに倍額増資を行ない、満州石油は公称資本金4000万円（払込3000万円）の巨大企業となった。

満州における石油市場は、それまでスタンダード石油やアジア石油（シェル）をはじめとする欧米の国際石油資本にほぼ100％を市場支配されていた。こうし

た外国企業による石油市場支配の排除を目的に、満州国政府は 1934 年 2 月に「満州石油株式会社法」（勅令第 7 号）を公布して石油事業の一元的統制に着手し、1935 年 4 月 10 日から石油専売法を施行する[145]。満州石油は、この特殊会社法に基づく満州国最初の特殊会社として大連に設立された企業である。同社は輸入原油を揮発油、灯油、重油などの石油製品に精製する事業と北満州の札賚諾爾の試掘など満州国内の油田開発をその目的としていた[146]。設立時の出資状況は満州国政府が 100 万円、満鉄が 200 万円、三井物産が 50 万円を出資したが、同時に日本石油株式会社、小倉石油株式会社、三菱石油株式会社などの日本における主要石油精製企業も各 50 万円を出資している。そして 1935 年 1 月に満州石油大連製油所が設置される[147]。こうした満州石油の設立と石油専売制の導入によりシェルやテキサス石油など欧米系石油企業は満州市場から排除された。こうして満州石油は満州唯一の供給企業として独占的に石油精製および販売を開始する[148]。しかし、日本石油の技術的支援の下に進められた札賚諾爾や錦州阜新の油田試掘は成功せず、結果的に満州における原油の輸入依存構造は解消されなかった[149]。その一方で、満州における石油需要は急増しつつあった。このため満州石油の石油事業のみでは満州における石油専売制は維持し得なくなる[150]。こうした石油需給の逼迫から石炭液化を中心とした人造石油工業の発展が図られていくことになった。なお、満州石油は満州地域以外にも社外投資を行ない、1936 年には華北進出を目的にソビエトの石油販売企業であった大華火油股份有限公司を買収する。また、翌 37 年には冀東防共自治政府と共同出資で冀東火油股份有限公司を新設し、1938 年にも張家口に半額出資で蒙彊石油股份有限公司を設立して、同社の石油販売網の拡大を図っている[151]。

　満州塩業株式会社は 1936 年 4 月 28 日に公称資本金 500 万円（払込 125 万円）で新京に設立された。同社は 1938 年 12 月 7 日に 3 倍増資を行ない公称資本金 1500 万円となり、1940 年 10 月 30 日に払い込みを完了する。さらに翌 41 年 3 月 25 日にも増資が行なわれ、公称資本金 2500 万円の企業となった。満州塩業は満州においてソーダ工業用原料塩を製造し、それを日本に供給することを目的として、商工省の主導の下で大蔵、拓務、陸軍の各省と関連事業を行なう大日本塩業株式会社、旭硝子株式会社、日本曹達工業組合連合会、晒粉同業会などにより設

立準備が進められる [152]。1936年4月23日に「満州塩業株式会社法」（勅令第55号）が公布され、同社は特殊会社として設立された。こうした設立の経緯から、当初の出資比率は、満州国政府が25％、満鉄が20％で、残りの55％のうち32％を大日本塩業が引き受け、旭硝子、徳山曹達株式会社も各6％を出資した。これらの企業以外では満州化学工業株式会社や日本曹達漂白粉同業会に加盟する化学塩業株式会社、保土ヶ谷化学工業株式会社など5社も出資をした。このように日本本国企業としては、工業塩精製企業や工業塩を製造原料として利用する企業が分担出資していた [153]。また、1938年の1000万円の増資に際し、増資株の50％を満州国政府が引き受け、残りの50％は従来の出資比率に応じて株主に割り当てられた。この増資時に東洋曹達工業株式会社と宇部窒素工業株式会社が新たに株主となっている [154]。同社は復州、錦州などに塩田を有し製塩事業を行なうとともに苦汁から硫酸カリや臭素を採取する副産物工場も設置した [155]。

　満州図書株式会社は1937年4月9日に公称資本金200万円（払込50万円）で新京に設立された。同社も1937年3月29日に公布された「満州図書株式会社法」（勅令第41号）に基づいて設立された特殊会社であった。1938年11月25日に払い込みを完了し、1940年1月22日には公称資本金800万円と4倍増資が行なわれ、1941年8月1日に650万円の払い込みを完了する。株式は総株数16万株のうち満州国政府が12万6000株と78.8％を保有し、その他では東京書籍株式会社と日本書籍株式会社がそれぞれ9100株、日満文教株式会社が8500株、大阪書籍株式会社が7300株を保有している。満州図書の販売子会社として1939年10月27日に準特殊会社形態で満州書籍販売株式会社が設立されるが、満州図書は1942年8月31日に公称資本金を550万円に減資し、満州書籍配給株式会社を完全に分離独立させる [156]。満州図書は「教科用図書に関する事業を統制し、併せて教科用図書以外の著作物の発行頒布に依り、文化の向上を期すると共に、是等図書の廉価供給を図る」とする、満州国における教科書用図書の統制を目的とした企業であった。こうした目的から東京書籍など日本本国の主要な教科書出版社が同社に出資を行なった。同社理事長には東京書籍社長の石川正作が就任し、石川の退任後はやはり東京書籍で国定教科書の出版配給業務の経験を有した駒越五貞が就任している [157]。

満州合成燃料株式会社は1937年8月6日に公称資本金5000万円（払込1000万円）で設立され、1941年3月31日にその全額払い込みを完了する巨大企業である。同社もまた1937年7月の「満州合成燃料株式会社法」（勅令第36号）に基づき設立された特殊会社であり、満州の液体燃料工業における最初の法人企業であった[158]。出資比率は満州国政府が34％、三井物産株式会社および三井鉱山株式会社の三井系2社の合算出資比率も同じく34％、それ以外では満州炭砿株式会社が16％、帝国燃料興業株式会社が10％、満州石油が6％であった。出資比率は満州国政府と同率であるが工場建設と事業経営の実際は三井系2社に一任されており、理事長には三井鉱山会長の尾形次郎が就任する。三井鉱山および同社から分離独立した三井化学工業株式会社は三池炭砿に石油合成試験工場を設置し石炭液化事業にすでに着手していた[159]。こうした点から満州合成燃料の事業経営が三井系企業に委ねられ、その関係から三井物産および三井鉱山の三井系企業2社の出資比率が相対的に高まったと思われる[160]。満州合成燃料は錦州に工場を設置し、阜新炭を利用してフィッシャー法により液体燃料を製造することを目的として設立されたものであった。

3　業界協調型共同出資企業

続いて業界協調型共同出資企業の設立経緯と日本本国企業のこうした方式を通じた満州進出の背景について見てみよう。

満州火災海上保険株式会社は、1937年12月1日に準特殊会社として公称資本金500万円（払込125万円）で新京に設立された。満州における損害保険事業は日本本国の損害保険企業やイギリス、アメリカなど外国企業が支店を設置して行なわれてきたが、1922年8月8日に満鉄が大連埠頭貨物の特約保険を目的に公称資本金200万円（払込50万円）で大連火災海上保険株式会社を設立する[161]。満鉄が33％を出資し、三菱系の東京海上火災保険株式会社と三井系の大正海上火災保険株式会社もそれぞれ17％を出資し、その事業活動に関与してきた[162]。満州国が成立すると損害保険事業の統制と満州における損害保険契約を独占的に請け負わせることを目的に、大連火災海上保険を基礎に設立されたのが満州火災海上保険であった。総株数10万株のうち2万株を大連火災海上保険が保有し、1

万9650株を東京海上火災保険が保有した。また5万4350株は日本本国の損害保険企業15社が分担して引き受け、残余の6000株は満州興業銀行、大興公司、国際運輸株式会社が各2000株を引き受けた。取締役会長に大連火災海上保険社長の村井啓次郎が就き、その他の役員には東京海上火災保険や明治火災海上保険など出資を行なった日本本国の主要損害保険企業7社の役員が就任している[163]。同社の経営全般は東京海上火災保険に委託され、実質上の経営責任者は明治火災海上保険出身で満州火災海上保険の常務取締役に就任した景山泉造であった[164]。同社は1938年4月1日より営業を開始し、8月1日付で大連火災海上保険の業務一切を継承した。これに伴い大連火災海上保険は1939年7月末日をもって解散された。

　日満製粉株式会社は1934年6月25日に公称資本金200万円（全額払込）で哈爾浜に設立される。同社は1936年12月25日に公称資本金を1000万円に増資し、1942年8月20日に全額払込を完了する。設立時の出資構成は、総株数4万株のうち、東拓が4000株、三井物産、日本製粉、三菱商事、日清製粉がそれぞれ3000株、日東製粉、木徳製粉、味の素本舗鈴木商店がそれぞれ2000株、大阪製粉、増田製粉、大倉商事が1000株となっており、残余の1万5000株は一般公募された[165]。取締役社長には日東製粉株式会社社長の松本真平、専務取締役には東拓大連支店長の中沢正治が就任した。7名の取締役は味の素本舗鈴木商店、日清製粉、大阪製粉、日本製粉、木徳製粉、増田製粉など出資を行なった日本本国の有力製粉メーカーおよび満州国の中国系製粉メーカーである天興福の邵慎亭が就任した。また、三井物産、三菱商事、大倉商事の財閥系商社3社からは監査役が派遣されている[166]。張学良政権が東三省官銀号の1部門として経営した哈爾浜、綏化、海拉爾における製粉4工場は満州事変後に満州中央銀行の管理下に置かれていた。当時の満州は小麦の優良な生産地ではあったが、製粉業の発達が遅れたため、小麦粉消費量の三分の二を移入に依存していた。関東軍特務部はこれらの製粉工場を中心として満州国内に製粉業を発展させ、将来的に製粉業の一元的統制を行なうことを目的として企業設立を企図する。こうした関東軍の意向を受けた東拓を中心として、日本本国の財閥系商社および主要製粉会社により設立されたのが日満製粉であった。

同社は満州における全小麦粉消費量の三分の一の供給能力を有していた。関東軍特務部および満州国は、当初同社を満州国公司法に準拠する国幣資本の満州国法人として設立しようとした。しかし、出資主体の本国企業は、国幣に対する円の相場が当時95円から110円の間を変動し安定しないことを理由に満州国法人としての設立を了承せず、同社は金円資本による日本国法人として設立される。しかし、満州国政府および関東軍は同社に対し満州国法人への改組を強く要求した。この結果、1936年12月15日に同社および同社役員が発起、設立する形で公称資本金200万円（国幣建て全額払込）の満州国法人日満製粉股份有限公司が設立され、同公司に日満製粉の資産および営業のすべてが譲渡される。この結果、日本国法人の日満製粉は形式的には同公司の持株会社となった。その後の1937年12月1日に「治外法権撤廃に関する日満条約」が施行されると、日本国法人の日満製粉は日本国籍を喪失し自動的に満州国法人に転換された。そのため今度は1938年1月19日の臨時株主総会で満州国法人である日満製粉股份有限公司の資産および営業のすべてが満州国法人となった日満製粉株式会社へ再び譲渡され、同公司は解散することとなった[167]。

1935年12月に日東製粉社長を兼務する満州製粉社長の松本真平が、日東製粉が買収予約した満州製粉株式会社新京工場を日満製粉で買収することを取締役会に提案する。しかし、この提案が取締役会で否決されると松本は日満製粉の社長を辞任し、同工場を日東製粉により買収し、1936年8月15日に公称資本金100万円（払込50万円）で日東製粉股份有限公司を設立する。一方、満州国の小麦粉自給自足方針が策定され、小麦粉の対満州輸出が困難となった日本本国の製粉企業はこれを皮切りに本国工場の過剰設備を満州移転する形で次々と企業新設を開始する。日清製粉が1937年2月24日に公称資本金200万円（払込100万円）で新京に康徳製粉股份有限公司を設立し、日本製粉は1937年3月11日に公称資本金200万円（払込100万円）の東洋製粉股份有限公司を奉天に設立する。康徳製粉は四平街と牡丹江に工場を新設し、東洋製粉も四平街と奉天に工場を新設し、それぞれ操業を開始した[168]。また、三井物産系の三泰産業株式会社は哈爾浜の中国系製粉メーカーである中興福や開原の亜細亜製粉股份有限公司を実質的に経営支配する。こうして日満製粉に結実した本国有力企業の共同出資による協調的

企業行動は弱体化し、天興福や双合盛を始めとする中国系メーカーも生産能力を拡大したため、満州における製粉企業間の市場競争が激化し、製粉各社は生産能力の過剰状況を生じさせることとなった。

　関東州興業株式会社は1934年9月13日に公称資本金100万円（払込30万円）で飲料用アルコール製造を目的として内野晋により大連に設立された。しかし、同社は経営不振から無配が続き、同社の大株主であった大満州木材工業合資会社の亀田浦吉から企業譲渡の意向が示される。これを受けて満州進出の機会を模索していた日本本国の有力醸造企業が同社の買収を企図する。すなわち、大日本酒類株式会社社長の森英示を通じて同社および宝酒造株式会社、合同酒精株式会社の3社により結成されていた協和会の3社会議に関東州興業の買収が提起される。このため合同酒精専務取締役の堀末治が買収交渉のため1938年8月に大連に派遣された。こうして同年9月に関東州興業は協和会3社に買収され、新たに社長に堀が就任し、常務取締役には大日本酒類の谷隆一、支配人には宝酒造の末藤武男、工場長には合同酒精の小林一馬がそれぞれ就任した[169]。出資3社の持株比率は同率とされ、1939年10月13日に資本金の払込が完了する。翌40年2月17日には公称資本金が200万円に倍額増資され、1941年12月1日に全額払込が完了する[170]。このように日本の有力醸造企業は同業組織を基盤とする共同出資を通じて関東州興業を買収し満州に企業進出をした。関東州興業はアルコール2万石を製造し、酒類や清涼飲料、その他化学製品を製造する企業として再出発する。同社は満州におけるアルコール製造の大手企業に成長し、同社大連工場の製造する無水アルコールは満州石油化学株式会社に納入され航空燃料として利用された。関東州興業は製造する含水アルコールを自動車燃料に利用することを目的に満鉄自動車部と1943年4月から共同研究を開始し、同年10月に満鉄と共同出資でアルコール製造企業の新設が決定される。こうして1944年2月に公称資本金500万円（払込300万円）で吉林に満州酒精工業株式会社が設立された。資本金の50％を満鉄が出資し、46％は関東州興業が出資した。社長と専務取締役には関東州興業の堀末治と谷隆一が就任し、常務取締役に斉斉哈爾満鉄自動車部長の合田寛太郎が就任する。同社はアルコール年産1万キロリットルの工場を吉林市外哈達湾に建設する。しかし、操業を開始することなく敗戦を迎えることとなっ

た[171]）。

　満州製糖株式会社は、1935年12月26日に公称資本金1000万円（払込250万円）で奉天に日本法人として設立された。さらに、その2日後の12月28日には公称資本金500万円（250万円払込）で満州国法人の満州製糖股份有限公司が満州製糖と同じ地番に設立登記される。すなわち満州製糖は満州製糖股份有限公司株式の97％を保有する同公司の持株会社であり、この点で満州製糖は先に取り上げた日満製粉と同様に日満両国に法人登記された二重国籍会社であった。こうした会社形態が採られた背景には、日本の主要企業が満州国企業へ共同出資するに際して、その投資為替リスクを回避し投資環境を安定化させる目的があった[172]）。満州製糖は日本法人および満州国法人とも社長には、同社の設立に中心的な役割を果たした台湾の昭和製糖株式会社社長であった赤司初太郎が就任した[173]）。満州製糖も満州国の治外法権撤廃後に満州製糖股份有限公司を吸収合併して満州国法人に転換する。満州製糖の出資構成は台湾製糖株式会社が13.5％、大日本製糖株式会社、塩水港製糖株式会社、明治製糖株式会社がそれぞれ12.0％、赤司鉱業株式会社および後宮信太郎が各10.0％であり、これ以外に共同信託株式会社が5.0％を出資していた。その後に南洋興発株式会社も主要株主となる。なお、赤司鉱業は赤司初太郎関係会社の持株会社機能を有した企業であり、後宮信太郎は台湾における赤司の共同事業家であった。また役員構成を見ると、取締役には大日本製糖の藤山愛一郎、塩水港製糖の槇哲、明治製糖の有島健助、南洋興発の松江春次および後宮信太郎が就任している。また、台湾製糖からは武智直道が監査役に就いた。満州製糖の設立は、満州農業移民と結合して甜菜増殖計画を進め、満州国における砂糖自給を実現することを企図した関東軍の製糖事業育成方針を背景に有するが、事業体としては明らかに日本糖業連合会を構成する日本の代表的な製糖企業が共同して出資、設立した企業であった[174]）。同社は1939年12月4日に公称資本金1000万円の払い込みを完了し、翌40年9月25日には倍額増資を行なうことで公称資本金が2000万円（払込1500万円）となった。同社の事業は経営悪化から会社清算された南満州製糖株式会社の製造工場を買収するとともに新京にも工場を設置し、1939年末から操業を開始する。満州製糖は甜菜製糖による自給を目的に奉天省内に7区の原料区を設定して農務員駐在所を設置し甜

菜栽培事業に着手する。しかし、当初の事業は精製糖の製造を中心に進められ、その原料糖を供給したのが共同出資企業であった台湾製糖をはじめとする日系製糖4社であった[175]。

満州電線は1937年8月6日に公称資本金500万円（払込250万円）で奉天に満州国公司法に基づく股份有限公司として設立された。同社は1939年3月10日に公称資本金1000万円に増資され、1941年1月30日にも倍額増資され公称資本金2000万円（払込1250万円）の巨大企業となった。満州産業開発5ヵ年計画による電力事業や通信事業の拡充計画は満州における電線需要の急増を引き起こす。そうした電線需要に対し主要需要企業であった満鉄、満州電信電話株式会社、満州電業株式会社などが個々に製造工場を新設することは効率的でないとして、当時の日本本国の代表的な電線メーカーであった株式会社住友電線製造所、古河電気工業株式会社、藤倉電線株式会社の3社が中心となり満州電線の設立が進められた。これら3社に加え株式会社日立製作所、大日電線株式会社、日本電線株式会社、東京製線株式会社の合計7社が共同出資して設立されたのが満州電線であった[176]。これら7社は「其ノ製品ハ日本国内需要量ノ殆ド全部ヲ供給シ更ニ支那、南洋、印度等ニ進出シ満州国ニ対シテモ又需要量ノ殆ド全部ヲ供給」する有力電線メーカーであった[177]。董事長には古河電工常務取締役の鈴木元、専務には住友電線総務部長の佐伯長生が就任した。董事には住友電線、藤倉電線、日立製作所、大日電線、日本電線、東京製線出身者がそれぞれ就任し、董事営業部長には電線共同団体事務長の立脇耕一、董事製造部長には藤倉工業第一製作課長の鳥谷部愷が就任している[178]。その後に昭和電線電纜、津田電線、東海電線、沖電線株式会社の4社も満州電線に経営参画する[179]。設立時の株主数は18名で、満州電線に共同出資した企業出身で、同社役員に就任した個人名義となっている。主要な大株主を挙げると、総株数10万株のうち、住友電線専務で満州電線董事に就任した小畑忠良が8340株、やはり住友電線出身の佐伯長生が8330株、鈴木元の社長辞任後に第2代社長に就任する住友電線専務の別宮貞俊が8330株、日本電線と東京電線の社長であった董事の崎山刀太郎が7500株、これら以外に日立電線出身者2名と藤倉電線出身者3名が各5500株、古河電工出身者3名、藤倉電線出身者1名および立脇耕一が各5000株を保有していた。

満州電線の設立に中心的役割を果たし、出資や役員構成の中心となったのは古河電気工業、住友電線、藤倉電線であった。これら3社は日本本国でカルテル協定を通じた市場独占を形成し、第1次大戦期を中心に電信関係借款の供与を通じて、早くから中国輸出市場の開拓を図ってきた企業であった。これら国内独占メーカーが満州産業開発5ヵ年計画の発動にともなう電線市場の急拡大にビジネスチャンスを見出し、直接投資により市場確保を図ることを目的に共同出資され設立された企業が満州電線であった。満州における本格的な電線製造企業は同社1社であり、満州における電線の製造・販売は同社が独占していた。すなわち、国内の独占体制が満州にそのまま移転され結実した企業が同社であった。同社は満州国の代表的な重化学工業地帯として急成長する奉天市鉄西区に設立される。同社の初期の事業体制は、営業部門は古河電工、総務部門は住友電線、製造部門は藤倉電線という分業システムが形成されていた。このことから同社が形式的に7社体制を取りながら、実質的には独占3社体制であったことが分かる。鉄西区の建設工場は建設予算280万円で、伸線工場および被覆線工場が建設された。1937年5月に重要産業統制法が公布されるが、同法は5ヵ年計画の直接的重点産業に適用されたため、電線メーカーである満州電線はその適用を免れている。

満州車両株式会社は1938年5月5日に公称資本金500万円（払込125万円）で奉天に設立される。1939年7月11日に公称資本金が1000万円に倍額増資され、翌40年7月24日にはさらに公称資本金2000万円へと増資された。満州車両については沢井実の日本鉄道車両工業研究で詳細に検討が加えられている。沢井の研究に拠りながら同社について概観しておきたい。日本の鉄道車両工業は1920年代に満鉄指定有力メーカーであった日本車両製造、汽車製造、川崎造船所、日立製作所および田中車両の5社が受注カルテルを組織していた。関東軍および満鉄は産業開発5ヵ年計画の発動を受けて鉄道車両の増産計画を立案する。その実行のために満鉄は自社工場の拡張と同時に日本本国の受注カルテル組織であった弥生会に満州における鉄道車両製造企業の新設を求める。カルテル5社は当初直接投資による満州進出に消極的であった。しかし、満鉄の強い要請により1937年6月には弥生会による新会社設立計画が成案する[180]。この設立計画に基づき満州車両が設立される。出資企業と持株比率は、日本車両製造、汽車製造、

川崎車両、日立製作所が各10％、田中車両が5％、これらカルテル組織加盟5社で設立資本金の45％が出資された。これ以外では、それまでカルテル組織から排除されていた三菱重工業が10％を出資し、材料部品メーカーであった住友金属工業が10％、日本エヤーブレーキと発動機製造が各5％、東京機器工業が2％を出資している。また、満州鋳鋼所が5％、満州機器股份有限公司が2％と、満州の関連企業も同社に出資した。取締役社長には日本車両製造副社長の秋山正八が、専務取締役には元満鉄工作局長の野中秀次が就任する。それ以外の取締役にはカルテル組織加盟5社と三菱重工業、住友金属工業、日本エヤーブレーキ、発動機製造の4社から各1名の合計9名が就任した[181]。このように満州車両もまた本国独占企業を軸に関連有力メーカーが共同出資して設立された企業であった。

　大型設備投資が必要な満州車両の経営状況は借入金が増大し低収益を余儀なくされた。また機関車部門を中心に増産計画の達成も困難な状態にあった。こうした同社の状況に関東軍および満州国は同社に対し増産計画の達成を強く迫り、不可能な場合には増資株の満鉄引受けと満鉄の経営参画を通告した。満鉄は同社の満鉄への経営委託と役員全員の退任を求め、1944年2月に満鉄理事参与の宇佐見喬爾が社長に就任し1000万円の増資と満鉄による全額引受けが実行された[182]。こうして国内独占企業を中心に共同出資方式により設立された満州車両は、その経営不振から最終的には出資と経営が満鉄に委ねられることとなった。

4　共同出資による満州企業進出の意義

　日本本国の有力関連企業の共同出資により設立された満州企業について紹介してきた。主要株主構成に有力企業が名を連ねる企業を共同出資企業と規定することができるが、それは設立過程や出資構成に着目すれば満州国政府主導型と業界協調型の2種類に類型化が可能であった。日本の本国企業が満州に進出した意図がより明確に投影した形で設立される企業は、本節で業界協調型共同出資企業と類型化した企業である。これらの企業の設立経緯は多様であるが、満州国において原則的に1業1社による産業統制が行なわれたことから、満州に企業進出を企図した日本の有力企業は、本国における事業活動で形成された企業間関係を基盤とする共同出資方式による直接投資を選択したということができる。他方で関東

軍や満州国政府にとっても満州工業化と軍需生産に不可欠な事業部門を、日本の有力関連企業による共同出資・共同経営による企業の設立を推進させることが、産業開発計画を効率的に実行するための現実的な選択であったと思われる。

おわりに

　三井財閥では、日清戦争後に三井物産が満州産の大豆・大豆粕取引のために営口に拠点を設け、その後、満州各地に拠点を展開していった。日露戦後には三泰油房を設立し、大豆粕・大豆油生産に乗り出した。第1次大戦期には王子製紙が日中合弁で製材・製紙事業に参入したが、事業は不振を極めた。三井財閥が再び対満州投資を活発化させるのは満州国建国後である。とくに1937年以降、鉱業・化学・機械・繊維・食品などの分野で企業の設立や買収、増資を活発に行ない、敗戦時点で29社、投資額1億0024万円に達した。

　大倉財閥では日清戦争後に日清豆粕製造、本渓湖煤砿有限公司を設立した。第1次大戦期には製材・製紙事業へ参入したが、王子と同様に事業は不振を極めた。大倉は満州国成立後に、再び満州への投資を活発化させる。満州での事業は製鉄、精油だけでなく、洋灰（セメント）、ドロマイト、土木などに拡大したが、敗戦時点での三井を上回る投資額1億1917万円のうち、製鉄部分（8000万円）が圧倒的な位置を占めていた。

　三菱財閥と住友財閥の対満州法人投資は、第1次大戦後にそれぞれ商事部門と本社部門から始まったが、満州事変後、満州三菱機器や満州住友金属工業の設立のように、本社や中核的製造業企業が組織的な投資を開始した。また、三菱の満州昌光硝子・満州光学工業・南満化成工業、住友の満州通信機・国華護謨工業のように各財閥にとってやや周辺的な事業分野での展開では、当該直系企業の単独出資が見られる。敗戦時には、三菱は43社（判明する払込資本金合計16億円）に対し7675万円を、住友は19社（払込資本金合計15億6506万円）に対し1億1260万円を、それぞれ出資していた。ただし、両者とも、払込資本金8億5621万円の満鉄への出資（三菱が19万円、住友が193万円）を含む。

　王子製紙は、三井財閥の一翼を担って、第1次大戦期に満州での製材・製紙事

業へ参入した。ついで王子製紙が三井財閥傘下から離脱したのち、満州国で次々と製紙会社を買収・設立していった。敗戦時点での投資額は少なくとも4223万円に達した。

戦時体制下で民需製品である繊維の国内生産に対する規制が強まる中、鐘淵紡績・東洋紡績は満州に進出して綿紡績、織物、スフ人絹、あるいはその原料パルプの生産などを進めようとした。この点で両社の満州企業進出は、繊維大企業の戦時統制への対応として共通した特徴をもっていた。しかしながら、東洋紡の事業展開が本来の事業である繊維部門内部に限定されていたのに対し、鐘紡のそれは鉱業、化学、農畜産など多様な拡がりを示した。敗戦時での鐘淵工業の満州への投資額は4624万円、東洋紡績の投資額は4383万円に上った。

満州企業の中で日本本国の有力企業の共同出資により設立された企業には二つの類型を見出すことができる。第1の類型は日本本国の産業部門における主要企業の多くが出資しているが、出資の基軸が満州国政府にあり特殊会社形態で設立された企業である。第2の類型は満州国政府の出資がなく、日本本国の産業部門内の主要企業が出資の中軸である企業である。第1類型の企業は満州国の産業政策に対応して設立され、本国企業はその事業経営に関与することを目的に出資した事例であった。これに対して第2類型の企業は、共同出資によるリスク分散や本国カルテル組織を基盤とした共同出資など、その直接的な契機は多様ではあったが、満州国における産業政策の進展の観点から見れば、本国の有力企業が共同出資し、共同経営を行なう企業進出パターンは産業開発計画の効率的実行にとって有効な企業特性を有したと言うことができる。

注

1) 営口商工公会編『営口日本人発展史』(1942年) 30、35-36、65頁。山本条太郎翁伝記編纂会編『山本条太郎』(1942年)(簡略復刻版の54頁)。紀昌洋行は1929年まで長期にわたって日本郵船の現地代理店を勤めた。
2) 日本郵船株式会社『70年史』(1956年) 715頁。
3) 鈴木邦夫「見込商売についての覚書」(『三井文庫論叢』第15号、1981年) 80頁。
4) 上山和雄『北米における総合商社の活動—1896〜1941年の三井物産』(日本経

済評論社、2005 年) 31 頁。

5) 山口和雄編著『日本産業金融史研究』紡績金融編 (東京大学出版会、1970 年) 223 頁、前掲「見込商売についての覚書」38-40 頁。

6) 安川雄之助『三井物産筆頭常務安川雄之助の生涯』(東洋経済新報社、1996 年) 78 頁。

7) 三井文庫編『三井事業史』本篇、第 3 巻 (上) (1980 年) 56-57 頁、「三井物産取締役会議事録」1910 年 3 月 25 日、4 月 12 日 (『三井文庫論叢』第 14 号、1980 年) 419、424 頁。

8) 前掲『三井事業史』本篇、第 3 巻 (上) 57-58 頁。

9) 『1923 興信録』228、459 頁、前掲『三井事業史』本篇、第 3 巻 (上) 212 頁、『1942 銀行会社年鑑』44 頁、『大連市史』(1936 年) 819 頁。

10) 『日清製油 80 年史』(1987 年) 19-20 頁。

11) 『1923 会社興信録』228 頁によると「約 45 万円を工場設備費等ニ固定セシメ其結果三井物産ヨリノ借入金利払等ノタメ他社生産費ヨリモ 2、3 銭方割高トナル如ク」(大豆粕 1 枚当たり) とあり、払込資本金を上回る設備投資を三井物産からの資金供与により行なっていた。1932 年 7 月末現在でも払込資本金 30 万円に対して設備が 45 万円に達している。1933 年度に公称資本金を 50 万円 (全額払込) に増資することで、ようやく設備との関係が是正された (『1936 銀行会社年鑑』173 頁)。

12) 『満蒙年鑑』1923 年版 (満蒙文化協会) 583-593 頁。小寺の 5000 枚は営口工場分であり、もし大連工場分 4200 枚と合計すると、小寺の製造能力 9200 枚が最大である。ただし、小寺は「油価激落し手違ひを生ぜし」ため 1920 年代前半に破綻し、油房は借入先の朝鮮銀行により処分された (営口商工公会編、前掲『営口日本人発展史』154 頁)。

13) 王子製紙株式会社『王子製紙山林事業史』(1971 年) 242、254-256 頁、南満州鉄道株式会社社長室調査課『満蒙に於ける各国の合弁事業』第 2 輯 (1922 年) 1-32 頁。

14) 前掲『王子製紙山林事業史』259-261 頁、『1942 銀行会社年鑑』629 頁。『王子製紙山林事業史』は設立時の公称資本金を 1000 万円 (全額払込) としているが、『1942 銀行会社年鑑』によると、設立時 850 万円 (全額払込)、設立 11 日後の 6 月

12 日に 1000 万円（全額払込）に増資した。
15) 金子文夫「満州における大倉財閥」（大倉財閥研究会編『大倉財閥の研究――大倉と大陸』近藤出版社、1982 年）361-364 頁、『1942 銀行会社年鑑』629 頁。
16) 鈴木邦夫「『満州国』における三井財閥」Ⅱ（『電気通信大学紀要』第 2 巻第 1 号、1989 年 5 月）270-271 頁。契約期間は 1 ヵ年で、1935 年 7 月まで契約が延長された。契約は、①三泰油房は三井物産のために大豆の搾油に従事し、所要原料は三井物産が供給する、②三泰油房の経費一切は三井物産大連支店が負担する。つまり大連支店のアカウント・アンド・リスクで営業する、③利益が生じた場合、三井物産大連支店が 65％、三泰油房が 35％を取得し、損失が生じた場合はすべて大連支店が負担する、という内容であった。判明する三泰油房委託勘定の損益は、1930 年度～1934 年度まで黒字（利益）である。
17) 『1936 銀行会社年鑑』213 頁、『1942 銀行会社年鑑』410 頁、『1942 鉱工年鑑』354-355 頁、満州事情案内所編『満州国策会社総合要覧』1939 年度、143-144 頁、持株会社整理委員会編『日本財閥とその解体　資料』（1950 年）252-253 頁。
18) 前掲「『満州国』における三井財閥」Ⅱ、258 頁。
19) 1937 年 7 月末現在の株主名簿から計算すると、出資比率は三泰油房 9 割、日新昌 1 割である。哈爾浜三泰桟股份有限公司「決算報告書」1936 年度（吉林省社会科学院満鉄資料館所蔵）。
20) 1935 年 6 月 29 日に「法人営業税法」と個人を対象とした「営業税法」が公布された。後者は売上金額（ないし収入金額）に対して課税するのに対して、前者は純益に対して課税するものであった（満州国経済部『満州帝国現行内国税関係法令』1940 年 2 月 1 日現在）。課税標準が異なるため、個人事業者のなかで法人の方が有利と判断したものは法人成りした。前掲「『満州国』における三井財閥」Ⅱ、258 頁、株式会社四平街三泰桟「報告書」第 1 回（1936 年 8 月 1 日～1937 年 7 月 31 日）（吉林省社会科学院満鉄資料館所蔵）、『1942 銀行会社年鑑』190 頁。
21) 三井文庫編『三井事業史』本篇、第 3 巻（下）（2001 年）591 頁、『1940 銀行会社年鑑』343 頁。鈴木邦夫執筆の『三井事業史』では、三井物産本店の資料によって 1940 年 1 月 22 日に 3 社を合併させて三泰産業設立されたとしたが、合併日、商号変更日とも誤りである。

22) 前掲『三井事業史』本篇、第3巻（下）589-591頁。
23) 『1942銀行会社年鑑』287、339、481、575頁、前掲『三井事業史』本篇、第3巻（下）699-711頁。
24) 前掲『大倉財閥の研究』338-339、343頁。この著書では、奉天電車の大倉組持株率を100％としている。であれば、大倉組の投資額は奉天電車の払込資本金37.5万円と同額となるはずであるが、25万円となっている。37.5万円の誤りか持株率が66.7％なのかもしれない。設立年月日、資本金は『1936銀行会社年鑑』『1942銀行会社年鑑』により補足した。
25) 大阪屋商店調査部編『株式年鑑』1931年度、140頁。
26) 『日清製油60年史』（1969年）3-17頁、『満蒙年鑑』1923年版（満蒙文化協会）583-593頁。
27) 前掲『日清製油60年史』42-44頁。
28) 同前、64-65頁、『1942銀行会社年鑑』45-46頁、前掲『満州銀行会社名鑑』186頁。なお、『日清製油60年史』は、1930年10月に満州石鹸が満州ペイントに合併されたとしている。しかし『1935銀行会社年鑑』179-180頁に満州石鹸の1934年11月決算の数値が記載されており、『1942銀行会社年鑑』46頁には、1934年12月27日に満州ペイントが公称資本金50万円（払込37.5万円）から公称資本金100万円（払込62.5万円）に増資していることから、満州石鹸が満州ペイントに合併されたのは1934年12月である。
29) 『1923会社興信録』128、132頁、『1942銀行会社年鑑』45頁。
30) 前掲『日清製油60年史』74、94頁。
31) 『1936銀行会社年鑑』267頁、同1942年版、74、344頁、商業興信所『日本全国銀行会社録』1942年版（下）664頁。前掲『日清製油60年史』65頁では満州塗装が1928年に、奉天満州ペイントが1938年に、上海ペイントが1940年に設立されたと、ことごとく誤認している。
32) 前掲『日清製油60年史』159-161頁、前掲『三井事業史』本篇、第3巻（下）590頁、『1943会社名簿（20万円以上）』21頁。
33) 前掲『日清製油60年史』301-303頁、持株会社整理委員会編『日本財閥とその解体 資料』（1950年）390頁、証券引受会社協会編『株式会社年鑑』1942年版、

1036頁。

34）前掲『大倉財閥の研究』402頁、『1942銀行会社年鑑』389-390、553-554、558頁、同1936年版、650頁。

35）前掲『大倉財閥の研究』403-404頁、『1942鉱工年鑑』325-326頁。

36）『1936銀行会社年鑑』650頁、同1942年版、390、554頁、『1942鉱工年鑑』394、444頁、同1944年版、330頁。

37）閉鎖機関整理委員会編『閉鎖機関とその特殊清算』（1954年）416頁。同書では、大倉組が160万株引き受けたとしているが、大倉事業の誤りと思われる。

38）『1936銀行会社年鑑』200頁、前掲『王子製紙山林事業史』335-337、533頁。

39）前掲『大倉財閥の研究』393-398頁、『1942銀行会社年鑑』629頁、『1944鉱工年鑑』421頁、前掲『日本財閥とその解体 資料』276頁。前掲『王子製紙山林事業史』330頁は1943年6月に共栄起業の公称資本金を1000万円へ増資することを決定したとしているが、1944年3月31日現在の共栄起業の公称資本金は100万円（全額払込）であるので、実際には1944年4月以降以降に1000万円に増資された（『1944会社名簿（資本金20万円以上）』108頁）。

40）『1944会社名簿（資本金20万円以上）』150頁、前掲『大倉財閥の研究』399頁、満州国『政府公報』1945年5月20日、前掲『日本財閥のその解体 資料』272頁。なお、『日本財閥のその解体 資料』に記載された、大倉鉱業と王子製紙が所有する株数・払込金額の数値の一部は明らかに誤っている。旧六合製紙株を王子製紙が全株所有していたと仮定したときの王子製紙持株率は58.2％（総株数20.5万株のうちの11万9330株）である。

41）1943年6月現在で見ると、本渓湖洋灰の社長は大倉彦一郎、常務取締役田中藤作（浅野セメント出身の技術者）、本渓湖特殊鋼の社長は大倉喜七郎、常務取締役は池田竜雄（大倉組出身）である（『1944鉱工年鑑』）。

42）旗手勲『日本の財閥と三菱』（楽游書房、1978年）138頁。

43）前傾『満州会社興信録』、168頁。

44）三菱商事株式会社『三菱商事社史』上巻（1986年）239頁。

45）「七月十九日　金福鉄路公司清算分配金受入」（『三菱社誌』38巻、復刻1981年）1536頁。

46) 山川隣編『戦時体制下に於ける事業及人物』（東京電報通信社、1944年、復刻、大空社、1990年）1251頁。
47) 前傾『1944鉱工年鑑』。
48) 「一月十五日　航空機会社笹本顧問満州国へ出張」（『三菱社誌』36巻）759頁。
49) 1945年「八月九日　本社分系関係傍系会社一覧表作成」（『三菱社誌』40巻）2445頁。
50) 「11月29日　日本化成工業会社にて満州大豆化学工業会社経営に参加」（『三菱社誌』39巻）2141頁。
51) 前掲『三菱商事社史』上巻、577頁。
52) 「12月29日　南満化成工業会社設立」（『三菱社誌』39巻）2152頁。
53) 「4月27日　不二工業会社設立」（『三菱社誌』40巻）2426頁。
54) 前傾『1944鉱工年鑑』。
55) 同前。
56) 「12月27日　満州拓殖会社株式引受」（『三菱社誌』37巻）1042頁。
57) 前傾『1944鉱工年鑑』。
58) 高梨生「経済の満蒙（1～77）其の現状と更生策　（16）農業天国の満蒙　前途有望な棉花の栽培と紡績業（承前）」（『中外商業新報』1928年1月31日-1928年4月25日〔昭和3〕、新聞記事文庫 朝鮮・台湾・満州〔10-025〕、神戸大学図書館蔵）。
59) 麻島昭一『戦間期住友財閥経営史』東京大学出版会、1983年、159-160頁。
60) 日本電信電話公社『外地海外電気通信史資料』（13　共通の部）1956年、29頁。
61) 「螢石大鉱床熱河で発見　隆化鉱業の努力」（『日本工業新聞1941年4月25日』新聞記事文庫：鉱業〔06-096〕、神戸大学図書館蔵）。
62) 住友軽金属工業株式会社『住友軽金属工業社史』（1974年、復刻、1977年）90頁。
63) 1936年7月3日付満鉄東京支社長発工務局工政課長宛「東業監三六第三号ノ二三　アルミニウム企業計画ニ関スル件」（『満州軽金属製造株式会社設立関係書類』（商工政策史資料）経済産業省蔵）。
64) 1936年9月10日付陸軍省軍務局長発関東軍参謀長宛「電報軍務八一号　満州軽金属製造株式会社ニ関スル件」（前掲『満州軽金属製造株式会社設立関係書類』）。

65) 前掲『大倉財閥の研究』399頁、前掲『王子製紙山林事業史』432頁、満州国『政府公報』1945年5月20日。
66) 四宮俊之『近代日本製紙業の競争と協調』（日本経済評論社、1997年）106-112頁。
67) 同前、73頁。
68) 同前、87、97-101、134頁。
69) 原沢芳太郎「王子製紙の満州（中国東北部）進出――『余裕』あっての戦略の失敗」（土屋守章・森川英正編『企業者活動の史的研究』日本経済新聞社、1981年）。
70) 鴨緑江製紙『事業報告書』第1回（1919.5.24-10.31）。
71) 『1942銀行会社年鑑』。
72) 前掲『大倉財閥の研究』361-362頁。
73) 同前、362-364頁、『1942銀行会社年鑑』。
74) 前掲『大倉財閥の研究』365-367頁。
75) 前掲『王子製紙山林事業史』335頁、前掲『大倉財閥の研究』398頁。
76) 『1936銀行会社年鑑』201頁、『1944鉱工年鑑』378頁。
77) 『1944鉱工年鑑』385頁。
78) 『満州商工年鑑』（1943年）219頁。
79) 『1942銀行会社年鑑』364、368頁、『1944鉱工年鑑』374頁。
80) 『満州商工年鑑』（1943年）219-220頁。
81) 『1942銀行会社年鑑』368頁。
82) 『1944鉱工年鑑』374頁。
83) 『1942銀行会社年鑑』368頁、『1944鉱工年鑑』370頁。
84) 『1942銀行会社年鑑』364頁、上野直明『朝鮮・満州の想い出――旧王子製紙時代の記録』（1975年）108-112頁。
85) 貿易摩擦の結果、綿布輸出は1935年をピークとして減少に向かい、さらに38年以降は輸出・軍需向以外の綿布製造が禁止された。また38年には、国際収支への悪影響を避けるために、綿花輸入については綿布輸出実績に応じた割当量に規制するというリンク制がとられることとなった。これらの厳しい生産規制の下で、紡績各社の休錘数は急速に増大した。

86）1938年2月には、政府によって国内向け綿布に3割スフを混紡することが定められ、さらに6月には軍需・輸出向以外の内需向綿製品はすべてスフを利用することに改められた。
87）津田社長の満州視察と鐘紡の大陸事業における原則（「三分の一主義」）については鐘紡株式会社社史編纂室編『鐘紡百年史』（1988年、以下『百年史』と略記）308-311頁。なお、「三分の一主義」とは、大陸での事業「利益を三分し国と現地人と事業が仲良く分け合う」という理念的な目標であった。
88）1937年1月の株主総会における津田社長の演説より抜粋（早稲田大学所蔵「鐘淵紡績株式会社定時株主総会速記録」1936-1941年）。
89）前掲『百年史』310頁。
90）『1936銀行会社年鑑』、『1942銀行会社年鑑』による。
91）前掲『百年史』271、312頁。この事業について、西島は次のように記している（西島恭三『事業王・津田信吾』今日の問題社、1938年、181-182頁）。「彼（津田——引用者）は専門家の不成功論を尻目に、豪州問題を契機として積極的に羊毛資源獲得の見地から綿羊飼育のために北満に乗り出した。……（津田の1937年株主総会演説——引用者）『当社に於きましては此意味（国際収支改善）におきまして、国策に資する為に此度満州国政府より新京の北方王府に四千町歩の牧場地を借受けまして、綿羊種牧場の建設を企て本年10月完成の予定であります』」。
92）前掲『百年史』324、409頁。なお、『1942銀行会社年鑑』によれば、東亜毛皮革株式会社の取締役には池本喜三夫（鐘紡農務課長）が、監査役には城戸季吉・三宅郷太（いずれも鐘紡常務取締役）が就任した。なお、同年鑑は同社の設立を1937年9月としており、前掲『百年史』の8月という記述とは異なっている。
93）前掲『百年史』312頁。
94）葦人絹パルプのメリットは何よりも生産コストの安さにあった。1938年当時、すでに同工場の葦人絹パルプ製造単価（約10銭／ポンド）は通常の木材人絹パルプ（約20銭）の半額程度であり、工場拡張後はさらなる低下（約8銭）が見込まれていた。これに基づいて、安達春洋は、工場建設費約750万円は1年半で償却可能であろうと推定していた（安達春洋『津田積極政策と鐘紡の将来』繊維評論社、1938年、15-16頁）。

95）前掲『百年史』312 頁、前掲『津田積極政策と鐘紡の将来』17-18 頁。
96）前掲『百年史』323 頁。この点は、1937 年 9 月に行なわれた津田信吾によるラジオ放送演説の題目「軍民殉国是奉公が我国民の覚悟」にも明示されている。
97）前掲『百年史』335-336 頁。
98）『1942 鉱工年鑑』では「当社は康徳 4 年（1937 年――引用者）10 月資本金 100 万円を以て鐘淵実業株式会社の満州国法人子会社として創立され、其の後康徳 9 年 2 月資本金を 1000 万円に増資し現在に至る」とされている。
99）前掲『百年史』324、400 頁、『1942 銀行会社年鑑』による。なお、設立時の同社経営陣は、代表取締役社長津田信悟、常務取締役稲田幾次郎・中司清、取締役田代昌吉・城戸季吉・高木顕達・芳賀惣治・樋田喜代治・宮原清・金坂越二、監査役平賀恒次郎・倉知四郎であった。
100）前掲『百年史』324 頁。『満州国現勢』（満州国通信社、1939 年）58 頁、は鐘紡による買収を 1938 年 11 月としているが、1937 年 11 月の誤りであろう。1942 年時点における同社の経営陣は、代表取締役本木誠三、取締役城戸季吉・中司清、監査役関屋力・高谷敏郎であった。
101）前掲『百年史』（406 頁）は、同社への鐘紡資本参加の時期を 1935 年 10 月としているが、『1942 鉱工年鑑』、『満州企業の全面的検討』（満州経済社、1942 年）はともに 1938 年としているので、ここではそれに従った。
102）鐘紡が資本参加するまでの同社経営の推移については、本書第Ⅱ部第 6 章「紡織工業」を参照。
103）もっとも、原棉不足が深刻化したため、同社の経営成績は 1938 年度をピークとして次第に悪化した（本書第Ⅱ部第 6 章紡織工業を参照）。
104）前掲『満州企業の全面的検討』75 頁による。
105）『1942 鉱工年鑑』には、鐘紡が 1938 年末に満州国政府出資分 2 万 7364 株を「肩替」りして資本参加したと述べられており、これが正しいとすれば、同社総株数 9 万株に対する鐘紡の所有比率は若干高まり、30.4％となる。
106）『1942 銀行会社年鑑』。
107）前掲『満州企業の全面的検討』75 頁。
108）前掲『百年史』312-313 頁。

109) 同前、315-316頁。両者を合わせると13万9600町歩であり、農林部関係事業所合計面積17万3222町歩の約8割を占めた。
110) 同前、408頁。
111) 池本は、後年、農務課（農林部）の事業について次のように回顧している。
「満州では興安東省札蘭屯付近で国からおよそ一二万ヘクタールの地域を借り受け、民族協和と近代的大型機械化農業およびその加工業を含む農牧場を建設した。満州国の必要とする軍馬、産業馬の育成・増殖をはかり、その一環として、フランスから、ポスチェ・ブルトン種の各種牡馬を輸入し、理想的中型ひき馬の種馬場をつくったのは、戦後にも輝く存在として残ったはずである。……一方、これと並び、鐘紡の純企業としての農林水産業を日本内地・朝鮮・台湾・満州・中国……等に百数ヵ所にわたって創設し、……朝鮮や満州における人絹パルプ原料としての葦の大農場、朝鮮・満州・蒙彊等における亜麻の委託栽培とその製繊工場、……等々がそれである」（池本喜三夫『農公園列島』〔前掲『百年史』314-315頁〕）。
112) 前掲『百年史』337-338頁。
113) 同前、372頁。
114) 『1942銀行会社年鑑』、『1943会社名簿（20万円以上）』、『1944鉱工年鑑』に記載された奉天紡紗廠、康徳毛織の事業内容をみるかぎり、従来と異なるものではなかった。
115) 前掲『百年史』342-345頁。
116) 同前、345-346頁。
117) 同前、379頁。
118) ただし、業種からみた場合、康徳興農化学は鐘淵実業ではなく、鐘紡本社の子会社として設立された可能性も残されている。
119) 以下、鐘淵工業については、前掲『百年史』397-398頁。
120) 前掲『日本財閥とその解体　資料』（1950年、244-281頁）によれば、鐘紡の満州における株式投資総額（鐘紡が経営権をもたない企業も含む）は4249万円（14社）にのぼった。
121) 東洋紡績株式会社「東洋紡績七十年史」編集委員会『東洋紡績七十年史』（1953年、以下『七十年史』と略記）381-386頁および同書巻末データ711～728頁。

なお、以下、『1942銀行会社年鑑』による記述については、特に必要がある場合のみ出所を注記する。

122) 東洋紡績は国内でタイヤコードの生産を拡大し、1939年には竹村商店の二見工場（兵庫）を買収している。

123) 前掲『七十年史』304頁。

124) 以下、東洋タイヤ工業の設立経過については断らない限り、前掲『七十年史』382-383頁による。

125) 伊藤専務の帰国時期は明確ではないが、出張中に許可申請（1937年12月1日）が提出されたとすれば、政府当局との接触で認可の確信を得て、急遽申請に踏み切ったことになろう。

126) 前掲『七十年史』720頁。

127) このとき常務取締役であった吉川辰之助は、1943年以降作川に代わって同社社長に就任した。

128) このときに、すでに第2期ホース工場の建設に取りかかっていた。

129) 『1942銀行会社年鑑』の記載による。

130) 前掲『七十年史』720頁。

131) 以下、新京出張所の設立に至る経過については前掲『七十年史』381-382頁。

132) 東洋精麻については前掲『七十年史』383-384頁を参照。

133) 『1942銀行会社年鑑』は、資本金500万円への増資後における同社払込資本について250万円、300万円、350万円という三つの相互に矛盾する数値を載せている。しかし、その株式払込状況をみると、旧株4万株（額面50円、全額払込）、新株6万株（額面50円、12.5円払込）とされており、これを計算すれば払込資本金は350万円となる。

134) 東洋人繊の設立に至る経緯については前掲『七十年史』307-310頁を参照。

135) 同前、384-385頁。

136) 満州天満紡織の買収経緯などについては同前、385頁。

137) 『1942銀行会社年鑑』は、同社株式の100％を天満織物が所有していると記載しているが、同年鑑所載の経営陣の構成と矛盾しており、誤りと思われる。

138) 前掲『七十年史』715頁。

139) 以下、満州東洋紡については、同前、385-386頁。

140) 後掲図表Ⅰ-7-5-6によれば、敗戦による東洋紡の在外固定資産損失分として、この新京事務所があげられており、敗戦まで組織が維持されたことが確認できる。

141) 東洋紡績株式会社社史編纂室編『百年史：東洋紡　上』(1986年) 375頁。

142) 実現されなかった企業設立計画については、前掲『七十年史』386頁。

143) 前掲『日本財閥とその解体』(244-281頁) によれば東洋紡績の満州における株式投資総額(東洋紡績が経営権をもたない企業も含む)は4023万円(12社)と算定されている。

144) 山本有造『「満州国」経済史研究』(名古屋大学出版会、2003年) 28-31頁。

145) 『満州国現勢　康徳八年版』(満州国通信社、1941年) 424頁。

146) 『1942鉱工年鑑』。

147) 工業化学会満州支部編『満州の資源と化学工業　増訂改版』(丸善、1937年) 396頁。

148) 日本石油株式会社・日本石油精製株式会社社史編纂室編『日本石油百年史』(日本石油株式会社、1988年) 314-315頁。

149) 井口東輔『現代日本産業発達史　Ⅱ　石油』(交詢社出版局、1963年) 261頁。

150) 南満州鉄道株式会社調査部「液体燃料関係資料」(『満州・五箇年計画立案書類』第2編第3巻、1937年) 462頁。

151) 前掲『現代日本産業発達史　Ⅱ　石油』262頁

152) 前掲「液体燃料関係資料」145頁。

153) 『日塩五十年史』(日塩株式会社、1999年) 148頁。

154) 菊地主計『満州重要産業の構成』(東洋経済出版部、1939年) 135頁。

155) 満州事情案内所編『満州国策会社綜合要覧』(1939年) 206-208頁。

156) 前掲『満州国現勢　康徳八年版』456頁。

157) 山川隣編『戦時体制下に於ける事業及人物』(東京電報通信社、1944年、大空社復刻版、1990年) 426頁。

158) 前掲「液体燃料関係資料」584-586頁。

159) 『男たちの世紀—三井鉱山の百年』(1990年) 162、172-173頁。

160) 前掲『満州国策会社綜合要覧』167-172頁。

161）南満州鉄道株式会社『南満州鉄道株式会社第二次十年史』下巻（1928年）995頁。
162）東京海上火災保険株式会社編『東京海上火災保険株式会社六十年史』（1940年）667頁。
163）大正海上火災保険株式会社『四十年史』（1961年）148頁。
164）東京海上火災保険株式会社『東京海上火災保険株式会社百年史』上巻（1979年）512頁。
165）日満製粉株式会社『創立五周年誌』（1940年）164頁。
166）同前、8-13頁。
167）同前、13-15頁。
168）同前、16-17、29頁。
169）『合同酒精社史』（1970年）307-308頁。
170）『宝酒造株式会社三十年史』（1958年）764-765頁。
171）前掲『合同酒精社史』410-413頁。
172）『満州日日新聞』1936年4月17日、6月2日。
173）台湾の代表的な企業家であった赤司初太郎については、波形昭一「植民地（台湾）財閥」（渋谷隆一・加藤隆・岡田和喜編『地方財閥の展開と銀行』日本評論社、1989年）および昭和製糖株式会社『昭和製糖株式会社十年誌』（1937年）を参照。
174）竹野学「戦時期樺太における製糖業の展開」（『歴史と経済』第189号、2005年10月）4頁。
175）『満州日日新聞』1936年6月2日。
176）満州電線株式会社『満州電線株式会社開業五周年』（1943年）22頁。
177）同前、148頁。
178）同前、25-26頁。
179）日本電線工業会『電線史』（1959年）271頁。
180）沢井実『日本鉄道車両工業史』（日本経済評論社、1998年）132-133、188-190頁。
181）同前、242-243頁。
182）同前、291頁。

第8章　満州地場企業

はじめに

　満州には多数の日系法人企業が設立されたが、それらは投資主体の資本系統により類型化することができる。満州国政府や満鉄をはじめとする巨大な国策的植民地企業、あるいは日本本国の財閥資本や巨大事業法人の資本系列をこれまで本書で見てきた。これらの資本系列に位置付けられる企業群は、満州における日系法人企業のなかでは相対的に資本規模が大きく、各事業分野において有力企業である場合が多い。他方、様々な理由から満州に渡った日本人が現地で起業し、満州を事業基盤として事業活動を行なった企業が存在する。これらの企業は、国策的植民地企業や財閥資本系列の企業に比較すれば、大半が中小零細規模の企業であった。しかし、企業数の観点から見れば、満州における日系法人企業の大多数はこうした企業であり、これらは満州における日本人経済を構成する重要な要素でもあった。満州に在住し、日本本国との資金的紐帯が希薄な日本人により設立され、満州を事業基盤として活動した満州法人企業を、本章では「満州地場企業」として資本類型化し、そうした企業群の満州企業構造に示された特質について検討する。

　これまでの満州植民地経済史研究において、満州で活動した企業についての研究はある程度進展している[1]。しかし、その問題点として対象企業の際立った偏在性を指摘できる。これまでの研究は国策的植民地企業や財閥資本系列企業など満州における巨大企業を対象とするものが大半であり、満州企業構造で圧倒的な比重を占める中小零細規模企業についてはほぼ未開拓の状態にあると言ってよい。満州企業構造において中層から裾野を構成する企業については、その全体構造さ

え明示されていないのが現状である。こうした企業に関し、これまで問題意識が希薄で看過されてきたわけではない。金子文夫や柳沢遊は、かねてより満州の植民地経済や社会において中小商工業者の存在と活動が決定的に重要な要件であったことを強調してきた。中小資本の動向を軸に第1次大戦後期の日本の植民地投資を総括的に検討した金子文夫は「これら中小資本こそ、10年代末の対植民地投資の急増と20年代の停滞というコントラストを典型的に体現し、またそれによって国家資本さらには財閥資本の動向にも一定の影響を与えた」と述べる[2]。また、柳沢遊は「満州に進出した日本人商工業者は、日本帝国主義の尖兵的役割と植民地社会における社会的支柱という歴史的機能を果たしたが、同時に、彼らは、帝国権力の保護出動を要請する日本帝国主義のアキレス腱でもあり続けた」と述べている[3]。その大半が中小零細企業であった満州地場企業を視野に入れたこれまでの研究は、資本輸出研究の観点と移民史や中小企業史研究の観点に大別することが可能である。

　資本輸出研究の観点から重要な問題を提起したのが山本有造であった[4]。山本は日本の資本輸出は「資金流出をともなわない資本輸出」であったと特徴付ける仮説を提示する[5]。山本は日本の植民地投資のもつ特殊性として、流出資金の累積額（フロー）と保有資産の蓄積額（ストック）との乖離に着目した。そして、植民地内部における日本人の経済活動が個人投資の原初資本を形成したこと、すなわち個人投資の中核資本は地場蓄積資本であったと推計する。その上で、こうした植民地における資産収奪とその自己増殖作用が日本の植民地投資の特質であったと山本は指摘する。この山本有造の提示した仮説は、植民地における投資収益率、収益送還率、収益再投資率などの検証の必要性と帝国主義史研究でア・プリオリに前提とされてきた資本輸出機能それ自体の再検討を提起したものであった。この山本の仮説はその後の研究で必ずしも注目されてきたわけではないが、金子文夫がこの点について言及している。金子の研究は山本有造のマクロ的推計アプローチに直接的に関連するものではない。金子は日本の植民地経済における中小商工業者の階層的比重とその活動に着目し、地場企業の重要性を強調する[6]。しかし、満州における地場企業の設立パターンとして、移民が先行した後に企業設立という創業パターンが類型的に検出できれば、山本の提起した「資金流出を

ともなわない資本輸出」という日本の植民地投資に関する仮説に、一定の説明を加えることが可能となると述べた[7]。しかし、山本有造はマクロ統計による推計から踏み込んで仮説の検証を行なっていない。また、金子文夫も台湾および朝鮮を含む植民地全体の投資推計や『満州工場統計』を概括的に整理した研究は行なったが、これらは投資動向のマクロ的な統計整理に止まり、山本の提起した課題に応えたものとは言えない[8]。もちろん、山本のマクロ統計分析による推計データを、その構成要素である企業レベルにまで分解することは実際には不可能である。そこで、本章では満州における日系法人企業のディレクトリーに収録されたマイクロ情報を利用して、山本有造仮説の検証に有用と思われるデータを見出すことを一つの課題とする。

　移民史や満州の中小商工業者研究は、平野健一郎の先駆的な研究から始まり、かなりの研究が蓄積されてきた[9]。当初の研究は、満州に進出した日本人や地場企業家が日本本国の対植民地政策の発動にどのような影響を与えたかが検討の中心に置かれたが、近年では地場企業家の事業活動そのものを検討する方向に進展しつつある[10]。これらの研究で特に注目すべきは柳沢遊による大連地場企業家に関する一連の研究である。柳沢は大連の経済変動や大連商業会議所の活動を検討することを通じて、大連の社会・経済を動態的に分析し、そこに内在する植民地的特質を析出した。満州地場企業を検討する本章の基礎をなす研究と言ってよい。本章と柳沢との差異は、本章が資本輸出と企業構造論の視角から満州地場企業を分析するのに対し、柳沢は居留民社会史の視角からそれを分析する点にある。また、柳沢の研究対象は大連経済であって、満州における地場企業全体をそもそも研究対象としていない。しかし、大連経済で満州経済を代表させることが可能な時期もあるが、少なくとも満州国期ではそれは不可能となる。この点も本章と柳沢との差異である。また、植民地における日本人経済社会の中核であり結節環でもあった商工会議所など経済団体の内的構成や活動を検討することを通して、植民地経済に固有の課題やその政治的影響を明らかにする経済団体の研究も近年進みつつある[11]。柳沢の研究はこうした経済団体史研究としても一つの到達点を示すものであった。

　これまで満州における日系企業の基礎データとしては、『満蒙に於ける日本の

『投資状態』が利用されることが多かった[12]。同書は1347社の企業データを収録し、1920年代における悉皆調査として有益な資料である。しかし、満州において法人企業数が急増するのは満州国成立以降、特に産業開発5ヵ年計画が発動する1930年代後半から1940年代にかけての時期であった。その意味で言えば、満州の企業構造を分析するに際し、1930年代以降の時期をカバレッジしない同書のみに依拠する研究には限界がある。本書では1921年6月末、1936年5月末、1942年9月末現在の法人企業データを基礎にして、1944年3月末現在の満州国法人企業までをカバレッジしている。これによりほぼ8000社の満州における法人企業が捕捉できる。この企業データが有用な基礎データとして機能するのは満州地場企業の分析と思われる。しかし、このデータの限界は法人登記された企業に限定される点である。満州における日本人の経済活動を末端で支えた厖大な企業群が必ずしもすべて法人企業であったわけではない。しかし、満州国内の企業に関する限り、1937年12月の治外法権撤廃および満鉄付属地行政権移譲に関する日満条約と満州国「会社法」の施行により多くの企業が、満州国に法人登記されたと推測できる。この点でデータの限界性は一定程度の克服がなされると考えている。

第1節　規模別企業構成の特質

1　法人企業構造の変化

満州における法人企業の設立動向を見ると明らかな二つのピークを確認することができる。最初のピークは1910年代後半、すなわち第1次大戦期に起業ブームが生じている。柳沢遊が「満州バブル」と指摘した現象である。二つめのピークは、満州国成立以降の時期、特に1930年代後半期以降の新設企業数の急増である。こうした法人企業の設立動向を前提として、これら企業の払込資本を基準とした階層構造を検討する。

図表Ⅰ-8-1は払込資本金に応じて、1921年、1936年、1942年の3時点における企業数を集計したものである。1921年の法人企業数654社を基準にすると、

図表 I-8-1　法人企業構造の変化

(単位：社)

払込資本金額	1921年6月末	1936年5月末	1942年10月末
1000万円以上	1	11	81
100万円以上1000万円未満	40	115	391
10万円以上100万円未満	294	551	2,297
10万円未満	319	1,764	3,750
総数	654	2,441	6,519

出所：日清興信所編『満州会社興信録　大正十一年版』(1922年)、大連商工会議所編『満州銀行会社年鑑　昭和十一年版』(1936年)、大連商工会議所編『満州銀行会社年鑑　昭和十七年版』(1943年) より作成。
注：日本企業の満州支店は除く。

1936年では3.7倍、1942年ではほぼ10倍に企業数は増加している。1921年の規模別の階層構造を見ると、払込資本が1000万円を超える企業が1社存在する。これは言うまでもなく、この時点で払込資本金3億8000万円と突出した存在であった満鉄である。全体の6.1％に該当する100万円以上1000万円未満の階層には40社の企業が存在する。これらのうち払込資本が500万円を超える企業は3社であった。これら3社は、1908年1月15日に安田財閥により設立された公称資本金1200万円（払込950万円）の株式会社正隆銀行、1916年12月に台湾塩水港製糖株式会社により公称資本金1000万円（払込500万円）で設立された南満州製糖株式会社、1920年3月20日に大連の地場企業家を中心として公称資本金2000万円（払込500万円）で設立された大連郊外土地株式会社の3社である。しかし、これら払込資本金100万円以上の相対的な大企業の構成比は6.3％に過ぎない。むしろ法人企業全体の90％以上が払込資本100万円未満の企業であり、10万円未満の企業が48.8％とほぼ半数を占めた。1936年では1000万円を超える企業が11社と増大する。満州国が成立し、満州企業投資が本格化した結果、1929年7月4日に公称資本金1億円（払込8200万円）で設立された株式会社昭和製鋼所、1933年8月31日に設立された公称資本金5000万円（払込2937万5000円）の満州電信電話株式会社、1934年11月1日に設立された公称資本金9000万円（全額払込）の満州電業株式会社など次々と巨大企業が設立されたことの反映である。100万円以上1000万円未満の企業も115社とほぼ3倍に増加した。しかし、この構成比は5.2％とむしろ低下している。法人企業数の増加は主に払込資本金10万円未満の零細規模階層で生じ、この階層の企業数は

1764社、全体の72.3％へと上昇した。1942年では払込資本が1000万円を超える企業数は81社と急増した。特殊会社・準特殊会社形態で巨大企業が次々と新設され、また産業開発5カ年計画の進展により多くの企業で資本増強が進んだ結果であった。また、10万円以上100万円未満の階層が35.2％、10万円未満の階層が57.5％となり、零細規模階層から中小規模階層への上方シフトが生じているように見える。しかし、この点については補足の説明が必要である。すでに述べたように1937年の治外法権撤廃と満州国会社法の施行により満州国内の企業の多くが満州国法人に転換した。これが法人企業数を急増させた背景であったが、満州国は1938年9月16日に「臨時資金統制法」（勅令第229号）を公布する[13]。同法は重要産業への資金動員を目的とした統制法であり、当初の統制範囲は資金の「大口需要者」として資本金50万円以上の企業に限定されていた[14]。しかし、「時局の進展」と「日本に於ける臨時資金調整法の強化に即応」して1939年12月26日の勅令第328号により「臨時資金統制法」が改正され、統制対象企業は資本金20万円以上の企業へと引き下げられた[15]。改正法の施行は1940年1月からであり、これ以降に資金統制の適用範囲外で法人化するためには資本金額は20万円未満である必要があった。

2　資本規模別企業構成

　図表Ⅰ-8-2は1942年9月末現在の資本規模別企業の区分に20万円の基準を設けたものである。これによれば図表Ⅰ-8-1で35.2％を占めた10万円以上100万円未満の階層は、10万円以上20万円未満を除くと12.5％を占めるに過ぎないことが分かる。資金統制の適用を免れる20万円未満の小・零細規模階層の企業は5232社で全体の80.2％に達する。この点では満州の法人企業構造における企業規模の零細性といった特質はより強まったと言える。この時期は確かに特殊会社を筆頭に満州において払込資本金1000万円を超える巨大企業が次々と設立され、満州の企業構造の高度化が進展した時期と言うことも可能である。しかし、それらは企業数で見る限り全企業の1.3％に過ぎない。満州における企業構造の実態はむしろ20万円未満の小規模あるいは零細規模の企業が80％以上を占める構造にあった。この反面で各階層の払込資本金総額を見ると、払込資本金額

図表 I-8-2　資本規模別企業構成（1942年9月末）

払込資本金額	企業数（社／％）		払込資本金総額（千円／％）	
1億円以上	11	0.2	2,990,808	46.3
1000万円以上1億円未満	70	1.1	1,790,366	27.7
100万円以上1000万円未満	391	6.0	1,048,918	16.2
20万円以上100万円未満	815	12.5	312,500	4.8
20万円未満	5,232	80.2	319,639	5.0
総数	6,519	100.0	6,462,231	100.0

出所：大連商工会議所編『満州銀行会社年鑑　昭和十七年版』(1943年)より作成。
注：日本企業の満州支店は除く。

が1億円を超える11社の巨大企業の払込資本金総額は29億9081万円でその占有率は46.3％と満州法人企業の払込資本金総額のほぼ半分を占める。単純平均で1社当りの払込資本金額は2億7200万円とその巨大性が際立つ。また、企業数では全体の1.3％に過ぎない1000万円以上の巨大企業81社ではその占有率は74.0％となり、払込資本金総額のほぼ四分の三がこの81社により占有されていた。逆に企業数では80％以上を占める20万円未満の階層の資本金占有率はわずか5.0％に過ぎない。満州の企業構造における明らかな二極化構造が示されている。こうした資本規模による階層構造と個々の企業の事業内容がどの産業部門に属するかをクロスチェックした結果を示すと、払込資本金10万円未満の零細規模企業は多様な産業部門に存在するが、特に食料品工業、印刷および製本業、商業、請負および労力供給業など在来的な部門により厚く分布している。特に1942年の時点で確認すると、商業部門で約1800社と圧倒的な企業数が示される。個人商店であった小売商業が法人成りをした結果、こうした零細規模階層が肥大したと考えることができる。

第2節　満州の企業構造と地場企業

1　満州企業の区分方法

前節で払込資本規模を基準として満州の法人企業構成を検討してきた。これまでも指摘されてきた通り、満州には厖大な小規模、零細規模の企業が存在してい

たことをあらためて確認できる。満州に進出した日系企業構造の「重層的編成」における「裾野」とこれまで表現されてきた点を、法人企業に関し数量的に示した結果である。こうした「中小商工業者」の存在が日本の植民地構造における一つの特質を形成し、それは日本の対満州植民地政策の展開に大きな影響を及ぼしたことが、これまでの研究で明らかにされてきた。これら「中小商工業者」が本章で対象とする満州地場企業の実態であることは間違いない。しかし、範疇としては「中小」であることと「地場」であることは同じではない。そこで本節では企業構造の視角から、満州地場企業の企業構成における特質を定量的に検討する。

　満州地場企業と一般的に論及することは可能であるが、これを定量的に把握するには満州に設立され事業活動を行なった企業を悉皆的に区分する必要がある。出資者構成が資料的に確認しやすい巨大企業について、資本特性を区分することは容易である。しかし、すでに見てきたように満州企業の大多数は中小零細規模の企業であり、悉皆的に出資者を特定することは、現在の資料水準では事実上不可能である。本章で進めた作業は単純な方法である。満州企業のディレクトリーにおける出資者構成あるいは役員構成が判明する企業を抽出し、それらに基づき1社ごとにその資本特性を区分する方法である。採用した資本区分は、国家資本系企業、特殊・準特殊会社、日本資本系企業、満州国関係会社、日本企業満州支店、外国企業満州支店、満州地場資本の7タイプである。「国家資本」概念を利用するには一定の留保が必要であるが、ここでは便宜的に満州国政府および満鉄、満業をはじめとする国策的植民地企業の資本系列に含まれる企業群を「国家資本系企業」として区分した。特殊会社・準特殊会社には明らかに満州の地場企業家が出資あるいは役員に就任している事例が存在する。しかし、こうした特殊会社・準特殊会社であっても満州国あるいは国策的植民地企業の出資比率は高い。また、特殊会社・準特殊会社形態での企業設立には政策的意図が反映していると判断し、資本特性としては満州地場資本と区分して固有の範疇を措定した。日本資本系企業とは日本本国の企業が満州への直接投資の形で設立した法人企業を指す。こうした企業は日本本国の有力企業により設立された事例も多いが、1930年代末から1940年代にかけての設立された企業には、必ずしもそうした有力企業ではなく、中堅企業が直接投資を通じて満州進出をした事例も少なくない。満

州関係会社とは、その設立目的や事業実態から見て明らかに満州企業と考えられるが、本社所在地が日本本国に置かれ法人登記上は日本法人となっている企業である。こうした基準に応じて企業データに基づき1社ごとに資本特性を区分した。しかし、出資者や出資企業が満州の資本家や企業であるか、日本本国の資本家や企業であるかを確認する作業は、実際には容易な作業で

図表 I-8-3 資本特性別企業構成

資本特性	社数	構成比(％)
国家資本系企業	83	1.0
特殊・準特殊会社	66	0.8
日本資本系企業	283	3.5
満州国関係会社	10	0.1
日本企業支店	307	3.9
外国企業支店	15	0.1
満州地場企業	7,342	90.6
総　計	8,106	100.0

出所：日清興信所編『満州会社興信録　大正十一年版』(1922年)、大連商工会議所編『満州銀行会社年鑑　昭和十一年版』(1936年)、前掲『満州銀行会社年鑑　昭和十七年版』より作成。

はない。特に困難な点は日本資本系企業と満州地場企業との区分である。掲出された株主や役員が満州の地場企業家であるか、日本本国の投資家や企業家であるかを、個人名により判断することが難しいからである。そのため、後に示す集計データには、特に日本資本系企業に一定の脱漏が存在することが避けられていない。本章で利用した企業ディレクトリーのカバレッジは、法人企業と在満州支店の総計で約8000社である。これらから前述の資本特性に区分、確定し得た企業を排除した企業群を、暫定的に満州地場企業と措定したと言ったほうが実際の作業手順に近い。したがって当然のことではあるが、資本特性の区分が不正確なほど相対的に満州地場企業に算入された企業数に過大評価のバイアスがかかる。満州地場企業に関するデータにはそうした限界性が含まれる点をあらかじめ前提とした上で、満州の法人企業構造における満州地場企業の存在意義について検討する。

2　満州地場企業と満州投資の特徴

図表 I-8-3 は、この作業結果を企業数に関して示したものである。これによれば満州地場企業の数は7342社となり、日本企業および外国企業の支店を含む満州企業全体の90.6％を占める。すでに言及したようなデータ処理における制約から、この企業数それ自体は過大評価の偏差を排除し得ないが、それでも満州地場企業が企業数では圧倒的な比重を有することは間違いない。このデータを時

図表 I-8-4 資本特性別企業構成の変化

	会社数（社数）					
	1921年6月		1936年5月		1942年9月	
国家資本系企業	19	2.2 %	63	2.5 %	46	0.7 %
日本資本系企業	29	3.3 %	45	1.8 %	247	3.7 %
日本企業支店	151	17.5 %	79	3.1 %	231	3.4 %
特殊会社	—	—	—	—	35	0.5 %
準特殊会社	—	—	—	—	31	0.5 %
満州関係会社	—	—	10	0.4 %	—	—
満州地場企業	666	77.0 %	2,156	85.6 %	6,162	91.2 %
休業企業	—	—	166	6.6 %	—	—
総計	865	100.0 %	2519	100.0 %	6752	100.0 %

	払込資本金額（千円）					
	1921年6月		1936年5月		1942年9月	
国家資本系企業	398,288	71.0 %	956,655	74.2 %	1,428,333	22.1 %
日本資本系企業	32,098	5.7 %	89,844	7.0 %	539,875	8.4 %
日本企業支店	—	—	—	—	—	—
特殊会社	—	—	—	—	2,459,625	38.0 %
準特殊会社	—	—	—	—	705,083	10.9 %
満州関係会社	—	—	30,300	2.4 %	—	—
満州地場企業	130,797	23.3 %	211,477	16.4 %	1,334,064	20.6 %
休業企業	—	—	—	—	—	—
総計	561,183	100.0 %	1,288,276	100.0 %	6,466,980	100.0 %

出所：前掲『満州会社興信録 大正十一年版』、前掲『満州銀行会社年鑑 昭和十一年版』、前掲『満州銀行会社年鑑 昭和十七年版』より作成。

期的変動と資本系列ごとの払込資本金総額に着目し集計し直したものが**図表 I-8-4**である。これにより資本特性を基準とした企業構造の特質を検討する。満州地場企業の企業数の変化を追ってみると、1921年が666社（77.0％）、1936年が2156社（85.6％）、1942年が6162社（91.2％）と、その構成比を着実に上昇させている。1936年で日本企業支店が企業数を減少させるが、これは1920年代の構造的不況過程で満州から支店を撤退した事例と在満州支店を法人企業として独立させた事例の結果である。また、1942年の国家資本系企業数の減少は、一部の国家資本系企業が1930年代後半以降に特殊会社・準特殊会社に再編された結果である。満州地場企業の構成比が著しく高いため、他の資本系列企業数の変化を見え難くする難点はあるが、満州における日系法人企業の膨張を生じさせたのは満州地場企業の急増であったことは確認できる。満州企業全体の設立動向に示された1930年代後半以降の企業数の急増傾向は、ほぼ満州地場企業の急増と

同義であると言ってよい。この時期に企業が新設され、新たな事業活動が開始された事例も多数存在したが、それでも1936年から1942年の間にほぼ3倍増する満州地場企業の多くが全く新たな起業と考えるのは現実的ではない。それまで満州において個人経営形態にあった中小零細な商工業者がこの時期に大量に法人化された結果と考える方が現実的である。資本特性別企業数の占有率はデータの検証より確認できた点であるが、その動向自体は常識的な想定を追認するものに過ぎない。本章で注目するのは払込資本金総額に資本特性別企業の占める比率である。満州地場企業が満州に移住した日本人企業家により設立された企業であり、その払込資本金が彼らの満州における事業活動の結果として蓄積された資金であると想定可能であるとすれば、この満州地場企業の払込資本金総額の大半は日本本国からの資本フローを伴わない植民地投資と見ることが可能となる。もちろん、こうした満州地場企業のなかには日本本国で勤務した商店や企業からの資金援助やそれらの満州支店を基盤に設立された企業も存在する。そうした点についてより具体的な検討は必要であるが、満州地場企業の分析を通じて、山本有造が提起した「資金流出をともなわない資本輸出」仮説の検証にアプローチすることは可能と考える。**図表Ⅰ-8-4**で払込資本金総額の変化を見ると、1921年および1936年で構成比が70％を超え圧倒的な比重を有するのは国家資本系企業である。満鉄などの巨大企業の存在がこの構成比の要因であることは言うまでもない。国家資本系企業は1942年にはその構成比を22.1％と急落させるが、他面で、この時期に新設される特殊会社および準特殊会社の構成比が48.9％となっている。国家資本系企業の相当部分が特殊会社、準特殊会社形態に資本類型を転換させたと考えれば、それらの構成比は71.0％となる。その意味では、払込資本金総額に示される資本特性別企業構成にドラスティックな変化は生じていないと考える方が合理的である。問題は満州地場企業である。満州地場企業全体の払込資本金総額は1921年6月末現在で約1億3080万円、1936年5月末現在で約2億1148万円、1942年9月末現在で約13億3406万円であった。増加率は1921年を基準とすれば、1936年には1.6倍、1942年には10.2倍に増加している。1920年代から1930年代前半にかけては比較的緩慢な増加であったのに対し、1930年代後半以降に急増したことが分かる。資本特性別の企業構成における構成比は、1921

年が23.3％、1936年が16.4％、1942年が20.6％となる。なお、日本企業の在満州支店の資本金額は日本本国企業それ自体の資本金額となり、満州支店の資本実態とは異なるため、この集計データからは排除してある。このデータから概括的に述べれば、満州法人企業の払込資本金総額のほぼ20％前後が満州地場企業の資本であった。国家資本系企業と特殊会社・準特殊会社で全体の70％以上を占めることを見れば、もちろん比率としては低い。しかし、日本の有力企業を中心とした対満州直接投資総額に比較すればいずれの時点でも倍以上の構成比を維持している。1942年で見た場合、仮に13億3400万円、構成比20.6％を「資金流出をともなわない資本輸出」と考えたとしても、これを以って日本の植民地投資の特徴と見ることができるかどうか、なお検討の余地は大きい。しかし、資本金1億円を超える巨大企業が多数含まれる国家資本系企業や特殊会社・準特殊会社に対して、中小零細企業が大半である満州地場企業の払込資本金の累計額が満州への直接投資総額の約20％に達していたという事実は、満州における植民地経済を考える上で満州地場企業の存在がきわめて重要な要素であることを示していると言えよう。

3 満州地場企業の存在構造

次に満州地場企業の存在形態について検討する。**図表Ⅰ-8-5**は満州地場企業の地域分布を整理したものである。ただし、注意すべきはこの地域分布は本社所在地である点である。事業内容の産業連関や産業集積の点から、特に鉱工業企業では本社所在地と工場立地が異なる事例は少なくない。しかし、法人登記を基礎データとする本章の検討では、主要な事業地で企業所在地を捕捉していない。産業分析の場合、この点は大きな難点となるが、企業構造分析を目的とする本章では大きな支障はないと考える。これによれば1921年では企業数で340社（51.5％）、払込資本金額で約8000万円（61.8％）と、明らかに法人企業は大連に一極集中していたことが分かる。これまで満州植民地経済の特徴として指摘されてきた、いわゆる「大連中心主義」が企業立地から定量的に確認できる。大連以外では奉天、安東などにも法人企業が設立されていたが、大連に比較すればほとんど問題にならない企業数である。しかし、こうした大連一極集中的な地域分

図表 I-8-5　満州地場企業の地域分布

(単位：千円)

地域	1921年		1942年			
	会社数(a)	払込資本金総額(b)	会社数(c)	c/a	払込資本金総額(d)	d/b
大連	340	80,841	1,218	3.58	203,057	2.51
新京	35	3,379	923	26.37	271,036	80.21
奉天	66	11,473	1,764	26.73	440,122	38.36
営口	24	3,563	149	6.21	32,663	9.17
安東	43	7,374	216	5.02	26,857	3.64
開原	16	2,651	70	4.38	4,731	1.79
遼陽	7	864	54	7.71	20,676	23.93
吉林	7	843	143	20.43	18,314	21.72
哈爾浜	14	5,250	456	32.57	82,305	15.68
鞍山	21	1,570	156	7.43	39,945	25.44
撫順	12	2,085	101	8.42	16,794	8.06
鉄嶺	15	5,799	68	4.53	5,658	0.98
斉々哈爾	—	—	51	—	5,367	—
牡丹江	—	—	124	—	20,455	—
錦州	—	—	73	—	16,634	—
公主嶺	7	455	26	3.71	1,216	2.67
四平	7	588	46	6.57	3,812	6.48
図們	—	—	68	—	11,141	—
延吉	—	—	62	—	12,002	—
琿春	—	—	11	—	19,094	—
旅順	18	1,791	49	2.72	5,122	2.86
龍井街	—	—	50	—	6,883	—
本渓湖	4	124	40	10.00	3,569	28.78
蘇家屯	1	63	12	12.00	3,927	62.33
瓦房店	3	960	13	4.33	11,241	11.71
海城	1	3	23	23.00	2,074	691.33
その他	25	1,188	198	7.92	26,682	22.46
合計	666	130,864	6,164	9.26	1,311,377	10.02

出所：前掲『満州会社興信録　大正十一年版』、前掲『満州銀行会社年鑑　昭和十七年版』より作成。

布は1942年では大きく変化している。大連それ自体が必ずしも衰退したわけではない。大連も企業数で約3.6倍の1218社に、払込資本金総額で2.5倍の約2億円と増大し、相変わらず満州経済の中心であり続ける。しかし、それ以上のテンポで満州国の首都となった新京と鉄西地区を中心に工業化が急激に進展する奉天が急成長している。企業数で見ると新京は923社と26.4倍に急拡大し、奉天も1764社と26.7倍の急成長であった。この結果、奉天は企業数で大連を抜きトップとなった。払込資本金額では、新京が80.2倍の2億7100万円に急増し、奉天

も4億4000万円に増加し、この点でも関東州の大連のそれを上回った。満州国が成立し産業開発5カ年計画が進展するなかで、関東州および大連の相対的地位が後退した状況が満州地場企業の地域分布からも見て取れる。しかし、こうした大連経済の相対的な後退は、大連に存在した地場企業の低迷を必ずしも意味しない点には注意が必要である。新京や奉天に新設された満州地場企業の出資構成を確認すると、満州国成立以降に大連の有力地場企業家が新京や奉天に満州国法人企業を新たに設立し満州国進出を行なった事例は少なくない。満州国が成立し産業開発が急速に進展した満州国内に大連の地場企業家が新規投資の形で法人企業を設立する、こうした大連の地場企業家の投資行動が逆に新京や奉天の急成長を支えていた側面が強い。

　最後に満州の地場企業を産業構造の点から検討する。**図表Ⅰ-8-6**は1942年9月末現在の満州地場企業を産業部門別に集計したものである。産業分類がやや煩雑なものとなっているが資料上の制約である。これによれば2526社、全体の41.3％は商業部門であった。これらは法人形態をとる中小零細小売業が中心で、あらゆる商品種の販売業を含むため、その業態範囲は広い。その他では請負および労力供給、食料品工業などの産業部門で企業数が多い。払込資本金総額で見ると企業数の多さに規定されて商業部門が満州地場企業全体の20.3％を占めトップであるが、企業数に比べてその構成比は払込資本金では半減し、小規模・零細性を特徴とする満州地場企業のなかでも商業部門でよりその特徴が際立っている。この他の産業部門で払込資本金総額の構成比が高いのは、その他工業の約1億3300万円（10.1％）、鉱業の約1億850万円（8.3％）、機械器具工業の約1億300万円（7.8％）となっている。商業に対し、これらの産業部門の満州地場企業は相対的に企業規模が大きい企業が多いと言うことができる。これら産業部門の業態に関しては本書第Ⅱ部での課題である。

　満州法人企業の大多数を構成し、払込資本金総額でほぼ20％の構成比を占めた資本類型が本章で対象とした満州地場企業であった。大連において商業や土建業に代表される請負および労力供給業を中心に増大した満州地場企業は、満州国成立以後、地域分布では新京や奉天に分散する一方で、事業分野では鉱業や機械器具工業など満州国の産業開発政策に対応する産業部門で拡充されていったと見

図表 I-8-6　満州地場企業の産業部門構成（1942年9月現在）

（単位：千円）

産業部門	会社数	構成比（％）	払込資本金総額	構成比（％）
商業	2,526	41.3	266,588	20.3
請負・労力供給	473	7.7	81,600	6.2
食料品工業	348	5.7	72,977	5.7
その他工業	345	5.6	132,969	10.1
機械器具工業	293	4.9	102,684	7.8
化学工業	263	4.3	76,044	5.8
土地・建物	222	3.6	56,915	4.3
交通・運輸	211	3.4	58,507	4.5
製材及木製品工業	193	3.1	36,468	2.8
窯業	192	3.1	42,688	3.3
拓殖興業	183	3.0	49,282	3.8
鉱業	156	2.5	108,484	8.3
雑業	149	2.4	9,655	0.7
金属工業	123	2.1	45,027	3.4
紡織及染色工業	112	1.8	80,723	6.2
金融業	89	1.5	7,200	0.5
印刷及製本業	69	1.1	7,718	0.6
旅館・娯楽場	64	1.0	13,636	1.0
銀行業	48	0.8	37,699	2.9
倉庫・保険・通信	26	0.4	4,368	0.3
新聞・雑誌	16	0.3	5,176	0.4
無尽業	16	0.3	1,528	0.1
投資会社	5	0.1	7,870	0.6
清算会社	3	0.0	610	0.1
取引所	2	0.0	3,000	0.2
市場	2	0.0	1,394	0.1
電気・ガス	2	0.0	138	0.0
総計	6,131	100.0	1,310,948	100.0

出所：前掲『満州銀行会社年鑑　昭和十七年版』より作成。

ることができよう。

第3節　満州地場企業の特質

1　役員の兼任状況

　満州地場企業の特質を検討するための接近方法には多様なアプローチが想定できるが、本節では満州地場企業の役員構成の分析、特に役員の兼任状態に着目し、満州を基盤に事業活動を展開した企業家がどのような相互関係を形成し、それが

図表Ⅰ-8-7　地場企業家の役員兼任数
（単位：人）

社数	人数	比率
30社以上	2	
25～29社	3	0.1％
20～24社	4	
15～19社	15	
14社	9	
13社	9	
12社	15	0.3％
11社	8	
10社	25	
10～14社合計	66	
9社	41	
8社	53	
7社	67	
6社	137	2.4％
5社	206	
5～9社合計	504	
4社	361	
3社	837	18.1％
2社	2,540	
2～4社合計	3,738	
兼任なし	16,355	79.1％
総計	20,688	100.0％

出所：前掲『満州会社興信録　大正十一年版』、前掲『満州銀行会社年鑑　昭和十一年版』、前掲『満州銀行会社年鑑　昭和十七年版』より作成。

図表Ⅰ-8-8　役員兼任

役員兼任企業数		
36社	相生由太郎	
31社	庵谷忱	
29社	山田三平*	
26社	相生常三郎	佐藤精一
21社	石本　太郎	
20社	石田栄造	李子初
18社	沢田佐市	富田租
17社	王荊山	西尾一五郎
16社	首藤定	瓜谷長造
15社	中川増蔵	長倉親義
14社	且陸良	関甲子郎
13社	井上輝夫	王翰生
12社	斉藤靖彦	坂本格
	張本政	八木元八
11社	宇野常吉	境藤兵衛
10社	王執中	河辺勝
	山田三四郎	松井小右衛門
	三宅玉次郎	田中知平

出所：前掲『満州会社興信録　大正十一年版』、
注：＊印の山田三平は初代および2代の総計数。

満州地場企業にどのような特質を付与していたかを検討する。このことを通して満州地場企業の植民地企業としての特質に接近する。

　図表Ⅰ-8-7は満州地場企業の役員の兼任比率を示したものである。データの作成は以下の方法で行なった。まず、『1922興信録』、『1936銀行会社年鑑』、『1942銀行会社年鑑』に記載された満州地場法人企業の役員・監査役をすべて抽出する。この抽出された役員および監査役の個々人に即して就任企業を再整理する。この結果、企業単位で収録された企業ディレクトリー情報が個々の企業家単位に転換される。長期にわたって同一企業の役員に就任した場合、本章で利用する3時点のデータに同一企業名として重複する。この重複を企業家ごとに削除する。こうした作業を行なった結果、企業家ごとに1921年から42年までに役員・監査役に就任した企業情報を把握することができる。本章は満州地場企業の企業構成を定量的に示すことを目的としているため、データの悉皆性を重視した。こ

10社以上の満州地場企業家

			満州地場企業家名					
相見幸八								
	坂本治一郎	野津孝次郎	田中広吉					
	陳楚材	柏野菊次郎	堀義雄	和田篤朗				
	斉藤茂一郎	坂井喜則	手塚安彦	上野井一	石田武亥	長谷川収	伊藤勘三	
	栗山藤二	荒木幸七郎	高橋仁一	天野恒太郎	田処喜一	藤田九一郎	藤平泰一	
	三田芳之助	山鳥登	松島昇造	川合正勝	前田伊織	太田信三	中島右仲	
	別所友吉	古財治八	佐藤至誠	森真三郎				
	原安三郎	清水三郎	呉石権一	川島定兵衛	斎藤久太郎	作野栄作		
	丸山直助	弓場常太郎	古賀松二	高吉先	高田友吉	今村知光	今津十郎	
	杉原佐一郎	石光幸之助	石田卯吉郎	多田勇吉	大竹孝助	鳥羽実		
	佐藤熊雄	椎名義雄	鈴木新五郎	白須信次	武藤守一	方煌恩		

前掲『満州銀行会社年鑑　昭和十一年版』、前掲『満州銀行会社年鑑　昭和十七年版』より作成。

うしたデータ整理を行なった結果、満州地場企業の役員・監査役に就任した企業家として約2万人を特定できる。これら企業家が満州地場企業の何社の役員・監査役に就任していたかを、単純に企業数に応じて示したのが**図表Ⅰ-8-7**である。これによれば、確認できる役員・監査役は2万0688名であった。そのうち79.1を占める1万6355名は兼任がなく、満州地場企業1社のみで役員か監査役に就任している人物である。これに対し10社以上の企業の役員・監査役を兼任する企業家は90名で全体の0.4％であった。これを5社以上に拡大すると594名、2.8％に増加する。ここで利用するデータは就任した企業規模を捨象しているため、ごく少数の例外は排除し得ないが、一般に満州地場企業家として把握し得る存在は、相対的に多数の企業の役員・監査役を兼任したこれら企業家であろう。

そこで兼任企業数10社を超える企業家を抽出して、**図表Ⅰ-8-8**で企業家名を示した。関係する企業数が最も多いのは36社の企業の役員および監査役を兼任した相生由太郎であった。言うまでもなく相生由太郎は大連商業会議所会頭など多くの公職を歴任する満州の代表的な日本人企業家である。次が31社の企

図表 I-8-9　満州企業家（役員兼任 10 社以上）

会社名	所在地	業　種	筆頭役員	役員 1
遼東証券信託㈱	大連	金融	能登庄三郎	石田栄造（大連）
満蒙土地建物㈱	大連	不動産	高岡又一郎	三田芳之助（大連）
満蒙興業㈱	大連	化学	平松石男	相生由太郎（大連）
満州野蚕製糸㈱	大連	繊維	谷口英次郎	瓜谷長造（大連）
満州製麻㈱	大連	繊維	井上輝夫*	庵谷忱（奉天）
満州バリウム工業㈱	大連	化学	石本太郎*	相生由太郎（大連）
日華証券信託㈱	大連	金融	高本吉郎	山田三平（大連）
南満州倉庫建物㈱	大連	倉庫	山田三平*	山田三平（大連）
東洋石材工業㈱	大連	鉱業	川上堅三	石本　太郎
東洋スレート工業㈱	大連	鉱業	斉藤茂一郎*	和田篤朗（大連）
東亜板金工業㈱	大連	金属	有賀定吉	庵谷忱（奉天）
大和染料㈱	大連	化学	首藤定*	相生常三郎（大連）
大連油脂工業㈱	大連	化学	岡田撒平	相生由太郎（大連）
大連貯金㈱	大連	金融	大神八郎	山田三平（大連）
大連取引所銭鈔信託㈱	大連	金融	黒崎真也	相生由太郎（大連）
大連取引所信託㈱	大連	清算会社	相生由太郎*	相生由太郎（大連）
大連郊外土地㈱	大連	不動産	高橋猪兎喜	相生由太郎（大連）
大連工材㈱	大連	鉱業	福井米次郎	石田栄造（大連）
大連工業㈱	大連	木材	大迫元光	相生由太郎（大連）
大連印刷㈱	大連	印刷	別所喜善	石田栄造（大連）
大正通運㈱	大連	交通	鈴木新五郎	山田三平（大連）
星ケ浦土地建物㈱	大連	不動産	織田金吾	相生由太郎（大連）
周水土地建物㈱	大連	不動産	常深隆二	首藤定（大連）
互光鉄鑢板金㈱	大連	金属	川村統治	天野恒太郎（新京）
関東州工業土地㈱	大連	不動産	山岡信夫	相生常三郎（大連）
㈱遼東ホテル	大連	旅館	山田三平*	庵谷忱（奉天）
㈱龍口銀行	大連	金融	李子明	相生由太郎（大連）
㈱満州銀行	大連	金融	村井啓太郎*	石田武亥（奉天）
㈱大連車夫合宿所	大連	雑業	山田三四郎*	山田三平（大連）
㈱大連銀行	大連	金融	河辺勝*	斉藤茂一郎（大連）
㈱大連機械製作所	大連	機械	高田友吉*	相生由太郎（大連）
㈱大連株式信託会社	大連	清算会社	山田三平*	山田三平（大連）
㈱大連株式商品取引所	大連	取引所	桜内辰郎	相生常三郎（大連）
㈱大信洋行	大連	商業	石田栄造*	石田栄造（大連）
㈱正隆銀行	大連	金融	安田善四郎	石本㈱太郎（大連）
満州油脂㈱	奉天	化学	村上威士	相生常三郎（大連）
満州麦酒㈱	奉天	食品	磯野長蔵	山田三平（大連）
満蒙繊維工業㈱	奉天	繊維	安田善之助	相生由太郎（大連）
満州土地建物㈱	奉天	不動産	手塚安彦*	手塚安彦（奉天）
満州商業㈱	奉天	商業	陳楚材*	李子初（営口）
満州市場㈱	奉天	市場	山下永幸	庵谷忱（奉天）
満州護謨㈱	奉天	化学	柏野菊次郎*	西尾一五郎（奉天）
奉天窯業㈱	奉天	窯業	石田武亥*	庵谷忱（奉天）
奉天無尽㈱	奉天	金融	石田武亥*	西尾一五郎（奉天）
奉天製麻㈱	奉天	繊維	井上輝夫*	庵谷忱（奉天）
奉天信託㈱	奉天	金融	鈴木源之助	西尾一五郎（奉天）
奉天取引所信託㈱	奉天	清算会社	宮越正良	庵谷忱（奉天）
奉天工業㈱	奉天	被服製造	伊藤吾一	相生常三郎（大連）
奉天公株信託㈱	奉天	金融	松浦和介	手塚安彦（奉天）
奉天恵臨火榮㈱	奉天	マッチ	張保先	陳楚材（営口）

第8章　満州地場企業　287

が3人以上兼任する企業

役員2	役員3	役員4	役員5	役員6
瓜谷長造（大連）	今津十郎（大連）			
庵谷忱（奉天）	石光幸之助（大連）			
野津孝次郎（大連）	且睦良（営口）			
首藤定（大連）	井上輝夫（大連）			
石本鑛太郎（大連）	井上輝夫（大連）	原安三郎（日本）		
石本鑛太郎（大連）	佐藤至誠（大連）			
野津孝次郎（大連）	鈴木新五郎（大連）			
野津孝次郎（大連）	斉藤茂一郎（大連）	山田三四郎（大連）	鈴木新五郎（大連）	
野津孝次郎（大連）	和田篤朗（大連）			
斉藤茂一郎（大連）	三田芳之助（大連）			
野津孝次郎（大連）	多田勇吉（大連）			
瓜谷長造（大連）	首藤定（大連）	斉藤茂一郎（大連）	佐藤至誠（大連）	高田友吉（大連）
相生常三郎（大連）	石本_太郎（大連）	瓜谷長造（大連）	堀義雄（満鉄）	佐藤至誠（大連）
野津孝次郎（大連）	古財治八（大連）			
相生常三郎（大連）	瓜谷長造（大連）	首藤定（大連）	張本政（大連）	河辺勝（大連）
相生常三郎（大連）	瓜谷長造（大連）	張本政（大連）		
瓜谷長造（大連）	和田篤朗（大連）	古財治八（大連）		
三田芳之助（大連）	多田勇吉（大連）			
相生常三郎（大連）	堀義雄（満鉄）	佐藤至誠（大連）	高田友吉（大連）	
瓜谷長造（大連）	坂本治一郎（大連）	作野栄作（大連）		
鈴木新五郎（大連）	相生由太郎（大連）			
山田三平（大連）	野津孝次郎（大連）			
井上輝夫（大連）	今津十郎（大連）			
松島昇造（大連）	呉石権一（大連）			
瓜谷長造（大連）	首藤定（大連）	高田友吉（大連）		
山田三平（大連）	首藤定（大連）	山田三四郎（大連）		
石本鑛太郎（大連）	張本政（大連）			
藤平泰一（安東）	佐藤至誠（大連）			
山田三四郎（大連）	鈴木新五郎（大連）			
佐藤至誠（大連）	河辺勝（大連）	鈴木新五郎（大連）		
相生常三郎（大連）	高田友吉（大連）	田中知平（大連）	鈴木新五郎（大連）	
野津孝次郎（大連）	鈴木新五郎（大連）			
瓜谷長造（大連）	古財治八（大連）			
坂本治一郎（大連）	石田卯吉郎（大連）			
張本政（大連）	佐藤至誠（大連）			
瓜谷長造（大連）	佐藤至誠（大連）			
石本鑛太郎（大連）	和田篤朗（大連）			
庵谷忱（奉天）	河辺勝（大連）			
藤田九一郎（奉天）	古賀松二（奉天・官吏）			
陳楚材（営口）	王翰生（奉天）	方煌恩（奉天）		
富田租（満鉄）	藤田九一郎（奉天）			
柏野菊太郎（奉天）	境藤兵衛（奉天）			
柏野菊太郎（奉天）	石田武亥（奉天）	森真三郎（奉天）	松井小右衛門（奉天）	
石田武亥（奉天）	森真三郎（奉天）			
井上輝夫（大連）	原安三郎（日本）			
石田武亥（奉天）	森真三郎（奉天）	松井小右衛門（奉天）		
手塚文彦（奉天）	藤田九一郎（奉天）	古賀松二（奉天・官吏）		松井小右衛門（奉天）
佐藤至誠（大連）	高田友吉（大連）			
太田信三（大連）	古財治八（大連）			
佐藤精一（新京）	前田伊織（新京）			

288　第Ⅰ部　資本系列

会社名	所在地	業　種	筆頭役員	役員1
奉天運輸倉庫㈱	奉天	運輸	手塚安彦＊	手塚安彦（奉天）
康徳被服㈱	奉天	被服製造	柏野菊太郎＊	西尾一五郎（奉天）
協和ゴム工業㈱	奉天	化学	境藤兵衛＊	西尾一五郎（奉天）
㈱満州大信洋行	奉天	商業	石田栄造＊	石田栄造（大連）
㈱満州殖産銀行	奉天	金融	古賀松二＊	手塚安彦（奉天）
㈱奉天匯業銀行	奉天	金融	王翰生＊	李子初（営口）
㈱奉天商品証券取引所	奉天	取引所	手塚安彦＊	手塚安彦（奉天）
㈱奉天銀行	奉天	金融	石田武亥＊	西尾一五郎（奉天）
㈱徳和紡織廠	奉天	繊維	武富吉雄	西尾一五郎（奉天）
撫順窯業㈱	撫順	窯業	川路喜平	田中広吉（撫順）
撫順商事㈱	撫順	商業	福田寅一	田中広吉（撫順）
撫順市場㈱	撫順	市場	小日山通登	富田租（満鉄）
撫順印刷㈱	撫順	印刷	中山豊	且睦良（営口）
東亜木材興業㈱	撫順	木材	岩崎種松	庵谷忱（奉天）
永安建物㈱	撫順	不動産	梅本正倫	田中広吉（撫順）
㈱福申銀号	営口	金融	殷蘭亭	李子初（営口）
営口紡織㈱	営口	繊維	李子初＊	李子初（営口）
営口土地建物㈱	営口	不動産	坂井喜則＊	関甲子郎（営口）
営口造船㈱	営口	造船	野口三郎	李子初（営口）
営口水道㈱	営口	水道	清水三郎	李子初（営口）
営口証券信託㈱	営口	金融	落合丑吉	関甲子郎（営口）
満州産業㈱	新京	薬製品	世良一二	和田篤朗（大連）
満州鉱山㈱	新京	鉱業	加藤穆夫	佐藤精一（新京）
満州計器股有限公司	新京	機械	松原梅太郎	王荊山（新京）
共栄土地建物㈱	新京	不動産	湯浅義知	天野恒太郎（新京）
㈱満州木材通信社	新京	新聞雑誌	山辺十一＊	田処喜一（哈爾浜）
満州木工芸㈱	哈爾浜	木材	相見幸八＊	相見幸八（哈爾浜）
北満建物㈱	哈爾浜	不動産	山本吉造	相見幸八（哈爾浜）
㈱丸商	哈爾浜	商業	相見幸八＊	相見幸八（哈爾浜）
開原不動産㈱	開原	不動産	川島安兵衛	宇野常吉（新京）
亜細亜製粉㈱	開原	食品	王塘中	石本㈱太郎（大連）
湯崗子温泉㈱	海城	旅館	野間口英喜	山田三平（大連）
大新窯業㈱	海城	窯業	呉著勲	李子初（営口）
㈱牡丹江機械工作所	牡丹江	機械	伊藤勘三＊	伊藤勘三（安東）
瓦房店電灯㈱	瓦房店	電気	水野鉄雄	長谷川収（電力業）
満鮮杭木㈱	安東	木材	杉原佐一郎＊	庵谷忱（奉天）
㈱満州商業銀行	安東	金融	藤平泰一（安東）	藤田九一郎（奉天）
満州亜鉛鍍㈱	鞍山	金属	園田厳喜	石田栄造（大連）
㈱南満銀行	鞍山	金融	石本太郎＊	相生由太郎（大連）
鴨緑江林業㈱	安東	林業	八木元八＊	伊藤勘三（安東）
鴨緑江製材合同㈱	安東	林業	八木元八	伊藤勘三（安東）
安東土地建物㈱	安東	不動産	八木元八＊	伊藤勘三（安東）
牡丹江木材工業㈱	安東	木材	伊藤勘三＊	伊藤勘三（安東）
東方電業股有限公司	奉天	電気	呉家㈱	長谷川収（電力業）
西豊電業股有限公司	奉天	電気	侯顕護謨	長谷川収（電力業）
昌図電業股有限公司	奉天	電気	常友梅	長谷川収（電力業）
大石橋電灯㈱	大石橋	電気	平田力	長谷川収（電力業）
延吉電業股有限公司	延吉	電気	牟礼勝司	長谷川収（電力業）
開原電気㈱	開原	電気	中沢信吉	関甲子郎（営口）

出所：前掲『満州会社興信録　大正十一年版』、前掲『満州銀行会社年鑑　昭和十一年版』、前掲『満州銀行会社年
注：筆頭役員の＊は役員兼任10社以上の企業家。

第 8 章　満州地場企業　289

役員2	役員3	役員4	役員5	役員6
藤田九一郎（奉天）	古賀松二（奉天・官吏）			
柏野菊太郎（奉天）	境藤兵衛（奉天）			
柏野菊太郎（奉天）	境藤兵衛（奉天）			
坂本治一郎（大連）	石田卯吉郎（大連）			
藤田九一郎（奉天）	中島右仲（撫順）	古賀松二（奉天・官吏）		
陳楚材（営口）	関甲子郎（営口）	王翰生（奉天）		
藤田九一郎（奉天）	古賀松二（奉天・官吏）			
柏野菊太郎（奉天）	手塚安彦（奉天）	石田武亥（奉天）	森真三郎（奉天）	松井小右衛門（奉天）
中川増蔵（満鉄）	柏野菊太郎（奉天）	森真三郎（奉天）		
手塚安彦（奉天）	坂本格（撫順）			
坂本格（撫順）	中島右仲（撫順）			
田中広吉（撫順）	坂本格（撫順）	中島右仲（撫順）		
坂本格（撫順）	太田信三（大連）	中島右仲（撫順）		
石本鎮太郎（大連）	古財治八（大連）			
長倉親義（満鉄）	中島右仲（撫順）			
且睦良（営口）	坂井喜則（営口）			
井上輝夫（大連）	王翰生（奉天）	原安三郎（日本）		
且睦良（営口）	坂井喜則（営口）			
井上輝夫（大連）	原安三郎（日本）			
関甲子郎（営口）	清水三郎（満鉄）			
且睦良（営口）	坂井喜則（営口）			
手塚安彦（奉天）	坂本格（撫順）			
斉藤靖彦（満業）	川合正勝（満鉄）			
相生常三郎（大連）	中川増蔵（満鉄）			
松島昇造（大連）	呉石権一（大連）			
八木元八（安東・官吏）	今村知光（吉林・王子）			
沢田佐市（哈爾浜）	荒木幸七郎（哈爾浜）			
沢田佐市（哈爾浜）	荒木幸七郎（哈爾浜）			
川島定兵衛（開原）	王執中（開原）			
井上輝夫（大連）	川島定兵衛（開原）	王執中（開原）		
三田芳之助（大連）	高田友吉（大連）			
陳楚材（営口）	王翰生（奉天）			
田処喜一（哈爾浜）	八木元八（安東・官吏）			
栗山藤二（満鉄）	高橋仁一（満鉄）			
坂本格（撫順）	杉原佐一郎（安東）	長倉親義（満鉄）	山鳥登（満鉄）	
藤平泰一（安東）	中島右仲（撫順）	張本政（大連）	古賀松二（奉天・官吏）	杉原佐一郎（安東）
清水三郎（満鉄）	石田卯吉郎（大連）	鳥羽実（大連）		
石本鎮太郎（大連）	野津孝次郎（大連）			
八木元八（安東・官吏）	武藤守一（安東）	田処喜一（哈爾浜）		
八木元八（安東・官吏）	武藤守一（安東）	呉石権一（大連）		
八木元八（安東・官吏）	武藤守一（安東）			
八木元八（安東・官吏）	武藤守一（安東）	呉石権一（大連）	田処喜一（哈爾浜）	
栗山藤二（満鉄））	高橋仁一（満鉄））			
高橋仁一（満鉄）	川島定兵衛（開原）			
高橋仁一（満鉄）	川島定兵衛（開原）	王執中（開原）		
栗山藤二（満鉄）	高橋仁一（満鉄）			
栗山藤二（満鉄）	高橋仁一（満鉄）			
長谷川収（電力業）	栗山藤二（満鉄）	高橋仁一（満鉄）	川島定兵衛（開原）	王執中（開原）

鑑　昭和十七年版』より作成。

に関係した庵谷忱である。相生由太郎が大連を地盤とした企業家であったのに対して庵谷忱は奉天を地盤とした企業家であった。相生由太郎や庵谷忱以外でも**図表Ⅰ-8-8**には満州経済界を代表する有力企業家が掲出されている。

こうした満州の有力地場企業家はどのような企業に役員の兼任という形で関与したかを示したのが**図表Ⅰ-8-9**である。この表は役員および監査役を10社以上兼任した地場企業家が役員・監査役として3名以上就任していた企業をすべて抽出したものである。企業は基本的に所在地に着目して掲出した。企業家名に付された地名はそれぞれが企業活動の基盤にした地域である。また、筆頭役員欄の企業家は社長など各社の筆頭役員であった企業家を示すが、これらの企業家が10社以上の役員を兼任している訳ではない。筆頭役員が兼任企業数10社以上の企業家である場合、その企業者名には＊が付してある。これによると満州地場企業家は自らが設立し経営を行なった企業以外に相当多数の企業に役員あるいは監査役として関与していたことが分かる。では、こうした他社への関与を促した主要な要素は何であったのか。一般にこうした役員の兼任は事業基盤とする企業の取引関係など、事業内容や業種がその主要な要素となることがとりあえず想定できる。本章の分析でもそうした想定の下に業種や事業内容に着目して検討を行なってみた。結果として、そうした要因も存在する。**図表Ⅰ-8-9**で言えば、最後に集約した鴨緑江林業株式会社以下の林業・製紙企業4社や東方電業股份有限公司以下の電力業6社の兼任役員は明らかにそうした事業内容あるいは資本系列に規定されたものである。同表では明示できていないが、これらの企業以外にもそうした企業は存在する。しかし、むしろ満州地場企業に特徴的であるのは、そうした事業内容との関連性の希薄さであった。満州地場企業家の多くは自らの事業基盤と関連性の希薄な多数の企業に相互に役員あるいは監査役として就任していた。これら企業家を結合させた紐帯としては事業関連性である以上に事業基盤とした地域性の要素が強い。この点は事業地域に着目した**図表Ⅰ-8-9**から確認できる。満鉄付属地や沿線都市に事業活動を展開した満州地場企業は、地域を超えて企業活動を展開し、相互に結合する度合いは低かった。この点に満州地場企業の植民地企業としての特質の一端が示される。ただし、こうした地域的分断性と地域内の業種非関連の凝集性は満州国の成立とその下での統制色の強い産業政

策や産業構造の再編過程で変質していったと思われる。この点については満州国期の経済政策と時間軸を導入したより踏み込んだ検討が必要である。なお、こうした特質は満州地場企業の検討結果であり、国家資本系列の巨大な重化学工業企業における産業集積と企業間関係は検討の埒外にあることを付言しておきたい。

図表Ⅰ-8-10　満州地場企業家（兼任10社以上）の来歴パターン

来歴パターン	人数（％）
渡満創業型	24 (27.0)
就職独立型	21 (23.6)
従軍独立型	9 (10.1)
満鉄社員型	9 (10.1)
中国人企業家	8 (9.0)
就職昇進型	6 (6.7)
その他	9 (10.1)
未詳	4 (4.5)

2　設立パターン

次に満州地場企業がどのようなパターンで設立されていたかを図表Ⅰ-8-10により確認する。満州地場企業と一括しても、個々の企業にそれぞれ異なるの設立背景があったことは言うまでもない。しかし、そうした背景について個々に検討することは資料的な制約などから実際上は不可能に近い。そこで本章では便宜的に役員および監査役兼任10社以上の企業家を有力満州地場企業家とみなし、これらの企業家がどのような背景から満州に進出し企業活動を開始したかを来歴パターンに類別し整理した。その結果を示したものが図表Ⅰ-8-10である。これによると彼らのうち24名が企業活動を目的に満州に移住し企業を創業したタイプであった。全体の27.0％の構成比で最も多いパターンである。典型的ないわゆる「一旗組」と言って良い。これに匹敵する21名はすでに満州で事業活動を展開していた企業にいったん就職し、その後に独立して自らの企業を創業したタイプである。これが全体の23.6％に該当し、こうした就職独立型と先の渡満創業型を合計すると45名、全体の半数がこれらのタイプに属する企業家であった。また、日露戦争など従軍の形で満州に来て、そのまま満州に留まり事業活動を開始するタイプと、満鉄に就職し、その後に満鉄を退職して自ら起業したタイプがそれぞれ9名であった。後者の満鉄社員型には満鉄の関連企業や事業を基盤とするタイプと満鉄とは直接的な関係を有さない企業や事業を経営するタイプの二つに大別される。これらに続き中国人企業家が8名いる。この中国人企業家は「来歴」とは言えないが、彼らももともと現地で教育を受け中国人企業家として

図表 I-8-11 役員兼任15社以上の満州地場企業家の来歴

企業家名	社数	履歴	渡満要因	役員兼任基盤
相生由太郎	36社	東京高商卒後、日本郵船入社、三井鉱山、1904年三井物産入社門司支店、1907年犬塚信太郎理事の招聘で満鉄大連埠頭事務所長、1909年福昌公司創設、土木建築請負、労務供給、煉瓦製造。大連商工会議所会頭。	満鉄独立	大連
庵谷忱	31社	日露戦時外務省・軍嘱託、軍高等通訳官、1906年安東で材木商・貿易商、1915年奉天に三有公司創設し牛心台炭の販売、満鉄・満炭子弟石炭販売人。奉天商工公会参議員。	従軍独立	奉天
山田三平	29社	（初代）1905年渡満、遼東ホテル創設、麻袋商、鉄砲火薬業、貿易業、貸家業、銭鈔取引人。 （二代）先代三平長男、慶大卒後、箱根富士屋ホテル入社、遼東ホテル入社、1937年父三平没後社長就任。	渡満創業	大連
相生常三郎	26社	相生由太郎女婿。1912年福昌公司入社、1919年東京高商卒後、営業部長、専務、相生合資理事長。大連商工会議所副会頭、大連市会議員、関東州経済調査会委員、関東州貿易実業組合連合会理事、関東州火災保険協会副会長。	事業継承	大連
佐藤精一	26社	横浜商業卒後、1906年長春に広仁津火柴公司創設、1907年に同公司を日清燐寸に譲渡し支配人、1914年吉林燐寸創設し専務。満州火柴公売承弁所共同代表。	渡満創業	新京
石本鏆太郎	21社	大学予備門卒後中国留学、三井物産上海支店、三菱秋田小真木鉱山、日清戦時に通訳として渡満、1906年東都督府より阿片事業許可を得て大連に阿片総局創設、1915年衆議院議員、1915年大連市制実施後初代大連市長、教育銀行破綻により没落、1928年大連市会議員、1929年大連市長。	従軍独立	大連
相見幸八	20社	少時よりロシア領で対露貿易に従事、哈爾濱で雑貨貿易・製綿業。	従軍独立	哈爾濱
石田栄造	20社	1905年大阪で金物店、1906年哈爾濱で金物貿易商。金物・機械販売業。大連商工会議所常議員、大連市区長、関東州ゴム靴貿易実業組合理事長、関東州貿易実業組合連合会監事、大連金物商組合長、満州土木建築協会評議員、大連土木建築材料商組合幹事。	渡満創業	大連
李子初	20社	早大商科卒後、肇興汽船総理、営口水道電気、正隆銀行。営口商工公会長、協和会営口市本部長。	中国人企業家	営口
沢田佐市	18社	京城の近澤商店に勤務し1919年に同商店哈爾浜支店長として渡満、1921年同支店を継承して独立、1938年に合名会社近澤洋行とする。印刷、洋紙、文具業。	就職独立	哈爾濱
富田租	18社	神戸高商卒後、大日本共同運輸、鈴木鉱業本店、1920年満鉄入社、総裁室監査役、1939年日満商事。	満鉄	満鉄
王荊山	17社	1905年裕昌源糧業創設、1914年裕昌源製粉公司創設、新京商工公会長、日満実業協会常務理事	中国人企業家	新京
西尾一五郎	17社	大阪茨木中学卒後、1905年軍用達商として営口、遼陽、1908年奉天に西尾洋行創設。奉天市議会員、奉天商工公会参事、奉天卸商組合連合会理事長、奉天輸入組合評議員。	渡満創業	奉天

第 8 章 満州地場企業　293

企業家名	社数	履歴	渡満要因	役員兼任基盤
首藤定	16 社	東洋協会旅順語学校卒後、1911 年関東都督府外事課、青島で蜜柑輸入・両替商、大連取引所銭鈔信託庶務主任、1923 年和盛泰銭荘支配人、1927 年東裕銭荘経営、東裕公司。有価証券取引・不動産業。大連商工会議所副会頭、大連市会議員、日満実業協会関東州支部常務委員長、大連株式取引人組合委員。	就職独立	大連
瓜谷長造	16 社	神戸貿易商堺力洋行勤務、1909 年大連出張所主任、1913 年大連に堺力洋行創設し台湾、南洋、米国貿易。満州特産物輸出商。日満実業協会常務理事、大連商工会議所会頭、大連取引所銭鈔信託専務、満州特産対日輸出実業組合理事、関東州配合飼料実業組合理事長。	就職独立	大連
坂本治一郎	16 社	大阪商業卒後、1916 年大連田崎銃砲火薬店支配人、1916 年同店を坂本商店に改称。満州火薬商同業組合長。銃砲火薬商。	就職独立	大連
野津孝次郎	16 社	松江中学卒後、第三銀行、安田保善社勤務、1911 年正隆銀行支配人として渡満、野津洋行創設。特産貿易商。大連商工会議所議員。	就職独立	大連
田中広吉	16 社	台湾木村組金鉱山、撫順大倉組、1919 年田中組創設。	就職独立	撫順
中川増蔵	15 社	大阪高工卒後、大阪砲兵工廠を経て満鉄入社、車両部、運輸部参事、総務部、鉄道部、1932 年満鉄退社。満鉄総裁室監査役嘱託。	満鉄	満鉄
長倉親義	15 社	東京商大卒後、満鉄入社、監査役、参事。	満鉄	満鉄
陳楚材	15 社	東京高工染色科卒後、東興色染公司総経理、営口紡紗廠総理。奉天省商工公会副会長、営口商会副会長。	中国人企業家	営口
柏野菊次郎	15 社	1906 年渡満、奉天に柏野洋行創設、1924 年に内藤洋行と合併し柏内洋行、化粧品工場、製瓶工場創設。雑貨、綿製品、化粧品製造販売。	渡満創業	奉天
堀義雄	15 社	東大法卒後、1918 年満鉄入社、総裁室監査役、1937 年満鉄退社、満州化学工業協会理事。	満鉄	満鉄
和田篤朗	15 社	広島商業学校卒後、1913 年満州殖産支配人として渡満、同社社長。	就職昇進	大連

成長したタイプと日本に留学して高等教育を受け、その後に帰国した満州で起業するタイプに大きく分けられる。就職昇進型は当初から満州地場企業に就職し、その後に同一企業で昇進をして企業家に成長したタイプである。また、その他には官吏として満州に赴任し、その後に官吏を退職して企業経営者に転進するタイプや日本企業の満州支店に就職し、その後に日本企業を退職して自ら起業したタイプ、さらには弁護士で企業役員あるいは監査役に就任した人物や事業基盤を日本本国企業に置きながら多数の満州地場企業に役員あるいは監査役として関与した企業家などが含まれる。

図表 I-8-12　大連地場資本家（相生由太郎）の役員

企業名	事業内容	設立年	資本金（千円）	所在地
			筆頭役員就任企業	
大連取引所信託㈱	清算会社	1913	2,500	大連
大正海運㈱	海運業	1914	50	大連
㈱大連機械製作所	鉄類・機械器具製造販売	1918	1,500	大連
東亜図書㈱	図書・文具類出版・販売	1920	125	大連
満州塗装㈱	塗装業	1934	50	大連
柳樹屯殖林会社	植林・農園経営	1914	33	大連
相生合名会社	有価証券・不動産売買	1929	4,000	大連
中央興業㈱	映画興業	1932	135	大連
康徳化学工業㈱	畜産品製造販売	1939	450	新京
			取締役就任企業	
満州水産㈱	漁業	1908	385	大連
大連油脂工業㈱	油脂加工品・興業薬品製造販売	1916	750	大連
大連取引所鈔信託㈱	清算会社	1917	1,500	大連
満蒙興業㈱	甘草エキス・蒙古産品売買	1917	150	大連
大連工業㈱	木製品製造販売	1918	200	大連
南満鉱業㈱	鉱業	1918	750	大連
満州バリウム工業㈱	化学工業薬品売買	1918	125	大連
大連燐寸㈱	燐寸製造	1919	125	大連
星ケ浦土地建物㈱	別荘賃貸	1919	1,250	大連
大連蒸気洗濯㈱	クリーニング業	1919	75	大連
東亜土木企業㈱	鉄道・港湾建設事業	1920	1,250	大連
満州興業㈱	建築土木・不動産業	1917	2,500	鞍山
満蒙繊維工業㈱	麻繊維加工品製造販売	1919	1,500	奉天
興亜印刷㈱	図書印刷製本	1935	800	奉天
㈱大連機械製作所	鉄類・機械器具製造販売	1918	1,500	大連
興亜食料工業㈱	食品製造販売	1939	1,500	大連
関東州青果配給統制㈱	青果配給統制	1942	5,000	大連
福昌化学工業㈱	油脂・石鹸製造販売	1939	160	大連
			監査役就任企業	
㈱龍口銀行	銀行業	1913	4,863	大連
㈱南満銀行	銀行業	1920	375	鞍山
大連取引所信託㈱	清算会社	1913	4,125	大連
㈱福昌公司	商社	1929	1,000	大連
満州水産販売㈱	水産品販売	1933	250	大連
日満鋼材工業㈱	建築土木材料製造販売	1934	500	奉天
大連郊外土地㈱	不動産業	1920	1,250	大連
㈱福昌公司	商社	1929	3,000	大連
東亜生果㈱	生果販売	1938	250	大連
満州ペイント㈱	塗料・顔料製造販売	1919	1,500	大連
大華窯業㈱	電気絶縁体・食器類製造販売	1940	1,000	大連
㈱福昌公司	商社	1937	3,500	新京
奉天鉄鋼工業㈱	鋼材委託圧延・加工	1941	1,250	奉天

出所：前掲『満州会社興信録　大正十一年版』、前掲『満州銀行会社年鑑　昭和十一年版』、前掲『満州銀行会社年
注：註欄の数字は異なる役職に就任した同一企業を示す。

就任状況

調査時期	註		摘要
1921.6		①	
1921.6			業績不振
1921.6		②	企業買収
1921.6			企業買収
1936.5	1942.1		
1936.5	1942.1		
1936.5	1942.1		
1942.1			
1942.1			
1921.6			
1921.6			満鉄系企業
1921.6			
1921.6	1936.5		乾卯商店系
1921.6			満鉄用度課直営事業の継承
1921.6			満鉄支援で設立
1921.6			
1921.6			三井物産・日本燐寸系
1921.6			
1921.6			
1921.6			
1921.6			安田系
1921.6			安田系帝国製麻関連会社
1936.5	1942.1		大日本印刷系
1936.5	1942.1	②	
1942.1			
1942.1			
1942.1			相生常三郎筆頭役員
1921.6			横浜正金系
1921.6			
1936.5		①	相生由太郎大株主
1936.5			相生由太郎筆頭株主
1936.5	1942.1		相生常三郎筆頭役員
1936.5			東洋鋼材系
1936.5	1942.1		相生合名大株主
1942.1			相生由太郎筆頭株主
1942.1			
1942.1			日清製油系
1942.1			
1942.1			相生常三郎筆頭役員
1942.1			相生常三郎筆頭役員

鑑 昭和十七年版』より作成。

紙幅の関係からこれらのうち兼任15社以上の企業家に限定して示したものが**図表Ⅰ-8-11**である。相生由太郎が日本郵船、三井物産、満鉄を経て、自らの事業基盤となる福昌公司を創業したのに対し、奉天の有力地場企業家であった庵谷伜は日露戦争の従軍後に当初は安東で商業活動を開始し、その後に奉天において三有公司を創業する。ともに満鉄の指定業者として満鉄の発展に随伴して成長し、それぞれ大連と奉天を代表する有力地場企業家となった点に類似性を有するが、その企業家としての出発点は大きく異なるものであった。大連の有力地場企業家であった相生由太郎が役員および監査役に就任した企業を集約したものが**図表Ⅰ-8-12**である。同表における註に付した数字は就任した役職が時期により異なる同一企業を示したものである。相生由太郎の基盤企業は大連埠頭の荷役業務に対し中国人労働者を派遣する労務請負業として設立された福昌公司であった。しかし、この表からも分かるように相生由太郎が筆頭役員をはじめとして役員あるいは監査役に就任している企業の事業内容は著しく多様であり、彼が基盤とした企業である福昌公司との事業内容における関連性

図表 I-8-13　奉天地場資本家（庵谷忱）の役員

企業名	事業内容	設立年	資本金（千円）	所在地
筆頭役員就任企業				
開原銭業㈱	金、銀、外為、株式売買	1918	50	開原
満州製氷㈱	製氷・清涼飲料製造販売	1919	150	奉天
東亜木材興業㈱	木材伐採売買	1919	500	安東
三有公司	満鉄指定石炭取引	1936	50	奉天
美徳電器㈱	電球、電機製造販売	1937	500	奉天
取締役就任企業				
中和興業㈱	不動産業	1917	750	奉天
満州市場㈱	水陸産物売買	1917	300	奉天
満州製麻㈱	麻製品製造販売	1917	2,375	大連
東省実業㈱	不動産業	1918	3,000	奉天
大連木材㈱	木材製造販売	1919	750	大連
満州起業㈱	株式売買	1919	1,000	大連
奉天石灰セメント㈱	石灰、セメント製造販売	1919	250	奉天
南満農産㈱	精米業、食糧貿易	1919	250	奉天
㈱中華煙公司長春支店	煙草製造販売	1919	375	山東省済南
安東興業㈱	木材売買、森林事業	1919	125	安東
㈱満州取引所	商品、有価証券売買	1919	250	奉天
奉天取引所信託㈱	清算会社	1920	750	奉天
満州皮革㈱	皮革類製造販売	1934	750	奉天
大同産業㈱	債券、株式売買	1920	4,000	奉天
満州製糖㈱	製糖業	1935	15,000	奉天
奉天窯業㈱	耐火煉瓦、建築煉瓦製造販売	1929	350	奉天
監査役就任企業				
奉天製麻㈱	麻製品製造販売	1911	1,000	奉天
瀋陽建物㈱	建築不動産業	1917	300	奉天
満州製麻㈱	麻製品製造販売	1917	2,375	大連
瀋陽建物㈱	家屋建築貸付	1917	300	奉天
奉天窯業㈱	煉瓦製造	1918	400	奉天
満蒙繊維工業㈱	麻製品製造販売	1919	1,500	奉天
東亜板金工業㈱	スコップ、農具製造販売	1919	250	大連
満州土地建築㈱	不動産業	1919	2,500	大連
満鮮杭木㈱	杭木製造	1919	750	安東
㈱遼東ホテル	ホテル業	1928	900	大連
奉天窯業㈱	耐火煉瓦、建築煉瓦製造販売	1929	350	奉天
満州造酒㈱	中国酒製造販売	1933	1,000	奉天
満州特産工業㈱	農産物売買	1935	2,250	奉天
満鮮特産工業㈱	農産物売買	1935	750	奉天

出所：前掲『満州会社興信録　大正十一年版』、前掲『満州銀行会社年鑑　昭和十一年版』、前掲『満州銀行会社年
注：註欄の数字は異なる役職に就任した同一企業を示す。

は希薄であったことがここからも確認できる。**図表Ⅰ-8-13**は庵谷忱の役員あるいは監査役就任企業を同様に集約して一覧にしたものである。庵谷忱の満州地場企業家としての出発点となったのは牛心台炭砿の石炭を満鉄に販売する目的で

就任状況

調査時期			註	摘要
1921				開原取引所取引人
1921				満州市場会社関係会社
1921				企業買収
1936				
1942				
1921				重役所有土地を提供、経営
1936				
1936			①	
1921				東拓系
1921				安東、新義州に製材工場
1921	1936			奉天に出張所
1921	1936	1942		中和公司事業買収
1921				
1921				
1921				
1936				
1921				
1936				
1936	1942			
1936	1942			
1942			②	
1936	1942			満州製麻、帝国製麻関係会社
1936				
1942			①	
1942				
1921				安田系帝国製麻関係会社
1921				
1921				
1921				満鉄系
1942				
1936			②	
1942				
1942				
1936				

鑑 昭和十七年版』より作成。

設立された三有公司である。しかし、庵谷忱の場合も相生由太郎と同様に役員就任企業に三有公司の事業内容との関連性は希薄で、役員就任企業間の産業連関的な関係性もまた希薄である。庵谷忱の場合は1910年代の後半に地盤とする奉天以外に大連所在企業の役員あるいは監査役に就任した事例が確認できる。この時期の満州経済の大連への一極化の反映と見ることはできるが、しかしその一方で庵谷忱の役員兼任状況は明らかに奉天地場経済を範囲としていたことも分かる。

このように役員あるいは監査役の兼任状況から満鉄地場企業の特質を見てみると、産業連関性とは異なる事業基盤の地域性に規定された地場企業あるいは企業家間のネットワークが植民地企業の間に形成されていたことが推測される。こうした企業間ネットワークや企業家ネットワークの存在と特質は、満鉄付属地を中心として点と線でしか存立し得なかった満州における日本の植民地経済支配の現象形態であったと言えよう。満州地場企業の特質から見る限り、満州全体の経済社会にそれらが有したプレゼンスはきわめて限定的なものであったと考

えるべきであろう。そうした分断性と局地性は満州地場企業の満州経済における脆弱性の表現でもあった。このことが満州地場企業をして過剰に強力な日本本国の満州に対する介入を誘引する要因となったと考えることができる。しかし、こうした特質は日本の本格的な満州に対する政治的・軍事的介入のなかで満州国が成立すると、当然であるが変質を遂げていく。満州における大連経済のプレゼンスの相対的低下に直面した大連の地場企業の満州国進出はその一つの現れであった。本章において検討を加えてきた満州地場企業の植民地企業として特質把握には、時間軸の導入によるダイナミズムと地場企業や地場企業家の活動実態の掘り下げが不可欠である。しかし、本章の目的は満州地場企業の企業構造をマクロ的な定量的把握により再構成することであり、その意味では、植民地企業としてのその特質を十分に検証し得ていない。本章の検討で大まかな素描が描けているとすれば、次の課題はその素描に陰影や質感を与えることであろう。

おわりに

満州企業の資本類型における満州地場企業に関して検討を加えてきた。満州地場企業は資本規模から見ると大多数は払込資本金額が20万円未満の中小零細規模企業であり、それらが時期を経て肥大化するという特質が存在した。また、資本系統に即して満州企業構造を見てみると、企業数では構成比が低い国家資本系企業が払込資本金総額で約70％を占めた。こうした国家資本系企業に対する投資資金の集中化構造は明確であった。これに対して満州地場企業の企業数は1940年代に入り90％を越える構成比を示し、満州企業の全体構造においてその厖大性を指摘できる。しかし、その払込資本金総額は満州企業全体の約20％に止まる。企業数と払込資本金額との関係で言えば、満州地場企業は企業数では圧倒的な比重を有する。しかし、個別企業単位で見ればその規模的零細性が特質であった。仮に満州地場企業の払込資本金総額を満州における経済活動を通じた蓄積資金の投資と想定すると、満州植民地投資における約20％が日本本国からの資金フローを伴わない植民地経済内部に生じた蓄積資本と考えることができる。日本の満州に対する資本輸出を「資金流出をともなわない資本輸出」と特徴付け

るには20％の構成比は留保が必要ではある。しかし、中小零細企業の集積と考えられる満州地場企業の累積資本金額が満州企業の払込資本総額の20％を占める点は植民地経済内部における資本の自己増殖性をある程度示すものと見ることもできよう。この点を重視すれば、満州企業構造において個々の企業規模は中小、零細ではあったが、満州地場企業もまたその重要な構成要素であったと確認することができる。

　満州地場企業の特質を役員および監査役兼任に着目して検討すると、そこには地域性に規定された企業間ネットワークの存在を見出すことができる。しかし、こうしたネットワークが満州地場企業の事業活動や満州経済全体にどのような影響を及ぼしたかは本章での検討の範囲を大きく超える。こうした課題については満州地場企業の設立過程や事業活動、また地場企業家の活動などマイクロレベルの分析が不可欠である。

注

1) こうした研究動向については、山本裕「『満州』日系企業研究史」（田中明編著『近代日中関係史再考』日本経済評論社、2002年）が、包括的に整理を行なっている。
2) 金子文夫「第一次大戦後の対植民地投資——中小商工業者の進出を中心に」（『社会経済史学』第51巻第6号、1986年）、16-17頁。
3) 柳沢遊『日本人の植民地体験——大連日本人商工業者の歴史』（青木書店、1999年）336頁。
4) 山本有造「日本の植民地投資——朝鮮・台湾に関する統計的観察——」（『社会経済史学』第38巻第5号、1973年）、および山本有造『日本植民地経済史研究』（名古屋大学出版会、1992年）。
5) 前掲「日本の植民地投資——朝鮮・台湾に関する統計的観察——」、97頁。
6) 前掲「第一次大戦後の対植民地投資——中小商工業者の進出を中心に」、および金子文夫『近代日本における対満州投資の研究』（近藤出版社、1991年）。
7) 前掲「第一次大戦後の対植民地投資——中小商工業者の進出を中心に」、18頁。
8) 金子文夫「日本企業による経済侵略」（宇野重昭『深まる侵略　屈折する抵抗』

研文出版、2001年)。

9) 平野健一郎「満州事変前における在満日本人の動向」(『国際政治』第43号、1970年)。

10) これらには以下のような研究がある。大竹愼一「『満州』通貨工作と日本的一体化論―昭和初期日本支配層における植民経済観の特質」(『社会経済史学』第41巻第4号、1975年)、大谷正「満州金融機関問題―第一次大戦前後の在満日本人商工業者の運動を中心して―」(『待兼山論叢』第9号、史学篇、1975年)、武田晴人「古河商事と『大連事件』」(『社会科学研究』第32巻第2号、東京大学社会科学研究所、1980年)、柳沢遊「1920年代『満州』における日本人中小商人の動向」(『土地制度史学』第92号、1981年)、高橋泰隆「南満州鉄道株式会社における組織改組問題と邦人商工業者」(『関東学園大学紀要』第6号、1981年)、角山栄「明治初期、海外における日本商社および日本商人」(『商経論叢』第30巻特別号、1984年)、波形昭一『日本植民地金融政策史の研究』(早稲田大学出版部、1985年)、高嶋雅明「第一次大戦前における海外在留日本人商工業者について―「海外日本実業者之調査」の紹介を中心として―」(『経済理論』第214号、和歌山大学、1986年)、柳沢遊「榊谷仙次郎―『満州』土木請負業者の世代交代」(竹内常善・阿部武司・沢井実編『近代日本における企業家の諸系譜』大阪大学出版会、1996年)、塚瀬進「中国東北地域における日本商人の存在形態」(『紀要　史学科』第42号、中央大学文学部、1997年)、柳沢遊『日本人の植民地体験―大連日本人商工業者の歴史』(青木書店、1999年)、柳沢遊「1940年代初頭大連日本人個人経営者の経歴について」(『経済学研究』第70巻第4・5号、九州大学、2004年)、塚瀬進『満州の日本人』(吉川弘文館、2004年)。

11) 満州の経済団体については、間宮国夫「日本資本主義と植民地商業会議所―1910年代の大連商業会議所会員構成を中心として」(『日本の近代化とアジア』、研究シリーズ16号、早稲田大学社会科学研究所、1983年)、柳沢遊「大連商業会議所常議員の構成と活動―1910〜20年代大連財界変遷史―」(大石嘉一郎編『戦間期日本の対外経済関係』日本経済評論社、1992年6月)、柳沢遊「在『満州』日本人商工業者の衰退過程―1921年大連商工会議所会員分析―」(『三田学会雑誌』第92巻第1号、1999年)などがある。アジア地域全体の経済団体を対象とした研究

には、波形昭一編『近代アジアの日本人経済団体』(同文舘、1997年)、柳沢遊・木村健二編『戦時下アジアの日本経済団体』(日本経済評論社、2004年)があり、アジア地域における日本経済団体研究の一つの到達点を示す。また、満州における中国人商人により結成されていた商務会の活動については、松重充浩「植民地大連における華人社会の展開—1920年代初頭大連華商団体の活動を中心に—」(曽田三郎編著『近代中国と日本—提携と敵対の半世紀』御茶の水書房、2001年)、大野太幹「満鉄付属地華商商務会の活動—開原と長春を例として—」(『アジア経済』第45巻第10号、2004年)、大野太幹「満鉄付属地華商と沿線都市中国商人—開原・長春・奉天各地の状況について—」(『アジア経済』第47巻第6号、2006年)などの研究がある。

12) 満鉄庶務部調査課編『満蒙に於ける日本の投資状態』(満鉄調査資料第76編、1928年)。
13) 満州国史編纂刊行会編『満州国史 各論』(満蒙同胞援護会、1971年) 494頁。
14) 満州帝国政府編『満州建国十年史』(復刻版、原書房、1969年) 526頁。
15) 満州中央銀行『満州中央銀行十年史』(1942年) 357頁。

第Ⅱ部　産業別企業分析

第1章 交　　通

はじめに

　満州最大の日系事業法人の満鉄は政府出資法人であり、その多面的な解説はこれまで多数行なわれてきた。そのほか満鉄に関する個別のモノグラフが多数あるが、紹介を省略しよう。本章は既存研究による解説を概ね踏襲し、満鉄の鉄道事業論に新たな知見を追加することを目標とはしない。私営企業形態での満州における陸上運送業の進出を論ずるならば、満鉄の幹線・支線で運行した鉄道輸送産業の周辺の産業に関わった私営企業の進出とその活動にまで視野を広げることができる。ここではこうした産業として、主に都市輸送と自動車輸送を扱う。そのほか河川水運を陸上輸送の周辺産業として扱う。それにより陸上輸送産業における民間企業投資とその事業活動を検証できる。

　満州の輸送産業に言及するものとしては満鉄の社史が複数回刊行され[1]、関係者の取りまとめた満州国事業史等もある[2]。学術研究としては、満州事変とその後のかかわりに着目する研究があり[3]、満鉄の投資事業としては、満州事変前の時期についてすでにまとまった研究がある[4]。満鉄の鉄道経営史的接近の研究もまとめられている[5]。中国に残存する満鉄一次資料を扱い、満鉄の帝国主義支配の担い手の側面を強調する大部の研究書も刊行された[6]。満鉄以外の陸上輸送事業についてもそこで言及があるが、それ以外に満鉄の周辺的な陸上輸送産業については社史があるが[7]、まとまって言及するものは乏しい。満鉄以外の地方鉄道等に言及するものとしては、天図軽便鉄道の研究や[8]、奉天電車に言及するものがあり[9]、注目されるが、扱いは軽いものといえよう。

　戦後になって日系の倉庫業について叙述したものとしては、『満州開発四十年

史』下巻（1964年）がある程度であり、この叙述も4頁ほどの簡略なものである。倉庫業は、商品流通の拡大のために必要な事業であり、とりわけ商工業者にとっては在庫商品を担保に銀行から融資を引き出すための受け皿となるが、しかし地味な事業であるため、ほとんど検討の俎上にのらなかった。戦前に刊行されたものでみても満州の倉庫業を包括的に検討したものは、南満州鉄道株式会社庶務部調査課『満州に於ける邦人倉庫業』（1930年）しか見当たらない。ただし、この調査も1920年代までの満州における日系の倉庫業について記したものである。

海運業に関する調査としては南満州鉄道株式会社庶務部調査課『南満三港海運事情』（1928年）があるにすぎず、1930年代以降は見当たらない。社史としては『大連汽船株式会社二十年略史』（1935年）、『東邦海運十五年史』（1962年）がある。しかし、海運業についての研究論文は見当たらない。

空運に関しては満州航空の関係者により刊行された満州航空史話編纂委員会編『満州航空史話』（1972年）があるにすぎず、空運はまったく研究の対象にならなかった。

第1節　陸　　運

1　南満州鉄道

日露戦争の帰結として1905年9月5日ポーツマス条約により、日本は東支鉄道の南部支線の長春以南を獲得し、遼東半島を租借した。この結果、鉄道と大連港湾の鉄道施設を一体として経営する大規模な鉄道会社が設置される。それが南満州鉄道株式会社である。同社は1906年6月7日勅令「南満州鉄道株式会社令」に基づき、政府現物出資と株式募集を行なったうえで、同年11月26日に南満州鉄道株式会社が創立総会を開催し設置された（設立は27日、本店大連）。資本金2億円、払込1億0200万円であり、政府現物出資で政府が最大株主となった。定款によれば、その当初の鉄道路線は大連・長春間、南関嶺・旅順間、大房身・柳樹屯間、大石橋・営口間、煙台・煙台炭砿間、蘇家屯・撫順間、奉天・安東間

で、そのほか炭砿業、水運業、電気業、倉庫業等を営むものとされた[10]。

満鉄の設立初期の関東州における位置づけとしては、1909年5月の大連本店の株式会社は満鉄を含み僅か6社、合資会社7社、合名会社1社で、満鉄の次に資本金規模の大きな会社は大連土地家屋株式会社（1909年3月23日開業）で資本金50万円、払込40万円というものであり[11]、満鉄の巨大な事業体とそれ以外の微々たる事業者の存在という異様な企業社会が出現した。

満鉄は操業の効率性のために、鉄道幹線を4フィート8インチの標準広軌に改修し、さらに軽便鉄道の奉天安東線も広軌に改修して鉄道輸送力の強化を図った[12]。その後も鉄道車両の調達、港湾施設の整備等で巨額の投資を続けた。また撫順炭砿や煙台炭砿で採炭し、機関車燃料や暖房・発電用に供給を続け、この部門でも利益を得た。満鉄は社債発行を大蔵省に一任し、1907年7月3日に認可を得て、400万ポンドの外債発行を行ない、その後も外債発行を続け、長期資金を調達した。他方、株式による資金調達として、1913年6月14日の政府の認可で、4000万円の増資を行なった。この株式は1915年10月1日に株式取引所で定期取引に上場されている[13]。

満鉄の運輸事業は第1次大戦期に大拡張した。満州大豆の欧州向けその他向けの輸出増大となり、大豆栽培地域が満州北部に拡大していった。それに伴い大豆の大連向け輸出量の急増となり、また栽培農民の居住に伴う必要食料・衣料・石炭等の需要により貨物輸送も増大し、旅客輸送需要も増大を続けた。このため満鉄の営業成績は第1次大戦期から1920年代で、戦後恐慌の時期に一時的に減退も見られたが、おおむね増大基調を続けた。他方、陸上運輸業以外の海運・ガス・電力等の周辺業務を関係会社に分離しつつ、さらに新規事業への投資を行なってきた。そのため満鉄は最大国策会社であると同時に、巨大事業持株会社として事業を肥大化させていった。

満鉄は1908年3月18日に関東都督府に大連の電気軌道を敷設を出願し、一般運輸業を許可され、翌年5月に軌道の敷設、架線敷設に取り掛かり、同年9月25日より営業を開始した。当初は大連港桟橋から2マイルの敷設で開始し、逐次大連市内で軌道を延長し、1911年1月17日には北沙河口から星ケ浦まで延長し、全線17マイルに達した。そのほか貨物の引込線も敷設し、大豆等の特産物

輸送にも応じた。大連市内の廉価な人力車と競合しつつ集客し、1909年度と1910年度は損失を計上しているが、以降は毎年度利益を計上した[14]。その後も引込線を株式会社大連機械製作所や大連製油株式会社等に延伸を続け、利便性を高めた。この満鉄直営の大連電気軌道は、1926年5月21日に南満州電気株式会社が設置されると（本店大連、資本金2500万円、払込2200万円、全株満鉄保有）、同社に満鉄の電力事業とともに譲渡された。子会社に分離時点で営業距離21マイル、客車94台、貨車9台という規模であった[15]。以後の大連の電気軌道の運行は南満州電気が担当した。そのほか満鉄は撫順炭砿から撫順駅までの運炭線を運行した。当初は蒸気機関車を用いたが、ガス発電により電気機関車に切り替えた。1917年3月で軌道は48マイルに達しており、鉱区内各地を撫順駅に結んだ。石炭のみならず客車も運転しており[16]、地域住民の有力な交通手段となった。ただしその後も直営で続いたため、以後の言及は省略しよう。

　満州事変後、1933年2月9日に満鉄と満州国政府との間に鉄道建設借款および満州国有鉄道の委託経営に関する契約が締結され、満鉄は満州国有鉄道の経営を担当し、さらに新線建設まで引き受けた。同年3月に満州国有鉄道とその付属事業の経営のため、満鉄は奉天に鉄路総局を設置した。併せて満州国で自動車輸送にも着手した。旧東北軍閥が経営していた鉄道2,920キロのほか新規建設路線が追加され、1945年3月には9,705キロの委託経営となっていた。この新線建設とその委託経営は満鉄にとって重い負担となり、経営の足を引っ張った。そのほか1933年3月に陸上交通の一部として、熱河線の北票・朝陽間の自動車運航を開始して自動車輸送に乗り出し、1944年末までに営業距離は20,461キロにまでに拡張した。各鉄道局管内で自動車営業の管理も担当した。同様に1933年に満鉄は満州国から内河水運事業の経営委託を引き受け、松花江と黒竜江の主要地に埠頭と付帯施設を整備し、水運業の団体の哈爾浜航業連合会を設置させ、委託運営の営業船舶も同会に参加させた。その後、北辺開発の国策的配慮から、1939年4月に同連合会所属船舶その他すべてを満州国と満鉄が買収し、その水運業を満鉄に移管して経営した。その営業距離は4686キロに達した[17]。満鉄の担当した港湾事業は海運業と関連するためこの節では除外しよう。

　満鉄は満州の陸上輸送では、電力事業を分離して設置した前述の南満州電気を

抱えていた。後述のように同社は電力事業を譲渡した後に大連都市交通株式会社に改組し、満鉄は大連都市交通を都市電車・自動車輸送の中間的な事業持株会社として育成し、同社を通じて個別都市陸上輸送網は構築されていった。また子会社の後述の国際運輸株式会社の貨物自動車輸送網も充実していた。そのほか大連汽船株式会社の日本航路も安定していた。そのため満鉄の影響力は、単に満鉄の直営した陸上事業にとどまらず、満州の交通業全般の中でははるかに巨大なものである。この満鉄の陸上輸送事業の拡大に伴い、満州事変以降に多数の日系企業の参入が見られたものの、満鉄の巨大な事業資産額は傑出しており、交通業の中ではその状態は変わらなかった。しかも満州事変以後の満鉄は多数の特殊会社・準特殊会社および普通会社に多額の出資を行ない、これらの関係会社の一部には資金貸付も行なった。こうした満鉄の巨大な事業持株会社としての関係会社投資事業は、一段とその裾野を広げていった。

2　満州事変前の日系中小陸運企業の概要

満州事変以前の地方鉄道・電気軌道・自動車輸送に関わった事業者を概観する。第1次大戦前の時期については、株式会社形態の関東州・満鉄付属地・商埠地における満鉄以外の日本人経営の鉄道事業者は皆無である。それ以外の事業としては、海運を除外すれば、陸上輸送と内河水運、馬車輸送、人力車輸送、倉庫業等がある。

営口軍政撤廃後の水道電話電灯事業の利権確保のため1906年11月15日に営口水道電気株式会社が設置された[18)]。日本・中国合弁の事業として工事に着手した営口電気営口の商埠地における水道・電力・電話の事業に従事した。1908年より5年間、大阪の才賀電機商会に事業を請負わせたが、不振のまま経営困難に陥り、1911年に請負契約を解除し、同時に営口水道電気は満鉄に出資を求めてきた。同年3月に満鉄が日本人株主から株式を概ね買収し、営口水道電気の経営に関わった。満鉄は同社の経営を整理して、同年10月期より業績を好転させた。ただし当初の業務では陸上輸送は行なっていない[19)]。

満鉄の副次的事業部門として、都市交通や電気軌道の事業を行なった。満鉄は先述のように大連市内の交通機関として電気軌道の運転を行ない、そしてそれを

図表 II-1-1　1922年満州陸運業者

(単位：千円)

企業名	本店	設立年月日	公称資本金	払込資本金
南満州鉄道㈱	大連	1906.11.26	440,000	309,156
長春運輸㈱	長春	1917.12.05	500	125
ツバメ自動車㈱	大連	1919.09.14	500	125
安東運送㈱	安東県	1920.05.14	200	50
東海運輸㈱	貔子窩	1920.04.10	200	50
奉天運輸倉庫㈱	奉天	1919.04.03	100	25
㈱奉天馬車公司	奉天	1920.03.09	100	25
北事通関運送㈱	安東県	1919.10	100	25
遼南運輸倉庫㈱	鄭家屯	1919.09	100	25
満鮮運送㈱安東県出張所	新義州	1907.03.04	50	20
貔普自動車運輸㈱	貔子窩	1918.10.10	40	20

出所：南満州鉄道株式会社地方部勧業課『南満州商工要鑑』1919年（アメリカ議会図書館蔵）、『1922興信録』、『1936銀行会社年鑑』。
注：払込資本金2万円以上の株式会社のみ掲載。

南満州電気に分離した。1928年3月期の南満州電気の所有する関東州の軌道は全長33.198キロ、客車100台等の運輸資産を持ち、1日平均62,743人を運んだ。またバスは23台で、旅順大連48キロ、旅順市内、水師営等合計58.4キロで運行していた。事業資産簿価は電車および機器、軌道、電車車両、車庫建物および機器、自動車車両、自動車建物機器の合計346万円で、総資産2716.2万円の12.7％を占めていた。またこれら運輸収入53.6万円はこの半年の総損金326.3万円の16.4％を占めていた[20]。関東庁庁舎が旅順にあるため、大連に関東庁が移転する前の旅順大連間輸送は乗車率が高く旨みのある事業であった。

それ以外の陸上運輸事業者として、1922年の企業一覧を紹介しよう（**図表II-1-1**）。払込資本金2万円以上の株式会社のみを掲示した。ほかに合名会社・合資会社が15件がある。これには海運専業事業者と1件を除き支店事業者を除外している。河川運送業者の満鮮運送株式会社（本店新義州）を含ませている。通関業者と倉庫兼営業者も一部含まれている。鉄道輸送は満鉄のみである。その他の日系鉄道輸送事業法人はまだ設立されていなかった。事業規模は満鉄を除けばいずれも小さなものであった。また自動車輸送専業事業者は長春運輸株式会社（1917年12月5日設置）、貔普自動車株式会社（1918年10月設置後に貔子窩自動車運輸株式会社に商号変更）、ツバメ自動車株式会社（1919年9月14日設置）等に限定される。この時期の運輸業は大連を中心とし、満鉄を除けば営口・安東の海運を中心とし港湾関係の輸送に大きく傾斜していた。その周辺の自動車・馬車等により小運送事業は、営業地域の法制の制約があり、さほど発達していなか

ったといえる。

　そのほか鉄道利権獲得の動きとして、東拓系の日露合弁の北満電気株式会社が哈爾浜で電車事業の利権公募に応募した。同社の電力事業は哈爾浜で正式に認可を得たものではなかったため、電車事業を取得して電力事業利権の強化に充てる方針であった。しかし電車敷設利権取得できそうな状況にあったが、日本側の利権取得を歓迎しない側からの割り込みが発生し、哈爾浜市会にも介入が入り、結局、北満電気の参入は排除された[21]。その後、吉林省政府系の哈爾浜電業公司の設立となり電気・電車事業に参入した。バス事業者として1919年3月5日設立に満州自動車運輸株式会社（本店奉天）が奉天における付属地内営業権と白系ロシア人が中国側から取得した営業権で、付属地と商埠地を連絡するバス営業を継続していた。株式の多くは日本人以外が取得し、営業状態は良好とはいえなかった。このうちロシア人の取得した利権が1931年2月30日に営業期限5ヵ年満了を持って突然許可を取り消された。事前にその延長の内諾を得ていたが、競合業者が発生したことでそのままの事業延長は困難になった[22]。日本側の営業利権は脅かされつつあった。

　1920年代後半の運輸事業の拡大が見られる。1920年代の満州大豆の輸出と栽培の北満への大拡張で、大豆輸送に関わる運輸事業者が増大する。他方、鉄道輸送網も路線拡張で充実を見る。北満大豆の東行・南行の積荷の奪い合いや中国側の満鉄包囲網計画の着手等でこの時期を描くことができる。1920年代中頃に設置された事業者として、いくつか注目すべき事業者がある。それらは中国側事業者と競合し、その事業展開を恐れられていたが、以下でその事例を紹介する。

3　金福鉄路公司と奉天電車の設置

　関東州における鉄道網の充実としては、遼東半島東海岸沿いに鉄道敷設計画が提案された。その企業目論見書によると、株式会社金福鉄路公司を大連に本店を置いて設置し、金州・貔子窩間における鉄道運輸と倉庫を業とし資本金400万円とし、建設費概算書によると建設費総額375万円とし起工後1年で工事完了を予定した。当初からの事業の特典として金州駅の連絡設備に満鉄が便宜を与え、軌条についても満鉄の中古品の払い下げを受け、運行も満鉄が実費で引き受けるた

め、機関車・車両の調達が不要で、満鉄から補助金を受給し、金福鉄路の創業で派生した満鉄の利益を割り戻してもらい、大連経由の塩輸出については金州大連間の運賃割引を受けるものとした[23]。こうして1925年11月10日に日中共同経営の事業として、株式会社金福鉄路公司が設立された。資本金400万円の四分の一払込で創業した。この出資は三井物産株式会社・三菱合資会社・合名会社大倉組・住友合資会社のほか大手事業法人も参加している[24]。線路の測量を1925年11月に満鉄に委嘱して着手し、鉄道事業認可を1926年5月25日に得た。測量と用地買収を続け、工事を2区に分け、第1区を榊谷仙次郎に、第2区を大倉土木株式会社に請け負わせた。軌条と付属品については指名競争入札で大倉商事株式会社が落札して納入した[25]。同社による満鉄金州駅から関東州境の城子瞳の102キロで1927年10月に営業を開業した[26]。企業目論見のように独自営業は行なわず、機関車・貨車・客車を満鉄から借入れ、運転もすべて満鉄に委託した。金福鉄路公司は設立時より関東州から安東に延伸し、朝鮮への連絡線にするという展望を持っていた[27]。金福鉄路公司の事業が順調に進むと、金福鉄路公司に対する中国側の警戒感が強まっていった[28]。

合名会社大倉組の満州における早期の鉄道事業の関わりとして、1907年9月15日設立の中日商弁瀋陽馬車鉄道股份有限公司がある。奉天軍督部堂の章程により、同年9月に資本金19万元の合弁法人が設立された。満鉄付属地における事業については関東都督府より同年10月10日に営業許可を得て、同月15日に開業した。創業後も合弁事業のため経営に円滑を欠き、また満鉄付属地に設置されたものの、法人登記がなされておらず、法人の態をなしていないものであった。同公司は1922年10月15日に営業満了となる。電力確保の目処が立つため、馬車鉄道を電車若しくは軌道自動車に改める提案を大倉組側より行ったが、奉天省側は逆に同年8月に馬車鉄道廃止の提案を行なってきた[29]。結局そのまま廃止にならずに馬車鉄道の操業が続けられたようである。

瀋陽馬車鉄道に換え、合名会社大倉組は1926年5月29日に関東庁指令により許可された奉天電気鉄道事業に着手した。大倉組は奉天最初の電気鉄道を直営事業として完成して事業を開始したが、それとは別に1926年6月5日に奉天電車株式会社が設立された。同社は資本金150万円、四分の一払込、本店奉天で、代

表取締役川本静夫、取締役に門野重九郎（大倉組）、河野久太郎（大倉組）ほかがいた。大倉組は同社の株式をほぼ掌握し、大倉組の子会社として設置した。大倉組は直営の奉天電車事業について、同年10月4日の株主総会で、奉天電車株式会社への譲渡を決定した。そして1927年2月1日に関東庁より認可を受け、同年2月28日に奉天電気鉄道事業の譲渡を行なった[30]。この譲渡は、奉天電車事業の着手時点で方針として固まっていたものと思われる。資産は軌道15.2万円、電線4.6万円、車輛4.2万円、建物・用地10.2万円ほかで、払込資本金375万円で十分な規模であった。しかし奉天票建ての運賃値上げが奉天票暴落に遅れたため、1927年では損失を計上せざるを得なかった[31]。なお奉天における中国人街における電気軌道は大倉組の奉天電車の経営ではなく、合弁形態を採用していないため、それぞれが別個の機関を設置して単に運転のみ共同しているだけで、それが運行区間の制約から不利益が発生していた。これを打開するため、1930年から満鉄の支援を期待しながら大倉組側で奉天電車の合弁化にむけて動いていたが、満州事変までそれを実現できなかった[32]。

4 天図軽便鉄路の設置

　朝鮮と接する吉林省東部において軽便鉄道の敷設が行なわれる。朝鮮総督府では朝鮮側の鉄道改築に着手した。さらに会寧から慶源まで軽便鉄道延長計画があり、それを豆満江を越えた琿春にまで延長する利権獲得が望ましいと在琿春領事館は提案していた[33]。他方、竜井村会寧間の鉄道敷設を求める動きが強まった。この計画では日中合弁で採掘の許可を得た南満州太興合名会社（1915年9月23日設立、本店東京、社長飯田延太郎〔神国生命保険株式会社社長〕）が経営する天宝鉱山の付帯事業として経営させ、輸送余力で一般貨客の運送を行なうというものであり、この計画は吉林まで鉄道輸送を拡張する将来計画を含んでいた[34]。しかし竜井村までの延長計画は北京政府交通部に却下された。

　飯田延太郎は1917年4月28日に、政府に対し鉱産物搬出等の必要から会寧から天宝山までの軽便鉄道の敷設認可を陳情した[35]。その後の交渉を経て、1917年12月22日に天図鉄道の会社設立契約が締結された。「中日合弁延吉鉄道会社」がそれで、本社を吉林に置き、飯田が代表者となり、図們江沿岸から天宝山と老

頭溝から延吉の支線の合計220華里に軽便鉄道を敷設する、資本金は日本円200万円とする、資本金全額を飯田が実質負担し、合弁相手は飯田から借り受けるものとした[36]。交通部は1918年3月17日にこの契約を承認し、中日合弁天図軽便鉄路公司の設立となった。その資金調達のため、同年5月に南満州太興合名は東拓から250万円を借り入れた。しかし当該地方で反対する意見も見られたため建設工事の着手が遅れた。

他方1920年1月に朝鮮側の図們鉄道が完成した。翌年3月に図們軽便鉄道株式会社（本店東京）として南満州太興合名会社の本体から分離して営業した[37]。南満州太興合名は地域の事業に資金を投入し、1920年9月27日現在で鉄道・鉱山事業への貸出残高は若干の利子を含み310万円、うち天図軽便鉄道に117万円、図們軽便鉄道177万円、老頭溝炭砿15万円というものであった[38]。当初の手押鉄道から蒸気機関車による運行に切り替えたため設備投資負担が重く、投資総額はさらに増大した。

しかし天図軽便鉄道建設への反対運動が激しく、外交問題化し、着工が遅れ、1922年8月にようやく工事着手にこぎつけた。同年11月には天図軽便鉄路公司を吉林省との官商合弁に改組し、本店を竜井村に移した。翌年10月にようやく池坊・竜井村間の工事を竣工し、営業を開始した。その後も合弁事業への反対が強まり、工事が遅延し、1924年11月に天宝山・老頭溝間を残し、老頭溝までの工事を竣工し、運行を開始した。当初に計画した天宝山までの敷設は実現できなかった。

天図軽便鉄路の営業は既存の馬車輸送と競合しただけでなく、従業員の勤務と経営者内の軋轢により経営に円滑を欠き、しかも銀建て収支のため1920年代央以降の銀貨下落で損失が膨れた[39]。南満州太興合名は東拓からの資金調達で工事を進めたが、完成が遅れたことも重なり、東拓経由の大蔵省預金部低利資金と東拓自己資金からの借入金が増大した。天図軽便鉄路公司も累積損失を計上しており、配当を計上できずにいた。そのため1925年12月期で南満州太興合名の総資産1162万円で、有価証券と天図鉄道勘定が中心で、資金調達では資本金50万円に対し借入金は1337万円（ほぼ東拓借入金）に膨れ上がり、繰越損失は256万円に達し[40]、経営危機に陥っていた。危機打開のため、天図軽便鉄路公司借入金

について預金部低利資金と東拓自己資金による借入金の利子引き下げで支援した。この救済策には合弁権保持と広軌化による輸送力強化が展望されていた。南満州太興合名は利益を計上している図們軽便鉄道を1929年4月に朝鮮総督府に売却して債務を軽減したが、図們軽便鉄道関係の1927年東拓債務498万円が譲渡価格を上回っており[41]、危機打開の根本的な解決には程遠く、南満州太興合名と天図軽便鉄路公司の苦境はそのまま満州事変まで続いた。

5　満州国期中小陸運企業の概要

満州事変により奉天派軍閥政権による圧迫は霧散した。満州国樹立後には、日本人が起業する場合には、満州国法人として法人を設立するか、満鉄付属地もしくは治外法権に守られた日本法人を設置し領事館に登録し日本法人となるかのいずれかの選択となる。その中で日本の運輸事業者は増大した。個人事業の運輸事業への参入は多数見られた。満州国樹立後1930年代前半の中小陸運企業政策とそれによる企業設置を概観しよう。

満州事変以降の時期に多数の自動車運輸事業者が参入を計画した。1933年2月時点の関東庁が掌握している奉天省内の自動車運輸事業許可申請は17件で、そのうち株式会社形態の申請は4件のみであり、ほかは個人事業であった[42]。これらの申請に対して奉天省実業庁はバス運転奨励並び統制策を決定した[43]。それによると事業者資格は資本金10万円（満州中央銀行券建）以上、経営者と株主は日満人に限定する、申請計画を実業庁で認めた事業のみ営業許可する、創業後経営困難に陥った場合には当該県で支援する等との方針を固めた。また既存の自動車運輸業者については、営業希望者が多数見られたが、交通部路政司は1933年7月5日に国有鉄道付帯事業の経営に移す路線と、民業として経営させる路線に区分し、前者を鉄路総局に取得させるとの方針を採用した。これにより既存の14路線安東・城子疃間、奉天・撫順間等の事業が鉄路総局の事業に移管された[44]。

満州国全体の民営運輸事業への参入で、1934年1月時点で許可を受けたものは9件あり、そのうち設立が確認できる鉄法長途汽車股份有限公司（1933年12月15日設置、本店鉄嶺）、満州自動車交通股份有限公司（1933年12月25日設置、本店新京）、営口水道電気、南満州電気、新京特別市、吉磐自動車股份有限

公司（1934年5月8日設置、本店吉林）、吉蘭自動車股份有限公司（1934年5月8日設置、本店吉林）の7件ほか、「熱河通運株式会社」と「満州逓信汽車股份有限公司」がある[45]。前者については別資料で熱河廻運株式会社との記載も見られるため、設立されたようであるが、後者については「満州逓信汽車」の設立は資料に認可予定となっていることもあり、設立が実現したかは確認できない。先述の1933年2月の申請案件に満州自動車交通も含まれていたが、同公司は、親会社の満州自動車交通株式会社（1933年10月31日設立、本店新京、資本金50万円、半額払込、社長高木陸郎）の事業法人として設立された。実質的な経営は近藤長造が当たった。その設立申請書によると、日満合弁の株式会社とし、資本金100万円、バス9台、トラック5台で鞍山・湯崗子等を基点とする自動車輸送にあたるものとした[46]。満州国の為替リスク回避の趣旨で、事業法人の満州自動車交通股份有限公司を設置し、持株会社の満州自動車交通株式会社の下にぶら下げた。同様の日本法人・満州国法人の二段階法人設置は他の業種でも見られる。また新京特別市の案件は後述のように新京交通股份有限公司として実現する。営口水道電気は1932年3月2日に義興自動車公司を買収し、同月18日に乗合自動車営業に着手した。併せてトラック輸送も行なっている。その後、満州電業株式会社と満州電信電話株式会社の設立で、電力と電話事業を両社に譲渡し、1935年11月29日に営口水道交通株式会社に改称した[47]。さらに後述のようにこのバス事業を譲渡し、交通業から撤収する。そのほかでは満鉄系の南満州電気が大連で路面電車を操業していたが、後述のように新京でバス路線に参入する。

　1936年の運輸業者を一覧すると（**図表Ⅱ-1-2**）、この時期の交通運輸事業者の特徴としては自動車交通を担う企業の増大がある。1933年2月9日「鉄道法」により、地方交通を目的とするものと一般運送に供するものは国有とせず、民間の参入が認められた。さらに1935年9月5日「私設鉄道法」で交通部大臣の許可で敷設と営業が認められる体制となった。鉄道事業者の新設としては間島地方の鉄道輸送事業者の琿春鉄路股份有限公司（1934年6月1日設置、本店琿春）のみである。満鉄と海運専業を除き、設立の古いものとしては、先述の金福鉄路公司、奉天電車および天図軽便鉄路が鉄道輸送を行なっていた。金福鉄路公司は当初から満鉄に託する方針で、線路を満鉄線と連結していたが、貨客が少なく、

図表 II-1-2　1936 年満州陸運会社

(単位：千円)

会社名	設　立	払込資本金	備　考
（日本法人）			
南満州鉄道㈱	1906.11.26	584,208	
営口水道交通㈱	1906.11.15	2,000	満鉄系
魏子窩自動車運輸㈱	1918.10.10	20	休業中
満州自動車運輸㈱	1919.03.05	750	
奉天運輸倉庫㈱	1919.04.03	25	休業中
ツバメ自動車㈱	1919.09.14	125	
東海運輸㈱	1920.04.10	20	休業中
安東運輸㈱	1920.05.14	50	休業中
㈱金福鉄路公司	1925.11.10	2,000	三井物産・三菱商事・大倉組・住友合資ほか
大連都市交通㈱	1926.05.21	4,400	満鉄系、南満州電気㈱を1936.04.01商号変更
奉天電車㈱	1926.06.05	375	大倉組系
国際運輸㈱	1926.08.01	1,700	満鉄系
大連自動車㈱	1931.05.04	150	
奉天自動車㈱	1932.11.20	150	日満自動車㈱を商号変更
万通運輸㈱	1933.01.10	50	
熱河廻運㈱＊	1933.06	125	
満州自動車交通㈱	1933.10.31	250	持株会社
満州急送貨物運輸㈱	1933.10	25	休業中
満州内燃機㈱	1934.03.15	160	
荷主運輸㈱	1934.08.02	25	
大連運輸㈱	1935.10.28	25	国際運輸系
関東運輸㈱	1936.06.09	125	
（満州国法人）			
満州自動車交通(股)	1933.12.25	125	満州自動車交通㈱の事業法人
鉄法長途汽車(股)	1933.12.15	40	
吉蘭自動車(股)	1934.05.08	100	
吉磐自動車(股)	1934.05.08	100	
開原長途汽車(股)	1934.07.28	25	
琿春鉄路(股)	1934.06.01	60	
安東産業自動車(股)	1934.08.03	125	
吉奉汽車(股)	1935.05.24	50	
新京交通(股)	1935.07.08	500	大連都市交通の関係会社
海城利通汽車(股)	1935.07.09	30	
間島自動車(股)	1935.12.13	150	

出所：『1936年銀行会社年鑑』、日満実業協会『満州事変後新設されたる満州関係会社』1935年4月（外務省記録E2-2-1-3）、南満州鉄道株式会社経済調査会『満州事変後設立会社業態』1935年（スタンフォード大学フーバー研究所旧東アジア図書館蔵）。
注：＊は1936年データに掲載のない法人。1936年データ時点での法人としての存在は不明。

営業不振の年度もあった。満鉄も支援のため2.3％出資している。1933年で社長門野重九郎（大倉組）である[48]。同社は1932年4月に関東州民政署が運営していた貔子窩・普蘭店間のバス輸送事業を承継しバス営業路線を拡張した。さらに1934年6月より大連・貔子窩間のトラック輸送にも参入している[49]。金福鉄路公司は1937年8月2日に株式払込40万円を徴収し、公称資本金120万円、払込80万円となった。それでも社債120万円が残り、建設投資の負担が重く残っていた。営業に当たっては関東州庁と満鉄からの補助金を受け続けていた[50]。しかし関東州で金福鉄路公司が単体で営業する必要性がうすれ、満鉄が金福鉄路公司を買収した。その結果、1939年5月20日より、満鉄の金城線として営業を開始し、金福鉄路公司は清算に入った[51]。天図軽便鉄路は経営母体の南満州大興合名会社の東拓からの借入金による債務を抱えたまま経営危機が続いていた。満州国の鉄道政策から、1933年3月に満州国が天図軽便鉄道を635万円で買収し、その経営を満鉄に委託した。すでに1925年10月の吉林省政府との満鉄の建造請負契約により、1928年10月に吉林・敦化間の工事を終え営業を開始していたが、満州国になり満鉄に経営委託後の1933年9月に敦化・図們の敦図鉄道本線が開通し、ようやく満州中央部と朝鮮北部国境とが鉄道で結ばれた[52]。

さらに1942年の株式会社形態の陸運業者を一覧する（図表Ⅱ-1-3）。交通運輸事業者から海運専業を除外し、通関専業者も除外した。ただし河川運航は陸上輸送とほぼ同様の機能を持つため含ませている。1936年に掲げられていた日本法人の満州国法人化がみられ、日本法人は関東州のみとなる。鉄道事業者の新規参入や満州国内事業者の旅客運輸事業者の再編が見られる。それは大連都市交通の満州国内関係会社に吸収統合されたものを含む。奉天電車、満州自動車交通、安東産業自動車股份有限公司（1934年8月3日設置）、海城利通汽車股份有限公司（1935年7月9日設置、本店奉天省海城県）がそれに該当する。営口水道交通の自動車輸送部門も同様に統合される。同社は交通事業を切り離したため1939年10月16日に営口水道株式会社に改称した[53]。新規の鉄道事業者として、既存路面電車ほかの事業資産を承継した哈爾浜交通株式会社、鉱山開発や電源開発の周辺投資として設置された錦西鉄道株式会社、吉林鉄道株式会社、攀平鉄道株式会社、鴨北鉄道株式会社、間島地域開発を目的とした東満州鉄道株式会社があ

図表II-1-3　1942年陸運業者

(単位：千円)

会社名	設立年	払込資本金	業態	備考
（日本法人）				
南満州鉄道㈱	1906.11.26	1,026,208	鉄道ほか	
大連都市交通㈱	1926.05.21	15,000	電気鉄道、自動車輸送	旧南満州電気㈱、満鉄全額出資
国際運輸㈱	1926.08.01	15,000	海陸運送業	大連、満鉄の全額出資
新日本運輸㈱	1936.06.09	500	運送業	大連
大連運送㈱	1942.06.26	2,500	海陸運送業	国際運輸系
（満州国法人）				
奉天合同自動車㈱	1932.11.	1,250	自動車輸送	
天理鉄道㈱	1933	200		浜江省
新京交通㈱	1935.07.08	10,000	自動車輸送、電気鉄道	前新京交通(股)、大連都市交通系、吉奉交通㈱と満州自動車交通㈱を買収
新京自動車㈱	1936.12.28	1,000	自動車、三輪車、馬車	
吉林交通工業㈱	1936.12.10	200	自動車輸送	
奉天交通㈱	1937.03.20	7,500	鉄道、旅客、貨物自動車輸送	前奉天交通(股)、大連都市交通系
国際運輸㈱	1937.11.26	6,500	海陸運輸	奉天、大連の国際運輸の全額出資
鴨北鉄道㈱	1938.04.21	7,500	鉄道輸送、自動車輸送	新京、鴨緑江水力発電両社の全株保有、社長久保田豊
満州鴨緑江航運㈱	1938.04.01	750	鴨緑江、渾江の河川運送	安東、社長久保田豊
哈爾浜交通㈱	1938.06.24	4,000	電気鉄道、自動車輸送	
東満州鉄道㈱	1938.06.15	18,100	鉄道輸送、自動車輸送	東満州産業全株保有
開豊鉄道㈱	1938.08.09	1,804	自動車輸送	開豊、中国人経営、奉北交通に統合
奉北交通㈱→四平交通㈱	1938.12.20	2,000	自動車輸送	開豊鉄道、開原交通、四平街自動車公司を承継して設置、大連都市交通系、1943年に四平交通㈱に改称
安東交通㈱	1938.12.01	2,000	自動車輸送	大連都市交通系、安東産業自動車㈱を承継
錦西鉄道㈱	1939.07.15	3,000	鉄道輸送、自動車輸送	新京
吉林鉄道㈱	1939.08.09	15,000	鉄道輸送、自動車輸送	
奉南交通㈱	1939.11.10	2,000	自動車輸送	復県交通(股)、営口水道交通の交通事業を承継、大連都市交通系
吉林運輸㈱	1939.11.30	450	小運送	
吉林自動車運輸㈱	1939.12.12	270	自動車輸送	
大東自動車㈱	1940.06.07	240	自動車輸送	安東
東吉林交通㈱	1941.03.05	1,250	自動車輸送	吉林交通㈱を承継して設置、大連都市交通系、吉林交通㈱に改称
樊平鉄道㈱→西満州鉄道㈱	1941.04.21	1,200	鉄道輸送、自動車輸送	新京、1944年商号変更、本店錦州へ移転
牡丹江交通㈱	1941.04.23	500	自動車輸送	大連都市交通系
満州上組運送㈱	1941.04.23	1,000	海陸貨物輸送	新京
新京運送㈱	1941.12.10	1,000	貨物運輸	国際運輸系
国都自動車㈱	1942.07.20	250	旅客自動車輸送	

出所：『1942年銀行会社年鑑』、大連都市交通『営業報告書』各期、国際運輸株式会社『国際運輸株式会社二十年史』（1943年）。

注：払込資本金20万円以上。海運専業の「海運」、「汽船」、「帆船」のつく事業者を除外、通関業専業を除外。

る。

6　南満州電気・大連都市交通

　満州国の自動車輸送について、満鉄経済調査会は1932年12月に「満州国に於ける特殊自動車網の計画案（改訂）」をまとめ、鉄道輸送を補完する自動車輸送網の強化のため、特殊路線として必要な路線を3万7000キロと設定し、その実現のため、特殊会社または公共団体に経営させるものとするとの方針を示した[54]。1933年2月にまとめた「特殊自動車交通会社に関する案（改訂）」では、鉄道経営に関係ある特殊自動車会社に経営させるとし、その特殊自動車会社は満鉄に満州国法律に準拠して設立させる、資本金と運賃は満州国国鉄と同じとし、満鉄・満州国政府持株以外の株式は一般に公募するとし、この自動車会社は各地区に分立する数個の会社に経営させ、これらの会社の一つを投資会社として各会社の業務を統制させるものとした[55]。そして満鉄は1933年1月31日に自動車運輸営業を満州国鉄の付帯事業として引受ける旨を表明し、11月28日に関東軍は「自動車運輸営業に関する指令」で満鉄に承認を与えた。17路線のうち既存の自動車路線が含まれていた[56]。なお満州国の自動車交通に関する法律は特段の規定がなされていないため、1929年中華民国「民営公共事業監督条例」に依拠せざるを得ないが、同条例によれば民営公共事業の外国人株式引き受けは不可能であり、そのため特殊の自動車会社設立に当たっては、便法を講ずるか日本の法令に準拠した会社を組織し、満州国法制の完備後に組織を改組して満州国法人とするしかないとみられていた[57]。

　南満州電気は新京で1933年9月期には57キロのバス事業を営業している[58]。その後、1934年11月30日に満州国の電力国策に協力し、南満州電気は電力事業を満州電業株式会社に譲渡し、発送電事業から全面撤収したため、以後の南満州電気の現業部門事業は、商号と異なり陸運業のみとなる[59]。ただし南満州電気は電力業に関しては、満州電業の多数株式保有を行ったため持株会社の立場に近いものであった。

　南満州電気は1936年4月1日に資本金1500万円を500万円に減資し（払込54万円）、同時に商号を大連都市交通株式会社に変更した。同日に満州電業株式

会社の株式を満鉄に譲渡した。減資後も実質的にはやはり全額満鉄出資であった。この大連都市交通は満鉄系列の自動車輸送の日本法人の準特殊会社として位置づけられる。改組後の1936年4～9月期の電気軌道は32キロ、乗客2122.3万人、乗客収入88.7万円、バス輸送の営業路線518キロ、乗客521.1万人、乗客収入71.3万円であり、満州事変以前に比べ大連周辺の日本人の増大がみられるため、運行収入は増加していた[60]。1936年9月期の大連都市交通の資産では多額の預金が計上されていた。これは南満州電気の発送電事業の売却に伴う譲渡代金から満鉄の出資引上げを相殺した剰余部分である。大連都市交通はバス事業の拡張と関係会社への出資により余裕資金が乏しくなったため、1938年9月30日に未払込徴収を決議した[61]。

満州産業開発計画の発動により、満州投資は過熱し、それは大連にも波及した。大連都市交通は初期投資負担の大きさから電気軌道の路線は増大していないが、1938年10月～39年3月期で乗客2342.6万人、乗客収入9.92億円、バス輸送路線598キロ、乗客677.6万人、乗客収入103.8万円であり[62]、運賃収入の増大で事業規模が拡大していた。

さらに大連都市交通は満州国各地の都市交通事業者の親会社として、資金を逐次投入し続けるため、1939年6月26日に資本金1000万円増資を決議し、1940年3月の払込資本金は公称1500万円、払込750万円となった。他方、ガソリンの消費規制が同年9月1日より実施されたため、燃料調達に苦慮し、バス輸送の運行回数を減少させざるを得なくなった。これは満州国にある大連都市交通の関係会社も全く同じ状況である。そのため大連都市交通の電車乗客は伸びつづけるものの、バス輸送では営業距離が1940年3月期の600キロでピークアウトし、同年9月期の565キロに減少せざるを得なかった。それでも乗客は1126.9万人へと、前期の842.1万人から増大していた[63]。その後の物価騰貴とガソリン消費規制の強化の中で、さらに運行路線を圧縮せざるを得ず、1942年3月期ではバスの営業路線は前年の547キロから536キロへ縮小したのみならず、ガソリン調達難のため走行距離を大幅に短縮した結果、乗客は945.1万人から465万人へと急減した。そのため乗客収入は前年同期の193.6万円から125.4万円へと減少した[64]。こうした燃料不足による運行距離の低下で、収入減少とならざるを得ない。

さらに 1941 年 12 月アジア太平洋戦争勃発後、車両補修の資材不足と従業員の不足により、電気軌道も 1943 年 3 月期で走行距離が前年同期の 4,093 キロから 3,721 キロへと低下し[65]、それにより乗客総数の減少が始まった。こうして電気軌道も輸送実績で減少を始めた。しかも関係会社もガソリン消費規制、補修部品調達難等で運行水準を低下させざるを得ず、軒並み無配となり、大連都市交通の投資収入も急減した。大連都市交通は 1943 年 3 月期で損失を計上し[66]、従来のままの地場交通業管理のビジネス・モデルでは統制経済の中で行き詰まってきていた。

7 大連都市交通系事業者

満州国設立後には、奉天電車はその運営を、奉天市公署と共同運営に移行していた。ただし満鉄付属地は関東庁、奉天市は満州国という二つの法体系に従わざるを得なかった。先述の南満州電気の電車事業部門との統合案が強まっていた。先述のように南満州電気の電車部門が大連都市交通に改組されると、大連都市交通は奉天公署と「奉天交通股份有限公司」の設立を計画した。奉天電車は 1937 年 12 月の治外法権撤廃までに営業形態において、事業譲渡か満州国法人転化の道を選ばざるを得なかった。その結果、大倉組は奉天電車の営業譲渡を決意した。奉天電車は 1936 年 4 月 30 日に設立計画中の「奉天交通股份有限公司」が成立すれば、奉天電車の営業財産を同公司に譲渡する旨の決議を行なった。その後、1937 年 1 月 10 日に、奉天交通設立に動いている奉天市長と大連都市交通との 3 者の間で、営業財産の譲渡契約を交わし、1937 年 2 月 15 日に奉天電車は解散を決議した[67]。

そして 1937 年 3 月 20 日に大連都市交通と奉天市公署と折半で、奉天交通股份有限公司が設立された。奉天電車の事業資産の譲渡を受けて、直ちに電車事業に参入した。併せてこの合併交渉には、奉天を拠点とする満州自動車運輸株式会社（1919 年 3 月 5 日設立）の事業譲渡も含まれていた。同様に 3 者の協定が交わされ、奉天交通への譲渡が決定した[68]。奉天交通の資本金 250 万円、全額払込で、大連都市交通は 125 万円を出資した[69]。その後、奉天交通股份有限公司は「会社法」施行により奉天交通株式会社に改称した。事業は良好で、民営自動車輸送の

統制のため、撫順の山口タクシーと奉天郊外交通を買収し、事業が拡張した。1938年9月期で大連都市交通への配当も開始した[70]。さらに1939年3月期に鉄嶺交通、遼海農商長途汽車、海城利通自動車株式会社（1935年7月9日設立、本店海城県）ほかを吸収合併し、周辺都市にバス営業路線を拡張した[71]。奉天交通は1940年9月期で公称資本金を400万円に増加し[72]、さらに600万円に増資し、大連都市交通の出資は300万円となった。同社はガソリン消費規制によりバス路線の短縮を余儀なくされた[73]。1941年8月7日に資本金を750万円に増資し、やはり大連都市交通と奉天市公署の折半出資であった[74]。1944年3月期で電気軌道収入が11月15日の料金引上げにより増大した。奉天の都市化と人口集積による交通需要の高まりで業績は好転した。1944年3月期の資本金1450万円、全額払込みとなり、やはり大連都市交通と奉天市公署の折半出資であり[75]、大連都市交通の関係会社として最大の規模であった。

　大連都市交通に転換する前の南満州電気は新京でバス自動車路線を運行していたが、1935年7月8日に新京特別市公署（1932年11月に長春を改称）と南満州電気との折半出資で、日本円100万円、半額払込で新京交通股份有限公司を設立したことに伴い、南満州電気は新京交通に営業資産を譲渡した[76]。当初は満鉄・新京市公署各50万円の出資で設立すると伝えられていたようであった[77]。それにより南満州電気は新京の都市交通の直営からは手を引いたが、新京交通への影響力を保持した。以後は、南満州電気は同様の満州国内の都市輸送事業法人への出資により、満鉄に代行して資金の面から各社を指導管理することとなる。それは南満州電気の時期に南満州各地の地域電力会社に対してそれまで行なってきたことと同様で、事業持株会社の機能を発揮する。

　新京交通股份有限公司は「会社法」施行に伴い、1938年に新京交通株式会社に改称した。1938年上期に事業拡張のため、株式の全額払込となった[78]。1938年8月8日に吉奉交通株式会社（1935年5月24日設置の吉奉汽車股份有限公司の商号変更）に1万0600円を貸し付け、資金支援を行なった[79]。新京交通は損失を続けていたが、1939年2月28日に公称資本金を100万円から350万円に増資を決議した[80]。これにより払込資本金は225万円となり、大連都市交通は100万円の払込を行なっている[81]。新京の都市計画の中で電気軌道の敷設が実施され、

1941年6月1日に工事に着手し、11月1日に15キロの敷設工事が完成し営業を開始した。総工費700万円ほどで、この電気軌道の新設に伴い、新京交通は資本金を1000万円に増資し、大連都市交通と新京市公署で折半出資を続けた[82]。1941年9月11日に新京交通は吉奉交通（資本金5万円）を買収し、その事業を新京交通の公主嶺営業所として承継した[83]。ガソリン消費規制でバス事業の営業は悪化を辿った。さらに新京交通は1942年2月27日に資本金を1200万円に増資を決議し、3月25日に満州自動車交通株式会社（1933年12月25日設置）の新京営業所の事業一切の買収を決定した[84]。電車の延長工事は1942年12月に完成した。それにより電車の営業路線は35.5キロに拡張し、乗客は急増した。それでも損失を続け資金繰りが苦しいため、1942年8月17日に資本金1400万円に増資し[85]、1944年3月期では資本金1600万円全額払込、大連都市交通700万円、新京市公署900万円となっている[86]。

奉天省南部の瓦房店を中心とした復州一帯における乗合自動車事業を目的として、丸茂勝雄と大連都市交通の共同出資により、1936年8月1日に資本金10万円で、復県交通股份有限公司を設立した（本店瓦房店）。その9万円を大連都市交通が引き受けた[87]。同公司は「会社法」施行で、復県交通株式会社に改称した。その後、奉天省南部の自動車輸送統制のため、奉天交通の鞍山営業所所管の自動車輸送と、復県交通の自動車輸送および先述の営口水道交通の自動車事業を統合し、1939年11月10日に奉南交通株式会社が設置された。奉南交通の資本金100万円、全額払込、大連都市交通85万円、鞍山市15万円の出資で本社は鞍山、支店を瓦房店、営口に置いた[88]。その後200万円に増資し、150万円の払込で、大連都市交通の引受けは公称資本金135万円となった。ガソリン消費規制により営業成績が低下した[89]。さらに1942年12月期に資本金250万円の増資し全額払込となっていたが、やはり損失を続けていた[90]。

奉天省北部の開原、四平街を中心として、開原交通株式会社（開原長途汽車股份有限公司〔1934年7月28日設置の改称〕）、および開豊鉄道株式会社（1938年8月9日設立）がそれぞれ営業していた。満州国の交通統制の中で、新会社発起人は1938年10月26日に四平街自動車公司と、11月22日に開豊鉄道および開原交通と、それぞれ譲渡契約を交わし、それぞれ事業を承継し、12月19日に

大連都市交通から公称資本金150万円の払込半額75万円の払込をうけ、翌日1938年12月20日に奉北交通株式会社が設置された。同社は本店を開原に置き、既存の3社の事業を承継して操業を開始した[91]。1939年6月期の営業第1期より配当を開始した[92]。その後、1940年6月13日に資本金150万円全額払込となり、営業収入も増え、配当が復活した[93]。さらに1941年6月期で200万円に増資し、大連都市交通は全額を引き受けた[94]。その後も昌図一円の満州自動車交通株式会社の事業を1942年4月6日に買収する契約が成立し、同月15日引継いだ。これに伴い2月23日に資本金50万円の増資を決議した[95]。この資金も大連都市交通の負担となる。その後、1943年9月期で四平交通株式会社に改称した[96]。1944年3月期で資本金300万円全額払込となり、やはり大連都市交通の出資である[97]。

安東には安東産業自動車株式会社（1934年8月3日設立）が営業しており、安東省と通化省の開発計画の進展で営業は好調であったが、満州国の統制政策に基づき、1938年12月1日に大連都市交通85万円と安東市公署15万円の出資により、安東交通株式会社が設置され、既存の安東産業自動車の業務一切を承継して操業を開始した[98]。その後1941年3月期には200万円に増資しており、全額払込みで大連都市交通の出資は185万円となった[99]。安東交通はバス輸送のほかにトラック輸送も行なっていた[100]。1944年3月期資本金250万円、全額払込、大連都市交通235万円、安東市公署15万円の出資による設置となった[101]。

吉林市地方には吉林自動車株式会社（1936年12月10日設立）がバス輸送を行なっていたが、満州国の交通統制の中で、1941年3月5日に東吉林交通株式会社が大連都市交通の全額出資で設置された（本店吉林）。資本金100万円（全額払込）で、東吉林交通設立により吉林交通の業務は承継された[102]。その後、1942年9月18日に同社は吉林交通株式会社に改称し、資本金125万円全額払込みとなった[103]。さらに1944年3月期で資本金175万円、大連都市交通の出資で全額払込となった[104]。牡丹江の自動車輸送事業者として1941年4月23日に牡丹江交通株式会社が設置された。資本金50万円全額払込、大連都市交通35万円、牡丹江市公署15万円の出資で、既存の事業者の自動車輸送を承継して設置したが[105]、燃料、資材で不振を続けた。

8　その他の中小事業者

　満州国の陸上事業者は以上の満鉄と満鉄系の大連都市交通とその関係会社のみが関わっていたわけではない。地域の陸上輸送の担い手として鉄道は有力手段である。注目される事例として、以下の都市交通の哈爾浜交通株式会社、運炭を主要業務とした吉林鉄道株式会社とその他の鉱山鉄道、間島地方の開発策の一環として東満州鉄道株式会社の事例を紹介しよう。

　都市交通機関として電気軌道は有力な交通手段である。大連・奉天のほか哈爾浜でも運行が行なわれる。哈爾浜交通株式会社は大連都市交通の出資を受けず、哈爾浜市公署の出資によって1938年6月24日に設置された。哈爾浜交通はすでに哈爾浜市で運営している路面電車の事業資産を承継して設置された。役職員はいずれも日本人で、資本金100万円（払込50万円）である。営業は路面電車のほかバス輸送も行なった。ガソリンの配給が減少したため、1942年に代用燃料に切り替え、走行距離が縮小した。そのほか1941年12月31日より、バスの補助機関として新京交通から譲渡を受けた乗合馬車の運行を開始した[106]。

　舒蘭炭砿の開発を担当した日本窒素肥料株式会社系事業の吉林人造石油株式会社が運炭線として、1939年8月9日に吉林鉄道株式会社を設立した。資本金500万円、125万円払込、社長野口遵、取締役久保田豊ほかで、全株を吉林人造石油株式会社が保有しており、事実上、日本窒素肥料の出資によって敷設された。当初は舒蘭炭砿の運炭のみで営業を開始したが、客車を導入し旅客輸送にも事業を広げた。1940年6月27日に未払込金を徴収し、同年7月17日に倍額増資を決議し、それにより公称資本金1000万円、払込750万円という規模となった。それでも1940年11月期で借入金が200万円あり、鉄道敷設工事を継続していた。運炭のみならず旅客輸送も行ない、1940年10月21日に本店を新京から吉林省永吉県に移転した[107]。その後さらに倍額増資を決議し、1942年11月期で公称資本金2000万円、払込1500万円という大規模会社になっていた。それでも借入金950.6万円が残っていた。同社は本店を吉林市に移転した。工事は概ね終了したため、運輸収入は増大し、料金も引上げたため貨車収入を客車収入が上回り[108]、利益も増大基調にあった。しかしその後、運炭の低下で事業は衰退した。同じ日

本窒素肥料系の陸運事業は他にもある。大規模電源開発の満州鴨緑江水力発電株式会社が1937年9月7日に設置され（社長久保田豊）、鴨緑江上流の地域開発を進める過程で、1938年4月21日に鴨北鉄道株式会社が設置された（本店新京、社長久保田豊）。資本金1000万円、四分の一払込、出資は満州鴨緑江水力発電と朝鮮鴨緑江水力発電株式会社による全額出資である。鴨北鉄道は鴨緑江北部の鉄道と自動車輸送を事業とした[109]。同社は完全に鴨緑江電源開発と一体化した事業である。そのほか1938年4月1日に満州鴨緑江航運株式会社（本社安東、社長久保田豊）が設置され[110]、同社も鴨北鉄道とまったく同一の趣旨で設置され、河川中下流部分の水運に当たった。

　鉱山開発のため敷設された鉄道が法人化した例として錦西鉄道株式会社がある。同社は満業系の満州鉱山株式会社出資の満州鉛鉱株式会社の楊家杖子鉱業所と錦西との間36キロに鉄道敷設と運行を目的に、1939年7月15日に設置された。当初資本金300万円、払込60万円、本店新京、取締役社長有泉寛（満州鉛鉱社長）である[111]。同鉱業所と錦西との間の鉱産物と必要物資の輸送のほかセメント原石輸送も行なうため、大同洋灰株式会社（1933年11月22日設置、本店新京、満州国の最大セメント事業者、浅野系）と共同で出資した[112]。敷設工事の進捗に伴い逐次払込を徴収し、1940年9月には全額払込となっている。親会社の満州鉛鉱は満業系の有力鉛鉱業者で資金的に困らなかった。それも舒蘭炭砿の親会社の吉林人造石油と似ている。錦西鉄道は1941年2月末に完成し、4月に輸送業務の開始を見込み[113]、9月に営業運転を開始した[114]。鉱石・必要物資・セメントの運送を行なった。同じ満州鉱山系の満州特殊鉄鉱株式会社（1940年10月1日設置、本店新京）が欒平鉱業所で事業を行なっていたが、同採鉱場から錦古線双頭山間の原鉱石とその他貨客輸送のため、同社の出資により、1941年4月21日に欒平鉄道株式会社を設置した（本店新京、資本金300万円、払込60万円）。設立前に測量・敷設工事に着手していた[115]。工事の進捗に伴い全額払込となっている。欒平鉄道は1944年に西満州鉄道株式会社に商号変更し、本店を錦州に移転した。

　間島省の陸上輸送強化策として、1920年代から天宝山・龍井村間の鉄道敷設が進められていた。天図軽便鉄道が敷設されており、満州国が買収して運行し、

地域交通を支えていた。この軽便鉄道の広軌化を朝鮮総督府が求めた。また1934年6月1日に琿春鉄路股份有限公司が設置され、軽便鉄道を運行していた。この間島地方の産業開発を引き受ける法人として、1938年3月29日に東京に東満州産業株式会社が設置された。同社の資本金5000万円、3500万円払込、社長中村直三郎（朝鮮事業家、親和木材株式会社社長ほか）であり、大日本紡績株式会社が最大株主である[116]。同社が傘下の事業法人として、1938年6月15日に東満州鉄道株式会社を設置した（本店琿春、社長中村直三郎）。東満州鉄道は琿春鉄路を吸収したが、社長の中村は琿春鉄路の取締役でもあった。当初の公称資本金1000万円で、工事進捗にあわせこまめに払込徴収を求め、さらに借入金で不足する資金を埋めていた。1939年9月期で、払込資本金550万円、借入金90万円、図們江橋梁新築、朝鮮側の図們江工事、琿春・土門子間新設工事等を続けた[117]。その後、公称資本金を2500万円に増資し、1942年3月期で払込1810万円に増強し、借入金は償還されていた。しかし資材不足は悪天候で工事が遅滞した。それでも新規敷設の路線で操業を開始した。同社の貨車収入が客車収入を大幅に上回っていた[118]。同社はさらに1942年9月27日に乾溝子・老龍口間の新線運輸営業の許可を得て、さらに輸送力を増強できる体制となった。そのほか自動車輸送も行っていた。運賃改定により鉄道・バスのいずれも運賃収入は増大していた[119]。同社は間島地方の鉄道投資の担い手として、規模は小さいながらも地域開発の担い手として期待された。

9　国際運輸の設立と事業拡張

東支鉄道が採用した線農産物等の南下阻止策に対抗し、満鉄経由の農産物等南下策を強化するため、小日山直登ほかが1922年4、5月に北満運輸強化のため運輸会社設立を提案した[120]。そして神戸に本店を置く山口運輸株式会社と、日本の運送大手の日本運送株式会社の賛同を得て、両社の満州における事業を統合することとなった。1922年11月29日「国際運送株式会社事業目論見書」によると、資本金1000万円、20万株、業務は東アジアにおける、海陸運送、倉庫委託販売、関係ある資金供給等とするものとされた。満州側の出資により、東亜運送株式会社設立し、これを日本運送と合併させ、新に国際運送株式会社設置し、そ

の他の既設運輸会社を買収する、という方針であった[121]。東亜運送株式会社は1923年3月10日奉天で設立された。満州側10万株、日本運送側4万株を引き受け、資本金700万円、280万円払込。会社代表取締役は小日山直登である[122]。小日山は満鉄職員で、後日総裁に上り詰める。1923年3月14日に東亜運送は奉天で法人登記を完了すると、同月18日に日本運送と東亜運送の合併契約を締結した。この契約は4月4日の両社の株主総会で可決され、1923年6月22日に両社合併の国際運送株式会社の創立となった（資本金1000万円）。さらに新株4万株半額払込で100万円の資金調達を行なった。代表取締役会長中島久万吉、専務取締役小日山直登、同中島多嘉吉（前日本運送専務取締役）、本社東京、国内店舗は本社、満州・朝鮮・台湾・華北・シベリアの店舗は支社が統括する体制とし、小日山は大連支社に常駐した[123]。

　国際運送の当初の大連支社は1923年8月1日に浦塩運輸株式会社（1912年12月設立）の業務を継承し、8月11日に山口運輸の営業を継承し、それにより奉天・長春・営口・鉄嶺・哈爾浜・浦塩で営業している[124]。1923年には、長春・哈爾浜で既設運輸会社・倉庫会社を買収した（1923年12月20日に株式会社哈爾浜倉庫買収、1924年1月24日に株式会社北満倉庫を買収、そのほか長春運輸株式会社を買収）。その後、同社は斉斉哈爾・間島・龍井村・山東省・天津に店舗を開設した[125]。山口運輸の保有船舶の承継等による海運業への参入もみられた。大連・奉天・鉄嶺・長春各支所では貨物自動車輸送を開始し、荷馬車と一体となった一般運送業務、関東軍契約貨物、駅小荷物運搬に従事した。また長春・農安間に結氷期寒中の旅客バス輸送も開始した。1923年11月4日四洮鉄道が竣工すると、翌年1月に四平街出張所を開設し、特産物集荷を強めた。1925年5月に安東支店で大阪商船株式会社の代理店となり、安東経由の海陸輸送体制の基礎ができた[126]。

　しかし政治状況混乱が続き打撃を受けた。1925年11月に郭松齢が張作霖に軍事反抗を試みて混乱し、また1926年1月には満鉄との協定交渉でもめて、中東鉄道（正式には1932年9月に改称、それまでは東支鉄道が通称）が哈爾浜・長春間の運行を停止して混乱し、1月後半に哈爾浜長春間の馬車・自動車による輸送を実施して対応した。1926年には長春支店で第2松花江下流における特産物

の河川輸送を開始した[127)]。

　その後、1925年末に国内の交互計算方式で内国通運系、国際運送・明治運送系、中立系の3派に分かれて紛糾したため、1926年6月9日に鉄道省が業者の大合同を提案した。そのため国際運送の支社部門を分離して別会社に移し、それ以外の部分と国内業者が大合同することとなった。ただし朝鮮・台湾は支社側と合同会社の自由営業地とした。この方針のもとで、1926年8月1日に大連で国際運輸株式会社が創立された。旧国際運送の支社部門が中心で、資本金1000万円、満州側株主の国際運送への出資分275万円と内地側の出資65万円を払込とした。専務取締役小日山が経営に当たった[128)]。他方、国内事業者の内国通運は国際通運となった。日本と外地との輸送提携のため国際通運との株式相互持合が行なわれた。設立時の支店15、出張所12、営業所等17、合計44の店舗、従業員491名で発足した[129)]。

　1927年9月1日に吉林倉庫金融株式会社を買収して、国際運輸の支店とした。営口支店は大連汽船の代理店を引き受けた。朝鮮向け輸送では、出口部門の港で朝鮮側の事業者、北鮮運輸株式会社に比べ権益が弱く、業務が伸び悩みを続けたが、天図・図們の国際鉄橋の完成で、港への直接輸送が可能となり、改善の兆しを得た。1928年になると6月の吉林・敦化線の部分開通、10月の全通で木材輸送を奪われ、同年8月の奉天・海林線の開通で取扱に打撃を受けた。満鉄が営口倉庫汽船株式会社を買収し、満鉄埠頭料金を引き下げたため、埠頭の稼働率が急上昇した[130)]。

　政治的混乱が業績に大きく寄与することもある。1929年7月に張学良が中東鉄道の強行回収を実行し、ソ連との国交断絶となり、同鉄道運行途絶となった。その結果、北満特産物大量南下となり、長春以北の特産物では空前の積荷取扱となった。長春までの取扱で全力をあげ、満鉄平行線への積荷が流れるのを極力阻止した。大連・営口埠頭の扱う貨物の急増で港湾関係の業務の大いに業績を伸ばした。この状況は1930年2月の中東鉄道の東行開通まで続いた。従来、自動車輸送は低廉な馬車・小車輸送に価格で敗北して、収支が償わなかったが、この冬は大連で極寒となり路面凍結により、荷馬車輸送に変わり、トラック輸送が普及した。しかし1930年1月の日本の金解禁で銀貨暴落が進み、満鉄の集荷に著し

く不利となり、満鉄包囲網の効果が急速に高まっていった。国際運輸は満鉄への荷物取り込みに全力をあげたが、鉄道輸送価格で勝てないため、苦杯をなめることが多かった。北満大豆も中東鉄道の運賃政策により東行物資のみとなり、南下特産物は僅かとなった。取扱料金を引き下げたものの、なお中国側鉄道輸送のほうが安く、この状況は満鉄の受けた打撃を示すものであった。関東州内では、1931年4月に旅順・大連間に貨物自動車運送を開始した[131]。

10 満州事変以降の国際運輸の営業

満州事変には国際運輸は軍需品の輸送、貨物自動車の軍部奉仕に全力をあげた。満州国設置後には各地に営業店舗を増設し、大豆の満鉄混合保管制度の受寄託代理の業務を拡張した。大豆の満鉄混合保管制度の代理業務は1933年に鉄路総局の直営となり廃止された[132]。

1934年には哈爾浜・斉斉哈爾で乗合自動車を運行を開始した。1935年3月23日に中東鉄道買収の結果、新京駅における貨物積み替え作業が消滅し、哈爾浜からの直行貨物の通過駅となった。それにより駅荷扱業務のうち平行馬車輸送業務がほぼ消滅した。それに代わり中東鉄道沿線の奥地への進出がなされた。海拉爾ほかへ。新京では都市開発関係の事業が増大していた。その後、開発計画の中で事業量は増大した。1938年12月21日に満州糧穀株式会社、1939年10月20日に満州特産専管公社の設立により、特産物の荷扱いはこれら流通独占組織の手に移り急減する。それに代わり、建築材料、雑貨の急増、生活必需品の動きも急増し、滞貨する状況となった[133]。

1937年4月5日に日本で「小運送業法」が公布され、満州でも1938年1月より満鉄の小口扱貨物集配制度が実施され、国際運輸は実務を担当し、1940年7月に満鉄特定小運送人規則により、国際運輸がその特定小運送人となった。これにより満鉄の鉄道業務の周辺業務としての小運送で、国際運輸は満鉄と一段と密着する。そのため1941年2月に1000万円増資で小運送関係施設に投資し、さらに1943年に3000千万円に増資し、運搬道具その他施設整備に充当した。さらに海運にも参入する。社有船で朝鮮の沿岸航路、日中戦争後に長江航路を開き、さらには1941年3月に東洋海運株式会社から機船2隻を買収し、関東州満州と華

北朝鮮日本との物資輸送に従事した。そのほか傭船、委託船運営、機帆船受託運営にも関わった[134]。

1937年11月5日治外法権撤廃、満鉄付属地行政権移譲に関する条約が同年12月1日に施行されることとなった。この条約の施行と「外国法人法」1937年10月の条約施行日の施行により、満州国内で日本法人国際運輸が活動することが従来に比べ不利になり、また国際運輸が本社を満州国に移転して満州法人化すると関東州内業務が不利となるため、満州国内に別会社を設置することとし、満州国内業務を分離した。1937年11月26日満州国法人国際運輸株式会社の創立となった。同年12月1日より営業を開始した。本社奉天、資本金400万円、払込300万円で日本法人国際運輸が全株式を引き受けた。親会社は満州国における営業権一切、債権債務を譲渡した。社長以下の役員は親会社が兼務し、従業員は両社で共通とした[135]。そのため法人上の名は二つ、業務上の体は一つといった関係である。

その後、国際運輸（大連）と国際運輸（奉天）の両社は増資する。前者は1941年2月3日に公称資本金1500万円、後者は翌日に1400万円に増資し、払込を逐次徴収し、事業資金に充当した。ただし実質的には前者の株式による満鉄からの資金調達を後者に出資して資金供給した形になる。1942年7月31日に全額払込となった[136]。満州国における事業規模は急拡大していた。

国際運輸（奉天）は1945年6月時点で資本金1億円、払込7100万円に増資していた。その払込のうち満州国政府3600万円、3500万円を満鉄が引き受けた[137]。従来は国際運輸（大連）が満鉄から出資を受けてそれを迂回して国際運輸（奉天）に出資していたが、営業報告書で確認できる国際運輸（奉天）の資本金は、1943年4月1日に1500万円を増資しその4分の1払込を求め、その結果、1944年3月期の資本金2900万円、払込2150万円となっていた[138]。追いつめられてきた満州国内の陸運倉庫業の営業の強化のため、国際運輸（奉天）の資本増強が必要となったが、国際運輸（大連）の資本金を拡大することで国際運輸（奉天）への迂回出資による増資で対処する場合には、満州国からの出資が困難であるため、満鉄と満州国からの直接出資に切り替え、一挙に資本金を1億円にまで引き上げた。こうして国際運輸（奉天）は満州国の準特殊会社の位置づけとなった。ただ

しいまのところ満州国の政策的意図は確認できていない。

　満州事変後、従来哈爾浜下流の松花江水運は中国人経営にあったが、満鉄が臨時松花江水運委員会のもとに実際の運航に当たった。その後、1933年に官民船主協調で哈爾浜航業連合局を設立した。その後、同局、日満運送業者、船主団体等の協調で、日満合弁松黒運輸公司の設立となり、1933年4月開業した。国際運輸は過半の株を掌握した。河川荷役作業については、一元的な統括組織として、国際運輸と東北海軍航運処の合弁で1932年4月に江工公司を設立した。その後、両社分立の不利益があると判断され、1937年7月19日に松黒運輸公司が改組され、松黒運輸株式会社となり（本店哈爾浜）、江工公司を吸収した。同社には満州国鉄路総局も出資している。松花江水運では水運局による直営が普及し、松黒運輸は1939年6月に解散を決定した[139]。1939年6月設立の国際運輸北満支社が業務一切を承継した。1941年3月には北満江運事務所となる。

　満州事変以後、洮南に四洮鉄道の南駅と洮昂鉄道の北駅あり、その間の交通が不便であった。南駅から軌条が6キロほぼ竣工していたため、これを補修して輸送することとし、国際運輸は1932年12月洮南県公署との合弁契約で、洮南軽便鉄路公司を設立し、事業を開始した。馬匹を動力とする鉄道である。それでも馬車輸送に比べ能力ははるかに高く、運賃も低廉で、好成績を維持していた。その後1936年11月より南駅廃止となり、軌条が撤去されることとなった。そのため馬車輸送への転換を余儀なくされたが、1941年10月に解散した[140]。

　新京運送株式会社は小運送の企業合同により運賃低廉化、効率化を図ることを目的に、1941年12月6日に業者30余の合同により、設立された。資本金100万円全額払込、国際運輸が株式48％を保有、その他は業者35名による保有である。本社を新京に置き、新京市を主とし、周辺を含む運送業に従事した。1941年以来、国際運輸は大連運送組合を構成する小運送業者の企業合同を計画し、1942年6月15日に大連運送株式会社を設置した。本社大連、資本金250万円、全額払込、国際運輸50％出資、社長を国際運輸社長の兼務とした。その他の事業者61名が参加した。大連地区における運送業者の通関業務の代理業を営んできた大連通関株式会社（1936年1月10日設立）の解散に伴い、同社の埠頭通関作業は大連運送が引き受けた。国際運輸は大連地区の特定小運送人とし鉄道業務

代行を中心とし、大連運送はそれ以外の一般貨物の運送並びに取扱を行なった。大連地区の小運送事業者をこれにより統合された。1941年6月満州国政府訓令「小運搬具整備拡充要綱」に基づき、荷馬車・荷車等の用具整備・拡充を図るため、1942年8月1日に満州軽車両工業株式会社を設置した（本社新京、支社奉天）。同社の資本金300万円、払込210万円、うち国際運輸50万円出資、その他10名で250万円の出資である[141]。

第2節　倉　　庫

『満州に於ける邦人倉庫業』（1930年）によると、当時の日系の倉庫業は、満鉄の倉庫（倉庫32ヵ所、うち1ヵ所は駅に隣接していない営口市内営業所）、国際運輸の倉庫（倉庫12ヵ所）、その他の会社・個人経営の倉庫業（5ヵ所、11倉庫、以下、「その他の倉庫」と略記）に大別できる。それぞれの1928年4月〜1929年3月までの倉庫収入推計値は合計208万円、うち満鉄173万円（83％）、国際運輸18万円（9％）、その他の倉庫16万円（8％）で、満鉄が圧倒的な地位を占めていた。満鉄の中では、倉庫収入全体の89.3％を大連埠頭の倉庫（155万円）が占めており、その他（駅隣接倉庫と市内営業所、以下、「鉄道倉庫」と略記）の合計は19万円である。大連埠頭部分が圧倒的な位置にあり、鉄道倉庫は国際運輸と同じくらいの収入でしかない。

1929年3月末の倉庫坪数でみても、合計15.4万坪のうち、満鉄13.6万坪（89％）、国際運輸0.7万坪、その他の倉庫1万坪で、満鉄が他を圧倒している。うち、満鉄では、大連埠頭の倉庫が10.3万坪、鉄道倉庫が3.3万坪という内訳であり、大連埠頭部分が76％を占めている。鉄道倉庫の収入は国際運輸とほぼ同じであるのに、坪数は、国際運輸の5倍近くになっており、国際運輸に比べ坪当たりの収益が低い。このほか、満鉄・国際運輸の倉庫貨物残高は特産物を大量に受け入れる冬季に多くなり、夏季に少なくなるのに対して、この2社以外の倉庫の残高がこれと正反対となるという質的な差がみられる[142]。

満州における日系の倉庫業の開始は、満鉄ではなく、大連起業倉庫による（1907年11月の営業開始）。大連起業倉庫は法人ではなく、小島鉦太郎経営の個

人企業である。大連起業倉庫は大連市内に倉庫を開設した。小島鉦太郎は軍用達商として1904年に来満した人物であり、1923年頃でみると、倉庫業とともに特産物輸出商（店名は新正洋行、個人商店）を営んでいた[143]。

満鉄は1908年10月大連埠頭で日本政府から引き継いだ倉庫を使って、鉄道や船舶で埠頭に到着した貨物の保管業務を始めるなど、貨物保管の試みを行なっていた。ついで1911年9月に倉庫営業規定を制定して、大連埠頭と沿線主要16駅（奉天、長春、営口、撫順など）で倉庫業を開始した。大連埠頭での倉庫業は満鉄だけが担った。満鉄は以後、順次追加開業し、倉庫営業所は1916年3月末現在で29駅（奉天と営口の市内営業所2箇所を含む）に達した[144]。

満鉄は貨物の寄託を引き受けた時、一口につき一通の貨物預書または倉荷証券を発行した。荷主は倉荷証券で譲渡や質入れを行なうことができた。このうち質入れをした場合には、寄託貨物の出庫・託送・改装の際に、いちいち倉荷証券の提示を求めると寄託者や金融業者に不便であるため、満鉄と特約した銀行からの口添証（一種の証明書）を提示すればよいとした。はじめこの特約は横浜正金銀行と結び、ついで朝鮮銀行・正隆銀行・安東銀行を加えた[145]。

第1次大戦の勃発（1914年7月）～1920年恐慌までの時期には、好況に支えられて満州各地に約30の倉庫業が出現したという[146]。1921年に主に倉庫業を営む法人をみると（図表Ⅱ-1-4）、14社あり、第1次大戦の好況期の1917年から大連、営口、奉天、哈爾浜、本渓湖、撫順など満州各地に設立されている。このうち払込資本金100万円以上の大企業が1社（南満州倉庫建物株式会社）、払込資本金20万円以上の中企業が2社ある。

つぎに倉庫を兼業する法人や個人を含めて1922年頃の主要な倉庫業者とその倉庫面積をみよう。満鉄の倉庫面積は11万6878坪にも及び、第2位の長春運輸株式会社4169坪に比べ飛びぬけて広い。倉庫数でみても、第2位の大連起業倉庫17棟に対して、満鉄は150棟である。また、日系以外では、英系の太古洋行が営口に1760坪、中国系の汽船会社である招商局が営口に124坪の倉庫を開設しているが、満州全体では、満鉄を除いてみても、日系の倉庫が他を圧倒しており、中国系倉庫はなきに等しい状況にある[147]。

個人商店では、先述のように大連起業倉庫が第1次大戦前に営業を開始し、第

図表Ⅱ-1-4　倉庫会社の状況（1921 年）

（単位：千円）

形態	会社名	本店所在地	設立年月	公称資本金	払込資本金
株式	南満州倉庫建物㈱	大連	1919.09.29	5,000	1,250
株式	営口倉庫汽船㈱	営口	1919.12.28	500	500
株式	南満倉庫㈱	奉天	1919.09.01	1,000	250
株式	哈爾浜倉庫㈱	哈爾浜	1917.05.19	500	162
株式	北満倉庫㈱	哈爾浜	1918.11.28	500	125
合資	遼東倉庫建物㈾	大連	1921.02		100
株式	㈱長春倉庫	長春	1919.07.10	300	75
合資	商業倉庫㈾	奉天	1919.10.15		50
株式	吉林倉庫金融㈱	吉林	1918.08.25	200	50
合資	㈾本渓湖運輸倉庫	本渓湖	1920.03.15		39
株式	貔子窩倉庫㈱	貔子窩	1919.07.24	25	25
株式	奉天運輸倉庫㈱	奉天	1919.04.03	100	25
株式	㈱撫順倉庫	撫順	1919.12.18	50	25
株式	遼源運輸倉庫㈱	鄭家屯	1919.09.24	100	25

出所：『1922 興信録』。

1 次大戦の好景気時の 1918 年 12 月に福昌公司が倉庫部門の営業を大連で開始し、戦後恐慌に突入する直前の 1920 年 1 月に大連倉庫（松村久兵衛経営）が大連で営業を開始している[148]。

1916 年に大連商業会議所会頭に就任する相生由太郎（かつて三井物産門司支店に勤務）は、1907 年 10 月に満鉄大連埠頭事務所長に就任したのち、退職して 1909 年 10 月に福昌公司（個人企業）を設立し、労働者供給業務を中心的業務として行ない[149]、その付随的業務として倉庫業を兼営したのである。

また、松村久兵衛は、株式会社正隆銀行（1908 年 1 月 15 日設立）に約 10 年勤務して副支配人となったのち、倉庫業の将来性を見越して独立・開業し、初めは個人企業として大連市内に 2 棟の倉庫を構えた。その後、この企業は 1923 年 3 月 20 日に合資会社大連倉庫（資本金 10 万円）に法人成りしている[150]。

法人では 1919 年 9 月 29 日に南満州倉庫建物株式会社が大連の商人山田三平らによって公称資本金 500 万円（払込 125 万円）という巨額の資本で設立された。社長の山田三平は、各種貿易をおこなう山田三平商店、大連取引所銭鈔部の取引人である合資会社山田銭荘、麻袋を取引する山田出張店などを経営する大連の著名人であり、取締役有賀定吉（大連の土木業者の筆頭にあげられる菅原工務所を経営）、監査役古沢丈作（日清製油株式会社の取締役）は大連商業会議所の常議

員（1916年3月10日現在）経験者である [151]。したがって大連財界人の多くから出資をうけて、南満州倉庫建物が設立されたと思われる。

その他、株式会社長春倉庫など倉庫業を本業とする会社と、長春運輸株式会社（1917年12月5日設立）・東省実業株式会社（1918年5月4日設立）など運輸業や金融業などの本業を営みながら付随的業務として倉庫業に参入する会社があった。なかでも東洋拓殖株式会社の別働会社である東省実業は奉天で倉庫業を開始しただけでなく、東洋拓殖の北満開拓方針に従って、株式会社北満倉庫を設立し（1918年11月28日設立、1921年頃の公称資本金50万円、払込12.5万円）、前年に設立された株式会社哈爾浜倉庫（1917年5月19日設立、1921年頃の公称資本金50万円、払込12.5万円）に対抗した。北満倉庫の社長には日本の電力業者の松永安左ヱ門が就任している。なお、哈爾浜倉庫は哈爾浜在留の日本人輸入商を中心として設立された会社である [152]。

つぎに1910年代後半の好況期と1920年恐慌後の不況の時期の満鉄をみよう（**図表Ⅱ-1-5**）。満鉄の倉庫収入は、1917年度（1917年4月から翌年3月）に急増した。鉄道倉庫収入と埠頭倉庫収入は、1916年度の33万円と43万円から1917年度には51万円と64万円に伸びた。さらに1919年度には158万円、162万となり、倉庫収入合計は320万円を記録したのである。

しかし戦後恐慌が発生すると、鉄道倉庫収入は1919年度158万円から1920年度33万円へと激減した。平均一日在庫トン数（埠頭倉庫分を含まず）の方は、恐慌による滞貨のため1920年度は前年度に比べあまり減少しなかったが、1921年度になると大幅な落ち込みを示している（平均1日在庫トン数は32％減）。埠頭倉庫収入は滞貨のために、1919年度よりも1920年度の方が増加して255万円を記録した。1921年度に減少し、その後は低迷するが、つぎに述べる鉄道倉庫収入よりは良好な状況にある。鉄道倉庫収入の方は1921年度以降も低迷し、1925年度にはわずか11万円となった。1926年にいったんは33万円に増加したものの、その後、再び減少に転じている。このように1920年代の満鉄の鉄道倉庫収入は極めて不振であった。このことから、他の倉庫業者の経営は満鉄に輪をかけて不振であることが推測できる。

実際、1920年恐慌の勃発により倉庫業者は大きな打撃を受けたのである。福

図表 II-1-5　満鉄の倉庫収入

年度	受入トン数 (千トン)	平均1日在庫 (トン)	鉄道倉庫収入 (千円)	埠頭倉庫収入 (千円)	合計 (千円)
1911	719	83,698	24	158	180
1912	969	56,227	106	247	353
1913	1,049	69,645	106	251	358
1914	2,014	118,292	177	372	549
1915	1,963	154,794	248	371	619
1916	2,396	194,809	325	426	751
1917	3,333	290,697	512	642	1,154
1918	3,799	420,555	1,020	1,089	2,109
1919	5,286	535,154	1,579	1,620	3,199
1920	4,749	497,816	331	2,548	2,879
1921	4,891	337,776	206	1,510	1,716
1922	5,214	357,347	144	1,809	1,953
1923	4,372	244,718	167	1,149	1,317
1924	4,593	262,491	158	1,233	1,391
1925	5,238	270,937	109	1,323	1,434
1926	5,275	361,917	335	1,522	1,857
1927	4,787	309,082	285	1,556	1,841
1928	4,522	301,122	185	1,549	1,734
1929	5,010	356,639	208	1,660	1,869
1930	3,591	267,210	85	1,331	1,416
1931	5,397	403,195	52	1,015	1,067
1932	5,311	468,295	50	1,344	1,394
1933	4,877	426,428	43	1,575	1,618
1934	5,576	438,470	56	2,129	2,185
1935	4,686	340,131	103	2,177	2,279
1936	4,324	252,741	25	1,544	1,570

出所：南満州鉄道株式会社『南満州鉄道株式会社十年史』(1919年) 361頁、同『南満州鉄道株式会社第二次十年史』(1928年) 384-385頁、同『南満州鉄道株式会社第三次十年史』(1938年) 541-542頁、南満州鉄道株式会社『事業説明書』1926年度～1936年度、南満州鉄道株式会社庶務部調査課『満州に於ける邦人倉庫業』(1930年) 6-7頁。
注：(1) 埠頭倉庫収入の大半は、大連埠頭分であり、他に営口、安東、羅津の分が含まれている。
(2) 受入トン数、平均1日在庫は、鉄道倉庫収入に対応する数値であり、埠頭倉庫分を含まない。

昌公司の倉庫部門と大連起業倉庫は事業を再びなんとか軌道に乗せることできたが[153]、南満州倉庫建物など多くの倉庫業者はなかなか経営内容を改善できなかった。南満州倉庫建物は「不況後、寄託貨物ノ減少、利息収入ノ渋滞、所有土地建物ノ値下リ」などにより1921年3月期決算で1万円の当期純損金を計上し、1922年3月にも2198円の当期純損金を計上した。欠損を整理するため、南満州倉庫建物は1928年9月19日に公称資本金を125万円、払込資本金を62.5万円に減資している[154]。北満倉庫と哈爾浜倉庫は熾烈な競争によって共倒れの恐れ

があったため、1924年に両社の事業は、国際運送株式会社（1923年6月22日設立、公称資本金1000万円、本店東京）に買収された。この他、長春において国際運送は1924年1月に長春運輸の倉庫業を継承し、ついで国際運送の後身の国際運輸株式会社（1926年8月1日設立、公称資本金1000万円、払込資本金340万円、本店大連）が1927年6月に東海起業の倉庫業を継承している[155]。このように他社の不振な倉庫業を継承しながら国際運輸が満鉄に次ぐ第2の倉庫業者に浮上したのである。

　つぎに1930年代の倉庫業をみよう。1936年時点（日本内地に本店を置く企業を含む）では、倉庫業を主としていた企業として11社を確認できる。払込資本金では日満倉庫株式会社（1929年4月設立、本店東京）が200万円で最大であるが、満鉄全額出資で設立されたこの会社は、川崎埠頭と大阪埠頭を経営している会社であり、満州では大連事務所を大連汽船内に設置するだけで、満州で倉庫業を営んでいるわけではない[156]。したがって、払込資本金でみると、南満州倉庫建物が62.5万円で最大である。また1921年時点と比べると、先述の合資会社大連倉庫の他に合資会社実業倉庫（1925年12月10日設立、本店大連）と図們金融倉庫（1935年3月1日設立、本店図們）が新たに設立されているだけである[157]。

　さらに兼業を含む法人・個人の倉庫業について1939年頃の状況をみよう（**図表Ⅱ-1-6**）。ただし、本表は満鉄を含んでいない。満鉄以外で最も広い倉庫面積をもつのは満州の31ヵ所に倉庫を構えていた国際運輸である（**図表Ⅱ-1-7**）。同社の1939年3月時点での倉庫面積は2万2656坪に達しており、第2位の福昌公司4239坪を大きく上回っている。また、新たに1939年12月に株式会社万通倉庫が設立されている。同社は、金融業も兼営しながら満州必需品株式会社、満州護謨株式会社などを得意先として倉庫業を経営した[158]。

　1942年の倉庫業を主とする企業をみると、景気の上昇に支えられて1937年から1941年にかけて満州国内に14の倉庫会社が設立されている[159]。「多年満鉄倉庫の重圧下に沈倫せる民間倉庫」は、「輸入業務の異常なる躍進と」それに伴い満鉄が「漸次一般貨物の寄託を制限し」たため、「再び殷盛を呈するに至」ったのである[160]。

図表 II-1-6　満州における主な倉庫業（1939 年頃）

(単位：千円)

会社名	本店	設立年月日	公称資本金	払込資本金	倉庫面積	m² 換算
国際運輸㈱	大連	1926.08.01	5,000	5,000	31 箇所に営業倉庫	
㈱福昌公司	大連	1929.05.23	3,000	3,000	4,239 坪	13,329
大連起業倉庫(個人)	大連	1907.11 創業		100	8,730m²	
南満州倉庫建物㈱	大連	1919.09.29	1,250	625	12,886m²	
大連倉庫(資)	大連	1923.03.20		100	3,027m²	
大連製氷㈱	大連	1917.03.29	3,250	1,775	486m²	
東省実業㈱	奉天	1918.05.04	5,000	3,000	820 坪	2,706
西塔倉庫(資)	奉天	1937.11.31		500	700 坪	2,310
大丸倉庫(資)＊	奉天	1933.07		50	1,327 坪	4,379
南満倉庫㈱	奉天	1919.08.31	1,000	250	3,253 坪	10,735
奉信倉庫㈱	奉天	1937.11.01	300	75	420 坪	1,386
㈱万通倉庫	奉天	1939.12.23	400	400	3,312 坪	10,930
㈱福田商店	新京	1936.01.10	1,000	750	650 坪	2,145
新京倉庫運輸㈱	新京	1919.07.10	300	81	1,100 坪	3,630
浜江木材倉庫㈱	哈爾浜	1935.09.02	200	100	80,000 秆	
百利洋行(名)	哈爾浜	1936.03.20		400	1,500 秆	
丸重洋行(個人)	哈爾浜	1918		120	660 秆	

出所：『満州年鑑』1940 年版（1939 年）163-164 頁。
注：(1) 公称資本金、払込資本金は、『1942 銀行会社年鑑』により、1939 年末の数値を掲出した。
　　　 ただし、個人企業である大連起業倉庫・丸重洋行、および大丸倉庫の数値は出所資料の数値である。
　　(2) ＊を付したが、「大丸倉庫」なる企業は存在しない。奉天に本店を有する大丸店(資)には事業目的の一つに倉庫業がふくまれているので、この企業かもしれない。
　　(3) 哈爾浜の企業の倉庫では、「秆」が単位に使われている。秆は、現在では長さの単位のキロメートルを意味するが、出所資料中の「秆」がそうであるかは不分明である。1920 年代の哈爾浜では、倉庫の規模をロシアの長さの単位であるサージェン（1sazhen = 2.133m）で表示しているので、この単位の二乗かもしれない。

　つぎに 1930 年代の満鉄の倉庫業について触れておこう。倉庫面積で圧倒的な地位を満鉄は占めており、1937 年 3 月現在で 17 万 8914 坪の広さをもっている。うち大連埠頭分は 12 万 7421 坪、鉄道倉庫分は 5 万 1493 坪である。同時点での国際運輸の倉庫面積 1 万 9022 坪に比べ、鉄道倉庫分は 2.7 倍の広さをもっている。しかし、1936 年度（1936 年 4 月から 1937 年 3 月）の鉄道倉庫分の収入 2.5 万円は同年度の国際運輸の倉庫収入 50.1 万円の 20 分の 1 に過ぎない。満鉄が 1913 年 12 月から豆粕の混合保管制度を開始し、1919 年 12 月から大豆の混合保管制度を開始して軌道に乗せたことがよく知られているが [161]、しかし鉄道倉庫の収入自体は 1920 年代から 1936 年度にかけて低下傾向にあった。

　国際運輸の 1934 年度では平均 1 日在庫 25 万トンに対して倉庫収入が 25 万円（1 トンに対して 1 万円）あるが、満鉄の 1934 年度では平均 1 日在庫 44 万トン

第1章 交通

(鉄道倉庫分)に対して鉄道倉庫収入はわずか6万円(1トンに対して0.13万円)にすぎない。平均1日在庫1トン当たりで比較すると、満鉄の収入は国際運輸の7分の1以下である。満鉄は鉄道倉庫料金を政策的に低く抑えていたと思われる。

図表II-1-7 国際運輸の倉庫事業

年度	平均1日在庫(トン)	倉庫収入(千円)	倉庫支出(千円)	差引損益(千円)	倉庫面積(坪)
1926	98,658	75	29	46	…
1927	114,586	91	42	50	…
1928	120,702	105	47	58	…
1929	151,557	133	58	75	…
1930	109,139	109	38	71	…
1931	164,855	165	73	92	…
1932	196,324	196	86	111	…
1933	258,767	259	91	168	7,775
1934	254,984	255	139	116	11,064
1935	381,118	381	227	154	13,166
1936	501,252	501	203	298	19,022
1937	575,052	575	233	342	20,288
1938	736,244	736	327	409	22,656
1939	1,291,202	1,291	610	681	27,211
1940	2,991,414	2,991	1,225	1,766	26,449
1941	2,481,710	2,482	1,226	1,256	23,049
1942	…	…	…	…	20,528

出所:前掲『国際運輸株式会社二十年史』237-238頁。

1930年代の満鉄の倉庫収入を支えたのは、埠頭倉庫であった。埠頭倉庫収入は1920年代から倉庫収入の大半を占めるようになった。とはいえ埠頭倉庫収入も1931年度には減少して100万円近くにまで低下している。その後、輸入資材増加のために埠頭倉庫収入は増加して、1934年度には200万円台を回復した。内訳は、大連分が204.6万円、営口分が7.5万円、安東分が0.8万円であり、埠頭倉庫収入のほとんどを大連埠頭倉庫が占めていることがわかる。つまり、満鉄の倉庫収入の大半は、大連埠頭倉庫によるものであった。前年度に引き続き1935年度の埠頭倉庫収入は200万円台を維持した。1936年度に再び減少している。1937年度以降の倉庫収入に関するデータは不明である。ただし、満鉄は「満州建国以来、各種建設資材の輸入殺到するに及び漸次一般貨物の寄託を制限し、特産物の混合保管以外の倉庫業務を継続すること困難となりたる為、今日(1943年——引用者)に於ては発著貨物の荷捌倉庫を主とし、一般貨物の寄託は挙げて民間倉庫の活躍に委ぬることとなり」[162]、鉄道倉庫と大連埠頭倉庫は全面稼動状態になり、倉庫収入、とりわけ埠頭倉庫収入は1937年度以降、回復しつつあったと推測される。

満鉄につぐ位置を占める国際運輸の1930年代〜1940年代前半の動向をみよう。

国際運輸の倉庫面積は、1933年度7775坪から1939年度2万7211坪へと約3倍に増加した。国際運輸は1930年代後半に倉庫面積を急速に拡張したのである。これに伴い、倉庫収入は26万円から129万円へと約5倍に、差引収益は17万円から68万円へと約4倍に増加した。1941年度には、倉庫面積が3400坪減少し、倉庫収入・差引収益も減少しているが、これは華北運輸股份有限公司が1941年10月1日に分離独立したためであり、国際運輸の倉庫業が振るわなかったためではない。その後、国際運輸は1943年頃に、営口所在の敵性資産である太古洋行の倉庫約1000坪、安東にある敵性資産の倉庫400坪を敵産管理人と契約して借り入れ、そこでの業務を開始した[163]。

なお、国際運輸（日本法人）は、1937年12月1日の満鉄付属地での治外法権撤廃に対応して、同年11月26日に満州国法人の国際運輸株式会社（公称資本金400万円、払込300万円。全株を日本法人の国際運輸が引受け）を設立し、親会社（日本法人）の満州国内での営業権一切を継承し、12月1日から営業を開始した。両会社の法人格は別個のものであったが、役員は親会社の役員が兼務し、従業員も「全部両会社に共通と」して、一体的運営を行なった[164]。**図表Ⅱ-1-7**の1937年度以降の数値は両社を併せたものである。

最後に、満鉄、国際運輸など満州における倉庫業では、戦時統制の進展に伴って、倉庫業の性格が変質していったことを記しておく。かつて倉庫証券は受渡代用証券として機能し、また商業金融のために利用されたが、統制の進展に伴い、倉庫貨物の一部が重要物資に指定されたり、統制品として一定の計画のもとで保管されるようになったため、従来の機能や利用の側面が弱まり、保管期間も漸次長期に及ぶようになった。倉庫業では、「従来の商業性を脱却し其の公共性、国家性が一段と昂揚せられ」「貨物の静態的な保全を第一義とする倉庫業独自の性能」[165] が重視されるようになったのである。

第3節 海　運

1　1920年代の主な定期航路

　まず第1次大戦後の1920年代初めにおける大連を起点（あるいは寄港地）とする定期航路の状況をみよう（**図表Ⅱ-1-8**）。おおまかに分類すると、大型船舶による大連と日本内地を結ぶ航路、超小型船舶による大連と関東州内の港を結ぶ航路、小型・中型船舶による大連と渤海（および黄海）の港とを結ぶ航路、大型船舶による大連と華中とを結ぶ航路、大型船舶による大連と欧米を結ぶ航路が開設されていた。まず、これらの定期航路がいつ頃から開設され、どのような企業によって経営されていたかをみよう。

　1940年代前半まで大連・日本内地間の定期航路の最有力な担い手は大阪商船株式会社（本店大阪）であった。大阪商船は、はやくも日露戦争中の1905年1月（旅順陥落の月）に大阪－大連線（定期航路）を開設した。この早期の開設は、日本郵船など他の海運会社による参入の動きを牽制することとなり、ついで1906年4月1日から大阪商船の大阪－大連線が逓信省の命令航路（門司・神戸寄港）に指定されたことで、大阪商船はこの航路において優位に立った。大阪商船は4隻を使用して毎週2航海の定期運行を行ない、1907年3月10日には日本の国有鉄道と満鉄との間で貨物の船車連絡を開始し、さらに1910年4月1日には日満連絡運輸、1911年3月1日には日満露連絡運輸（大阪－大連線およびウラジオストック直行線経由）、1913年6月10日には欧亜連絡運輸（大阪－大連線およびウラジオストック直行線経由）を開始した結果、大阪－大連線は単に日本内地との関係だけでなく国際交通上でも重要な役割を担うこととなった[166]。1920年代初めに大阪商船が使用していた船舶は5000総トン台2隻、3000総トン台2隻で、当時としては大型の船舶であった[167]。

　大連と関東州内の港を結ぶ定期航路については、かつて大連汽船合名会社（1915年2月1日からは大連汽船株式会社）が大連－貔子窩（長山列島を含む）線と大連－柳樹屯線を開設していた。交通が頻繁にもかかわらず、陸路では不便

図表 II-1-8　大連港関係の定期航路（1922 年頃）

航　路	総トン数（使用船数）	運航企業名
〔近海〕		
大連－貔子窩線	193（1隻）	満州運輸㈱
大連－柳樹屯線	198（1隻）	満州運輸㈱
〔大連－日本内地〕		
大阪－大連線	5,169、3,176、3,212、5,243（4隻）	大阪商船㈱
営口－大連－大阪線	2,245（1隻）	大連汽船㈱
横浜－華北線	1,456、1,833、1,958（3隻）	日本郵船㈱
大阪－営口線	5,266（1隻）	日本郵船㈱
〔大連と渤海・黄海沿岸〕		
天津－大連－安東線	1,261、1,037（2隻）	大連汽船㈱
天津－大連線	1,737（1隻）	大連汽船㈱
大連－竜口線	742（1隻）	大連汽船㈱
大連－芝罘－青島線	1,477（1隻）	阿波国共同汽船㈱
大連－芝罘－仁川線	1,380（1隻）	阿波国共同汽船㈱
大連－芝罘線	628、1,200（2隻）	政記輪船股份公司
仁川－青島－大連－芝罘線	不詳（2隻）	朝鮮郵船㈱
大連－青島線	1,580（1隻）	朝鮮郵船㈱
〔大連－華中〕		
（青島－上海線）	993（1隻）	大連汽船㈱
大連－青島－上海線	3,400、2,850（2隻）	大連汽船㈱
高雄－上海－天津－大連線	2,565、2,610、2,568（3隻）	大阪商船㈱
〔大連－欧米〕		
香港－北米線	11,785、4,380（2隻）	東洋汽船㈱
ピューゼットサウンド線	9,695、9,695、9,496 9,499、9,518、9,484（6隻）	大阪商船㈱
ニューヨーク線	5,750、5,812、7,770、5,823、5,821、6,776（6隻）	大阪商船㈱
日本－欧州線	7,378、7,770、7,772、7,772、5,228、7,374、6,609（7隻）	大阪商船㈱
カルカッタ－ニューオリンズ線	5,219、5,863、5,863、1,675（4隻）	大阪商船㈱

出所：『満蒙年鑑』1923 年版（1923 年）200-203 頁。
注：(1) 上記資料に政記公司所有船舶の総トン数が記載されていないため、南満州鉄道株式会社庶務部調査課『南満三港海運事情』(1928 年) 48-49 頁の数値を採用した。
　　(2) 大連汽船の青島－上海線は、大連に寄航しないが、大連汽船が運航しているため、参考のため掲出した。
　　(3) ピューゼットサウンド線の主な寄港地は、香港、上海、大連、神戸、横浜、ビクトリア、シアトル、タコマなどである。

なために敷設された両線は、関東都督府（1919 年 4 月 12 日からは関東庁）の命令航路に指定されており、補助金が下付されていた。ところが 1921 年に補助金交付停止となったため、大連汽船は両線を廃航とした[168]。その後まもなく、補助金の交付復活とともに満州運輸株式会社（1919 年 11 月 11 日設立、1923 年頃の公称 100 万円、払込 25 万円、本店大連[169]）が両線に参入した（補助金はそれぞ

れ年1万円、1200円)[170]。両線での使用船舶はわずか190総トン台という超小型であった。

　大連と渤海（および黄海）の諸港との定期航路のうち、主な航路と運航会社、はつぎのとおりである。大連－竜口線（大連汽船）、大連－芝罘線（政記輪船股份公司［中国系］）、天津－大連－安東線（大連汽船）、大連－芝罘－青島線（阿波国共同汽船株式会社）、大連－芝罘－仁川線（阿波国共同汽船）。このうち、日系の会社は大連汽船（設立の経緯は後述）と阿波国共同汽船である。阿波国共同汽船は、はじめ1887年9月14日に有限責任阿波国共同汽船会社（資本金3万5000円、本店徳島市）として設立された会社である。同社は大阪商船による藍玉運賃の値上げに対抗して、地元（徳島）の藍商らが結集して組織した企業である。その後、1893年6月16日に改組されて阿波国共同汽船株式会社（同年12月14日の増資により公称資本金4万7000円全額払込済）となった。同社は、日露戦後の1906年3月に大連－芝罘－仁川線を開設し、さらに1915年12月には、日本の占領下に入った青島との間に大連－芝罘－青島線を開設した。この両線は満州・朝鮮・華北との間の貿易の幹線であるため、関東都督府は阿波国共同汽船に対し前者の航路を1914年から、後者の航路を1916年から命令航路に指定し、補助金を交付した（阿波国共同汽船への補助金交付額は1914年4800円、1915年、1916年はともに1万0800円）[171]。両航路は1923年現在、関東庁の命令航路（補助金はそれぞれ年8500円と2400円）に指定されている（荷物は大連からの石炭、仁川からの米、芝罘・青島からの雑貨・野菜、加えて山東苦力の移動）[172]。事業を拡大した同社の資本金は、1920年末現在で公称200万円（払込150万円）である[173]。

　大連と華中を結ぶ航路のうち、主要な航路は上海にいたる航路であった。この航路では、大連汽船・大阪商船のほかに中国系の政記輪船股份公司・肇興公司が運航していたが、なかでも1928年時点で月10航海の運航（3隻を配船）を大連－青島－上海線で行なっていた大連汽船がもっとも有力であった[174]。この大連汽船の大連－青島－上海線は、かつて満鉄が運営していた航路であった。すなわち1908年5月に大連－長春間で急行列車を運転し東清鉄道と接続させた満鉄が、8月、これに東洋の交通貿易の中心地である上海との連絡を図るため大連－上海線

を開設し、それにより欧亜運輸交通のスムーズな連絡路を敷設したのである（1914年12月以降、青島寄港）[175]。大連汽船は1922年7月1日から大連－青島－上海線を引き継ぎ、3400総トン、2850総トンの2隻、月6航海で運航を行ない、まもなく上記のように増便した[176]。

　大連と欧米を結ぶ線については、日本の大阪商船と東洋汽船株式会社が運航しており、大連汽船は参入していない。

2　大連を拠点とする船舶会社

　満州における海運会社を1921年で示すと**図表Ⅱ-1-9**のとおりである。便宜置籍船会社を除外してみると、大連に本店を置く船舶会社で払込資本金20万円以上の会社は、大連汽船株式会社（払込200万円）、神桟汽船株式会社（払込125万円）、満州海事株式会社（払込50万円）、満州運輸株式会社（払込25万円）である。このうち、神桟汽船は、海運不況のため、1922年1月に所有船舶全部を売却して営業停止状態にあり、満州海事は関東州産原塩の輸送に業務が限定されており、しかも業績不振に陥っていた。したがって、大連に本店をおいて1920年代に活躍していた大規模な船会社（払込100万円以上）は大連汽船、中規模な船会社は満州運輸だけであり、その他は払込資本金20万円未満の弱小資本の船会社であった。弱小船会社の例をあげると、大連・日本内地間の特産物輸送を行なっていた合資会社大三商会（1916年11月8日設立、1921年の資本金1万円）、大連・日本内地間の石炭・特産物輸送を行なっていた合資会社靖和商会（1922年4月10日設立、1923年頃の資本金2万5000円）などがある[177]。

　つぎに便宜置籍船会社をみよう。1921年では満州に本店のある会社34社のうち、15社が便宜置籍船会社である（**図表Ⅱ-1-9**）。また、1920年代半ばでの大連に本店をおく、主な便宜置籍船会社は**図表Ⅱ-1-10**のとおりである。便宜置籍船会社は、日本内地の船会社が税制面などから輸入船などを日本内地ではなく、関東州に置籍するために設立した会社であり、ほとんどが登記上のみの実態のない会社であった。この置籍船会社設立の経緯をみよう。

　1910年4月15日に日本政府は新関税定率法を公布し、1911年7月17日に施行した。船舶に限定してみると、この法律は日本の造船業を保護するため船舶輸

図表II-1-9 満州における海運企業（1921年）

（単位：千円）

形態	会社名	本店	設立年月日	公称資本金	払込資本金	便宜置籍船会社
株式	大連汽船㈱	大連	1915.02.10	2,000	2,000	
株式	大連東和汽船㈱	大連	1916.05.20	2,000	2,000	○
株式	神桟汽船㈱	大連	1915.12.21	1,250	1,250	
株式	満州海事㈱	大連	1920.03.14	2,000	500	
株式	遼東汽船㈱	大連	1912.12.15	250	250	○
株式	満州運輸㈱	大連	1919.11.11	1,000	250	
合資	㈾岩城商会	大連	1919.01.28		115	
合名	村井汽船㈴	大連	1916.02.01		100	○
合資	㈾東平公司	営口	1920.04.13		100	
株式	大正通運㈱	大連	1920.02.24	300	75	
株式	安東海運㈱	安東	1919.08.20	200	75	
株式	大正海運㈱	大連	1914.01.06	50	50	○
合資	㈾辰馬商会	大連	1912.11.29		50	○
合資	㈾英和商会	大連	1913.03		50	
合資	沢山汽船㈾	大連	1918.02.25		50	○
合資	㈾東和海陸公司	大連	1919.07.15		50	
合資	共同汽船㈾	大連	1919.08.08		50	○
合名	乾合名会社	大連	1912.11.05		50	○
合資	浜口汽船㈾	旅順	1918.01		50	
株式	東海運輸㈱	貔子窩	1920.04.10	200	50	○
合資	旅順運送㈾	旅順	1920.03.10		40	
合資	㈾板谷商行	大連	1913.06.15		30	
合資	関東汽船㈾	大連	1914.07.08		30	○
合資	河内㈾	大連	1915.07.20		30	○
合名	田中㈴	大連	1914.03.01		30	
株式	大正汽船㈱	大連	1918.10.10	100	25	○
株式	大連佐藤国汽船㈱	大連	1920.02.18	100	25	○
合資	㈾野口商会	大連	1913.05.20		20	○
合資	村尾汽船㈾	大連	1915.09.12		20	○
株式	満鮮運送㈱	安東	1907.03.02	50	20	
合資	㈾宮崎商会	大連	1915.01.28		10	
合資	㈾大三商会	大連	1916.11.08		10	
合名	㈴金星洋行	大連	1918.03.15		10	
合資	㈾交通商会	大連	1921.04		7	

出所：『1922興信録』。
注：出所資料の記述および南満州鉄道株式会社庶務部調査課『南満州三港海運事情』（1928年）の記述から便宜置籍船会社と思われる会社に○を付した。

入税を引き上げるものであった[178]。

新関税定率法が施行された1911年に、輸入税無税の関東州を行政地域とする関東都督府は関東州船籍令を12月30日に公布して翌年1月1日から施行した。

この船籍令をうけて、日本内地での船舶課税および輸入税賦課を回避するため、日本内地の船会社が船舶を関東州に置籍しはじめた（船籍港は大連または旅順）[179]。1912年でみると、11月5日、神戸の乾合名会社が大連に1隻を置籍するため（翌年2隻となる）、乾合名会社（本店大連、1921年の資本金5万円）を設立し、同年12月15日、三井物産が遼東汽船株式会社（本店大連、1921年の公称資本金25万円〔全額払込済〕、置籍船4隻）を設立した[180]。そして1912年末における置籍船の総トン数は4万2953トン（46隻）に達し、うち総トン数1000トン以上のものは13隻に及んだ。さらに1914年末に118隻26万0519トンに達している。関東州置籍船は、（日本政府の許可をえないと）日本内地の諸港に出入りできないという制約があるが、初めから外国の海面で運航することを目的とした船主にとって関東州置籍制度は有利な制度であった[181]。図表Ⅱ-1-10で1910年代に設立されたことを確認できる便宜置籍船会社は全部で6社ある。さらに1920年代前半（1925年まで）には20社の設立を確認できる。これらの便宜置籍船会社の1925年の払込資本金は、遼東汽船（25万円）、大連東和汽船（50万円）以外は20万円以下であり、ほとんどが資本金規模の小さな会社であった。便宜置籍船会社が船舶を購入する場合、親会社（「母姉会社」）から借り入れればよいため、必ずしも資本金として調達した資金や銀行からの借入金による必要がない。このため、資本金規模の小さい会社が、資本金を大幅に上回る資産（船）を所有することが可能なのである。便宜置籍船会社の中では資本金額が比較的大きな遼東汽船の場合をみても（1922年10月現在）、払込資本金は25万円に過ぎず、三井物産から48万円の借り入れをすることによって、船価81万円の船5隻を所有しているのである。また、三井物産の関係会社である明治海運株式会社が大連に設立した大正海運株式会社の場合でも（1922年10月末現在）、払込資本金はわずか5万円に過ぎず、明治海運から389万円を借り入れることによって、船価395万円の船4隻を所有しているのである[182]。

　1920年代前半に多数の便宜置籍船会社が設立された背景として、つぎのような事情があったようである。日本内地の船舶会社の多くは、第一次大戦の好況に潤ったが、1918年11月の終戦後の反動で苦況に陥り、ついで1920年恐慌によって大打撃を被った。大打撃を被った企業の一つ、山下汽船株式会社（本店神戸、

図表 II-1-10　1920 年代半ばの大連における主な便宜置籍船会社

(単位：千円)

便宜置籍船会社名	(母姉会社名、本店)	設立年月	1925年公称資本金	払込
乾合名会社	(乾合名会社、神戸)	1912.11.05		50
遼東汽船㈱	(三井物産㈱、東京)	1912.12.15	250	250
大正海運㈱	(明治海運㈱、神戸)	1914.01.06	50	50
関東汽船㈾	(乾合名会社、神戸)	1914.07.08		…
村尾汽船㈾	(村尾汽船合資会社、神戸)	1915.09.12		20
大連東和汽船㈱	(東和汽船㈱、神戸)	1916.05.20	500	500
大連佐藤国汽船㈱	(㈱佐藤国商店、神戸)	1920.02.18	100	25
吾妻汽船㈾	(吾妻汽船㈱、神戸)	1921.10		50
山下汽船㈾	(山下汽船㈱、神戸)	1922.01.10		10
日満汽船㈱	神戸商船㈱、神戸	1922.01.21	50	12.5
田中汽船㈱	(田中商事㈱、大阪)	1922.03.15		50
東海汽船㈱	(日神海運商会、神戸)	1922.03.15	100	100
大華汽船㈱	(太洋海運㈱、神戸)	1922.05.06	50	50
日出汽船㈱	(太洋海運㈱、神戸)	1922.06.28	100	100
㈱岸本商会	(岸本汽船㈱、大阪)	1923.03.15	20	20
戸田汽船㈱	(㈱戸田商店、神戸)	1923.04.10	100	100
真盛汽船㈾	(原商事㈱、大阪)	1923.04		50
北支那汽船㈱	(三上㈱、神戸)	1923.07.10	50	12.5
竜王汽船㈱	(橋本汽船㈱、西宮)	1923.07.24	100	100
沙河汽船㈱	(橋本汽船合名会社、…)	1923.08.25	100	100
上野汽船㈱	(上野汽船㈱、大阪)	1923.11		50
山本海運㈱	(山本商事㈱、大阪)	1923.12.01	150	150
黒姫汽船㈾	(板谷商船㈱、小樽)	1924.04		50
矢吹㈴	(㈴矢吹船舶部、大阪)	1924.11.17		…
㈾三陽社	(㈾三陽社、東京)	1925.02		50
町田汽船㈱	(㈱町田商会、神戸)	1925.11.30	50	50

出所：南満州鉄道株式会社庶務部調査課『南満三港海運事情』(1928年) 96-97頁。
注：(1) 設立年月は、『1922興信録』、『1923興信録』、南満州鉄道株式会社興業部商工課『満州商工概覧』(1928年)、『1936銀行会社年鑑』による。
(2) 1925年の公称資本金・払込資本金は南満州鉄道株式会社興業部商工課『満州商工現勢』(1926年)、『帝国銀行会社要録』1925年版〔1925年〕による。

公称資本金3000万円)は「好況当時ノ船価整理ノタメ昨年(1922年——引用者)格安外国船数隻ヲ購ヒ之レヲ置籍セントシテ」、1922年1月に便宜置籍船会社の山下汽船合資会社(本店大連)を設立し、同年中に4隻(4639総トン〜5716総トンの大型船舶)を所有させている。この所有は、原商事株式会社(本店は大阪)が「購入外国船ノ輸入税軽減策トシテ」、1922年4月に便宜置籍船会社の真盛汽船合資会社(本店大連)を設立したのと同じように、日本内地での輸入税の支払いを回避するために行なわれたと思われる。1924年4月末現在の関東州置籍船数は111隻、31万6729総トンに上っている[183]。

以上に述べた置籍船会社の所有船舶のほとんどは、輸入税回避のために関東州

に置籍されたものであり、かならずしも関東州内あるいは関東州の港と他港との間に就航させることを目的としたものではなかった。

つぎに置籍船会社以外の会社の動向に移ろう。第1次大戦以前の時期に関東州に本拠をおいて外洋で船舶を運航していた会社は満鉄であった。満鉄は上海航路（大連－上海線、のち青島に寄港）を1908年8月に開設した。はじめは同線の営業事務を日本郵船に委嘱したが、1909年7月に直営に切り替えた。この航路の運航実績は、はじめ赤字であったが（1908年度～1915年度）、第1次大戦の好況期に黒字となった（1916年度～1918年度）。しかし、第1次大戦終了後（1919年度～1922年度）には再び赤字に転落した。満鉄はこの航路を1922年7月1日に、大連汽船へ譲渡した。

満鉄は上記の大連－上海線についで、1910年4月に近海航路（大連を中心として安東県－芝罘－竜口－営口－天津間）を開設した。近海航路での貨客を集めるため、満鉄は1912年4月から北清輪船公司へ2隻を賃貸し、大連、安東県、天津、芝罘間に運航させた[184]。さらに1913年10月には、華南沿岸へと航路を延ばして、営口・大連・広東・香港間に貨物専用準定期航路を開設した。この開設は「船車接続及大連港中継貨物吸集の目的と撫順炭の香港広東南支方面輸出の計画」[185]のためであった。この航路の1913～1917年度の営業成績は1914年度を除き、黒字であった。同航路は1918年2月、大連汽船に譲渡されている。

以上のほかに、臨時航路として1917年初頭より日本内地、ウラジオストック、台湾の各港にむけ就航させたが、これらの臨時航路も1918年2月に、大連汽船に譲渡した。満鉄の海運業全体の業績は1908年度～1914、1919年度～1922年度が赤字、第1次大戦の好況期（1915‐1918）は黒字であった[186]。

つぎに満鉄が主要な航路を譲渡することになる大連汽船株式会社についてみよう[187]。大連汽船の前身は、1911年6月に設立された組合組織の北清輪船公司（本店大連、資本金2万円）である。この組合は、松茂洋行（営口）の河辺勝と田中商会（芝罘）の田中末雄により華北沿岸航路の開設を目的として設立された。そして関東都督府から命令航路の指定を受けて、大連・旅順・登州府・竜口間の航路（会社設立前、田中末雄に対し1910年度に命令航路として指定）と大連・芝罘・安東・天津間の航路（1911年度に指定）を経営し（789総トンと757総ト

ンの2隻を使用)、航路補助金の交付を受けた。1911年度でみると、それぞれ1万6000円、1万7700円の補助金が交付されている[188]。1913年1月には、会社組織に変更して、大連汽船合名会社(本店大連)となった。同社の資本金は10万円、代表社員には河辺勝と田中末雄が就任し、総支配人には三井物産大連支店船舶受渡掛主任の塚本貞次郎が就任した(塚本は、のち1914年5月1日、三井物産で罷役となり、大連汽船の業務に専念)。大連汽船は満鉄の新造船2隻を傭船して、1914年5月現在では、6つの命令定期航路を経営していた。関東都督府からの命令航路に対する補助金の合計は1913年度7万1700円、1914年度6万3100円に達している[189]。

ところが、このような補助金交付にもかかわらず、大連汽船は、華北沿岸航路に就航した中国系・外国系の船会社との間で猛烈な運賃の値引き競争に直面して大きな打撃を受けた。そのため、満鉄は別働隊組織にこの会社の業務を引き継ぐことを決定し、1915年2月10日に大連汽船株式会社を設立した。同社の公称資本金は50万円(全額払込済)で全額が満鉄の出資である。同社は大連汽船合名会社から資産・業務を引き継ぎ、運航を継続した。社長には田沼義三郎(満鉄)、取締役には河辺勝と満鉄から3人が就任した。設立当初の使用船舶は、社船4隻、満鉄からの傭船4隻、田中商会からの傭船1隻であった。関東都督府から1915年度の補助金として4万5700円を受けている[190]。1915年2月16日に新会社の支配人に就任した塚本貞次郎は、7月6日に三井物産を依願退職し、1916年5月2日に取締役に就任した。さらに1918年8月26日には社長に就任して、1928年7月7日に社長・取締役を辞任するまで、大連汽船の経営に当った[191]。

ついで大塚貞次郎に代わって、日本郵船の元専務取締役の安田柾が大連汽船の社長に就任した(1932年3月31日まで在任)。安田柾は1928年12月に公称資本金を1000万円から2500万円へと増資して、社船を増加させながら華北沿岸航路を始めとする定期船航路・不定期船航路を拡充する大規模な業務拡張を行なった[192]。

このように大連汽船がつぎつぎと業務の拡張を行なったため、同社の船舶隻数・総トン数・船舶簿価は、1915年度末5隻(他に艀船1隻)・3241総トン・45万円から1920年度末13隻(他に艀船1隻)・1万3519総トン・296万円へ、

図表 II-1-11　大連汽船の業績

（金額単位：千円、割合・率の単位：％）

営業年度	総収入	総支出	当期利益金	総収入に対する割合	配当金	配当率	期末公称資本金（払込）	払込資本金利益率（年率）
1915	750	706	44	5.9	0	0	500 (500)	8.8
1916	1,948	1,268	679	34.9	0	0	2,000 (2,000)	34.0
1917	3,799	2,014	1,784	47.0	160	8	2,000 (2,000)	89.2
1918	8,566	4,705	3,861	45.1	160	8	2,000 (2,000)	193.1
1919	5,956	4,397	1,559	26.1	160	8	2,000 (2,000)	78.0
1920	3,905	3,373	532	13.6	160	8	2,000 (2,000)	26.6
1921	2,142	2,356	▲214	—	0	0	2,000 (2,000)	—
1922	2,865	2,879	▲14	—	0	0	2,000 (2,000)	—
1923	3,142	3,173	▲32	—	0	0	3,000 (3,000)	—
1924	4,440	4,144	296	6.7	210	7	3,000 (3,000)	9.9
1925	5,508	4,982	525	9.5	500	16.7	3,000 (3,000)	17.5
1926	5,854	5,589	265	4.5	54	不詳	10,000 (4,750)	5.6
1927	7,150	6,724	427	6.0	0	0	10,000 (4,750)	9.0
1928	9,566	8,564	1,002	10.5	385	7	25,000 (13,750)	7
1929 上	6,090	5,330	760	12.5	481	7	25,000 (13,750)	11.1
下	6,935	6,500	434	6.3	344	5	25,000 (13,750)	6.3
1930 上	6,105	6,022	83	1.4	0	0	25,000 (13,750)	1.2
下	5,194	4,951	242	4.7	0	0	25,000 (13,750)	3.5
1931 上	4,982	4,773	210	4.2	0	0	25,000 (13,750)	3.1
下	5,304	5,082	222	4.2	0	0	25,000 (14,450)	3.1
1932 上	5,211	5,370	▲159	—	0	0	25,700 (14,450)	—
下	5,876	5,668	208	3.5	0	0	25,700 (14,450)	2.9
1933 上	6,024	5,795	229	3.8	0	0	25,700 (14,450)	3.2
下	7,511	6,689	822	10.9	361	5	25,700 (14,450)	11.4
1934 上	7,952	7,063	889	11.2	361	5	25,700 (14,450)	12.3
下	10,022	8,773	1,248	12.5	361	5	25,700 (14,450)	17.3
1935 上	9,447	8,229	1,218	12.9	361	5	25,700 (14,450)	8.4
下	9,552	8,285	1,267	13.3	434	6	25,700 (14,450)	9.5
1936 上	8,924	7,657	1,267	14.2	361	5	25,700 (14,450)	9.5
下	10,826	8,914	1,912	17.7	361	5	25,700 (14,450)	13.2
1837 上	12,074	9,370	2,704	22.4	434	6	25,700 (14,450)	18.7
下	13,204	9,798	3,405	25.8	434	6	25,700 (14,450)	23.6
1938 上	17,318	13,086	4,231	24.4	434	6	25,700 (14,450)	29.3
下	20,951	14,981	5,970	28.5	434	6	25,700 (14,450)	41.3
1939 上	20,794	14,981	5,814	28.0	505	7	25,700 (14,450)	40.2
下	20,881	15,752	5,129	24.6	506	7	25,700 (14,450)	35.5
1940 上	23,571	16,537	7,034	29.8	578	8	25,700 (14,450)	48.7
下	23,495	17,732	5,763	24.5	588	8	25,700 (25,700)	22.4
1941 上	24,662	17,422	7,240	29.3	1,028	8	25,700 (25,700)	28.2
下	21,406	16,324	5,082	23.7	1,028	8	25,700 (25,700)	19.7
1942 上*	32,349	24,331	8,018	24.8	1,542	12	25,700 (25,700)	31.2
下			4,512				25,700 (25,700)	17.6
1943 上			2,610				25,700 (25,700)	10.2
下			1,794				25,700 (25,700)	7.0
1944 上			2,660				25,700 (25,700)	10.4
下			2,195				25,700 (25,700)	8.5

出所：大連汽船『営業報告書』各期、「大連汽船株式会社ノ沿革」（閉鎖機関整理委員会旧蔵資料）。

注：(1) 1929 年上期～1941 年下期では、上期は 1～6 月、下期は 7～12 月である。
　　(2) 1942 年上期は、1942 年 1 月～9 月までの 9 ヵ月間の変則的な決算期間である。つぎの 1942 年下期からは 1942 年 10 月～1943 年 3 月までの 6 ヵ月、1943 年上期は 1943 年 4 月～9 月までの 6 ヵ月となり、以後も、決算期間は 6 ヵ月間である。

さらに1930年末41隻・12万6689総トン・2147万円へと、急速に増加した[193]。大連汽船の当期利益金は、第1次大戦期に急増し、1918年度には払込資本金の200万円を上回るほどであった。第1次大戦後には、船賃低迷のために1921〜1923年度に赤字に陥ったが、しかし、その後は1931年度まで比較的安定した経営であった（**図表Ⅱ-1-11**）。

3　1930年代から1940年代の状況

1939年の大連港関係の主な定期航路の運航企業[194]と前掲の1920年代初頭の運航企業を比較すると（ただし、近海分を除く）、東亜海運株式株式会社が新たに参入していることがわかる。これはつぎのような事情によっている。

1937年7月の日中戦争勃発後、日本政府は日本・中国間、中国沿岸航路の運航統制を意図して、日本郵船、大阪商船、日清汽船株式会社、近海汽船株式会社、阿波国共同汽船、三井物産、大連汽船などに共同して新会社を設立するよう要請した。この要請を受けて11社が現物出資（船舶59隻）と現金出資により1939年8月5日に東亜海運（公称資本金7300万円全額払込済）を設立した。このうち日本郵船は11隻、大阪商船は17隻、阿波国共同汽船は2隻を現物出資しており、大連港関係では、従来、日本郵船、大阪商船、阿波国共同汽船が運航していた航路が東亜海運の航路に切り替わったのである。

ところが、日本・中国間、中国沿岸航路を運航していた大連汽船は東亜海運への現物出資（すなわち航路の提供）に反対して、新会社にまったく出資しなかった。その理由は、もし出資した場合には、大連汽船の主要な航路を軒並み失い、会社の存続自体が危うくなるためと思われる。また大阪商船は一部の航路は東亜海運に移譲したものの、ドル箱である大阪－大連線の移譲に同意しなかった。

のちに東亜海運は、「東亜海運株式会社法」により、1941年11月1日、国策会社として新発足するが（公称資本金1億円）、依然として大連汽船は出資せず、大阪商船も大阪－大連線を委譲しなかったのである[195]。

1939年の定期航路ではニューヨーク線を日本郵船が運航している。これは、東洋汽船の業績悪化のため、1920年代初頭に東洋汽船が運航していた香港－北米線の一切の営業と船舶を、1926年3月に日本郵船が引き継いだためである[196]。

このように1939年に大連港関係の主な定期航路を運航していた企業は大連汽船、大阪商船、東亜海運と朝鮮郵船（朝鮮－長崎－大連線）、阿波国共同汽船（大連－芝罘－仁川線）、日本法人の島谷汽船株式会社（本店神戸、1917年5月1日設立、朝鮮－北海道－大連線）、松浦汽船株式会社（本店大連、1925年11月30日設立、大連－芝罘線）などであった。

つぎに1942年の海運関係の企業をみよう。総数80社のうち、払込資本金100万円以上の大企業が11社あり、100万円未満20万円以上の中企業が13社ある。20万円未満の小企業は56社で、海運に関わる多数の小企業が存在している[197]。

また、1926年までの設立が判明している便宜置籍船会社34社（**図表Ⅱ-1-10**の26社とこれと重複しない**図表Ⅱ-1-9**の8社）のうち12社が1942年現在存続しており、しかも払込資本金を大幅に増加させている企業がみられる。満州海運株式会社は（大連東和汽船株式会社が商号変更）、1923年9月21日に公称資本金200万円（払込200万円）から公称資本金50万円（払込50万円）へと大幅減資したが、のちに再び公称資本金200万円（払込200万円）へと増資している。黒姫汽船合資会社は1925年の資本金が5万円であったが、1942年では60万円となっており、竜王汽船株式会社は1925年の公称資本金10万円（払込10万円）であったが、1937年3月15日に公称資本金50万円（払込30万円）へと増資し、4月30日には払込資本金が50万円となっている[198]。1927年以降、既設の便宜置籍船会社のうち解散されるものが出てくるが、払込資本金を増加させたり、後述のように新たに設立されるものもあったと推測される。

大企業11社のうち、国際運輸株式会社2社（日本法人と満州国法人）はともに陸運が主であり、1941年設立の満州上組運送株式会社、1942年に設立されたばかりの大連運送株式会社も陸運が主と推定される。松浦汽船株式会社は、田中商事株式会社（本店は大阪）の大連支店長であった松浦静男が支店業務を継承して1925年11月30日に設立した企業であり、1939年でみると大連－芝罘線の定期航路を月10航海で運航していた[199]。1938年1月28日に設立された昌竜汽船株式会社について、1942年の役員をみると、社長は松浦静男、取締役2名と監査役1名はいずれも田中商事の役員である。かつて田中商事は便宜置籍船会社として1922年に田中汽船合資会社を設立した。1935年現在、田中汽船が存続して

おり（資本金5万円）、1942年には存在しない。しかも昌竜汽船が株式会社として1938年に設立されていることから昌竜汽船は田中商事が田中汽船合資会社を組織変更して設立した便宜置籍船会社と推定される[200]。また1937年4月25日設立の東和汽船株式会社（本店大連）は、役員構成からみて、神戸に本店のある同名の東和汽船株式会社（1942年の公称資本金400万円全額払込済）の子会社と推定される[201]。東和汽船（神戸）は、払込資本金が200万円の満州海運株式会社（旧商号、大連東和汽船株式会社）と払込資本金100万円の東和汽船（大連）の2社を便宜置籍船会社として所有していたと推定される。1937年6月2日設立の竜運汽船株式会社の1942年役員構成は、日産汽船株式会社（本店東京）と重なっており、竜運汽船は同年6月18日に解散して日産汽船に合併されている。このことから、竜運汽船は日産汽船の便宜置籍船会社と推定される[202]。

　このように海運を主とする大企業のなかでは、払込資本金2570万円の大連汽船と払込資本金100万円の松浦汽船だけが航路の運航を行なっており、他は便宜置籍船会社と推定される。

　つぎに大連汽船の動向をみよう。大連汽船所有船舶の総トン数は、1930年度末12万6689総トンから1935年度末16万5954総トン、さらに1940年度末20万4539総トンへと増加した。1940年5月末現在で日本の船会社の船腹をみると、第1位日本郵船126隻・79万8178総トン、第2位大阪商船101隻・53万2819総トン、第3位山下汽船35隻・19万7745総トン、第4位大連汽船53隻・18万8054総トン、第5位三井物産船舶部33隻・16万8404総トンであり、大連汽船が日本有数の船会社に成長したことがわかる[203]。

　1941年12月にアジア太平洋戦争が勃発すると、大連汽船は「社船60隻中〇〇（伏字――引用者）隻ヲ特殊用務ニ提供シ」「海運中央統制輸送組合ニ協力」して「北中支炭、長蘆塩、北洋材、鉄鉱石等重要物資輸送ニ当ル」とともに「満州特産、鉄鋼、硫安、石炭ヲ始メ満州国建設資材、生必品ノ輸送ニ」[204]努めた（1941年下期）。1942年4月1日には日本で船舶運営会が設立され、関東州においても6月10日には、関東州戦時海運管理令に基づき、関東州船舶運営会が設立されている。大連汽船は4月23日付けで船舶運営会の運航実務者に指定され、ついで6月10日付けで関東州船舶運営会の運航実務者に指定された。1943年8

月15日には少数実務者による運航責任体制が整備され、大型船運航実務者22社の一員として大連汽船が指定された[205]。

つぎに1930年代から1940年代前半での大連汽船の業績をみよう、1932年上期に当期損失を16万円計上したが、その後は1938年下期に当期利益金が500万円台に乗り、さらに700万円台となるなど、1942年上期まで当期利益金が500万円台以上の期が続いた（1942年上期は9か月決算のため、6か月平均に修正すると、当期利益金は535万円）。1942年上期には年12％の高配当を行なっている。しかし、1942年下期からは、つぎのような被害を受けたため当期利益金は大幅に低落した。

すなわち大連汽船は、アジア太平洋戦争開戦時60隻の船舶を有していたが、魚雷や空襲によりつぎつぎと船舶が撃沈された（座礁なども含めると、64隻を喪失）。新たに戦時標準船28隻を購入したものの、敗戦時点における大連汽船の所有船腹は、日本内地に逃れたもの18隻、ソ連軍に接収されたもの6隻（大連港5隻、朝鮮の元山港1隻）、合計24隻にまで激減した。1947年3月8日に設立される東邦海運株式会社（本店東京）は日本内地残存船の現物出資により生まれた企業である[206]。

第4節　空　運

1　満州航空の設立

1928年11月に日本で設立された日本航空輸送株式会社は、翌1929年1月に、関東長官から営業許可を取得し、大連に支所を開設、同年9月10日「福岡－蔚山－京城－平壌－大連」線（週3往復）の運航を開始した[207]。

1931年9月、満州事変が勃発すると、日本航空輸送大連支所には関東軍による徴発命令が発せられた。日本航空輸送では、奉天代表事務所を開設し、関東軍軍用定期路線の運航や臨時傷病者輸送に従事した[208]。

1932年8月7日、満州国国務総理鄭孝胥と関東軍司令官本庄繁との間で、航空会社の設立に関する協定が結ばれた。同協定では、満州国における旅客貨物、

郵便物の輸送ならびにこれに付帯する事業を経営せしむるため航空会社を設立すること、航空会社は日満合弁の株式会社とし、資本金は金350万円とすること、満州国政府は所有する諸施設を100万円の評価で現物出資すること、それ以外の資本は、満鉄が150万円、住友合資会社が100万円を出資すること、満州国政府は、関東軍司令官の同意なしには、満州国内の航空事業を、新設する航空会社以外の者に許可しないこと、満州国政府は航空会社に対し、1932年に銀40万円、1933年に100万円、1934年に140万円、1935年以降170万円の補助金を交付すること、航空会社には必要とされる専用通信線および無線標識などの設置と専有を許可すること、などが定められていた[209]。

図表II-1-12 満州航空の定期航空路線長

(単位:キロ)

年月	路線長(往復)
1932年9月	5,310
1933年7月	7,120
1934年7月	12,250
1935年7月	15,565
1936年7月	16,150
1937年7月	18,710
1938年7月	18,590
1939年7月	25,900
1940年7月	28,160

出所:満州航空株式会社「第6回増資趣意書」1940年11月。

　同協定に基づき、満州航空株式会社が設立され、1932年9月26日創立登記が完了した[210]。同社は中華民国「公司法」(1929年12月27日公布)に準拠して設立された満州国準特殊会社であった。創立時の資本金は、公称資本金385万円(総株数7700株、1株銀500円)、うち192.5万円払込済みで、株主構成は、満州国政府2200株(110万円)、満鉄3300株(165万円)、住友合資会社2200株(110万円)となっていた[211]。前記協定の数字が若干変更されている。本店は奉天で、東京に支店を置いた。代表権を持たない社長に鄭垂、代表取締役・副社長に児玉常雄(元陸軍大佐・航空局航空官)が就任した[212]。同社の事業目的は、「満州国内及満州国ト隣接国間ニ於ケル旅客、郵便物及貨物等ノ航空機ニ依ル輸送」「航空機ノ修理及機体ノ製造組立」「航空機ノ賃貸事業」「其ノ他満州国ニ於ケル航空機ヲ以テスル一切ノ事業」「航空事業ノ便益ノ為ニスル」付帯事業とされた[213]。目的の一つとして航空機製造をも含んでいることが注目に値する。

　満州航空は、日本航空輸送の機材、建物を購入によって引き継ぎ(購入価格21万5021円)[214]、同社から引き継いだ「奉天−新京−哈爾濱」線、「奉天−新義州」線、「哈爾浜−斉斉哈爾」線などの軍用定期航路の運航を1932年9月27日

図表 II-1-13　満州航空の収支

年度	収入				支出 D	当期利益 C－D	実質収支 A－D
	一般収入 A	補助金収入 B	B/C	合計 C			
	千円	千円	%	千円	千円	千円	千円
1932	1,428	903	(38.8)	2,330	2,044	287	▲ 616
1933	4,571	1,497	(24.7)	6,068	5,905	163	▲ 1,334
1934	7,833	1,861	(19.2)	9,694	7,980	1,714	▲ 147
1935	3,096	1,100	(26.2)	4,196	3,671	287	▲ 575
1936	9,291	2,350	(20.2)	11,641	10,409	1,232	▲ 1,118
1937	11,910	2,500	(17.3)	14,410	13,202	1,208	▲ 1,292
1938	10,487	2,600	(19.9)	13,087	10,781	2,306	▲ 294
1939	10,454	4,033	(27.8)	14,486	12,947	1,539	▲ 2,493
1940	11,540	7,247	(37.3)	19,444	18,245	1,136	▲ 6,705
1942	23,509	9,647	(29.1)	33,156	31,665	1,491	▲ 8,156
1943	27,822	12,000	(30.1)	39,822	38,237	1,586	▲ 10,415

出所：前掲「第6回増資趣意書」、満州航空株式会社「第9期事業報告書」、同「第11期事業報告書」、同「第12期事業報告書」。
注：(1) 1935年と1940年の数値に、不整合があるが、原資料のままとした。
(2) 1940年の収入合計には、退職手当積立金繰入収入657千円を含む。

図表 II-1-14　満州航空の資本金（公称）

増資年月日	満州国政府		満鉄		住友		三井		三菱		合計
	千円	%	千円	%	千円	%	千円	%	千円	%	千円
設立時	1,100	(28.6)	1,650	(42.9)	1,100	(28.6)	―	(―)		(―)	3,850
1936.8.7	2,150	(26.9)	1,650	(20.6)	1,400	(17.5)	1,400	(17.5)	1,400	(17.5)	8,000
1937.3.26	2,730	(31.8)	1,650	(19.2)	1,400	(16.3)	1,400	(16.3)	1,400	(16.3)	8,580
1937.8.26	4,580	(33.7)	2,550	(18.8)	2,150	(15.8)	2,150	(15.8)	2,150	(15.8)	13,580
1938.3.28	4,970	(35.6)	2,550	(18.3)	2,150	(15.4)	2,150	(15.4)	2,150	(15.4)	13,970
1939.3.23	21,000	(70.0)	2,550	(8.5)	2,150	(7.2)	2,150	(7.2)	2,150	(7.2)	30,000

出所：前掲「第6回増資趣意書」。
注：出資額は額面。満州国政府ならびに満鉄の出資全額と、住友の1,100千円は普通株、他は優先株である。

から開始した[215]。同年11月3日には、営業定期航空が開始され、満州航空の奉天－新義州線と日本航空輸送の福岡－京城－新義州線とが連絡し、「日満航空連絡」の実現と称された[216]。

　その後、満州航空の定期航空路線は、**図表Ⅱ-1-12**のように、順調に拡張された。1935年4月には、日満航空相互乗入協定が締結され、同協定に基づき、日本航空輸送の「東京－福岡－京城－奉天－新京」線（週1往復）が1937年6月に開設され、1939年10月には、満州航空便の日本乗り入れ（「新京－奉天－

京城－福岡－東京」線）も開始された[217]。1941年4月には、満州航空による、新京－東京直通（日本海縦断）定期航空路が開設され、「新京東京間を僅か5時間で結ぶ日満直航『空の超特急』の運航開始」と称された[218]。

　また、航空機による写真測量に対する需要も大きかった。

　営業収入も1935年を除けば1937年までは順調に増加したが、一般収入から支出を差し引いた実質収支は一貫してマイナスであり、補助金によって損失を補填し「当期利益」を捻出する構造であった（**図表Ⅱ-1-13**）。創立後、1939年3月23日第5回増資までの、資本金額と株主構成は**図表Ⅱ-1-14**の通りである。

　設立時の満州航空は、先に見たように、航空事業分野の幅広い業務を担うことを期待されていたが、その後政策の変化にともない、いくつかの分野が切り離されていった。1936年8月に、国内航空事業の発達助成ならびに航空思想の普及確立に関する事業を、新設された満州飛行協会に移譲した[219]。1937年11月には、飛行場の整備、維持、管理を交通部に返還した[220]。

　航空機製造事業も分離された。関東軍は、満州事変直後に接収した張学良政権下の奉天軍兵器廠を、満州航空の修理工場として使用させた。同兵器廠は、その後名称を奉天航空工廠と改められ、満州航空の手によって航空機工場としての設備拡充が進められた。しかし、満州国政府は航空機製造事業を分離する方針を決定し、1938年6月20日、満州飛行機製造株式会社法が公布・施行され、満州飛行機製造株式会社が創立された[221]。満州航空では、それに先立ち6月18日に臨時株主総会を開催し、航空工廠を満州飛行機製造に移譲することを議決し、以後、航空運輸、写真測量、乗員養成事業に専念することになった[222]。

　一方、満州航空には、華北への航空路線拡大と欧亜路線開設の担い手となることが求められた。満州と華北を結ぶ航空路開設についての日中間の交渉が難航する中、1936年10月天津総領事堀内干城と冀察政務委員会委員長宋哲元との間で航空会社設立に関する合意文書が交換された。それに基づいて、同年11月7日、満州航空と冀察政務委員会との折半出資で恵通航空公司（資本金400万元、本社天津）が設立され、天津と大連・錦州・承徳・張北を結ぶ4路線が開設された。同社は設立当初から、華北各地への路線拡大を視野に入れており、国民政府の反発を招いた。1936年12月には、恵通航空公司とルフトハンザ航空との間で航空

提携に関する秘密協定が結ばれた。この協定は、独華合弁の欧亜航空公司との提携により、華北を越え内蒙にいたる路線への参入を狙うものであった。1937年日中戦争の勃発により恵通航空公司はその役割を終え、1938年12月に設立された中華航空株式会社（日華合弁の中国法人、公称資本金600万円）に吸収され、満州航空の出資は解消した[223]。

欧亜路線については、1935年末頃から、中央アジア経由で東京とベルリンを結ぶ国際航空路線開設の計画が秘密裏に進められ、満州航空とルフトハンザ航空との間で合意が成立した（1936年11月25日調印）。この航空路の運営を担当すべき会社として、1937年5月に国際航空株式会社（資本金500万円、全額満州航空出資、本社新京）が設立された。しかし、日中戦争の勃発とヨーロッパ情勢の緊張により、同航空路の開設は実現を見ず、国際航空は日本航空輸送と統合され、大日本航空株式会社（1938年11月28日設立、公称資本金2550万円、本社東京）が成立した[224]。

満州航空は、その設立にあたって関東軍が深く関与しており、「予備軍的性格を具備」するものであった[225]。航路は、日本航空輸送から引き継いだ軍用定期航路を核として出発しており、人員面で見ても、1933年6月末時点の社員総数411名に対し、軍籍にあるものが、将校30名、準士官・下士官56名、合計86名を数えていた[226]。1933年2月の熱河作戦、1936年2月の「西部国境事件」などの際には、関東軍の命令を受けて、航空輸送隊を編成し、作戦行動に協力している[227]。

2　満州航空の特殊会社への改組

1938年11月21日、関東軍参謀総長より満州航空に対し「満州航空株式会社拡充要綱」が通牒された。同要綱では「航路設定ノ方針」が詳細に示され、その実現には、約140機が必要であり、現有41機に加え、3ヵ年のうちに99機（大型機24、中型機67、小型機8）の増備を実現すべきことが定められていた。所用資金については「会社資本金ハ事業ノ特殊性ニ鑑ミ主ナル出資ヲ政府ニ求ムルモ国内航空機製造事業進展ノ実情ニ鑑ミ該事業者ヨリモ相当ノ出資ヲ考慮ス現ニ出資セル日本側資本ハ更ニ考究ノ上逐次国内資本ニ転換セシムル如ク措置ス」と

されていた[228]。

1940年8月14日「満州航空拡充四ヶ年計画」が策定され、それに基づき「満州航空株式会社増資要綱案」(1940年11月10日)が立案された。同要綱案では、1941年度において満州航空株式会社の資本金を8000万円(現行3000万円)に増資すること、政府において資金調達に援助をなすこと、民間出資については「特ニ円資金ノ導入ニ努ムル」こと、株式の分散を避けるため増資は縁故引受によるが、従来の三菱、住友、三井に加え、中島、大倉、大日本航空に参加を求めること、政府以外の株主に対し年5分の配当をなしうるように政府補助金を算定すること、増資と同時に満州航空を満州国特殊会社として整備すること、などが打ち出されていた[229]。

1941年3月15日対満事務局一部事務官会議において「満州航空株式会社増資要綱」が決定された。同要綱では、増資額が3000万円(うち満州国政府1400万円、満鉄及日本側民間1600万円)となり、民間株主に対する配当保証が年6分に増加されていた[230]。

1941年7月21日に満州航空の臨時株主総会が開かれ、3月15日「要綱」に基づく増資が決定された。増資割当は、満州国政府1400万円、大日本航空500万円、満鉄245万円、三井物産株式会社215万円、三菱重工業株式会社215万円、住友金属工業株式会社215万円、川崎重工業株式会社70万円、古河電気工業株式会社50万円、株式会社神戸製鋼所45万円、富国徴兵保険相互会社25万円、愛国生命保険株式会社25万円であり[231]、その結果株主構成は**図表Ⅱ-1-15**のようになった[232]。

図表Ⅱ-1-15 満州航空の株主(1943年11月1日)

株主	株数	金額	構成比
	株	千円	%
満州国政府	700,000	35,000	58.3
満鉄	100,000	5,000	8.3
三井物産	86,000	4,300	7.2
三菱重工業	86,000	4,300	7.2
住友本社	43,000	2,150	3.6
住友金属工業	43,000	2,150	3.6
大日本航空	100,000	5,000	8.3
川崎航空機工業	14,000	700	1.2
古河電気工業	10,000	500	0.8
神戸製鋼所	8,000	400	0.7
愛国生命保険	5,000	250	0.4
富国徴兵保険	5,000	250	0.4
合計	1,200,000	60,000	100.0

出所:満州航空株式会社「第12期事業報告書」(三井本社「満州航空」三井文庫所蔵未整理資料)。
注:全額払込済み。

その株主総会と同じ1941年7月21日に、勅令第178号「満州航空株式会社法」が公布・施行され、満州航空は満州国特殊会社となった[233]。同年9月24日に満州航空の臨時株主総会が開催され、「勅令第178号満州航空株式会社法ニ基ク定款変更ノ件」と「株式交換ノ件」が決議された。それによって、総株数は120万株（1株50円）となり、旧株（優先株、普通株共）1株を新株10株と交換することとなった[234]。

太平洋戦争開戦に先立つ1941年10月、満州航空は軍の動員を受け南方輸送隊を編成し、以後、日本軍のマレー、ビルマ、ジャワなどの南方作戦に参加することとなった。1943年3月には、航空写真撮影隊が編成され、南方各地での航空写真撮影に従事した[235]。こうした特殊任務の遂行と燃料及機材の逼迫により、満州航空では、定期航空と一般貸切航空の縮小を余儀なくされた[236]。定期航空輸送能力と旅客輸送量は、1942年において大幅に減少し、他方、軍用貸切航空収入の急増により、運航収入自体は倍以上に増加している。補助金によって収支が償われる構造は、この時期においても変わっていない。

1945年8月8日には、満州航空全社員が徴用され関東軍の指揮下に入ったが、15日の敗戦により会社は機能停止に陥り、事実上解散した。9月末以降、中華民国航空司が奉天に進駐し、満州航空所有財産の接収が始まった[237]。

おわりに

満州における満鉄の事業規模は傑出しており、それは満鉄の創業以来一貫したものであった。満州国期になると旧東北軍閥の経営していた満州国有鉄道の経営委託を引き受け新線建設も引き受けた。満鉄の陸運としては、地方鉄道・自動車輸送にほぼ限定される。大連では路面電車が満鉄により設置され、それが南満州電気に引き継がれ、されに大連都市交通として専業法人となった。その他の民間資本による投資としては、金福鉄路と、奉天電車等がある。満州事変後に多数の自動車輸送会社が設立された。また大連都市交通が満州国内バス事業会社等の親会社として資金を供給し、満州国の運輸事業者を統制した。として満州国における陸運政策をコントロールする立場に立った。また炭砿出炭を目的として野口

遵・日本窒素肥料が設置した吉林鉄道のような事例があり、操業開始後旅客輸送にも事業を拡大した。また親和木材が事実上経営した東満州鉄道のような地方鉄道事業者が存在しえた。そのため満州国になっても満鉄以外の民間鉄道事業者が地域は限定されて入るものの、新規参入しえた。貨物輸送事業の代表が満鉄出資による国際運輸である。1920年代に満鉄平行線建設への対抗、北満大豆の東行浦塩輸出への対抗として、国際運輸は大活躍した満州国設立後には、満鉄包囲線の脅威が消滅し、奥地へと事業展開し、満州国内事業を分社化した。日系の倉庫業は大連起業倉庫（個人商店）から始まった。ついで満鉄が大連埠頭と沿線主要16駅で倉庫業を開始した。第1次大戦期には好景気に支えられて満州各地に次々と倉庫業が出現した。1920年代になると景気低迷＝貨物の現象のため、倉庫業では競争が激化し、不振にあえぐ企業が続出した。満州産業開発5ヵ年計画の実施にともない満州への輸入が拡大したため、長年、満鉄の重圧に苦しんだ民間倉庫業で、ようやく活況を呈するようになった。

　つぎに海運業をみると、まず日露戦争に大阪商船が大阪－大連線の定期航路を開設した。ついで満鉄が大連－上海線の定期航路を開設した。1915年2月には満鉄が大連汽船合名会社の業務を引き継ぎ形で大連汽船株式会社（本店大連）を設立した。この大連汽船は満鉄の航路を引き継ぐなど、定期航路・不定期航路を拡充して、関東州い本店を有する海運会社のうち最大の海運会社に急成長していった。

　関東州に設立された船会社は、大連汽船のように大連を拠点として海運業務を営む会社だけではなかった。日本内地の船会社が船舶への輸入税課税を回避するため、関東州に名目だけの会社（便宜置籍船会社）が次々と設立された。

　満州における民間航空運輸事業は、日本航空輸送によって開始され、満州事変後、日満合弁の準特殊会社として設立された満州航空株式会社に引きつがれた。満州航空は、満州国における航空運輸事業を独占的に営むこととなり航空路線は順調に拡張された。満州航空は、華北へ路線拡大のために恵通航空公司を、欧亜路線開設のために国際航空株式会社を設立したが、いずれも短命に終わった。満州航空は、「予備軍的性格」を帯びており、航空輸送隊を編成し関東軍の作戦行動に協力した。太平洋戦争期には、南方輸送隊を編成し、日本軍の南方作戦にも

参加した。

注

1) 南満州鉄道株式会社『南満州鉄道株式会社十年史』(1919年)、同『南満州鉄道株式会社第二次十年史』(1928年)、同『南満州鉄道株式会社三十年略史』(1937年)、同『南満州鉄道株式会社第三次十年史』(1938年、復刻版龍渓書舎、1976年)、財団法人満鉄会『南満州鉄道株式会社第四次十年史』(龍渓書舎、1985年)。
2) 関係者団体のまとめたものとして、満州国史編纂刊行会『満州国史』(総論)、(1970年)、同(各論)(1971年)、がある。
3) 安藤彦太郎編『満鉄―日本帝国主義と中国』(御茶の水書房、1965年)。
4) 金子文夫『近代日本の対満州投資の研究』(近藤書店、1991年)。
5) 高橋泰隆『日本植民地鉄道史論―台湾・朝鮮・満州・華北・華中鉄道の経営史的研究』(日本経済評論社、1994年)。
6) 蘇崇民『満鉄史』(中華書局、1990年、邦訳『満鉄史』山下睦男ほか、葦書房、2000年)。
7) 国際運輸株式会社『国際運輸株式会社十年史』(1934年)、同『国際運輸株式会社二十年史』(1943年)。
8) 黒瀬郁二『東洋拓殖会社―日本帝国主義とアジア太平洋』(日本経済評論社、2003年)第4章。
9) 大倉財閥研究会『大倉財閥の研究―大倉と大陸』(近藤出版、1982年)。
10) 前掲『南満州鉄道株式会社十年史』29-30頁。
11) 大連実業会『満州商工人名録』(1909年)(遼寧省図書館蔵)184-188頁。
12) 前掲『南満州鉄道株式会社十年史』148-190頁。
13) 同前、913-916頁。
14) 同前、654-660頁。
15) 前掲『南満州鉄道株式会社第二次十年史』928-931、1024頁。
16) 前掲『南満州鉄道株式会社十年史』545頁。
17) 閉鎖機関整理委員会『閉鎖機関とその特殊清算』(1954年)389-390頁。
18) 南満州鉄道株式会社『関係会社統計年報』1938年版、335、337頁。

19) 前掲『南満州鉄道株式会社十年史』682頁。
20) 南満州電気株式会社『第4回営業報告書』1937年下半期、14-26頁。
21) 「哈爾浜電車問題概要」1922年4月（外務省記録F1-9-2-29）、南満州鉄道株式会社哈爾浜事務所調査課『北満州に於ける電気業』1925年2月、64-74頁。
22) 在奉天総領事館発本省 1931年11月11日（外務省記録F1-9-2-87）。
23) 在安東領事館「金福鉄路公司設立趣意書等報告ノ件」1926年5月17日（外務省記録F1-9-2-42）。
24) 前掲『関係会社統計年報』1938年版。
25) 在牛荘領事館「金福鉄道ニ関スル件」1927年7月11日（外務省記録F1-9-2-42）。
26) 前掲『関係会社統計年報』1938年版。
27) 前掲「金福鉄路公司設立趣意書等報告ノ件」。
28) 在安東領事館「金福鉄道延長阻止方ニ関スル支那側訓令ノ件」1929年12月4日（外務省記録F1-9-2-42）。
29) 南満州鉄道株式会社社長室調査課『満蒙に於ける各国の合弁事業』第2輯、1922年、207-209頁。
30) 奉天電車株式会社『第1回営業報告書』1927年12月決算（東京経済大学図書館蔵『大倉財閥資料』（以下『大倉財閥資料』と略記）25.4-40）。
31) 同前。
32) 在奉天領事館発本省電報 1930年12月12日、1931年12月6日（外務省記録F1-9-2-21）。
33) 「琿春鉄道敷設権獲得ニ関スル件」1915年1月20日（外務省記録F1-9-2-11）。
34) 在間島総領事館「龍井村会寧間軽鉄期成会ニ関シ報告ノ件」1916年11月24日（外務省記録F1-9-2-11）。
35) 南満州大興合名会社「稟請」1917年4月28日（外務省記録F1-9-2-11）。
36) 在吉林領事館「天図（天宝山図們江岸間）軽便鉄道日支合弁契約成立ニ関スル件」1917年11月21日（外務省記録F1-9-2-11）。
37) 前掲『東洋拓殖会社』154頁。
38) 「南満大興合名会社貸出金及使途」（外務省記録F1-9-2-11）。

39) 前掲『東洋拓殖会社』157頁。
40) 天図軽便鉄路公司『第4回営業報告書』1925年12月決算（外務省記録F1-9-2-11）。南満州大興合名会社『大正14年度営業報告書』1925年12月決算（外務省記録F1-9-2-11））。
41) 前掲『東洋拓殖会社』151-158頁。図們軽便鉄道は1925年3月期と1926年3月期で利益を計上していた。1925年3月期総資産356万円、6.6万株中5.1万株を南満州大興合名会社が保有（外務F1-9-2-11）。
42) 関東庁警務局「奉省下日満人自動車運輸業許可出願調」1933年2月16日（外務省記録F1-9-2-87）。
43) 在奉天領事館「奉天省実業庁ノ『バス』運転奨励並統制策ニ関スル件」1933年4月13日（外務省記録F1-9-2-87）。
44) 交通部路政司「自動車運輸事業経営路線指定ノ件」1933年7月5日（外務省記録F1-9-2-87）。
45) 在満州国大使館「満州国交通部ノ既許可民営自動車運転路線報告ノ件」1934年1月29日（外務省記録F1-9-2-87）。
46) 在奉天総領事館「満州自動車交通株式会社自動車営業等許可願ニ関スル件」1932年12月13日（外務省記録F1-9-2-87）。
47) 前掲『関係会社統計年報』1938年版。
48) 日満実業協会『満鉄関係会社業績調』1934年6月（外務省記録E2-2-1-3）、63頁。
49) 前掲『関係会社統計年報』1938年版、株式会社金福鉄路公司『第12回営業報告書』1912年3月決算（吉林省社会科学院満鉄資料館02396。以下満鉄資料館と略記）2頁。
50) 株式会社金福鉄路公司『第13回営業報告書』1938年3月決算（満鉄資料館24745）、2-9頁。
51) 前掲『関係会社統計年報』1938年版、7頁。
52) 前掲『東洋拓殖会社』154頁。
53) 前掲『関係会社統計年報』1938年版。
54) 南満州鉄道株式会社経済調査会『満州特殊自動車交通事業方策』1936年4月

（満鉄資料館07105）3-4頁。

55）同前、23-24頁。

56）同前、33-37頁。既存事業者は大連都市交通が傘下に入れる路線ではない。

57）同前、66-67頁。

58）南満州電気株式会社『第15回営業報告書』1933年9月決算、10頁。

59）同『第18回営業報告書』1935年3月決算、15頁。

60）大連都市交通株式会社『第21回営業報告書』1936年9月決算、1、11-15頁。

61）同『第25回営業報告書』1938年9月決算、2頁、同『第26回営業報告書』、1939年3月決算、2頁。

62）前掲大連都市交通『第26回営業報告書』、6-9頁。

63）大連都市交通株式会社『第29回営業報告書』1940年9月決算、11-12頁。

64）同『第32回営業報告書』1942年3月決算、11-12頁。

65）同『第34回営業報告書』1943年3月決算、8-9頁。

66）同前、14-16、25-26頁。

67）「奉天電車株式会社臨時株主総会議事並議録」（『大倉財閥資料』75-8）。

68）「覚書」（『大倉財閥資料』75-8）。

69）大連都市交通株式会社『第22回営業報告書』1938年3月決算、12頁。

70）前掲大連都市交通『第25回営業報告書』13頁。

71）同『第26回営業報告書』11頁。

72）大連都市交通株式会社『第27回営業報告書』1939年9月決算、11頁。

73）同『第30回営業報告書』1941年3月決算、15頁。

74）同『第31回営業報告書』1941年9月決算、14頁。

75）日満実業協会『満州事変後新設されたる満州関係会社』1935年4月（外務省記録E2-2-1-3)、61頁、設立計画中の会社の資本金欄。

76）大連都市交通株式会社『第19回営業報告書』1935年度9月決算、15-16頁。

77）前掲大連都市交通『第25回営業報告書』12頁。

78）同『第27回営業報告書』11頁。

79）新京交通株式会社『第7回営業報告書』1938年12月決算（満鉄資料館蔵24596）9頁。

80) 同『第 8 回営業報告書』1939 年 6 月期（満鉄資料館蔵 24597）、2 - 3、13 頁。
81) 前掲大連都市交通『第 30 回営業報告書』14 頁。
82) 同『第 32 回営業報告書』14 頁。
83) 大連都市交通株式会社『第 33 回営業報告書』1942 年 9 月決算、12 頁。
84) 新京交通株式会社『第 14 回営業報告書』1942 年 6 月決算、1 - 2 頁。満州自動車交通株式会社は、1933 年 11 月 30 日に満州自動車交通股份有限公司として設置された。同社に全額出資したのは東京に本社を置く満州自動車交通株式会社（1933 年 11 月 15 日設立）である（南満州鉄道株式会社経済調査会『満州事変後設立会社業態』1935 年 2 月〔スタンフォード大学フーバー研究所旧東アジア図書館蔵〕、145 - 149、221 頁）。満州自動車交通股份有限公司は「会社法」施行後、満州国法人の満州自動車交通株式会社に改称した。
85) 新京交通株式会社『第 15 回営業報告書』1942 年 12 月決算（満鉄資料館蔵 24604）1 - 3、15、21 頁。
86) 大連都市交通株式会社『第 36 回営業報告書』1935 年 3 月決算、15 - 16 頁。
87) 前掲大連都市交通『第 21 回営業報告書』15 頁。
88) 大連都市交通株式会社『第 28 回営業報告書』1940 年 3 月決算、13 頁。
89) 前掲大連都市交通『第 30 回営業報告書』16 頁。
90) 奉南交通株式会社『第 6 回営業報告書』1942 年 12 月決算（満鉄資料館蔵 24583）15 - 17 頁。
91) 前掲大連都市交通『第 26 回営業報告書』13 頁、奉北交通株式会社『第 1 回営業報告書』1939 年 6 月決算（満鉄資料館 02374）1 - 6 頁。
92) 前掲大連都市交通『第 27 回営業報告書』12 頁。前掲奉北交通株式会社『第 1 回営業報告書』21 頁。
93) 前掲大連都市交通『第 29 回営業報告書』14 頁。
94) 前掲大連都市交通『第 30 回営業報告書』、15 頁。
95) 奉北交通株式会社『第 7 回営業報告書』1942 年 6 月決算（満鉄資料館蔵 24580）1 - 4 頁。
96) 前掲大連都市交通『第 36 回営業報告書』15 頁。
97) 同前、17 頁。

98）前掲大連都市交通『第 26 回営業報告書』12 - 13 頁。
99）前掲大連交通都市『第 30 回営業報告書』15 頁。
100）前掲大連都市交通『第 32 回営業報告書』15 - 16 頁。
101）前掲大連都市交通『第 36 回営業報告書』16 頁。
102）前掲大連都市交通『第 30 回営業報告書』17 頁。
103）吉林交通株式会社『第 4 回営業報告書』1942 年 12 月決算（満鉄資料館蔵 24736）
　　 1 - 2、9 頁。
104）前掲大連都市交通『第 36 回営業報告書』18 - 19 頁。
105）前掲大連都市交通『第 31 回営業報告書』16 頁。
106）哈爾浜交通株式会社『第 9 回営業報告書』1942 年 6 月決算（満鉄資料館蔵 24594）
　　 8 - 9 頁。
107）吉林鉄道株式会社『第 3 期営業報告書』1940 年 11 月決算（満鉄資料館蔵 24735）
　　 1 - 7 頁。
108）同『第 7 期営業報告書』1942 年 11 月決算（満鉄資料館蔵 24738）2 - 3 頁。
109）『1942 銀行会社年鑑』。
110）同前。
111）同前。
112）満州鉱山株式会社『第 4 回営業報告書』1939 年 9 月決算、7 - 8 頁。
113）同『第 7 回営業報告書』1941 年 3 月決算、7 頁。
114）同『第 8 回営業報告書』1941 年 9 月決算、5 頁。
115）前掲満州鉱山『第 7 回営業報告書』6 - 7 頁。
116）東満州産業株式会社『第 1 回営業報告書』1938 年 9 月決算、帝国興信所『帝国
　　 銀行会社要録』1942 年版、東京 354 - 355 頁。
117）東満州鉄道株式会社『第 3 回営業報告書』1939 年 9 月決算（満鉄資料館蔵 24739）
　　 4 - 8 頁。
118）同『第 8 回営業報告書』1942 年 3 月決算（満鉄資料館蔵 24743）2 - 7 頁。
119）同『第 9 回営業報告書』1942 年 9 月決算（満鉄資料館蔵 24744）2 - 5 頁。
120）前掲『国際運輸株式会社十年史』2 - 4 頁。
121）同前、4 - 5 頁。

122) 同前、7-8頁。
123) 同前、9-12頁。
124) 同前、16、128-130頁。
125) 同前、18-20、130-132頁。
126) 同前、18-19、130-133頁、国際運送株式会社『第2期営業報告書』1924年3月決算、3-4頁。
127) 前掲『国際運輸株式会社十年史』19-20、132-141頁。
128) 同前、12-15頁。
129) 同前、22頁。
130) 同前、23-28、145-153頁。
131) 同前、128-168頁。
132) 前掲『国際運輸株式会社二十年史』128-131頁。
133) 同前、131-138頁。
134) 同前、147-166頁。
135) 同前、18頁。
136) 同前、272頁。
137) 「満州準特殊会社」1945年6月末（独立行政法人日本貿易振興機構アジア経済研究所蔵『張公権文書』R7-30）。
138) 国際運輸株式会社（奉天）『第9期営業報告書』1944年9月決算、2-3頁、同『第10期営業報告書』1944年3月決算、6頁。
139) 前掲『国際運輸株式会社二十年史』556-557頁。
140) 同前、557-558頁。
141) 同前、569-572頁。
142) 南満州鉄道株式会社庶務部調査課『満州に於ける邦人倉庫業』(1930年) 1-2、4-7頁。
143) 柳沢遊『日本人の植民地体験―大連日本人商工業者の歴史―』（青木書店、1999年）93頁、『満蒙年鑑』1923年版（1923年）広告34頁。
144) 前掲『南満州鉄道株式会社十年史』352頁。
145) 同前、352-356頁。

146）満史会『満州開発四十年』下巻（1964年）742頁。
147）『満蒙年鑑』1923年版（1923年）547-555頁。
148）南満州鉄道株式会社庶務部調査課、前掲『満州に於ける邦人倉庫業』104頁、『満州と相生由太郎』（1932年）979頁。
149）前掲『満州と相生由太郎』959、961、979頁。
150）『満州開発十五年誌』(1920年）593-594頁、南満州鉄道株式会社興業部商工課『満州商工現勢』（1926年）98頁、『1936銀行会社年鑑』471頁。
151）前掲『日本人の植民地体験』93頁、前掲『満州開発十五年誌』604-605、666-667頁。
152）『1923興信録』592頁、『満州銀行会社名鑑』（1921年）710、703頁、前掲『満州に於ける邦人倉庫業』87-88、104頁。
153）ただし、福昌公司全体でみると、1920年恐慌により大きな打撃を受け、再建（負債の整理）のために、主力事業である大連埠頭での荷役作業請負と苦力（華工）収容所の経営を1926年10月、満鉄に譲渡して生き残りを図った。満鉄は全額出資で福昌華工株式会社（1926年10月15日設立。公称資本金180万円全額払込）を設立して、福昌公司からこれらの事業を引き継いだ（前掲『満州と相生由太郎』964頁、『1942銀行会社年鑑』105頁。
154）『1922興信録』110頁、『1923興信録』23頁、前掲『満州に於ける邦人倉庫業』104頁、『1942銀行会社年鑑』95頁。
155）同掲『満州に於ける邦人倉庫業』75-76、88-89頁。
156）南満州鉄道株式会社『南満州鉄道株式会社三十年略史』（1937年）627-628頁、『銀行会社要録』（1938年）東京83頁。
157）『1936銀行会社年鑑』。
158）東京電報通信社編『戦時体制下における事業及人物』（1943年）389頁。
159）『1942銀行会社年鑑』。
160）前掲『国際運輸株式会社二十年史』232-233頁。
161）前掲『南満州鉄道株式会社十年史』355頁、前掲『南満州鉄道株式会社第二次十年史』378頁。
162）前掲『国際運輸株式会社二十年史』232-233頁。

163) 同前、239 頁。
164) 同前、35 - 36 頁。
165) 同前、239 頁。
166) 大阪商船三井船舶株式会社『創業百年史』(1985 年) 83 頁。
167) 関東庁『関東庁要覧』(1923 年) 407 頁。
168) 大連汽船株式会社『大連汽船株式会社二十年略史』(1935 年) 31、52 頁によると、1914 年 5 月に大連汽船が志岐組 (1909 年から命令航路として運航) から両路線を継承した。年間補助金は、それぞれ 1 万 2800 円と 1300 円と表示されている。しかし、前掲『満州開発十五年誌』132 頁によると、1913 年度、1914 年度とも合計 1 万 4000 円で、1915 年度には合計 8400 円に減額されている。
169) 『1922 興信録』127 頁。
170) 『関東庁要覧』(1923 年) 412 頁。
171) 前掲『満州開発十五年誌』133 頁。
172) 前掲『関東庁要覧』(1923 年) 413 頁。
173) 阿波共同汽船株式会社『阿波国共同汽船株式会社五十年史』(1938 年) 4 - 5、8 - 9、11、46 頁。
174) 南満州鉄道株式会社庶務部調査課『南満三港海運事情』(1928 年) 47 - 52 頁。
175) 前掲『南満州鉄道株式会社十年史』376 頁。
176) 前掲『関東庁要覧』409 頁。
177) 前掲『南満三港海運事情』81 - 87 頁、『1923 興信録』234、238 頁。
178) 前掲『創業百年史』67 頁。1906 年の関税定率法改正では、「汽船、帆船及舟艇」は従価で 1 割であったが、1910 年関税定率法では、「一　機械力又ハ帆ヲ以テ運航スルモノ」のうち、船齢 10 年を超えないものは総トン数毎トン 15 円、その他は同 10 円、「二　其ノ他」は従価 1 割 5 分とされた (大蔵省編『明治大正財政史』第 8 巻、1938 年、272、356、408 頁)。
179) 前掲『大連汽船株式会社二十年略史』24 頁。
180) 『1923 興信録』11、299 頁。
181) 関東都督府都督官房文書課『関東都督府第 11 統計書』1916 年現在 (1918 年) (国立公文書館所蔵) 484 - 485 頁、前掲『満州開発十五年誌』130 - 131 頁。

182) 『1923 興信録』11-12 頁。
183) 『1923 興信録』233、238 頁、「関東州の置籍船は漸減しやう」(『中外商業新報』1924 年 6 月 10 日)。
184) 前掲『大連汽船株式会社二十年略史』25-26 頁、前掲『南満州鉄道株式会社十年史』377 頁。
185) 前掲『南満州鉄道株式会社第二次十年史』467 頁。
186) 前掲『南満州鉄道株式会社十年史』375-386 頁、前掲『南満州鉄道株式会社第二次十年史』465-469 頁。
187) 以下の大連汽船に関する記述は、主に前掲『大連汽船株式会社二十年略史』による。
188) 前掲『満州開発十五年誌』133 頁。
189) 同前。
190) 前掲『大連汽船株式会社二十年略史』14-15 頁。
191) 塚本貞次郎の三井物産での職歴については、三井文庫所蔵の「三井物産株式会社員録」1911 年 5 月 23 日現在（物産 50-19）や三井物産「社報」、1914 年 5 月 1 日、1915 年 7 月 6 日（物産 42）による。大連汽船での職歴については、大連汽船「営業報告書」第 1 回（1915 年度）、第 2 回（1916 年度）、第 7 回（1918 年度）、第 14 回（1928 年度）による。
192) 前掲『大連汽船株式会社二十年略史』205 頁、大連汽船株式会社『営業報告書』第 14 回（1928 年度）。
193) 前掲『大連汽船株式会社二十年略史』341 頁。
194) 『満州年鑑』1940 年版（1939 年）301-302 頁所収の「大連港基点主要航路」。
195) 閉鎖機関整理委員会編『閉鎖機関とその特殊清算』(1954 年) 581-582 頁、前掲『創業百年史』581-582 頁。
196) 日本郵船株式会社『七十年史』(1956 年) 175-179 頁。
197) 『1942 銀行会社年鑑』。
198) 『1942 銀行会社年鑑』89-90 頁。
199) 『満州紳士録』第 3 版（1940 年）489 頁、『満州年鑑』1940 年版（1939 年）301 頁。

200)『1936銀行会社年鑑』469頁、『1942銀行会社年鑑』91-92頁、『日本全国銀行会社録』下巻（1942年）122頁。
201)『1942銀行会社年鑑』91頁、『日本全国銀行会社録』下巻（1942年）332-333頁。
202)『1942銀行会社年鑑』91頁、『日本全国銀行会社録』上巻（1942年）315頁、矢倉伸太郎・生島芳郎編『主要企業の系譜図』（雄松堂出版、1986年）693頁。
203) 大連汽船『営業報告書』各期、三井文庫編『三井事業史』本篇、第3巻（下）（鈴木邦夫執筆）（2001年）637-638頁。
204) 大連汽船『営業報告書』第40回（1941年下期）。
205) 大連汽船『営業報告書』第41回（1942年上期）、前掲『創業百年史』342頁。
206) 東邦海運株式会社『東邦海運株式会社十五年史』（1962年）20、71頁、松井邦夫『日本商船・船名考』（海文堂出版、2006年）299頁。
207) 日本航空協会編『日本航空史：昭和前期編』（日本航空協会、1975年）662-664頁。
208) 麦田平雄「満州航空株式会社前史」（満州航空史話編纂委員会編『満州航空史話』満州航空史話編纂委員会、1972年）3-6頁。
209) 前掲『日本航空史：昭和前期編』689頁。国枝実「会社の設立過程の概要と日満交換文書」（前掲『満州航空史話』）16-19頁。なお、同協定については、満州国承認に伴う満州国国務総理鄭孝胥と日本帝国特命全権大使武藤信義との間の往復書簡（1932年9月15日付）によって、その効力が確認された。
210) 八鳥寛一「満州航空の創立」（前掲『満州航空史話』）25頁。
211) 満州航空株式会社「第6回増資趣意書」（三井本社「満州航空」三井文庫所蔵未整理資料）。
212) 前掲『日本航空史：昭和前期編』によると、設立当初は社長は欠員であった（690頁）。
213)「満州航空株式会社定款」（国立国会図書館所蔵）、満州国史編纂委員会『満州国史　各論』（1970年）902頁。
214)「第1回株主総会提出書、状況書」1933年6月（前掲『満州航空史話』）34頁。
215) 同前、41頁。
216) 前掲「満州航空の創立」26頁。

217）日本航空輸送株式会社『10年史』1938年、24頁。前掲『満州航空史話』595頁、598頁。前掲『満州国史　各論』897-898頁。

218）『満州国現勢』康徳9年版、395頁。

219）前掲『満州国史　各論』903頁。

220）同前、897、903頁。

221）同前、903頁。

222）同前、903頁。「満州航空創立前後及びその説明要項」（前掲『満州航空史話』）32頁。

223）前掲『日本航空史：昭和前期編』698-701頁。萩原充「1930年代の日中航空連絡問題」（『研究年報現代中国』第76号、2002年10月）。華北航路をめぐる日中間の交渉と恵通航空公司の設立については萩原論文が詳しい。

224）前掲『日本航空史：昭和前期編』694-698、707-716頁。

225）同前、690頁。

226）前掲「第1回株主総会提出書、状況書」38頁。軍籍にあるものが社員総数の内数か否かは不明。

227）樋口正治「第一次空中輸送隊の活躍」（前掲『満州航空史話』）56頁。

228）前掲『満州航空史話』205-206頁。

229）「満州航空株式会社増資要綱案」（三井本社「満州航空」三井文庫所蔵未整理資料）。

230）同前。

231）満州航空株式会社「臨時株主総会議事録」1941年7月21日（三井本社「満州航空」三井文庫所蔵未整理資料）。

232）持株会社整理委員会『日本財閥とその解体：資料』によると、敗戦時まで資本金額・株主構成ともに変化がなかったようである。

233）「満州国政府公報」。

234）満州航空株式会社「臨時株主総会議事録」1941年9月24日（三井本社「満州航空」三井文庫所蔵未整理資料）。

235）前掲『満州航空史話』600-603頁。

236）満州航空株式会社「第11期事業報告書」（前掲『満州航空史話』所収）、同「第

12期事業報告書」（三井本社「満州航空」三井文庫所蔵未整理資料）。
237）前掲『満州航空史話』600‐603頁。

第2章　通信・電力・ガス

はじめに

　本章は経済発展の基盤を構成するインフラ部門のうち、通信、電力、ガス産業を対象として、満州に事業展開した日系企業法人の構造と事業活動について検討する。まず、満州におけるこれら3産業の研究状況について概観し、本章における産業別企業分析の課題を確認しておこう。

　まず通信事業については、先行研究はほとんどない。わずかに、疋田康行「日本の対中国電気通信事業投資について―満州事変期を中心に―」[1]と、石川研「満州国放送事業の展開―放送広告業務を中心に―」[2]がある。本章では主に前者を基礎にした。ただし、資料は、日本電信電話公社や関係者によってまとまったものがあり、とくに「条約に基づく両国籍法人」という特異な形態をとった過程と業務実態の概要を説明することとした。

　第2節の課題は、満州に設立された電力企業に着目して電力事業の発展過程とその特質を検証することである。

　満州の電力事業を最初に本格的に検討したのは、石田武彦「中国東北における産業の状態について―1920年代を中心に―（その1）」である[3]。ここでは1920年代の南満州電気株式会社の創立と事業展開が満州電力事業の発展過程における重要な画期であった点が指摘された。また、1930年代の満州電業株式会社を中心に検討した成果が、堀和生「『満州国』における電力業と統制政策」である[4]。ここでは主に以下の3点が指摘された。第1に、1930年代の電気事業統制の障害となったのは満鉄であり、当初の電力統制は関東軍と満鉄の妥協の産物としての事業整理に過ぎず、そこでは長期的な電力開発計画が実質的に存在しなかった

こと。第2に、その後の満鉄の影響力低下を背景として関東軍・官僚主導の巨大な電源開発計画が電力消費型産業との有機的関連なしに進展したこと。第3に、このため資材不足に起因した電力消費型産業の建設遅延が、1942年以降の電力過剰化現象と巨大発電施設を稼動できない満州電業の収益率の低下を引き起こすと同時にその早期的な行き詰まりを招来したこと。特に、1940年代に顕在化する満州の電力過剰化現象の発生メカニズムとその実証は優れた成果である。これら以外に満州電力事業に関しては、田代文幸「満州産業開発5箇年計画と満州電業株式会社」が19世紀末以降の満州電力事業を通観的に検討する[5]。また、鴨緑江電力開発について広瀬貞三「『満州国』における水豊ダム建設」が検討を加える[6]。さらに鄭友揆「日本占領下の東北の工業と対外貿易（1932～1945）」にも満州電力事業に関する論及があるが、これらの研究には本節で言及すべき新たな論点は見出し得ない[7]。なお、満州電業の社史に該当する『満州電業史』は、満州電力事業の産業発展史としても高水準の資料である[8]。

　第3節で取り上げる満州におけるガス事業では法人企業は2社が設立されたにすぎない。こうした満州産業構造に占めるガス部門の比重からか、ガス事業それ自体を検討した研究は管見の限り存在しない。満鉄の事業活動を中心に日本の満州経済支配を批判的に検証した蘇崇民『満鉄史』が、わずか2ページ程度の言及を加えているのが唯一の例外である[9]。しかし、同書の記述は満鉄社史の記述を大きく超えるものとは言えず、さらにガス事業に限定すれば出典注が付されておらず記述の典拠が不明である。こうした理由から、同書を先行研究として位置づけ検討することはしない。

第1節　通　信

1　満州事変以前の電気通信

　満州事変前、満州の電気通信事業には次のようなものがあった。まず、中国側所管の事業としては、(1) 東北軍閥の東北電政管理処直営の電信・電話、(2) 各地の県の経営する電話、(3) 民間会社・個人の経営する電話があった。また、

日本をはじめとする列強の満州侵略によって設置されたものには、日本側の事業では、(1) 関東州租借地内にあって関東庁通信局の経営になる電信・電話、(2) 南満州鉄道株式会社付属地内にあって満鉄が経営する電信・電話、(3) 間島地方にあって朝鮮総督府の経営する電話があり、さらにロシア帝国の権益を継承したソ連の北満鉄道の鉄道電話（公衆通信も扱う）があった。このほか、列強系通信社や新聞社の大小の無線施設などが混在していた。中国側施設のなかでは、東北電政管理処所管の無線電信電話施設が、おもに軍事目的のためにドイツのテレフンケン社やイギリスのマルコーニ社の製品を核として東北軍閥によって奉直戦争以後積極的に拡大されてきた結果、「設備は最新の無線技術を応用して余す所なく、運用も亦国内主要地に通信網を張り更に進んで国際通信網の拡張を企図する等洵に侮り難きものあり」[10]と評価されるまでに発達していた。事変以後、関東軍はまず東北電政管理処経営の諸施設を接収していくことになる。

2　満州電信電話の設立

　関東軍は、関東庁通信局の協力を得て、おおむね1931年末から32年初頭にかけて、(1) 戦闘で破壊された日本側通信施設を修復するとともに、(2) 中国東北政権側が建設してきた各地の主要通信施設を接収、修理、改造し、さらに (3) 和文電報取扱を北部地域にも強制し拡大していったのである。また、「政治的中立性」を標榜して関東軍の制圧下でも平常どおり事業を継続した郵政関係機関に対し、電気通信事業では「排日分子」と認めた中国人幹部職員の更迭を強行し、占領地軍政に不可欠の幹線通信網を掌握していった。なお、奉天にあった東北国際無電台は、関東庁通信局による修理が遅延したため、満鉄がかわって修理を担当し、その後も無電台の運営に携わることとなった[11]。

　1932年1月12日、関東軍は、(1) 軍通信、(2) 軍事宣伝、(3) 満州と日本並に外国間の中継放送、(4) 局地に於ける放送、(5) 要すれば国際間の公衆通信を担当させるため、関東軍特殊無線通信部を設置した。そして2月22日にこれを関東軍特殊無線通信部と改称するとともに、その所管事項に「東北電信管理処業務ノ指導」を明記し、国際公衆通信の実施に踏み切った。通信相手にアメリカのRCAコミュニケーションズ・コーポレーションおよびドイツのトランスラヂオ

社を選び、通信協定を締結し、アメリカとは4月15日から、またドイツとは7月11日から、それぞれ通信を開始した。この協定締結のため、「奉天無線電信局ハ其ノ実体ハ関東軍特殊無線通信部所ナルモ対外関係上日系ノ一法人ト仮定シ通信部ハ之ガ措置ニ任ズルモノトス　奉天無線電信局ハ新奉天省政府ノ請願ニ基キ且関東軍司令官ノ認可並ニ所属施設ノ貸与ヲ受ケ国際通信ヲ担当スルノ形式ヲ採ルモノトス　之ガ為新奉天省主席ヨリ軍司令官宛、別紙（省略）ノ請願書ヲ提出スル如クス」[12]という工作により、「東北電信管理処」を契約主体とした。これは、国際連盟調査団の活動に対応したものであり、国際世論工作のための通信インフラとなった。

関東軍特殊無線通信部は、さらに、関東軍特務部とともに満州国設立後の電気通信事業組織問題を主とする通信政策の立案にもかかわった。

関東軍は、奉天を占領した1931年9月22日、対満州政策に関する幕僚会議を開催し、傀儡政府を組織するが対ソ戦略上国防・外交は日本側が掌握するとともに、交通通信の主なものも日本が管理するという原則的方針をたてていた。しかし、その具体化は、①満州国の「独立国」としての体面の「尊重」と日本側とくに関東軍による通信実権の掌握要求との矛盾、②日本の既得権益＝関東州租借地・満鉄付属地の通信権の確保と満州全域の電気通信事業統一の必要性との対抗、そして、③関東軍が要求する広大な電気通信網建設に必要な資金調達の容易さと機動的経営・運営体制の追求などのため、関東庁通信局による官営案と日満合弁の「半官半民の特殊会社」案とが対立し、満鉄経済調査会や関東軍司令部内でも意見の分裂と動揺が生じた。

1932年7月に至り、関東軍は「対満州国通信政策」[13]を決定した。その内容は、「満州国政府は其の管理下に於て自国の法律に依り満州国電信電話会社を創立し、航空、鉄道及警備専用以外の一切の有線及無線通信事業、放送事業並に之に付帯する事業を経営せしむ。但し右会社は又日本政府の管理下に於て関東州及満鉄付属地に於ける通信事業を併せ経営するものとす。右会社の創立に当り、満州国側は現物（評価四－五百万円）を出資し、事業資金は主として日本側殊に事業に直接関係ある向きより募債するものとす」[14]という、電気通信と放送とを営む満州国籍特殊法人案である。なおも問題が残ることを意識しつつ、関東軍はこれを陸

軍中央に提出した。

　陸軍省は、内部の満蒙委員会を中心としてこれを検討し、1932年8月8日、条約に基づき日本の法令によって会社を設立すること、日本政府は関東庁通信施設を現物出資することを骨子とする「満州に於ける通信事業に関する件」[15]を決定し、関係6省（陸、拓、大、逓、外、海）対満実行策審議委員会に提案した。同委員会幹事会でこれを検討したが、施設提供に伴い関東庁（通信局）特別会計歳入に生じる欠陥の補填問題が残ったものの、修正のうえ9月20日に骨格を決定し、外務省は条約案の準備に入った。10月28日に条約草案も承認され、11月5日に審議委員会を通過、15日の次官会議の承認を得て12月2日の閣議に付されたが裁判権問題で頓挫し、9日の閣議でようやく議決された。この閣議決定[16]では、公表される協定においては日満両国政府が平等に二重国籍となる特殊会社を扱うこととしたが、「秘密交換公文中ニ規定スヘキ事項」として次の4点を挙げ、日本の優位性と軍事的必要の優越性とを規定している。

　　一、本協定所載ノ会社ニ対スル日満両国政府ノ業務監督、命令及認可ハ両国所定ノ監督官庁協議ノ上之ヲ実行スヘク両者意見ヲ異ニスル場合ニハ日本国監督官庁ノ意見ニ拠ルヘキコト

　　二、駐満日本国軍部最高機関及満州国軍部最高機関ハ該会社ノ事業ニ関シ軍事上必要ナル指示ヲ為シ且常時必要ノ人員ヲ該会社ニ派遣シ其ノ通信施設及業務実施ヲ監督セシメ得ルコト

　　三、駐満日本国軍部最高機関及満州国軍部最高機関ハ国防及治安維持上必要アル場合ニハ該会社所属ノ一切ノ人員及施設ヲ優先的ニ使用シ且之カ取締及検閲ヲ実施シ尚軍事上必要ナル施設ノ実施ヲ要求シ又ハ自ラ実施スルコトヲ得ルノ権利ヲ保有スルコト

　　四、前二項ニ依リ満州国軍部最高機関カ該会社ニ対シ指示、監査及要求等ヲ為サムトスルトキハ事前ニ駐満日本国軍部最高機関ノ同意ヲ得ルヲ要スルコト

　さらに、以下の4点を付帯決議し、関東庁歳入欠陥問題への「考慮」と要員の継承、また電気通信関係借款債権の処理といった課題を確認している。

　　一、会社ノ設立ニ依リ関東庁特別会計ニ歳入欠陥ヲ生スル場合ニハ一般会計

ニ於テ右歳入欠陥補填ニ付考慮スルコト
二、関東庁職員ニシテ現ニ電信電話ニ関スル事務ニ従事スル者ハ之ヲ会社ニ於テ採用スルコト
三、前項ノ従事員ニシテ会社ノ設立ニ因リ退職スル者ニ対シテハ退職手当ヲ支給スルコトトシ之カ財源ニ付テハ別途考慮スルコト
四、満州国ノ出資財産ヲ担保トスル借款ノ権利確保ニ付適当ノ措置ヲ講スルコト

　この閣議決定を踏まえ、1933年1月1日付で関東軍司令官から設立準備委員の任命があり、9日に特務部長から次の指示[17]が出された。第二項が所管事項であり、満州国政府側との折衝や事業計画などを含めた設立準備全般だけでなく、設立前に実施すべき緊急工事も担当することが指示されている。第三項は、閣議決定に至るまでの意見の対立に配慮したものと言える。

一、満州ニ於ケル通信ノ整備ハ最モ重要ニシテ且ツ急施ヲ要スルモノナリ即チ国家統治上ハ勿論治安ノ回復産業ノ開発ニモ密接ナル関係ヲ有シ軍ニ於テモ特ニ重要性ヲ感シ居ルモノナリ
二、本会社ノ設立ハ最モ急ヲ要スルモ正式設立委員任命迄ニハ相当ノ期間アリ然モ準備スヘキ事項ハ多々アルヲ以テ便宜上満州問題ニ直接関係シアル軍ニ於テ設立準備委員ヲ設ケ諸般ノ準備ニ当ラシムルコトトセラレタリ準備スヘキ事項トシテハ
　　（一）条約締結ノ促進
　　（二）法令改廃、通信協定
　　（三）緊急工事
　　（四）株式募集並会社設立ニ要スル資料蒐集
等甚多岐ニシテ其ノ範囲モ亦広汎ナルモ幸ニ委員長閣下以下各官ノ御尽力ニ依リ速カニ準備ヲ完結シ正式ニ設立委員ノ任命ヲ見ルニ至ルコトヲ切望ス
尚法令改廃及ヒ通信協定ニ就テハ関東庁側委員ハ関東庁ノ立場ニ於テモ速カニ諸般ノ準備ヲ進捗セシメラレタシ
三、軍司令官着任以来大声叱呼セラレアルハ人ノ和ナリ各官宜シク関係機関

ト密接ナル連絡ヲ保持シ連絡ノ欠陥ニ由リ準備ノ進捗ニ蹉跌ヲ来スカ如キコトナキ様特ニ切望ス

　会社設立の基礎となる協定については、外務省が閣議決定に基づき案を準備し1933年2月15日に閣議決定に至ったので、設立準備委員会が同月下旬から満州国政府との非公式交渉を開始した。政府間の正式交渉は3月中旬に始まり、26日に「満州に於ける日満合弁通信会社の設立に関する協定」に調印、5月15日に批准書を交換した。翌日、正式の設立委員15名が任命され、8月31日には会社を設立、翌9月1日から営業を開始するに至った。

　かくて、関東州と満州国を含めた公衆電気通信と放送の事業を統合運営し、関東軍の戦略にそってネットワークを拡張していく満州電信電話株式会社(以下、満州電々と略す)が発足した。新京に本社を、地方管理処を大連・奉天・哈爾浜に置き、電報電話局50個所、電報局150個所、無線電報局2個所、電報通話取扱所161個所、合計363個所の営業拠点を持っていたが、電報局の多くが奉天と哈爾浜にあったほかは、その大部分が大連管理処所管地域(関東州および満鉄付属地)にあった。両国政府の出資財産を、満州側600万円、日本側1650万円とし、満州国政府が受領する株式配当を、その電気通信政策経費、銀行借款元利払、中日実業・東亜興業・中華匯業銀行の電政関係借款償還などに充当することになっていた。この結果、株式は、現物出資により日本国政府(33万株、払込済)と満州国政府(12万株、払込済)が45％を保有し、一般株式甲種(日本円)株45万株と一般株式乙種(満州国幣)株10万株の55万株を公募した。政府以外の大株主は、満鉄(6万9800株)、日本放送協会(3万株)、朝鮮銀行(2万6500株)のほか、日華生命保険・千代田生命保険・第一生命保険・安田生命保険・帝国生命保険・愛国生命保険・日本生命保険といった生保系が各8000株を持ち、総株主数は分散を図ったこともあって1万6846名に上った[18]。

3　満州電信電話の諸事業

(1) 設立前後の事業計画

　満州電々の事業計画については、1932年7月の関東軍決定[19]において、「満州国ノ通信事業ハ在来ノ諸通信施設ヲ整理統一シ且満鉄付属地及日本租借地内ノモ

図表 II-2-1 満州電々設立前の事業計画案

(単位:%、千円)

	第1年度	第2年度	第3年度	第4年度	第5年度	累計
通信線路関係	34.23	35.48	38.92	49.45	53.73	38.78
局内機械設備関係	15.81	11.24	21.05	4.23	5.91	14.53
無線・放送関係	30.03	21.45	8.82	0.00	0.00	15.91
局舎工事関係	3.90	10.99	4.20	0.00	0.00	4.72
その他共合計	6,660.00	3,729.00	5,239.00	1,537.00	1,692.00	18,857.00
繰越資金		4.64	16.26	19.92	10.51	0.95
払込株金	100.00	74.14	61.59			67.01
社内留保金		21.23	22.14	80.08	89.49	24.98
調達資金合計	6,875.00	4,636.67	5,580.94	1,716.77	1,710.61	18,894.21
次期繰越	3.13	19.58	6.13	10.47	1.09	0.00

出所:「満州電信電話株式会社事業収支及営業収支予算書」1932年5月17日(「満州電信電話株式会社」〔『昭和財政史資料』R135-001〕)。
注:収支とも合計は実額であり、他はそれぞれの合計に対する%。

ノヲモ併セ経営シ通信本来ノ使命ヲ果スノ外特ニ治安ノ維持文化ノ開発ニ供シ日本ニ対シテハ通信上国境ヲ存セザル様密ニ連絡スルヲ得シメ又満州ヲシテ上海ト相俟ッテ東亜大陸ニ於ケル電報集散ノ一中心地ヲ形成」せしめ、また、軍事上の要請から「満州国通信網ハ幹線通信系タル関東庁及満鉄所管(委託経営鉄道付属地ノモノヲ含ム)ノ施設ヲ把握セハ網全般ノ死命ヲ制シ得ル如ク構成セシム」という目的の下に、次の施設を経営させることとした。

イ、国内通信

在来施設ノ整理特ニ所管ヲ異ニセル施設ノ廃合統一ヲ行ヒ先ツ警備上並ニ経済上重要ナル幹線ヲ整備ス、而シテ僻地ニ在ルモノ及東支鉄道所管ノモノハ順ヲ追ッテ整理セシム又海岸局ノ施設ハ必要ニ応シ復旧或ハ新設ス

ロ、対日通信

大連及安東経由ノ在来施設ヲ拡充シ又北鮮ヲ通スル新通信路ヲ拓キ且奉天無線局ニ於テ無線電信ノ外無線電話電送写真等ヲ創始セシム

ハ、対支通信

北平及天津方面ニ対シテハ山海関経由、上海ニ対シテハ芝罘又ハ長崎経由ノ在来施設ヲ拡充スルノ外大連上海間ニ無線電信ヲ開始シ海底線施設ト相俟チ大連ヲシテ対上海通信ノ中心地タラシム

ニ、対欧通信

日本経由並ニ奉天無線局及欧露線経由ノ在来施設ヲ拡充セシム
ホ、対米通信
日本経由及奉天無線局経由ノ在来施設ヲ拡充セシム
ヘ、航空及鉄道用通信
夫々専用ノ通信系ヲ設置ス、但シ一般公衆用通信ト彼此流用スルコトヲ計リ殊ニ（イ）ニ挙グル幹線通信系ノ設置及運用ノ為ニハ可及的鉄道通信施設ヲ利用セシム
ト、警備用通信
鉄道ノ直接守備ニ必要ナル通信ハ鉄道通信系ニ依ラシム之カ為原則トシテ電話二回線（局地及直通各一）ヲ鉄道通信施設トシテ準備セシム
一般警備用通信網ハ公衆用通信網ヲ骨幹トシ之ニ配スルニ専用施設ヲ以テスルモノトス之カ為公衆用通信系ニ於テ警備上必要ナル通信施設ヲ併セ準備セシム
又僻地ニ於ケル警備専用並ニ主要地点間ニ於ケル警備専用無線通信施設ハ時宜ニ依リ之ヲ公衆通信ノ為兼ネ使用セシム
チ、宣伝
主トシテ奉天無線局及各地放送局ノ施設ニ依ラシム
リ、放送
別紙第二ニ依ル

放送については、「本来ノ使命ノ外特ニ警備及宣伝ノ用ニ供シ且時宜ニ依リテハ時間ヲ限リ公衆通信用トシテモ使用スルヲ以テ目的」とし、それを達成するため「放送事業ハ之ヲ満州国電信電話会社ニ於テ併セ経営セシメ施設ノ彼是流用並ニ資金ノ調達等ヲ容易ナラシムル」として、満州電々に兼営させることとした。その事業は、「先ツ人口ノ稠密ナル鉄道幹線地域ヨリ開始シ漸ヲ追ッテ全国ニ普及セシム　而シテ放送ノ主ナル対象ハ在満日本人及満州人トシ漸次二重放送ヲ実施スルニ至ラシム」ものとし、差し当り大連（電力約2KW、対日本人、夜間は対華北在留日本人）・奉天（電力2KW、対日満人）・長春（電力2〜5KW、対日満人）・哈爾浜（電力1KW、対日満露人）・斉々哈爾（電力約2KW、対日満人）の放送局を新設あるいは拡張するとともに、斉々哈爾－哈爾浜－長春－奉

天－大連と奉天－安東間の搬送式有線回路でこれらを中継し、日満間も短波無線あるいは朝鮮放送施設を仲介とする有線中継するが、在満朝鮮人に対する放送は国境地域に設置される朝鮮放送協会の施設を利用するという、放送ネットワークの形成を計画した。事業収入は、聴取料金徴収を基本とし、聴取者層が薄いことから「最初ヨリ広ク之ヲ徴収スル方針ニ依リ満州人ヲシテ家庭ニ於テ放送ヲ聴取スルノ利益アルコトヲ自覚セシムル如ク指導ス之レカ為銀相場富籤債券等ニ関スル放送ヲ行フ」とともに、「放送事業ノ収益ヲ計ル為広告放送ヲ実施セシム」、さらには「時宜ニ依リテハ収益ヲ計ル為会社ヲシテ独占的ニ放送聴取用機器ノ製作販売事業ヲ営マシム」とした点が、当時のラジオ放送事業体としては特異である。

これを骨格として、以後の設立方針の確立過程において具体化が図られ、1933年5月の最初の設立委員会には資金調達と対応した投資計画（**図表Ⅱ-2-1**）が

図表Ⅱ-2-2　満州電信電話株式会社の

年次	電信局数	取扱電報数	電話交換局数	通話取扱局数	電話加入者数	放送聴取者数
	局	万通	局	局	人	人
1933	432	873	80	135	32,682	8,043
	16.7	*18.4*	*11.3*	*102.2*	*27.0*	*54.0*
1934	504	1,034	89	273	41,498	12,384
	10.1	*43.9*	*32.6*	*20.5*	*30.4*	*59.6*
1935	555	1,488	118	329	54,113	19,764
	11.0	*19.0*	*17.8*	*10.3*	*17.1*	*108.5*
1936	616	1,771	139	363	63,374	41,202
	11.2	*18.0*	*33.8*	*12.4*	*16.7*	*103.6*
1937	685	2,089	186	408	73,939	83,876
	8.3	*26.9*	*12.9*	*8.8*	*11.8*	*51.9*
1938	742	2,650	210	444	82,630	127,417
	8.1	*28.7*	*10.5*	*9.5*	*12.9*	*77.3*
1939	802	3,410	232	486	93,314	225,889
	11.2	*21.3*	*6.9*	*4.7*	*15.6*	*50.6*
1940	892	4,135	248	509	107,888	340,291
	7.1	*3.0*	*3.6*	*2.2*	*9.9*	*33.7*
1941	955	4,257	257	520	118,592	454,835
	6.7		*5.4*	*1.2*	*5.1*	*12.0*
1942	1,019		271	526	124,654	509,321
	1.0				*-3.3*	*8.0*
1943	1,029				120,600	550,000
1944						

出所：大蔵省管理局編『日本人の海外活動に関する歴史的調査』通巻23
注：イタリックの数値は、次年への伸び率（％）。

第2章　通信・電力・ガス　387

主要設備とサービス

設備関係	サービス関係
熱河・北満・新京＝図們間電信の新設、鉄道幹線沿線の市内外電話線新増設、重要都市電話設備の近代化、新京など無線設備新増設、新京ラジオ開設	大連＝奉天間高速二重印刷電信完成、北満・熱河など電信電話通信地域の拡大、電報料金統一＝語数制実施・値上げに日本人の反対運動発生
新京無線局完成、日満電話ケーブル計画着手、哈爾浜など4放送局増強、大連外5局電話回線増設、吉林・斉々哈爾電話自動化	対サンフランシスコ・ベルリン・東京はじめ日満主要都市間通信連絡開始、朝鮮北部との電話連絡完成、日本人の運動により電報料金値下げ
新京本社完成、北満鉄道買収によりその公衆通信事業を接収、日満ケーブル安奉＝鳳凰城間完成、北満・熱河主要地に無線増設、電話自動化促進	奉天＝天津間電信電話連絡復活、対華北和文電報、対パリ直通連絡開始、奉天＝大阪間無線電話直通連絡開始
間島省朝鮮総督府電気通信施設の買収、主要都市無電台の拡充、大連＝新京＝哈爾浜・牡丹江間・新京＝図們間外主要電話幹線増設、電話自動化促進	電話料金の地域格差縮小、日中両語の二重放送・広告放送・ラジオ販売開始、冀東防共自治政府に電気通信拡充工事請負借款150万円を供与
大連無線局完成、日満ケーブル安奉＝奉天間完成、牡丹江外2放送局開設、満州弘報協会無線の引継、無線電信の新増設、電話新設・自動化	大連無線所海外向け短波放送開始、華北通信工作、和文電報全面取扱、奉天＝天津間搬送線で連絡放送開始、日中戦争で華北・蒙彊へ人員派遣
日満ケーブル安奉＝大阪間完成、事業拡張5ヵ年計画の立案、通信区域の拡大、斉々哈爾・佳木斯・海拉爾・黒河の各放送局新設、技術研究所設置	華北電々に人員派遣・出資、蒙彊より人員撤収、華北電政借款は臨時政府に継承、関東州＝華北間電信為替取扱開始・交換放送恒久化、対独伊交換放送実施
大阪・新潟・羅津に出先機関を設置し資材獲得体制を強化、営口・錦県・富錦各放送局新設、北満に防空援護電信施設・電話網拡充	奉天＝大阪間写真電報開始、気象通知電報・医療電報制定、ノモンハン事件で人員・器材派遣、電話料金に度数制採用、第1回東亜放送協議会
日満ケーブル新京＝奉天間完成し東京と直通、高級電信機整備拡充、東北満電話網の整備拡充、通化放送局完成、建設事務所・中継統制所設置	満州＝華北電信為替取扱開始、満州＝朝鮮間慶弔電報取扱中止、対中国電報の満州内と同一取扱を開始、哈爾浜二重放送実施
新京中央電報局新築、高級電信機増設、牡丹江・哈爾浜に臨時出張所を新設、北安放送局新設、承徳・牡丹江で二三重放送実施	電報電話の戦時取扱制限開始、対東京模写電報開始、電報料金値上げ、第1回東亜電気通信協議会議決による電信電話取扱の統一化
日満ケーブル新京＝哈爾浜間完成、幹線ケーブルの地下化、東安放送局完成、東北満放送網整備	電報料金5割値上げ、防空通信の特別協定、南方占領地との連絡、資材逼迫による共同電話制推進、供給不足からラジオの販売半減
	日満華模写・写真電報取扱開始、哈爾浜放送局で日・中・露語による三重放送開始、大東亜通信会議、南方との通信範囲拡大
防衛体制の充実に集中	空襲時の防衛通信の疎通・警報の伝達に留意

冊　満州編　第2冊』および満洲電信電話株式会社『株主総会報告書』各年版より作成。

提出されている。この計画は、株式公募にあたって公示された極めて簡略な事業目論見書と総額でわずか6万円しか異ならず、ほぼ確定した計画と判断できる。同案では、設立後5年間に、新京－奉天－大連－東京を最重要幹線とする電信線および奉天を中心とする長距離電話線などの通信線の改修・拡張に731万円

図表 II - 2 - 3　満州電信電話

年次	通信施設資産	社員数 総数	社員数 内日本人	電信 回線数	電信 線路延長	電信機	無線機
	千円	人	人 (%)		Km	座	台
1933	23,350	5,471		185			
	39.7	9.4		25.4			
1934	32,621	5,983	3,442 - 58	232	42,595	634	140
	26	14.8	23.1	5.6	7.7	0.6	13.6
1935	41,094	6,868	4,236 - 62	245	45,886	638	159
	23.2	5.4	17.6	20.8	1.7	21.9	14.5
1936	50,625	7,242	4,980 - 69	296	46,670	778	182
	18.5	14	14.8	9.5	17.9	18.4	25.3
1937	60,001	8,255	5,719 - 69	324	55,011	921	228
	16	17.8	21.7	4.3	- 5.5	15.2	33.3
1938	69,611	9,721	6,961 - 72	338	51,982	1,061	304
	24.3	30.7	36	36.4	- 34.1	11	20.7
1939	86,520	12,706	9,470 - 75	461	34,244	1,178	367
	25.4	18.1	19.3	13	36.6	8.9	19.9
1940	108,502	15,000	11,301 - 75	521	46,781	1,283	440
	26.6	11.7	13.9	6.5	0.3	18.3	5
1941	137,316	16,759	12,869 - 77	555	46,927	1,518	462

出所：満州電信電話株式会社『株主総会報告書』各年版。
注：イタリック数値は伸び率（％）。社員数の「内日本人」の（ ）内の数値は構成比。

(38％)、電話機増設に341万円（18％）、有線電信局内機器に274万円（15％）、新京無線局を中心とする無線電信電話・放送設備に300万円（16％）、県民営電話買収に90万円（5％）など、総額1886万円を計上した。関東軍決定と比べて新京への投資割合が高められている。また、幹線通信系統では無線よりも有線の施設に大きな資金を割り当て、有線のなかでも電話施設に重点をおいている。とくに、多民族・多言語状況のもとで、電話交換の自動化と放送の二重言語化が急がれていた。この設備投資のための資金は、株式払込と内部保留で賄うこととされている。年次別では、とくに当初3か年に株式払込を徴収して基幹部分を固め、その後、電話契約などの増加に対応するものとなっている。

　しかし、この計画は、実績と比べるときわめて小額であった。満州電々は、営業地域の人口が少なく収益源泉となる経済的通信需要が小さいにもかかわらず、広大なソ満国境地帯に軍事目的の通信網の建設が強制されるので、その収益性が危ぶまれたためであろう。

　会社設立後と思われるが、通信施設の実態調査にも基づいて立案した満州電々

第2章 通信・電力・ガス 389

株式会社の主要設備

			電 話				線路延長
自動局	手動局	通話取扱局	市内電話		市外電話		放送局
			線路延長	回線数	搬送Ch	数	
局	局	局	Km		チャンネル	Km	局
						40,000	4
11	78	273	24,070	323	19	25	
36.4	32.1	20.5	1.7	12.1	21.1	59,029	5
15	103	329	24,468	362	23	13.7	0
20	17.5	11.9	22.4	22.9	52.2	67,102	5
18	121	368	29,938	445	35	8.8	0
11.1	37.2	10.9	29	12.8	22.9	72,981	5
20	166	408	38,624	502	43	23.9	60
5	13.9	8.8	10.1	11	18.6	90,444	8
21	189	444	42,533	557	51	15.5	62.5
0	11.6	9.5	2.3	10.8	27.5	104,473	13
21	211	486	43,516	617	65	9.4	23.1
4.8	7.1	4.7	15.2	12.8	20	114,322	16
22	226	509	50,134	696	78	3.4	6.3
4.5	3.5	2.2	7.8	17.4	101.3	118,193	17
23	234	520	54,046	817	157	4	5.9
						122,952	18

図表Ⅱ-2-4 満州電信電話会社の他機関保有通信施設買収・統合経過

年次	買収・統合施設の概要		
1934	地方電話局3局		
1935	北満鉄道の公衆通信施設		
	地方電話事業26局所(通遼・延吉・浜江・安東・営口・克山・蛟河)	加入者	4,858
1936	朝鮮総督府通信局経営の間島省内通信施設		
	地方電話12事業(佳木斯ほか)	加入者	2,366
1937	満州弘報協会の無線施設11箇所、昭和製鋼所・本渓湖公司等5業者の施設電話の特殊電話化		
	地方電話48局所(昌図城内局・扶餘ほか)	加入者	3,805
1938	専用通信施設者(撫順・西安)との利用協定、警察電話系との通話範囲協定		
	地方電話25局所(巴彦ほか)	加入者	1,116
1939	満鉄との鉄道用電話中の用地外住宅電話の整理協定		
	地方電話12局所(寛甸ほか)	加入者	505
1940	鉱工業用施設電話の特殊施設用加入電話制度		
	地方電話3局所(法庫・清原・興京)		
1941	新京中央官衙街特殊電話の中央電話局官衙街分室への吸収		
	山海関電気通信施設、軍供用華北地区電気通信施設の譲渡		

出所:満州電信電話株式会社『株主総会報告書』各年版および『電信電話事業史』第6巻。
注:「地方電話」は占領以前から経営されていた県営および民営などの電話組織。

自体の設備改修・拡張計画[20]は、次のような収益性追求も明確にしたものであった。
1. 主要幹線を速やかに整備強化する
2. 最主要幹線はケーブル化し、裸線においてはローカル線以外は搬送を考慮した形式に統一する
3. 満鉄施設の利用を縮減して独自の線路を建設する
4. 保守受託線路（警察・航空・気象専用線）を整備する
5. 会社栄養線（収益性のある回線）の線路設備を増強する
    a. 大連－奉天－新京の基本幹線および日満連絡回線
    b. 哈爾浜・牡丹江・図們・佳木斯・錦県等の諸都市連絡回線
    c. 対朝鮮・華北回線
6. さしあたり無線回線の利用を強化し、有線回線との緊密化を図る
7. 主要幹線を2ルート化する

特殊会社として、減免税や民間株の政府株に対する優先配当などの優遇措置が与えられてはいたが、収益性の確保は資本市場からの資金調達能力の基盤的条件であるから、当然といえる。

(2) 諸事業の拡張

1933年9月の営業開始以後、満州電々は通信インフラの整備を急ぎ、通信サービスの拡張に努めた。設立後10年間で、電報送信通数を約6倍、電話加入者数は約4倍、放送聴取者数を約9倍に拡大した。**図表Ⅱ-2-2**は、その量的拡張と設備およびサービス内容の拡充とを年表形式で整理したものである。また、主要設備について、やや詳細に量的変化をまとめたものが、**図表Ⅱ-2-3**である。これで量的な推移を見れば、最も設備・サービスの拡大速度が大きいのが設立から日中戦争開始までの時期（満州事変期）であり、アジア太平洋戦争開始までの時期（日中戦争期）がこれに次ぎ、それ以後（太平洋戦争期）はむしろ停滞した。さらに詳細に観察すると、事業計画どおり設立後3ヵ年に設備拡張が集中し、日中戦争期では1939年の世界大戦勃発以後にペースダウンが見出される。

これを具体的にみると、満州事変期には

1. 日満電気通信幹線としての日満ケーブルの建設（安東－奉天間の完成）とともに、無線電話によるさしあたりの回線増加
2. ソ連系北満鉄道付属公衆通信設備や在間島省朝鮮総督府所管通信設備、満州弘報協会無線設備などの既存設備の買収・統合
3. 満州事変で直接連絡が途絶した対華北通信の復活や華北傀儡政権の電気通信施設への投資などの「華北工作」への協力
4. 対欧米直接通信協定締結とその拡張
5. 設立当初の電報料金引き上げの失敗

などが目立つ。関東軍の決定案にあるように、①満州内電気通信施設の統合、②対日通信連絡の強化、③対中国通信連絡の拡充などを中心とするものであった。また、日中戦争期には、

1. 日満ケーブルの完成（新京－奉天間の完成により新京と東京が直結された）と幹線の地下ケーブル化
2. 事業拡張五ヵ年計画の立案と東部・北部での通信・放送網の重点的建設
3. ノモンハン事件などでの軍事協力と、華北をはじめとする日本による軍事占領地域との通信連絡体制の整備
4. ドイツ・イタリアなどファシズム枢軸諸国との連絡強化
5. 1939年以降の電話料金制度への度数制採用（値上げ）と電報料金の大幅値上げ

などが主なものであり、施設の統合からソ満国境地帯でのネットワーク拡張への変化が目立つ。太平洋戦争期では、たとえばラジオ受信機販売の減少など資材不足による施設・サービス拡張の停滞と南方占領地との通信連絡とが、主たる特徴であろう。

　施設の拡張は、既存通信施設の統合によっても推進された。その概要を**図表Ⅱ-2-4**に示した。

　設立直後から1940年にかけて継続的に取り組まれたのが、「地方電話」の買収であった。これは県や民間の経営になる電話施設であるが、その多くは加入者数が数十人から数百人の小規模のものであった。奉天省には、「官営」4局、「県営」10局、「民営」15局の電話局があったが、加入者数827人の安東官督商弁電話局

が最大であり、最小のものは民営の復県電話局で加入者は0であった。全満州でも、哈爾浜市伝家甸（加入者数1091人、自動交換設備を持つ）と営口（日中合弁企業、加入者数1647人、監視信号付並列複式交換機を有す）の「民営」電話が大きかった。買収価格の設定は、時価による資産評価を基準としたようであるが、「これ等電話の多くの経営者は、何れもその地における有名人であり、名士である。たとえ、小規模の電話局で、利益はほとんど上がっていなくとも、電話公司の経営者であるということによって、他に沢山の社会的あるいは政治的・経済的信用や勢力を持っていたのである。むしろこの付随的な社会的特権の方が、われわれの目指す電話経営の利益よりも遥かに大きかった」[21] ため、「古い伝統と利害関係を包蔵するこれらの施設買収には非常な困難が伴い、時には会社側折衝員の身体の危険さえ感ぜしめる場合もあった」[22] とされている。

　1935年には北満鉄道買収に伴って、その通信回線の統合が行なわれた。同鉄道は、ロシア帝国が1896年の秘密条約で敷設権を獲得した東清鉄道（チタとウラジオストックを結ぶシベリア鉄道の短絡線の大部分）のうち日露戦争の結果日本に譲渡した（南支線の長春以南）残りの部分（長春＝哈爾浜、満州里＝哈爾浜＝綏芬河）である。ロシア革命後、ソ連がこの利権を継承し、満州事変以後は満州国との合弁としていた。同鉄道は、この長大な営業区間で、鉄道用電信電話施設を利用して公衆通信も取り扱っていた。1935年3月のソ連・満州国間の協定によって、満州国がこれを買収することになり、満州電々は公衆電気通信業務を引き継ぐことになったが、鉄路総局への委託取り扱いとした[23]。これに伴って、ソ連側から鉄道と通信のソ連・満州間連絡が申し入れられたが、数次交渉を行なったものの、37年3月末「蘇側提議ノ如キ鉄道連絡ニ付キテハ軍事的見地即チ満側鉄道ノ「オトポール」ヘノ乗込ミハ有事ノ際蘇側軍隊ノ満領内輸送ヲ利便ナラシムル慮アルニ依リ軍側ニ於テ応諾困難ナル」ため、4月「本件蘇側申入ニ関シテハ満側ニ於テ当分ノ間話合ヲ進メザルコトニ決定」[24] した。

　1936年には間島省における朝鮮総督府通信局所管の通信施設の統合が行われた。1933年3月の協定の付属文書では、この施設を満州電々に対する日本政府出資施設に含めないことを確認していたが、その後数次の折衝の結果、1936年4月初めから満州電々に引き継ぐとともに、原則現状維持を規定した「鮮満通信連

図表II-2-5　満州電信電話株式会社の投資・出資先機関

機関名	設立年	公称資本金	機関の概要
満州ラジオ普及㈱	1935年	1,000,000	ラジオ聴取者の加入・受信機販売・聴取料徴収などのために設立したが1年で解散
満州国通信社	1937年	2,800,000	元㈱満州弘報協会、電々出資の1937年に無線電信施設を電々に譲渡、1942年特殊法人満州国通信社に改組し、出資を継承。
華北電信電話㈱	1938年	100,000,000	華北占領地域の電信電話事業会社、電々は同社創立以前に華北電気通信政策に関与、創立後最大の社外投資先となる
国際電気通信㈱	1938年	85,800,000	国際通信施設を通信省に貸与していた日本無線電信株式会社と国際電話株式会社を統合して設立。日本の国際通信事業を担当するとともに、日本の植民地・占領地における通信事業会社に出資。1940年の増資の際に要請により出資。
満州特殊製紙㈱	1939年	10,000,000	官庁・会社の反古紙の再生会社、事務用紙優先確保のために1942年の増資の際に出資したもの
㈱満州演芸協会	1940年	500,000	芸能活動の統制機関。放送業務の関係で20％出資。
満州電々建物㈱	1941年	2,000,000	主として社員住宅の建設・保守のために設立し、10％出資した。設立後、貸金も年350万円ずつ貸与。
満州無線工業㈱	1942年	2,500,000	満州（新京）に於ける松下をはじめメーカー4社と電々との共同出資によるラジオ受信機製造会社。電々は20％出資。月産500〜1,000台程度で本格的生産に至らず。
ラジオ受信機配給㈱	1942年	1,000,000	日本放送協会を最大株主とする日本国内のラジオ配給会社。
八紘印刷㈱	1943年	2,000,000	事業用紙の印刷のために、満州国通信社・満州映画協会とともに各印刷設備を現物出資して設立。
通信用材㈱	1943年	2,000,000	電柱・腕木などの確保のため設立。満州無線工業と折半出資により、㈱新京製材所を買収した。
新京音楽団	―	―	
東亜通信調査会	―	―	関東軍・満州政府との共同出資の財団法人、無線傍受によるソ連情報収集機関

出所：『電信電話事業史』第6巻、『満州国史　各論編』、満州電信電話株式会社『株主総会報告書』、対満事務局殖産課「満州関係新設会社調（未定稿）」（外交資料 E.1.1.0.7-1）など。
注：満州電信電話株式会社は「電々」と略した。

絡協定」を締結した[25]。その施設は、竜井（電話加入者数31名）、延吉（同498名）、琿春（同237名）、頭道溝（加入者回線35）の満州電々電報電話局となった。

　1937年には、満州弘報協会の無線施設と大規模事業所の電話施設が統合された。

　㈱満州弘報協会は、1935年秋に「満州国通信社等12社を以て組織」する提案があり、関東軍報道班を中心とした検討と折衝を経て、1936年9月28日に創立され1940年12月まで存続した、満州国政府公報の代行も含む満州国の報道統制

機関である。

　短波無線の実用化が進むと、新聞社などは満州においても概ね非合法に各自の無線設備を設けてきた。満州事変が引き起こされると、その報道をめぐって内外の新聞社等の競争が激化し、1931年12月に新聞連合社の岩永専務が関東軍に国策通信社構想を提案、関東軍がそれを推進し、1932年12月に新聞連合社と電報通信社の在満組織を統合して満州国通信社（法人形態未定）が設立された。同社には報道用無線通信設備の設置と運営の独占が認められ、関東軍と満州国政府の取締りによって他の報道機関の無線装置は撤去させられていった。関東軍は、さらに報道機関統制を強化するため、満州弘報協会の設立に動いたものである。前述の満州国通信社はいったんこれに吸収されたが、1937年7月に改めて㈱満州国通信社として分離した。この時に、その資本の半額を満州電々が出資した。さらに、満州国政府国務院弘報処の機構改革とともに㈱満州弘報協会は解消させられ、1941年8月に㈱満州国通信社を特殊会社化することによって、満州国の報道統制機構は完成した。

　他方、満州電々が設立されると、その通信独占権により、満州国通信社およびそれをも継承した満州弘報協会の無線施設も統合の対象となり、1934年4月に慫慂があった。満州国通信社は運用自主権を確保するため種々抵抗したが、満州国政府の圧力の下で1935年秋から施設引渡しの条件交渉に転換し、1936年9月の満州電々側提案の線で妥協するに至り、通信料金の特別割引等の優遇措置と引き換えにして、1937年7月の㈱満州国通信社の再分離＝満州電々の出資会社化と同時に、その通信設備を満州電々に引き渡した。特殊会社化しても満州電々の出資は継承され、満州電々は同社に種々便宜を提供していった[26]。

　鉱工業大規模経営の構外通信設備は、満州電々の特殊電話に転換する形で統合されていった。その最初のケースが、1937年の㈱昭和製鋼所・本渓湖煤鉄公司・東満州人絹巴爾普股份有限公司・日満巴爾普製造股份有限公司・満鉄撫順炭砿の施設であった。満州電々の電話回線に接続する企業内専用電話は同一構内のものに限るが、既設の構外部分を「特殊加入電話」とし、その設備は満州電々の監督の下に加入者側が用意し運営することで料金を半分とした。その後も特殊加入電話扱いが拡大したため、満州電々は1940年11月に「特殊施設加入電話規程」

を制定し、一般化した[27]。

　1938年には、県営警備電話との連絡協定が結ばれた。治安維持のために県営等で警察電話が運営されていたが、近隣住民の通信需要にも提供されていた。満州電々の公衆用回線が普及し切れていないことが、その重要原因であった。そこで、警備専用電話と公衆用電話とを分離していくことを基本方針としつつも、満州電々の公衆回線が普及するまでは警察専用電話の会社回線への接続を認めていった[28]。

　1941年には、新京の中央官衙街の総合交換所を統合した。新京官衙街の建設にあたって、政府機関の電話は政府直営で進むことになったが、拡張により運営が困難になってきたため、満州電々に移管したものである[29]。

　このように満州電々設立に先立って設けられた電気通信設備の統合は、満州電々の通信独占権を実質化しつつ、その既得権との妥協・調整を制度化しながら進められていった。

　以上のような施設・サービスの展開と関連して、社外投資も行なわれた。満州電々が出資した法人を**図表Ⅱ-2-5**にまとめた。

　満州ラジオ普及社は、1934年12月に奉天で設立され、ラジオの製造・販売と聴取料徴収（大連・奉天・新京・哈爾浜）の代行を行なったが、期待通りには聴取者拡大が進まないため、1936年度から「全社員を総動員する聴取者獲得運動、受信機販売運動を断行」[30]する中で解消されていった。満州国通信社については前述の通り。

　華北電信電話会社は1938年7月に北京に設立された。陸軍の華北分離工作により1935年11月に冀東防共自治政府が成立し、同政府は北京・天津地域の電気通信施設を支配下においた。これは主として治安維持用に用いられたが、1936年6月に同政府は満州電々とその整備・拡張改良工事請負契約を締結し、代金は借款に振り返られた。翌1937年4月に工事が完成し、満州電々は運用支援のために顧問や指導員を配置したが、日中戦争により、破壊された施設の復旧と公衆通信維持のため8月3日に天津に京津通信総局を設置するに至った。その後、華北でも特殊会社を設立して電気通信の運営を委ねることとなり、暫定的に1938年1月に組織された華北電政総局が京津通信総局の管理施設を引き継ぎ、ついで

図表II-2-6　満州電信電話株式会社

発行回数	発行額	価格	利率	発行日	据置期間	満期	償還方法
	円	百円に付～円	%	西暦年月日	年間	年間	半年～円以上
1回	8,000,000	100.0	4.5	1934.07.20	2	10	
2回	3,500,000	〃	〃	1935.07.31	〃	〃	
3回	3,500,000	〃	4.3	1935.09.20	〃	〃	
4回	4,000,000	99.5	4.1	1937.06.01	〃	12	
5回	4,000,000	〃	〃	1937.06.10	〃	〃	
6回	4,000,000	100.0	〃	1938.04.20	〃	10	100,000
7回	2,000,000	〃	〃	1938.06.01	〃	〃	50,000
8回	6,000,000	〃	〃	1939.10.25	〃	11	100,000
9回	8,000,000	〃	〃	1940.09.05	〃	〃	125,000
10回	6,000,000	〃	〃	1940.11.20	〃	〃	100,000
11回	10,000,000	〃	〃	1941.06.20	〃	〃	150,000
12回	11,500,000	〃	〃	1941.10.25	〃	〃	175,000
13回	13,500,000	〃	〃	1942.05.01	〃	〃	200,000
14回	8,000,000	〃	〃	1942.10.15	〃	〃	〃
15回	8,000,000	〃	〃	1943.11.15	〃	〃	〃
16回	8,000,000	〃	〃	1944.07.20	〃	〃	〃

出所：日本興業銀行調査部『第50回全国公債社債明細表』。
注：シンジケートAは、興銀・正金・朝鮮・第一・三井・三菱・安田・第百・住友・三和・野村各銀行に三井・三戸両銀行が加わる。Cは、Bに三和信託が加わる。Dは、Cに日本昼夜・十五・昭和各銀行が加わる。Eは、D（る。

華北電信電話株式会社がそれを継承した。同社設立にあたり、満州電々は、北支那開発株式会社・国際電気通信株式会社・日本電信電話工事株式会社とともに株式を引き受けたものである。先の借款は、華北の傀儡政権が引き継いだ。

　1941年以後の社外投資は、満州特殊製紙株式会社や満州無線工業株式会社、ラジオ受信機配給株式会社、八絋印刷株式会社など、不足資材への手当てという性格が色濃くなっている。東亜通信調査会は、ソ連情報の収集機関であり、満州電々が創立時に刻印された軍事的性格の一側面である[31]。

(3) 投資資金の調達

　まず、諸実物投資の価値を総括する通信施設資産額は、満州事変期に2335万円から6000万円へと2.6倍になったが、日中戦争期でも1億3732万円へと2.3倍となり、インフレの進行も反映して実物投資の鈍化に比べて拡大率の低下は少ない。満州事変期の純増額3665万円を事業計画案の1886万円と比べると、期間が1年少なく減価償却が行なわれているにもかかわらず、実に2倍の額となって

の募集社債一覧

発行目的	引受先
事業資金	朝鮮銀行
〃	簡易保険局
〃	朝鮮銀行
〃	簡易保険局
〃	朝鮮銀行（請負募集）
〃	〃（〃）
〃	簡易保険局
事業資金（社債前借返済）	シンジケートA（請負募集）
〃	〃（委託募集）
〃	〃（〃）
〃	シンジケートB（委託募集）
〃	シンジケートC（〃）
〃	〃（〃）
〃	シンジケートD（〃）
〃	シンジケートE（〃）
第1回社債借換	〃（〃）

菱・安田・住友各信託。シンジケートBは、Aに東海・神から三井・第一・第百・日本昼夜が消え、帝国銀行が加わ

いる。起業費は1935年（1013万円）から計上され始めるが、とくに1941年には前年の1809万円から3864万円へと著増した。局舎や補修用品等の貯蔵品も、1935年以降急増している。1936年には満州国通信社を皮切りとする社外投資による有価証券資産が現れ、1937年には冀東電政借款の未償還額（137万円）が貸金に計上されている。こうした通信施設以外の諸資産は、とくに貯蔵品を中心にして日中戦争後も急増し続け、その結果、通信施設資産の総資産に占める割合は、1936年の75.0％を頂点として漸減していく。

　この通信施設と雑施設を中心とする資産膨張は、いかなる資金で賄われたのであろうか。まず、株金払込徴収は、設立にあたって株主を募集する際に公表した事業計画書で予告したにもかかわらず、満州事変期ではわずかに1936年の1回（687万円）だけである。これに対して諸積立金と次期繰越は、年々のフローで10倍にも増大し、諸積立金ストックは1937年に1168万円にも達している。しかしこれでは通信施設の純増額にも足りない。そこで社債・借入金が1934年から計上され、1937年には2300万円もの残高となる。すなわち、設備投資資金の調達は、基本的には社債・借入金に依存し、諸積立金と株金徴収がこれを補ったといえる。発行社債の一覧を図表Ⅱ-2-6に掲げる。第3回社債までは、利率こそやや高いが、割引なし・随時償還という好条件で朝鮮銀行と簡易保険局に引き受けられており、第4・5回は期限や延び利率は下がったが若干の割引が行われた。設備投資の急増による株金払込徴収や社債の激増に対し、ようやく1939年から社債引受シンジケートが組織されたのである。

さて、諸積立金の急増を可能にしたのは、いうまでもなく高い収益率である。前述のように、満州電々は、過疎地も含む広大な地域での経営と軍事的通信網建設負担のため収益性が低いものと予想されていた。このため、創立直後に電報料金の統一化に隠れて値上げを試み、料金制度変更への反発も加わって日本人居留民の猛烈な反対運動に遭い、値下げを余儀なくされている。しかし実際には、「経済開発」にともなう通信需要の急増によって、創立直後から相当高い利益をあげた。電信事業と放送事業の収益性は芳しくなかったが、電話収支の大幅な黒字でこれをカバーしたのである[32]。営業収支は、1933年度の109万円から、1937年度には654万円、1940年度には1130万円、1944年度でも1569万円の黒字を上げている。当期利益金も、それぞれ193万円、378万円、646万円、903万円と増大した。したがって配当率の引き上げも可能であったが、監督官庁の指導で6％に据え置かれ、内部留保を厚くすることになった。電話については、「電話制度のがんというべき架設費の全部または一部を加入者に負担させる制度を廃止すべきであり、また漸次それを実現すべく声明していたのであるが、会社財務の関係上、その存立の秋期に至るまで開通料金徴収の全廃には至らなかった[33]」とされ、過重な「受益者負担」制度が維持され、高収益をあげて放送を含めて軍事的事業への支出を保証していったといえよう。

第2節　電　力

1　電力事業の発展過程

1898年に露清遼東半島租借条約により関東州を租借したロシアは大連港の建設を開始する。その一環として1902年に東清鉄道により大連港船渠工場隣接地に大連浜町発電所が建設され、船渠工場の使用余剰電力が一般市街に配電された。これが満州における電力事業の始まりであった。その後、日露戦争が終結した後の1906年11月15日に公称資本金200万円（払込50万円）で営口に満州最初の日中合弁企業として営口水道電気株式会社が設立され[34]、翌1907年12月には安東電気株式会社が設立される[35]。これら電力企業の創設により満州における日本

の電力事業が開始される。

　1906年11月26日に満鉄が開業し、大連の電力施設を継承して電力事業に着手する。これ以降、満州の電力事業は満鉄を中心に展開される。満鉄は大連における発電施設の拡充と併行して満鉄沿線都市の電化を目的とした電力事業の拡大を進める。1908年に奉天発電所および撫順発電所が新設され、1909年9月には大連電気鉄道を直轄事業として開始する[36]。さらに1911年1月に安東電気を買収し、直営事業として電力供給事業を行なった[37]。満鉄以外では、関東都督府が官営事業として旅順および金州に電力事業を開始するとともに1927年には貔子窩電灯株式会社、翌28年には普蘭店電灯株式会社からそれぞれ電力事業を譲渡され、当該地の民政署がその経営に当たった。また満鉄沿線から外れる哈爾浜では、1918年4月10日にロシア系の電力事業を買収する形で東拓により北満電気株式会社が公称資本金120万円（払込90万円）で設立されている[38]。北満電気は日本の行政権が及ばない満鉄付属地外に設立されたため、中国東北政権の哈爾浜電業局と激しい競争関係に置かれ、その結果として1920年代に急激に経営を悪化させることとなる。また、中国系電力企業としては1907年に宝華電灯公司が吉林に設立され、1909年には奉天電灯廠、1911年には長春電灯廠などが次々と設立される[39]。このように、この時期には満州各地に日本、中国、ロシア系の小規模な電力・電灯企業が多数設立されている。しかし、満州の電力事業を見るうえで一つの画期となるのは、1926年の南満州電気の設立であった。

　それまで電力事業を直営事業として展開してきた満鉄は、拡大した電力事業の分離、独立方針を決定し、満鉄傘下の電力事業のすべてを継承させる形で1926年5月21日に公称資本金2500万円（払込2200万円）で大連に南満州電気株式会社を設立した。満鉄の全額出資であった[40]。満鉄が電力事業部門を分離独立し南満州電気を設立した背景には、第1次大戦期の満州における日系企業数の急拡大とそれによる満州各地における電力需要の急増があった。撫順炭砿や鞍山製鉄所の自家発電設備を除くと、南満州電気は満州最大規模となる5万KWの発電設備を有する電力企業であった。同社は、会社設立後に銀価の暴落や利権回収運動などに直面し一時的に経営状態を悪化させるが、その後満鉄付属地を中心に電力供給事業を拡張し、同時に満州各地に散在する電力事業を吸収・統合すること

で満州における電力事業の中軸として資本的・技術的支配を拡大した[41]。関東庁による官営事業や満鉄系企業による自家発電所など、部分的には南満州電気の関与しない電力事業も存在したが、それでも満州全域にわたって広範に南満州電気による発電・配電体制が構築される。さらに同社は電力事業以外に交通関係業務を併営し、大連市街電気鉄道、旅順大連間電気鉄道、旅順市街電気鉄道、大連市内乗合自動車事業などの事業も兼営した。こうした交通関係事業はその後に南満州電気が解散し、満州電業株式会社が設立された際に、大連都市交通株式会社として独立することとなる。南満州電気は自社による満州全域の電力事業の統合を目指し、満州事変が勃発すると関東軍の委託に基づき中国官営の奉天、長春、安東、斉斉哈爾などの電灯企業を次々と接収、管理下に置いた。また、満鉄付属地周辺の中国系電力企業を合弁化して付属地から電力を供給するとともに、付属地の遠隔地域では現地電力企業の委託経営や合弁化を通じて南満州電気による電力供給事業の一元的統括を進めた。他方、錦州および綏中方面へはやはり満鉄系企業であった営口水道電気が進出を開始する[42]。

　しかし、こうした満州における電力事業のあり方は満州国の設立と経済統制の進展の中で根本的な軌道修正が図られることとなった。1932年3月に満州全域の一元的電気事業統制を目的として満州国実業部に電業監理局が設置される。この時期は関東軍特務部および満鉄経済調査会第二部工業班により満州電力事業統制に関する各種調査、立案が多数行なわれた時期であった[43]。こうした調査活動や各種の再編案の調整が進められた結果、1933年6月に関東軍司令部により「満州ニ於ケル電気事業ヲ合同シ以テ日満両事業者対立ニヨル二重投資ヲ防ギ低廉豊富ナル電力供給ヲ策スルガ為ニ日満合弁ノ満州電業株式会社（仮称）ヲ設立ス」とした「満州電業株式会社設立要綱」が決定され、最終的な構想が確定される[44]。この「要綱」決定と同時に設立準備委員会が設置され、関東軍特務部の軍人および嘱託が10名、電力事業関係者から9名の準備委員が任命される。この設立準備委員長には満州電業の初代社長となる関東軍顧問で陸軍大将の吉田豊彦が就任する。また、電力事業関係の設立準備委員から南満州電気専務取締役の入江正太郎と満州国実業部商工司長の孫激が満州電業副社長に、南満州電気常務取締役の高橋仁一が満州電業常務取締役に、関東庁通信局電気課長の中村富士太郎

が奉天電業局次長にそれぞれ就任する。1934年5月の「満州ニ於ケル電気合同ニ関スル株式会社設立要綱」により合同対象とされた企業は、日系では南満州電気、営口水道電気、北満電気の3社、満州国系では奉天電灯廠、新京電灯廠、吉林電灯廠、哈爾浜電業局、斉斉哈爾電灯廠の各電灯廠および安東電業股份有限公司であった。これら以外の各地に散在する地方の小規模電力事業に関しては、当面は新会社による資本参加を進め、これにより統制を行なう方針が決定された。同年9月の「発起人間協定書事項」によれば、「満州国政府（奉天電灯廠、哈爾浜電業局）、南満州電気株式会社、営口水道電気株式会社、満州中央銀行（吉林電灯廠、斉斉哈爾電灯廠）、新京特別市並安東電業股份有限公司ハ其ノ経営スル電気供給事業所属財産並其ノ付属財産ヲ満州電業ニ現物出資スルモノ」とされた。電力事業の統合で困難な点は標準周波数の統一であったが、1934年に電気事業法が公布され、1935年2月に標準周波数は50サイクルに統一された[45]。新会社は電気事業法および事業特許の付款命令による準特殊会社として公称資本金9000万円（全額払込）で設立される。新会社に対する出資は大半が現物出資で、出資内訳は南満州電気（5781万4000円）、営口水道電気（415万8400円）、北満電気（206万7900円）、奉天電灯廠、哈爾浜電業局、吉林電灯廠、斉斉哈爾電灯廠、新京電灯廠、安東電業が合計で2595万9700円となっていた。満州国実業部は1934年10月に公司設立を認可し、さらに翌11月に満州国実業部および関東庁から電気事業経営および供給規程が認可され、同月1日に日満合弁の満州国法人として満州電業株式会社が新京に設立され、翌12月より営業を開始する[46]。その後、満州電業は1937年に資本金7000万円を増資し、1941年にはさらに倍額増資を行って、公称資本金3億2000万円（払込1億9200万円）の満州における日系企業を代表する巨大企業となった[47]。1940年11月には満州電業による水力発電事業の将来的な一元管理を内容とする「満州電気事業要綱」が策定され、これに対応する形で同年12月に「満州電業株式会社法」（勅令第327号）が公布される。この特殊会社法の公布により満州電業は特殊会社へと改組された[48]。

　1937年に満州産業開発5ヵ年計画が発動されると、この過程で火力・水力併用の発送電5ヵ年計画が策定される。第1次5ヵ年計画に引き続き1941年には第2次産業開発5ヵ年計画が発動し、電力事業の一元的経営と水力主体の電源開

発方針を内容とする第2次電力開発計画が実行に着手される。それまでの満州の発電事業はその豊富な石炭資源を利用した火力発電が主体であった。しかし、満州産業開発にともなう重化学工業化の進展に不可欠な基幹エネルギーとして電力需要が急増することを想定し、満州国政府は水力発電のための巨大プロジェクトに着手する[49]。この満州国政府により着手された水力発電事業とこれまでの満州電業による火力発電事業が1944年4月1日付けをもって統合される。満州国政府による出資額は3億2000万円となり、それまでの満州電業の資本金額が3億2000万円であったため、統合後の満州電業の資本金総額は倍額増資の6億4000万円となった。満州国出資の内容は、満州国水力電気建設事業特別会計から約1億9900万円相当となる松花江、鏡泊湖、渾江の各水力発電設備の現物出資、満州国政府が所有する満州鴨緑江水力発電株式会社および朝鮮鴨緑江水力発電株式会社の株式が7500万円、さらに現金出資として4600万円の拠出であった[50]。

2 電力事業の企業構造

次に電力事業を産業構造全体に位置づけてその特徴を確認しておきたい[51]。

図表Ⅱ-2-7は1921年現在で確認できる電力企業を示している。企業数は9社が確認できる。これらのうち最大の企業は東拓系の北満電気であり、その払込資本金は90万円であった。北満電気を含めこれらはすべて地域的な電力供給企業であった。この時点では南満州電気は満鉄の直轄電力事業部門であり分離独立した法人企業となっていない。ただし、この表では電力専業の法人企業のみを業態として把握しているため、実際には満州において最大の電力事業部門を有していた満鉄や大規模な自家発電設備を有する撫順炭砿、鞍山製鉄所等が捕捉されないという限界が存在する。

図表Ⅱ-2-8は1936年現在における同様の電力企業データである。企業数は21社に増加している。この段階では南満州電気、北満電気などを統合した満州電業がすでに設立されており、その払込資本金は9000万円と他の電力企業を圧倒する存在であったことが分かる。この点で満州電業が満州における電力事業の中軸であったことが企業構造からも確認できよう。実際に、これ以降、満州電業は満州各地の零細な電力・電灯企業を吸収し、満州電力事業の統合と一元的発

電・配電システムの構築を進展させる。

図表Ⅱ-2-9は、それから6年後の1942年における満州の電力企業を示した表である。企業数は21社から4社に激減している。満州

図表Ⅱ-2-7　満州における電力会社（1921年6月）

（単位：千円）

会社名	所在地	設立年月	公称資本金	払込資本金
満州電気㈱	開原	1914.3	150	150
瓦房店電灯㈱	瓦房店	1914.10	50	25
大石橋電灯㈱	大石橋	1916.7	50	25
公主嶺電灯㈱	公主嶺	1916.8	50	25
四平街電灯㈱	四平街	1917.4	50	25
北満電気㈱	哈爾浜	1918.4	1,200	900
貔子窩電灯㈱	貔子窩	1919.9	55	55
范家屯電気㈱	范家屯	1920.12	200	50
普蘭店電灯㈱	普蘭店	1921.1	300	75

出所：日清興信所編『満州会社興信録』大正11年版、1922年。

における産業統制の進展とともに電力事業においても一元的な電力事業統制が実現したことがここから確認できる。払込資本金額が10万円に満たない合名会社形態の東耀電灯公司および横道河子福盛電灯公司の2社は零細な地方的電灯会社である。図表Ⅱ-2-8に示された地域的な電力・電灯会社が1930年代後半から40年代初頭にかけて満州電業に吸収・統合され、1940年代には満州における電力事業は満州電業と満州鴨緑江水力発電による2社体制が確立されていた。満州鴨緑江水力発電は満州・朝鮮国境の鴨緑江の水力を利用した大規模水力電源開発を目的に設立された企業であった。後述するが同社は配電事業部門を有さず、電力供給は満州電業により行なわれていた。その意味から言えば、1940年代の満州の電力事業では満州電業による満州全域の一元的電力管理体制が確立していたと評価することができる。

　1920年代から1940年代の満州における電力企業について確認してきた。ただし、この定点データは、1926年6月に設立され1934年11月に満州電業に統合される南満州電気がデータとして埋没するという大きな欠陥を有している。こうしたデータの限界性を認識した上で、次に満州法人企業構成における電力企業の比重について見てみよう。『1942銀行会社年鑑』に収録された、1942年9月末現在の関東州内に本社を有する日本法人企業および満州国に設立登記された満州国法人企業の総数6496社を、産業別、払込資本金額別に整理してみる。払込資本金ベースで見ると、満州における法人企業全体の企業規模別構成比は、1000万円以上が81社（1.3％）、500万円以上1000万円未満が76社（1.2％）、100万円

図表Ⅱ-2-8 満州における電力会社（1936年5月）

（単位：千円）

会社名	所在地	設立年月日	公称資本金	払込資本金
遼陽電灯公司	遼陽	1911.10.14	300	250
開原電気㈱	開原	1914.03.03	500	238
瓦房店電灯㈱	瓦房店	1914.10.02	50	50
大石橋電灯㈱	大石橋	1916.07.25	300	113
安達電灯股份有限公司	安達站	1925.08.27	50	50
一面坡昌隆電灯股份有限公司	東省特別区	1927.11.17	60	30
敦化電業股份有限公司	吉林	1933.03.18	400	250
大同電気㈱	四平街	1933.04.01	850	763
延吉電業股份有限公司	間島	1933.04.08	200	200
西豊電業股份有限公司	奉天省	1933.09.23	50	35
蓋平電業股份有限公司	奉天省	1934.01.30	70	70
昌図電業股份有限公司	奉天省	1934.02.27	60	60
克山電気股份有限公司	竜江省	1934.07.03	50	25
東方電業股份有限公司	奉天	1934.10.25	1,000	500
満州電業股份有限公司	新京	1934.11.01	90,000	90,000
鳳城電業股份有限公司	鳳城県	1934.11.29	50	50
農安電業股份有限公司	吉林	1935.08.13	100	100
綏中電灯股份有限公司	錦州省	1935.09.14	60	60
磐石電業股份有限公司	吉林省	1935.09.28	100	50
満州里電業股份有限公司	満州里	1935.10.01	140	140
依蘭電業股份有限公司	三江省	1935.11.12	90	90

出所：大連商工会議所『満州銀行会社年鑑』昭和11年版、1936年。

以上500万円未満が316社（4.8％）、50万円以上100万円未満が234社（3.6％）、10万円以上50万円未満が2060社（31.7％）、10万円未満が3729社（57.4％）であった。産業部門により多少の差異はあるが、法人企業構造としてその顕著な零細性を指摘できる。こうした特徴はこれまで指摘されてきた満州企業構造の階層性と下層を構成する中小零細企業の分厚い存在を再確認させる。しかし、こうした全体的な特徴に対し際立った対照性を示すのが電力事業であった。電力事業は他の産業部門に比べて企業集中度が著しく高い。満州の法人企業総数のうち電気事業法人は4社に過ぎず、そのうちの2社が**図表Ⅱ-2-9**に示された満州電業および満州鴨緑江水力発電という巨大企業であった。満州重化学工業化の基幹となるエネルギー供給インフラであった電力事業では、その安定供給と規模の経済性の観点から広

図表II-2-9　満州における電力会社（1942年9月）

(単位：千円)

会社名	所在地	設立年月日	公称資本金	払込資本金
満州電業㈱	新京	1934.11.01	320,000	192,000
満州鴨緑江水力発電㈱	新京	1937.09.07	100,000	62,500
合名会社横道河子福盛電燈公司	牡丹江	1936.01.01	―	50
合名会社東耀電燈公司	浜江省	1937.06.30	―	88

出所：大連商工会議所『満州銀行会社年鑑』昭和17年版、1943年。

域を一元的に管理し、なおかつ国家的統制がより直接的に機能しうる企業体制が選択されていたと指摘することができる。

図表II-2-10　満州企業構造における電力会社の比重

年月	会社数	構成比(%)	払込資本金総額(千円)	構成比(%)
1921年6月	9	1.3	1,330	0.2
1936年5月	21	0.9	93,123	6.9
1942年9月	4	0.0	254,638	3.9

出所：前掲『満州会社興信録』、前掲『満州銀行会社年鑑』昭和11年版、前掲『満州銀行会社年鑑』昭和17年版。

次に、図表Ⅱ-2-10により満州法人企業の全体構造における電力企業の構成比が時期的にどのように変化したかを見ておこう。それぞれの検討時点における満州法人企業の総数および払込資本金総額を示すと、1921年6月現在で企業数は713社、払込資本金総額は5億6120万円、1936年5月現在ではそれぞれ2442社、13億4930万円、1942年9月現在では6522社、64億7198万円となる。企業数で見ると、1921年から36年で3.4倍、42年では9.2倍に増大している。また、払込資本金総額で見ると、それぞれ2.4倍、11.5倍となる。利用資料の特性に規定されたデータの捕捉状況とその偏差は避けがたいが、1920年代から1940年代にかけて満州の法人企業数が急激に増大したことは確認できる。電力企業について見ると、1921年では会社構成比は1.3％、払込資本金総額構成比は0.2％であった。この時期には大規模電力事業が満鉄の内部直轄事業部門であったため、この構成比に反映されていない。この時期の電力企業は満州法人企業の当時の標準的な規模に比較しても小規模企業であったことが分かる。これが1936年になると企業数は21社へと増加するが、その構成比は0.9％とむしろ低下した。この時期に電力企業の設立ペースを超えるテンポで満州の法人企業数が増加した結果である。他方、払込資本金総額の構成比で見ると、反対に電力会社は6.9％と構成比を飛躍的に上昇させている。これは払込資本金9000万円の巨大企業であった満州電業が新設

された結果であった。この時期、満州電業は払込資本金で見ると満鉄、昭和製鋼所に次いで満州法人企業の中で第3位の資本金規模にあった。1942年では、企業数は4社へと激減しその構成比も0.06％に過ぎない。しかし、払込資本金総額の構成比は1936年からは低下するものの3.9％を占める。満州においては1930年代後半に法人企業の新設が急増するが、こうした法人企業全体の趨勢とは対照的に電力部門では急速な資本の集中と寡占化が進行していた。さらに企業規模に関しても、満州国成立後、重要産業に特殊会社、準特殊会社を中心として次々と巨大企業が新設された影響から、その構成比は1936年に比較すると相対的に低下する。しかし、すでに述べたようにこの構成比は満州電業および満州鴨緑江水力発電という巨大企業2社で占める構成比である。1942年9月現在で、満州電業は、満鉄、満業、満州炭砿、昭和製鋼所に次ぎ満州法人企業のなかで第5位の資本金規模にあり、満州鴨緑江水力発電は第16位の規模であった。エネルギー供給部門として、満州産業開発の進展で急激にその重要度を高めた電力事業部門は、他の産業部門とは異なる企業構造を形成していたと言うことができよう。

3　満州国設立以前の企業活動

満州国設立以前の主要な電力企業は、営口水道電気、北満電気、南満州電気の3社と言ってよい。満州における電力事業は満鉄の直轄事業として開始され、1908年12月に電気作業所が設置される[52]。他方、満州最初の法人企業は1906年11月15日に公称資本金200万円（払込50万円）で設立された営口水道電気株式会社であった。営口水道電気は、日露戦後の軍政期に軍政署が経営した水道、電話、電灯事業を民間移管することを目的に、林昌雄、岩下清周らの発起に渋沢栄一、中野武営、馬越恭平など日本の有力企業家が賛同する形で設立構想が進められた。同社の目的は、営口の水道事業、電気鉄道事業、運輸事業および営口と鞍山地域の電力事業とされ、会社設立を行なうために営口に派遣された天春又三郎が総経理に就任する[53]。設立後の1908年から5年契約で同社は大阪の才賀電機商会に事業経営を委託するが、事業は不振で経営は低迷した[54]。このため1911年に才賀電機商会との契約を破棄し、同社は満鉄に対し出資と支援を求め

る。満鉄は発行済み株式4万株の約57％に当る2万2954株を引き受け、同社を実質的な子会社とした。そして満鉄は役員派遣をはじめとして営口水道電気の経営再建に着手し、付属地電力事業の総合的運営を進める[55]。この結果、同社の営業状況は徐々に好転し、8％から10％の株式配当を行ない得るようになった。すでに述べたように営口水道電気の電力事業は満州における電力事業の大合同であった満州電業の設立により同社に統合される[56]。

　また、1918年4月10日に公称資本金120万円（払込90万円）で哈爾浜に設立されるのが北満電気株式会社であった。同社については、先行研究として黒瀬郁二が東拓研究の中で論及している[57]。これが北満電気について検討を加えた初めての成果である。同社は哈爾浜のロシア系発電所を買収して設立された日露合弁企業であった。法人形態としては日露合弁企業であったが、資本金120万円のうち約90％を日本人が所有し、株主総数121名中ロシア人株主は6名を数えるに過ぎなかった。この点で同社は実質的な日系企業であった。資本金の25％は東拓による出資であり、東拓理事の高瀬梅吉が同社社長を兼務した。高瀬の社長退任後は吉植庄三東拓哈爾浜支店長が会長に就任する[58]。その意味で北満電気は東拓の実質子会社であった。本店は哈爾浜市に置かれ、事業内容は発電と哈爾浜市内への電灯電力の供給であった。当初、哈爾浜の電灯電力供給を独占することで同社の経営状況は順調に推移した。しかし、北満電気は日本の統治権が及ばない満鉄付属地外で事業を展開したため、東北政権の圧迫を受け1920年代半ば以降にその経営状況を急速に悪化させる。その直接的な原因は吉林省政府出資による哈爾浜電業公司という競合企業の出現にあった。両社の激しい競争は外交問題にもなるが、北満電気は吉林省政府および哈爾浜市の公認の下に事業拡張を図る哈爾浜電業に圧迫され、両社の採算性を度外視した価格競争により北満電気の経営状況は急激に悪化した[59]。北満電気の収支構造は1920年代後半から1930年代初頭では、競合関係に入る以前に比較し50％から70％程度の減収を示す[60]。こうして北満電気は、1934年の満州電業設立に際して同社に現物出資される形で事業譲渡され会社清算される[61]。

　また、満鉄の直轄事業であった電力事業が分離独立され、設立されるのが南満州電気株式会社であった。同社は1926年5月21日に公称資本金2500万円（払

図表Ⅱ-2-11　南満州電気株式会社の電力生産

年	千KWH	指数	事業主体
1907	925	100	満鉄
1908	1,796	194	満鉄
1909	3,310	358	満鉄
1910	6,020	651	満鉄
1911	7,452	806	満鉄
1912	7,649	827	満鉄
1913	8,235	891	満鉄
1914	8,772	948	満鉄
1915	9,468	1024	満鉄
1916	10,876	1176	満鉄
1917	13,759	1488	満鉄
1918	15,953	1725	満鉄
1919	18,301	1979	満鉄
1920	17,823	1927	満鉄
1921	21,035	2274	満鉄
1922	24,811	2682	満鉄
1923	31,120	3364	満鉄
1924	33,041	3572	満鉄
1925	40,644	4394	満鉄
1926	47,346	5119	南満州電気
1927	55,041	5950	南満州電気
1928	63,318	6841	南満州電気

出所：南満州電気株式会社『南満州電気株式会社二十年沿革史』(1930年) 56-57頁。

込2200万円)で大連に設立される[62]。南満州電気も1934年11月に満州電業が新設されることにより同社に統合される。そのために本節で企業データの確認時点である1921年と1936年の間に南満州電気の活動期間は埋没し、その結果として図表Ⅱ-2-7および図表Ⅱ-2-8には同社は反映されていない。満鉄は直轄事業として多様な事業分野を手掛け、それらの事業化の目処が立った段階で企業設立を行なうことで、多様な関係会社を包摂するコンツェルンを形成するが、南満州電気もこうした満鉄の行動パターンから生み出された企業の一つであった。また、資本金は全額が満鉄の出資であった[63]。役員としては、満鉄電気作業所長であった横田多喜助が経営トップの専務取締役に就任する。本社は大連で電力供給事業および電気運輸事業を併営していた。設立当初の支店は奉天、長春、安東に置かれたが、これらは満鉄電気作業所の電灯営業所を転用したものであった。また、会社設立直後の1926年9月には営口水道電気より鞍山における電力事業を買収し鞍山支店を設置する。営業地域は大連、奉天、長春、安東、連山関、鞍山、海城などの諸都市であり、満鉄沿線の各市内に電力の供給を行っていた[64]。図表Ⅱ-2-11は、同社の事業基盤として継承された満鉄電気作業所時代からの電力生産の推移である。大連で電力事業に着手した当初に92万5000KWHであった発電量は開業10年でほぼ10倍増し、それ以降も急速に拡大していることが確認できる。南満州電気が設立された時期には、年間発電量が4700万KWHを超え、開業当初の50倍以上に増大している。こうした電力生産の拡大基調は満州における電力事業の高収益性を示すものでもあった。図表Ⅱ-2-12は同じ時期の営業収支状況を示したものである。南満州電気は、開業当初から収益を上げ、営業収支は全体として順調であったことが分

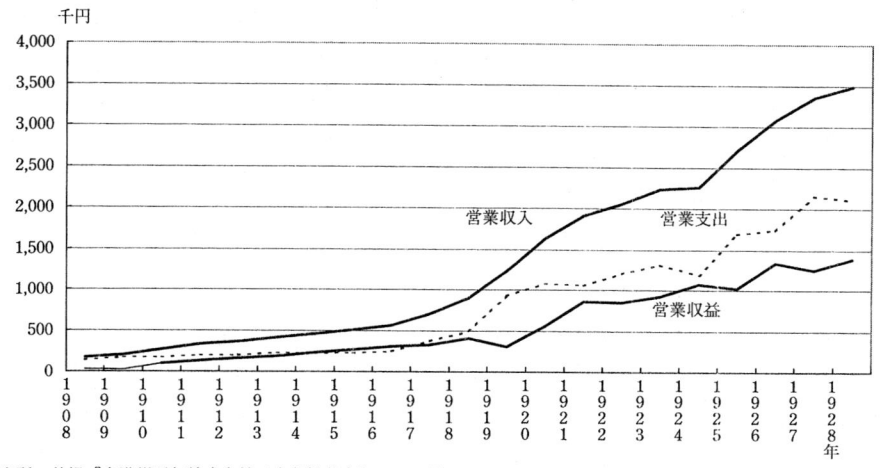

図表Ⅱ-2-12　南満州電気株式会社の営業収支

(千円、1908年～1928年の営業収入・営業支出・営業収益の推移を示す折れ線グラフ)

出所：前掲『南満州電気株式会社二十年沿革史』73-74頁。

かる。営業収入は1910年代後半から上昇テンポを速めている。第1次大戦ブームによる日系企業の拡充の結果と思われるが、満州経済がその反動から景気低迷する1920年代に入っても営業収入は拡大基調を維持し、ほとんど影響を受けていない。1920年で見ると営業収入の75％が電灯料収入であり、電力料は15％、その他10％であった。この時期の電力は電灯需要が中心であり、工場電化による動力消費は比較的小さかった。こうした需要構造に規定されて営業収入が景気後退に対し非弾力的であったと考えることができる。また、1920年代以降の推移を見ると営業収入の上昇テンポに対し営業支出の上昇テンポが緩慢であったことが分かる。この結果として営業収益が拡大している。営業支出の勘定科目を見ると発電コストの比率が相対的に低下している。この時期は火力発電であったため、水力発電において生じる急激なコスト低減は実現しないが、原料炭の購買や運搬コストの低下がその要因であった。

次に南満州電気の関係会社について見ておこう。同社は満鉄沿線諸都市の中小電力企業に対し積極的な投資を行ない、それら小規模な地域的電灯企業をその傘下に置いた。**図表Ⅱ-2-13**は同社の関係会社を示したものである。

瓦房店電灯株式会社は1914年10月2日に公称資本金5万円（払込2万5000

図表II-2-13　南満州電気株式会社の関係会社

会社名	設立時資本金額	所在地	南満州電気持株比率
瓦房店電灯㈱	50,000 円	瓦房店・熊岳城	55 %
大石橋電灯㈱	50,000 円	大石橋	50 %
遼陽電灯公司	120,000 円	遼陽	83 %
鉄嶺電灯局	110,000 円	鉄嶺	77 %
遼源華興電気公司	120,000 元	鄭家屯	…
開原満州電気㈱	150,000 円	開原	…
四平街電灯㈱	50,000 円	四平街	50 %
公主嶺電灯㈱	50,000 円	公主嶺・郭家店	50 %
范家屯電気㈱	50,000 円	范家屯	3 %

出所：前掲『南満州電気株式会社二十年沿革史』。
注：遼源華興電気公司の資本金は小洋建て。

円）で設立された。南満州電気の設立後に専務取締役に就任する横田多喜助が、満鉄瓦房店支店経理係主任であった際に日本人企業家10名、中国人企業家3名とともに設立発起し、社長には満鉄在籍のまま横田が就任する。資本金はその55％を満鉄が引き受け、残りの45％が公募された。この満鉄所有株式は南満州電気の設立により同社へ譲渡される。さらに1924年に熊岳城支店を開設し営業を開始した。その後の1928年4月に瓦房店発電所を閉鎖し南満州電気からの受電・配電に切り替わる。営業収益は堅調で、開業当初の配当率6％が1919年には10％に上昇し、これ以降も1割配当を維持した[65]。同社は満州電業の設立後にその関係会社となっている。

　大石橋電灯株式会社は満鉄地方事務所長の入江正太郎を中心に電気事業経営を目的に1916年7月25日に公称資本金5万円（払込2万5000円）で設立された。その50％を満鉄が引き受け、29％が発起人の引き受け、残り21％が公募で調達された。社長には入江が就任し、同年10月に発電所を開設し営業を開始する[66]。第1次大戦期の物価高騰と満鉄の炭価引上げによるコスト上昇で一時的に同社は経営悪化に陥るが、満鉄からの資金貸付と電力料金の引上げで経営を回復し、これ以降の経営は安定していた。配当率で見ると1918年に1割配当を実現し、これ以降は10～12％の配当水準を維持している。同社も1926年に発電所を閉鎖し、営口水道電気からの受電・配電に切り替わる[67]。翌27年3月に満鉄所有株式が南満州電気に譲渡されている。1934年には中国系の電力企業であった蓋平明興電気公司と提携し、日満合弁事業とし営業認可を受けた。同社も満州電業設立後はその関係会社となる。

　遼陽電灯公司も満鉄遼陽支店経理係主任の神谷義隆、厳崎弥五郎、電気作業所

技師の糟谷陽二らが中心となり設立が進められた。同社の特徴はこの設立過程で清国警務局長王永江ら清国政府関係者や遼陽商務総会など現地の中国人企業家と共同して進められた点にあった。1911年に関東都督府の認可を受け資本金12万円の日中合弁企業として10月14日に設立される。10万円が満鉄の出資で、残余の2万円は遼陽自治会や商務総会など中国人企業家による出資であった。日中合弁形態は役員構成にも反映し、厳崎弥五郎（支配人）や糟谷陽二（監事）ら満鉄社員も役員に就任するが、同公司総弁には清国の有力政治家であった于冲漢が就いている。同公司は1912年3月から営業を開始するが「満州企業界に於ける最難関たる日支合弁事業成立したるは成功にして後年営業成績の驚異的好記録を示すに至りたる」として業績は好調であった[68]。この要因は同社に地場の有力中国人企業家が関係していたため、その他の多くの地方電力企業が地域では相対的に少数の日系企業、日本人社会を営業基盤にせざるを得なかったのに対し、遼陽電灯の顧客基盤がむしろ遼陽城内の中国人であったことにある。地場の中国経済や社会という広範で安定的な顧客の獲得が同社の経営基盤となっていた。同公司は1925年に資本金を20万円に増資する。また、1926年9月には南満州電気と電気需給契約を締結し、さらに翌27年5月に満鉄所有株式がすべて南満州電気に譲渡され、その関係会社となる[69]。その後の1933年には昭和製鋼所弓張嶺採鉱所が開業すると総工費12万2000円をかけ送電線敷設を行ない電力供給を開始する[70]。遼陽電灯も満州電業設立後はその関係会社となった。

　日露戦後に軍政下にあった鉄嶺は、1906年9月の日清協約により通商市場として開放され満鉄付属地が設置される。これにより日本人居留民が増大するとともに、満州製粉、南満製糖、満州織布など有力日系企業が次々と設立された。鉄嶺における電力事業は、奉天の清和公司董事の原田聞一、満鉄奉天公所長佐藤安之助、奉天交渉局長陶大均などにより企画され、1910年11月に鉄嶺城内および満鉄付属地に電灯、電力を供給することを目的に鉄嶺電灯局として設立される。資本金は11万円で清和公司が8万5000円を出資し、残りの2万5000円は鉄嶺在住の中国人による出資であった。ただし、この清和公司の出資金は全額が満鉄からの借入金であった。このため、1912年に清和公司が解散すると、同年4月に清和公司保有株式のすべてが満鉄名義に書き換えられる。この点から見ると鉄

嶺電灯局は清和公司という出資名義人を立ててはいたが、実質的には満鉄の経営権が機能していた企業と見ることができる。総弁には裵慶元が就任する。1911年9月から営業を開始し、1912年こそ5.4％の配当を行なうが、1913年から1918年までは3％という低配当のまま推移し、1919年以降は無配に転落する。このように同電灯局の経営は低迷し、さらに発電量の低下や営業欠損のため、累積債務の整理に追い込まれる。すなわち1920年に満鉄の鉄嶺電灯局向け債権と相殺の形で資本金をいったん15万円増資して26万円とした上で、資本金11万円の減資が行なわれた。そして、同電灯局はこの減資資本および積立金の取り崩し分18万円で既存債務を償却する。鉄嶺電灯局は1927年に満州電業から債務減免などの援助を受けたが、最終的には同社に統合されることとなった[71]。

遼源華興電気公司は鄭家屯で張忠義により開業された天合義鉄工所の工場余剰電力を電灯配電する目的で1918年1月に設立された。設立期の資本金は鄭家屯で公募された小洋12万元であり、1921年に優先株8万元を公募増資し、20万元となった。総理には張忠義が就任している。営業状況は奉天票の暴落などの影響を受け低迷し、1920年代にはたびたび欠損を計上した[72]。

開原満州電気株式会社は、開原の満鉄付属地に設立された発電・配電企業であった。1912年7月に才賀電機商会を中心に大連、営口、開原などの企業家を中心に電力事業が企画され、相生由太郎、石本鑽太郎ら大連の有力企業家が創立委員となった。しかし、発起人の中心であった才賀電機商会が破綻したため、同商会の権利を日本興業株式会社が継承して1914年3月30日に公称資本金15万円（全額払込）で大連に設立される。同年9月に開原に営業所を設立すると同時に本社を大連から開原に移転し、10月から営業を開始する。1922年7月に35万円の増資を行ない公称資本金50万円となっている。社長には権太親吉、常務に関甲子郎、取締役に菊地吉蔵、岡部次郎など満州の有力地場企業家が就任している。南満州電気は1927年12月に大阪の野村合名会社が保有する開原満州電気株式を全て買収し、同社を関係会社とした。営業状態はきわめて良好で、毎期12％から15％の高配当率を同社は維持していた[73]。

四平街電灯株式会社は、満鉄の公主嶺地方事務所長の服部誠蔵、四平街出張所主任の田中拳二らが中心となり1917年5月に公称資本金5万円（払込2万5000

円）で設立される。資本金は、満鉄がその50％を引き受け、残余の28％は四平街企業家を中心とした発起人が引き受け、22％は公募された。社長には服部誠蔵が就任し1917年12月から営業を開始する。第1次大戦期のコスト上昇や1925年に四洮鉄路局発電所が新設されたことなどから、一時的に経営状況が低迷することはあったが、全体的には順調であった。特に公主嶺からの満鉄機関庫の移設や四平街が粟の集散地として成長して精穀用電力需要が拡大したため同社の営業収入が増加し、配当率も設立年の8％から上昇し12％を実現する。そのため同社は南満州電気の「傍系会社中其の将来を最も嘱望せらるゝものゝ一つ」とされた。公称資本金も1923年には35万円に増資され、1927年には満鉄保有株式のすべてが南満州電気に譲渡されている[74]。四平街電灯は1933年4月に次に取り上げる公主嶺電灯株式会社と合併し大同電気株式会社となる[75]。

　公主嶺における電力事業は当初、才賀電機商会により開原および公主嶺の両地域で企画され、すでに述べた経緯により開原では開原満州電気が設立された。しかし、公主嶺では才賀電機商会の破綻の影響から設立事業が中断し、結局、関東都督府が認可した事業経営許可期間が終了することとなった。このため四平街電灯の設立にも中心的役割を果たした満鉄公主嶺地方事務所長であった服部誠蔵や公主嶺在住の企業家が中心となって新たに事業計画が進められ、1916年8月に公主嶺電灯株式会社が設立された。公称資本金は5万円（払込2万5000円）で満鉄が50％を出資し、30％が発起人による出資、残りの20％が一般公募であった。社長には四平街電灯と同様に服部誠蔵が就任し、1917年1月から営業を開始する。同社も経営状況は好調で、配当率もほぼ10％から12％を維持する。1923年4月には公称資本金25万円への増資が決定され、6月に増資分の第1期払い込み（5万円）が完了する。同社の好調な営業状況の反映である。満鉄保有株式は1927年に南満州電気へ全株譲渡され、その翌年の1928年12月には郭家店支店が設立された。郭家店支店にも発電所が開設され、翌29年1月から営業を開始する[76]。

　范家屯は長春の南に位置し満鉄開通後に大豆等の特産物取引の集散地となり、満鉄付属地の特産物取引商も増大していた。范家屯における電力事業は他と異なり当初は満鉄の関与なしに地域の企業家を中心に進められ、1921年1月に公称

資本金20万円（払込5万円）で范家屯電気株式会社が設立された。社長には盧尊賢が、専務取締役には田中房太郎が就任する。しかし、発電設備などの計画が杜撰であったため同社は発電装置の故障による停電や休業が頻発し経営状態が著しく悪化した。このため満鉄長春地方事務所長の井上信翁の仲介により満鉄が同社の救済に当り、1923年に公称資本金を5万円にまで大幅に減資する[77]。満鉄は同社に債務整理資金を貸し付けるとともに3％と僅少であるが初めて同社株式を取得する。この株式の引き受けは満鉄社員を同社役員に就任させるために必要最小限の株式取得であった。これ以降、范家屯電気は満鉄の経営監督の下で経営再建が図られていく[78]。同社の営業状況を見ると1920年から1923年まで連続して欠損を計上し、1924年からはかろうじて黒字に転換するが収益状況はそれ以降も芳しくはなかった。配当は創業以来連続して無配が続いていた[79]。

4　満州国設立以後の企業活動

1931年9月に満州事変が勃発し、翌32年3月には満州国が設立されると、満州の日系企業の経営環境は新たな局面に転換される。満州国設立以降に新設された電力企業について次に見ておこう。

満州国設立後に最初に創立されるのは大同電気株式会社であった。同社はすでに取り上げた四平街電灯と公主嶺電灯が合併して、1933年4月1日に公称資本金85万円（払込76万2500円）で設立された企業である[80]。合併して大同電気となる両社は共に服部誠蔵が社長に就任しており、さらに両社とも設立時の資本金の半額が満鉄引受であった。この点から見れば、これら両社は実質的に満鉄の子会社であった。四平街電灯の営業状況は、満鉄機関庫の移設や一般の電力需要が拡大したことから良好であり、1927年から昼間送電を開始することでさらに需要を拡大させていた。大同電気はこの四平街電灯を本社とし、公主嶺電灯を支社とする。また、同社は公主嶺では1930年に、四平街では1931年に発電事業を廃止し、南満州電気新京支店より所要電力を購入することで、配電事業に特化することとなった[81]。

次いで設立されたのが東方電業股份有限公司であった。東方電業は1932年に奉天省公署、奉天実業庁、商務総会と南満州電気および奉天電灯廠により海竜県

を中心とする地域への電力供給が計画されたことに始まる。この計画に基づき南満州電気および奉天電灯廠の共同事業として、1934年10月25日に奉天省西安県城に公称資本金100万円（払込50万円）で東方電業は設立される。同公司は海竜県、朝陽鎮、東豊を供給区域とし、資本金を南満州電気および奉天電灯廠が折半出資する日満合弁企業であった。同公司は西安県電気公司および山城鎮東興電気股份有限公司を買収する。西安県電気公司は経営悪化のため炭砿動力供給を目的として西安炭砿に買収されていたが、この買収資金は奉天電灯廠の貸与金であり、同公司の経営は奉天電灯廠に委託されていた。また、山城鎮東興電気股份有限公司も経営状況が悪く事業売却が模索されていた。企業買収による両公司の電力施設を基礎として、東方電業は開業する。同公司は西安に本社と発電所を置き、発電・配電事業を行なった[82]。

次いで、満州国による電力事業統制を目的に新設されるのが満州電業株式会社である。満州電業は大連からソ連国境地域まで満州全体の電力事業統制を目的に設立をされる[83]。満州電業については満州における電力事業統制について概述した個所で、すでに設立過程を中心に簡単に触れた。同社は、関東州を含む満州国の電気事業統制会社として1934年11月1日に準特殊会社として公称資本金9000万円（全額払込）で設立される。払込資本金の大半は既存電力各社の現物出資であった。同社は満州産業開発のための基幹エネルギー供給を目的に満州国内の電力企業を一元的に統合して設立されたものであった。具体的には、満鉄系の南満州電気および営口水道電気、東拓系の北満電気、さらに満州国側の奉天、新京、吉林、チチハルの各電灯廠、哈爾浜電業局、安東電業公司の電気事業を統合した日満合弁の企業である。満州電業は1937年7月15日に7000万円の増資を行ない公称資本金が1億6000万円（払込1億750万円）となる。この際の出資状況は満州興業銀行が約4200万円、満鉄が約4100万円、満州国政府が約2650万円、これら以外に満州中央銀行、新京特別市、朝鮮銀行、東拓などが少額出資をしていた。さらに1941年にも倍額増資が行なわれ、公称資本金額は3億2000万円（払込1億4250万円）という巨大企業となる。設立時の従業員規模でも日本人2575名、中国人2080名、合計で4600人を超える大企業であった。満州電業は積極的に満州各地に散在する群小の電力企業を買収あるいは資本参加

図表II-2-14　満州電業株式会社の営業状況

(単位：千円)

年	営業収入				営業支出					当期利益
	電灯収入	電力収入	その他収入	合計	発電費	営業費	電力購入費	その他支出	合計	
1935	13,031	9,649	1,667	24,347	6,438	3,299	1,501	5,623	16,861	7,486
1936	14,894	12,351	2,013	29,258	8,085	4,011	1,742	7,821	21,659	7,599
1937	16,304	14,687	2,155	33,146	7,924	5,463	2,321	9,643	25,351	7,795
1938	19,782	19,740	2,193	41,715	11,133	6,500	3,905	10,508	32,424	9,291
1939	25,596	25,893	3,350	54,839	15,218	7,853	4,845	15,493	43,409	11,430
1940	35,264	34,653	2,233	72,150	24,206	10,706	4,217	20,300	59,429	12,721
1941	47,013	44,426	3,850	95,289	36,918	12,408	4,562	25,608	79,496	15,793
1942	61,832	58,936	5,685	126,453	47,205	18,466	8,926	33,707	108,304	18,149
1943	70,449	72,316	6,320	149,085	47,128	22,099	15,645	44,560	129,432	19,653

出典：野島一朗編『満州電業史』(1976年) 757-758頁。

により統合していく。1936年12月現在の関係会社投資を見ると、株式投資が340万円、貸付金200万円となり総計で600万円を超える関係会社投資を行なっている。こうした投資の結果、昭和製鋼所など一部の自家発電企業を除き満州国全域の電気事業をその統括下に置くこととなった。さらに1938年5月には関東州内の官営電力事業が同社に譲渡され、満州電業の電気事業統制は満州国および関東州と満州全域に拡大することとなった。同社の1938年末の発電能力は関係会社を含め26.5万KWで、全満州の発電能力の42％を占める。この比率が相対的に低いのは撫順炭鉱、本渓湖煤鉄公司、昭和製鋼所などが大規模自家発電設備を備えている結果である。これらを除くと全満州のほぼ80％となり、電灯事業に関してはほぼ100％を満州電業が独占した。**図表II-2-14**は1935年から1943年までの満州電業の営業状況を示したものである。同社が着実に利益を計上していることが分かる。こうした収益構造は、産業開発5ヵ年計画の進行による満州における電力需要の急増がその背景となっていた。**図表II-2-15**は産業開発5ヵ月年計画期の電力生産量を示すが、この時期に電力生産量が増大していることが分かる。しかし、それまでの火力依存の発電体制では急増する電力需要に対応しえないことも明らかになりつつあった。**図表II-2-16**からは満州の工業生産力の拡充に電力供給力の限界が障害となっていることが見て取れる。**図表**

Ⅱ-2-17は産業部門を単位とした電力需要の増大状況を示している。こうした電力需要の急増に対応することを目的として、満州電業は火力発電の拡充とともに水力発電事業にも進出し、第二松花江、鏡泊湖の水力発電事業を推進することとなる[84]。満州産業開発5ヵ年計画の発動に対応して火力と水力併用の発送電5ヵ年計画が策定された。電力部門の一元的一貫経営方針と将来における電源の水力主力方針がこれにより確定する。1940年11月の「満州電気事業要綱」で水力発電事業を満州電業が一元的管理する方針が示され、これに対応する形で同年12月に「満州電業株式会社法」（勅令第327号）が公布され、満州電業は特殊会社へと改組される。実際には1944年4月に満州国政府直営であった水力発電事業を合同し、それが満州電業に再編される。こうした満州電業による満州電力事業統制が進む中で、満州における電気周波数の統一や配電電圧の統制も進行した[85]。満州電業は満州各地の地方電力企業に出資し、それらを経営監督下に置く。これらの関係会社はその後、順次満州電業に吸収・統合され、同社の支店あるいは営業所に再編されていくこととなる。

満州電業と双璧をなすもう一つの重要な電力企業が満州鴨緑江水力発電株式会社である。満州電業の設立により満州における電力事業の一元的統制は進展するが、それまでの満州の発電事業は火力発電が主体であった。しかし、産業開発五ヵ年計画の達成には基幹エネルギーとして電力の安定的供給が不可欠であった。このため、大量の電力生産が可能な水力主体の発電事業に満州国政府が着手する

図表Ⅱ-2-15　産業開発5ヵ計画期の電力生産

（単位：千KW）

年（五ヵ年計画）	発電量
1936年	1,350,506
1937年（1年度）	1,623,970
1938年（2年度）	2,133,386
1939年（3年度）	2,534,481
1940年（4年度）	2,998,711
1941年（5年度）	3,519,799

出所：東北物資調節委員会研究組『東北経済小叢書両種』（学海出版社、1971年）。

図表Ⅱ-2-16　満州国工業生産の阻害要因（1941年）

阻害要因	件数	構成比（％）
労働力不足	91	19.2
石炭供給	90	19.1
国内原材料供給	89	18.9
輸入原材料供給	61	12.9
電力供給	48	10.3
輸送力不足	38	8.0
市場需給	19	4.0
事故	8	1.7
資金供給力	0	0.0
その他	28	5.9
合計	472	100.0

出所：満州中央銀行調査課「康徳八年度生産活動概況」（独立行政法人日本貿易振興機構アジア経済研究所蔵『張公権文書』R10-39）。

図表 II - 2 - 17　産業部門別電力需要

(単位：千KW)

	1935年		1938年		1939年		1940年		1941年	
	需要量	指数	需要量	指数	需要量	指数	需要量	指数	需要量	指数
紡績工業	31,007	100	59,618	192	80,327	259	75,532	243	82,715	267
金属工業	42,520	100	216,234	508	259,632	610	222,041	512	252,175	593
機械器具工業	22,821	100	51,261	225	59,957	263	89,860	211	108,250	474
窯業	12,821	100	30,310	235	37,127	288	39,856	309	50,993	395
化学工業	95,880	100	251,808	262	220,789	230	269,288	281	286,075	298
製材木製品工業	2,751	100	8,696	361	11,587	420	13,564	493	16,790	610
印刷製本業	572	100	1,936	338	2,053	349	2,190	383	2,391	417
食料品工業	13,158	100	52,686	400	68,356	519	61,736	469	75,781	576
雑工業	3,168	100	2,075	65	2,544	80	3,763	119	3,754	118
鉱業	4,256	100	32,928	763	93,928	2,207	194,978	4,580	272,842	6,411
農林水産業	997	100	2,311	232	3,779	379	9,535	955	9,274	930
その他工業	50,095	100	84,501	166	108,460	216	122,574	235	144,051	283
電気事業	84,527	100	165,410	195	71,776	85	57,110	67	59,205	70
総計	374,299	100	959,811	256	1,026,751	274	1,161,882	310	1,364,296	364

出典：満州中央銀行調査課「満州国開国以来之鉱工業観察（康徳九年九月）」（前掲『張公権文書』R10 - 36）。

こととなった[86]。1937年1月、満州国政府は産業部に水力電気建設局を設置し、第二松花江水豊、鏡泊湖水力発電所の建設に着手する。同時に鴨緑江および図們江の水力発電開発事業にも着手した[87]。この鴨緑江および図們江の発電事業を目的に設立されるのが満州鴨緑江水力発電であった[88]。

満州鴨緑江水力発電は通例と異なる特異な会社形態を採用していた。同社は鴨緑江の水力を利用し電力の大量供給を目的として、1937年8月18日公布の「満州鴨緑江水力発電株式会社法」（勅令第250号）に基づき、9月7日に新京において特殊会社として設立される。当初の産業開発五ヵ年計画において1941年度の発電目標は火力・水力あわせ120万KWであったが、そこに水力が占める比率は35万KWにすぎなかった。他方で、化学工業への電力供給など満州産業開発に伴う電力需要から修正計画では発電目標が260万KWへとほぼ2倍の上方修正が加えられ、同時に水力発電目標も130万KWへと3倍増の計画修正がなされた。こうした極端な増産計画は火力発電依存では実現不可能であったため、満州国政府は大規模な水力発電開発計画を立案する。それによれば満州を、新京、哈爾浜を中心とした北満ブロック、奉天、鞍山、本渓湖、安東、大連などの一帯を南満ブロック、三江省一帯を東満ブロックと三分割し、それぞれ第二松花江水

力発電、鴨緑江水力発電、鏡泊湖水力発電により電力供給を実現しようとするものであった。満州鴨緑江水力発電はこの南満ブロックへの電力供給を行なうことを目的に設立された企業であった。

しかし、鴨緑江は満州、朝鮮国境の河川であり、そのため鴨緑江水力発電開発は当初より満州および朝鮮への電力供給が想定されていた。このため会社設立に先立ち1937年8月、満州国産業部大臣と朝鮮総督府政務総監の間で「鴨緑江及図們江発電事業覚書」が交わされる。覚書内容は9ヵ条からなり、満州国および朝鮮総督府は鴨緑江および図們江発電事業の共同経営のため、それぞれ朝鮮鴨緑江水力発電株式会社、満州鴨緑江水力発電株式会社を設立することが定められている[89]。つまり、満州国および日本の準拠法や監督権の問題から、満州と朝鮮でそれぞれ形式上別会社を設立することが決定され、満州国法人として満州鴨緑江水力発電株式会社（新京）が、日本法人として朝鮮鴨緑江水力発電株式会社（京城）が設立されたのであった。両社はそれぞれ資本金5000万円で設立されているが、これは設立登記上、形式的に法人籍を異にするだけで事業実態から見れば単一の企業であった。満州鴨緑江水力発電株式会社法では、「会社ハ朝鮮鴨緑江水力発電株式会社ト共同シテ鴨緑江及図們江各本流ノ水力ヲ利用スル発電事業ノ開発並ニ経営ヲ目的」（第2条）とし、「其ノ設立後直ニ朝鮮鴨緑江水力発電株式会社トノ間ニ発電事業ノ共同経営ニ関スル約定ヲ締結シ産業部大臣ノ認可ヲ受クベシ」（第3条）とされている。出資状況を見ると、満州国政府が50％の2500万円、その他に東拓が1000万円、長津江水力発電株式会社が1000万円、朝鮮送電株式会社が500万円をそれぞれ出資している。また、同社の株主はその保有株式と同数の朝鮮鴨緑江水力発電の株式を保有することが「満州鴨緑江水力発電株式会社法」第5条に規定されている[90]。つまり朝鮮鴨緑江水力発電では資本金の半額は朝鮮総督府出資となり、それ以外は満州鴨緑江水力発電と同一となるように決められていた。経営は朝鮮送電および朝鮮水力電気株式会社の社長を兼務する日本窒素肥料株式会社の野口遵が理事長に就任し、同じく久保田豊が取締役に就任した。満州、朝鮮の両社とも経営陣は同一であったことから、事実上は日本窒素肥料のイニシアティブにより電力事業が行なわれた。また、両社の資産負債勘定は共有、損益計算も均等配分され、電力供給も満州、朝鮮ともに同一条件で

供給することが決定されていた。同社の事業計画は鴨緑江に8箇所のダムと発電所を総工費3億数千万で建設するという大規模な計画であり、その72万KWの発電を目標とする第一期計画が1938年に着手された[91]。なお、同社は水力発電事業のみを行い、電力の満州国側への送配電は満州電業が行なった。

第3節　ガ　ス

1　ガス事業の発展過程

　満州ではそもそもガスを利用する習慣がなく、満州におけるガス事業は日本人および外国人を需要対象者として開始された[92]。満州におけるガス事業の始まりは、満鉄初代総裁の後藤新平が満州に進出した日本人向けに撫順炭を利用する燈火、暖房用ガス供給の付帯事業を構想したことにある。1907年10月に満鉄は東京瓦斯株式会社に委嘱し、ガス製造および配管計画を立案する。東京瓦斯はこのため同社技師長であった内藤游を大連に派遣し、ガス製造工場建設のための計画立案に当たらせた。満鉄は1908年9月に付帯事業としてガス事業経営を申請し、同年10月31日付けでガス事業認可を取得する。さらに12月15日付けで同社分課規程が改正され、大連に事務所およびガス作業所が設置された。1909年4月24日に関東都督府からガス製造営業の認可を得ると、同年8月に大阪瓦斯株式会社技師の富次素平が招聘され工場建設、機械設備の設置、ガス管の埋設工事などに当たった。こうして満鉄によるガス事業は1910年3月30日からその営業を開始する[93]。当初は満鉄の直轄事業部門としてガス事業が出発する点は、第2節で検討した電力事業と同じ構図である。

　満鉄によるガス事業は営業開始直後から比較的順調に発展をしていく。これは大連の市街地形成とその拡大に対応してガス供給地域が順調に拡大した結果であった。このため満鉄ガス作業所は1912年1月に西崗子、1914年11月には沙河口に出張所を新設する[94]。こうした満鉄ガス事業の順調な成長は同時に満州においてガス利用を促進するために満鉄が展開した積極的な企業行動の結果でもあった。満鉄はガス利用の促進を図るため、家庭用ガスの屋内菅、器具類の無料貸与

や施設工事費の軽減制度を設け、業務用動力としての利用には使用量に応じて料金割引率が拡大する料金制度を設けていた[95]。

また、満鉄は 1909 年に撫順炭砿においてもガス製造事業を開始し、同炭砿のガス発電に利用された[96]。当初のガス事業の経営は需要の増大と同時にガス製造過程で産出された副産物である骸炭、硫酸アンモニア、コールタールなどの販売が、その良好な成績に寄与していた。第 1 次大戦期の企業ブームは各種工業原材料価格を高騰させたが、こうした副産物製品の価格上昇は、結果的に満鉄瓦斯作業所の製造コストの低下要因となり、その業績向上に寄与していた。こうした副産物は満鉄販売課を通じて販売されていた[97]。

図表 II-2-18 満鉄瓦斯作業所のガス事業

(単位：千立方フィート)

年	製造量	供給量	ガス管総延長 (km)
1909	394	389	100
1910	24,903	20,419	196
1911	51,626	49,983	257
1912	71,447	67,785	297
1913	77,747	73,885	326
1914	83,482	82,146	344
1915	93,662	90,586	360
1916	105,889	99,979	385
1917	128,954	123,295	429
1918	153,197	144,282	477
1919	187,786	181,823	528
1920	214,390	206,380	573
1921	221,766	225,019	649
1922	243,235	235,278	782
1923	269,219	254,596	951
1924	304,449	287,285	1,051

出所：南満州鉄道株式会社『南満州鉄道株式会社十年史』(1919 年) 667 頁、同『南満州鉄道株式会社第二次十年史』下巻 (1928 年) 1041-1043 頁、南満州瓦斯株式会社・満州瓦斯株式会社編『瓦斯の満州』(1940 年) 31-32 頁。

さらに鞍山製鉄所が創業されると、その骸炭炉余剰ガスを鞍山市内に供給する計画が立てられる。この鞍山におけるガス供給事業は大連の満鉄瓦斯作業所が最終的に管轄することが決定され、1920 年 5 月 1 日に鞍山ガス営業所が設置された[98]。その後も 1922 年に奉天営業所、1923 年に安東営業所、1924 年に長春営業所が次々と開設され、満州の主要都市でガス製造、供給事業が開始された[99]。こうして開業当初は大連市内に限定されていた満州におけるガス利用は、その後に満州全域の主要都市に拡張されていった。

満鉄の瓦斯作業所は 1925 年 7 月に満鉄から分離され、南満州瓦斯株式会社となる。**図表 II-2-18** は、南満州瓦斯が設立されるまでの、満鉄瓦斯作業所のガスの生産・供給状況とガス供給のための導管の延長を示したものである。なお、1919 年までは大連工場の製造、供給量であるが、1920 年からは鞍山営業所の供

図表II-2-19 満鉄瓦斯作業所の営業状況
(単位：円)

年度	収入	支出	利益
1909	1,347	1,840	▲ 493
1910	60,801	46,861	13,940
1911	130,442	77,246	53,196
1912	172,440	93,106	79,334
1913	183,500	106,057	77,443
1914	203,244	114,912	88,332
1915	244,874	134,800	110,074
1916	273,175	147,467	125,708
1917	352,261	189,853	162,409
1918	496,455	299,778	200,668
1919	723,646	531,317	192,329
1920	913,204	742,474	170,731
1921	827,422	537,501	289,920
1922	861,785	563,903	297,882
1923	919,565	612,885	306,681
1924	1,032,661	663,744	368,917

出所：前掲『南満州鉄道株式会社十年史』667頁、前掲『南満州鉄道株式会社第二次十年史』下巻、934、1044頁。
注：▲は損失を示す。

給量、23年からは奉天営業所の製造、販売量、24年では鞍山営業所の製造、販売量が含まれる。この時期の満州におけるガス事業は満鉄瓦斯作業所のみであり、事業開始直後から順調に拡大、発展していることが同表からも確認できる。同じ時期の満鉄瓦斯作業所の営業状況を示したのが**図表II-2-19**である。開業年の1909年こそ損失を計上しているが、翌10年からは黒字に転換し、これ以降は、業務の順調な拡大、発展により安定的な収益構造が作り出されていたことが確認できる。特に第1次大戦期における満州の起業ブームに相応して、10年代末から20年代初頭に収入金額が急増している。

　こうして営業地域や事業業績が順調に発展し、着実な事業基盤を形成してきたことから、満鉄は社内のガス事業の分離独立を決定した。こうして1925年7月18日に創立されるのが南満州瓦斯であった。撫順炭砿に付設されたガス事業所を除き、満鉄によるすべてのガス事業所がこれにより同社の事業として移譲される。同社の事業活動については次項であらためて取り上げることとする。

　このような満州におけるガス事業の拡大を背景として、関東軍は1932年11月に「瓦斯事業は其の公共的性質に鑑み低廉豊富なる瓦斯供給を策し以て其の利用の機会と範囲を拡大し合理的発達を計る」ことを目的に、満州国瓦斯事業統制方針案を作成し、満州におけるガス事業の統制に着手する。この方針案では、満州国内のガス事業は満州国政府の監督と取締りの下に置き料金は認可制とされた。また、ガス事業は同一都市内および配給可能地域内では供給会社に満州国政府が独占権を賦与すること。事業の保護と公共性の観点から満州国政府の許認可の下で、満州国に道路法が制定され道路の帰属が確定し、かつ瓦斯事業法が制定され

図表II-2-20　満州におけるガス事業会社（1942年9月）

(単位：千円)

国籍	会社名	本店所在地	設立年月日	公称資本金	払込資本金
日本	南満州瓦斯㈱	大連	1925.07.18	20,000	15,000
満州	満州瓦斯㈱	新京	1937.11.25	20,000	15,000

出所：前掲『満州銀行会社年鑑』昭和17年版。

るまでは、ガス事業が営業される都市とガス会社との間に報償契約を結ばせることも決定されていた。ただし、満鉄経済調査会新京出張所の宮崎正義による日満連合研究会「瓦斯事業統制方針案」申合事項報告に示された「瓦斯事業は日満合弁事業たらしむる様指導す」の一項は方針案の決定の際に削られた[100]。また、この方針案で瓦斯事業法の制定実施の方向が示された。これを受けて、1937年12月6日に「瓦斯事業法」（勅令第443号）、同日付産業部令第26号および交通部令第82号「瓦斯事業法施行規則」が発令され、満州国におけるガス事業の統制法となった[101]。

　1937年に満州国における治外法権の撤廃により満鉄付属地の行政権が満州国に委譲されると同時に、満州国は外国法人法を制定・実施する。同法に基づき南満州瓦斯は満州国内の新京、奉天、鞍山、安東営業所のガス事業を一括して分離し、準特殊会社形態で満州瓦斯株式会社を設立する。これにより南満州瓦斯の所有する満州国内のガス事業はすべて満州瓦斯に統合され、同社により経営されることとなった。しかし、同社の株式はすべて南満州瓦斯が所有しており、その点から見れば、実質的には南満州瓦斯が別会社の形態で満州国内の事業部門を満州国法人として新規登記したと言うことができる。満州におけるガス企業は南満州瓦斯と満州瓦斯の2社のみであったが、その意味ではこの2社も実際には一体であり、満州のガス事業は満鉄のガス作業所から分離独立した南満州瓦斯の独占体制が一貫して維持されたものと言えよう。

　図表II-2-20は南満州瓦斯および満州瓦斯の1942年9月現在での会社概況を示したものである。次に、この両社の事業活動についてあらためて検討しよう。

2　南満州瓦斯と満州瓦斯

　すでに述べたように、南満州瓦斯株式会社は、満鉄の社内事業として経営され

てきた各営業所を分離・統合する形で 1925 年 7 月 18 日に設立された。ただし、撫順炭砿に付設されていたガス製造所は各種副産物の処理を目的にそのまま撫順炭砿に残される。同社は公称資本金 1000 万円（払込 930 万円）で、大連を本店に鞍山、奉天、長春、安東に支店を置き、当初は満鉄の全額出資企業であった[102]。そもそも満鉄が 1908 年 10 月に認可を受けガス事業の経営に着手したのは、それが公共的性格を有する事業でありその将来性が高いと判断したこと、そして撫順炭とその副産物をガス原料として利用できることが理由であった。これもすでに述べたが、その後の満鉄ガス事業はきわめて順調に拡大、発展する。こうしたガス需要の拡大と良好な営業状況から、満鉄はガス事業を直轄事業として継続するよりも、切り離して独立企業として経営するほうが事業資金活用の有効性やガス事業の発展に有利と判断し、ガス事業部門の分離、独立方針が採択される[103]。

　南満州瓦斯の資本変化を見ると、1935 年 12 月 5 日に公称資本金 1000 万円の払い込みが完了し、1940 年 9 月 25 日に倍額増資が行なわれる。これにより公称資本金額は 2000 万円（払込 1250 万円）となり、1942 年 6 月 25 日にその第 2 次払い込みが行なわれ、払込資本金は 1500 万円となっている。株式は額面 50 円、発行済み株式数は 20 万株（1936 年 5 月末現在）であった。満鉄は 35 年 12 月の資本金払い込みが完了すると同時に関係会社保有株式の市場開放方針に基づき保有総株式の二分の一に相当する 10 万株を市場放出した[104]。10 万株のうち 2 万株は従業員優先株とし、3 万株は日本本国の生命保険会社のシンジケート団に割り当て、残りの 5 万株が市場公開に充当された[105]。株式の市場放出後の 1936 年 5 月末現在での主要株主の保有状況を見ると、満鉄（10 万 270 株）、仁寿生命保険（9450 株）、満州銀行（5310 株）、志村徳造（2200 株）で、これ以外に日本生命保険（3860 株）、大同生命保険（3730 株）、帝国生命保険、第一生命保険、明治生命保険、愛国生命保険の各社がそれぞれ 2600 株を保有していた。これが 1942 年 10 月では発行済み株式数が旧株 20 万株、新株 20 万株（半額払込）、総計 40 万株になる。最大株主の満鉄（14 万 9210 株）は変化せず、満鉄以外では摂津貯蓄銀行（9660 株）、満州興業銀行（5460 株）、富国徴兵保険（1 万株）、満州瓦斯証券（9271 株）などが主要株主で、大同生命保険、日本生命保険、千代田生命保険の 3 社が 5700 株から 5900 株を保有していた。また、役員構成をみると

第2章 通信・電力・ガス　425

1936年5月末における代表取締役専務は満鉄出身の白浜多次郎で1937年12月まで就任していた。常務取締役には満鉄ガス作業所の技術者であった斎藤勘七および志村徳造が就任し、取締役には満鉄在職の中西敏憲および前田寛伍が兼任していた。こうした株主および役員構成から見れば、

図表Ⅱ-2-21　南満州瓦斯株式会社の事業状況

年	興業費 (千円)	ガス管総延長 (km)	ガス供給量 (千 m^2)	従業員数 (名)
1925	8,658	1,051	11,380	305
1926	8,735	1,086	14,019	297
1927	8,788	1,129	12,221	303
1928	8,820	1,188	12,788	298
1929	8,751	1,254	14,047	327
1930	8,728	1,317	14,587	335
1931	8,669	1,358	14,712	314
1932	8,712	1,435	16,473	343
1933	8,705	1,572	19,494	425
1934	9,464	1,786	23,163	530
1935	10,158	1,983	26,599	602
1936	10,433	2,183	30,290	616
1937	10,727	2,281	15,793	691

出所：前掲『瓦斯の満州』31-32頁。
注：満州瓦斯株式会社が分離するため、1937年は上半期のみのデータ。

南満州瓦斯は明らかな満鉄子会社であり、それ以外の株式保有は機関投資と見て間違いない。後述するが、南満州瓦斯以外で唯一の満州におけるガス企業であった満州瓦斯は南満州瓦斯の100％出資子会社である。これらの点を勘案すると、満州におけるガス事業は経営組織こそ変更されているが、実質的には満鉄ガス作業所の事業が単線的に拡大発展したものと見ることができよう。

また、南満州瓦斯の事業目的は、①ガスの製造販売、②ガス副産物の精製販売、③ガス使用器具の製造、販売、賃貸、であった。南満州瓦斯の設立以降の事業状況は図表Ⅱ-2-21に示した。ガス供給量や従業員数で見ると、やはり満州国設立が同社の事業拡大における一つの画期になっていることが分かる。満州国設立の翌年の1933年以降に業況が拡張基調に転じていることを確認できよう。また、満鉄瓦斯作業所時代からガス事業は収益性の高い事業部門であり、南満州瓦斯もまた同様に収益性の高い企業であった。たとえば、1929年の上半期では総収入額が82万2000円であったのに対し21万3000円の利益金が計上されており、利益率は25％を超えている[106]。こうした事業の高収益性が同社の良好な経営状況を支えていた[107]。南満州瓦斯の利益金と株式配当率を図表Ⅱ-2-22に示した。

満鉄付属地の行政権が満州国に委譲されたのを機に、1937年に満州国法人の準特殊会社として満州瓦斯株式会社が同年11月25日に資本金1000万円（払込

図表 II-2-22 南満州瓦斯株式会社の収益構造

営業期間	利益金(円)	配当率(%)
1925年上期	309,481	5.0
1925年下期	329,863	5.0
1926年上期	257,835	5.0
1926年下期	251,821	5.0
1927年上期	260,227	5.0
1927年下期	209,320	4.0
1928年上期	208,825	4.0
1928年下期	210,146	4.0
1929年上期	213,374	4.0
1929年下期	211,893	4.0
1930年上期	213,958	4.0
1930年下期	209,313	4.0
1931年上期	203,565	4.0
1931年下期	211,212	4.0
1932年上期	210,767	4.0
1932年下期	254,995	5.0
1933年上期	265,121	5.0
1933年下期	268,934	5.0
1934年上期	333,007	6.0
1934年下期	372,910	7.0

出所:『満州日日新聞』1937年12月4日。

800万円)で新京に設立される。これにより南満州瓦斯は大連を除く同社の満州国内の新京、奉天、安東、鞍山営業所のガス事業を満州瓦斯に譲渡する形で満州国内のガス事業から撤退する[108]。このため南満州瓦斯は大連ガス製造所のみを有し関東州を営業基盤とするガス企業に形式的には縮小した。この結果、満州におけるガス事業は大連製造所を有する南満州瓦斯、満州国内に4事業所を有する満州瓦斯、およびガス製造施設を併設した撫順炭砿化学工業所を有する満鉄の3社体制となる。しかし、満州瓦斯の資本金は全額が南満州瓦斯の出資であり、法人登記の上で別会社形態となってはいるが、両社は実質的に一体であった。さらにその南満州瓦斯の発行済み株式の四分の三が満鉄に所有されており、これらを勘案すれば、この3社は実質的には満鉄傘下の関係会社として一体の事業体であったと考える方が適切である。満州瓦斯は1939年8月3日に全額払い込みを完了すると1941年7月25日に倍額増資を行ない公称資本金2000万円(払込1250万円)となった。満州瓦斯も南満州瓦斯も満州におけるエネルギー供給部門の一つであるガス事業を独占的に展開する企業であり、その払込資本金が1500万円と満州法人企業としても巨大企業であった。役員構成を見てみると、1942年10月現在の取締役社長が長谷川善次郎、常務取締役に門間堅一、取締役には前田寛伍、青木哲児、黒川秀孝が就任している。明らかに満鉄あるいは満鉄ガス作業所出身者がその経営陣を形成している。さらに、この役員構成は南満州瓦斯と全く同一であり、またその定款に示される事業目的も南満州瓦斯と全く同一であった。この点からも満州瓦斯が南満州瓦斯の満州国内における明白な別働隊であったことが分かる。

満州国に新設された満州瓦斯は1938年12月に錦州にガス製造所を新設する。これにより形態的には満州のガス事業は、満州瓦斯の新京、鞍山、

図表Ⅱ-2-23　南満州瓦斯・満州瓦斯株式会社の事業状況

年	興業費 (千円)	ガス管総延長 (km)	ガス供給量 (千m²)	従業員数 (名)
1937	13,146	2,351	16,368	709
1938	14,386	2,534	41,023	1,082
1939	15,910	2,772	52,517	1,484

出所：前掲『瓦斯の満州』31-32頁。
注：1937年は下半期のみのデータ。

奉天、安東、錦州事業所、南満州瓦斯の大連事業所および満鉄撫順炭鉱化学工業所による3企業7事業所の体制となった[109]。満州瓦斯は、さらに1943年2月に哈爾浜にも支店を開設した。また、満州国内だけでなく1938年7月には鴨緑江を超える1キロメートルのガス輸送ラインを開設し、安東製造所の製造ガスを朝鮮新義州に供給する事業を開始する[110]。図表Ⅱ-2-23は南満州瓦斯と合算されたデータであるが、南満州瓦斯と満州瓦斯の両社の事業状況である。1930年代末に両社のガス事業がさらに急テンポで拡張したことが見て取れる。

　こうした拡張状況を、ガス製造施設について見てみよう。満州瓦斯のガス製造設備は、新京、奉天、安東、錦州が水平式レトルト窯による乾留施設であった。これに対して撫順炭砿化学事業所はコッパース式骸炭炉を用い、その供給ガスは骸炭処理の副産物として製造されるものであった。撫順炭砿周辺には骸炭を利用する化学工業があるため、この方法は良質の骸炭処理とガスの供給を同時に行ない得る有利な事業であった。南満州瓦斯の大連製造所は水平式に加え直立式の乾留窯を備えている。なお、満州瓦斯鞍山支店は昭和製鋼所が産出した余剰ガスの供給を受け市内に販売していたため、ガス製造設備は有していない。それぞれの事業所の製造能力は日産で、新京が2万8800立方メートル、奉天が3万3600立方メートル、安東が4800立方メートル、錦州が5000立方メートル、撫順が2万2100立方メートル、大連が7万2400立方メートルであった。ガスの販売状況を見ると、南満州瓦斯は供給戸数が3万3000戸で年間総販売量が1957万2000立方メートル、満州瓦斯は供給戸数が8万4800戸、年間総販売量が1905万4000立方メートルであった。

　次に両社からガス供給を受ける需要構造について見てみる。両社のガス需要の大半は日本人による需要であり、10万戸以上のガス供給契約が存在した。この

428　第Ⅱ部　産業別企業分析

図表Ⅱ-2-24　満州におけるガスの用途別比率高
（1942年3月末現在）

（単位：％）

会社名	地域	家事用	業務用	その他
南満州瓦斯㈱	大連	76.7	22.5	0.8
満州瓦斯㈱	新京	75.0	24.0	1.0
	奉天	69.0	30.0	1.0
	鞍山	55.0	44.0	1.0
	安東	61.0	38.0	1.0
	錦州	92.0	0.0	8.0
総計平均		72.3	27.0	0.7

出所：満州鉱工技術員協会編『満州鉱工年鑑』（亜細亜書房、1942年）302頁。

図表Ⅱ-2-25　南満州瓦斯株式会社と満州瓦斯株式会社の収支状況

（単位：千円）

企業名	1937年			1938年			1939年			1940年			1941年		
	収入	支出	当期利益	収入	支出	当期利益	収入	支出	当期利益	収入	支出	当期利益	収入	支出	当期利益
南満州瓦斯㈱	3,479	2,269	1,210	2,874	1,812	1,062	3,997	2,815	1,180	4,481	3,191	1,290	5,655	4,155	1,500
満州瓦斯㈱	—	—	—	2,661	1,714	947	3,828	2,695	1,131	4,948	3,852	1,096	7,512	6,213	1,299

出所：大連商工会議所『満州事業成績分析』第1回、1938年、第2回、1939年、第3回、1940年、第4回、1941年、第5回、1943年。
注：期間は各年4月～翌年3月。

　ガス需要を用途別に区分して示したのが**図表Ⅱ-2-24**である。鞍山など工業都市では業務用需要が大きいが、全体として見れば満州におけるガス需要はその70％以上が家庭用需要であったことが確認できる。同表は1942年3月末現在のデータであり、この時期の満州における全日本人世帯数に比較すれば、必ずしも大きな比率とは言えない。実際に相対的に安価な石炭ではなく、ガスを家事用に需要する世帯は、日本人世帯の中でも比較的高所得な階層が多かった。
　図表Ⅱ-2-25は南満州瓦斯と満州瓦斯の収支状況を示したものである。その収益状況を見ると、両社とも好調であり、1938年で見ると、南満州瓦斯の利益金額は106万円で利益率は37％であった。また、満州瓦斯の利益金額は95万円であったが、やはり利益率は36％と高い水準にあった。両社とも年8％の配当を行っている。南満州瓦斯および満州瓦斯はその後も業績の好調を維持し、満州瓦斯は1943年まで8％の配当率を維持していたことが確認できる[111]。

南満州瓦斯および満州瓦斯の事業が順調に発展した結果、両社の使用するガスメーターの購入費や補修費が増大した。両社はコスト低減と日本からの輸入ルートの悪化を回避し安定的にそれらを確保することを目的として、日本本国のメーカーである品川製作所および金門商会とともに1939年10月11日に資本金50万円（払込12万5000円）で康徳計量器株式会社を関係会社として奉天に設立した。同社の専務取締役には満鉄瓦斯作業所時代からガス事業に携わり、南満州瓦斯の元常務取締役であった志村徳造が就任している[112]。

おわりに

　これまで満州におけるインフラ産業部門の通信、電力、ガス産業について、企業史研究の視点から検討を加えてきた。満州におけるこれらの産業発展に日系法人企業が果たした役割を概括しておこう。
　まず、通信事業については、満州電信電話株式会社という法人に担われた電気通信事業を取り上げ、形式上でも独立国の通信主権を日本側、とくに関東軍が実質的に掌握するための方策として特殊会社方式が採用されたこと、そして、同社が域内の通信事業を統合するとともに華北進出にも参画し、満州経済開発にともなう電話需要の増大を背景に相対的に高い収益を上げて通信網を拡張していったことを明らかにした。
　次に電力事業について小括する。日露戦後期から開始された満州における日本の電力事業は、その初期には満鉄の直営電力事業と満州各地の零細規模な電灯企業の事業が並存していた。地方の電灯企業の大半は満鉄地方機関が主導し、地方の有力地場企業家の出資により満鉄付属地への電灯電力供給を目的に設立された。こうした地方分散的な電力事業が集中化される画期が南満州電気の設立であった。満鉄の社内事業が独立法人化された同社は、出資を通じて電力事業の統合を進め、満州における電力事業の中核企業として資本的・技術的支配を拡大した。満州国成立後、満州の電力事業の一元的統制を目的に満州電業が設立される。同社は主要電力企業であった南満州電気、営口水道電気、北満電気の3社と満州国政府が所有する電力事業が合併され設立された。満州電業は満州各地の群小電灯企業の

統合を進め、電力配給ネットワークを通じた電力事業の一元的統制と規模の経済性を強化する。満州産業開発5ヵ年計画の進展は基幹エネルギーとしての電力需要を急増させた。こうした需要拡大に対応するため水力主体の電源開発が進められ、それらは満州電業に集中・統合された。

満州電力事業の中核として成長した満州電業の経営状況が停滞するのは、資材・労働力の欠乏から豊満ダム建設が遅延する1945年段階のことであった。満州電業の下で進展した水力電源開発と満州全域に拡張した配電ネットワークの形成により、電力事業は満州の産業開発計画において計画値をほぼ達成し得た例外的な産業部門となった。しかし、1940年代に露呈する再生産構造の不均衡性から電力の需給バランスが崩壊し、電力の過剰化現象と発電設備の未稼働率の上昇が生じる。こうして大規模水力発電施設と基幹配電網を構築しながら、電力事業はその生産力を満州の重化学工業化に有効に結合し得ないままその役割を終える。

最後にガス事業について小括する。大連製造所から始まる満鉄ガス作業所が分離され、満鉄子会社として南満州瓦斯が設立される。満鉄付属地行政権の満州国移管後に、南満州瓦斯は満州国内の事業を一括分離して満州瓦斯を設立する。満州のガス事業はこれら南満州瓦斯と満州瓦斯の2社体制で進展するが、満州瓦斯は南満州瓦斯の100％出資企業で、この両社は一体の企業であった。

注

1) 疋田康行「日本の対中国電気通信事業投資について―満州事変期を中心に―」（『立教経済学研究』第41巻第4号、1988年3月）。

2) 石川研「満州国放送事業の展開―放送広告業務を中心に―」（『歴史と経済』第185号、2004年10月）。

3) 石田武彦「中国東北における産業の状態について―1920年代を中心に―（その1）」（『経済学研究』〔北海道大学〕、第28巻第4号、1978年11月）。

4) 堀和生「『満州国』における電力業と統制政策」（『歴史学研究』第564号、1987年2月）。

5) 田代文幸「満州産業開発5箇年計画と満州電業株式会社」（『経済論集』〔北海学園大学〕第46巻第3号、1998年12月）。

第2章　通信・電力・ガス　431

6) 広瀬貞三「『満州国』における水豊ダム建設」(『新潟国際情報大学情報文化学部紀要』第6号、2003年3月)。
7) 鄭友揆「日本占領下の東北の工業と対外貿易 (1932〜1945)」(『中国と東アジア』第35号、1995年3月)。
8) 野島一朗編『満州電業史』(1976年)。
9) 蘇崇民『満鉄史』(中華書局出版、1990年) 266-267頁。
10) 関東庁通信局［奉天支那無線電信電話設備概要］1932年2月 (満鉄経済調査会『立案調査書類第十九編第一巻第一号　満州通信事業方策』1936年7月) 112頁。
11) この措置は、関東軍特務部「幣制、金融、財政、産業、交通ニ関スル政策概要」1932年2月 (『昭和財政史資料』マイクロフィルム R257-008) による。
12) 外地及び海外電気通信史編さん委員会『外地海外電気通信資料　13　共通の部』日本電信電話公社、1956年、93頁
13) 満鉄経済調査会前掲書、6頁
14) 同前。
15) 満州電信電話株式会社『会社設立沿革史』(1936年8月)。
16) 「満州ニ於ケル電信電話事業ニ関スル件」昭和七年十二月九日 (国立国会図書館議会資料室「閣議決定等フルテキストデータ」)。
17) 前掲『会社設立沿革史』。
18) 日満合弁通信会社設立委員会「第二次委員総会議事録」(前掲『昭和財政史資料』)。
19) 前掲『会社設立沿革史』。
20) 日本電信電話公社電信電話事業史編集委員会『電信電話事業史』第六巻、同社、1959年、398-400頁。
21) 間世田益穂「民営電話買収余話」(満州電々追憶記集「赤い夕陽」刊行会『赤い夕陽』1965年) 30頁。
22) 前掲『電信電話事業史』407頁。
23) 同前、406-407頁。
24) 外地及び海外電気通信史編さん委員会『外地海外電気通信史資料　8　満州の部Ⅲ』(日本電信電話公社、1956年) 239-240頁。

25) 前掲『電信電話事業史』407頁。
26) 同前、390-391、410頁。
27) 前掲『外地海外電気通信史資料 8 満州の部Ⅲ』284-285頁。
28) 同前、288-289頁。
29) 同前、286-288頁。
30) 同前、369頁。
31) 前掲『電信電話事業史』410頁、および満州国史編纂委員会編『満州国史（各論）』1970年、926頁、前掲『外地海外電気通信史資料 8 満州の部Ⅲ』357-364頁。
32) 前掲『赤い夕陽』33-37頁。
33) 前掲『電信電話事業史』第6巻、395頁。
34) 南満州鉄道株式会社社長室調査課編『満蒙に於ける各国の合弁事業』第二輯（1922年）232-235頁。
35) 満史会編『満州開発四十年史』下巻（1964年）512頁。なお、安東電気はその後の1911年1月に満鉄に買収され満鉄安東電灯営業所として電力供給事業を行なうことになり法人企業としては消滅する（南満州鉄道株式会社編『南満州鉄道株式会社第二次十年史』下巻、1928年、1014頁）。
36) 前掲『南満州鉄道株式会社第二次十年史』下巻、1024頁。なお、大連電気鉄道事業は満鉄の電気事業部門が分離独立して1926年に南満州電気株式会社が設立される際に同社へ移譲される（前掲『満州電業史』17頁）。
37) 南満州鉄道株式会社編『南満州鉄道株式会社十年史』（1919年）643-647頁。
38) 前掲『満蒙に於ける各国の合弁事業』第二輯、271-277頁。
39) 前掲『満州電業史』9-10頁。
40) 前掲『南満州鉄道株式会社第二次十年史』下巻、928頁。
41) 南満州電気株式会社『南満州電気株式会社二十年沿革史』（1930年）462頁。
42) 前掲『満鉄史』670頁。
43) 満鉄経済調査会『満州電気事業方策満州瓦斯事業統制方針』（立案調査書類第6編第18巻、1935年6月）。
44) 同前、23-25頁。
45) 満州電業株式会社調査課『満州電気事業ノ現状及将来』（1938年12月）6-9頁、

小林義宜『阜新火力発電所の最後』（新評論、1992 年）35 - 36 頁。
46) 満州電気協会編『満州電業株式会社設立の経緯』（1934 年 10 月）、満州電業株式会社『満州電業株式会社業態概要』（1940 年 10 月）3 - 7 頁、前掲『満州電業史』27 頁。
47) 満州電業の設立によりそれまで激しい価格競争や対立関係にあった電力事業各社は、同社の下で一元的に連繋および統制が進展する（『満州日報』昭和 9 年 9 月 20 日）。
48) 前掲『満州電業史』269 頁。
49) 石川滋「終戦にいたるまでの満州経済開発」（日本外交学会編『太平洋戦争終結論』東京大学出版会、1958 年）756 頁、『満州経済』第 3 巻第 1 号（1942 年 1 月）74 - 76 頁。
50) 前掲『満州電業史』419 - 420 頁。
51) これまで満州における企業構造や投資活動のマクロ分析には主として満鉄庶務部調査課が編纂した『満蒙における日本の投資状態』が利用されてきた。同書が収録する企業データ数は 1347 社であり、同書自体は 1920 年代後半期の満州企業を悉皆的に把握するために有益な資料である。しかし、満州における日系企業は 1932 年の満州国成立後に急増し、特に産業開発 5 ヵ年計画が発動された 1930 年代後半期に著しい膨張を示す。同書によってはこうした 1930 年代における満州企業構造の急激な変化を捕捉することができないという難点がある。
52) 前掲『満州電業史』16 頁。
53) 前掲『満蒙に於ける各国の合弁事業』第二輯、230 - 231 頁。
54) 才賀電機商会は才賀藤吉により大阪に設立された。同商会は全国各地の電灯、電鉄企業に機械販売、建設工事請負を行なうとともに会社設立、株式引き受け、経営参画などを行なって明治末期に急拡大した個人企業であった。明治末年には電気、電鉄企業 100 余社と取引関係を有し、才賀藤吉は「電気王」と呼ばれた。しかし、その急激な拡大路線は資金逼迫を引き起こし、同商会は破綻する（宮本又郎・阿部武司「会社制度成立期のコーポレート・ガバナンス」『リーディングス日本の企業システム』第Ⅱ期、有斐閣、2005 年、246 - 247 頁）。
55) 前掲『満蒙に於ける各国の合弁事業』第二輯、232 頁。

56）前掲『南満州鉄道株式会社第二次十年史』下巻、959頁。
57）黒瀬郁二『東洋拓殖会社——日本帝国主義とアジア太平洋』（日本経済評論社、2003年）159-163頁。
58）前掲『満蒙に於ける各国の合弁事業』第二輯、267-272頁。
59）前掲『阜新火力発電所の最後——一つの満州史』22頁。
60）前掲『満州電業史』12頁。
61）同前、90頁。
62）大連商工会議所『満州銀行会社年鑑』（昭和十年版、1935年）297頁。
63）前掲『南満州鉄道株式会社第二次十年史』下巻、928頁。
64）前掲『南満州電気株式会社二十年沿革史』26-29頁、『南満州電気株式会社業態概要』（1934年2月）。
65）前掲『南満州電気株式会社二十年沿革史』281-283、289-290頁。
66）同前、309-312頁。
67）満州電業股份有限公司調査課『満州に於ける電気事業概説』（1934年）133頁。
68）前掲『南満州電気株式会社二十年沿革史』340頁。
69）同前、330-332頁。
70）満州電業株式会社調査課編『満州に於ける電気供給事業概説』（1937年）274頁。
71）前掲『満州に於ける電気事業概説』140頁、前掲『南満州電気株式会社二十年沿革史』353-355頁。
72）前掲『南満州電気株式会社二十年沿革史』378-379頁。
73）同前、382-404頁。
74）同前、406-408、415-417頁。
75）前掲『満州に於ける電気事業概説』159頁。
76）前掲『南満州電気株式会社二十年沿革史』425-438頁。
77）同前、446頁。
78）前掲『南満州鉄道株式会社第二次十年史』下巻、955-956頁。
79）前掲『南満州電気株式会社二十年沿革史』454-455頁。
80）同前、404-440頁、前掲『満州に於ける電気供給事業概説』277-280頁。
81）前掲『満州に於ける電気事業概説』158-164頁。

第 2 章　通信・電力・ガス　435

82) 同前、152-154 頁。
83) 『満州日報』1934 年 9 月 20 日。
84) 満州事情案内所編『満州国策会社綜合要覧』(1936 年) 233-240 頁、菊池主計『満州重要産業の構成』(東洋経済出版部、1939 年) 186-188 頁。
85) 『満州日日新聞』1936 年 9 月 10 日、1937 年 7 月 6 日。
86) 『満州日日新聞』1937 年 8 月 7 日、9 月 23 日。
87) 『満州国現勢』康徳 8 年版 (満州国通信社、1940 年) 427-428 頁、『満州国現勢』康徳 9 年版 (満州国通信社、1941 年) 402-403 頁。
88) 『満州日日新聞』1937 年 9 月 1 日。
89) 「鴨緑江及び図們江発電事業覚書ニ関スル件」(康徳 4 年 8 月 23 日　産業部布告第 6 号)。
90) 菊池主計『前掲書』159-161 頁。
91) 大塩武『日窒コンツェルンの研究』(日本経済評論社、1989 年) 257-259 頁。
92) 産業部大臣官房資料科『満州国産業概観』康徳 6 年度版 (1939 年) 272 頁。
93) 満州鉱工技術員協会編『満州鉱工年鑑』康徳 9 年版、(亜細亜書房、1942 年) 291 頁。
94) 前掲『南満州鉄道株式会社十年史』663 頁。
95) 同前、664-665 頁。
96) 前掲『満州国産業概観』272 頁、前掲『南満州鉄道株式会社第二次十年史』上巻 (1928 年) 669 頁。
97) 前掲『南満州鉄道株式会社十年史』666 頁。
98) 前掲『満州鉱工年鑑』康徳 9 年版、299-300 頁。
99) 前掲『南満州鉄道株式会社第二次十年史』下巻、1029 頁。
100) 南満州鉄道株式会社経済調査会「満州瓦斯事業統制方針」(1935 年)。
101) 前掲『満州国産業概観』642 頁。
102) 同前、932-934 頁。
103) 前掲『南満州鉄道株式会社第二次十年史』下巻、932 頁。
104) 南満州瓦斯株式会社・満州瓦斯株式会社編『瓦斯の満州』(南満州瓦斯株式会社、1940 年) 17-18 頁。

105）『満州日日新聞』1935年12月4日。
106）南満州瓦斯株式会社『第9期営業報告書』。
107）南満州鉄道株式会社編『南満州鉄道第四次十年史』（1986年）532頁。
108）前掲『満州国産業概観』276-277頁。
109）同前、275-277頁。
110）前掲『瓦斯の満州』18頁。
111）満州瓦斯株式会社『第8期営業報告書』〜『第12期営業報告書』。
112）前掲『瓦斯の満州』19、59頁。

第3章 金　　融

はじめに

　満州における日系普通銀行の活動は、日露戦争後に関東州が租借地となり、同時に満鉄付属地行政権を獲得することにより、法的な営業基盤が与えられ。満州事変前にかなりの件数の普通銀行が事業を展開しており、それが満州国期にも営業を続ける。満州金融に関する先行業績を概覧すると、満州事変前においては、満州における特産大豆取引とその貿易と連動した通貨金融制度として、朝鮮銀行、横浜正金銀行の銀行券発行が注目を集めてきた[1]。しかしこれら一連の検討でも普通銀行については付帯的に言及されるのみである。満州国における金融制度としては、通常、満州中央銀行を中心とした特殊銀行制度、すなわち朝鮮銀行を承継した1937年開業の満州興業銀行と興農金庫の制度的解説に中心が置かれ[2]、満州国「銀行法」に基づく普通銀行については、その制度の内実についての解説はほとんど行なわれてこなかった。それ以外の制度金融としては合作社による組合金融や当舗の研究が見られる[3]。

　ここでは従来満州金融における端役としてしか扱われてこなかった普通銀行を俎上に載せ、その設立経緯と営業実態を解明し、その分析に基づく満州金融における位置づけを試みるものである。ただし満州事変前については、日系金融機関の枠内でのみの位置づけにとどまることは、先述の通りである。また日本の「銀行条例」、「銀行法」と満州国の「銀行法」に規定された普通銀行に対象を限定した。日本の特殊銀行は既に多くの言及がなされてきているため、除外した。

　銀行以外の満州における金融業のうち保険業と無尽業をこの章で検討する。満州における保険業では、本店事業者としては、僅かに大連火災海上保険株式会社、

満州火災海上保険株式会社、満州生命保険株式会社の3社のみが該当する。大興股份有限公司の出資関係で満州火災海上保険を扱ったものと[4]、日本の戦争保険体制への満州国損害保険の組み込みについて言及するものがある程度である[5]。満州における無尽業に言及する戦後の著作は見当たらない。

第1節　満州事変前の日系銀行の増大

日露戦後の普通銀行設立としては、合弁銀行の正隆銀行がある。同行は1906年7月2日に営口設立された。その後不振に陥り、安田系の銀行に改組され、本店を大連に移した。比較しうる1921年末で資本金950万円になる規模の大きな銀行であった（**図表Ⅱ-3-1**）。同行は満州における日系普通銀行としては、傑出した規模である。日露戦争の結果、大連・長春間の満鉄沿線の満鉄付属地は日本行政権の管轄となり、その地域における日系銀行の進出は極めて容易となった。1927年3月20日「銀行法」以前の1890年8月20日「銀行条例」の法体系では、最低資本金規制はなく、免許制ではないため、銀行設置は容易であり、満州においても領事館管轄下に届出制による銀行設立がみられた。たとえば合資会社鉄嶺銀行が1908年3月15日に満鉄沿線の鉄嶺に設立されている。その資本金は1919年1月で5万円、払込3.1万円であり文字通りの零細銀行であった[6]。鉄嶺銀行に対し、国外に本店を有するため日本法人と言い難く、「銀行条例」を適用できないが、定款中に貯蓄銀行業務を営むような規定を含んでおり、「貯蓄銀行条例」で貯蓄銀行業務を株式会社にしか認めていないため、ふさわしくなく、株式会社に改組すべきであると、大蔵省は判断していた[7]。

植民地朝鮮からみて鴨緑江の対岸にある安東では、株式会社安東貯蓄銀行と株式会社安東銀行が1911年4月に、設置された。これは朝鮮との対岸貿易が盛んで、日本国籍を有する安東在住者の増大となり、貿易取引に伴う銀行業務の必要性から当然といえよう。さらに大連から長春までの満鉄沿線に、1912年10月21日に株式会社北満銀行、1912年12月25日に株式会社大連貯蓄銀行、1913年4月5日に株式会社遼陽銀行、1913年8月7日に株式会社鉄嶺実業銀行、1914年2月17日に株式会社公主嶺銀行が設置され、満鉄付属地において事業展開する

図表II-3-1 満州事変前の満州における日系普通銀行

(単位:千円)

銀行名	本店	設立年月	1921末払込資本金	備考
日支合弁㈱正隆銀行	営口→大連	1906.07.02	9,500	合弁銀行を1908.01.15安田系に改組
㈲鉄嶺銀行	鉄嶺	1908.03.15		鉄嶺商業銀行に統合
㈱安東貯蓄銀行→㈱満州商業銀行	安東	1911.04.26	2,275	1918.01.17改称、1923.07.23満州銀行に統合
㈱安東銀行	安東	1911.04.28		1920年に満州商業銀行に吸収
㈱北満銀行	長春	1912.10.21		
㈱大連貯蓄銀行→㈱大連銀行	大連	1912.12.25	2,500	1915.06.19改称認可、1923.07.23満州銀行に統合
㈱遼陽銀行→㈱商工銀行	遼陽	1913.04.05	275	1919.05.06改称
㈱南満銀行	奉天	1913.07.-		1918.10.30満州商業銀行に吸収
㈱鉄嶺実業銀行	鉄嶺	1913.08.07		1918年に通商銀行に合併
㈱竜口銀行	竜口→大連	1913.12.22	4,862	1919.09に大連に本店移転、1925.11.19に正隆銀行に合併
㈱公主嶺銀行	公主嶺	1914.02.17		
㈱松花銀行	哈爾浜	1914.05.25		
㈱遼東銀行	普蘭店→大連	1916.04.02	1,575	東拓系、1923.07.23満州銀行に統合
㈲宝隆銀行	鉄嶺	1916.04.18		鉄嶺商業銀行に統合
㈱教育貯蓄銀行→㈱教育銀行→㈱大連興信銀行	東京→大連	1916.06.01	200	1900.06.03松本の設置、東京に移し東都貯蓄銀行に改称、さらに教育貯蓄銀行に改称、1916.06.01大連支店設置、1921.03本店を大連に移転、1922年教育銀行に改称、1922.08休業、1924.06大連興信銀行に改称
㈱貔子窩銀行	貔子窩	1917.01.15	250	東拓系、1921.05.14遼東銀行に統合、資本金設立時
㈱范家屯銀行	范家屯	1917.07.17	100	
㈱長春銀行	長春	1917.12.18		1919年に安東銀行に吸収
㈱長春実業銀行	長春	1918.01.01	400	
㈱四平街銀行	四平街	1918.03.05	151	
日支合弁鉄嶺日華銀行	鉄嶺	1918.04.17		1919.10.17日華銀行に改組
㈱振興㈱	営口	1918.05.06	325	振興㈱を1919.9.10銀行に改組
㈱旅順銀行	旅順	1918.05.06	487	1923.04.12竜口銀行に吸収合併
㈱瓦房店銀行→㈱東華銀行	瓦房店	1918.08.13	825	1922.12.15竜口銀行に吸収合併
㈱満州殖産銀行	奉天	1918.07.25	500	満州農工㈱を1920年に改称
㈱通商銀行→㈱鉄嶺商業銀行	鉄嶺	1918.07.15		1918年に鉄嶺銀行と宝隆銀行を合併して改称、1921.12.31解散、奉天銀行に吸収
㈱大連商業銀行	大連	1918.11.23	2,000	
㈱奉天銀行	奉天	1918.12.13	1,000	1921.9.1解散、新設の奉天銀行に統合
㈱安東実業銀行	安東	1919.03.16		
㈱営口銀行	営口	1919.05.07	300	1925.1.29振興銀行に吸収

440　第Ⅱ部　産業別企業分析

銀行名	本店	設立年月	1921末払込資本金	備考
㈱日華銀行	鉄嶺	1919.10.17	1,000	鉄嶺日華銀行を承継
㈱開原銀行	開原	1919.12.10	500	1920年代半ばに休業
日支合弁㈱南満銀行	鞍山	1920.01.26	375	1922.08 休業
㈱平和銀行	吉林	1920.01.25	250	1922.08.29 休業
㈱鞍山銀行	鞍山	1920.01.26	250	1922.03.08 竜口銀行に吸収
㈱吉林銀行	吉林	1920.02.11	75	
㈱協成銀行	安東	1920.03.21	250	当初㈱協成公司、1920年代央に改称
㈱福申銀行	営口	1920.04.09		
㈱哈爾浜銀行	哈爾浜	1921.11.10	500	
㈱大昌銀行	遼陽	1921.12.-	250	
㈱奉天銀行	奉天	1922.01.01	―	奉天銀行、鉄嶺商業銀行、奉天信託を合併、1923.07.23 満州銀行に統合
㈱満州銀行	大連	1923.07.31	8,720	

出所：大連実業会『満州商工人名録』（1909年）（遼寧省図書館蔵）、松江銀行『第1期営業報告書』1914年12月決算（外務省記録3-3-3-3-6-6)、南満州鉄道株式会社地方部地方課『満鉄沿線商工要録』1916年版（アメリカ議会図書館蔵）、商工銀行『第13期営業報告書』1919年6月決算（外務省記録3-3-3-3-6-5)、大連銀行「立山出張所設置認可申請」1917年6月28日（外務省記録3-3-3-3-6-4)、満州商業銀行『第15期営業報告書』1918年6月決算（外務省記録3-3-3-3-6-8)、平和銀行『第5期営業報告書』1922年12月決算（外務省記録3-3-3-3-6-12)、振興銀行『第3期営業報告書』1919年12月決算（外務省記録3-3-3-3-6-12)、同『第14期営業報告書』1925年6月決算（外務省記録3-3-3-3-6-11)、奉天銀行『第7期営業報告書』1921年12月決算（外務省記録3-3-3-3-6-10)、同『第1期営業報告書』1922年6月決算（外務省記録3-3-3-3-6-10)、「合同計画説明書」1921年8月と推定（外務省記録3-3-3-3-6-10)、朝鮮銀行東京調査部『満州会社調』1922年3月（アメリカ議会図書館蔵）、南満州鉄道株式会社地方部勧業課『南満州商工要録』1919年（アメリカ議会図書館蔵）、『1922年興信録』、南満州鉄道株式会社興業部商工課『満州商工概覧』1928年（アメリカ議会図書館蔵）、南満州鉄道株式会社殖産部商工課『満州商工概覧』1930年（アメリカ議会図書館蔵）、『1936銀行会社年鑑』。
注：(1) 教育貯蓄銀行設立は大連支店開設日。
　　(2) 満州銀行資本金は設立時。

状況が確認できよう。支店銀行としては、山東省竜口に本店を置く株式会社竜口銀行の大連支店が1913年に設置され、関内日系普通銀行の満州進出がなされた。その後に大連の営業が拡張するにおよび、1917年9月に大連に本店を移動し、満州の銀行となった。その後も同行は哈爾浜、公主嶺、鞍山、安東等に店舗を拡張した。ただし1922年6月末でも竜口と青島に支店を有していた[8]。その他哈爾浜の日本人実業者により、1914年5月25日に株式会社松花銀行が設置された。同社の資本金15万ルーブル、払込37,500円専務取締役河井松之介であった[9]。

　1914年7月に第1次大戦が始まり、1915年以降には日本本土のみならず、満州にも大戦による輸出の好景気が押し寄せた。満州における大戦景気バブルの膨張となる。そのなかで株式・不動産価格の暴騰が見られた[10]。満州における株式

会社は乏しく、また資産負債規模の小さな会社が多かったが、それらが大連等の官営取引所で株式を公開していた。株式公開企業の中には株式取引所の周辺に位置する取引所信託会社や、為替取引の周辺に位置する銭鈔信託会社等が多数みられた。これらはいずれも大戦期のバブルに踊った金融業者といえよう。不動産価格も暴騰し、不動産業に多額の資金が流れ込んだ。これらの資金供給を支えたのが、日系特殊金融機関の朝鮮銀行や東洋拓殖株式会社であった。金額的にはこの両社の比重は十分高いが、それ以外の普通銀行の資金供給もその資産負債規模を合計すれば地場の借手にとってやはり重要な金融機関であった。

　1916年から好景気の続いた大戦直後の1919年までの銀行設立をみると、1916年4月2日に普蘭店（後に大連に移動）に東拓系の株式会社遼東銀行、貔子窩に1917年1月15日にやはり東拓系の株式会社貔子窩銀行、1918年5月6日に旅順に株式会社旅順銀行が、11月23日に株式会社大連商業銀行が設置された。ほぼ付属地に沿って、北に向かって列記すると、瓦房店に1918年8月13日に株式会社瓦房店銀行、営口に1918年5月6日に株式会社振興銀行、1919年5月7日に株式会社営口銀行、奉天に1918年7月25日に株式会社満州殖産銀行、1918年12月13日に株式会社奉天銀行、鉄嶺に1716年4月18日合資会社宝隆銀行、1918年7月15日に株式会社通商銀行、1918年4月17日に日支合弁鉄嶺日華銀行、開原に1919年12月10日に株式会社開原銀行、1918年12月15日に四平街に株式会社四平街銀行、長春に1917年12月18日に株式会社長春銀行、1918年1月1日に株式会社長春実業銀行、安東に1919年3月16日に株式会社安東実業銀行がそれぞれ設置された。このうち奉天銀行は奉天倉庫金融株式会社と奉天共融組合を合併して、銀行に転換したものである[11]。通商銀行は鉄嶺実業銀行を1918年に吸収し、鉄嶺銀行と宝隆銀行を併合して鉄嶺商業銀行に改称した。これらのうち合弁形態をとった鉄嶺日華銀行は1919年10月17日に改組され普通日本法人となった。合弁銀行は法的な位置づけで、必ずしも満鉄付属地に店舗を置く必要はない。支店銀行としては、東京に本店を置く株式会社教育貯蓄銀行が1916年6月に大連に支店を設置した[12]。この間に安東貯蓄銀行は1918年1月17日に株式会社満州商業銀行に改称し、同年10月30日に南満銀行を吸収し、他方、安東銀行は1919年に長春銀行を吸収していた。先述の松花銀行はロシア革命後

のルーブル大暴落で、1919年3月15日に資本金を日本円に切替え、増資し資本金100万円、36.2万円の払込となったが[13]、操業環境は苦しいものとなった。大戦前から大戦期にかけて、満州の普通銀行業は大拡張をみせたといえよう。

第2節　1920年代の銀行業の衰退と整理

1　弱小銀行の廃業

　大戦期の好景気が去り、反動恐慌が到来する状況になっても満州で銀行設立計画が続き、1921年まで銀行新設が見られた。こうした銀行新設の続出から、満州にも日本の銀行法令の整備された適用が必要になり、1890年8月20日「銀行条例」と1890年8月25日「貯蓄銀行条例」に準拠した、1922年4月17日勅令「関東州及南満州鉄道付属地ニ於ケル銀行ニ関スル件」と同「関東州及南満州鉄道鉄道付属地ニ於ケル貯蓄銀行ニ関スル件」が公布され、満州の普通銀行と貯蓄銀行がこの勅令の規定を受けた。

　1920年1月26日には株式会社南満銀行が鞍山に、1920年1月25日に株式会社平和銀行が吉林に、1920年1月26日に株式会社鞍山銀行が鞍山に、1920年2月11日に株式会社吉林銀行が吉林に、1920年3月21日に株式会社協成銀行が安東に設置され、さらに1921年11月10日には株式会社哈爾浜銀行が哈爾浜に設置された。哈爾浜は満鉄付属地外であるが、非居住者の営業が可能なのは中東鉄道沿線の埠頭区の事業である。哈爾浜銀行は日系・ロシア系資本の銀行で、白系ロシア人の哈爾浜における事業基盤を利用したものといえよう。1920年に満州商業銀行が安東銀行を吸収していた。

　以上の1921年までの大戦直後の銀行設立のあとに待っていたのは、在満普通銀行の営業不振と休業・淘汰の波であった。戦後の反動恐慌が襲来すると、規模の小さな銀行の経営は直ちに苦境に陥らざるを得ない。多くの融資は担保価値の急落した株式や不動産を担保としており、その反騰は望むべくもない[14]。そのため経営不振の銀行は事業譲渡を決断せざるをえない。奉天を拠点とする2番目の銀行として、先述の奉天銀行が営業していた。頭取石田武亥は満州実業者の代表

的な人物であった。奉天銀行は操業環境悪化の中で鉄嶺商業銀行・奉天信託株式会社と合同による新銀行設立を決議し、12月7日に設立許可を受けたため、同月31日に解散し、1922年1月1日に同一名称の株式会社奉天銀行となった（資本金500万円、払込125万円）。頭取はやはり石田武亥である[15]。こうした中で1922年8月に教育銀行（「貯蓄銀行条例」の満州への適用で1922年に普通銀行に改組）、南満銀行、平和銀行は休業に追い込まれた。教育銀行のみ年末に一部預金の払戻しが可能であったが、残る2行はほぼこの時点で消滅したとみられる。教育銀行は休業整理のまま株式会社大連興信銀行に商号変更した。

　こうした普通銀行の経営危機が広がる中で、資産規模の比較的大きな横浜正金銀行系の竜口銀行は銀行買収による拡大戦略を採用する。1922年3月8日に竜口銀行は株主総会で鞍山銀行併合を決議し、同年5月には併合手続を完了し、増資の上鞍山、安東に支店を設置した[16]。弱小銀行の多い中では、相対的に資本金規模の大きな同行は、事業譲渡先を探す銀行に対し、積極的に事業買収に打って出たといえよう。竜口銀行の大株主には石本鑽太郎、相生由太郎（監査役でもある）、野津孝次郎等の満州事業家が顔を並べ、在大連中国人事業者も多数含まれており[17]、積極策で満州実業界の維持が期待されていたと思われる。さらに同年12月15日株主総会で瓦房店銀行が商号変更した株式会社東華銀行の合併を決議し[18]、1923年1月には合併手続を終了した。これに併せ瓦房店ほか1地域に店舗を拡張した。また1923年4月12日株主総会で竜口銀行は旅順銀行の合併を決議し、6月には合併事務引継が終わった。こうして竜口銀行は満州内店舗としては大連本店のほか5支店3出張所を構えるまでに拡張した[19]。しかし強気の事業拡張戦略を採用した竜口銀行も、事業環境は必ずしも好転したわけではなく、1922年6月期の配当率年12％から1923年6月期10％へ、12月期8.5％へ、1924年6月期7％へと低下を続け[20]、竜口銀行が不振銀行の仲間入りをする日は近づきつつあった。

　竜口銀行の経営危機が明らかになるにおよび、満州最大の日系普通銀行の正隆銀行は、1925年11月19日株主総会で竜口銀行合併契約を議決した。そして12月23日に竜口銀行は正隆銀行に救済合併された。合併条件は竜口銀行株3株対正隆銀行株1株を交換するものとし、それに見合う自己資本を正隆銀行は増資し、

払込資本金は 1153.2 万円となった。竜口銀行併合に伴い鞍山・瓦房店・松樹に支店を追加し、正隆銀行の店舗は本店大連のほか、関東州に 1 店、満州各地に 13 店を擁し、そのほか関内に 5 店舗を抱えていた。この期に正隆銀行はまだ 8 ％の配当を行なうことができた[21]。

営口本店の振興銀行と営口銀行は不振に陥り、朝鮮銀行の資金支援を受けていた。在営口領事館と朝鮮銀行は事業強化のため両行の合併を推進した[22]。その結果 1925 年 1 月 29 日に振興銀行が営口銀行を吸収合併し[23]、営口本店の有力日系銀行は 1 行のみとなった。

これ以外に不振に陥った銀行としては、開原銀行があり、1920 年代半ばにはやはり休業状態にあった。後述の満州銀行への 4 銀行の統合を経て、1921 年末に朝鮮銀行が存在を確認していた 26 行のうち、1920 年代末には少なくとも 12 行が休業もしくは消滅した（図表Ⅲ-3-1）。その後の世界恐慌の中で持ちこたえずに休業に陥ったものもあるはずであり、満州事変前には満州銀行を加算しても 15 行以下に減少していたとみられる。休業・消滅に直面しなかった銀行についても、当然ながら業績悪化は著しいものがあった。損益状況が 1920 年代について確認できる上記以外の、たとえば哈爾浜銀行の場合を紹介すると、店舗は哈爾浜 1 店のみで、ソースキン商会から役員が送り込まれており、ソースキン商会も有力が取引先であったはずである。哈爾浜銀行の配当率の推移を見ると、1920 年代後半には無配に転落しており、経営危機が続く状態であった[24]。

2　満州銀行への弱小銀行の統合

先述の 3 銀行休業への突入は、満州全域に激しい金融梗塞を引き起こした。それのみならず日本内の商業銀行の休業報道もなされ、預金払戻請求が発生するのはやむをえないことであった。こうした満州における銀行業に対する信頼感の欠如は、先述の竜口銀行のように不振銀行の買収を通じて事業拡張、資産負債規模の拡張で打開を図る方法と同様に、不振銀行が合併による事業拡張で乗り切ろうとする別の選択がなされる。それが日系銀行 4 行の合同による大規模銀行の設立であった。この方針に対しては行政の側の促進がありえたはずである。ここでは営業報告書で合併前の統合銀行の状況と合併後の事業を紹介しよう。

資本金規模の最も大きな大連銀行の場合には、在大連日本人のみを株主とし、特定法人による大口出資を受けてはいない[25]。店舗は大連本店以外に市内に2店舗、そのほか鞍山と奉天に店舗を有していた。1922年夏には先述の休業銀行の発生によりに、中小商工業者で連鎖的に破綻するものが続出した。それでも表面上は利益をほどほどに確保したことになっている。1923年上期では資金需要が停滞する中で、「金融梗塞ノ傾向益々濃厚トナリ資金ノ回収困難ヲ感スル」状況となり、大連銀行1行で貸出を増大しても焼け石に水の状態であったかの報告がなされている。この環境の中で対前期利益の減少となった。それでも1割配当を維持した。1923年6月の貸借対照表を眺めると、資産では手形貸付607.2万円、当座貸越166.4万円、割引手形70.2万円となっており、手形貸付には固定貸が多額に含まれていると思われる。負債では諸預金401.8万円、再割引手形133.7万円、借入金108.9万円、当座借越40万円となっており[26]、預金中心の債務となっているが、それでも借入金や再割引による資金調達もかなりの規模であり、朝鮮銀行等から調達した資金と思われ、それが不良固定貸債権を維持していた。さらなる不動産価格と株価の低迷は資金の効率的な運用を阻害し、減収をもたらすため、配当率引き下げを必至とするものである。さらにはそれ以上の経営危機が予想されたと思われる。

　満州商業銀行の営業報告書は存在が確認されていないため、除外し、次に遼東銀行について眺めよう。同行は大連を本店とし東拓が14％を保有する最大株主であり、頭取は中国人で個人として最大のそして東拓に次ぐ出資者であった。株主には日本人と中国人が並んでいる[27]。同行は1921年5月14日に貔子窩銀行を吸収し、1922年12月で大連市に1店、関東州内に2店、瓦房店、貔子窩に各1店を構えていた。1922年下期で市中は不況色に塗り固められていたが、配当率は1割を維持した[28]。1922年12月の貸借対照表をみると、資産では手形貸付658.2万円、証書貸付109.1万円、割引手形94.3万円で、手形貸付には長期化した固定貸が多額に含まれていると思われる。他方、負債では預金合計244.7万円、再割引手形77.4万円、当座貸越16.8万円、東拓借入金379.1万円、特別借入金73.4万円、という構成となっており[29]、預金を上回る東拓借入金により遼東銀行の固定貸は支えられていた。東拓借入金以外の借入れの多くは朝鮮銀行からのも

のと推測できる。遼東銀行の貸借対照表を見る限り、親会社東拓からの延命措置が続く限りしばらくは持ちこたえることができたかもしれないが、この状況で1割配当は高すぎるというしかない。遼東銀行の最大株主が東拓のため、政府の方針として4行統合が打ち出されると、遼東銀行は東拓の意向を受容せざるをえなかった。

4行統合銀行のうち最も新しい奉天銀行は、奉天市内に支店と派出所を持ち、そのほか鉄嶺、本渓湖に支店を有していた。最大株主は奉天信託会社である。1922年下期で営業環境悪化の中で、内部整理を行なったとあるが、乏しい利益で6％の配当を行った。貸借対照表をみると、金勘定の資産では証書貸付126.1万円、手形貸付375.8万があり、やはり手形貸付に固定貸が多額に含まれていると思われる。他方、負債では借入金73.6万円、当座借越32万円、再割引手形214万円となっており、この3者合計で諸預金合計122.4万円を大きく上回っている点が注目される。これらの資金調達先は主として朝鮮銀行であった[30]。設立間もない奉天銀行は戦後反動恐慌にいきなり曝され、資産は不良固定貸となり、預金漏出を朝鮮銀行からの資金調達で凌いでいたといえよう。しかも主要株主には満州実業界で影響力を有するものが多く、彼らが主たる取引先である場合には、彼等の経営する法人も反動恐慌で経営不振に直面していたはずであり、それらへの貸出金は取り分け固定不良債権化せざるをえなかった。そのため先述した2銀行以上の不良債権を抱え込んでいた。1923年6月期の貸借対照表は一段と悪化したように見えるが、それでも6％配当を行なっていた[31]。しかしこのままでは奉天銀行の経営危機は不可避であった。

満州商業銀行の資産負債は不明であるが、ほかの3行と同様に不良債権を抱えていた経営状態であったと思われる。いずれも不良債権を多額に抱え込んだ経営にある4行を統合し、事業拡大を図る中で、朝鮮銀行・東拓からの借入金を維持したまま時間をかけて不良債権を処理させ、健全経営の銀行へと道筋を付けようとした。

満州銀行の設立とその後の状況を紹介しよう。1923年5月28日に4銀行が臨時株主総会を開催し、合併契約書を議決した。そして7月31日に満州銀行が創立総会を開催し、同日に営業認可を得た。併せて統合4行の全資産負債を承継し、

8月1日に開業した。本店を大連に置き、その他の満州内店舗として大連3店、関東州内3店、奉天・安東各2店、鞍山・撫順・本渓湖・鉄嶺・公主嶺・長春・吉林各1店を擁していた。このほか満州外店舗としては新義州支店があった[32]。安東・新義州店舗は満州商業銀行から承継したものである。合併銀行として役員の数も多く、対等合併という形態を採用したため、旧4銀行の役員が取締役に横滑りし、頭取からヒラの取締役まで13人という規模となり[33]。これでは役員経費圧縮は困難である。7月31日の4行統合貸借対照表が計算されているが（相互取引は相殺）、それによると資産では手形貸付2626.9万円、当座貸越462.9万円、証書貸付462.4万円、割引手形347.5万円で、他方、負債は預金合計1437.1万円、借入金1203.3万円、当座借越222.5万円、再割引手形702.7万円となっており[34]、不良債権の固定貸しを預金以外の資金調達の長期借入金等で支えるという構成は、統合4行の貸借対照表をそのまま拡張したように見える。不良債権の償却は株主や役員との絡みもあり、容易ではない。ただし満州銀行設立の際に増資して自己資本を強化したことは、満州日本人事業家と銀行経営者にとって取りうる最善の方策であった。正隆銀行と同率の8％の配当を行ったが、正隆銀行の貸借対照表と比べると、固定貸の不良債権の比率と預金以外の長期の資金調達依存比率が高いため、満州銀行は事業内容に余る配当負担を抱えているといえよう。

第3節 満州国初期銀行行政と治外法権下の日系銀行

1 「銀行法」公布による金融業再編

　満州国樹立後、1932年6月27日満州国は財政部訓令「各省銀行設立許可ニ関スル件」を公布し、従来の銀行の各省認可制から満州国財政部の審査を経るものとし、外国銀行の支店設置も取締の対象とし、銀行券発行銀行の設立を認めないものとした。満州事変前の満州における土着金融機関として、発券銀行等として分類される東三省官銀号、吉林永衡官銀銭号、黒竜江省官銀号、辺業銀行、遼寧省城四行号連合発行準備庫があり、そのほかの商業銀行もあり、さらに銀行類似組織は多数存在していた。これらについて1933年4月の調査によると、銀行と

その類似事業として認定されるものとしては、東三省と興安省で合計417に達し、そのうち銀行と自称したものは40、儲蓄会が9あり、これら以外は銭荘・銭舗であった[35]。

1933年11月9日「銀行法」公布により、銀行業務を規定し、銀行として事業を行なうものは満州国財政部の許可を受けるものとされ、満州国の銀行は許可制に移行した。また既存の銀行・銭荘・銭舗はすべて年末までに財政部の許可を受けるものとした。この「銀行法」により新たな営業免許を交付することになり、申請期限の1934年末までに「銀行法」に基づく営業を申請したものは169件あった。そのうち銭舗・銭荘から転業したもの48件を含んでいた。そのほか関内系銀行23店の営業継続を認めた。これらの審査を経て、営業許可を受けたのは、銀行88件であった。内訳は国内銀行65、関内系銀行23店であった[36]。関内系銀行については満州国内負債が資産を超過する部分については、全額の供託を強制した[37]。この「銀行法」施行当時の普通銀行の預金総額は1000万円に達していた。

普通銀行は法人営業税を資本金増資に対して課税されたため、銀行の自己資本増強へのインセンティブは乏しかったが、1935年6月29日「法人営業税法」公布により、増資の不利益は消滅した。そのため1935年6月29日に弱小銀行40行に対し、満州国財政部は改組増資を求めた。その内容は、株式組織への転換、最低資本金10万円以上への増資、現物出資を認めず、増資困難な銀行には合併を勧奨し、この期限を1ヵ年とした。先の48行中、5行がすでに股份有限公司に転換済みで、3行は廃業しており、残る個人経営普通銀行は40行であった。こうして個人経営の普通銀行に対して急速な改組、増資を要求し、期間満了後の1936年10月に股份有限公司組織に転換し増資したものは19行、他方、廃業に追い込まれたのは27行であった[38]。実際には増資を表明し、それが実現するまでの経過措置が導入されるため、資本金10万円以下のままの営業が続く場合もありえたようである。なお日本法人の銀行については、満州国のおける治外法権が該当するため、満州国財政部の監督対象外であった。

第3章 金　融　449

2　非日系金融機関の設立・再編

　銀行という名称は満州事変前の中国人事業としては、必ずしも法的にまとまったものではない。銀号、銭荘等とほぼ同義語であった。1931年3月に国民政府は中華民国「銀行法」を公布したが、満州には事実上適用されず、雑多な金融制度が混在したまま満州事変となった[39]。銀行という名称を満州国前から採用していた本店を満州に置く民間金融機関としては、世合公銀行股份有限公司（1902年3月設立、1924年に股份有限公司に改組）、益通商業銀行股份有限公司（1919年1月20日設立の株式組織、本店長春、未登記のままであったため、満州国法人として1934年2月登記）、東辺実業銀行（1921年7月、安東の商業儲蓄会を日本側の銀行に対抗して改称）、義来銀行（1926年1月設立）、益発銀行（1926年10月、益発号銭荘の部門を分離した個人経営組織）等で限られている[40]。そのほか瀋陽銀行の前身の益和永久銭荘が1923年から1927年にかけて奉天実業銀行と称していた時期がある[41]。それ以外には多くは銭荘、銭号、銀号等と称された。中国人経営の銀行設立は上記の満州事変前からの銀行形態か、後述の儲蓄会の改組や特定目的での設置以外には、すべて銀号・銭荘等の法人組織銀行への転化である。

　満州国における初期の最大の普通銀行となったのは、奉天商工銀行股份有限公司であったが（**図表Ⅱ-3-2**）、同行は1917年設立の奉天儲蓄会を前身とした。満州事変前に多額の資金を不動産投資にあて、資金が固定し不良債権を抱えて経営危機に陥ったため、満州事変後に預金者に利息不払声明をなし、休業した。その後1933年4月の有奨貯蓄満期になっても支払に応じないため、満州国財政部は1934年2月8日に業務停止を命じ、預金者保護を行なった。その後の残余資産をもとに、一部預金を加え、1934年12月27日に奉天商工銀行が設立された[42]。満州国政府も出資した。そのため設立当初から満州国財政部と満州中央銀行が深く関わっていた。さらに同行は1936年7月8日に奉天林業銀行股份有限公司を吸収合併した[43]。奉天商工銀行の最大株主は奉天市長、2番目の株主は満州生命保険株式会社であり[44]、満州地方行政や国策企業による資本注入により自己資本が強化されていたといえよう。

図表 II-3-2　満州国「銀行法」にもとづく普通銀行と日系銀行

(単位：千円)

銀行名	本店	設立	系列	資本金 1937年末	資本金 最終	備考
(株)正隆銀行	大連	1908.01.15	日系		—	1936.12.31解散、満州興業銀行に統合
(株)商工銀行	遼陽	1913.04.05	日系		—	休業
(株)大連興信銀行	大連	1906.06.01	日系		—	休業
(株)長春実業銀行→(株)新京銀行	新京	1917.12.15	日系	400	1,600	帝都銀行に統合
(株)振興銀行	営口	1918.05.06	日系・中国系	500	—	1933年後半休業
(株)満州殖産銀行	奉天	1918.07.25	日系		—	1933年解散
(株)大連商業銀行	大連	1918.11.23	日系			
間島興業金融(株)	竜井村	1919.02	不詳			
(株)安東実業銀行	安東	1919.03.16	日系	100	125	1942.06末解散、安東商工銀行に統合
(株)華和銀行	鉄嶺	1919.10.17	日系	125	325	1942.12.03に奉天鉄銀行に銀収合併
(株)平和銀行	吉林	1920.01.25	日系	500	—	休業
(株)吉林銀行	吉林	1920.02.11	日系	150	325	帝都銀行に統合
福信金融(株)	新京	1920.03	日系	300		
(株)協成銀行	安東	1920.03.21	日系	250	250	1942.06末解散、安東商工銀行に統合
奉天信託(株)→(株)奉天銀行	奉天	1921.11.17	日系	300	975	治外法権撤廃後に銀行に改組
(株)満州銀行	大連	1923.07.31	日系		—	1936.12.31解散、満州興業銀行に統合
功成銀行(股)	吉林	1926.05	中国系	500	2,000	1934.06.26改組
間島共益銀行	竜井村	1928.02	日系	50		
満州里商業銀行	満州里	1929.04	ロシア系	40		
営口商業銀行(股)	営口	1933.12.01	中国系	1,000	1,000	1942.6.30解散、興亜銀行に統合
益通商業銀行(股)	新京	1934.02.24	中国系	500	2,000	1919.01設立の股份有限公司、1945.01に益発銀行に改組
益発銀行(股)	新京	1934.06.18	中国系	1,000	2,875	1926.10設立の個人経営、1934.06.18銀行に改組
功成興業銀行(股)	間島永吉県	1934.06.26	中国系		10	
天和銀行(股)	哈爾浜	1934.08	中国系			
奉天商工銀行(股)	奉天	1934.12.27	中国系・日系	2,200	4,400	奉天儲蓄会を改組
奉天興業銀行(股)	奉天	1934.12.27	中国系	1,000	1,000	瀋陽商業銀行に統合
安東地方銀行(股)	安東	1934.12.27	中国系	400	425	1920.04設立安東地方儲蓄会が1934.12銀行改組、1942年6月解散、1944.10.01安東銀行に統合
東辺実業銀行(股)	安東	1934.04.25	中国系・日系	250	1,225	1921.07設立、1944.10.01安東銀行に統合
恵業銀行(股)	新京	1934.12.27	中国系		250	休業

第3章 金融

銀行名	所在地	設立年月日	系統		資本金	備考
天王銀行(股)	哈爾浜	1934.12	中国系		60	
福泰銀行(股)	哈爾浜	1934.12	中国系		50	
房産銀行(股)	哈爾浜	1934.12.27	ロシア系		100	
猶太国民銀行(股)	哈爾浜	1934.12.27	ロシア系	100	325	
環城銀行(股)	哈爾浜	1934.12.27	ロシア系	100	150	
志城銀行(股)	奉天	1934.12.27	中国系	50	523	1942.03.31 浜江実業銀行に譲渡
瀋陽銀行(股)	奉天	1934.12.27	中国系	365	350	1942.06.09 改組
世合公銀行(股)	奉天	1934.12.27	中国系	200	250	1923～24年に奉天実業銀行と称した。瀋陽商業銀行に統合
奉天林業銀行(股)	奉天	1934.12.27	中国系	250	200	1902.03 設立、1924 年に(股)
梨樹地方銀行(股)	奉天省梨樹県	1934.12.27	中国系	100	170	梨樹県地方儲蓄会股份公司を 1934.09 改称、1942.12.01 巧成銀行に吸収
哈爾浜協和銀行(股)	哈爾浜	1935.03.14	ロシア系	100	100	1942.06.25 解散
(株)間島銀行	竜井村	1935.06.03	日系	300		1918.11.09 間島商業金融会社設立、1935.06.23 銀行改組
瑞祥銀行(股)	哈爾浜	1935.08.08	中国系	150	325	1942.06.28 解散、大成銀行に統合
奉天匯業銀行(股)	奉天	1935.08.26	中国系・日系	500	750	1942.06.30 解散、興亜銀行に統合
徳義銀行(股)	撫順	1935.10.25	中国系	50	300	志城銀行に統合
奉天実業銀行(股)	奉天	1935.12.27	中国系		1,375	志城銀行に統合
錦州商工銀行(股)	錦州	1936.03.02	中国系		475	
福順銀行(股)	営口	1936.07.08	中国系	150	200	1942.06.30 解散、興亜銀行に統合
福興銀行(股)	本渓湖	1936.06.16	中国系	50	150	
信聚銀行(股)	哈爾浜	1936.09.26	中国系	250	375	1942.06.28 解散、大成銀行に統合
義増銀行(股)	本渓湖	1936.07	中国系	50		
奉天同益商業銀行(股)	奉天	1936.11.30	中国系→中国系・日系	100	300	瀋陽商業銀行に統合
晋昌銀行(股)→(株)三江銀行	佳木斯	1936.12.07	中国系	50	1,000	1941.09 に三江銀行に改組
牡丹江商業銀行(股)→(株)東満銀行	牡丹江	1936.11.17	中国系	250	5,000	1942.11.12 東満銀行に改組、1944.11.01 東満州銀行に改組
養来銀行(股)	安東	1936.12.07	中国系	50	150	1926.01 設立、1942.06 解散、大東銀行に統合
興茂銀行(股)	安東	1936.11.19	中国系	100	300	1942.06 解散、大東銀行に統合
公順銀行(股)→(株)錦州商工銀行→(株)錦熱銀行	錦州	1936.03.02	中国系	100	1,500	1942.10.01 に錦熱銀行に改組
天泰銀行(股)	哈爾浜	1936.11.06	中国系	250	375	1942.06.27 解散、徳泰銀行に統合
天和銀行(股)	哈爾浜	1936.11.26	中国系	250	375	1942.06.28 解散、大成銀行に統合
中泰銀行(股)	哈爾浜	1936.12.07	中国系	250	500	1942.06.27 解散、徳泰銀行に統合
福徳銀行(股)	哈爾浜	1936.12.07	中国系	250	500	1942.06.27 解散、徳泰銀行に統合
東盛銀行(股)	満洲里	1937.07.28	中国系	50		
興盛銀行(股)	海拉爾	1936.12.15	中国系	50	275	1942.08 に徳泰銀行に買収

銀行名	本店	設立	系列	資本金 1937年末	資本金 最終	備考
天昌厚銀号(股)	奉天	1937.01	中国系	10		
東記銭号(股)	奉天	1937.01	中国系	10		
哈爾浜実業銀行(股)	哈爾浜	1937.06.08	日系	250	250	1941.12.24に浜江実業銀行に譲渡
(株)斉斉哈爾商工銀行→(株)西北銀行	斉斉哈爾	1937.11.30	日系→中国系・日系	100	1,250	1944.01 西北銀行に改組
東興銀行(股)	図們	1937.07.28	日系	500	1,000	1944.11.01に東満州銀行に統合
盛業銭荘(股)	瓦房店	1937.08	中国系	50		
徳豊厚銀行	撫順	1937.08	中国系	10		
(株)盛豊徳銀行	瓦房店	1938.08.17	中国系	—	125	1942.06.30解散、興亜銀行に統合
(株)興徳銀行	新京	1939.12.21	日系	—	800	1916.03.26設立の官営新京取引所信託(株)を改組、帝都銀行に統合
(株)浜江実業銀行	哈爾浜	1941.12.22	日系・ロシア系・中国系	—	2,500	
(株)安東商工銀行	安東	1942.06.29	日系	—	1,250	1944.10.01安東銀行に統合
(株)大東銀行	安東	1942.06.26	日系	—	1,250	1944.10.01安東銀行に統合
(株)徳恵銀行	哈爾浜	1942.06.27	中国系・日系	—	2,500	1944.11.01に哈爾浜銀行に統合
(株)興亜銀行	営口	1942.06.22	中国系	—	3,000	
(株)大成銀行	哈爾浜	1942.07.01	中国系	—	2,250	1944.11.01に哈爾浜銀行に統合
(株)瀋陽商業銀行	奉天	1942.06.09	中国系	—	1,750	
(株)安東銀行	安東	1944.10	中国系・日系	—	6,350	
(株)哈爾浜銀行	哈爾浜	1944.11	中国系	—	5,500	
(株)帝都銀行	新京	1944.11.30	日系	—	5,500	

出所:『1936銀行会社年鑑』、『1940銀行会社年鑑』、『1942銀行会社年鑑』『1944会社名簿(20万円以上)』、東北物資調節委員会『東北経済小叢書』2「金融」、1946年、満州国経済部金融司『満州国銀行総覧』1937年12月末現在。

注(1)『会社法』施行前の設立銀行で日系は(株)、中国系・ロシア系は(股)としたが、施行後に(株)に転換の(株)は含まれている可能性がある。
  (2)大連興信銀行設立日は教育貯蓄銀行大連支店設立日。
  (3)満州国期新設の銀行に(股)を付したが、1936年以前に個人事業のまま廃行したものがある。転換後の(株)の記載を省略した。

同様に地方の儲蓄会を改組した銀行として、梨樹地方銀行がある。1920年4月旧奉天省梨樹県に設立された、梨樹県地方儲蓄会が事業拡張後に梨樹県のみに事業を縮小し、1934年9月に梨樹地方銀行に改称した[45]。同様の儲蓄会の改組は、東辺実業銀行の事例にもみられる。同様に1920年4月設立の安東地方儲蓄会も満州事変直後に回収不能に陥り、1934年12月27日に株式会社形態の安東地方銀行股份有限公司に改組した[46]。

地域金融への対策として設置された銀行もある。地域通貨営口過炉銀の廃貨に伴う措置が注目されよう。営口では1933年11月に満州中央銀行券による統一の中で、地域通貨の過炉銀が廃止となり、地域資金供給のため、営口の事業家が満州国財政部の後押しを受けて、同12月1日に株式組織の営口商業銀行股份有限公司を設立した[47]。また満州事変後の農業恐慌で金融梗塞が続き、その打開のため営口と奉天の日満有力実業者が発起人となり、1935年8月26日に奉天匯業銀行股份有限公司を設立した[48]。満州国の商業都市奉天の事業基盤の発展を期待して、本店を奉天、支店を営口としたが営口の重要な銀行となった。

ロシア系の銀行については、当初から名称に銀行と付されていたものが多い。ただし猶太国民銀行のように組合組織のため、満州国期に「銀行法」に基づき株式組織への転換がなされたものがある[49]。また哈爾浜協和銀行のように前身に銀行の名称が付されていない事例もある[50]。

中国人経営の新式銀行としては、関内銀行の店舗が代表的である。中国銀行、交通銀行、金城銀行、大中銀行があり、特に政府系の中国銀行・交通銀行は多数の店舗を有していた。旧来の発券銀行としての機能を剥奪した上で、満州国での営業を認め、しかも関内店舗からの分離を強める。もともと中国の広域的な店舗展開を行なう銀行は、地域独自性が強く、強い抵抗はなかったと思われる。満州国普通銀行への満州中央銀行の取引については省略する[51]。

3　日系銀行の治外法権体制下の営業

満州事変を迎え、満州国にそのまま営業を存続し休業状態に陥らなかった銀行としては、正隆銀行と満州銀行のような規模の大きなもの以外に、安東実業銀行、協成銀行、吉林銀行、長春実業銀行、日華銀行、哈爾浜銀行がある。このうち満

鉄付属地もしくは哈爾浜埠頭地区を基盤として営業を行っていたのは、いずれも規模が小さく、店舗は当該地域1店のみの吉林銀行・日華銀行・哈爾浜銀行のような例が見られ、事業は概ね当該地域に集中していた。このうち長春実業銀行は都市名変更に伴い、新京銀行に改称する。しかし満州事変後の日本の経済権益の急拡大の中で、弱小銀行は十分な事業拡張はむずかしい。他方、正隆銀行・満州銀行は大連に本店を置いており、満州国では支店営業であったが、その主要都市に張り巡らせた店舗数から、日系普通銀行を代表していた。しかも排日の危険は消滅したため、その事業拡張は十分期待できたはずである。

その事例として、満州銀行の貸借対照表を眺めると、1931年末資産では手形貸付2976.2万円、証書貸付294.4万円、当座貸越256.1万円、割引手形54.2万円、公債保有32.5万円という構成で、手形貸付に含まれる固定的な融資債権には不良債権が多額に含まれているはずである。他方、負債では借入金1794.8万円、再割引手形257.4万円、当座借越41万円、諸預金2220.8万円という構成で、預金の比率は1920年代中頃よりは上昇したが、それでも長期借入金に依存した固定的な融資の維持がなされていた[52]。その後の満州農業恐慌を経て、対満投資による満州国内の景気上昇へと局面が転換するまで、貸出資産の劣化は進まざるをえない。1936年末の最終期の資産を見ると、手形貸付3819.3万円、証書貸付173.8万円、当座貸越559.2万円、割引手形167.1千円、公債保有453.8万円となっており、手形貸出の増大がみられ、その他の不良資産をここにまとめ込んだようである。それでも短期商業金融としての割引手形や当座貸越の増大がみえるため、復活の兆しは確認できる。また満州事変後の日本の公債政策の中で日本公債保有が大きく伸びており、資産の効率的運用も図られている。他方、負債では借入金が1323.3万円、再割引手形91.7万円、当座借越191.8万円、諸預金4284.2万円となっており、預金が大きく伸びて手形貸付を上回り、それに対応し借入金が減少しており、営業効率がいくらかでも改善するまでに回復したといえよう。また役員も監査役を除き6名に減少しており、設立時の役員の任期切れを待って減少を図っていたため、役員報酬等への負担は軽減していた[53]。こうして満州銀行の業態が満州事変後の満州国の景気回復に連れ、復調を示すようになった。その満州銀行は1936年12月14日に株主総会で31日を以って解散することを決議

し、資産負債を満州興業銀行に譲渡することとした。朝鮮銀行満州国内の店舗と資産負債、正隆銀行・満州銀行の満州内店舗および資産負債を統合し、1936年12月3日に満州興業銀行が設立された。満州興業銀行が承継した資産負債は、1931年末よりは改善されたが、それでも手形貸付残高を見る限り償却を必要とする貸付債権はかなりの額が残されていたはずである。

　治外法権時期に日系銀行が設立される。1918年11月9日設立の間島商業金融株式会社が、1935年6月23日に株式会社間島銀行に改組された[54]。間島地方で同行により預金吸収による資金供給が可能となった。この金融業の普通銀行転化は間島地方の資金供給強化のため行政的にも支援したものと思われる。ただしこの銀行がその後の再編の中でどこに統合されたかについては不明である。

　在来の日系銀行としては、満州事変以降の取引環境の悪化により、営業停止状態に陥る銀行が現われた。休業銀行としては、1920年代から休業状態の事例も含め、大連興信銀行、南満銀行、商工銀行、平和銀行、満州殖産銀行がある。このうち奉天取引所信託株式会社の関係会社の満州殖産銀行は満州事変前1928年で既に損失を計上していたが、その後も損失が膨れ上がり、1931末で15.1万円の累積損失が、1933年6月末で累積損失14.6万円に達していた[55]。その後に休業状態に陥ったようである。また大連商業銀行もほぼ同様の営業状況にあり、1933年に解散して消滅した。その他の大連本店の休業銀行は復活できず、さらに大連本店の普通銀行の正隆銀行・満州銀行の満州興業銀行への統合により、1936年末で完全に消滅する。ただし満州興業銀行に転換しても大連における旧来の顧客取引の多くは、そのまま満州興業銀行支店との間で維持された。

第4節　満州国戦時体制下の銀行行政の転換と普通銀行の統合・再編

1　銀行行政の転換

　先述の1933年「銀行法」公布施行で既存金融機関がそのまま存続が認められた。希望する事業者には銀行と名乗ることを認めた。銀行と称した事業者に対し

ては、満州国財政部の命令により最低資本金規制が導入されたが、それは法的に整備されたものではなかった。他方、満州国普通銀行は満州中央銀行との取引を開始することで、市中の資金需要の高さと、満州中央銀行からの相対的低金利資金調達により、かなりの運用利鞘を得ることができた。従来の「銀行法」では、治外法権により日系銀行は監督の対象外とされてきたが、1937年11月5日署名の治外法権撤廃および満鉄付属地行政権の移譲に関する満州国との条約（公布11月9日、施行12月1日）により、日系銀行も満州国経済部の監督の対象となる事態となった。そこで「銀行法」の全文改正が検討された。改正の際の検討で問題になったのは最低資本金規制である。最低資本金を低く設定して銀行業の自立的発展を期待するか、高く設定して急速な合併に踏み切らせるかで、前者の立場に近い満州中央銀行と後者の立場の満州国財政部との間で見解の相違が見られたが、後者の意見にほぼ押し切られ、3大都市（新京・奉天・哈爾浜）で100万円、その他で50万円とされた。この措置に伴う経過期間は3年と設定された[56]。そして1938年12月24日に全文改正の「銀行法」が公布された[57]。同法に貯蓄銀行業務と信託業務も盛り込まれていた。

　こうして治外法権と満鉄付属地行政権撤廃によって、満州国経済部の「銀行法」に基づく監督権限に服することとなった日系銀行は、14件みられた。そのなかには銀行類似会社の信託等が含まれている。これらは「銀行法」に基づく最低資本金規制の対象となるため、資本金過小銀行は施行後3年以内に増資もしくは合併を選択せざるをえない。1938年で法人名の銀行になっていないものは法人名称を銀行に転換した。ただしその後の銀行への転換が確認できないものもある。特に注目されるのは、「銀行法」の規定する最低資本金の金額の高さである。3大都市100万円、それ以外50万円とされたが、ただしロシア系銀行についてはこの規制の対象外とした（**図表Ⅱ-3-2**）。1937年末払込資本金で規制をクリアしている銀行は僅かに営口商業銀行、功成銀行、益発銀行、日華銀行、東興銀行、奉天商業銀行、奉天商工銀行の7行しかなかった。これ以外の最低資本金に届かないロシア系以外の銀行は増資を余儀なくされるが、増資が不可能であれば廃業もしくは合併を選択するしかない。たとえば満州里の資本金10万円以下の零細な東盛銀行も最低資本金規制に該当するが、次の時点の存在が確認できないため、

廃業もしくは吸収合併を選択したと思われる。この資本金規制は3年間の経過措置が取られた。その間に銀行の幾つかは、資本金規模を拡張し、普通銀行として事業拡張を図った。それは資本金増強としてみることができる。最終資本金で1937年末の資本金をほとんど上回っていることが分かる。それでも同一法人名のまま改組もなく最低資本金に届いたのは、益通商業銀行と新京銀行のみであった。ここに3年後の経過期間満了後に、普通銀行の多くの合併が実現したことの理由を見出す。

「銀行法」公布は1938年末であり、1941年末でほぼ経過期間は満了する。その間に増資により最低資本金規制をクリアできなかった多数の銀行は、そのまま延命を図ることはできない。政策資料としては確認できないが、1941年末で過少資本と認定された銀行に対しては、概ね地域的な合併統合方針が満州国経済部で検討され、それが実現したのが、1942年下半期入りする直前であった。すなわち同年6月の過少資本銀行の一斉解散と事業の新設銀行への統合である。あるいは遅れて同年下期中に合併相手が固まり、吸収される。それは以下に見るように概ね地域の普通銀行の合併もしくは改組として実現された。しかも当初の方針としてはロシア系銀行への配慮は、すでに独ソ戦争勃発後の状況では、重視されなくなっており、ロシア系銀行に対しても銀行合同方針が適用されても不思議はない。

2 銀行の統合・再編

新京の銀行としては、長らく日本人経営の長春実業銀行が営業していたが、同行が1933年に新京銀行に改称した。払込資本金160万円であった。その最大株主は満州中央不動産株式会社（1920年3月21日設置、本店新京、旧商号は福信金融株式会社、福信金融建物株式会社）である[58]。そのほかの日系銀行としては、1916年3月26日設立の新京取引所信託株式会社が1939年12月21日に銀行業に転換し、株式会社興徳銀行として設立された[56]。この例は金融業の普通銀行への転換であった。これは金融業としての新京における延命よりは、銀行業への転換を認めて、首都新京における貯蓄動員に当たらせる方が効率的と判断されたものと思われる。興徳銀行の払込資本金80万円であり、最大出資者は満州中央銀

行で11.6万円を引き受けた。改組にあたって満州中央銀行が梃入れしたものといえよう。これにより首都における日系銀行は2行となったが、さらにその規模拡大を追求し、上記2行のほか日系の吉林銀行（払込資本金32.5万円）を含む3行合併により、1944年11月30日に株式会社帝都銀行が設立された。その払込資本金は550万円であり、合併前の3行払込資本金合計272.5万円の倍に増大していた。これに対する満州中央銀行出資は9万円で出資比率は低下したが[60]、満州中央銀行本店の直接的な介入下にあり、その金融行政の権限が強力なため、満州中央銀行の影響力は維持されたはずである。この合併により奉天のみならず吉林にも店舗網が充実した。

　新京に本店を置く中国人経営銀行としては、益発銀行（払込資本金287.5万円）と益通商業銀行（払込資本金200万円）があり、ともに満州事変前の1919年からの営業である[61]。満州国法人としてともに1934年に改組された。両行とも満州における伝統ある中国人商社の系列銀行で、規模も大きく、業態も近似していた。1945年1月に前者により後者を併合し、益発銀行が規模を拡大した。こうして新京の銀行は日系と中国系の2行に統合された。そのほかの中国系の銀行として恵華銀行が存在していたが[62]、営業不振で休業に陥っていた。

　奉天における日系銀行としては奉天銀行がある。同名の銀行がかつて満州銀行に統合された。同行の設立年月は旧奉天銀行とほぼ同じ1921年11月となっている。それは偶然ではなく、旧奉天銀行の親会社の奉天信託が治外法権撤廃後に「銀行法」に基づく銀行として認定され、その後の商号変更により奉天銀行となったものである。その最大株主は満州事業家石田武亥であり[63]、満州銀行の役員にも解散まで名前を連ねたままであり、旧奉天銀行と同じ経営者が銀行業を復活したことになる。そのほか鉄嶺に本店を置く日華銀行が満州事変前から地域金融を担って営業を続けて生きたが、1942年12月3日に「国策ニ順応スルタメ今回奉天銀行ト合併スルコトト」し、合併覚書を決議した[64]。こうして日系の奉天銀行が、鉄嶺を地盤とする日華銀行を1943年3月7日に吸収合併した[65]。その際に払込資本金は97.5万円から340万円に引き上げている。因みに日華銀行払込資本金は32.5万円である。日華銀行は日華合弁の株式会社として設置されたものであるが、鉄嶺に本店を持つほかは出張所1ヵ所を有するのみであった。その

ため日華銀行店舗は奉天銀行鉄嶺支店に切り替えられたと思われる。

奉天における中国系銀行として、既に志城銀行が満州中央銀行からの出資を受けていたが、その他の中国系銀行の徳義銀行・奉天実業銀行が1942年6月30日に解散し[66]、志城銀行は同年6月9日に改組設立され、7月1日に開業した。そして徳義銀行と奉天実業銀行を吸収した。それにより払込資本金は300万円に拡大した。そのうち満州中央銀行出資は47.8万円となっている。満州中央銀行の旧志城銀行への出資は23.3万円と見られ、他方、旧志城銀行への交通銀行の持株2,367株を上乗せしても、47.8万円に届かないため、改組にあたって満州中央銀行は出資額を上乗せしたようである[67]。同じく奉天における中国系銀行として、奉天商業銀行・同益商業銀行・瀋陽銀行があるが、それぞれ1942年6月30日に解散し[68]、7月1日開業した株式会社瀋陽商業銀行（設置は6月9日）に吸収された[69]。因みに統合銀行の瀋陽商業銀行の払込資本金は175万円であり、奉天商業銀行100万円、同益商業銀行30万円、瀋陽銀行35万円の合計165万円をいくらか上回る資本金規模である。それでも瀋陽商業銀行には、満州中央銀行から2.6万円の出資が行なわれ[70]、満州中央銀行による統合への関わりを推測させる。

こうして満州国最大の商業都市奉天の普通銀行は僅か3行に淘汰された。それにより店舗網は充実し、貯蓄動員の機関としては効率性を増し、預金増強の中の政策的な資金誘導が一層容易になったと思われる。

哈爾浜には日系銀行としては、哈爾浜実業銀行があるのみであった。他方、哈爾浜にはロシア系の銀行として環城銀行が営業していた。1941年12月の開戦後、哈爾浜でそれまで営業していた金城銀行道裡支店と交通銀行道裡弁事処の店舗は接収された。その接収店舗を含む銀行統合が検討され、株式会社浜江実業銀行は1941年12月12日に哈爾浜に設立された。そして創立に関する諸事項のうち、出資や役員等のほか、哈爾浜実業銀行買収仮契約を承認し、哈爾浜実業銀行の店舗を承継して設置されるものとなった[71]。他方、哈爾浜実業銀行も12月24日に新設銀行への営業譲渡と、その契約、新銀行株式引受等を決議している[72]。そして前者は後者の店舗を買収承継して1942年1月1日に開業した。本店は哈爾浜埠頭区で、追って支店を哈爾浜市内に1店設置した。これらの店舗は旧哈爾浜実業銀行の店舗のようである。3月31日にロシア系の環城銀行の営業譲渡を受け、

それについて4月14日に浜江実業銀行の出張所とすることを決議した。そのほか店舗として、5月31日には、接収された金城銀行分行、交通銀行弁事処の営業譲渡を受けた。さらに6月30日には満州中央銀行支行の営業の一部譲渡を受けており[73]、店舗および資産規模は大幅に増大した。この一連の統合により日系・ロシア系のみならず中国系の経営者も参加する銀行となったようである。統合前の浜江実業銀行の払込資本金は25万円、環城銀行のそれは15万円に過ぎなかったが、浜江実業銀行の払込資本金は250万円に増大し、そのうち満州中央銀行から5％の12.5万円の出資を受けていた[74]。ここにも浜江実業銀行の統合への満州中央銀行の関わりが推測できる。こうして哈爾浜における有力な日系・ロシア系を中心とする地場銀行として、事業を拡張することができた。

ユダヤ系ロシア人経営の銀行としては、1934年12月設立の猶太国民銀行がそのまま敗戦まで営業を続けていた。同行は哈爾浜で1923年に設置されたものが1934年に満州国法人として改組されたものである[75]。ユダヤ系ロシア人の経営のためか、独自経営の維持が認められたようである。そのほかのロシア系銀行としては、哈爾浜協和銀行と房産銀行があったが、前者は1942年6月25日に解散した[76]。後者については不明である。

さらに哈爾浜における中国系銀行も統合される。すなわち恒聚銀行・天和銀行・瑞祥銀行はそれぞれ1942年6月28日に解散し[77]、1942年7月1日に株式会社大成銀行開業で統合された。大成銀行の払込資本金225万円であり、統合3行払込資本金合計は107.5万円であり、2倍以上に増強された[78]、他方、やはり1942年6月28日に1942年6月27日に天泰銀行、福徳銀行・中泰銀行が解散し、6月27日設立の株式会社徳泰銀行に統合された。その払込資本金250万円であり、統合3行合計払込資本金137.5万円を大きく上回っていた[79]。哈爾浜の普通銀行の興盛銀行も1942年8月に株式会社徳泰銀行に買収された[80]。こうして哈爾浜における中国系銀行は2行に統合された。その後の戦時銀行業統合が推進され、1944年11月1日に株式会社哈爾浜銀行が開業し、大成銀行と徳泰銀行が統合された。哈爾浜銀行の資本金は550万円であり、統合2行の資本金を合計した475万円に満州中央銀行から75万円出資を上乗せした金額となっている[81]。哈爾浜地域の中国系の有力銀行として満州中央銀行が13％もの資本注入で梃入れ

したものといえよう。こうして1944年暮には、北満の商業都市哈爾浜に本店を有する銀行は、僅か3行のみとなった。

　安東の日系銀行として古い歴史を持つ日系の安東実業銀行と協成銀行の両行は、やはり1942年6月末に解散し、1942年6月29日設立の株式会社安東商工銀行に統合された。安東商工銀行の払込資本金は125万円で、統合両行の合計払込資本金は僅か37.5万円で、統合にあたり3.3倍に増強された82)。

　安東地方には中国系の安東地方銀行、興茂銀行、義来銀行の3行があり、地域金融に従事していた。やはり1942年9月末には3行が解散し、3行を統合し1942年6月26日に株式会社大東銀行が設立され83)、7月1日に開業した。大東銀行の資本金125万円である。統合3行の払込資本金合計は87.5万円で、統合にあたり資本金規模が拡大した。設立時の本支店数は12店で、一般銀行業務に従事した。本店は安東で支店は公安街、奉天、撫順、鞍山等に置き、旧奉天省の満鉄沿線とその東側の主たる都市に店舗を展開した。これ以外の中国系の銀行としては、安東に満州事変前から営業する東辺実業銀行があり、大東銀行の設立で、安東を拠点とする中国系銀行は3行となった。さらに1944年10月1日に株式会社安東銀行が設置され、大東銀行、東辺実業銀行および安東商工銀行を統合した。その結果安東における銀行はこの1行のみとなり、日系・中国系の資本系列となった。払込資本金は635万円となり、統合3行合計で372.5万円であり、統合にあたって、資本金も増強された84)。

　営口地方の中国系銀行としては、満州中央銀行出資を受けている営口商業銀行と、福順銀行があり、さらにこの2行に加え、奉天を本店とする奉天匯業銀行（中国系・日系）と関東州の北側の瓦房店に本店を置く中国系の盛業銀行の4行が、1942年6月30日に解散し85)、4行統合で、6月22日設立の株式会社興亜銀行に統合され、7月1日に開業した86)。興亜銀行の資本金は300万円で、統合4行の払込資本金合計207.5万円で、自己資本は増強された。そのうち満州中央銀行出資は17万円となり、旧営口商業銀行への満州中央銀行出資8.1万円の2倍を上回り、満州中央銀行からの出資も上乗せした。この4行統合の特徴はほぼ満鉄幹線に沿った広域的な合併にある。ただし奉天匯業銀行は元来営口の金融梗塞を打開するために設立されたもので、本店は奉天にあるが、営口支店も重要な店

舗であった。奉天匯業銀行を統合することで、興亜銀行の店舗としては奉天を含む営業基盤の強化がなされた。

　牡丹江には中国系の牡丹江商業銀行が営業していたが、同行は1942年11月12日設立の株式会社東満銀行に改組され中国系・日系の銀行となった[87]。併せて払込資本金は37.5万円から250万円に増強された。他方、牡丹江の南東の間島省図們には株式会社東興銀行が1937年7月28日に設立され、払込資本金100万円の同行に対しては、満州中央銀行が21.3万円を出資した[88]。図們は在満朝鮮人の多住地帯であり、政策的な資金支援と思われる。さらに1944年11月1日に東満銀行を改組し、株式会社東満州銀行が開業し（本店牡丹江）、併せて図們の東興銀行を吸収した。東満州銀行の払込資本金は500万円に増強された。同行への満州中央銀行出資は25万円となった[89]。満州中央銀行は出資比率5％になるように出資額を上乗せしたようである。当然ながら東満州銀行の営業基盤は牡丹江と図們となった。こうして満州国東端を営業基盤とする規模の大きな日系・中国系銀行が出現した。錦州には旧公順銀行を改組した中国系の錦州商工銀行が営業していたが、これは1942年10月1日開業の株式会社錦熱銀行（本店錦州）に改組され、中国系・日系の銀行となった。払込資本金は47.5万円から150万円に増強された[90]。錦熱銀行の資本金は旧錦州商工銀行の47.5万円から3倍増となった。斉斉哈爾地方では、日系の株式会社斉斉哈爾商業銀行が1937年11月30日に設立され、営業していたが1944年1月に株式会社西北銀行に改組され、中国系・日系の銀行となった。払込資本金も旧斉斉哈爾商業銀行の30万円から125万円に増強された[91]。佳木斯では晋昌銀行が中国系の銀行として営業していたが、1941年9月に株式会社三江銀行に改組された。払込資本金は100万円となり、旧晋昌銀行の15万円から大幅増強となっている。奉天省梨樹県に本店を置く梨樹地方銀行があったが[92]、1942年12月1日に株式会社功成銀行（本店吉林）が吸収したようである[93]。改組にあたり資本金は17万円から200万円に増強された[94]。

第5節　保険業・無尽業

1　満州における保険業の概要と大連火災海上保険

　保険業は特に貿易および流通に伴う商品の損害保険については需要がある。輸出業者にとっては、海上保険は不可欠である。港までの運送保険も必要である。また固定資産を有する事業者、特に満鉄のような業者にとっては火災保険・運送保険は必要である。大連ほかで保険会社の支店や代理店による保険取扱が始まったために、1900年3月22日「保険業法」の規定する事業に参入を推進するため、1910年6月27日勅令「関東州ニ支点又ハ代理店ヲ設ケテ保険事業ヲ営ム者ニ関スル件」により、関東州における支店代理店営業の法的位置づけが与えられた。この新たな環境の中で日本の損害保険業者が支店・代理店を設置して事業を拡大させていた。

　満州を拠点とする損害保険業者が必要とされたため、大連火災海上保険株式会社が1922年3月10日に満鉄と東京海上火災保険株式会社、大正海上火災保険株式会社ほかの出資により設置された。当初の資本金200万円、四分の一払込である。同社が東京海上火災保険の大連における別働隊として、関東州・満鉄付属地で阻害保険の取り扱いを行なっていた。顧客は主に日本の輸出業者による海上保険が中心であり、大連を中心として損害保険業務を行なった。定款で規定する引受保険は、火災保険・海上保険・運送保険・自動車保険・再保険輸出入保険であった。

　満州国体制下で大連火災海上保険は、1933年7月2日現在の株主は、4万株、147人のうち満鉄1万2500株、東京海上火災保険6650株、大正海上火災保険6650株であり、この3社で過半の株を保有していた[95]。再保険は引き受けていない。国際運輸株式会社ほか多数の代理店と契約していた。1933年3月期の通年の保険料77万円、再保険料38.4万円で、正味保険料38.5万円という規模であった[96]。顧客としては満鉄・満州国鉄路局・満州中央銀行等があった。大日本火災保険協会に加盟して供託金を積んでいたが、1935年3月期にはそのほか関東

州火災保険協会に供託しており、関東州のみの同業団体が結成された[97]。この会員は大連火災海上保険以外には日本の業者の支店である。満州国における損害保険需要があるため、満州国各地に出張所と出張員事務所を設置し、保険取引を拡張した。満州火災保険協会が設置され、同会にも供託金を行なった[98]。大連火災海上保険は、後述のように満州火災海上保険株式会社が設立されると、同社に出資してその後、1937年12月1日の満鉄付属地返還・治外法権撤廃と同時に、関東州内事業所と満州内事業所すべてを譲渡した。

2 満州国の保険政策

満州においては日本人在住者の数が限られていたため、生命保険会社が成立する素地はなく、満州事変以前の満州における日系の本店の生命保険事業者は存在しなかった。満州国における保険業は大連火災海上保険のほか日系各社と欧米系各社が支店営業を行なっていたが、満州国の保険業者の育成について、1934年3月13日に関東軍特務部第1委員会が提案した「満州保険行政方針要綱」で方針が示された。それによれば簡易生命保険は国営とし将来制度化を図るものとし、それ以外の生命保険と損害保険は民営事業とする、保険事業を免許制とし監督を行なう、日本の生命保険会社共同出資による満州国法人を設立させ、それ以外には免許を与えない、損害保険料率については内外保険会社に協定を行なわせ、損害保険会社の新設は日本の各社の共同出資もしくは単独子会社設置以外には免許を与えない、保険業関係法規を制定する、というものであった[99]。この提案に対してたとえば商工省は「満州保険行政方針要綱案（昭和9、3、17関東軍特務部）ニ対スル意見」を省議決定し[100]、関東軍提案を大枠で認め、さらに細かな検討事項を並べていた。こうして関東軍提案は関東庁・商工省および満州国実業部より合意を得て、同年6月13日関東軍司令部決定「満州保険行政方針要綱案」として確定された[101]。その趣旨に基づき、1935年3月実業部「満州保険行政方針ニ関スル件」で保険業者行政の方針を固めた[102]。すなわち生命保険業は日本の保険会社の共同出資による満州国法人の保険会社を設立させ、それ以外の参入を認めない、損害保険業についても、日本の各社の共同出資もしくは単独出資による進出以外には認めない、満州国の保険会社とし自力経営が可能なもののみを許

可する、関東州・満鉄付属地を含む満州において外国保険会社の営業を原則として認めない、という方針を踏襲した。

生命保険については、1936年7月20日関東軍司令部「生命保険行政方針要綱」が提案され[103]、民間生命保険として満州国出資と日本の生命保険会社出資の特殊会社を設立し免許を交付する、1件2000円未満と満州国人に対する保険契約を独占する、営業地域は満州国と関東州とするとした。この提案を受けて1936年7月30日満州国実業部「満州生命保険株式会社設立要綱案」が提案され[104]、これにより新設法人の名称が固まり、本店新京、死亡保険と生存保険を扱い、資本金500万円、満州国政府半額、日本の生命保険会社半額出資、四分の一払込で設立するものとした。この提案は同月31日の国務院企画処「満州生命保険株式会社設立要綱案」として整えられ[105]、そのまま関東軍司令部決定となった[106]。そして1936年10月19日「満州生命保険株式会社法」公布され、同年10月23日に特殊会社として、満州生命保険株式会社が設立された。

損害保険については、生命保険よりもやや遅れるが、1936年7月30日満州国実業部「損害保険行政方針要綱」が提案され[107]。それを修文した翌日の国務院企画処「損害保険行政方針要綱」で[108]、損害保険事業は満州国法人として外国資本と拮抗しえる強力な事業者に限り免許を与える、外国保険業者は現在満州国で事業を行なっているものに供託金を条件に免許を与えるとした。そのため満州国の新設火災保険会社が満州国の損害保険を独占するかの見込みがなされ、日本の損害保険会社の中でこれについて満州火災海上保険への出資による影響力確保等でかなり紛糾したようであるが、供託金により既存事業継続が可能となったため、新会社への出資についての関心は薄らいだ[109]。新設損害保険会社設立については、「損害保険会社設立ニ係ル件」で[110]、実業部方針を踏まえた日本の損害保険会社との協議により、東京海上火災保険を指導的立場に置き、強力な会社を設立する、この1社のみに免許を与える、資本金500万円、四分の一払込で設立する、株式引受については、第1案として大興股份有限公司、大連火災海上保険、ほか満州国側各1万株、大正海上火災保険1万株、東京海上火災保険2万株、日本内各社合計4万株、もしくは第2案として、日本内各社がもめた場合には各社引受をやめ、大正海上火災保険2万株、東京海上火災保険5万株を引き受けるも

のとした。この提案に対し、たとえば大連火災海上保険は、1936年12月8日に、満州国側引受4万株とし、大連火災海上保険2.5万株、満州中央銀行5000株、満州興業銀行5000株、国際運輸株式会社3000株、残りを在満商会または商務総会に割当て、残りを日本の業者に割り当てる、大連火災海上保険は満州火災海上保険設立後、近い将来解散し、事業所と従業員を満州火災海上保険に移転する方針のため、その際に大連火災海上保険保有株を東京海上火災保険と大正海上火災保険に移譲する等を実業部に要望した[111]。国際運輸も同様に満州火災海上保険の株式引受を要望していた[112]。その後、日本の損害保険会社からの出資枠の合意を取り付けた。その「満州国法人ニ依ル火災保険会社設立ニ関スル件」によると[113]、満州火災海上保険株式会社設立準備委員が1937年2月20日にその割当を確認している[114]。資本金額は先の案と同じであるが、株式引受は、満州国側2.6万株、うち大連火災海上保険2万株、満州興業銀行2000株、大興公司2000株、国際運輸2000株、日本側7.4万株、日本の火災保険元受40社均等1850株を割り当てる、日本側引受辞退会社が発生した場合には東京海上火災保険がその割当を引き受けるものとした。新設会社の定款については東京海上火災保険が素案を取りまとめた[115]。この新設火災保険会社設立案については、陸軍省で1937年3月に「満州火災保険株式会社設立要綱案」として成文化され[116]、それが同年3月12日の対満事務局一部事務官会議で追認されている[117]。こうして新設損害保険会社の出資割当が確定した。他方、満州国実業部で「保険業法案」の検討作業を進めており、1937年12月27日に「保険業法」が公布施行された。治外法権撤廃に併せ、1937年12月1日に満州火災海上保険株式会社が設置された。

　満州火災海上保険は満州国の準特殊会社として設置され、それとは別に満州国内に既存の日系損害保険会社が支店営業することとなった。満州火災海上保険の設立が満州生命保険より遅れたのは、後者が準特殊会社であり、個別設置法による規定がなされず、そのため「保険業法」公布施行、「会社法」公布施行および治外法権撤廃まで待たざるをえなかったためである。そのほか損害保険が再保険引受体制なしでは成立し得ない業種のため、日本内損害保険業者に再保険を引き受けてもらう関係から、日本内各社の意向を無視して設置することができなかった。

3　満州生命保険と満州火災海上保険

満州生命保険の本店新京、資本金 300 万円、払込 150 万円で、12 月 15 日に事業認可を申請し、1937 年 2 月 9 日に認可を受けて事業を開始した。1937 年末で 6 万株のうち経済部大臣（設立時は財政部大臣）3 万株、第一生命保険相互会社、千代田生命保険相互会社、日本生命保険株式会社各 5000 株、帝国生命保険株式会社、明治生命保険株式会社各 4000 株、以下日本の生命保険会社 25 社の出資となっている。設置法に事業独占を明示しており、特殊会社として分類される。1937 年で新京のほか、奉天・哈爾浜・安東に支部を設置した。そのほか代理店を設置している。1937 年 4 月 24 日に関東州における営業免許を取得し、大連支部を設置した。満州生命保険は満州国のみならず、関東州をも業務地域としていた。1938 年 2 月で理事長高橋康順、常務理事大小原万寿雄、理事玉木為三郎ほかである。取扱業務は普通死亡保険である[118]。満州国の中国人に対する保険販売のため、1938 年 8 月 31 日に「福禄寿抽籤規程」の認可を得て、射幸心をあおる保険商品の販売を開始した。支部の増設を急ぎ、同年末では、新京 3 支部、奉天 2 支部のほか満州国各地 14 支部と大連支部を設けていた[119]。資産運用としては、1938 年末で、満州国債 38.8 万円・日本国債 15.2 万円のほか、株式 62.7 万円を保有し、株式銘柄は、多い順で、株式会社哈爾浜取引所、株式会社大連機械製作所、奉天商工銀行、南満州瓦斯株式会社、満鉄、満州ペイント株式会社ほかであり、有価証券合計 116.8 万円を抱えていた[120]。資産運用では有価証券保有が最大で、ついで貸付金であった。

1940 年 2 月 19 日に協和団体生命保険の認可を、10 月 28 日に利益配当付特種養老保険の認可を申請し、後者についてはそのまま事業が認められた[121]。1941 年 8 月 18 日に利益配当付子女保険が認可され、保険商品の品揃えがすすみ、それとともに保険契約を拡大した[122]。

1941 年 12 月期で満州生命保険の総資産 1113.7 万円、うち未払込株式 150 万円、有価証券 452.2 万円、不動産 208.3 万円、銀行預金 167.9 万円ほかであり、他方、負債では責任準備金 490.4 万円、資本金 300 万円という規模となり[123]、保険契約拡大により資産規模を急増させていた。満州生命保険は有力な満州における機関

投資家となっていった。大衆貯蓄動因を保険商品販売で行なうという目標は、独占的保険販売が可能であるため、短期間でかなりの成功を見たといえる。

　満州火災海上保険は1937年12月1日に資本金500万円、四分の一払込で設置された。本店新京、東京海上ビル内に置かれた。会長村井啓次郎（前満鉄、大連火災海上保険）、常務取締役景山泉造、崔模、取締役には東京海上火災保険の鈴木祥枝、大正海上火災保険の飯沼剛一が並んでいた。営業は火災保険、海上保険、自動車保険、運送保険であり、大連火災海上保険と同じである。満州国内においては、1938年4月1日、関東州では8月1日より営業を開始した。1938年2月24日に満州国における4保険とその再保険の事業認可を得た。また同年8月1日に関東州における同様の業務の認可を得た。こうして関東州のみならず、満州国各地に大連火災海上保険が張り巡らした事業基盤を承継することで満州火災海上保険が事業を開始した。支店は哈爾浜・奉天・大連におき、出張所は満州国内11箇所、朝鮮1個所、青島1箇所を設置していた[124]。1937年7月24日に満州火災海上保険の株式2万株の引受を決定したが、それが実現しないまま、満州火災海上保険を強化する方針の中で大連火災海上保険の解散が決定され、1938年1月15日に大連火災海上保険の解散を決議した。1938年3月期の通年の保険料190.1万円に対し再保険料119万円で、損害保険取扱は増大していた[125]。大連火災海上保険は1938年3月末で満州国内事業を満州火災海上保険に譲渡し、さらに7月末で関東州内事業を譲渡して解散し消滅した。

　1939年12月期の満州火災海上保険の通年保険料は438.3万円、再保険料は243.7万円で、正味保険料194.6万円であり、再保険に回す比率が高い営業を続けていた。保険料収入別では火災保険368.4万円、海上および運送保険65.5万円、自動車保険4.3万円であり、火災保険が中心であった[126]。

　日中戦争期の満州統制経済の拡大の中で、満州国でも「火災保険業務調整処理要項」により、火災保険統制が強まり、満州国で営業する居住者法人・非居住者法人30社で1940年8月に満州火災保険協会を改組して統制組織に切り替え、また一般および特殊再保険プールを満州火災海上保険を中心に結成した。満州火災海上保険は満州の損害保険の統制組織の中心に位置した。取締役会長は島田茂（元台湾銀行頭取）に、また常務取締役は1名のみとなり西脇勝茂に交代してい

たが、東京海上火災保険・大正海上火災保険からの取締役に変更はなかった。満州国の建設投資が増大したことに伴い、火災保険契約が増大を続けた[127]。

日本で損害保険統制会が設立されると、鈴木祥枝・飯沼剛一は満州火災海上保険の取締役を辞任して、日本の損害保険統制に傾注した。営業報告書を読む限りでは、日本の損害保険にとりわけ戦争保険を通じて満州の再保険引受により取り込まれるが、それについては言及がない。信用保険も認められたが、1942年12月期ではほとんど見るべき規模に成長しなかったようである。その後、大連火災海上保険は当初の目論見より遅れたが、満州火災海上保険に吸収合併され、満州国・関東州全域で活動する最強の火災保険事業者となった。

4　無尽業

新たな業者法の導入で、別の業態の金融業者が発生した。それが無尽業である。1915年6月21日「無尽業法」で、日本で無尽業が業態として法律で認められると、満州でも中小金融業の需要が大きく、その要望を受け、1926年7月22日勅令「関東州及南満州鉄道付属地無尽業令」が公布され、関東州・満鉄付属地で無尽業が適用される。満州の無尽業として、最も古い事例は、上記の無尽業令施行後の、1927年11月22日設置の第一無尽株式会社である（本店大連、1928年調査で資本金20万円、払込5万円）[128]。その後、旅順無尽株式会社（1927年9月5日設置）、共信無尽株式会社（1927年10月11日設置、本店本渓湖）、撫順無尽株式会社（1927年10月8日設置）、奉天無尽株式会社（1928年7月16日設置、本店奉天）、泰信無尽株式会社（1929年8月5日設置、本店長春、のち新京無尽株式会社）、と1920年代末まで無尽専業会社の新設が続いた。他業態から無尽に参入した事例もある。大連に本店を置く蓬莱信託株式会社（1919年9月14日設置）が「無尽法」施行後、蓬莱無尽株式会社に商号変更している。1928年調査で資本金50万円、払込12.5万円であった[129]。同様に1921年11月13日設立の安東昼夜金融株式会社（1919年12月設立の合資会社安東昼夜金融の株式会社改組）が「無尽業法」施行後、1928年までに安東昼夜無尽株式会社に商号を改め、一般貸金業から無尽業に転換している（1928年調査で資本金50万円、払込12.5万円）[130]。既存業態から無尽業に転換した事業者のほうが資本金規模は大きい。

満州国期になると、満鉄付属地・商埠地等で無尽の新設が続き、間島無尽株式会社（1934年12月20日設立）、吉林無尽株式会社（1935年6月19日設立）、錦州無尽株式会社（1936年3月1日設置）、鞍山無尽株式会社（1936年4月20日設置）、安信無尽株式会社（1921年9月9日設立の安東信託合資会社が1936年6月13日に安信無尽合資会社に改組、さらに1938年か1939年に株式会社に改組）と続いた。これらはいずれも日本法人である。ただし事業規模は小さい業者が多く、1936年でも旅順無尽は払込資本金1.5万円、本渓湖無尽2.5万円、泰信無尽3万円という零細事業者であった[131]。

1936年9月3日に満州国の「無尽業法」が公布施行され、満州国にも無尽業が制度として認められた。同法は事業の許可制の導入と最低資本金5万円以上という制限の設定をした。5万円以上という基準は1935年6月29日の先述の銀行最低資本金10万円とした政府方針を下回り、そのため創業に当り資金的には容易であるが、許可制を採用しているため、設立地域等で政策的配慮が働く。その後、1937年12月1日満鉄付属地行政権返還に伴い、関東州外の無尽業者は満州国法人に転換し、満州国の無尽事業者となった。そのため資本金5万円以下の既存無尽業者は最低資本金5万円を下回らない規模に引き上げた。満州国の新設無尽業者として、1938年に先述の日本の無尽業者は満州国法人に転換後、4社が商号変更している。他方、合資会社の零細無尽業者は満州国の無尽業者資本金規制に抵触するため、安東昼夜無尽がそれを吸収合併し、併せて同社は安東無尽株式会社に商号変更している[132]。

日本人のための金融機関として奥地に無尽事業者の新説が続き、四平街無尽株式会社（1937年10月4日設立）、竜江無尽株式会社（1938年2月3日設立、本店斉斉哈爾）、牡丹江無尽株式会社（1940年3月11日設立）、佳木斯無尽株式会社（1941年4月19日設立）、哈爾浜無尽株式会社（1942年1月8日設立）があるが、このうち哈爾浜無尽が払込資本金12.5万円という規模で、いずれも小規模な事業者であった[133]。

おわりに

　満州事変前の日系銀行は、第1次大戦前に関東州と満鉄付属地沿線、さらには商埠地に事業を起こした。その後の第1次大戦期の満州経済のバブルの膨張で、さらに多数の銀行が出現した。日系銀行の事業地はさらに哈爾浜・吉林等にも広がった。しかし大戦後のバブルの崩壊で、日系銀行のいずれも不良債権を抱え、経営危機に陥る。日系銀行の経営危機で1920年代に休業に陥るか吸収合併で、かなりの銀行が消滅した。満州国期の普通銀行について、その1件別の設立と民族別資本系列や統合の過程を検討することで、満州国における普通銀行の位置づけが明らかになった。「銀行法」による資本金規制で中小銀行は合併が促拍され、合併相手を見出せなかった銀行は消滅した。そのため「銀行法」の規制は強力に作用し、その効果は絶大であったといえる。

　保険業については、支店営業を除けば大連火災海上保険・満州火災海上保険・満州生命保険しかない。満州国設置後の準特殊会社の満州火災海上保険の出現で、大連火災海上保険は事業譲渡した。満州火災海上保険は日本の生命保険体制に組み込まれる形で、再保険を消化した。満州国政府と日本の生命保険会社の出資により、満州生命保険は特殊会社として設置された。満州生命保険は満州国における民間生命保険の独占事業者となった。満州国の大衆的資金動員として少なからぬ貢献をした。そのほか零細な無尽業者が1920代から事業を開始したが、満州国期に件数は増えるものの小規模のまま続いた。

注

1) 小林英夫「満州金融構造の再編成過程」（満州史研究会『日本帝国主義下の満州』（御茶の水書房、1972年）、同『「大東亜共栄圏」の形成と崩壊』（御茶の水書房、1975年）、疋田康行「財政・金融構造」（浅田喬二・小林英夫編『日本帝国主義の満州支配』時潮社、1986年）、朝鮮銀行史研究会『朝鮮銀行史』（東洋経済新報社、1987年）、金子文夫『近代日本における対満州投資の研究』（近藤書店、1991年）、安冨歩『「満州国」の金融』（創文社、1995年）、柴田善雅『占領地通貨金融政策の

展開』（日本経済評論社、1999年）等で確認できる。
2）前掲『「満州国」の金融』でも普通銀行については合計された数値にしか関心がない。前掲『占領地通貨金融政策の展開』第3章でも「銀行法」の公布・改正とその銀行統合効果に言及しているが、普通銀行に的を絞った研究とはいえない。
3）合作社については柴田善雅「「満州国」における農業金融の展開―合作社を中心に」（『中国研究月報』第401号、1981年7月、前掲『占領地通貨金融政策の展開』第4章、で言及がある。満州事変以前からの制度金融として東洋拓殖や無尽、金融組合等もあり、金融制度研究に限定しても、論点は多岐にわたる。
4）柴田善雅「『満州国』における大興公司の活動」（『中国研究月報』第607号、1998年9月）。
5）柴田善雅「戦争損害保険体制と戦争保険国営再保険特別会計」（『大東文化大学紀要』第40号〔社会科学〕2000年3月）とそれを収録した、柴田善雅『戦時日本の特別会計』日本経済評論社、2002年、第5章、がある。
6）南満州鉄道株式会社地方部勧業課『南満州商工要鑑』1919年版（アメリカ議会図書館蔵）455-456頁。
7）「合資会社鉄嶺銀行ニ関スル調査」（1908年）の大蔵省意見書（外務省記録3-3-3-3-6-2）。
8）竜口銀行『第9期営業報告書』。
9）株式会社松江銀行『第1期営業報告書』1914年12月決算（外務省記録3-3-3-3-6-3）
10）柴田善雅「対「満州」通貨金融政策の形成とその機能の実態―第一次大戦から二〇年代中頃にかけて」（『社会経済史学』第43巻第2号、1977年8月）参照。
11）在奉天総領事「奉天銀行新設方ニ関スル件」1918年6月29日（外務省記録3-3-3-3-6-110）
12）前掲『南満州商工要鑑』。
13）株式会社松江銀行『第11期営業報告書』1919年12月決算（外務省記録3-3-3-3-6-6）。
14）前掲「対『満州』通貨金融政策の形成とその機能の実態―第一次大戦から二〇年

代中頃にかけて」参照。

15) 奉天銀行『第 1 期営業報告書』1922 年 6 月決算（外務省記録 3‐3‐3‐3‐6‐10）
16) 竜口銀行『第 9 期営業報告書』1922 年 6 月決算、4‐5 頁。
17) 同『当期末現在ノ株主及其持株数』1922 年 12 月 31 日。
18) 同『第 10 期営業報告書』1922 年 12 月決算 4 頁。
19) 同『第 11 期営業報告書』1923 年 6 月決算、3‐6 頁。
20) 前掲竜口銀行『第 9 期営業報告書』、同『第 11 期営業報告書』、竜口銀行『第 12 期営業報告書』1923 年 12 月決算、同『第 13 期営業報告書』1924 年 6 月決算。
21) 正隆銀行『第 36 期営業報告書』1925 年 12 月決算、1‐12 頁。
22) 在牛荘領事館「在支邦人銀行営業状態調査報告」1923 年（外務省記録 3‐3‐3‐3‐6‐11）、朝鮮銀行発牛荘領事館電信、1924 年 12 月 3 日（外務省記録 3‐3‐3‐3‐6‐11）。
23) 振興銀行『第 14 期営業報告書』1925 年 6 月決算（外務省記録 3‐3‐3‐3‐6‐11）。
24) 哈爾浜銀行『営業報告書』、『第 3 期営業報告』1922 年 12 月決算、『第 10 期営業報告書』1926 年 6 月決算、『第 17 期営業報告書』1929 年 12 月決算ほか。
25) 大連銀行『株主名簿』1922 年 12 月 31 日。
26) 不良債権により経営が悪化しているにもかかわらず 1 割配当を行なっていた（大連銀行『第 20 期営業報告書』1923 年 6 月決算）。
27) 遼東銀行『株式会社遼東銀行株主氏名及其持株数』1922 年 12 月 31 日。
28) 同『第 14 期営業報告書』1922 年 12 月決算。
29) 同前、25‐26 頁。
30) 奉天銀行『第 2 期営業報告書』1922 年 12 月決算。
31) 同『第 3 期営業報告書』1923 年 6 月決算。
32) 満州銀行『第 1 期営業報告書』1923 年 12 月決算、3‐6 頁。
33) 同前、74‐75 頁。
34) 貸借対照表は金銀洋銭洋票両合算勘定による（同前、76‐77 頁）。
35) 満州中央銀行『満州中央銀行十年史』1942 年、15‐16 頁。
36) 中国銀行支店 13、交通銀行支店 8、残りは金城銀行支店、大中銀行支店。その後の普通銀行の設立件数からみて、銀行件数は本支店をそれぞれ 1 件と計算している

ものと思われる。

37）前掲『満州中央銀行十年史』15 - 16 頁。
38）合計が 48 にならないのは合併による銀行数の減少を含むものと思われる（南満州鉄道株式会社産業部『満州国通貨金融に関する政府資料』1937 年 2 月、32 - 33 頁）。
39）前掲『占領地通貨金融政策の展開』60 頁。
40）満州国経済部金融司『満州国銀行総覧』1937 年 12 月末現在。
41）同前、54 頁。
42）同前、31 頁。
43）『1936 銀行会社年鑑』。
44）『1942 銀行会社年鑑』。
45）前掲『満州国銀行総覧』40 頁。
46）同前、27 頁。
47）同前、53 頁。
48）同前、32 頁。
49）同前、74 頁。
50）前身は 1926 年 10 月設立の経紀会と称した（同前、73 頁）。
51）前掲『占領地通貨金融政策の展開』77 - 79、93 - 98 頁。
52）預金として計上されている別段預金は 400 万円台で変化が乏しいので、これも固定的な借入金に近い性格が見出せる（満州銀行『第 17 期営業報告書』1931 年 12 月決算）。
53）満州銀行『第 27 期営業報告書』1936 年 12 月決算。
54）『1936 銀行会社年鑑』。地域的には図們の東興銀行に吸収されたとも思われるが確認できない。
55）満州殖産銀行『第 27 回営業報告書』1931 年 12 月決算、『第 30 回営業報告書』1933 年 6 月決算。
56）前掲『占領地通貨金融政策の展開』78 頁。
57）前掲『満州中央銀行十年史』148 - 149 頁。
58）『1942 銀行会社年鑑』。満州中央不動産の最大株主は新京銀行で、株式持合いが

59) 満州国期の旧長春取引所信託からの改称年月は不明。1916年3月26日に設立されたのは官営新京取引所信託の前身、官営長春取引所信託株式会社である。
60) 東北物資調節委員会『東北経済小叢書』「金融」1946年。
61) 『1943会社名簿（20万円以上）』。前掲『南満州商工要鑑』によると、益通銀行は1919年1月設立で、董事に朝鮮銀行から1名を送り込んでいたようである。満州国の法人に改組される際に法人名を改称した。
62) 『1942銀行会社年鑑』。
63) 同前。
64) 日華銀行『第47期業務報告書』1942年12月決算、1-2頁。
65) 『1943満州国会社名簿（20万円以上）』。
66) 『1942銀行会社年鑑』。
67) 同前によると、2万株の払込資本金523,750円の満州中央銀行出資8899株で、満州中央銀行出資額23.3万円となる。
68) 『1942銀行会社年鑑』。
69) 『1943満州国会社名簿（20万円以上）』。
70) 前掲『東北経済小叢書』「金融」。
71) 浜江実業銀行『第1期営業報告書』1941年12月決算（吉林省社会科学院満鉄資料館02428）2-3頁。
72) 哈爾浜実業銀行『第9期業務報告書』1941年12月決算（吉林省社会科学院満鉄資料館25894）3頁。
73) 前掲浜江実業銀行『第1期営業報告書』3-4頁。
74) 『1942銀行会社年鑑』。
75) そのほか1922年設置の極東猶太商業銀行があるが、満州事変まで持続できなかったようである（南満州鉄道株式会社興業部商工課『満州商工概覧』1928年版、アメリカ議会図書館蔵）。
76) 『1942銀行会社年鑑』。
77) 同前。
78) 『1943会社名簿』。

79) 同前。
80) 徳泰銀行『第1期業務報告書』1942年12月決算（吉林省社会科学院満鉄資料館02422）5頁。
81) 前掲『東北経済小叢書』「金融」。
82) 『1943満州国会社名簿』、前掲『東北経済小叢書』「金融」。
83) 『1943国会社名簿』。なお『1942銀行会社年鑑』では、6月29日設立となっている。
84) 前掲『東北経済小叢書』「金融」。
85) 『1942銀行会社年鑑』。
86) 同前によると、設立は6月22日。
87) 『1943満州国会社名簿』。
88) 『1942銀行会社年鑑』。
89) 前掲『東北経済小叢書』「金融」。
90) 同前。なお『1943国会社名簿』では9月21日設置。
91) 前掲『東北経済小叢書』「金融」。
92) 四平とする記載がある（『1942銀行会社年鑑』）。
93) 前掲『東北経済小叢書』「金融」。
94) 『1936銀行会社年鑑』。
95) 大連火災海上保険株式会社『第11期事業報告書』1933年3月決算、「株主名簿」1933年7月2日現在、1-6頁。
96) 前掲『第11期事業報告書』9頁。
97) 大連火災海上保険株式会社『第13期事業報告書』1935年3月決算、5頁。
98) 同『第15期事業報告書』1937年3月決算、5頁。
99) 一橋大学社会科学統計文献センター蔵『美濃部洋次文書』（以下、『美濃部洋次文書』）G31-2-1）。
100) 同前、G31-12。
101) 同前、G31-4。
102) 同前、G31-2。
103) 同前、G31-27。

104) 同前、G31-27-1。
105) 同前、G31-27-3。
106) 同前、G31-29。
107) 同前、G31-39-1。
108) 同前、G31-39-3。
109) 「満州火災保険会社ノ件」1936年8～12月頃、商工省の作成と思われる（『美濃部洋次文書』G31-7）。
110) 商工省が1936年8～10月頃に作成した文書と推定（『美濃部洋次文書』G31-39）。
111) 大連火災海上保険株式会社「要望事項」1936年12月8日（『美濃部洋次文書』G31-43）。
112) 亀田武吉（国際運輸社長）「国際運輸株式会社ニ対スル株式割当方希望之件」1936年12月14日（『美濃部洋次文書』G31-43-1）。
113) 『美濃部洋次文書』G31-53。満州国国務院企画処もしくは実業部が1937年前半に作成と推定。
114) 『美濃部洋次文書』G31。
115) 東京海上火災保険株式会社発商工省工務局工務課、1937年2月25日（『美濃部洋次文書』G33-1）。
116) 『美濃部洋次文書』G35-1。
117) 対満事務局、会議開催通知、1937年3月12日（『美濃部洋次文書』G35）。
118) 満州生命保険株式会社『第1回営業報告書』1937年12月決算、1-7頁。
119) 同『第2回営業報告書』1938年12月決算、1-9頁。
120) 同前、48-49頁。
121) 満州生命保険株式会社『第4回営業報告書』1940年12月決算、2-3頁。
122) 同『第5回営業報告書』1941年12月期決算、3頁。
123) 同前、78頁。
124) 満州火災海上保険株式会社『第1期事業報告書』1938年12月決算。
125) 大連火災海上保険株式会社『第16期事業報告書』1938年3月決算、2-3、7-8頁。

126）満州火災海上保険株式会社『第2回事業報告書』1939年12月決算。
127）同『第3回定時株主総会議案』1941年4月11日開催、『第4回定時株主総会議案』1942年4月21日開催。
128）前掲『満州商工概覧』1928年版、106頁。
129）同前、106頁。
130）同前、426頁。
131）『1936銀行会社年鑑』。
132）『1942銀行会社年鑑』。
133）同前。

第4章　取引所と関連業種

はじめに

　満州における取引所としては、関東州における官営・民営の取引所のほか、外務省の領事館管轄下に置かれた民営取引所がある。第1次大戦期の満州投資の中で、多数の企業の創出、満州大豆の輸出拡大、併せて日本ほかからの輸入商品の増大、複雑通貨間決済の増大で、満州における株式・大豆三品・通貨等取引の増大があり、関東州と満鉄付属地を中心に、これらの取引所が地場需要を満たすために設置された。本章が課題とするのは民間法人として設置された民営取引所であり、関東庁の直営した官営取引所ではない。取引所の周辺産業として、官営取引所を含む各取引所に清算業を担当する信託等会社がある。これらの取引所とその周辺産業の通史的検討を加えることが本章の課題である。

　従来の研究として、大豆取引に関わる官営大連取引所の建値の銀建てから金建てへの移行に伴う混乱が知られており、満州における金銀幣制論議と金建政策実現に伴う現実との乖離の存在に言及するものが多い[1]。また哈爾浜取引所設立を詳細に検討する研究も現れた[2]。これら以外に満州の取引所全般をまとめた研究業績は見当たらないが、満鉄研究の中で細かな言及がある[3]。関連社史として大連の取引所周辺事業者が刊行したものがある[4]。満州に多数の日系取引所が地域的に競合した。既存研究の関心は、取引所で扱う商品が大豆三品取引と銭鈔取引に限定されており、満州における資本市場としての側面の株式の発行市場の流通市場の意義からは離れたものである。本章では満州の民間取引所を個別事業として分析対象とし、とりわけ満州国期の証券市場政策とからめ、証券取引所に収斂する過程を明らかにする。

第1節　満州事変前の日系取引所と周辺事業者

1　満州の日系取引所

　関東州外の満州における取引所は官営取引所が先行した。その外観を与えた上で、民間取引所を紹介しよう。特産大豆等の集産地に、自然発生的にあるいは省政府認可により中国人による取引所類似組織が現れ、活動していた。1913年2月15日勅令「関東州内ニ設立スル重要物産取引市場ニ関スル件」により、後述のように関東州内で官営取引所が設置されることとなったが、さらに満鉄付属地に取引を集中させるため1915年4月13日にこの勅令の適用地域が満鉄付属地に拡張された。満鉄付属地への適用が可能となったため、1916年2月15日に官営開原取引所が業務を開始した。さらに同年4月1日に官営長春取引所が業務を開始した。この開原と長春の取引所は銭鈔取引も兼営した。1919年10月に官営四平街取引所が、また同年11月に官営公主嶺取引所と官営鉄嶺取引所が開設された。1920年8月に官営遼陽取引所が、また同年10月に官営奉天取引所と官営営口取引所が開設された。しかし満鉄沿線の取引所で十分な取引の実績を上げることができず、1924年10月末に官営鉄嶺取引所と官営遼陽取引所が廃止された。特にその理由は中国側の交易所の開設と満鉄の混合保管制度の実施等によるものである[5]。

　他方、満鉄付属地・商埠地における満州の日系民営取引所は外務省所管で設置された。中国の他地域の租界等にも日本人による民営取引所が設置されており、満州でも同様の位置づけとなる。すなわち株式会社上海取引所（1918年6月8日設立）、株式会社青島取引所（1920年8月設立）、株式会社天津取引所（1921年7月設立）、株式会社漢口取引所（1922年3月20日設立）に倣い設置されたものである[6]。

　関東州には民営取引所を規定する法制が導入されていなかったため、1893年3月4日「取引所法」と1914年3月29日勅令「取引所令」に準拠して、1919年12月15日勅令「関東州取引所令」が公布され、同令に基づいて取引所制度が開

始されることになった。そして外務省主管で設置される満州のほかの取引所もこの法令に準じた規制を受けることになる。

2 安東取引所と哈爾浜取引所

　民営取引所の新設に当たっては、その発起人となり、株式を取得して上場後に高値売却でかなりのキャピタル・ゲインを得ることができるため、満州における第1次大戦期のバブル経済の発生で、満州各地における日本人取引所の設立運動が盛り上がった。満州における日系取引所として最初に外務省から認可を得たのが安東の取引所である。安東は鴨緑江河口西岸の植民地朝鮮と国境を接する日本人植民者にとっても朝鮮の延長として居住しやすい地域である。1918年10月以降、株式会社安東証券商品信託公所（1919年11月7日設立、資本金200万円）が取引所類似営業をしていたが、この組織を中国関内に設置されている日本の取引所と同様に改組することになる。株式会社安東株式商品取引所は1920年6月14日に設立認可を得て、1920年12月8日に設置された。当初の資本金は500万円、10万株と予定したが、半額の250万円、5万株で設置された。発起人は杉原佐一郎（安東実業人、満州商業銀行取締役、満鮮坑木株式会社社長、両社とも本店安東）、太田秀次郎、中野初太郎（安東実業人、安東窯業株式会社社長、満鮮坑木取締役）、小泉策太郎（三申）ほか17名である[7]。

　安東株式商品取引所の発起人の多くは日本在住者である。取引物件は定款では鎮平銀（安東地方の地域通貨）、豆粕及び有価証券の定期および現物取引であった。豆粕・有価証券のほか鎮平銀の為替取引を行なうのが特徴である。同取引所の取引商品として、玄米の上場申請をしたが、安東が米の集散地ではなく、米の決済が鴨緑江の対岸の新義州で行なう方針が見られたため、許可されなかった。その後、1921年1月10日に設立認可の定款変更を行ない、1921年2月15日に営業開始している（理事長太田秀次郎）[8]。1924年に「関東州取引所令」の適用を受け、安東株式商品取引所の所管は外務省から関東庁に移管された。それに伴い1925年4月29日に定款を変更し、併せて商号を株式会社安東取引所に変更した[9]。その後、安東取引所は営業不振の中で、1931年1月に五分の一を減資して200万円となった[10]。さらに満州国出現後の1934年9月末で安東取引所は鎮平

銀の取扱を廃止し、その後、閉鎖解散となった。

　哈爾浜周辺では伝家甸に中国人経営の浜江農産信託公司があり、農産物と銭鈔の取引を行ない、成績良好であった。そのため日本事業者は商品・銭鈔の定期取引事業に参入できなかった。ロシア革命の影響でロシア通貨の動揺があり、他方、哈爾浜における日本人事業者のプレゼンスの拡張で、1918年4月に「株式会社哈爾浜取引所」設置が計画された。1918年8月1日にロシア・中国側官憲の諒解を得て、哈爾浜信託株式会社を設置した（資本金200万ルーブル）。同社は銭鈔部と穀類部に分かれ、取引を行なうものとし、取締役は辻光（哈爾浜実業人、北満電気株式会社取締役）のほか日本人4名、ロシア人5名がいる。取引商品は日本通貨対ロシア通貨、官帖（銅系地場通貨）対日本通貨またはロシア通貨、大豆、小麦であった。同社は1918年10月20日に在哈爾浜総領事より営業認可を得て、1919年2月10日に営業開始した。1919年末、組織変更し、日本人のみが株主となり、有価証券取引の仲介とその担保貸付を追加する定款変更を申請し、1920年2月17日に外務本省はそれを認可する旨通知した。ロシア行政管内の設置のため日本側が営業許可を与える立場ではないが、日本の「商法」に準拠して設置したものであるため、上海取引所の前例に準拠し領事館が管轄とした。改組後の資本金1000万円、20万株で、理事は吉野小一郎（株式会社中華煙草公司〔本店済南〕社長）、山田三平（大連実業人、南満州倉庫建物株式会社〔本店大連〕社長）、庵谷忱（満州実業人、満蒙土地建築株式会社〔本店大連〕取締役ほか）、森上卯平（大連株式商品取引所理事）、ほか日本人3名、中国人3名であった。取引品目は大豆、小麦、豆粕、豆油、麦粉、麻袋、綿糸、綿布、銀、官帖および有価証券であった。その後も取引所設立の要望が続き、1921年3月、森上卯平を発起人総代とし、哈爾浜信託株式会社の資産を承継した、日中合弁の哈爾浜取引所設置（資本金1000万円）の認可申請を行い、同年5月11日に在哈爾浜領事館は設立認可を与えた[11]。

　吉林督軍孫烈臣は当初哈爾浜取引所を承認する方針でいたが、その後、新設の取引所は農商部の「交易所条例」に違反すると抗議した。これに対して哈爾浜総領事館は、新設取引所は日本の法律で設立されたものであり、中国側の認可を受ける筋合いではないと突っぱねた。すると中国人株主を逮捕し、銃殺するとの脅

しをかけた。この紛議に対して北京公使経由や奉天総領事を通じ張作霖を経由して懐柔に務め、最終的に吉林省側の諒解を得た。そして吉林省側と1921年10月15日に正式協定を締結し、中国側から1922年4月29日に営業認可を得た[12]。株式会社哈爾浜取引所は資本金1000万円、払込250万円で設置された（理事長吉野小一郎）[13]。満鉄が0.25％を出資した[14]。哈爾浜総領事館が哈爾浜取引所を所管し、取引物件は特産物、銭鈔、有価証券および商品であり、定期取引と現物取引を行なうものとした。さらに1922年7月22日に延取引の認可を得た。この取引品目は中国側交易所の品目と競合するため、中国側が取引している特産物と銭鈔については取引しない旨声明し、日本の有価証券と商品のみを取扱い[15]、競合することで発生する紛糾を回避していた。戦後恐慌後の低迷で取引が乏しく、1923年12月に半額減資して損失を処理したが、回復できず1924年10月18日に解散した[16]。

哈爾浜取引所とは別に、1915年8月1日に資本金50万ルーブル（四分の一払込）で先述の浜江農産信託公司が設立された。同公司はロシア革命後、1920年11月に資本金50万元（4分の1払込）に変更された。その後1922年4月1日に資本金哈爾浜大洋票100万元（半額払込）の浜江糧食証券交易所股份有限公司に改称した。この交易所が中国側の取引を担当した[17]。そして哈爾浜取引所と激しく競合した。この浜江糧食証券交易所が満州国期に改組される。同交易所とは別にやはり1922年4月1日に浜江貨幣交易所股份有限公司が設立されている[18]。

3　奉天商品証券交易所

1919年9月9日に奉天証券信託株式会社が設置された（資本金200万円、50万円払込）。同社は奉天総領事館の黙認で取引所類似業務を行なっていたが、安東に民営取引所が設置されたため、既存事業を基礎に「株式会社奉天証券取引所」（資本金120万円）の設立を計画した[19]。奉天証券信託株式会社の役員を発起人として、「株式会社奉天株式取引所」を設立し、信託会社の事業を承継し、有価証券の定期および現物売買取引を行なう、資本金320万円、払込80万円、取引物件は株式、綿布、麻袋、麦粉及び毛皮とし、延及び現物取引を行なうという目的で認可を申請した[20]。1920年10月9日に外務本省は奉天総領事館に定款変更

営業内容その他を修正させ、12月27日に同社は株式会社奉天商品証券交易所に商号変更し、資本金を320万円、払込80万円に増資した。この改組が1921年3月5日に認可となった[21]。その後、申請者より、営業品目は株式、綿布、綿糸、麻袋、麦粉及び毛皮に拡張を出願して[22]、承認された。

奉天商品証券交易所の実現した営業は証券部のみで、商品取引は成立しなかった。証券部では現物・先物の両取引が成立していた。奉天商品証券交易所の1921年11月期の資本金は320万円、払込資本金240万円であった。また理事長手塚安彦（奉天実業人、奉天取引所信託株式会社取締役ほか）、専務理事平井熊三郎で、事業規模が拡張すると見られていたため、古賀松二（奉天実業人、満州殖産銀行専務取締役ほか）、藤田九一郎（奉天実業人、南満倉庫株式会社〔本店奉天〕社長、奉天取引所信託取締役）、宮越正良（奉天取引所信託社長）ほか多数の理事が並んでいる。総株主165名、6.4万株、うち理事中山貞雄（東京、東亜証券商品信託株式会社〔本店東京〕常務取締役）24,160株のみ多額保有であった。株主は名前から見て全員日本人で、うち奉天在住者94名であった[23]。奉天の日本人居留民と一部日本の資産家により出資されて設置された。

1922年5月期では仲買人28名、全員が日本人であった。奉天商品証券交易所の証券部の上場株式は、当所株のほか、以下の会社の株式が取引されていた。すなわち大連株式商品取引所、奉天取引所信託、安東株式商品取引所、開原取引信託株式会社、大連株式信託株式会社、奉天信託、奉天公株信託、東亜証券株式会社、満蒙証券株式会社、開原相互証券信託株式会社、東省実業株式会社、奉天銀行、正隆銀行、満州商業銀行、満蒙毛織株式会社、満蒙繊維工業株式会社、南満製糖株式会社、満州製粉株式会社、北満電気株式会社、満州興業株式会社、奉天醬園株式会社、奉天窯業株式会社、満州土地建物株式会社、営口取引所信託株式会社、営口証券信託株式会社、満州昼夜金融株式会社、満州製氷株式会社、南満倉庫、遼陽取引所信託株式会社、満州市場株式会社、奉天証券株式会社、開原交易株式会社、満鉄、東拓であった[24]。これらは満鉄・東拓のように一部日本でも上場している企業のほか東拓系の東省実業・満蒙毛織・北満電気や南満製糖・満州製粉・奉天醬園のような設備と在庫を抱える事業法人のほか、商業銀行と取引所周辺の投機的資金で成り立つ業者が並んでいた。これらのうち第1次大戦後の

反動恐慌後に株価が急落し、そのまま不振を続けた企業が多数含まれていた。満州実業者はこれらの株式売買の場として同交易所を利用していた。満州の実業人は証券のみならず、各種商品から銭鈔まで幅広い現物と先物取引を恒常的に行ない、投機的取引を強く選好したといえよう。

4 満州事変前の満州取引所

1922年12月17日に奉天商品証券交易所は商号変更を決議し、1923年1月8日に株式会社満州取引所に変更の認可を得た[25]。しかし改組後も満州取引所は損失を発生させ、無配に転落した[26]。1924年3月11日に満州取引所は商品部（米穀取引）営業細則の認可を得た。これにより当初の目的の商品取引にも業務拡張が可能となった。株式取引が低迷しているため、満州唯一の米穀取引市場として再起を期待した。しかしやはり営業不振で損失を続けた。1924年5月期末では、理事人数が業務不振の中で理事長手塚安彦ほか2名に減少していた[27]。その後、1924年7月16日商品部で米穀取引開始した[28]。

1925年5月期に満州取引所の仲買人は証券部11人、米穀部9人、いずれも日本人であった。この時期の上場株式は1922年5月期の銘柄のうち、大連株式信託、奉天信託、奉天公株信託、東亜証券、奉天銀行、満州商業銀行、満蒙繊維工業、営口取引所信託、営口証券信託、満州製氷、遼陽取引所信託、満州市場、奉天証券、開原交易が消滅し、他方、朝鮮銀行系地場銀行を統合した満州銀行と満蒙牧場株式会社と鉄嶺証券株式会社が追加されていた。満州関係株式の取引だけでは不足するため、日本内の有力株式の大阪商船株式会社、日本郵船株式会社、鐘淵紡績株式会社の株式を取り扱う一方で、大阪株式取引所と京城株式現物取引市場に満州取引所株を追加していた。満州取引所の不振が続くため、関連事業を営む満州取引所信託株式会社も当然ながら不振を続けており、同社が抱える満州取引所の朝鮮銀行債務10万円について保証履行を行ない、同社を救済することとなった[29]。1925年12月末の満州取引所の株主241名、中山貞雄13,400株ほかとなっており[30]、1922年に比べても奉天の日本人が幅広く分散して保有していた。

その後の市場の悪化により、1926年7月に追い詰められた満州取引所は事業

整理のため被合併会社を設立しそれと合併して増資することの許可を奉天総領事館に申請した³¹⁾。1926年11月期の満州取引所の上場法人銘柄では、日本郵船と大阪商船の先物上場廃止した³²⁾。日本でも取引が成立しており、売買が乏しいためのようである。1927年5月期では、満州取引所信託、大連取引所信託を上場した。他方、開原証券商品信託の上場を廃止した。開原における取引所とその周辺業種は縮小していたと見られる³³⁾。この時期の上場銘柄は投機的株式のみであった。

満州取引所は累積損失処理のため、1927年7月7日に資本金を160万円に減資した。10月29日、満州米穀産業組合に加入・出資決議した。また東京株式取引所株を上場した。日本内の当所株を上場し、投機的資金が流れることを期待した³⁴⁾。しかし外務本省は、満州取引所の経営不振とその経営体制を問題視しており、事業の展望も見出せないため、存続を支持する必要が乏しいとみていたが、奉天総領事がすでに認める方針のため、1928年4月に内部整理を条件として増資を許可することとし、同年3月30日に奉天総領事は満州取引所にそれを許可した³⁵⁾。

1928年6月20日に満州取引所は前年8月11日の株主総会決議を取り消し、1928年7月5日に4000株買入消却を決議し、併せて資本金100万円、払込25万円にすることを決議した³⁶⁾。そのほか奉天窯業、南満製糖の上場を廃止している。しかしその後、満州取引所はその整理を実行せず、奉天総領事林権助は増資能否を検討するため、とりあえず満州取引所を6ヵ月休業させる方針とし、1929年2月に外務省の指示を求めた。これに対し外務本省は、満州取引所の資産状態から見て解散のほか道はないとみていたが、奉天総領事の判断を尊重し休業させることにした。1929年3月にそれを実行させようとしたところ、被合併会社の創立計画が進んでいたため、それが実現するまで休業措置を延期した。満州商品証券株式会社は1929年6月創立総会を開催し、満州取引所の合併手続きをすすめたが合併条件がまとまらず、遅延した³⁷⁾。証券取引と米穀取引のいずれも不振のため仲買人廃業続き、期末で証券部7名、商品部なしという状態に陥る。証券取引としては、満州取引所で奉天不動産株式会社と満州企業株式会社が新規上場した³⁸⁾。1929年8月30日に満州取引所の周辺業者である満州商品証券の吸収合

併契約を決議した。商品部の米穀取引の不振が続くため、商品部の米穀立会いは休止となった[39]。

その後1930年2月に満州商品証券の設立動機が不純で払込も完了していないことが明らかとなり、満州取引所の増資は短期間では不可能と判断され、奉天総領事は2月20日に満州取引所に対して、株主と債権者の利益保全の必要等から解散の手続きを命じた。ところが世界恐慌の襲来で、満州取引所の整理についても手心を加えることとした。そして満州取引所は満州銀行から7万円を限度とする借入金を行ない、長らく中止していた米穀の上場も開始したため業績改善の兆しを見せた[40]。満州取引所は商品部の取引人4名認可して再起を期待した。しかしこの期の商品部の取引は休止のままであった。1930年11月末で株主構成を見ると、総株式2万株、株主126名となっており[41]、満州取引所は減資により株主の保有株数が減少している。奉天総領事は1930年12月12日に満州取引所の営業期限を1931年3月5日より10年間延長を本省に求めたところ、外務省は1931年3月4日に5年間の営業継続を認め、取扱商品は米穀と証券のみとした。なお満州取引所と競合している官営奉天取引所は1931年に特産物上場を決定しており、競合を避けたと見られる[42]。こうして満州取引所は満州事変まで延命できた。

5 取引所周辺事業者

取引所が多数設置されたため、取引所周辺事業者として、付属地・商埠地においても清算会社・証券会社・取引金融会社等が参入する。それを概観しよう。日本国内で1922年4月21日に「信託業法」が公布されたが、関東州と満鉄付属地にも同法に準拠した法人が設立された。満州における信託を名乗る取引所周辺の事業者は取引所の清算取引業者のほか、短期の商品・証券・銭鈔取引に関わる代行、委託と付帯金融を行なう業者が多い。

大連取引所の周辺業者については後述するため、ここでは満鉄付属地・商埠地における取引所周辺業者を紹介する。1914年7月15日に早くも奉天信託株式会社が設立されていた（**図表Ⅱ-4-1**）。取引所清算業者の奉天取引所信託株式会社は1920年1月25日に設立され、奉天公株信託株式会社は1914年3月に設立

図表II-4-1　民営取引所と周辺業者

	設置年月日	備考
(民営取引所)		
㈱大連株式商品取引所	1919.12.25	
㈱安東株式商品取引所→㈱安東取引所	1920.12.08	1925.04.29 商号変更、満州証券取引所に吸収
㈱哈爾浜取引所	1921.05.11	設立は設立認可日、1924.10.18 解散
㈱奉天商品証券交易所→㈱満州取引所→㈱満州証券取引所	1921.03.05	設立は認可日、1922.12.17 満州取引所に商号変更、1939.02.25 満州証券取引所に商号変更
(股)哈爾浜交易所→㈱哈爾浜交易所	1933.10.01	1922.04.01 設立の哈爾浜糧食証券交易所(股)の改組、1938.06.16 商号変更、満州証券取引所に吸収
(周辺業者)		
大連取引所信託㈱＊	1913.06.19	1940 年解散
大連取引所銭鈔信託㈱＊	1917.05.30	1928.02.06 解散
満州証券信託㈱	1917.11.30	大連
満鮮証券信託㈱	1918.04.25	大連
商事信託㈱	1919.07.21	大連
日華証券信託㈱	1919.07.22	大連
㈾中満証券公司	1919.07.-	大連
大正信託㈱	1919.08.14	大連、1920.4.4 日華証券信託に吸収
大連証券㈱	1919.08.14	
華商証券信託㈱	1919.09.07	大連
遼東証券信託㈱	1919.09.10	大連、1936 年で遼東信託㈱
南満州債券㈱	1919.09.27	大連
蓬莱信託㈱	1919.09.14	大連
㈱大連証券交換所	1919.12.-	
宏済証券㈱	1920.03.-	大連
大連証券信託㈱	1920.03.18	1921.11.01 休業
大連株式信託㈱	1920.03.-	
東亜証券商品信託㈱大連支店	1920.04.-	
大連第二銭鈔信託㈱	1927.12.-	
大連五品代行㈱	1932.02.21	
大連商品取引信託㈱＊	1932.12.28	
奉天信託㈱	1914.07.15	
奉天証券信託㈱	1919.09.09	1921.03.05 奉天商品証券交易所に改組
奉天取引所信託㈱＊	1920.01.25	1936.01.16 解散
満蒙証券㈱	1920.03.16	奉天、野村系、1929.05.19 廃業
東亜証券㈱	1920.10.09	大連
奉天公株信託㈱	1914.03.-	
満州取引所信託㈱＊	1921.06.15	奉天
鞍山証券信託㈱	1921.10.14	
奉天証券㈱	1922.03.13	1922.12.05 奉天公株信託に吸収
満州商品証券㈱	1929.06.-	奉天、1929.08.30 満州取引所に合併
長春取引所信託㈱＊→新京取引所信託㈱＊	1916.03.26	満鉄 10 ％出資、1933.02 に改称、1939.12.21 銀行に改組
長春銭鈔㈱	1917.12.25	

	設置年月日	備　考
安東株式商品取引所信託㈱＊	1913.06.19	1925.04.29 以後に商号変更
→安東取引所信託㈱＊	1915.11.08	
安東信託㈱	1919.03.16	
安東商事信託㈱	1934.11.23	1940.07.01 満州取引所に合併
安東取引代行㈱	1918.06.10	
㈲鉄嶺信託	1919.11.02	満鉄半額出資、1924.11.01 解散
鉄嶺取引所信託㈱	1921.06.03	
鉄嶺証券信託㈱	1921.08.-	
鉄嶺証券金融㈱	1918.07.10	遼陽
遼陽鞍山信託㈱	1920.08.25	満鉄半額出資、1923.09 奉天取引所信託に合併
遼陽取引所信託㈱＊	1919.10.20	
営口証券信託㈱	1920.09.01	満鉄出資、1924.11.01 解散
営口取引所信託㈱＊	1915.12.10	満鉄 5 ％出資、1934.03.21 解散
開原取引所信託㈱＊	1918.03.12	
開原銭業㈱	1920.10.-	
開原相互証券信託㈱	1921.10.14	
開原証券金融㈱	1920.10.-	
開原商品証券信託㈱	1919.09.01	1934.03.21 解散
四平街取引所信託㈱＊	1919.08.29	1934.03.21 解散
公主嶺取引所信託㈱＊	1918.08.01	哈爾浜取引所に改組
哈爾浜信託㈱	1922.-.-	
哈爾浜株式商品信託㈱		

出所：南満州鉄道株式会社地方部勧業課『南満州商工要鑑』1919 年版（アメリカ議会図書館蔵）、『1922 興信録』、南満州鉄道株式会社調査課『満蒙における日本の投資状態』、『1936 銀行会社年鑑』、日華証券信託株式会社『第 1 回営業報告書』1919 年 11 月決算、『第 2 回営業報告書』1920 年 5 月決算、株式会社哈爾浜取引所『第 7 回決算報告書』1925 年 3 月決算、奉天証券株式会社『第 1 回営業報告書』1922 年 6 月決算、『第 2 回営業報告書』1922 年 12 月期。

注：＊は取引所清算業者。

されている。後者は既存の奉天証券株式会社を吸収合併した。上記の奉天商品証券交易所で株式が取引されていたこれらの事業者のうち、営口証券信託株式会社は 1919 年 10 月 20 日設立、東亜証券株式会社は 1920 年 10 月 9 日設立（本店大連）、遼陽取引所信託株式会社は満鉄半額出資で 1920 年 8 月 25 日設立、営口取引所信託株式会社は 1920 年 9 月 1 日に満鉄一部出資で設立、開原相互証券信託株式会社は 1920 年 10 月設立である。清算業者の長春取引所信託株式会社は 1916 年 3 月 26 日に合弁で設置されたが、その 10 ％を満鉄が出資した。そのほか 1919 年 11 月 2 日に満鉄半額出資で設立の鉄嶺取引所信託株式会社等が営業していた。ほぼ 1921 年には満州の取引所周辺事業者は整備されていた。これらの事業者が取引の厚い奉天に集まり、自社株売買のほか顧客取引に関わった。それ以外には地域的な弱小業者が見られた。これらのいずれも満州事変前に消滅するか

休業に追い詰められていく。

　取引所の清算業を担当した取引所信託は取引所の廃止とともに消滅を余儀なくされる。満州事変前に消滅した取引所信託として、鉄嶺取引所信託株式会社（資本金50万円四分の一払込）、遼陽取引所信託（資本金50万円四分の一払込）、営口取引所信託（資本金200万円）がある。このうち1923年9月に遼陽取引所信託は奉天取引所信託に吸収され消滅した。さらに1924年11月1日に鉄嶺取引所信託と営口取引所信託は解散した[43]。満州国の事業に移れた事業者として、1915年12月10日設置の開原取引所信託株式会社（資本金50万円）、1919年9月1日設置の四平街取引所信託株式会社（資本金50万円）、1919年8月29日設置の公主嶺取引所信託株式会社（資本金50万円）がある[44]。奉天取引所信託株式会社（資本金300万円）は、1928年9月50万円に減資した[45]。別に1921年6月15日に満州取引所信託株式会社が設置されている。その休業年月は不明である[46]。1913年6月19日に安東取引所信託株式会社が設置され、その後、休業した。安東取引所の取引代行業者として、1934年11月23日に設立された安東取引代行株式会社がある[47]。長春取引所信託（資本金50万円四分の一払込、満鉄10％出資）は、1921年6月に資産整理のため長春特産株式会社（資本金100万円）を合併した[48]。

　1920年代奉天の最大証券業者の満蒙証券についてやや詳しく紹介しよう。1918年2月創業の奉天における最初の株式現物取引を行なった個人事業に対し、株式会社野村商店（1917年12月19日改組）が4分の1の出資を引き受け、役員を派遣するとの条件で法人化した[49]。1920年3月16日に満蒙証券株式会社が奉天で設置された。資本金500万円、四分の一払込、取締役社長柴山鷲雄（野村商店系）である。1920年5月末の同社の株主は10万株、計378名のうち、柴山（大阪）1万株、川谷美敏（奉天）1万株、臼井熊吉（大連）9380株、野村元五郎（大阪、野村徳七の実弟）5000株ほかで、満州のとりわけ奉天と個人が多数並び、上位に大阪の野村系事業家数名が出資していた。大阪を居住者とする9名を合計すると四分の一となり、これが野村商店の出資であった。設立直前の3月5日に大連株式商品取引所株式部の取引人免許を取得していた。ただし創立時期が悪く、創業直後に戦後の反動恐慌に直面し、取引環境は一挙に悪化した[50]。さ

らに 1920 年 9 月 15 日に大連支店を設置し、大連の事業基盤を固め、配当を出すことができた。1920 年 11 月 30 日株主名簿では、野村商店が 2 万 3190 株を取得しており、同社名義に株式を集中した[51]。大連における官営取引所の特産大豆建値の金建化と恐慌による取引停頓で、その反動から株式市場に投機資金が集まるという状況でほどほどの利益を得た。その後の日本内の株式価格低迷で、満州の沿線株式市場は軒並み取引減少と資金難に陥り、沿線取引所合同論が見られた。それでも 1922 年 11 月期まで配当を継続するだけの利益を計上できた[52]。株式だけでは市場が狭隘なため、満蒙証券は 1924 年 9 月 19 日に銭鈔部両替業の許可を得て、銭鈔部を開設した。証券取引は竜口銀行の破綻により混乱したが、奉天票の暴落による動揺で取引が膨れた。満蒙証券は損失を続けており累積損失が肥大していった[53]。竜口銀行の破綻後各取引所取引人の廃業が続出する中で、満蒙証券も 1925 年 3 月 2 日に大連株式商品取引所株式部の取引人を廃業し、9 月 16 日に大連支店を閉鎖した[54]。こうして満州における証券市場の衰微の中で満蒙証券も平行して事業を縮小させざるを得なかった。そして 1926 年 2 月 27 日に減資を決議し累積損失を処理した。資本金 62.5 万円全額払込としたが、営業環境が改善しないため欠損は続いた。証券等取引者への貸付金が不良債権として固定化し、未払込資本金を除外した最大資産項目となっていた。社長柴山が退任し野村系の堤一之が専務取締役として経営に当たった[55]。1927 年 4 月の金融恐慌で野村合名会社から便宜を受けたが、5 月末の株主名簿で野村系の保有株式は転売されており、野村系の支援は撤収された[56]。そして満州実業人による経営となった。その後の衰退の中で、1929 年 5 月 16 日に満州取引所の証券取引を担ってきた法人仲買人の代表的存在であった満蒙証券が廃業した。

第 2 節　関東州の取引所と周辺業者

1911 年 6 月関東都督府令「大連重要物産取引市場規則」が公布され、また先述の勅令「関東州内ニ設立スル重要物産取引市場ニ関スル件」が公布され、それに基づき 1913 年 3 月に大連重要物産取引所が業務を開始した。さらに 1917 年 5 月に大連重要物産取引所に重要物産のほか銭鈔取引も兼営させた。そのため

1919年2月に大連取引所と改称した[57]。この大連の官営取引所が関東州における重要物産すなわち大豆3品の取引を扱う。ここでは官営取引所の紹介を割愛し、民営取引所の概要を紹介しよう。

　中国におけるほかの日系取引所の活発な取引と、その株式の高騰をみて、1919年7月に森上卯平（合資会社富来洋行〔本店大連〕）、門田新松（大連実業人）等により大連における民営取引所の設立が計画された。1919年12月15日勅令「関東州取引所令」により、1919年12月25日に株式会社大連株式商品取引所の設置認可をえて、1920年2月に株式募集で226万円のプレミアムを獲得して設置された[58]。民間取引所を設置することで多額の当所株のキャピタル・ゲインが期待できたため、官営取引所に対抗して民営取引所設置を認めさせ、その実現にこぎつけたものである。これは当時の関東州における投機的な株式投資熱を反映しており、関東州における商品、すなわち特産大豆ほかと満州の株式会社の株式のみならず日本株取引への拡張が期待され、当所株への投資は魅力的な投資であった。1920年3月10日より大連株式商品取引所は株式と商品の取引業務を開始した。当初資本金1000万円、払込250万円、当初の理事長は小泉策太郎、理事森上、門田ほかであった[59]。

　大連株式商品取引所の操業を紹介しよう。1922年3月期で株式定期取引は当所株ほか23種、同延取引は大連取引所信託株ほか49種、同現物取引は大連株式信託株ほか40種、綿布定期取引11種、同延取引21種、同現物取引39種、綿糸定期取引5種、同延取引6種、同現物取引10種、麻袋定期取引2種、同延取引4種、同現物取引2種を扱っていた。この株式部取引人として44事業者が参加していたが株式会社は満州企業株式会社と満蒙証券と満州証券信託株式会社のみであった。商品部の取引人は20事業者が参加していたが、株式会社は日清製油株式会社、満州貿易株式会社、日本綿花株式会社大連支社、満州製麻株式会社、三井物産株式会社大連支店、大同貿易株式会社であり、ほか鈴木商店大連出張所も加わっていた。同期中に株式約定金額1億6737万円、綿糸689万円、綿布253万円、麻袋1337万円という規模であった。また同期で大連株式商品取引所の株式20万株、株主947名で満州のみならず日本国内に幅広く散っていた。最大株主加藤直輔（大連製油株式会社取締役）1万5850株、大連株式信託株式会

社 6100 株、日華証券信託株式会社 5391 株、ほかが並んでおり、多額投資家は大連在住である[60]。その後の満州景気の低迷の中で、取引額は減少し、取引人も撤退が相次ぎ、無配に転落した 1924 年 9 月期では、株式売買約定額 286 万円、麻袋 585 万円、綿糸 111 万円、綿布 3 万円に過ぎず、株式部で定期取引 18 種、延取引正隆銀行株ほか 48 種、現物取引 7 種、商品部で綿糸定期取引 7 種、同延取引 41 種、同現物取引 78 種、綿糸定期取引 6 種、同延取引 14 種、同現物取引 17 種、麻袋定期取引 1 種、同延取引 1 種、同現物取引 1 種であり、取引銘柄は大幅に減少していた。株式取引人は 22 名、商品取引人は 13 名に減少していた[61]。

　損失を続けたため、1925 年 4 月 29 日に小泉策太郎は理事長を降りた。1925 年 9 月期では満州取引所、安東取引所、東亜土木企業株式会社、満州製麻株式会社の各株式の新規上場を行ない、他方、株式会社大連機械製作所、大日本製糖、株式会社上海取引所、満州製粉株式会社の上場を廃止した[62]。理事長原田耕一、理事松野鶴平、庵谷忱となり、1927 年 4 月の金融恐慌の影響で取引は一段と減少したが、その後いくらか持ち直し、同年 9 月期より復配した[63]。しかし 1929 年 9 月期には株式約定額 1270 万円、麻袋 343 万円等に回復を示していたものの、相場急落の中で損失を計上したため再度無配に転落した[64]。そのまま不振を囲いつつ、1930 年 11 月 15 日に半額減資をし、資本金 500 万円、払込 125 万円とし損失処理を行なった[65]。

　その後も大連株式商品取引所は関東州の唯一の民間取引所として、満州国期も大連で存続した。ただし満州経済における満州株の取引の中心は満州取引所に移り、満州国期における大連の地位を象徴していた。1940 年 11 月期で株式の定期取引 12 種、延取引 28 種、現物取引 45 種で、期中株式売買代金合計 6582 万円で、満州銘柄の増大による株式取引の復調は見られたが、商品部は休止しており、実際に取引が成立したのは株式のみである[66]。統制経済の関東州への波及により商品価格は投機的取引の対象にはならなくなっていた。そのため実質的な機能は株式取引のみとなっていた。他方、満州事変期の大豆暴落と不振、満州通貨の満州中央銀行券による統一のため、大豆三品取引と銭鈔取引が中心の官営大連取引所の業務は空洞化した。

　さらに大連における取引所の周辺業者を紹介しよう。先述のように大連には官

営取引所と民営取引所が並存してある程度競合したが、その周辺業務として取引の清算業務や金融業務が派生する（**図表Ⅱ-4-1**）。官営大連取引所に付随する清算会社として、1913年6月19日大連取引所信託株式会社が設置された。当初資本金100万円、それが増資・減資を行ない、1935年で1200万円となっている。やはり、清算会社として、1917年5月30日大連取引所銭鈔信託株式会社が設置された（資本金100万円）。そのほか1920年3月18日に大連証券信託株式会社が設置され、その後も周辺業者は増大した。1921年末までに大連を本店とする取引所周辺業者は19件あり、これらの業者が第1次大戦期のバブル経済の中で次々に設置された。そして官営と民営の取引所で、大豆三品、銭鈔、株式等の売買を拡大させつつ、投機的資金を呼び込み、活性化させていた。ただし景気が逆転した場合の反動も大きなものとなる。戦後恐慌の中で、1921年11月1日大連証券信託株式会社が休業している。同様に大連取引所銭鈔信託は戦後恐慌後の業績不振に陥り、1927年12月に負債処理のため、第二銭鈔信託株式会社を設置した（資本金500万円）。そして大連取引所銭鈔信託は1928年2月6日に解散した。それ以外の取引所周辺業者も同様に大打撃を受け、廃業に追い詰められた事例も多い。

　満州事変後に銭鈔取引や五品取引の操業環境が激変する。1932年2月21日大連五品代行株式会社が設置されたがその後廃止された[67]。同様に1932年12月28日大連商品取引信託株式会社が設置された。しかしいずれも満州国期に株式以外の取引は沈滞する。官営大連取引所も満州国農産物流通統制が満州農産公社により強化されると、大豆三品等の取引所取引は不要となり、1939年10月31日に廃止となった[68]。同取引所の清算取引を担当していた大連取引所信託も存在意義を失い、同社の額面割れした株式を満州興業銀行に買い上げてもらい[69]、翌年に解散した。その結果、1942年で残存できたものは、大連証券信託と大連商品取引信託のみである。

第3節　満州国の取引所と証券会社

1　満州国の取引所政策

　満州国と大連には多数の取引所が存立しており、これらについて関東軍司令部は1933年3月23日に対処方針を打ち出していた[70]。すなわち満州国・関東州の取引所を一体のものとして考慮する、取引所に対する根本方針は満州における経済的発展の状況を見ながら決定する、当分の間満州の各種取引所の新設を認めず、満州国・大連の取引所については統廃合を打ち出さずに静観する、哈爾浜における浜江糧食証券交易所については日満合弁の満州国法人の株式会社とし取引人に日本人を加える、清算機関としての信託会社は別に新設せず、哈爾浜の交易所が保証清算を行なう、というものであった。哈爾浜の交易所を改組する方針となったものの、現存取引所を積極的に統廃合するとの方針は打ち出されなかった。この直前の3月19日に関東軍特務部第1委員会で「哈爾浜交易所問題指導要綱」がまとめられており[71]、それによると浜江糧食証券交易所股份有限公司を股份有限公司哈爾浜交易所に改称し、日満合弁の満州国法人とし、資本金500万円、四分の一払込とし、政府持株外は日満両国人に割り当てる、上場物件は大豆、豆粕、豆油、小麦、麦粉、麻袋、綿布とし、現物・先物取引を行なうものとした。満鉄は哈爾浜交易所への出資につき1933年9月8日に拓務省に株式引受けの申請を行なっている。5000株、半額払込、125.1万円であった[72]。股份有限公司哈爾浜交易所は1933年10月1日に改組設立された。資本金は200万円、払込120万円、最大株主は満鉄、ついで大連取引所信託、満州国政府、大連株式商品取引所である[73]。

　1934年10月8日に関東軍参謀部は、傳家甸における銭鈔現物交易所を廃止させ、哈爾浜交易所に対し銭鈔取引を認め、その現物取引のみならず、定期取引も認めた[74]。北満における銭鈔取引の活性化が期待された。他方、新京取引所における銭鈔先物取引の再開を求める要望が強く出されていたが、それを関東軍特務部は1938年7月20日に満州国財政部・関東州庁内務部と審議した結果、認めな

かった。関東軍側の意向では、現在は金本位による満州通貨制度の統一過程に有り、いずれ銭鈔取引は淘汰されるはずでありこの取引の復活は必要ないとの判断であった[75]。哈爾浜と新京では対応が異なるが、哈爾浜の交易所は新設のため梃子入れする必要があり、また既存の中国人経営の銭鈔取引を廃止することに伴う措置であり、哈爾浜交易所には認めることとなった。

2 満州事変後の満州取引所

1932年3月1日満州国出現で状況は一変する。満州事変後の1934年3月20日に既存の官営の四平街取引所、公主嶺取引所および開原取引所が廃止された。さらに1936年1月16日に奉天取引所が廃止された。同所は銭鈔取引が中心のため取引皆無となっていた。結局、満州における官営取引所は大連取引所と新京取引所のみとなる。

満州事変期に株式会社満州取引所は業務停止状態に陥った[76]。各地の取引所は同じ状態であったと思われる。1932年年7月8日に満州取引所は組織強化を図り、満州国期の体制に合わせる人材補強を行ない、1933年5月24日に理事長美濃部俊吉が就任した。美濃部は拓務官僚から朝鮮銀行総裁を歴任し、朝鮮銀行と陸軍との関係から関東軍には顔が広く、満州国に陳情するにはうってつけの人材であった。他方、満州国にとっては、満州取引所に対する証券取引の管理を目指した政府介入人事を行なったとも見られる。満州国体制が安定したのを見届けて、満州取引所は市場再開を目指して仲買人を募集したところ、満州国における今後の取引所の事業拡張を期待して仲買人の応募者が殺到した[77]。

事業が復活した満州取引所の長期・延取引の上場株式は、正隆銀行、満州銀行、満鉄、東拓、東亜煙草株式会社、鐘淵紡績、安東取引所、奉天取引所信託、大連取引所信託、大連株式商品取引所、大阪株式取引所、東京株式取引所、満州取引所、満州興業が並んでいた。満州取引所の証券部は7月1日より取引再開したが、商品部は休止のまま続いた。再開した証券部仲買人は15人であり、うち山一証券支店以外の法人は株式会社徳泰公司奉天支店のみであり、まだ法人仲買人は乏しかった[78]。1934年5月期に新規上場株として、満州電信電話株式会社、日本産業株式会社が追加された[79]。満州国特殊会社体制の中で出現した満州電信電話

が注目されよう。さらに1934年11月期に上場株式として満蒙毛織が復活した[80]。その後、1935年5月期の上場株式として日魯漁業株式会社、東亜土木企業株式会社、満州土地建物株式会社が追加された[81]。

　1935年11月期の長期・延取引市場に上場株式として奉天製麻、鞍山不動産信託が追加された。この期の満州・朝鮮関係の現物取引は、下記の会社の株式が売買されていた。すなわち正隆銀行、満州銀行、朝鮮銀行、鞍山不動産信託、満州不動産、奉天取引所信託、大連取引所信託、大連商品取引信託、大連株式商品取引所、安東取引所、哈爾浜交易所、満鉄、株式会社金福鉄路公司、朝鮮無煙炭株式会社、東亜殖産株式会社、営口水道電気株式会社、東亜煙草、日満アルミニウム株式会社、満州製帽株式会社、満州工廠株式会社、鞍山製材株式会社、株式会社大連機械製作所、撫順製紙株式会社、奉天製麻株式会社、満州製麻株式会社、満州紡績株式会社、日満亜麻紡績株式会社、満州麦酒株式会社、満州製粉、大和染料株式会社、満州化学工業株式会社、哈爾浜セメント株式会社、満州セメント株式会社、撫順窯業株式会社、満州電信電話、湯崗子温泉株式会社、満州興業、東亜土木企業、星ヶ浦土地建物株式会社、周水土地建物株式会社、満州土地、大連郊外土地株式会社、満州市場、南満倉庫、大矢組株式会社、大同産業株式会社、東拓、大陸窯業がならんでいた[82]。現物取引市場しては、かなり広範な株式を集めていたため、現物株式では満州関係企業の株式の流通に寄与していたといえよう。満州取引所が満州国各地の株式の流通を引き受ければ、安東や哈爾浜の取引所は不要となる。そのほか内地株49社の現物取引が行なわれている[83]。

　その後、長期・延取引に、北海道炭砿汽船株式会社、日本鉱業株式会社、満州電業株式会社、日本石油株式会社、日本鋼管株式会社の株式が追加されたが、他方、正隆銀行・満州銀行・満州興業の上場が廃止された[84]。正隆銀行・満州銀行は満州興業銀行新設に伴う統合による廃止である。1936年5月期には、長期・延取引に南満州瓦斯株式会社、満州化学工業が追加されている[85]。1937年7月2日理事長広瀬重太郎が就任した。以後、3年程度で理事長が交代する[86]。1937年5月期に満州重工業開発株式会社の株式が上場しているが、日本産業の上場を引き継いだものである。

3 満州証券取引所

1937年12月1日の治外法権撤廃の条約施行に伴い、満州取引所は満州国法人に転換した。1938年12月24日に満州取引所は定款を変更した。それは満州国「会社法」に準拠するものであった。さらに1939年2月25日に商号変更し、株式会社満州証券取引所に改称した。同社の目的を有価証券売買取引関連付帯業務とし、併せて資本金を100万円から20万円に減資し、同時に180万円に増資することを決議した[87]。1939年10月期に満州電業株式会社、満州特産工業株式会社の上場を追加し、満州取引所に換え満州証券取引所を上場した[88]。増減資を行なったことで資本金300万円払込となり、累積損失を一掃し、ようやく当期利益を計上した[89]。満州証券取引所の株主構成は、6万株、235名のうち、東京株式取引所一般取引員組合1万1580株、満州興業証券株式会社5990株、東京株式取引所5000株、大阪株式取引所2500株、大阪株式取引所取引員組合2500株、満州生命保険株式会社2000株、奉天商工銀行800株、名古屋株式取引所750株、名古屋株式取引所取引員組合750株ほか、個人も含まれる。そのほかその他の日本の取引所と取引員組合、証券会社が並んでいる[90]。この株主構成を見ると、日本の証券業が満州証券取引所に資金的に支援を行なったことがわかる。治外法権撤廃後の満州国の直接金融を流通市場から支える目標が高く掲げられていたとみられる。

満州証券取引所は1940年4月24日に安東取引所と安東取引代行株式会社の合併の定款変更認可を得た。満州証券取引所の延取引市場に満州工廠、満州東亜煙草株式会社、撫順窯業が上場され、満州銘柄の増大が続いた。また公募公開株式の仲介を行なったが、その銘柄は満州電業と満州電信電話であり、政府系保有株式の売却を支援した[91]。その後、1940年7月1日より安東取引所と安東取引代行の合併を行ない、安東の事業所を満州証券取引所安東支所として開設した[92]。そのほか公開株式仲介として、満州中央銀行所有の奉天商工銀行株式の売却を支援した。これらの公募公開株式売却仲介は手数料を得ることができた。

哈爾浜交易所廃止後の措置として、1940年12月10日に哈爾浜支所設置の認可を得た。同支所は12月11日に開所した[93]。その後も取引人の法人化が進み、

その結果、法人取引人が増大し、31人中16人（奉天）となり[94]、法人取引人比率は上昇を続けた。満州証券取引所の業務拡張は証券会社の育成に連なっていた。満州証券取引所は1942年4月期で、延取引に鞍山鋼材株式会社、大連株式商品取引所、南満鉱業株式会社、株式会社大興公司の新株を上場した[95]。また公開株式仲介業務でも満州興業銀行の増資新株、満蒙毛織の新株、満州親和木材株式会社、満州特殊製紙株式会社の公開を支援した。安東でも取引人が合名会社、株式会社に改組の事例あるが[96]、規模は奉天に比べ、安東・哈爾浜は小さく、それに伴い取引人の規模も小さい。

　1943年4月期では日本内法人の日魯漁業、東京株式取引所、朝鮮取引所が上場廃止となり、他方、満州興業銀行の新株、満州親和木材が新規上場となった。また公開株式の仲介業務として奉天商工銀行と奉天銀行の株式公開を支援した。1943年10月期でも奉天商工銀行の上場を行ない、これで累計37銘柄の上場となった。ただし、安東・哈爾浜支所の上場銘柄は本所ほど多くない[97]。その後も公募公開株式の支援を行ない、満州興業銀行、大興公司、満鉄、楡樹鉄道株式会社の公開を行なっている[98]。1944年4月期でも牡丹江木材工業新株と満蒙毛織新株の公募公開株の仲介を行なった。また日本国策航空工業株式会社、小林鉱業株式会社、不二越鋼材工業株式会社、日満製粉株式会社、牡丹江木材工業株式会社、竜山工作株式会社、満蒙毛織新株の新規上場を行なった[99]。満州証券取引所は資産負債規模の増大の中で、自己資本の増強のため1944年2月24日に増資決議を行なった。8万株を増大し、四分の一払込で100万円の資金調達を行なっている。また公募公開株仲介業務として満州電業、日満製粉、楡樹鉄道を支援した[100]。また延取引に満州興業銀行第2新株、日本曹達、同第2新株の新規上場を行ない、累計36銘柄となった。

4　満州国の取引所周辺業者

　満州国前に取引所周辺業者が多数設置された。そのうちで満州国出現まで持ちこたえた業者として開原取引所信託、四平街取引所信託、公主嶺取引所信託があるが、満州国期の1934年3月21日に解散した[101]。奉天取引所信託も1936年1月16日に解散した[102]。安東取引代行株式会社が1934年11月23日に設置され

た[103]。長春取引所信託は1933年2月に新京取引所信託株式会社に商号変更し、さらに新京取引所が存続したため延命でき、その後1939年12月21日に株式会社興徳銀行に改組決議し、銀行業に業態転換した[104]。

満州国における取引所として、先述のように満州証券取引所のみに集約されるが、その改組後に、従来の証券関係の清算会社のほかに多数の証券取引専業会社が出現した。これらは株式公開・上場の発行市場にも深く関わることができ、それまでの流通市場中心の株式市場の参加者と大きく異なるものとなった。業者法制として1940年8月12日「有価証券業取締法」で銀行以外の証券取引業者に免許制を導入した。これにより支店営業は不利となり、日本法人証券業者の満州国法人化が進行する。1943年までの合計では関東州を含む本店事業者の株式会社は24社が確認されている（**図表Ⅱ-4-2**）。日本の証券会社の支店による事業参入も見られた。大連においては開業も容易である。このうち大連においても証券取引が1930年代後半に増大し、証券会社が増設される。1939年11月8日に百興証券株式会社が設置された。また同年12月18日に射越屋証券株式会社が設置された（本店大連）。後者は株式会社射越屋商店を改組したものである。両社とも資金規模は小さい。1941年4月24日に満州瓦斯証券株式会社が設置されたが、同社は南満州瓦斯株式会社への投資が主要な業務であり、証券売買仲介を専業とするものではない。

満州国においても、奉天の満州取引所が1939年2月に満州証券取引所に商号変更し、証券市場の強化が図られる中で、証券会社が増設される。すなわち1937年4月23日に康徳証券株式会社が設置された（本店奉天、社長清田栄之助〔奉天合同自動車株式会社取締役〕）[105]。満州の日本人事業家による設置である。1938年7月31日に満州興業証券株式会社が設置された（本店新京）。同社は満州興業銀行の関係会社である。当初資本金100万円、払込25万円であったが、全額払込後に増資し、資本金500万円、払込200万円となった。同社は満州国最大の証券会社であった。元引受業務を行なう場合には資金的力量が必要であり、満州興業証券は親会社からの資金支援で十分それが可能な体力を有していた。満州証券取引所に改組後には、証券売買仲介を行なう会社が急増した。

1939年8月15日に満州野村証券株式会社が設置された（本店奉天、資本金

図表II-4-2　満州国期の証券業者

(単位：千円)

企業名	本店	設立年月日	払込資本金	備考
東亜証券㈱	大連	1920.10.09	75	休業中
百興証券㈱	大連	1939.11.08	118	
射越屋証券㈱	大連	1939.12.18	120	旧商号㈱射越屋商店
満州瓦斯証券㈱	大連	1941.04.24	117	
康徳証券㈱	奉天	1937.04.23	125	
満州興業証券㈱	新京	1938.07.13	1,000	満州興業銀行系
満州野村証券㈱	奉天	1939.08.15	500	野村証券系
満州川島屋証券㈱	奉天	1939.09.09	250	川島屋証券系
満州射越屋証券㈱	奉天	1940.04.05	120	
満州大商証券㈱	奉天	1940.04.15	250	
満州角丸証券㈱	奉天	1940.04.27	250	
三信証券㈱	奉天	1940.05.04	90	
三豊証券㈱	奉天	1940.09.07	37	
満州山一証券㈱	奉天	1940.10.19	500	山一証券系
大谷証券㈱	奉天	1940.11.09	90	
福岡屋証券㈱	奉天	1940.12.02	40	
満州山源証券㈱	奉天	1940.12.14	250	
大陸証券㈱	安東	1941.10.22	125	
竜江証券㈱	斉斉哈爾	1942.03.16	50	
満州白藤証券㈱	奉天	1942.05.01	125	
共栄証券㈱	安東	1942.10.15	88	
満州東亜証券㈱	奉天	1942.12.26	125	
第一証券㈱	新京	1942.12.26	45	
天隆証券㈱	奉天	1943.01.18	250	

出所：『1942 銀行会社年鑑』、『1944 満州国会社名簿（資本金20万円以上）』。
注：(1) 株式会社のみを掲載。
　　(2) 払込資本金は1942年金額、その後新設会社は1944年金額。

100万円、半額払込）。同社はすでに存在していた野村証券株式会社（1925年12月1日設置）の奉天支店を現地法人に転換して設置された[106]。1939年9月9日に満州川島屋証券株式会社が設置された（本店奉天）。同社も川島屋証券奉天支店を現地法人に転換したものである。1939年10月期の満州証券取引所の取引人として、富士証券株式会社、藤本ビルブローカー証券奉天支店、満州興業証券株式会社、山一証券奉天支店、株式会社荒津商店奉天支店、大阪商事株式会社奉天支店、満州野村証券株式会社、満州川島屋証券株式会社が法人として追加された。合計23人となる[107]。さらに1940年4月5日に満州射越屋証券株式会社（本店奉天）が設置されたが、同社は大連を拠点とする射越屋証券の満州国法人である。大連法人として満州国で事業を営むよりも、満州国法人に転換したほうが取引で

有利なため、別に満州国法人を設置した。1940年4月27日に満州角丸証券株式会社が設置された。同年5月4日に三信証券株式会社（本店奉天）が、4月15日に大阪商事株式会社奉天支店が現地法人に転換して満州大商証券株式会社が、9月7日に三豊証券株式会社（本店奉天）が、10月19日に満州山一証券株式会社（本店奉天）が、11月9日に大谷与市の個人事業を法人化した大谷証券株式会社（本店奉天）が、12月2日に福岡屋証券株式会社（本店奉天）が、12月14日に山本源作の個人事業を法人化した満州山源証券株式会社（本店奉天）がそれぞれ設置された。いずれも本店を奉天においていた。三豊証券は本店図們とする記載もある[108]。また役員に日本人以外の複数が列しており、間島地域の在満朝鮮人による設置と見られ、同地域資産家の資金動員を行なった。このうち満州山一証券も1939年8月9日設置の山一証券奉天支店を現地法人に転化したものである。社長は山一証券社長の木下茂が兼務した。資本金100万円半額払込で設置された。その営業報告では、満州国債売捌き、満州興業銀行新株、奉天商工銀行旧株、奉天銀行新株の募集、政府保有の大興公司新株、満鉄新株、満州電業新株の公開の際にシンジケートに参加して募集に尽力し、1942年上期から1943年下期まで利益を計上していた[109]。

　満州証券取引所への転換による証券業の強化がなされたため、1940年だけで8社が設置され、多数の日系証券業者が満州国法人として参入した。さらに1941年10月22日に大陸証券株式会社が設置された（本店安東）。その後も1942年5月1日に満州白藤証券株式会社（本店奉天）、1942年3月16日に竜江証券株式会社（本社斉斉哈爾）、1942年10月15日に共栄証券株式会社（本店安東）、12月26日に第一証券株式会社（本店新京）、満州東亜証券株式会社（本店奉天）、1943年1月18日に天隆証券株式会社がそれぞれ設置されている[110]。これは奉天のみならず地方都市における証券投資の需要があり、満州証券取引所のみならずその安東と哈爾浜の支所が存在し、その界隈の証券取引の窓口となっていた。証券会社は銀行と異なり、自己勘定部分が巨額になる必要がないため、資本金規模は小額である。これらの証券会社のうち満州興業証券は満州興業銀行の子会社であるため、満州国内における同行の公社債販売等の証券戦略の中に位置づけられる。満州野村証券・満州川島屋証券・満州山一証券は、満州国法人の証券発行受

託のためには日本の親会社の支店営業よりは満州国法人であることが戦術上望ましく、設置されたものである。さらにこの周辺に証券金融業者が仕事を見出すことができた。満州の証券業は満州国の産業開発計画に沿った資金需要の拡大の中で、企業・家計セクターの保有する資金の直接金融への誘導として大いにその事業を拡大させた。日本国内の証券業整備が強行された状況とは異なっていた。

おわりに

満州の民営取引所としては、大連・奉天・哈爾浜・安東に設置された。このうち大連は最初から関東州の認可を受けたものであり、官営取引所と平行して存在した。奉天の取引所は満州取引所に切り替わった。哈爾浜の取引所は満州事変前に廃止されていた。満州の取引所は商品取引のみならず、通貨取引、それらの先物取引と幅広い取引品目を並べていた。この取引所の周辺産業として、取引所信託の清算業務を行う業者や代行業者が集まり、さらにその周辺に金融業者等が並ぶという連関が見られた。特に大連と奉天ではそれが著しい。これらの取引に少なからざる満州事業家が参入した。荒い値動きを見せた第1次大戦期の特産大豆やその他の商品と証券・通貨の現物・先物の取引は投機の世界であり、満州事業家は積極的に関わった者が多い。植民地事業家の特徴として投機者流の溜まり場という側面がある。満州においても彼らは株式・商品の投機的取引を好む者が多かったといえよう。その後の1920年代の低迷で、これらの投機者流は打撃を受け、値崩れのした株を保有したまとなる。官営・民営の取引所の周辺に多数の信託・金融業者が設置され、多くは淘汰された。

満州国体制の中では、通貨統一や流通統制で投機の場所・品目が限定され、さらに満州における大連経済の地盤沈下で、投機的取引の意義が大きく後退する。他方、満州国では法人の資金調達のため発行市場が拡大するが、証券市場全般の厚みを増すために流通市場を強化する必要があり、満州証券取引所が設置された。それには大いに期待されたはずである。これにより満州における証券取引の中心が大連から満州証券取引所に移動した。証券取引の増大で奉天を中心に多数の証券会社が設置され、そこには日本の事業者の現地法人も多数参集した。

注

1) 柴田善雅「日本の対『満州』通貨金融政策の形成のその機能の実態—第1次大戦期から二〇年代中頃にかけて」(『社会経済史学』第43巻第2号、1977年8月)、柴田善雅『占領地通貨金融政策の展開』(日本経済評論社、1999年)、金子文夫『近代日本における対満州投資の研究』(近藤書店、1991年)。
2) 羽田正貴「1920年代ハルビンにおける取引所設立問題」(『近現代東北アジア地域史研究会ニューズレター』第18号、2006年12月)。
3) 蘇崇民『満鉄史』(中華民局、1990年、邦訳『満鉄史』山下睦男ほか訳、葦書房、2000年)。
4) 大連取引所信託株式会社『大連取引所信託株式会社略史』(1940年)、がある。
5) 関東局『関東局施政三十年史』下 (1936年)。
6) 「支那ニ於ケル本邦取引所ニ関スル件」(外務省通商局『通商局関係第48議会説明参考資料』1923年12月〔外務省記録議TS-3〕)。
7) 同前、在安東領事館「安東株式商品取引所設立免許ノ件報告」1921年1月14日(外務省記録3-3-7-39-11-1)、「株式会社安東証券商品信託公所創立総会決議録」1919年11月7日 (外務省記録3-3-7-39-11-1)。
8) 前掲「支那ニ於ケル本邦取引所ニ関スル件」。
9) 関東庁「安東取引所引継ニ関スル件」1924年10月30日 (外務省記録3-3-7-39-11-1)、株式会社安東株式商品取引所「臨時株主総会決議録」1925年4月29日 (外務省記録3-3-7-39-11-1)。
10) 前掲『関東局施政三十年史』564頁。
11) 前掲「支那ニ於ケル本邦取引所ニ関スル件」。この経緯については前掲「1920年代ハルビンにおける取引所設立問題」が詳細に解説しているため、併せて参照。
12) 前掲「支那ニ於ケル本邦取引所ニ関スル件」。
13) 朝鮮銀行東京調査課『満州会社調』1922年3月 (大連市図書館蔵) 57頁。
14) 株式会社哈爾浜取引所『株主名簿』1922年3月末(外務省記録3-3-7-39-12-1)。
15) 前掲「支那ニ於ケル本邦取引所ニ関スル件」。
16) 前掲『満鉄史』邦訳、241頁。
17) 南満州鉄道株式会社『関係会社統計年報』1938年版、1005頁。

18) 南満州鉄道株式会社殖産部商工課『満州商工既覧』1930 年版（アメリカ議会図書館蔵）564 頁。
19) 1919 年 9 月 1 日設立との記述ある『1942 銀行会社年鑑』の日付を踏襲した。
20) 前掲「支那ニ於ケル本邦取引所ニ関スル件」。
21) 株式会社奉天商品証券交易所『第 5 回営業報告書』1921 年 11 月決算、3、6、11 - 13 頁。
22) 前掲「支那ニ於ケル本邦取引所ニ関スル件」。
23) 1919 年 9 月 1 日設立との記述あり（『1942 銀行会社年鑑』）。
24) 株式会社奉天商品証券交易所『第 6 回報告書』1922 年 5 月決算、2、5、24 - 28、32 頁。
25) 株式会社満州取引所『第 8 回報告書』1923 年 5 月決算、1 - 2 頁。
26) 同『第 9 回報告書』1923 年 11 月決算、11 - 12 頁。
27) 同『第 10 回報告書』1924 年 5 月決算、1 - 2、12 頁。
28) 同『第 11 回報告書』1924 年 11 月決算、3 - 5 頁。
29) 同『第 12 回報告書』1925 年 5 月決算、2、24 - 27 頁。
30) 同『第 13 回報告書』1925 年 11 月決算、27 頁。
31) 外務省通商局第 2 課「第 60 回帝国議会説明参考資料」1931 年 12 月（外務省記録議 TS - 26）。
32) 株式会社満州取引所『第 15 回報告書』1926 年 11 月決算、2 頁。
33) 『第 16 回報告書』1927 年 5 月決算、2 頁。
34) 『第 17 回報告書』1927 年 11 月決算、2 - 3 頁。
35) 前掲「第 60 回帝国議会説明参考資料」。
36) 株式会社満州取引所『第 19 回報告書』1928 年 11 月決算、1 - 3 頁。
37) 前掲「第 60 回帝国議会説明参考資料」。
38) 株式会社満州取引所『第 20 回報告書』1929 年 5 月決算、3 - 4、6 頁。
39) 同『第 21 回報告書』1929 年 11 月決算、1 - 2、4 頁。
40) 前掲「第 60 回帝国議会説明参考資料」。
41) 株式会社満州取引所『第 23 回報告書』1930 年 11 月決算、1 - 3、13 頁。
42) 前掲「第 60 回帝国議会説明参考資料」。

43) 前掲『関東局施政三十年史』563 頁。
44) 同前、563 頁。
45) 同前、『1936 銀行会社年鑑』。
46) 『1936 銀行会社年鑑』。
47) 同前。
48) 前掲『関東局施政三十年史』562‐563 頁。
49) 『1922 興信録』375 頁。
50) 満蒙証券株式会社『第 1 期営業報告書』1920 年 5 月決算、1‐5、12‐24 頁。
51) 同『第 2 期営業報告書』1920 年 11 月決算、1、10 頁。
52) 同『第 6 期営業報告書』1922 年 11 月決算、4、8 頁。
53) 同『第 10 期営業報告書』1924 年 11 月決算、2‐3 頁。
54) 同『第 11 期営業報告書』1924 年 5 月決算、2 頁、同『第 12 期営業報告書』1925 年 11 月決算、1‐2 頁。
55) 同『第 13 期営業報告書』1926 年 5 月決算。
56) 同『第 15 期営業報告書』1927 年 5 月決算。
57) 前掲『関東局施政三十年史』547‐564 頁。
58) 『1922 興信録』。
59) 同前。
60) 株式会社大連株式商品取引所『第 5 回営業報告書』1922 年 10 月決算、3‐5、19‐21 頁、株主名簿 1‐18 頁。
61) 同『第 11 回営業報告書』1925 年 3 月決算、4‐5、17‐18 頁。
62) 同『第 12 回営業報告書』1925 年 9 月決算、1‐4 頁。
63) 同『第 16 回営業報告書』1927 年 9 月決算、16‐17 頁。
64) 同『第 20 回営業報告書』1929 年 9 月決算。
65) 『1942 銀行会社年鑑』。
66) 株式会社大連株式商品取引所『第 42 回営業報告書』1940 年 11 月決算、3、6 頁。
67) 『1936 銀行会社年鑑』。
68) 前掲『大連取引所信託株式会社略史』92 頁。
69) 同前、91、94‐98 頁。

70）関東軍司令部「満州ニ於ケル取引所並信託会社指導方策（関東州・満鉄付属地並満州国ヲ含ム）」1933年3月23日（東京大学総合図書館蔵『美濃部洋次文書』、マイクロフィルム版、H16‐1‐2）。
71）南満州鉄道株式会社経済調査会『満州に於ける取引所並取引所信託会社方策』1936年3月（吉林省社会科学院満鉄資料館01092）6‐7頁。
72）同前。
73）『1936銀行会社年鑑』。
74）前掲『満州に於ける取引所並取引所信託会社方策』11‐12頁。
75）同前、19頁。
76）株式会社満州取引所『第27回報告書』1932年11月決算。
77）同『第28回報告書』1933年5月決算、2‐4頁。
78）同『第29回報告書』1933年11月決算、2‐4、7‐8頁。
79）同『第30回報告書』1934年5月決算、2‐3頁。
80）同『第31回報告書』1934年11月決算、3頁。
81）同『第32回報告書』1935年5月決算、5頁。
82）同『第33回報告書』1935年11月決算、4‐6、11‐14頁。
83）同前、15‐18頁。
84）株式会社満州取引所『第34回報告書』1936年5月決算、2‐5頁。
85）同『第34回報告書』1936年5月決算、4頁。
86）同『第37回報告書』1937年5月決算、1‐2頁。
87）株式会社満州証券取引所『第1回報告書』1939年10月決算、4頁。
88）同前、6頁。
89）同前、11‐12頁。
90）同前、17‐24頁。
91）株式会社満州証券取引所『第2回報告書』1940年4月決算、6‐7頁。
92）同『第3回報告書』1940年10月決算。
93）同『第4回報告書』1941年4月決算、4‐9頁。
94）同前、21頁。
95）株式会社満州証券取引所『第5回報告書』1942年4月決算、5頁。

96) 同『第7回報告書』1942年10月決算、9-11頁。
97) 同『第8回報告書』1943年4月決算、7-9頁。
98) 同『第9回報告書』1943年10月決算、6-7頁。
99) 同『第10回報告書』1944年4月決算、5-9頁。
100) 同『第11回報告書』1944年10月決算、6-9頁。
101) 前掲『関東局施政三十年史』563頁。
102) 同前、564頁。
103) 『1936銀行会社年鑑』。
104) 前掲『関東局施政三十年史』563頁、興徳銀行『第36回営業報告書』1939年12月決算、1-2頁。
105) 『1942銀行会社年鑑』。
106) 野村証券五十年史編纂委員会『野村証券株式会社五十年史』(1976年)、193頁では、1939年9月1日設置、また払込75万円となっている。
107) 前掲満州証券取引所『第1回営業報告書』8頁。
108) 『1944会社名簿(20万円以上)』。
109) 山一証券株式会社社史編纂室『山一証券史』(1958年) 789-792頁。
110) 『1942銀行会社年鑑』。

第5章　商業と貿易

はじめに

　満州における商業・貿易については、『満州開発四十年史』下巻（1964年）の「商業篇」、「貿易篇」が概括的な記述を行なっており、ついで『満州国史』各論（1971年）が検討している。しかし、これらは大まかに商業・貿易について述べたものであり、立ち入った分析は今後の課題として残された。

　貿易のうち日満貿易に関しては、金子文夫『近代日本における対満州投資の研究』（近藤出版社、1991年）が日露戦後期・第1次大戦期・1920年代について、大豆三品・綿布などの動向を検討した。同書は満州国建国前までを対象時期としたものであり、建国後にまで分析は及んでいない。

　日本人商人の動向については、柳沢遊『日本人の植民地体験——大連日本人商工業者の歴史——』（青木書店、1999年）が大連に関して日露戦後から第二次大戦後の引き揚げ過程までを、個々の人間や組織に焦点を当てて詳細に分析した。しかし、対象とした地域を大連に限定したため、満州国建国後、日本人商人の活動の中心が関東州から移動する満州国（満鉄付属地を含む）での動向が分析の対象外に置かれてしまった。

　貿易・商業を担う日系商社に関しては、鈴木邦夫「『満州国』における三井財閥―三井物産の活動を中心として―」II（『電気通信大学紀要』第2巻第1号、1989年6月）が、三井物産の1920年代から敗戦までの農産物取引（貿易と集荷）を分析している。また、鈴木邦夫「『満州国』における三井財閥―三井物産の活動を中心として―」I（『電気通信大学紀要』第1巻第2号、1988年12月）が、満州国での鉱工業品流通統制の主要な担い手となる日満商事株式会社について、

主要な業務内容を記している。さらに後者に関しては、山本裕「『満州国』におけ
る鉱産物流通組織の再編過程―日満商事の設立経緯 1932 - 1936 年―」(『歴史と
経済』第 178 号、2003 年 1 月)がその設立過程の分析を行なった。

　農産物の集荷については飯塚清・風間秀人「農業資源の収奪」(浅田喬二・小
林英夫編『日本帝国主義の満州支配』時潮社、1986 年)、風間秀人『満州民族資
本の研究』(緑蔭書房、1993 年)が分析を行なっている。

　このように満州における商業と貿易に関しては、いくつかの研究がなされてい
るが、商業・貿易というものがあまりに広い領域(商品の品目の多さ、担い手＝
商人の多さ、流通の複雑さなど)であるために、様々な課題が残されている。以
下では、これまで検討されてこなかった、いくつかの点に絞って分析を行なう。

第 1 節　日本人による初期の対満州進出と商人

　まず、日本人による初期の対満州進出を概観しよう。日露戦争以前の時期では
三つの経路により日本人が満州に渡った。第 1 はロシアのウラジオストック、シ
ベリヤから入る経路(哈爾浜などへ)、第 2 は大連・旅順から入る経路、第 3 に
貿易港の営口(牛荘とも呼ぶ)から入る経路である。1903 年 6 月時点で満州在
住の日本人は 2525 人、うち第 1 位旅順 775 人、第 2 位哈爾浜 681 人、第 3 位ダ
ルニー(青泥窪、のちの大連。以下、本章ではダルニーと呼ばれていた時代につ
いても大連と表記)360 人、第 4 位営口 152 人、第 5 位横道河子(東支鉄道の哈
爾浜・ウラジオストック間にある都市)88 人、第 6 位遼陽 82 人、第 7 位鉄嶺 57
人、第 8 位奉天 47 人であった[1]。つまり、満州南部の軍港＝旅順が最も日本人
が多い都市であり、ついで満州北部の哈爾浜が多く、これら二つの都市に比べる
と大連の日本人の数は半分程度であった。営口の数は大連より、さらに少ない。

　日露戦争の開始に伴い、日本人は満州各地から引き上げたが、まもなく大連へ
の軍用達商の渡航が始まり、ついで日本による関東州租借後、日本人商人による
大連への大量渡航が始まった[2]。そして、大連が日本人の最も多く居住する都市
になる。

　日本人の移住はこのように推移した。ただし満州南部でみると日本人商人が最

初に多く進出した都市は、大連ではなく、日本が関東州と呼ぶことになる地域の外にある港湾都市の営口である。そこでまず営口について日本人商人の動きをみよう。その際、貿易商社として三井物産、外国為替銀行として横浜正金銀行、船会社として日本郵船ないし大阪商船に着目する。

　第Ⅰ部第7章の三井財閥の部分で述べたように、まず三井物産が、日清戦争前の1890年に上海支店の山本条太郎を営口に派遣して、中国人商人（広東系）の東永茂に寄寓させて、大豆・大豆粕の調査に当たらせた。もっとも山本の滞在は短期であった。ついで日本郵船が1891年3月に神戸－営口線を開設した。その際、日本郵船は紀昌洋行（英人フレデリック・バンジネルが経営）を営口の代理店とした。1891年に中国から日本への油糟（大豆粕など粕類の総称）輸出が急増し、1890年に同じく豆類の輸出が急増しており、当時の主な積み出し地が、大豆では営口、大豆粕では営口と広東であったことから[3]、日本郵船は、営口から日本への農産物（特に大豆と大豆粕）の積み荷を見込んだと思われる。

　日清戦争（1894～1895年）終了＝1895年4月の日清講和条約調印により、清国は日本に対して遼東半島を割譲するとされた。割譲線の東は安東、西は営口であった。ところが、三国干渉のため日本政府は5月に遼東半島の還付を決定せざるをえなかった。

　日清戦争終了半年後の9月に、三井物産は上海支店の山本条太郎に営口詰めを命じ、山本について依田治作を東永茂（中国系商店）に勤務させた。三井物産は東永茂を代理店としたと思われる。1895年末で営口に進出していた日本人商店は、三井物産、福富洋行、日清洋行、海仁洋行の4店であった。このうち、三井物産、福富洋行、日清洋行は主に穀肥類の輸出、海仁洋行は主に船舶代理・回漕を生業としていた。福富洋行には、店主の広瀬源三郎の甥の広瀬金蔵（1881年生、数えで15歳）が勤務していた。広瀬金蔵は、1906年5月三井物産に入社して三井物産大連支店勤務、牛荘出張所長（1917～1922年）、三泰油房会長、三泰産業代表取締役などを歴任する満州進出の先駆者のひとりである[4]。

　1897年6月に三井物産は正式な事務所として営口出張所を開設した（10月、営口支店に昇格）。同じ6月に牛荘領事館が開設され、領事の田辺熊三郎が三井物産営口出張所内で執務を開始した。1900年1月には横浜正金銀行が牛荘支店

を開設して、営口・上海・日本間での為替の出合いを付けて、日本向け輸出を促進することとなり、1901年8月には、逓信省直轄の在外局として牛荘郵便局が開設されて日本との間の送金が容易になった[5]。

1898年3月にパブロフ条約によってロシアが遼東半島の南端（旅順・大連）を租借すると、1900年1月に三井物産がポート・アーサー（旅順）に「関東省出張員」（本店直轄）事務所を設置した。日本がロシアに代わり租借してから日本政府は租借地に対して「関東州」という呼称をもちいるが、三井物産が事務所を設置したとき、日本では「関東省」と呼んでいたようである。大連港第1期工事完成に伴い、三井物産は1903年4月に事務所を大連へ移転している。関東省出張員の業務は、関東省からの輸出ではなく、もっぱら日本からの輸出のようである。

1903年1月調査によると、日本人は旅順に678人、大連に307人、合計985人が在住していた。このうち旅順には、商人（男子）65人、石工などの職人82人のほか、201人もの娼婦がいた[6]。すでにこの時点で日本人の数は旅順・大連とも営口を大幅に上回っていた。旅順港を軍港として、大連港を通商港として、ロシアが大規模な開発を始めた地域に日本人が大量に渡航したのである。

日露戦争開始に伴い、営口在住の日本人（約70人）は引き揚げた。しかし、日本軍による営口占領（1904年7月）の翌月（8月）には、営口の日本人（民間人）が300人となった。横浜正金銀行は8月に牛荘支店を再開し、三井物産も8月末か9月初旬に神戸支店営口出張員事務所を再開した（1905年11月牛荘支店に昇格）。日本人数は増加し続けて、戦争が終結する年（1905年）の5月31日現在では6772人（1166戸）にまで膨張した。1905年5月の調査（541軒。会社、銀行などは調査の対象外。芸妓・酌婦も多数いたが、これも含まず）でみると、雑貨（120軒）、菓子（58軒）、料理（50軒）、大工（39軒）など、日本人相手の業種・軒数がほとんどであった。営口（1906年11月30日まで日本軍の軍政下）にチャンスを求めて多くの日本人が渡ったのである（日露戦争開始前にすでに旅順・大連に居住していた人を多数含むと思われる）。大連への日本人の自由渡航が許可されるのは1905年9月であり[7]、それまで、多くの日本人が営口で待機していた。その後、1909年春頃には、営口の人口は2400～2500人程度にまで

減少し、営口の日本人社会は萎縮してしまった[8]。ただし、満州での主要な油房が営口に立地していたため、1911年までは中国から日本への油糟輸入額が関東州からの油糟輸入額を上回っていた[9]。

つぎに大連に焦点をあてよう。日露戦争開始直前の旅順・大連からの日本人引き揚げ（1904年2月上旬）後、5月に日本軍は大連を占領した。最初、日本政府はロシア租借地に関して厳しい渡航規制を行なった。渡航を許されたのは極めて少数の商人であった。このうち、横浜正金銀行は1904年8月に大連出張所を開設し、三井物産は12月に大連出張員事務所（本店直轄）を開設し、大阪商船は1905年1月に大阪－大連線を開設している[10]。

ところが1905年9月に自由渡航許可となったことにより、営口で待機していた日本人が大連（1905年2月、日本が青泥窪を改称）や奉天へと続々と転出しはじめた[11]。大連には日本からの流入も始まり、日本「内地人」は1906年末に8248人に達し、さらに1907年末1万6688人、1908年末2万1593人、1912年末3万2862人、1916年3万6379人へと急増した[12]。

なお、奉天では、日本人が1907年6月末で6193人に上った。ところが、大量の満鉄社員の転出に伴い「芸酌婦」「商業」など他の職種でも転出するものが続いたため、同年末には2571人に激減した。その後、1912年末に5622人、1916年末に7649人へと再び増加した。1907年末でみると、日本人2572人（890戸）のうち（以下は、各職業に従事している人の家族や使用人を含んだ人数のため、戸数も掲出）、「会社員」1595人（677戸）、「雑業」324人（97戸）、「工業」207人（11戸）、「商業」199人（66戸）、「官吏」124人（32戸）、「芸酌婦」97人（戸数なし）、「労働者」13人（1戸）、「農業」6人（3戸）、「無職業」7人（3戸）となっている[13]。ほとんどが満鉄社員と推定される「会社員」を除くと、「商業」は人数で20.4％、戸数で32.5％を占めていた。

第2節　日本人の商業人口と商業関係の法人企業

第1次大戦期に満州地域における日本人は急増した。満州南部（関東州、満鉄付属地、領事館〔牛荘、遼陽、奉天、鉄嶺、長春、安東〕の合計）でみると、

図表Ⅱ-5-1　満州南部における日本人の職業
（1921年末現在）

（単位：人、％）

職　業	「本」	構成比	「従」	合計
農業	10,439	14.1	19,175	29,614
水産業	228	0.3	311	539
鉱業	3,869	5.2	7,026	10,895
工業	15,716	21.1	26,958	42,674
商業	15,738	21.3	24,219	39,957
交通業	11,278	15.2	18,005	29,283
公務自由業	12,907	17.4	15,807	28,714
その他の有業者	2,591	3.5	3,602	6,193
家事使用人	1,020	1.4	496	1,516
雑職業	249	0.3	2,161	2,410
合　計	74,035	100	117,760	191,795

出所：『満蒙年鑑』1923年版（1923年）22-23頁。
注：出所資料には「本」「従」の区分がなされている。『関東局統計書』では「本業者」「従属者」に区分され、「従属者」とは本業者に扶養される職業なき家族を指す。

1914年末9万6002人（うち「内地人」9万4703人、朝鮮人1299人）から1921年末19万1795人（うち「内地人」15万8133人、朝鮮人3万3662人）へと約10万人も増加した[14]。図表Ⅱ-5-1により1921年末人口を職業別（職業従事者である「本」で比較）でみると、第1位商業（1万5738人）、第2位工業（1万5716人）、第3位公務自由業（1万2907人）、第4位交通業（1万1278人）、第5位農業（1万0439人）である。商業の内訳は、男1万3073人、女2665人であり、男が83.1％を占めている。

ただし、つぎのことに留意しなければならない。満州関係の職業別統計では、「商業」には物品販売業、卸売業、売買仲介業、貿易業など狭い意味での商業だけでなく、金融業、土地売買賃貸業、倉庫業、市場、新聞発行・出版、旅館・料理店・貸席業、演芸場などの娯楽施設など、幅広い業種を含んでいる[15]。したがって、狭い意味での商業よりも、数値はかなり多めに表示されている。

つぎに満州国建国後の1935年末での人口（「満州人」「内地人」「朝鮮人」「外国人」）をみよう。関東州には112万人、満鉄付属地には50万人がおり、合計は162万人である。合計の内訳は、「内地人」35万人、日本国籍の「朝鮮人」3万人、「満州人」（満州国籍となった旧中華民国籍の人）123万人、外国人0.2万人となっている。「内地人」は21.6％を占めるに過ぎず、75.9％が「満州人」である。また、満鉄付属地を除いたと推定される満州国の人口は3469万人であり、圧倒的に「満州人」が多数を占めている（3354万人）。「内地人」は33万人（1％）に過ぎず、日本国籍の「朝鮮人」82万人をも下回っている[16]。「朝鮮人」

第5章　商業と貿易　515

が「内地人」よりもかなり多いのは、後述のように「朝鮮人」のなかに農業有業者（とその家族）が多いためである。また、関東州・満鉄付属地・満州国を合わせた「内国人」の数は68万人である。

1935年末の職業別で有業者数を見ると（図表Ⅱ-5-2）、関東州では総数44万人のうち商業は第2位7.8万人であり、工業、交通業を上回っている。満鉄付属地では総数15万人のうち商業は第1位6.8万人であった。満州国では総数1267万人のうち、農業が939万人（74.1％）を占め、商業は第2位である。とはいえ、満州国の商業者数は109万人にも達しており、関

図表Ⅱ-5-2　関東州・満鉄付属地と満州国の職業別人口（有業者数）（1935年末現在）

		農業	水産業	鉱業	工業	商業	交通業	公務自由業	その他	合計
		人	人	人	人	人	人	人	人	人
関東州	内地人	611	526	428	12,339	15,355	10,150	12,628	6,213	58,250
	朝鮮人	60	176	16	225	580	141	83	294	1,575
	「満州人」	144,784	16,937	2,598	56,087	61,711	39,878	14,490	44,647	381,132
	外国人	13	0	0	64	208	21	114	89	535
	合計	145,468	17,639	3,042	68,715	77,854	50,190	27,315	51,243	441,492
満鉄付属地	内地人	502	9	2,345	16,403	17,836	13,664	16,884	11,683	79,826
	朝鮮人	2,328	1	56	1,781	2,643	382	1,283	3,483	11,957
	「満州人」	4,290	13	29,096	33,151	47,511	6,907	7,977	33,604	62,549
	外国人	0	0	7	101	217	31	86	117	555
	合計	7,120	23	31,504	51,436	68,207	20,984	26,230	48,887	154,387
満州国	内地人	4,000	0,000	6,000	25,000	48,000	33,000	35,000	5,000	156,000
	朝鮮人	396,000	0,000	4,000	8,000	25,000	5,000	5,000	11,000	454,000
	「満州人」	8,990,000	20,000	113,000	878,000	1,020,000	309,000	348,000	383,000	12,062,000
	合計	9,390,000	20,000	123,000	911,000	1,093,000	347,000	388,000	399,000	12,672,000

出所：『昭和国勢総覧』下巻（東洋経済新報社、1990年）560、563頁。
注：(1) 原資料は、関東局『関東局統計書』1936年版、南満州鉄道株式会社産業部『満州経済統計年報』1935年版、同1936年版。
　　(2) 満州国は「農業」ではなく、「農牧林業」の数値である。
　　(3) 出所資料に掲載された満州国の数値の単位は、千人であったため、概数をそのまま掲出した。

東州7.8万人、満鉄付属地6.8万人に比べると極めて大量である。つぎに商業の内訳をみると、関東州・満鉄付属地では「満州国人」が「内地人」を大幅に上回るものの、「内地人」は全体の2割程度を占めている。ところが、満州国では「内地人」の数は関東州・満鉄付属地の合計値を上回る4.8万人であるものの、商業での比率はわずか4.4％に過ぎない。

1935年末における関東州・満鉄付属地・満州国の3地域を合わせた「内地人」の商業有業者数は8.1万人であり、「内地人」有業者の第1位（27.6％）を占めていた。第2位は公務自由業（6.5万人、22.1％）、第3位は交通業（5.7万人、19.4％）、第4位は工業（5.4万人、18.4％）であり、まだ開拓民の移住が本格化する前のこの段階では農業は0.5万人（1.7％）に過ぎない。「内地人」有業者の分布は、関東州18.9％、満鉄付属地22.0％、満州国59.1％であり、満鉄付属地を含めて満州国をみると、商業有業者の81.1％（6.6万人）が満州国内で働いていたことになる。すでにこの段階で、「内地人」商業有業者では、大連のある関東州の比率が2割を切っていたのである。

また、3地域を合わせた日本国籍の「朝鮮人」商業有業者2.8万人のうち、9割（2.5万人）は満州国におり、関東州ではわずか580人に過ぎない。3地域を合わせた日本国籍の「朝鮮人」（46.8万人）では、圧倒的に農業が多い（85.4％）。「満州人」をみると、3地域を合わせた商業有業者は112.9万人に達し、うち満州国に102万人（90.3％）いる。満州国内にある満鉄付属地で「満州人」が全商業有業者の7割を占めているだけでなく、関東州でも全商業従事者のうちの8割を占めている。

つぎに商業関係の法人企業の設立動向についてみよう。**図表Ⅱ-5-3**の1907～1931年の数値は関東州・満鉄付属地での法人企業数（日本法人と推定）と払込資本金を示している。ここでの商業は広い意味でのものである。1907年現在では、法人総数は3社（うち1社は満鉄、1906年11月26日設立）、商業の法人企業は2社（払込資本金3万円）となっている。2社は、営口に本店をおく日華製薬合資会社（1906年5月11日設立）と安東県に本店をおく合名会社藤平兄弟商会（1906年11月26日設立）のようである。確認しうる設立年月日が最も古い日華製薬は薬販売、藤平兄弟商会は石炭販売を主な目的として設立された企業

第5章　商業と貿易

である。なお、満鉄調査部が作成したこのデータには、設立当時としては資本金規模が大きな営口水道電気株式会社（1906年11月15日設立、設立時の公称資本金200万円、払込50万円）と、満州製粉株式会社（1906年12月20日設立、設立時の公称資本金100万円、払込25万円、目的は麦粉製造販売）が含まれておらず、さらに1907年に設立された東亜興業合資会社（1907年1月設立、本店営口、目的は薪炭販売など）、株式会社三泰油房が含まれていない[17]。これらを加えると、1906年末現在で5社、1907年末現在で7社となる（**図表Ⅱ-5-4**）。1906年、1907年に設立された日本法人の本店は、満鉄以外は、関東州外にある（とくに営口が多い）。

第1次大戦期に法人総数は急増し、1921年には

図表Ⅱ-5-3　関東州・満鉄付属地で商業を営む法人企業数（1935年以降、満州国法人を含む）

（金額単位：1万円）

	1907年		1911年		1916年		1921年		1926年		1931年	
	会社数	払込資本金	会社数	払込資本金	会社数	払込資本金	会社数	払込資本金	会社数	払込資本金	会社数	払込資本金
商業	2	3	20	182	50	474	273	8,726	509	10,680	682	9,646
法人総数	3	10,203	35	10,670	125	14,660	581	46,847	961	56,221	1,242	62,782
商業比率	66.7%	0.0%	57.1%	1.7%	40.0%	3.2%	47.0%	18.6%	53.0%	19.0%	54.9%	15.4%

	1935年12月末現在		1939年3月末現在		1941年8月末現在	
	会社数	払込資本金	会社数	払込資本金	会社数	払込資本金
商事会社（商業）	941 [1,101]	4,321 [8,446]	1,856 [2,111]	11,453 [20,647]	2,639 [2,882]	43,065 [100,938]
法人総数	2,183	101,558	3,983	249,397	6,025	547,982
商事比率	43.1%	4.3%	46.6%	4.6%	43.8%	7.9%

出所：満史会『満州開発四十年史』下巻（1964年）716頁、[1936銀行会社年鑑]、『満州国現勢』1939年版（1939年）520-521頁、同1943年版（1942年）697頁。

注：(1) 1907～1931年の「商業」は、物品販売業、貿易業だけでなく、金融業（銀行、信託、金貸、質屋など）、倉庫業、土地建物貸貸、新聞紙・出版、旅館、料理店、貸席業、演芸場、周旋業などを含んでいる。
(2) 1935～1941年については、狭い意味での商業（「商業」）だけでなく、1907～1931年との比較のために、商事会社に銀行、取引所、清算会社、金融及売買仲介業、市場を加えた数値を採用した。しかし、この数値には、倉庫業、保険業、土地・建物、倶楽場、新聞、印刷などを含んでいない。
(3) 1935年12月～1941年8月は関東州・満州国での数値である。

図表 II-5-4　日露戦争後に満州で設立された日系企業

(単位：千円)

会社名	本店	設立年月日	公称資本金	払込資本金	目的
日華製薬合資会社	営口	1906.05.11		20	売薬の製造販売
営口水道電気㈱	営口	1906.11.15	2,000	500	水道事業の経営、電話事業、電灯事業
合名会社藤平兄弟商会	安東県	1906.11.26		5	石炭販売
南満洲鉄道㈱	大連	1906.11.26	200,000	102,000	鉄道、鉱業、電気業、倉庫業など
満州製粉㈱	鉄嶺	1906.12.20	1,000	250	麦粉製造販売
東亜興業合資会社	営口	1907.01.23		100	木材薪炭の売買、製材業
㈱三泰油房	営口	1907.05.22	銀500	銀500	大豆・雑穀類の搾油乾燥

出所：『1922 興信録』、『1942 銀行会社年鑑』。
注：(1) 東亜印刷株式会社は1904年1月19日に東京を本店として設立され、1919年12月に大連支店が設置された。のちに大連に本店を移す企業であるため除外した。
　　(2) 同じく、日清燐寸株式会社は1907年10月24日に広島を本店として設立され、同年10月に長春支店が設置された。満州国設立後、新京（長春）に本店を移す企業であるため、除外した。

581社に上った。うち商業の法人企業数は273社（払込資本金8726万円）に達し、全体の47.0％を占めた。その後も、法人企業数は着実に増加し、1931年には1242社に達した。うち商業の法人数は682社（払込資本金9646万円）で409社増加したが、商業の払込資本金は920万円増加したに過ぎない。1930年末現在のデータで商業（640社、払込資本金1億0547万円）の内訳をみると、「物品販売業」327社（1444万円）、「仲買委託売買及売買仲介業」47社（1162万円）、「貿易業」68社（1057万円）、「取引所」2社（188万円）、「市場業」8社（31万円）で、以上を合計した狭い意味での商業は452社（3882万円）であり、「金融業」（保険業を含んでいない）は89社（3934万円）である。「金融業」のうち、「銀行業」11社（1273万円）、「信託業」28社（1850万円）、「金貸業」30社（531万円）である。狭い意味での商業と「金融業」以外は99社（2731万円）で、このうち払込資本金の多い業種をあげると、「土地建物賃貸業」28社（1189万円）、「旅館、料理店及貸席業」13社（770万円）である。

以上のうち、1社当たりの払込資本金額が多い業種は、「金融業」のうちの「銀行業」（116万円）、「信託業」（66万円）である。狭い意味での商業では「取引所」（94万円）が多いが、この他は「仲買委託売買及売買仲立業」（25万円）、「貿易業」（16万円）などが目立つ程度である[18]。狭い意味での商業には零細な企業が数多く含まれている。

満州国設立後の1935～1941年のデータでは、「商事会社」の数値が判明する。

この数値は、上記の狭い意味での商業から取引所と市場業を除いたものと考えられる。1935年12月末現在では関東州と満州国における法人総数2183社のうち、商事会社は941社、全体の43.1％を占めている。このうち株式会社は83社にすぎず、合資会社が738社、合名会社が120社となっており、しかも、法人総数での払込資本金額のうち、商事会社はわずか4.3％を占めるに過ぎない。これらのことから、商事会社の大多数は極めて零細な企業であることがわかる。

　同年（1935年）には、6月29日に営業税法と法人営業税法が交布されて（7月1日施行）、従来、省によって異なっていた営業税が統一された。営業税法（個人を対象）では売上（あるいは収入）に対して課税されたのに対して、法人営業税法では純益に対する課税となった。個人と法人が区別され、法人に対しては外形標準ではなく、純益に課税されたため、法人である方が有利なものが生じた。税金支払いを軽減するため、商事を営む多数の個人企業が法人企業へ転換（法人成り）していったようであり、1939年3月末に商事会社は1856社に達し（内訳は株式会社210社、合資会社1009社、合名会社637社）、全体に占める比率も46.6％に上昇した。さらに1941年8月末に商事会社は2639社（株式会社600社、合資会社1138社、合名会社901社）となる。しかし、この間、商事会社以外の会社の設立が多いため、全体に占める商事会社の比率は43.8％に低下している。また、理由は定かではないが、内訳のうち株式会社が急増している。商事会社の払込資本金の比率が7.9％に上昇したのは、日満商事株式会社（1936年10月1日設立、設立時の公称資本金1000万円、払込600万円）の追加払込徴収と3倍増資（公称資本金3000万円、払込1500万円）や満州生活必需品配給株式会社（1939年2月23日設立、設立時の公称資本金1000万円、払込500万円）の5倍増資（公称資本金5000万円、払込2500万円）と追加払込徴収、満州農産公社の設立（1941年8月1日設立、設立時の公称資本金7000万円、払込5400万円）という特殊会社の折込資本金増加と、満州重工業開発から日本所在企業の株式を入手するために設立された満州投資証券株式会社（1941年6月2日設立、設立時の公称資本金1億円、払込6000万円）に関わる払込資本金の増加によっている[19]。

　つぎに商事会社（狭い意味での商業）の払込資本金規模別会社数の推移をみよ

図表 II-5-5 商事会社の払込資本金規模別会社数

商事会社（1921年）

法人形態	2000万円以上	200万円以上	20万円以上	2万円以上	2万円未満	合 計
株式会社	0	0	21	36	3	60
合資会社	0	0	4	41	45	90
合名会社	0	1	1	9	11	22
合計	0	1	26	86	59	172
百分比	0	0.6	15.1	50.0	34.3	100

商事会社（1936年）

法人形態	2000万円以上	200万円以上	20万円以上	2万円以上	2万円未満	合 計
株式会社	0	1	28	57	9	95
股份公司	0	0	4	10	0	14
合資会社	0	0	11	229	515	755
合名会社	0	2	6	58	61	127
両合公司	0	0	0	1	1	2
無限公司	0	0	0	1	0	1
合計	0	3	49	356	586	994
百分比	0	0.3	4.9	35.8	59.0	100

商事会社（1942年）

法人形態	2000万円以上	200万円以上	20万円以上	2万円以上	2万円未満	合 計
株式会社	3	24	181	558	28	794
合資会社	0	0	23	536	534	1,093
合名会社	0	3	18	368	308	697
合計	3	27	222	1,462	870	2,584
百分比	0.1	1.0	8.6	56.6	33.7	100

出所：『1922興信録』、『銀行会社要録』第26版（1922年）、『1936銀行会社年鑑』、『1942銀行会社年鑑』。
注：(1) 1921年の数値は、証券業や、これに類似する有価証券・金銀の売買を目的とした企業を除いた、狭い意味での商業の数値である。
(2) 『1936銀行会社年鑑』の股份公司・両合公司・無限公司の業種分類は「商業」となっているため、これから金融業や取引所などを除いた狭い意味での商業の数値を掲出した。

う（**図表 II-5-5**）。第1次大戦終了後の1921年時点では、満州に本店をおく日本法人数のうち、商事会社はいまだ172社にすぎない。このうち200万円以上の企業は1社（合名会社）だけであり、200万円未満20万円以上でさえも26社しかない。ほとんどが20万円未満の企業である。法人形態別にみると、無限責任である合名会社のなかに、払込資本金規模の大きな会社が含まれているが、これを除くと株式会社で200万円未満～20万円以上の会社が多い。

20万円以上の企業27社は、**図表 II-5-6**のとおりである。このうち資本金200万円の合名会社宏治商会（本店大連）は、1921年7月にサムツノウィチによる200万円の金銭出資と、日本人など5名の労務出資により設立されたロシア系

第 5 章　商業と貿易

図表 II-5-6　満州に本店をおく日本法人の商事会社（1921 年）

（単位：千円）

会社名	本店	設立年月日	公称資本金	払込資本金	主な取扱商品	備考	1936 年の状況
合名会社宏治商会	大連	1921.07.16		2,000	特産物	ロシア系	○
満州殖産㈱	大連	1913.07.05	5,000	1,250		×	存在せず
満達和商会	大連	1919.05.01	1,000	1,000	金属・機械		存在せず
㈱満州共益社	奉天	1919.03.05	1,000	1,000	綿糸布	伊藤忠系	○
㈱大信洋行	大連	1918.12.16	1,000	600	金属・綿糸布・特産物		休業中
日事特産㈱	大連	1919.09.30	2,000	500	特産物		存在せず
双和桟糧業㈱	大連	1919.10.20	1,000	500	金属・機械	中国系×	○
合名会社原田組	大連	1919.01.07		500	特産物		存在せず
合資会社田中東亜商会	大連	1920.03.21		400		×	存在せず
㈱鉄嶺商品陳列館	鉄嶺	1913.05.31	400	400	（対露貿易）		存在せず
東亜商業㈱	哈爾浜	1918.03.15	500	400	魚（卸市場の運営）		休業中
満州水産㈱	大連	1908.01.20	1,000	385			存在せず
㈱直洋行	大連	1921.01.29	300	300	アンペラ	×	休業中
渡辺商事㈱	大連	1919.02.26	1,000	250	特産物	×（社長の株式投機失敗による）	存在せず
満州特産㈱	大連	1919.09.27	1,000	250	特産物	×	休業中
満州自動車㈱	大連	1919.10.08	1,000	250	自動車・自転車		存在せず
満州貿易㈱	大連	1919.12.27	1,000	250	特産物・麻袋・綿糸布	×	休業中
㈱浜崎商店	大連	1920.06.05	1,000	250	特殊薬品・アルコール		△
満州物産㈱	営口	1920.03.20	1,000	250	特産物	×	休業中
㈱宝信洋行	奉天	1920.03	1,000	250	電機器具		存在せず
至誠洋行㈱	鉄嶺	1920.04.16	500	250	綿糸布		○
大失組㈱	鉄嶺	1920.05.10		250	特産物（櫟枝）	（代表社員の株式投機失敗）	休業中
泰隆合名会社	鉄嶺	1920.12.25		250	特産物	×	○
東三省洽農㈱	長春	1920.03.20	1,000	250	（対露貿易）		休業中
㈱稲田組	哈爾浜	1920.02.09	1,000	200	清酒・薬種		休業中
合資会社富来洋行	大連	1913.11.10		200	綿糸布		○
㈱恭山洋行	鉄嶺	1918.06.15	200	200		休業状態	休業中

出所：『1922 興信録』、『銀行会社要録』第 26 版（1922 年）、『1936 銀行会社年鑑』。
注：(1) 『1922 興信録』記載の払込資本金 20 万円以上の企業を掲出した。ただし、この資料には宏治商会が欠落しているので、『銀行会社要録』第 26 版で補足した。
　　(2) 備考欄の×は 1920 年から 1922 年に経営破綻した企業。破綻したか否かについては『1923 興信録』も参照した。
　　(3) 1936 年の状況欄は『1936 銀行会社年鑑』によっている。○のうち、株式会社については営業中の企業である。しかし、合資会社、合名会社については継承と推定。
　　　 休業中を区別できていないので、○の会社でも休業中のものが含まれている可能性がある。△は同名の会社（1934 年設立）に継承と推定。

図表II-5-7　満州に本店をおく商事会社（1936年）

(単位：千円)

形態	企業名	本店	設立年月日	公称資本金	払込資本金	備考
合名	相生合名会社	大連	1929.05.23		4,000	
株式	㈱興中公司	大連	1935.12.20	10,000	2,500	
合名	宏治商会	大連	1921.07.16		2,000	
株式	㈱大信洋行	大連	1918.12.16	1,000	1,000	
株式	㈱進和商会	大連	1919.05.01	1,000	1,000	
株式	㈱福昌公司	大連	1929.05.23	1,000	1,000	
株式	㈱南昌洋行	撫順	1917.10.25	1,000	1,000	
株式	満州興業	新京	1934.03.31	1,000	1,000	休業中
株式	㈱満蒙毛織百貨店	奉天	1932.11.01	700	700	
股份	哈爾浜批発股份有限公司	哈爾浜	1934.12.17	700	700	
株式	満州産業㈱	新京	1924.07.05	600	600	
株式	㈱大蒙公司	新京	1935.07.05	600	600	
株式	日本洋紙㈱	大連	1935.11.16	1,000	500	
合資	裕昌公司	奉天	1934.09.13		500	
合資	徳昌東北檀木公司	新京	1929.11.10		500	
合名	原田組	大連	1919.01.07		500	
合名	福来号	営口	1917.03.01		500	
股份	満州商業股份有限公司	新京	1936.06.19	1,000	500	
株式	大矢組㈱	鉄嶺	1920.04.16	1,000	450	
株式	㈱満州モータース	大連	1933.05.18	1,000	400	
株式	満州輸入㈱	大連	1935.06.28	400	400	
合資	三吉商会	大連	1920.01.24		400	
股份	満州火薬販売股份有限公司	奉天	1935.11.11	500	375	
株式	東洋自動車㈱	奉天	1935.04.20	305	305	
株式	㈱西川商店	大連	1924.04.29	500	300	
株式	㈱満州盛進商行	営口	1921.09.28	300	300	
株式	㈱福田商店	新京	1936.01.10	300	300	
株式	㈱松浦洋行	哈爾浜	1935.07.09	300	300	
合資	柏内洋行	奉天	1935.01.15		300	
合名	小杉洋行	奉天	1936.02.17		300	
股份	東蒙貿易股份有限公司	新京	1936.03.04	600	300	
合資	極東物産公司	奉天	1927.03.01		270	
株式	満州水産販売㈱	大連	1933.10.10	500	250	
株式	㈱ヤマト商会	奉天	1934.07.13	500	250	
株式	㈱浪華洋行	大連	1932.01.31	250	250	
株式	㈱浜崎商店	大連	1934.09.18	500	250	
株式	㈱木村洋行	奉天	1935.08.02	250	250	
株式	新京薬品㈱	新京	1934.08.01	1,000	250	
株式	満州貿易㈱	大連	1919.12.27	1,000	250	休業中
株式	商工㈱	哈爾浜	1920.02.09	1,000	250	休業中
合名	扇利洋行	奉天	1936.03.20		250	
合名	泰隆合名会社	鉄嶺	1920.12.25		250	
株式	満州金物㈱	大連	1932.02.11	300	210	
合資	大連洋行	大連	1921.02.01		210	
株式	㈱東洋時計商会	大連	1935.05.06	200	200	
株式	㈱恭山洋行	鉄嶺	1918.06.15	200	200	休業中
合資	富来洋行	大連	1913.11.10		200	
合資	満州電気土木会社	大連	1919.07.03		200	

形態	企業名	本店	設立年月日	公称資本金	払込資本金	備考
合資	富士合資会社	大連	1919.10.15		200	
合資	日満新興公司	奉天	1935.12.19		200	
合資	共立商会	新京	1935.09.15		200	
合名	井原商店	安東	1936.01.14		200	

出所:『1936銀行会社年鑑』。

の企業である。同社の事業目的は、貿易業、金融業、諸官衙用達業などであった[20]。また、双和桟糧業株式会社は、1919年8月に中国人数名の出資により設立された企業である[21]。同社の本店は大連にあるが、実際には長春に活動の拠点をおいて、特産物の売買と小麦粉の製造を行なった。以上の2社を除く25社はいずれも日系の企業であり、そのうち最大の企業は1913年7月に設立された満州殖産株式会社である。主に特産物取引を行なう同社の設立時の公称資本金は50万円であったが、1920年2月に同系の南満州殖産株式会社(公称資本金450万円、払込112.5万円、1919年10月)を合併して、公称資本金500万円(払込資本金125万円)となっていた[22]。さらに、主な取扱商品別でみると、特産物を取り扱う企業が多く、そのほか金属、機械、綿糸布などを取り扱う企業が見られる。

満州国建国の4年後の1936年(ただし、1936年6月19日までに設立された企業)になると、商事会社の総数は994社に急増している。1921年と比べると、200万円以上は1社→3社、200万円未満〜20万円以上は26社→49社にすぎず、20万円未満という小企業が多く設立されている。

20万円以上の企業は52社あり、休業中のもの4社を除くと48社である(**図表Ⅱ-5-7**)。最大の払込資本金の企業は、1929年5月23日に設立された相生合名会社(資本金400万円)である。同社は、相生由太郎が個人企業の福昌公司の負債を整理して株式会社福昌公司(1923年5月23日設立、設立時の公称資本金100万円全額払込済)に改組する際に設立された企業である。相生合名会社の事業目的が有価証券および不動産の売買・保管・利用となっていることから、同社は相生家の資産管理会社と推定され、商品取引を主に行なう商事会社とはいいがたい。相生系で商品取引を行なう商事会社は株式会社福昌公司である。第2位の株式会社興中公司は、1935年12月20日に満鉄の全額出資により設立された企業である。会社の目的として、対中国貿易、対中国投資を掲げていたが、実際の

事業の中心は貿易ではなく、中国関内での鉱工業などへの事業投資であり、これまた商品取引を主に行なう商事会社とはいいがたい[23]。したがって商品取引を主に行なう商事会社で払込資本金規模が最も大きな会社は、依然として合名会社宏治商会であり、ついで株式会社大信洋行、株式会社進和商会、株式会社南昌洋行である（いずれも100万円）。このうち1917年10月25日設立の南昌洋行は、1921年の20万円以上企業リスト（**図表2-5-6**）に含まれていない。その理由は、1921年時点で同社の公称資本金は100万円、払込資本金65万円であったが、本店が東京（支店は大連、撫順など）のためである。1921年頃では、主に石炭や木材を取り扱っている。同社は1928年9月20日に本店を撫順に移した[24]。

つぎに1942年時点になると、商事会社の数は2584社にまで増加した。払込資本金2000万円以上という巨額の会社が3社、2000万円未満〜200万円以上の会社が27社、200万円未満〜20万円以上が222社となった。20万円以上の企業が252社に上るため、100万円以上の企業（55社）を示す（**図表Ⅱ-5-8**）。この55社を1936年時点（1936年6月19日までに設立されている企業が対象）の表と比較すると、第1に、1936年時点の表には配給統制のための会社（配給統制会社）が1社も含まれていなかったのに対して、1941年時点になると配給統制会社が18社も含まれている。第2に新たに欧米系企業1社（秋林株式会社、おそらくロシア系）と中国系企業3社（満州漢薬貿易株式会社、玉茗魁株式会社、同記商場株式会社）が設立されている。このうち公称資本金461.4万円（全額払込済）という中途半端な公称資本金額の秋林株式会社は、従来活動していた秋林洋行が負債整理がらみで[25]満州国法人化されたものと推測される。同社は百貨店業、卸売業などを事業目的として、支店を奉天、大連、四平街、新京、斉斉哈爾、黒河、海拉爾に設置していた[26]。

第3に従来活動していた拠点が現地子会社化されたものが新たに6社登場している。これには、日本内地に本店をおく法人が、満州国に子会社を設置するタイプと、関東州に本店をおく法人が満州国に子会社を設置するタイプがある。後者の例でみると、大連に本店をおく株式会社大信洋行は、「満州国における日本の既得権益と、満鉄付属地に関する行政権の全面的満州国への移譲は、在満日本人経営の法人及商社をして満州国法規に拠らしむることとなった」[27]ため、1937年

図表 II －5－8　満州に本店をおく商事会社（1942年）

(単位：千円)

会社名	本店	設立年月日	公称資本金	払込資本金	備考
満州投資証券㈱	新京	1941.06.02	300,000	150,000	
満州農産公社	新京	1941.08.01	70,000	54,000	配給統制会社
満州生活必需品㈱	新京	1939.02.23	50,000	30,000	配給統制会社
日満商事㈱	新京	1936.10.01	30,000	15,000	配給統制会社
㈱進和商会	大連	1919.05.01	10,000	10,000	
満州葉煙草㈱	奉天	1938.12.28	10,000	7,750	配給統制会社
関東州青果配給統制㈱	大連	1942.10.27	5,000	5,000	配給統制会社
関東州水産配給統制㈱	大連	1942.11.28	5,000	5,000	配給統制会社
満州柞蚕㈱	新京	1939.08.19	7,500	5,000	配給統制会社
満州大倉商事㈱	新京	1939.08.25	10,000	5,000	現地子会社
秋林㈱	哈爾浜	1937.07.23	4,614	4,614	欧米系
三泰産業㈱	新京	1936.07.16	5,000	4,500	三井物産系
相生合名会社	大連	1929.05.23		4,000	
㈱福昌公司	新京	1937.11.23	5,000	3,500	現地子会社
㈱福昌公司	大連	1929.05.23	3,000	3,000	
㈱南昌洋行	撫順	1917.10.25	4,000	2,700	
関東州木材統制㈱	大連	1942.09.18	2,500	2,500	配給統制会社
㈱満州資源愛護協会	新京	1940.06.06	2,500	2,500	配給統制会社
奉天糧穀配給	奉天	1942.05.07	5,000	2,500	配給統制会社
満州漢薬貿易㈱	奉天	1942.09.07	10,000	2,500	中国系
満州羊毛㈱	新京	1941.06.24	3,000	2,250	配給統制会社
㈱康徳桟	哈爾浜	1940.12.25	3,000	2,157	三菱商事系
㈱大信洋行	大連	1918.12.16	2,000	2,000	
昭徳興業㈱	新京	1936.06.15	2,000	2,000	本店を大阪から移転
新京食糧品貯蔵㈱	新京	1939.10.27	3,000	2,000	配給統制会社
満州書籍配給㈱	新京	1939.12.27	2,000	2,000	配給統制会社
㈱満蒙毛織百貨店	奉天	1932.11.01	2,000	2,000	百貨店
満州医薬品配給統制㈱	奉天	1942.07.11	2,000	2,000	配給統制会社
合名会社宏治商会	大連	1921.07.18		2,000	
合名会社幾久屋	奉天	1939.08.04		2,000	百貨店
㈱東亜三中井	新京	1938.03.31	5,000	1,750	百貨店
奉天石炭㈱	奉天	1942.07.01	3,500	1,750	配給統制会社
関東州石炭㈱	大連	1942.04.01	2,500	1,500	配給統制会社
満州出光興産㈱	新京	1939.12.18	1,500	1,500	現地子会社
東蒙貿易㈱	新京	1936.03.04	1,250	1,250	関東軍の指導・監督
浜江薪炭統制配給㈱	哈爾浜	1941.11.28	1,200	1,200	配給統制会社
福井商工㈱	大連	1920.03.25	1,000	1,000	
日本洋紙㈱	大連	1935.11.16	1,000	1,000	
㈱太平公司	大連	1937.02.04	1,000	1,000	
㈱鳥羽洋行	大連	1937.09.15	1,000	1,000	
原田商事㈱	大連	1937.10.12	1,000	1,000	
玉茗魁㈱	新京	1938.09.14	1,000	1,000	中国系
㈱日清桟	新京	1938.09.30	1,000	1,000	日清製油系
㈱満泰洋行	新京	1942.03.09	1,000	1,000	大規模小売店
㈱金泰百貨店	新京	1942.03.14	1,000	1,000	百貨店
新京畜産興業㈱	新京	1942.04.15	1,000	1,000	
㈱内田洋行	奉天	1926.12.19	1,000	1,000	現地子会社
㈱満州大信洋行	奉天	1937.11.28	1,000	1,000	現地子会社

会社名	本　店	設立年月日	公称資本金	払込資本金	備　考
㈱満州伊藤万洋行	奉天	1941.08.12	1,000	1,000	現地子会社
鞍山建材㈱	鞍山	1937.03.01	1,000	1,000	
同記商場㈱	哈爾浜	1937.06.14	1,000	1,000	中国系、百貨店
㈱高岡号	哈爾浜	1939.04.20	2,000	1,000	百貨店など
㈱光武商店	哈爾浜	1939.10.04	1,000	1,000	
満州親和貿易㈱	牡丹江	1938.08.08	1,000	1,000	
新京石炭㈱	新京	1942.07.27	2,000	1,000	配給統制会社

出所:『1942銀行会社年鑑』。

　11月28日に満州国法人の株式会社満州大信洋行（公称資本金100万円払込済）を設立している。両タイプとも、満州国での活動、とりわけ官庁関係・配給統制関係の活動を行ないやすくするために、現地子会社を設立したものと思われる。第4に日本内地に本社をおく企業が大規模な農産物収買業務を行なうために設立した3社が含まれている（三井物産の子会社の三泰産業株式会社、三菱商事株式会社の子会社の株式会社康徳桟、日清製油の子会社の日清桟）。第5に、株式会社満蒙毛織百貨店以外に新たに百貨店を営む企業が4社設立されている。

　この他に1942年時点の企業について次のことが指摘できる。満州投資証券は前述したような企業のため、配給統制会社以外で、商品取引を主に行なう企業で最大の払込資本金の企業は株式会社進和商会（本店大連）である。満州地場企業であり、金属・機械を取り扱い、金属加工工場を併設していた同社の1936年時点での公称資本金は100万円（全額払込）であった。その後、1937年2月27日に公称資本金200万円（全額払込）に増資し、さらに1939年2月15日に公称資本金1000万円（全額払込）に増資した。1936年時点に比べ、払込資本金は10倍になった。この間、同社は1937年5月20日に株式会社満州進和商会（本店新京、設立時の公称資本金100万円、払込50万円、1941年時点での公称資本金200万円、払込200万円）を設立して、洋釘、ボルトなどの金属製品の製造販売を行なっている[28]。1940年9月末現在で進和商会の資産構成（総資産2274万円）をみると、甘井子工場526万円、商品522万円、有価証券363万円となっており、増資した900万円が金属加工工場への充当と子会社への出資だけでなく、商品取引にもかなり用いられていることを推測できる[29]。

　満州地場企業のうち、主に商品取引を行なう企業として、2番目に払込資本金

額が大きい企業は、相生常三郎が率いる株式会社福昌公司（本店新京）である（払込資本金350万円）。現地子会社である同社の場合には、親会社の株式会社福昌公司（本店大連）よりも払込資本金が大きくなっている。

このほか、大信洋行（本店大連）が1936年時点に比べ、払込資本金を100万円から200万円へと倍増させ、1937年11月28日に現地子会社の株式会社満州大信洋行（本店奉天、設立時の払込資本金100万円全額払込済）を設立し、株式会社鳥羽洋行（個人商店として1906年9月15日に大連で創業、1937年9月15日に株式会社化、本店大連、設立時の公称資本金100万円、払込75万円）が1938年8月27日に株式会社鳥羽洋行（本店奉天、公称資本金100万円、払込50万円）を設立するなど[30]、満州地場企業の活発な動きがみられる。

第3節　第1次大戦期における主要商品をめぐる競争と戦後恐慌による蹉跌

まず、1910年代から1920年代において活動した日本内地に本社をもつ有力な商社についてみよう。前述のように三井物産は日露戦争中の1904年12月に大連（「青泥窪」）出張員事務所を設置した。これが大連出張所となったのは1907年であった。同じ年に、大倉組と湯浅商店が大連出張所を設置し、その後、第1次大戦開始（1914年）までに古河鉱業（1909年に設置、以下同じ）、鈴木商店（1912年）、増田増蔵商店（1913年）、日本綿花（1913年）の出張所ないし支店が設置された。つまり、第1次大戦以前に有力な商社が次々と大連へと進出したのである。ついで1915年頃に高田商会が出張所を、1917年に三菱合資会社営業部が出張員事務所を設置した。

これに加えて第1次大戦後に日本内地や満州で生じた好景気と物価上昇により巨額の商業利潤獲得の機会が生まれたため、企業本体からの商社部門の独立が促進された。古河鉱業からは1917年11月に古河商事が、大倉組からは1918年1月に大倉商事が、久原鉱業からは1918年7月に久原商事が、三菱合資会社からは1918年4月に三菱商事が分離独立している[31]。

大連に活動拠点を置いた、これらの新商社と既存の商社の規模を比較するため、1919年初め頃の大連での大手日系商社の使用人数（代表者1名を含む）をみる

図表II-5-9　大手日系商社の営業拠点と使用人数（1919年初め頃）

(単位：人)

会社名	大連	その他の拠点	総数
三井物産	182 (143-39)	奉天47、哈爾浜47、長春42、鉄嶺36、吉林31、牛荘24、安東11、公主嶺8、四平街7、鄭家屯3、立山6	444 (242-202)
鈴木商店	88 (71-17)	哈爾浜40、長春18、安東13、開原10	169 (120- 49)
日本綿花	16 (8- 8)	鉄嶺10、哈爾浜5、牛荘5、開原4	40 (17- 23)
湯浅貿易	23 (18- 5)		23 (18- 5)
増田貿易	15 (13- 2)		15 (13- 2)
大倉商事	12 (12- 0)		12 (12- 0)
三菱商事	12 (12- 0)		12 (12- 0)
古河商事	11 (10- 1)		11 (10- 1)
高田商会	7 (7- 0)		7 (7- 0)

出所：南満州鉄道株式会社地方部勧業課編『南満州商工要鑑』(1919年)（アメリカ議会図書館蔵）。
注：パーレン内の数値は、日本人数と中国人数である。

と（**図表2-5-9**）、三井物産が182人（うち日本人143人、中国人39人）で飛びぬけて多く、ついで鈴木商店が88人（うち日本人71人、中国人17人）である。このほかは、20人台が湯浅貿易、10人台が日本綿花、増田貿易、大倉商事、三菱商事、古河商事で、高田商会はわずか7人である。

三井物産の場合、大連以外にも拠点を構え、大連を含めると12拠点・合計444人（うち日本人242人、中国人202人）を擁していた。同様に、鈴木商店の場合、大連を含めると5拠点・合計169人（うち日本人120人、中国人49人）、日本綿花の場合には、大連を含めると5拠点・40人（うち日本人17人、中国人23人）を擁していた。この他の商社は、大連のみを拠点としていた。

このような日本内地に本店をおく有力商社と満州地場企業とが対抗し、あるいは連携して商品取引を行なった。地場の有力な法人企業は前掲**図表II-5-6**のとおりである。このうち1919年初め頃の使用人（代表者1名と含む）が判明する企業をあげると、進和商会が1拠点・7人（他に工場使用人87人）、大信洋行が1拠点・94人、合名会社原田組が1拠点・41人、合資会社富来洋行が1拠点・52人であり、少なくとも大信洋行、原田組、富来洋行は、日本内地企業で3番目に使用人数が多い日本綿花（6拠点・40人）を上回る人を雇っていたことがわかる[32]。

つぎに、商社間の競争を検討するために、あらかじめ第1次世界大戦期から1920年代初め頃における南満州4港での主要な移輸出と移輸入の状況を簡単にみよう（**図表II-5-10**）。1917～1921年の移輸出では、大豆3品（大豆粕、大

図表 II-5-10　南満州4港の移輸出と移輸入

(単位:千海関両、%)

[移輸出]

年	大豆粕	大豆油	大豆	総計	大豆3品合計比率
1917	29,293	18,342	9,665	95,096	60.3
1918	36,471	25,612	15,194	123,252	62.7
1919	48,165	20,212	29,508	154,467	64.4
1920	49,159	17,848	28,305	173,044	55.1
1921	53,680	16,002	34,074	181,114	57.3

[移輸入]

年	綿織物	綿織糸	金属・金物	機械器具	総計
1917	29,491	7,147	10,730	2,618	139,003
1918	35,518	8,212	15,216	5,175	152,160
1919	54,068	13,255	15,257	10,725	199,108
1920	50,080	13,366	11,675	6,880	173,836
1921	46,348	16,659	11,466	8,107	182,475

出所:『満蒙年鑑』1923年版(1923年)364-367頁。
注:南満州4港は大連、営口、安東、大東溝である。

豆油、大豆)が主要な商品であり、その合計比率は55.1〜64.4%に達している。3品の中では肥料である大豆粕が最も多い。1921年での大豆粕の主要な仕向地は日本内地(85.2%)、大豆油は欧州(32.1%)・中国関内(32.0%)・米国(22.4%)、大豆は日本内地(33.8%)・中国関内(23.4%)であった。移輸入では、綿織物、綿織糸、金属(鉄鋼と非鉄金属)・金物、機械器具である。特に綿織物の移輸入が最も多い。1921年の綿織物の主な積出地は日本内地(49.6%)、中国関内(49.5%、外国品を含む)、綿織糸は日本内地(51.2%)、中国関内(47.8%)、金属・金物は日本内地(38.1%)、米国(34.4%)、機械器具は日本内地(42.3%)、米国(20.2%)、朝鮮(18.1%)であった。大豆油を除く、主要な商品の仕向地・積出地として日本内地が含まれており、これらの取り扱いに日系商社が深く関与したのである。

　まず、大豆・大豆粕を含む穀物・肥料では(**図表II-5-11**)、日系に限定すると(後述するように満州では日系以外の有力商社が多数活動)、第1次大戦期から1920年代初めにかけての満州地域では、三井物産のほかに鈴木商店、湯浅貿易、増田貿易、古河商事、久原商事など日本内地に本店をおく商社と、大連で油房業を営みながら商社活動もおこなった日清製油(本店東京)、満州地場企業の

図表Ⅱ-5-11 三井物産と競合する日系有力商社（穀物、肥料）（1921年4月調べ）

企業名	資本金	本店と主な支店	備考
鈴木商店（合名会社）	資本金50万円	本店：神戸、支店：大連	穀肥油脂「将来当社の勁敵たるべし」
湯浅貿易（株式会社）	公称資本金500万円（払込250万円）	本店：神戸、支店：大連	大豆「北満輸送不円滑より中粗」
増田貿易（株式会社）	公称資本金300万円	本店：横浜、支店：大連	
古河商事（株式会社）	公称資本金1000万円	本店：東京、支店：大連	「本年3月臼井洋行大豆及豆粕の一部を肩代りしたる以来、大蹉跌を生じ内地及欧州に投資の不得已に至り数百万円欠損となれり」
久原商事（株式会社）	公称資本金1000万円（払込500万円）	本店：神戸、支店：ウラジオストック	「昨年以来北満及び満州大豆の内地輸入を計画し居れども未だ充分の活動を見るに至らず」
臼井洋行（合資会社）	資本金2万円	本店：大連	大豆粕「一時斯界を風靡したるも4月限受渡に至り金融つかず、投出の止むなきに至り近く再び立つの能はざるべし」
小寺洋行（個人商店）		本店：営口、支店：大連、哈爾浜	大豆粕「内地にて約百四十五拾万円の損失を豆粕商売にて醸したるとの噂あり、尚大連に於ても銀為替並に露貿意惑の結果、少からず損失を出せりと云ふ、斯くして同行の資産違算く傾かんとし
日清製油（株式会社）	公称資本金300万円（払込80万円）	本店：東京、支店：大連	

出所：三井物産株式会社東京本店営業部参事報告「反対商調（商品別）」1921年4月調（三井文庫所蔵、物産357）。
注：資本金、本支店のデータは、『1922興信録』などで補足した。

臼井洋行（本店大連）、小寺洋行（本店営口）が有力な商社であった。なかでも大連「特産界ノ風雲児トシテ知」[33]られる臼井熊吉が率いる臼井洋行（1915年12月27日設立）は、一時は「大連輸出大豆全額ノ3分ノ1ヲ一手ニ取扱ヒ」「大豆貿易ニ於テハ鈴木、三井ノ右席ニ出ツト云」[34]われたほどであり、1910年代後半に大豆・大豆粕の投機的な取引をおこなっていた。また、油房（営口と大連）も経営する個人商店の小寺洋行（本店営口）は、「欧州ニ向ケ豆油輸出ヲ開始シタル嚆矢」[35]であり、大規模な大豆油・大豆粕取引をおこなっていた。

綿糸・綿布では（図表Ⅱ-5-12）、第1次大戦期に多数の日系商社がしのぎを削っていた。なかでも特に有力な商社は、三井物産、鈴木商店、日本綿花、湯浅商店という日本に本店をおく企業であり、このほかに株式会社共益社（本店は京城）がある。共益社は、初め1904年に朝鮮で

図表II-5-12　三井物産と競合する有力商社（綿糸、綿布）（1918年6月調べ）

会社名	資本金	本支店と摘要	満州での開業年月日
共益社（株式会社）	公称資本金50万円（払込25万円）	本店：京城、店舗：哈爾浜、長春、奉天、（推定）大連	奉天：1912
日本綿花（株式会社）	公称資本金500万円（払込275万円）	本店：大阪、大連支店、出張所など：哈爾浜、長春、牛荘、奉天、鉄嶺	大連：1913.05
鈴木商店（合名会社）	資本金50万円	本店：神戸、大連支店、出張所など：長春出張所（1918年1月開設）、哈爾浜、奉天	大連：1912
永順商店（個人商店）	資本金100万円	本店：大連、店舗：神戸、支店：大連、店舗：長春、哈爾浜に代理店	大連：1905.08
湯浅商店（個人商店）		店舗：長春［昨年未迄、鈴木ノ代理店ヲ為ス］	大連：1907
夫馬洋行（個人商店）		店舗：長春、支店：牛荘	
権太商会（個人商店）		本店：長春、支店：大連	
堂徳洋行（合名会社）	資本金5万円	本店：奉天	牛荘：1915.12.20 個人で開業、1917.03.01 合名会社化
福来号		本店：鉄嶺	奉天：1906.05.25
大島洋行（個人商店）	（資本7万円）	本店：奉天［店主ハ元湯浅商店ノ出張所長タリシモノガ独立］	鉄嶺：1913 個人で開業、1918.06.15 株式会社化
恭山洋行（株式会社）	公称資本金20万円（払込10万円）	本店：神戸、鈴木ノ代理店	奉天：1914.01.01
石田洋行（個人商店）	（資本5000円）	本店：鉄嶺、鈴木ノ代理店	哈爾浜：1918.05
協信洋行（合名会社）	資本金12万円	本店：奉天、牛荘	鉄嶺：1906.04.01
権太商店（個人商店）	（資本5万円）	本店：牛荘	奉天：1906.11
佐伯洋行（個人商店）	（資本2万円）	本店：牛荘［大正4年1月以降、綿糸布販売ヲ始メタル］	牛荘：1906
東和公司（個人商店）	（資本10万円）		牛荘：1906.07.01
小寺洋行（個人商店）	（資本200万円）		

出所：三井物産株式会社本店業務課『当社反対商関係事業一覧』1918年6月（三井文庫所蔵、物産337-10）。

注：(1) 恭山洋行の資本金の数値は、南満州鉄道株式会社地方部財業課編『南満州商工要録』（1919年）による。共益社、協信洋行の法人形態、資本金、本店所在地は『銀行会社要録』第22版（1918年）による。
(2) 開業年月日は、上記の『南満州商工要録』『1922 興信録』『1923 興信録』による。

組合として組織されたものであり、1912年に奉天に支店を設置して綿糸・綿布の貿易を行なった。共益社は1914年10月に株式会社した。総株数の半数を大阪の大手繊維商社の伊藤忠合名会社が所有している。共益社は業績好調のため（1918年1月末決算では配当率50％）、満州部分を分離独立させて1919年3月5日に株式会社満州共益社（公称資本金100万円、払込25万円）を設立する。そして満州共益社の第1期決算（1919年3月〜8月）では当期利益金が119万円にも上り（対払込資本金利益率949％）、75万円という巨額の配当をおこなう（配当率600％）[36]。

このほかの商社は、満州の地場企業である。このうち権太商会（長春）は1917年まで、権太商店（鉄嶺）と佐伯洋行（奉天）は1918年現在、鈴木商店の代理店である。権太親吉が経営する権太商店は、1906年に鉄嶺で開設されたものであり、輸出品として特産物、輸入品として綿糸、綿布、砂糖、燐寸などを取り扱い、鉄嶺における鈴木商店の一切の代理業務を営んでいた。また、石田洋行は、湯浅商店の出張所長であった石田豊重が独立して1914年に奉天で開業したものである[37]。

機械と金属に関しては、1910〜1920年代の満州ではともに取り扱う例が多いため、機械の有力商社をみることで金属の有力商社もカバーできる（図表Ⅱ-5-13）。掲出した会社のうち、和記洋行（Cornabe Eckford & Co.）だけが英国系商社であり、残りはすべて日系の商社である。いうまでもなく、機械・金属の飛び抜けて巨額の販売先は満鉄である。満鉄が買い入れた総額（機械・金属が主）は、1918年6100万円、1919年4600万円であった。このうち三井物産が納入した金額は1918年2000万円（33％）、1919年1400万円（30％）であり[38]、第1位を占めていた。満鉄への納入などをめぐって三井物産と競合する有力商社は高田商会、大倉商事、三菱商事、鈴木商店、出光商会という日本に本店をおく商社と、登喜和商会（個人商店）、合名会社原田組、株式会社進和商会、鳥羽洋行（個人商店）という満州地場企業、そして和記洋行である。大連機械製作所はメーカーであるが、満鉄への納入高が多いので掲出した。これらの商社のなかで1919年の満鉄納入額485万円に上っている和記洋行が三井物産の有力な競合商社として注目される。同社は、機関車、レール、地金などを取り扱う有力商社・セールフ

レザー株式会社（日本法人、本店東京、Sale & Frazer, Ltd）の満州での代理店を引き受け、また欧米の製造家の代理店を引き受けるなど[39]、機械・金属取り扱いのうえで有力な位置を占めていたのである。満州地場企業のなかでは、初めに合資会社進和商会（資本金5万円）として活動し、1919年5月1日に株式会社となった進和商会（公称資本金100万円全額払込）が注目される。機械・金属・金物などを取り扱っていた進和商会は、合資会社時代以来、同社の大阪出張所や三井物産大連支店などから商品を買い付けて満鉄や諸官庁へ納入したり、満鉄沿線の同業者に卸売りするとともに、同社の製鋲工場でボルトなど小型物の製作を行なっていた[40]。機械・金属・金物を取り扱う原田組は、1906年4月に原田商会（下関）から商事部門として独立し、大阪の岸本商店の代理店として鉄材を扱うなど、機械・金属・金物の取引を拡大し、1919年1月7日合名会社原田組（資本金50万円）となった。

図表Ⅱ-5-13　三井物産と競合する有力商社（機械）（1921年4月調べ）

会社名	資本金	本支店	取引高	満州での開業年月日
髙田商会（合資会社）	資本金500万円	本店：東京、支店：大連	満鉄納入高：1919年290.7万円（1918年118.6万円）	
大倉商事（株式会社）	公称資本金1000万円（払込400万円）	本店：東京、支店：大連	満鉄納入高：（機械・金物1918年244.7万円）	大連：1918.04
三菱商事（株式会社）	公称資本金1500万円全額払込	本店：東京、支店：大連	満鉄納入高：1919年63万円（1918年31.4万円）	大連：1912
古河商事（株式会社）	公称資本金1000万円	本店：東京、支店：大連	満州での取扱高（機械・金物195.6万円）	大連：1917.08
鈴木商店（合名会社）	資本金50万円	本店：神戸、支店：大連	満鉄納入高：1919年63万円（1918年31.4万円）	大連：1907.01
登喜和商会（個人商店）		支店：大連	満鉄納入高：1919年485.2万円	大連：1906.04.
和記洋行	（英国系）	本店：大連、支店：奉天	満鉄納入高：1919年41.6万円	1919.01.12 合名会社化
原田組（合名会社）	資本金50万円			大連：1914
出光商会（個人商店）		本店：門司、支店：大連	満鉄納入高：1919年172.4万円	1919.05 会社設立、合名会社進和商会の業務を継承して設立
進和商会（株式会社）	公称資本金100万円全額払込済	本店：大連	満鉄納入高：1919年93.6万円（1918年175.3万円）	
大連機械製作所（株式会社）	公称資本金200万円（払込150万円）	本店：大連、支店：大連	満鉄納入高：1919年26.6万円	1918.05.04 会社設立
鳥羽洋行（個人商店）		本店：大連	満鉄納入高：1919年74万円（1918年21.4万円）	大連：1906.09.17

出所：三井物産株式会社本店参事情報掛「反対商調」1921年4月（三井文庫所蔵、物産357-2）。
注：満州での開業年月日などは、『1922年興信録』、『1923年興信録』などによる。

のちに1937年10月12日設立の原田商事株式会社（公称資本金50万円全額払込済）が原田組を1938年1月に合併することになる[41]。鳥羽洋行は、鳥羽真作が1906年9月に大連で開業した個人商店である。1908年には鳥羽鉄工所（大連）を創設した。1919年初め頃でみると、鳥羽本人のほかに営業使用人13人と工場使用人125人が勤務している。しかし、1919年11月に鳥羽真作が突然死去したため、代わって親類で25歳の鳥羽実が事業を引き継ぐことになった。実は事業を拡大することを控えた。このため1920年恐慌による「被害は最小限度に食い止めることができ」、その後、次第に事業を拡大して1937年9月15日、株式会社鳥羽洋行（公称資本金100万円、払込75万円）にいたる[42]。

以上に述べた有力商社の多くは、第1次大戦期に投機的な農産物取引や綿糸・綿布取引あるいは株式取引を行なって巨額の売買差益を獲得しようとし、1920年の戦後恐慌によって、このうちのいくつかが破綻し、あるいは大きな打撃をうけることになった。それをまず、前掲**図表Ⅱ-5-6**でみよう。満州殖産、双和桟糧業、田中東亜商会、直木洋行、満州特産、満州物産、東三省済農は特産物（農産物）の取引に失敗して破綻し、渡辺商事は株式投機の失敗で破綻した。このうち商事会社として2番目に大きな満州殖産（払込資本金125万円）では「特産物売買ノ失敗ニ依リ蒙リタル損失ハ同社ノ致命的損傷」となり、80万円の繰越損金を抱えた同社は1922年11月に解散を決議し、清算に入っている。このほか、株式会社富来洋行は休業状態に陥り、満州共益社（払込資本金100万円）は綿糸・綿布の暴落のため89万円の損失（1919年9月〜1920年2月決算）を計上して苦境に陥り、綿糸・綿布の株式会社恭山洋行（払込資本金20万円）は「不尠打撃ヲ蒙リ爾来極力整理ニ没頭」し、やがて休業状態に陥った[43]。株式会社福田組（払込資本金25万円）は、表面上は事態を糊塗していたが、1922年下期（1922年6月〜11月）決算から損失を計上しはじめ、1923年下期決算までに合計19万円の損失を計上した。同社は商工株式会社に商号変更し、建て直しを図ったが、やがて休業状態に陥っていった[44]。

打撃は満州に本店をおく企業だけでなく、日本内地に本店をおく企業にも及んだ。臼井洋行（大連）の破綻と連動して、大豆粕取引の失敗により古河商事は破綻し、伊藤忠兵衛商店・日本綿花は綿糸・綿布取引の失敗で巨額の損失を蒙り、

湯浅貿易、増田貿易も苦境に陥った[45]。

　なお、高田商会が関東大震災の在庫焼失と見込み取引の失敗により破綻するのは、もう少しのちの1925年2月20日であり、金融恐慌により台湾銀行の経営悪化が表面化し、同行からの新規借入れを断たれたために鈴木商店が破綻するのは1927年4月28日である。

第4節　1920年代～1930年代における大豆3品をめぐる競争

　1920年の戦後恐慌による企業の淘汰と整理を経て、新しい競争状況が生まれた。資料的な制約のため、主に、満州からの重要な輸出品である大豆3品に限定してどのような企業が輸出市場で競争したかをみよう。

　1920年代に哈爾浜を拠点として、主にウラジオストック港積出により、大豆輸出を行なっていた商社は、日系商社ではなく、外国系商社（いわゆる「外商」）であった。主な企業は、1907年に哈爾浜に店舗を開設したデンマークの東亜商会（The East Asiatic Company. Ltd、中国名は宝隆洋行、本店コペンハーゲン）、同じくデンマークのシベリア商会（中国名は西比利洋行、本店コペンハーゲン）、1910年に哈爾浜に店舗を開設した英国人・ロシア人共同出資の東洋貿易株式会社（Anglo Chinese Eastern Trading Co.、別名カバルキン、中国名は華英洋行、本店ロンドン）、カナダ法人のソースキン（中国名は索斯金、本店哈爾浜）、1927年に哈爾浜に店舗を開設したフランスのルイ・ドレフュス商会（中国名は利豊洋行、本店パリ）、ソビエトの貿易機関エキスポート・フレク（Export Flake）であった。日系商社は大連を拠点として、北満州にも商域を拡大しつつあった。中国系商社では、哈爾浜拠点、大連拠点のものがそれぞれ存在するが、主な仕向け地は中国関内であり、ヨーロッパ・米国・日本向けでは日系商社・外商の後塵を拝していた。中国系の益発合は1913年9月7日に糧桟業を営む個人商店として長春で開業し、大連、奉天に支店を設置した。1923年に大連支店を独立させたと思われる同名の益発合が設立されている（1928年頃の資本金は銀35万元）[46]。

　欧州・米国では、大豆から抽出した油を需要するため、外商が輸出品として取り扱うのは原料の大豆と大豆油である。1927年度～1931年度（三井物産の会計

図表 II - 5 - 14 　満州からの各商社別大豆積出高シェアー

年度	総積出高(千トン)	三井物産	日系(%) 三井	豊年	日清	瓜谷	三菱	外商(%) 東亜	シベリア	カバルキン	ドレフェス	エキスポート・フレク	華系(%) 利達
1927	1,641	193	12	8	5	2	1	21	17	4	0	—	—
1928	2,051	299	15	6	5	5	1	25	17	4	2	—	—
1929	2,606	432	17	7	3	4	3	27	14	3	3	—	—
1930	2,100	387	18	8	2	4	6	27	8	2	6	0	0
1931	2,472	578	25	8	1	4	8	21	0	3	7	1	1
			22	5	1	2	7	28	—	1	7	2	6

出所：三井物産大連支店長『大連支店ノ商務ニ就テ』1931年12月（三井文庫所蔵、川村14-3）。
注：(1) 1927年度〜1930年度は、大連、ウラジオストックの2港分の数値、1931年度は牛荘港と関内の秦皇島を加えた4港の数値である。
(2) 1931年度商社別の上段は上期、下段は下期の数値である。

年度、各年度は前年11月から当年10月まで）の満州からの大豆、大豆油の積出高をみると（**図表 II - 5 - 14、図表 II - 5 - 15**）、外商では東亜商会がもっともシェアーが高い。これに続いていたシベリア商会は1928年9月頃から業績を悪化させ、ついに破綻した。また、カバルキンは1929年から始まった世界恐慌のため不振に陥った[47]。ソースキンの場合も1928年度以降、大豆油の積出がみられなくなる。かわって、1927年に哈爾浜に店舗を開設したルイ・ドレフュス商会とエキスポート・フレクが大豆取扱シェアーを上昇させた。

日系では、大豆については三井物産、豊年製油、日清製油、瓜谷商店、三菱商事が主な業者である。瓜谷商店以外は、日本内地に本店をおく企業であり、そのうち豊年製油と日清製油は製油メーカーでもある。鈴木商店は1927年4月28日に破綻したため、表には現われない。1922年4月に設立された豊年製油株式会社（大連に工場を所有）が満州における鈴木商店の大豆3品取引業務を一部引き継いだと思われる[48]。瓜谷商店は大連が本店の個人商店である。店主の瓜谷長造は、かつて神戸の堺力洋行に勤務し、1909年に同社の大連出張所長となった人物であり、のち1936年8月に大連商工会議所の第7代会頭に就任している[49]。日系では大豆、大豆油とも、三井物産の取扱シェアーがもっとも高い。中国系商社では利達が大豆で登場する程度である。商社全体でみると、大豆ではデンマークの東亜商会が第1位を占め、三井物産は第2位である。これに対して、大豆油では、三井物産が第1位、東亜商会が第2位であった。

第5章 商業と貿易　537

1927年度～1931年度の大豆粕をみると（**図表Ⅱ-5-16**）、日系では三井物産、三菱商事、瓜谷商店、日清製油の積出高が多い。「その他」のなかに、外商が一括されているため、外商の積出があまりないようにみえるが、日本内地への大豆粕輸入高をみると、1927年度（前年11月～当年10月）では、総トン数164.1万トンのうち、東亜商会35万トン、シベリア商会28万トン、三井物産19.2万トン、豊年製油13万トンの順である。判明する1928年度、1929年度でも第1位東亜商会、第2位三井物産であり、東亜商会のシェアーが高いのである[50]。

つぎに1930年代の動向をみよう。1920年前後に比べると地位

図表Ⅱ-5-15　満州からの大豆油積出高

（単位：トン、％）

年度	三井物産		三菱商事		日清製油		豊年製油		東亜商会	
		うち浦塩積		うち浦塩積		うち浦塩積		うち浦塩積		うち浦塩積
1927	81,523 (49)	800	7,824 (5)	―	23,184 (14)	―	5,248 (3)	―	24,935 (15)	24,936
1928	22,251 (25)	622	11,922 (14)	―	5,908 (7)	―	5,335 (6)	―	13,462 (15)	13,462
1929	23,051 (29)	―	25,380 (32)	―	1,751 (2)	―	6,000 (8)	―	― (―)	―
1930	56,766 (45)	―	27,546 (22)	―	12,465 (10)	―	6,727 (5)	―	6,860 (5)	6,860
1931	42,634 (32)	―	16,552 (13)	―	9,534 (7)	―	7,022 (5)	―	7,171 (5)	7,171

年度	シベリア商会		カバルキン		ソースキン		その他		合計	
		うち浦塩積		うち浦塩積		うち浦塩積		うち浦塩積		うち浦塩積
1927	14,225 (8)	11,728	2,689 (2)	2,689	620 (0)	620	7,242 (4)	1,853	167,490 (100)	42,625
1928	2,879 (3)	2,879	― (―)	―	― (―)	―	25,748 (29)	―	87,505 (100)	16,963
1929	― (―)	―	― (―)	―	― (―)	―	23,200 (29)	―	79,382 (100)	―
1930	― (―)	―	― (―)	―	― (―)	―	15,238 (12)	―	125,602 (100)	6,860
1931	― (―)	―	― (―)	―	― (―)	―	48,543 (37)	―	131,456 (100)	7,171

出所：三井物産大連支店長「大連支店ノ商務ニ就テ」1931年12月（三井文庫所蔵、川村14-3）。
注：積出高は、大連、ウラジオストック（浦塩）の2巻をあわせたものである。

図表Ⅱ-5-16 満州からの商社別大豆粕積出高

(単位：万枚，％)

年度	三井物産		うち浦塩積	三菱商事		うち浦塩積	瓜谷商店		うち浦塩積	日清製油		うち浦塩積	その他		うち浦塩積	合計		うち浦塩積
1927	1,714	(27)	256	355	(6)	23	567	(9)	164	1,367	(22)	614	2,326	(37)	700	6,329	(100)	1,757
1928	954	(19)	199	195	(4)	6	503	(10)	—	1,090	(21)	600	2,332	(46)	827	5,074	(100)	1,632
1929	690	(17)	33	568	(14)	185	415	(10)	—	643	(16)	333	1,811	(44)	763	4,127	(100)	1,314
1930	923	(20)	200	925	(20)	366	458	(10)	—	458	(10)	269	1,923	(41)	624	4,687	(100)	1,459
1931	1,037	(20)	433	830	(16)	440	984	(19)	24	324	(6)	263	2,131	(40)	478	5,306	(100)	1,638

出所：三井物産大連支店長「大連支店ノ商務ニ就テ」1931年12月（三井文庫所蔵，川村14-3）。
注：積出高は，大連，ウラジオストック（浦塩），中荘の3港をあわせたものである。

はやや低下するものの、1930年代においても満州からの移輸出の中核を占めるのは大豆3品であった。たとえば1935年の満州国からの輸出（関東州分を含む）では、全輸出額に大豆3品の占める割合は47.8％であった。うち大豆は30.9％、大豆粕12.2％、大豆油4.7％であり、大豆の占める割合が多い[51]。

大豆積出のうち、その中心を占める欧州向けでは（たとえば1936特産年度では欧州向け60.5％）[52]、1938年上期まで東亜商会が第1位を占めていたが、1938年下期に三井物産が第1位になった（**図表Ⅱ-5-17**）。このほか日系では三菱商事、外商ではルイ・ドレフュス商会が注目され、とくに三菱商事は1938年下期に東亜商会を上回るまでになる。1936特産年度の大豆総積出（19万トン）でみると、三井物産（23.3％）、東亜商会（21.3％）、三菱商事（11.0％）、豊年製油（9.6％）、ルイ・ドレフュス商会（7.0％）、瓜谷商店（6.6％）、日清製油（5.4％）、益発合（2.1％）、興記（1.4％）の順であり[53]、三井物産が東亜商会を上回っている。

大豆と同様に欧州向けが中心を占める、1930年代後半の大豆油の積出では（たとえば1935年のドイツ・イギリス・オランダ向け合計60.7％）[54]、1920年代後半と同じく三井物産、三菱商事、東亜商会のシェアーが高く、これらに製油メーカーの日清製油、豊年製油が続いている（**図表Ⅱ-5-18**）。

第5章 商業と貿易 539

図表II-5-17 満州から欧州向の各商社別大豆積出高シェアー

年度	総積出高（千トン）	三井物産	日系（%）			外商（%）			華系（%）	
			三井	日清	三菱	東亜	カバルキン	ドレフュス	益発合	興記
1933. 上	…	220	24	「進出」	20	38	「不振」	「不振」	…	…
下	…	…	28	…	20	35	…	…	…	…
1934. 上	…	264	21	9	18	37	…	…	…	…
下	…	…	23	7	16	32	…	…	…	…
1935. 上	535	110	21	9	19	35	1	3	3	2
下	469	98	21	9	12	33	1	11	2	5
1936. 上	563	83	15	8	7	46	1	16	2	4
下	378	33	9	13	8	45	1	12	5	7
1937. 上	688	219	32	…	12	33		13		
下	483	111	23	…	11	37		10		
1938. 上	714	165	23	…	19	33		16		
下	652	259	40	…	27	22		10		
1939. 上	645	198	31	…	30	27		9		
下	442	193	44	…	37	16		4		

出所：三井物産『業務総誌』各期（三井文庫所蔵、物産2673-12～22）。
注：(1) 1934年度上期の数値は、欧州向以外の積出高を含んで算出されていると推定される。
  (2) 1937年度上期にはモヂアノが11%、1938年度上期にはモヂアノが9%を占めている。
  (3) 1935年度上期までは、大連、営口、ウラジオストックの三港積、1935年度下期は、さらに北鮮諸港を加えたもの、1936年度上期からは、大連、営口と北鮮諸港を加えたものである。

　日本内地向けが中核を占める、1930年代の大豆粕では（たとえば1935年の日本内地向け67.9%）[55]、瓜谷商店、三井物産、三菱商事が上位3社を占めており、東亜商会は地位を低下させたようである。3社のなかでは、個人商店である瓜谷商店がしばしば第1位を占めている（**図表II-5-19**）。

　1939年9月3日に第2次世界大戦が勃発した。満州国政府は1939年10月20日に満州特産専管公社（公称資本金3000万円）を設立し、11月から大豆の収買・配給・輸出、1940年1月から大豆油・大豆粕の買付け・配給・輸出へと統制を拡大した。日本内地でも、1939年12月18日に有機肥料統制株式会社が、1940年10月に大豆統制株式会社が、同年11月18日に日本油料統制株式会社が設立され、大豆粕、大豆、大豆油などの流通統制が開始された。このような統制実施の結果、商社が大豆などの農産物や大豆粕・大豆油などの加工品を貿易面で担当する余地は大幅に縮小された。

　欧州市場への大豆輸出については、満州特産専管公社から大豆を買い付けて、三井物産・三菱商事がシベリア鉄道経由で散発的に行なうだけであった。満州国

図表II-5-18 満州からの大豆油積出高

(単位:トン、%)

年度	三井物産	三菱商事	日清製油	豊年製油	東亜商会	その他	合計
1935	29,695 (33)	30,325 (34)	9,054 (10)	5,431 (6)	5,662 (10)	8,950 (10)	89,152 (100)
1936	15,549 (28)	13,200 (24)	5,364 (10)	1,135 (2)	5,125 (9)	14,716 (27)	55,089 (100)
1937	16,270 (27)	14,355 (23)	6,199 (10)	3,055 (5)	11,790 (19)	9,644 (16)	61,313 (100)
1938	15,342 (26)	12,613 (21)	4,770 (8)	5,123 (9)	12,473 (21)	8,626 (15)	58,947 (100)
1939	18,905 (28)	13,301 (20)	6,163 (9)	2,886 (4)	9,172 (14)	17,054 (25)	67,471 (100)

出所:三井物産『業務総誌』各期(三井文庫所蔵、物産2673-15～22)。
注:(1) 1935年度は、欧米向積出高のみの数値である。
 (2) 1935年度の合計値は、各項目を加算した数値と一致しないが、これは原資料の数値自身が一致しないためである。
 (3) パーレン内は、合計に対する百分比である。

図表II-5-19 満州からの大豆粕積出高

(単位:万枚、%)

年度		三井物産		総積出枚数合計	備考
		数量	順位		
1932	下期	287 (17)	①	1,658 (100)	順位は、②瓜谷 ③三菱 ④日清
1933	上期	404 (21)		1,904 (100)	「当社三菱及瓜谷ハ勢力伯仲」
	下期	301 (24)	②	1,243 (100)	日本内地向のみの順位は、①三菱 ②瓜谷
1934	上期	424 (21)	②	2,020 (100)	日本内地向のみの順位は、①三菱 ②瓜谷(三井物産と伯仲)
	下期	…		1,418	
1935	上期	364 (24)	③	1,509 (100)	日本内地向のみの順位は、①瓜谷 ②三菱
	下期	386 (28)	②	1,403 (100)	順位は、①瓜谷 ③三菱
1936	上期	468 (30)	②	1,539 (100)	順位は、①瓜谷 ③三菱
	下期	235 (29)	②	803 (100)	順位は、①瓜谷 ③三菱
1937	上期	358 (28)	②	1,291 (100)	順位は、①瓜谷 ③三菱
	下期	248 (28)	②	893 (100)	順位は、①瓜谷 ③三菱
1938	上期	478 (31)	②	1,544 (100)	順位は、①瓜谷 ③三菱
	下期	380 (35)	①	1,091 (100)	順位は、②瓜谷 ③三菱
1939	上期	411 (23)		1,792 (100)	
	下期	469 (28)		1,691 (100)	

出所:三井物産『業務総誌』各期(三井文庫所蔵、物産2673-11～22)。
注:(1) 1934年度下期は資料欠のため不明である。
 (2) 1932年度下期～1934年度の積出高は、大連、営口、ウラジオストック港積分、1935年度以降の積出高は、大連、営口のほか、北朝鮮の三港をあわせたものである。

と欧州市場との貿易関係はこのような状況に陥り、ほとんど大豆輸出ができなくなった。さらに、このシベリア鉄道ルートも1941年6月22日の独ソ開戦により閉ざされてしまった[56]。

日本内地向け大豆輸出については、1939特産年度に輸出業者の組合を五つ結

成させ、満州特産専管公社が各組合に輸出数量を割り当てた。そして各組合は組合員（三井物産など）に輸出数量を割り当てて輸出させた。ただし、この措置は1年限りだったようである。日本内地向け大豆粕でも1939特産年度に同様の措置が実施された。満州特産専管公社と米・糧穀の流通統制を担当する満州糧穀株式会社、小麦・小麦粉を担当する満州穀粉管理株式会社が統合されて、1941年8月1日に満州農産公社（公称資本金7000万円、払込5400万円）が設立されてからは、日本内地・朝鮮・華北向けの大豆・大豆粕は満州農産公社と輸入地の直接取引となった。このため、三井物産・三菱商事は満州農産公社や輸入地の統制機関の代行業務を行なうだけになった。ただし、華中向けでは、三井物産と三菱商事が輸出を引き続き担当した[57]。

第5節　統制の実施と商社の業績

　1920年代以降の商業・貿易の担い手に関しては、輸出面での大豆3品に限定せざるをえなかった。しかし、実際には、満州での国内流通・貿易は1930年代後半に大きく変化したのである。新たな国内流通の強大な担い手として登場する日満商事株式会社に触れておこう。同社は1936年10月1日に、満鉄の商事部の分離独立により設立された（公称資本金1000万円、払込600万円）。この設立と同時に、満州国で満鉄以外の石炭の大部分を生産していた満州炭砿株式会社の販売業務と、撫順炭の日本での一手販売を担当していた撫順炭販売株式会社の業務を引き継いだ。さらに1937年4月には株式会社昭和製鋼所の直取扱分を引き継ぎ、8月には満州化学工業株式会社の硫安一手販売を引き受け、10月には満州曹達株式会社のソーダ類と大和染料株式会社の染料の一手販売を引き受けた[58]。

　1937年8月に日満商事は満州国産業部から訓令「鉄鋼及鋼材ノ配給管理並ニ価格統制ニ関スル件」を受け、低燐銑（おもに日本海軍向け）を除く、銑鉄、鋼材などの満州国における価格・配給統制に当たることになった。対象となる鉄鋼関係企業には株式会社本渓湖煤鉄公司が含まれている。さらに日満商事は満州住友金属工業株式会社、日満鋼管株式会社、鞍山鋼材株式会社、株式会社満州ロール製作所、満州久保田鋳鉄管株式会社など、昭和製鋼所製品を買い付けた会社が

図表II-5-20 満州に本店をおく

年　度		㈱進和商会			大矢組㈱			㈱大信洋行		
		払込資本金	当期利益金	対払込資本金利益率	払込資本金	当期利益金	対払込資本金利益率	払込資本金	当期利益金	対払込資本金利益率
1933年	上期	1,000	293	58.6	250	73	58.4	600	41	13.7
	下期	1,000	196	39.2	250	104	33.2	600	82	27.3
1934年	上期	1,000	181	36.2	350	88	50.3	600	102	34.0
	下期	1,000	122	24.4	350	42	24.0	600	82	27.3
1935年	上期	1,000	78	15.6	350	90	51.4	1,000	42	8.4
	下期	1,000	41	8.2	350	73	41.7	1,000	45	9.0
1936年	上期	1,000	8.3	16.6	450	61	27.1	1,000	33	6.6
	下期	2,000	169	16.9	450	53	23.6	1,000	46	9.2
1937年	上期	2,000	278	27.8	450	45	20.0	1,000	108	21.6
	下期	2,000	328	32.8	500	49	21.8	1,400	143	20.4
1938年	上期	2,000	428	42.8	500	70	28.0	1,400	133	19.0
	下期	10,000	324	6.5	500	78	31.2	1,400	282	40.3
1939年	上期	10,000	976	19.5	600	107	35.7	2,000	233	23.3
	下期	10,000	797	15.9	600	119	40.0	2,000	304	30.4
1940年	上期	10,000	1,248	25.0	600	194	64.7	2,000	260	26.0
	下期	10,000	768	15.4	600	288	96.0	2,000	780	78.0
1941年	上期	10,000	661	13.2	600	221	73.7	2,000	248	24.8
	下期	10,000	607	12.1	600	281	93.7	2,000	432	43.2
1942年	上期	…	…	…	600	191	63.7	…	…	…
	下期				600	287	95.7			

出所：『1936銀行会社年鑑』、『1937銀行会社年鑑』、大連商工会議所『満州事業成績分析』第1回（1937年度）～第における三井財閥―三井物産の活動を中心として―」Ⅰ（『電気通信大学紀要』第1巻第2号、1988年12月）

製造する商品の取扱にも進出した。1939年9月には、満州国産業部から訓令「化学薬品配給ノ一元的取扱機関指定ニ関スル件」を受け、化学薬品中の指定品目の一元的配給機関となり、その後、つぎつぎと指定品目を拡大した[59]。

1939年12月26日には日満商事株式会社法の公布により特殊法人に改組され、「重要生産資材ノ適正ナル配給及輸出入ノ統制ヲ図ルヲ以テ其ノ使命」（法第1条）とされ[60]、同社の商品取扱は急速に拡大した。そして「石炭配給の一元化は最後まで変わらず、逆に鉄鋼、燃料、化学肥料、非鉄金属その他にまで取扱品目は増加し、三井三菱等の既存財閥の配給部門は下請としても利用されることなく終戦時に至までこの体制が継続した」[61]のである。

最後に日満商事の業績と、三井物産の業績、地場企業の業績を簡単にみよう（**図表Ⅱ-5-20**）。日満商事の業績は1941年度（当年4月～翌年3月）まで順調に推移した。1942年には当期利益金が大幅に減少し、しかも払込資本金が増加

主な商事会社の業績

(単位：千円、%)

年度	㈱福昌公司 払込資本金	㈱福昌公司 当期利益金	㈱福昌公司 対払込資本金利益率	日満商事㈱ 払込資本金	日満商事㈱ 当期利益金	日満商事㈱ 対払込資本金利益率	(参考)三井物産満州地区 取扱高	(参考)三井物産満州地区 当期利益金
1933年度	1,000	173	17.3				184,252	2,075
1934年度	1,000	271	27.1				204,749	1,550
1935年度	1,000	255	25.5				234,864	1,503
1936年度	1,000	311	31.1	6,000	329	5.5	198,171	1,353
1937年度	3,000	316	10.5	6,000	602	10.0	295,272	1,378
1938年度	3,000	526	17.5	6,000	616	10.3	410,987	1,582
1939年度	3,000	624	41.6	15,000	728	9.7	521,727	▲343
1940年度	3,000	599	39.9	15,000	1,073	14.3	494,743	5,270
1941年度	3,000	857	57.1	15,000	1,559	20.8	460,345	4,164
1942年度	…	…	…	19,980	514	2.6	537,405	3,986

5回（1941年度）、満州中央銀行資金部資金統制課『満州国会社業態分析一覧表』1942年度、鈴木邦夫「『満州国』444頁。

したこともあって対払込資本金はわずか2.6％に低下した。1943年度には当期利益金が121万円に増加したが、対払込資本金6.0％に止まっている[62]。三井物産の満州地区での当期利益金を比較すると、1939年度を除けば、三井物産の当期利益金の方が圧倒的に大きい。たとえば1941年度でみても、三井物産416万円に対して日満商事は半分以下の156万円に止まっている。

三井物産満州地区の当期利益金は、1934年度〜1938年度まで100万円台で推移した。ついで1939年度に当期損失金34万円を発生させたものの、1940年度には当期利益金が527万円に激増し、1941年度416万円、1942年度399万円、1943年度524万円と好調に推移した。しかし1943年に続く18ヵ月（1943年10月〜1945年3月）では359万円に低下している。

つぎに満州地場企業をみよう。掲出した4社のうち、満州国に本店をおくものは大矢組株式会社だけであり、残り3社は関東州に本店をおく企業である。

進和商会は払込資本金を100万円から200万円、さらに1000万円へと増加させた。払込資本金が1000万円になっても、1939年下期以降、対払込資本金利益率は10％台（あるいは20％台）を維持していた。1940年上期・下期の合計当期利益金は202万円に達しており、日満商事の1940年度当期利益金107万円を大幅に上回るほどであった。進和商会よりも払込資本金規模が小さい福昌公司、大矢組、大信洋行では対払込資本金利益率が、進和商会の水準よりも極端に高い期・年度がみられ、いずれも1941年度ないし1942年度までは良好な経営を続けていた。大信洋行・進和商会の主力商品は金属・金物・機械、大矢組の主力商品は農産物であり、福昌公司は金物・化学品など様々なものを取り扱っていた[63]。満州特産専管公社・満州農産公社や日満商事などによる統制が進行しつつあったが、少なくとも商業での地場企業トップクラス4社においては活動の余地が残されていたようである。大矢組の場合には、満州特産専管公社により1940特産年度における改良大豆および胡麻の特約収買人に指定され、さらに満州特産公社により1941年特産年度の農産物特約収買人に指定されている（収買割当量は5％で第6位）[64]。大矢組の業績は1939年度合計23万円から1940年度合計48万円へと急増したのち、1941年度合計50万円、1942年度合計48万円、1943年度下期・1944年度上期合計（1943年6月～1944年5月）48万円、1945年度上期（1944年12月～1945年5月）22万円と横ばいで推移した。[65]

おわりに

　日本人商人は、日清戦争開始以前から満州へ進出した。日露戦争後の日本による関東州租借は、満州への日本人の大量流入を促すこととなり、第1次戦期にはさらに大規模な流入がみられた。商業関係の法人企業数も1次大戦期に急増した。しかし景気が好況から反転し、1920年戦後恐慌が勃発すると、それの法人・個人商店の多くは苦境に陥った。恐慌による打撃は、日本に本社をおき満州で活動していた商社にも及んだ。苦境を乗り切った企業が1930年代に成長をする。
　満州の特産物である大豆三品についてみると、1910年代から1930年代まで日系商社、外商、中国系商社が輸出面で熾烈な競争を展開した（とりわけ日系商社

と外商)。1939年に第2次大戦が勃発すると、満州国が大豆三品への流通統制を開始するため、商社は次第に輸出業務からは排除されていった。大豆3品以外の商品でも、1937年から日満商事が満州国での流通統制を担う有力な機関となっていった。

　流通統制の強化によって満州に本店を有する企業や日本内地に本店を有する商社の活動が制約されるが、敗戦までの満州には、少なくとも商業で地場企業のトップクラスにある企業や三井物産などの有力商社にはなお活動の余地が残されていたのである。

注

1) 塚瀬進『満州の日本人』(吉川弘文館、2004年) 10-11頁。
2) その経緯は柳沢遊『日本人の植民地体験―大連日本人商工業者の歴史―』(青木書店、1999年) が詳述している。
3) 日本による中国からの豆類輸入、油漕輸入の推移は『横浜市史』資料編2 (増訂版) 統計編 (1980年) 242、315頁、営口商工公会編『営口日本人発展史』(1942年) 28頁。原資料は、日清貿易研究所編『清国通商綜覧』(1892年)。
4) 営口商工公会編、前掲『営口日本人発展史』57-58頁。『満州人名辞典』中巻 (日本図書センター、1989年) 634頁、原資料は『満州紳士録』第3版 (満蒙資料協会、1940年)。三井物産の店舗開設の動きは、「山本条太郎営口詰辞令1件」1895年9月5日議決 (三井物産「理事会議案」1895年、三井文庫所蔵、物産116) など、三井文庫所蔵資料によって、これ以降記す。
5) 前掲『営口日本人発展史』62-63、69頁。
6) 『大連市史』(1936年) 126頁。大連市では、1902年1月調査で日本人239人を記録しており、すでにこの時点で営口の日本人数を上回っている。
7) 前掲『営口日本人発展史』111頁。奥地への渡航解禁は1905年7月であったが、大連は9月である。塚瀬進、前掲『満州の日本人』11頁では大連への渡航解禁を1月としているが、前掲『大連市史』293頁でも確認できるように9月である。
8) 前掲『営口日本人発展史』101、105-107、111、114頁、『横浜正金銀行史』(1920年) 248頁。『営口日本人発展史』の101頁では1906年5月31日現在の人数

（戸数）としているが、105頁の記述などから1905年の誤りと判断した。
9) ただし、大豆輸入金額では、『大日本外国貿易年表』に初めて関東州分が掲出された1907年からすでに関東州が中国を上回っている（前掲『横浜市史』資料編2、増改版、統計編、243頁）。
10) 前掲『大連市史』805、814頁。
11) 前掲『営口日本人発展史』111頁。
12) 前掲『大連市史』15頁。
13) 『奉天経済拾年誌』(1918年) 62-65頁。
14) 『満蒙年鑑』1923年版 (1923年) 16-17頁。
15) 満史会『満州開発四十年史』下巻 (1964年) 717頁。
16) 『昭和国勢総覧』下巻 (東洋経済新報社、1990年) 557、561頁。
17) 南満州鉄道株式会社庶務部調査課『満蒙に於ける日本の投資状態』(1928年) 79頁では、1906年末で6社（株式会社3社、合資会社3社、合名会社なし）あり、1907年で11社（株式会社6社、合資会社4社、合名会社1社）あるとしているが、1906年末では存在するはずの合名会社藤平兄弟商会が含まれていない。
18) 前掲『満州開発四十年史』下巻、717頁。
19) 『1942銀行会社年鑑』191-192、196-197、209-211頁。
20) 『銀行会社要録』第26版 (1922年) 関東州23頁、『1936銀行会社年鑑』559頁。
21) 『1923興信録』96頁。
22) 『1922興信録』18頁、『銀行会社要録』第24版 (1920年) 朝鮮及関東州35頁。
23) 『満州と相生由太郎』(1931年) 964-965頁、『1936銀行会社年鑑』126頁、君島和彦「日本帝国主義による中国鉱業資源の収奪過程」（浅田喬二編『日本帝国主義下の中国—中国占領地経済の研究—』楽游書房、1981年) 214-217頁。
24) 『1922興信録』180頁。
25) 南満州鉄道株式会社『満州に於ける諸外国の経済的活動』(1934年) 115-116頁。この資料によると、秋林洋行は香港上海銀行から300万円の借入金があり、「業績加速度的に沈頽しつつありて、あらゆる方面に対する債務も尠からず、整理清算すれば資産は、200万円にも達せざるを以て、諸銀行の同洋行に対する融通も不良視さる」とされている。

26）『1942 銀行会社年鑑』292 頁。
27）大信洋行株式会社『大信洋行五十年史』（1960 年）45 頁。
28）『1942 銀行会社年鑑』5、377 頁。
29）『日本全国銀行会社要録』第 50 回（1942 年）626 頁。
30）『1942 銀行会社年鑑』17、226、229 頁、『柏樹―鳥羽洋行六十五年史―』（1971 年）1 頁。
31）『満州開発十五年誌』（1920 年）、『1922 興信録』、『1923 興信録』、南満州鉄道株式会社『南満州商工要鑑』（1919 年）。
32）南満州鉄道株式会社地方部勧業課編『南満州商工要鑑』（1919 年）（アメリカ議会図書館蔵）による。
33）『1922 興信録』202 頁。
34）前掲『満州開発十五年誌』665 頁。
35）同前、443 - 444 頁。
36）『1922 興信録』354 頁、『銀行会社要録』第 22 版（1918 年）朝鮮及関東州 24 頁、同第 24 版（1920 年）朝鮮及関東州 25 - 26 頁。
37）前掲『満州開発十五年誌』667 - 668 頁、南満州鉄道株式会社地方部勧業課編、前掲『南満州商工要鑑』347 頁。
38）三井物産株式会社文書課『支店長会議録』第 8 回（1921 年）（三井文庫所蔵、物産 357）385 頁。
39）三井物産株式会社東京本店参事情報掛『反対商調（商品別）』1921 年 4 月調（三井文庫所蔵、物産 357 - 2）。
40）『1923 興信録』108 頁。
41）原田商事株式会社『原田商事 40 年史』（1944 年）51 - 52、184 頁、『1942 銀行会社年鑑』17 頁。
42）南満州鉄道株式会社地方部勧業課編、前掲『南満州商工要鑑』158 頁、前掲『柏樹』1、10 - 14、30 頁。
43）『1923 興信録』85、354、440 頁、『1936 銀行会社年鑑』701 頁。
44）『1923 興信録』596 - 597 頁、南満州鉄道株式会社庶務部調査課、前掲『満蒙に於ける日本の投資状態』223 頁、『1936 銀行会社年鑑』701 頁。

45) 武田晴人「古河財閥と『大連事件』」(『社会科学研究』32-2、1980年8月)、『1922興信録』187頁、伊藤忠商事株式会社『伊藤忠商事100年』(1969年) 78-79頁、日綿実業株式会社『日綿70年史』(1962年) 49-50頁。
46) 南満州鉄道株式会社庶務部調査課『満州特産界に於ける官商の活躍』(1928年) 51-55、179頁、『立業貿易録』(1958年) 423頁、南満州鉄道株式会社『満州に於ける諸外国の経済活動』(1934年) 136-139頁、南満州鉄道株式会社地方部勧業課編、前掲『南満州商工要鑑』638頁。
47) 南満州鉄道株式会社、前掲『満州に於ける諸外国の経済活動』137-138頁。
48) 豊年製油の大連出張所は、1923年8月20日、鈴木商店大連支店内に開設されており、両者は緊密な関係にあった(豊年製油株式会社『豊年製油株式会社二十年史』1944年、162頁)。
49) 『満州紳士録』第3版 (1940年) 681頁、前掲『大連市史』(1936年) 791頁。
50) 佐藤寛次『肥料問題研究』(1930年) 168頁。
51) 満州国財政部編『康徳2年貿易概況』(1936年) 38頁。
52) 1936特産年度 (1936年10月～1937年9月) での大豆総積出高194万トンのうち、欧州向け117万トン (60.5％)、日本向け66万トン (33.9％)、中国関内向け9万トン (4.7％)、その他2万トン (0.9％) である (「昨年度大豆の荷主別輸出高」、『満州日日新聞』1937年11月20日)。
53) 前掲「昨年度大豆の荷主別輸出高」。
54) 1935年の大豆油輸出高146万ピクルのうち、ドイツ29.7％、イギリス18.0％、オランダ13.0％、中国関内11.0％、米国6.8％である (満州国財政部編、前掲『康徳2年貿易概況』137-138頁)。
55) 1935年の大豆粕輸出高169万ピクルのうち、日本内地67.9％、中国関内18.8％、朝鮮6.7％である (満州国財政部編『康徳2年貿易概況』123頁)。
56) 三井物産『業務総誌』1941年下期 (三井文庫所蔵、物産2673-26)、前掲『立業貿易録』428頁。
57) 前掲『立業貿易録』430-431、511-512頁、三井物産『営業報告書』1939年下期～1942年下期 (三井文庫所蔵、物産615) など。
58) 閉鎖機関整理委員会編『閉鎖機関とその特殊清算』(1954年) 488頁、『回想の日

満商事』（1978年）134、158頁。
59）前掲『回想の日満商事』137-139頁。
60）前掲『回想の日満商事』783頁。
61）同前、126頁。
62）日満商事株式会社「営業報告書」1943年度。
63）『戦時体制下に於ける事業及人物』（1944年）562、1237-1238頁。
64）前掲『満州開発四十年史』下巻（1964年）687頁、三井文庫編『三井事業史』本篇、第3巻（下）（2001年）（鈴木邦夫執筆）590頁。
65）満州国『政府公報』1944年1月8日、11月30日、1945年7月23日。

第6章　紡織工業

はじめに

　満州における繊維生産は、絹（柞蚕糸製造）、綿（綿紡績・綿織物）、羊毛（毛織物）、麻（製麻）の諸部門を軸に展開し、1940年前後からは進出した日系企業による人造繊維生産も行なわれるようになった。本章の課題は、これらの繊維産業部門における主要な企業（邦人出資企業）の活動を追跡することである。

　まず、満州・関東州に進出した企業全体の中で紡織部門の位置をみておこう。最も捕捉率の高い『1942銀行会社年鑑』から作成した**図表Ⅱ-6-1**によれば、株式会社総数2822社中、紡織工業の企業数は72社（6.5％）で、払込資本金では総資本額約62億6000万円のうち1億4000万円弱（2.2％）を占めたにすぎなかった。紡織部門の平均資本規模は相対的に小さかったといえる。資本規模が全体平均より劣る点については合資会社の場合も類似していたが、合資会社全体に占める社数と資本金額のウェイトはさらに小さかった。紡織部門は、投資額・企業数でみた場合、満州・関東州への企業進出において無視しうる事業分野ではなかったが、同時に中核をなす分野でもなかった。

　次に『1942銀行会社年鑑』から紡織部門内部における繊維種類別の位置を概観しよう。株式会社・合資会社について繊維種別の資本金額をみると（**図表Ⅱ-6-2**）、株式会社では綿、羊毛、麻が圧倒的割合を占め、合資会社でも綿と羊毛、特に綿が高いウェイトを示していた[1]。株式会社のうち払込資本金100万円（1942年時点）を超える大企業も、綿、麻、羊毛に多く見られた。したがって、以下では綿・羊毛・麻製造に関わる主要な企業の進出状況を中心に検討することにしたい。ただし、満州における人造繊維生産は、戦局の進展に伴う天然繊維資

図表II-6-1 満州・関東州における紡織関係企業のウェイト（1942年）

株式会社総数	2,822社 (100%)	うち紡織関係	72社 (6.5%)
総払込資本金	6,258,499千円 (100%)	うち紡織関係	138,617千円 (2.2%)
合資会社総数	3,699社 (100%)	うち紡織関係	53社 (2.1%)
総資本金	212,816千円 (100%)	うち紡織関係	3,651千円 (1.7%)

出所：『1942銀行会社年鑑』より作成。

図表II-6-2 繊維種別払込資本金・企業数（1942年）

繊維種別	払込資本総計（比率）	企業数（100万円超）	平均払込資本
＜株式会社＞	千円		千円
綿	63,912 (46.1%)	34社 (11社)	1,880
麻	42,700 (30.8%)	11社 (9社)	3,880
毛織物	30,435 (22.0%)	11社 (4社)	2,770
雑繊維・人造繊維	9,485 (6.8%)	7社 (3社)	1,360
絹・人絹関係	4,240 (3.1%)	10社 (1社)	420
＜合資会社＞	千円		
綿	2,447 (67.0%)		
毛織物	765 (21.0%)		
絹・人絹関係	530 (14.5%)		
染色	667 (18.3%)		

出所：『1942銀行会社年鑑』。
注：(1) 1社で綿と麻など複数の繊維に関係している場合は、各々の繊維に含めて計算。したがって、合計は100％を超える。
(2) 企業数の（ ）内は、払込資本金100万円を超える企業の数。

源の枯渇とともに重要な役割を果たすようになり、1942年時点の払込資本金100万円以上大企業数でも羊毛に近い値を示した。しかし、主要な人造繊維企業については、鐘紡系や東洋紡系など、人造繊維生産を主に担った企業群の進出の箇所ですでに触れたので省略する。

第1節 綿　業

1 在来綿糸布製造業と近代綿関係企業

周知のように、綿布は満州における最も大衆的な衣料品であり、「土布」（「粗布」・「大尺布」）と総称される在来綿織物生産は国民的な衣料産業として独自の発達を遂げていた。在来綿業の基本形態は、手紡と木製織機による手織生産であ

図表II-6-3 払込資本規模別綿関係株式会社（1942年現在）

企業名	設立年月日	資本金	払込資本金	所在地	代表者
		千円	千円		
東棉紡織㈱	1938.02.15	10,000	10,000	錦州市	塚田公太
営口紡織㈱	1933.03.24	8,000	8,000	営口市	李子初
恭泰莫大小紡績㈱	1935.12.28	10,000	7,500	奉天市	菊池恭三
南満紡績㈱	1939.12.22	10,000	7,500	蘇家屯	金季洙
㈱奉天紡紗廠	1921.09.30	9,000	5,625	奉天市	陳楚材
満州紡績㈱	1923.03.15	10,000	5,000	遼陽市	日比谷平左衛門
徳和紡績㈱	1936.09.11	5,000	5,000	瓦房店街	田附政次郎
満州福紡㈱	1923.04.01	3,000	3,000	大連市	八代祐太郎
満州天満紡織㈱	1939.06.29	10,000	2,500	新京	吉川辰之助
日満紡麻㈱	1939.09.25	5,000	2,500	奉天市	坂内義雄
興亜企業㈱	1939.11.24	5,000	1,250	奉天市	三輪常次郎
太陽和紡㈱	1941.07.21	1,000	1,000	奉天市	山本熊太郎
御多福綿花㈱	1937.10.20	1,000	825	奉天市	原田忠右衛門
満州富士綿㈱	1936.04.16	1,000	750	奉天市	藤野七蔵
満州帆布㈱	1940.05.08	1,000	725	奉天市	俣野守一郎
㈱高岡棉廠	1940.09.25	500	500	遼陽市	相見幸八
協和染織㈱	1939.06.23	400	400	奉天市	中井栄三郎
満州内外綿㈱	1939.08.12	400	400	熊岳城街	佐々木国蔵
東和興業㈱	1939.07.18	300	300	大連市	勝又文彦
㈱満州製絨所	1937.11.15	300	300	蘇家屯	井上周吉
満蒙棉花㈱	1937.09.15	300	300	遼陽市	斎藤春江
康徳製綿㈱	1938.12.06	250	250	奉天市	平林儀三郎
甡甡染織㈱	1938.04.30	200	200	営口市	王翰生
㈱大同棉廠	1929.12.12	198	198	大連市	川崎覚次
満州布帛製品㈱	1940.08.17	180	180	新京	佐々木政一
新興永タオル製織㈱	1940.12.17	180	180	営口市	王翰生
満州織布会社	1921.07.10	600	150	鉄嶺市	
合同繊維製品製造㈱	1940.12.27	180	115	大連市	松井国一
亜州実業染廠㈱	1937.11.26	100	100	新京	王亜真
㈱共益針織廠	1941.10.14	100	100	鉄嶺市	安藤謙告
永和莫大小工業㈱	1941.12.10	180	90	奉天市	寿原九郎
裕華精綿㈱	1942.02.23	100	80	奉天市	西尾茂顕
奉天東亜布帛工業㈱	1941.11.07	100	50	奉天市	相沢政儀
㈱哈爾浜毛織工廠	1939.08.08	100	50	哈爾浜	相見幸八
満州綿業会社	1924.04.29	150	44	大連市	…

出所：『1942銀行会社年鑑』。

った。後述のように1920年代以降、満州で近代的な大紡績企業による生産が本格化すると、手紡生産は衰退するが、紡績工場で製出された綿糸を利用した手織生産は依然として行なわれ、一部では力織機による土布生産も始められた。これらの在来的な、あるいは在来的生産方法から脱皮し始めた土布製造業者の存在形

態とその経済的な意義を分析することは興味深い試みであろう[2]。

しかしながら他方で、満州・関東州における綿関係株式会社の資本規模別構成（1942年）をみると（図表Ⅱ-6-3）、払込資本100万円以上12社のうち10社は日本から進出した紡績ないし兼営織布会社が占め、12社の資本金累計約5888万円は綿関係企業群全体の90.3％に達していたことに注意する必要がある。これに対し、紡績を兼営していない綿織物企業群はすべて100万円未満の23社（うち製綿8社、綿織物＜メリヤスを含む＞15社）に含まれており、しかもこれらの企業も在来ないし在来形態を脱した民族資本ではなかった。民族資本の綿織物業者は、頂点をなす一部の経営が合資会社形態をとったようだが、後述のように、これらは個々はもちろん累計した場合でも零細な資本規模を有したにすぎなかった。その意味で民族資本の小規模綿織物経営は、近代的な綿関係大企業の設立が続く中で、企業群としてはマイナーな存在となっていった。したがって、企業進出を扱う本章で焦点を当てるべき対象は、大資本を擁する近代的な綿関係大企業群であろう。そこで以下では、近代的な紡績・織布大企業を中心にその設立と経営の概況を検討していきたい。

2　綿関係企業の進出概況

個別の企業設立をみる前に、満州・関東州における綿関係企業の設立状況を概観しよう。図表Ⅱ-6-4で株式会社形態をとる綿関係企業をみると、満州国建国以前に6社、建国後に29社が設立されており、満州国の成立を契機に企業設立が急増した。ただし、詳細にみると、建国前に設立された6社のうち5社は1920年代前半の創設であり、建国後設立の29社中、25社は1937年以降に集中していた。

本節で取り扱う払込資本金100万円以上（1942年時点）の紡績（兼営織布）大経営12社も同様の傾向を示しており、1920年代前半（3社、民族資本の奉天紡紗廠を除けば2社）と1937～39年（6社）という二つの時期に山がみられた。そして、1940年代になると、進出企業は織物・製綿企業に限定されるようになり、紡績兼営織布大経営の設立はほぼみられなくなる。

1920年代前半の第1のピークは、日本紡績大経営が大戦期に蓄積した巨大な

第6章　紡織工業　555

過剰資本をいわゆる在華紡として処理する一環として満州・関東州に進出したことを示している。1917〜22年における中国東北部の綿糸布輸入額（大連・営口・安東経由）は同地方の総輸入額の三分の一以上にのぼったが、過半を日本製品が占めており、日本紡績資本にとって重要な市場となっていた。また、同地方は関税、工賃、原料などの点で、青島・上海など他の在華紡進出地域以上に魅力的な投資先でもあった[3]。これらが進出を促したのである。第2のピーク（1937〜39年）が満州国成立とタイムラグをもって出現したのは、日満双方における

図表II-6-4　設立年次順綿関係株式会社（1942年現在）

（単位：千円）

企業名	設立年月日	資本金	払込資本金
㈱奉天紡紗廠	1921.09.30	9,000	5,625
満州織布会社	1921.07.10	600	150
満州福紡㈱	1923.04.01	3,000	3,000
満州紡績㈱	1923.03.15	10,000	5,000
満州綿業会社	1924.04.29	150	43
㈱大同棉廠	1929.12.12	198	198
営口紡織㈱	1933.03.24	8,000	8,000
恭泰莫大小紡績㈱	1935.12.28	10,000	7,500
満州富士綿㈱	1936.04.16	1,000	750
徳和紡績㈱	1936.09.11	5,000	5,000
亜州実業染廠㈱	1937.11.26	100	100
御多福綿花㈱	1937.10.20	1,000	825
㈱満州製絨所	1937.11.15	300	300
満蒙棉花㈱	1937.09.15	300	300
康徳製綿㈱	1938.12.06	250	250
甡甡染織㈱	1938.04.30	200	200
東棉紡織㈱	1938.02.15	10,000	10,000
東和興業㈱	1939.07.18	300	300
満州天満紡織㈱	1939.06.29	10,000	2,500
協和染織㈱	1939.06.23	400	400
日満紡麻㈱	1939.09.25	5,000	2,500
南満紡績㈱	1939.12.22	10,000	7,500
満州内外綿㈱	1939.08.12	400	400
㈱哈爾浜毛織工廠	1939.08.08	100	50
興亜企業㈱	1939.11.24	5,000	1,250
合同繊維製品製造㈱	1940.12.27	180	115
満州布帛製品㈱	1940.08.17	180	180
満州帆布㈱	1940.05.08	1,000	725
㈱髙岡棉廠	1940.09.25	500	500
新興永タオル製織㈱	1940.12.17	180	180
太陽和紡㈱	1941.07.21	1,000	1,000
奉天東亜布帛工業㈱	1941.11.07	100	50
永和莫大小工業㈱	1941.12.10	180	90
㈱共益針織廠	1941.10.14	100	100
裕華精綿㈱	1942.02.23	100	80

出所：『1942銀行会社年鑑』。

いくつかの要因が複合した結果であった。第1は、1930年代半ば以降、貿易摩擦や戦時統制を通じて、紡績・織布大企業の日本国内における経営条件が極端に悪化したことである。まず、激化した日本綿布輸出をめぐる貿易摩擦（対英・中・蘭印・豪・米）の影響があげられる。1933年の日印通商条約の破棄をはじ

めとして日本綿布に対する輸入制限が進み、36年には日本綿布の輸出先106ヵ所中、40ヵ所で数量制限、16ヵ所で関税差別が実施されるに至った。このため日本の綿布輸出額も1935年の約10億円を頂点に減少に転じ、国内の紡績・織布大経営には遊休設備が生じた。また日中開戦後は外貨節約が強化され、外貨は軍需品輸入に優先的に割り当てられ原綿の輸入規制も厳格化した。原綿不足は紡績・織布大経営における遊休設備増大を加速し、外貨獲得につながらない対満綿布輸出自体も規制を受けるようになった。他方、1938年3月の綿糸配給制、6月の軍需向けを除く国内向綿製品の製造・加工・販売禁止、7月の輸出入リンク制（綿製品輸出実績に応じて綿花輸入を割当）など、国内綿業に対する統制は強化され、同年を境に国内綿糸生産は減少に向かった[4]。1930年代後半に紡績・織布大資本の日本国内における活動余地は加速度的に狭まっていったのであり、遊休設備の有効活用をはかるためにも、原綿や綿布製品に対する貿易規制を免れるためにも満州に活路が求められた。第2に、1937年以降の満州国政府の綿製品自給化政策が、結果的に日本紡績資本の満州に対する遊休設備の移駐を促進したことである。1937年1月、満州国商工課は「紡績工業五ヵ年計画」を発表し、「（満州の）綿業は下級綿糸布の自給自足程度に迄発達せしめ」るにとどめ、「日本との摩擦を少なからしむる為積極的発展策を講ぜざる」との方針を示した。日本から満州への綿製品輸出が規制される中で土布関連の下級品を自給化し、輸入を高級品に限定することが目標とされた。この政策は高級品を含む全面的発展を目指していない点（たとえば、綿糸は20番手以下に限定）で消極的ともいえるが、同時に計画では下級綿糸布自給のために、1937年現在の在満5大紡績会社総錘数23万2000錘を30万錘に大増錘するとともに織機の増設も要請していた。この大増錘・織機増設計画は遊休設備に悩む日本紡績資本にとって適時性をもった。実際、これを契機に遊休紡機・織機の移駐を通じた日本紡績（兼営織布）企業の満州進出は一挙に加速した[5]。なお、すでにみたように、この加速した綿関係企業の進出は、1940年代に急速にペースダウンしたが、その理由については後に改めて述べる。

3　綿関係企業の進出

　満州地域の綿関係大企業として最初に取り上げるべきは、同地における近代紡績業の嚆矢とされる奉天紡紗廠（1921年3月設立、奉天、資本金450万元、払込417万5000元）である。もっとも、同社は当初は日系資本ではなく、張作霖政権の王永江により計画され、奉天省政府（財政庁）が70％、省内の民間有力者が30％を出資して「官商合弁」（半官半民）の民族系紡績・織布会社として設立をみた。同社は紡績錘数2万錘、織機200台という規模で1923年10月に操業を開始した。大紡織経営の設備としては過小な規模であるが、創業当初の経営は比較的順調で、織布生産高も1926年17万疋（1疋＝40ヤール＝36.6メートル）から1928年22万疋に増加した[6]。しかし、1920年代末以降、経営陣の能力不足や満州内部の政治的・経済的混乱のために経営は暗転したようであり、満州事変直前には資本金に匹敵する400万元以上の負債を抱えて経営は完全に行き詰まっていた。満州国成立後は、旧奉天省政府出資分を満州国政府が回収し、役員も一新されたが（1933年に再登記）、経営立て直しはできず、1938年、満州国政府持株（財務部大臣名義2万2381株）と満州中央銀行持株（3378株）が鐘淵紡績（以下、鐘紡と略す）に売却され[7]、経営権は実質的に鐘紡に委譲された（1942年には同社株式の62％を鐘紡が所有）。この鐘紡傘下への移行後にようやく同社は業績を回復した[8]。もっとも、判明する限りで同社の対払込資本利益率（使用総資本利益率）を追えば、1938年こそ24.7％（13.8％）であったが、1939年13.8％（7.9％）、1940年11.2％（5.4％）1941年9.7％（3.5％）と徐々に低下しており[9]、後述する日中開戦後の原棉不足により経営は次第に苦しくなっていった。

　奉天紡沙廠設立2年後の1923年に初めて日系の大紡績企業が満州に進出した。1923年3月、遼陽の満鉄付属地に設立された満州紡績株式会社である（資本金500万円、払込250万円）。同社の設立は倉知鉄吉（大連）や森上高明（遼陽）ら現地の日系事業家によって計画されたが、設立に当たっては富士瓦斯紡績と満鉄の協力と支援が不可欠であった。創設時における出資比率は不明だが、経済不況で株式公募が困難であったため、満鉄に株式の四分の一を引き受けるよう要請

がなされ、満鉄は富士瓦斯紡績が株式の四分の一を購入すること、また1人以上の取締役と監事1人を満鉄から派遣することを条件に出資に応じた[10]。結果的には、富士瓦斯紡績が株式の四分の一以上を引き受けたようであり、また経営の実務面でも同社は富士瓦斯紡績主導で創設されたとみられる[11]。1934年の株式所有比率をみると、富士瓦斯紡績55.0％、満鉄25.5％であり、富士瓦斯紡績が経営権を掌握していた[12]。同社は遼陽に工場を設置して紡績・織布を行なったが、工場設立にあたっては満鉄から用地5万坪を低価格で貸与され、必要な電力も撫順から1000キロボルトの高圧線で割安に供給されるなどの支援をうけた。満州国成立前については経営成績などの数値が得られないが、設立後しばらくは経営も比較的順調で年6％の配当実績を示し、その後は満州の政治的混乱に伴う経済変動のために経営が暗転、さらに世界恐慌による綿糸布価格の暴落で行き詰まったとされる[13]。同社の資本金推移をみても、1920年代に375万円まで資本の追加払込を進めたが、1930年には資本金250万円（払込187万5000円）への半額減資を余儀なくされ、満州国建国直前には相当深刻な経営状態にあった。この点は、「（満州紡績は）満州国建国前に於ては張政権の圧迫、満州特有のパニック等に依って振るはず、破局の危機にさらされてゐた」とする証言とも整合的である[14]。

関東州まで視野を拡げると、さらにいくつかの日系綿関係大企業が進出していた。内外綿は金州に支店を設置しており（設置年は不明）、同支店はたんに内外綿製品の販売を担っただけでなく、金州に工場を設置して紡織加工も行なった。また、1923年4月には大連に満州福紡株式会社が織布兼営の紡績会社として設立された（資本金300万円、払込75万円）。同社は社名が示すように福島紡績の出資で設立されたが、出資関係の詳細は不明である。

1920年代に満州・関東州に進出した綿関係大企業の経営には不明な部分が多いが、満州国成立前は概して厳しい経営状態に置かれていたようである。業績不振の要因としては、満州綿花が粗悪なため高価な米・印・中国綿花に依存せざるを得なかったこと、貨幣価値の変動（銀安）がしばしば原綿高を助長したこと[15]、運転資金の入手が困難であったこと、技術者の欠乏に加えて設備が相対的に小規模であったため、生産性が低く採算を圧迫したこと、低率関税で流入した日本・中国（上海・青島等）の綿製品に市場を圧迫されたこと、反日的性格を強めた張

学良政権の圧迫を受けたことなどが指摘されていた[16]。

既述のように、満州国の成立は綿関係大企業の設立を加速した。

1933年3月には織布兼営の紡績企業として営口紡織股份有限公司（営口、資本金100万円、払込不詳）が設立された[17]。同社は中国資本の民族系企業として設立をみたが、翌34年末に東興紡織廠（奉天、民族資本か）を合併するため、朝鮮紡織の資本参加を仰ぎ、資本金300万円に増資した。また1937年には800万円に増資したが、増資後の所有比率を1942年の実績でみると、朝鮮紡織だけで57.7％、さらに東棉紡織5.4％とその他日本人個人大株主2.5％を加えると、主要な日系株主が65％程度を占めていた。おそらく1934年の増資を契機に朝鮮紡織をはじめとする日系株主の進出が強まり、経営権を奪ったと考えられる。同社重役の多くは中国人が占めていたが、実際の経営は朝鮮紡織から常務取締役として送り込まれた野口三郎が担当していた。野口は同社大株主の一人でもあった。経営は比較的順調であり、1936年上期には収益19万8000円（通年換算対払込利益率10.6％）を計上するに至った。配当率も1936年上期7％、同下期10％、1937年上期から1938年下期までは特別配当を含めて12～15％という実績を示した。1939年以降は原綿不足のため経営条件はやや悪化し特別配当も廃止されたが、1940～41年も配当率12％を維持しており、対払込資本金利益率は40～41％とむしろ著しく好転した。これと並行して同社は経営安定化を目指して人造繊維の研究に取り組むとともに、重工業部門への投資も進めていた。すなわち、1937年11月に同社は兵器・航空機・精密機械などを製造する協和工業（奉天）を設立し、資本金1000万円（払込500万円）の半額を引き受けた。また、1941年4月には20～30トン程度のジャンク船製造を目的とした営口造船（資本金100万円、半額払込）を設立した。営口紡織の出資比率は不明だが、同造船所社長には野口三郎（営口紡織常務）が就任した。

1935年12月には奉天に恭泰莫大小紡績股份有限公司が設立された（資本金10万円、払込5万円）[18]。設立を主導したのは大日本紡績で、菊池恭三（大日本紡績社長）が同社社長を兼任した。同社は紡績および織布加工、メリヤス製造を目的としていたが、設立時の資本金が非常に小さいのは、まだ紡績を行なっておらず、メリヤス製造ないし試験製造のみに従事していたことを示す。紡績・織布と

編物生産を一貫して行なう企業として同社が本格的に活動を始めたのは、1938年の500万円増資（払込132万5000円）後で、1941年3月に全額払込を終え、さらに1000万円（払込750万円）に増資した。同社は大日本紡績系ではあったが、1942年における大日本紡績の所有比率は、株数10万株のうち大日本紡績5000株、日本レイヨン（大日本紡績系）5000株、菊池恭三5000株の合計1万5000株（15％）にとどまり、他の大日本紡績系株主と合わせても2万株（20％）程度とみられていた。もっとも、同社の役員は大日本紡績関係者で占められ、実質的に経営を支配していた。創業期の経営成績は不明だが、1939年上期までは無配、初の配当は39年下期末（1940年5月）の7％であった。なお、この39年下期の対払込資本利益率は20.4％（通年換算）に達しており、1940年上下期も26～27％という好成績（配当は両期とも8％）であった。

1936年9月、満鉄付属地の瓦房店に満州製糸が創設された（資本金100万円、払込不詳）。同社はカタン糸製造とその織布を目的に設立され、工場建設を進めて翌37年11月から操業を開始した。開業直後の同年12月に資本金500万円に増資し、さらに1942年8月に株式会社徳和紡織廠と株式会社徳和染色廠を合併して資本金645万円に増資し、社名を徳和紡績株式会社と改称した。合併前の1941年5月の所有構造をみると、田附家関係（田附政次郎・田附商店）が25.0％（2万5000株）で最大のウェイトを有しており、次いで帝国製糸が23.0％（2万3000株）、日本カタンが18.0％（1万8000株）を占めた。田附家が経営する田附商店は大阪で綿花・パルプ、毛、麻などの繊維原料や製品を取り扱っていた中規模商社（1942年時点の資本金500万円、全額払込）で、すでに1921年11月、奉天に支店を開設していた[19]。満州製糸は出資比率からみて田附家と帝国製糸等との共同事業であったが、後述のように徳和紡糸廠と徳和染色廠はともに田附家の傘下にあったので、両社との合併で成立した徳和紡績において田附家の所有比率はさらに高まったと推定できる。事実、徳和紡績の取締役社長には田附政次郎が就任し、経営権を掌握した。

すでにみたように1937年以降は綿関係企業が集中的に設立された。大企業としては、1938、39年に東棉紡織と南満紡績という満州最大級の紡績兼営織布企業が出現し、1939年には綿製品がメインではないが、綿糸・綿織物製造も行な

う日満紡麻が創設された。

1938年2月、東洋棉花の全額出資で錦州に設立された東棉紡織は、資本金1000万円（払込250万円）という満州最大規模の紡績・織布兼営企業であり、同年5月には払込資本を500万円とし、さらに1940年4月には1000万円全額払込となった。同社の設立は、対満綿布輸出の制限とそれに伴う過剰設備の移転という点で、1930年代後半における日本紡績企業の満州進出の典型的なパターンを示した。すなわち、大尺布の対満輸出規制は、東洋棉花をはじめとする大尺布生産者・取扱業者に打撃を与え、「大尺布の実績をもつ当社（東洋棉花──引用者）と業者中の有力者であり、また当社と関係の深い藤浪勝（現藤浪紡社長）、福原友太郎等が協力して所有の小巾織機を満州に移し、同地において織布工場を設立」したのである[20]。

1939年12月、蘇家屯に設立された南満紡績も資本金1000万円（払込250万円）という最大規模の紡績織布企業であった（1940年11月払込500万円、1942年4月全額払込）。同社の代表取締役には金季洙、取締役に高元勲、関奎植などが名を連ねていたが、金季洙は京城紡織株式会社の社長であり、京城紡織を中心とする朝鮮系資本の動員によって設立をみた。同社は綿糸・織布事業のみならず、有価証券の保有、資金の融通、他事業への投資も目的としており、金融機能を併せ持つ投資会社でもあった。

同じ1939年9月には奉天に日満紡麻が資本金500万円（払込125万円）で設立された。同社は34年、新京（長春）に設立された満日亜麻紡織の子会社であり、1942年時点では発行株数10万株のうち、満日亜麻紡織が7万6200株（76.2％）を所有し、大株主中の満日亜麻紡織関係者の所有株式を合わせると9万2600株（92.6％）という圧倒的ウェイトを占めた。経営陣をみると、満日亜麻紡織社長の坂内義雄が同社社長を兼務しており、他の重役も満日亜麻紡織の関係者が占めていた。同社では綿糸・麻糸と両者の交織物を製造した。

1939年11月には、紡績兼営織布企業として興亜産業が設立され、設立直後の12月に興亜企業と社名を改めた。設立時の資本金や所有比率の詳細は不明だが、1942年時点では資本金500万円、払込125万円で、株式はすべて興亜紡績会社の所有であった。興亜紡績の資本系列といえるが、興亜紡績の詳細は不明である。

なお、同社は紡績・織布に加えて染色も営んでいた。

なお同年6月、新京（長春）に満州天満紡織株式会社（資本金1000万円、払込250万円）が設立された。同社は天満織物の全額出資で創設され、綿紡績と織布加工販売を行なった。ただし、すでに東洋紡績系企業の進出において述べたように、1941年には東洋紡績傘下に入り、最終的には1943年11月、東洋人纖株式会社、東洋精麻加工株式会社と合併して社名を満州東洋紡績と改めた[21]。

満州国成立から1930年代末にかけては、このように多くの紡績兼営織布大企業が設立されたが、すでにみたように、経営は比較的順調であった。良好な市場状況のもとで、既設の綿関係企業群の業績も好転した。この背景の一つは、満州国成立後、中国からの輸入品（綿布）に外国品同様の輸入税が賦課されるようになったこと[22]、1934年4月に準特殊会社満州棉花（資本金200万円）が設立されて綿作改良増産事業が始まり、1937年以降は綿花増産計画が本格的に進んだことなどが指摘されている。保護関税や綿花改良・増産奨励計画のもとで、既存の在満紡績、織布企業が成長するとともに、新規参入が加速したため、全体として満州の紡績・織布生産は急速に発展した。紡績錘数は1930年の在満4社合計23万2000錘から1940年には42万7000錘に増加したが、さらに10万5000錘の増錘計画があったとされている。また、1930年代後半の主要な紡績・織布大経営の経営状況を他の繊維大経営と比較すると（**図表Ⅱ-6-5**）、対払込資本利益率も総資産（使用総資本）利益率も綿関係企業が上回り、対払込資本利益率は1938、39年に30％近い好成績を示した。ただし、両年をピークに利益率が低下し始めたことにも注意しなければならない。

綿業の発展に天井を画したのは原棉問題であった[23]。既述のように、1934年設立の満州棉花（半額政府出資）は綿花増産指導を行なった。さらに37年以降は産業5ヵ年計画に基づいて綿花大増産が目指され、同年10月には綿花統制法が施行された。統制に対応して、満州国政府は満州棉花に対する民間出資分（資本金の半額）を買い入れて回収し、回収分を改めて各県の綿作農事実行組合に分与した。満州棉花会社は綿花生産者と政府との折半出資による共同統制機関となり、従来の綿花改良と増殖（種子配給）に加え、統制法に基づく実綿の一元的収買、公定価格決定、繰綿加工、原棉配給を行なう統制機関となった[24]。産業5ヵ

図表 II-6-5 満州紡織大経営の収益性

(単位：千円)

年　度	1937	1938	1939	1940	1941
企業数	6	7	7	13	12
うち綿関係	4	4	4	7	6
払込資本金合計A	23,992	29,172	33,421	52,025	55,500
うち綿関係　a	15,555	17,797	20,921	27,900	30,250
使用総資本合計B	48,228	73,911	92,106	157,859	185,982
うち綿関係　b	26,729	38138	43,238	74,641	81,653
損益金　　C	3,606	7,687	8,650	13,379	13,316
うち綿関係　c	2,684	5,196	5,998	6,451	6,543
C/A	15.0 %	26.4 %	25.9 %	25.7 %	24.0 %
C/B	7.5 %	10.4 %	9.4 %	8.5 %	7.2 %
c/a	17.3 %	29.2 %	28.7 %	23.1 %	21.6 %
c/b	10.0 %	13.6 %	13.9 %	8.6 %	8.0 %

出所：大連商工会議所「満州事業成績分析」(第1～5回、昭和12～16年度)。
注：(1) 1937年度の対象企業は満州紡織、奉天紡紗廠、営口紡織、満州福紡、満蒙毛織、満州製麻の6社。
(2) 1938、39年度には満州製糸が、40年度には泰恭莫大小紡績、康徳毛織、日満紡麻、奉天製麻、興亜企業、康徳染色が調査対象企業に加わった。

年計画では計画第2年度（1938年度）で満州国内紡績・中入綿用需要を満たし、第3年度（39年度）以降は超過分を日本の紡績用に輸出するとしていた。しかし現実には特殊会社・満州棉花を核に綿花増産が進んだとはいえ、紡績企業の新設と拡大による満州国内の綿花需要増大に追いつかず、また、紡績には使用できない在来種綿花の改良も簡単には進まなかった。

1930年代半ばの在満紡績会社の原棉供給状況をみると（**図表II-6-6**）、満州・関東州綿の供給量自体は増加するものの、消費量全体が増大したためウェイトは19％台にとどまり続けた。80％以上は輸入綿花（蘭印＜印度綿花＞、中国、米国）に依存しつづけたのであり、この3年間では、特に中国と蘭印からの綿花輸入拡大が増加する満州紡績需要を支えていた。他方、紡績に適さない在来種綿花の改良も期待通りには進んでいなかった。1937年時点でも満州産綿花の品質については「満州に於ける在来綿は品質極めて粗雑にして細糸紡績に適さず、従って総額の五、六割は中入綿として使用され、残りの二、三割が僅かに国内紡績工場にて消費されるに過ぎない」と指摘されていた[25]。しかも、この直後の1938、39年には、すでにみたように満州でも最大級の紡績・織布大企業が相次いで設

図表 II-6-6　満州の綿花消費

(単位：担〔ピクル〕)

年次	紡績会社消費	米綿	蘭印雑綿	満州・中国綿	内満州・関東州綿	
1934	386,000	53,000	230,000	103,000	76,000	(19.7%)
1935	437,000	37,000	220,000	180,000	85,000	(19.5%)
1936	477,000	48,000	265,000	164,000	95,000	(19.9%)

出所：満鉄地方商工課『満州重要産業統制法の実施と満州重要産業の現状』(1937年) 281-282頁。
注：原資料には「東棉調査」に依拠したと注記されている。

立され、原棉需要は大きく拡大したのである。

　中国、印度、米国への原棉依存を脱せない中で、日中戦争が起こり、さらに日米開戦に至ったことは、満州紡績企業を危機的状況に追い込んでいった。日中戦争下で中国綿供給が困難になると、原棉不足が深刻化し、日米開戦後に米綿、印度綿、アフリカ綿の輸入が途絶すると、原棉危機は頂点に達した。原棉絶対量が不足している以上、在満紡績企業は操業短縮を行なわざるをえず、操短により業績は悪化した。1942年の紡績企業の経営状態を分析した記事をみると、たとえば、営口紡織の場合、「事変（日中戦争——引用者）以来、最高七割二分五厘から五割程度の操短を実施してゐる。当社はこの減収に対応し代用繊維の研究に手を染めて」いったとされており、また満州紡績についても、「（問題は——引用者）支那綿の移入難と、更に大東亜戦争拡大による印度綿の途絶である。これに対応して満州国は綿花増産計画の新なる樹立を必要としたが、それ自体に限を有する今日に於ては結局在満紡績業者の操短を必至としたのである。最高七割二分五厘、最低五割の操短で飛躍的向上を辿りつゝあった当社の業績も此三期に於て下り坂の傾向を表示した」と指摘されていた[26]。1940年に満州国は北支（華北地域）・満州を一丸とする原棉増産計画を新たに樹立したが、早急な増産は不可能である以上、紡績企業は操短を回避できず、長期的にも増産の成功が保証されない中では人造繊維など綿花依存脱却の方向に向かわざるをえなかった。こうして、紡績各社は、スフの3割混紡、綿花状に加工した黄麻（ジュート）、柞蚕手挽の屑繊維による代用などの対応措置をとっていくことになった。

　1940年代の満州では、紡績兼営織布大企業を設立する余地はほとんど消滅したのであり、こうした事情が先にみた紡績企業全体の進出動向を規定していた。1940年以降、設立をみた紡績企業は、1941年7月、奉天に創設された太陽和紡

株式会社1社にとどまった。また同社は製綿業を主としつつ紡績と同時に製麻を営んでいた点で純粋な綿糸紡績企業ではなく、100万円という資本規模（払込不詳）も繊維大企業の中では相対的に零細であった。

第2節　製麻（紡麻）業・毛織物業・その他の繊維関連産業

　本節では、綿以外の繊維の製造・製織・染色加工事業に関わった大企業（製麻、毛織物、染色関係企業で、原則として1942年時点払込資本金100万円以上）を取り上げ、その設立状況を検討する。

1　製麻（紡麻）業

　満州における製麻業は、特産品である大豆包装用麻袋の生産を主軸に発展したが、満州国成立前に満州進出した麻関係大企業は奉天製麻1社だけであった。同社は、1920年2月、奉天に資本金300万円（払込不詳）で創設されたが、資本系列は安田系企業とみられていた。経営の滑り出しは多難で、1922年4月には工場が全焼したため、資本金150万円への半額減資を余儀なくされた。1924年1月に設備を復旧して操業を再開したが、経営不振を脱することはできず、1930年3月には世界恐慌の影響で工場の閉鎖に至った。この危機を乗り越えるため、同社は後述の満州製麻と提携して操業の維持につとめたが、36年に満州製麻に合併されて消滅した。ただし、合併翌年の1937年11月に資本金300万円（払込不明）、全額満州製麻出資の子会社として再び分離されて独立した[27]。

　関東州まで視野を拡げると、すでに1917年5月、大連に満州製麻株式会社が設立されていた。同社は製麻業に加えて倉庫業も営み、さらに他の事業への出資も行う投資会社でもあった。もっとも、満州国成立まで同社の経営は順調ではなく、満州国成立後にようやく好転したと指摘されている。払込資本利益率が判明する1930年代後半をみると、1937年度上期12.8％、下期17.8％、1938年度上期22.9％、下期33.3％、と徐々に利益率を上昇させていた。ただし、1938年度がピークであったようであり、その後は1939年度上期22.3％、下期13.2％、1940年上期16.8％、下期26.0％、1941年度上期18.4％、下期24.5％とやや低

下した[28]。満州国成立後における収益性の改善は資本金にも反映していた。同社は資本金100万円（払込25万円）で出発したが、1935年12月資本金250万円（払込137万5000円）に、3ヵ月後の1936年2月には資本金500万円（払込237万5000円）へと短期間に大幅な増資を行なった。好転した収益性と増資を背景に、同社は前述の子会社奉天製麻をはじめとして製麻事業にさかんに出資した。同社の大株主（1942年時点）には最大の株主で同社社長の井上輝夫（所有比率12.2％）の他に、日吉商会（7.5％）、帝国繊維会社（6.2％）、安田保善社（6.0％）、三井物産（4.9％）などが名を連ねていたが、特定の資本系列に属する企業ではなかったようである。

　満州国が成立すると、製麻関係大企業の設立が進展したが（12社）、満日亜麻紡織1社を除く11社の設立は1937年以降に集中していた。

　1934年6月、新京（長春）に満日亜麻紡織股份有限公司（資本金300万円、払込150万円）が設立された。同社は同年4月設立の日本法人・日満亜麻紡織と帝国製麻との共同出資会社（出資比率不明）であり、親会社両社と子会社の満日亜麻紡織とは密接な分業関係を築いていた[29]。すなわち、子会社の満日亜麻紡織は農家との栽培契約に基づく原料亜麻の収買と紡糸準備のための繊維の抜取りを業務としており、実際には紡織を行っていなかった。同社が買い集めた亜麻はほぼ2対1の割合で日満亜麻紡織と帝国製麻の内地工場に輸出され、両社はこれを原料として亜麻紡織を行なった。日満亜麻紡織の主力工場は富山工場であった。日本国内では北海道などで亜麻栽培はさかんに行なわれたが、満州ではほとんど前例がなかった。そこで、日満亜麻紡織と帝国製麻は共同で満日亜麻紡織を設立し、同社を通じて農事実行組合と栽培契約の締結を進め、満州を両社の原料地盤に組み込もうとしたのである。もっとも、既述のように、1939年には原料調達機関である満日亜麻紡織自体が満日紡麻という子会社を設立し、満日紡麻で麻糸製造を行なうようになった。これは同年から満州産原料麻に対する統制が強化され、対日輸出可能量が規制されるようになったことをうけた措置であろう。なお、親会社である日満亜麻紡織の所有比率（1942年時点）をみると、資本金2400万円（払込1600万円）のうち三井物産が18.2％、鐘紡が5.5％を所有しており、鐘紡を三井系に含めれば、三井資本が23.6％を占めていた。実態としても三井

が経営権を掌握していたと指摘されており、満日亜麻紡織は三井と帝国製麻の共同出資事業という性格をもっていた。資本金300万円で出発した満日亜麻紡織は、1937年5月制定の重要産業統制法で製麻業が重要産業に編入されると、翌38年8月資本金1500万円（払込600万円）に大幅増資し、事業規模を拡大した。設立当初は満州での亜麻栽培自体が試験的段階にあったため、収益に結びつけるのは困難であったが、1939年以降、同社の収益は黒字に転じ、また資本規模の点でも満州屈指の麻関係大企業に成長した。

1937年以降は、重要産業統制法によって製麻業が重要産業に指定されたことを承けて製麻大企業の設立許可申請が相次いだ。

1937年には8月に遼陽紡麻が、11月には奉天製麻が設立された。遼陽紡麻は麻袋・麻糸・麻布を生産する典型的な製麻企業で、遼陽に資本金300万円（払込150万円）で設立された。1942年時点の所有比率をみると、筆頭株主は小泉製麻会社で37.9％を占め、遼陽紡麻社長を務めた小泉良助ら小泉一族の持株を含めると78.5％にのぼった。社長以下取締役のほとんどを小泉一族が占めた[30]。小泉製麻は日本内地の中堅製麻会社である。なお、奉天製麻は、前述の通り、いったん満州製麻に合併されたものが、再度分離されたものである。

1939年から1942年にかけては6社の麻関係大企業がまとまって設立されたが、1939年設立の東洋精麻加工、日満紡麻および1941年設立の太陽和紡についてはすでに触れたので省略し、残る2社について簡単にみておきたい。

1930年代後半の満州製麻業は原料麻の約70％を印度からの輸入に依存していたが、日中、日米開戦により印度産原料麻の輸入が激減し、深刻な原料不足に悩むようになった。すでに1937年に満州国政府は製麻業を重要産業に指定していたが、状況の変化を踏まえ、1939年以降は原料麻・麻製品の流通を統制し、認可を受けた指定企業に、生産能力に応じて分配するようになった。

これに対応して創設されたのが満州麻袋株式会社であった。同社は、1940年12月、新京に設立されたが、資本金は2000万円と巨額であり、設立時の払込額は不明であるが、42年時点では1000万円にのぼった。同社では麻製品の製造を行なったが、最大の業務は原料麻繊維の買入であり、また麻製品の買入および内外配給、麻繊維製品の調査・研究も行なうなど、1939年に始まった原料麻・麻製

品統制に付随する業務を担った。こうした統制会社的性格を有していたため、同社は巨額の資本規模を備えていたものと思われる。ただし、同社の出資状況や所有比率については不明である。

1941年7月には営口に満州繊維工業株式会社が設立された（資本金250万円、払込不詳）。ただし、同社は柞蚕・蓖麻蚕・絹・毛・麻・人造繊維など多様な繊維の紡糸と織物・編物製造を行なっており、純粋な麻関係企業ではなかった。

1942年5月、錦州に麻袋・麻糸製造を目的として錦州紡麻が設立された。同社は満州に設立された製麻業関係企業のうち現在確認できる最後の大企業である。設立時の資本額は不明だが、1943年時点では資本金1000万円、払込500万円にのぼっており、相当の資本規模を備えていた。同社の代表取締役には加藤規という人物が就任しているが、残念ながら資本系列や経営状況は不明である[31]。

2 毛織物業

紡毛と毛織物製造に関わった大企業（1942年時点で払込資本金100万円以上）をみると、満州国成立以前の設立は満蒙毛織1社のみであり、満州国成立後には徳和紡績、康徳毛織、満州繊維工業の3社が設立された。しかし、すでに触れたように、徳和紡績と満州繊維工業は毛織物を主体とする企業ではなかった。前者の中心業務はカタン糸製造であり、毛襤褸による再生糸製造を部分的に営んでいたにすぎない。後者も多様な繊維原料（柞蚕・蓖麻蚕・絹・麻・人造繊維など）による製糸、織物製造に羊毛が含まれていたにすぎなかった。なお、1942年時点で払込資本金100万円に達していたかは確認できないが、1944年に100万円を超えていた毛織物企業として、株式会社満州製絨所があげられる。

したがって、毛織物大企業として取り上げるべきは満蒙毛織、康徳毛織、満州製絨所の3社であろう。しかし、康徳毛織は鐘紡の子会社で、すでに鐘紡系企業の箇所で触れたので省略し、以下では満蒙毛織、満州製絨所の2社を検討する。

満蒙毛織株式会社は、1918年12月、奉天に設立された[32]。設立時の資本金は1000万円、払込250万円で当初から相当な規模を予定していたが、これは同社設立の経緯に関わっていた。第一次世界大戦勃発後、イギリスが羊毛管理令によりオーストラリアからの羊毛輸出を制限したため、千住製絨所をはじめとする日

本の毛織物業者の間では原料不足が深刻化し、軍服など軍需用絨類の生産にも支障が生じた。これをうけて1918年、日本の拓殖調査委員会は羊毛自給自足を決議し、その一環として日本勢力下の南満州・東部内蒙古の羊毛資源を利用しようと計画した。この計画に従い関東都督府は東洋拓殖や満鉄などの国策企業と協議し、張作霖政権側の商務会会長・孫白斛の協力も得て、日中合弁事業として同社を設立した。したがって、同社は当初から国策会社に準じた性格をもっており、この点は陸軍省が千住製絨所の織機25台と付属設備を同社に貸与したこと、関東都督府が向こう4年間、すなわち1922年まで年6％（対払込資本金に対する割合）、15万円の利子補給を約束していたことにも示されていた。設立時の出資比率は、東洋拓殖17.5％、満鉄5.0％であり、両社を核に孫などの中国資本も動員された[33]。同社は奉天に大工場（用地面積18万坪、建坪7200坪）を建設し、1920年4月から操業を開始した。1922時点では軍艦羅紗、軍絨、毛布など各種の毛糸・毛織物を製造すると同時に羊毛・獣毛・獣皮販売も営んでいたが、関東軍や張作霖政権などへの軍需用絨類の納入を主体とし、民需品生産は副次的な位置を占めていた。

　大きな事業規模で出発した同社であったが、満州国成立まで経営は困難を極めた。操業を始めたものの、大戦後の毛織物価格低落と景気低迷による需要減退のために操業率は40％にとどまった。しかも、同社製品は品質的にイギリスや日本の製品に劣っていたため、民間向け製品市場では競争力がなかった。同社は軍官需に重点を置いたというよりも、民需における競争力を欠いたため、関東軍などの需要に依存せざるをえなかったのである。

　したがって、創業後ただちに経営難に見舞われた。経営難は資本金に如実に示されている[34]。払込資本は1923年に500万円まで増加したが、翌24年11月には資本金300万円、払込150万円へと70％に上る大幅減資を余儀なくされた。その後、45万円の追加払込を行なうものの、世界恐慌に直面すると経営破綻寸前の状態に陥り、1931年には資本金50万円（払込32万5000円）、六分の一とする大減資を行なった。関東庁は設立後4年間について約束した補助を1929年まで延長し、総額132万円を供与したが、同社は経営を立て直すことができなかった。1931年の大幅減資は、1930年に資産額が負債130万円の抵当額を割り込

み、倒産状況に陥ったことへの対応であった。

　しかし、1930年を底に同社の業績は回復に向かい、満州国成立後にはさらに好転した。経営好転の背景は明確でないが、1930年に経営危機打開のために東拓が送り込んだ社長椎名義雄と専務佐藤忠が大規模な工場設備の革新と営業方針の刷新を行なったこと、満州国成立が張学良政権による圧迫を解消し、満蒙産羊毛改良事業の進展も同社にプラスに働いたことが指摘されている[35]。実際、同社の使用総資本（総資産）利益率を計算すると[36]、1930年下期（1931年4月）2.9％、1931年上期（1931年10月）0.8％、1931年下期3.5％、1932年上期3.3％、1932年下期4.2％、1933年上期3.1％であり、満州国成立後に業績が回復して安定したことがわかる。より詳細に経緯を述べれば、1930年下期に9万6872円の利益を計上したが、67万円余という巨額の繰越損失を抱えていたため、経営は依然として危機的状況にあった。そこで1931年度上期に減資を断行し、減資による余剰で繰越損失を解消した。こうして経営危機を克服した後に満州国が成立し、業績は本格的に回復したのである。

　収益好転をうけて、同社は1933年から増資を進め、同年の資本金100万円（全額払込）への増資を皮切りに、1934年250万円（同）、1936年550万円（同）、1937年1000万円（払込662万5000円、1940年全額払込）、1940年2000万円（払込1250万円）、1942年3000万円（払込2250万円）と瞬く間に巨大な資本規模に成長を遂げた。この間、同社は奉天工場の規模を拡張し、1937年には奉天に第2工場を設けるなど毛織物関連事業の拡大につとめた[37]。しかし、同社資本規模を肥大化させた原因、とりわけ1940年以降の急膨張の要因は、事業関連の設備投資ではなく、関連子会社への投資の激増にあった。1941年上期末時点の同社投資先は満蒙毛織工業（資本金500万円、名古屋）、満蒙毛織百貨店（200万円、奉天）、朝鮮毛織（100万円、釜山）、東洋フェルト（100万円、名古屋）など主要投資先のみで17社、その他を含めた投資勘定は927万8000円に上った。この額は同時点の固定資産額1647万円の56.3％に達した。1940年上期の同社投資勘定は263万3000円で、固定資産額1571万3000円の16.3％にすぎなかったのと比較すれば、本来の事業に関わる固定資産額が微増にとどまる一方、たった1年間で社外投資額が3.5倍に急成長したことがわかる。この点を捉えて1942年

の同社について、「事業は直接経営よりも投資経営に移行したの感があり」と指摘されていた[38]。

1942年時点の同社大株主の持株比率をみると、東拓82.1％、加藤安1.7％、満鉄1.4％、九鬼健一郎0.4％、堤八郎0.4％、日之出商会0.3％となっており、満鉄からの出資もあったが、この時点では東洋拓殖が完全に経営権を掌握していた。

1937年11月には、奉天に株式会社満州製絨所の設立をみた。設立時資本金などは確認できないが、1944年時点では資本金180万円、払込129万円であり、毛糸紡績および絨氈敷物類の製造を行なっていた。同年の取締役社長は西川四朗であったが、経営状況や資本系統は残念ながら不明である[39]。

3 絹業（柞蚕糸関係）・染色業

満州の絹関係産業としては、下級絹織物原料に使用された柞蚕糸製造をあげることができる[40]。柞蚕糸製造は満州の土着産業で、日本向け輸出にも牽引されて独自の発達を遂げた。ただし、その多くは養蚕‐製糸農民による家内工業形態で生産され、会社組織を採用した民族系企業として発達したわけではなかった。柞蚕糸を用いた絹織物（絹紬）生産は、安東を中心に20前後の工場で営まれていたが、いずれの経営も零細な規模であった。

近代的な柞蚕紡績糸製造と絹織物生産を初めて試みたのは日系企業であった。既述のように、1923年設立の満州紡績は遼陽工場で綿紡績兼営織布を行なったが、おそらく1920年代後半に安東工場を増設し（年次は不明）、柞蚕糸紡績・織物製造および染色を開始したとみられる。

柞蚕糸・絹紬の生産は世界恐慌の打撃と満州事変勃発の影響で不振に陥ったが、満州国成立後は、国営輸出柞蚕検査所（1935年6月設立）や飼育場、柞蚕試験所が設置されるなど、蚕糸改良・増産政策が進められた。また、1937年には柞蚕増産五ヵ年計画が樹立され、南満21県を重点県に指定し、1941年度140億粒の生産が目標とされた[41]。さらに1939年8月には、柞蚕繭・柞蚕製品の一元的収買を行なう統制機関として満州柞蚕株式会社（資本金500万円）も設立された。1937年以降、柞蚕糸増産と統制が強化されたのは、既述のように綿花増産と改

良が計画通りに進まない中で、綿に代わり、しかも満州で自給可能な繊維原料として柞蚕が着目された結果であろう。

年次は明記されていないが、『満州国史』は1940年前後に柞蚕紡績・製織を行なっていた主要企業として、満蒙毛織（1918年設立）、満州紡績（1923年設立）、東棉紡織（1938年設立）、康徳毛織（1921年設立）をあげている。いずれの企業も、既述のごとく、少なくとも1940年前後の時点では日系資本であり、紡績兼営織布や毛織などの主業をもっていたので、部分的に柞蚕糸や絹織物生産を行なったとみられる。また、東棉紡織、満州紡績は1930年代後半に深刻化した原綿不足対策の一環として柞蚕紡績に取り組んだのかもしれない[42]。これら各社がいかなる形で柞蚕紡績糸や絹紬製造に進出したかの詳細は不明である。

最後に紡織企業に分類されている染色関係大企業を取り上げよう。1942年時点で払込資本100万円以上の染色関係企業は、営口紡織、株式会社徳和染色廠、興亜企業の3社のみであった。ただし、このうち営口紡織と興亜企業（興亜産業）は綿糸布製造が営業の中心であり、すでに綿関係企業の箇所で触れたので省略し、徳和染色廠についてのみ検討する。

同社は、1938年9月、奉天に資本金48万円、払込12万円という零細な資本規模で創設された染色加工の専門企業であった。1939年に2度の追加払込を行ない、資本金48万円全額払込とした後、1941年に資本金100万円（全額払込）に増資した。1942年時点の経営陣（取締役）は武富吉雄・田附政次郎・田附左一であるが、既述のように田附家は大阪で株式会社田附商店という繊維関係の中堅商社を営んでいた。また、同社が1942年8月に株式会社徳和紡織廠、満州製糸と合併し、徳和紡績となった点もすでにみた通りである。

第3節　紡織企業の資本系列

これまでは個々の紡織大企業について資本系列を含めて検討してきたが、最後に紡織関係企業全体としてどのような資本系列がみられ、どの程度のウェイトを占めたのか、またそれらはどう変化したのかを時期を追いつつ検討したい。その際、繊維会社、特に豊富な資金を有した紡績大企業の資本系列がどの程度のウェ

イトを占めたのか、あるいはもともと繊維と関連の薄い企業が満州の繊維資源に着目して新たにビジネスチャンスに挑んだのかという点に着目したい。

1　1936年の紡織企業群

『1936銀行会社年鑑』により作成した**図表Ⅱ-6-7**をみると、紡織（ただし、同書では紡績・染色と紡織・染色に分類）企業は33社で会社数の1.4％にすぎなかったが、株式会社（股份有限公司）に限れば846社中23社、2.7％を占めた。注目すべきは、これら23社の株式会社・股份有限公司で、紡織企業の総払込資本金の98.6％という圧倒的ウェイトを示したことであり、しかも紡織企業上位10社（すべて株式会社ないし股份有限公司）の払込資本金の合計は全体の90％以上に達したことである。このことは、少なくとも資本規模からみる限り、満州に設立された紡織企業群の中で株式会社形態をとる上位の大企業群が圧倒的に重要な役割を担っていたことを示唆する。

そこで、資本規模で圧倒的ウェイトをもつ紡織会社上位10社の資本系列を追跡すると、綿紡績を含む繊維会社系列4社、東拓1社、その他5社という構成であり、払込資本金の40％以上を繊維関係企業の出資会社が占めた。満州の紡織企業群の中核部分は、日本の繊維企業の進出によって形成されていた。ただし、紡績大企業に限定すると、その資本系列企業が満州紡織企業の払込資本総額に占めたウェイトは19.0％であり、必ずしも高くはなかった[43]。なお、紡績会社別にみると、富士瓦斯紡績（満州紡績1923年3月）、福島紡績（満州福紡1923年4月）が早期に進出を果たし、ともに過剰資本の処理先を満州に求めたことがわかる。他方、満州国成立後には大日本紡績（恭泰莫大小紡績1935年1月）が進出したが、鐘紡・東洋紡績は遅れた。

2　1942年の紡織企業群

『1942銀行会社年鑑』に基づく**図表Ⅱ-6-8**によれば、紡織企業は126社、会社数全体の2.0％となった。史料自体の捕捉精度・領域の違いも影響しているが、紡織企業数は1936年の4倍に増加しており、1930年代後半、特に1937年以降における企業進出の活性化が反映されている。株式会社に限れば、全2822社中、

図表 II-6-7 満州紡績・紡織工業と日本紡績資本(1936年時点)

法人形態・系列	払込資本金	比率	備考
	千円		
1936年紡績・紡織及染色	24,574	100.0 %	33社　1.4 %
うち股份有限公司・株式会社	24,266	98.7 %	24社
合資会社	309	1.3 %	9社
合名会社	0	0.0 %	0社
うち鐘紡系	0	0.0 %	
東洋紡系	0	0.0 %	
福島紡系	1,500	6.1 %	満州福紡 150万
大日本紡績系	50	0.2 %	恭泰莫大小紡績 5万
富士瓦斯紡績系	3,125	12.7 %	満州紡績 312.5万
大紡績会社系(計)	4,675	19.0 %	
(上位10社)			
奉天紡紗廠股份限公司	4,172	17.0 %	
満州紡績㈱	3,125	12.7 %	富士瓦斯紡系
営口紡織股份限公司	3,000	12.2 %	朝鮮紡織系
日満亜麻紡織㈱	3,000	12.2 %	三井物産系
満蒙毛織㈱	2,500	10.2 %	東拓系
満州製麻㈱	2,375	9.7 %	
満日亜麻紡織股份有限公司	1,500	6.1 %	日満亜麻系(三井物産系)
満州福紡㈱	1,500	6.1 %	福島紡績系
奉天製麻㈱	1,000	4.1 %	
康徳染色股份有限公司	500	2.0 %	
合計	22,672	92.3 %	

出所:『1936銀行会社年鑑』。
注:繊維関係は、紡織及染色、紡績及染色の2種類に分類されている。

　紡織関係は72社(6.5%)を占め、若干ウェイトが高まる。

　この株式会社72社で、紡織企業の全払込資本金の98.3%に及ぶ圧倒的ウェイトを占めた点は1936年と同様であるが、上位10社の総払込資本に占めるウェイトは67.5%に後退した。日本企業進出の本格化が上位集中度の低下を招いたと考えられる。ただし、『1942銀行会社年鑑』は人造繊維大企業の東洋人繊(1939年設立、払込資本金1000万円)を化学に分類しており、同社を加えて上位10社のウェイトを再集計すると70%を超える。株式会社形態をとる上位大企業群が紡織産業の中で果たす役割は依然として大きかったといえる。

　表掲した10社に東洋人繊(東洋紡績系)を加えた上位11社の資本系列をみると、日本の繊維会社系列7社、綿花商社系列(東洋棉花)1社、東拓1社、無系列2社であり、払込資本金のウェイトは各々39.4%、7%、15.8%となる。1937

図表II-6-8 満州紡織工業と日本紡績資本（1942年時点）

法人形態・系列	払込資本金	比率	備考
	千円		
1942年紡織及染色合計	142,398	100.0 %	126社　2.0 %
うち株式会社	139,994	98.3 %	72社
合資会社	1,559	1.1 %	22社
合名会社	844	0.6 %	32社
うち鐘紡系	10,625	7.5 %	康徳毛織300万・康徳染色200万・奉天紡沙廠562.5万
東洋紡系	6,000	4.2 %	東洋精麻350万・満州天満紡織250万
福島紡系	3,000	2.1 %	満州福島300万
大日本紡績系	7,500	5.3 %	恭泰莫大小紡績750万
富士瓦斯紡績系	5,000	3.5 %	満洲紡績500万
大紡績会社系（計）	32,125	22.6 %	8社
（上位10社）			
満蒙毛織㈱	22,500	15.8 %	東拓系
満日亜麻紡織㈱	15,000	10.5 %	日満亜麻系（三井物産系）
満州麻袋㈱	10,000	7.0 %	
東棉紡織㈱	10,000	7.0 %	東棉系
営口紡織㈱	8,000	5.6 %	朝鮮紡織系
恭泰莫大小紡績㈱	7,500	5.3 %	大日本紡績系
南満紡績㈱	7,500	5.3 %	
㈱奉天紡紗廠	5,625	4.0 %	鐘紡系※
満州紡績㈱	5,000	3.5 %	富士瓦斯紡系
徳和紡績㈱	5,000	3.5 %	帝国製糸系
合計	96,125	67.5 %	

出所：『1942銀行会社年鑑』。

年以降、繊維企業の満州進出が加速した後も、その中核を日本の繊維会社による企業進出が構成するという特徴は維持されていた。なお、大紡績企業に限定して系列企業の総払込資本に対するウェイトをみると22.6％と高くはないが、東洋人繊を加えれば、比率は28％に上昇する。1936年と比べると、紡績会社による企業設立が進み、繊維会社の進出において紡績資本がより重要な役割を担うようになったことが示唆されている。なお、紡績会社別にみると、進出に遅れをとった鐘紡・東洋紡績が急速に遅れを挽回したこと、特に東洋紡績の場合、東洋人繊への出資を含めれば、鐘紡を抜き去り紡績会社中で最大の資本規模を示すようになったことが注目される。1937年以降における進出の本格化は、実体としては最大手紡績資本の満州におけるプレゼンスの増大を意味していた。

図表II-6-9　満州紡績工業と日本紡績資本（1943年時点）

法人形態・系列	払込資本金	比率	備考
	千円		
1943年紡績工業	161,352	100.0 %	84社　1.7 %
うち株式会社	158,700	98.4 %	52社
合資会社	375	0.2 %	7社
合名会社	2,276	1.4 %	25社
うち鐘紡系	10,625	6.6 %	康徳毛織300万・康徳染色200万・奉天紡沙廠562.5万
東洋紡系	18,500	11.5 %	東洋精麻350万・東洋人繊1000万・満州天満紡織500万
福島紡系	…	…	満州福紡300万か
大日本紡績系	7,500	4.6 %	恭泰莫大小紡績750万
富士瓦斯紡績系	6,250	3.9 %	満州紡績625万
大紡績会社系（計）	42,875	26.6 %	
（上位10社）			
満蒙毛織㈱	22,500	13.9 %	東拓系
満日亜麻紡織㈱	15,000	9.3 %	日満亜麻系（三井物産系）
南満紡績㈱	10,000	6.2 %	
東洋人織㈱	10,000	6.2 %	東洋紡績系
営口紡織㈱	10,000	6.2 %	朝鮮紡績系
東棉紡織㈱	10,000	6.2 %	東洋棉花系
恭泰莫大小紡織㈱	7,500	4.6 %	大日本紡績系
徳和紡績㈱	6,450	4.0 %	帝国製糸系
満州紡績㈱	6,250	3.9 %	富士瓦斯紡系
満州繊維㈱	6,000	3.7 %	
合計	103,700	64.3 %	

出所：『1943会社名簿（20万円以上）』。
注：東洋紡績のウェイト増大は、1942年のデータで紡織に含まれていなかった東洋人繊が、43年には紡績工業に分類されたため？は不明。

3　1943年の紡織企業群

　最後に1943年のデータを検討しよう。『1943会社名簿（20万円以上）』、『1943会社名簿（20万円未満）』から作成した**図表II-6-9**をみると、紡織企業数（ただし、史料の分類は紡績）は84社、会社数全体の1.7 %であった。1942年に比べて企業数は四分の三程度に減少したが、史料の捕捉精度・領域が異なるので、評価は難しい。もっとも、紡織企業の総払込資本金は1942年約1億4,000万円から1943年には約1億6000万円へと逆に増加した点にも注意する必要がある。1942年以降、紡織資本の進出が鈍化したとはいえないであろう。なお、株式会社（特殊会社・準特殊会社も含む）4872社の中で紡織は52社、1.1 %を占めたが、この52社で、紡織企業全体の総払込資本金の98.4 %という圧倒的をウェイトをもった点も変わりがない。上位10社の払込資本に占める比率は64.3 %で

1942年の実績に近いが、1943年データには東洋人繊が含まれているので、同社を含む数値を比較すれば集中度は若干低下したことになる。とはいえ、上位の株式会社群は依然として大きな役割を果たし続けた。

そこで上位10社の資本系列を確認すると、繊維会社の系列が6社、綿花商社系（東洋棉花）1社、東拓系1社、特定系列なし、および不明2社で、払込資本金総額に占めるウェイトは各々34.2％、6.2％、13.9％であった。前年と同様に、満州における紡織企業群の中核は日本繊維資本の企業進出によって構成されていた。ただし、大紡績会社の系列企業が総払込資本に占めたウェイトは26.6％であり、1942年とほぼ同程度の水準にとどまった。戦局の悪化等のために、紡織企業の設立機会が減少し、大きな変化がみられなくなったものと思われる。この点は、紡績会社別の進出状況についても同様であった。

おわりに

満州・関東州紡織業への大企業の進出は、満州国成立後、特に1930年代後半に一挙に本格化した。もっとも、綿業部門では過剰資本を抱えた紡績資本の進出がすでに1920年代にみられたが、1930年代後半以降の集中的な大企業の進出に比べれば、その規模は限られていた。綿業以外の製麻・毛織物部門などをみると、奉天製麻、満州製麻、満蒙毛織を除く大企業すべてが満州国成立後に設立された。こうした企業設立の動向を規定した要因は、厳密には繊維各部門で異なるが、総じて民需品生産を中心としていた紡織部門にとって、戦時統制の進展は日本国内におけるビジネスチャンスの縮小を意味し、1930年代後半以降、海外植民地、占領地域に新たな活動基盤を求める動きが本格化したと考えられる。また満州の豊富な天然資源、特に木材や葦などは天然繊維に代わって次第に重要となる人造繊維生産の原料として極めて魅力的でもあった。

1930年代後半に活性化した満州・関東州紡織業への企業進出は、小規模な合資会社形態でも試みられたが、払込資本でみれば、それらは無視しうるウェイトを占めたにすぎず、圧倒的部分は大資本を擁する株式会社が担っていた。そして、これら満州・関東州の大紡織株式会社の中核を担い続けたのは、貿易摩擦の影響

を強く受け、また民需産業であるために戦時統制下で著しく活動を制約された大紡績企業であった。

注

1) ただし、この表では複数の繊維部門に展開した企業をそれぞれの繊維にカウントしているため、合計は100％を超える。合資会社には満州資本も相当数（経営者名から推測すると28社）含んでいるが確定することはできない。また、合資会社では紡織に分類されてしまっている染色が資本金総額の2割を占めている。
2) たとえば、張暁紅「1920年代の奉天市における中国人綿織物業」（『歴史と経済』第194号、2007年1月）はこの点の究明を試みている。
3) 蘇崇民『満鉄史』（葦書房、1999年、188-189頁）。
4) 高村直助「綿業輸出入リンク制下における紡績業と産地機業」（『年報近代日本研究9 戦時経済』所収、山川出版社、1987年）。
5) 紡機の移駐については、以下のように指摘されている。「翻って在満紡績の生産設備増加は綿業五箇年計画の発足と共に、内地紡績の遊休設備移駐による自給政策を目標に進展し、……昭和五年に於ける在満紡績会社四社、二十三萬二千錘に対して、十年後の（康徳──引用者）六年上半期末現在において……計画錘数を加へて五十萬に近い生産能力は二十番手基準の綿布六十億碼の自給生産設備としては十分である」（「満州繊維工業の現段階」287-289頁〔『昭和十七康徳九年版 満州国現勢』所収、満州国通信社、1942年〕）。また織機の移駐については、後述の東棉紡織（1938年5月設立）が典型である。
6) 西村成雄『張学良』（岩波書店、1996年、27頁）。同書によれば、奉天紡紗廠の収益は官民の出資比率により按分され、奉天省の官業収入となった。
7) 『1936銀行会社年鑑』による持株実績。鐘紡株式会社社史編纂室編『鐘紡百年史』（1988年、406頁）は、鐘紡の資本参加を1935年10月としているが『1936銀行会社年鑑』と整合しない。
8) 同社の経営については、『満州企業の全面的検討』（満州経済社、1942年、75-76頁）による。なお、同書は同社の経営難について「満人の新式企業に対する無能力……、満州国特有のパニック、軍閥の徴税、国内政治の錯乱等に出会って……

その骨の髄迄もむしばんだ。事変前はそれ故四百数十萬圓にのぼる負債をかゝへ殆ど末期的現象」を呈したと指摘している。なお、鐘紡への経営移行後については「鐘淵紡績・東洋紡績」（本書第Ⅰ部第7章5節）を参照。

9）大連商工会議所「満洲事業成績分析」（昭和13年度・14年度・15年度・16年度）による。
10）満州紡績の設立および出資の経緯については前掲『満鉄史』189頁。
11）前掲『満州企業の全面的検討』73、78頁。
12）日満実業協会「昭和九年六月満鉄関係会社業績調」（1934年、10頁）。
13）前掲『満鉄史』189頁。
14）前掲『満州企業の全面的検討』73頁。
15）満州の場合、基軸通貨であった奉天票の価値が1920年代半ばから末にかけて加速度的に低落した。前掲西村『張学良』によれば、朝鮮銀行の発行する兌換券金票100円と奉天票の交換レートは、1925年末までは130〜160元、26年平均359元、27年平均957元、28年平均2,510元と大きく変化した（同書、26頁）。
16）前掲『満州企業の全面的検討』73頁。
17）以下、営口紡織については、前掲『満州企業の全面的検討』71-72頁による。
18）同社については、前掲『満州企業の全面的検討』72-73頁による。
19）『1942銀行会社年鑑』による。
20）東棉四十年史編纂委員会『東棉四十年史』（1960年）276-279頁。
21）詳しくは本書第Ⅰ部第7章5節「鐘淵紡績・東洋紡績」を参照。
22）満州国の関税制度の形成過程については、松野周治「関税および関税制度から見た『満州国』」（山本有造編著『「満州国」の研究』所収、緑蔭書房、1995年）を参照。同論文によれば、満洲国内の中小織物業者保護を目的に1934年11月の第二次関税改正で平均税率20％とする実質的な綿布輸入税の引上げが行なわれた。中国綿製品にとってみれば、満州国成立により輸入関税が賦課された上、さらにその関税率が引き上げられたことになる。この結果、中国からの綿布輸入額とそのウェイトは、1931年2万2807国幣千円（換算値、48.7％）、1933年1万0091国幣千円（14.6％）、1937年971国幣千円（0.9％）へと急減した（同論文、368頁、表15）。
23）以下、1930年代末以降の綿花危機と満州紡績業の全体的動向については、満州

国史編纂刊行会編『満州国史 各論』(満蒙同胞援護会、1971年、620-621頁)、満鉄調査部「雑工鉱業関係資料」(278頁以下)、満鉄地方商工課「満州商工事情」(1935年、66頁)による。

24) 満州事情案内所編『満州国策会社総合要覧』(満州事情案内所、1939年)189-196頁。

25) 前掲「満州重要産業統制法の実施と満州重要産業の現状」279頁。

26) 前掲『満州企業の全面的検討』71、73頁。

27) 同前、80-81頁。

28) 前掲「満州事業成績分析」(1937年度)16-17頁、「同」(1938年度)28-29頁、「同」(1939年度)26-27頁、「同」(1941年度)34-35頁。

29) 以下、同社の経営については前掲『満州企業の全面的検討』76-77頁による。

30) 満州製麻が8.3％の持株比率を有していた点も注目される。

31) 『1943会社名簿(20万円以上)』、『1944鉱工年鑑』による。

32) 以下、満蒙毛織の設立から操業については、前掲『満鉄史』187-188頁。

33) 1922年の出資比率については『1922興信録』による。

34) 資本金推移については『1942銀行会社年鑑』による。

35) 『1942銀行会社年鑑』および前掲『満州企業の全面的検討』78-79頁。なお、椎名社長は東拓選出、佐藤専務は東拓出身であった。なお、両人の役員就任時期は確定できないが、就任が経営好転の契機となったこと、1930年の経営刷新が両人の手によるものであったことからみて、同年であろう。

36) この総資産利益率は年率ベースに換算した数値。すなわち(半期利益×2)／期中平均総資産残高。ただし、1930年度下期は前期末の資産残高が得られないため、当期末の資産残高で除した数値。同社の経営数値については日満実業協会「満鉄関係会社業績調」(1934年)14-16頁による。

37) 満州国通信社編『康徳六年版 満州国現勢』(復刻版、鵬和出版、1986年)31頁。

38) 以上の満蒙毛織の社外投資事業については、前掲『満州企業の全面的検討』78-79頁。

39) 満州製絨所は『1944鉱工年鑑』にのみ捕捉されている。

40) 以下、満州の柞蚕関連産業については、前掲『満州国史 各論』620頁、前掲「満

州商工事情」66頁などによる。
41) その後、日本政府と折衝した結果、1941年度の生産目標は300億粒に上方修正された。
42) たとえば、1942年の満州紡績は、原棉不足による遼陽工場の綿紡織部門の不振に対処するため、安東工場の柞蚕紡織に期待し、その増産に重点を置いていると指摘されていた（前掲『満州企業の全面的検討』73-74頁）。
43) 部分的に出資している場合でも、経営権を握っていると想定されるケースは資本系列に含んで計算している。

第7章　食料品工業

はじめに

　満州における食品工業として、製粉・精米・製糖・製菓・醸造業のような伝統的な食料品加工業が存在する。これらの産業は大規模資本を投入しなくとも成立するため、満州における日本人社会の中にも早期に事業者が参入した。本章ではさらに範囲を広げて、他の章で扱わない製塩業・煙草業・水産業・畜産業もその対象として紹介する。これらの産業は広義の食品産業に含まれよう。食品産業は満州事変以前から日本民間投資により、事業が担われてきた。満州国期には食料品工業のみならず、食品産業全般にも企業活動を通じた産業政策が施行され、満州国の出資もなされる。

　満州の個別食品企業の研究としては、三井系企業の詳細な事業活動の検討の中で紹介があるほか[1]、個別企業の事例研究がある[2]。満州国の個別企業の社史も編纂されており[3]、有用である。そのほか戦後も存続した日本企業の社史で利用できるものがある[4]。本章では最初に食料品産業の概要を、時期を分けて説明し、ついで規模の大きな食料品産業として、製糖業・製粉業・その他食料加工と製氷業・醸造業・煙草業・水産業と畜産業の順に節に分けて説明しよう。これらの事業のうち、満州国前に日本資本として成立していた産業としては、食料品加工業として製糖業・製粉業・煙草業のほか水産業もある。そのためこの4種の産業のみ満州国前の時期の日系大手事業者の活動を紹介しよう。

第1節　食料品工業の概要

1　満州事変前の食料品工業

　満州事変前の食料品工業の概要を紹介しよう。食料品工業には、食料品加工工業とそれ以外の食料品工業があり、両者に分けて説明する。伝統的食料品産業として製粉業・精米業・醸造業がある。日本事業者が開始した規模の大きな産業が甜菜糖の糖業であり、また満州国期にかなりの規模を見せるのは日系事業者による製菓業である。そのほか製氷業が大連の漁業周辺産業として事業を続けた。満州における製粉業（火磨）は、ロシアの東清鉄道敷設により、沿線人口増大、ロシア人人口の増大に伴い、食糧としての小麦粉の需要が増大し、第1次大戦の勃発で、ロシア向け輸出が急増し空前の輸出ブームとなった。醸造業は伝統的な高粱酒等の蒸留酒産業が中心であるが、そのほか哈爾浜ではロシア人によるビール醸造が行なわれていた。

　1922年で食料品加工業のうち資本金5万円以上の34社で（**図表Ⅱ-7-1**）、最も早期に設置されたのは満州製粉株式会社（1906年12月20日、本店鉄嶺）のである。それ以外にはほぼ第1次大戦ブームの終結する1919年に設置されたものが多い。満州でも伝統的製粉業が存在しており、地場小麦粉需要も期待できた。満州における好景気の中で、多数の日本人経営者食品加工業が設置された。一部の合名会社・合資会社を含むが、最大の事業者は南満州製糖株式会社（本店奉天）であり、1916年12月12日設置、公称資本金1000万円（半額払込）という規模であった。同社は日本の大手製糖業者の出資による参入である。ついで満州製粉株式会社であり、公称資本金575万円、払込282万円、以下、中華製粉株式会社（大連）、株式会社中日粉干公司（大連）、大連醤油株式会社、大連製氷株式会社、大連麦酒株式会社と続いていた。ただし払込資本金が100万円を上回っているのは僅かに3社のみである。

　食料品加工業者としては製粉、製氷、清酒、精米等の業者が並んでいた。立地しやすい大連が件数として多く、奉天の満鉄付属地にも規模の大きな企業が設置

されていた。52社の払込資本金合計は僅かに1572万円にとどまり、事業件数のみならず、事業規模も一部を除き零細事業者が多かった。製粉業を除き満州における地場需要は日本人に限られている商品が中心といえよう。

食品加工業以外の食料品産業として、払込資本金1万円以上の塩・煙草・水産・畜産事業者を並べると（**図表Ⅱ-7-2**）、28社となる。このうち東亜煙草株式会社のみ東京本店法人であるが掲載した。それ以外の事業者としては、中和興業株式会社（奉天）、満州産業株式会社（撫順）、黄海渤海裕民漁業株式会社（大連）、株式会社満蒙牧場（奉天）と続いていたが、いずれも払込資本金は100万円以下の事業者である。漁業は事業の性格から関東州に集中しているが、事業者の規模は小さい。煙草を除けば日本人相手の事業が中心であったと見られる。

図表Ⅱ-7-1　1922年食品加工会社

（単位：千円）

企業名	本店	設立年月日	払込資本金
南満州製糖㈱	奉天	1916.12.12	5,000
満州製粉㈱	鉄嶺	1906.12.20	2,825
中華製粉㈱	大連	1920.05.-	1,250
㈾西播洋行	安東	1913.09.28	100
㈾大華公司	大連	1917.01.13	300
大連製氷㈱	大連	1917.03.29	400
島喜㈴	大連	1917.12.17	50
満州澱粉㈱	旅順	1918.07.21	50
満州麦酒㈱	大連	1918.10.25	350
満州醸造㈱	大連	1918.11.05	125
㈾木村屋本店	大連	1919.02.20	100
南満農産㈱	奉天	1919.03.12	250
満蒙醸造㈱	奉天	1919.03.26	125
満州清酒㈱	大連	1919.08.20	250
㈱奉天醤園	奉天	1919.08.11	250
㈾煙台泉盛号焼鍋	煙台	1919.08.-	100
大連澱粉㈱	大連	1919.09.10	150
㈱裕昌公司	大連	1919.09.28	50
南満精米㈱	大連	1919.10.07	125
亜細亜製粉㈱	開原	1919.10.28	250
満州製氷㈱	奉天	1919.10.15	150
満州精米㈱	大連	1919.10.-	125
㈱中日粉干公司	大連	1919.11.29	500
大連精糧㈱	大連	1919.11.02	250
㈾鞍山醤園	鞍山	1919.12.15	70
大連醤油㈱	大連	1919.12.10	500
㈾三省精米所	安東	1920.02.20	50
満州製菓㈱	大連	1920.03.22	250
満州醤油㈱	旅順	1920.03.13	150
日華製粉㈱	遼陽	1920.03.28	50
長春製氷㈱	長春	1920.04.30	75
遼東製氷㈱	大連	1920.05.05	250
㈴大松号	撫順	1920.06.10	300
丸辰醤油㈾	大連	1921.06.-	50
総　計	52社		15,724

出所：南満州鉄道株式会社地方部勧業課『南満州商工要鑑』1919年版（アメリカ議会図書館蔵）、『1922興信録』、『1936銀行会社年鑑』。

注：払込資本金5万円以上。

1922年には戦後恐慌の打撃を受けて休業中もしくは解散となっている事業者が5件もあり、新設間もない事業規模の小さな企業は景気の荒波を乗り越えることが難しかった。

図表II-7-2　1922年塩・煙草・水産・畜産会社

(単位：千円)

会社名	本店	設立年月日	払込資本金	備考
東亜煙草㈱大連販売所	東京	1906.11.	5,800	専売局製造煙草の輸出
中和興業㈱	奉天	1917.11.01	750	
満州産業㈱	撫順	1919.09.20	500	東亜産業㈱の撫順事業を承継、醸造、精米業
黄海渤海裕民漁業㈱	大連	1915.05.29	350	休業状態
㈱満蒙牧場	奉天	1920.02.28	300	
㈾南満牧場	大連	1919.10.10	250	休業状態
㈾貔子窩塩業公司	貔子窩	1921.05.21	200	大日本塩業㈱と提携
大連牛乳㈱	大連	1919.04.01	175	大連牛乳(名)を承継
南満畜産㈱	旅順	1920.03.22	140	
旅順殖産㈱	旅順	1919.10.08	125	満洲殖産㈱旅順支店を承継
(名)開原屠獣場	開原	1918.01.10	80	
南満緬羊㈱	大連	1920.02.10	75	
興安産業㈾	大連	1917.11.26	70	
大連園芸㈱	大連	1920.05.15	69	
㈾桃林舎	大連	1909.08.26	64	大連牛乳(名)に事業譲渡
満州畜産㈱	大連	1920.05.02	50	
(名)耕牧舎	大連	1921.06.-	50	
㈾大連漁業公司	大連	1917.12.30	47	解散状態
㈾大正牧場	大連	1919.02.02	37	
㈾旅順牧場	旅順	1913.06.20	25	南満畜産㈱に事業譲渡
㈾孤山農園	旅順	1915.01.13	25	解散の予定
満州畜産㈱	鉄嶺	1920.03.05	25	休業状態
満州煙草㈱	大連	1918.09.15	25	
営口畜産㈱	営口	1919.10.15	13	
合計	28社		3,596	

出所：前掲『南満州商工要鑑』1919年版、『1922興信録』、『1936銀行会社年鑑』。
注：(1) 払込資本金1万円以上。
　　(2) 合計額に東亜煙草を含まず。

2　満州国期の食料品工業

　満州事変により東北軍閥が駆逐され、満州国企業体制が出現すると、日本人居住者が急増し、また事業活動の保証等で操業環境が急速に改善された。1936年の食品加工業の株式会社を見ると（**図表II-7-3**）、払込資本100万円以上の事業者9社、50万円以上の事業者13社となり、事業者の規模が拡大していた。そのうちの日清製油株式会社のみ本店が東京である。同社は大倉組系の事業者で日露戦争後から事業を行なっていた。同様に1922年時点で事業を行なっていた満州製粉も払込資本金が354万円であり、満州本店法人で最大の事業者であった。

図表II-7-3　1936年食品加工会社

(単位：千円)

会社名	本店	設立年月日	払込資本金	備考
(株式会社)				
日清製油㈱	東京	1907.04.01	3,750	大倉組系
満州製粉㈱	奉天	1906.12.20	3,545	
満州製糖㈱	奉天	1935.12.26	2,500	満洲製糖(股)株式を保有
満州麦酒㈱	奉天	1934.04.16	2,000	麒麟麦酒・日本麦酒の出資
大満州忽布麦酒㈱	哈爾浜	1934.06.25	2,000	
日満製粉㈱	哈爾浜	1934.06.25	2,000	東拓・三井物産・三菱商事・日本瀬分・日清製粉出資
北満製糖㈱	哈爾浜	1934.03.06	2,000	高津久右衛門
大連製氷㈱	大連	1917.03.29	1,125	
ボロヂン高田醸造㈱	哈爾浜	1922.09.29	1,000	休業中
満鮮特産工業㈱	奉天	1935.06.25	750	金井佐次、理化学興業、東拓出資
満州造酒㈱	奉天	1933.08.09	600	野村龍次郎、鈴木三栄、赤司鉱業出資
桜屋酒類㈱	奉天	1934.09.06	500	
㈱中日粉干公司	大連	1919.11.29	500	休業中
昭和工業㈱	大連	1927.02.28	450	味の素鈴木系
㈱奉天醬園	奉天	1919.08.11	360	
満州麦酒㈱	大連	1918.10.25	350	休業中
日支合弁亜細亜製粉	開原	1919.10.28	350	
嘉納酒造㈱	奉天	1934.06.12	300	
関東州興業㈱	大連	1934.09.13	300	
満州精穀㈱	大連	1934.12.01	300	
満州千福醸造㈱	奉天	1933.12.29	288	
大連醤油㈱	大連	1919.12.10	250	
大連精糧㈱	大連	1919.11.02	250	
遼東製氷㈱	大連	1920.05.05	250	休業中
日満醸造㈱	哈爾浜	1933.11.08	150	
浅野醸造㈱	公主嶺	1923.02.17	135	
満蒙醸造㈱	奉天	1919.03.26	125	休業中
満洲製粉㈱	奉天	1919.10.15	110	
旅順製氷㈱	旅順	1935.10.15	88	
満州飲料㈱	安東	1920.03.24	75	
営口精糧㈱	営口	1934.09.10	75	
蘭菊酒造㈱	浜江省	1935.09.30	63	
安東製氷㈱	安東	1932.12.20	50	日本水産出資
満蒙製氷㈱	鞍山	1933.07.15	50	
満鮮特産興業㈱	撫順	1933.07.28	50	
㈱裕昌公司	大連	1919.09.28	50	休業中
日華製粉㈱	遼陽	1920.03.28	50	休業中
その他とも小計	43社		26,970	
(股份有限公司)				
(股)裕昌源	新京	1935.12.25	3,000	
満州製糖(股)	奉天	1935.12.28	2,510	満洲製糖㈱系
哈爾浜麦酒(股)	哈爾浜	1936.04.27	1,000	
小計	3社		6,510	
(合資会社)	61社		2,365	
(合名会社)	12社		904	
総計	119社		36,743	

出所：『1936銀行会社年鑑』。
注：払込資本金5万円以上の株式会社を掲載。

満州国における製粉業として、1936年・1937年に製粉業者が新規参入し、株式会社10社が確認できる。このうち満州事変前から操業していた事業者のうち日華製粉株式会社は休業状態に陥っていた。そのため操業中の事業者は9社に過ぎない。日満製粉株式会社は日本内製粉業者の共同投資会社として設立され、同社が為替リスク回避のため事業法人の日満製粉股份有限公司を設置した。前者は後者の持株会社である。1936年8月15日設立の満州日東製粉株式会社、1937年2月24日設置の康徳製粉株式会社の両社の規模が大きい。前者の全株を日東製粉株式会社が保有し、後者の全株を日清製粉株式会社が保有している。日清製粉は満州事業を康徳製粉として分離した。この時点で南満製糖は事業を消滅させていた。満州製糖株式会社（本店奉天）とは別に満州製糖股份有限公司（本店奉天）が設置されており、前者が後者の持株会社として機能した。日本の大手事業者の進出としては麒麟麦酒株式会社と大日本麦酒株式会社が1933年8月に日本の麦酒共同販売株式会社を設立し、同社が満州における共同投資会社となり、名目上の単一ビール事業者を設置する形で進出し、1934年4月16日に満州麦酒株式会社が設置された（払込資本金200万円）。1922年に事業着手していた同名の満州麦酒株式会社（本店大連）は休業状態になっていた。満州国に多数の日本人が進出したため、ほかのビール会社の参入もみられ、大満州忽布麦酒株式会社（本店哈爾浜）と哈爾浜麦酒股份有限公司がある。新規参入事業者は、奉天における満州麦酒の工場のように完全な新設事業もあれば、哈爾浜麦酒のように哈爾浜におけるロシア人のビール醸造の伝統を引き継いだ事例もある。日本人用清酒の生産のため醸造業も増え、満州造酒株式会社（奉天）、桜屋酒類株式会社（奉天）、満州千福醸造株式会社（奉天）、日満醸造株式会社（哈爾浜）、浅野醸造株式会社（公主嶺）、満蒙醸造株式会社（奉天）、蘭菊酒造株式会社（浜江省）が操業していた。そのほか生鮮食料輸送事業が増大したことに伴い、製氷業者も大連製氷株式会社のほか5社が操業していた。立地としては大連への集中はみられず、満鉄幹線沿線都市に設置されている。このように多数の日本資本による満州における法人の設立が見られ、しかも地域は広がっていた。ただし1936年時点では、満州国法人としての設置は躊躇されていた。そのリスクを回避するため先述の満州内持株会社による二重法人のような形態や、日本内持株会社の制度の導入が見ら

図表II-7-4　1942年食品加工会社

(単位:千円)

会社名	本店	設立年月日	払込資本金	備考
(日本法人)				
(株式会社)				
大連製氷㈱	大連	1917.03.29	1,775	関東州水産会
興亜食料工業㈱	大連	1939.04.28	1,500	
㈱中日粉干公司	大連	1919.11.29	500	休業中
大連精糧㈱	大連	1919.11.02	400	
満州麦酒㈱	大連	1918.10.25	350	休業中
満州精穀㈱	大連	1934.12.01	300	
㈱大連ミルクプラント	大連	1939.07.05	300	
大連醤油㈱	大連	1919.12.10	250	
満州漬物㈱	大連	1939.05.20	250	
遼東製氷㈱	大連	1920.05.05	250	休業中
小計28社			7,491	
(合資会社)	30社		1,069	
(合名会社)	5社		535	
小計5社				
(満州国)				
(株式会社)				
満州製糖㈱	奉天	1935.12.26	15,000	製糖会社各社
日満製粉㈱	哈爾浜	1934.06.25	10,000	東拓、日本製粉、三井物産ほか
満州農産化学工業㈱	奉天	1939.06.02	7,500	鈴木三栄出資
満州明治製菓㈱	奉天	1939.05.22	7,500	明治商店・明治製菓
北満産業㈱	綏化	1941.06.23	6,250	塩水港製糖、東拓出資
康徳製粉㈱	新京	1937.02.24	4,550	日清製粉全額出資
裕昌源㈱	新京	1936.12.25	4,330	中国人経営、鐘紡出資
満州麦酒㈱	奉天	1934.04.19	4,000	麦酒共同販売出資
満州製粉㈱	奉天	1906.12.20	3,545	製粉業から撤退
益発合㈱	新京	1936.09.24	3,000	
北満製糖㈱	哈爾浜	1934.03.06	3,000	レウ・ジックマン、高津合資
満州畜産工業㈱	新京	1941.11.16	3,000	満鉄系
哈爾浜麦酒㈱	哈爾浜	1936.04.27	2,500	大日本麦酒出資
満州特産工業㈱	奉天	1935.06.25	2,250	金井佐次、東拓
満州醤油㈱	遼陽	1940.09.30	2,000	
満州日東製粉㈱	新京	1936.08.15	2,000	日東製粉全額出資
東洋製粉㈱	奉天	1937.03.11	2,000	日本製粉出資
満州製菓㈱	奉天	1942.02.24	1,500	江崎
大満州忽布麦酒㈱	哈爾浜	1922.08.13	1,500	大日本麦酒が出資
奉天製氷㈱	奉天	1938.08.04	1,300	奉天市長全額出資
満州松竹梅酒造㈱	新京	1940.06.15	1,300	宝酒造
満州造酒㈱	奉天	1933.08.09	1,000	
満州千福醸造㈱	奉天	1933.12.29	1,000	
亜細亜麦酒㈱	奉天	1936.07.08	1,000	満州麦酒が買収
満州野田醤油㈱	奉天	1936.08.12	1,000	野田醤油全額出資
満州森永食糧工業㈱	新京	1942.09.30	1,000	森永食糧工業出資
ボロヂン高田醸造㈱	哈爾浜	1922.09.29	1,000	休業中
千代乃春酒造㈱	奉天	1941.07.22	750	
康徳醤油醸造㈱	新京	1940.09.09	750	
㈱奉天醤園	奉天	1919.08.11	700	

会社名	本店	設立年月日	払込資本金	備考
北満醤油㈱	哈爾浜	1940.09.10	690	
桜屋酒類㈱	奉天	1934.09.06	650	
東満醸造㈱	牡丹江	1942.05.11	600	
嘉納酒造㈱	奉天	1934.06.12	500	
八王寺醸造工業㈱	奉天	1937.08.16	500	
慶昌盛㈱	北安省慶城	1938.03.22	500	
東洋穀産工業㈱	四平	1940.06.01	500	
満州愛知トマト製造㈱	新京	1942.08.14	500	
東亜醤子醸造㈱	新京	1939.08.25	480	
満州三立製菓㈱	奉天	1939.07.03	480	
鳳凰醸造㈱	奉天	1937.03.28	425	
亜細亜製粉㈱	開原	1919.10.28	420	
哈爾浜製氷㈱	哈爾浜	1939.04.08	400	
東光醸造㈱	鞍山	1941.12.08	400	
裕東製粉㈱	寧安	1937.06.07	400	
満州辰馬酒造㈱	安東	1940.11.21	375	旧称大下酒造㈱
㈱七福醤園	奉天	1938.10.21	350	
司松醸造㈱	撫順	1940.12.11	250	
東升和㈱	浜江省巴彦	1937.03.19	250	
満州製飴㈱	新京	1939.02.09	250	
福佐食品工業㈱	蘇家屯	1942.04.18	250	
大華化学工業㈱	哈爾浜	1937.08.27	240	
満州カルピス製造㈱	奉天	1939.07.04	225	カルピス製造㈱出資
大新製菓㈱	新京	1942.05.29	205	
満州麺子㈱	安東	1939.02.02	200	
日光食品工業㈱	哈爾浜	1939.09.29	200	日満製粉出資
新京製パン㈱	新京	1942.05.27	200	
小計 146 社			115,087	
(合資会社)	86 社		3,386	
(合名会社)	76 社		6,914	
小計 76 社			134,484	

出所：『1942 銀行会社年鑑』。
注：払込資本金 20 万円以上の株式会社。

れた。食品産業としては、総計 119 社、払込資本金合計 3674 万円への増大していた。

その後、1937 年 12 月 1 日治外法権撤廃と「会社法」施行により、満州国における操業環境は一挙に改善した。新たな法体系により、満州国法人となることで内国民待遇を享受することができた。しかも日満通貨は 1935 年 12 月に固定相場で等価リンクしたため、為替リスクもすでに軽減していたが、その後の為替相場の安定で投資の為替リスクは消滅した。また満州産業開発 5 ヵ年計画の発動で、満州国における事業者の新設が急増し、関東州の比重が急落していく。1942 年の食品加工会社をみると（**図表Ⅱ-7-4**）、払込資本金 20 万円以上を採録した。

図表II-7-5　1936年塩業・煙草・水産・畜産

(単位：千円)

会社名	本店	設立年月日	払込資本金	備考
(株式会社)				
東亜煙草㈱	東京	1906.11.09	7,300	専売局煙草販売
満州煙草㈱	新京	1934.12.24	3,000	満州煙草(股)株式を保有
日支合弁中和興業	奉天	1917.11.01	750	休業中
日満漁業㈱	大連	1934.04.14	520	共同漁業、日本水産の株式保有
同和塩業㈱	旅順	1934.12.19	500	
黄海渤海裕民漁業㈱	大連	1915.05.29	350	休業中
満州畜産改良㈱	大連	1922.01.31	300	休業中
中国葉煙草㈱	奉天	1920.06.01	250	概ね東洋煙草の保有
満州水産販売㈱	大連	1933.10.10	250	福昌公司系
大連牛乳㈱	大連	1919.04.01	125	
東亜物産㈱	大連	1921.12.15	125	休業中
満州畜産㈱	大連	1920.05.02	50	休業中
満州畜産㈱	鉄嶺	1920.03.05	25	休業中
満州煙草㈱	大連	1918.09.15	25	休業中
小計	17社		6,313	
(股份有限公司)				
満州煙草(股)	新京	1935.02.12	2,500	満州煙草㈱が株式保有
満州塩業(股)	新京	1936.04.28	1,250	大日本塩業・満州国・満鉄・旭硝子・徳山曹達・満州化学工業ほかの出資
日満合弁営口水産(股)	営口	1935.09.16	100	
小計	3社		3,850	
(合資会社)	18社		812	
(合名会社)	1社		1	
総計	39社		10,977	

出所：『1936銀行会社年鑑』。
注：(1) 払込資本金2万円以上。
　　(2) 資本金合計から本店東京の東亜煙草を除外。

関東州では株式会社30社中10社のみが掲載されているが、そのうちの3社は休業中で、事実上7社のみが意味を持つ。他方、満州国における株式会社146社のうち57社が掲載されている。満州製糖が払込資本金1500万円、日満製粉が1000万円と多額で、ついで株式会社明治屋・明治製菓株式会社の出資する満州明治製菓株式会社（奉天）の規模が大きい。そのほか先述の康徳製粉株式会社がある。業種を見ると、製糖・製粉・醸造・製氷の伝統的産業の件数も増大したほか、製菓業の満州明治製菓や満州森永食料工業株式会社（新京）もあり、日本人社会の肥大化の中で食品産業は幅広い需要を見出していた。他方、関東州の事業者では、満州国期に設置されたのは僅かに3件、興亜食料工業株式会社、株式会社大連ミルクプラント、満州漬物株式会社のみである。需要の増大したのは日本

人社会が拡大しその周辺の中国人にも需要が拡大できる満州国であったことが裏付けられよう。このほか味の素本舗株式会社鈴木商店の持株会社の鈴木三栄株式会社が出資する満州農産化学工業株式会社（奉天）もあるが、本書では化学工業に分類しよう。

　次に食品加工工業以外の食品産業を検討すると、1936年では（**図表Ⅱ-7-5**）やはり東京に本店を置く東亜煙草株式会社が払込資本金で最大である。そのほか満州煙草株式会社が設置された。同社は満州煙草股份有限公司の全額持株会社であった。そのため関東州・満州国の株式会社の資本金額の単純合計は実質を水ぶくれさせる。満州国期に増大したのは煙草・塩業・畜産である。満州塩業股份有限公司は大日本塩業株式会社と満州国政府・満鉄ほかの出資になる特殊会社である。漁業では日満漁業株式会社が共同漁業株式会社と日本水産株式会社の出資によって設置された。その後の治外法権撤廃と「会社法」施行で、食品加工工業以外の食品産業は増大する。1942年では（**図表Ⅱ-7-6**）、払込資本金20万円以上の会社を採録した。払込資本金では、啓東煙草株式会社（奉天）が最大で、同社は英米煙草トラストの満州事業を別会社に分離したものである。また東亜煙草の満州国事業は全額出資の満州東亜煙草株式会社（奉天）に分離された。満州塩業の払込資本金は2250万円にまで拡大していた。煙草産業の事業拡張は特筆でき、先述の2社のほか、満州煙草株式会社（新京）、協和煙草株式会社（新京）、太陽煙草株式会社（奉天）、泰東煙草株式会社（奉天）、奉天煙草株式会社（奉天）と並んでいた。また酪農・畜産業では準特殊会社の満州畜産株式会社（新京）が操業していた。同社の払込資本金も2000万円という規模で、傘下に畜産系事業者を抱えた。また新京酪農株式会社、満州乳業株式会社（新京）、満州明治牛乳株式会社（奉天）が名前を連ね、日本人居住者の食生活の需要に伴い操業規模を拡大できた。関東州では日満漁業株式会社のほか、関東水産株式会社（旅順）が、日満漁業・関東州水産振興会（旅順）の出資によって設置されていた。

第7章 食料品工業 593

図表II-7-6 1942年塩・煙草・水産・畜産会社

(単位：千円)

会社名	本店	設立年月日	払込資本金	備考
(満州国)				
(株式会社)				
啓東煙草㈱	奉天	1936.02.29	52,325	英米煙草
満州東亜煙草㈱	奉天	1937.10.25	25,000	東亜煙草の満州子会社
満州塩業㈱	新京	1936.04.28	22,500	大日本塩業・満州国・満鉄・旭硝子・徳山曹達・満州化学工業の出資
満州畜産㈱	新京	1937.09.01	20,000	満州国出資
満州煙草㈱	新京	1934.12.24	8,400	
協和煙草㈱	新京	1941.10.26	2,990	
東満殖産㈱	牡丹江	1941.04.22	2,250	
新京酪農㈱	新京	1940.05.14	2,000	
営蓋塩業㈱	営口	1940.07.01	2,000	
満州乳業㈱	新京	1940.03.20	1,500	明治屋・明治製菓の出資
満州明治牛乳㈱	奉天	1938.11.01	1,000	明治屋・明治製菓の出資
竜江水産開発㈱	斉斉哈爾	1942.01.26	1,000	林兼商店系
太陽煙草㈱	奉天	1937.07.05	1,000	
日支合弁中和興業㈱	奉天	1917.11.01	750	
泰東煙草㈱	奉天	1942.08.27	500	
奉天煙草㈱	奉天	1937.06.04	360	
大満興業㈱	新京	1919.12.25	350	
興安水産㈱	満州里	1939.10.16	350	林兼商店系
二界溝水産㈱	錦州	1939.12.28	250	
福海精塩㈱	営口	1937.11.25	200	
小計37社			146,089	
(合資会社)				
小計10社			601	
(合名会社)				
小計3社			377	
(関東州)				
(株式会社)				
日満漁業㈱	大連	1934.04.14	2,500	日本水産の全額出資
同和塩業㈱	旅順	1934.12.19	1,500	
関東水産㈱	旅順	1939.07.22	1,500	日満漁業・関東州水産振興の出資
大陸煙草㈱	大連	1937.06.30	500	旧東洋煙草㈱
満州畜産改良㈱	大連	1922.01.31	300	休業中
小計11社			6,830	
(合資会社)				
小計12社			631	
(合名会社)				
小計3社			511	
総計			155,040	

出所：『1942銀行会社年鑑』。
注：払込資本金20万円以上の株式会社。

第 2 節　製糖業

1　南満州製糖

　満州における製糖業設立の動きは、第 1 次大戦期の砂糖価格急上昇の中で、1916 年 3 月に代議士小西和が満州において甜菜による満州糖業設立計画案を関東都督府に提起したことに始まる。それによると広大な満州による土地取得経費に負担が重く、関東都督府から資本金額の 5 ％の補助金支給を求めていた[4]。そして製糖会社を南満州に設置し、資本金 500 万円、四分の一払込とし、第 1 回払込資本金は第 1 製糖工場費用に充当する、発起人は大橋新太郎、中野武営ほか、関東都督府から受ける補助金は第 1 工場の費用に充当する。精糖工場では製糖を製造するのみならず粗糖を購入して精糖も行なうものとし、株式は中国人にも引き受けさせるものとした。設立に当たり張作霖からこの案件で了承を得るため、1916 年 11 月に南満州製糖関係者として馬越恭平と小西和は奉天に赴き、満鉄副総裁国沢新兵衛の紹介で張作霖と面会し、張作霖の出資も求めたが、立場上出資できないと断わられた。さらに過日、張作霖側で 400 万元を投じて設立した呼蘭製糖公司の経営が困難に陥っているため、張側からその会社を買収して欲しい旨表明がなされた。もちろん張作霖への陳情には甜菜栽培地にかかる土地商租権の確保も含まれていた。この呼蘭製糖の買収は実現せず、満州事変後の接収となる。

　南満州製糖株式会社は 1916 年 12 月 12 日に設置された。本店奉天、社長荒井泰治（塩水港製糖株式会社）、常務取締役橋本貞夫、取締役大橋新太郎（博文館、株式会社大橋本店）、槙哲（塩水港製糖）、小西和ほかであり、監査役に安部幸兵衛（株式会社安部幸兵衛商店社長）、吉村鉄之助、石本鑚太郎（有力満州財界人）ほかがいる。資本金 1000 万円（払込 250 万円）、総株式 20 万株、株主 1227 名中、満鉄 1 万 4200 株が最大で、以下、荒井 5100 株、鈴木岩次郎（合名会社鈴木商店）5000 株、安部 4500 株、吉村 2500 株、大橋 2700 株、石本 2000 株等で、満州各地のほか国内各地、台湾でも株式の引き受けが行なわれた。満鉄の引受けにより投資家に信頼させ、糖業については塩水港製糖が事業を引き受け、販売は主に安

部幸兵衛商店と鈴木商店が引き受けるという体制であったとみられる。満鉄の糖業との関連は薄いが、1916年時点で満州における多額投資の負担ができるのは満鉄以外にはありえなかった。安部は程なく死亡する。株式払込はその後増大した。1917年後半において、南満州製糖は1917年8月に三井物産株式会社上海支店からでロシア産の甜菜種子を入手し、また甜菜栽培用等の土地41ヘクタールの商租権契約を締結した。甜菜種子を植え、結果は予想を越えて好調で、満州の甜菜栽培の将来性を期待できた。栽培契約の農地は2700ヘクタールに達した。機械の到着が遅れ製造開始がいくらか遅れたが、南満州製糖は粗糖生産にこぎつけた。製造した精糖は奉天のみ直接販売とし、満州およびその他の地域では三井物産、鈴木商店、安部幸兵衛商店を特約店とした[5]。三井物産は国外、その他2社が国内販売を担当するような分担であった。

　南満州製糖は種子農場経営のため、1918年5月より関東都督府から補助金を受給していた[6]。1920年後半の戦後恐慌とその後の砂糖価格の低迷でも、なんとか乗り切り、1921年後期には奉天に第2工場設立の強気の経営を行なっていた。甜菜栽培面積は契約農民を獲得しかなりのものとなる[7]。戦後恐慌後の景気停迷で、1924年上期で無配に転落した。砂糖価格下落の中で、甜菜を原料とした製糖業では原料調達価格が高すぎ、関税保護も弱いため、満州における製糖業は成り立ち難いと判断され、ジャワ糖を購入して精糖工程を行なう業態に事業を拡張した。朝鮮銀行からの借入金を増大しながら営業を継続してきたが、1925年7月に荒井は社長を退任（1927年3月死亡）し、吉村鉄之助が後任となった。しかし誰が経営しても砂糖価格の状況から好転せず、1926年3月12日に資本金を1200万円から500万円に減資を決議した[8]。しかし大口債権者の朝鮮銀行は同意せず、異議申し立てを行ない、そのままこの案件は保留された。1926年7月に社長吉村は退任し、後任に橋本貞夫が就任し、鉄嶺工場は休業した。結局、甜菜を原料とした製造は停止に追いつめられた。さらに1927年3月奉天工場を閉鎖し、同年8月に橋本が退任し、以後頻繁に経営者が交代する。結局1927年11月に工場従業員のほとんどを解雇し、事実上休眠状態に陥った[9]。そして1929年12月1日に工場財団を最大債権者の朝鮮銀行に引き渡した。

　1931年9月満州事変直後に、主たる取引銀行の朝鮮銀行からの借入金258万

円、日本銀行震災手形140万円、塩水港製糖からの債務18.8万円、その他合計債務442.8万円となっていた。満州事変後に南満州製糖は、軍閥政権からの圧迫の消滅、満州国における砂糖輸入関税への期待により採算確保が見込まれると判断し、同社は拓務省に債務関係処理の陳情活動を開始した。これに対して朝鮮銀行奉天支店長の意見では、南満州製糖は原料粗糖輸入による精糖であれば事業再起がありうるとみていたが、他方、南満州製糖側では甜菜栽培を前提とした粗糖生産に展望を見出そうとしていた。朝鮮銀行は幾多の失敗を繰り返してきた甜菜栽培による粗糖生産の復活案では、株主の未払込株式払込に応ずるとは思えず、南満州製糖の復活はむずかしいとみていた[10]。結局、南満州製糖は満州事変後の局面転換の中で、再起の機会を見出すことなく債務を膨らませた。そして存続不能と判断された。1933年4月27日株主総会で、1926年3月の減資決議を撤回し、新たに資本金1000万円を100万円に減資し、同時に200万円全額払込増資を決定した。そして1934年1月30日株主総会で会社解散を決議し、2月22日に解散し清算事務に移った[11]。

2　満州製糖

1933年4月に満鉄経済調査会は製糖工業対策の立案に着手した。現地調査を経て、9月に「満州における甜菜栽培対策案」、11月25日に「満州甜菜糖工業対策要綱」、「満州における甜菜栽培対策案要綱」を完成した。これらの草案を11月25日に一部修正して、12月3日満鉄経済調査会委員会で可決した。以後、関東軍特務部と原案につき協議し、11月24日に「満州製糖工業方策、付満州に於ける甜菜栽培奨励要綱」を関東軍司令部決定とした。11月24日の「満州製糖工業方策」決定によると、満州の甜菜糖栽培により砂糖の自給自足を目標とし、甘蔗粗糖の精糖は現存設備の活用に止める。日満合弁製糖会社を設置し、政府の所有する接収した呼蘭製糖廠を買収する、日本側出資は日本糖業連合会加盟会社のほか一部公募に付す、既設製糖会社はこの新会社に合同もしくは買収させるとした。ついで同日の「満州に於ける甜菜栽培奨励要綱」によると、製糖工業方策に順応し、甜菜栽培を奨励し、農家経済を改善するものとした[12]。1933年11月25日満鉄経済調査会委員会における修正案で、別紙として「南満州製糖株式会社整

理要綱案」をまとめており、甜菜を原料とする糖業を実現するため、南満州製糖の解散がふさわしいとした。そして朝鮮銀行等の債権者は抵当権を行使する、南満州製糖所有工場・機械を新設会社に売却するものとした。また「新設製糖会社設立要綱案」もまとめられており、阿什河製糖廠も統合して新たな製糖会社を設立する、名称は「満州製糖株式会社（仮称）」とし、日満合弁の満州国法人とする、本店は哈爾浜に置き、資本金は 800 万円、満州国政府 145 万円、日本の製糖業者 600 万円、一般公募 55 万円とし、第 1 回で 500 万円の払込のうち満州国政府は 145 万円全額（現物出資）、日本製糖業者 325.2 万円、一般公募 29.8 万円とした。甜菜栽培は自営農場と契約栽培で初年度から開始し、以後南満州製糖鉄嶺工場の移転操業、同奉天工場の移転操業を行なうものとしていた[13]。

　以上の方策を踏まえ、1935 年 12 月 26 日に日本法人満州製糖株式会社が設置され（本店奉天、満鉄付属地）、その直後の 12 月 28 日に奉天において満州製糖股份有限公司が設立された。資本金 500 万円（半額払込）、社長赤司初太郎（台湾の糖業ほか経営者）、その他取締役に常務取締役高橋徳衛、取締役斎藤茂一郎（南昌洋行）、庵谷忱、監査役に武智直道（台湾製糖株式会社取締役）ほかが就任した。株主は僅か 12 名である。満州製糖株式会社が満州製糖股份有限公司のほぼ全株を保有した。南満州製糖工場を 100 万円で買収した。その後資本金は1000 万円に増資した。この二重構造は日本法人への出資者の対満州国投資為替リスクを回避のため採用された。その後、満州製糖股份有限公司の取締役に槙哲（塩水港製糖）、藤山愛一郎（大日本製糖株式会社）、有島健助（明治製糖株式会社）、松江春次（南洋興発株式会社）、後宮信太郎（台湾事業家）ほかが追加された。この名前を列記した事業家は国内の有力製糖業経営者である。治外法権撤廃後の満州国法人化で、満州製糖株式会社が満州製糖股份公司を吸収合併し、満州国「会社法」に基づく満州国法人への転換がなされた。

　既存の哈爾浜工場、奉天工場のほか、1938 年 5 月に新京工場建設に着手し 1939 年 12 月に操業を開始した。旧南満州製糖の鉄嶺工場の設備は移転された。1939 年に消費財流通統制のため 1939 年 2 月 23 日に満州生活必需品配給株式会社が配給したが、同年 12 月 26 日に特殊会社の満州生活必需品株式会社に改組されたため、満州製糖の製品は消費財の一元的統制体制の中で満州生活必需品にすべて販

売することとなった[14]。これにより砂糖販売価格が締め付けられた。1940年9月25日に資本金を2000万円に増資し、そして同年に500万円の払込を見た[15]。その後も払込資本金を増大させた。1943年2月に赤司死亡につき、高橋が社長に昇格した。満州製糖は原料栽培地の干害等の被害で製糖の原料難に陥ることもあったが、配当を続けることができた。

3　北満州製糖

哈爾浜における甜菜糖製造業として、既存の阿什河製糖廠があり、これを先述のように満州製糖に併合しないとの関東軍側の意思決定がなされ、別会社設立の方針が確定した。それに伴い1933年10月11日に北満州製糖株式会社の設立となった。その創立趣意書と定款によれば、甜菜糖の製造販売、副業のアルコール製造、肥料製造販売、甜菜栽培、家畜飼育、大豆油製造販売、その他付随事業を業務とし、本店を哈爾浜におき、資本金を200万円とした。四分の一払込で事業を起こすものとした。発起人は高津久右衛門（社長、大阪、高津合資会社社長）、増本芳太郎（取締役、日本砂糖貿易株式会社専務取締役）ほか日本在住者である。さらに哈爾浜在住の白系ロシア人4名が名を連ね、うち1名が取締役に列していた。実質的に高津の支配する会社である[16]。1934年9月末初年度で、資本金200万円全額払込済みとなっており、総資産294.9万円のうち、阿什河（阿城工場）工場財団175万円、阿什河工場勘定61.4万円ほか、商品勘定39.1万円でほとんどとなっている。これをみれば阿什河製糖廠の受け皿として、北満州製糖が設置され、それが実現したことが確認できる。その後、公称300万円に増資した[17]。

満州製糖との関係では、1939年11月24日に満州国産業部農務司長司会の甜菜に関する会議が開催され、原料甜菜栽培区域を満州製糖と北満州製糖とで協定し、原料調達で住み分けを図った[18]。さらに1939年6〜7月で北満製糖は満州製糖の呼蘭工場産出の糖蜜を購入し、それを原料としてアルコール製造を行なっていた。同社も満州製糖と同様に製品を満州生活必需品配給に全量売却を行なうこととなった[19]。栽培農家を組織化する方針の甜菜採種組合設置については、特産局（1940年6月1日設置）における1940年12月13日会合で時期尚早と判断され、組合結成は中止となった。そのため北満州製糖は、社内に採種課を設置し

て、採種場を設置するものとした[20]。同社は1944年4月期まで配当を継続したため、事業はほぼ堅調であったといえよう。

第3節 製粉業

1 満州製粉

満州製粉株式会社は1906年12月20日設立された。同社の本社は鉄嶺、社長在住地東京に出張所を置き、哈爾浜、奉天、鉄嶺、長春、山東省の済南、朝鮮の鎮南浦に工場を有した。社長吉村鉄之助である。戦後恐慌を経て小麦粉価格は低迷し、同社は1922年5月期、1923年5月期で損失を計上していた[21]。満州製粉は国際小麦価格・小麦粉価格が下落すると、関税保護がないため経営が悪化し欠損状況を継続していた。製粉業の困難が続くため、製粉工場の操業率を2割に落とし、輸入小麦粉販売にとりあえず業態を転換し業績改善を試みたが、やはり損失は継続した[22]。株主は1924年6月末で1542名、総株数11.5万株、最大株主吉村商会4400株、2位山田卯太郎3500株、中井国太郎3480株（専務取締役）、満州と日本各地に広く分散していた[23]。その後も続く小麦価格低迷の中で、鎮南浦工場以外は休業に追い込まれ、1929年7月30日に経営幹部総退陣となった[24]。払込資本金より累積損失が上回る状態のため、1930年10月10日に「当会社各工場随時売却処分ニ関スル件」を決議し、工場処分方針を固めた。ただし比較的操業が良好な鎮南浦工場の処分は除外されているようである[25]。

満州国出現後に小麦粉に関税を課し、外国小麦輸入を制限したため製粉業は好転がありえた。1930年代前半の一次産品価格長期低迷の中で満州工場は操業再開の目処が立たず、他方、朝鮮には1934年秋に沙里院に新規工場設立を開始し、1935年5月に落成している。満州製粉は関税保護が受けられる朝鮮に事業地を移動しようとしていた。満州工場に対しては債務償還が滞っているため、債権者朝鮮銀行との間で整理方針の決着がつかなかった[26]。満州内各工場に対し朝鮮銀行が競売申し立てを提起した。満州製粉は追い詰められて、鉄嶺以外の工場の処分を朝鮮銀行に任せ1935年秋奉天工場を9万円で、1936年5月頃新京工場を35

万円で売却した。さらに鎮南浦工場・沙里院工場も操業は比較的安定していたが、売却処分することとなった[27]。そして朝鮮の2工場も70万円で処分され、売却益が発生したため、債務が軽減された[28]。朝鮮銀行の対応は、利益が見込めない企業への延命措置打ち切りの宣告である。製粉業の縮小と、今後の小麦価格反騰による業務拡大がすぐには見込めないため、満州製粉はそれまでの業態と関係のない航空機部品製作とその事業への投資に参入するものとして、未払込株金を徴収し、定款を変更した[29]。

しかし1938年に満州国が小麦統制を開始したため、生産が減少し原料不足となり製粉業は再度不振に陥る。資本金の払込を求めたものの、払込は思わしくなく、小規模の投資として航空機器製造の株式会社蒲田製作所（1938年7月設立、本店東京）に投資するものとした[30]。結局最後の製粉工場鉄嶺工場を1940年5月期に売却し、朝鮮銀行・満州興業銀行に対する債務もようやく整理し、寛大な条件で決着を見ることができた[31]。こうして製粉業からの全面撤退し、投資事業を営む法人に実態が転換したが、満州製粉の法人名はそのまま続いた。

2　日満製粉

満州事変後に旧東北軍閥の事業資産を接収したが、その中に黒竜江省官銀号が傘下においていた火磨（製粉工場）も含まれ、1932年6月15日に満州中央銀行設立とともに旧東北三省の発券銀行の事業資産を満州中央銀行実業局で1年間管理するものとした。北満における有力製粉工場として1919年12月創業の哈爾浜に所在する東興火磨という有力事業が含まれていた[32]。先述の満州製粉の苦境をみるにつけても、満州国に安易に参入してもリスクが高いとの判断があり、日本の最大手の日清製粉から人員を派遣して北満製粉事業を調査させた。満州に参入するに当たっての日本の製粉業者の希望として、満州に進出する意欲はあるが十分な補助なくして経営は成り立たない、輸入小麦に対しては関税で保護する必要がある、鉄道運賃引下げが必要である、といった要望を並べていた[33]。

関東軍は1933年11月7日に「股份有限公司東興火磨設立要綱案」を決定し、満州中央銀行の所有する製粉工場を分離し、日満合弁の満州国法人を設立し、資本金200万円全額払込とし4万株のうち日本製粉株式会社・日清製粉株式会社各

1万株、その他発起人5000株、一般公募1.5万株で資金を集めるものとした。そして北満の有力な製粉工場の東興火磨の第1、第2製粉工場と綏化の広信電灯廠火磨と海拉爾の広信泰火磨を買収するものとした[34]。この既存事業の買収という魅力的な提案に、日本の大手事業者がジョイントで参入する。この出資者としては東拓、三井物産、三菱商事株式会社、大倉商事株式会社、日清製粉、日本製粉、日東製粉、味の素本舗株式会社鈴木商店ほかの出資が予定され、日満産業提携の先駆と位置づけていた[35]。日満製粉株式会社は1934年6月25日設立された。同社は満州製粉業の将来性に期待して、地場小麦生産を基盤に拡張を目指すものとした。とりわけ有望な満州中央銀行付属業務の北満製粉工場の4工場を承継した[36]。日満製粉の本社哈爾浜、社長松本真平（日東製粉社長）、資本金200万円、全額払込、出資者は東拓3500株、三井物産2900株、日清製粉・日本製粉・三菱商事各2500株、日東製粉2000株、味の素本舗鈴木商店1500株ほかである。1934年7月1日より満州中央銀行より事業引継作業を開始し、同月中に承継した[37]。日満製粉は東拓を最大出資者とし、日本の製粉業と商社を中心に出資とし、民間資本を軸に設立された。しかし小麦粉は国際商品であり、小麦の国際価格の変動、保護関税率、国内鉄道運賃に収益が左右される。

その後、日満製粉は1936年10月には慶泰祥製粉製油廠を買収し、11月には東興第3火磨と永勝火磨を買収し、その事業規模拡大した。この買収した3事業所の営業と既存製粉事業は、1936年12月9日に設立手続きを完了した満州国法人日満製粉股份有限公司に任せることにし、日満製粉股份有限公司は同月16日に日満製粉株式会社の事業を肩代わりした。この事業拡張のため日満製粉株式会社は東拓からの借入金が増大し、資産に日満製粉股份公司株式200万円計上している。この満州国法人設立は、為替リスク回避のための満州における二重法人形態を採用したものである。日満製粉株式会社会長に大志摩孫四郎（東拓理事）、専務取締役中沢正治（東拓理事）が就任した[38]。日満製粉に出資した大手製粉業者がそれぞれ満州に現地法人を設置して参入しており、日満製粉株式会社の代表となることに利益相反が発生するため、東拓理事の兼務となった。日満製粉株式会社は1936年12月増資を決議し資本金1000万円（払込600万円）となり、同時に日満製粉股份有限公司への払込も600万円となり、その他の資産勘定はすべ

て日満製粉股份有限公司に移譲し、日満製粉株式会社は完全な持株会社に改組された[39]。1937年12月1日に治外法権撤廃と「会社法」施行により、日満製粉株式会社は商号を変更せずに満州国法人に転化し、日満製粉股份有限公司を1938年1月19日に解散し、営業譲渡を受けた。それに伴い日満製粉株式会社の貸借対照表も製粉事業法人の構成に戻った[40]。

1938年夏の小麦端境期の小麦粉需給調節に苦慮したため、生産・配給・価格の調節を目的に、1938年9月27日に社団法人満州製粉連合会を結成し、日満製粉は10月25日加盟した[41]。その後1939年12月10日より小麦粉は政府専売制に移行し、満州国は1940年1月17日満州穀粉管理株式会社（資本金1000万円、全額満州国出資）を設立し、既存の満州製粉連合会を6月3日に解散させて吸収し、配給統制に従事させた。そのため製粉業が強い統制下に置かれた。一方、日満製粉は日光食品工業株式会社（1939年9月29日設立、資本金20万円、本店哈爾浜）に出資し、半額の10万円を1939年に出資した[42]。

小麦が流通価格統制を受けたため、1941年上期には北満で小麦、燕麦の栽培に着手し[43]、川上部門に乗り出した。しかしさらに農産物統制が拡大し、1941年8月1日に満州農産公社が設立され、満州穀粉管理株式会社は吸収合併され、また同時に満州製粉協会が設立され、満州穀粉管理会社の業務のうち製粉工場関係事務を承継した。日満製粉は1941年12月8日に東光醸造株式会社を設置し（本店鞍山、資本金40万円全額日満製粉出資）、統制の緩い日本酒醸造に着手した[44]。その後、1943年9月1日小麦粉専売制廃止となり、満州農産公社が原料集買から製品販売まで一貫して取り扱う体制が導入され、製粉業者は委託製粉を行なうことに限定されてしまった。そのため日満製粉の自己勘定で可能な事業は農事経営等の周辺業務に限定されてゆく。日満製粉は製粉業の独自営業は不可能となり、満州国物資統制の体制下で委託業者に過ぎなくなった。1943年12月24日に日満製粉は倍額増資決議しており、株式を日満両国で公募し[45]、新たな事業への資金を集めた。他方、1944年6月30日、満州製粉協会は解散し、その業務を満州農産公社に移譲した。

3 その他の製粉業者

　日満製粉以外にも日本の大手事業者による製粉業者が参入していた。日東製粉は新京に製粉工場を取得し地場生産を開始したが、1936年8月10日に日東製粉股份有限公司を設置して譲渡した。同公司の公称資本金100万円半額払込、本店新京、取締役会長松本真平（日東製粉会長）である。1937年5月24日に倍額増資を行ない資本金200万円全額払込となった。翌年6月に「会社法」に沿って、満州日東製粉株式会社に商号変更した[46]。三井系の日本製粉は1937年2月27日に東洋製粉股份有限公司を設置した（本店奉天、資本金200万円全額払込、取締役会長中村藤一〔日本製粉〕）。同年10月に奉天と四平の工場を竣工し操業を開始した。翌年8月に東洋製粉株式会社に商号変更した[47]。

　日清製粉も満州参入を決意し、1936年11月23日に満州実業部より工場設置の許可を得て、1937年2月18日に康徳製粉股份有限公司を設置した（資本金200万円、半額払込、本店新京、取締役会長正田貞一郎〔日清製粉会長〕）。同公司は四平と牡丹江に日本から移設した優秀な設備を持つ工場を設置した。「会社法」施行で1938年5月に康徳製粉株式会社に改称した。1937年に日清製粉は1920年創業の亜州興業麺粉股份有限公司（1937年5月1日設立、本店新京）の1935年に火災にあった新京工場を買収し、復旧させて1939年1月に康徳製粉に譲渡し、同社新京工場となった。さらに哈爾浜にある旧広信公司の創業していた製粉工場を1936年10月に買収した中国人が、その操業を日清製粉に委託し、日本から機械を移築して拡張し、操業を康徳製粉にゆだねた。1938年5月26日に康徳製粉がその工場を買収し哈爾浜工場とした。1939年8月に鉄嶺の満州製粉工場を、さらに1942年10月に竜井村の間島油粉股份有限公司（1937年5月17日設立）を買収した。そのほか佳木斯の工場も買収し、満州国に7工場を有した。この過程で1939年9月24日の増資により公称資本金500万円に増加していた。その結果、満州最大の製粉業者となった[48]。以上のように日東製粉・日本製粉・日清製粉がいずれも日満製粉に出資しながらも別法人の設置を行なった。日満製粉に対する政府の規制が強く、資金も東拓に依存しており、製粉各社の独自の企業展開を主張できず、参入機会を失う前に現地法人設置に踏み切った。

休眠状態の企業が復活した事例もある。1919年3月10日設置の亜細亜製粉株式会社（本店開原）は満州事変前にすでに休業中であったが、1936年8月に三泰産業株式会社（三井物産系）と共同経営の契約を締結し、製粉業を復活させた。しかし原料小麦の調達が困難なため、包米粉製造を行なった[49]。中国人の既存事業が強化された事例もある。1936年12月25日設置の股份有限公司裕昌源は1904年9月に創業の製粉事業者で、1920年に股份有限公司裕昌源と改称し、1927年に哈爾浜の製粉工場を買収して事業を拡張した。さらに1935年7月に裕昌産業公司を合併して資本金300万円となる。股份有限公司裕昌源の董事長は王荊山で、王と一族の出資である。同年9月に吉林恒茂製粉工場を買収し同社の分公司とし、1936年に改組した。「会社法」に沿って1938年に裕昌源株式会社に改称した。同社は拡張を続け、1939年に安達裕達製粉工場を買収し、1941年に新京義大製粉工場と哈爾浜裕康製粉工場を合併して433万円に増資した（全額払込）。その際に鐘淵実業株式会社から出資を受け、同社が王の株引き受けて筆頭株主となり、同社から大沢次郎を常務董事に送り込んだ。製粉業のほかに酒造業と鉄工場を経営していた[50]。

第4節　その他食品加工業と製氷業

米・麦の精米業も、消費地の近隣する立地条件の優位性から、人口規模の大きい大連で事業がなされてきた。また満州国出現後の日本人居住者の嗜好に併せて、日本の食品加工業が進出し、製菓業がかなりの件数で進出する。食品関連業として製氷業があるが、これは大連の水産業と関連して、関東州租借地時代を通じて存在する。以下では食品加工業・製菓業・製氷業をまとめて概観する。大豆加工の油房は化学工業として扱うためここでは言及しない。

日系精米業は第1次大戦期に増大した。1918年10月に本渓湖米穀株式会社、1919年10月に満州精米株式会社（大連）、同月に南満農産株式会社（奉天）、11月29日に株式会社中日粉干公司（大連）、11月2日に大連精糧株式会社、同月南満精米株式会社（大連）が設立された。さらに1920年12月に公主嶺精米株式会社が設立された。これらは日本人消費者を主に取引先とした。満州国出現後に

は、1934年9月1日に営口糧穀株式会社が、同年12月1日に満州精穀株式会社（大連）が設立されたが、他方、中日粉干公司は休業状態に陥っていた。

　日本人の食味に合わせた醤油味噌類の醸造業も参入する。1918年11月満州醸造株式会社が大連に設置され醤油醸造に着手した。1919年3月26日に満蒙醸造株式会社が奉天に、8月11日に株式会社奉天醤園が、12月10日に大連醤油株式会社が、1920年3月に満州醤油株式会社が旅順にそれぞれ設置された。事業所は日本人の居住者数から関東州と奉天に集中していた。満州国期に参入した規模の大きな事業者として、1936年8月12日に設置された満州野田醤油股份有限公司がある（本店奉天、取締役社長茂木七左衛門、資本金100万円、半額払込）。同社は野田醤油株式会社の全額出資で設置された[51]。同公司は「会社法」施行後に、満州野田醤油株式会社に商号変更した。

　製菓業としては1920年3月に満州製菓株式会社が大連に設置された。同社はその後存続できずに消滅していた。満州における製菓業は、日本人植民者が多数居住するようになってから安定的な需要を得て存在しうる環境が整った。特に日本人移住者が多い奉天では、日本の製菓業者が参入する。1934年9月に明治製菓株式会社が奉天に工場を開設し現地生産に踏み切った。同社は1937年11月に哈爾浜工場を設置した。同社は1938年11月1日に満州明治牛乳株式会社を設立した。ついで明治製菓工場を1939年5月22日設立の満州明治製菓株式会社に改組した（本店奉天）。同社に株式会社明治商店と明治製糖株式会社が出資していた。1940年3月20日に明治製菓は満州乳業株式会社を設立したが、さらに満州明治製菓を改組し1942年2月24日に満州明治産業式会社を奉天に設立した。併せて同じ系列の満州明治牛乳と満州乳業を吸収合併した[52]。その結果、満州明治産業の資本金は750万円全額払込という規模の大きなものとなり[53]、日本敗戦まで事業を継続した。

　満州カルピス製造株式会社は1939年7月24日に東京カルピス製造株式会社の株主に株式を割り当てて設置された。本店奉天、資本金45万円全額払込であり、大株主は鈴木三栄と明治製菓である。1941年11月より牧場経営にも乗り出し一貫操業を開始した[54]。満州製菓株式会社は1942年2月24日設置された（本店奉天）。同社は1935年8月に着手した江崎誠一の個人事業の工場を現物出資して

150万円の株式会社に改組したもので、1942年11月7日に資本金200万円全額払込となった[55]。そのほか数社が設置されているが、大連の設置は1社に過ぎない。1944年に満州国の製菓業の株式会社は19社に増大している。

　製氷業は水産業の周辺産業として派生する場合が多いが、内陸でも冷蔵需要は常に存在する。製氷業者は氷の供給のみならず清涼飲料製造も併せて行なう。1917年6月に大連製氷株式会社が設置されたのが満州における日系法人製氷業者の始まりである。満州における水産業の拠点として、大連の冷蔵用氷需要は強い。ついで1920年5月にやはり大連に遼東製氷株式会社が設置された。満鉄付属地においては、1919年10月に鞍山製氷株式会社が、同月に奉天に満州製氷株式会社（社長庵谷忱）が設置された。その後、1920年4月に長春製氷株式会社が設置されている。このうち遼東製氷は1920年代後半には休業状態に陥っていた。満州製氷も不振となっていたが、満州国出現後、1938年8月4日設置の奉天製氷株式会社（資本金130万円全額払込）が買収した[56]。1932年12月12日に安東製氷株式会社が設置された。同社の最大株主は日本水産株式会社であり、日本水産系と位置づけられる。1933年7月15日に満蒙製氷株式会社が鞍山に、同年8月14日に南満機械製氷株式会社が鞍山に、11月4日に撫順製氷株式会社が、さらに1935年10月15日に旅順製氷株式会社が設置された。その後も満州における日本人の増大と食品輸送等の需要増大に伴い各地に製氷会社が新設される。先述の1938年8月4日に奉天製氷株式会社が設置されたが、同社の全株式は奉天市公署が所有している。1937年6月21日に錦州製氷株式会社が、1939年2月2日に熱河製氷株式会社が、同年4月8日に哈爾浜製氷株式会社が、4月17日に通化製氷株式会社が、1940年12月15日に四平街製氷株式会社が、それぞれ設置された。また大連製氷には関東州水産会と日本水産が出資している。また安東製氷の日本水産の出資は日本水産系の日満漁業株式会社に肩代わりされていた。さらに1942年12月5日に牡丹江製氷株式会社が設置されている。

第5節　酒造業

1　酒造業の概要

　満州における日本人の飲用酒の醸造業として、1919年8月に満州清酒株式会社（本店大連）が設置され、清酒焼酎の製造販売に乗り出した。満鉄付属地では、1925年3月設立の合資会社成重酒造所が清酒の製造販売を行なったが、事業規模は小さなものである。満州事変後には、日本人居住者の増大による日本酒需要の増大に対応し、日本酒醸造業者が多数参入する。1933年8月9日設置の満州酒造株式会社（本店奉天、社長赤司初太郎）があり、紹興酒・高粱酒の醸造を行なった。また1934年9月6日に桜屋酒類株式会社（本店奉天）が設置され、清酒醸造を開始した。同様に同年6月12日に嘉納酒造株式会社（本店奉天）が、1935年9月3日蘭菊酒造株式会社（本店哈爾浜）が設置され清酒醸造を開始した。このように満州国出現後には、奉天を中心に日本酒醸造会社が複数進出し、日本人居住者の需要増大に応じた。

　満州では、哈爾浜は日露戦争前からビール醸造が開始されていた。満州における日本人のビール醸造は、1918年10月設立の満州麦酒株式会社（本店大連）、社長石本鑛太郎で開始された。同社の記述は1926年企業リストに見当たらないため、それ以前に休業状態に陥っていたようである。満州国出現後には、特に日本人居住者の増大で消費量急増、満州国における投資景気もあり、需要は急拡大した。それを期待して新たなビール醸造業者が参入した。哈爾浜では1936年8月13日に大満州忽布麦酒股份有限公司が設置された（資本金200万円全額払込）。同社は既存の北満州の麦酒工場を統制する満州国の方針に沿って、5麦酒工場を統合し、併せて、ホップ、ビール大麦の生産、清涼飲料の製造販売を行なった。忽布はホップの漢語である。同じく北満で1936年4月27日に哈爾浜麦酒股份有限公司が設置された。同社の資本金200万円（半額払込）である。同社に1940年1月に大日本麦酒株式会社から役員を派遣した。哈爾浜麦酒は1937年12月に大満州忽布麦酒の一面坡、綏芬河、道外、黒河の各ビール工場と清涼飲料工場を

買収した。そのため以後の大満州忽布麦酒はホップとビール大麦の生産を主要業種とし、醸造業者とはいえない業態となった。なお大満州忽布麦酒には1942年に大日本麦酒が資本参加し支配人を送り込んでいた。さらに哈爾浜麦酒は1942年12月に新京工場、1943年6月に牡丹江工場の建設に着手したが、その後この両工場は飲料用ビール醸造ではなく、燃料用無水アルコール製造を行なっていた[57]。後述の満州麦酒株式以外の満州国におけるビール醸造業者としては、後述の亜細亜麦酒株式会社も設置されたが、満州麦酒に買収される。

2　満州麦酒

満州国最大の都市奉天で麦酒事業が拡張した。その担い手が満州麦酒株式会社である。同社は1934年4月16日に創立した（資本金200万円払込、本店奉天、日本法人）。満州国政府の要請で進出の際には共同で法人設立をすることとなり、そのため麦酒共同販売株式会社に麒麟麦酒株式会社と大日本麦酒株式会社が協議して均等出資で参入した。すなわち麒麟麦酒と大日本麦酒の折半で麦酒共同販売を設立し[58]、同社を通じて満州麦酒の出資を行なった。本社奉天鉄西区、払込資本金200万円、奉天総領事館に設立登記した。専務取締役磯野長蔵（麒麟麦酒）、高橋竜太郎（大日本麦酒）である。最大出資者は麦酒共同販売株式会社で5万株、高橋0.9万株、磯野0.9万株、ほか計10万株。第1期で983名の株主、小口株主に大連・奉天も見うけられる[59]。実態は満州麦酒が工場の建物と設備を保有し、大日本麦酒と麒麟麦酒に賃貸するという事業形態であり、リース事業に近いものであった[60]。

満州麦酒は1934年9月18日に大倉土木株式会社に工事を請け負わせた[61]、同社の第1工場は1935年10月末完成し、年末稼動した。さらに1935年9月20日に第1工場隣接地に第2工場建設を決定し、同様に大倉土木に請負わせた[62]。1936年2月4日に第1、第2工場とも製造能力各10万缶増産の許可出願し、4月11日第1工場出荷開始した。同年5月31日現在株主名簿によると、磯野・高橋等の個別役員出資と麦酒共同販売で7万2210株となる[63]。その後、満州国への進出規制がゆるみ、建設した第一工場は大日本麦酒を製造し、さらに敷地の半分を使い第2工場を設立し、そこで麒麟麦酒を製造することに決定した。同一企

業で 2 工場を有しそれぞれ、麒麟麦酒と大日本麦酒を製造、供給した。満州国への事業参入障壁が高かったため、製造ラインが異なり技術も販売網も別という特異な会社経営を採用した。第 2 工場は 1936 年 11 月に竣工し、1937 年 4 月より麒麟麦酒奉天支店を通じて販売した。第 1 工場が操業開始した時点では、治外法権に守られ、ビール出荷に満州国政府は課税できなかったが、第 2 工場の出荷時期には満州国の課税が始まっていた[64]。1936 年 10 月第 2 工場落成した[65]。そして 1937 年 3 月 25 日 第 2 工場麦酒販売開始した。さらに 4 月 3 日 第 1 工場の清涼飲料販売を開始し、4 月 8 日に満州国実業部から自家用硝子瓶製造兼営の認可受けた[66]。1937 年設立の満州麦酒股份有限公司との事業譲渡契約を 8 月 26 日に承認され、併せて定款に関連事業への投資を追加した。そして 9 月 21 日に満州麦酒股份有限公司への事業譲渡し、満州麦酒株式会社は投資会社に転換を領事館に登記した[67]。1937 年 12 月 1 日治外法権撤廃に伴い、同社は 12 月 15 日に満州麦酒股份公司と営業譲渡契約締結し、1938 年 1 月 28 日満州麦酒股份公司から資産負債の一括譲渡を受け、同公司は解散した。さらに 29 日酒類製造販売免許を得て同日製造販売開始した[68]。その後、1941 年 7 月 30 日に倍額増資決議し、株主に割当てた[69]。営業報告では原料入手には苦労するが相対的に所得の高い麦酒を嗜好する日本人人口増大が続くため、販売は一貫して好調であった。

　1943 年現在の満州国ビール工場として、満州麦酒第 1 工場 12.9 万ヘクトリッタ、同社第 2 工場 12 万ヘクトリッタ、亜細亜麦酒 4.6 万ヘクトリッタ、哈爾浜麦酒香坊工場 4.6 万ヘクトリッタ、同社一面坡工場 0.4 万ヘクトリッタ、同社綏芬河工場 0.1 万ヘクトリッタ、ほか、合計 36.3 万ヘクトリッタであり、満州麦酒が醸造量で突出していた[70]。出荷量は第 1 工場、つまり大日本麦酒の方がやや多いようである。原料のビール用大麦は日本から輸出していたが、原料現地調達のため試験研究を続けているうちに敗戦となった。

　そのほか麒麟麦酒の系列となった亜細亜麦酒股份有限公司がある。同社は桜麦酒株式会社関係者が退職後に満州に麦酒会社設立を企画し、九州の炭砿主や飯野海運株式会社社長花田等が出資して、1936 年 7 月 8 日に奉天に設置された。資本金 100 万円であった。しかし操業開始後に業績不振で、身売り話が徳永硝子株式会社経由で麒麟麦酒に舞い込む。麒麟麦酒の調査の結果、買収後の経営の見通

しが立ったため、1938年12月28日に買収決議して、麒麟麦酒の子会社となる。「会社法」施行で亜細亜麦酒株式会社に商号変更した。麒麟麦酒は満州国に輸出した売上代金が潤沢にあり、それを買収に投入した。ただし亜細亜麦酒製品は引き続き「亜細亜麦酒」ブランドで出荷した。燃料廠から要求され、1945年4月にビール製造からアルコール製造へ転換した[71]。

第6節　塩　業

1　満州事変前製塩業者

　塩は食品原料、化学工業の曹達原料である。関東州・満州南部の営口その他沿岸部では伝統産業として天日製塩業が盛んに行なわれていた。華北の天津周辺の塩業と並ぶ海水を原料とする製塩業が発達した。大陸沿岸のため干満の差が大きく、海水を引き込むときの労力が少なく、また夏期の乾燥した晴天がつづくために、気候的に製塩業が適していた。すでに開発されている大規模岩塩採掘よりは製造コストがかかるが、ひとたび塩田を整備すれば、労務コストは大差ない。ただし天日塩製造は季節商売で夏季限定の事業である。満州事変以前の時期には関東州における中国人事業者と日本事業者が天日塩の製造を行なっていた。1906年3月公布「関東州塩田規則」により、関東州における塩田開設許可を得た法人事業者として、日本食塩コークス株式会社（1903年9月設立、本店神戸、吉川友一）、満漢塩業株式会社（設立不明、本店東京、社長薄井佳久）、および宅合名会社（1896年12月設立、本店大阪、社長宅徳平〔1909年12月から1912年7月まで大日本塩業株式会社社長〕）ほかがあった。このうち宅合名の事業も1907年3月に日本食塩コークスに譲渡された。日本食塩コークスは1908年12月に大日本塩業株式会社に商号変更した。満漢塩業の事業地の一部は未着手のため取り消され、合名会社鈴木商店が許可を受け、それを1915年2月に東亜塩業株式会社に譲渡したが、同年8月に大日本塩業に吸収合併された。そして満漢塩業の本体事業も1915年1月に大日本塩業に吸収合併され、関東州の法人の製塩事業者は大日本塩業のみとなる[72]。大日本塩業は本店を東京に移したが、その後、1915

年1月に大連に移し、関東州本店法人となった。それは長続きせず、同年鈴木商店が大日本塩業の株式を取得して経営に関わり、さらに1917年11月に本社を神戸に移した[73]。

1918年に日本の製塩が大凶作となると、関東州に新規製塩事業者が参入した。東拓、満州殖産株式会社（1913年7月設立、本店大連）ほかと個人事業者である。このうち東拓の規模はやや大きく、1924年度末で大日本塩業の塩田3938町歩に対し、東拓313町歩というものであった[74]。

2　満州国の製塩政策

満州国期には関東州から日本への曹達原料の大量輸出を狙い、大規模塩業者設置が計画される。満州における塩業政策として、満州国出現直後から、満鉄を中心に検討された。1932年4月、満州国塩務対策の調査立案に着手し、6月「満州国塩務制度改革案」を満鉄経済調査会委員会に提出した。従来の満州の塩行政機構は、東三省塩運使署と吉黒榷運局の2機関に別れ、それぞれ独立して中央政府に直属する形になっていたが、実際には東北省政務委員会の指揮下に置かれた。奉天省と吉黒両省の地方政権当事者にとって塩業は魅力的な事業であった[75]。同改革案によれば、このような行政体制改める必要があり、塩行政機構を改め、対策としては満州国として塩行政機関を統一する、行政機構を整備し、塩の流通は特定委託弁理機関を設立し在庫の流通を任せる、日満合弁の合資会社、満州国側は塩桟その他の塩関係業者、日本側は適当な財界有力者に参加させ、資本金10万元、双方半額出資とし倉庫・貯塩場ほかを経営し、本店長春、事務本店奉天、ほか各地に分店を置くものとした[76]。この案は日本型の塩流通機構を導入するものである。

1932年7月満鉄経済調査会で同案を審議し、9月「満州国塩務対策案」と、「満州精塩事業対策案」完成した。前者の要約の「満州国塩務対策案要綱」によれば、塩税の収入確保による財政寄与、国内の塩供給確保、余剰塩の日本への輸出を目的とし、「専売法」に規定し、そのほか業務委託弁理機関として、「満州塩業股份有限公司」を設立する、満州国法人の日満合弁とし、塩務行政機関の委託業務を行い、資本金2000万元、20万株、半額払込とした[77]。「満州精塩事業対

策案」では、営口付近の塩工場事業者の処理を検討し、①委託経営として満州塩業公司が掌握するか、②満州塩業公司が買収するか、③現在の塩工場主を満州塩業公司の株主として取り込み直営に移すか、④満州塩業公司の傍系会社とするか、の4案が検討され、④の現在の製塩工場を新たに設置し、「満州塩業股份有限公司」の傍系会社として経営するとの方針が固まった[78]。

1933年1月に満鉄経済調査会は「満州国内産出余剰塩輸出方策」を完成した。この方策の要綱では、満州国の塩の需要は生産可能量をかなり下回っており、それを日本に輸出することが可能である。それには満州国政府の財政、国内産業政策、日満経済提携等が考慮される。この延長で、6月「満州国塩生産会社設立案」を完成し、満鉄経済調査会はそれを提案可決して、関東軍特務部に送付し、9月に同特務部第4委員会で「日満塩業会社設立案」を協議し、一部訂正のうえ決定した。関東州関係の塩業については、関東庁と協議するものとなった[79]。同特務部で「満州国塩生産会社」から「日満塩業会社」に改訂したのか、それともこの資料集編集過程で「満州国塩生産会社」を後日提案される「日満塩業会社」と改めたものかについては判然としない。同年9月14日に関東軍司令部「満州国塩専売制度要綱案」で現行の制度を政府専売制に統一し、価格低減、統制、配給の円滑を図る、ただし満鉄付属地は除外し、従来のままとした[80]。これは日本型全国的塩専売配給制度の導入と見られる。10月に関東軍参謀長より、満鉄経済調査会委員長宛「満州国塩務専売制度要綱案」を軍決定した旨を、通知した。12月に満州国と関東州を合わせた日満塩業会社設立案は、経営形態を異にする関係から、現実的に実行不可能と判断し、関東州を切り離して、「日満塩業会社設立案」を作成を、特務部に提出した。その要綱は、満州で優良低廉の塩を製造し、日本の工業塩供給を目的とする、日満合弁の満州国法人とし、日満塩業株式会社を設立する、資本金1000万円、半額払込、20万株、満鉄7万株、化学工業関係7万株、製塩関係4万株、一般公募2万株とする、業務は塩の製造販売、副産物製造加工販売、復県の塩田開設の独占、満州余剰塩の政府からの独占的売渡と輸出を行なうものとした[81]。

この方針に沿って、12月16日関東軍司令部決定「満州塩業会社設立要綱案」となった。その内容は、上の案よりいくらか縮小され、満州における塩増産、日

本に対する工業塩の供給を目的に、満州塩業株式会社を設立する、日満合弁の満州国法人とし、資本金 500 万円、2 分の 1 払込、満鉄 3.5 万株、日満両国の塩業並びに工業関係者 6.5 万株を引受けさせ、業務は塩の製造販売、副産物の製造加工販売、付帯業務とする、復県の塩田開設の独占権を与え、この会社の塩買上価格の政府決定とした。満州国の日本向け工業用塩の輸出税は 1 石 3 角である[82]。満鉄経済調査会案より満鉄の比重が低下した。そして 1934 年 1 月 1 日にこの案が、関東軍参謀長より、満鉄副総裁八田嘉明宛に「満州塩業会社設立要綱案」の軍決定なった旨を送付した。

3　満州塩業

先の「満州塩業会社設立要綱案」を受けて、法人設立が進められた。1934 年 1 月に商工省の斡旋で、大蔵省・商工省・拓務省・陸軍省と旭硝子株式会社・日本曹達株式会社、東拓、大日本塩業および曹達晒粉同業会（1918 年 12 月設立）が集まり満州塩業会社設立準備協議会が設置され、さらに満鉄と満州化学工業股份有限公司もこれに参加した[83]。満州の塩田適地を調査し、その計画案が満鉄・東拓・大日本塩業の 3 社に委嘱されてそれぞれが計画案を提出したが、相互に隔たりが大きく、3 案の調整が難しいため、大日本塩業に計画案のとりまとめが依頼され、同社が資本金 500 万円で、適地のうち最も経済的に構築可能な場所に旧式塩田を開設する、付近の既設塩田の品質改善を行ない過剰塩の輸出を一手に引き受ける、洗浄工場と積出港を設置する、年平均 26.6 万トンの生産を行なうという案を提出し、それが採択された[84]。こうして設立の具体的方針が固まり、1936 年 4 月 23 日に「満州塩業株式会社法」が公布された。そして 1936 年 4 月 27 日満州塩業株式会社が設立された。理事長は三角愛三であり、株主は大日本塩業 3 万 2000 株、満州国財政部 2 万 5000 株、満鉄 1 万 9800 株、旭硝子 6000 株、徳山曹達株式会社 6000 株、満州化学工業 5000 株、東拓 2000 株、晒粉販売株式会社 1500 株、化学塩業株式会社 1500 株、保土ヶ谷曹達株式会社 600 株、東海曹達株式会社 200 株、昭和曹達株式会社 200 株、合計 10 万株である。日本の化学工業と満州国・満鉄が出資し、東拓もお付き合い程度の出資を行なった。満州塩業は塩田開設の許可と、関東州における船による塩運搬の許可を得た[85]。1936 年 10

月15日第2回払込四分の一払込を得て資金力を増し、塩田4箇所の設置工事中であった[86]。

満州国より余剰塩12万トンの払下げをうけて、これを日満曹達業者に売却した。満州曹達股份有限公司（1936年5月22日設置、本店新京）20トン、旭硝子（満州曹達の最大株主）4.5万トン、徳山曹達4.5万トン、日産化学工業株式会社0.7万トン、旭電化工業株式会社2300トン、保土ヶ谷曹達700トンの販売枠を設定した[87]。1939年より新規開設した塩田1425ヘクタールで作業を開始し、天候よく1.6万トンを生産し、買収した塩田12ヘクタールで966トンの製塩を実現した。また満州国政府よりの払下工業塩配給8.8万トンの供給先は内日本向け5万トン、関東州向け3.8万トンである。満州国官塩輸送取扱265.1万袋を担当した。官塩包装作業請負を行なっており、営口、安東、錦州で実施した。その他の塩田も設置工事中で、白家口・拉脖子間軌道工事、営蓋軽便鉄道工事も行なった。増資により公称資本金1500万円、払込資本金1000万円となった[88]。新株は新たに東洋曹達工業株式会社、宇部曹達工業株式会社に割り充てたが、他方、満鉄、満州化学工業と東拓は引き受けなかった[89]。

1940年度では新たに設置した1塩田、買収2塩田でも操業し、天日塩は4.9万トン、煎熬塩を松木島加工工場で製造を開始し、同工場では加工塩の操業も開始した[90]。そのほか日本向けに7月より開始し、4.2万トン、関東州用6.2万トン（前年度の積み残し分を含む）を搬出し、さらに塩田設置の工事を続けた[91]。資本金1500万円全額払込となり、そのほか借入金200万円、当座借越280万円の資金調達を行っており、資金繰りが悪化していた。借入金は朝鮮銀行、当座借越は満州中央銀行からである[92]。1941年にさらに1000万円を増資し、払込資本金は2500万円となった。前年度で建築中の全塩田が操業可能となり、また営蓋塩田を営蓋塩業株式会社（1940年7月1日設立）として前年度に分離し、1942年度の投資額は65.5万円となっていた。それでも短期借入金400万円、当座借越290万円で短期資金を補充していた。1942年12月の満州塩業の総資産は3499.4万円で、満州で傑出した製塩業者となっていた[93]。

そのほか関東州で東拓は先述の塩田事業を続けていた。東拓の保有する2ヵ所の塩田は同社の大連支店で管理していたが、操業は請負契約で他社に委託経営し

ていた。また関東州では大日本塩業のほか、1934年12月19日に同和塩業株式会社が設置された（本店旅順、資本金200万円、払込50万円）。この関東州3社は1941年で大日本塩業33.1万トン、東拓4.3万トン、同和塩業2.6万トンの天日塩を生産したが、他方、満州塩業は41.3万トンという規模に達していた[94]。

第7節　煙草産業

1　東亜煙草

　煙草産業は葉煙草製造買収と刻み煙草・巻煙草製造業に分かれる。満州国前と満州国期に最も活躍する煙草業者として東亜煙草株式会社がある。同社の活動は、アジア最大の煙草業者、英米煙草トラストとの満州における対抗という側面も見逃せない[95]。同社は1906年10月創立された（本店東京）。専売局の承認による朝鮮と中国における煙草製造販売、葉煙草集買を業務とする。同社は朝鮮における煙草工場のほか、同年11月16日に大連支店を開設し、別に牛荘領事館に工場設置を登録した。同社は1912年12月23日に資本金を100万円から300万円に増資し資金力を強化した。主たる販売地は朝鮮であるが、満州のほか華北への販売を開始した。株主は日本の煙草事業者が引き受けていたが、金子直吉は4番目の出資者で、鈴木岩次郎も少額ではあるが引き受けており[96]、鈴木商店の影響力下にあり、さらに1914年4月末で金子直吉は筆頭株主となる[97]。第1次大戦期の好況となりロシア向け売行き急増で満州内製造と販売は急増した[98]。1919年7月17日に資本金を1000万円に増資し、営口工場の増設、鞍山出張所・哈爾浜出張所増設等に投入した。この増資後の1919年10月末株主名簿では金子直吉・鈴木岩次郎の保有は消滅しており、鈴木商店の関わりは消滅したようである。筆頭株主は大正生命保険株式会社となった。同社専務取締役金光庸夫は第4位の株主の日本教育生命保険株式会社の専務取締役でもある。この増資第2新株は日本・朝鮮・満州各地の日本人が引き受けたため、株主数は431名に急増した[99]。金光は後日、東亜煙草の専務取締役に納まる。1921年6月30日に朝鮮における煙草製造工場を閉鎖し、7月1日に朝鮮総督府に譲渡した。これは朝鮮における煙草専

売制の施行に伴うもので[100]、これにより東亜煙草の主要事業地は中国のみとなる。しかし戦後恐慌後の満州においては、1920年代の奉天票の暴落による購買力の減退、関内でも銀相場の下落で売れ行き不振が続いた。その後、後述の同業者の亜細亜煙草株式会社を1927年7月23日に吸収合併し、資本金を1150万円に増資した[101]。こうして東亜煙草は満州における事業基盤を強化し、唯一最大の日系煙草事業者となる。同社は葉屑煙草の経営を株式会社中和公司（資本金40万円払込）に委託し、同社に20万円を出資した[102]。

2 亜細亜煙草

英米煙草トラスト、南洋兄弟商会そして東亜煙草を追って、日系事業者が参入した。新規参入計画にニューヨークの煙草事業者ができれば出資したいと持ちかけていた[103]。第1次大戦末期好景気の時期の企画のようである。1919年9月30日創立総会で亜細亜煙草株式会社が設置された。同社の定款によれば、中国または外国において各種煙草製造販売、葉煙草の栽培および売買、材料品の製造または販売を目的とし、資本金1000万円、本店上海とした[104]。領事館登録の日本法人である。取締役会長山本悌二郎（台湾製糖会長を経て政友会系政治家）、専務取締役犬丸鉄太郎、常務取締役小西和（満州製糖）、取締役若尾璋八（甲州財閥）である[105]。1920年5月25日、葉煙草栽培および売買のため、中国葉煙草株式会社を青島に設置した[106]。1920年5月30日株主名簿では、20万株、2387名である。大口株主は、加島安次郎、大阪株式現物団各5000株のほか、東拓、安部幸之助各3000株、のほか、吉村鉄之助1750株、満鉄1000株であり[107]。広く分散していた。東亜煙草が煙草業者以外の保有を認めない合資会社のような制度とは大きく異なる。東拓・満鉄も出資し、そのほか台湾製糖の出資者、安部幸之助のような取引先や吉村のような糖業関係者が多い。上海の工場設立で企画したものの日貨排斥運動もあり、断念し、奉天における工場設置を決定した。1921年6月3日に奉天に大安煙公司の名義で工場建設に着手し、10月15日竣工した。中国人を刺激しないような配慮でこの名称となった。実態は本体の業務である[108]。大安煙公司の製品に対し需要旺盛で、1922年12月には機械を増設し倍増した。しかし奉天票下落で利益が上がらなかった[109]。

1923年5月期には亜細亜煙草は英米煙草トラストと激しく競合する状態となった[110]。その後、南洋兄弟商会とも競合した。1925年11月期では、第2奉直戦争後、財源調達のため巻煙草に消費印紙税を新設して課税されたため、小売価格が上昇し、他方、奉天票下落が続き、官憲の営業への干渉もあり、不利な状況となっていた[111]。郭松齢の反乱では関東軍により既得権益として事務所を警備された。奉天票下落や操業環境の悪化の中で、1926年3月21日に減資決議をした。併せて中国葉煙草も減資した[112]。亜細亜煙草の資本金は資本金150万円になった。会長山本悌二郎は1927年4月20日田中義一内閣の農林大臣に就任して辞職し、取締役社長に坂梨哲が就任した。亜細亜煙草は何とか利益を計上し配当を続けていたが、営業不振となりその後、先述のように東亜煙草に吸収合併された。

3　満州煙草

満州国における煙草工業については関東軍で1934年3月19日に「煙草工業対策要綱案」を決定した。それによると財政上の有力産業として許可制を採用し日満関係者を保護しこの産業を支配させるよう指導するとし、新設企業は満州国法人、新会社は日満資本以外に工場譲渡や協定を行なわせない等の方針を固めた[113]。これに対応して満鉄経済調査会は同年9月に「「煙草工業対策要綱案」に基く満州煙草股份有限公司処置要綱（草案）」をまとめている[114]。それによると、「満州煙草股份有限公司」を設立し、後述の満州煙草株式会社のみならず東亜煙草も参加させ、新設公司と販売分野で協定させるとした。

以上の方針に沿って満州国の国策煙草法人の設置に進むが、巨大な東亜煙草と英米煙草トラストに対抗できるような煙草会社設立は上記のような企画では設立不可能であった。東亜煙草はすでに満州国で事業を行なっており、その事業譲渡を求めるような新法人への参加を好むものではない。実際には既存の日本の煙草法人の満州参入に当たっては、投資上の為替リスクがあり、それを回避するため日本法人・満州国法人の2重法人設置で対応した。1934年12月24日に日本法人満州煙草株式会社が設置された。本店新京、資本金1200万円、四分の一払込、取締役社長長谷川太郎吉（東亜煙草）で長谷川が最大出資者であった。同社設立登記と同時に満州煙草股份有限公司設立業務に着手し、資本金500万円半額払込

で1935年2月21日設置された。同公司は新京で工場設置の準備を進め土地取得を行なった[115]。同公司からの配当は遅れ、1937年11月期にようやく持株会社の利益を計上できる状態になったが、治外法権撤廃となり、1938年2月24日に満州煙草股份有限公司の営業全部を250万円で譲り受ける契約を承認し、併せて煙草の製造販売に従事するよう定款を変更し[116]、満州国法人に転換した。

満州煙草は後述の満州東亜煙草株式会社と激しく競合しつつ、また華北に北支煙草株式会社（1939年5月設立、本店北京）を設置し、東亜煙草の系列の華北煙草株式会社（1936年10月設立、本店青島）と競合していた。煙草製造販売はインフレに強く利益の出る産業であり、事業の円滑な拡張の中で配当を続けることができた。満州東亜煙草との競合は満州統制経済でふさわしくないと判断され、満州東亜煙草と1943年2月30日合併契約し、1944年1月22日に満州東亜煙草を吸収合併した。そして商号はそのまま満州煙草として続いた[117]。こうして満州煙草は満州国における煙草製造販売の傑出した事業者となった。

4　満州国の東亜煙草・満州東亜煙草・満州葉煙草

満州国出現後の東亜煙草は、煙草需要急増の中で売行きを伸ばし、営口と奉天の製造所はフル稼働となり、英米煙草トラストとの競合が強まっていった[118]。さらに1932年9月25日以降、関内からの商品は満州国にとって外国品扱いとなるため、満州国における煙草の関税保護がもたらされた[119]。関東州ではかなりの販売を見ていた英米煙草トラストは、さらに東亜煙草の満州内市場独占に対抗し、1934年2月に遼陽に煙草工場を新設し、関税障壁を越えて地場生産地場消費の事業拡張に着手した[120]。その後、1936年7月に英米煙草トラストの満州国内事業は満州国法人に転換した[121]。大連でも1934年12月に新工場竣工により[122]、英米煙草トラストとの競争力と強めた。1937年12月1日満州国の治外法権撤廃・満鉄付属地移譲にともない、東亜煙草は後述の満州東亜煙草を設置し、同社を通じて満州国内事業を行なうこととなった。そのため東亜煙草は関東州内事業がそのまま残った。事業拡張のため、1939年1月12日に資本金を3000万円への増資を決議し、株主への割当と縁故募集で引き受けさせた[123]。東亜煙草は満州東亜煙草への出資以外にも企業間取引で支援していた。

満州国期に出現した煙草会社は複数見られる。そのうちの満州東亜煙草株式会社は 1937 年 10 月 25 日に設置された。同社の本店奉天、当初資本金 1000 万円、全額払込、取締役金光庸夫、金光秀文、松尾晴見、岩波蔵三、井上健彦である。全額を東亜煙草が引き受けた [124]。満州東亜煙草の定款によると、本店奉天、満州国法人、業務は煙草製造販売、煙草製造材料品の製造販売ならびに諸機械製造または販売、物産売買、これら該当事業を営む会社への投資または株式取得である [125]。同社設立に対して、1937 年 11 月 5 日に奉天総領事館から設立許可を受け、翌日登記した。1937 年 11 月 15 日、資本金を 2500 万円に増資し、全額払込となり、さらに 1937 年 11 月 20 日に治外法権撤廃に対応し日本法人満州東亜煙草は 12 月 1 日に解散、同日に満州国法人の満州東亜煙草株式会社に転換した。その後、1938 年 2 月 24 日に奉天工場紙巻煙草製造許可と、1938 年 2 月 24 日に営口工場紙巻煙草および製造煙草許可をえて増産体制を築いた [126]。

1938 年 3 月 31 日の貸借対照表によると、資産として最大のものは営業権(東亜煙草の商標権) 1500 万円、ほか多額の項目は当座預金 283.4 万円、東亜煙草会社勘定 135 万円がある。そのほか葉煙草勘定で葉煙草在庫、葉煙草耕作勘定で葉煙草集買にも資産を投入していた。負債項目では株式のほか、華北東亜煙草会社勘定 68.4 万円等がある [127]。そのため同社は既存の東亜煙草の満州内営業権益を承継して事業を開始したものといえる。さらに 1937 年 7 月日中戦争勃発とその後の華北占領、華北事業投資に伴い、東亜煙草とともに満州東亜煙草も華北東亜煙草株式会社(1937 年 10 月設立、本店北京)への直接投資を行なった。1937 年 5 月 11 日に「重要産業統制法」にもとづく煙草製造許可を産業部より得た [128]。その後、1939 年 3 月 13 日に巻煙草輸入業許可を得た。しかし原料葉煙草の輸入はいっそう困難となり、満州葉煙草株式会社の設立で原料葉煙草について、今後は同社から配給を受けることとなった。

他方、満州国における需要拡張につき、販売機関の刷新、工場経営の合理化、製品の改善を行ない積極的な方針で販路拡張に邁進する [129]。1939 年後半になると、原料葉煙草の配給が十分でなく、船舶・貨車の不足で一段と困難になり、ノモンハン事件と欧州大戦の勃発でその状況はさらに強まる [130]。1940 年 4 月 30 日に役員全員辞任、役員総入れ替えとなり、社長広瀬安太郎、取締役長谷川六三、

同菊池寿夫が就任した。満州煙草株式会社と満州東亜煙草は激しく競合してきたが、両社の全工場長会議を開催し融和を努めた[131]。そして1940年に満州煙草株式会社と満州東亜煙草が資本提携し、さらに、先述のように満州煙草株式会社との合併を1944年1月22日に決議した。その結果、満州煙草株式会社が存続会社となり、資本金5000万円（払込済）となった[132]。1944年3月末貸借対照表では、資産で営業権1000万円、原料1489.2万円、売掛金752.6万円、有価証券（満州葉煙草株式ほか）195万円、関係会社勘定として東亜煙草その他勘定458.6万円等、合計4972.3万円、負債項目で資本金2500万円のほか銀行当座借越（満州興業銀行）548万円、支払手形（野村信託宛手形）284.5万円のほか、延納巻煙草税535.1万円、があり、同社の煙草製造という業態から、繰越利益405.7万円、当期利益191.4万円を計上していた[133]。

葉煙草生産としては満州葉煙草株式会社が注目される。同社は1938年12月28日創立された。奉天に本社を置き、資本金1000万円、払込250万円であった。社長長谷川浩、専務取締役工藤雄助ほか、監査役長谷川祐之助（東亜煙草）である[134]。1939年6月30日現在の株主は、奉天の啓東煙草株式会社5万3100株、東亜煙草満州国代表者2万1600株、経済部大臣2万株、長谷川祐之助（新京）7,200株、太陽煙草株式会社（奉天）5400株、ほかであった[135]。この株主構成から、啓東煙草（英米煙草トラスト）の既存煙草栽培流通利権を取り込んだ満州国の準特殊会社とみなせる。東亜煙草の満州国内における煙草流通利権を取り込み、これに満州国政府が出資することで、政府の監督下に置いた。その設立趣旨は、満州における葉煙草原料は主に山東省・アメリカその他外国産に依存し、国内供給は僅かであるが、満州国政府は葉煙草の自給自足方針として、増産計画を樹立し、供給は増大したものの、国内需要を満たすものではない。1938年には山東省の集荷の減少で、原料調達に苦慮したが、日本・朝鮮側と相談し、原料獲得のめどをつけた。そしてこの満州葉煙草は、原料種子の調達で、満州国内における葉煙草生産の拡張を期した。耕作推進のため、耕作・建設資金の貸付を行った。1939年末の貸付金残高416.8万円、復県農事合作社ほか35件、復県農事合作社ほか36件である。南満州の農事合作社に資金を貸付け、煙草耕作に参入させた。そのほか積送品70万円があり、華北の頤中煙草株式会社よりのものがある。そ

のため葉煙草原料調達も行っていたと見られる [136]。1942年6月期で、総資産 4093万円、土地等固定資産414万円、興農合作社等への中期貸付金436万円、商品等販売資産347万円、売掛金等流動資産1678万円、未払込資本金225万円、負債は長短借入金2205万円であった [137]。事業規模は拡大したが、煙草品種改良、種子の配給等により品質と生産性を挙げるために資金と時間を必要とした。

第8節　水産業・畜産業

1　水産業

　塩業を除く水産業を紹介しよう。満州国前の時期においても関東州で水産業が行なわれていた。大連は漁業の有力基地でもあり、大連を拠点とする水産事業者は少なくない。ただし事業者の多くは零細で、法人組織の事業者は日系の一部に限られていた。満州国では法人の淡水水産業者もありえる。関東州で最も古い株式会社形態の水産業者は1907年12月16日設置の満州水産株式会社（本店大連）と思われる。1909年で資本金18万円、払込4.5万円という規模であった。営業内容は魚市場の経営、漁業資金および漁具貸付等であった [138]。同社は第1次大戦後まで延命できなかった。以後の、1922年の満州における漁業者は、1915年5月設立の黄海渤海裕民漁業株式会社（本店大連）のみであるが、第1次世界大戦後の苦境の中で休業状態に陥っていた（**図表Ⅱ-7-2**）。満州事変後の1936年の時点の漁業者を見ると、1934年4月14日設置の日満漁業株式会社（本店大連）が公称資本金100万円、払込52万円で操業していた。それ以外には1935年9月16日設置の営口の日満合弁営口水産股份有限公司があるが、資本金10万円という規模であった（**図表Ⅱ-7-5**）。

　関東軍は1933年11月14日に「水産業に関する方策要綱案」を決定したが、その具体的な内容については決定できず、満州国にその具体的な検討を求めた。それより前に満鉄経済調査会は1932年6月に「満州水産業対策要綱」を取りまとめており、水産貿易統制会社を資本金300万円で設置し、既存の漁業市場に引き受けさせるものとした。しかしこの案は当面は採用されず見送りとなった [139]。

その後、満州の開発景気に煽られて水産物出荷量も増え、事業者の参入も続いた。1942年の漁業者をみると（**図表Ⅱ-7-6**）、満州国では1939年10月16日設置の興安水産株式会社（本店満州里）と、1942年1月26日設置の竜江水産開発株式会社（本店斉斉哈爾）があり、淡水魚業者で、両社は株式会社林兼商店の全額出資である。前者は興安北省で淡水漁業に従事し、冷凍冷蔵設備を有し加工販売を行なった。関東州では日満漁業のほか1939年7月22日設置の関東水産株式会社（本店旅順）があり、前者は日本水産株式会社の全額出資となっていた。後者は日満漁業と関東州水産振興株式会社の出資である。関東州水産振興は1939年3月27日に設置され、業界団体を法人化したものである。その後、1942年11月28日に関東州水産物配給統制株式会社設立で、関東州水産振興を吸収し、統制機関となった。

満州の海洋漁業と淡水漁業の統制団体として、満州水産物統制組合が1943年11月に設立された。同組合には興農合作社中央会35万円、満州生活必需品・日満漁業・満州林業株式会社各20万円、興安水産・竜江水産開発各社・奉天省水産物配給統制組合（1944年8月解散）各5万円を出資した。この満州水産物統制組合は1944年4月解散し、その業務を承継するため、海洋漁業で1944年10月1日設立の南満州海洋漁業統制株式会社を使い、また淡水漁業では満州水産株式会社を設立し、生産統制に当たらせた。南満州海洋漁業は満州国と関東州の海洋漁業に従事し、関東州の水上げの満州国への供給を行った。同社への出資は日満漁業1231.7万円、関東州水産会461.8万円、関東水産318.7万円、関東州機船底曳網漁業者1486.7万円、満州生活必需品と興農合作社中央会各200万円である[140]。1945年1月30日に日本海洋漁業統制株式会社（1943年3月31日設置）が日満漁業を吸収合併した[141]。

2 満州畜産・満州畜産公社

満州事変前の日系畜産業は、満鉄の経営している屠畜場の操業と、東亜勧業株式会社が試みていた畜産がいくらかみるべきものであり、それ以外にはほとんど言及すべき実態がない。満州国になると状況は大きく変わった。満州国で畜産業に関する政策立案としては、1934年2月9日関東軍決定「満州国屠場統制要綱」

により満州国内の屠場の整備による食肉供給体制を整備するものとし[142]、満鉄の経営している屠場を満州国側の共同経営に移し、満鉄と満州国の合弁の屠場会社設立が検討された[143]。他方、事業延命の機会を求め、東亜勧業が1934年9月に「満州畜産輸出株式会社企業目論見書」を立案した。資本金300万円、四分の一払込で創業するものとした。この提案は受け入れられなかったが、その後、東亜勧業は同年11月に「東亜勧業会社特別会計畜産部設置要綱案」を提出し、本体事業の一部として畜産事業の大幅拡充を提案した。さらに東亜勧業は1935年5月に、かねてより日本食料工業株式会社との間で研究していた「満州畜産販売株式会社設置計画案」を立案した。本店を奉天に置き資本金30万円で両社の折半出資とした。先の法人化に比べ事業規模を小さくしたが、満鉄はこの計画を退けたため、東亜勧業の食肉事業への事業拡張は実現しなかった[144]。

結局東亜勧業の提案が受け入れられることなく、満州の移民事業の特殊会社の設立に向かい、1936年末に東亜勧業が解散すると、同社が担ってきた畜産工業が有望と満鉄が判断し、1936年11月16日に満鉄は満州畜産工業株式会社を設置した（資本金30万円、全額払込、満鉄全額出資、本社奉天）。目的は畜産工業発達を助長することと海軍向冷凍肉輸出を図ることにある。その後、後述の満州畜産股份有限公司が設置されると、1938年10月20日に満鉄は同社に株式譲渡して満州畜産の子会社となった[145]。その後、1941年11月20日の満州畜産工業が300万円増資（全額払込）となる際に、満鉄の出資が復活し、満鉄と満州畜産の折半出資となった[146]。

畜産業の特殊会社として、1937年9月1日に満州畜産股份有限公司が設置された。本店新京、資本金2000万円、ほとんど満州国政府出資で、そのほか満州拓殖公社と鮮満拓殖株式会社の出資がある。準特殊会社と位置づけられた。「会社法」施行後に満州畜産株式会社に改称した。同社の1941年5月期の貸借対照表を見ると、未払込資本金を除く資産は出資金、売掛金、商品、建物の順に大きく、関係会社の設立で業種を管理する方針であった。債務は銀行借越で拡大した。株主は満州国政府35.5万株、満州拓殖公社29.8万株、満鮮拓殖株式会社1.5万株、計40万株である[147]。その後、1938年12月5日に公称資本金1500万円に、1940年12月27日に公称資本金2000万円に、1942年3月28日に公称資本金

2500万円にそれぞれ増資し（払込2000万円）、その払込で事業拡張に当てた。この結果、1942年5月期で政府持株45.5万株、鮮満拓殖を統合した満州拓殖公社4.5万株となり、やはり政府出資に依存した。関係会社への出資金、商品在庫、仮払金項目が増大しており[148]、畜産関係会社の育成と取引が拡張していた。その後、1944年3月期でさらに増資を計画していた。

満州畜産の子会社として先述の満州畜産工業、1941年6月24日設立の満州羊毛株式会社（本店新京）がある。1944年3月期の満州畜産の資産は売掛金、出資金、加工半製品、銀行預金、肉畜の順であった。負債・資本は資本金以外に短期借入金、得意先前受金、仮受金の順である[149]。特殊会社として短期資金調達により所管の畜産取引を拡張し、それ以外にも投資事業として傘下企業を管理下においた。主要資産は仮払金、売掛金、出資金、加工半製品、銀行預金、肉畜の順であった。負債は株式以外に短期借入金、得意先前受金、仮受金の順である[150]。その後、1944年4月25日「満州畜産公社法」公布により、満州畜産、満州畜産工業および満州羊毛を合併して、1944年5月1日に満州畜産公社が設置された。これにより、製造加工段階を満州畜産公社に切り替えた。満州畜産公社は特殊会社として短期資金調達により所管の畜産取引を拡張し、それ以外にも投資事業として傘下企業を管理下においた。満州畜産公社は奉天工場・郭家店工場・北安工場を持っていた。

3　その他畜産業

満州畜産系列以外の畜産食品加工業者、酪農製品業と製革業者・骨粉・獣毛皮加工を紹介しよう。東満殖産株式会社が注目される。同社は1941年4月22日設置、資本金300万円、四分の一払込、本店を牡丹江に置き、東満地区における開拓団に重点を置いた畜産酪農および醸造等に不足する食料の増産を目的とし、家畜増殖改良・酪農を主たる事業とした。取締役会長相馬半治（明治製糖会長）である。同社は牡丹江省、満州生活必需品株式会社、満州畜産と明治製糖の共同出資で設置された[151]。その後、野田醤油が醸造部門で参加するために1942年3月12日に牡丹江省と満州畜産の保有株式1.7万株、額面85万円の譲渡を受け、同年10月27日より工場設置を開始した[152]。そのほか1940年5月14日設置の新

京酪農株式会社が規模が大きい。公称資本金150万円半額払込で創業し、社長高橋康順（満州生命保険株式会社理事長）、1941年8月25日に250万円に増資している[153]。

獣毛・製革工業について満鉄経済調査会で皮革工業の検討が行なわれた。その中で「日満皮革工業会社」の企業目論見書が紹介されている。同社は奉天に工場を置き資本金300万円で1934年7月13日に設置されたとあるが[154]。該当する法人は満州皮革株式会社（本店奉天、資本金300万円、四分の一払込で設立、後日資本金200万円全額払込）である。同社は満州国最大の製革事業者となる。同社は関東州の泰東皮革株式会社（1939年9月28日設立）にも出資を行なった。ほかに規模の大きな事例として1937年9月1日設立の東亜毛皮革株式会社（本店奉天、資本金200万円、半額払込）がある。同社は毛皮革の染色加工等に従事した。同社には鐘淵紡績株式会社がほぼ全額を出資した。その後、同出資は鐘淵実業株式会社に承継された[155]。1938年11月30日に満州豚毛工業株式会社（本店奉天、資本金200万円、払込150万円）が設置された。専務取締役神代勉一、満州畜産2.1万株と三井物産株式会社1.9万株の出資で設置された。1940年9月に刷毛工場を新設し生産量拡大を図った[156]。その後、資本金500万円、425万円払込に増資している[157]。

おわりに

満州における製糖業は、甜菜を原料とした南満州製糖が設置された。1920年代半ばには、甜菜糖では事業が成り立たなくなった。他方、満州国側の糖業会社創出の立案で国策的糖業会社設立が検討され、満州製糖が出現した。哈爾浜周辺においても別に北満州製糖も設置され、住みわけを図った。

製粉業もとして満州製粉の満州進出に早期に出現したが、国際小麦価格の下落で競争力の低下で経営悪化を回避することができなかった。満州事変後に日系製粉業者が日満製粉株式会社設立により参入した。為替相場変動回避のための一時は満州国法人が事業を行なった。満州国体制で日本人移民向けの奉天におけるビール事業の参入となった。これには麒麟麦酒と大日本麦酒がジョイントで単一法

人に出資した。

　煙草事業は専売局の意向を受けた東亜煙草の参入が早かったが、1920年代に亜細亜煙草も参入し、2社で満州における煙草製造販売市場で競合した。その後後者が前者に吸収合併された。満州事変後に満州国の煙草政策により、満州煙草が設置され、それと満州東亜煙草が競合した。満州東亜煙草は満州煙草に戦時統制の強化の中で統合された。　その他の食品産業としては、精米・缶詰・製氷産業がある。かなりの件数の事業者が出現した。塩業は満州国期になって満州塩業が特殊会社として設置され、日本への曹達原料供給に従事した。それ以外の製塩業者も小規模の参入が見られた。水産業では関東州中心の漁業となるが、日本水産系の事業者が参入し、関東州水産会の同業者の監督下に置かれた。畜産業では準特殊会社の満州畜産が満州国の畜産業の独占的な地位を占めた。

注
1) 財団法人三井文庫『三井事業史』本篇第3巻下（鈴木邦夫執筆）（2001年）。
2) 落合功「戦前期、食品産業の満州進出について―満州ヤマサ醤油株式会社を例にして」（『修道商学』第42巻第2号、2005年2月）。
3) 日満製粉株式会社『創立五周年誌』（1940年）、日清製粉株式会社『日清製粉株式会社史』（1955年）、野田醤油株式会社『野田醤油株式会社三十五年史』（1955年）、麒麟麦酒株式会社『麒麟麦酒株式会社五十年史』（1957年）、大洋漁業株式会社『大洋漁業80年』（1960年）、日本水産株式会社『日本水産の50年』（1961年）、日塩株式会社『日塩五十年史』（1999年）、明治製菓株式会社『明治製菓の歩み―創立から50年』（1968年）、日本製粉株式会社『日本製粉株式会社七十年史』（1968年）、サッポロビール株式会社『サッポロビール120年史―SINCE1876』（1996年）。
4) 「満州ニ於テ甜菜培養ノ目的ヲ以テ会社設立計画ニ関スル件」1916年3月（外務省記録3-5-2-67）。
5) 南満州製糖株式会社『第2期報告書』。1917年12月決算、2-9、15頁、「株式名簿」1917年12月27日。
6) 同『第3回報告書』。1918年6月決算、2頁。
7) 同『第10回報告書』、1921年12月決算、3-4頁。

8) 同『第 19 回報告書』、1926 年 3 月決算、2-3 頁。
9) 同『第 21 期営業報告書』1928 年 3 月決算、2-4 頁。
10) 関東庁警務局「南満州製糖会社復活問題ニ対スル鮮銀支店長ノ意見」1933 年 3 月 29 日（外務省記録 E2-2-1-3）。
11) 南満州製糖株式会社『第 27 期決算報告』1934 年 3 月決算。因みに 1933 年 3 月 31 日現在の払込資本金 850 万円で、満鉄 22 万円、監査役 1 名派遣。朝鮮銀行貸付金 272.6 万円（未経常利息を含む）、その他外部負債として塩水港製糖 18.8 万円、日本銀行 140 万円（朝鮮銀行借入金肩代り）あり、合計 444.1 万円となっていた。資産には機械 486.1 万円、建物 188.5 万円、減価償却 425 万円が含まれている（南満州鉄株式会社経済調査会「満州製糖工業方策」26-29 頁）。
12) 同「満州製糖工業方策」「付満州に於ける甜菜栽培奨励要綱」1935 年 4 月、1-5 頁。
13) 同前、8-17 頁。
14) 満州製糖株式会社『第 8 回報告書』1940 年 4 月決算、3 頁。
15) 同『第 9 回報告書』1940 年 10 月決算、2-3 頁。
16)「北満州製糖株式会社創立趣意書事業目論見書収支計算書付録」1933 年と推定（早稲田大学現代政治経済研究所蔵『八田文書』0996、マイクロフィルム版）、「北満製糖株式会社定款」。
17) 北満州製糖株式会社『第 1 期営業報告書』1934 年 9 月期(外務省記録 E2-2-1-3)。
18) 同『第 6 回営業報告』1938 年 4 月決算。
19) 同『第 7 期営業報告』1938 年 10 月決算、6-7 頁。
20) 同『第 8 期報告書』1939 年 4 月決算、4 頁。
21) 満州製粉株式会社『第 31 回営業報告書』1922 年 5 月決算、10-11 頁、『第 32 回営業報告書』1923 年 5 月決算、5-7 頁。
22) 同『第 35 回営業報告書』1924 年 5 月決算、1-2 頁。
23) 同「株主名簿」1924 年 6 月。
24) 同『第 46 回営業報告書』1930 年 5 月決算。
25) 同『第 47 回営業報告書』1930 年 11 月決算。
26) 同『第 51 回営業報告書』1935 年 5 月決算。

27) 同『第52回営業報告書』1936年5月決算。
28) 同『第53回営業報告書』1937年5月決算。
29) 同『第54回営業報告書』1938年5月決算。
30) 同『第55回営業報告書』1939年5月決算。
31) 同『第56回営業報告書』1940年5月決算。
32) 南満州鉄道株式会社経済調査会『満州製粉工業及小麦改良増殖方策』1935年7月、303頁。旧政権接収資産の紹介は安藤彦太郎編『満鉄—日本帝国主義と中国』（御茶の水書房、1965年）。満州中央銀行の引継ぎについては柴田善雅「『満州国』における大興公司の活動」（『中国研究月報』第607号、1998年9月）参照。
33) 日清製粉株式会社取締役加藤徳雄「日満統制経済より見たる日本内地製粉業」1932年10月20日（前掲『満州製粉工業及小麦改良増殖方策』313、323-324頁）。
34) 前掲『満州製粉工業及小麦改良増殖方策』3-4頁。
35) 日満製粉株式会社「事業説明書」。
36) 同「創立趣意書」1934年5月。
37) 同『第1回営業報告書』1934年12月決算、2頁。
38) 同『第5回営業報告書』1936年12月決算、3-4頁。中沢正治が社長に昇格。
39) 同『第6回営業報告書』1937年6月決算、1-2頁。
40) 同『第7回営業報告書』1937年12月決算、3頁。
41) 同『第9回営業報告書』1938年12月決算、1、4頁。
42) 同『第11回営業報告書』1940年12月決算、1頁
43) 同『第14回営業報告書』1942年6月決算、2頁。
44) 同『第15回営業報告書』1942年12月決算、1-2頁。
45) 同『第19回営業報告書』1944年12月決算、1、4-5頁。
46) 『1944満州鉱工年鑑』432頁、『1942銀行会社年鑑』。
47) 前掲『三井事業史』本篇第3巻下、708-709頁。
48) 前掲『日清製粉株式会社史』192-197頁。
49) 『1944鉱工年鑑』434頁。
50) 『1936銀行会社年鑑』、『1942銀行会社年鑑』、『1944鉱工年鑑』、東京電報通信社『戦時体制下に於ける事業及人物』（1944年）。なお鐘紡株式会社『鐘紡百年史』

（1969 年）には裕昌源について記載が見当たらない。
51）『1944 鉱工年鑑』433 - 434 頁、前掲『野田醬油株式会社三十五年史』138 頁。
52）明治製菓株式会社『明治製菓の歩み』81 頁。
53）『1944 鉱工年鑑』。
54）同前。
55）同前。
56）同前。
57）前掲『サッポロビール 120 年史』285 - 286 頁。
58）前掲『麒麟麦酒株式会社五十年史』125 - 126 頁。
59）満州麦酒株式会社『第 1 回報告書』1934 年 5 月決算、株主名簿。
60）前掲『サッポロビール 120 年史』284 頁。
61）満州麦酒株式会社『第 2 回営業報告書』1934 年 11 月決算、2 頁。
62）同『第 4 回営業報告書』1935 年 11 月決算、2 頁。
63）同『第 5 期営業報告書』1936 年 5 月決算、「株主名簿」。
64）前掲『麒麟麦酒株式会社五十年史』127 頁。
65）満州麦酒株式会社『第 6 回営業報告書』1936 年 11 月決算、4 頁。
66）同『第 7 回営業報告書』1937 年 5 月決算、2 頁。
67）同『第 8 回営業報告書』1937 年 11 月決算、2 - 3 頁。
68）同『第 9 回営業報告書』1938 年 5 月決算、1 - 3 頁。
69）同『第 16 回営業報告書』1941 年 11 月決算、1 - 3 頁。
70）前掲『麒麟麦酒株式会社五十年史』131 頁。
71）同前。
72）前掲『日塩五十年史』4 - 5、21 - 24 頁、大連実業会『満州商工人名録』（1909 年）（遼寧省図書館蔵）189、192 頁。
73）前掲『日塩五十年史』568 頁。さらに大日本塩業は 1919 年 3 月に本社を東京に戻している。
74）同前、57 - 58 頁、『1922 興信録』。
75）南満州鉄道株式会社経済調査会『塩業関係立案調査書類』69 - 71 頁。
76）同前、59 - 64 頁。

77）同前、12-13頁。
78）同前、53-54頁。
79）同前、8-9頁。
80）同前、8-9頁。
81）同前、10-11頁。
82）同前、3-4頁。
83）前掲『日塩五十年史』145頁。
84）同前、146-48頁。
85）満州塩業株式会社『第1回営業報告書』1936年12月決算、10-12頁。
86）同『第2回営業報告書』1937年12月決算、4-6頁。
87）同前、7頁。
88）満州塩業株式会社『第4回営業報告書』1939年12月決算、4-9頁。
89）同「株主名簿」1939年12月。
90）同『第5回営業報告書』1940年12月決算、4頁。
91）同前、4-7頁。
92）同前、9、13頁。
93）満州塩業株式会社『第7回営業報告書』1942年12月決算、3-8頁。
94）東洋拓殖株式会社「出張報告ノ件」1942年5-6月（閉鎖機関東洋拓殖株式会社『昭和17年塩業関係』）。同和塩業設立日等については『1936銀行会社年鑑』。
95）開戦後の満州における英米煙草トラストの接収については、柴田善雅『戦時日本の特別会計』日本経済評論社、2002年、第7章参照。
96）東亜煙草株式会社『第13期報告書』1913年4月決算、1-2、8、15-16頁。
97）同『第15期報告書』1914年4月決算、15頁。
98）同『第23期報告書』1918年4月決算、6-8頁。
99）同『第26期報告書』1919年10月決算、1-2、6-8頁、「大正8年10月31日現在株主姓名表」1-32頁。
100）同『第30期報告書』1921年10月決算、3頁。
101）同『第42期報告書』1927年10月決算、2頁。
102）同『第43期報告書』1928年4月決算、3-4頁。

103）「亜細亜煙草株式会社創立趣意書事業説明書企業予算書定款」。
104）「亜細亜煙草株式会社定款」。
105）亜細亜煙草株式会社『第1回・第2回報告書』1920年5月決算。
106）同前、4頁。
107）亜細亜煙草株式会社「株主名簿」1920年5月決算。
108）同『第5回報告書』1921年11月決算、3頁。
109）同『第7回報告書』1922年11月決算、2頁。
110）同『第8回報告書』1923年5月決算、2頁。
111）同『第13回報告書』1925年11月、2頁。
112）同『第14回報告書』1926年5月決算、2-3頁。
113）南満州鉄道株式会社経済調査会『満州煙草工業及煙草改良増殖方策』1935年7月、3-4頁。
114）同前、5-11頁。
115）満州煙草株式会社『第1回営業報告書』1934年5月決算、1-4頁。
116）同『第7回営業報告書』1938年4月決算、1-3頁。
117）同『第19回営業報告書』1944年4月決算、1-2頁。
118）東亜煙草株式会社『第51期報告書』1932年4月決算、5頁。
119）同『第52期報告書』1932年10月決算、4-5頁。
120）同『第55期報告書』1934年4月決算、3頁。
121）同『第60期報告書』1936年10月決算、4頁。
122）同『第57期報告書』1935年4月決算、4頁。
123）同『第65期報告書』1939年5月決算、2-3頁。
124）満州東亜煙草株式会社『第1回営業報告書』1938年3月決算、1-3頁。
125）同「満州東亜煙草株式会社定款」。
126）前掲満州東亜煙草『第1回営業報告書』1-3頁。
127）同前、5-7頁。
128）満州東亜煙草株式会社『第2回営業報告書』1938年9月決算。
129）同『第3回営業報告書』1939年3月決算。
130）同『第4回営業報告書』1939年9月決算。

131) 同『第5期営業報告書』1940年3月決算。
132) 同『第13期報告書』1944年3月決算。
133) 同前。
134) 満州葉煙草株式会社『第1回営業報告書』1939年6月決算。
135) 同前、9頁。
136) 同前、4-6頁。
137) 満州葉煙草株式会社『第4期営業報告書』1942年6月決算、貸借対照表（満鉄資料館蔵23927）。
138) 前掲『満州商工人名録』184頁。
139) 南満州鉄道株式会社『満州水産事業方策』1935年7月、1-21頁。
140) 東北物資調整委員会『東北経済小叢書』「水産」1948年、32-34頁、前掲『大洋漁業80年史』291-94頁。林兼商店は1934年10月新京に事務所設置。
141) 前掲『日本水産の50年』417-418頁。
142) 南満州鉄道株式会社経済調査会『満州畜産方策』1935年10月、5頁。
143) 南満州鉄道株式会社地方部地方課「日満合弁屠場会社設立の件」1933年9月（同前、22-28頁）。
144) 南満州鉄道株式会社経済調査会『満州牛肉輸出事業方策』1935年11月、1-2、46-50、34-42、119-113頁。
145) 前掲『関係会社統計年報』1938年版、733-735頁。
146) 『1944鉱工年鑑』、431頁。
147) 満州畜産株式会社『第4回決算報告書』1941年5月決算。
148) 同『第5回決算報告書』1942年5月決算。
149) 同『第7回営業報告書』1944年3月決算。
150) 同前。
151) 前掲『満州鉱工年鑑』1944年版、430-431頁。
152) 前掲『野田醤油株式会社三十五年史』213-215頁。
153) 『1942銀行会社年鑑』。
154) 南満州鉄道株式会社経済調査会『満州畜産加工工業方策』1935年11月、45-53頁。
155) 『1942銀行会社年鑑』、『1944鉱工年鑑』382頁、前掲『鐘紡百年史』1969年。

156)『1944 鉱工年鑑』451 頁。
157）前掲『三井事業史』696 - 697 頁。

第8章 鉱　　業

はじめに

　満州において長期にわたって採掘が続けられてきたがその中では満鉄が取得した撫順炭砿と煙台炭砿が有名である。満州国時期には鉱区権の政府帰属の中で新たな鉱業開発が行われた。第1次満州産業開発5ヵ年計画で、石炭・鉄鉱石のみならず、それ以外の鉱物資源の開発も打ち出された。そのため本章では満州における鉱業全般を視野に入れ、政策史に配慮して企業史的検討を行なう。

　既存研究として、満州事変前の満鉄の投資研究の中で鉱業が位置づけられており[1]、満鉄の膨大な通史的研究の中でも石炭業については詳細な紹介がある[2]。満業研究の中で、傘下の炭砿群と企業集団の再編について詳細な研究があるが、炭砿業や鉱山業としての扱いではない[3]。採金の特殊会社についても若干の言及があるが、その事業を詳細に紹介するものではない[4]。鉄鋼業の原料採掘で関連があるが[5]、鉱業からの分析としては成り立ちにくい。個別企業の投資として、合名会社大倉組については本渓湖煤鉄公司の事業投資について紹介がある[6]。株式会社昭和製鋼所と本渓湖煤鉄公司に代表される製鉄業は、鉱業というよりも付加価値形成において製鉄業というべき産業であろう。東拓系事業については1920年代の天宝鉱山についても関連した紹介がある[7]。また三井系については満州国期の熱河鉄山株式会社とそれを改組した東亜鉱山株式会社が紹介されている[8]。また日満商事株式会社による石炭流通の研究もあり参考になる[9]。ほかに満鉄刊行物も参考になるがここでは資料として利用しよう[10]。満州国で石油採掘を試みたが、果たせなかった満州石油株式会社については満州国で川下部門の石油精製・配給を行なったため化学工業に分類し、本章では言及しない。

第1節　満州事変前の日系鉱業投資

1　日系鉱業投資の概要

　日系鉱業の法人活動として、1922年の一覧表によると（**図表Ⅱ-8-1**）、鉱業専業法人は14社に過ぎない。このほか後述の満鉄による巨額石炭業投資があるが、それについては改めて詳述する。この14社には日本本店法人1社や合資会社3社、合名会社2社を含んでおり、満州本店株式会社は8社に過ぎない。払込資本金合計は380万円で、規模の大きな法人は限られていた。進出時期では、1社のみ1911年であるが、ほかは1917〜20年に集中しており、第1次大戦期の好況の中で参入した。

　奉天省の西安炭田に日本人事業家3名が着目し、合弁権の獲得工作に乗り出した[11]。そして炭砿利権獲得工作の結果、1914年9月に孫世昌と合弁で大興煤鉱公司を撫順に設置し、1916年6月に農商務総長より認可され塔連炭砿の経営に着手した。この合弁事業の管理のため、浅田亀吉経営の塔連炭砿を買収し、東洋炭鉱株式会社は1917年3月に本店を東京に置き、支店事業所を満州最大の炭砿都市の撫順に設置された。資本金100万円全額払込である。社長上仲尚明（南満州太興合名社員）、専務取締役森恪、取締役飯田邦彦（南満鉱業株式会社取締役）、高木陸郎ほかが就任していた。森恪は多数の事業設立にかかわり、高木陸郎は中日実業株式会社副総裁で同様に多数の事業に関わった。その後、東洋炭鉱は本店を撫順に移転した。東洋炭鉱は大興煤鉱公司の日本側持分を買収し、東洋炭鉱が大興煤鉱公司を通じて塔連炭砿の経営にかかわった。その後、この炭砿利権を満鉄に220万円で売却したため、事実上、炭砿業からは撤収し、その実体は消滅していた[12]。

　西安炭田の利権に明治鉱業合資会社（1908年1月7日設置、本店福岡県頴田村、安川敬一郎の経営、1919年1月1日本店戸畑、同年4月1日株式会社に改組）も参入した。同社は1917年に利権獲得に着手し、既存の中国人経営の炭砿に合弁を条件に借款供与を行ないながら工作を進めた。しかし他の合弁獲得

図表II-8-1　1922年満州鉱業会社

（単位：千円）

企業名	本　店	設立年月	払込資本金	備　考
東洋炭鉱㈱	撫順	1917.03.	1,000	当初の本店東京
南満鉱業㈱	大連	1918.04.08	750	満鉄一部出資
大連工材㈱	大連	1920.03.25	500	
東洋石材工業㈱	大連	1919.12.10	375	
満州建材㈱	大連	1920.03.01	250	
満州採炭㈱奉天支店	福岡県戸畑	1918.09.	250	明治鉱業㈱系
撫順製錬㈱	撫順	1920.04.01	250	
東洋スレート工業㈱	大連	1919.09.21	125	
永田鉱業㈱	大連	1919.03.08	100	
㈾東郷商会	大連	1919.05.21	50	
大石橋菱苦土工業㈾	大石橋	1918.04.20	50	
砂石㈴	大連	1919.08.18	40	
㈾三利公司	大連	1911.04.18	30	
大陸大理石工業㈴	大連	1920.06.01	30	

出所：南満州鉄道株式会社地方部勧業課『南満州商工要覧』1919年（アメリカ議会図書館蔵）、『1922興信録』、『1936銀行会社年鑑』。

を目指す日本人事業者間に紛争が発生したため、1918年9月に明治鉱業が中心となり、満州採炭株式会社（本店戸畑）を設置し同社が利権獲得の主導権を握った。その奉天支店が事実上の事業者として位置づけられる。資本金100万円、25万円払込、社長森恪、専務取締役上仲尚明、取締役高木陸郎ほかが就任しており[13]、役員構成は先述の東洋鉱業と近似するものである。また明治鉱業は1919年1月から1920年5月にかけ、中国人名義で4公司を設立し、鉱区を出願し採掘許可を得た。その後の合弁利権獲得には東北軍閥政府の反撃で不可能となった。満州採炭は1924年に解散し、明治鉱業がその権利義務一切を承継した。同社は鉱区権を得た鉱山の早期開鉱を要求された。そこで試掘を行ない、1927年10月に本格採炭に移った。同社は西安炭田の既存鉱山を統合した官民合弁の中国法人と競合しながら満州事変を迎えた[14]。明治鉱業は奉天省錦西炭田にも参入した。1905年に事業着手された大窰溝煤砿の中国法人通裕鉄路煤砿有限公司は炭砿のみならず、1915年に京奉線までの採掘鉄道の敷設を終えており、有力事業者であった。営口の日本領事館の斡旋で明治鉱業が1917年10月に交渉に着手した。安川敬一郎が横浜正金銀行調査部長実相寺貞彦を顧問として交渉させ、1918年11月に合弁契約を締結し、翌年1月に中国政府の承認を得て資本金天津銀300

万両の合弁の大窰溝煤砿公司が成立した。同公司は鉄道部門を切り離し通裕鉄路公司とした。しかし火災・出水が発生し炭層の不良も確認したため、明治鉱業は1922年11月24日に合弁脱退を決定した。そして明治鉱業撤退後、錦西煤砿公司は安川敬一郎からの借款債務を残したまま事業を続け、満州事変を迎えた[15]。

南満鉱業株式会社は1918年4月8日に本店を大連において設置された。同社については満州事変以前に満鉄が出資で関わった企業として注目されるため後述する。大連工材株式会社・東洋石材工業株式会社・満州建材株式会社は建築用砂石類等の採掘販売を目的とした。このうちの東洋石材工業は満州工業石材合資会社（資本金2.5万円）とほかの個人事業を承継して株式会社に改組したものである[16]。撫順製錬株式会社は第1次大戦中に需要の伸びた亜鉛精錬に参入するため、1920年4月に撫順に設置された（資本金100万円、払込25万円）。取締役坂野鉄次郎（大阪亜鉛鉱業株式会社取締役）、小日山直登（満鉄）ほかである。創業当初は好調であったが、1921年には不振に陥り事業整理に入っていた[17]。東洋スレート工業株式会社は1919年9月設置であるが（本店大連、資本金50万円、12.5万円払込）、事業は華北直隷省に保有する3件の採掘利権により採掘を行ない日本に輸出しており、第1次大戦期は好調であった。ただしこれらの事業も事実上撤収している事例や、大戦後の反動恐慌の打撃で休業に追い込まれた事例も多く含まれており、実態のある鉱業事業者は限られていたといえよう。

中国法人として設置した鉱山利権確保のための事業として、天宝鉱山がある。アメリカ人との合弁契約が1902年に締結されたがその開発は実現しなかった。その日本側の利権確保のため、朝鮮総督府の斡旋で、三菱合資会社が日本人と中国人に資金を供給し日清合弁組織を設置させた。しかしその後、数ヵ月で吉林省巡撫が日本利権の拡張と見て兵力で天宝鉱山の閉鎖を要求し、その計画は1906年に頓挫した。その後第1次大戦期に日本の満州進出が強まり、飯田延太郎（神国生命保険株式会社社長）は1915年に三菱合資会社よりその合弁事業の権利を譲り受け、間島地方における事業に着手した。飯田が劉紹文という人物を名義上の合弁契約者として、事業を起こした。それが1915年9月23日設立、南満州太興合名会社である（資本金55万円、本店東京）。同社は設備投資により溶鉱炉2基を使用し、銀銅の精錬に着手し、欧州大戦期の素材価格高騰の中で相当の利益

を得た[18]。飯田は南満州太興合名のほか、間島を事業地とする天図軽便鉄道（本店吉林、のち竜井村）と朝鮮を事業地とする図們軽便鉄道株式会社（本店東京）を社長として経営していた[19]。飯田はこれらの事業のため朝鮮総督府の支援と東拓からの多額借入金により便宜を受けていた。しかし南満州太興合名会社は1920年の戦後恐慌で天宝鉱山の精錬を継続することができなくなり、やむなく事業を縮小し探鉱を続ける権益維持のみとなった。そのほか南満州太興合名は1925年でも老頭溝炭砿では採炭を続け、同年で6919トンを出炭し、地場需要に応じていた[20]。さらに1920年代の満州の利権回収運動の中で南満州太興合名は追い詰められ、また匪賊の略奪の標的となり天宝鉱山は再度荒廃し事業継続は不可能となり[21]、休業状態に陥った。

その後、休業状態に陥っていた事業者は解散するものがあり、1926年の企業一覧では、中国法人を含むが、鉱業に分類される法人は35件、このうち中国法人として（「公司条例」に基づく設置とみなされる）「公司」と商号に含まれるのは12件であり、残りが日本法人である（うち株式会社6件）[22]。

2 満鉄の鉱業投資

満鉄が保有する撫順炭砿は満州最大の炭砿であり、日露戦争前から中国人が事業に着手し、そこにロシア人が割り込み、ロシア人の華興利公司が経営することとなり、さらに同公司は1902年に極東森林会社に譲渡され、同社の管理下で日露戦争まで操業していた。日露戦争で日本陸軍は撫順を占領し軍政下に置いた。1905年9月5日ポーツマス条約により、関東州のほか東支鉄道南支線とその沿線付属地のほか南満州の鉄道を取得したが、併せて東支鉄道南部支線の付属事業として撫順炭砿と煙台炭砿を取得した。1906年6月7日「南満州鉄道株式会社令」に基づき1906年11月26日に南満州鉄道株式会社が本店を大連において設置されたが、翌年4月1日に撫順炭砿を満鉄が野戦鉄道提理部から引き継いだ[23]。こうして満州最大の炭砿は満鉄直営の事業資産として取り込まれた。これが満州における日系鉱業の嚆矢といえよう。こうして満鉄は膨大な埋蔵量を誇る巨大炭砿を管理下に移した。

満鉄は撫順炭砿を直営し、周辺事業を含む開発投資を続けた。それにより採掘

可能な炭層を発見した。これらの採掘機械の投資のみならず、撫順に社宅市街地を設置し、水道・電灯・瓦斯・病院・学校を敷設した。さらに瓦斯発電所を設置し、運炭線を当初の蒸気機関車から電気機関車による運行に改修する等の投資を続けた[24]。その結果、満鉄は埋蔵量10億トンと豪語する撫順炭砿の出炭を増大させた。1908年で44万英トンから1916年の170万英トンにまで引き上げた[25]。この出炭量を自社消費に回すのみならず、満州内販売と満州外輸出にも力を入れた。

満鉄は撫順で産出する石炭の日本内販売を目的として、1923年4月1日に撫順炭販売株式会社を設置した。同社の本店東京、資本金300万円、半額払込、三井物産株式会社30％、三菱商事株式会社15％、株式会社南昌洋行（1917年12月5日設立、撫順の炭砿採掘業）と野沢組株式会社45％、満鉄10％の出資比率であった。撫順炭砿販売を通じて鉄道省、海軍工廠、八幡製鉄所等への直接販売のほか、南昌洋行、野沢組および三井物産を委託先として販路拡張を図った[26]。

このほか満鉄の鉄鉱石採掘事業もある。1916年3月に中華民国「鉱業条例」に準拠して、鞍山の鉄鉱石採掘のため、1916年4月17日に中日合弁で振興鉄鉱無限公司を設置し（資本金14万円、全額振込）、翌年3月に正式採掘許可を得た。同公司の本店を奉天に置き、採鉱総局を当初は千山に置き、後に鞍山に移した。鉱区は鞍山市街地を中心に10マイルに広がっていた。同公司は鉄鉱石の開鉱に着手した。さらに同公司は翌年9月には石灰石の採掘権を得て、採掘を開始した。こうして同公司の採掘する鉄鉱石と石灰石の全量を鞍山製鉄所に製鉄原料として供給する体制となった[27]。この原料確保で、満鉄の自社石炭と鞍山の鉄鉱石と石灰石を用いて鞍山で製鉄が開始される。

南満鉱業株式会社は1918年4月8日に東京で設立された。本店大連、資本金300万円（75万円払込）、取締役社長荒井泰治（塩水港製糖株式会社社長）、専務取締役高木陸郎、取締役大橋新太郎（日本書籍株式会社取締役ほか多数の経営に関わる）、中丸一平（湯浅蓄電池製造株式会社取締役）、飯田邦彦、林愛作（株式会社帝国ホテル常務取締役）、相生由太郎（福昌公司）、総株式6万株、株主138人のうち、満鉄5500株、中丸、荒井、大橋ほか各3000株、高木2000株で、筆頭株主は満鉄であるが1割も出資せず、上位の株主の集中は高くない。1000株

には林愛作のほか、安部幸兵衛、森恪、茂木惣兵衛、和田豊治、山本条太郎、槙哲ほかが並んでおり、国内から幅広い出資を募っていた。満州実業家からも石本鑓太郎、庵谷忱ほかが並んでおり、相生の関係で出資したものと思われる[28]。南満鉱業は1918年12月期で大石橋の住民の設置による大石橋菱苦土合資会社に原鉱石を供給し製品を南満鉱業に一手販売させる契約を交わし、復州では有力鉱区所有者と、粘土採掘と工場経営について契約を交わした。国内にも川崎に満州産原料と半製品の加工工場の建設のため用地を取得した。鉱石販売は増加し、大連にある満鉄中央試験所所属リグノイド工場の貸下げを受け、夏家河子に耐火煉瓦工場設置のため1918年11月に着工し、翌年2月より出荷の見込みとなった。大石橋工場は12月1日に操業を開始した。8月以降長春炭砿の採炭準備に入ったが戦乱のため作業が停頓した[29]。その後、第1次大戦の終結のため操業環境が変わった。大石橋工場の硬焼マグネシアと苛性マグネシアは需要が見られるようになったが、耐火煉瓦の需要が減退し操業を見合わせた。長春炭砿は少量の出炭を見ただけであった[30]。1919年9月3日に荒井と高木が取締役を退任し、村井啓太郎（大連海務協会理事会長）が専務取締役社長となり経営を引き受けた。しかし第1次大戦後の反動で製鉄不振によるマグネシア需要の減退、国内の鉱石需要の減退、長春炭砿の降雨による被災と戦乱で作業中止となり、一段と操業が苦しくなってきた[31]。高木が社長に復帰したが、経営状態は改善されず、1920年12月末で三井物産が満鉄を上回る5600株を既存株主から取得し筆頭株主となったが[32]、その趣旨は不明である。長春炭砿は満鉄撫順炭砿の支援で炭層を精査し試掘を続けたが、優良な炭層にめぐり合えなかった。同社の鉱石販売も不振で損失を続けた[33]。その損失処理を迫られ、1925年3月16日に資本金を150万円から25万円に減資した[34]。そして満鉄の資金力に頼み、1925年8月29日に資本金125万円を増資し満鉄に引き受けてもらい、その結果満鉄は株式の過半を保有し[35]、鉱石区や石炭で関連のある南満鉱業を救済した。しかし操業環境は市況は好転せず、満州事変まで不振のまま続いた。

　1920年代末に設置された日本企業もある。日露戦争前から奉天省復州炭砿でロシア人により採掘した粘土を利用して旅順要塞築城用レンガを製造していた。日露戦後、1908年に日本人が耐火粘土採掘の経営に乗り出したが、その後変遷

を経て、日本人資本家の手により1929年9月13日に復州鉱業株式会社が設置された（本社大連、資本金50万円、41.3万円払込）。1934年時点の出資は1万株中、満鉄4600株、佐志雅雄1110株、福井米次郎1000株、相生合名会社1000株ほかである。満鉄の資金支援で設置された。同じ時期の役員名簿では、社長小住善蔵、福井米次郎、佐志雅雄、相生常三郎である。佐志は1918年7月24日設立の合資会社復州粘土窯業公司の社長であり、その川上部門の採掘事業を復州鉱業が担当した。福井は大連の建築材料・窯業原料・建築材料を販売するほか請負労力供給を業とする株式会社福井組（1920年3月25日設置）の代表取締役であり、同様の川上部門として復州鉱業が位置づけられた[36]。相生は良く知られた大連実業家の相生由太郎の息子である。こうして大連の復州粘土を原料とするか、あるいは供給する事業者等が経営に関わった。復州鉱業は1930年2月期以降、毎年度利益を計上しており[37]、同社の日本利権回収運動が高まる中で円滑な操業がなされたようである。

第2節　満州国の鉱業の概観

満州国樹立後、満州国は暫定的に1914年「鉱業条例」を準用したが、1935年8月1日に「鉱業法」を公布し（施行9月1日）、鉱業権の種別を撤廃し、鉱業者の資格として自国事業者のほか外国人、すなわち日本人も鉱業権者となれるものとした[38]。こうして満州国の鉱業権を日本人事業者にも解放した。

既存鉱山についてはその鉱区権を日系企業については尊重し、政府鉱区権については満州国がそのまま承継した。鉱業権申請業務で、後述のように満州鉱業開発株式会社に窓口業務を委任して効率化を図った。また既存の満鉄鉱業利権や満州国に帰属した鉱業利権を現物出資することで新たな鉱業法人の設置を見る。その経緯を紹介しよう。1936年の鉱業法人の資本金5万円以上を列記したが（**図表Ⅱ-8-2**）、この時点で満州国前からの満州の事業者は、株式会社では先述の満鉄系の日満鉱業と復州鉱業の両普通法人および満州タルク株式会社のみである。最大の鉱業法人は特殊会社の満州炭砿株式会社で払込資本金1600万円であり、満州国政府・満鉄・満州中央銀行が出資していた。同社は満州各地の大規模炭砿

を直営もしくは関係会社として経営した。ついでやはり特殊会社の満州採金株式会社が払込資本金717万円である。そのほか日満鉱業株式会社が支店営業として参入した形になっているが、実際には満州鉛鉱股份有限公司に対する満鉄との共同出資事業者である。後述のように新規鉱区権の登録事務を特殊会社の満州鉱業開発株式会社に委任していたが、同社は満州国政府と満鉄の出資である。満州鉱業開発は直営鉱山の経営と鉱山業の投資も行なう。満州炭砿の経営下に移された北票炭砿股份有限公司も規模が大きい事業者であった。採金業では延和金鉱股分有限公司があるが、同公司は満州国政府出資の普通法人である。株式会社大満採金公司が上島慶篤と満鉄の出資で設置され、同公司が大満採金股份有限公司に出資するという、治外法権撤廃前の満州国の日満二重法人設置による為替リスク回避が行われていた。普通法人の株式会社の参入はまだ始まったばかりの状況であるといえよう。その後、1937年5月1日に「重要産業統制法」が公布され、主要鉱業についても同法による指定を受け、鉱業統制が強まった。

　さらに満州産業開発5ヵ年計画を経た1942年の満州の鉱業会社をみると、件数が急増しており株式会社のみ払込資本金20万円以上を採録した（**図表Ⅱ-8-3**）。治外法権撤廃と会社法制の転換により股份有限公司は消滅している。特徴として1937年以降に設置された法人件数が多数を占めている点であり、またそのうちの大規模なものは満業の傘下にある企業であった。満州鉱山株式会社、東辺道開発株式会社、密山炭砿株式会社、渓城炭砿株式会社、琿春炭砿株式会社、札賚炭砿株式会社、営城子炭砿株式会社がそれに該当する。そのほか日本からの直接投資による企業設置が多数見られた。日本窒素肥料株式会社系間接出資による舒蘭炭砿株式会社への出資、南満鉱業への満鉄・日満鉱業出資の三菱商事株式会社・野村証券株式会社・日本製鉄株式会社の肩代わり、満州銅鉛鉱業株式会社への磐城セメント株式会社の出資、三井系の天宝鉱山株式会社の取得と旧商号熱河鉱山株式会社を改称した東亜鉱山株式会社への投資、浅野系の満州石綿株式会社と琿春砂金株式会社への出資、鐘紡の康徳鉱業株式会社への出資、東満州産業株式会社の間島鉱業株式会社と中満鉱業株式会社への出資がある。そのほか払込資本金が100万円以下の独立系の鉱業法人も多数設置された。産業開発5ヵ年計画期は満州における鉱業投資による広範囲の開発がなされた時期であったといえよう。

図表II-8-2　1936年鉱業会社

(単位：千円)

法人名	本店所在地	設立年月日	払込資本金	資本系列
満州炭砿(株)	新京	1934.05.07	16,000	満鉄、満州国政府、満州中央銀行出資
満州採金(株)	新京	1934.05.16	7,175	満州国政府、満鉄、東拓出資
南満鉱業(株)	大連	1918.04.08	6,000	満鉄ほか日本事業家出資
満州石油(株)	新京	1934.02.24	5,000	満鉄、満州国政府、三菱商事、三井物産、日本石油、小倉石油出資
日満鉱業(株)	東京	1919.05.22	5,000	白城合名、山下市助、山下同族会社ほか出資
満州鉛鉱(股)	奉天	1935.06.19	4,000	日満鉱業、満鉄出資
満州鉱業開発(株)	新京	1935.08.24	3,100	満州国政府、満鉄出資
北票炭砿(股)	新京	1933.12.01	2,500	満州炭砿出資
(株)撫順製錬	撫順	1919.04.01	1,250	
宮川鉱業(資)	奉天	1930.11.10	1,000	
延和金鉱(股)	間島省延吉	1935.10.30	600	
復州鉱業(株)	大連	1929.09.13	500	
南満ドロマイト工業(株)	南関嶺	1934.05.05	400	
熱河鉱業(股)	新京	1935.10.02	300	後日、満州金鉱(株)に商号変更、満州鉱山全株所有
(資)東方鉱務公司	大連	1936.02.03	250	
大徳鉱業(両)	奉天	1935.09.17	200	
(株)吉豊公司	撫順	1935.02.25	150	
(名)泰山行	新京	1920.02.11	150	
満州滑石(股)	海城	1934.02.09	125	後日、満州鉱業開発融資
(株)永田鉱業	大連	1919.03.08	100	
中興産業(両)	新京	1935.08.01	100	
啓源鉱業(両)	奉天	1935.10.01	100	
凌南煤鉱(両)	熱河省凌南県	1935.12.04	100	
日満合弁満海鉱業(無)	奉天省海城県	1935.02.10	100	
復州湾粘土鉱業(無)	奉天省復県	1935.12.05	100	
(資)金竜鉱業公司	大連	1934.12.25	100	
(名)東興鉱業公司	奉天	1931.10.28	100	
(資)海城タルク会社	大石橋	1932.10.29	97	
満洲タルク(株)	営口	1921.01.10	75	
(資)新京興業公司	新京	1933.06.25	65	
(資)上田石材会社	奉天	1935.01.31	60	
(資)大嶺洋行	大石橋	1933.06.05	60	
本渓湖石灰(株)	本渓湖	1920.04.25	50	
(株)大満採金公司	大連	1934.06.30	50	上島慶篤、満鉄出資
大満採金(股)	新京	1935.12.21	50	大満州採金公司の出資
満州微粉工業(資)	大連	1925.07.26	50	
(資)遼東鉱業運送公司	大連	1934.08.15	50	
大石橋菱苦土工業(資)	大石橋	1918.04.20	50	
(資)新京石材公司	新京	1934.04.22	50	
天和黒鉛(名)	新京	1930.12.26	50	

出所：『1936銀行会社年鑑』。

注：(1) (株)は株式会社、(資)は合資会社、(名)は合名会社、(股)は股份有限公司、(両)は両合公司、(無)は無限公司の略。
(2) 払込資本金5万円以上を採録した。

図表II-8-3　1942年鉱業会社

(単位：千円)

企業名	本店	設立年月日	払込資本金	資本系列
満州炭砿㈱	新京	1934.05.07	300,000	満業出資
満州鉱山㈱	新京	1938.02.28	150,000	満業出資
東辺道開発㈱	通化街	1938.09.14	126,350	満業・満州炭砿出資
密山炭砿㈱	東安省鶏寧県	1941.07.11	100,000	満業出資
満州採金㈱	新京	1934.05.16	60,000	満州国政府出資
満州鉱業開発㈱	新京	1935.08.24	45,000	満州国政府・満鉄出資
渓城炭砿㈱	本渓湖	1942.01.19	30,115	満業出資
舒蘭炭砿㈱	吉林省永吉県	1939.07.23	30,000	吉林人造石油・満州炭砿・満州国政府出資
満州特殊鉄鉱㈱	新京	1940.10.15	30,000	満業系
満州鉛鉱㈱	奉天	1935.06.19	30,000	満洲鉱山・日満鉱業
琿春炭砿㈱	琿春街	1939.09.29	25,000	満業出資・東満州産業
札賚炭砿㈱	新京	1941.11.21	12,500	満業出資
南満鉱業㈱	海城県	1918.04.08	11,050	満州鉱業開発・三菱商事・野村証券・日本製鉄
協和鉄山㈱	新京	1939.08.05	10,000	上島・満業
熱河開発㈱	奉天	1939.11.16	10,000	1943.11 解散
大華鉱業㈱	新京	1939.01.31	9,500	上島系
間島鉱業㈱	新京	1938.02.15	8,500	満州採金・大同産業
満州銅鉛鉱業㈱	奉天	1939.07.27	8,300	磐城セメント系
営城子炭砿㈱	新京	1937.11.17	8,000	満業出資
満州鉱業㈱	奉天	1937.06.23	7,500	満鉄系
昭徳鉱業㈱	新京	1940.02.05	6,000	三菱鉱業・満州採金
久和炭砿㈱	鞍山	1942.01.10	5,000	
満州鉱業汽船㈱	新京	1939.05.11	4,750	川南秀造経営
周杖子水銀㈱	新京	1942.09.26	4,350	
東満鉱業㈱	新京	1937.04.16	4,000	東満州産業系
延和金鉱㈱	延吉県	1935.10.30	3,600	政府出資普通法人
金廠鉱業㈱	奉天	1938.10.26	3,500	
天宝山鉱業㈱	延吉県	1937.10.16	3,500	三井鉱山経営、満州興業銀行出資
大満鉱業㈱	熱河省平泉街	1939.06.13	3,500	1940.09.13 熱河産金を商号変更
康徳鉱業㈱	奉天	1937.10.27	3,250	鐘淵紡績系
満州石綿㈱	新京	1938.06.06	3,000	浅野証券・大同洋灰・大阪石綿工業・浅野スレートほか出資
満州金採掘㈱	新京	1938.05.18	3,000	
大陸鉱業㈱	新京	1940.04.08	2,500	
東満州鉱業㈱	奉天	1940.07.25	2,250	
大東雲母㈱	奉天	1941.11.21	2,000	
杉松崗炭砿㈱	通化街	1939.04.28	2,000	東辺道開発系
東亜鉱山㈱	新京	1937.07.05	2,000	三井系
琿春砂金㈱	新京	1938.07.09	2,000	浅野系
錦州炭砿㈱	錦州	1939.06.08	1,350	
熱河蛍石鉱業㈱	熱河省隆化県	1941.10.03	1,300	住友系
復州鉱業㈱	奉天省復県	1937.08.28	1,250	満鉄系
裕和鉱業㈱	本渓湖	1938.01.15	1,000	満州神鋼金属工業系
福洞炭砿㈱	竜井街	1940.10.03	1,000	
満州雲母㈱	安東	1938.04.17	925	
三宝鉱業㈱	竜井街	1940.06.04	825	三井鉱山系
中東産業㈱	奉天	1917.11.01	800	

企業名	本　店	設立年月日	払込資本金	資本系列
岫巌鉱業㈱	新京	1936.09.08	700	満州鉱山系
裕東煤鉱㈱	新京	1937.04.03	600	
八生鉱業㈱	大連	1924.02.12	500	
満蒙開発㈱	旅順	1937.03.03	500	
満州黒鉛鉱業㈱	新京	1940.06.01	500	康徳鉱業系
杉松炭砿	新京	1942.05.25	500	
昌大興業㈱	大連	1939.11.27	450	
㈱奉天化学工廠	奉天	1941.07.07	450	
熱河鉱業㈱	新京	1935.10.02	360	
㈱東亜鉱業公司	大石橋	1939.01.09	300	
満州燃料鉱業㈱	奉天	1935.08.17	300	
平安産金㈱	大連	1939.06.23	250	
㈱豊順洋行	海城街	1939.02.25	200	

出所：『1942銀行会社年鑑』。
注：支店営業を除外、払込資本金20万円以上の株式会社のみ採録。

そしてその担い手が日系企業であった。なお1943年7月12日「鉱業統制法」により、鉱業増産の強化のため、事業着手、休止継続の統制、事業計画の統制、鉱業権の統制、事業合併譲渡命令、生産増強命令等がなされるものとなったが、この法律の施行にあたっては軋轢が大きいため、当該事業者に対しては、資金・資材・技術・労力等の優先確保や価格への配慮が払われたという[39]。

第3節　満州国石炭業

1　満州炭砿

満州国における石炭産業政策として、1933年1月7日の満鉄経済調査会第四委員会で「日満合弁満州炭砿会社定款要綱案」と「炭業統制要綱案」が決定された。後者によると資源開発を図り、生産者の競争を避け、炭価を低廉に抑えるため、日満合弁の「満州炭砿株式会社」を設置し、満鉄とともに統制下におく。その他の主要炭砿は新設会社か満鉄に買収させ、委任経営または一手販売等により統制する、撫順・煙台の満鉄の炭砿と新設会社を合同させ満州国の炭砿を統一的に経営させる、炭砿会社は満州国の特殊会社とし日満両政府の協定により設置する、資本金は満州中央銀行券建1600万円、満州国政府800万円（現物出資）、満鉄800万円（500万円現物出資）、満州の投資会社200万円とする、当初の直接

経営炭砿4炭砿と買収する炭砿4会社を予定した。関東軍特務部に炭業統制委員会を設置し日本における石炭販売統制機関との連携を図る、同委員会は関東軍特務部長を委員長とし、満州国実業部・満鉄・満州炭砿ほかから委員を出すものとした。前者によると、本店を奉天、代表取締役社長を日本人、副社長を「満州人」を想定していた[40]。

　この骨子案の検討を経て、同年3月12日に関東軍は「満州に於ける炭業統制要綱案」を決定した。先の案と異なるのは、資本金1600万円で満州国と満鉄で折半し、前者は現物出資のみとした[41]。この方針で具体化が進み、同年10月12日に拓務省は満鉄に株式引き受けを認めた。そして1934年2月27日に「満州炭砿株式会社法」が公布され、同年5月7日に。資本金1600万円全額払込の日満合弁法人として満州炭砿株式会社が設立された（本店新京）。同法によると、石炭の採掘販売、炭砿業に対する投資ならびに実業部の認可を受けた付帯業務を営むものとした。満州国側は財政部が復州炭砿、八道壕炭砿、尾明山炭砿および孫家湾炭砿の鉱業権ならびに付属財産を現物出資し、鶴岡煤砿股份有限公司、西安煤砿公司および北票炭砿股份有限公司に対する持株を出資し、交通部および満州中央銀行は鶴岡煤砿、西安煤砿および北票炭砿に対する持株を出資し、満鉄は阜新県内に有する鉱業権ならびに付属財産を現物出資し、さらに300万円の現金出資を行なった[42]。その結果、32万株のうち満鉄16万株（役員株を含む）、満州国13.8万株、満州中央銀行2.15万株の出資構成となった。満州国当初の理事長は十河信次（満鉄理事）である。特殊法人のため社長ではなく、理事長が配置された。設立直後の1934年6月期総資産1602万円、鉱区とその付属財産888万円、投資炭砿3公司411万円という構成であった[43]。

　創業した満州炭砿は直営炭砿と関係企業炭砿に分けて経営した。直営炭砿としては、復州炭砿、八道壕炭砿、尾明山炭砿、孫家湾炭砿および阜新県の新邱炭砿を抱え、関係炭砿として西安煤砿公司（満州国の所有株式58.4％）、鶴岡煤砿股分有限公司（満州国政府・満州中央銀行の所有株式81％）、北票炭砿股份有限公司（満州国保有株式45％）で関係会社として経営支配を行なった[44]。このうちの北票炭砿については、1934年3月14日に関東軍は「北票炭砿処理方策」を決定しており、北寧鉄路所有の同炭砿の買収方針が進められていた[45]。さらに満州

炭砿は林口炭砿に新規投資を行ない開発に着手した。

　1934年10月10日に理事長十河信二が辞任し、後任に河本大作が就任した。十河は7月10日に満鉄理事任期を満了し、日本に引き揚げていた。河本の理事長就任は関東軍の推挙である。満州炭砿は、1935年6月20日に社債1000万円募集を決議し、資金調達手段を多様化した。同社は、未調査炭砿の踏査を続け、新たな炭砿の開砿に着手し、5ヵ年の炭砿開発計画を樹立した。売炭については満鉄と販売分野と販売期間に関する協定を締結し、すみわけを図った[46]。

　満州の石炭産業に対する方針として、1935年4月16日に炭業統制委員会が「満州炭業統制方策」と「昭和十年度炭業統制要綱」をまとめた。前者によると満鉄と満州炭砿との間に緊密な連絡協調をはかり所属炭砿の採掘計画、輸送計画・運賃、売炭数量及価格で協調させ、出炭・販売計画については炭業統制委員会に提出させる等を定めた。そして後者のように毎年度の出炭計画が編成されることになる[47]。これにより満鉄と満州炭砿が協調しつつ石炭産業の開発と出炭に携わることが期待された。同年8月15日に先述の1000万円の社債を発行し、この資金で阜新炭田の露天掘り開発計画をすすめ、剥離作業をへて炭層に着炭した。埋蔵量40億トン以上と推定される有力炭砿であった。密山炭砿では新規開発に着手した。1935年3月に中東鉄道買収により付帯財産として満州国に移転した札賚諾爾炭砿は満鉄に経営委任されていたが、それが8月に満州炭砿に移されて満州炭砿が委任経営を行なった。同年12月1日に西安炭砿公司の増資新株全株300万円を満州炭砿が引き受けた。また同年11月19日に北票炭砿公司の民間株式を買収し完全支配下に置いた[48]。

　満州炭砿は満州産業5ヵ年計画の策定に伴い、炭砿投資を拡大する。復州炭砿の新たな斜坑を開坑し、阜新炭砿の露天掘り作業を継続し、1936年10月に阜新鉱業所を開設し作業を統括させ、近傍の鉄道開通で市場が広がった。密山炭砿も新たな坑道を開鑿する作業を開始した。北票炭砿公司は1937年3月末で解散し4月より、また鶴岡煤砿公司は6月末で解散し7月1日より、それぞれ満州炭砿の直営炭砿に切り替わった。西安炭砿公司の露天掘りは終了し新たな斜坑の開鑿作業に入った。石炭売買のために日満商事株式会社が1936年10月1日に設置され、満鉄とともに満州炭砿も出資し、役員も派遣した。そのほか満州油化工業

股份有限公司にも出資し役員も派遣している。これらの炭砿投資の資金調達として 1937 年 2 月 2 日に資本金を 8000 万円に増資し (4800 万円払込)、自己資本を強化した[49]。2 月 9 日に明治鉱業の経営する西安炭砿を買収した[50]。

　1937 年 10 月 30 日に社債 5500 万円発行を決議し、満州国政府保証で日本国内における社債発行予定した。1938 年 3 月 31 日に経済部保有株と満鉄保有株は満業保有株に書き換えられ、その結果、株主構成は 160 万株中、満州国政府交通部 2.3 万株、満業 155.5 万株、満州中央銀行 2.1 万株となり、満州炭砿は完全に満業支配下に移った。6 月 29 日に西安煤砿公司の株式を買収し事業を吸収した。これにより発足当初の関係出資会社はすべて直営事業に切り替えられた。阜新鉱業所では発電所と選炭場の施設の整備を進め、露天掘を拡張した。その他新たな炭砿調査を和龍・通化・田師付・舒蘭・東寧に派遣して採炭準備にとりかかり、さらに多数の鉱区において新規地質調査を開始した。こうした出炭努力により、1937 年度で 287 万トンを出炭し、前年度に比べ 62 万トンの増大となった[51]。それでもさらなる増産が期待された。しかし既存の有力炭砿の出炭に依存しており、新たな大規模炭砿の開発がなされない限り、出炭は頭打ちにならざるを得ない。そのため各地の新規鉱区の開発に資金を投入せざるを得なかった。満州炭砿はエネルギー産業の宿命のような投資肥大を続けた。それを支えることができるのは可採炭層の有無と採掘力量と資金力のみであり、事業の成功すなわち有力炭砿の発見は偶然性に左右されやすい。資金力強化が急がれ、1938 年 11 月 4 日に社債 1 億 4000 万円を必要に応じて分割発行することを決議し、翌年 3 月 28 日に資本金を 2 億円に増資し、新株 1 億 2000 万円を満業が引き受けることとなった。また 1937 年以降続けていた、東辺道地区の炭田開発については満業と共同出資で 1938 年 9 月 14 日に東辺道開発株式会社を設置し、既存事業資産を同社に移した。阜新鉱業所や西安炭砿の出炭が好調なため、455 万トンの出炭を見て、前年度を 167 万トン上回った。調達した資金で既存炭砿と新規開発炭砿に投資を続けた。1939 年 6 月期で資本金 2 億円 (払込 1 億 1000 万円)、社債 3000 万円、借入金 (社債前借) 3800 万円で、そのほか満業勘定 880 万円があり、これは満業からの短期借入金である。資産では鉱区 5221 万円、採炭所 3323 万円、仮払金 3681 万円、貯蔵品 3111 万円で、関係会社投資は 1670 万円に止まっているという構成と

なっていた[52]。

　その後も増資払込金を徴収しつつ、本体事業とは関連の薄い満州合成燃料の株式を譲渡した。舒蘭炭砿の石炭液化の総合的経営方針に沿って、1939年7月23日に吉林人造石油株式会社と共同出資による舒蘭炭砿株式会社を設置し、同地区採炭業を移譲した。また1939年9月29日に東満州産業株式会社と共同で琿春炭砿株式会社を設置した。そのほか1936年設置の既存の中国人炭砿利権で開業した杉松崗炭砿股份有限公司に対して満州炭砿は資金融通して支援していたが、1939年4月28日に杉松崗炭砿株式会社を満州炭砿の関係会社とし、当該地域の開発を支援した。満炭砿機株式会社と満炭坑木株式会社を設置し、内製事業部門を分社化した。鶴岡炭砿の施設鉄道を国有鉄道に移管し満鉄の運営にゆだね、阜新炭砿等の電力事業は満州電業株式会社に移譲した[53]。その後も資金調達を強め、1940年1月30日に資本金を3億円に増資し、全額を満業が引き受けた。1940年5月29日に密山炭砿株式会社設置を決議し、密山事業所を分社化した。しかし満州炭砿の事業は急速に悪化し始めた。最大の理由は有力炭砿を分社化して販売収入が減少する一方で、華北炭砿労働者の調達難と、それに伴い賃金上昇が続き、他方産業開発計画に対応した出炭価格の抑制により利益を産めない体制に移りつつあった。同年6月期で資本金3億円（払込2億5000万円）で社債4950万円、借入金6028万円、満業勘定2750万円へと貸借対照表は肥大したが、事業は予算圧縮による本格的開鑿を中止した北票鉱業所や、資金圧縮による作業を縮小した鶴岡鉱業所の事例にあるように、事業は苦境に陥っていた。なお分社化した炭砿会社の株式は満業に移転しており、それにより対満業勘定の債務が処理されていた。1940年6月期で満州炭砿は無配に転落し[54]、さらに1940年12月期より労働者調達難によるコスト増大要因等で、損失を計上した。そして利益の出ない経営危機に直面した巨大な満州炭砿から、炭砿経営にふさわしくない理事長河本は去り、満業総裁鮎川義介が満州炭砿理事長を一時的に兼務した[55]。

　1941年になり、労働者募集難は一段と深刻になっていった。その中で1941年10月31日の札賚炭砿株式会社と1942年1月19日の渓城炭砿株式会社の設立で、札賚諾爾炭砿と田師付炭砿を譲渡した[56]。併せて杉松崗炭砿も東辺道開発の関係会社に移した[57]。満州炭砿は新規開発調査と投資を抑えることで損失の圧縮を図

ったが、石炭価格が抑えられており、他方華北労働者への労務費が増大するため、赤字操業体質を脱却することは不可能となっていた。この満州炭砿に対して、満州国政府は事業の改組を決定した。すなわち1943年1月に「満州炭砿改組要綱」をまとめ、それに基づき阜新、西安、北票、鶴岡の有力鉱業所を分離独立させる方針とし、同年2月26日に阜新炭砿株式会社、西安炭砿株式会社、北票炭砿株式会社および鶴岡炭砿株式会社として独立し、それぞれに事業資産を譲渡した[58]。こうして有力事業の炭砿が分社化し、満州炭砿の収支改善はまったく望めない状態となるため、併せて損失処理が実施される。1943年6月28日「満州炭砿株式会社法廃止ノ件」公布に併せ、同日に資本金を1億円に減資を決議し、同法律施行の7月1日に普通法人に転換した。こうして満業が2億円の株式を買上償却し、満州炭砿の貸借対照表を半分以下に圧縮した。併せて満州中央銀行出資も満業が取得した。それでも損失処理はできず、9月期末で当期損失と累積損失を合計すると6087万円となり、それは総資産の三分の一を上回る規模となっていた[59]。普通法人転換後には損失事業から大きく手を引くことができるため、中小規模炭砿の復州炭砿・和竜炭砿・東寧炭砿・三姓炭砿・愛琿炭砿・興隆炭砿・老黒山炭砿の運営に傾注し、単年度利益を生み出せる体質に切り替わりつつあった[60]。

2　東辺道開発と満業系炭砿

　満業系の事業として投資規模の大きなものに東辺道開発がある。これは当該地に石炭・鉄鉱石を用いて製鉄業を起こそうとする雄大な構想を実現に移すものであった。1938年9月12日に満業本社で東辺道開発株式会社の創立総会が開催された。事業内容について、鉄鉱石、石炭および製鉄用鉱産物の採掘と販売について、地域を通化省管内に限定する定款変更を行なった。こうして東辺道開発は本店新京、資本金3000万円、払込1020万円で事業に着手した。出資は満業役員保有を含み三分の二を満業、三分の一を満州炭砿が引き受けた。同社の取締役会長鮎川義介（満業総裁）、常務取締役奥村慎次、そのほか取締役に河本大作（満州炭砿理事長）、小日山直登ほかが就任した[61]。

　東辺道開発は設立前の1938年9月5日に産業部から鉄鋼精錬業の経営許可を得ていた。東辺道開発は満州産業開発5ヵ年計画の重要部門を担当し、1942年

度に鉄鉱石167万トン、石炭130万トン、銑鉄50万トンの生産を予定した。満州炭砿と満業系の満州鉱山株式会社の通化省における事業資産の引継ぎを開始した[62]。東辺道開発は壮大かつ意欲的な計画で事業に着手した。製鉄事業を含む巨大な事業のため、初期投資が大きく、1939年7月20日に増資を決議し、資本金7500万円とし、旧株を全額払込とし、新株に50円に対し20.5円を徴収した。この増資新株すべてを満業が引き受けた。この資金調達を得て、東辺道開発は石炭採掘、鉄鉱石採掘、製鉄に資金を振り向けた。1939年上期で鉄鉱石2.5万トン、石炭13万トンの採掘を行なった。製鉄工場は二道江に建設するため、設備、付帯施設等を調達していたが、欧州大戦の勃発で機械の調達に影響が出ていた[63]。

二溝江の製鉄事業のためコークス炉、電気炉、発電用機械の入手手配を行なっていたが、事業は見込みを大きく遅れていた。なお1940年2月29日に満業保有の旧株2万株を株式会社本渓湖煤鉄公司に譲渡している[64]。しかも創業以来一度も利益を計上することなく損失の繰越を続けていた。さらなる資金のてこ入れを必要とし、1940年4月30日に資本金を1億4000万円への増資を決議し、新株を満業が引き受けた。この払い込みにより東辺道開発は延命できた。しかし操業現場では電力と労力の不足により鉄鉱石の採掘に支障が出ており、石炭も長雨のなかで露天掘りが電力不足のため支障をきたす事態となっていた[65]。

1941年3月27日に鮎川義介が退任し、後任に満業総裁に昇格した高碕達之助が就任した。併せて河本大作も退任している。1941年9月期でも東辺道開発の産出する鉄鉱石は国内供給用と国外供給用があり、一部特殊鋼試験工場の原料に使用する程度であった。他方、二道江の工場計画は一部中止に追い込まれたものの、発電設備がようやく完成し、1941年9月21日に電炉による特殊鋼試験工場が操業を開始した[66]。1941年10月1日に本店を通化に移転し、経営の現場主義に徹するものとしたが、電気炉の操業は限られたものであった。他方、資金繰りでは株式払い込みを完了しているため、不足する資金は社外負債でしのぐしかなかった。投資勘定として杉松崗炭砿への出資180万円と貸付金191万円を新たに計上しており、満州炭砿の子会社への資金供給を引き受けていた[67]。産出する鉄鉱石の増産のため、株式会社昭和製鋼所と本渓湖煤鉄公司から機械類の協力を得たが、自社消費の電炉に使用する鉄鋼材は限られており、電炉による製鉄をあき

らめて、日本から小型溶鉱炉を導入する方針に転換した[68]。こうして当初の計画は大きく崩れた。

　東辺道開発は小型溶鉱炉の導入計画を進め、これによる製鉄の満州国内現地生産の増強を期待するという状態で、鉄鉱石と石炭も当初の見込みを大きく下回る産出量で低迷していた。1943年9月期で総資産2億3215万円、資産のうち鉄山3679万円、炭山5645万円、製鉄所1594万円、発電所1240万円、他方、資本金1億4000万円、長期負債7234万円で、これらに対し2093万円という累積損失を抱えていた[69]。当初の見込みを大きく下回った東辺道開発は事実上破綻し、1944年4月1日に昭和製鋼所と本渓湖煤鉄公司を統合して満州製鉄株式会社を設置する際に、東辺道開発も統合して、その累積損失も一括処理した。

　その他の満業系の炭砿業者としては、満州炭砿の直営炭砿の別会社による分離で、その出資を満業が引き受けることとなった。満業は以下の炭砿の出資を引き受けた。1941年11月21日設置の札賚炭砿株式会社に5000万円、1942年1月19日設置の渓城炭砿株式会社に662万円を引き受けた。同社は満州炭砿と本渓湖煤鉄公司の鉱区の現物出資と満業の現金出資で設置されたが[70]、満州炭砿の出資の肩代わりと、その後の本渓湖煤鉄公司の満州製鉄への統合により、満業が全株を取得するにいたった。1943年3月1日設置の阜新炭砿株式会社に1億2237万円、1943年2月26日設置の鶴岡炭砿株式会社に9829万円、同日設置に西安炭砿株式会社に5882万円、同日設置の北票炭砿株式会社に4567万円を出資した。そのほか既存の炭砿の株式も満業が引き受けている。1941年7月10日設立の密山炭砿株式会社の満州炭砿の保有株を1942年1月26日に肩代わりして、日本製鉄株式会社と日鉄鉱業株式会社との折半出資となった[71]。1939年9月29日設置の琿春炭砿株式会社は満州炭砿と東満州産業株式会社の折半出資であったが、満州炭砿の出資を満業が肩代わりし、1500万円を保有した。1937年11月17日設置の営城子炭砿株式会社は当初岡田栄太郎ほかの経営する営城子炭砿公司として発足したが、満州産業開発5カ年計画の始動に伴い、同日に株式会社に改組し、資本金を100万円に増資し、その後1941年2月15日に800万円に増資する際に、満州炭砿の出資を得たが[72]、満業がその株式を満州炭砿から肩代わりした。同様に1939年5月1日設立の南票炭砿株式会社の株式を満州炭砿から肩代わりして

700万円を保有した。また1939年9月23日設置の満炭坑木株式会社の株式を取得して、同社を満業坑木株式会社に商号変更した。こうして満業は傘下に多数の炭砿業者を抱え込み、その資金供給に傾注した。

第4節　満州国産金業

1　満州採金

　1932年7月24日に開催された満鉄経済調査会は、高木佐吉立案の「満蒙に於ける金鉱開発策」を一部修正の上可決した[73]。有望な満州金鉱開発に統制を加え開発を促進する必要性が謳われていたが、併せて日本の有力産金業者の満州進出で開発を促進するとの方針が盛り込まれていた。以後、満州国の産金政策の検討が具体化した。1932年11月1日に関東軍参謀長小磯國昭から関東軍のまとめた同年10月24日「満州国採金事業に関する計画要綱案」と同月23「満州国国有砂金鉱及金鉱の開発に関する要綱案」を満鉄経済調査会に軍側の成案として立案調査の参考に提示された[74]。この案が満鉄経済調査会の立案に強い影響を与えた。前者は、満州国は国内の金鉱と砂金を開発し採金を奨励し、産金業を保護統制する、採金業を許可制とする、政府は精製金と砂金を買い上げる、実業部に「採金局」を設置し、産金業の監督統制を行なう等を提案し、後者は「満州採金会社設立要綱案」を盛り込み、日満合弁の満州国法人を設置し資本金2000万円とし、砂金及び金鉱採取製錬探鉱を行ない、他の産金業者に対する資金供給、鉱区賃貸、粗鉱・精金・砂金の売買を行ない、社長は「満州国人」、副社長は日本人とし、両国政府持株は普通株、その他の株式は優先株とするとして、両国政府の強い介入権限を設定していた。関東軍側の反対のためか、日本の産金業者の導入は盛り込まれていなかった。その後、満州国は表面上、門戸開放機会均等既得権利の尊重等を対外的に声明した。関東軍司令部は同年12月19日に採金事業の全般的方策として「採金事業実施に関する方策案」をまとめている。これにより満州国有砂金鉱区・金鉱区を「満州採金会社」に譲渡する、金の密輸を阻止する等を掲げていた[75]。

　関東軍の方針に沿って満州国産金政策が固まり、1933年6月14日「産金買上

法」を公布した。満州の産金業者は満州中央銀行の発行準備に充当するため、同行への産金売却を命じられた。こうして満州国産金集買体制が築かれた。さらに1933年8月22日関東軍司令部「特別国有鉱域内砂金及金鉱の調査並採掘許可条件要綱案」を決定し、国有鉱域内における金鉱調査採掘許可条件と、「満州採金会社」への鉱区賃貸条件を固め[76]、これを踏まえ、同年10月31日関東軍特務部「満州採金会社設立要綱」が決定された。資本金1200万円、四分の一払込で満州国政府500万円（うち265万円を現金、235万円現物出資）、満鉄500万円（現金）、東拓200万円（現金）とした。政府の鉱区による現物出資が含まれていた[77]。採金会社設立方針が固まったものの、法人設立は遅れ、1934年5月3日「満州採金株式会社法」により、同年5月16日に満州採金株式会社が設置された。資本金1200万円（払込476万円、引受は満鉄500万円、満州国政府498万円、東拓200万円、満州中央銀行の保有金鉱の現物出資2万円）の出資、本店新京、理事長張弧、副理事長草間秀雄（元大蔵省造幣局長）。当初は砂金採掘と委託採掘、請負採掘、砂金の購入販売であった[78]。

　満州採金は間島省の事業を強化するため、延吉に1935年6月1日に出張所を設置し、各事業地の鉱業権について同年9月1日より独占的地位の確認を得た。通年で純金1164キロを満州中央銀行に納入した。これらの事業強化のため株式払込241万円を徴収した[79]。採金船の導入や採掘機械の導入等により、黒河、佳木斯方面で砂金採取・集買の成果を挙げ、買上価格の引き上げもあり、1936年12月期でも純金3570キロ、1002万円の実績を見た。特に同年11月に産金5ヵ年計画が樹立され、同計画に沿って産金を強化する方針となった[80]。1938年も採金船の増強等で純金3950キロ、1197万円の実績を見た。なお理事長張が死没したため、1938年3月25日に草間が理事長に昇格した[81]。

　1937年11月20日の日本産業株式会社の満州国移駐に伴い満州国の鉱業を満州国と満業に集中する方針となり、1938年3月10日に満鉄保有満州採金株はすべて満業に譲渡された。同年3月に鉱業所3ヵ所と所属鉱区を満州鉱山株式会社に譲渡し、同年12月に満州国政府引受で資本金を4000万円に増資した。それに伴い満業保有株式を満州国に移し、東拓株式も満州国が取得して全株が満州国の保有となった。満業の産金業へのかかわりが弱く、満業の産金業への介入から手

を引かせ、対外決済力強化を目的とした産金政策に満州国が全面的に関わることとした。その後、満州採金の理事長は石川留吉（朝鮮総督府殖産局技師を経て理事に就任）である。

そのほか満州国で1936年度に金鉱製錬事業特別会計が設置され、1938年度で廃止となっている。その特別会計に満州採金が買収した産金を輸納し、特別会計で金鉱製錬を行なったが、その後、大蔵省造幣局に任せ、日本から満州国産金も精製して輸出する体制となり廃止されたとみられる。満州国の産金会社は日本の日本産金振興株式会社（「日本産金振興株式会社法」1938年3月29日公布による同年9月16日設置）の関係と近似するが、その上に立つ産金支援を目的とする資金投資を行なう特別会計は設置されなかった[82]。

1941年12月のアジア太平洋戦争勃発で、対米金塊現送による対外決済力の産金による補充という産金の意義は消滅し、産金業は淘汰される。日本でも金鉱業整備が行われたが、満州国でも同様で、その過程で1943年9月7日に満州採金は後述のように満州鉱業開発に吸収合併されて消滅した。以後の産金業整備は満州鉱業開発が担当した。

2　その他産金会社

金以外の鉱石も合わせて採取している事業者もあるが、ここでは産金を主とした事業としていた企業をおおむね設立順に紹介しよう。これにより満州国においても、日本と同様に日中戦争期の産金強化が鉱業事業者を通じて幅広く行われていたことがわかる。しかも政府系特殊会社の関わりや日本の事業者の参入が見られる。

満鉄系の事業者として1934年6月30日に株式会社大満採金公司が設置された（本店大連、社長宮本通治）。資本金20万円、払込5万円、全額満鉄出資であった。同社は奉天省鉄嶺で満州国政府より上島慶篤が租鉱権を取得した国有金鉱区を採掘する目的を持って設置された。ただし採掘を担当したのは1935年12月21日設置の大満採金股份有限公司である。同公司が採掘権を得た鉱区で探鉱試掘鉱区買収等を行なった。会社法制の転換の中で、大満産金は本店を新京に移し満州国法人に転換した。しかしその後も優良鉱区を発見することができず、満鉄

からの借入金 50 万円で操業を続けたが、採算が取れないまま採掘中止となり、権益保持のために存続するだけとなった[83]。このように参入したものの早期に失敗した事例もある。

　満州国政府系として、延和金鉱股份有限公司が 1935 年 10 月 30 日に日満合弁で設置された。本社延吉、資本金当初 80 万円であり、満州国政府の出資が見られた（社長清水行之助）。同公司は 1938 年 7 月に延和金鉱株式会社に商号変更した。のち増資し 380 万円全額払込となる[84]。

　1935 年 10 月 2 日に熱河鉱業股份有限公司が設置された（本店新京）。同公司は実業部より倒流水鉱山の委任経営を受け、操業していた。その後熱河鉱業株式会社に商号変更した。1940 年 6 月に同鉱山を満州鉱山に譲渡し、1943 年にさらに商号を満州金鉱株式会社に変更した[85]。資本金 60 万円（半額払込）のため 1942 年の表には掲載していない。

　海城付近で成清鉱業所と 1935 年 8 月 1 日に新京に設置された中興産業両合公司が産金事業に参入していたが、そこに満州鉱業開発と提携し、1940 年 9 月 12 日に海城金鉱株式会社を設置し（資本金 400 万円、本店奉天省海城県、取締役社長高木陸郎）、海城付近の金鉱開発に乗り出した。同社は 1943 年に官屯鉱業株式会社に商号変更した。同社の大株主は満州鉱業開発である[86]。

　1938 年 2 月 15 日に間島鉱業株式会社が設置された（社長岡野精之助（満州採金）、本店新京、事業地琿春）。同社の事業は砂金採取と製錬である。当初資本金 500 万円、大株主は満州採金と大同産業株式会社である。その後、1940 年 8 月に 850 万円に増資を行ない、1943 年で全額払い込みとなっている[87]。間島地方ではさらに参入が続いた。浅野セメントの浅野良三が 1938 年 2 月に老龍口の租鉱権を取得して、同年 7 月 9 日に琿春砂金株式会社を設置した（本店新京、事業地琿春）。資本金 300 万円払込、社長浅野良三である。大株主は順安砂金株式会社で、同社は 1932 年 8 月設立の朝鮮における浅野系の有力産金業者である。琿春砂金の設立と同時に租鉱権を同社に移した。琿春砂金は砂金採取に従事した。さらに 1940 年 9 月には資本金 300 万円に増資し、1943 年で払込 200 万円となっていた[88]。

　1934 年に野田文一郎の個人事業として着手した産金事業は、1939 年 6 月 3 日の熱河産金株式会社の設置で、法人に切り替えられた（社長野田）。本店熱河省

喀口刺沁中旗、資本金150万円である。同社は金銀銅鉛の採掘を行なったが、その後1940年9月30日に大満鉱業株式会社と商号変更した。その後、1942年5月30日に社長原淳一郎が就任した[89]。

1938年10月26日に金廠鉱業株式会社が設置された（本店奉天、事業地通化、資本金350万円、社長松下芳三郎、取締役原淳一郎、1943年で全額払込）。大株主は松尾忠次郎（東亜金属工業株式会社社長ほか）である。1940年4月8日に大陸鉱業株式会社が設置された。本店新京、事業地東満総省安図県、で金とアンチモニーを中心に採掘を行なった。資本金250万円、1943年で全額払込である（代表原淳一郎）[90]。

以上の満州国法人のほか、日本本社の北満金鉱業株式会社（1935年6月25日設置、本店東京、取締役社長小日山直登）がある。資本金200万円全額払込であった。同社は満州国の興安北省四大了克に事業所を、黒河省にもその分所を設置し、採金船用材料を日本から輸送し、事業地で組み立てて砂金採取事業に着手した[91]。そのほか手掘りにより採掘にも着手した。しかし利益は計上できず、採金船を1隻を処分し、満州採金と朝鮮銀行からの借入金債務を形成しつつ営業し、1937年7月期に社長に堀鉄三郎、取締役に原安三郎が就任した[92]。その後、治外法権撤廃満鉄付属地移譲が1937年12月1日に施行される前に、北満金鉱は同年11月25日に本店を新京に移転し、11月30日に移転登記を済ませた。そして翌日に商号をそのままに満州国法人へと転換した。これに当たっては税金・手数料は免除されている[93]。ただし同社のその後の営業内容は不明である。

第5節　満州国非鉄鉱業

1　満州国政府系非鉄鉱業

1935年8月1日「満州鉱業開発株式会社法」公布により、同社は鉱業資源の調査および探鉱、鉱業権の取得および租鉱権の設定、精錬、鉱業および精錬業に対する投資、融資および金融の保証を、産業部大臣の認可を受けて行なうことができるものとされた。そして同日の教令で24種目（白金鉱、鉛鉱、亜鉛鉱、ア

ンチモニー鉱、ニッケル鉱、硫化鉄鉱、マンガン鉱、重石鉱、水銀鉱、黒鉛、石炭、石油〔天然ガスを含む〕、油母頁岩ガンマグネサイト、蛍石、耐火粘土、硝石、滑石、石綿）の鉱物に関しては、満州鉱業開発のみが鉱業権を取得できることとなった[94]。この法令に基づき、満州鉱業開発株式会社は1935年8月24日に設置された（本店新京、理事長山西恒郎〔満鉄理事〕）。資本金500万円（払込310万円）で満州国政府と満鉄（役員持ち株を含む）の折半出資で設置された。ただし満州国政府と満鉄の鉱業権による現物出資を含む[95]。

満州鉱業開発は民間の鉱業権取得手続きの窓口企業であり、1936年通年で、前年度の繰越を含み5336件の鉱区発見の申し出を処理し、出願できたもの414件であり、そのうち鉱業権の設定登録を終了したものは57件であった。その後もこのような鉱区発見の申請とその処理手続きを続ける。満州鉱業開発は鉱業権の登録手続き幅広く行なうことで鉱業を促進する機関であり、それにより有力鉱区の発見につなげようとしていた。そのほか租鉱権の設定、鉱区統制による所有鉱区の満州炭砿への譲渡を行なった事例もある。また独自に資源調査を行なっていた[96]。満州鉱業開発は鉱区の独自開発を中心とするのではなく、民間部門からの鉱区発見の申告を処理する行政事務の一部代行を行なっていた。

満州鉱業開発は政府から補助金を受給しているものの、手数料収入は限られ、また有力鉱山の販売収入や大口投融資案件も持たないため、毎期損失を計上していた。そのため1938年10月6日に理事長山西が退任し、竹内徳亥が選任された。さらに同年12月25日に資本金を5000万円に増資し、増資新株を全額満州国政府が引き受けてその1500万円を払い込んだ。新たに投融資案件として、満州滑石株式会社に10万円を貸し付けていた[97]。併せて各地に支店を設置できるように定款を改め、鉱区発見後の処理手続きの軽便化を図った。この増資により満州鉱業開発は一段と満州国政府の影響力が強まり、同社が満州国の行政事務の代行を行なうため、損失の垂れ流しは黙認されることとなった。満州鉱業開発は逐次払込を求めたが、それが遅れた場合には満州興業銀行から借入れでつないでいた。1939年3月に同社の機構改正で鉱産資源調査部門を新設し、産業開発5ヵ年計画に対応し鉱産資源の開発促進のための調査を強化した。ただし同社の鉱業企業への資金支援としての投融資は抑制的であった。1939年2月14日に南満鉱業の

株式の譲渡の承認を受け、さらに同年5月25日に増資株式引受の認可を受け、11月11日に熱河産金株式会社と南満鉱業への融資の承認を得た。それでも期末で保有有価証券230万円、貸付金344万円にとどまっていた[98]。1940年7月18日には海城金鉱株式会社設立認可の許可を得て、同社設立に出資した。また同年度に満州採金から委任されて、満州採金の事業区域内の鉱業権出願事務を処理した[99]。

1941年12月開戦後の鉱業開発の促進のため、奉天金鉱精錬所・安東精錬所の事業所を強化したが、それ以外にも1943年度では従来の投融資のほか政府の指示で、銅、鉛、亜鉛等16種類の鉱山に対し増産促進のための鉱業特別金融を開始した。ただし同年末で僅か47万円である。この財源として特別融資引当借入金が別に用意されていた。そのほか普通貸付1354万円、有価証券保有1035万円で、小計は未払込資本金を控除した総資産の四分の一以上に達していた[100]。それでも鉱山開発投資の担い手としては役不足であろう。アジア太平洋戦争勃発後の状況では、産金強化による対米決済力の必要性は霧散したため、産金促進策は不要となる。そして1943年6月以降に金鉱業整備として、満州鉱業開発は、満州採金と満州鉱山株式会社以外の金山等の企業整備を担当し、重要部門への転用や解体・搬出作業に従事した。さらに1943年9月7日に満州鉱業開発は産金促進策を担ってきた満州採金を吸収合併した。また金鉱業整備に伴い朝鮮から不要となる資材の調達にも関わった。満州採金の吸収合併に伴い資本金9000万円（払込7600万円）となり、総資産2億1807万円のうち、有価証券1236万円、普通貸付224万円、前年度から急増した鉱業特別融資1783万円のほか、金鉱業整備勘定192万円、採金整備勘定856万円となっており、他方、負債に鉱業特別融資引当借入金2229万円、金鉱業整備借入金3985万円と合併差金4969万円が計上され、産金関係や金鉱業整備関係の項目が並んだ[101]。こうして満州鉱業開発はその後の金鉱業整備を所管した。

特定鉱業にノウハウを持った事業者の参入は乏しく、満州鉱業開発は政府の末端鉱区取得管理業務の代行のほか、弱小鉱山会社への資金的に限られた鉱業投融資を担ったに過ぎない。また同社は業務代行と一部の精錬・選鉱等では赤字を脱却することができなかった。それゆえ事業の急速な拡大は不可能であった。他方、

特定鉱業に自力のある日本から参入した事業者は、資金と技術の持込と銀行借り入れでしのぐことができたと見られる。そのため満州鉱業開発の支援を受けた事業者は満州国内の中堅規模事業者のしかも件数も限定されたものとなった。

2 満業系非鉄鉱業

満州国の金属鉱業開発を業務として、1938年2月28日に満州鉱山株式会社が設置された。同社は満業系の普通法人である。資本金5000万円（払込1250万円）で、全株式を満業が引き受けた。取締役会長は鮎川義介である。先述の満州鉱業開発は満鉄・満州国系の鉱業の開発会社であるが、これに対抗して満業が全額出資の競合する類似事業の法人を設立した。満州鉱業開発は鉱業権申請の窓口行政業務の担当に傾斜し、個別鉱山開発に十分な資金投入ができなかったため、それに代えて資金的余裕のある満業側が完全支配下に置いた鉱山開発会社を設置して、リスクを負った鉱業投資に参入したと見られよう。

満州鉱山は各地の鉱業地の探査を行ない、有望鉱区の新規出願、買収、租鉱あるいは共同名義人加入により事業の拡張を行なった。特に満州採金より移譲を受けた小石頭砂金地では手掘りと採金船を稼行させることで採掘を進めた。その他の鉱山でも手掘りから削岩機の導入で拡張を行なった。1938年9月期に9事業所で鉱山経営に着手していた。そのほか新京の北側に鉱物の分析のための研究施設を設置した。さらに同業者の株式保有により事業を掌握した。すなわち同年5月に熱河鉱業株式会社（資本金60万円、半額払込）の株式の70%を取得した。熱河省興隆県の倒流水鉱山（金鉱）を事業所とし、治安回復を待ち本格開発する方針であった。6月には満州鉛鉱株式会社（資本金400万円全額払込）の株式の満鉄保有の半額を満業が取得し、それを満州鉱山が譲渡を受け、同社が経営を支配することとなった。この2社には満州鉱山は貸付けも行なった。同月に安奉鉱業株式会社（資本金100万円、半額払込）の全株式を日本鉱業株式会社より取得した。安奉鉱業の事業所は安東省鳳城県青城子鉱山で銀・鉛・硫化鉄鉱を産出し、満州鉛鉱と並ぶ満州の鉛の有力鉱山であった[102]。さらに1939年2月8日に熱河鉱業の残りの株式も買収し、全株式を取得した。経営鉱山も増大したが、これらの操業のため満業から未払込資本金を徴収した[103]。1939年7月1日に安奉鉱業

の所有する青城子鉱山租鉱権を買収し、満州鉱山の直営に移した[104]。

　新規鉱山開発はリスクが高くかつ資金を必要とし、満州鉱山は損失を続けた。資金力強化のため、1939年11月28日に資本金を1億円に増資し、翌年3月までに3000万円の払込を得た。そのほか株式会社満山製作所（1937年11月12日設置、本店新京）の全株式2万株50万円を引き受けた[105]。同社は鋳物工場を中心に機械工場等を経営していたが、鉱山用機械器具の生産とはいえない。同社の全株を日本鉱業が保有していたが、満業との関係で満州鉱山が引き受けた。1940年6月1日に熱河鉱業の鉱業権等を買収し直営に移し、10月1日に満州特殊鉄鉱株式会社（資本金3000万円、払込750万円）を設置し、満州鉱山は512万円を出資した[106]。鮎川義介は1941年3月22日に退任し、取締役会長に社長の島田利吉が昇格した。1941年7月25日に資本金を1億5000万円への増資を決議し、2500万円の払込を求めた。満業の株式の譲渡を受けていた関係会社の満州鉛鉱と満州特殊鉄鉱の両社の株式を満業の機構改革に伴い満業の手元に戻し、直接管理下におくこととなった。そのため両社の株式を満業に移転する方針となった[107]。これにより満州鉱山は直営鉱山の経営に一段と傾注することとなったが、単年度では利益を計上できるようになっており、鉱業経営としても展望を見出せていた。しかし1941年12月の開戦で状況が激変し、金鉱山投資は不要となり、抱え込んでいた金山は閉山に追い込まれることになる。

　日満鉱業株式会社（本店東京）は満州国国有鉱区となった錦州の錦西県楊家杖子の鉛亜鉛鉱山の委任経営権を満州国実業部より取得し、同地域を中心に東西2里南北1里の地域で坑道を開鑿し、探鉱採鉱に着手した。その事業投資に多額の資金が必要となると判断され、満鉄が半額出資することで1934年6月19日に満州国普通法人の満州鉛鉱股份有限公司を設立した。資本金400万円、全額払込、本店奉天においた。同社設立後には委任経営権に換え実業部から租鉱権を得て、操業を続けた。出鉱処理のため、試験的浮遊選鉱場を設置し、その補強を行なった。探鉱、開坑の結果、有望と見て本格的な事業に着手した。満州国産業開発5ヵ年計画の発動に対応して、同社は大拡充計画を策定し、設備増強を急いだ。有望鉱山のため操業第1期の1935年度より利益を計上できた[108]。その後、1937年12月1日の「会社法」施行で、満州鉛鉱株式会社に商号変更した。

日本産業が満州に移駐して、満州国と満鉄は保有する多数の鉱工業の満州国企業株式を満業に譲渡した。その1銘柄が満州鉛鉱である。満鉄は保有する満州鉛鉱株式を1938年6月に全株を満業に譲渡した。満業は同社を満業の直接子会社に移さず、満業の子会社の満州鉱山に株式を譲渡して同社の子会社に移した。それにより満州鉛鉱は日満鉱業と満州鉱山の折半出資の法人となった。満州鉛鉱は満業の全額出資会社ではないため、経営支配が難しく、当面は満業系鉱業開発を担当する満州鉱山を親会社にするのがふさわしいと判断しためであろう。

　満州鉛鉱は楊家杖子鉱山の事業を拡大したのみならず、同地で産出される亜鉛の製錬工場を壺芦島に設置し新式機械を導入した。1939年12月の鉱業所の労働者は3242人であり、多数の労働者を集めていた。そのほか1939年7月15日に大同洋灰株式会社と折半出資で錦西鉄道株式会社を設置して、鉱産物・必要物資・セメントの輸送に宛てるものとした。満州鉱山から出資のほか満州鉱山勘定として借り入れも行なっていたが、それとは別に資本金を上回る多額の借入金を行なっており、同系会社から多額の資金調達を行なっていた[109]。社外負債が増大したため、同社は1940年1月26日に資本金を400万円から3000万円に増資し、四分の一の払込を求め、その後も払込が進み、資金が充実した。その後も同社は鉛鉱事業を継続した。

3　満鉄系非鉄鉱業

　満鉄系鉱業として南満鉱業株式会社と復州鉱業株式会社の事例を紹介する。南満鉱業は満州事変前に損失を計上する営業となり、減資を実行しその後満鉄に株式の過半を保有してもらうことで操業を続けた。損失をそのまま計上しつつ満州事変を迎えた。その後も、1932年12月期から累積損失を一掃し、当期純益を計上できるのは1933年12月期であった[110]。利益が出る事業となったため、その後1934年8月2日増資により資本金60万円全額払込となり、それを満鉄が引き受けて持株比率は70％となった。ただしこの増資22.5万円は優先株であり、満鉄の経営への発言力は変わらないように調整された。その後、満州産業開発5ヵ年計画の鉱業投資に連動し、1937年8月15日に一挙に6倍増資を行ない、資本金360万円、払込135万円となった。満鉄は優先株を含めて合計50％になるよ

うに増資を引き受けたため、議決権株式は46％に抑えられていた。資金は支援するものの経営への全面介入を抑えた形にしていた。1938年12月期で総資産652万円、不足する資金は社債・借入金でまかなっていた。満鉄が資金供給していたはずである。その後、1939年2月14日に満鉄全持株を満州鉱業開発に譲渡して、満州鉱業開発系となった[111]。併せて社債・借入金も満州鉱業開発が肩代わりした。

　南満鉱業はその後も1939年6月30日に1000万円を増資し、さらに1941年2月28日に2000万円を増資し、その払込の徴収を続けた[112]。その結果、1943年6月期には総資産5221万円、資本金2000万円（払込1105万円）となっていた。主要出資者は1331名40万株中、満州鉱業開発10万株、日本製鉄3.9万株、満州生命保険株式会社1万株、野村信託株式会社、8550株ほかという株主構成で、満州鉱業開発を中心に製品納入先の日本製鉄が出資関係を持ち、それ以外にも満州と日本の多数の株主から資金を集めた。南満鉱業は1943年6月期でマグネシア、クリンカーの販売は創業以来最高の数量を記録して、この期でも操業は円滑行われていた。同社は売掛金として日満商事株式会社のとの取引があり、日満商事経由で販売していた。また同系会社として満州滑石株式会社に出資し、関係会社として満州製袋株式会社に出資し、川下部門の満州鉱産工業株式会社（1939年3月29日設置、本店海城県、滑石を原料とする製造業）に長期貸付金を行なっていた[113]。南満鉱業は操業地における鉄道敷設のような投資の大きな事業を直営で行ない、併せて株式の払込を徴収した。さらに1944年6月19日に倍額増資し、資本金4000万円とし、新株を既存株主に割り当てて引き受けさせ、半額の払込を求めた[114]。

　復州鉱業は先述のように大連に本店を置く日本法人として設置され、満鉄と日本人企業家が投資していた。1931年2月期で当期純益を計上しており、その後も満州事変後に利益を上乗せしていった[115]。復州鉱業は1936年に資本金を100万円に増資した。その後、1937年8月28日に満州国法人を設置し（資本金を200万円、半額払込）、本社を奉天省復県に置き、法人名称を復州鉱業股份有限公司とした。同社は日本法人の復州鉱業株式会社の所有事業すべてを承継し、同年9月1日より操業を開始した。取締役社長小住善蔵、常務取締役向井善勝、取

締役相生常三郎、福井米次郎（福井商工株式会社社長、株式会社福井組を改組）、佐志雅雄である。満鉄が4万株中9180株を保有しやはり満鉄の資金で成り立っていた。こうして事業の拠点を採掘地のある満州国に移し満州国法人に転換した。鉱区権の確保から満州国法人に転換する必要が発生したものと思われる。さらに1937年12月1日の「会社法」施行で、1938年1月に商号を復州鉱業株式会社と改称した[116]。そのため関東州と満州国に同名法人が並立して混乱が発生しかねない。

満州国の復州鉱業は1938年3月1日に日満商事株式会社との間に粘土の一手販売契約を締結し、算出する耐火用粘土の販売を任せた。日満商事は満鉄系であり、同じ満鉄系の復州鉱業がその販売窓口を日満商事に任せたことになる。また同月16日に日満合弁磁土鉱業無限公司から譲渡を受けた鉱業権の移転登録を済ませた。そのため以後の粘土採掘は復州鉱業の直営事業となった。日中戦争勃発後の満州産業開発5ヵ年計画の発動の中で、耐火粘土の需要急増し、増産計画を策定して実施に移した。同社の総資産279万円、うち未払込資本金100万円という事業規模であった。同社は高利益を上げて特別配当も実施した[117]。そのほか合資会社復州粘土窯業公司の関東州金州の鉱業権を取得していた。復州粘土窯業公司社長は佐志雅雄である。さらに1939年7月18日に満鉄・満州軽金属製造株式会社と復州鉱業3社の間で、金州管内の大魏家屯会の礬土鉱の耐火粘土の鉱業権取得、採掘に関する契約を締結し、復州鉱業がそれを担当した[118]。その後、1941年1月22日に25万円株式払込を決議した。だが粘土産出が落ち込み、それは配船配車の不円滑と荷役能力の低下に起因していた[119]。同社の増産体制に行き詰まりを見せ始めていた。販売価格を引き上げたものの、さらに資材の不足、熟練工の不足、賃金上昇により、艀傭船料暴騰による操業環境悪化が進んだ[120]。このうちの多くの要因は他の事業者とも共通していよう。その後も操業環境の悪化は進み、1944年1月期では資材配給がさらに悪化し、加えて生産確保のための食糧配給の割当て順位が低いため、労働者の能率も低下の一途をたどって行なった[121]。

4 その他の非鉄鉱業

その他の非鉄鉱業の事例を規模の大きなものに限定し紹介しよう。先述の南満州太興合名会社の保有する天宝山鉱山は満州国設立後に日系事業者が坑道のメンテナンスと試掘作業を続けていた。1934年6月30日現在の天宝山鉱山への投資累計84.7万円、1935年5月〜1937年4月までの新規投資累計22.4万円であり、この有望な鉱山への投資が行なわれていた。そこへ満鉄が事業資金を出資して会社設立する方針が満鉄産業部鉱業課で検討された。その案によると資本金800万円（もしくは700万円）とし、南満州大興合名会社の現有および出願中の鉱区を500万円（もしくは450万円）に評価し、満鉄は300万円（もしくは250万円）を出資する。新会社設立と同時に南満州大興合名会社の所有する株式のうち100万円を譲渡せしめ、満鉄と南満州大興合名が均等の400万円（もしくは350万円）の出資とするとの方針で、企業設立計画が練られた[122]。こうして満鉄資金の投入による銅鉛の鉱山の開発計画が進んだ。

そして1937年10月16日に天宝山鉱業股份有限公司が設立された。創立時の同社の資本金700万円全額払込、本店延吉県天宝山屯で、操業を開始した。ただし満鉄の出資がなされた形跡がない。満州国の直接出資や満州国系鉱山会社の出資も見当たらない。満州国普通法人の同公司は「会社法」施行後に天宝山鉱業株式会社に商号変更した。1938年12月より精錬所の操業を開始し、選鉱場を建設したがそれが匪賊の攻撃を受けて甚大な被害を受けた。その後1940年3月に復興し、4月より操業開始に漕ぎ着けた。しかし製錬事業は同年9月に停止し、1941年8月に事業の経営を三井鉱山株式会社にゆだねた。その際に、1941年8月31日に資本金150万円（全額払込）に減資し、同日350万円（全額払込）に増資し、損失処理を実施した[123]。その後、同社を三井鉱山が買収した。

同じく三井鉱山系事業として熱河鉱山股份有限公司が1937年7月4日に設置された（本店新京）。金銀銅鉛亜鉛等の採掘に従事した。三井鉱山以外にも満州国の出資を得た。その後事業地を奉天省にも拡大したため、東亜鉱山株式会社に商号変更し事業を続けた。1939年11月に資本金を500万円に増資し1943年で払込300万円となっている[124]。

満州国期に事業に参入して採掘と販売で実績を上げた事業者に満州銅鉛鉱業株式会社がある。同社は 1937 年 8 月に設置された（本店奉天、公称資本金 500 万円）。そのまましばらく日本法人としてそれ以前に獲得した鉱業権で採掘していたが、「会社法」の施行を経て、1939 年 7 月 27 日に同名の資本金 200 万円全額払込の満州国法人に転換した[125)]。同社は磐城セメント株式会社社長の岩崎清七が取締役社長を兼務しており、磐城セメント系の有力事業であった。同社は事業拡大を急ぎ、1939 年 8 月 18 日に資本金を 2000 万円に増資し、新株に半額払込を求めた。同社は北満の馬鹿溝鉱山でモリブデンほかの採掘を進めており、満州国にほかに 2 鉱山、さらに日本の山形県に銅鉱山を有して、赤山鉱山株式会社として経営していた。日本法人時期から操業しており、改組後の第 1 期から利益を計上し配当を行っていた。なお株主のほとんどが日本人のため 1939 年 9 月 15 日に資本金を日本円に変更している[126)]。1940 年 4 月末の同社の株主 2323 名のほとんどは日本在住者で、磐城セメント株主に割り当てたようである。40 万株のうち磐城セメントと岩崎一族で 3 万株ほどを保有していた[127)]。モリブデンの選鉱場の設備では自家発電で支障を見たが、満州電業からの送電を受けてなんとか操業に漕ぎ着けた[128)]。鉱業の川下部門の合金鉄製造の事業にも着手した、1941 年 10 月 22 日に奉天電気精錬所を竣工した[129)]。その後、本店を本渓湖に移動し、社長岩崎は退任し川島屋証券株式会社の遠山元一が就任したが[130)]、その経緯は明らかではない。

おわりに

満州事変前に満州の鉱業として満鉄の巨大炭砿と一部の鉄山・粘土・銅山等が日系資本で操業されていた。満鉄以外の事業者として南満鉱業が注目されるが、経営不振で満鉄の資金により危機を乗り切った。満州事変後には旧政権の鉱区権を満州国政府が取得し、新たな鉱業投資が行なわれた。当初は満州国と満鉄およびその他日本資本で出資された。特に石炭業では満鉄と満州国政府の出資で満州炭砿が設置され、主要な炭砿を傘下におさめ操業を拡大した。さらに満業の出資会社に鞍替えして事業を拡張し、最後に満州炭砿は残った石炭砿業所を経営する

だけの普通法人に切り替えられた。産金業では特殊会社の満州採金が中心的な役割を担い、政府の鉱区の現物出資と満鉄・東拓の出資で設置された。満州採金は満州国採金業者への資金供給も行なった。その後、満鉄持株は満業に移管された。金鉱業整備に移り、さらに満州鉱業開発に吸収された。満州国には非鉄鉱山の多数の鉱区が散在しているが、その新たな発掘と登録事務も担当する満州鉱業開発が満州国と満鉄出資で設置された。1937年の満業設置で鉱工業の満業系への集中が行なわれ、満鉄の出資が切り離され、いくつかの鉱業事業者の株式は満業系に移った。満業系の有力会社として満州鉱山があり、優良非鉄鉱山を抱え操業した。ただし期待の高い鉱山開発も失敗例が多く、投資してもリターンが実現しなかった東辺道開発のような事例はかなりある。

そのほか日本の大手事業法人も参入し、鉱山投資を行なった。三井系の熱河鉄山は東亜鉄山に改組された。鐘紡系の康徳鉱業、日本窒素肥料系の舒蘭炭砿、間島地域の東満州産業系の鉱山などがあり、有力事業者であった。さらに1920年代に操業していた南満州太興合名の天宝鉱山が満州国法人として再起した例もある。

注

1) 金子文夫『近代日本における対満州投資の研究』（近藤書店、1991年）。
2) 蘇崇民『満鉄史』（中華書局、1990年、邦訳『満鉄史』山下睦男ほか訳、葦書房、2000年）。
3) 原朗「『満州』における経済統制政策の展開」（安藤良雄編『日本経済政策史論』下、東京大学出版会、1976年）。
4) 柴田善雅『戦時日本の特別会計』（日本経済評論社、2001年）。
5) 松本俊郎『侵略と開発』（御茶の水書房、1988年）、『「満州国」から新中国へ——鞍山鉄鋼業からみた中国東北の再編過程：1954‐1554』（名古屋大学出版会、2000年）。
6) 大倉財閥研究会『大倉財閥の研究—大倉と大陸』（近藤書店、1982年）。
7) 黒瀬郁二『東洋拓殖会社—日本帝国主義とアジア太平洋』（日本経済評論社、2003年）。

8) 財団法人三井文庫『三井事業史』本篇第3巻下（鈴木邦夫執筆）(2000年)。
9) 山本裕「『満州国』における鉱産物流通組織の再編過程―日満商事の設立経緯」（『歴史と経済』第178号、2003年1月）。
10) 南満州鉄道株式会社『南満州鉄道株式会社十年史』(1917年)、同『南満州鉄道株式会社第二次十年史』(1927年)、同『南満州鉄道株式会社三十年略史』(1937年)、同『南満州鉄道株式会社第三次十年史』(1938年、復刻龍渓書舎、1976年)、財団法人満鉄会『南満州鉄道株式会社第四次十年史』(龍渓書舎、1985年)、がある。
11) 明治鉱業株式会社『社史』(1957年)79頁、『1922興信録』。
12) 『1922興信録』、南満州鉄道株式会社地方部勧業課『南満商工要鑑』1919年版（アメリカ議会図書館蔵）728頁。
13) 『1922興信録』。
14) 前掲『社史』79、122‐123頁。
15) 同前、120‐121頁。
16) 『1922興信録』。
17) 同前。
18) 南満州鉄道株式会社調査部『鉛鉱関係資料』1937年12月、43頁。
19) 図們鉄道株式会社『第11回営業報告書』1926年9月決算、18‐19頁。飯田延太郎が経営する鉄道については第Ⅱ部第1章参照。またその紹介は前掲『東洋拓殖会社』第4章参照。
20) 南満州大興合名会社『大正14年度営業報告書』1925年12月期（外務省記録F1‐9‐2‐11）。
21) 前掲『鉛鉱関係資料』43頁。
22) 南満州鉄道株式会社調査課『満蒙における日本の投資状態』1926年。
23) 前掲『南満州鉄道株式会社十年史』464‐469頁。
24) 同前、490‐492頁。
25) 同前、600頁。
26) 前掲『南満州鉄道株式会社第二次十年史』964‐965頁、『1942銀行会社年鑑』。
27) 前掲『南満州商工要鑑』1919年版、329頁、前掲『南満州鉄道株式会社第二次十年史』967‐971頁。

28) 南満鉱業株式会社『第1回営業報告書』1918年6月決算、1-5、8-9頁。
29) 同『第2回営業報告書』1918年12月決算、1-7頁。
30) 同『第3回営業報告書』1919年6月決算、3-4頁。
31) 同『第4回営業報告書』1919年12月決算、1-4頁。
32) 同『第6回営業報告書』1920年12月決算、13頁。
33) 同『第8回営業報告書』1921年12月決算、4頁。
34) 同『第15回営業報告書』1925年6月決算、1-2頁。
35) 同『第16回営業報告書』1925年12月決算、1-3、13、18頁。
36) 『1936銀行会社年鑑』、日満実業協会『満鉄関係会社業績調』1934年6月（外務省記録E2-2-1-3）、南満州鉄道株式会社『関係会社統計年報』1938年版、771頁。なお『満鉄関係会社業績調』によると設立は1929年2月13日、資本金6.5万円全額払込の貸借対照表があり、設立時点で疑義がある。
37) 前掲『満鉄関係会社業績調』。
38) 満州国史編纂刊行会『満州国史』（各論）（満蒙同胞援護会、1971年）572-574頁。
39) 同前、574-575頁。
40) 南満州鉄道株式会社経済調査会『満州炭砿株式会社設立方策』1936年1月、85-90頁。
41) 同前、5-8頁。
42) 満州炭砿株式会社『満州炭砿株式会社業務概要』1935年5月現在、3頁。
43) 同『第1回営業報告書』1934年6月決算、4-5、9頁。
44) 前掲『満州炭砿株式会社業務概要』5-6頁。
45) 前掲『満州炭砿株式会社設立方策』17-18頁。
46) 満州炭砿株式会社『第2回営業報告書』1935年6月決算、1-2、5頁。十河信二は満鉄理事の留任を求められたが固辞し、1935年12月20日に満鉄全額出資で設置された株式会社興中公司（本店大連）の社長におさまり、満鉄経済調査会委員長となる。
47) 南満州鉄道株式会社経済調査会『満州炭業統制方策』1935年8月、1-14頁。
48) 満州炭砿株式会社『第3回営業報告書』1936年6月決算、1-5頁。

49）同『第4回営業報告書』1937年6月決算、1-7頁。
50）前掲『社史』年表17頁。
51）満州炭砿株式会社『第5回営業報告書』1938年6月決算、2-9、20頁。
52）同『第6回営業報告書』1939年6月決算、2-12頁。
53）同『第7回営業報告書』1939年12月決算、4-5頁。法人設立日付は『1942銀行会社年鑑』による。
54）満州炭砿株式会社『第8回営業報告書』1940年6月決算、1-7、11-12頁。
55）同『第9回営業報告書』1940年12月決算、11-12頁。河本大作はその後、山西省に移り、大倉組系の山西産業株式会社社長に就任する。山西省の河本については、中央档案館・中国第二歴史档案館・吉林省社会科学院編『河本大作与日軍山西「残留」』（中華書局、1995年）第1部分を参照。
56）満州炭砿株式会社『第11回営業報告書』1942年3月決算、2頁。
57）『1942銀行会社年鑑』。
58）満州炭砿株式会社『第14期営業報告書』1943年3月決算、1-4頁。
59）同『第15期営業報告書』1943年6月決算、1-6頁。
60）同『第17期営業報告書』1944年3月決算、3-7頁。
61）東辺道開発株式会社『第1回営業報告書』1938年9月決算、1-7頁。
62）同前、3-5頁。
63）東辺道開発株式会社『第3回営業報告書』1939年9月決算、2-8頁。
64）同『第4回営業報告書』1940年3月決算、4-5頁。
65）同『第5回営業報告書』1940年9月決算、1-5頁。
66）同『第7回営業報告書』1941年9月決算、4-5頁。
67）同『第8回営業報告書』1942年3月決算、5、10頁。
68）同『第10回営業報告書』1943年3月決算、4-5頁。
69）同『第11回営業報告書』1943年9月決算、4-5頁。
70）『1944鉱工年鑑』309頁。
71）同前、305頁。
72）同前、314頁、『1942銀行会社年鑑』。
73）南満州鉄道株式会社経済調査会『満州採金事業方策』1936年、1、21-28頁。

74) 同前、3-8 頁。
75) 同前、9-10 頁。
76) 同前、12-14 頁。
77) 同前、15-17 頁。
78) 満州採金株式会社『第 1 回営業報告書』1934 年 12 月決算、1-7、12 頁。
79) 同『第 2 回営業報告書』1935 年 12 月決算、2-5 頁。
80) 同『第 3 回営業報告書』1936 年 12 月決算、3-7 頁。
81) 同『第 4 回営業報告書』1937 年 12 月決算、1-8 頁。
82) 日本産金振興には金資金特別会計が出資・融資した（前掲『戦時日本の特別会計』第 4 章）。
83) 『1936 銀行会社年鑑』、前掲『関係会社統計年報』1938 年版、783-786 頁。
84) 『1944 鉱工年鑑』316-317 頁。
85) 同前、322 頁。
86) 同前、316 頁、『1936 銀行会社年鑑』。
87) 『1944 鉱工年鑑』314 頁。
88) 『1944 鉱工年鑑』318 頁、帝国興信所『帝国銀行会社要録』1942 年版。
89) 『1944 鉱工年鑑』317-318 頁。
90) 同前、318-319 頁。
91) 北満金鉱株式会社『第 1 回事業報告書』1936 年 3 月決算、1-11 頁。
92) 同『第 3 回営業報告書』1937 年 7 月決算、1-13 頁。
93) 同『第 4 回営業報告書』1938 年 1 月決算、3 頁。
94) 満州鉱業開発株式会社『満州鉱業開発株式会社業務概要』1939 年 9 月、3-4 頁。
95) 同『第 1 回営業報告書』1935 年 12 月決算、1-5 頁。
96) 同『第 2 回営業報告書』1936 年 12 月決算、4-6 頁。
97) 同『第 3 回営業報告書』1937 年 12 月決算、2-3、17 頁。
98) 同『第 5 回営業報告書』1939 年 12 月決算、2-12 頁。
99) 同『第 6 回営業報告書』1940 年 12 月決算、3、6 頁。
100) 同『第 9 回営業報告書』1943 年 3 月決算、8-11 頁。
101) 同『第 10 回営業報告書』1944 年 3 月決算、2-6、14-15 頁。日本の金鉱業整備

については、柴田善雅「戦時企業整備とその資金措置」(『大東文化大学紀要』第41号〔社会科学〕2003年3月)参照。

102) 満州鉱山株式会社『第2回営業報告書』1938年9月決算、1-8、13-14頁。
103) 同『第3回営業報告書』1939年3月決算、2頁。
104) 同『第4回営業報告書』1939年9月決算、2頁。これに伴い安奉鉱業は解散したと見られる。
105) 同『第5回営業報告書』1940年3月決算、1-2頁。
106) 同『第6回営業報告書』1940年9月決算、2、10頁。これに伴い熱河鉱業の事業実態は消滅したと見られるが、法人としては『1942銀行会社年鑑』で残っている。他の事業が残っていたかは不明。
107) 満州鉱山株式会社『第8回営業報告』1941年9月決算、2-3頁。
108) 前掲『関係会社統計年報』1938年版、835-837、840-841頁。当初法人名は『1936銀行会社年鑑』。
109) 満州鉛鉱株式会社『第5回営業報告書』1939年12月決算、4-7頁。
110) 前掲『満鉄関係会社業績調』。
111) 前掲『関係会社統計年報』811-812頁。
112) 『1942銀行会社年鑑』。
113) 南満鉱業株式会社『第51期営業報告書』1943年9月決算、6-13頁、『1942銀行会社年鑑』。
114) 南満鉱業株式会社『臨時株主総会決議通知書』1944年6月19日。
115) 前掲『満鉄関係会社業績調』。
116) 前掲『関係会社統計年報』1938年版、771頁、『1942銀行会社年鑑』。
117) 復州鉱業株式会社『第3期営業報告書』1938年3月決算、1-3、9-10、15頁。
118) 同『第5期営業報告書』1939年7月決算、2頁。
119) 同『第8期営業報告書』1941年1月決算、2、6頁。
120) 同『第9期営業報告書』1941年7月決算、7頁。
121) 同『第14期営業報告書』1944年1月決算、2頁。
122) 前掲『鉛鉱関係資料』21-22頁。
123) 『1942銀行会社年鑑』。

124) 前掲『三井事業史』、『1944 鉱工年鑑』315-316 頁。
125) 前掲『1942 銀行会社年鑑』。
126) 満州銅鉛鉱業株式会社『第1回営業報告書』1939 年 10 月決算、2-12 頁。
127) 同『第2期株主名簿』1940 年 4 月 30 日現在。
128) 同『第3回営業報告書』1940 年 10 月決算、2-3 頁。
129) 同『第5回営業報告書』1941 年 10 月決算、3 頁。
130) 『1944 会社名簿（20 万円以上）』。

第9章　金属工業

はじめに

　金属工業は、機械器具工業や金属鉱業と重複するところのある製造業であり、われわれの扱った諸資料でも、製品実態の変化と区分の動揺とが見出される。そこで、既述のように『1942銀行会社年鑑』の分類に依拠しつつ、適宜補正して検討を加えることとする。同書で「金属工業」に分類されている諸法人の事業目的には、製鉄、諸金属精錬、古金属再生、鋼管、鋼材、鋳造、鍛造、切断（シャーリング）、引抜、溶接、鍍金といった製法・加工法を主とする記述と、レール、橋梁、鉄骨、機械・設備部品（シャフトや圧延ロール、炉までも含む）、金具、金物、工具、溶接棒、坩堝などの製品を主とする記述、また、鉄鋼、銅、真鍮、アルミ、亜鉛、鉛、黒鉛などの取扱素材を主とする記述などが混在している。つまり、金属品製造事業を中心に、それに関連する事業が加えられていると思われる。また、実態としても、「満州における金属工業は機械器具を兼ねてゐるものが相当多数に上り、はっきり金属工業と色分けすることは困難である」[1]と評されている。そこで、ここでは、鉄と非鉄といった素材の性質、素材・中間財・部分品・製品といった加工段階、さらに投資財と消費財といった経済的性格などに留意しながら、在満金属工業法人の多様化を見ていきたい。

　さらに、従来の在満州金属工業に関する研究では、もっぱら製鉄業、しかも本渓湖煤鉄公司と昭和製鋼所の2社が取り上げられてきた。産業の「米」と言われた鉄鋼がもつ再生産構造上の意義だけでなく、戦前の軍国日本が「軍器自立」の基礎産業として本国外鉄鉱資源の確保を追求してきたことをも反映している。ここでは、この2社以外の法人をできるだけ多面的に見ることとしたい。

図表 II-9-1　在満金属工業法人の推移

(単位：千円)

	1921.06.30		1926.12.31		1936.05.31		1942.09.30		1943.03.31		1944.03.31	
	法人数	資本金額	法人数	資本金額	法人数	資本金額	法人数	資本金額	法人数	資本金額	法人数	資本金額
株式	4	605	4	575	14	94,433	90	499,032	99	606,480	66	716,060
合資	7	620	9	526	18	596	40	2,158	40	2,689		
合名	1	40	1	40	2	240	13	766	17	1,516		
公司			1	5,150	1	10,000						
合計	12	1,265	15	6,291	35	105,269	143	501,957	156	610,685	66	716,060
株式				151		144		6,745		5,545		6,126		10,849
合資				89		58		33		54		67		
合名				40		40		120		59		89		
公司						5,150		10,000						
合計				105		419		3,008		3,510		3,915		10,849

出所：『1922 興信録』、南満州鉄道株式会社庶務部調査課『満蒙に於ける日本の投資状態』1928 年、『1936 銀行会社年鑑』、『銀行会社年鑑 1942』、『1943 会社名簿（20 万円以上）』、『1943 会社名簿（20 万円未満）』、『1944 会社名簿（20 万円以上）』。
注：（1）株式会社の資本金払込資本金。
　　（2）下段は平均資本金。

　まず、各年のデータで補足される金属工業法人の推移を**図表Ⅱ-9-1**で見よう。1921 年は、日本国籍法人のみであるが、法人数 12 社（全産業の 1.7 ％、以下同様）、資本金額 127 万円（0.02 ％）であり、合弁形態も含めて日系法人を補足した 1926 年でも、15 社（1.1 ％）、629 万円（1.0 ％）と、小さな産業部門であった。しかも、戦間期には、株式会社と合資会社の平均資本金額が減少している。しかし、満州事変を経た 1936 年では 35 社（1.4 ％）、1 億 527 万円（7.8 ％）、さらに生産力拡充計画を経た 1942 年では 143 社（2.2 ％）、5 億 0396 万円（7.8 ％）と、とくに資本金額での比重が大きくなっていった。そして、満州国内だけの 1943 年では 156 社（3.2 ％）、6 億 1069 万円（10.0 ％）、さらに「小企業」を除く 1944 年では 66 社（3.8 ％）、7 億 1606 万円（10.4 ％）となり、満州国中核産業の一角を構成するにいたっている。

　法人設立動向を、斯業法人（休業ないし解散した法人を含む）の設立年をプロットした**図表Ⅱ-9-2**で確認しよう。最初の法人は 1910 年設立の日清合弁本渓湖煤鉄有限公司であり、その後は第 1 次大戦中の 1916 年まで設立がなく、戦間期も年 1～2 社程度であった。1933 年からやや増加し、1937 年以後は株式会社を中心に激増したことがわかる。この設立動向から、満州事変以前、満州事変期、

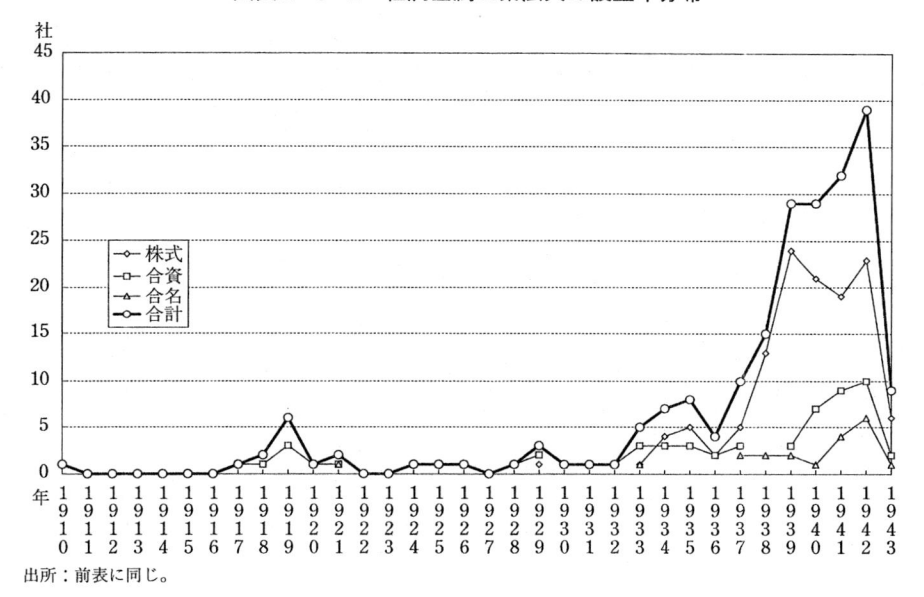

図表II-9-2　在満金属工業法人の設立年分布

出所：前表に同じ。

日中戦争以後の3期に分けて考察することにしたい。

1942年での規模別分布は、**図表II-9-3**のようになる。一応大企業とした200万円以上の法人は15社でほぼ法人数の10％にあたり、全産業平均5％のほぼ倍である。中企業の20万円以上では37社26％、2万円以上の小企業では77社54％となっている。これを全産業の分布と対比すると、最頻値が小企業にあることは同じであるが、中・大企業のウェイトが高い。これを反映して、資本金額の分布では、大企業の割合が94％にも達し、満鉄を含む全産業の87％を大きく越えている。金属工業は、満州法人構成の大企業化を主導した産業の中核といえよう。

1943年度末で大企業に分類できる20社の資本金膨張状況を**図表II-9-4**にまとめた。2億円以上は㈱昭和製鋼所と㈱本渓湖煤鉄公司、2000万円以上は、満州軽金属製造株式会社と満州住友金属工業株式会社の2社である。これに、満州電線株式会社、満州大谷重工業株式会社、満州神鋼金属工業株式会社、大華鉱業株式会社、満州製綱株式会社、本渓湖特殊鋼株式会社などが続いている。この20

図表II-9-3 在満金属工業法人の規模別分布（1942年）

(単位：社、千円)

払込資本金額区分	国籍	法人数 株式	合資	合名	小計	構成	資本金額 株式	合資	合名	小計	構成
2億円以上	満州	1			1	0.7 %	200,000			200,000	39.8 %
2000万円以上	満州	3			3	2.1 %	210,000			210,000	41.8 %
200万円以上	満州	11			11	7.7 %	62,500			62,500	12.5 %
20万円以上	満州	29			29	20.3 %	18,825			18,825	3.8 %
	日本	7	1		8	5.6 %	3,210	200		3,410	0.7 %
	小計	36	1		37	25.9 %	22,035	200		22,235	4.4 %
2万円以上	満州	30	17	12	59	41.3 %	3,446	1,357	756	5,559	1.1 %
	日本	9	9		18	12.6 %	1,052	515		1,566	0.3 %
	小計	39	26	12	77	53.8 %	4,497	1,872	756	7,124	1.4 %
2000円以上	満州		9	1	10	7.0 %		68	10	78	0.0 %
	日本		3		3	2.1 %		17		17	0.0 %
	小計		12	1	13	9.1 %		85	10	95	0.0 %
2000円未満	日本		1		1	0.7 %		2		2	0.0 %
総計	満州	74	26	13	113	79.0 %	494,771	1,425	766	478,137	95.3 %
	日本	16	14		30	21.0 %	4,262	733		4,995	1.0 %
	小計	90	40	13	143	100 %	499,032	2,158	766	501,957	100.0 %

出所：『1942銀行会社年鑑』。

社の払込資本金は、まず1936年5月末から1942年9月末までに、既存11法人の増資が2億7271万円、新設8法人の資本が1億720万円、合計3億7991万円の資本増加をもたらし、同期間の金属工業全体の資本増加に対して96％を占める。この増加のうち2億800万円が、既設の本渓湖煤鉄公司と昭和製鋼所によるものである。さらに、その後1943年度末までに、既存10法人が2億1205万円（満州鋳物が吸収合併された625万円の減少を含む）、新設1法人が300万円、合計2億1205万円の資本増をもたらした。このうちの2億円も、本渓湖煤鉄公司と昭和製鋼所によるものである。

しかし、依拠資料の補足期間内での払込資本金の最大値と当該法人の設立時期をクロス集計してみると、日中戦争以降の新設法人の資本金規模が低下しているのがわかる。各時期の設立法人総数に占める200万円以上に達して大企業化した法人の割合は、第1次大戦期と戦間期では10％、満州事変期では31％、日中戦争期には5％、太平洋戦争期は2％と顕著に低下した。このデータには1943年以降の在関東州法人と1944年以降の小・零細法人の新設が反映されていないの

第9章　金属工業　679

図表II-9-4　在満金属工業大企業の払込資本金膨張

(単位：千円)

No.	法人名	創立資本金	設立日	1921.06.30	1926.12.31	1936.05.31	1942.09.30	1943.03.31	1944.03.31	設立時法人名
1	㈱本渓湖煤鉄公司	2,000	1910.05.22	—	5,150	10,000	100,000	200,000	200,000	本渓湖煤砿有限公司
2	大華鉱業㈱	70	1918.03.15	70	140	140	9,500	9,500	9,500	大華電気冶金公司
3	㈱昭和製鋼所	25,000	1929.07.04	—	—	82,000	200,000	200,000	300,000	昭和製鋼所
4	日満鋼材工業㈱	250	1934.04.16	—	—	500	2,500	2,500	2,500	日満鋼材工業
5	鞍山鋼材㈱	1,250	1934.07.25	—	—	1,750	4,000	4,000	4,000	鞍山鋼材
6	満州住友金属工業㈱	2,500	1934.09.17	—	—	4,000	30,000	30,000	30,000	満州住友鋼管
7	日満鋼管㈱	1,250	1935.06.28	—	—	1,250	3,000	4,000	4,000	日満鋼管
8	満州大谷重工業㈱	2,000	1935.07.25	—	—	2,000	10,000	10,000	10,000	満州ロール製作所
9	満州久保田鋳鉄管㈱	300	1935.12.04	—	—	700	5,000	5,000	5,000	満州久保田鋳鉄管
10	満州神鋼金属工業㈱	1,250	1936.03.28	—	—	1,250	6,250	7,500	10,000	満州鋳鋼所
11	満州鋳物㈱	200	1936.06.00	—	—	200	6,250	(㈱満洲工廠が吸収)		大満鋳工廠
12	満州軽金属製造㈱	6,250	1936.11.10	—	—	—	80,000	80,000	80,000	満州軽金属製造
13	満州電線㈱	2,500	1937.03.19	—	—	—	12,500	15,000	17,500	満州電線
14	㈱満洲進和商会	500	1937.05.20	—	—	—	2,000	2,000	2,000	満州進和商会
15	満州製鋼㈱	625	1938.09.08	—	—	—	6,000	6,000	9,000	満州製鋼
16	本渓湖特殊鋼㈱	2,500	1938.10.22	—	—	—	5,000	6,250	6,250	本渓湖特殊鋼
17	新京重機工業㈱		1938.12.28	—	—	—	300	1,000	2,000	日東金属工業
18	満州星金属工業㈱	100	1939.11.20	—	—	—	400	400	10,000	満州星金属工業
19	満州湯浅伸銅㈱	600	1940.12.27	—	—	—	1,000	2,000	2,000	満州湯浅伸銅
20	㈱宮原機械製作所		1942.06.08	—	—	—	—	3,000	3,000	宮原機械製作所
		49,145		70	5,290	103,790	483,700	588,150	698,750	

出所：『1922興信録』、前掲「満蒙に於ける日本の投資状態」、『1936銀行会社年鑑』、『銀行会社年鑑 1942』、『1943会社名簿（20万円以上）』、『1943会社名簿（20万円未満）』、『1944会社名簿（20万円以上）』。

で、太平洋戦争期の大企業新設比率はより小さくなると推測できる。設立時期が遅くなれば生産力拡充計画による著しい資産膨張を経る期間が短くなるので、当然の傾向だとも言えるが、金属工業の中核企業は満州事変期に、遅くとも1938年頃までには、ほぼ出揃ってしまったとも言える。

第1節　満州事変前

　本渓湖煤鉄公司は、中国法人の商弁本渓湖煤砿有限公司として1910年5月に設立され（資本金200万元、奉天総督と大倉の折半出資）、1911年10月の契約により製鉄事業にも進出することになり、商弁本渓湖煤鉄有限公司と改称するとともに資本金も製鉄部資本200万元を加えて400万元となった。同公司は、製銑に不可欠の製鉄用コークス炭と低燐鉄鉱石および石灰石の三資源を所有した。製鉄設備の建設と拡張が第一次世界大戦の影響によって遅れ、1915年に第一高炉、1917年に第二高炉、1918年に貧鉱処理施設、1919年に低燐銑鉄用小型熔鉱炉をかろうじて建設したものの、すでに休戦反動によって鉄価格は下落し、1921年9月から1923年5月まで、低燐銑鉄を除いて操業中止に追い込まれた[2]。

　第1次大戦ブーム期に設立された企業は、1916年以降の10社（株式会社4社、合資会社6社）である。業種では、鉄鋼不足を反映して精錬業が4社、金属加工業が6社となっている。それらの本社は、旅順を拠点とする合資会社国光会（1920年10月設立、資本金1万円、鋳銅製作販売）と鞍山立山付属地の満州鋳鉄株式会社（1919年9月設立、資本金公称20万円・払込8万円、鋳鉄工業諸鉄工業）の2社以外は、すべて大連に置かれていた。

　『1922興信録』によりその営業状況を2例ほど紹介しよう。大連鋳造合資会社（資本金20万円）は、諸金属の製錬・鋳造及販売・諸機械の製作販売・諸機械の修理請負などを目的として1919年1月31日に設立されたが、「鉄工業勃興の際設立されたるものなれども工場及敷地の選定等に時日を渉し未だ事業開始を見るに至らざる中彼の財界の急変に遇い斯業の沈衰甚しく為に同社も何等事業に着手せざるまま今日に及べるものにして会社の実なきものなるに似たり」[3]と評され、以後のデータには掲載されていない。前述の満州鋳鉄株式会社は、「満鉄鞍山製

鉄所へ納品するを目的とし神保音蔵氏主唱の下に同志に謀り設立したるものなれども製鉄所縮小に伴い同社の業績も漸次不振に陥り閑散の状態にあるが近くダルマ型ストーブの製造を開始し此方面に力を注ぐ計画なるが如く 1 ヶ月鋳鉄約 60 噸位の能力ある工場設備を整え居れり」[4]と報じられており、当初資本 8 万円を 1 度 5 万円に減資し 1936 年までに 7 万円まで回復させ、1942 年までは生き延びたようである。他の多くも大同小異であり、資料に残っていても、「休業中」か登記抹消手続きも放棄したままと思われるものである。

その中で、電気冶金工業の合資会社大華電気冶金公司は 1918 年 3 月 15 日に設立され、「(代表社員の——引用者)上島(慶篤——引用者)氏は多年満鉄電気作業所に於て電気冶金に関する研究を続けたる人なり、後辞して満鉄より援助の意味にて工場建物諸機械等(約 10 万円)を無償にて借受け斯業を開始するに付き現組織となりたるものにして目下電気炉(モーター)20 馬力ボイラー諸機械に約 20 万円を投じて上島氏の新案に係る高速度鋼の製造を営みつつあり其製品は相当高評を博し満鉄納品の外各機械工場にも販路を有し相当業績を辿り居るものの如し」[5]と好調を報じられ、さらに「(大正——引用者)11 年 4 月には東京工場創設、昭和 2 年 10 月朝鮮大華鉱山経営開始、康徳 6 年 1 月(公称)資本金 500 万円に改組拡張、同年 6 月窰峪子炭坑開発着手、尚同年 8 月鉄山を分離独立し協和鉱山株式会社とした。更に同年 10 月密雲大華鉱山開発に着手、康徳 7 年 3 月には資本金 2000 万円に増資し今日に至っている」[6]とあるように、満鉄の支援の下で発展し、1939 年 1 月 31 日に鉱業企業である大華鉱業株式会社に改組・増資したが、上島の開発した純鉄製造法とその純鉄を基礎とした特殊鋼の生産とによって、重要特殊鋼企業としても発展していった。

このように、第 1 次大戦ブームに乗じて設立された在満日系金属工業企業は、わずか 10 社にすぎず、しかも設備供給が不足し価格が高騰する中で設立されたため設備稼動前後に製品価格の暴落に遭遇して破綻するものが多く、巨大国策会社の満鉄との間で特恵的な関係を取り結びえたもののみが発展しえた。

その満鉄は、1916 年 3 月、中日合弁鞍山鉄鉱振興無限公司を設立して鉱業権を獲得し、同公司から鉱石の供給を受けて銑鉄年産 100 万トンの事業計画をたて、第一期計画として鉄鋼年産 15 万トンの鞍山製鉄所を建設し第一高炉は 1919 年 4

月に操業を開始した。しかし、大戦期中の高物価時の設備投資額は、休戦後の鉄鋼価格下落によってその能力に比して過大となり、第二高炉は完成したものの操業に入れず、貧鉱処理方法の開発と合理化によるコストダウンが実現できるまで、大きな欠損を出し続けることになった。

1920年代から満州事変直前までの戦間期に設立されたものは、10社（株式1社、合名2社、合資7社）を数える。このうち、1925年以後に設立されたものが7社であり、とくに1928年以後のものが5社ある。また、大連に本拠を有するものが6社（すべて合資会社）で、他は鞍山（株式）、奉天（合資）、長春（合名2社）である。業種としては、暖房器具・鋲釘螺子・鋳物・金物などの金属加工が主であり、素材生産は合資会社浪花可鍛鋳鉄所大連工場（1926年9月設立、資本金3万円）と㈱昭和製鋼所（当初資本金公称1億円、払込2500万円、満鉄全額出資）の2社にとどまる。しかし、昭和製鋼所の設立当初の本社は朝鮮の京城におかれ、満鉄の鞍山製鉄所を継承したのは1932年のこととなる。また、昭和製鋼所以外の法人は、その後資本金額も代表者も変化していないので、登記上だけ存続したものが含まれる可能性を否定できない。

鞍山製鉄所は、1926年に貧鉱処理法を確立して年産20万トンの規模で銑鉄生産を開始した。しかし欠損を重ねたため、1927年から合理化を実施し、固定資産評価引下げや人件費・コークス費用の圧縮、第三高炉建設などによって、1928～1929年に年産28万トン規模に拡張し、銑鉄生産のコストダウンを実現した。本渓湖煤鉄公司も、前述のように製鉄事業を一時中止したが、1923年6月から年産6万トン規模の操業を再開した。また、コークス炉の改善などの設備投資も少しずつ継続した。しかし、昭和恐慌のため2基の高炉のうち、1基の操業を1931年から1932年11月まで停止するに至った。

このように、満州事変以前の在満州金属工業法人の動態は、鉄資源の確保のための国家資本・財閥系とそれに連携する法人の設立と合理化が進められ、第1次大戦期の鉄飢饉に乗じて投機的に設立されたものは淘汰されていったが、他方で小規模鉄工業法人の設立が1920年代半ばには少数ながら復活していった。

第2節　満州事変期

1　鉄　　鋼

　前述のように、満州事変以後、金属工業法人の設立が増加した。とくに1933年から1935年にかけて5社、7社、8社と増加し、1936年に4社に減ったあと、1937年は5月までに6社が、それぞれ設立され、結局日中戦争開始までに32社（株式14、合資15、合名3）が設立された。このうち、大連に本店を置くものは株式会社1社と合資会社3社、合名会社1社の5社であるが、新京には6社（株式1社、合資4社、合名1社）、鞍山には8社（株式7社、合資1社）、哈爾浜には1社（合資）、撫順には2社（株式のみ）、奉天には10社（株式3社、合資6社、合名1社）がある。大連への集中から、奉天・鞍山・新京へと北上している。ただし、これらの法人のほとんどは日本国籍である。

　この他、昭和製鋼所が、1932年に京城から鞍山に本社を移転し、満鉄の鞍山製鉄所を買収した。同所は、1933年4月に年産50万トンの粗鋼生産を目標に銑鋼一貫作業の許可を得て、第一期として鋼塊44万トン規模の設備を設け、1935年6月から鋼材生産を開始した。しかし、既に需要の拡大が先行しており、1934年9月に鋼塊57万トンへの第二期増産計画の許可を得、1937年操業開始を目標に工事に着手した。ただし、銑鋼一貫とはいえ、銑鉄の社外供給の拡大も織り込み、銑鉄生産能力の方を大きく拡張した。

　この昭和製鋼所が立地する鞍山の製鉄工場地区内には、満州亜鉛鍍株式会社（1933年設立、創立資本金公称100万円・払込25万円、大信洋行系、1943年までに資本金は4倍増）、鞍山鋼材株式会社（1934年設立、創立資本金公称500万円・払込125万円、日本レール・久保田系、レール製作、1943年までに資本金を3.2倍増）、満州住友鋼管株式会社（1934年設立、創立資本金公称1000万円・払込250万円、継目無鋼管製作、1938年1月満州住友金属工業株式会社に改称、1939年4月本社を鞍山より奉天に移転、1943年までに資本金は12倍増）、株式会社満州ロール製作所（1935年設立、創立資本金公称200万円全額払込、大谷

一族7名の出資、圧延用ロールなどを製作、1943年5月に大谷重工業株式会社に改称、1943年までに資本金は5倍増)、株式会社満州鋳鋼所（1936年3月設立、創立資本金公称500万円・払込125万円、神戸製鋼所全額出資、1935年10月株式会社神戸製鋼所満州工場として着工、翌1936年3月本社を設立して同工場の業務一切を承継のうえ、同年10月7日営業開始、1943年までに資本金を5倍増）などが設立されていった。また、日満鋼管株式会社（1935年設立、創立資本金公称500万円・払込125万円、日本鋼管が55.5％出資、鍛接鋼管製作、1943年までに資本金は2.4倍増)も、同市北三条に設立された。久保田鉄工所は、鞍山鋼材とは別に、株式会社大連機械製作所との共同出資により、本社を大連に置いて満州久保田鋳鉄管株式会社（1935年設立、創立資本金公称100万円・払込30万円、1940年4月まで16.7倍増）を設立したが、工場は鞍山におき、後に本社も鞍山市南六番町に移転した。さらに、商事会社㈱井口洋行（1935年5月設立、資本金公称10万円・払込2.5万円、1942年までに2回増資して払込を14倍に増すとともに鞍山製鋲株式会社と改称）も、昭和製鋼所構内に鋲螺子類の製作工場を設置した。

こうして、昭和製鋼所の銑鋼一貫生産化に対応して、その周辺に日本本国の主要鉄鋼メーカーの進出を呼び込んで、鞍山に鉄鋼精錬・部材生産コンビナートが形成され、いずれも急速な拡張を遂げていった。逆に小零細企業の設立は、前述の満州鋳鋼所の経営陣が入れ替わり、同社専務であった神保音松が1933年に鞍山市立山に設立した合資会社神保鋳鉄所（資本金8000円）1社だけであった。

満州国の設立により、奉天総督との合弁で設立された本渓湖煤鉄公司は、1935年9月に満州国政府との合弁に変更され、資本金公称1000万円全額払込でその株式を大倉が60％・満州国政府が40％保有することになった。大倉側は合弁を解消して大倉単独事業への転換を望んでいたが、関東軍は満州国政府を通じて基幹産業である製鉄事業への全面的なコントロールの確保を追求し、その妥協の結果として上記の改組となった[7]。そして、1933年ごろから景気回復にともなう初めてのフル操業に入り、1934年から設備の拡張が検討されはじめた。

1932年12月、奉天市の都市計画立案にあたって、満鉄奉天駅西側つまり鉄西地区に満州国政府と満鉄が協力して工業団地を造成することが、関東軍特務部か

ら指示された。しかし、わずか2年後には、「右経営地貸付ノ実状ハ前記ノ予定以上ニ好況ニシテ本年内実貸付面積ハ凡ソ二五万坪ニ達シ来年ニ於テモ本年同様坪数貸付可能ノ見込ナルヲ以テ此ノ儘放置スルニ於テハ第三年ニ於テハ既ニ貸付地ニ不足ヲ生ズルコトトナルノミナラス自然無統制ナル工場配置状態トナリ経営上支障ヲ来スヘク此ノ際第二期拡張計画繰上ケ実施ノ必要ヲ認ムルニ至リタル」[8]状況となった。同地区には、金属工業会社としては、日満鋼材工業株式会社と満州電線株式会社（後述）が設立され、奉天市の同地区外には一般鉄工業や金物雑貨、廃品処理などに従事する小企業が8社設立された。

　日満鋼材工業は、「三井物産系の東洋鋼材株式会社が……満州進出を企図、予而より同社製品取扱上関係ありし福昌公司と提携、康徳元（1934）年4月創立、同年10月操業開始」[9]したものである。建築及び土木工事に使用する材料の製造並に販売、各種鋼鉄製品の製造並に販売などを目的として、公称資本金100万円・払込資本金25万円で出発したが、同社も急成長をとげ、鞍山にも工場を設置し、1942年12月までの増資などにより払込資本金は10倍に膨らんでいる。同時点で、東洋鋼材が株式の47％を保有して筆頭株主となり、三井系では三機工業株式会社も参加し、提携相手の福昌公司の親会社である相生合名会社や相生一族も主要株主となっている。その後、三井物産は、北満において農産物を原料として燃料用アルコールを製造するため、1945年1月に竜江酒精工業を設立するとともに、原料農産物栽培用のトラクターなどを生産させる目的で、日満鋼材工業㈱（三機工業㈱の子会社）を1945年6月の契約で満州自動車製造株式会社と共同で買収し、名称も満州牽引車製造株式会社に変更した[10]。

　さらに、大連に本店を置いていた鋼材商社の㈱進和商会が、1937年5月に新京に㈱満州進和商会（創立資本金公称100万円・払込50万円）を設立、支店を奉天と哈爾浜に設置し、翌年工場（鋲釘および亜鉛鍍鉄線類）を奉天市鉄西区に建設して1939年2月から操業を開始した。また、鞍山にも工場を設けた。同社も、1940年6月の増資により払込額は4倍になっていた。

　こうして鞍山と奉天は主要な金属工業地帯となったが、新京・哈爾浜・撫順の地域では、一般鉄工業のほか、機械部品・金属標準部品・暖房器・雑貨などの生産にあたる小企業が設立されていった。中小零細法人は、それまで停滞性を特徴

としていたが、この時期に設立された法人の中には明確な企業成長を示すものがある。合資会社西山鉄工所は、1934年1月に大連に設立され、電気用金物の製造並に亜鉛鍍金業に従事したが、1936年5月で5000円の資本金を1942年10月では15万円にまで拡大している。また、㈱康徳製鋼所は、1935年2月に撫順に設立され、鉄鋼加工業に従事し、創立当初は公称10万円・払込5万円の規模であったが、1941年7月の増資で100万円全額払込になっている。合資会社皆川鉄工所も、1936年2月に新京に4000円の資本金で設立されて鉄工業に従事したが、1943年3月では公称19万円・払込9.5万円の新京鉄工鋳物株式会社に改組・拡大している。

2 非鉄金属

上記新設企業の多くは鉄材の生産・加工を主たる目的とするものであるが、若干の非鉄金属工業企業も進出した。非鉄金属の代表は一般に銅であるが、満州では電線以外の銅加工業企業の規模は小さく、特殊会社である満州軽金属製造株式会社（1936年11月設立、創立資本金公称2500万円、払込625万円、満鉄系、本店は撫順）や満州マグネシウム工業株式会社（1938年7月設立、満州軽金属製造の子会社、1942年4月に同社に合併された）、さらに原料を満州に依存するが本社と精錬所とも本国に置く「満州関係会社」として、日満アルミニウム株式会社（1933年10月設立、創立資本金公称500万円・払込250万円、本店東京）と日満マグネシウム株式会社（1933年10月設立、創立資本金公称700万円、払込175万円、本店東京）の両社など、軽金属精錬業の大きさに特徴がある。アルミニウム原料となる礬土頁岩とマグネシウム原料となるマグネサイト（菱苦土）とが、大量に存在したからである。

航空機が重要兵器となったため、その新たな主要機体材料であるジュラルミンなどのアルミニウム合金やマグネシウム合金も死活的軍需品となり、かつまた、アルミニウム導体を使用した長距離用高圧送電ケーブルも開発されたために、1920年代後半からアルミニウム精錬事業の起業が、軍民両方から種々企画された。その隘路は、標準原料であるボーキサイト資源が日本の勢力圏内には少ない点にあり、明礬石や礬土頁岩などの非ボーキサイト原料から中間原料である高純

度アルミナを製造する多様な技術が開発された。他方、マグネシウムは、製塩業の副産物である苦汁やマグネサイトを原料として高純度塩化マグネシウムを精製し、これを熔解して電解する方法が世界的にも主流であり、特異性は少なかった。

　日満アルミニウムは、理化学研究所が開発したアルミナ製法を用いて、煙台などで採掘される礬土頁岩を使用しており、満鉄は、その使用を希望したが特許権許諾を得られなかったので、満鉄中央試験所が開発した製法（「乾式法」と称す）を採用し[11]、国際的にはランニングコストの低い水力発電が主流であるにもかかわらず石炭火力発電からの廉価な電力供給が得られるという撫順において、公称年産能力4000トン規模のプラントの建設を開始した。この設備を引き継いで満州軽金属製造が設立された。その直後の満鉄経済調査会および関東軍の決定（1937年2月）による「アルミニウム工業五箇年計画」では、アルミナ含有量がより大きい華北産礬土頁岩の使用、満鉄中央試験所が改良した新アルミナ製法（「湿式法」と称す）の採用、鴨緑江水力発電を利用するための安東工場等の建設により、1941年に公称年産能力2万トンを備えるべく、1939年から総計5600万円の追加設備投資を課せられた。ここに、満州軽金属精錬業に華北資源支配が組み込まれた。

　しかし、非ボーキサイト原料では、アルミナの製造コストと品質（純度）の両面に大きな壁があり、その克服は困難であった。日満アルミニウムや他の先発各社も輸入ボーキサイト利用に切り替え、非ボーキサイト原料から工業規模の生産を継続するのは、ほぼ満州軽金属製造のみになっていった。五箇年計画の実施についても、インフレ圧力が高まる環境において素材価格を抑制しつつ軽合金用高純度アルミ地金を急速増産するため、新設の大規模精錬会社である日本軽金属株式会社を中心に本国および台湾のボーキサイト使用精錬会社の拡張を優先したので、満州軽金属製造への資材配当は抑制されて安東工場の建設は遅れ、アルミナ製造用のロータリーキルンを用いてセメントを製造する状況であった。

　電線については、満州電線股份有限公司の設立が「古河・住友・藤倉の3社によって決定され」、「昭和11（1936）年4月に工場建設に着手し、昭和12年3月に会社が設立、昭和12年4月に営業を開始した」[12]。3社のほかに当初から日立製作所・大日電線・日本電線・東京製線が資本参加し、後に昭和電線電纜・津田

電線・東海電線・沖電線も加わり、同社は出資電線メーカーの対満州輸出シンジケートとしても機能した。同社は特殊会社ではなかったが、満州国政府はその後の電線メーカー設立を抑制し、同社の独占を維持した。同社の製品は、奉天鉄西工業地区の工場から主として満鉄・満州電信電話・満州電業などに納入された。

満州国を組織し、法人登記を強制したことによって、日系以外の法人も補足されるようになった。しかし、金属工業では民族系法人は少なく、満州事変期に入って初めて出現したものの、この時期には、双興木舗合資会社（1936年5月設立、鍛冶、本店大連、代表：張竹林）、世興金店合名会社（1937年1月設立、本店新京、代表：唐錫光）、東民鉄工廠合名会社（1937年5月設立、本店奉天、代表：馬漢侯、後に馬春霖が支配人となったが、1912年奉天に生れた同人は1939年に早稲田大学商科を卒業して、まず合名太平洋炭鉱合名会社の監査役に就任、1940年に東民鉄工廠支配人となった）の3法人のみと思われる。東民鉄工廠は、満州炭砿株式会社、昭和製鋼所、満州航空株式会社、満州電業株式会社、満州鉱業開発株式会社、満州護謨株式会社、南満州鉄道株式会社などとの間で、旋盤仕上げ、鋳物及模型製作、鍛造の下請け関係を結んでいたとされる[13]。

第3節　戦時体制期

1　概　要

この時期には、1937年5月公布の重要産業統制法を法的基礎として、1936年末に決定された日満支生産力拡充計画が本格的に発動するとともに、1937年半ばからの日中戦争に伴う軍需の増大が加わり、満州には鉄鋼素材などをいっそう日本に供給することが要求された。また、懸案の「治外法権撤廃」＝満州全域の付属地化が1937年末に実施され、同時に、生産力拡充計画の中核的遂行主体として満州重工業開発株式会社が設立され、満鉄の在満州鉱工業子会社が同社に譲渡されるという満州法人構造の中枢部における改革が実行された。他方戦争は、日本の対満州工業物資供給能力を削減し、満州の生産力拡充計画の遂行や民生維持に支障を生じさせ、同時に、華北・華中を円ブロック内に取り込んだことによ

って外貨不足にも拍車をかけ、満州経済の自給化と対日物資供給増加を促進していった。

かかる状況の中で、金属工業法人の設立数が激増した。われわれのデータベースでは、1938年には15社、1939年には28社、1940年には25社、1941年には35社、1942年には39社となっている。1937年7月以降と1943年分とを合わせ、155社（株式107社、合資32社、合名16社）が設立された。

戦時期に設立された法人の本店所在地は、奉天の72社（株式54、合資9、合名9）を筆頭にして、新京22社（株式11、合資9、合名2）、鞍山20社（株式16、合資3、合名1）、大連16社（株式13、合資3）、撫順7社、哈爾浜6社、安東・蘇家屯・本渓湖各2社などとなっており、奉天、とくにその鉄西地区への集中が著しく、逆に大連の求心力は大きく低下した。新京・撫順・哈爾浜にも一定の集積が見出せるが、大規模のものは各1法人だけであり、むしろ小規模法人が中心である。

なお、ここで日中戦争期における主要金属工業メーカーの使用総資本利益率を見る（図表Ⅱ-9-5）と、1938年にピークを、1940年にボトムを持つ傾向がある。この時期には、生産力拡充計画などによって設備の拡張が迫られる一方、外貨不足の深刻化と第2次欧州戦争勃発などによって設備・資材の輸入が困難になっていった。このため、未稼働設備が大きくなる傾向を持つ。ただし、本渓湖煤鉄公司や満州軽金属製造の低利益率は、構造的な問題を示す。とくに、満州軽金属製造においては、非ボーキサイト原料からのアルミナ生産の困難さと火力発電のコスト高が予想される。

2　鉄　　鋼

では、金属工業の中核であった昭和製鋼所と本渓湖煤鉄公司から、その動態を紹介していこう。

昭和製鋼所は、1933年4月に満鉄鞍山製鉄所を継承して鋼材年産50万トンの銑鋼一貫化を実現する計画の許可を得、翌月鞍山に移転し、資本金は公称1億円・払込7000万円となった。1937年1月の生産力拡充計画の策定と日中戦争開始による同年12月のその拡大修正を受けて設備の拡張と改修を重ね、1943年に

図表 II-9-5　主要金属工業法人の利益率推移

(単位：千円)

	使用総資本利益率									
	1937		1938		1939		1940		1941	
	上	下	上	下	上	下	上	下	上	下
昭和製鋼所	8.6		8.0	7.1	6.1	5.3	4.9	4.6	4.3	4.2
本渓湖煤鉄公司	8.7		−	−	−	−	3.1	0.9	−1.7	0.1
本渓湖特殊鋼	−	−	−	−	−	−	3.8		−	−
満州住友金属工業	2.0	5.7	6.1	7.3	5.7	6.3	2.6	4.1	3.2	3.8
鞍山鋼材	12.0	9.5	10.2	14.2	10.4	8.7	6.8	6.6	8.0	9.4
日満鋼管	2.9	0.3	3.7	14.2	13.7	12.9	8.8	8.8	7.3	8.2
満州鋳鋼所	−5.5	2.7	3.5	5.8	8.5	9.5	9.0	14.5	8.4	7.3
満州久保田鋳鉄管	4.3	13.9	27.0	28.5	16.1	17.9	17.3	13.5	13.9	10.8
日満鋼材工業	8.4		15.3		14.6		11.7		10.0	
満州亜鉛鍍	4.1	5.0	18.1	13.8	11.7	5.0	7.5	6.8	5.2	9.0
満州鋳物	−	−	−	−	−	−	10.5	10.6	9.5	7.2
満州電線	−	−	−	−	−	−	5.0	4.1	2.5	2.4
大連鋳造所	−	−	−	−	−	−	−	−	12.3	
満州進和商会	−	−	−	−	−	−	−	−	7.8	7.6
満州軽金属製造	−	−	−	−	−	−	−	−	0.5	0.6

出所：大連商工会議所『満州事業成績分析』(第1〜5回)。

は第 9 号高炉を完成させ、製鋼部門も第 2 製鋼工場・中板圧延工場・薄板圧延工場まで整備していった。この拡張に対応して、資本金も増大し、1938 年 4 月には 1 億円払込済となり、同年 9 月に倍額増資を実施、それも 1940 年 3 月に払込済みとなって、1943 年 8 月、再び倍額増資を行なって払込 3 億円となった。また、満州重工業開発の設立に伴って満鉄から半分の株式が譲渡されて満州重工業傘下に入り、さらに 1939 年 5 月には昭和製鋼所法の制定により正式に特殊会社に位置づけられた。

　本渓湖煤鉄公司は、1935 年 9 月に満州国と大倉鉱業との合弁会社となったが、生産力拡充計画によって年産能力を銑鉄で 7 倍、石炭で 3.9 倍、製鋼部門（55 万トン規模）の新設などの飛躍的な設備拡張が迫られ、同時に満州重工業開発の傘下への編入も迫られた。大倉側は経営権確保を求めて抵抗したが 1938 年末に合意に達し、同公司は 1939 年 6 月に満州重工業開発の出資を受け入れて一挙に 10 倍の 1 億円（出資比率：満州国政府 2、大倉事業 4、満州重工業開発 4）に増資した。実際には評価換を行なったので、大倉の現金出資負担は 1220 万円にとどまった。これによって第 3 号・第 4 号高炉を新設するとともに、第 1 号高炉も改修するなど、製銑・炭砿部門を中心に拡充を行なった。そして、1941 年末に 2

億円への倍額増資を行なっている（1942年系列には反映されていない）が、この機会に満州重工業開発は大倉の経営権剥奪を狙ったことが明らかにされている[14]。

両社とも、日本の資材設備供給能力の低下、第2次世界大戦の開始によるドイツからの設備供給の遅れと独ソ戦による輸送ルート遮断、外国為替の不足と対日資産凍結によるアメリカなどからの輸入の低下と停止などによって設備の増強が遅れたが、修正計画の目標には届かなかったものの、能力自体は確実に増加した。しかし、本渓湖煤鉄公司は、計画中に規定された銑鋼一貫化のための資材配当を受けられず、最終まで実現できなかった。ただし、1935年5月に研究工場として設置した特殊鋼工場を漸次拡張し、1938年10月に本渓湖特殊鋼株式会社（当初資本金公称1000万円、払込250万円、1941年6月第2回払込で500万円となる）を大倉事業と本渓湖煤鉄公司の共同子会社（大倉63.4％、本渓湖34.9％）として設立し、小規模に特殊鋼と工具を生産した。

銑鉄生産規模の拡大は原料消費の拡大を伴ったが、とくに原料炭の供給が不足し、生産実績の向上を制約した。このため、中核となった昭和製鋼所には、すでに1937年度には本渓湖と撫順からも供給されていたが、1943年度になると満州内の密山・北票だけでなく華北からも大量の原料炭が送り込まれるようになっていた。同様に鉄鉱石についても、とくに昭和製鋼所が富鉱利用を拡大したため、満州内の製鉄第3拠点となるべく開発が計画された東辺道開発株式会社（1938年9月設立、当初資本金公称3000万円、払込1020万円、2回増資、1943年度末現在1億4000万円全額払込済、満州重工業開発92％保有、本店は通化）や朝鮮・華北の鉱山からの供給が激増した[15]。他方、製品は、日満商事株式会社（1936年10月設立、当初資本金公称1000万円、払込600万円、2回増資し公称6000万円となり、満州国政府と満鉄の折半出資）によって販売された。銑鉄は、約40％ずつが対日輸出と製鋼用自家消費に充てられ、20％が満州国内の軍官需と諸工業原料などに向けられた。鋼塊は大部分が圧延用に自家消費され、一次圧延製品である鋼片は、20〜30％が対日輸出され、60〜80％が自社内二次圧延に、数％が関東軍や他社圧延用に販売された。鋼材は、生産力拡充用をはじめとする民間需要に50％前後が、満鉄や関東軍なども含めた軍官需に30％強が、そして対日輸出に数パーセントが振り向けられた[16]。銑鉄増産は1943年度に限界

を迎えたため、1944年4月、昭和製鋼所・本渓湖煤鉄公司・東辺道開発を合併して満州製鉄株式会社（7億4000万円）が設立された。

満州住友金属工業は、1935年10月に鋼管工場を竣工させ営業を開始していたが、1937年11月に奉天鉄西地区に製鋼所の建設を開始し1939年7月にその第1期分を竣工させ、引続いて第2期工事を開始したが1944年現在でも進行中であった。同社も生産力拡充計画の中で事業を拡張することとなり、鉱山用・製鉄用その他の各種の搬送機械の機械製作所の建設を1938年9月に着工し翌年9月に第1期工事を完成させ、続いて第2期工事に入ったが1944年現在でも竣工できなかった。継続する拡張のため、1940年7月資本金を3000万円に増資している。満州鋳鋼所も、前述のように拡張を重ねたうえ1940年7月に倍額増資を行ない、1943年5月に満州神鋼金属工業株式会社に改称した。また、満州ロール製作所は、1936年2月に操業を開始したが、拡張を継続し、早くも同年末とさらに翌年10月と増資を行なって1000万円全額払込とし、1943年5月に大谷重工業株式会社と改称した。

鋼材不足の中で、鞍山シャリング工業株式会社のような企業も設立された。同社は、1938年6月20日、鞍山の鉄鋼コンビナートの中で発生する格落品や仕損品をシャリング加工で有効利用することを目的とし、公称資本金20万円・払込5万円で設立され、1939年3月には全額払込となっている。

鉄鋼関係では、素材生産と軍官需および投資需要との拡大を受けて、多様な専門化も進んだ。小規模な一般鉄工業以外に、特殊鋼・合金生産からその鋳鍛造、圧延・引抜・製線・切断、そして2次加工による金具・金物・金網・鋲釘・缶・工具などが多数出現した。

すでに専門化が進んでいた汎用部材である鋲釘螺子類製造業では、戦間期に大連に開業した共同製鋲合資会社（1925年12月3日設立、資本金4000円）と合資会社満州製鋲鉄工所（1928年3月20日設立、資本金2万4500円）の名があるが、満州事変以降、前述の満州進和商会のほかにも、主に亜鉛鍍金工業の兼業として、奉天の㈱中山鋼業所、鞍山の満州亜鉛鍍株式会社、鞍山製鋲株式会社、新京の新京重機工業株式会社、大連の満州製鋲鉄工所等が設立され発展した。このうち、㈱中山鋼業所は、1919年に大阪で関西亜鉛鍍工業所を設立し㈱中山製

鋼所（資本金75万円）に発展させた中山悦治が、満州進出を図って1934年5月に個人経営の形式で奉天鉄西地区に工場を建設したものを、1937年12月に公称資本金100万円（1943年10末現在全額払込済）の株式会社に改組したものである。また、㈱満州鉄業工廠も、東京で亀戸鉄工所を経営していた鵜川沢太郎が、1934年4月に個人経営の形式で奉天鉄西地区に工場を設けて操業を開始し、1940年7月4日に公称資本金100万円（1943年10末現在、払込75万円）の株式会社に改組したものであり、原材料は日満商事から供給を受け製品も同社に納入していた。鵜川は、東鉱業株式会社・東メッキ株式会社・昭和ヤスリ工業株式会社・東京化学工業株式会社の取締役社長のほか昭和鋼線株式会社の専務取締役も兼ねていたので、同工廠の経営には、もっぱら常務の鵜川良範（実の甥）が当たっていたようである。さらに、満州鋼機株式会社は、1938年7月に満州蹄鉄株式会社として公称資本金30万円・払込15万円で奉天鉄西地区に設立されたが、翌1939年8月に改称し、1940年6月航空機用ジュラルミン鋲及切削旋削工具工場の建設を目的として公称資本金300万円（払込165万円）へ増資し、同年10月第1期拡張設備を完成させた。航空機用鋲としては、奉天航空螺子株式会社も、精密螺子精密リベット接管鋲の製造加工及販売を主要事業として、1941年4月8日に奉天朝日区に、資本金19万5000円・払込14万6250円（1943年10末現在、全額払込済）で設立されている。

鋼索分野では、満州製綱株式会社が、1938年10月6日に公称資本金250万円（払込62万5000円）で鞍山市に設立され、1941年2月に満州鋼索株式会社（東京製綱株式会社が1939年に設立した子会社）と合併して資本金を600万円に増資（東京製綱38.75％、関西製鋼株式会社30％、東洋製鋼株式会社6.7％）、さらに1942年9月に公称資本金1200万円への増資を行なった。本国の斯業大手会社が満州進出を図って、経済統制の中で統合されたものと思われる。金網部門でも、1931年12月に大連において合資会社大連金網商会（資本金2850円）が設立されていたが、川崎男爵家が経営する川崎鉄網株式会社が、1937年6月に奉天支店を開設し、1938年1月に奉天分工場を開設した上で、1939年10月21日に「東京市芝区田町2丁目18番地川崎製網工場の所有する工業権及新発明又は工夫に依り土木建築・鉱工化学用鉄網の製造並に販売をなすこと」を目的に、奉

天鉄西地区に満州川崎鉄網株式会社（当初資本金25万円全額払込済）を設立した。同社製品は、満州国交通部、各土木建設庁、各省土木庁土木科、満鉄、満州重工業開発、東辺道開発、満州鴨緑江水力発電、満州拓殖公社、華北交通各などに販売され、1939年12月には拡張のため、公称100万円・払込62万5000円に増資している。このほか、1940年2月16日には合資会社池田金網工廠（資本金19万円）が「各種金網を製造し満州及び北支において販売」することを目的として新京に設立され、同社は1943年9月6日に㈱満州金網工廠（資本金50万円）に改組されたと思われる。また、1943年12月にも「網物線及金網の製造並に卸売」を目的とする満州金網製線株式会社（公称100万円・払込75万円）が、奉天に設立されている。

　鋳物部門では、大手の満州鋳物株式会社が1937年10月に設立された。親会社は㈱満州工廠（1934年5月設立、創立資本金150万円全額払込済、本店は奉天）であり、1936年6月に資本参加していた株式会社大満鋳工廠（資本金20万円全額払込済）を1938年9月に一挙に公称500万円に増資し改称したものである。この増資で株主は2000名以上になり満州工廠の持株比率は2.01％、同社社長の根本富士雄は1.55％、外に日本生命保険が1.75％となった。満州工廠は4年たらずで資本金11倍増という急拡大を遂げ、満州鋳物、満州工作機械株式会社、北満産業株式会社等の子会社も創立した。しかし、満州工作機械の業績は悪く満州重工業開発に経営権を譲渡した。満州鋳物も、1941年12月に再度増資して公称1000万円・払込625万円とし、3工場を奉天に設置して、支店・出張所を新京・大阪・東京・大連に設けていたが、1943年3月にこれを吸収合併するなど、再編成に追い込まれた。

3　中小鉄工業の組織化

　金属工業のなかでもとくに鉄鋼関係には、個人経営を含めて多数の小零細企業が存在した。戦時統制の下で、資材配給と価格抑制、規格統一などのため、その組織化が図られていった。例えば、1941年7月10日には奉天省鉄工業組合が、同年10月1日には哈爾浜鉄工業組合が、それぞれ結成されている。奉天省鉄工業組合は、所管地区を奉天省一円とし、本部事務所を奉天市に置き、支部事務所

を営口・本渓湖・遼陽・鞍山・鉄嶺・撫順に設け、地区内において鉄鋼に関する工場設備を有し鋲螺釘、生活必需板金、事務用器具、車両船舶、建築建具金物、生活必需鋳物、農器具、暖房衛生器具、機械製作部分品加工、治具工具、その他民需品等のどれかに該当する業者という組合員の資格要件で、605名を組織した。理事クラスは各市の主要中小企業者が選任されたが、実際の運営に当る主事には満州国政府の日本人官吏が就任している。哈爾浜鉄工業組合は、哈爾浜市を所管地域とし、日満商事株式会社の指示の下で鉄材の配給と価格抑制を実現するために約200名の組合員を組織した。「四分の一は邦系、四分の三は満系」と紹介されている。

また、組合結成に止まらず企業合併に及んだ場合もある。斉斉哈爾市の㈱竜興製作所は、現地軍、省、市当局により「地場生産拡充強化」を目的にして1943年4月に同市所在の満州農機製作所、岩崎鉄工所、興隆号機械、工業鉄工所、興斉鉄工所、成源鉄工所、振興鉄工所、東工業鉄工所、益元昌鋳物工場、和成永鋳物工場、東泰盛鋳物工場、万興徳鉄工所、亜州機械工廠、福島発鉄工所、満興鉄工廠を合同して資本金150万円（全額払込済）の株式会社に改組したものである。その営業内容は、鋳鉄・各種金属鋳物・鍛冶製缶・金属機械工作・金属組立仕上げなどであり、工場は市内8箇所に集約された。社長には、満州国軍将校で直前まで斉々哈爾軍械支廠長であった寺原広が就任した。

この組織化は業種別にも行なわれ、代表的な中小企業製品である暖房用品については、1941年に、満関暖房器材工業組合が、満州国および関東州当局の指示に従って暖房器材の満州国内製産品を統制してその需給を調整し、配給の円滑と価格の適正を図ることを目的に掲げて、満州国・関東州で放熱器または鋳鉄気缶を製造する業者を組織して設立された。理事長には、㈱高砂製作所取締役の関山延、理事には満州鋳物株式会社取締役の田中漸、合資会社奉天前田鉄工所代表社員の前田弥市、㈱興奉鉄工廠取締役の徐慶釗、竹山商会代表者の竹山吉治、監事には興亜工業株式会社取締役の王必寿、日満放熱器製作所代表者の村上幸八が就任している。

高砂製作所は、東京の高砂鉄工株式会社の子会社として1939年1月31日に奉天鉄西地区に設立され、創立資本金は20万円で全額払込済であった。同年5月

から工場建設に入り翌年に機械据付を終えて操業を開始するとともに1940年7月100万円に増資・全額払込とし、暖房冷房関係諸機械を陸軍や満州国政府、各特殊会社などに供給していた。㈱興奉鉄工廠は、徐慶釗（関東州金州出身、1917年3月に大連の南満州工業専門学校を卒業）が、1928年2月に奉天市商埠地で暖房用放熱器各種機械及鋳物品の製作を開始し、1935年12月に奉天市朝日区に移転、1936年7月10日に株式会社に改組したものである。スチーム暖房システムをはじめとして各種鉄鋼品を製作して関東軍や満州国政府、各会社に販売していた。1938年12月と1941年4月に増資して46万円全額払込となり、鉄西地区に第二工場を建設した。奉天前田鉄工所は、1935年4月に20日に奉天に設立され、42年度末現在の資本金は18万円であったが、同所に㈱暖房用ボイラー鋳造所（1940年2月設立、資本金19万8000円全額払込）および㈱暖房用放熱器鋳造所（1940年3月設立、資本金19万円全額払込）の2法人をあわせ経営している。税金対策として、工程別に法人化したものと思われる。興亜工業は、1939年10月3日に新京に設立され、当初資本金公称20万円・払込5万円であったが1940年11月に増資し40万円全額払込となった。社長は、劉華英（三泰産業株式会社の取締役支配人）であり、「三泰産業の関係上主として糧桟方面に主力を注ぎ居りしが（康徳）7年10月合名会社双盛貿易商会を吸収後経済部大臣の認可を得貿易関係にも拡張合せて鉄工部も設立し資本金80万円全額払込とし事業拡張と共に10年製材許可を取り之が事業も合せて」[17]経営していたものである。

　さらに、1942年5月には満州鋳鉄暖炉製造組合が、満州生活必需品株式会社の指示に従って暖炉の生産を統制するため、「鋳鉄暖炉の製造を業とし且つ康徳六年度以降、官需、民需ならびに満州生活必需品株式会社取扱い民需の何れかに実績を有する日系者」を対象に組織された。所管地域は満州一円とされ、事務所は新京に置かれ、実務にあたる常務理事は満州生活必需品株式会社から送り込まれた。

　中小企業は、多角的な業務を行なっていたので、業種別・地域別のマトリックス型の組合組織化により、信認金や業務の多重化に圧迫されることも問題となり、緩和措置が講じられることになった。

4 非鉄金属

　非鉄金属部門の最大の法人は満州軽金属製造であり、満州電線がこれに次いだ。
　満州軽金属製造は、前述のように、第一期の撫順でのアルミニウム年産4000トン設備を完成させるとともに、生産力拡充計画によって年産能力を1941年までに一挙5倍化するため、満州重工業開発の傘下に入り、安東工場の建設に取り組んだ。このため、資本金も創立当初の払込625万円から、1938年10月、1942年1月の2度の増資を経て、1942年4月には12.8倍の8000万円全額払込となった。しかし、全般的な資材不足により鴨緑江の電源開発も大幅に遅れた上、太平洋戦争の緒戦の勝利で南方ボーキサイト鉱山を確保したことにより、安東工場の建設は中止に追い込まれていた。しかし、戦局の反転のなかで、航空機体材料などのために大量のアルミニウムを確保するため、再び非ボーキサイト原料の利用が注目された。満州軽金属製造では、1942年に撫順でのアルミニウム年産5000トンの増産計画を立てるとともに、繰り延べになっていた安東工場の建設を再開することになった。
　しかし、親会社満州重工業開発の高碕達之助副総裁は、㈱住友本社の古田俊之助に安東工場の建設を引き受けさせた。当時、重点主義の下で軽金属工業は設備拡張計画が認められ、住友グループ（住友では、アルミナ生産は住友化学工業株式会社が、電解精錬は住友アルミニウム製錬株式会社が、合金・加工は住友金属工業株式会社が、それぞれ担当）と昭和電気工業株式会社とがそれぞれ朝鮮北部でアルミニウム年産5万トンの工場を建設することになっていた。住友と満州重工業開発の新会社設立準備は、種々の障碍により遅延して、1944年3月ごろに大東亜省の住友に対する礬土頁岩によりアルミナ4万2000トン、アルミニウム2万トンを生産する命令が出され、同年4月15日に安東軽金属株式会社が設立された。同社は、資本金公称2億円、払込5000万円、満州側（満州重工業開発および満州軽金属製造、各25％）と住友側（住友本社10％、住友金属工業15％、住友化学工業15％、住友電気工業5％、住友アルミニウム製錬5％）の折半出資で、安東に本社を置き、直ちに建設に掛かった。しかし、戦局の悪化が進んだため、同年7月にはアルミナ＝アルミニウムの一貫生産を中止してアルミ

ナ設備の完成に特化することとし、電解は元山の朝鮮住友軽金属株式会社に供給することに変更した。1945年4月には本拠の新浜からの施設移転も含めた速成を図ったが、ついに敗戦までに完成にいたらなかった。満州軽金属製造の撫順拡張計画も、同様に未完に終わった。

満州電線は、その営業開始直前に生産力拡充計画が決定され、これによる需要激増に対応するため、直ちに第二期拡張工事の計画作成に入った。そして、銅塊あるいは棹銅からの一貫生産も目指して新たに線材工場の建設や若干の高圧送電用アルミケーブル生産も行なうこととし、420万円の設備投資予算を決定、1939年3月に倍額増資を行なった。しかし、国際関係の悪化のなかで同年11月に満州国政府から当初計画の6〜8倍もの拡張計画立案命令があり、1940年5月に約800万円で当初計画の4倍の生産能力とする第三期拡張計画を立案し、同時に一般電線にまでアルミを使用することとし、必要資材については日本の中小企業を中心とする遊休施設の転用も含めた。こうして1940年ごろには、第一期継続工事、第二期拡張工事、第三期拡張工事が重複して進行する状態となり、その進捗に伴って1943年1月には再度の倍額増資を行なった。また、同社は、主要電線メーカーの在満州共同子会社として設立され日本からの製品輸入の代理店ともなっていたので、1939年初めに満州国政府から電線類の配給統制の立案と実施が要請され、7月から実施に入り、特約店組合の組織化などを行なった。その実績を踏まえて1941年9月に貿易統制法による電線類輸出入業者の指定を受け、11月には物価及物資統制法による価格統制団体にも指定され、1942年2月に電線類配給統制規則も公布されて、正式に電線統制会社となった。社内では、1941年2月に新京支店に「特務部」を設置して、配給・価格統制業務を担当させた。

非鉄金属部門でも多様な専門化が進んだ。軽金属加工部門では、満州アルミニウム工業株式会社が、1938年10月に奉天鉄西地区に公称資本金50万円・払込12.5万円（1941年4月に全額払込済）で設立され、満州生活必需品株式会社の指定工場として、満州軽金属製造から材料の供給を受けて家庭用生活必需品や特殊用什器・器具を製造した。さらに、1942年4月8日には、大連に関東州アルミニウム工業株式会社が、家庭用アルマイト製品製造を目的として、資本金25万円全額払込で設立されている。大陸アルミニウム工業株式会社も、1941年1

月13日に奉天鉄西地区に公称資本金50万円で設立され、9月から操業に入った。同社は、高田市松（1925年に大阪でアルミニウム加工業の高田アルミニウム製作所を起こし、1935年に株式会社化（資本金630万円）した）の実弟2人が1936年に設立した㈱日東アルミニウム製造所（資本金70万円）の子会社であり、社長・専務は同一人物である。なお、同社の製品は軍需品と推測される。

軽金属は、その粉末が火薬などにも利用され、1939年2月4日には満州金属粉工業株式会社が、1942年5月20日には椋梨金属粉工業株式会社が、それぞれ設立された。前者は、大阪の大日本金粉箔工業株式会社が、満州国産原料から特殊アルミニウム粉を製造して満州国内に供給する目的で設立したもので、創立資本金公称5万円・払込2.5万円、安東に本店を置き、1939年5月に増資し年末までに45万円全額払込となった。後者は、椋梨哲治（熊本県出身、旅順工科学校卒、満鉄撫順炭砿入社15年勤務、満州炭砿に転じて合計20年間炭砿勤務を経験）が、1939年に諸機械部分品製作を目的とする椋梨工務所とその販売部門として合名会社工珠洋行（資本金8000円、本店奉天、1942年05月20日株式会社化、資本金公称10万円・払込2.5万円）を設立したが、さらに火薬原料としての金属粉製造に進出して、販売部門の興亜金属粉株式会社（1942年1月27日設立、資本金10万円全額払込、本店奉天鉄西地区）を、次いで製造部門の椋梨金属粉工業（1942年05月20日設立、創立資本金公称18万円・払込4.5万円、その後払込済みとなる、本店は興亜金属粉と同一）を、それぞれ設立したものである。

鉛工業でも、㈱芳沢鉛管製作所が1934年9月に大連に出張所を開設し、1938年8月にこれを関東州法人の満州鉛工業株式会社（当初資本金公称40万円・払込20万円、鉛製品・鉛利用化学機械製造など、本店大連）に改組し、さらに1939年3月に満州国法人の満州鉛工業株式会社（資本金公称48万円・払込12万円、本店は奉天）も設立した。このほか、㈱大興鉛粉公司（1939年4月設立、創立資本金公称4万円全額払込、1941年5月5万円に増資・全額払込、鉛粉・鉛管その他製造販売、本店は奉天、代表楊鶴軒）、満州鉛板鉛管株式会社（1939年4月設立、創立資本金公称40万円・払込10万円、1939年10月払込20万円、本店は奉天鉄西）、日満鉛工業株式会社（1939年10月設立、資本金45万円全額払込、本店は奉天鉄西）、などが設立されている。

伸銅部門では、1940年12月、満州湯浅伸銅株式会社（資本金公称400万円・払込100万円、本店は蘇家屯）が設立され、本格的な伸銅工場の建設にかかったが、1944年になっても資材不足によって完成せず、操業に入れなかった。

おわりに

　以上のように、金属工業では、1910年の商弁本渓湖煤砿公司から資本主義的な金属工業法人の形成が始まり、第1次大戦期に満鉄と泡沫的な中小製鉄企業の設立を経て、1920年代後半から持続性のある中小法人企業の設立も見られるようになった。しかし、満州事変により政治経済環境が激変し、とくに満鉄鞍山製鉄所を継承して昭和製鋼所が移転したことと大規模な奉天工業団地形成が進められたことにより、鞍山・奉天を中心として新京・本渓湖・撫順・哈爾浜などで金属工業法人の設立が進んだ。そして、生産力拡充計画の実施に伴ってその数が激増するとともに、大企業化と事業の多様な専門化、そして経営体の組織化が進められた。ただし、大企業の新設は1930年代中葉に最も進展したといえる。

　太平洋戦争段階では、製銑・製鋼や軽金属製錬に見られるように、経営合理性を無視した「生産増強」が強行され、中核大企業に未稼働ないし低稼働施設を累積させるに至った。敗戦後、その施設の多くをソ連軍が持ち去ったことは周知のことに属する。

注

1) 大連日日新聞社編『満州年鑑　昭和17年版』(1941年) 213頁。
2) 村上勝彦「本渓湖煤鉄公司と大倉財閥」(大倉財閥研究会編『大倉財閥の研究—大倉と大陸』近藤出版社、1982年) 424-444頁。
3) 『1922興信録』211頁。
4) 同前、322頁。
5) 同前、207頁。
6) 『1944鉱工年鑑』312頁。
7) 金子文夫「満州における大倉財閥」(前掲『大倉財閥の研究』400-402頁)。

8）美濃部洋次文書187‐05「奉天鉄西工業地域拡張ニ関スル経過概要」一橋大学経済研究所附属日本経済統計情報センター蔵。
9）『1944鉱工年鑑』333頁。
10）三井文庫編『三井事業史』本編第三巻下（2001年）（鈴木邦夫執筆）、706‐707頁。
11）「『満州軽金属製造株式会社設立要綱』ニ関スル第一回一部事務官会議議事要録」1936.06.18、『満州軽金属製造株式会社設立関係書類』経済産業省蔵。
12）山本次編『電線史』（日本電線工業会、1959年）271頁。
13）『戦時体制下に於ける事業と人物』（東京電報通信社、第二版、1944年、大空社復刻、1990年）490頁。
14）前掲「本渓湖煤鉄公司と大倉財閥」624‐634頁。
15）松本俊郎「満州鉄鋼業開発と『満州国』経済」（山本有造編『「満州国」の研究』京都大学人文科学研究所、1993年）297‐306頁。
16）同前、306‐317頁。
17）『1944鉱工年鑑』360頁。

第10章　機械器具工業

はじめに

　機械器具工業は、金属工業と重複するところのある製造業であり、既述のように『1942銀行会社年鑑』の分類に依拠しつつ、適宜補正して検討を加えることとする。同書で「機械器具工業」に分類されている諸法人の事業目的には、製造用機械、原・発動機、鉄道車両・自動車・航空機・船舶の製造、電力機器・電気通信機器、機械部品、工具、器具などが挙げられているが、中には「鉄工業」のような金属工業との区別ができない営業目的しか掲げられていない法人もある。ただし、1940年以降、業種別の統制組織が設けられ、たとえば、満州機械工業組合中央会の会員は、満州鉱山用機械製造工業組合、満州電気機器工業組合、満州電気通信機器製造工業組合、満州化学機械製造工業組合、満州工具軸受製造工業組合、全満一般機械製造工業組合等から構成されているので、こうした統制組織上の分類も参考にしつつ、在満機械器具工業法人の多様化を検討していきたい。

　なお、満州の機械器具工業全体に関する先行研究は少なく、生産力拡充五箇年計画などの分析に際してその一部として取り上げられ、概括的な生産目標と実績の対比が行なわれるに止まっている。日本敗戦後の東北経済開発を検討した東北物資調節委員会研究組の『東北経済小叢書両種　資源及産業（下）』では、満州では日本の産業構造に対応して産業構造を構築しようとしたため、機械器具工業の発達は遅れ、1942年以後、とくに1943年の「機械工業整備要綱」から積極的育成に入ったこと、その結果、斯業の生産額は満州事変以前では4200万円であったが、1942年度4億100万円、1943年度5億4700万円、1944年度6億1800万円と急拡大したこと、しかし大型機械や精密機械、またそれらの部品の「鍛造

図表 II - 10 - 1　機械器具工業法人の推移

(単位：社、千円)

	1921.06.30		1926.12.31		1936.05.31		1942.09.30		1943.03.31		1944.03.31	
	法人数	資本金額	法人数	資本金額	法人数	資本金額	法人数	資本金額	法人数	資本金額	法人数	資本金額
株式	5	2,025	5	1,925	13	13,865	229	439,513	206	423,577	127	475,237
合資	3	160	13	297	22	829	83	5,579	69	6,091	1	1,000
合名	2	250	4	295	4	275	41	3,121	33	3,308	2	850
合計	10	2,435	22	2,517	39	14,969	353	448,212	308	432,976	130	477,087

出所：『1922興信録』、南満州鉄道株式会社庶務部調査課『満蒙に於ける日本の投資状態』1928年、『1936銀行会社年鑑』、『1942銀行会社年鑑』、『1943会社名簿（20万円以上）』、『1943会社名簿（20万円未満）』、『1944会社名簿（20万円以上）』。

図表 II - 10 - 2　機械器具工業法人の設立年次分布

出所：前表に同じ。

ができず、設計などの技術者も不足していたという大きな弱点があり、1945年5月に関東軍が「兵器増産推進委員会」を組織してその克服を図ったものの遅きに失したことが、紹介されている[1]。しかし、この点に関しては大局的には首肯できるが、機械器具工業育成政策の発動はもう少し早かったと判断している。

　まず、各年のデータで補足される在満州機械器具工業法人の推移を図表 II 10-1で見よう。1921年は、日本国籍法人のみであるが、法人数10社（1.4％、対

全法人比、以下同様)、資本金額243万円 (0.43%)、合弁形態も含めた日系法人を捕捉した1926年でも、22社 (1.63%)、252万円 (0.39%) と、きわめて小さな産業部門であった。しかし、満州事変を経た1936年では39社 (1.6%)、1497万円 (1.1%)、さらに生産力拡充計画を経た1942年では353社 (5.4%)、4億4482万円 (6.9%) と、とくに資本金額での比重が大きくなっている。さらに、満州国内だけの1943年では308社 (6.3%)、4億3298万円 (7.1%)、「小企業」を除く1944年では130社 (7.4%)、4億7709万円 (6.9%) である。このように、機械器具工業法人はとくに戦時期に急増し、満州における中核的産業の一角を構成するにいたった。

法人設立動向を、斯業法人（休業ないし解散した法人を含む）の設立年をプロットした**図表Ⅱ-10-2**で確認しよう。最初の法人は、第1次大戦中の1917年5月10日に設立された㈱満鮮鉄工所であり、その後若干の増加をみたが、戦間期には年1～2社程度にとどまった。1934年からやや増加し、1937年以後は株式会社を中心にさらに増加し、とくに1939年以降激増したことがわかる。また、本店所在地は、1931年末までに設立された32法人中22法人が大連であり、他は旅順・長春・安東・鞍山・撫順・奉天に3～1法人程度である。満州事変期（1932～1936年）の28法人では、奉天13・大連8・新京5で撫順・鞍山は各1となり、奉天への集中が始まった。1937年以降の392法人中では、奉天179・新京69・大連43・哈爾浜26・鞍山14・安東11・吉林10・牡丹江9などとなり、奉天集中と北満への展開とが観測される。

なお、規模別分布は、**図表Ⅱ-10-3**に示すように、法人数分布では一貫して小規模法人が最も多かったが、1921年から1922年にかけては零細法人が増加し、1936年に初めて大規模法人が出現するとともに平均法人規模が拡大に転じた。資本金額分布では、各時点の最大規模階級が一貫して最大のウェイトを占めるが、やはり1921年から1922年にかけてその割合が減少した後、漸増に転じている。金属工業と比較すると中小規模法人が多いが、満州事変以降の大企業化傾向は明確であり、1943年度末での大規模法人数は金属工業を超えている。

以上から、金属工業と同様に満州事変以前、満州事変期、日中戦争以後の3期に分けたうえで、とくに1939年以降の増加に留意しつつ、考察することにしたい。

図表II-10-3　機械器具工業法人の規模別構成変化

(単位：社、千円)

資本金	1921.06.30	1926.12.31	1936.05.31	1942.10.31	1943.03.31	1944.03.31
2,000万以上				280,000	281,000	316,200
200万以上			10,000	106,850	88,600	104,350
20万以上	1,950	1,750	3,705	42,259	43,478	55,548
2万以上	475	685	1,142	18,747	19,769	989
2000以上	10	82	121	357	129	
200以上			2			
合　計	2,435	2,517	14,969	448,212	432,976	477,087
法人数	1921.06.30	1926.12.31	1936.05.31	1942.09.30	1943.03.31	1944.03.31
2,000万以上				8	7	7
200万以上			3	20	19	24
20万以上	3	3	6	82	75	89
2万以上	6	9	14	205	191	10
2000以上	1	9	15	38	14	
200以上			1			
合　計	10	21	39	353	306	130
平均資本金額	244	120	384	1,270	1,415	3,670

出所：前表に同じ。

第1節　満州事変前

1　第1次大戦期

　第1次大戦中から1920年恐慌までに設立登記された法人は10社であり、そのうち『1942銀行会社年鑑』に記載されているものは7社であるが、その中の1社が休業中、他の1社は登記簿上のみの存在とされ、結局5社が1942年以後も存続ないし継承されて営業を続けている。また、本店所在地は、大連が7社、旅順・安東・長春が各1社であり、関東州租借地が選好されている。

　前述のように、最初の機械器具工業法人は、諸機械の製造修繕売買等を目的とする㈱満鮮鉄工所であり、1922年ごろの営業状態は、「同社は金井佐次氏の個人経営なりし鉄工所の組織を変更せるものにして建築界旺盛の当時に比すれば今日其業態稍衰えたる観なきにあらざるも営業振り堅実の方にして今猶安東に於ける一流の鉄工所たり、製品は（安東市――引用者）市場通の達磨商会（当時個人経営、1934年12月合名会社に改組、資本金9万6850円――引用者）をして一手

に販売せしめつつあり」[2]と評されていた。取締役社長の金井佐次は、1879年に横浜市に生まれて1905年に渡満、「日陞公司、安部油房、陞記油房、満鮮鉄工所の各代表者として経営に当り、昭和七年、満州産業公司を創建、同十年、満州特産工業㈱を設立して同公司の事業を継承せしめ、取締役社長に就任」[3]したほか、安東牛乳株式会社の社長も務めるなど、安東・奉天を基盤にして農産物加工・畜産へ経営を多角化した。同社は、満州事変後に関東軍の直轄指定工場となって兵器生産に携わることになったが、資本金は1939年まで創立当初のままであった。しかし、「康徳6(1939年)年代表取締役変更と共に会社を奉天に移転、興亜製作所と改称、更に40万円の増資(公称50万円・払込20万円、1943年12月に全額払込となる——引用者)をなし特殊方面の特殊機並に特殊機部品等を製作し其の成果を広く満州国各機関に提供、康徳9年より各種プレス機械を作製」するようになった。金井の堅実経営ないし資金調達の遅れに対して関東軍が介入したものと思われ、事業目的も航空機機材器具の製作並に修理・航空機用付属始動自動車の製造並に修理・軍用機の製作に変更され、「首脳の中枢として前社長金井佐次氏が実際上の経営に参画すると共に、現社長村田立雄氏独裁を以て社務を処理せられ」[4]る状態となった。村田は1879年生れの陸軍軍人であり、1912年に東京第二師団副官となり、満州国では軍機廠を設置するなど兵器行政面に関わった人物である。

　また、この時期に設立した最大の法人は㈱大連機械製作所であり、1918年5月4日に大連沙河口において「合資会社大連機械製作所及奉天鋳鉄公司の営業を買収し之れを基礎として」[5]公称資本金200万円、払込資本金100万円で設立された。吸収された奉天鋳鉄公司は、「大正4年頃藤田九一郎、式村茂二両氏が起したる義和公司の業務を経継した」[6]もので資本金5万円全額払込済だったが、同社はこれを約35万円で買収し奉天支店とした。同社の営業目的は、「鋳鉄鋳鋼製缶鉄道車両諸機械器具製作販売、鉄工修繕」などであるが、大連沙河口の満鉄鉄道工場の下請であった。主要出資者は、進和商会、日本車両製造、相生一族などである。1919年5月に30万円の払込を行なったが、設立「当時の目論見は欧州戦乱の結果自然鉄工業界の殷盛を誘致するに至れる際なりしを以て満州に於ける銑鉄、骸炭の豊富且低廉なるを利用し大いに時機に順応せしむるにありたれば

一般に有望事業として嘱望せられき、然れども欧乱休止後一般業界沈衰と市況の急激なる変化のため所期の目的を達するに至らず其間種々なる曲折ありて営業不振を免かれざるも当事者は極力現状を維持し時期の到来を待ちつつあるものと観測せらる」[7]という営業状態であったとされている。こうした営業不振のため、1925年10月に公称資本金100万円、払込資本金75万円への減資を行ない、その後全額払込としたものの、拡張は1933年まで待つこととなる。満州事変後に急速な拡張に転じ、生産品種も増加して「車両及び線路用品、鉄橋、機械類、水道鉄管、豆油製造機、ロードローラー、酸素瓦斯発生器、電車、自動車車体其他……而してその販路は車両及び線路用品は呼海、洮昂、斉克、吉海及び吉長吉敦各鉄道へ、四洮線には満鉄より貨車を貸与するので車両を除く鉄道用品を供給し、膠済鉄道へも四洮鉄道と同一にし車両は朝鮮中央軽便、京南鉄道、西鮮鉄道等へ、機械類は朝鮮満州一円へ、水道鉄管は関東庁、満鉄を初めとし南北満州、青島、天津、朝鮮、台湾等へ、逐年需要増加を見、豆油製造機は朝鮮、台湾、満州一帯に最新式のものを供給してゐる。酸素瓦斯発生機の如きは満州に於て嚆矢と謂はれ、一般需要家に供給し、電車車体は南満州電気会社、奉天電車会社へ、自動車車体は関東庁官営バス、南満電機会社自動車部へ納品する等その販路広大にして在満日本人経営工場中最も活躍して居る」[8]状況となり、さら日中戦争後は「特に13（1938年——引用者）年中には機関車60両、客車200両、貨車1800両、トラクター300台の能力を備へる筈で、その他精密機械の製造にも着手した」[9]結果、資本金も1941年6月までに公称3000万円、払込2000万円にまで膨張した。

　満州電気合資会社も存続組である。同社は、副島干城が関東都督府通信管理局工務課を退職後、1919年7月3日に大連に設立したものであり、1922年現在の資本金は10万円であった。その営業目的を、「電信機、電話機、交換機其他電気機械の製作及修繕、電気機械電線建築材料電池類陶磁器硝子及金物販売、電気作業の設計内外電線路の建設及機械装置工業の請負、電気技術者の各級を通じて労力供給」などと広範囲に規定したが、実態は「電気機械器具の販売をなし傍ら小体なる工場を経営して電気器具類の製作修繕に当り爾来主として満鉄及関東庁に納入を為し相当の成績を収め一時鞍山に支店を設け製鉄所にも納入を為せしが同

所の縮小により面白からさるを以て之れを引上げ目下奉天浪速通に而已支店を置ける」[10] 状況であった。その後、電気土木建築工事の設計監督請負・労力供給に事業目的を変更し、商号も満州電気土木合資会社へ改称した。資本金も、『1936銀行会社年鑑』では20万円、『1942銀行会社年鑑』年では30万円と、堅実に増大した。

存続組の他の2社は㈱鳥羽鉄工所（1918年7月18日設立、諸機械器具・諸鉄作品及鋳造品の製作並に販売・鉄工に関する工事請負、創立資本金公称20万円、払込5万円、1941年5月に増資して公称100万円、払込80万円となる、本店大連）と満州農機株式会社（1920年1月30日設立、本店は新京）であるが、両社とも『1942銀行会社年鑑』にのみ記載がある。後者に関する情報は少なく、公称資本金100万円、払込資本金25万円（1942年現在）とこの種法人としては規模が大きいほうだが、設立日元号などの記載ミスの可能性を排除できない。

鳥羽鉄工所は、鋼・鉄・銅其の他建築諸材料および各種機器工具雑品類の販売および仲介を目的とする鳥羽洋行の製造部門を担当する子会社である。鳥羽洋行は1906年9月に大連に設立されたが、1937年9月15日に至って株式会社に改組され、この時に子会社の鳥羽鉄工所も初めて登記されたものと思われる。鳥羽洋行は、金属・機械器具工業の子会社・関係会社群を作り上げていった。同社は、鳥羽鉄工所に続いて、1933年5月に㈱大信洋行などと協力して満州亜鉛鍍株式会社（創立資本金公称100万円、払込25万円、本店鞍山）を設立、1936年8月には哈爾浜に事実上の支店である㈱鳥羽公司（創立資本金公称10万円、払込5万円）を設け、1937年3月には満州農具製造株式会社（一般農具及農業用諸機械の製造及び販売、創立資本金公称5万円、払込1.25万円、本店奉天、以後1942年までに全額払込とした）を設置した。そして1937年9月に本部である鳥羽洋行（大連）を株式会社化（創立資本金公称100万円、払込75万円）した。1938年以降、直系企業として、㈱鳥羽洋行（1938年8月設立、商事会社、本店奉天）、満州レール用品製造株式会社（1938年11月設立、創立資本金公称30万円、払込7.5万円、1940年5月に増資して公称100万円、払込47.5万円とした）、㈱満州製鎖所（1939年7月設立、創立資本金公称20万円、払込5万円、本店奉天）・満州引抜シャフト製造株式会社（1939年9月設立、資本金公称30万円、

払込 7.5 万円、本店奉天)・満州農具製造株式会社(鳥羽洋行大連工場の公農式除草機・カルチベーター橋程機・収草用機・一般農機具の製作部門を独立させて 1941 年 8 月に奉天に設立、創立資本金公称 50 万円、払込 37.5 万円、奉天・鞍山にも工場を設け、1942 年 3 月に増資して公称 100 万円、払込 75 万円とした)を、また傍系企業としては、鞍振鋳鉄株式会社(1939 年 6 月設立、創立資本金公称 10 万円、払込 5 万円、本店鞍山)、満州機材工業株式会社(1939 年 12 月設立、資本金公称 50 万円、払込 35 万円、本店奉天、片倉系)などを設立し、「姉妹会社および傍系会社十有余を鵬翼下に収め、満州、中華、内地に於ける主要都市に数十箇所の支店ならびに出張所を置」[11]くに至った。

消滅ないし休業したのは、㈱旅順鉄工所(1918 年 12 月設立、1921 年 6 月現在公称資本金 50 万円、払込 12.5 万円)、佐藤電気株式会社(1919 年 9 月設立)、満州機械工業株式会社(1919 年 11 月設立)、合資会社大連電機製作所(1919 年 12 月設立)、満州活版製造合名会社(1919 年 12 月 1 日設立)の 5 法人である。

旅順鉄工所は、「元旅順民政署が直営して水道瓦斯器等の製造に当たりし鉄工所を無料にて貸下げ之を基礎」とし、製鉄其他金属の製造、機械器具の製造および修繕、船舶建造および修繕、採鉱および金属類の売買などを目的に公称資本金 50 万円・払込資本金 12 万 5000 円で設立されたものであり、役員には旅順財界の主要メンバーが入り大連財界の一部も参加していたが、「鉄価暴落当時より経営意の如くならず爾来相当の曲折を重ねて今日に及び現在にては全能力の約四分の一に過ぎざる操業振り」[12]となり、『1936 銀行会社年鑑』以降は「休業中」に分類されている。社長の村上鶴蔵は、内外商事株式会社と旅順機業株式会社にも監査役として関わっていたが、前者は株式の暴落、後者はマーケティングの甘さと排日貨などにより破綻していったため、支えきれなかったものと思われる。

佐藤電気株式会社は、佐藤清が経営していた合資会社佐藤電気商会(資本金 4 万 8000 円)と合資会社大連電気器具製作所(資本金 1 万円、代表は井関隆吉)の事業を買収して、諸機械器具および工業用材料製造販売、電気企業設計出願手続き、電気事業の出資監督工事請負、其の他一般代理仲介などを目的とする公称資本金 100 万円、払込資本金 25 万円の株式組織に変更したものである。しかし、当初は「相当業績を示したりしが財界変調による商品価格の変動著しく或は契約

取引不能等により多少損害を蒙り加ふる社業不振の一般的原因以外役員従事員等にも内訌を生じ幾分紛擾を免れざりしも其後当事者の更迭等あり一意内容の整理に努めつゝ、斯界の回復を待ちつゝ、あるものゝ如し」[13)] と評される経営状態となり、1926年の『満蒙に於ける日本の投資状態』（以下『1926投資状態』とする）[14)] では払込資本金を17万円に削減しており、『1936銀行会社年鑑』以降は掲載されなくなった。他方、役員間の「内訌」の結果と思われるが、一度合併した大連電気器具製作所が1921年3月26日に合名会社大連電気器具製作所として再分離した（後述）。

満州機械工業株式会社は、鑢、発条、諸機械類、諸工具製造売買などを目的として「満鉄電気作業所機械部に勤務せる沖盛氏が独立にて市外小崗子に沖機械製作所を設立し機械製作及炉の製造に当り居りし営業一切を買収継承」して公称資本金30万円、払込資本金7万5000円の株式会社としたものだが、「欧乱当時鉄工業勃興に伴い此種工業は相当嘱望せられたるものなるも平和後著しく閑散に陥り同社も亦其類に洩れず其業態甚だ振わざりしが爾来内部の刷新を図り経費の節約に努めたる結果今期は多少の益金を計上したるものの如く目下専ら炉の製造に当たり兎に角手一杯の業績を辿り居るものと解せ」[15)] られる状況となり、『1926投資状態』以降は掲載されていない。大連電機製作所は資本金5万円で大連に設立されたが1922年当時すでに「所在詳かなら」ざる状態であり、満州活版製造は遼東新報社系統の人物たちが設立したがその後まもなく1920年恐慌が始まったため事業開始に至らないまま登記簿上に残ったままとなった。

2 戦間期

1920年恐慌から満州事変までに、さらに21法人が設立された。このうち株式会社は3法人、合名会社は3法人、合資会社が15法人であり、このうち満州事変後の『1936銀行会社年鑑』にも記載されているのは11法人と、ほぼ半数である。本店所在地は、大連が14法人、旅順が2法人、鞍山・奉天・新京・撫順・哈爾浜が各1法人である。資本金規模は、第1次大戦期と比べて概して小さい。

この期間で最も早く設立されたのは、1921年3月設立の旭乾電池製作所合資会社（資本金1万円）であるが、「大連電気製作所に製作を委託して之れが販売

に当る筈と聞ける」[16] とあるので、前記大連電機製作所とともに消滅したものと思われる。

　戦時期まで登記されている法人の中で、前述の合名会社大連電気器具製作所（資本金5万円）が、旭乾電池製作所と同時期に設立されたが、その代表社員である井関隆吉は、「多年電気事業に経験を有し大正元年頃義兄小泉常次郎氏と共同して合資会社大連電気器具製作所（資本金1万円）を創立し電気機械器具の製作修繕等を営み来りしが同8年9月佐藤電気株式会社の設立せらるるに際し前記会社を同社の専属工場として売渡し氏亦同社の取締役兼支配人として入社せしか此後或る経緯の下に同社を辞し従来部下として使用し来れる倉本伝吉氏と謀りて再び同工場を金2万円にて譲受け同時に現社を設立した」[17] と紹介されている。同社は、さらに、㈱大連電器鉄工（1939年6月15日設立、電気器具・電灯器具・建築金物・硝子製品其他類似品の設計製造販売、資本金公称30万円、払込15万円、本店所在地は同一）に継承され、井関は監査役に退いている。新たに取締役社長に就任した中村松之助は、裕和鉱業株式会社（1938年1月15日設立、コークス製造用炭砿経営、創立資本金公称50万円、払込12.5万円、本店本渓湖）や大正電機工業株式会社（1941年8月2日設立、各種電気機器及材料の輸出入販売・各種電気機器の修理加工及組立並に販売、資本金公称18万円・払込4.5万円、本店奉天）の取締役も兼ねており、大正電機工業は大連電器鉄工が満州国で活動するために設立したものと思われ、1943年度末には払込資本金も9万円に増やしている。合名会社電工公司（1925年11月15日設立、電気機器・汽缶製造販売、資本金1万5000円、本店大連）も、1939年5月13日設立の㈱満州京三製作所（資本金18万円全額払込、電気機械器具及信号及保安設備用機械器具の製作・修理・販売並に賃貸もしくは電気工事並に信号又保安設備工事の設計並に請負など、『1942銀行会社年鑑』では全額払込、本店所在地・代表者は同じ）に継承されるとともに、㈱奉天製作所（東芝系、後述）からも役員が送り込まれている。

　そのほか、7法人は『1942銀行会社年鑑』まで記載があるが、1法人を除いて資本金額が変わっておらず、登記簿上のみの存在の可能性を否定できない。また、1法人は『1943会社名簿』にのみ掲載されているので、元号の記載ミスの可能性

がある。逆に、『1926投資状態』にしか現れないものも7法人ある。このうち3法人が人力車や荷馬車などの小規模メーカーであり、造船と度量衡器が各1法人、残りは一般機械である。度量衡器も製作した㈴千村商店（1922年5月設立、資本金3万円、本店大連）は、満州計器股份有限公司（後述）に買収された可能性が高い。また、造船の満州船渠株式会社（1923年3月設立、資本金公称100万円、払込80万円、本店大連）は、ロシアが建設し満鉄が継承した大連浜町船渠と旅順船渠をもとに設立されたが、1931年に大連汽船株式会社に統合された。

この期間の最後に設立されたのが、満州電動工業株式会社（1930年5月1日設立、公称資本金20万円、払込資本金10万円、本店大連）である。同社は、1936年系列にのみ掲載されている。営業目的には、(1) 各種自動車並に其車台及車体各種飛行機其他各種の運輸機関・冷却機械電灯器具諸機械工具及以上列記せる物件の部分品の製造及販売、(2) 各種不動産の所有及処分などを掲げ、役員には五泉賢三（代表取締役）、エール・グラン、J. W. クリヴァー（以上取締役）、A. カミング（監査役）が登録されている。五泉賢三は、後に㈱鳥羽洋行（大連）の監査役に就任している。また、カミングは、1935年9月4日付満州国政府民政部警務司長の報告「民警特秘収第二〇二八四号ノ二　在哈並在奉外商ノ現勢ニ関スル件」[18]によれば、1913年5月に奉天に開設された老晋隆洋行（アメリカ系の銅・鉄製品・一般金物類を取り扱う商社、資本金50万元）の支配人と思われる。よって、満州電動工業株式会社は、現地日本資本とアメリカ資本とが共同して、自動車やその部品、さらには航空機を売り込もうとしたものと思われる。しかし、その売り込み先を奉天軍閥に求めたのか、それとも関東軍なのかは、不明である。なお、『1936銀行会社年鑑』では、「本社を大連に有するも営業所を奉天千代田通39番地に置き貸家等を営む」状況と紹介されているのは、重要産業の特殊会社経営方式を採用した満州国政府の圧迫のためであろう。因みに、民政部警務司長は、前述の報告の中で「殊に注目を要するは之等代表的外商の殆んとか自国の諜報機関たるの観ありて日満政情に多大の関心を有し監視せるの現況にあり其の動静に関しては厳重内査の要あるものと認めらる」と述べ、外資系企業やその支店をスパイとみなしている。

第2節　満州事変期

満州事変から日中戦争開始までの期間に、36の機械器具工業法人が設立された。法人形態では、株式会社ないし股份有限公司が18、合資が15、合名が3であり、本店所在地の分布では、奉天が15、大連が12、新京が6、あとは鞍山と撫順であり、前述のように奉天への集中が始まっている。営業内容では、一般機械・鉄工業・電気器具のほかに自動車・兵器・通信機・原発動機・ポンプなどの専門メーカーが現れている。また、この時期に初めて機械器具工業で大規模法人が設立され、平均資本金規模が拡大に転じた。

1　接収資産による法人

この時期の特徴を示すものとして、接収資産を基礎とした法人設立がある。㈱奉天造兵所（1932年10月29日設立、創立資本金200万円全額払込、本社奉天）と㈱満州工廠（1934年5月22日設立、創立資本金150万円全額払込、1938年2月までに4度増資し公称2000万円、払込1620万円となる、本社奉天）がそれにあたる。前者は、東三省兵工廠の施設をもとに三井物産株式会社と大倉商事株式会社が折半で出資して日本法人として設立したものだが、1936年7月に日満合弁の満州国法人に改組するとともに満州国政府の出資を加えて特殊会社とし、460万円全額払込（満州国政府230万円、三井物産と大倉組が残りを折半）に増資した。三井物産と大倉商事は、泰平組合を結成して陸軍兵器の取り扱いを行なっていたので、とりあえず両社に委ねた感が強く、その後、満州国経済建設計画の中に兵器工業を明確に位置づけた五ヵ年計画案が具体化する中で、特殊会社化されたものといえる。そして1939年3月に一挙に公称2500万円（満州国政府2000万円、三井物産と大倉組が250万円ずつ）に増資し、1941年5月に全額払込とした。

満州工廠は、根本富士雄や山本盛正らが設立し、奉天軍閥要人が経営していた大亨公司鉄工廠（当時の工場総建坪4000余坪、工場敷地約3万6000坪）を、接収した関東軍から63万円で買収して事業を開始した。根本は、鹿児島市の旧家

の出身で、1916年に慶応義塾を卒業後、平泉洋行を設立してIGファルベンの代理店となり、満州工廠設立時に専務に就任し後に社長となった。同社の株式は広く分散し、『1936銀行会社年鑑』では1731名、『1942銀行会社年鑑』では6344名に及ぶ。いずれも根本が筆頭株主であるが、保有率はそれぞれ2.08％、2.35％にすぎない。1936年では野村合名会社が2位の株主として1.67％を保有し、野村系とも目されていたが、1942年では日本生命保険株式会社にとってかわられている。同社は、きわめて急速に拡張し、車両・鉱山機械・鉄工・橋梁・兵器などを含む総合機械メーカーとなっていくとともに、1936年6月に㈱大満鋳工廠に出資して鋳物部門を強化した。

　日中戦争後、満州工廠は、車両・鉱山機械・兵器を重点事業部門とするともに、関東軍・満州国政府の要請により1938年2月に㈱池貝鉄工所との折半出資で満州機械工業株式会社（資本金100万円半額払込）を設立して工作機械部門への進出も図ったが、小規模な旋盤製作と工作機械類の修理にとどまった。結局、池貝鉄工所との提携を解消して「軍官民完全なる意見の一致に依り」[19] 1939年9月1日に満州工作機械株式会社（旋盤・フライス盤・ボール盤・ラヂアルボール盤・其の他各種工作機械の製造修理ならびに販売、創立資本金公称2000万円、払込500万円、本店奉天）を設立した。同時に、「政府に於ては工作機械製造事業を産業開発五箇年計画に於ける重要産業の一に追加し、産業部令を以て補給金交付・配当保証・設備短期償却・設備機械輸入税免除等広汎なる保護の下に当社に対し尨大なる数量の生産を命ず。爾来、支那事変の進展と共に資材資金労力等諸方面の状況は極めて困難であったが克く之を征服し、早くも北支中支方面に新市場を開拓し相当なる販売実績を挙げ得た。其の後、当社の生産設備の効率的活用に関し議起り、遂に政府の慫慂により（1942年か──引用者）3月其の経営を満州重工業開発株式会社が継承するに至った。茲に於て、経営陣の更新を計ると共に新生産計画を樹立し、内部施設の拡充整備を進め新に発足した。然るに其の後特殊方面より特殊工作機械の大量生産を命ぜられ、之が具現化に鋭意邁進しつつある処、新製品の試作に成功し目下着々之が大量生産を進めている」[20]。さらに、鋳物部門では、1939年2月に大満鋳工廠を500万円に増資するとともに㈱満州鋳物と改称して拡張を図ったが、1943年4月1日にこれを合併した。この結果、

満州工廠の資本金は公称3000万円、払込2620万円にまで拡大した。また、根本と山本は、別に不動産会社の康徳興業株式会社（1936年12月1日設立、42年当時の資本金は公称100万円、払込50万円、本店新京）も経営している。

2 特殊会社・準特殊会社

「1業1社」方式の特殊会社・準特殊会社の設立も始まり、奉天造兵所のほかに、同和自動車工業株式会社（1934年3月31日設立、創立時資本金公称620万円、払込170万円、1935年9月の払込で320万円となる、本社奉天）、満州計器股份有限公司（1934年5月7日設立、創立時資本金公称資本金150万円・払込75万円、本社新京）などが組織された。

満州計器は、「公司ノ内容（昭和十一年二月現在）」[21]によれば、「始め満州国に於ては度量衡制度を新に制定するにあたり其の供給は政府自ら此を行ふことあたかも朝鮮台湾両総督府に於て専売制度を実施せるが如くするの議ありしも満鉄付属地に対する供給上の問題をも考慮して新に度量衡供給の特殊会社を設立し専ら此に依て満州国満鉄付属地及び関東州に対して独占的に供給をなさしむる事となり関東軍、関東局（当時関東庁）及ひ満州国合議の上其の監督保護に依る日満合弁の公司を設立すること、なりたり」とあるが、「特殊法人満州計器股份有限公司設立要綱案」[22]によれば、「満州計器股份有限公司（旧公司と仮称す）は設立の頭初に於て満鉄付属地竝関東庁の行政機構の関係上特殊法人と為し得さりしを以て」、「準特殊法人」として設立された。株主は日満両国人に限定され、満州国政府から補助金も支給された。

その業務は、まず、大連および奉天の度量衡器製造販売業者（11名）の製造権および製造設備を総額20万円（内10万円は株式）で買収した。買収金の分配比率は、大連商工会議所高田会頭の決定によった。それを整備のうえ製造及び修復を開始するとともに、奉天工場を主力工場とし、日本から中間材を仕入れ、新京、哈爾浜、大連等の分工場で仕上げと修理を行なった。検定は、満州国権度局と関東局権度所が行なった。日本からの仕入れは、「日満経済提携」の実を挙げようとして、度量衡製造業者の競争を緩和するため商工省が設立させた日本度量衡器及計量器工業組合を通すことにしたが、同組合は満州計器からの発注を「計

器公司株式の所有数比率に依る注文の分配の如き方法」で組合員に分散発注したため「規格の不統一、到着の不確実及価格の不廉等の弊」が生じたので、満州計器は能力のある少数工場に集中発注することを求めるとともに、組合を通さない直接発注を拡大するにいたった[23]。

事業の制度的な基礎となる度量衡関係法規は、満州国においては、度量衡法を1934年9月1日に公布し3月1日から施行、旧器使用猶予期間を1939年2月末に設定し、計量法を1935年9月2日公布し即日施行、旧器販売猶予期間を1936年9月1日までとした。関東州では、度量衡取締規則を1935年4月15日に公布し5月1日から施行、未検品販売猶予期間および無免許営業猶予期間を同年10月末までとした。

しかし、「新制度量衡の実施期を目前に控へ且治外法権の撤廃及付属地行政権の移譲に伴ひ新制度量衡器の製作普及を最も緊要とするときに当り満州計器股份有限公司は最近漸く其の業績の改善を見つつありと雖も資金繰りの行詰り及株式払込の困難等の事情より到底現状勢に応し難きもの」があると判断され、「業務の特殊性に鑑み之を改組し特殊法人とし以て廉価なる度量衡器及計量器の普及を速進し度量衡行政の円満なる遂行」[24]をはかるため、1936年10月に満州計器股份有限公司法を公布して資本金300万円（半額払込）の新公司を設立し、これが準特殊会社であった旧満州計器を買収し、業務を継承した。要綱では旧公司役員は幹部に採用しない方針が示されており、地場の旧度量衡業者を経営から排除する意図がうかがわれる。この改組により、水量計や電力計、ガスメーターの修理検査にも乗りだすとともに、ソ連撤退後の北満での需要拡大に対応した。なお、1938年7月に社名を満州計器株式会社と改称し、1939年5月に公称800万円（払込350万円）に増資して1943年3月までに全額払込とした。

同和自動車工業は、「同和自動車工業株式会社法」（勅令第22号、1934年3月22日公布）に基づいて、1934年3月27日に満州国の奉天市小西区恵工街3段の旧奉天迫撃工廠跡に設立された会社で、「自動車の組立製造、修理及販売に関する事業を経営し満州に於ける自動車工業の統制確立を図る」ことを目的としていた[25]。すなわち、同社は「日本商工省の標準型自動車、陸軍保護自動車の組立販売并に各種バス、トラツクのボデイー製作、各部品の販売及在来のバス、トラ

ツクをはじめ各種乗用車の一般修理等」を営んでいたが、最終的には「満州国内に於ける各種機械器具工業の発達と自動車部品工業の勃興に伴ひ、必然的に製作せらるべき国産各種部分品を以て総組立作業を行ひ、所謂分散組織に依る国内自動車工業の確立を期するものであ」った[26]。

同和自動車工業は、一見順調に見える経営発展を見せていたが、満州国における自動車工業が確立したわけではなかった。同和自動車工業は、国産車が外国車に比べて高価で性能も劣っていたため、満州の自動車市場を十分には捉えきれず、国産車の普及をはかるという、当初の目的を達成することはできなかったのである。同和自動車工業の「第四期決算監査報告」によれば、第4期（1937年7～12月）における同和自動車工業の自動車販売数は1141台であったが、そのうちの23.3％にあたる267台はレオ、フォード、ダッヂなどの外国車であった。

機械器具工業を兼業する特殊会社として、満州航空株式会社（1932年12月16日設立、航空輸送・修理及機体製造組立など、創立資本金公称385万円、払込192万5000円、本店奉天、後に新京に移転、満鉄4.29％、満州国政府2.86％・住友合資会社2.86％）も設立された。同社は、英国のデ・ハビランド社製のプスモス連絡機とフォッカー社設計・中島飛行機株式会社製造のスーパーユニバーサル旅客機（日本航空輸送株式会社と共通）とで航空運輸事業を開始したが、これらを自社内で生産・修理するために奉天の東塔にあった旧東北航空処兵工学校の跡地に航空工廠を設置し、さらに1937年には自社設計の旅客機（MT-1）の生産も開始した。それだけでなく、1935年に関東軍から軍用機製作の要請を受けて約300万円を投じて工場を整備し、翌年から生産を開始した[27]。当時、航空機が軍用航空機から全金属製に変わっていく時期にあたり、航空工廠は中島飛行機会社設計の偵察機の転換製作から開始し、若干の技師や工員の譲渡も受け、軽金属加工技術を習得していった。1936年6月当時の生産能力は、軍用機機体新造30台／年・修理92台／年、軍用機発動機新造25台／年・修理96台／年、自社用航空機機体新造16台／年・修理44台／年などとなり、三菱重工業株式会社や中島飛行機にははるかに及ばないものの、軍用機メーカーの一角に食い込める能力に達していた。こうした生産設備への投資のためからも、同社は1934年に資本金を全額払込としたあと、1936年に800万円全額払込とほぼ倍額増資をし

ている。なお、この航空工廠の軍用機部門は、生産力拡充計画の中で特殊会社満州飛行機製造株式会社として分離され、さらに拡大を遂げる（後述）。満州航空が軍用機製作を開始したことにともない、㈱満州精機製作所（1935年10月28日設立、資本金公称10万円、払込2万5000円、本店鞍山）をはじめ航空機部品製作などを目的とする法人も設立され始めた。航空機製造部門は、この後、生産力拡充計画と戦争により急速に肥大化していくことになる。

3 大手機械器具工業法人

大手の専門機械メーカーとしては、満州通信機股份有限公司（1936年12月24日設立、創立時公称資本金100万円、払込50万円、1937年5月に全額払込とした後公称300万円、払込200万円に増資、本社奉天）などの通信機メーカー、発動機・発電機など重機械製造の満州機器股份有限公司（1935年11月20日設立、創立時資本金公称300万円、払込75万円、1937年6月までに全額払込となる、本社奉天、三菱系）や電球・真空管・其他電気機器の製造・修理を目的とする満州東京電気株式会社（1937年6月24日設立、創立資本金公称100万円、払込25万円、1941年12月増資300万円全額払込、本店新京）、自転車の（股）満州宮田製作所（1936年4月2日設立、創立時資本金公称25万円、払込12万5000円、1943年度末までに払込300万円となる、本社奉天、後に航空機部品生産に転換）がそれぞれ設立された。

1933年8月に満州電信電話株式会社が設立されて軍用以外にも通信機需要が拡大する見通しが立つと、通信機メーカーが設立され始めた。満州通信機のほかに、義昌無線電気株式会社（1934年8月10日設立、無線電信電話送受信器などの電気機械器具の製作・販売・修理・輸入、無線有線の電信電話及電力の設計並に工事請負、軽金属工業品の製造・販売、創立資本金公称50万円、払込12.5万円、本店大連）、木原無線合資会社（1935年12月19日設立、ラヂオ及無線電信機械などの製作販売並に修理、資本金2500円、本店新京）、満州東京電気株式会社がある。

満州通信機は、満州側が日本電気株式会社に要請し、その完全子会社として設立された。満州電信電話などの通信設備投資需要だけでなく、「関東軍の制式通

信兵器の現地調弁主義に基き、塑成工場、汽缶室等を増設するため、更に昭和15年11月に倍額増資600万円全額払込した。この機械(ママ)に他関係会社と資金技術、人事の連携を鞏固ならしめるため、東洋通信機㈱、安立電気㈱、日本通信工業㈱に各6000株（30万円）宛、計1.8万株を譲渡し終戦に到った」[28]。義昌無線は、1920年代に天津で無線機を扱っていた日本商社の義昌洋行（1925年に上海で日本語放送を始めたと言われている）の子会社の可能性があるが、敗戦時には東芝系とされている。満州東京電気は、「満州国、関東州内の東京電気、東京電気無線会社及傍系各社の業務一切を継承し、満州国法人として……全株東京電気投資にて」[29]設立されたものであり、親会社の東京電気株式会社は、アメリカのゼネラルエレクトリック社の資本を入れ、その特許を基礎として電球および真空管生産の日本でのトップメーカーとなっており、1931年4月には大連に工場を設けていた。これらに比較すると、木原無線はむしろラジオ商に近い。

満州機器公司は、「三菱重工業株式会社伊藤常務取締役一行昭和9年8月満州国視察の結果、奉天工場地帯に小規模の機械工場を新設し、簡単なる機械製作、修理を行ひ、電気会社のサーヴィス・ショップを兼ねしめ、将来発展の基礎となさしむる趣旨の下に、三菱重工業、三菱電機、三菱商事3社に於て具体案研究中の処、合資会社（三菱合資会社――引用者）も之れに参加し、各社1万5000株宛引受」[30]て設立されたものである。1936年11月には東京鋼材株式会社（後に三菱製鋼株式会社となる）の出資を得て、バネ生産も開始した。

4 主要中規模法人

まず、㈲満州工作所は、奉天の金物商社である㈲哈喇洋行（1929年3月設立1942年10月現在資本金22万円、代表鴨田一郎）が、1932年3月に5万円の資本金で設立した。当初本工場を奉天市若松町に置いて一般鉄工業に従事したが、1934年に鉄西工業区に移転し、軍・満鉄・満州飛行機製造・奉天造兵所等の指定工場となっていった。これに伴い、資本金も1942年10月には48万円、1943年度末には100万円へと急増した[31]。この間、哈喇洋行の代表は弓場常太郎に代わり、同洋行は、満州工作所だけでなく、㈲哈喇公司（1937年9月設立、河川航運業、資本金15万円、本店哈爾浜）、㈲新京哈喇洋行（1937年10月設立、資

本金5万円)、㈾哈喇洋行精米所（1938年9月、資本金9万円、本店撫順）を設立してその商業ネットワークを強化するとともに、満州飛行機製造に駐在する軍監督の斡旋で日本鍛工株式会社（1937年8月設立、自動車・車輌・航空機用鍛造部品生産、創立資本金公称500万円、払込125万円、本店東京、川崎・大阪・尼崎に5工場を有す、森興業系の日本冶金が筆頭株主）と資本・技術提携のうえ満州工作所の鍛造部をもとにして日満鍛工株式会社（1938年9月13日設立、創立資本金公称50万円、払込12.5万円、1941年8月に公称200万円、払込125万円に増資、本店奉天鉄西）を設立したほか、㈾満州工作所自動車部（1938年6月15日設立、自動車車体製作販売、資本金15万円、本店は満州工作所に隣接）、日本塗装株式会社（1939年8月1日設立、塗装業、資本金公称40万円、払込10万円、本店奉天）、鉄都自動車工業株式会社（1939年8月10日設立、自動車販売・ボデー製造・修理など、資本金公称40万円、払込10万円、本店奉天）、東洋鉱機株式会社（1939年10月7日設立、資本金46万円全額払込、本店奉天、40年に鞍山に移転）、㈱満州大成製作所（1940年12月27日設立、削岩機等製造販売、資本金18万円全額払込、本店奉天鉄西）などを設立していった。東洋鉱機は紡績機械商社の㈱丸永商店（大阪）の満州支店（1943年2月満州丸永株式会社に改組）代表上野井一らの事業に協力したものである。こうして、哈喇洋行も、鳥羽洋行より少し小ぶりであるが、同様な金属・機械器具工業中小企業集団を形成していった。

　㈾稲葉製作所は、熔接事業を基盤として鉱山・鉄道機械および部分品製作販売を目的とし、稲葉幸太郎が1929年5月に撫順において個人経営で創業した撫順電気熔接所を、1935年5月25日に合資組織に改組したものであり、1936年当時の資本金は15.5万円であった。3年後、さらに資本金50万円の株式組織に変更し、1941年12月にこれを増資して75万円とした。その後、商号も㈱撫順製作所に改称した。この間、東芝系の奉天製作所との提携がなされ、専務取締役の派遣を受けるとともに事業範囲を拡張した。さらに、稲葉は、本拠の撫順において、撫順人造黒鉛株式会社（1939年2月設立、人造黒鉛及煤溶剤の製造販売、創立資本金公称20万円、払込5万円、1941年1月公称10万円、払込5万円に減資）、撫順石綿株式会社（1939年7月設立、石綿の採掘精練販売、資本金公称20万円、

払込5万円)、㈾撫順鉱業所(1940年2月設立、鉱石の採掘精錬加工販売、資本金6.8万円)などを設立し、鉱業部門へ多角化を進めた。

㈾新隆鉄工所は、大連の森田商事株式会社にいた楊井清一が、1935年10月12日に諸機械器具製作販売鉄工修繕請負を目的として資本金10万円で大連に設立したものである。その後、商号を楊井鉄工所に変更し、資本金を37.5万円に増やすとともに、奉天鉄西に分工場を建設してこれを奉天新隆鉄工所とした。奉天新隆鉄工所は、双和金属工業株式会社(1940年3月5日設立、資本金19万円全額払込済、バルブコック等鋳造品製造、本店奉天鉄西)を傘下に置き、化学工業機械器・ガス発生器・特殊ポンプ・特殊風力機器・農業用機器・鉄道車輌部品・特殊兵器等を製作し、満鉄・満州自動車製造・日満商事・満州曹達・奉天交通、関東軍・奉天造兵所等に納入するに至った。

㈱興奉鉄工廠は、関東州の金州城内出身の徐慶釗が、1928年2月に各種機器及暖房衛生材料の製造を目的として奉天市商埠地六緯路に創立したもので、1935年12月に同市朝日区揚武街に移転し[32]、1936年7月1日に法人登記を行なった。さらに鉄西区励工街に第二工場を建設して、製造品をスチーム暖房システムから、橋梁、タンク類、水道用鋳鉄およびバルブ類、砲金鋳物、車両船具鉄道および線路一切用品、鉱山機械、運搬機、農用器具などに拡張し、関東軍や満州国政府、特殊会社などに売り込んでいた。これに伴い、資本金は、登記時では6万円全額払込であったが、1938年12月に公称46万円に増資、1941年4月に全額払込としている。徐慶釗は、1917年3月に南満州工業専門学校を卒業後、奉天の東北大学工廠主任技師も勤めた経歴をもち、1942年当時には奉天市鉄工同業公会理事長、奉天市鉄工廠消費組合理事長にも就任している[33]。

満州金属工業株式会社は、住友金属工業を大株主とする大阪金属工業株式会社が、その子会社として1938年4月9日に奉天鉄西区に資本金公称50万円・払込25万円で設立したものである。同社は、親会社と同様に一般精密機器・鉄道用機関車部品・兵器および兵器部品を主たる営業目的としたが、電線・線索、鉱山用・工作用機器の製造・販売に重点を置いていった。社長は、親会社社長の山田晁が兼務したが、山田は大阪砲兵工廠に勤務した後1924年に㈾大阪金属工業所の社長となり、その株式会社への改組後も続任した。満州金属工業設立にあたっ

て、やはり大阪砲兵工廠を経て同和自動車工業に勤務していた国本兼夫を、常務として引き抜いて経営を委ねた[34]。同社も拡張を続け、1938年3月と1939年5月に増資し150万円全額払込となった。そして、満州鉱山用機械製造工業組合のメンバーとなっていった。

第3節　日中戦争以降

1　概　要

　日中戦争とともに斯業における設立法人数は倍増し、それまで半期で数法人であったものが15法人となり、1939年前半期にはさらに倍増して30法人となり、以後漸増して1942年前半期には50法人に達する。『1944会社名簿』までで把握される1937年後半以降に設立された法人数は383にのぼる。設立当初資本金（『1942銀行会社年鑑』掲載の株式会社のみ）によって、法人規模別の新設動向をみると、大規模法人は、半期に1～3ずつ持続的に設立されているがその割合が低下していく。設立の中心は小企業であり、中企業がこれにつづく。しかし、大規模法人の持続的設立と設立後の拡大により、平均資本金額は1936年から1942年にかけて4倍にもなり、その後も増大が持続する。大規模法人の増加は、生産力拡充計画の遂行と軍拡による誘致・育成によるところが大きい。

　わずか10社ではあるが主要な法人の使用総資本利益率（図表Ⅱ-10-4）には、おおむね1938年のピークと1940年のボトムが見出される。この時期、生産力拡充計画による設備拡張が進められるが外貨不足と第2次欧州大戦の勃発とによって設備や資材の輸入が困難化し、未稼働資産が増大する傾向にあった。法人間の利益率格差は、満州での機械製作経験の長さも反映していると言えよう。

　中小規模法人の増加は、在満個人企業の法人成りと日本からの進出とによるが、1939年からは中小機械器具工業企業の対満移駐も日満両政府により組織的に取り組まれ始めた。「（一）日本ニ於ケル不振中小工業対策指導、（二）満州国ニ於ケル産業開発五箇年計画産業ニ対スル下請工場ノ充実、（三）北辺振興計画ニ基ク修理工業ノ確立」が当初の政策目標とされたが、「康徳八年度迄ハ移植計画ニ

図表II-10-4 主要機械器具工業法人の利益率推移

(単位:％)

	使用総資本利益率								
	1937		1938		1939		1940		1941	
	上	下	上	下	上	下	上	下	上	下
大連機械製作所	14.7		13.0	13.6	14.3	13.8	10.7	12.1	6.5	7.7
大連船渠鉄工	—	—	13.1	9.5	13.0	8.3	7.3	7.3	7.6	7.6
満州工廠	7.1	6.6	7.0	6.7	5.7	6.3	5.5	4.5	6.5	6.0
満州三菱機器	−3.9		10.8		2.2		2.2	2.7	2.6	2.9
満州計器	2.3		3.2		4.5		4.7		4.6	
満州通信機	—	—	—	—	—	—	3.1	2.6	—	—
稲葉製作所	—	—	—	—	—	—	9.0	9.9	5.8	2.8
富士電機工廠	—	—	—	—	—	—	3.3	3.1	1.6	3.4
満州工作機械	—	—	—	—	—	—	3.4	3.7	4.7	4.6
満州車両	—	—	—	—	—	—	—	—	2.5	2.4

出所:大連商工会議所『満州事業成績分析』(第1~5回)。

対シテ大体実績不振ト観ラレ、加フルニ之等移駐工場ト雖モ種々ノ事情ニ因リ、操業開始ガ甚タシク遅延シテキル」ことに加え、「政府ノ対策指導モ客観的情勢ノ変移ト移植計画自体ノ包蔵スル問題ノ為ニ、一再ナラズ其ノ重点目標ヲ転換セザルヲ得ナカッタ」[35]とされている。

　当該期新設法人の事業内容は、部品生産や下請け加工を含めて一般機械製造が最も多く、農機具、鉄工業、一般電機、自動車、鉱山機械などがこれに続き、これでほぼ半数を占める。他には、航空機、軽車両、造船に比較的集まっている。ただし、農機具はもっぱら1940年以後の設立が多く、逆に鉱山機械は40年以前に多い。電機は、1939年前期までと1942年前期前後の二つの設立集中時期があり、前の時期の方が大規模法人の設立が目立つ。医療器械や映写機などの設立も遅い。全体として、まず航空機・自動車・鉄道車両・通信機・重電機などの中核企業が設立ないし誘致され、その後まもなく下請加工や部品生産を行なう汎用性の高い多数の中小企業群と少数の専門性の高い中小企業群が形成される、という傾向が見出せる。

　他方、建設資材供給の不足とインフレの発生などから、物資配給統制とともにこれら法人の組織化と統合も進められ、とくにアジア太平洋戦争の開始後はこれが強力に推進された。まず、1940年3月の電気器具工業組合を皮切りに、11月に満州機械工業組合中央会、1941年7月に満州農機具製造組合などが設立された。中央会の会員は、満州鉱山用機械製造工業組合(傘下組合員8社)、満州電

気機器工業組合（傘下組合員12社）、満州電気通信機器製造工業組合（傘下組合員3社）、満州化学機械製造工業組合（傘下組合員7社）、満州工具軸受製造工業組合（傘下組合員5社）、全満一般機械製造工業組合（傘下組合員16社）であり、1943年3月に事業統制組合法に基づく設立命令により中央会およびその傘下組合を解散して満州機械工業統制組合が設けられた。「国内機械製造の一体化を図り、政府と協力して所属組合員に対する統制と共同施設を為し機械全般に亘る生産、価格、資材、配給統制並に工業に関する総合的企画立案、技術経営上必要なる指導調査研究、政府に対する建議、日本の同種機械との連絡調整を行ふ」[36]ことを目的にして、比較的少数の中核メーカーを組織したものといえる。このほか、満州医理科器械中央統制組合（医科：1940年11月19日、理科：1941年7月12日）、満州自転車工業組合（1942年7月）なども設立された。こうした事業別の統制組織に加え、輸入・生産・配給を組み合わせた満州ミシン統制組合（1940年10月31日）、地域別の奉天省鉄工業組合（1941年7月10日）、哈爾浜鉄工業組合（1941年7月10日）、関東州工業会（大連工業会をもとに1942年5月）などが設立された。ミシン統制組合はその組合員の大部分が商事会社であるが、関東州工業会はメーカー組織であり「投資額五十万円以上若しくは一日常時職工百人以上を使用する工場又は工業会で承認した組合」[37]を資格要件とした。組織は、紡織工業・金属機械器具工業・化学工業・油脂工業・窯業・食料品工業の6部門に分れ、金属機械器具工業には㈱大連機械製作所、㈱鳥羽鉄工所、大華鉱業株式会社、㈱進和商会、満鉄沙河口工場、中村鉄工（各年の資料に掲載されていないので個人経営と思われる。以下、同様なものは単に個人と記す）、大連船渠鉄工株式会社、㈱大連鉄工所、㈾新隆鉄工所、安治川組鉄工（個人）、満州レール用品製造株式会社、㈱大連鋳造所、義昌無線電気株式会社、亜細亜鋳鋼株式会社、若本製作所（個人）、大久保耐久家具（個人）、満州車両大連工場、大連都市交通車両工場、日本信号大連工場、東洋パルプ、山中鉄工（個人）、政記鉄工（個人）、同和自動車工業株式会社大連支店、新民鉄工（個人）、㈾満州製鋲鉄工所、㈾原田鉄工所、㈱太陽バルブ製作所、徳増鉄工（個人）、長坂鉄工（個人）、㈱高岡組大連工場、満州計器株式会社大連支店、満州富士バルブ株式会社の各社が加わっていた。

2 兵器工業

では、兵器・軍需関係から、個別法人の検討を始めよう。中核企業はすでに設立された奉天造兵所であるが、日中戦争後、さらに協和工業株式会社（1937年11月23日設立、兵器・航空機・精密機械・自転車などの部品生産、当初資本金公称35万円、払込17.5万円、本店奉天）、満州光学工業株式会社（1938年6月28日設立、光学兵器製造販売、創立資本金公称200万円、払込80万円、日本光学工業株式会社全額出資、本店奉天、後述）、旭重工業株式会社（1941年4月3日設立、㈱第二旭製作所を改称、銃器部品製造修理、資本金100万円全額払込、本店奉天、役員に他の在満法人兼任なし）、㈱播磨工廠（1943年6月2日設立、資本金30万円全額払込、本店哈爾浜、社長は播磨造船所専務の横尾竜）、海老農機械工業株式会社（1943年11月30日設立、資本金25万円全額払込、本店奉天、代表者名記載なし）などが設立され、軍楽器製造の満州管楽器株式会社（1940年9月28日設立、当初資本金公称15万円、払込3.75万円、本店新京）や軍用衛生材料を生産する満州医理科機械工業株式会社（1942年8月4日設立、資本金公称18万円、払込4.5万円、本店大連）も創業した。

このうち最大の法人は協和工業であり、1938年5月および12月、1939年11月と急速に増資を行ない、1943年度末現在では公称1000万円、払込650万円にまで膨張した。株主は1942年6月現在で817名であるが、大株主は営口紡織株式会社（50％）、不二越鋼材工業株式会社（12.25％）、三興株式会社（9％）、作川鐸太郎（4％、東洋紡績株式会社系の東洋タイヤ工業株式会社・東洋人繊株式会社の代表取締役）であり、役員にはこれらの関係者と㈱奉天商工銀行頭取など在満金融機関の代表も加わっており、大手繊維工業資本が関係のある重工業企業の技術を導入して地元金融機関の協力も得て在満軍需機械器具工業に参入したものといえる。なお、1938年12月には関連商社として協和産業株式会社（資本金25万円全額払込、本店は協和工業と同一）を設立した。朝鮮紡織株式会社を親会社とする営口紡織は、1941年3月に営口造船株式会社（1941年4月30日設立、資本金公称100万円、払込50万円、本店営口）も設立し、1940年代初頭には、新興永タオル製織株式会社・新進コンクリート工業株式会社などの子会社群を形

成したが、協和工業はその中核であった。

3　航空機工業

協和工業の重要な取引先の一つが、満州飛行機製造株式会社（1938年6月20日設立、創立資本金公称2000万円、払込500万円、本店奉天）である。同社は、前述した満州航空の航空工廠の軍用機生産部門を、満州重工業開発の設立にともなってその傘下法人に移した（100％出資）ものであり、1938年6月16日の満州飛行機製造株式会社法による特殊会社であった。関東軍は、設計能力と量産能力をもつ軍用機メーカーへの発展を追求して、三菱重工業や中島飛行機にも進出・提携を要請したが、両社をはじめとする航空機メーカーは1935～1936年にようやく設計製作技術の対外自立を達成したばかりのところに軍拡による大量発注をうけて急速な生産能力の拡張を強制されていたので、満州に進出する余力はなかった。その結果、満州重工業開発と陸軍とで同社を育成することとし、1940年4月に資本金を5倍の1億円に増資、さらに1944年5月には2億円（払込1億7500万円）とした。また、東京都立川の陸軍航空技術研究所に近い国立に設計分室を設け、その指導の下で偵察機・高等練習機・戦闘機等の試作機の設計を行ない、このうち高等練習機（九七式戦闘機の改訂版）が制式採用となって奉天工場で大量生産を行ない、敗戦までに数千機を生産した。量産体制を構築するため、奉天・大連・遼陽・哈爾浜などで機械・板金・電気部品などの協力工場の確保をはかり、また、1943年ごろから材料となる特殊鋼や軽金属を撫順製鋼株式会社や満州軽金属製造株式会社の製品に切り替えていった。現場技師の不足も深刻となり、現地日本軍の特務機関と協力して上海の民族系企業からの引き抜きも行なった。さらに、軽合金加工工場の拡充、機能部品製作工場の内地からの移駐なども計画したが不調に終わった。また、資材不足から満州産木材による木製飛行機の量産を計画し、合板の製作および接着剤（カゼイン）の大量生産も行なった。しかし、1944年12月7日に奉天工場が爆撃を受けて機体工場約1万坪が焼失し、公主嶺および哈爾浜の陸軍施設に工場を疎開・分散した。1945年4月に航空機緊急増産命令に伴う藤原銀次郎前軍需相の特命査察があったが、工場疎開からの生産の立ち上げが進捗しないうちに敗戦となった。

1943〜1944年頃、社名ないし事業目的に航空機生産との関わりを示している機械器具工業法人は、上記2社を含めて18社を数える。このうち、愛国精機株式会社（1939年3月31日設立、1944年3月現在資本金20万円全額払込済み、本店哈爾浜）は、哈爾浜を拠点とする商社の㈱光武商店の系統に属するものであるが、光武商店はむしろ食品・倉庫を中心に企業グループを構成していた。また、満州特殊器材工業株式会社（1939年4月17日設立、1944年3月現在資本金45万円全額払込済、本店奉天）は、日本自動車および日本自動車工業株式会社の子会社であり、1942年10月に満州国重要産業経営許可会社の認可を受け特殊器製造業に従事した。同社取締役の河本芳蔵を代表とする満州航機工業株式会社（1943年8月設立、1944年3月現在資本金20万円全額払込済）が、新京と四平とにおいて航空機の修理と自動車の組立を目的に設立されている。さらに、興亜金属工業株式会社（1939年12月29日設立、創立資本金公称48万円、払込12万円、1944年3月現在100万円全額払込済、本店奉天）は奉天の時計宝石貴金属商である合名会社森洋行の傍系会社であり、1940年11月3日から機械工場の運転を開始し、主として各種精密部品及特殊機体部品を製作・加工していた。社長の森真三郎は、奉天銀行頭取である石田武亥のビジネス・グループの一員でもあった。満州航空精密機械株式会社（1940年3月18日設立の内田工業株式会社の後身、1943年3月現在資本金18万円全額払込済み）は、㈱満州測機社（後述）、大和特殊合金株式会社（1942年10月2日設立、1943年3月現在資本金公称20万円、払込14万円）とともに合名会社測機社（本店東京）の系統に属し、いずれも奉天鉄西区嘉工街4段に本店を置いた。また、㈱川西製作所（1940年3月24日設立、資本金公称50万円、払込25万円、本店奉天）は、1937年1月以来川西幸夫の個人名義で満州航空の航空工廠専属工場として機械部品の製作に携わってきた[38]が、これを1940年に改組したもので、さらに1943年6月に旭螺子株式会社に改称した。㈱昭和航機製作所（1940年12月14日設立、創立資本金20万円全額払込済、本店奉天）は、社長の松山博が1920年に東京で個人事業として創業した松山商店の製造部の満州支社奉天工場（1935年7月設置）を1940年に独立させたものである。親会社の松山商店も、1937年に㈱日本パッキング製作所と改組・改称した。製品は、パッキングとバネを主体とする航空機（発動

機・機体)・自動車などの部品である[39]。満州国産電機株式会社(1942年5月28日設立、資本金100万円全額払込済、本店奉天)は、国産電機株式会社(1931年設立、資本金公称1080万円、払込864万円、本店東京)が、1935年12月に設立した奉天工場(東京本社製品たる航空機用・自動車用磁石発電機の修理販売)を現地法人化したものであり、修理から生産に進出した[40]。

4 自動車工業

航空機工業と類似の構造を持つ自動車工業(組立・修理・部品生産など)では、1942～1944年ごろ27法人が存在した。この中で最大の変化は、1939年5月の満州自動車製造株式会社法に基づく満州自動車製造株式会社の設立と、同社による同和自動車工業の合併(1942年6月1日)である。

1937年3月に満鉄産業部商工課工業係が作成した「自動車工業方策に関する議案」によれば、自動車工業5ヵ年計画は同和自動車工業の改組・拡充を中心に実現し、部品の製造分野については日本と満州における製造採算を考慮しながら確定し、政府が必要な援助を行なうべきであるとされていた。そして、同和自動車工業の改組・拡充については、共同国産ならびに豊田、日産と資本的・技術的連携を保ち、可能であれば豊田と日産は共同国産と同様に協同して参加させるべきであるというのであった[41]。一方、満鉄経済調査委員会内に設置された自動車工業方策樹立小委員会では、満鉄産業部商工課工業係が作成した調査や方策案を元に同和自動車工業の操業状態や業績について検討し、また自らも日本における自動車工業の実情について詳細な調査を実施して(「日本の自動車工業実情と満州自動車工業拡充方策」)、1937年8月に「自動車工業拡充方策要綱案(五箇年計画)」という自動車工業拡充方策を示した。そして、これが同年9月に改訂されて「自動車工業拡充方策要綱案(五箇年計画)(改訂)」となり、最終的に満州における自動車工業方策の5ヵ年計画が樹立をみたのである[42]。

そして、**図表Ⅱ-10-5**のように年産5000台の自動車製造能力を実現するために、年約5000台の組立および車体製造、ならびに約9600台の修理と約7000台分の部品製造能力をもつ工場設備を5ヵ年間に完成することを目標に定めた。この目標は、「既存同和自動車株式会社を存続せしめ同社を基本として之を改組拡

図表Ⅱ-10-5 「自動車工業拡充方策要綱案」による作業計画表

(単位：台)

年度	車台組立	車体製造	修理	部品製造
第1年度	1,500	1,500	1,800	180
第2年度	3,500	3,500	4,200	1,200
第3年度	5,000	5,000	6,000	3,000
第4年度	5,000	5,000	7,200	5,000
第5年度	5,000	5,000	9,600	7,000

出所：自動車工業方策樹立小委員会「自動車工業拡充方策要綱案」1937年9月（南満州鉄道株式会社調査部「自動車工業関係資料」『満州・五箇年計画立案書類』第2編第7巻、8～9頁）。

充」することによって達成され、同和自動車工業は「従来通りの日満合弁の半官半民の特種会社として自動車の製造販売を営」み、1938年1月から新組織に移るものとされていた。また、内地業者の参加については「過去の経験に鑑み自動車工業、東京瓦斯電気、三菱重工業及豊田自動車の四社に限定し」、これらの内地業者との関係を密接にして「同和に依る満州自動車の型を前二社の製作する標準型と豊田式に統一強化するものと」していた。

さらに、同和自動車工業の事業計画のうち「製作」については、さしあたり「日本製自動車の部分品を輸入し組立製造を行」うが、「逐次自社製品乃至下請工場製品を使用し輸入すべき品種を漸減し満州に於ける完全なる製造に移行する」としていた。また、タイヤ、電気部品、計器等の専門部品については「内地優秀専門工場を満州に進出せしめて製作せしめ其の製品を使用」するが、一般部品については「可能なる限り適当なる品種を選び満州地元に於ける業者を下請工場として利用」するというのであった。一方「販売」については、当分の間は「会社直売を本旨とし販売組織を拡充し代理店、特約店を併用し宣伝、サービスを益周到適切ならしめ販路の拡張及顧客の便益に遺憾なからしむ」としていた。すなわち、新京に支社を設置し、満州全域の主要都市に支店や代理店を配置して修理工場や移動修理班、巡回（サービス）員を準備し、補給用部品を貯蔵する主要支店には運転手養成所を設け、遠隔地の支店には組立および車体工場を設置するというのである。また、出張所や特約店は修理工場を有し、部品を一部貯蔵するとしていた。

その後、1937年10月11日、南満州鉄道総裁室監理課は、同和自動車工業の改組・拡充に関する①同和自動車工業案（「同和自動車工業株式会社改組要綱案」1937年7月）、②菅監察官私案（「満州に於ける自動車工業政策に関する私案」

1937年2月)、および③関東軍試案の3案について比較検討を試みた。そして、満鉄監理課は、満鉄に経営の実権が一任されるのであれば、同和案ないし菅監理官私案にあるように相当の投資を行なうつもりである。しかし、これまでにも満鉄が推薦した常務取締役と関東軍出身の幹部との調和がうまくはかれなかったこともあり、実際には経営の実権が満鉄に一任される可能性はほとんどないと考えられる。満鉄に経営の実権が一任されないのであれば、満鉄としては関東軍試案を支持し、持株全部を満州国に肩代わりしてもらう。また、同和案ないし菅私案が採択された場合でも、現在以上には出資するつもりはない。満鉄監理課は、満州における自動車工業の発展を、同和自動車工業の改組・拡充ではなく、日産の協力のもとに新会社を設立して達成していくべきであるとしたのである[43]。

満州重工業開発株式会社は、1938年3月2日、同和自動車工業の株式の57.4％を取得し[44]、同社を昭和製鋼所、満州炭砿、満州軽金属製造、満州採金などとともに関係会社とした[45]。そして、満州国政府と満業総裁の鮎川は、日満の自動車工業の一体化をはかり、製造部門を満州自動車製造、修理・販売部門を同和自動車工業に担当させ、さらに同盟国のドイツやイタリアからも技術や資材を導入するという構想を描いたのである[46]。

なお、満業は1938年4月に東京瓦斯電気工業および東京自動車工業の株式の一部を譲り受け、日本の自動車工業も満業を中心に「資本的ニ密接不可分ナル連携」をもつようになり、「満業ノ資本下ニ日満両国ノ自動車工業ノアルコトハ、今後ノ配給関係ニ於テ一段ト円滑ニナルデアラウ」と期待していた[47]。1937年7月の日中戦争の勃発によってフォード自動車の助力を得ることが難しくなったが、「日満支ブロックにおける自動車工業の確立は焦眉の課題」であり、そのためには「部分品製造から組立までの一貫作業の完成が必要」であった。鮎川は、このように考えて1938年2月ごろから「曲りなりにも部分品製造から完成車組立までの一貫作業を行っていた」東京自動車工業と、その親会社である東京瓦斯電気工業の支配を画策していたのである[48]。

満州自動車製造は、1940年5月11日に設立され「自動車ノ本格的製造事業ニ乗リ出」した[49]。満州自動車製造は、「満州国内ニ於ケル自動車製造工業ノ統制確立」をはかることを目的に、1939年5月10日に公布された「満州自動車製造

株式会社法」に基づいて設立され、本店は新京特別区に置かれた[50]。資本金は1億円（200万株）で、満業総裁鮎川義介が199万9300株を所有し、残り600株を鮎川の個人名義、山本惣治、吉田寅五郎、吉野信次、竹原伝、斎藤靖彦の6名で100株ずつ分け持った[51]。

満州自動車製造株式会社法の公布と同時に、「同和自動車工業株式会社法中改正」も公布された。同法の第1条は「政府ハ自動車工業ノ統制確立ヲ図ル為同和自動車工業株式会社ヲ設立セシム」とあったが、これが「政府ハ自動車ノ組立工業及販売ノ統制並ニ修理能力ノ拡充ヲ図ル為同和自動車工業株式会社ヲ設立セシム」と変更された[52]。すなわち、同和自動車工業は自動車製造事業を満州自動車に委譲し、「専ら組立及び修理と、販売市場の統制力を注」ぎ、1939年9月からは政府の方針にもとづき「タイヤの配給統制」も行なうようになった[53]。

こうした中で、同和自動車工業は、設備の充実と業務の拡大をはかるとともに、支店や出張所を全面的に拡充・強化し、「前線に於けるサービスに万全を期する」とともに、本社に総務、計画、審査、営業および工務の5部制を敷くなど機構を整備し、「満州国に於ける国防の充備と産業五ヶ年計画の遂行に順応」していった[54]。そして、同和自動車工業は1940年にもつぎのように会社機構の大改正を断行した[55]。

まず、総務関係社員の増加にともない、人事課を独立させるとともに、工員の人事を管掌する労務課を工務部へ移した。また、研究所は計画部に属していたが、完成を見越して分離独立させた。販売面では、全満州にわたる自動車サービス網の拡充を期して、サービス課をサービス部に昇格させた。製造関係では、工場の拡張に備えて工務部、車体部、および機械部を設け、車体部にはバスおよびトラックの組立工場と車体部品の製造工場、機械部にはシャシーの組立工場と補給部品の製造工場を置き、工務部は検査、設計、労務の総合的な業務を管掌した。そして、新京支店は「専ら当該地域の営業に当ら」せることとし、満州国政府、関東軍、および満業などとの連絡を円滑にするため新京事務所を置いた。

満業の関係会社になってからの同和自動車工業は、もっぱら組立・修理・販売に従事し、毎期利益をあげ6％の配当を行なっていた。満業の『営業報告書』によれば、同和自動車工業の経営は「時局ノ影響ヲ受ケ最近業績頓ニ好転シ」

図表Ⅱ-10-6　満州自動車製造の営業成績

(単位:千円)

期	営業収入	営業支出	営業利益	払込資本金
1939.05.11 ～ 06.31	132	153	−21	25,000
1939.07.01 ～ 12.31	361	372	−11	25,000
1940.01.01 ～ 06.30	424	445	−21	25,000
1940.07.01 ～ 12.31	507	521	−14	25,000
1941.01.01 ～ 06.30	365	367	−3	25,000
1941.07.01 ～ 12.31	152	163	−11	25,000
1942.01.01 ～ 06.30	4,961	5,874	−91.3	50,000
1942.07.01 ～ 12.31	34,171	34,349	−178	50,000
1943.01.01 ～ 09.30	30,107	32,431	−2,324	50,000

出所：満州自動車製造株式会社『営業報告書』第1～9回。

(1938年上半期)、「当期ニ於テ利益金六拾八万九千参百円ヲ挙ケ前期繰越損失金ヲ補填シ尚六分ノ配当ヲ為シ得タリ」(1938年下半期)、「時局ノ影響ニ因リ車両及補給部品等ノ取得困難ナリシニ拘ラス前期ニ比シ大差ナキ営業成績ヲ収ムルコトヲ得タリ」(1939年下半期)、「諸設備並サービス網ノ拡大ヲ行ヒ時局柄車両ノ輸入困難ナルニ拘ラス前期ニ比シ二倍以上ノ販売ヲ為シ営業成績モ良好ニシテ増資後ノ本期決算ニ於テ六分配当ヲ維持スルコトヲ得タリ」(1940年上半期)、「時局ノ影響ニ因リ諸般ノ困難累加セルモ能ク之ニ対処シ概ネ所期ノ業績ヲ挙クルヲ得タリ」(1941年上半期)という状況であった[56]。このように、同和自動車工業の経営は概して良好で、「満業の関係会社中では小粒ながら最も業績を挙げてゐる会社」となった[57]。

　他方、満州自動車製造は、その営業収支が**図表Ⅱ-10-6**のように、毎期欠損を出していた。満州自動車製造は本社を新京特別市に置き、安東に広大な工場敷地を選定し、機械設備の大部分をアメリカや欧州に依存しながら模範的な工場を建設するという方針をたてた。そのため、同社設立直後の1939年7月、同社幹部は要員とともに欧米先進国における自動車工業の視察を兼ねて機械の購入に奔走したが、第2次世界大戦が勃発したため工場の建設計画および自動車の製造計画を根本的に変更せざるを得なくなった。元満業理事の浅原源七らは渡米したが、日米国交の悪化でアメリカからの機械設備の輸入は不可能となった。そこで、山本惣治は機械設備をドイツから輸入しようとして渡欧したが、これも欧州戦争の勃発で不可能となった。満業の『営業報告書』によれば、満州自動車製造は「欧

図表II-10-7　満州における民営自動車会社の車種別自動車所有台数（1940年）

省・州	会社名	代表者	資本金（円）	バス	トラック	ハイヤー	工作車
浜江省	哈爾浜交通(株)	高恩淳	5,000,000	イスズ (58)、金剛 (55)、ステューデ・ベーカー (3)			
	哈爾浜自動車交通合資(株)	長野峯察	67,000	フォード (5)、シボレー (1)、トヨダ (2)、金剛 (6)	ダッヂ (1)、イスズ (1)、金剛 (1)		
	東亜運輸商会	友国久吉	150,000	金剛 (1)、フォード (1)、シボレー (16)	フォード (1)、シボレー (4)、インター (6)		
	哈郭長途汽車公司	友国久吉	76,000	金剛 (1)、シボレー (4)、トヨダ (1)	フォード (2)、トヨダ (1)、シボレー (1)、インター (1)		
吉林省	新京交通(株)	橋口勇九郎	3,500,000	シボレー (15)、インター (12)、同和 (20)、トヨダ (15)、五十鈴 (11)、ホワイト (20)、ダッヂ (33)、金剛 (55)、フォード (7)、日産 (10)			
	満州交通(株)	近藤長造	250,000	フォード (14)、トヨダ (2)、金剛 (3)	ダッヂ (6)	フォード (2)	
	吉奉交通(株)	橋口勇九郎	50,000	フォード (7)、トヨダ (1)、ダッヂ (3)	フォード (5)、トヨダ (2)、シボレー (1)、金剛 (2)		
	吉林交通(株)	鴨田保次郎	200,000	ジー・エム・シー (15)、ダッヂ・プラザー (5)、フォード (3)、シボレー (4)、トヨダ (4)	ダッヂ・プラザー (9)、ジー・エム・シー (1)、シボレー (2)		
奉天省	華北交通(株)	野村富喜	1,500,000	インター (4)、シボレー (6)、フォード (25)、ジー・エム・シー (1)、トヨダ (5)、五十鈴 (5)、金剛 (2)、フォード (78)、インター (16)、トヨダ (44)、フソウ (13)、マン (24)、ダッヂ (42)、ダイヤモンド (26)、イスズ (16)	インター (5)、シボレー (5)、五十鈴 (2)		
	奉天交通(株)	賀来之富	4,000,000	フォード (48)、トヨダ (6)、シボレー (19)、金剛 (10)、インター (4)	ダイヤモンド (3)、インター (2)、フォード (7)		
	奉南交通(株)	高野気次郎	1,000,000		フォード (4)、日産 (9)	フォード (3)	

省	会社名	代表者	資本金	自動車内訳		
安東省	安東交通㈱	井上芳雄	1,000,000	シボレー (3)、トヨダ (1)、フォード (45)、金剛 (3)	フォード (72)、金剛 (7)	フォード (1)
	遼西交通㈱	李守業	100,000	金剛 (3)、イスズ (1)、ダッチ・ブラザース (2)、ステュード・ベーカー (1)	金剛 (1)、シボレー (1)、ステュワード (1)、ダッチ・ブラザース (1)、シボレー (1)	
	昭和自動車公司	山澤満夫	50,000	シボレー (2)、トヨダ (1)		
竜江省	丙通長途汽車公司	張丕金	35,000	シボレー (1)	シボレー (2)、インター (2)	
熱河省	北支満豪運輸商会	吉穂廉	35,000	フォード (2)	フォード (2)	
牡丹江省	牡丹江市営自動車		50,000	金剛 (23)		
間島省	東満鉄道㈱	中村直三郎	10,000,000	金剛 (2)		
	合資会社信義洋行	猪口理保	50,000	フォード (2)		
関東州	大連市交通㈱	山岡信夫	5,000,000	インター (68)、フォード (57)、トヨダ (16)、ダッチ (23)、シボレー (19)、マン・ディーゼル (26)、フソウ・ディーゼル (1)、ニッサン (11)、金剛 (6)		

出所：鉄道総局調査局嘱託課『満州国ニ於ケル民営自動車事業ノ現状ニ関スル資料』（1940年）。
注：（ ）内の数字は自動車台数である。

州動乱ニ因リ機械資材ノ入手難ニ逢着シ予定計画ノ遂行ニ齟齬ヲ来タセル」（1939年7〜12月）、あるいは「時局ノ影響ニ因リ機械資材ノ入手困難ナリシ」（1940年1〜6月）という状況に陥ったのである[58]。そのため、満州自動車製造はつぎのように方針を変更した[59]。

(1) 日本内地および満州国の機械と資材をもつて、速やかに工場の建設を進めるとともに基幹工員の養成をはかること。

(2) 日本内地より特定車、おもにニッサン車の組立部品を輸入して、その組立を行なうとともに、満州国内において組立部品の製造を開始し、工程の簡単な部品の製作から漸次高級部品の製作に進み、優良製品の製作に成功したものは、逐次輸入部品に置き換えて、自動車の国内製造を完成させる。

満州国政府は、こうした方針に基づいて満州自動車製造に対して国内における自動車工業の統制を命じ、同和自動車工業の統制を指示した。そこで、満州自動車製造は1942年5月、同和自動車工業を無増資のまま吸収合併した[60]。満州自動車製造は、「時局ニ対処スル為満州重工業開発株式会社所有ノ同和自動車工業株式会社ノ移管ヲ受ケ自動車ノ生産及整備補給ニ万全ヲ期スルコトトナ」ったのである[61]。

満州国における自動車工業は、同和自動車工業の改組・拡充、満州自動車製造の設立と展開してきたが、満州型自動車の製造はついに果たすことができなかった。そのため、満州における自動車市場は、1940年に至ってもフォード・シボレーなどの外国製自動車に席巻されていた。**図表Ⅱ-10-7**は、満州における民営自動車会社の車種別自動車台数を示したものであるが、圧倒的に外国製自動車に占められていたことがわかる。

ところで、同和自動車工業を合併した満州自動車製造は、①自動車の製造、組立、修理および販売、②自動車の車体、部品および付属品の製造・販売、③自動車および部品の輸出入、④これらに付帯する事業、⑤これら事業に関連する投資ならびに融資など、「満州国における自動車の製造から販売にいたる一元的統制」を行なうことになった。満州自動車製造は、安東製作所において自動車組立工場をはじめ、機械、鋳物、鍛造などの諸工場の整備を進め、自動車の組立やその他一部の作業を開始し、1943年1月には本社を新京から奉天に移し、会社組織の改善と業務の刷新をはかった。しかし、太平洋戦争はますます熾烈となり、日本が期待する輸入品はほとんど途絶し、安東製作所における自動車製造計画は放棄せざるを得なくなった。それどころか、資材欠乏のため補給部品の製造すら思うようには進まなくなり、満州自動車製造は1943年5月に自動車の再生計画を立て、奉天本社工場および哈爾浜に再生工場を設備し、また安東製作所をはじめ各支店、営業所に再生作業の実施を指導し、国内における廃棄車両の更生をはかった。燃料においても、アルコールの使用によって打開策を講じ、国内保有車の維持と運用に努力したが、情勢の悪化により満州における自動車の運行はついに途絶されるにいたった。敗戦直前における満州自動車製造の生産能力および生産実績は**図表Ⅱ-10-8**のようで、同社はついに自動車を製造することはなかった[62]。

図表II-10-8　敗戦直前における満州自動車製造の生産能力と実績

	生産能力（A）	実績（B）	B/A
自動車組立（台）	10,000	5,400	54.0％
車体の製作（台）	10,000	不明	—
部品の生産（千円）	25,000	1,000	4.0％
自動車再生（台）	3,600	3,600	100.0％
自動車修理（台）	7,500	3,600	48.0％

出所：閉鎖機関整理委員会編『閉鎖機関とその特殊清算』（1954年）451頁。

先に述べた自動車工業関係27法人のうち、5法人は必ずしも自動車関連事業が主業とはいえない。その他の法人の多くは車体製作・改造（代用燃料としての木炭ガス発生装置の製作・取り付けを含む）・修理を主とし、自動車部品製作を主とするものは㈱金剛製作所（1939年12月16日設立、創立資本金公称100万円、払込25万円、本店奉天）とその後継である万歳自動車工業株式会社および満州内燃機株式会社（1940年9月10日設立、創立資本金公称200万円、払込100万円、本店奉天）にほぼ限られる。金剛製作所は、東京の金剛自動車商会の屋代勝等が1939年5月に同和自動車工業の指導の下に下請け工場として設立し、1941年5月ようやく第一工場の操業を開始したが、「諸般の事情により康徳9（1942）年7月……屋代勝等はその持ち株全部を東京万歳自動車工業株式会社柳田諒三氏に譲渡、ついに商号も現在の如く万歳自動車工業株式会社に改称」[63]するに至り、さらに1943年6月には満州万歳自動車株式会社と改称し、目的も自動車部品輸入販売に変更した。満州内燃機は、日本内燃機株式会社の子会社として特殊自動車および内燃機の部品製作・修理・組立を目的とし、満州国重要産業統制法により設立されたものである。

車体製作では、㈴飛輪自動車工廠（1937年12月15日設立、1943年3月現在資本金5万円、本店奉天）と前述した㈾満州工作所自動車部および㈱満州昌和製作所（1937年12月22日設立、創立資本金公称25万円、払込12万円、本店奉天）の3法人が挙げられよう。飛輪自動車工廠の社長白井芳照は、奉天に立地する奉天倉庫運輸株式会社（1919年4月3日設立、資本金公称10万円、払込2.5万円）、興亜窯業株式会社（1939年12月2日設立、資本金公称20万円、払込5万円）、太陽車両株式会社（1941年10月29日設立、自動車販売仲介など、資本金15万円全額払込）などの社長も兼ね、奉天倉庫運輸からの事業展開のなかで同社を設立したものと思われる。満州昌和製作所は、「昌和洋行主小島和三

郎、独力を以て現在工場所在地に鋼板製家具保管庫輪是金庫自転車自動車部品・消火器類の製作を目的の下に創業せしものにして、其の後着々事業隆昌を見、生産拡充の必要に迫られ康徳4年12月株式組織に改め資本金48万円とし機械の充実・建物の増築を施し、薄板加工業として全満随一の設備と共に技術の最高峰を誇るに至る。康徳7年5月満州自動車工業組合の設立とともに生産部門の一員として加入国内生産拡充に従事、同年12月奉天省鉄工業組合に加入、更に自転車部門の生産拡充の目的を以て康徳9年3月国弊52万円の増資許可申請中の処7月認可あり、払込総資本金100万円を以て自動車国内生産拡充に専念し現在に至る」[64]とされている。小島和三郎は、東京神田の堀井謄写堂から独立して1918年4月に奉天城内で昌和洋行を設立し、満州事変後に事業を拡大、満州昌和洋行、昌和ゴム株式会社（青島）、天津昌和工廠、㈱昌和洋行沼津工場、満州消火機株式会社といった子会社群を形成した。

修理部門では、㈴加治屋自動車工場（1940年10月7日設立、1942年10月現在資本金18万円、本店奉天）と㈱福徳鉄工所（1941年3月29日設立、1942年10月現在資本金18万円全額払込済、本店黒河）が主要な法人である。加治屋自動車工場の代表である境藤兵衛は、協和ゴム工業株式会社（1939年1月19日設立、荷馬車用チューブ・ゴムロール・各種パッキングなど製造・販売、創立資本金公称48万円、払込12万円、1941年3月31日増資100万円全額払込)、満州再生ゴム工業株式会社（1940年12月13日設立、創立資本金公称400万円、払込200万円、1941年8月4日払込300万円）など、奉天を中心としてゴム・洋紙関連の企業グループを経営していた。福徳鉄工所は、朝鮮咸鏡北道の雄基（現在の先鋒あるいは羅先）に本店をもつ建築材料・穀類・油類・燃料・機械などの商社である親和貿易株式会社の在満企業グループの一角をなす。

自動車関係工業は全体として航空機工業よりも拡充が遅れているが、それは日本本国とも共通する特徴といえよう。

5　その他の車両工業

自動車以外の車両工業に関わる法人は、鉄道車両関係が7社、自転車・オートバイ関係が24社、その他一般車両関係が8社、合計39社があげられる。

鉄道車両工業では、前述のように、満鉄の大連沙河口工場が最大のものであり、大連機械製作所も拡張を続けた。しかし、1938年5月に新たに満州車両株式会社が「満州国政府及満鉄援助の下に日本に於ける車両製造業者の共同出資に係る満州国唯一の車両製造専門の会社として」[65]資本金公称500万円、払込125万円で設立され、1942年7月までに2回の増資を経て公称2000万円、払込1500万円に拡大した。主要株主は、日本車両製造株式会社（10％）、住友金属工業株式会社（9.98％）、株式会社日立製作所（9.9％）、三菱重工業株式会社（9.8％）、汽車製造株式会社（9.25％）などであった。これらの企業は「弥生会」というカルテルを結んでおり、その活動の一環として満州進出といえよう。奉天機器製造株式会社（1938年8月11日設立、創立資本金公称30万円、払込15万円、本店奉天）は、東京のタカタモーター製作株式会社からその製品「タカタモーターカー」（小型ガソリンエンジンを原動機とする鉄道車両）を継承し、満州製糖株式会社などを経営する赤司初太郎との協力によって、満州国法人として設立されたものである。製作は同社の東京支店で行ない、会社設立とともに奉天工場の建設を始めた。親会社のタカタモーター製作は、翌1939年に東京発動機株式会社と改称し、軍需用小型ガソリンエンジンの量産に特化していった。㈹岡田鉄工所（1941年2月20日設立、1942年10月現在資本金10万円、本店大連）や牧野鉄工株式会社（1942年7月31日設立、創立資本金公称15万円、払込7.5万円、本店大連）は、満鉄沙河口工場や大連機械などの下請、部品生産にあたっていたものと思われる。大連船渠鉄工株式会社（1937年8月1日設立、創立資本金公称200万円、払込200万円、本店大連）は、大連汽船株式会社が合併した満州船渠株式会社を再分離したもので、船舶・舶用機関が主業であるが、鉄道車両部門でも大きな修理・製造能力を持っていた。

　自転車では、前述のように大手の満州宮田製作所が航空機部品生産を主業とするに至り、㈱満州昌和製作所や富士機械工業株式会社（1940年11月14日設立、創立資本金公称18万円、払込9万円、1942年10月現在50万円全額払込済、本店奉天）のような中堅メーカーが兼業で参入した。富士機械工業は、東京の自転車・リヤカーメーカーの岡崎工業株式会社（1919年5月1日設立、資本金公称200万円、払込120万円）の在満販売機関であり投資統括機関である満州岡崎工

業株式会社（1940年8月9日設立、資本金公称100万円、払込75万円）の子会社であり、岡崎工業の在満支店と満州岡崎工業、富士機械工業の本店は同一場所にあった。同社取締役の沖藤鶴三は、東京の㈱日米商店（1919年5月設立、自転車及同付属品卸売販売、資本金公称200万円、払込120万円）の満州支店長であり、康徳農産化学工業株式会社（1941年5月16日設立、創立資本金公称16万円、払込4万円、農場経営など、本店安東）の代表取締役も経営し、同業の満州岡崎工業と富士機械工業の役員も兼ねていた。このほか、いくつかの小零細規模法人も、自転車の部品・部材を含めてやや専業的に参入している。

荷車類については、㈱松記車両製作所や満州軽車両工業株式会社、吉林軽車両株式会社、満鮮車両農具株式会社などがあった。松記車両製作所（1939年10月27日設立、創立資本金35万円全額払込済、本店奉天）は、社長の前田菊松が、1932年に奉天で荷馬車やゴム車輛の製作販売を目的として創立した個人経営の松記洋行を株式組織に改組したものであり、業務を各種合金生産などにも拡張した。同社専務の魚住藤雄は木製荷車などを製造する満州軽車両工業（1942年8月1日設立、創立資本金公称300万円、払込210万円、本店新京）の役員も兼務しており、満州軽車両は鉱油類及機械工具・車両・タイヤー其他雑品の売買と運輸業を営む㈱三友商会（1937年1月18日設立、創立資本金公称20万円、払込5万円、1939年10月に15万円払込とした後1941年4月減資、公称12万円、払込9万円、本店大連、新京に別法人を置く）の室岡孫治郎らが設立したものである。吉林軽車両（1942年9月1日設立、創立資本金公称5万円、払込1.25万円、本店吉林）は、満鮮車両農具（1939年12月28日設立、創立資本金公称49万円、払込12.375万円、中満軽車両株式会社と改称）とともに、吉林財界の人脈の中で設立されており、通遼の興安商事株式会社（1941年6月13日設立、創立資本金公称19.8万円、払込4.95万円、車両・農機具製造など）とも連携がみられ、役員の重複がある。

このように、自動車・鉄道以外の車両工業では、大手専門メーカーが軍需生産に動員され、部品メーカーでは一定の専門化が進んだが、多くの法人は農具・一般機械などとの兼業であった。そして、自転車、リヤカー、三輪快車の製品・部品・付属品の製造および販売を統制するため、1942年7月に満州自転車工業組

合[66]が設立された。その統制内容は、(1) 当該産業に要する資材の割当ならびに生産に関する統制、(2) 当該産業に属する生産設備ならびに生産品の検査および規格の統一、(3) 当該産業に於ける生産品の価格統制、(4) 技術の向上、能率の増進および組合員の当該産業に属する事業の発達に関する施設、(5) 当該産業に関する調査および研究、(6) 日本および満州国内に於ける当該産業団体との連絡協調、(7) 政府より特命せられたる事業、(8) 其の他本組合の目的遂行に必要なる事業と規定され、その常務理事には日本および満州国の内務系官僚から協和工業に転出した木村賀七が就任した。

6 造船業

造船工業については、大小はともかく船を建造する14法人と船舶用機械器具を製作する2法人とに分かれ、前者の中心は前述した大連船渠鉄工であり、後者では奉天製作所が主力であった。1941年に至って、営口造船株式会社（1941年4月30日設立、創立資本金公称100万円、払込50万円、本店営口）が新設された。同社は、「営口港には造船並に修理に対する何等の施設も無く専ら大連若しくは日本に依存するの状況にありしため、営口港を中心とする小型船舶の廻航の如きは耐航性に乏しく危険大なるのみならず、廻航費並時間の負担多く物資輸送の円滑を阻碍するの現状に在り、加ふるに産業五箇年計画の進捗に伴い各種事業の発展は一段と営口港の重要性を増すと共に益々斯業の必要を呼ばれるに至り、地元官民の熱望は元より政府に於てもその必要を認め、航務局機械工場の払下を受け設立したるもの」[67]であり、役員には営口汽船・営口紡織をはじめとする営口財界と協和工業系の人脈から奉天財界も加わったものとなっている。設立後、「情勢の変化により急に造船設備の拡充を政府より命ぜられ、本年（1943年——引用者）始めより工事に着手し2ヵ年間に新工場の建設を完了する予定である」とされ、一挙に5倍に増資した。ほかには㈱播磨工廠（1943年6月2日設立、創立資本金30万円全額払込済、造船兵器生産、本店哈爾浜）が拡張・新設されているが、所在地から判断して松花江航運に関わるものである。その他の小規模造船所では、1944年ごろには木造船の建造が推進されていた。

7 工作機械・工具工業

　工作機械と工具の製造には、55 法人が関わった。工作機械工業は、日本本国でも生産力拡充およびその後の生産増強における隘路の一つを構成し、それは満州にも影響を与えた。前述したように、この部門の中核法人は満州工作機械株式会社であったが、その経営刷新が問題となり全面的に満州重工業開発の傘下に組み込まれた。その他の主要メーカーとして、『満州年鑑』は「満州ロール（満州大谷重工業株式会社）、政記鉄工廠、大陸鉄工所等」を紹介[68]しているが、政記鉄工廠（代表：許鴻年）は法人登記簿によるデータには現れないので個人経営の可能性が高く、大陸鉄工所は合名会社大陸工作所を誤記した可能性がある。大陸工作所は『1943 会社名簿』には掲載されず、『1944 会社名簿』に 1943 年 6 月設立の大陸機械工業株式会社があり、その経営者は大陸工作所代表社員の尹喜広と同姓の尹子寛であるので、これに改組された可能性が高い。なお、尹子寛は、1942 年当時、合名会社東大鋳造所の代表社員のほかに、東洋金属機工株式会社・利信商事株式会社（工作機商社）・満州農具工業株式会社・㈱大興鉛粉公司・㈱奉天市鉄工廠消費組合（鉄工所従業員向け消費財販売）という鉄工・機械関連法人の役員を兼任していた。また、農機具・農産加工機械の生産から出発した㈱宇治製作所（1940 年 10 月 21 日設立、創立資本金公称 18 万円、払込 9 万円、1941 年 12 月全額払込済、本店奉天）は、工作機械製造販売を目的の第一項に掲げているが、1944 年「現在は軍専門御用工場として〇〇の製作に総力を結集し……満系、露系の各工員数十名を算へ」[69]と紹介されていることから、軍需生産に特化したものと思われる。

　工具製造にかかわる法人は 42 を数えるが、その多くが他の機械器具製作を主とするか、あるいはメーカーというよりも商社の性格が強いものである。中核的な専業メーカーは、満州工具軸受製造工業組合のメンバーである撫順精機工業株式会社（1939 年 4 月 27 日設立、創立資本金公称 100 万円、払込 25 万円、本店奉天）、満州鉄工株式会社（1939 年 12 月 8 日設立、創立資本金公称 100 万円、払込 25 万円、1941 年 12 月全額払込済、本店鞍山）、㈱満州電元社（1940 年 5 月 24 日設立、創立資本金公称 100 万円、払込 50 万円、1942 年 4 月全額払込済、本

店奉天）の3法人程度であり、康徳金属工業株式会社（1939年3月31日設立、創立資本金公称40万円、払込10万円、1941年7月全額払込済、本店奉天鉄西）は同組合のメンバーではあるが兼業である。工具ではないが、この組合のメンバーに満州ベアリング製造株式会社がある。同社は、東洋ベアリング株式会社（持株率37.5%）が㈱田付商店系の徳和紡績株式会社の協力により徳和紡績と同じ瓦房店に本店を置いて1938年3月26日に資本金200万円全額払込で設立し、1940年1月に工場の操業を開始、その後1940年11月に公称800万円に増資し1943年度中に全額払込とした。ローラーおよびボールによるベアリングの満州で唯一のメーカーであった。

8　電気機械器具工業

　電気機械器具工業には58法人が関わった。また、前述のように、斯業では満州電気機器工業組合と満州電気通信機器製造工業組合の二つが設けられた。前者の構成員は、㈱奉天製作所、満州変圧器株式会社、満州三菱機器株式会社、㈱満州日立製作所、㈱富士電機工廠、満州立正電機株式会社、満州乾電池株式会社、満州湯浅電池株式会社、満州日本電池株式会社、満州東京電気株式会社、美徳電気株式会社、葛山電機株式会社の12法人であり、後者には満州通信機株式会社、富士電機工廠、満州東京電気の3法人に関東州所在の義昌無線電気がオブザーバーとして加わっている。上記の14法人が電気通信機を含む電気機器製造部門の中核といえよう。ただし、葛山電機はどの資料にも現れない。逆に、松下系の満州松下電器株式会社と満州無線工業株式会社、沖電気系の沖通信機株式会社などは、資本金額は大きいが両組合には加えられなかった。おそらく、満州松下電器は民生品メーカーであり、満州無線工業は満州電信電話会社の統制下にあり、沖通信機の実態は単なる支店に近いものであったためと思われる。

　㈱奉天製作所は、㈱芝浦製作所と㈱東京石川島造船所の共同出資により、創立資本金公称200万円、払込100万円で1937年10月2日に設立され、1938年春に工場建設にかかり1939年5月にその操業を開始、さらに第2期工事分を同年12月に完成させ、引続き拡張を計画したが資材不足などのため実行に移せなかった。芝浦製作所と東京電気は1939年に合併して東京芝浦電気株式会社となっ

たが、奉天製作所に東京石川島造船所の資本が入っていたためか、その在満子会社である満州東京電気と奉天製作所とは合併せず、若干の役員兼任関係を持ちつつ満州東京電気を満州東京芝浦電気株式会社に改称するにとどまった。すなわち、満州東京電気の役員は、奉天製作所（1名）、満州蓄音器株式会社（2名）、満州電線（1名）、恭泰莫大小紡績株式会社（1名）、稲葉製作所（1名）と重複していたし、奉天製作所の役員も、満州東京電気（1名）、稲葉製作所（3名）、哈爾浜印刷株式会社・協和建物株式会社・㈱満州京三製作所（各1名）と兼任していた。

満州機器股份有限公司は、前述のように三菱合資会社とその直系3子会社の共同出資によって設立され、発動機・発電機などの重機械・重電機器・バネなどを製作していたが、新会社法の施行によって1938年5月に満州機器株式会社、さらに1941年1月に満州三菱機器株式会社と改称した。なお、満州三菱機器の役員は、康徳吉租・満州日本電池・満州車両・満州航空という三菱系在満子会社・出資会社と1名ずつ重複している。

この三菱機器と同様、古河系の富士電機製造株式会社も、1935年に通信機部門を分離して富士通信機製造株式会社を設立したが、在満子会社としては両社の共同出資の形で富士電機工廠（創立資本金公称100万円、払込50万円、本店奉天）を1937年9月2日に設立した。当初は富士電機製造の大連出張所や奉天・新京の駐在員事務所を継承して両社製品の一手販売のみを行なっていたが、30万円の予算で工場を建設して、1938年秋、「富士電機、富士通信機両親会社よりそれぞれの生産機器並びに相当数の専門技術者及従業員を転属移入し、電動機、配電器具等の強電製品に電話機、交換機等の通信機製品の製造を開始し、新京、大連、哈爾浜及安東に支店及出張所を設けて営業を継続し終戦時の20年8月迄健実に事業の発展を見るに至」[70]った。1943年に関東軍の要請を受け、1944年に富士通信機製造から大量の設備を移駐して通信機と電子兵器の生産能力を拡張して満州富士通信機製造株式会社を設立する計画であったが、新工場完成間近に敗戦となり、中国人とソ連軍の略奪にあって「十一月初旬工場建屋は輪郭のみを残」[71]す状態となった。富士電機工廠の役員も、満州電線と1名の重複がある。

満州日立製作所（本店奉天）は、「株式会社日立製作所の分身にて康徳5

(1938) 年 3 月 11 日資本金 500 万円を以て設立、先ず鋳造工場を建設し康徳 6 年 2 月操業を開始、主として鉄道車両可鍛鋳鉄品並鋳鋼品の製作に当る。次で第 2 期計画として鉱山用諸機械並に電機品の製作工場増設のため同 6 年 10 月資本金を 1000 万円に増資」[72] した。電機品とは小型電動機である。さらに、1942 年 11 月に鉄道車両緊急増産計画に対応して可鍛鋳鉄工場の拡張に着手し 1944 年に操業を始め、引続き電気絶縁材料の自給をはかるため工場を新設し 1944 年 8 月に竣工させ 1945 年 4 月に操業に入った。同社は、親会社およびその関係会社製品の満州販売機関でもあり、1944 年下半期の出荷額は 895 万円、うち工場出荷分は 494 万円 (55.2 %) であった。同社の在籍人員は日本人 430 名、「満人」1050 名であった[73]。日立製作所は、また、大阪変圧器株式会社との共同出資 (41 % ずつ) により、電力容量 50KW 以下で取扱電圧 6600V 以下の柱上用という比較的小型で大量に使われるトランスを製造・修理することを目的として、満州変圧器 (創立資本金公称 50 万円、払込 25 万円、本店奉天) を 1939 年 4 月 28 日に設立した。社長には、満州日立製作所専務の竹内亀次郎が就任した。創立半年で倍額増資のうえ、1940 年 9 月に操業を始めた。アジア太平洋戦争の開始後に拡張が計画されたが、大阪変圧器が払込負担を回避したためその持株全部を日立製作所が肩代わりし、1943 年上半期に 5 割増産を目ざして倍額増額を行ない、1944 年 3 月に中型変圧器工場の建設に着手したが、建築資材の獲得と設備機械の購入が極めて困難となり 1945 年 6 月に中止した[74]。さらに、満州電業株式会社からの架線金具生産の要請を受け、満州架線金具株式会社 (資本金 50 万円全額払込、本店奉天) を 1943 年 10 月 22 日に設立した。同社は、「日本の鍛鋳鉄所の援助を得て、又、可鍛鉄は満州日立製作所が供給すること、なった為両社の共同出資」とし、代表取締役には満州日立製作所取締役の高橋錦一が就任、1945 年 4 月から営業を開始し、送電線用架線金具月産 15 本、碍子金具 20 本の能力であった。

満州乾電池 (本店奉天) は、岡田電気商会が創立資本金公称 30 万円・払込 15 万円で 1937 年 12 月 29 日に設立し、同商会の満州配給所を継承して岡田乾電池を販売するとともに、寒冷地対策品を開発して 1938 年 5～9 月に工場建設第 1 期工事を行ない 11 月から操業を開始、さらに第 2 期工事も 1939 年 5～9 月に実施した。

美徳電気は、電球生産の老舗である東京メトロ電気工業株式会社の「分身」とされる。社長に大連・奉天財界の庵谷忱、常務に満鉄から南満州電気株式会社を経て満州電業株式会社の役員となった末網胖、監査役に㈱満州モータースの高橋協を迎えており、地元財界との連携をとった。1937年9月24日、創立資本金公称50万円、払込25万円で設立され、電球工場を1938年に着工、1939年2月より操業を開始した。

満州立正電機は、京都立正電気製作所の長崎義一郎が、㈱安宅商会の出資（6割）を得て創立資本金公称10万円、払込7.5万円で1938年10月1日、奉天に設立したものである。長崎は、安宅商会および海南鉱業株式会社の満州支店長と満州鉄工株式会社の役員も兼務していた。

満州湯浅電池は、湯浅蓄電池製造株式会社が、1938年12月に満州国政府の許可を得て、1939年1月26日に創立資本金公称60万円、払込15万円で設置したものである。まず乾電池の製造を計画して1939年3月に奉天市敷島区に本社および工場を設置して第1期計画に基づく製造を開始し、「生産の傍不満なる点の改良、諸機械の補充、職工の訓練に全力を注ぎ概ね初期の目的を達した」ので、親会社と協力して「満州に於ける蓄電池製造の不利なる条件の克服に対する研究を重ね逐次完成」[75]し、1942年10月に蓄電池工場を設置して本格的操業を始めた。

満州日本電池株式会社は、㈱島津製作所を経営する島津源蔵が社長を務め三菱重工業株式会社などを大株主とする日本電池株式会社が、1941年12月15日、鉱山用電気安全灯の製造を目的として設立（創立資本金公称200万円、払込100万円、本店奉天）し、その奉天販売所を継承させたものである。工場は奉天鉄西と撫順に置き、電池・安全灯だけでなく、整流器や鉱山鉄道用と思われる機関車・電気機関車・電動車およびその部品製作をも目的に掲げており、奉天交通株式会社とも取引があった。

満州無線工業は、ラジオ受信機とその部品の製造を目的に、松下電器産業株式会社（45.7％）、山中電気株式会社・日本ビクター蓄音機株式会社・早川金属工業株式会社（各10％）、満州松下電器株式会社（4％）および満州電信電話株式会社（19.9％）の出資により、創立資本金公称250万円、払込75万円で1942年

12月1日に新京に本店を置いて設立された。しかし、「設立後直ちに工場の建設に着手したのであるが、建築材料の入手が不円滑のため建設意の如く進まず、昭和19（1944）年4月漸く完成した一部の建物に於て、ラジオ受信機の組立を開始したが、部分品の内地からの輸送難に災いされ、結局昭和20年3月までに9570台の生産をなし得たにすぎなかった」[76]。この製品は、すべて満州電信電話が買い取り、配給した。

9　化学機械工業

満州経済開発では人造石油をはじめとする化学工業も重点の一つであった。しかしながら、その設備を製作する化学機械工業の建設は遅れ、1940年ごろから法人設立が見られるようになったが、わずか9法人にとどまった。化学工業用機械専門メーカーとしては、㈱満州桜田機械製作所（1940年12月26日設立、創立資本金公称400万円、払込128万円、本店奉天）と㈱吉林工廠（1941年6月16日設立、創立資本金300万円全額払込済、本店吉林）に限られよう。前者は、満州工作所などを経営する哈喇洋行と東京の桜田機械製造所の合弁事業であろう。後者は、吉林人造石油株式会社の機械部を分社化したものである。満州機械製造株式会社（1940年10月10日設立、創立資本金500万円全額払込済、製鉄鉱山化学工業用機械製造、本店新京）は、満州重機株式会社の子会社（持株率34.99％）として製鉄鉱山化学用機械生産を目的に設立されたが、1942年に至っても操業準備中であった。

10　鉱山機械器具工業

鉱山業も計画産業であり、その開発と操業に必要な機械器具の生産は化学工業用と比べて、早期から取り組まれた。何らかの形で鉱山機器の生産にかかわる法人は33を数え、後に満州鉱山用機械製造工業組合に属する8法人のうち6法人（満州金属工業株式会社、㈱阜新製作所、㈱満山製作所、㈱満州松尾鉄工廠、㈱満州三栄精機製作所、満州鉱機株式会社）が1937～39年に設立され、それ以後は、1941年12月設立の満州日本電池株式会社と1942年6月設立の㈱宮原機械製作所となる。

㈱阜新製作所（1937年9月20日設立、本店阜新）は、満州炭砿株式会社が使用する鉱山用機械の製作・修理を主要な目的として、満州炭砿関係会社と野村合名関係会社を主要な出資者（43.25％ずつ）として設立（創立資本金150万円全額払込済）されたものであり、後に400万円に増資され1942年3月までに全額払込となった。同様に、㈱満山製作所（1937年11月12日設立、本店新京）は、満州鉱山株式会社の子会社として、公称資本金100万円、払込50万円で設立された。満州松尾鉄工廠（1939年5月27日設立、本店奉天鉄西）は、松尾橋梁株式会社（1923年10月松尾合名会社に改組、1925年6月松尾鉄骨橋梁株式会社に改組、資本金25万円、1937年7月松尾橋梁株式会社に改称、資本金150万円）と東邦輸送機株式会社の共同子会社として創立資本金公称100万円、払込25万円で設立され、1941年10月までに87.5万円にまで払込金を徴収した。満州鉱機（1939年12月6日設立、本店新京）も、当初は「満州採金株式会社の事業遂行上必要なる機械器具及其の付属品の製造修理」を主たる目的として、大同製鋼株式会社（1921年11月設立、1942年9月現在資本金公称6600万円、払込5775万円）の出資（72.5％）を得て設立（創立資本金公称200万円、払込100万円）されたものであるが、「満州国及会社自身の発展に依り康徳8（1941）年末営業目的を変更、鉄道用化学工業用機械・農耕土木用機械の製造修理に重点を向け、倍額増資を断行」し、とくに「セメント用機械、農耕用機器、土木用機械ならびに車両および線路用部分品等の製作、修理」の部門を拡大した。満州三栄精機製作所は、「小樽三栄商店三栄精機製作所の子会社として康徳6（1939）年10月8日設立され、直ちに工場建築に取りかかり、翌7年4月工場建築完了と同時に機械据付をなし、12月より一部操業を開始するに至った。康徳8年2月からは本格的操業をなし、全満鉱山用諸機械及工具の急需に応えるべく増産に邁進中」[77]と報じられており、創立資本金は公称100万円、払込25万円（1941年7月払込50万円とする）であった。宮原機械製作所（1942年6月8日設立、創立資本金300万円全額払込済、本店新京）は、「康徳4（1937）年満州ロール製作所現満州大谷重工業副社長大谷哲平個人経営を以て工場敷地10万余坪を買収し、翌5年2月仮工場を建設し操業を開始した。主として鋳造作業を行ひ翌6年5月機械・鋳物木型の各工場・変電室・キューポラ装入塔・仮事務所・倉庫等の本建築完成、

更に製缶工場仮建築を成し、康徳9年6月株式会社に組織」替えを行なったものである[78]。

　以上の組合メンバー法人に準ずる法人として、㈱満州栗本鉄工所（1939年11月30日設立、創立資本金公称500万円、払込250万円、本店新京）、東洋鉱機株式会社（1939年10月7日設立、創立資本金46万円全額払込済、本店鞍山）、㈱大和工作所（1940年5月7日設立、創立資本金15万円全額払込済、1941年6月増資50万円全額払込済、本店奉天）、㈱満州荏原製作所（1941年8月16日設立、創立資本金公称300万円、払込75万円、本店奉天）などがある。満州栗本鉄工所は、「満州国産業五ヶ年計画遂行に呼応して大阪栗本鉄工所（1909年2月2日設立、1934年5月株式会社に改組、1942年9月現在資本金公称1400万円、払込975万円、本店大阪）に於ける鉱山用機械、化学工業用機械、土木及窯業用機械、鋼品、鋳鉄品生産に対する多年の経験及技術を大陸に於て活用すべく、康徳6（1939）年10月重要産業統制法に基き設立され」[79]たものであり、大和工作所は満州計器と満州工廠からのスピンアウト組が設立したものであるが、1943年度中に経営者・商号・本店所在地を変更して100万円に増資した。満州荏原製作所は、東京蒲田のポンプ・送風機の専業メーカーである㈱荏原製作所（1920年9月設立、1942年5月現在資本金公称2000万円、払込1500万円、本店東京）の子会社として設立されたものである。

　このように、鉱山機械工業では、主要鉱業法人が専属的な機械工場を設立する傾向があり、その工場の整備完了の上で、一般業務へ拡張していた。また、本国の関連機械メーカーの誘致・進出も少なくない。これに対して技術的制約が相対的に小さい鉱具のほうは、それを扱っていた商社が、輸入難のなかで現地調達を図るために、工場や子会社を設けて参入するケースが多い。たとえば、東洋金属工業株式会社（1940年3月29日設立、創立資本金公称50万円、払込25万円、1941年6月払込37.5万円、本店新京）は、「康徳6（1939）年発起人代表満州金物株式会社代表取締役前沢竜雄の発議により、名古屋市岡谷商店、大阪市の大塚定次と協調同意を得たるを以て、其の主たる取扱品の現地調弁の目的を遂行すべく創立され」[80]たものであり、より大規模な企業グループとしては㈱大信洋行（1918年12月16日設立、創立資本金公称100万円、払込60万円、1939年3月

までに200万円全額払込済、貿易商社、本店大連）が適例であり、代表取締役の石田栄造は満州鎔接器材株式会社・日満鉛工業株式会社・㈱満州資源愛護協会など8社の代表を兼務、さらに㈱大信鉄工所・満州亜鉛鍍株式会社・奉天製缶加工株式会社・㈱大興鉄工所・東亜製缶株式会社など9社の役員を兼務していた。

11　農業機械・農具工業

　農業用機械器具の生産については、増強が遅れた。45の関連法人中1939年末までの設立はわずか8法人であり、専業メーカーといえるものは、満州農具製造株式会社（大連）と開拓工業株式会社（1938年11月1日設立、資本金公称48万円、払込24万円、本店奉天鉄西、『1944会社名簿』にのみ掲載）の2社であろう。前者は前述のように鳥羽洋行系企業グループの一角を占め、同グループに属する㈾東亜鉄工廠（1938年2月23日設立、資本金5.5万円、本店哈爾浜）も専業に近いと思われる。1940年からは、中小規模の専業メーカーが多数設立されるが、鉱具と同様に地場商社が取扱品を確保するために工場を設け、それを分社化するケースが多い。それと並んで、「内地中小企業移駐」によるものもある。

　国際耕作工業株式会社（創立資本金公称100万円、払込50万円、1942年2月払込75万円、本店奉天鉄西）は、「康徳7（1940）年度満州国政府並日本政府の斡旋に依り日本中小工業満州移植の気運に至りたる処、北海道に於ける改良農器具製作界の権威山田清次郎・山田嘉蔵、両社を中心とせる子弟関係8工場合体入植し、康徳7年12月21日茲に当社の設立を見るに至り、康徳8年3月創業開始」[81]したものであり、満州佐藤農機株式会社（創立資本金68万円全額払込済、本店新京）も「康徳8（1941）年2月8日付を以て康徳7年度対満移駐工場として認可せられ、康徳8年5月1日工場起工、康徳8年10月31日工場第1期計画工事完成」[82]し、同年11月1日に会社設立認可が下りて設立されたものである。この分野の大手法人は、前述の富士機械工業株式会社と満州農具製造株式会社（奉天）であり、上記の移駐2法人もこれに準ずる。また、設立時期が遅くなるほど哈爾浜を中心とする北部での設立が増えており、㈱満州丸善機械製作所（1942年6月4日設立、創立資本金公称30万円、払込18.9万円、本店哈爾浜）や㈱丸満洋行（1942年9月10日設立、資本金18万円全額払込済、本店牡丹江）、満州

高度農機製造株式会社（1943年12月9日設立、資本金公称100万円、払込50万円、本店哈爾浜）がその代表となろう。満州丸善機械製作所は、その役員が1942年以降掲載されなくなる旭東農機製造株式会社と重複しており、これを吸収した可能性がある。逆に、満州高度農機製造は㈱吉昌公司（1941年4月30日設立、資本金18万円全額払込済、本店哈爾浜）と重なっているが並存している。

なお、『満州年鑑』では、「満州農業の機械化は重要且つ緊急な問題で、農具用機械器具の増産が強調されてゐるが、現在は満州農具製造会社、鳥羽鉄工所、東亜産業、大連機械、福昌公司、満州松山公司（満州杉山公司の誤記と思われる――引用者）等で各種の農具が製造されてゐるものの自給自足迄には相当の時日を要するであらう」[83]と述べている。

以上、設立の中心時期が戦時期にある機械器具工業の233法人について、主要分野別にその特徴を概観してきた。各事業分野で検討した延べ法人数は297、その払込資本金は1942年10月末日現在で3億1820万円、1944年3月末日現在で3億3280万円となった。機械器具工業法人総数383のほぼ三分の二、資本金額で四分の三をカバーした。

12　その他の重要工業

その他の法人の大部分は、営業目的が「諸機械製作」ないし「一般機械器具製造」など記載されており、事業分野を特定できないものである。しかし、1ないし数法人しかなくとも重要な部門があるので、最後にこれを紹介しておこう。

まずは、製鉄用圧延機械などの満州重機株式会社（創立資本金5000万円全額払込済、本店新京）がある。満州重工業開発株式会社の子会社として1940年5月に設立されたが、資材不足のなかで工場建設が遅延し、1942年3月に会社職制を改正するとともに「事業現地主義」により本社業務全般を工場（関東州の金州）に移し、その建設を急いだ。工場建設は、第1期分を1943年6月に竣工させて一部操業を開始した。前述のように、同社の子会社に満州機械製造がある。

光学器械の分野は、測距儀や双眼鏡などの光学兵器と映写機・写真機からなる。満州光学工業株式会社は、日本光学工業株式会社（1917年設立、1945年8月現在資本金5000万円全額払込済、本店東京）の全額出資により、創立資本金公称

200万円、払込80万円で1938年6月に設立され、同年8月に工場敷地を買収、翌1939年7月に第1期工場を竣工させ、同年12月に重要産業の経営申請許可を得て、1940年5月に一部操業を開始した。さらに、光学兵器生産に特化しつつ、同年9月に第二期拡張申請許可を得、1941年2月に全額払込済とした。満映光音工業株式会社（1942年2月28日設立、創立資本金公称50万円、払込25万円、本店新京）は、㈱満洲映画協会（1937年8月21日設立、創立資本金公称500万円・払込125万円、1941年6月公称900万円、払込750万円、本店新京）、㈱満州電影総社（1941年11月21日設立、創立資本金公称500万円、払込250万円、本店新京）の関係会社として35mmおよび16mmの映写機および部品の製作・修理を目的に設立され、ほかに東洋精密機株式会社（1942年7月13日設立、創立資本金公称18万円、払込4.5万円、本店奉天）や㈾新音公司（1942年3月16日設立、資本金1万円、本店新京）、㈴映機工業所（1942年3月30日設立、資本金7000円、本店新京）なども映写機などの修理・製造を目的に掲げていた。

繊維工業機械部門には、㈱福寿鉄工廠（創立資本金公称100万円、払込50万円、本店奉天）と㈱金州鉄工所（1941年12月24日設立、創立資本金公称16万円、払込12万円、本店金州）とがある。前者は、東洋棉花株式会社が棉花生産の中心地である錦州省において綿糸布・染色加工の一貫生産を計画して1938年2月に東棉紡織株式会社を設立したが、その子会社として1939年8月に設立されたものであり、1940年4月から操業を開始した。しかし業績不振のため、「昭和18（1943）年初冬頃に公称資本金を150万円に増資して大阪の発動機製造株式会社と資本・技術提携し……そして昭和19年2月1日に満州発動機製造株式会社と商号変更し、車輌用品・鉱山用機械・発動機の製造に乗り出した。その後、同社は公称資本金を300万円に増資した」[84]。さらに、三井物産株式会社が、1944年に満州産農産物を原料とするアルコール生産プロジェクトを企画し、その一環として「牽引車製造事業に関連するとして、昭和20年1月10日、東棉紡織から2万5000株（額面125万円全額払込済）を125万円で買い取り、総株数6万株のうち41.7％を所有した」[85]。金州鉄工所は、大阪の繊維商社丸永株式会社が、満州につくりだした繊維関係企業グループの一角をなすものであり、純益染織株式会社（1939年10月4日設立、創立資本金40万円全額払込済、1940年

6月増資80万円全額払込済、本店奉天）や興亜製糸株式会社（1941年6月2日設立、創立資本金100万円全額払込済、本店海城）などの地場繊維メーカーとの取引関係が推測される。

　精密機械部門では、航空機工業部門で説明した興亜金属工業のほかに、内田工業株式会社（1940年3月18日設立、創立資本金18万円全額払込済、本店奉天鉄西）、㈱盛京精機工廠（1942年9月1日設立、1944年3月現在資本金150万円全額払込済、本店奉天）など4社がある。内田工業は、大阪の測量・計測・製図などの器材メーカーである㈱内田洋行（1910年2月創業、本店大阪）の子会社である。同洋行は、㈱日本内田洋行、㈱内田洋行（大連・奉天）、㈱内田（奉天）、㈱大連内田、㈱上海内田洋行などの子会社網を有していたが、内田工業は満州航空精密機械株式会社に改称して減資のうえ満州測機舎の松崎に経営が委ねられたようである。盛京精機工廠は、時計製造・修理を主とし、その販売部門として盛京精機販売株式会社を持っていた。

　原動機・発動機部門では、総合機械メーカーである三菱機器や奉天製作所、満州日立製作所のウェイトが大きいが、専業としては、満州汽缶製造株式会社（1943年9月13日設立、1944年3月現在資本金150万円全額払込済、本店新京）や㈱竹島製作所（1942年11月12日設立、資本金15万円全額払込済、本店大連）などがあった。

　計器・測定器類については、前述したように、度量衡法および計量法によって権度局の承認がなければ製作できないので特殊会社満州計器株式会社しか設立されなかったが、1939年7月に同局の許可を得てガスメーター専門の康徳計量器株式会社（1939年10月11日設立、創立資本金公称50万円、払込12.5万円、本店奉天）が設立された。その後、㈱満州測機舎（1941年6月9日設立、トランシットレベルおよび各種精密機械製造販売、1942年10月現在資本金50万円全額払込済、本店奉天）や㈱満州水上洋行（1942年7月18日設立、創立資本金50万円全額払込済、本店新京）などが参入していった。とくに、各種建設投資が続いたため測量機器類の需要が高まっていた。満州測機舎は、東京測機舎の関係会社であるが、東京測機舎は当初奉天に分工場を設置する方針を採って1937年に用地を買収したが、現地法人を設立することとなり、1940年8月まで松田精機

製作所の名称の下で諸準備を行ない、9月から翌年4月までに移転を完了し、6月にようやく株式会社の登記に漕ぎ着けた。製品は㈱内田洋行を通じて販売した。満州水上洋行は、大連の測量器商である水上洋行（1937年7月1日設立、創立資本金公称60万円、払込30万円、1940年6月全額払込済となる）の子会社であり、現地法人による現地生産の政策に対応したものと思われる。

おわりに

以上、満州機械器具工業における法人の動向をまとめよう。

満州事変までは日系法人に限定されるが、日本からの輸入品の修理や多様な小機械・器具を生産する中小零細法人が多く、第1次大戦後の恐慌と不況などによって『1936銀行会社年鑑』までの「生存率」は5割以下にとどまった。しかし、㈱満鮮鉄工所、㈱大連機械製作所、㈱鳥羽鉄工所、㈴大連電気器具製作所、㈴電工公司などは、満鉄関係事業の下請関係や取引商社の確立した商権、あるいは「堅実」経営などにより不況期を乗り越え、満州事変以降とくに1939年以後の機械器具工業拡張のなかで法人規模の拡大あるいは地場企業グループの形成を進めた。逆に、㈱旅順鉄工所のように、民政署の支援を受けた地元財界要人による法人であっても存続できないものもあった。

満州事変により経営環境が大きく変わり、斯業でも企業設立が増加した。とくに、産業開発五ヵ年計画の立案が進むとともに、計画産業およびその関連産業での拡充目標の裏づけとなる企業設立が推進され、それぞれの分野で中核となる法人が設立されるとともに、地場企業の下請化も推進されていった。また、奉天が、満州国機械器具工業の集積地となる動きも始まっていった。

日中戦争以後は、まず生産力拡充計画の関連事業での中核法人の設立が続いた。しかし、1939年以後、その修正計画への拡張だけでなく対日期待物資の入手難からも、機械器具工業の本格的な形成が推進され、内地中小企業の「移駐」を含めて法人設立が激増した。質的にも、工作機械や高度な汎用機械部品であるベアリングや歯車、各種産業機械、その他の精密機械類の専門メーカーも誘致され、金属工業の拡大と相まって自立的な再生産構造の形成が模索された。さらに、医

療機械器具・映写機・写真機・蓄音器などのメーカーも進出し、多様化が進んだ。

　機械器具工業各部門の中核企業は、そのほとんどが特殊会社ないし本国法人の単独ないし共同の子会社である。そして親会社である本国法人が所属する財閥などの企業グループ内の他の在満法人との間で役員の兼任を行なって管理人材の節約を図るとともに、在満地場法人との協力関係の構築ないしその下請化を進めていた。とくに親会社が中堅企業の場合には、地場財界との協力関係が目立つ。他方、日本などとの貿易に従事していた地場商社では、日本の対満関支輸出制限が強化されるにともなって取扱商品の製造に進出し、中小規模法人をメンバーとする企業グループを形成する動きも少なくなかった。

注

1) 東北物資調節委員会研究組編『東北経済小叢書両種　資源及産業』（下）学海出版社、1971年復刻。
2) 『1922興信録』485頁。
3) 山川隣編『戦時体制下に於ける事業及人物』（第2版）（東京電報通信社、1944年、復刻版、大空社、1990年）786頁。
4) 同前、73頁。
5) 『1922興信録』45頁。
6) 同前、383頁。
7) 同前、45頁。
8) 『満州年鑑』（1933年版）（満州文化協会、1933年、復刻、日本図書センター、1995年）371頁。
9) 『満州年鑑』（1938年版）（満州日日新聞社、1937年、復刻、日本図書センター、1995年）252頁。
10) 『1922興信録』215頁。
11) 前掲『戦時体制下に於ける事業及人物』574頁。
12) 『1922興信録』260頁。
13) 同前、97頁。
14) 南満州鉄道株式会社庶務部調査課編『満蒙に於ける日本の投資状態』（満鉄調査

資料第七六編）（1928年）。

15）同前、128頁。

16）同前、238頁。

17）同前、252頁。

18）『美濃部洋次満州関係文書』185‐29／J‐4‐29、一橋大学経済研究所付属日本経済統計情報センター所蔵。

19）『1944鉱工年鑑』328頁。

20）同前、345頁。

21）「計器公司設立要綱案」『美濃部洋次満州関係文書』128‐05／H‐44‐5.

22）「計器公司設立要綱案」『美濃部洋次満州関係文書』128‐01／H‐44‐1.

23）「満州計器股份有限公司改組要綱」『計器公司設立要綱案』『美濃部洋次満州関係文書』128‐02／H‐44‐2。

24）同前。

25）満州帝国政府特設満州事情案内所編『満州国策会社綜合要覧』（1939年6月）141頁。

26）同和自動車工業株式会社『事業要覧』1934年11月、4頁（大連市立図書館所蔵）。

27）『満州飛行機の思い出』（1982年）1頁。

28）日本電信電話公社『外地海外電気通信史資料』第13巻共通の部（1956年）29頁。

29）『1944鉱工年鑑』351頁。

30）三菱社誌刊行会編『三菱社誌』37（東京大学出版会、1981年復刊）1037頁。

31）『1944鉱工年鑑』355頁。

32）『1944鉱工年鑑』364頁。

33）前掲『戦時体制下に於ける事業及人物』167頁。

34）同前、364頁。

35）満州興業銀行考査課「日本中小工業満州移駐工場の概況」康徳9（1942）年11月（『満州興銀調査（康徳9〜10年）』水津利輔氏旧蔵資料R‐I‐2、一橋大学経済研究所付属日本経済統計情報センター所蔵）。

36）前掲『戦時体制下に於ける事業及人物』504頁。

37）『満州年鑑』（1938年版）（満州日日新聞社、1937年、復刻、日本図書センター、

1995 年）390 頁。
38）『1944 鉱工年鑑』362 頁。
39）前掲『戦時体制下に於ける事業と人物』970 頁。
40）『1944 鉱工年鑑』358 頁。
41）南満州鉄道産業部商工課工業係「自動車工業方策に関する議案」1937 年 3 月（『満州・五箇年計画立案書類』第 2 編第 7 巻、南満州鉄道株式会社調査部「自動車工業関係資料」15 〜 17 頁）。
42）この間の事情については、『満州・五箇年計画立案書類』第 2 編第 7 巻所収の南満州鉄道株式会社調査部「自動車工業関係資料」を参照のこと。
43）南満州鉄道株式会社総裁室監理課第一係「自動車工業改組案ニ関スル件」1937 年 10 月 11 日（南満州鉄道株式会社『昭和十二年度　総体部・監理門・関係会社監理類・同和自動車目』総 1668、遼寧省档案館所蔵）。
44）満州重工業開発株式会社『満業ノ概況』1938 年、26 頁。
45）満州重工業開発株式会社『第参回営業報告書』1939 年上半期、6 頁。
46）「満州自動車製造会社（仮称）設立案具体化さる　満業全株出資資本金一億円」（『満州日日新聞』1939 年 3 月 26 日）。
47）前掲『満業ノ概況』26 - 27 頁。
48）「自動車工業を満業系資本で独占（上・下）」『満州日日新聞』1938 年 5 月 12 日、13 日）。
49）満州重工業開発株式会社『第参回営業報告書』1939 年上半期、6 頁。
50）同前、28 頁。
51）満州自動車製造株式会社『第一回営業報告書』1939 年 5 月 1 日〜 40 年 6 月 30 日、13 頁。
52）「同和自動車工業株式会社法中改正」1939 年（満州重工業開発株式会社『満業並在満関係会社事業概要』1939 年、115 頁）。
53）山崎一芳『建設の旗―鮎川義介の信念と事業』（東海出版社、1941 年）193 - 194 頁。
54）満州帝国政府特設満州事情案内所編『満州国策会社総合要覧』（1939 年）142 頁。
55）経済事情社編輯部「国防と産業開発を目指す同和自動車工業株式会社」（『経済事

情』1940年10月号）129頁。
56) 満州重工業開発株式会社『営業報告書』第1〜7回、1938年上半期〜41年上半期。
57) 前掲『建設の旗』194頁。
58) 満州重工業開発株式会社『営業報告書』第4・5回、1940年上・下期。
59) 閉鎖機関整理委員会編『閉鎖機関とその特殊清算』（1954年）450頁。
60) 満州自動車製造と同和自動車工業の統合は、「製造から配給へといふ一貫作業の有利性」、「建設期に於ける満自の会社企業としての利潤面を持ちたい」、「本社機構の単一化による経費の削減」といったねらいがあったが、これに対しては「デスクプランとしても、甚しき愚作」とする見解があった（『満州経済』1941年4月1日）。ただし、ここではこの問題には立ち至らず、指摘するにとどめておく。
61) 前掲『閉鎖機関とその特殊清算』450頁。
62) 同前、450‐451頁。
63) 『1944鉱工年鑑』354頁。
64) 同前、359頁。
65) 同前、346頁。
66) 同前、392頁。
67) 『1944鉱工年鑑』350頁。
68) 『満州年鑑』（1944年版）（満州日日新聞社、1937年、復刻、日本図書センター、1995年）106頁。
69) 前掲『戦時体制下に於ける事業と人物』1077頁。
70) 前掲『外地海外電気通信史資料』第13巻、21頁。
71) 同前、24頁。
72) 『1944鉱工年鑑』347頁。
73) 前掲『外地海外電気通信史資料』第13巻、6頁。
74) 同前、7頁。
75) 『1944鉱工年鑑』452頁。
76) 前掲『外地海外電気通信史資料』第13巻、12頁。
77) 『1944鉱工年鑑』354頁。

78）同前、352 頁。
79）同前、349 頁。
80）同前、337 頁。
81）同前、358 頁。
82）同前、360 頁。
83）前掲『満州年鑑』(昭和 20 年版)(満州日報社奉天支社、1944 年、復刻、日本図書センター、1990 年) 106 頁。
84）三井文庫編『三井事業史』本篇、第三巻(下)(2001 年)(鈴木邦夫執筆) 707‐708 頁。
85）同前。

第11章 窯　業

はじめに

　満州における在来的な建築資材には一般に日干し煉瓦が利用されたが、日本の満州進出により進展した都市建設や主要建築物には焼成煉瓦や石材を用いるものが多かった。そのため、日本による満州の植民地支配と産業開発政策にとってこうした建設資材の調達は喫緊の課題となった[1]。本章ではそうした建設資材のセメント、煉瓦製造を中心に満州における日系窯業企業の存在構造とその事業活動を検討する。

　満州における窯業工業についての本格的な研究はこれまでほとんど存在していない。その唯一の例外的な先行研究と言えるのが、藤津清治「わが国、および満州その他（終戦前）におけるセメント製造企業の変遷（1）〜（3）」である[2]。この藤津の研究では小野田セメント製造株式会社を対象として、各工場単位でその設立経緯が検討される。ここで取り上げられる小野田セメント製造は早い段階から朝鮮や満州などへ海外進出した代表的な窯業企業であった。同社は1909年に大連支社を設立し、セメントの現地生産を開始する。その後、同社大連支社は1934年に鞍山の昭和製鋼所敷地内に高炉セメント工場である鞍山工場を設置するとともに再編されて関東州小野田セメント製造株式会社として現地法人化される。さらに関東州小野田セメント製造鞍山工場は、翌35年に満州国法人として満州小野田セメント製造株式会社が設立されると、関東州小野田セメント製造から満州小野田セメント製造に対する現物出資に充当された。藤津の研究は小野田セメント製造の事業活動を製造工場単位で検討したものであるが、同社の積極的な植民地進出活動が反映され、満州や朝鮮における同社の支店、工場の設立過程

図表 II-11-1　満州における窯業企業

(単位：千円)

年月	窯業		満州企業全体		窯業企業の構成比	
	社数 (a)	払込資本金総額 (b)	社数 (c)	払込資本金総額 (d)	(a)／(c)	(b)／(d)
1921年 6月	44 (100.0)	4,485 (100.0)	707 (100.0)	561,182 (100.0)	6.2 %	0.8 %
1936年 5月	81 (184.1)	25,316 (564.5)	2,444 (345.7)	1,349,290 (240.4)	3.3 %	1.9 %
1942年 9月	210 (466.6)	110,938 (2473.5)	6,534 (924.2)	6,586,493 (1173.7)	3.2 %	1.7 %

出所：日清興信所編『満州会社興信録　大正十一年版』(1922年)、大連商工会議所編『満州銀行会社年鑑　昭和十一年版』(1936年)、大連商工会議所編『満州銀行会社年鑑　昭和十七年版』(1943年)。

や事業活動の概況について論及されている。しかし、その内容は小野田セメント製造の社史である『創業五十年史』および『回顧七十年』に大半依拠し、社史の祖述の域を超えるものではない。

第1節　窯業における企業構造

1　窯業企業の構造的特質

　満州における窯業はセメント製造を中心に、ガラス、煉瓦、陶磁器製造業が主要な事業部門であった。これら以外に石灰、土管、モルタル、琺瑯などを製造する窯業会社も存在したが、その大半は在来的な製法を用いた小規模生産会社であった。本節ではこれら満州で活動した日系の窯業会社を、満州に設立された日系企業の全体的構造の内に位置付け、その比重と時期的変化について検討する。

　図表 II-11-1は、満州における日系企業ディレクトリーである『1922興信録』、『1936銀行会社年鑑』、『1942銀行会社年鑑』から、満州に設立された日系の窯業企業を抽出し、各ディレクトリーのデータ収録時における会社数と払込資本金額の集計値およびそれが満州の日系企業全体に占める構成比を示したものである。これによれば1921年6月現在の日系窯業企業は44社、その払込資本金総額は約450万円であった。これが満州の日系企業全体に占める比率は、企業数で6.2％、払込資本金額では0.8％である。企業数の構成比に対して払込資本金総額のそれが大幅に低い。このことから第1次大戦後の満州には相対的に小規模な窯業法人企業が比較的多数存在していたことが分かる。これが満州国第一期経済建設期の

完了する1936年には企業数が81社、払込資本金総額は約2500万円に増加する。企業数自体は1921年以降の15年間で1.8倍に増大したが、その構成比はむしろ2.9％低下して3.3％となっている。窯業部門における法人企業の新設を上回るペースで満州において法人企業の設立が進展した結果である。その反面で払込資本金総額を見ると0.8％から1.9％へと構成比は上昇している。1921年の時点で見出せる窯業企業の零細性という特質が1930年代において緩和されていたことを確認できる。こうした満州の窯業企業構造の特質は、アジア太平洋戦争期の1942年段階でも基本的に維持されていることが分かる。ただし、満州におけるアウタルキー経済の確立や日満一体的国防経済の樹立などの政策目標が具体的に明示され、日本の準戦時体制に即応して策定される満州国第二期経済建設計画とその具体化としての満州産業開発5ヵ年計画が発動されたこの時期は、満州における日系法人企業が急激に拡充される時期であった[3]。窯業部門でも企業数は210社に増大し、1921年と比較して4.7倍、1936年では2.6倍の増加を示している。払込資本金総額は約1億1000万円となり、1921年からは24倍、1936年以降でも約4.4倍の急増であった。しかし、1930年代後半から1940年代における満州の日系法人企業全体の拡充テンポが窯業部門を上回った結果、企業数は0.1％、払込資本金総額は0.2％、その構成比をわずかながら低下させている。日中戦争期からアジア太平洋戦争初期における満州窯業は、満州における日系法人企業全体の膨張に対しやや緩慢であった。特に払込資本金総額の構成比低下は、他の産業部門における特殊会社・準特殊会社形態による巨大企業の新設が影響したものと考えられる。

次に窯業部門の企業構成それ自体の内的変化を検討する。図表Ⅱ-11-2は図表Ⅱ-11-1と同じデータを用いて、窯業法人企業を払込資本金額と法人形態に着目して集計したものである。1921年では払込資本金額20万円以上の企業は株式会社5社および合資会社1社の6社が存在した。これに対し2万円以上20万円未満の資本金規模に株式会社22社、合資会社9社、合名会社2社の合計33社が存在し、この資本金規模の企業が全体の四分の三を占める。1936年になると窯業企業数は81社に増大し、払込資本金額が200万円を超える企業が株式会社1社、股份有限公司5社の計6社になる。股份有限公司は1914年1月13日教令

図表Ⅱ-11-2 満州における窯業企業の規模別分布

(単位:千円)

調査年月	法人形態	200万円以上		20万円以上		2万円以上		2万円未満		合計	
		社数	払込資本金額	社数	払込資本金額	社数	払込資本金額	社数	払込資本金額	社数	払込資本金額
1921年6月	株式会社			5	1,650	22	1,883	1	10	28	3,543
	合資会社			1	300	9	525	4	53	14	878
	合名会社					2	65			2	65
	合計			6	1,950	33	2,473	5	63	44	4,486
1936年5月	株式会社	1	2,500	5	2,050	22	1,603	1	13	29	6,154
	股份有限公司	5	14,500	3	3,750	2	185			10	18,435
	合資会社			1	300	20	853	17	173	38	557
	合名会社					3	160	1	11	4	171
	合計	6	17,000	9	6,100	47	2,801	19	197	81	25,317
1942年9月	株式会社	13	82,375	34	15,992	72	7,004	4	41	123	105,411
	合資会社			2	1,350	44	2,749	23	213	69	4,312
	合名会社			1	250	15	945	2	20	18	1,215
	合計	13	82,375	37	17,592	131	10,698	29	274	210	110,938

出所:前掲『満州会社興信録 大正十一年版』、前掲『満州銀行会社年鑑 昭和十一年版』、前掲『満州銀行会社年鑑 昭和十七年版』。

第52号として公布された「公司条例」に基づき設立された会社で日本の商法における株式会社規定に該当するものである[4]。これら6社中の5社がセメント製造企業であった。この時期でも窯業企業の中心的な資本規模は2万円以上20万円未満の階層であり、合計で47社の法人企業が存在する。同時に払込資本金額が2万円未満の零細企業も19社に増大していることが分かる。1942年には窯業法人企業数は210社へと急増する。資本金200万円以上の法人企業数は株式会社13社と倍増し、20万円以上200万円未満の企業数も37社と4倍増するが、この時期にも131社と2万円以上20万円未満の階層が窯業企業の中心的な資本規模であった。

2 第1次大戦期までの窯業

次に第1次大戦期までの窯業の企業構造について検討する。**図表Ⅱ-11-3**は1921年6月末現在の窯業企業を払込資本金額と事業分野に応じて集計したものである。ただし、窯業各社の定款に示される営業目的には将来の事業進出に備えて関連事業が網羅的に掲出される場合が少なくない。しかし、各社の事業実態を確認した上で事業分野を確定することは現状の資料状況では困難である。また、

図表II-11-3　満州における事業別窯業会社（1921年6月現在）

払込資本金額	セメント	煉瓦	ガラス	陶磁器	耐火品	その他	合計
50万円		1					1
40万円～50万円未満		1					1
30万円～40万円未満						1	1
20万円～30万円未満	1	2					3
10万円～20万円未満	1	6	1	1	1	2	12
5万円～10万円未満	1	8				3	12
5万円未満		8	4	1		1	14
合計	3	26	5	2	1	7	44

出所：前掲『満州会社興信録　大正十一年版』。

図表II-11-4　満州の主要窯業会社（1921年6月現在、払込資本金10万円以上）

(単位：千円)

会社名	本社所在地	設立年月日	公称資本金	払込資本金	主要事業内容
安東窯業㈱	安東	1912.12.01	250	150	普通煉瓦
山東興業㈱	大連	1917.09.06	1,000	250	セメント
撫順工業合資会社	大連	1918.05.07		100	普通煉瓦
奉天窯業㈱	奉天	1918.07.08	1,000	400	普通煉瓦
合資会社復州粘土窯業公司	大連	1918.07.24		300	耐火煉瓦
満州坩堝㈱	大連	1918.10.21	500	125	黒鉛坩堝及耐火用品
大陸窯業㈱	大連	1919.02.25	2,000	500	普通煉瓦
奉天石灰セメント㈱	奉天	1919.04.10	500	125	セメント
大連建材㈱	大連	1919.06.22	500	125	建築材料
亜細亜窯業㈱	公主嶺	1919.10.01	500	145	土管
大連硝子工業合資会社	大連	1919.10.05		125	硝子
満州製陶㈱	大連	1919.10.26	500	125	陶磁器
東亜煉瓦㈱	大連	1919.11.08	500	125	普通煉瓦
営口興業㈱	営口	1920.02.25	1,000	250	普通煉瓦
撫順窯業㈱	撫順	1920.02.27	1,000	250	耐火煉瓦
瀋陽窯業㈱	奉天	1920.03.04	500	125	普通煉瓦
合資会社金門洋行	鞍山	1920.03.25		100	石灰
長春窯業㈱	長春	1920.04.14	500	125	普通煉瓦

出所：前掲『満州会社興信録　大正十一年版』。

事業分野が複数部門に産業連関的に拡張している企業も多い。そうした企業の事業分野を特定し厳密に分類することは実際的には不可能である。そうした限界が内在することを前提に、可能な限り事業分野を類別し作成したものが**図表II-11-3**である。同表によれば1921年では圧倒的に煉瓦製造企業が多く、全体のほぼ60％を占める。日本の主要セメント各社が現地法人の設立という形で進出し、その後の満州窯業の中心となるセメント製造はこの時期には企業数は3社と少ない。また、同表には示していないが企業所在地の地域分布を見ると、この時

期には20社が関東州の大連に設立され、大連中心に法人企業が分布していたことを確認できる。大連以外では満鉄沿線の諸都市が多く、満州における日本の経済的勢力圏と対応していたことが分かる。

　図表Ⅱ-11-4は1921年6月現在で確認できる窯業企業のうち払込資本金額が10万円以上の企業を抽出した表である。この時期の満州窯業企業で払込資本金額が10万円以上の企業は18社であった。法人企業の40％が払込資本金額10万円以上の企業であった。満州に最初に設立された窯業法人企業は、『1922興信録』によれば、1910年3月28日に払込資本金3万円で大連に設立された大連煉瓦合資会社である。同社は払込資本金が3万円であるため図表Ⅱ-11-4には掲出されていない。次に設立されたのが1912年12月1日に公称資本金25万円（払込15万円）で設立された安東窯業株式会社である。また、この時期の最大企業は1919年2月25日に公称資本金200万円（払込50万円）で設立をされた大陸窯業であった。ただし、満州における窯業部門で早期から重要な役割を果たした企業に小野田セメント製造大連支店がある。本章は満州に新設された窯業法人企業を対象とするため、基本的に日本本国企業の在満州支店・工場は検討の対象外にあるが、小野田セメント製造大連工場はこの時期の満州における唯一の大規模セメント製造工場であり、事業規模も群を抜いた存在であった。小野田セメント製造は笠井順八により1881年に設立されたセメント製造会社から出発する企業であるが、同社の満州進出は大連煉瓦の設立よりも早く、1908年6月に大連支社が設置され、翌09年6月からセメント製造工場の操業が開始される[5]。その後、この大連支社は小野田セメント製造から分離し関東州小野田セメント製造株式会社として法人化される。この際の払込資本金額が25万円であることから見て、小野田セメント製造大連支社の事業規模もその程度であったと推測できる。

　1921年6月までの期間で窯業法人企業の新設が急増するのは第1次大戦期後半の1919年と1920年であった。19年には20社、20年の上半期で12社の窯業企業が満州に新設された。こうした満州における企業新設ラッシュは窯業部門に限らず、大戦ブームを背景に満州における日系企業全体の設立動向に現れる特徴でもあった。この点に関しては、大連を中心に満州における日本人経済内部に投機的な起業ブームが発生していたことがすでに指摘されている[6]。

図表 II-11-5　満州における事業別窯業会社（1936年5月現在）

払込資本金額	セメント	煉瓦	ガラス	陶磁器	耐火品	その他	合　計
100万円以上	8		1				9
50万円～100万円未満					1	1	2
10万円～50万円未満	2	9	1		1	2	15
5万円～10万円未満		2		3		5	10
5万円未満		23	9	3	2	8	45
合　計	10	34	11	6	4	16	81

出所：前掲『満州銀行会社年鑑　昭和十一年版』。

3　満州事変期までの窯業

次に1920年代から満州国設立以降の時期を含む1936年5月末現在の状況を見てみる。満州国成立後のこの時期には窯業法人企業数は81社に増加するが、払込資本金額が20万円未満の企業数がそのうち66社を占める。さらにその中の45社は5万円未満の階層にあった。その反面で1921年では払込資本金額が50万円の大陸窯業が最大企業であったが、この時期になると100万円を超える企業が9社に増大する。払込資本金額100万円を超える階層と10万円未満の階層との両極で企業新設が進行したが、窯業全体として見ると企業規模では下方伸張したと言えよう。

さらに図表II-11-5で事業内容と資本規模の関係を確認する。事業分野では煉瓦製造企業が34社と全体の4割以上を占める。しかし、これらの企業はそのほぼ7割が払込資本金5万円未満の階層に属し、その零細性を特質として指摘できる。この時期の重要な特徴は、1921年6月には中小規模の企業3社であったセメント製造部門で払込資本金100万円以上の企業が8社新設されている点である。企業規模で見れば1936年にはセメント製造企業が窯業の最上層を構成している。1930年代前半期に資本規模が相対的に大きなセメント製造企業が集中的に新設されたことにより、満州窯業の企業編成は大きく変容した。また、ガラス製造部門にも払込資本金額が100万円を超える企業が1社新設される。他方でガラス製造では払込資本金5万円未満の零細な企業が9社存在していた。新設されたガラス製造企業が原材料から板ガラス製造を行なう企業であったのに対し、中小・零細ガラス企業はガラス廃材の再加工業であった。また、耐火煉瓦など耐火

図表 II-11-6　満州における主要窯業会社（1936年5月現在、払込資本金10万円以上）

(単位：千円)

企業名	本社所在地	設立年月日	公称資本金	払込資本金	主要事業内容
安東窯業㈱	安東	1912.12.01	250	150	普通煉瓦
撫順工業合資会社	大連	1918.05.07		100	普通煉瓦
合資会社復州粘土窯業公司	大連	1918.07.24		300	耐火煉瓦
大陸窯業㈱	大連	1919.02.25	500	500	普通煉瓦
奉天石灰セメント㈱	奉天	1919.04.10	500	125	セメント
亜細亜窯業㈱	泉頭	1919.10.01	100	100	土管
東亜煉瓦㈱	大連	1919.11.08	500	125	普通煉瓦
営口興業㈱	営口	1920.02.25	600	150	普通煉瓦
撫順窯業㈱	撫順	1920.02.27	1,000	250	耐火煉瓦
長春窯業㈱	新京	1920.04.14	500	125	普通煉瓦
昌光硝子㈱	東京	1925.04.17	3,000	3,000	ガラス
大連窯業㈱	大連	1925.07.15	600	600	耐火煉瓦
南満州硝子㈱	大連	1928.11.03	300	300	ガラス
奉天窯業㈱	奉天	1929.12.14	200	100	普通煉瓦
合資会社福興公司	新京	1933.09.02		145	耐火煉瓦
大同洋灰股份有限公司	吉林	1933.12.22	3,000	3,000	セメント
満州セメント㈱	東京	1934.01.29	5,000	1,250	セメント
営口窯業㈱	新京	1934.04.13	150	150	普通煉瓦
満日合弁満州洋灰股份有限公司	奉天	1934.05.11	3,000	3,000	セメント
撫順セメント㈱	撫順	1934.07.18	2,500	2,500	セメント
哈爾浜セメント㈱	東京	1934.08.10	5,000	1,250	セメント
関東州小野田セメント製造㈱	大連	1934.11.05	500	250	セメント
満州白色化石煉瓦合名会社	奉天	1934.12.12		100	普通煉瓦
哈爾浜洋灰股份有限公司	哈爾浜	1935.02.01	2,500	1,250	セメント
満州小野田洋灰股份有限公司	吉林	1935.05.28	5,000	2,500	セメント
本渓湖洋灰股份有限公司	本渓湖	1935.12.02	3,000	3,000	セメント

出所：前掲『満州銀行会社年鑑　昭和十一年版』。

品製造企業が増加したこともこの時期の特徴である。

図表 II-11-6は1936年5月末現在の満州における窯業企業のうち払込資本金額が10万円を超える企業を抽出したものである。1921年には18社であった払込資本金10万円以上の企業数が1936年では26社と8社増加している。安東窯業株式会社から長春窯業株式会社までの10社が**図表 II-11-4**と重複して掲出される企業である。したがって逆に8社が1921年から1936年の間にこの階層から脱落したことになる。そのうち満州製陶株式会社と大連硝子工業合資会社は減資のため払込資本金額が10万円以下となったことが確認できる。1920年代における満州景況の悪化により多くの企業が休業あるいは廃業に追い込まれており、他の6社も同様の状況であったと思われる。払込資本金額が100万円を超

図表Ⅱ-11-7　満州における事業別窯業会社（1942年9月現在）

払込資本金額	セメント	煉瓦	ガラス	陶磁器	耐火品	その他	合計
1000万円以上	2						2
500万円～1000万円未満	6				1		7
100万円～500万円未満	1	2	2	2	2		9
50万円～100万円未満		3	1	1	1	2	8
10万円～50万円未満	1	25	4	13	9	25	77
5万円～10万円未満		19	2	1	4	13	39
5万円未満		26	14	7	2	19	68
合計	10	75	23	24	19	59	210

出所：前掲『満州銀行会社年鑑　昭和十七年版』。

える企業は日本本国の主要セメント製造企業や満鉄により設立されたセメント製造企業とやはり日本本国の有力ガラスメーカーにより新設された板ガラス製造企業の9社であった。また、これら有力セメント製造企業が1932年の満州国成立後の短期間に集中的に新設されていたことが分かる。満州国建国後の都市建設やインフラ整備による需要拡大に対応するために日本本国メーカーが直接投資を行なった結果であった。

4　日中戦争期以降の窯業

最後に日中戦争期からアジア太平洋戦争期に該当する1942年9月末現在の状況を見てみる。**図表Ⅱ-11-7**によれば企業数は210社となり36年に比較して約2.6倍に増加している。また、これら210社の払込資本金総額は約1億1000万円とほぼ4倍に増加した。しかし、この時期は満州の日系企業新設が急増する時期であり、窯業企業数の構成比は3.3％から3.2％へ微減し、払込資本金額の構成比も1.9％から1.7％へと微減している。これは特殊会社、準特殊会社などの巨額な払込資本金が満州企業の払込資本金総額を膨張させ、相対的に窯業部門の構成比を押し下げた結果であった。

この時期の窯業には払込資本金1000万円を超えるセメント製造企業が存在する。また100万円以上の企業も18社と1936年に比較して倍増し、払込資本金100万円以上の大企業構成比は8.6％となる。しかし、その反面で全体のほぼ9割に該当する184社が払込資本金50万円未満の企業であり、さらに全体の半分は10万円未満の企業であった。セメント製造企業などを中心に大企業が成長し

図表II-11-8　満州の主要窯業会社（1942年9月現在、払込資本金100万円以上）

(単位：千円)

国籍	会社名	本社所在地	設立年月日	公称資本金	払込資本金	主要事業内容
満州	撫順窯業㈱	撫順	1920.02.27	3,000	2,000	耐火煉瓦
日本	昌光硝子㈱	東京	1925.04.17	4,500	4,500	ガラス
日本	大連窯業㈱	大連	1925.07.15	1,200	1,200	耐火煉瓦
満州	大同洋灰㈱	吉林	1933.12.22	12,000	12,000	セメント
満州	満州セメント㈱	遼陽	1934.01.29	10,000	8,125	セメント
満州	撫順セメント㈱	撫順	1934.07.18	7,500	6,250	セメント
満州	哈爾浜セメント㈱	哈爾浜	1934.08.10	10,000	6,750	セメント
日本	関東州小野田セメント製造㈱	大連	1934.11.05	5,500	5,500	セメント
満州	満州小野田セメント製造㈱	四平省	1935.05.28	5,000	3,750	セメント
満州	本渓湖洋灰㈱	本渓湖	1935.12.02	15,000	10,000	セメント
満州	南昌工業㈱	撫順	1936.12.23	1,000	1,000	普通煉瓦
満州	満州昌光硝子㈱	奉天	1937.09.20	3,000	3,000	ガラス
満州	安東セメント㈱	安東	1940.03.29	8,000	8,000	セメント
日本	大華窯業㈱	大連	1940.07.13	1,000	1,000	陶磁器
満州	南満興業㈱	奉天	1940.07.30	1,000	1,000	普通煉瓦
満州	東満セメント㈱	新京	1940.11.19	10,000	7,500	セメント
満州	満州陶磁器㈱	吉林省	1941.09.09	1,000	1,000	陶磁器
満州	鞍山高級炉材㈱	鞍山	1942.02.26	5,000	5,000	耐火煉瓦

出所：前掲『満州銀行会社年鑑　昭和十七年版』。

た一方で中小・零細規模の企業がその裾野に厖大に存在していた。企業数では1割に満たない払込資本金100万円以上の企業の払込資本金総額は約8560万円で窯業全体の払込資本金総額の77.1％を占める。他方で企業数が87.6％を占める払込資本金額50万円未満の企業の払込資本金総額は1840万円で窯業全体の16.6％に過ぎない。法人企業構成で見る限り、1930年代後半から1940年代初頭において満州窯業は発展し拡充したと評価することはできるが、中小・零細規模企業のいわゆる「法人成り」の結果、窯業部門全体ではこの時期に企業規模の零細性はむしろ強まったことを同時に指摘しておきたい。

　事業分野構成を見ると、企業総数の増加に対応して、その事業内容がより多様化している。特に、それ以前に比較して、耐火材、陶磁器、ガラス、琺瑯鉄器などの製造企業が増加していることが確認できる。しかし、上層にセメント製造企業が存在し、中下層に厚く煉瓦製造企業が存在するという、満州窯業の基本的な構造特質は1940年代においても変質していないことが確認できる。1942年9月末現在で払込資本金100万円以上の企業を掲出した**図表II-11-8**からも上層企業構成の特質が見て取れる。なお、これまでの対比の意味で1942年9月末現在

の払込資本金 10 万円以上の企業数を示すと 103 社である。1936 年 5 月と比較するとほぼ 4 倍増となる。特に 10 万～50 万円未満の階層が大きく増大した。1937 年以降の新設企業数を示すと、37 年が 9 社、38 年が 12 社であった。しかし、1939 年になると 26 社と新設企業数が倍増する。さらに 1940 年には 37 社が新設され、満州における窯業企業新設のピークを示す。1941 年には 30 社と企業新設数は減少するが、それでも高い水準を維持する。1942 年は 9 月末現在の新設企業数ではあるが、13 社と減少傾向に転じたことが分かる。1939 年から 1941 年までの窯業企業の新設ブームは満州の修正産業開発 5 ヵ年計画の発動とこれに対する満州国内の資金膨張を背景にしたものと考えることができ、満州におけるマクロ的な経済政策に誘発されたものであった。産業開発計画が発動された直後の 1937 年 7 月に日中戦争が勃発し、満州産業開発の当初計画が修正される。修正計画では投資予定資金額が当初計画の 2 倍に膨張され、1938 年以降は金融政策を通じて実質的に積極政策へと転換される。こうした満州中央銀行によるマネーサプライの増大と資金創出が満州国内の起業ブームを支える背景となっていた[7]。その意味ではこうした企業新設の増大は、窯業固有の動向と言うよりも満州における企業新設ブームの一端の現象であった。この時期の主要な窯業企業の収益状況を**図表Ⅱ-11-9**に示した。損失を計上する撫順セメントの事例もあるが、各社ともおおむね安定した収益状況にあったことが確認できる。

これまで満州窯業の発展過程を窯業法人企業構造の変化を中心に検討してきた。満州における窯業の発展は、煉瓦や陶磁器などの在来的な製造業や零細規模の日系あるいはロシア系の煉瓦製造業を端緒として、小野田セメント製造の大連進出から本格的に開始されたと見てよい。その後に第 1 次大戦期のブームに乗じた第 1 次の企業新設ラッシュ、満州国成立後の 1930 年代前半期における有力セメント製造企業の集中的新設、さらに 1939 年以降の修正産業開発 5 ヵ年計画の発動とそれに向けた満州国内の資金膨張期における第 2 次企業新設ラッシュと大きく 3 段階に区分することができる。特に、満州国成立後の都市建設ブームを背景に日本本国の主要セメント製造企業が満州進出して企業設立を行なうと同時に満州の有力企業もセメント事業に進出することでセメント製造事業を中軸に満州の窯業は展開された。これら大企業が次々と新設された一方で、建築用煉瓦製造や陶

図表Ⅱ-11-9　満州における主要窯業企業の収益状況

(単位：千円)

企業名	1937年			1938年			1939年			1940年			1941年		
	収入	支出	当期利益	収入	支出	当期利益	収入	支出	当期利益	収入	支出	当期利益	収入	支出	当期利益
本渓湖洋灰	2,638	2,106	532	4,381	3,450	895	4,243	3,318	924	6,118	5,178	940	7,560	6,569	991
大同洋灰*	2,371	2,126	245	4,487	4,166	321	5,201	4,742	458	7,004	6,178	826	6,374	5,563	881
満州小野田セメント製造*	2,721	2,407	314	2,980	2,629	351	2,659	2,322	337	2,710	2,405	305	3,164	2,729	435
満州セメント*	1,666	1,530	136	2,050	1,846	204	2,021	1,758	263	2,377	1,928	449	3,051	2,692	359
撫順セメント*	2,743	2,476	264	2,650	2,697	▲47	2,890	2,910	▲19	3,916	3,827	89	—	—	—
哈爾浜セメント	2,159	2,104	55	2,447	2,367	80	2,955	2,792	161	2,534	2,356	178	4,629	4,332	297
関東州小野田セメント	5,806	5,735	71	7,176	7,111	65	5,741	5,659	82	6,947	6,783	164	7,049	6,930	119
昌光硝子	5,029	4,093	936	6,582	5,681	901	6,689	5,917	771	7,539	6,582	957	7,614	6,849	765
南満州硝子	351	283	68	525	426	99	758	621	137	811	673	138	890	682	208
大連窯業	1,415	1,133	282	2,225	1,804	421	2,441	2,035	406	2,074	1,911	163	1,951	1,816	135
大華窯業	—	—	—	—	—	—	—	—	—	—	—	—	1,942	1,760	143
撫順窯業*	355	208	147	442	231	211	618	381	237	730	430	300	709	394	35
奉天窯業*	485	434	51	719	626	93	1,179	1,019	160	1,419	1,242	177	1,429	1,285	144
安東窯業*	520	488	32	767	712	55	2,327	2,247	80	2,760	2,568	192	1,925	1,887	38
営口興業*	209	175	34	160	120	40	349	262	86	299	273	26	246	216	30

出所：大連商工会議所『満州事業成績分析』第1回 (1937年)、第2回 (1938年)、第3回 (1939年)、第4回 (1940年)、第5回 (1941年)。
注：期間は各年4月〜翌年3月、ただし、＊は各年6月〜翌年5月を会計年度とする。

磁器製造などを中心に窯業部門には中小・零細規模の製造企業が満州各地に厚く分布する二重構造が形成されていたということができる。

第2節　セメント製造企業の事業活動

1　日露戦後期のセメント製造企業

　前節で見たように、満州における窯業の企業構造はセメント製造事業を中軸として発展してきた。本節ではそうしたセメント製造企業の設立状況と事業活動について検討する。

　本書でも明らかなように、満州には多数の日系企業が設立され、企業活動を展開した。しかし、それらの企業に関する研究はこれまで満鉄や満州重工業開発な

ど一部の巨大企業に集中する傾向があった[8]。近年、満州経済や企業に関する資料調査が進みつつある[9]。しかし、満州に事業展開をした日系企業の大半は、活動期間の短さ、景気変動に起因する企業の浮沈、あるいは敗戦時の混乱などを理由として、その活動実態の把握が困難な状況にあり、本章もまたその制約から免れていない。このことを前提として、以下、セメント製造企業についてまず取り上げる。

満州における本格的なセメント製造事業は1908年に小野田セメント製造大連支社が設立されたことに始まるといってよい。日露戦後に満鉄が設立され鉄道の敷設改修工事のためのセメント需要が急増した。同時に満鉄沿線の諸都市への日本人商工業者の進出が増大し、日系企業の進出も開始される。こうした日本の満州に対する経済的進出は必然的に建築資材としてのセメント需要を拡大させた。日露戦後の満州におけるセメント需要の急増に対応し、最初に満州に直接投資を行なうのが小野田セメント製造であった。同社は1908年に大連市外の周水子に大連支社を設立しセメント工場を建設する。満鉄沿線の周水子に工場を立地した理由は、製品輸送の利便性と同時に、近接してセメント原料となる良質の石灰山が存在したからであった。この大連工場は翌09年5月に焼成炉を完成させ生産を開始する[10]。このように小野田セメント製造は満州におけるセメント需要の拡大を見越して先行的に満州進出を行なうが、同社以外の主要セメント製造企業の満州進出は結果的に行なわれなかった。浅野セメント株式会社など競合するセメント製造企業も満州への進出を検討するが、小野田セメント製造以外の企業は結果的に日本国内工場製品の満州輸出で対応する行動をとった。

満州における日系のセメント製造法人企業として最初に登場するのは、1917年9月に公称資本金100万円（払込25万円）で設立された山東興業株式会社であった。同社は遼東ホテルをはじめ満州において多数の企業経営に関わった大連の有力企業家の山田三平など大連における有力日本人実業家が役員に就任して、大連に設立された企業であった。しかし、同社の事業は華北の山東省でセメントやコークスを販売することで、大連に設立された企業ではあったが、その事業地域は満州ではなかった[11]。同社は1920年代前半の大連経済不況の過程で経営を悪化させ休業し解散に至る。また、1919年4月10日に公称資本金50万円（払

込12万5000円）で奉天石灰セメント株式会社が設立される。1919年に東省実業株式会社が満州におけるセメント製造事業への進出を企図して、合資会社中和公司が租借権を有する石灰石山および開発権を買収する。これを基礎に設立をされたのが奉天石灰セメントであった。しかし、同社のセメント製造事業は張作霖政権の強い圧力のもとで工場敷地の取得や原料採掘に困難を極める。その結果、同社はセメント製造事業を断念し、石灰の製造販売に転換する。そして、セメントについては三井物産株式会社の特約店として小野田セメント製造の代理販売を行なうに止まった[12]。

2 第1次大戦期のセメント製造企業

すでに述べたように、第1次大戦期に満州において企業設立ブームが生じる。セメント製造では、1919年に満州セメント株式会社および東洋セメント株式会社の2社が設立される。しかし、両社とも操業を開始する以前に第1次大戦後の反動恐慌に直面し、セメント製造事業を開始できないままに会社解散に追い込まれた[13]。こうして満州においてセメント製造を目的にした企業設立は行なわれたが、実際にセメント製造事業の開始には至らなかった。この結果、満州国が成立する以前に満州において行なわれたセメント製造事業は、小野田セメント製造大連工場と本渓湖煤鉄公司に付設された窯業工場のみであった。**図表Ⅱ-11-10**は満州における日系セメント製造会社による生産量を示したものである。本渓湖煤鉄公司付設の窯業工場製造セメントはすべて自家消費品であるため、1932年まで工場数は1社であり、それまでの生産量はすべて小野田セメント製造大連工場の生産量と見ることができる[14]。しかし、このことは小野田セメント製造による満州市場の独占を必ずしも意味するものではない。この当時は過剰生産により国際的なセメント市況は軟調であり、満州市場は国際的なダンピング市場と化し、厳しい競争市場状態にあった[15]。小野田セメント製造にとって日本本国からの輸出セメントの競合企業は浅野セメントと大分セメント株式会社であった。1921年のデータで比較すると小野田セメント製造大連工場の年間生産高が23万2790樽であったのに対し、大連港から輸入されたセメントは全体で13万1553樽にのぼり、そのうち浅野セメントが6万9323樽、大分セメントが3万3116樽を占め

ていた。翌22年では小野田の生産高が23万5375樽であったのに対し、大連港における輸入高は21万8753樽に急増する。この輸入量は小野田セメント製造大連工場の年間生産高にほぼ匹敵するものであった。この年の浅野セメント製品の輸入高は8万7896樽、大分セメント製品の輸入高は4万6256樽であり、ともに前年を上回る輸入量となっていた[16]。こうした日本本国企業の輸出に加えて、外国企業との市場競争も激化していた。京奉線沿線の河北省唐山に中国系の啓新洋灰股份有限公司唐山工場が設立され、低価格で満州市場に参入し、北満州市場ではソ連領沿海州のスパスカヤセメント工場製品が市場を独占しつつあった[17]。

図表II-11-10 満州のセメント生産

(単位：トン)

年	生産量	工場数
1909	9,800	1
1913	33,400	1
1921	39,600	1
1924	103,400	1
1928	151,400	1
1929	205,700	1
1930	―	―
1931	162,000	1
1932	108,800	1
1933	―	―
1934	232,600	2
1935	378,000	4
1936	580,000	8
1937	―	―
1938	―	―
1939	―	―
1940	―	―
1941	1,163,700	10
1942	1,532,100	13
1943	1,503,000	14
1944	1,141,000	14
1945	800,000	14

出所：東北物資調整委員会研究組編『東北経済小叢書』第12巻（水泥）、1947年、87-88頁。

3 大同洋灰

1932年に満州国が成立すると、満州のセメント市場とセメント事業を取り巻く経営環境は激変する。都市建設や鉄道、港湾建設事業が急増し、建築、土木工事の基礎資材であるセメント需要が激増し、日本本国の有力セメント製造企業の満州進出が相次ぐことになったからである。浅野セメントを中心とするカルテル組織であったセメント連合会加盟各社（小野田セメント製造を除く）は、それまで満州市場を国内市場の外延的市場と位置づけていた[18]。しかし、満州国成立により満州セメント市場が有望な市場になると、同連合会加盟各社は1932年7月に合同で関東軍特務部に対し満州におけるセメント工場設立の許可申請を行なった。そして翌33年10月に満州国産業部から設立認可を得る。同年11月に発起人総会が東京で開催され、12月22日に公称資本金300万円（全額払込）の大同

洋灰股份有限公司が満州国法人として吉林に設立された[19]。大同洋灰は事実上、満州における最初のセメント製造法人企業であった。同公司総弁には浅野セメント副社長の浅野良三が就任し、取締役9名のうち5名が浅野セメント出身者であった。浅野セメント以外からは秩父セメント株式会社、大阪窯業セメント株式会社から役員が就任した。磐城セメント株式会社からは監査役が就任している[20]。大同洋灰の設立はセメント連合会加盟各社による共同出資企業の設立のように見えるが、総株式数10万株のうち8万2800株、すなわち約83％は浅野セメントにより引き受けられており、大同洋灰は実質的には浅野セメントの満州子会社であった。浅野セメント以外の設立当初の株式保有比率は、1936年5月末現在で、磐城セメント、秩父セメント、大阪窯業が各3000株、宇部セメント、土佐セメントが各1500株、豊国セメント、日本セメントが各1000株、七尾セメント、東亜セメントが各500株、三河セメントが200株であった。大同洋灰はその後の1938年10月31日に公称資本金600万円（全額払込）に倍額増資され、さらに翌39年11月29日にも公称資本金1200万円（払込750万円）へと再び倍額増資を実施して、42年1月23日に全額払い込みを完了した。こうした短期間における集中的増資の結果、1942年10月段階で大同洋灰は満州における最大の窯業企業となる。

　大同洋灰は吉林省京図線沿線の哈達湾に工場を建設し、1934年3月から操業を開始する[21]。同社の操業当初の年産能力は約11万トンであった。同社は浅野セメントと製品の一手販売契約を締結し、浅野セメント新京営業所が同社製品の販売を行なうことになる。この大同洋灰吉林工場に隣接する豊満村に豊満ダム建設が開始されると同社は1937年に回転窯1基を増設し、年産22万トンへと拡大した[22]。同社製品は主にこの豊満ダム建設に用いられた[23]。さらに西満州のセメント市場への進出を図った同社は、錦州工場の設立を企図して1937年11月に満州国産業部に工場新設を申請し、1940年5月から建設に着手した。大同洋灰錦州工場は浅野セメント門司工場から回転窯2基とセメント製造設備を移築し1942年に完成する。これら工場の増設により大同洋灰は満州最大のセメント製造能力を有することとなった。

4 満州洋灰

　大同洋灰設立の翌年の1934年には3社のセメント製造企業が新設された。まず、1934年5月11日に満州洋灰股份有限公司が公称資本金200万円（全額払込）で設立される。エタニットパイプの篠塚宗吉らは満州にセメント製造企業を新設することを目的にまず日本法人として公称資本金500万円（払込125万円）で満州セメント株式会社を設立する。同時に、この満州セメントを持株会社として満州に日満合弁の満州国法人として設立されたのが満州洋灰であった[24]。同社は遼陽郊外に年産能力18万トンの工場を設置するが、設立直後から早期に資金的に行き詰まることとなった[25]。このため日本本国の有力セメント製造企業であった磐城セメント株式会社に資金援助が依頼される。磐城セメントはこれを満州進出の機会と捉え、1935年6月に浅野セメントおよび七尾セメントと合同して3社で匿名組合として康徳組合を組織する[26]。そして康徳組合から三菱商事を名義人として総計で170万円の融資が行なわれた[27]。この融資と引き換えに満州セメントが所有する満州洋灰の株式が康徳組合に譲渡され、満州洋灰の発行済み株式の50％に該当する2万株が康徳組合の保有となった。そして、磐城セメント社長の岩崎清七が満州洋灰社長に就任する。こうして実質的に磐城セメントの系列化に入った満州洋灰は1935年12月30日に公称資本金250万円（全額払込）に増資される[28]。その後の1938年に持株会社の満州セメントが解散され満州洋灰に一元化されると、翌39年10月31日に満州洋灰は公称資本金1000万円（払込812万5000円）へと一挙に4倍増資が行なわれた[29]。こうして同社は満州で第3位の資本規模を有するセメント製造企業となる。

　アジア太平洋戦争の勃発後に、満州国でも資材や労働力が欠乏し始め、セメント製造企業の工場すべてを稼動することが事実上困難となる。このため満州におけるセメント製造企業8社13工場は、1943年8月から浅野セメント、小野田セメント製造、磐城セメントの3社の系統に統合が進められる。この結果、満州洋灰は大倉・浅野系の本渓湖洋灰股份有限公司と合併し、1945年7月に満州磐城セメント株式会社へと改組された。満州洋灰の後身である満州磐城セメントは、遼陽、本渓湖、宮原に工場を有し、それらの月産能力は4万7000トンであった[30]。

5 撫順セメント

続いて1934年7月18日に満鉄により公称資本金250万円（払込125万円）で撫順セメント株式会社が設立される。すでに述べたように、満州国が成立し産業開発が進展することで満州国内のセメント需要は急増していた。このため満州の国内生産では急増する需要を充たすことができず、輸入税や運賃が付加された相対的に高価格な輸入セメントに当初は依存せざるを得なかった。しかも、こうした輸入セメントは寒暖の差が大きい満州での使用には必ずしも適していなかった。満鉄はこうした価格と品質の観点から自らセメント製造事業への進出を企図し、満鉄中央試験所および撫順炭鉱との共同研究を進めた。そして、これまで撫順炭鉱で廃棄処理されていた油母頁岩屑を利用するセメント製造事業への進出を決定する[31]。こうして設立されたのが撫順セメントであった。同社は1935年6月より生産を開始し、その年産能力は約10万トンを有した[32]。しかし、日中戦争の勃発や満州産業開発5ヵ年計画の発動により、満州におけるセメント需要は逼迫の度合いを強めていた。満州国内のセメント製造企業はこうした需給の逼迫に対応し、それぞれ生産能力の拡充に着手するが、撫順セメントも1937年に年産15万トンの生産許可を関東局から得、さらに翌38年5月には満州国産業部から生産設備の拡張とそれによる年産30万トンの生産許可を受ける。こうした生産設備の拡張に向けて同社は1938年9月11日に公称資本金500万円（全額払込）へと倍額増資を行なった。この増資資金の250万円は満州軽金属製造株式会社が出資した。アルミナ工場副産物の処理を通じて事業上の関係が深かった満州軽金属製造と撫順セメントとの資本関係を強化することを目的として、満州軽金属製造が増資額全額を引き受けたものであった。これにより撫順セメントは満鉄と満州軽金属製造がそれぞれ株式の50％を保有することになった[33]。さらに同社は1941年4月28日にも公称資本金750万円（払込625万円）へと増資を行なう。こうした増資資金を利用した生産設備の拡充の結果、撫順セメントはその年産能力を30万トンにまで拡大する[34]。

6 関東州小野田セメント製造

1934年に設立をされた3社目は11月5日に公称資本金50万円（払込12万5000円）で設立された関東州小野田セメント製造株式会社であった。同社はすでに述べた小野田セメント製造大連支社が改組され、現地法人化された企業であった。同社の設立資本は相対的に少額であったが、その後の1939年3月20日に公称資本金150万円（払込100万円）、1940年3月15日に公称資本金300万円（払込225万円）、1941年1月21日に公称資本金550万円（払込450万円）へと毎年増資を繰り返し、1943年12月1日には資本金550万円の払い込みを完了している。

日露戦後の企業勃興期にセメント需要が拡大し、国内供給が逼迫しそれまでのアジア地域へ供給力が減退する一方で日露戦後の満州では満鉄の広軌改築工事などセメント需要が急増したことが小野田セメント製造の満州進出の背景であった。こうした小野田セメント製造の大連進出計画は1906年から立案されていたが、同年に大連出張員詰所を開設する浅野セメントもまた関東州進出を企図していた。小野田セメント製造が大連支社の開設に踏み切るのは、こうした競合企業の動向が直接的な契機であった[35]。小野田セメント大連支社は原料部、焼成部、製品部の各部から編成され、1909年6月から操業を開始する[36]。その製造セメントは大半が関東州から満州へと移出され、最大顧客は満鉄であった。当時の満鉄におけるセメント需要の三分の二以上が小野田セメント製造大連工場製品であった。更に、大連工場製品は朝鮮や中国、東南アジア地域でも輸出市場を拡大することに成功した[37]。こうした安定的な需要に対応し、1923年には大連支社第二工場が設立され、操業が開始される[38]。また、満州国成立後のセメント需要の急増を受けて、1933年2月に鞍山製鉄所構内に出張所を設置し、鞍山工場の新設に着手する。そして1934年4月から鞍山製鉄所の鉱滓を利用した高炉セメント生産が開始された。この鞍山工場の当初の年産能力は12.5万トンを有した。こうした大連支社・工場および鞍山工場を移管させ新設されたのが関東州小野田セメント製造であった。

この大連支社の現地法人化の背景には以下のような事情もまた存在した。満州

事変の勃発と円為替の低下が日本経済を刺激したことに加え、時局匡救事業の展開がセメント需要を拡大させ国内市場需給の不均衡を生じさせていた。このため日本本国ではセメント製造各社の生産設備の拡張と新規参入が相次いだ。しかし、その反動で日本本国市場では供給過剰状況となり、カルテル組織であるセメント連合会内部に生産制限協定をめぐる対立が激化する。浅野セメントを中心とするセメント連合会主流は1934年6月以降1年間の増産計画中止を決議する。しかし、増産のために工場新設を進めていた小野田セメント製造および大分セメントはこれに強く反発した。この対立は商工省がセメント製造業に対し重要産業統制法を適用し生産制限と価格規制を発動する結果を生じさせた。これを契機に小野田セメント製造はセメント連合会を離脱し、アウトサイダーとなる。さらに、この重要産業統制法の適用を逃れることを目的に大連支社を関東州小野田セメント製造として分離し現地法人化する決定を行なった。関東州および満鉄付属地はそれまで日本本国の統制法の共通適用範囲となっていたが、32年に満州国が成立し本国統制から離脱されることを踏まえての決定であった[39]。こうした小野田セメント製造の動向はセメント連合会加盟企業との間に統制法適用問題として激しい対立を生じさせることとなった[40]。

7　満州小野田洋灰と哈爾浜洋灰

さらに小野田セメント製造は、1934年11月に資本金500万円の新会社設立を満州国に申請し、翌35年4月に設立認可を受ける。こうして治外法権の撤廃に連動し、関東州小野田セメント製造と締結していた鞍山工場の賃貸借契約を解除し、同工場を現物出資する形で1935年5月28日に公称資本金500万円（払込250万円）で設立されたのが満州小野田洋灰股份有限公司であった。同社は吉林省伊通県泉頭に満州国法人として設立される。設立資本は、小野田セメント製造が250万円、小野田セメントの販売代理店である三井物産が100万円、関東州小野田セメント製造が55万円を出資し、小野田セメント製造が実質的に60％以上の株式を保有した[41]。社長には小野田セメント製造社長の笠井真三が就任する[42]。同社は1939年10月31日に公称資本金1,000万円（払込625万円）に増資される。満州小野田洋灰は、1935年6月に需要拡大する北満州市場、すなわち新京

や哈爾浜へのセメント供給を目的に満鉄沿線の四平街の西方に当る吉林省伊通県に年産能力16万トンを有する泉頭工場を新設し、翌36年4月から製造を開始する[43]。

　この後、満州各地に工場を買収・新設することで満州小野田洋灰は、最終的に鞍山工場、吉林の泉頭工場、遼陽の小屯工場、哈爾浜工場、牡丹江工場および牡丹江省の廟嶺工場の5工場体制となる。遼陽の小屯工場は鞍山工場の増設が土地取得などの面で困難であったため、その代替として鞍山工場に近接して設置された工場であった。廟嶺工場はもともと1940年11月に東満州産業株式会社により設立された東満セメント株式会社の工場であった。しかし、その製造設備は旭セメント株式会社天草工場の設備を買収し移築したものであったため、設備が劣悪で稼動状況が著しく悪かった。このため1945年1月に満州セメント統制組合の勧告に基づき満州小野田洋灰に経営が委託された工場であった[44]。また、牡丹江工場は哈爾浜洋灰股股份有限公司の牡丹江工場であった。哈爾浜洋灰股股份有限公司は哈爾浜市郊外の三裸樹でセメント製造することを目的に1934年8月に設立されたセメント企業であった。しかし、同公司は工場新設資金に行き詰まり35年3月に三井物産に資金援助を依頼するとともに同社との間に製造セメントの一手販売契約を締結する。販売代理店として三井物産と深い関係にあった小野田セメント製造は、三井物産を媒介に哈爾浜洋灰の株式を引き受け、小野田セメント製造取締役の国吉喜一を同社の取締役に就任させ、同時に技術者を派遣して哈爾浜洋灰の実質的経営に当たることとなった。哈爾浜洋灰は東満州地方のセメント需要に着目し牡丹江市郊外の琿春に工場を新設し1941年4月から生産を開始した。1943年7月に小野田セメント製造社長の狩野宗三が同社の社長を兼務し、哈爾浜洋灰は実質的に小野田セメント製造の子会社となった。1945年6月に満州国企業整備令により同社は満州小野田洋灰に合併されることになり、三裸樹工場および牡丹江工場は満州小野田洋灰の工場となった[45]。

　図表Ⅱ-11-11は、関東州小野田セメント製造および満州小野田洋灰の工場におけるセメント製造高である。満州国成立後にセメント生産が拡大している状況が分かる。

　1935年2月1日には公称資本金250万円（払込125万円）で哈爾浜洋灰股份

図表 II-11-11　関東州小野田セメント製造および
満州小野田洋灰のセメント製造高

(単位：トン)

年	大連工場	鞍山工場	泉頭工場	小屯工場	合計
1910	25,763				25,763
1920	33,177				33,177
1930	194,509				194,509
1931	162,045				162,045
1932	108,792				108,792
1933	184,843				184,843
1934	162,400	70,162			232,562
1935	166,474	112,570			279,044
1936	179,602	81,079	64,159		324,840
1937	140,248	112,497	109,975		362,720
1938	154,872	138,241	127,962		421,075
1939	159,189	105,325	119,742		384,256
1940	120,928	139,354	100,866		361,148
1941	111,716	105,844	103,745		321,305
1942	166,631	136,460	89,712	56,234	449,037
1943	156,450	129,729	94,022	69,062	449,263
1944	190,447	100,225	101,252	87,878	479,802
1945	48,593	35,177	41,262	45,450	170,482

出所：小野田セメント株式会社『小野田セメント百年史』(1981年) 770-771頁。

有限公司が哈爾浜市三裸樹に新設される。哈爾浜洋灰はすでに述べたように小野田セメント製造と三井物産が株式取得をした小野田セメント製造の実質的子会社であった[46]。同社は小野田セメント製造および三井物産の資本引受に際して、既存負債の切り離しのため1937年5月3日に公称資本金をいったん100万円に減資し、同日に公称資本金500万円（払込200万円）という操作がなされた。その後、1941年7月28日に公称資本金1000万円（払込675万円）に増資される。この増資により哈爾浜洋灰は関東州小野田および満州小野田を上回り、1942年10月現在で満州において6番目に大きな資本規模の企業となった。同社の哈爾浜工場および牡丹江工場は、年産能力7.3万トンで操業を開始するが、同社が1945年6月に満州小野田洋灰に合併されることはすでに述べた通りである。

8　本渓湖洋灰

同じく1935年12月2日には公称資本金300万円（払込150万円）で本渓湖洋灰股份有限公司が設立された。財閥資本のなかで早期から積極的に中国進出を行なった大倉財閥の満州における事業拠点の一つが本渓湖煤鉄公司であるが、本渓湖洋灰はこの本渓湖煤鉄公司の子会社として設立された企業であった。発行済み株式6万株のうち、本渓湖煤鉄公司が43.7％、大倉鉱業株式会社が23.5％、大

倉商事株式会社が4.5％を出資し、大倉財閥系の出資比率が76.7％を占め、浅野セメントが20.0％であった。その意味で本渓湖洋灰は大倉の原料、土地、利権と浅野セメントのセメント製造技術が結合したものということができる[47]。本渓湖煤鉄公司は製鉄事業の鉱滓と本渓湖周辺に産出する石灰石を利用するセメント製造を計画し、1935年3月に「セメント鉱業経営許可申請書」を満州国実業部に申請する[48]。申請人には本渓湖煤鉄公司総弁の飯島宗平のほか、渋沢同族株式会社、古河鉱業、大倉鉱業、浅野セメントなどが名を連ねた。本渓湖洋灰における大倉と浅野との関係は、工場経営と製品販売を大倉が担当し、セメント製造技術に関し浅野セメントが担当するものであった。本渓湖洋灰は1935年11月に創立総会を開催し、12月2日に設立されている。社長には大倉出身の梶山又吉が就任し、5名の取締役のうち4名が大倉出身者であり、常務取締役として田中藤作が浅野セメントから就任した[49]。同社本渓湖彩家屯工場が1936年9月に完成し、年産能力約10万トンの製造能力を有して操業を開始する[50]。同社はセメントだけでなく石綿スレートの製造も併営した[51]。

　本渓湖洋灰は、1938年5月2日に公称資本金500万円（払込400万円）に増資され、翌39年11月5日には公称資本金1500万円（払込750万円）と一挙に3倍増資を行なう。1942年10月末現在の払込資本金額は1000万円であるが、同社は公称資本金額では満州窯業企業中の最大企業であり、払込資本金額でも大同洋灰の1200万円に次ぎ第2位の企業であった。社長はその後に梶山に代わり大倉組の大倉彦一郎が就任する。

　同社は満州産業開発5ヵ年計画の発動にともなうセメント需要の拡大を見越して、1937年に満州国に対し年産20万トンへの増産申請を行なった結果、15万トンの増産許可を得る。1938年4月にはさらに年産35万トンへの拡張を許可される。同年の公称資本金500万円の増資は、これに対応した生産設備の拡充を目的にしたものであった。1939年9月には年産30万トンの宮ノ原工場の新設が認可され、その工場建設資金調達のために1500万円への増資が行なわれた。これに不足する建設資金は主に満州興業銀行からの借り入れで支弁されることとなった。しかし、こうした急激な生産設備の拡張に反してその生産および販売は必ずしも順調に拡大しなかった。1930年代末から40年代初期にかけて損益計算に示され

る売上高は生産設備が拡張したほどには増加していない。1943年度上期の営業報告書に「両工場共意外ノ不成績ヲ以テ本期ヲ終了シタル」、「就中宮原新工場ハ諸機械ノ整備本期ニ入リ殆ド完成シ回転窯弐基運転モ実行シ得ベキ域ニ達シタルニ不拘熟練工ノ極端ナル不足ハ弐基運転ノ配置不能ニ陥リ素人工ノ指導訓練ヲ俟チテ徐々ニ全運転ニ移ルノ外打開ノ途ナカリシ為相当量ノ生産減ヲ来シタルハ重ネ重ネ遺憾トスル所」と記されるように、その原因は主にセメント製造に関する熟練労働力の決定的な不足に起因していた[52]。

本渓湖洋灰の急激な増資の結果、持株数はそれぞれ増大するが、大倉系企業と浅野セメントの保有比率は基本的に変化していない。浅野セメントは本渓湖洋灰に対し一貫して20％の持株比率を維持していた。その意味では、日本本国のセメント企業系列から見れば本渓湖洋灰は浅野セメント系列といってもよい。満州のセメント市場へは小野田セメントが先行的に進出し、浅野セメントは小野田セメントに比較すれば満州進出に遅れたといえる。小野田セメントは満州において関東州小野田セメント製造、満州小野田洋灰、哈爾浜洋灰の3社を有する一方の雄であったが、浅野セメントも大同洋灰、満州洋灰、本渓湖洋灰の3社を系列とすることで、満州において小野田セメントと比肩する地位に立ったと言えよう[53]。ただし、すでに満州洋灰の説明で触れたが本渓湖洋灰は1945年7月に満州磐城セメント（旧商号満州洋灰）に合併される。

9　安東セメントと東満セメント

このように1930年代中期に満州においては集中的にセメント製造企業が新設されている。これらの企業は1930年代後半期に積極的な増資を行なうことで満州窯業において上位を独占する企業へと成長していった。満州国内の産業開発に伴う建設ブームがセメント需要を増大させ、これらセメント製造企業の工場新設や生産設備拡充などの設備投資が企業財務に現象したものといえよう。1940年代に入っても大規模企業2社の新規参入が行なわれた。1940年3月29日に公称資本金800万円（払込500万円）で安東セメント株式会社が設立される。株式の50％を岐阜セメント株式会社が保有し、残余の50％を満洲軽金属製造と小野田セメント製造が折半で保有した。安東セメントは、満州軽金属製造の第2次増産

計画であった安東工場のアルミナ製造工程で生じるカルシウム分を主成分とする残滓に石灰を混入し焼成してセメント製造を行なう企業であった。満州国内のセメント需要の急増に対応するため同社は設立され、日本本国のセメント製造企業の遊休施設を満州に移築し工場建設が行なわれた[54]。同社は1941年3月6日に公称資本金800万円の払込を完了し、満州窯業企業として第4位の資本規模を有する企業となった。

さらに、1940年11月19日には公称資本金1000万円（500万円払込）で東満セメント株式会社が東満州産業株式会社により設立される。社長には東満州産業株式会社や親和企業株式会社の社長であった中村直三郎が就任し、東満総省廟嶺に1942年12月に工場が建設される。しかし、東満セメント廟嶺工場もまた日本本国の遊休設備を移築しセメント製造を行なうため、旭セメント株式会社天葦工場の設備と京都の伏見発電所を買収し、その設備を東満総省に移し建設された工場であった[55]。そのため稼動効率が悪く、1945年1月に満州小野田洋灰に経営が委託された点はすでに述べた通りである。満州国成立以降の、こうしたセメント製造企業の新設ラッシュの結果、満州における日系セメント企業の年間供給能力は約170万トンを超えることとなった[56]。

10 セメント販売統制と満州共同セメント

満州国の都市建設や産業開発によるセメント需要は1930年代以降に増加の一途を辿る。そのためセメント製造企業の新設による供給能力の拡大があったにもかかわらず、満州セメント市場における供給不足は解消せず、セメント製造各社は工場新設と製造設備の拡張を進展させた。こうした急激な工場新設や製造設備の増設は、他面で建設資材の不足や焼成用石炭の不足を発生させた。さらにセメント製造企業にとって深刻な問題は資金不足であった。製造設備の拡充は当然に資金の固定化を生じさせ、加えて燃料や賃金水準の上昇は満州におけるセメント製造各社の経営を圧迫することとなった。こうした資材不足や経営悪化を背景として、満州においても1936年12月に哈爾浜洋灰、大同洋灰、満州小野田洋灰、関東州小野田セメント製造、撫順セメント、本渓湖洋灰、満州洋灰のセメント製造7社により、カルテル組織である満州セメント協会が結成された。満州セメン

ト協会は加盟各社間の価格カルテル協定と販売市場を割り当てる市場分割協定を目的としたカルテル組織であった[57]。しかし、そもそも供給不足を原因とする市場の需給不均衡が満州セメント市場では生じており、こうしたカルテル協定は満州におけるセメントの市場価格をますます高騰させる結果となった。業界団体主導の自主的市場統制の限界性を認識した満州国産業部は、満州におけるセメント流通の一元的統制を企図する配給統制機関の設立を進める[58]。こうして国策的なセメント配給統制機関として1938年9月30日に公称資本金130万円（払込32万5000円）の準特殊会社として設立されるのが満州共同セメント株式会社であった。この満州におけるセメント販売シンジケート企業の設立により、カルテル組織であった満州セメント協会は解散する[59]。

満州共同セメントは、満州セメント協会に加盟するセメント製造企業7社に加えて、その販売代理店であった日満商事株式会社、三井物産、三菱商事株式会社、大倉商事株式会社、浅野セメント、株式会社福昌公司の6社の合計13社が各10万円を均等に出資した[60]。本社は新京特別市に置かれ、社長には満鉄出身で日満商事理事長の小川逸郎が就任する[61]。満州共同セメントは満州で製造されるセメント流通と輸出入業務を独占し、大口需要に対しては直接配給を、一般需要に対しては先の販売会社6社を通じてセメント配給を行なった。こうして満州国内のセメント需給調整を図る一方で、公定価格を設定し、満州国の物資動員計画に基づく一元的な配給統制を強化しようとするものであった[62]。同社は満州のセメント製造企業7社の生産量を基準とする需給計画の立案とセメント配給を実施し、その不足分は日満商事を通じて輸入した。配給方法は大口・特殊需要と一般需要に区分し、前者では満州共同セメントが直接に需要先と売買契約を締結し、その代金受渡しと回収のみ販売会社が代行する。一般需要に関しては満州共同セメントの統制方針のもとで販売会社に直接販売を認めた。それまでセメント製造企業は満州各地にそれぞれ多数の販売代理店を有していた。しかし、新たな統制方針では資本関係やこれまでの取引実績を配慮したうえで専売体制が採用された。このことは現実にはそれまでの製造企業と販売企業との関係を根本的に再編できなかったことを意味しよう。小野田セメント系の関東州小野田セメント製造、満州小野田洋灰、哈爾浜セメントの3社製品は三井物産が、浅野セメント系の大同洋

灰製品は浅野セメントが、大倉系の本渓湖洋灰製品は大倉商事が、磐城セメント系の満州セメント製品は三菱商事が、そして満鉄系の撫順セメント製品は満州を代表する地場商社であった相生由太郎の福昌公司がそれぞれ担当販売会社となっていた[63]。輸入セメントについては日満商事が販売会社に指定される[64]。こうして満州セメント協会を通じた業界団体による自主的統制は、満州共同セメントの設立により満州国による国家的統制に移行することとなった。その後、同社は1943年8月に日満商事に吸収され、セメントの販売統制は日満商事セメント部が取り扱うこととなり、生産統制は同年9月から満州セメント生産統制組合が行なうこととなった[65]。

第3節　窯業企業の事業活動

本節ではガラス、煉瓦、陶磁器製造事業などセメント製造企業を除く窯業企業の設立状況と事業活動について検討する。

1　普通煉瓦製造企業

中小零細規模の企業が中心であるが、満州における窯業企業の中で最も法人企業が多い事業部門は煉瓦製造であった。そうした煉瓦製造企業についてここで見ておきたい。煉瓦製造は建築資材としての普通煉瓦製造と炉材に用いられる耐火煉瓦製造に大別される。まず本項では普通煉瓦製造企業について見てみる。

伝統的に満州の家屋は煉瓦を建築資材とすることが多く在来の零細な煉瓦製造は古くから行なわれていた。しかし、日本において近代的な煉瓦製造技術をヨーロッパから移植し近代的煉瓦製造企業として設立された日本煉瓦製造株式会社や大阪窯業株式会社のような近代的な製法による煉瓦製造企業は満州においては存在していなかった[66]。満州の普通煉瓦には一般に焼成色が黒ずんだ黒煉瓦と赤煉瓦の2種があった。それまで満州において伝統的に建築物に利用されてきたのは黒煉瓦であり、その大多数は登窯を用いた小規模生産であった。これに対し赤煉瓦の製造はロシアが満州に進出し建築用に焼成したことがその始まりであった。日露戦後の日本による関東州の租借や満鉄設立により建設ブームが生じ、それに

応じてこれら普通煉瓦需要も拡大する[67]。満州における普通煉瓦製造においては、黒煉瓦は中国人向けに供給され比較的小規模生産であったのに対し、赤煉瓦は大規模工場により大量に生産され、主に都市部の大規模建築に用いられた。こうした赤煉瓦製造業は満州国建国後の建築ブームのなかでさらに大きく発展する[68]。

『1922興信録』によれば満州で最初に設立された普通煉瓦製造法人企業は1910年3月28日に資本金3万円で岩崎勲により大連に設立された大連煉瓦合資会社であった。同社は1942年9月末現在の満州企業ディレクトリーである『1942銀行会社年鑑』にも企業名が掲出されていることから、設立以降1940年代まで事業活動を継続したと推測できる。しかし、1942年データでも払込資本が依然として3万円と設立時から増加しておらず、大きな企業成長や事業拡大はなかったものと思われる。大連煉瓦に続き設立された企業は1912年12月1日に公称資本金5万円（払込1万2500円）で設立された安東窯業株式会社であった。安東窯業は1907年に石原正太郎により設立された石原窯業所と河合芳太郎および久間善助により共同経営された安東煉瓦製造所が合併して設立された安東で最初の煉瓦製造法人企業であった。同社は1918年12月21日に公称資本金20万円（払込8万7500円）、1920年12月24日に公称資本金25万円（払込15万円）に増資され、1939年1月27日には公称資本金50万円（払込21万2500円）に増資された。1940年8月29日現在で払込資本金は32万5000円に増加している。安東窯業の本社は安東に置かれたが、第1次大戦のブーム期に積極的に事業拡張を図り、安東に2工場、通化に2工場、虎林に1工場を設置し、1933年には新京に進出し2工場を設置した[69]。

1919年2月25日には公称資本金200万円（払込50万円）で大陸窯業株式会社が設立される。大陸窯業は土管、煉瓦、瓦などを製造する企業で、大連における宮崎煉瓦所、長春の義同行程局、哈爾浜の北満窯工株式会社が合併し、さらに大連窯業株式会社を買収して大連に本社を、奉天に支社を置いた企業である。社長は田子金吾で取締役に大林組大連支店の皆川成司などが就任していた。大陸窯業は、鞍山、奉天、撫順、長春、四平街や満州域外の青島や上海などにも工場を設置し、第1次大戦ブームに乗って急拡大する[70]。しかし、その後の反動恐慌の影響を受けほとんどの工場が休業状態となり、その整理を余儀なくされた。そし

て、1922年3月19日に公称資本金50万円（全額払込）に減資された。同じく1919年11月8日には大連に公称資本金50万円（払込12万5000円）で東亜煉瓦株式会社が設立される。東亜煉瓦は本橋武兵衛により設立された資本金7万円の合資会社日華窯業公司が株式会社に改組された企業であった。本橋武兵衛がそのまま東亜煉瓦の社長に就任した[71]。

　1920年2月25日には公称資本金100万円（払込25万円）で営口興業株式会社が営口に設立された。営口興業は、1904年7月に満州に駐留した陸軍が大阪窯業の技師長を招請し、手工業的な煉瓦製造所を営口に創設したことに始まる。1906年にその工場設備が払い下げられて営口煉瓦製造所となり、機械抜出機を備えた煉瓦製造工場として操業が開始される。これが1920年に株式会社改組され営口興業の設立となった[72]。同社はその後に公称資本金60万円に減資されるが、1939年6月には2基の登窯を有する第2工場を設置した。また、営口興業は1934年4月13日に公称資本金15万円（全額払込）で営口窯業株式会社を新京に設立する。営口窯業は1932年に当初営口煉瓦製造所として設立され、1934年に大阪窯業が出資して営口窯業に改組された。1938年3月19日に公称資本金55万円（全額払込）、1939年9月25日には公称資本金150万円（払込93万円）へと増資された。工場は旧営口煉瓦製造所大連工場であった大連工場をはじめ、安東、新京の工場を有した[73]。また、営口興業と同じ1920年3月には公称資本金50万円（払込12万5000円）で瀋陽窯業株式会社が、さらに同年4月14日には公称資本金50万円（払込12万5000円）で長春窯業株式会社が設立されている。

　その後の1920年代には零細な企業を除けばめぼしい普通煉瓦製造企業の新設はなく、1920年代末の1929年12月14日になって公称資本金20万円（払込5万円）の奉天窯業株式会社が設立されている。奉天窯業の前身は、奉天商業会議所の会頭などを歴任した奉天有数の地場企業家である石田武亥を中心に奉天周辺の窯業事業者が合同して1916年に資本金1万5000円で設立した奉天合同煉瓦合資会社であった。石田は日露戦争に従軍記者として渡満し、日露戦後に奉天で輸入雑貨販売から始まり奉天倉庫金融株式会社や奉天信託株式会社などの経営に携わる企業家であった[74]。奉天合同煉瓦は1918年に改組され、公称資本金100万

円(払込40万円)で奉天市鉄西区に奉天窯業株式会社として設立される。しかし、同社はその後の経営悪化から1928年にいったん会社清算される。その残余資産を引き継ぐ形であらためて1929年に第二奉天窯業株式会社が設立されることとなる[75]。その後に社名を変更し、再び奉天窯業株式会社となった。同社は1938年3月17日に公称資本金50万円(払込27万5000円)に増資される。

1930年代では1936年12月23日に公称資本金50万円(払込35万円)で南昌工業株式会社が設立されている。同社は1912年8月28日に設立された建築材料などの販売商社であった南昌洋行株式会社により設立された企業であった。社長には南昌洋行社長の斎藤茂一郎が就任した。南昌工業は1939年9月15日に公称資本金100万円(全額払込)に増資され、満州における普通煉瓦製造企業としては後に紹介する南満興業株式会社と並ぶ最大規模の企業となった。1939年には2社の普通煉瓦製造企業が新設された。まず、12月15日に公称資本金45万円(全額払込)で哈爾浜に北辺産業株式会社が、続いて12月28日には公称資本金45万円(払込22万5000円)で吉林に吉林窯業株式会社が設立されている。1940年にも2社の企業新設があった。1940年7月30日に公称資本金100万円(全額払込)で奉天に南満興業株式会社が、10月24日には公称資本金100万円(払込25万円)で新京に興亜窯業株式会社が設立されている。しかし、これらの企業の経営状況や事業活動の実態は未詳である。

2　耐火煉瓦製造企業

次に耐火煉瓦製造企業について見てみる。満州における耐火煉瓦生産は、南満州地域に豊富に存在した耐火性を有する復州粘土を原材料として、焼成製造された。耐火煉瓦は製鉄業などの炉材として不可欠であったため、早くから満鉄窯業試験工場においてもその研究が進められていた。1916年に鞍山製鉄所の設立を計画した満鉄は、その高炉材供給を目的に耐火煉瓦年産1万2000トンの製造設備を窯業試験工場に建設し、製造品の大部分を鞍山製鉄所に供給した。窯業試験工場は1920年に満鉄中央研究所より分離、改組され満鉄窯業工場となるが、さらに1925年7月に満鉄からも分離、独立され、耐火煉瓦製造を目的として満鉄が全額出資する大連窯業株式会社へと改組された。こうして大連窯業は満鉄子会

社として1925年7月15日に公称資本金120万円（全額払込）で設立される。満鉄窯業工場は当初は耐火煉瓦工場、空洞ガラス工場、窓ガラス工場を有していた。満鉄窯業工場は単なる研究施設ではなく、製品化や販売を含めた試験工場であった。満鉄はそこでの研究成果が独立企業として収益を確保できる見通しが立った段階で、満鉄から分離し企業化する方針であった。窯業工場の窓ガラス工場は後述するように日本本国の旭硝子株式会社と合弁で昌光硝子株式会社に改組されることが決定され、昌光硝子に移管される。この窓ガラス工場を除く耐火煉瓦工場と空洞ガラス工場が1925年に満鉄の全額出資により企業化されたのが大連窯業であった。このため、同社の営業目的は耐火煉瓦製造だけでなく空洞ガラスの製造販売も含まれている。大連窯業の耐火煉瓦工場は耐火性を有する復州粘土を利用したもので、乾燥窯3基、焼成窯10基などの生産設備を有し、その生産能力は年産1万2000トンであった[76]。耐火煉瓦は主に焼成用窯の材料に用いられ、当初の需要は鞍山製鉄所であった。しかし、その後にセメント製造企業や満州電業株式会社、満州瓦斯株式会社などに需要が拡大し、それらに対する最大の耐火煉瓦供給企業が大連窯業であった[77]。ちなみに、同社の空洞ガラス工場の硬質ガラスは、艦船用水面計に用いられ海軍省指定工場となりその需要を独占していた。ガラス器も1927年で約400人の加工職人を有し、1940年の販売数は約400万個、売り上げで34万5000円を計上していた[78]。その製品は、満州地域のみならず上海や東南アジア方面にも市場開拓を行ない、輸出されていた[79]。大連窯業は1932年8月31日に公称資本金60万円（全額払込）に減資されるが、1938年4月30日に再び公称資本金120万円（払込90万円）に増資されている[80]。

　大連窯業の設立に先立ち満州の耐火煉瓦製造企業として最初に確認できるのは、1918年7月24日に大連に払込資本30万円で設立される合資会社復州粘土窯業公司である。復州粘土窯業公司は代表社員の佐志雅雄が関東州復州の採掘粘土を利用して耐火煉瓦製造を目的に設立した企業で、普蘭店に工場を設置し製造した耐火煉瓦は主に鞍山製鉄所に納入された[81]。さらに、1920年2月27日には公称資本金100万円（払込25万円）で撫順窯業株式会社が設立される。撫順窯業は1906年の撫順炭砿の開坑と同時に撫順煉瓦組合として創立され、撫順炭砿向けに煉瓦供給を行なった。1920年になって撫順炭砿の発展・拡大に対応して株式

会社に改組されるとともに耐火煉瓦の製造にも進出する[82]。社長には日東洋行の坂本格が就任する。坂本は撫順において多数の企業の役員を兼任する撫順財界の中心人物であった[83]。同社は 1939 年 5 月 4 日に公称資本金 300 万円（払込 130 万円）に増資されている。同じ 1920 年 3 月 25 日には公称資本金 200 万円（払込 50 万円）で大連に設立された株式会社福井組が耐火煉瓦工場を設置している。福井組は建設資材の販売や労力請負業務などを本業とし、福井米次郎により設立された企業であった。同社はその後に経営が低迷し 3 度の減資を余儀なくされ 1928 年には公称資本金 50 万円（払込 12 万 5000 円）にまで業況を縮小するが、1938 年 7 月 28 日に公称資本金 100 万円（全額払込）へと増資し福井商工株式会社と社名変更し事業を回復させる。また、普通煉瓦製造企業としてすでに触れたが、1929 年に石田武亥により設立された奉天窯業も普通煉瓦とともに耐火煉瓦の製造も行なっていた。

　1930 年代ではまず 1930 年 6 月に日本本国の川崎窯業株式会社が満州の普蘭店と瓦房店に窯業工場を設立する。1933 年 9 月 2 日には合資会社福興公司が払込資本 14 万 5000 円で設立され耐火煉瓦製造を開始する。1936 年 10 月 19 日には公称資本金 30 万円（払込 12 万円）で鞍山に満州耐火工業株式会社が設立される。翌 37 年 1 月 6 日には奉天に公称資本金 48 万円（全額払込）で肇新窯業株式会社が設立される。肇新窯業は陶磁器や耐火煉瓦の製造を目的に設立された企業で、役員はすべて中国系であった。陳維則が董事長に就任し、その他の役員にも、李子初や王翰生など満州における有力な中国人実業家が就任している[84]。同社は 1938 年 2 月 20 日に公称資本金 63 万円（全額払込）に増資される。1938 年には 2 社が設立される。1938 年 9 月 9 日に公称資本金 10 万円（全額払込）で坂本盛一により大連に大陸マグネシア工業株式会社が設立され、1939 年 11 月 8 日には増資され公称資本金 25 万円（全額払込）の耐火煉瓦製造企業となった。続いて 1938 年 10 月 7 日には資本金 45 万円の大石橋マグネシア工業合資会社が、稲田幾次郎によりマグネサイト鉱石の採掘と耐火材の製造販売を目的に営口に設立される。1939 年 5 月 3 日には公称資本金 40 万円（払込 20 万円）で東辺道興業株式会社が設立される。東辺道興業は 1939 年に設立された東辺道開発株式会社が事業を開始するに際して、必要な建築用煉瓦、石灰の製造と東辺道開発が建設す

る予定の製鉄所高炉に用いる耐火煉瓦の製造を行なうために、撫順窯業が出資して設立された企業であった[85]。同じく1939年5月8日には本渓湖に公称資本金20万円（払込5万円）で大和耐火工業株式会社が設立された。同社は本渓湖市明山溝で採掘される耐火粘土を原料として耐火煉瓦の製造を行なうことを目的に奉天窯業により設立された企業であった[86]。

1940年代になると満州の重化学工業化の進展に対応し耐火煉瓦の需要が急増する[87]。こうした需要増大を背景に巨大な耐火煉瓦製造企業が新設される。それは1942年2月26日に公称資本金500万円（全額払込）で鞍山に設立される鞍山高級炉材株式会社である。同社は1926年に昭和製鋼所の付帯事業として設立されたシャモット煉瓦工場および1934年に設立された珪石煉瓦工場を母体とした。これら両工場は昭和製鋼所が製鉄事業に不可欠な耐火煉瓦を自給するために建設したものであった。以降、昭和製鋼所の需要する耐火煉瓦製造を行ない技術の向上と生産設備の増強が図られてきた。1940年代の耐火煉瓦需要の急増を受けてこれら昭和製鋼所に付設されていた耐火煉瓦工場が分離されて設立されたのが鞍山高級炉材であった。同社は昭和製鋼所が55％、八幡製鉄所系の耐火煉瓦製造企業である黒崎窯業株式会社が45％を出資している[88]。払込資本金500万円で設立された同社は、満州窯業企業の中でセメント製造企業を除けば最大の企業であった。

1942年設立の鞍山高級炉材を例外とすれば、満州における耐火煉瓦製造の中心をなした企業は大連窯業および撫順窯業の2社とみてよい。大連窯業は当初の満州における耐火煉瓦需要の大半をほぼ独占し、さらに日本、朝鮮、台湾などへも積極的に輸出を展開していた[89]。たとえば、1935年のデータによれば、満州の普通・耐火煉瓦工場数は56工場があり、その年産量は約1億1000万個以上であったことが確認できる[90]。ただし、鞍山高級炉材の設立過程を見ても分かるように、満州の主要な製鉄企業であった鞍山製鉄所や本渓湖煤鉄公司などは自家使用を目的とした耐火煉瓦工場を有し耐火煉瓦製造を行なっていたことも補足しておく。

3 ガラス製造企業

　次にガラス製造企業について見てみる。満州におけるガラス製造は在来的な産業としては存在していたが、それらはすべて零細な製造工場であり、ガラス屑を原料としてビンやランプのホヤを製造するレベルに止まっていた。その意味では、満州においてガラス工業が本格的に着手されるのは、1910年に満鉄が関東都督府から引き継いだ中央試験所の一課として、窯業原料の調査および各種窯業品の製造試験を行なう窯業課を新設して以降のことである[91]。満鉄がガラス製造に着手する背景としては、大連周辺にガラス原料に適する珪石および石灰が豊富に存在する点があった。これらを利用してガラス製造を行ない、白色空洞ガラスの品質を向上させることで、アジア市場を独占していた欧州製品を駆逐し、満州にガラス工業を確立することがその目的であった[92]。1920年に窯業課は中央試験所から窯業試験工場として独立し、さらに1922年には満鉄興業部の所管となった。すでに触れたように、この満鉄窯業試験工場はガラス器のほか耐火煉瓦や陶磁器の試験工場も併設し、各種窯業品の製造・改良試験のみならず、採算性を加味した事業化の可能性を検討していた点に特徴があった。試作製造を積み重ね、その実用化と経済性が確認され営利事業として独立可能となれば事業法人とすることがその目的であった。満鉄窯業試験工場ガラス工場の製造品の大半は満鉄内部で社内消費されており、その支出金は満鉄では「試験費」支出と認識されていた[93]。満鉄窯業試験工場は1916年から普通ソーダガラスの製造試験に着手し、翌17年には試験工場内に本格的な近代的ガラス製造工場を設置する[94]。そしてヨーロッパで高いガラス製造技術を誇ったボヘミヤから技術者を招聘し、アジア市場において欧州品の独壇場であった高級カットグラスの製造実用化を図る。

　こうした実用化の試行期間を経て、満鉄は窯業試験工場付設のガラス工場を分離、独立させ、1928年11月3日に公称資本金30万円（払込7万5000円）で南満州硝子株式会社を設立する。南満州硝子の製品はカットグラス（コップ、花瓶、水差など）や硬質ガラスなど高級空洞ガラス製品がその中心であった[95]。その後、満州ではガラス器機製造企業が奉天を中心に多数設立されが、その大半は零細規模の製造工場であった。1941年末現在でこうしたガラス器機製造企業は52社あ

り、これらは満州硝子工業組合を結成していた。しかし、満州におけるガラス製造では南満州硝子が圧倒的な地位にあり、それ以外は家内工業的な零細工場であった。こうした零細なガラス器機製造工場の製造品はサイダー瓶や酒瓶など瓶類が中心であった。最も多く製造されたのはサイダー瓶で、その製造高は 1941 年現在で約 120 万円程度であった。空洞ガラス製品はこのように飲料や薬品、化粧品などの液体容器として需要が大きかったため、満州の経済発展と人口増加によりその需要は拡大していた[96]。また、カットグラスや硬質ガラスを中心とする南満州硝子の製品は満州市場のみならず、東南アジア市場や中国華南地域にも輸出された。

　さらに、満鉄は 1924 年に板ガラスの試験製造にも着手し、大連の沙河口に板ガラス製造工場の設立を企図する。これに先立つ 1922 年 3 月に河北省秦皇島にベルギーと中国の合弁で資本金 120 万元の耀華機器製造玻璃股份有限公司が設立された。同公司はフルコール式平板引揚機を 8 機装備した板ガラス工場で、満州およびその近隣地域で初の板ガラス製造企業であった。満鉄の板ガラス製造工場は、工場建設途上の 1925 年 4 月 17 日に満鉄と日本の代表的な板ガラスメーカーであった旭硝子株式会社との共同出資により公称資本金 300 万円（全額払込）で設立された昌光硝子株式会社に継承される[97]。このように昌光硝子は満鉄窯業工場が分離、独立した企業であった。それまで満州の板ガラスはすべて輸入品であった。満鉄は満州に優良なガラス原料が産出することに着目し、1919 年から事業化を目的に窯業工場で試験を重ね、1923 年および 1924 年度の 2 年で総額 200 万円を投じて設備の拡充を図り、その事業会社の設立を計画する。しかし、板ガラスの製造には高い技術水準と技術者が必要であったため、日本本国の有力ガラス製造企業である旭硝子株式会社と合弁で企業を設立することが決定された[98]。こうして設立されたのが昌光硝子であった。同社の本店は東京に置かれているため、厳密に言えば昌光硝子は本書で取り扱う満州企業の範疇には含まれない。しかし、同社は工場を大連に設置し、実質的に満州で事業活動を展開した企業であることから本章では満州企業として取り扱う。払込資本金 300 万円のうち、180 万円は旭硝子、120 万円が満鉄の出資であった。取締役会長には旭硝子の山田三次郎が就任し、5 名の役員のうち 1 名が満鉄出身者で残りの 4 名はすべて旭硝子

図表 II-11-12　1940年代の昌光硝子・満州昌光硝子の生産状況

(単位：千箱)

企業名	昌光硝子㈱	満州昌光硝子㈱
所在地	大連	奉天
年産能力	840	500
職工数（名）	450（1944年現在）	642（1941年現在）
生産高　1937年	639	―
1940年	497	170
1941年	529	377
1942年	―	415
1943年	268	386
1944年	253	220

出所：『旧満州経済統計資料』（柏書房、1991年）115頁。
注：生産能力は1944年現在。

出身者であった[99]。営業目的はガラス製品の製造販売と副産品の販売とされた。満鉄は所有する窯業工場の板ガラス製造工場を昌光硝子に譲渡し、同社の技術および経営を旭硝子に委譲した。1920年代後半の奉天票の暴落や満州の治安悪化などから市場が収縮し、同社は設立当初は欠損を重ねる状態であった[100]。しかし、満州国が成立すると板ガラス需要が急増し同社の経営状況は好転する。昌光硝子は満州の板ガラス製造企業として独占的地位を形成し、同社製品は満州市場から輸入ベルギー製板ガラスを駆逐するとともに、中国市場においても耀華機器製造玻璃公司の製品と激しい市場競争が行なわれる[101]。

満州国成立後の需要拡大、特に建築様式の近代化が板ガラス需要を激増させ、満州市場を独占してきた昌光硝子の生産能力を凌駕するようになる。このため同社は満州国内でのガラス製造を計画し、1937年9月20日に公称資本金300万円（払込150万円）で満州昌光硝子株式会社を奉天市鉄西区に設立する。資本金は昌光硝子の全額出資であった。昌光硝子社長の山田三次郎が同社社長も兼任し、フルコール式引上機6機を備える奉天工場が1940年6月に完成し、操業を開始した。従業員は約500名で月産能力は6万箱に及んだ[102]。

満州昌光硝子の設立に加えて、昌光硝子は満州市場における競合企業であった耀華機器製造玻璃公司の経営にも参画した。同公司は1922年にベルギーと中国の合弁で河北省秦皇島に資本金170万天津ドルで設立されたアジア地域において最初のフルコール式平板引上法による板ガラス製造企業であった。同公司製品は満州市場において昌光硝子製品と激しい市場競争を展開したが、その後の工場設備の革新に遅れた結果、経営状況を悪化させていた。そのため同公司は旭硝子と

提携を進め、1936年9月に提携契約が結ばれた。この提携契約によればベルギー側保有株式を旭硝子が引き受け、旭硝子が技術指導をベルギーに代わり行なうことが決定されている。この提携を実現するため1936年11月から旭硝子および昌光硝子の技術者が同公司に派遣され、工場管理に当ることとなる[103]。満州における近代的な板ガラス製造企業はこの昌光硝子および満州昌光硝子の2社のみである[104]。**図表Ⅱ-11-12**はこの両社による板ガラスの生産実績を示したものである。セメント製造と同様にガラス製造でも1943年以降にその生産実績が低下していることが分かる。

　昌光硝子系2社以外で満州に設立されたガラス製造企業として最初に確認できるのは、1906年に資本金2万5000円で奉天に設立された個人経営の穂積玻璃工廠である。同廠はホヤや化粧瓶の製造を行なっていた。1912年8月10日には営口硝子製造株式会社が公称資本金2万円（全額払込）で設立されたが、その後休業に追い込まれる。1919年4月10日には渡辺元太郎により資本金3万円で大連硝子合資会社が、同年10月5日には資本金12万5000円で大連硝子工業合資会社が設立される。大連硝子工業は代表社員に山田三平が就任した企業で、関東都督府から機械購入費や営業補助金を下付されガラス原料鉱石の採掘とガラスの製造販売を行なっていた[105]。1920年2月13日には公称資本金10万円（払込2万5000円）で安東硝子製造株式会社が設立された[106]。これらはいずれも小規模な製造企業であった。

　ある程度の規模を有するガラス製造企業が登場するのは1930年代後半からであった。まず、1936年12月14日にガラス容器およびガラス器具の製造・販売を目的として奉天に徳永満州硝子株式会社が公称資本金100万円（払込50万円）で設立され、1938年8月16日には公称資本金50万円（払込12万5000円）で満州岩城硝子株式会社が設立された。満州岩城硝子は日本の岩城硝子株式会社が1937年9月に設置した奉天出張所を法人企業としたものでガラスおよび光学機器の製造・販売企業であった。さらに1939年6月23日に公称資本金49万円（払込12万2500円）で奉天硝子株式会社が設立される。奉天硝子は1936年4月1日に設立された満州製瓶合資会社の権利一切を継承して設立された企業であった。同社はガラス瓶や容器の製造企業であった。同社は合資会社松村商店社長で興亜

醸造株式会社や朝鮮合同酒精焼酎原料株式会社など多数の醸造企業の役員に就任していた松村茂三郎により設立されたものであった。また、1941年10月27日には柏野菊太郎によりガラス瓶製造を目的とする株式会社柏内製瓶工廠が公称資本金30万円（全額払込）で奉天に設立されている。

4　陶磁器製造企業

次に陶磁器製造について概観する。満州における陶磁器生産はそれまで甕や粗陶器製造が中心であり、それら以外の陶磁器類は中国の広東省、江西省あるいは日本からの輸入品であった[107]。満鉄はすでに述べた窯業試験工場で陶磁器製造の事業化に向け試作製造を進めていたが、この満鉄窯業試験工場で最初に採算性を達成したのが陶磁器製造事業であった[108]。

窯業試験工場に属するこの陶磁器製造工場の土地・建物・機器など総額4万4000円を満鉄は大連の有力企業家を中心に組織された匿名組合に無償で現物貸与し、これを基礎として1920年10月に資本金8万7275円の大華窯業公司が設立される。営業目的は陶磁器その他の窯業品の製造販売と窯業原料の代理販売であった。製造設備に丸窯1基、角窯2基を備え、年産能力は各種陶磁器400万個であった。満鉄は大華窯業に対し1924年度以降、産業助成金を交付し事業の育成を図っていった。当初は技術者の育成や販路の開拓に苦労し、さらに設立直後から銀価の暴落による需要減退に見舞われその経営状態は不調であった。しかし、その後に満鉄の助成金の交付もあり経営内容は改善する。1922年には4421円の欠損を発生させるが、1923年には4057円の利益を計上し、1925年には2万4000円の利益を計上する[109]。その後、主に満州人向け食器類を中心とする陶磁器製造企業として大華窯業公司は成長し、満州における陶磁器製造企業としては、耐火煉瓦製造企業としてすでに紹介した奉天の肇新窯業と並ぶ代表的な企業となる[110]。大華窯業は1940年7月13日に公称資本金100万円（払込60万円）で法人化され、碍子製造も行なう大華窯業株式会社へと改組される。

このように満州における日本の陶磁器製造事業は満鉄中央試験所陶磁器試験所に端緒を有し、これを継承して匿名組合として大連に設立され、その後に株式会社に改組される大華窯業が代表的な企業であった。大華窯業以外の陶磁器製造企

業としては、1940年11月1日に公称資本金50万円（全額払込）で大明陶瓷株式会社が設立される。同社は長春に設立された中国系の陶磁器製造企業であり、社長に王荊山、常務取締役に王執理など中国人有力実業家が役員に就任した企業であった[111]。同社は翌41年5月15日に満州陶磁株式会社と商号変更を行なう。また、1941年9月9日には吉林省九台県に公称資本金100万円（払込25万円）で満州陶磁器株式会社が設立されている。また、満州国における陶磁器製造業の技術指導機関として吉林工業指導所が設立される。日本の近代的な陶磁器製造技術と満州に在来的な技術を結合し、製造や経営に関する指導を行なうことを目的に設立されたものであった[112]。

5 その他の窯業企業

本項ではこれまで取り上げなかった窯業企業で代表的な企業について見ておく。まず碍子製造企業について触れる。碍子は電力事業や通信事業に不可欠のセラミック製品であるが、その専業メーカーとして1919年10月26日に公称資本金50万円（払込12万5000円）で大連に満州製陶株式会社が設立される。同社は大橋銀次郎が設立した大橋製陶所を改組して大連に設立された企業であった。同社の営業目的には陶磁器製造が挙げられているが、同社は碍子や碍管を製造し、食器などの一般陶磁器生産は行なっていなかった。この碍子製造企業である満州製陶の設立により、それまで日本本国メーカーの輸入品により独占されていた満州碍子市場に同社製品が供給されることとなった。満州における碍子製造は撫順炭と奉天省の復州粘土の利用が可能で良好な生産環境にあった。同社の製造碍子は主に満鉄に納入されることになる[113]。この時点では満州における碍子製造企業は同社1社であった[114]。その後の1936年3月13日に公称資本金8万円（全額払込）で株式会社奥野製陶所が設立される。同社は満鉄窯業試験工場出身の奥野税が1924年に設立し1936年に法人となった企業であった。さらに、京都の有力碍子メーカーであった松風工業株式会社が満州進出する形で、1936年11月12日に公称資本金50万円（払込25万円）で満州松風工業株式会社が撫順に設立され碍子の製造に着手する。松風工業は森村組の輸出用陶器製造部門を基礎に1906年4月に松風陶器合資会社として設立された企業であった[115]。しかし、その後

に陶磁器輸出事業が不振となったことから、電気用高圧碍子製造に転換する[116]。同社の満州進出は撫順窯業と提携して進められたものであった[117]。また、前述の大華窯業も1935年から碍子製造に進出している。

また、坩堝製造では1939年2月17日に公称資本金20万円（払込5万円）で満州陶器株式会社が奉天に設立される。同社は設立当初の商号は満州坩堝株式会社であり、1935年に井伊一により個人企業として開始され、中国関内への黒鉛坩堝や耐火製品を輸出することを目的に関東庁からの貸下げ金を得て設立された[118]。社長には松茂洋行の河辺勝が就任し、取締役には有賀定吉、野津孝次郎、神成季吉など大連財界の代表的な企業家が就任する企業であった。同じ1939年2月25日には公称資本金200万円（払込50万円）でやはり奉天に興亜坩堝株式会社が設立される。これまで満州国内の黒鉛坩堝は日本本国の有力企業であった日本坩堝株式会社が輸出供給してきた。しかし、その需要拡大に対応し同社が満州子会社として設立したのが興亜坩堝であった[119]。

また、スレート製造企業として1938年6月29日に公称資本金100万円（払込25万円）で奉天に満州浅野スレート株式会社が設立された。同社は浅野セメント子会社の石綿スレート製造企業であった。出資は浅野証券保有株式会社、浅野スレート株式会社、大阪石綿工業株式会社の3社による共同出資形態をとった[120]。

おわりに

セメントを中心にガラス、煉瓦、陶磁器など満州における窯業の発展過程とそれを担った企業について検討を加えてきた。満州における窯業は法人企業数で見る限り、満州における産業構造で一定の比重を有していた。しかし、払込資本金総額で見ると、その比重は低下し規模の零細性という特質を指摘できる。窯業で比較的大企業が多いセメント製造部門において小野田セメント製造以外の企業が新たに設立されるのは満州国の成立後であった。このことがそれ以前の満州における窯業の零細性をより際立たせたものと思われる。

セメント製造企業では主要7社が設立されるが、これらの企業は小野田セメント製造、浅野セメント、磐城セメントといった日本本国の主要セメント製造企業

3社の系列に次第に集約されていった。これらセメント製造企業は満州においても満州セメント協会というカルテル組織を結成するが、満州国の経済統制政策が強化される過程で、セメント配給を一元的に統括する統制会社である満州共同セメントの下に位置づけられることとなった。ガラス製造では旭硝子の子会社である昌光硝子が満州においては際立った存在であった。また、耐火煉瓦では満鉄系の大連窯業が中心的な企業であった。窯業に固有な特徴ではないが、満州における工業化の進展と企業育成に際して、満鉄が果たした役割は大きい。この点は窯業企業の検討からもあらためて確認できる。

装置型産業で、労働集約的な事業でもあった窯業では、セメント製造企業を中心として相対的に大規模な企業が存在する一方で、普通煉瓦製造や陶磁器製造などで在来的な生産工程に依存する中小、零細企業が多数存在した。本章では法人企業データに基づき検討を加えてきたが、法人登記されていない個人企業を含めれば、満州における窯業ではより多くの零細企業がその裾野を形成していたと推測され、その点で企業構造に示された零細性という特質はより強いものであったと思われる。

注

1) 満州における都市建設に関しては、越沢明『植民地満州の都市計画』(アジア経済研究所、1978年)、西澤泰彦「『満州国』国土計画」(山本有造編『「満州国」の研究』京都大学人文科学研究所、1993年) などを参照。
2) 藤津清治「わが国、および満州その他(終戦前)におけるセメント製造企業の変遷(1)〜(3)」(『ビジネス・レビュー』第7巻第2号、1959年11月、第7巻第3号、1960年2月、第8巻第3号、1961年2月)。
3) 山本有造『「満州国」経済史研究』(名古屋大学出版会、2003年) 31頁。
4) 南満州鉄道株式会社社長室調査課編『満蒙に於ける各国の合弁事業』(第1輯、1922年) 163-164頁。
5) 小野田セメント株式会社『回顧七十年』(1952年) 259頁、小野田セメント株式会社『創業五十年史』(1931年) 489頁。
6) 柳沢遊『日本人の植民地体験』(青木書店、1999年) 126-129頁。

7) 安冨歩『「満州国」の金融』（創文社、1997年）60-64頁。
8) 満州における日系企業についての研究状況に関して、山本裕「『満州』日系企業研究史」（田中明編著『近代日中関係史再考』日本経済評論社、2002年）が研究史整理を行なっており、有益である。
9) 井村哲郎「『満州国』関係資料解題」（山本有造編『「満州国」の研究』京都大学人文科学研究所、1993年）、井村哲郎『1940年代の東アジア』（アジア経済研究所、1997年）などを参照。また、植民地における日系企業の社史に関して、波形昭一・木村健二・須永徳武監修『社史で見る日本経済史　植民地編』（ゆまに書房）で台湾、朝鮮、満州における日系企業の社史が復刻されている。
10) 前掲『回顧七十年』259頁。
11) 日清興信所編『満州会社興信録　大正十一年版』（1922年）31頁。
12) 同前、356頁。
13) 南満州鉄道株式会社調査課『満州に於けるセメント工業と其の需給状況』（1930年）5頁。
14) 東北物資調節委員会研究組編『水泥』（東北経済小叢書第12巻、1947年）87頁。
15) 東亜問題研究会編『満州国産業要覧』（三省堂、1939年）138頁。
16) 南満州鉄道株式会社調査課、前掲『満州に於けるセメント工業と其の需給状況』、27-39頁。
17) 『満州国現勢　康徳九年版』（満州国通信社、1941年）282頁。
18) 住友セメント株式会社『住友セメント八十年史』（1987年）136-137頁。
19) 日本セメント株式会社『百年史』（1983年）94-95頁。
20) 浅野セメント株式会社『浅野セメント沿革史』（1940年）440-441頁。
21) 同前、94-95頁。
22) 前掲『住友セメント八十年史』137頁。
23) 『満州経済』第3巻第9号（1942年）81頁。
24) 前掲『浅野セメント沿革史』443頁。
25) 前掲『住友セメント八十年史』137頁。
26) 前掲『百年史』95頁。
27) 『満州日報』1935年2月3日。

28）前掲『満州鉱工年鑑 康徳十一年版』398頁。
29）前掲『住友セメント八十年史』137頁。
30）同前、152頁。
31）『満州日報』、1934年7月18日。
32）日産懇話会本部『満業ノ概要』（1938年）43-44頁。
33）満州重工業開発株式会社『満業並在満関係会社事業概要』（1939年）106-110頁。
34）前掲『満業ノ概要』43-44頁。
35）小野田セメント株式会社『小野田セメント百年史』（1981年）154頁。
36）前掲『創業五十年史』489-490頁。
37）前掲『小野田セメント百年史』234頁。
38）同前、292頁。
39）同前、60-61頁、345-358頁。
40）『満州日報』1934年11月22日。
41）前掲「わが国、および満州その他（終戦前）におけるセメント製造企業の変遷（3）」86-87頁。
42）前掲『回顧七十年』364頁。
43）同前、83頁。
44）同前、264-273頁。
45）前掲『小野田セメント百年史』392-393頁。
46）同前、397-398頁。
47）大倉財閥研究会編『大倉財閥の研究―大倉と大陸』（近藤出版社、1982年）402頁。
48）『満州日報』1935年5月7日。
49）金子文夫「大倉財閥の研究(3)」（『東京経大学会誌』第101号、1977年）165-168頁。
50）前掲『満州国産業要覧』139頁。
51）前掲『満州鉱工年鑑 康徳十一年版』397頁。
52）前掲「大倉財閥の研究(3)」178頁。
53）前掲『浅野セメント沿革史』443-444頁。
54）前掲『満州鉱工年鑑 康徳十一年版』398-399頁。

55) 同前、398 頁、山川隣編『戦時体制下に於ける事業及人物』(東京電報通信社、1944 年) 313 頁。
56) 産業部大臣官房資料科編『満州国産業概観』(満州事情案内所、1939 年) 253 頁。
57) 工業化学会満州支部編『満州の資源と化学工業』(丸善、1937 年) 298 頁。
58) 『満州日日新聞』1939 年 1 月 26 日。
59) 満州鉱工技術員協会編『満州鉱工年鑑 康徳九年版』(亜細亜書房、1942 年) 278 頁。
60) 満州事情案内所編『満州国策会社綜合要覧』(1939 年) 49 - 52 頁。
61) 中西利八編『満州紳士録 第三版』(1940 年) 361 頁。
62) 前掲『満州国現勢 康徳八年版』356、450 - 451 頁。
63) 前掲『満州国現勢 康徳九年版』425 頁。
64) 満州事情案内所編『満州国策会社総合要覧』(1939 年) 49 - 52 頁。
65) 『満州国現勢 康徳八年版』(満州国通信社、1940 年) 356 頁、『満州経済』第 4 巻第 10 号 (1943 年) 86 頁。
66) 日本煉瓦製造株式会社『日本煉瓦一〇〇年史』(1990 年) 19 - 22 頁。
67) 大連商工会議所『関東州の工業事情』(1939 年) 80 - 81 頁。
68) 『満州日報』1934 年 7 月 16 日。
69) 満州鉱工技術員協会編『満州鉱工年鑑 康徳十一年版』(東亜文化図書、1944 年) 403 頁、前掲『満州会社興信録 大正十一年版』402 頁。
70) 前掲『満州会社興信録 大正十一年版』66 頁。
71) 同前、118 頁。
72) 前掲『満州鉱工年鑑 康徳十一年版』402 - 403 頁。
73) 同前、400 - 401 頁。
74) 柳沢遊・木村健二編『戦時下アジアの日本経済団体』(日本経済評論社、2004 年) 187 頁。
75) 前掲『満州会社興信録 大正十一年版』347 頁。
76) 前掲『満州産業開発四十年史』下巻、271 - 272 頁。
77) 前掲『満州の資源と化学工業』308 頁。
78) 南満州鉄道株式会社東亜経済調査局編『内地化学工業に対する満州の価値』

(1928 年) 89‐91 頁。

79) 前掲『南満州鉄道株式会社第二次十年史』下巻、934‐935 頁。

80) 前掲『満州開発四十年史』下巻、271‐272 頁。

81) 前掲『満州会社興信録 大正十一年版』209 頁。

82) 前掲『満州鉱工年鑑 康徳十一年版』400 頁。

83) 前掲『満州会社興信録 大正十一年版』404 頁。

84) 同前、402 頁。

85) 同前、405 頁。

86) 同前、406 頁。

87) 秋田忠義編『図解満州産業体系』(新知社、第 5 巻、1933 年) 78 頁。

88) 前掲『満州鉱工年鑑 康徳十一年版』399 頁。

89) 前掲『満州鉱工年鑑 康徳九年版』274 頁。

90) 前掲『満州国産業要覧』140 頁。

91) 大連商工会議所『経済都市大連』(1937 年) 213 頁。

92) 南満州鉄道株式会社調査課『満州に於ける硝子工業』(1923 年) 23 頁。

93) 同前、27 頁。

94) 『満州日日新聞』、1920 年 1 月 19 日。

95) 前掲『満州産業開発四十年史』下巻、282‐283 頁。

96) 前掲『満州鉱工年鑑 康徳九年版』281‐282 頁。

97) 旭硝子株式会社『社史』(1967 年) 227 頁。

98) 前掲『満州産業開発四十年史』下巻、283 頁。

99) 前掲『社史』131‐132 頁。

100) 前掲『南満州鉄道株式会社第二次十年史』下巻、937‐938 頁。

101) 同前、1045‐1049 頁。

102) 前掲『社史』227 頁。

103) 同前、227‐228 頁。

104) 前掲『満州鉱工年鑑 康徳九年版』280 頁。

105) 同前、218 頁。

106) 前掲『満州に於ける硝子工業』32‐50 頁。

107）『満州日日新聞』1917年2月10日。
108）同前、1920年2月21日。
109）前掲『南満州鉄道株式会社第二次十年史』下巻、936-937頁。
110）前掲『満州国産業概観』254-255頁。
111）前掲『満州鉱工年鑑 康徳九年版』404頁。
112）同前、271頁。
113）日本電信電話公社『外地海外電気通信史資料 13 共通の部』（1956年）79-80頁。
114）同前、116頁。
115）藤岡幸二編『松風嘉定』（1930年）42頁。
116）吉田裕之「京都における革新的企業家出現の諸条件」（安岡重明編『近代日本の企業者と経営組織』同文舘出版、2005年）151-153頁。
117）前掲『満州鉱工年鑑 康徳九年版』403頁。
118）前掲『満州会社興信録 大正十一年版』51頁。
119）同前、400頁。
120）同前、403頁。

第12章　化学工業

はじめに

　満州における化学工業の端緒は、特産品の大豆加工を行なう油房を中心に醸造業や染色業など在来的な手工業にあった。近代的産業として満州に化学工業が起こるのは日露戦後期であり、満鉄が果たした役割が大きい。満鉄は鉄道沿線の産業開発に着手し、石炭、鉄鉱石など賦存資源の工業化を積極的に図っていった。満鉄は1915年に撫順炭坑古城子炭田の採掘を開始すると同時にモンドガス発電所を建設し、石炭乾留事業に進出する。大倉財閥系の本渓湖煤鉄公司による骸炭副産物を利用するタール事業や鞍山製鉄所の骸炭副産物加工工場など、満州における近代的な化学工業は石炭乾留工業から開始されたといってよい。豆油や豆粕製造など伝統的な油房を中心とする製油業や石鹸、塗料工業など油脂化学工業もその後に発展をする。満鉄沿線では安東のパルプ工業、撫順、鞍山の石炭乾留工業、大連の染料工業など工業原料立地による地域的な化学工業の形成が進展した。

　1932年に満州国が成立すると化学工業は新たな段階に進む。1933年3月に満州国政府は「満州国経済建設要綱」を公表し、満州国における産業開発の基本方針を明らかにした。翌34年3月には日本政府が「日満経済統制方策要綱」を閣議決定し、適地適応主義による日満経済の一体的建設方針が示された[1]。ここでは「各種事業の性質、態様乃至其の統制を必要とする事由等」により満州における主要産業が3種に区分される。化学工業では「支配的地位を有する特殊の会社をして経営せしめ直接又は間接に帝国政府の特別なる保護監督を受けしむ」部門として、石油業、代用液体燃料工業、硫安工業、ソーダ工業が、「努めて奨励助長の趣旨に於て適当なる行政的乃至資本的統制の措置」を与える部門として、パ

ルプ工業、油脂工業が指定された。これらの化学工業部門は「其の急速なる発達を期す」べき重要産業となる[2]。さらに1937年1月25日付関東軍司令部「満州産業開発五年計画綱要」において、有事を想定した満州国内での資源の「現地開発」と「自給自足ト日本不足資源ノ供給」が満州国における産業開発の基本方針となる[3]。これに基づき満州産業開発5ヵ年計画が発動され、同年5月に公布される「重要産業統制法」において化学工業では液体燃料製造業、曹達製造業、肥料製造業、パルプ製造業、油房業、燐寸製造業が重要産業指定20種に指定された[4]。こうした満州国の国家統制的な産業開発政策の実施により化学工業はその製造部門を多様化させ、生産力を急激に拡充していく。

化学工業は満州産業開発における重点産業の一つであったことから、これに部分的に論及する研究は少なくない。しかし、それらの大半は満州産業開発5ヵ年計画の発動に関連してマクロ的な視角から化学工業に言及するに止まり、化学工業の製造企業レベルに踏み込んで本格的に分析した研究は未だ行なわれていない。マクロ的な計量分析を通して満州の工業生産力水準を産業レベルで検討した先駆的研究に、石川滋「終戦にいたるまでの満州経済開発」がある[5]。石川は1942年12月の「満州国基本国策大綱」により満州国内の機械工業、電気化学工業、軽工業の自給自足を目的とした自立的な国防国家体制の確立目標が一時的に明確にされたと指摘する。しかし、そうした満州国における国防経済体系の創出目標と日本本国の軍需工業確立のための資源基地化という矛盾する政策課題は、激しく衝突しあいながら並存し、次第に後者が前者を圧倒していったことを明らかにする[6]。また、工業生産力水準としては「大部分の品目において1943年が『満州国』における生産のピークの年であり、それ以降生産は急速度に低下した」事実を指摘した[7]。こうした石川の先駆的な計量分析は、その後に生産指数を用いて満州国の産業生産力水準を検証する山本有造の研究に継承され結実する[8]。

満州における化学工業を比較的まとまった形で取り上げた研究としては、田島俊雄「中国化学工業の源流―永利化工・天原電化・満州化学・満州電化―」[9]、田中泰夫「工業化学会満州支部と『満州』における化学工業」[10]、峰毅「『満州』化学工業の開発と新中国への継承」[11] の三つを挙げることができる[12]。田島論文は第2次世界大戦後の中国における化学工業の基盤となった中国系および日本系

の代表的な化学工業企業に着目し、戦後中国の化学工業の発展過程を検討したもので、必ずしも満州における化学工業それ自体を分析するものではない。満州国期は戦後中国化学工業の発展前史として論及される。同論文では大連化学廠の前身として満州化学工業株式会社、吉林化工廠の前身として満州電気化学工業株式会社、さらに大連鹼廠を経て1958年に大連化学廠に統合される満州曹達株式会社について簡単に紹介がなされる。満州化学工業に関し、硫化鉄不足という原料面での脆弱性が操業の不安定要因であったことや満州曹達と満州化学工業とのアンモニア供給を媒介にした生産補完関係の存在など新しい指摘はあるが、全体として満州化学工業研究の観点からは注目すべき論点に乏しい[13]。ただし、同論文それ自体は、ソ連の満州進駐期における生産施設の接収状況や戦後中国化学工業との連続性を検証し、戦後中国の化学工業史としては注目すべき研究と評価できる。田中論文は満州工業化の技術的基盤を形成した満鉄中央試験所と化学研究者の活動を中心に、満州化学工業の技術的背景を検証した研究である。同論文は満州化学工業の研究開発体制を検討した有益な研究成果といってよい。しかし、開発技術の実用化主体であった企業に関する言及は少ない。その意味では、満州化学工業の産業構造や化学工業企業を内在的に検討した研究ではない。峰論文は企業レベルまで踏み込んで満州化学工業の産業構造分析を行なう点でこれまでの研究水準を超える成果と評価できる。しかし、同論文の問題意識は田島論文と同様に、満州化学工業の戦後中国への継承にある。これに加えて、化学工業が著しく広範な事業分野を含むことから、同論文では個別事業分野に関する論及は概況の紹介に止まる[14]。

　化学工業を構成する製造部門として、在来産業部門であるが日本の満州進出当初から重要な産業であった油房業に関する研究が存在する。石田武彦「二〇世紀初頭中国東北における油房業の展開過程」は、満州における油房業の発展過程を、満州各地域の特質や外国資本と民族資本の対抗関係の観点から検討した研究である[15]。石田論文は営口の開港を契機として世界資本主義に包摂された満州油房業を分析し、日本資本を中心に満州進出した外国資本油房が生産技術や資本規模で民族資本油房に対し優位性を有しながら、1920年代以降に財閥系の少数巨大な油房を除き急速に衰退した反面で民族資本系の油房が着実に成長した事実を指摘

する[16]。そして、その要因として、民族資本系油房における労働賃金水準の低廉性、糧桟との「聯号関係」を利用した原料大豆の安価な調達、経営システムの「自己変革」の3点を強調した[17]。石田論文は満州油房業の産業分析として本格的かつ優れた研究成果と評価できる。しかし、満州化学工業を包括的に対象とし、企業レベルでその産業構造的な特質を明らかにしようとする本章とは問題意識を異にする。石田論文の分析対象は「外国資本」、「民族資本」という範疇であって企業それ自体ではない。その意味では、満州化学工業を個別法人企業レベルで分析し、企業構造の観点からその特質の検討を行なう本章に直接的に関連する論点は少ない。この他に油房業については小峰和夫「日本商社と満州油房業」がある[18]。小峰論文は満州大豆取引を積極的に展開した三井物産が、1907年に三泰油房を設立するに至る過程を検討した研究である。小峰論文では、三井物産が三泰油房を設立する直接的な契機が1906年の小寺機器油房の設立にあったことなどが指摘される[19]。しかし、本章でも論及する三泰油房や小寺機器油房などの企業活動それ自体の検討は乏しい。むしろ小峰論文は三井物産の大豆取引について有益な研究と評価できる。小峰論文の他にも財閥史研究や三井物産研究の中で三泰油房に言及するものは少なくない。しかし、三泰油房の企業活動それ自体を分析対象とした本格的な研究は未だ存在しないと思われる。

　また、大塩武『日窒コンツェルンの研究』が日本窒素肥料株式会社の満州投資として吉林人造石油株式会社について検討を加えている[20]。1939年9月の吉林人造石油の設立とその経営に日本窒素肥料は深く関与するが、工場建設資材の調達と技術的な問題から1943年にその経営から撤退する。このため日窒コンツェルンそれ自体を研究対象とする同書では、日本窒素肥料の持株構成や1940年から1943年までの事業収支など限定的な論及に止まる[21]。

　満州産業開発計画において化学工業の確立は重点課題の一つであり、満州の産業構造において大きな比重を占める重要産業でもあった。しかし、これまで研究動向を概観して明らかなように、産業構成内部に踏み込んで満州化学工業を包括的に検討した研究は存在していない。こうした研究状況を踏まえて、本章では個別企業レベルから満州化学工業の存在構造を検討し、その発展過程を総体的に検証する。

図表II-12-1　満州日系企業構成における化学工業企業

(単位：千円)

年　月	化学工業企業		満州全企業		(a)/(c)	(b)/(d)
	会社数(a)	払込資本金額(b)	会社数(c)	払込資本金額(d)		
1921 年 06 月	28	10,355	714	561,182	3.9 %	1.8 %
1936 年 05 月	74	59,124	2,442	1,349,290	3.0 %	4.4 %
1942 年 09 月	324	524,389	6,523	6,471,981	5.0 %	8.1 %

出所：日清興信所編『満州会社興信録　大正十一年版』(1922年)、大連商工会議所編『満州銀行会社年鑑　昭和十一年版』(1936年)、大連商工会議所編『満州銀行会社年鑑　昭和十七年版』(1943年)。
注：日本企業および外国企業の満州支店は除外。

第1節　化学工業における企業構造

1　満州企業構造における化学工業の位置

　本節でまず満州における化学工業とその企業構造の特質をマクロ的に確認する。基礎データは、満州における法人企業調査である『1922 興信録』、『1936 銀行会社年鑑』、『1942 銀行会社年鑑』である。これら基礎データから、満州に設立された化学工業法人企業を抽出し、各データの調査時点における法人企業数、払込資本金総額、構成比を集計したものが図表II-12-1である。同表によれば1921年6月末現在の化学工業法人企業数は28社、その払込資本金総額は約1000万円であった。これら化学工業企業が満州における法人企業全体に占める比率は企業数で3.9%、払込資本金総額で1.8%となる。企業数の構成比に対し払込資本金総額の構成比が半分以下である。第1次大戦後の1921年段階では化学工業は満州の産業構造において未だ低位な産業部門であり、企業規模も小規模企業が多数であったことが分かる。次に満州国第一期経済建設期が完了した1936年について見てみる。1932年から1936年にかけて進展する満州国第一期経済建設期に、1業1社原則に基づき特殊・準特殊会社体制による経済統制方針がほぼ確立する。この時期は満州の産業開発方針が明確に確立していたとは言えず、それが具体的に明示されるのは、日本の準戦時体制に即応して策定される満州国第二期経済建設計画とその具体化としての満州産業開発5ヵ年計画においてであった[22]。1936

年5月末現在の化学工業法人企業数は74社、払込資本金総額は約6000万円に増大した。企業数で比較すると1921年以降の15年間で2.6倍の拡大であった。しかし、その構成比は3.0％と逆に低下する。化学工業における法人企業の新設スピードを上回るテンポで満州においてはこの時期に法人企業の新設ラッシュが進展した結果であった。他方、払込資本金総額は5.7倍に増大し、その構成比も4.4％に上昇した。この結果、企業数の構成比が払込資本金総額の構成比を上回るという1921年に示された構造が逆転する。企業1社単位の平均払込資本金額は1921年の約37万円から1936年の約80万円へと大きく増加する。この点に着目すれば、満州の化学工業はこの時期に満州企業構造におけるそれまでの小規模性を離脱したと評価できる。最後にアジア太平洋戦争勃発後の1942年について見る。1930年代後半から1940年代初期に満州の法人企業数は2.7倍、その払込資本金総額は4.8倍の増加を示す。これに対して化学工業では、企業数で4.4倍、払込資本金総額で8.9倍と、法人企業全体の増加率を大きく上回る。満州産業開発5カ年計画が発動されたこの時期、満州においては法人企業数が急増し、投資資金も急激に膨張する。化学工業はこうした満州法人企業全体の拡大テンポをさらに越えた拡充が進展した。その結果が、企業数で5.0％、払込資本金総額で8.1％という構成比の急上昇であった。満州の法人企業構造において化学工業の占める比重は1920年代初期までは相対的に低く、その企業の小規模性が特徴的であった。しかし、満州国成立後に小規模性は払拭され、むしろ産業開発5ヵ年計画の進展に伴い1930年代末から急速に産業構造上のプレゼンスを高めたと概括できる。1930年代末から1940年代初期に、特殊会社、準特殊会社形態の巨大企業が比較的多く新設されたことが、そうした構造変化を生じさせた要因と考えることができる。

2　化学工業の企業構成

次に企業構成の特質について検討する。**図表Ⅱ-12-2**は払込資本金額を基準に化学工業法人企業を集計したものである。1921年では企業数が最大であるのは10万円以上50万円未満の階層で12社、その構成比は42.9％である。その上層に9社、下層の10万円未満の零細規模企業が7社存在した。1936年には払込

図表 II-12-2　満州の化学企業の規模別分布

(単位：千円)

払込資本金額	1921年6月				1936年5月				1942年9月			
	企業数		払込資本金総額		企業数		払込資本金総額		企業数		払込資本金総額	
1000万円以上	0	0.0 %	0	0.0 %	1	1.4 %	18,750	31.7 %	9	2.8 %	328,250	62.6 %
500万円～1000万円未満	0	0.0 %	0	0.0 %	0	0.0 %	0	0.0 %	14	4.3 %	78,240	14.9 %
100万円～500万円未満	3	10.7 %	3,500	33.8 %	14	18.9 %	30,670	51.9 %	43	13.3 %	82,443	15.7 %
50万円～100万円未満	6	21.4 %	4,058	39.2 %	7	9.5 %	4,275	7.2 %	17	5.2 %	9,875	1.9 %
10万円～50万円未満	12	42.9 %	2,616	25.3 %	21	28.4 %	4,464	7.5 %	100	30.9 %	20,517	3.9 %
10万円未満	7	25.0 %	181	1.7 %	31	41.8 %	966	1.7 %	141	43.5 %	5,065	1.0 %
総計	28	100.0 %	10,355	100.0 %	74	100.0 %	59,124,000	100.0 %	324	100.0 %	524,389	100.0 %

出所：前掲『満州会社興信録　大正十一年版』、前掲『満州銀行会社年鑑　昭和十一年版』、前掲『満州銀行会社年鑑　昭和十七年版』。

資本金1000万円以上の階層の企業が1社出現する。これは1933年5月30日に資本金2500万円（1250万円払込）で設立された満州化学工業株式会社であった。1936年では10万円以上50万円未満の階層は、企業数は増加するがその構成比は低下する。50万円以上100万円未満の階層も同様に構成比を大幅に低下させる。これに対して、1921年では3社、10.7％に過ぎなかった100万円以上500万円未満の階層は企業数が14社と急増し、その構成比も18.9％と上昇した。また、1936年の顕著な特徴は10万円未満の零細規模層で企業数が31社に増加し、その構成比が41.8％と大幅に上昇した点であった。それでもこの階層の払込資本金総額は全体のわずか1.7％を占めるに過ぎなかった。払込資本金50万円未満の階層を一括して集約すると、企業数は52社でその構成比はほぼ70％に達するが、その払込資本金総額は全体の10％に満たない。他方で、払込資本金100万円以上の企業は15社で約20％の構成比であったが、それらの払込資本金総額は全体の80％以上を占有している。1936年の企業構成では両極分解が進展していたことが分かる。1920年代から1930年代前半期の化学工業では、増資あるいは新設を通じて払込資本金100万円以上の大規模企業が多く出現したが、同時に零細規模企業もそれ以上に多く新設されていた。さらに、満州産業開発5ヵ年計画が発動し満州の重工業化が本格的に展開された1930年代後半から1940年代初期の変化を1942年9月末現在のデータで確認する。1942年には化学工業の法人企業数は324社と急増し、払込資本金1000万円以上の巨大企業が特殊会社を中心に9社へと増大する。同時に500万円以上1000万円未満の企業も14社にとな

図表 II-12-3　満州における化学工業の企業規模と法人形態

(単位：千円)

調査年	会社形態	2,000万円以上 社数	払込資本金額	200万円以上 社数	払込資本金額	20万円以上 社数	払込資本金額	2万円以上 社数	払込資本金額	2万円未満 社数	払込資本金額	合計 社数	払込資本金額
1921年	株式会社					16	8,718	3	450,000	1	3	20	9,170
	合資会社					1	900	4	256,000	3	29	8	1,185
	合名会社												
	合計					17	9,618	7	706	4	32	28	10,355
1936年	株式会社			8	40,000	23	15,438	14	1,298			45	56,735
	合資会社					2	1,400	14	850	9	80	25	2,330
	合名会社							1	30	3	29	4	59
	合計			8	40,000	25	16,838	29	2,178	12	109	74	59,124
1942年	株式会社	5	271,250	36	186,408	75	50,205	85	8,784	5	48	206	516,695
	合資会社					4	2,480	46	3,084	17	182	67	5,746
	合名会社					2	470	26	1,218	23	260	51	1,948
	合計	5	271,250	36	186,408	81	53,155	157	13,086	45	490	324	524,389

出所：前掲『満州会社興信録　大正十一年版』、前掲『満州銀行会社年鑑　昭和十一年版』、前掲『満州銀行会社年鑑　昭和十七年版』。

る。法人企業数の変化をその構成比で見ると、100万円以上の階層は20.4％と1936年に比較してほとんど変化がない。これに対し50万円未満の階層が2.5％、10万円未満の階層が1.7％と微増する。払込資本金総額の構成比では、1000万円以上の層が62.6％を占有し、100万円以上の階層を一括すると、全体の93.2％がこの階層の企業の資本金であったことが分かる。他方、企業数では241社、74.4％の構成比を示す50万円未満の階層の払込資本金総額は全体のわずか5％程度に過ぎない。1930年代前半期から進行しつつあった化学工業における企業構成の二極化傾向は、1930年代後半以降により鮮明になる。戦時体制の構築に対応して戦略的な重要産業であった化学工業で特殊会社、準特殊会社形態の巨大企業が新設される一方で、満州国の企業統制政策により零細な個人企業の法人化が進展したことがその要因であった。

　図表 II-12-3 は払込資本金額と法人形態の関係を示すものである。いずれの時期も株式会社形態が中心である。また、1936年までは合資会社形態が大半で無限責任制をとる合名会社は少数であった。しかし、それ以降1942年までの間に相当数の企業が合名会社形態で設立されたことが分かる。これら合名会社の大半は中国人出資により設立された企業であった。対人信用を基礎に個人経営の下

図表II-12-4　満州企業構造における化学工業企業の位置（1942年9月現在）

(単位：千円)

会社名		規模別順位	払込資本金	設立年	事業内容
吉林人造石油㈱	特殊	8／6,522	140,000	1939.09.04	液体燃料
満州合成燃料㈱	特殊	20／6,522	50,000	1937.08.06	液体燃料
満州石油㈱	特殊	30／6,522	30,000	1934.02.24	石油採掘・精製
満州電気化学工業㈱	特殊	35／6,522	26,250	1938.10.24	カーバイド
満州化学工業㈱		40／6,522	25,000	1933.05.30	肥料
満州曹達㈱	準特殊	50／6,522	16,000	1936.05.22	曹達
満州硫安工業㈱	特殊	65／6,522	12,500	1939.02.09	肥料
東洋タイヤ工業㈱		76／6,522	10,000	1938.06.17	ゴム
東洋人繊㈱		76／6,522	10,000	1939.09.04	人造繊維
満州火薬工業㈱	特殊	84／6,522	8,500	1941.02.01	火薬
満州大豆化学工業㈱	準特殊	98／6,522	7,500	1940.06.20	製油

出所：前掲『満州銀行会社年鑑　昭和十七年版』。

にあった中国系企業が満州国の企業統制により合名会社形態で法人化された結果と見ることができる。

　次に、化学工業部門の巨大企業が満州の企業構造でどのような位置にあるかを確認する。**図表II-12-4**は満州の全法人企業の中の上位100社に位置する化学工業企業を抽出したものである。「規模別順位」とは1942年9月末の全満州法人企業6522社の払込資本金額を基準にした順位である。同表によれば11社が上位100社に含まれている。化学工業で最大払込資本金額を有する吉林人造石油が第8位に位置する。同表から化学工業は企業構造的に見ると巨大企業が比較的多数存在する産業であったことが分かる。また、これらの企業の多くが、満州産業開発政策における戦略的な事業であったことも確認できる。

3　事業分野別企業構成

　次に化学工業における事業分野構成を確認する。**図表II-12-5**は、化学工業企業を事業分野別に企業数、払込資本金総額、平均資本金規模について集計したものである。同表は1921年6月末現在、1936年5月末現在、1942年9月末現在の各データをクロス集計し作表したもので、1942年9月末現在のデータ集計値とは合計値が異なる。会社清算や吸収合併などにより1942年9月現在のデータから脱落する企業を収録した結果である。同表によれば企業数の多い事業分野は油脂工業の111社（31.2％）と薬品工業の89社（25.0％）である。油脂工業に

図表II-12-5 満州化学企業の事業分野別分布

(単位:千円)

事業分野	企業数		払込資本金総額		平均資本金規模
油脂	111	31.2 %	38,779	7.7 %	349
薬品	89	25.0 %	37,204	7.4 %	418
パルプ・製紙	27	7.6 %	59,794	12.1 %	2,215
ゴム	24	6.7 %	30,539	6.1 %	1,272
石炭乾留・木炭・マッチ	16	4.5 %	3,206	0.6 %	200
酸・アルカリ	16	4.5 %	44,118	8.8 %	2,757
皮革	15	4.2 %	4,170	0.8 %	278
染料	15	4.2 %	3,995	0.7 %	266
電気化学	14	3.9 %	33,970	6.9 %	2,426
液体燃料・アルコール	13	3.7 %	234,348	47.8 %	18,027
その他	16	4.5 %	5,445	1.1 %	340
総計	356	100.0 %	495,566	100.0 %	1,392

出所:前掲『満州会社興信録 大正十一年版』、前掲『満州銀行会社年鑑 昭和十一年版』、前掲『満州銀行会社年鑑 昭和十七年版』(1943年)。
注:(1) 薬品には、火薬、化粧品製造業を含む。
(2) 油脂には、製油、油房、塗料、石鹸製造業を含む

は油房や在来的な製法による製油業が、薬品には生薬製造など、在来的な零細規模の企業が多く存在し、これが企業数を押し上げている。払込資本金総額で見ると液体燃料・アルコール工業が47.8%と全体のほぼ半分を占める。1930年代後半に重点産業として吉林人造石油など巨大企業が設立されたことが反映した結果である。平均規模で見ると、液体燃料・アルコール工業、酸・アルカリ工業、電気化学工業、パルプ・製紙などの事業分野で相対的に大規模企業が多く、石炭乾留・木炭・マッチ工業、染料工業、皮革工業などに小規模企業が多い。これらの事業分野は企業数自体も少ないが、マッチ製造やインク・白玉染料製造、皮革加工などやはり在来産業的な事業分野に小規模企業が多いことが分かる。

第2節 マッチ工業

マッチ製造は投資規模や製造技術の点で比較的新規参入が容易な部門であるため、満州においては中国系を中心に多数の零細な製造企業が存在した[23]。マッチはそれまで日本の対中国輸出品の重要品目であり、満州に対しても多く輸出されていた[24]。しかし、吉林の軸木材の利用を目的として1907年10月24日に広島

市を本店とし、長春においてマッチ製造を行なう公称資本金 30 万円（払込 18 万円）の日清燐寸株式会社が設立される。この日清燐寸が満州における最初の本格的な日系マッチ製造事業であった[25]。これ以降、1913 年に公称資本金 5 万円（払込 1 万 2500 円）で安東燐寸製材株式会社、1914 年に公称資本金 18 万円（払込 4 万 5000 円）で吉林に吉林燐寸株式会社が設立される。同社は 1921 年に公称資本金 75 万円（払込 32 万 2500 円）、1933 年に公称資本金 25 万円（払込 10 万 7500 円）、34 年に公称資本金 55 万円（払込 40 万 7500 円）と増資と減資を繰り返した。また、1919 年 4 月 30 日に公称資本金 30 万円（払込 7 万 5000 円）で大連に満州燐寸株式会社、同年 8 月 8 日に公称資本金 50 万円（払込 12 万 5000 円）で大連燐寸株式会社などが設立された。これらのうち安東燐寸製材と満州燐寸は企業規模が相対的に小規模で、開業当初より欠損状態が継続して、結局休業状態となった。したがって満州における日系のマッチ製造企業として事業活動を維持したのは日清燐寸、吉林燐寸、大連燐寸の 3 社と見てよい。

　これら 3 社のうち、吉林燐寸は吉林に 2 工場と長春工場および東亜燐寸株式会社奉天工場を買収した奉天工場を有し、「満州の燐寸界は殆ど吉林燐寸によって統一された」と表現されるように、満州最大のマッチ製造企業となる[26]。吉林燐寸は日中合弁として設立されたが、その後に中国側株式を買収し完全な日系企業となっている。これら日系企業以外の代表的な中国系企業としては、1913 年に営口において関東火柴股份有限公司設立されている。同公司は 1937 年 4 月 5 日に公称資本金 20 万円（払込 10 万円）の関東火柴製造株式会社に改組された。1922 年には同じく営口に甡々火柴股份有限公司が設立された。同公司も 1937 年 4 月 3 日に公称資本金 20 万円（払込 10 万円）の甡々火柴株式会社に改組される。同社は営口の有力中国人企業家の李子初が社長に就任し、専務取締役には王翰生が就任している。同じく 1922 年に奉天において奉天恵臨火柴股份有限公司が設立される。同社も奉天の有力企業家の張保先が社長に就き、1937 年 7 月 29 日に公称資本金 18 万円（全額払込）で奉天恵臨火柴株式会社へと改組されている[27]。

　満州におけるマッチ生産は原木の豊富さや賃金水準の低位性から生産が拡大したが、その結果、需要に対して大幅な過剰生産状態に陥った。同時に世界のマッチ工業における独占的企業であったスウェーデンの瑞典燐寸株式会社が満州進出

し、1925年に生産過剰に起因する低価格競争から経営状況を悪化させていた吉林燐寸の株式の6割を買収し、さらに1926年には日清燐寸の株式の6割と大連燐寸の株式のほぼ全株を買収して、満州における日系マッチ製造企業は瑞典燐寸の資本支配下に入った[28]。満州マッチ市場を寡占的に支配した瑞典燐寸はダンピング販売を展開し、その他の日本系、中国系マッチ製造企業は次々と休業あるいは廃業に追い込まれた[29]。こうした瑞典燐寸への対抗措置として中国東北政権は1930年に専売制度条例を布告し、翌31年4月からマッチを専売制に移行させた。この専売制の施行により瑞典燐寸は満州において事実上の販売不能状態に陥った。この結果、瑞典燐寸を含む満州における全マッチ製造業者を網羅した東北火柴維持会が設立され、販売機関として公売所が設置される[30]。満州事変の勃発後にこの公売所は日系製造業者により出資、運営されることとなり、日系マッチ製造企業はマッチの販売、統制権を掌握することに成功した。満州国成立後の1932年7月から公売所は満州国財政部の直轄に移行して満州火柴公売承弁処と改称され、東北火柴維持会も満州火柴同業連合会に再編された[31]。こうした日本による満州支配の強化のなかで圧迫を受けた瑞典燐寸は吉林燐寸、日清燐寸、大連燐寸などの所有株式を売却し満州市場から撤退する[32]。その後は満州のマッチ製造は先に紹介した日本系、中国系マッチ製造企業を中心に進展するが、その生産量は1939年をピークとして1940年代に入ると減退傾向を示すようになる。原料化学薬品である赤燐、硫化燐、塩素酸カリなどの輸入杜絶により、満州において化学原料供給能力の限界が生じたことがその原因であった[33]。

第3節　皮革工業

　皮革工業もまた、満州における在来産業的な色彩の強い製造事業部門であり、むしろ畜産事業に随伴して発展した加工工業であった。そのため満州においては皮革鞣業を中心に中国系の小規模な在来加工業が多数存在した[34]。日系企業としては1934年7月13日に公称資本金300万円（払込75万円）で満州皮革興業株式会社が奉天に設立される。しかし、中国系の加工業者との競合や加工技術の問題から同社は経営不振に陥り、1936年1月18日に公称資本金100万（払込75

万円）に減資され、社名も満州皮革株式会社と変更された。その後、満州皮革は1940年6月18日に公称資本金150万円（全額払込）、1941年9月10日に公称資本金200万円（全額払込）へと増資された。さらに1942年には1939年9月28日に公称資本金100万円（払込50万円）で関東州の金州に設立されていた泰東皮革株式会社に出資する。このように当初の日系皮革工業企業は低迷したが、満州産業開発5ヵ年計画の発動により満州経済統制が本格化すると、満州国政府は日本本国の皮革統制政策に連動する形で1938年12月に毛皮皮革類統制法を公布する。1937年9月1日に準特殊会社として新京に公称資本金500万円（払込250万円）で設立されていた満州畜産株式会社が1939年2月に毛皮皮革統制機関に指定され満州国における皮革工業は政府の全面的統制下に組み込まれた[35]。満州畜産は満州国政府、満州拓殖公社、満鮮拓殖株式会社の共同出資により設立された企業であった。ちなみに同社は2度の増資を行ない、1942年には公称資本金2500万円（払込2000万円）の巨大企業に成長する。日系の皮革工業企業はこうした統制政策に対応して設立されたものが多い。日本の皮革工業はタンニン鞣やクローム鞣など薬品を用いて皮革加工するもので、満州国成立後に軍用皮革の需要や靴・鞄などの民需も拡大した。しかし、加工に用いられたタンニン剤は輸入に依存しており、満鉄中央試験所が満州国産化を目標に柞蚕用樹皮からタンニンを抽出する研究を行なっていた[36]。

　日系の皮革工業企業は1942年9月現在で15社を確認できる。1939年8月18日に公称資本金30万円（払込15万円）で奉天に設立された大滝化学工業株式会社と1939年9月30日に公称資本金45万円（全額払込）で新京に設立された康徳化学工業株式会社の2社がゼラチン、膠の製造加工を事業内容とするが、これ以外の13社はすべて皮革の鞣加工を営業目的とする企業である[37]。**図表Ⅱ-12-6**は払込資本金額が50万円以上の企業を掲出したものである。払込資本金額が100万円以上の企業は満州皮革と東亜毛皮革株式会社の2社である。東亜毛皮革は1937年9月1日に公称資本金200万円（払込100万円）で奉天に設立されたが、事業所は哈爾濱に設置され皮革加工を行なった。同社株式の99％は鐘淵紡績株式会社が保有しており、東亜毛皮革は鐘紡の完全子会社であった。皮革工業もその事業内容の特性から化学工業としては在来産業的色彩が強い事業分野であ

図表II-12-6　皮革工業の主要企業（1942年9月現在）

（単位：千円）

企業名	設立年月日	公称資本金額	払込資本金額	会社所在地	事業内容
満州皮革㈱	1934.07.13	2,000	2,000	奉天	皮革類加工・製造
東亜毛皮革㈱	1937.09.01	2,000	1,000	奉天	皮革類加工・製造
大滝化学工業㈱	1939.08.18	600	600	奉天	膠皮・ゼラチン製造
泰東皮革㈱	1939.09.28	1,000	500	大連	皮革類加工・製造

出所：前掲『満州銀行会社年鑑　昭和十七年版』。
注：払込資本金額50万円以上の企業。

った。

第4節　油脂工業

周知のように満州の特産品は大豆であり、これを搾油した大豆油など植物性油脂を利用した油脂加工工業が満州で発展する[38]。ここでは油脂工業を油房業を中心とする製油工業、大豆化学工業、石鹸製造を中心とする硬化油工業、塗料工業の4事業分野に区分し検討する。

1　製油工業

製油工業のなかでも油房業が満州における中心的な在来産業であったことはあらためて言うまでもない[39]。中国系、日系の中小零細規模のものを含めると満州には多数の油房が存在した[40]。1942年1910月現在のデータによれば法人企業として捕捉されるだけで60社を確認することができる。以下で代表的な日系油房について簡単に言及しておく。確認できる範囲で満州に最初に設立された日系油房は営口の小寺油房であった。小寺油房は満州特産物取引で三井物産に次ぐ地位にあった営口を拠点とする小寺洋行により1906年に満州初の水圧機器油房として設立される[41]。小寺油房は油房の中心地であった営口と大連にそれぞれ営口小寺機器油房および小寺洋行大連製油所を設置する。しかし、第1次大戦後の不況の中で神戸の小寺洋行の経営状態が悪化したため、油房と小寺洋行の経営を分離することを目的として1921年12月12日に営口小寺機器油房は公称資本金100万円（全額払込）の株式会社組織に改組された。これに対し1909年に水圧式工

場として設置された大連製油所は、この神戸小寺洋行の経営悪化の影響を受けて経営状態を悪化させた[42]。小寺洋行による油房の設立に刺激されて三井物産を中心に設立されるのが株式会社三泰油房である[43]。三泰油房は1907年5月22日に三井物産と営口の中国商人であるの潘玉田の東永茂およびと李序園の西義順の3社による合弁企業として営口に公称資本金50万円（全額払込）で豆油、豆粕の製造販売を目的に設立される。三泰油房は大豆買収や合弁企業との関係から本社を営口に置いて設立されたが、その事業活動の中心は大連支社および大連工場であった。同社は1908年から製造事業を開始し、その経営状態は良好であった。同社は大連に油房業が急増する先鞭を付け、大連を代表する油房として発展する[44]。三泰油房はその後に本社を大連に移し、1935年7月8日には公称資本金250万円（全額払込）、1937年8月16日には公称資本金500万円（全額払込）へと増資され大企業に成長した。

　また、1916年4月26日には大豆油を原料とする硬化油工業を目的として大連に公称資本金100万円（払込75万円）で大連油脂工業株式会社が設立される。硬化油は液状油を硬化し脱臭脱色してその応用範囲を拡大した技術を用いて製造され、医療用や工業用に利用された。大連油脂工業は満鉄中央試験所の研究技術を実用化するために満鉄により設立された企業であり、役員トップの専務取締役には満鉄中央試験所の岡田徹平が就任した。その他の役員には相生由太郎、石本鑽太郎、佐藤至誠など大連を代表する有力地場企業家が就任している。同社に対する満鉄の出資比率は37％であった[45]。大連油脂工業は創立時の株式公募に153倍もの倍率を示すなど期待をされたが、操業開始後の事業収支は一貫して低迷を続けた。同社は製油工場と硬化油工場を有したが、製油事業は「満州各地油房業者と同様苦境にあり殆ど採算上引合いたる時機なく」欠損を続ける[46]。このため大連油脂工業は1925年5月に公称資本金を25万円（全額払込）に減資し、製油事業から撤退し硬化油工業に特化することとなった。そして、同社製油工場は三菱商事に売却される[47]。硬化油工業に特化した大連油脂工業は1940年7月に満州油脂株式会社に事業買収され、同社の硬化油事業は実質的に終焉する。

　1913年1月15日に公称資本金50万円（払込12万5000円）で大連に設立をされた南満州物産株式会社は満州特産品貿易と海運業を行なった鈴木商店系の企

業であった。満鉄中央試験所は豆油製造所を設置して大豆搾油の在来的製造法の研究に着手し、在来製法の倍近い効率性を備えた抽出装置と搾油法の実用化に成功する。鈴木商店がこの豆油製造所の製造工場および製造装置一切を、その試験費用に該当する33万3000円で買収する。南満州物産は1915年に鈴木商店からこの製油工場の経営受託をされ油房業に進出した[48]。設立時は南満州汽船株式会社として海運企業であった南満州物産は1916年5月15日に公称資本金100万円（全額払込）に増資されるが、これと同時に南満州物産に社名が変更される。同社はこの製油工場を日本本国の豊年製油株式会社に賃貸し、豊年製油大連工場はベンジン抽出製法による製油事業を通じて、満州における有力な製油工場となっていく[49]。

1918年9月25日には公称資本金300万円（払込90万7500円）で大連製油株式会社が設立される。同社はベンジン抽出式油房として資本金30万円で設立された満州ベンジン工業株式会社を前身とした。満州ベンジン工業は操業に先立ち大麻子などの原料の思惑取引に失敗して損出を計上し、1921年に大連製油に社名を変更し水圧式搾油工場を増設して製油工業に進出した[50]。しかし、同社は「財界不況に加ふるに大豆不良の為油房業の成績思はしからず採算困難となれる」うえに、1923年に大連工場が火事に罹災し休業状態に陥って以降操業再開をすることなく終わった[51]。このほかには、1920年2月1日に長春において公称資本金100万円（払込25万円）で満州製油株式会社が、1922年2月には哈爾浜において北満製油株式会社が設立されている。北満製油は日露合弁の東亜洋蝋合資会社の製油工場を法人化した企業であった。また、1920年1月に大連において公称資本金100万円（払込25万円）で設立された株式会社日華油房は、和盛利油房その他の大連特産物商の共同出資により既存油房を買収拡張して開業した油房であった[52]。これらが満州における相対的に大規模な製油企業であった。こうした企業は1910年代から1920年代に集中して設立されたが、その大半は第1次大戦期以降に経営を悪化させ、休業に追い込まれた企業も少なくなかった。1930年代の後半期に小規模な油房の法人設立が増加するが、それらは在来的な中国系油房が満州国会社法の公布により法人企業に組織変更されたもので、この時期の法人企業数の増大は満州油房業の衰退傾向が転換されたことを意味するものでは

ない。

　こうした中小零細な満州油房企業に比べ、むしろ満州油房として格段に重要な役割を果たしたのは満州で製油事業を展開した日本の製油企業であった。本章は満州の法人企業分析を目的とするため、本章の直接的な検討対象からは外れるが、満州製油工業を見る際に看過し得ない存在である。したがってその代表的企業として日清製油株式会社の満州における事業活動について簡単に言及しておきたい。日清製油は、1907年4月1日に公称資本金300万円（払込75万円）で日清豆粕製造株式会社として設立される。同社は東京に本社を置く日本法人であったが、その事業地は満州であり、日清豆粕製造大連工場は水圧式搾油工場として満州において最も進んだ搾油設備を有する工場であった。この工場は日系、中国系を合わせても満州最大の製油工場であった。日清豆粕製造の出資は横浜の肥料商であった松下久治郎や大倉組の大倉喜八郎、大連の古沢丈作らで、設立の中心は大倉と松下であった。この点から同社は資本系列としては大倉財閥系の企業と見ることができる。社長には大倉組副頭取を兼務する形で大倉喜八郎の女婿である高島小金治が就任し、松下は取締役に就任した[53]。同社は大連工場で製油事業を開始するとともに営口出張所を設けて大豆および大豆粕の収買を行なった。同社の操業当初の経営状態は低迷し、1914年7月には公称資本金を60万円へと減資を余儀なくされる[54]。しかし、第1次大戦期のブームが同社の経営状態を好転させ、同時に業務内容も拡張された。日清豆粕製造は1918年5月に日清製油株式会社に商号変更され、同時に定款の営業目的を「豆油その他植物性油および油粕の製造ならびにこれらの応用および加工業」へと拡大した[55]。これ以降の同社の経営状態は全体的には良好で、平均して20％前後の配当率を実現していた[56]。日清製油は1938年9月30日に満州国法人として株式会社日清桟を公称資本金100万円（払込50万円）で新京特別市に設立する。同社は日清製油大連支社の管轄下にあった哈爾浜、四平街、新京各出張所の業務を継承して設立されたものであった。社長は日清製油社長の松下外次郎が兼務し、哈爾浜、四平、通化、安東に支店を有した。日清桟は単に日清製油の北満州業務を移譲されたものではなく、糧桟や糧桟組合を下請けに集荷を行なう糧桟業務領域に進出をしていた[57]。こうした日清製油や豊年製油など日本企業の満州油房業に対する優位性はその生産性に

あった。満州国成立以前の満州油房においてベンジン溶剤を利用して大豆油を抽出する化学的製造法を本格的に採用した企業は豊年製油大連工場のみであり、また高圧板粕製造法を行なったのは日清製油大連工場のみであった。その他の油房は在来型の楔式や螺旋式あるいは機械制水圧式の単純圧搾製法であり、その油分抽出効率や生産性において満州の油房業は圧倒的な劣位にあった[58]。

満州の油房業の衰退傾向はすでに述べたように複合的要因により生じたものではあるが、技術上の参入障壁の低位性に起因する製造能力の増大と企業数の増大により慢性的な過剰生産状況にあったことも大きな要因であった。過剰生産による競争激化が市況を悪化させ、油房経営を圧迫していた。このため大連油房業者は、規約に「生産ノ調整ヲ図ルコト」を掲げる実質的なカルテル組織である大連油坊連合会を結成する。これには大連の油房の大半が加盟していた。同じように、哈爾浜においても生産調整を目的としたカルテル組織として哈爾浜油坊公会が設立された[59]。

2 大豆化学工業

次に大豆化学工業について見てみる。満鉄中央試験所が豆油製造所を設置し製油抽出製法の試験研究を進めたことはすでに述べたが、ここで開発された技術には大豆油のベンジン抽出法とアルコール抽出法の二つがあった。前者が南満州物産を通じて豊年製油大連工場で工業化されたことは既述したが、後者のアルコール抽出法を工業化した事業分野が大豆化学工業であった。満州の油房業は在来的製法であれ水圧式の機械制であれ、いずれにせよ圧搾による製造方法であった。しかし、満鉄中央試験所の技術はベンジンやアルコールを溶剤として油分を抽出する方法であった。アルコール抽出法による大豆油は高品質で食用、硬化油、塗料原料として適したのみならず、その脱脂大豆粕や大豆粉は食品あるいは工業用蛋白原料としてグルタミン酸ソーダやアミノ酸に利用することが可能であった[60]。このアルコール抽出法を利用する大豆化学工業の代表的企業が、満州大豆工業株式会社と準特殊会社として設立される満州大豆化学工業株式会社である。満州大豆工業は1934年7月23日に公称資本金150万円（全額払込）で大連にアルコール抽出法による大豆油製造企業として設立される。資本の53.3％を満鉄が出資

し、その他に味の素本舗株式会社鈴木商店、日本油脂、三井物産、三菱商事などが出資していた[61]。しかし、同社が大豆化学工業に先鞭を付したことは間違いないが、その中心業務は搾油率の上昇や豆粕利用を図るに止まり、大豆蛋白質や副産物の本格的工業化に着手したものではなかった[62]。その後、大豆蛋白の化学的加工研究が進展し、これを原料とする角質物や羊毛代用繊維の製造法などが開発される。こうした応用技術の発展から関係会社を中心とする出資により1940年6月20日に公称資本金3000万円（払込750万円）で満州大豆化学工業が準特殊会社として設立される。出資は満州特産専管公社を中心に日本油脂、新興人絹、東洋紡績、呉羽紡績、東洋絹織、鈴木食料工業、大日本セルロイド、豊年製油、鐘淵実業、ライオン油脂、大日本油脂、昭和産業、三井物産、三菱商事など日本有力な需要メーカー14社の共同出資であった[63]。同社は満州大豆工業の大連におけるアルコール抽出工場を買収・統合し、新たに連結低温抽出工場を設置した[64]。これにより1940年10月に満州大豆工業は解散する[65]。満州大豆化学工業は人造羊毛、ベークライト、人造ゴムなど可塑物工業や油脂工業の総合的な化学企業会社であった[66]。

3 硬化油工業

次に硬化油工業について見てみる。満州における硬化油工業は満鉄中央試験所が軍の要請により大豆油の分解によるグリセリン製造の工業試験を実用化し、その工業化のために満鉄により大連油脂工業が設立されたことに始まる。同社の製油事業についてはすでに言及したが、同社のグリセリン製造事業も産業保護政策の点から日本が高率関税を課したことで対日輸出が低迷する。さらに、硬化油製造事業それ自体も魚油硬化油と競合して低迷したため、同社の経営状態は悪化していく[67]。しかし、満州国の成立後に硬化油需要が拡大し価格も高騰したことから同社の経営はそれ以降好転する。同社は硬化油製造とともに食用脂加工事業として人造ラードやマーガリンの製造も開始する。同社は後述するように1940年7月に満州油脂株式会社に工場設備を事業譲渡した[68]。

硬化油事業それ自体として事業展開した大連油脂工業を例外として、満州における硬化油加工技術は具体的には石鹸製造事業として工業化された。満州の石鹸

製造事業は、大連において1907年に畑中繁太郎が石鹸製造を開始し、翌1908年に万玉洋行が大連に設立され石鹸製造を開始したことから始まる。万玉洋行は1925年12月に資本金8万円の合資会社となる石鹸および蝋燭の製造販売企業であった。しかし、石鹸製造が本格的に展開するのは1919年10月に公称資本金100万円（払込25万円）で満州石鹸株式会社が大連に設立されて以降であった[69]。満州石鹸は大連の製造工場であった満州石鹸製造所と大連石鹸製造所を基礎に日清製油の古沢丈吉を社長として設立された企業であった[70]。1926年からは専業メーカーではないが前述した硬化油工業の大連油脂工業が石鹸製造を開始する。このほかでは1923年9月28日に資本金3万5000円で新京に設立される怡信石鹸合資会社や撫順の協和石鹸製造公司、旅順の山口洋行などがあった。しかし、この時期の石鹸製造事業は満州の主として洗濯石鹸需要の一部を供給するに止まった[71]。満州において石鹸工業がその供給力を増大するのは、満州国の成立後であった。満州油脂株式会社は1938年6月18日に公称資本金200万円（払込50万円）で奉天に油脂グリセリン、脂肪酸、その他の有機化学工業製品の製造販売を目的とする奉天油脂株式会社として日本油脂の出資により設立され、1940年2月に満州油脂に商号を変更した。同社は、1940年7月に大連油脂工業の工場設備を譲り受けた。この満洲油脂が公称資本金20万円の奉天石鹸株式会社を買収し石鹸生産高を拡大する。満州油脂は大連油脂工業との合併により増資され公称資本金500万円（払込360万円）となっていた[72]。さらに日本油脂も奉天に石鹸製造工場を設置して満州市場への供給を増大する[73]。なお、満州油脂は1942年3月には満州化工株式会社を合併し、満州の硬化油工業において最大企業となった[74]。満州化工は日本油脂と日清ラッカー株式会社により1939年3月11日に公称資本金48万円（全額払込）で奉天に設立された電気溶接棒と塗料の製造企業であった。これにより満州油脂の業務内容は塗料や電気溶接棒にまで拡張された[75]。また、1940年5月7日に公称資本金19万円（払込9万5000円）で新京特別市に設立された満州花王石鹸株式会社と囚人労働を利用して経営を行なう奉天第二監獄石鹸工場が化粧石鹸製造を行ない、満州における需要の約50％を供給していた。満州の石鹸製造原料には満州油脂の生産する硬化大豆油や朝鮮産の硬化魚油が利用されていた[76]。

4 塗料工業

次に塗料工業について見る。満州には塗料原料に適した蘇子油、小麻子油、大豆油など植物性の乾留性油が豊富に存在した。塗料工業はこうした油脂類を利用することで発展した。1919年2月6日に大倉財閥系の日清製油により公称資本金50万円（全額払込）で大連に満州ペイント株式会社が設立される。社長には日清製油取締役の古沢丈作が就任する。同社は日清製油の使用する製油輸出用木樽および鉄製丸缶の塗装用塗料を製造する目的で設立された。満州ペイントは一般塗料製造の分野にも進出し、その後に船舶や建築用塗料の製造販売を増大させる[77]。1910年代に資本金5000円の化学工業合資会社、公称資本金1万円（払込2500円）のソーライト製造株式会社、1920年代に資本金2万円の太陽インキ合資会社、資本金2万円のナニワペイント合資会社、資本金1万5500円の満州油脂化工合資会社などが設立されているが、いずれも零細規模の企業であり満州国成立以前の塗料工業は基本的に満州ペイント1社と考えてよい[78]。同社設立以前の満州では塗料需要は日本からの輸入に依存していた。満州国成立後の1933年に満州ペイントが哈爾浜工場を新設し、翌34年には公称資本金を3倍増の150万円（払込62万5000円）に増資する。さらに1938年には奉天工場を設置する。この奉天工場は1939年9月4日に資本金49万5000円（全額払込）の奉天満州ペイント株式会社として法人企業化される[79]。

さらに1932年12月に日本ペイント株式会社が奉天に日本ペイント製品販売株式会社を設立し、1933年3月には資本金100万円（払込25万円）で日満塗料株式会社が設立される。日満塗料社長には満州における日本ペイントの代理店であった大連の有力商社原田組の原田猪八郎が就任する。しかし、建国当初の満州国では製品の輸入関税より輸入原料への課税率が高く、塗料製造企業は内地製品との価格競争で不利であった。このため日本ペイントは日満塗料を1934年6月に吸収合併し、同社の満州工場とする。さらに1935年10月には日本ペイント製品販売も吸収し、満州工場では亜鉛華製造工場や搾油精製工場を新設する。その後の1937年に満州国の関税率が改定されると、日本ペイントは現地生産の優位性と満州国会社法公布を要因として、1939年7月31日に公称資本金400万円（払

込160万円）で奉天に満州国法人の日本ペイント株式会社を設立した。同社は奉天鉄西区工場に加えて1940年には鉄嶺工場を新設する。同社は日本の本社商号と同一でまぎらわしいことから、1942年9月に満州国法人を満州日本ペイント株式会社へと社名変更した。また、この他に日本ペイントは満州においてワニス原料となる松根乾留事業を目的として1942年6月24日に公称資本金50万円（払込12万5000円）で日満林産化学工業株式会社を奉天に設立するが、松根油の生産が軌道にのる前に敗戦を迎えることとなった[80]。

　こうした日本ペイントの満州進出を端緒としてその後に日本の有力塗料メーカーが次々と満州に関係企業を設立する。1938年7月29日には公称資本金100万円（払込25万円）で奉天に満州関西ペイント株式会社が設立される。同社は2度の増資を行ない1941年12月23日には公称資本金200万円（全額払込）の企業となった。同じ1938年9月20日には公称資本金100万円（払込25万円）で奉天に満州神東塗料株式会社、10月1日には公称資本金50万円（払込12万5000円）でやはり奉天に満州塗料工業株式会社が設立された。満州関西ペイントは油性ワニス、ラッカー、水性塗料などの各工場を設置し、軍需を中心に生産拡大を行ない、経営状況も良好で9％前後の株式配当を維持した[81]。満州神東塗料は、1901年に神戸ボイル油株式会社として設立され、1933年に東洋塗料製造株式会社と合併して設立された日本本国の有力塗料メーカーである神東塗料株式会社の子会社であった。1938年に神東塗料は住友化学工業株式会社と資本提携をしており、満州神東塗料も住友系の企業と見ることができる。同社は奉天および撫順に工場を設置し、塗料やワニスのほかに撫順に豊富な亜鉛鉱を利用して亜鉛華や消毒薬の製造も行なった[82]。また、満州塗料工業は航空機用塗料製造を目的に日本本国の日本自動車株式会社、日本特殊塗料株式会社、日本高級塗料株式会社、藤倉化学工業株式会社、株式会社北河製品所の5社が共同出資して設立された特殊塗料メーカーであった[83]。石鹸製造事業で触れた1939年に設立される満州化工も満州においては有力塗料メーカーの一つであった。これら日本本国の有力塗料製造企業の満州進出は、一般塗料のほか、特に耐寒、耐酸、耐油あるいは防錆などの特性を有する特殊塗料の需要増大に対応し本国企業の高い技術力を満州塗料工業に導入する役割を果たした。1930年代に有力塗料メーカーの満州

図表Ⅱ-12-7　油脂工業の主要企業（1942年9月現在）

(単位：千円)

企業名	特殊会社	設立年月日	公称資本金額	払込資本金額	会社所在地	事業内容
㈱三泰油房		1907.05.22	5,000	5,000	大連	製油業
南満州物産㈱		1913.01.15	1,000	1,000	大連	製油業
満州ペイント㈱		1919.02.06	1,500	1,500	大連	塗料工業
営口小寺機器油房㈱		1921.12.12	1,000	1,000	営口牛家屯	製油業
満州油脂㈱		1938.06.18	6,240	6,240	奉天	硬化油工業
満州関西ペイント㈱		1938.07.29	2,000	2,000	奉天	塗料工業
満州神東塗料㈱		1938.09.20	1,500	1,500	奉天	塗料工業
満州棉実工業㈱		1939.10.16	5,000	4,000	遼陽	製油業
日本ペイント㈱		1939.07.31	4,000	1,600	奉天	塗料工業
満州油脂工業㈱		1939.11.18	1,500	1,500	哈爾浜	硬化油工業
満州大豆化学工業㈱	準特殊	1940.06.25	30,000	7,500	新京	大豆化学工業
康徳製油㈱		1940.09.21	2,000	1,000	営口	製油業

出所：前掲『満州銀行会社年鑑　昭和十七年版』。
注：払込資本金額100万円以上の企業。

進出により拡大した満州塗料工業は、1940年9月に、満州日本ペイント、満州関西ペイント、満州ペイント、満州神東塗料の4社により原料の需給調整を目的とする同業団体として満州塗料工業会を結成した[84]。しかし、満州国政府は塗料の生産、流通、輸出入を一元的に統制することを目的として同工業会を基礎に1941年9月に塗料統制協会を設立させた。この統制協会は塗料メーカーのみならず貿易商社や販売企業を含む統制団体であった[85]。

5　企業構造の特質

　最後に油脂工業の企業構成を概括する。満州における油脂工業の法人企業数は、確認し得た限りで111社が存在する。これを分野別に区分すると油房を中心とする製油工業が60社、大豆化学工業が1社、石鹸工業が8社、石鹸製造を除く硬化油工業が19社、塗料工業が23社となる。これらのうち1942年9月現在で払込資本金額100万円以上の企業を抽出したものが図表Ⅱ-12-7である。資本金100万円以上の大企業は12社あり、油房業を中心に中小零細規模の企業が多い一方で、大企業も比較的多い事業分野でもあった。その最大企業は払込資本金額が750万円の準特殊会社である満州大豆化学工業であり、次に大きい企業が払込資本金額624万円の満州油脂である。これらの企業を満州企業構造と化学工業企業構成に位置づけてみる。日本を含む外国企業の満州支店を除く満州の法人企業

総数は約6500社を確認でき、そのうち化学工業企業は325社存在する。油脂工業の最大企業である満州大豆化学工業は満州企業全体では96位、化学工業では11位の資本規模の企業であった。同じように満州油脂は117位と16位である。満鉄、満業を始め巨大特殊会社が上位を独占するなかで、相対的に規模の大きい企業と見てよい。これら2社は事業分野では大豆化学工業と硬化油工業に分類できるが、これら以外では油房業や塗料工業に払込資本金100万円以上の大企業が多いことが分かる。

　図表Ⅱ-12-7で第3位の規模を有する満州棉実工業株式会社についてこれまで触れてこなかったので、ここで簡単に紹介しておく。満州棉実工業は1939年10月16日に公称資本金500万円（払込250万円）で遼陽に設立された。大日本セルロイド株式会社と満州棉花株式会社（本店大連）による折半出資であった。社長には大日本セルロイド社長の西宗茂二が就任する。大日本セルロイドは綿破布をセルロイド製造の主原料としていた。しかし、日中戦争後の物資統制の強化、特に綿糸布使用制限令の公布などにより製造原料の木綿ボロの調達が困難となっていた[86]。この対策として大日本セルロイドは綿種子短繊維のリンターを代替原料とすることを企図して、1937年3月に資本金300万円で天津にリンターおよび棉実油生産を目的に興元化学公司を設立し、1938年6月には日華製油株式会社と契約を締結し同社の朝鮮木浦工場内にリンター製造工場を設置する。満州棉実工業の設立もこうした大日本セルロイドによる原料リンター調達を目的に行なわれたものであった[87]。同社は1943年に満州棉花の持株を大日本セルロイドが引き受け、大日本セルロイドの完全子会社となった[88]。

　なお、1942年9月現在を企業カバレッジの基準とする本章のデータからは脱漏するが、油脂工業企業として、1943年12月29日に公称資本金1000万円（払込250万円）で鞍山に南満化成工業株式会社が、1944年3月29日に公称資本金1000万円（払込250万円）で大陸化学工業株式会社が設立されている。南満化成工業は日本化成工業（後に三菱化成工業）、満州重工業開発、昭和製鋼所の出資により設立され、大陸化学工業は三井化学工業、満州重工業開発、本渓湖煤鉄公司の出資により設立された。両社とも満州重工業開発、満州国、関東軍から総合化学工業への進出を要請された三井財閥あるいは三菱財閥により設立されたも

のであった[89]。大陸化学工業の社長には高碕達之助が就任している。

第5節　染料工業

　満州では衣類は綿製で色彩は黒色あるいは藍色が嗜好され、衣類のほぼ9割がその両色に占められていたと言われる。そのため在来的な染法は染房による藍染めかタンニンを用いた黒染めが中心であった。こうした満州における染料工業の始まりは、1918年2月に関東都督府の援助を受け資本金4万5000円で大連に大和染料合資会社が設立されたことからである[90]。1915年に岡山県の与田銀染料工場が黒色硫化染料を製造し、第1次大戦期の輸入染料不足に直面した日本においてヤマトブラックの商標で流行する[91]。この与田銀染料の与田銀次郎が設立した大和染料合資会社は、1919年12月15日に大連の有力実業家の共同出資を受けて公称資本金200万円（払込50万円）の株式会社に改組される[92]。出資は南昌洋行、東裕公司、相生合名会社など大連の地場有力商社や与田銀染料の福田熊治郎により行なわれた。社長には大連実業界の中心的人物である東裕公司の首藤定が就任し、福田は専務取締役に就いた。大和染料は満州において実質的に唯一の染料工業企業であり、黒色硫化染料やアニリン染料を製造した。同社は1930年に公称資本金50万円（払込25万円）に減資された後、1936年11月15日に公称資本金200万円に増資され1940年2月24日に全額払込を完了した。また、同社は1937年11月30日に公称資本金100万円（払込25万円）で奉天に満州国法人の子会社を同名の大和染料株式会社として設立し、モノクロール、ベンゾールなどの中間財の製造を開始する[93]。満州における染料需要は1930年代後半で年間ほぼ5000トンと推定され、大和染料が約半分の市場シェアを有していた。しかし、同社製品は泥状および粉状の硫化黒であり、他の色彩の高級染料は製造できず、それら高級染料のほとんどが日本からの輸入品であった。この点で大和染料の製造技術には限界があり、有機合成化学の総合的工業化の観点から1942年に満州化学工業株式会社に吸収合併され、その大連工場は満州化学工業の染料部となった。また、奉天大和染料も1943年2月に満州染料化学株式会社として再編された[94]。

図表Ⅱ-12-8　染料工業の主要企業（1942年9月現在）

企業名	設立年月日	公称資本金額	払込資本金額	会社所在地	事業内容
大和染料㈱	1919.12.15	2,000	2,000	大連	染料・化学工業薬品製造
東洋染料製造合資会社	1919.12.01		900	大連	染料製造
大和染料㈱	1937.11.30	1,000	1,000	奉天	染料・化学工業薬品製造

出所：前掲『満州銀行会社年鑑　昭和十七年版』。
注：払込資本金額50万円以上の企業。

　確認できる限りで、満州の染料工業企業は12社が存在する。**図表Ⅱ-12-8**は染料製造分野で払込資本金額が50万円以上の企業を抽出したものである。2社の大和染料は1社が大連に設立された大和染料であり、他の1社は満州国成立後に奉天に満州国法人として設立された子会社である。『1922興信録』の記述によれば、大和染料と同じ1919年12月に大連において資本金90万円の東洋染料製造合資会社が設立されている。同社の詳細については未詳であるが、『1922興信録』の付記に「欧乱の為め染料の輸入杜絶して市価著しく暴騰を告げたるの時、之れが製造に当る目的にて設立を見たるものなるも、未だ事業に着手せざる中平和克復し市価急転せる。不而已資金を他に使用して損失を招き爾来何等の業務を営まずして今日に至れるものなれば現在会社の実なきものと認らる」と記述されていることから、設立登記はされたものの実質的な企業活動は行なわれなかったと推測される。また、これに先立つ1918年8月5日に資本金1万5000円で合資会社旅順染料公司が設立されていたことが『1936銀行会社年鑑』と『1942銀行会社年鑑』により確認できる。しかし、『1922興信録』の付記によれば「商業登記簿に記載しあれども同社の所在詳らかならず。或いは業務を廃したるまま解散登記の手続きを了せざるものならんか」と記されていることから、この旅順染料公司も実質的な企業活動をほとんど行なっていなかったと思われる。この点は「大正六年頃から大連及営口等にも福田氏（大和染料――引用者）以外の人々によっても斯業の創設を見たが何れも間もなく杜絶するに至り、ひとり大和染料のみが経営を持続して来た」という点からも間違いないと思われる[95]。これら以外の染料工業分野の企業は1937年の奉天大和染料を除きすべて1940年代の設立であり、1941年12月25日公称資本金50万円（払込30万円）で奉天に設立された満州印刷インキ株式会社の払込資本金30万円を最大としてすべて中小零細規

模の企業であった。その意味で満州の染料工業では大和染料が唯一の企業であったと言える。第1次大戦後の日本において染料医薬品製造奨励法や保護関税政策により強力に育成が図られたにもかかわらず、日本本国の染料工業が国際競争力を有し得なかったことを考えると、満州において中小染料工業企業が自立的に発展することには限界があったと思われる[96]。

第6節　ゴム工業

1　ゴム工業の発展過程

満州におけるゴム工業は、朝鮮の京城護謨工業所が1924年5月に大連において協盛膠皮工廠を設立し、翌25年6月21日に資本金3万5000円で合資会社として法人化したことに始まる。しかし、当時の満州では天然皮革が割安なことやゴム底靴が嗜好に合わず、当初の業績は低迷する。その後に同工廠が営業状況を改善させるのは、再生ゴムの製造や馬車のゴム輪製造を開始してからであった。1929年2月には同じく朝鮮の三省膠皮工廠が奉天に進出し中国人向けにゴム靴の製造を開始する[97]。また1930年にも安東に鴨緑江護謨工業所が設立されるが、これら初期のゴム工業はゴム底靴、地下足袋などの製造で小規模なものが多く、在来産業的な色彩が強かった[98]。

1920年代および1930年代前半には、1925年10月13日に資本金4000円の合資会社泰和膠皮公司、1933年3月31日に資本金1万円の合資会社南満膠皮工場、同年8月27日に資本金1000円の合名会社奉天膠皮工廠、1934年8月1日に資本金5万円の合資会社永安膠皮工廠、同年12月8日に資本金4万円の合資会社康徳膠皮工廠、1935年4月1日に資本金10万円の合資会社平和膠皮工廠、1936年4月26日に公称資本金3万円（全額払込）の株式会社亜細亜公司、同年6月1日に資本金15万円で合資会社大利膠皮工廠、同年10月28日に資本金2万円の世美行合名会社などが設立されたが、いずれも中小零細な企業であった。

しかし、1932年に満州国が成立し産業開発五ヵ年計画が発動されることにより、ベルト、タイヤ、チューブなど産業用需要が急増し、満州のゴム工業は在来

産業的な民需から産業用需要へと転換する。こうした産業用需要の増大は1930年代後半にゴム工業で企業新設を急増させる。1937年10月15日に公称資本金100万円（払込40万円）で奉天に満州護謨株式会社が設立される。同社は当初はゴム靴の製造を行なうがその後にタイヤ、チューブなどの製造を開始する。同社社長には奉天の有力企業家であった柏野菊太郎が就任している。これに対して、同じ1937年11月29日に公称資本金500万円（払込250万円）で遼陽に太陽ゴム株式会社が設立された。太陽ゴムはゴム製防水布と製品加工企業であった。同社は石橋正二郎が社長に就任した日本ゴム株式会社の満州子会社であった。また、1938年5月3日には公称資本金50万円（払込20万円）で奉天に福助産業株式会社が設立され、同年6月17日には公称資本金1000万円（払込250万円）でやはり奉天に東洋タイヤ工業株式会社が設立される。東洋は自動車タイヤ、産業用ベルト、ホースの製造を目的にし、1939年7月10日には公称資本金1000万円の払込を完了する巨大企業であった。このように1930年代後半以降には日本本国のゴム工業企業における有力企業が次々と満州進出を行なった。

鉱工業を中心とした産業開発政策は満州の各種ゴム製品の需要を拡大したが、他方で日中戦争からアジア太平洋戦争に突入するなかで原料生ゴムやゴム生産に付随する諸原料の不足が表面化した。このため満州国政府は産業統制法制定に際し、ゴム工業を統制指定業種としゴム製品の生産、配給、消費の一元的統制機関として1938年5月に満州護謨工業連合会を結成させ統制業務を代行させた[99]。さらに1942年に同連合会の同業団体的性格を払拭し、生産統制を中心とする満州護謨統制協会に改組する[100]。さらに満州国においては同年11月に事業統制組合法が制定されるが、ゴム工業にも満州ゴム統制組合が結成され本格的な統制体制が構築される[101]。

満州護謨工業連合会に加盟する企業として30社を確認することができ、そのうち法人企業は24社であった[102]。しかし、『1942銀行会社年鑑』でも24社の法人企業を確認し得るが企業名は必ずしも一致しない。ここでは悉皆調査としてより信頼性が高いと思われる『1942銀行会社年鑑』のデータを用いて、満州におけるゴム工業の企業構成について整理しておく。これら24社のうち払込資本金100万円以上の企業を抽出したのが**図表Ⅱ-12-9**である。ゴム工業では払込資

図表II-12-9　ゴム工業の主要企業（1942年9月現在）

(単位：千円)

企業名	設立年月日	公称資本金額	払込資本金額	会社所在地	事業内容
満州護謨㈱	1937.10.15	1,000	1,000	奉天	ゴム靴製造
太陽ゴム㈱	1937.11.29	5,000	3,500	遼陽	靴・再生ゴム製造
国華護謨工業㈱	1938.02.08	2,000	2,000	奉天	ゴム製造
東洋タイヤ工業㈱	1938.06.17	10,000	10,000	奉天	タイヤ製造
㈱湊陽護謨工廠	1938.10.18	1,300	1,300	奉天	タイヤ製造
満州合成ゴム工業㈱	1939.04.14	5,000	2,500	新京	合成ゴム製造
亜細亜ゴム工業㈱	1940.06.17	5,000	3,000	遼陽	タイヤ製造
満州再生ゴム工業㈱	1940.12.13	4,000	3,000	奉天	再生ゴム製造

出所：前掲『満州銀行会社年鑑　昭和十七年版』。
注：払込資本金額100万円以上の企業。

本金が100万円を超える企業は8社が存在する。ゴム工業における法人企業の三分の一がこれに該当し、相対的に企業規模が大きい事業分野と言うことができる。また、これらの企業はすべて1930年代後半以降に設立された企業で、その点では満州におけるゴム工業の本格的展開は1930年代後半以降であった。

2　ゴム工業企業

　ゴム工業における最大企業は払込資本金額が1000万円の東洋タイヤ工業である。同社は1938年3月に重要産業統制法による設立認可を受けて設立される。事業内容は自動車タイヤ、ベルト、石綿ゴムパッキンなどの製造であった。その株式の70％を東洋紡績が所有する東洋紡績子会社であった[103]。東洋紡績は日本本国でタイヤ・コードを製造していたが、さらにゴム工業への進出を図っていた。他方で、日中戦争の勃発により自動車タイヤの現地調達の必要に迫られた陸軍が、これを斡旋する形で東洋紡績と横浜護謨製造株式会社の合弁企業として東洋タイヤ工業は設立された。同社は東洋紡績からタイヤ・コード製造技術を、横浜護謨製造からゴム製造技術の援助を受けて操業を開始する[104]。なお、同社は1943年2月に販売会社である東洋ゴム製品販売株式会社を吸収合併している[105]。太陽ゴムは、日本で唯一の自動車、飛行機タイヤ製造企業であった日本ゴム株式会社（旧ブリヂストンタイヤ株式会社）が1937年11月に遼陽に設立した満州国法人の株式会社遼陽護謨工廠を改組し、商号変更した企業であった[106]。ゴム底靴や地下足袋を製造し、その後の1941年9月に重要産業統制法に基づく特殊ゴム製

造許可を受け、特殊ゴム製品の製造を開始した[107]。1940 年 6 月 17 日に公称資本金 500 万円(払込 250 万円)でやはり遼陽に設立された亜細亜ゴム工業株式会社も、石橋正二郎の日本ゴムが 100 ％出資をした完全子会社である[108]。亜細亜ゴム工業は 1940 年 1 月に重要産業統制法による自動車タイヤ製造の正式認可を得て、自動車、自転車タイヤの製造を目的に 1940 年 5 月から操業を開始した[109]。

1940 年 12 月 13 日には公称資本金 400 万円(払込 200 万円)で奉天に満州再生ゴム工業株式会社が設立される。国際関係の悪化と為替管理強化の両面から生ゴム輸入は減少しつつあった。これに対応するため再生ゴムの利用が企図され、再生ゴムの効率的利用と配給制度の整備を目的に満州国政府の主導の下でその一元的生産および配給機関として設立されたのが満州再生ゴム工業であった[110]。同社は再生ゴムを利用して荷馬車用チューブやゴムパッキンを製造することを目的に 1939 年 1 月 19 日に公称資本金 48 万円(払込 12 万円)で奉天に設立されていた協和ゴム工業株式会社を改組する形で設立される。出資は満州護謨工業連合会の会員企業や満州電線株式会社などであった。同社社長には大利膠皮工廠の代表で、協和ゴム工業の社長であった境藤兵衛が就任している[111]。また、1939 年 4 月 14 日に公称資本金 500 万円(払込 125 万円)で新京に設立された満州合成ゴム工業株式会社は、満州電気化学工業株式会社とブリヂストンタイヤ株式会社の合弁として合成ゴム製造を企業化するために設立された。同社工場は満州電気化学工業の吉林工場に隣接して設置される[112]。出資は両社の半額出資であったが、実際には「満州ニ於ケル電気化学工業ノ綜合開発ヲ目指ス満州電気化学工業株式会社ノ創立ヲ見其ノ一部門トシテ『合成ゴム』事業企画」であった[113]。同社は 1942 年 10 月に産業設備営団との間に「建設工事請負並ニ設備借入契約」が締結され工場建設資金として 230 万円の長期借り入れが行なわれている[114]。国華護謨工業株式会社は、1938 年 2 月 8 日に奉天に公称資本金 100 万円(払込 25 万円)でゴム靴、地下足袋、ベルト製造などを目的に設立された[115]。また、公称資本金 30 万円(払込 15 万円)で奉天に 1938 年 10 月 18 日に設立された株式会社湊陽護謨工廠は、自転車タイヤの製造を目的に設立され、1939 年 4 月から操業を開始する[116]。同社の主要製造品は自転車、人力車のタイヤやチューブであったが、その後にゴム加工用綿布を生産し満州市場で独占的地位を確立する[117]。

第7節　酸・アルカリ工業

本節では近代合成化学分野の酸・アルカリ工業として化学肥料工業、ソーダ工業、製塩副産物工業の事業分野を検討する。

1　化学肥料工業

化学肥料工業で満州において最初に確認できる法人肥料企業は、1919年1月20日に公称資本金50万円（払込12万5000円）で大連に設立される満州肥料株式会社である。同社は田中徳三郎の大連肥料商会を買収し、石本鑽太郎を代表として、有機肥料の製造販売を営業目的にして設立された企業である。満州肥料は1920年1月に増資を目的として資本金150万円の第二満州肥料株式会社を設立し、同年4月に第二満州肥料を合併する形で公称資本金を200万円に増資する。しかし、満州肥料は大連重要物産取引所における商品先物取引により多額の損失を計上し、結果的に休業に追い込まれる[118]。これ以降1920年代には、確認し得る限りで肥料製造企業は設立されていない。化学肥料工業の中心は硫安工業であるが、満州においては石炭乾留による副産物のアンモニアを合成する副生硫安製造が撫順炭砿や南満州瓦斯で行なわれていた。しかし、硫安製造を主たる事業分野とする企業は、1933年5月30日に大連で公称資本金2500万円（払込1250万円）で設立された満州化学工業株式会社であった。同社の設立の趣旨は「満州に於ける硫安製造事業は石炭其他の資源開発を促進せしむるのみならず、水素並にアンモニアを利用する軍需工業と関連し日満両国に於ける自給を策し、而も海外進出を図るもの」とされる[119]。同社は1938年10月10日に資本金の全額払込を完了した。その事業目的は硫酸アンモニアその他の各種窒素肥料の製造、販売に置かれ、株式の引受に関しては「日本内地資本ノ参加ヲ期待スルモ（但シ其ノ額ハ資本総額ノ四〇％以内ノコト）其ノ参加ヲ得サル場合ニハ満鉄単独ニテ全額出資スル」とされていた[120]。出資状況は、満鉄が同社資本金の51.7％を出資し、残余を全国購買組合連合会、東洋窒素工業株式会社、その他の日本および満州の投資家が出資していた[121]。役員トップの専務取締役には満鉄の千秋寛、常務取

図表 II-12-10 満州化学工業株式会社の営業状況

(単位：千円)

営業期間	収　入	支　出	当期損益	配当率
1933.05 ～ 1934.03	—	—	—	—
1934.04 ～ 1934.09	—	—	—	—
1934.10 ～ 1935.03	616	475	141	0 %
1935.04 ～ 1935.09	3,841	2,805	1,037	8 %
1935.10 ～ 1936.03	7,987	6,315	1,672	8 %
1936.04 ～ 1936.09	5,841	4,943	898	7 %
1936.10 ～ 1937.03	6,862	5,910	952	7 %
1937.04 ～ 1937.09	7,388	6,064	1,324	8 %
1937.10 ～ 1938.03	7,657	6,219	1,438	8 %
1938.04 ～ 1938.09	10,519	8,762	1,757	8 %
1938.10 ～ 1939.03	9,925	8,413	1,511	8 %
1939.04 ～ 1939.09	9,561	9,261	299	6 %
1939.10 ～ 1940.03	10,382	10,245	138	0 %
1940.04 ～ 1940.09	13,934	13,514	420	5 %
1940.10 ～ 1941.03	12,237	11,825	412	5 %
1941.04 ～ 1941.09	13,802	13,334	468	5 %
1941.10 ～ 1942.03	14,639	14,120	519	5 %
1942.04 ～ 1942.09	10,872	10,426	446	5 %
1942.10 ～ 1943.03	10,665	11,371	▲706	0 %
1943.04 ～ 1944.03	22,370	22,833	▲463	0 %

出所：満州化学工業株式会社『営業報告書』各期版。
注：(1) 1933年5月から1934年9月は工場建設中のため営業収支はなし。
　　(2) ▲はマイナスを示す。

締役には日産系の合同水産株式会社の二見松三が就任した[122]。1934年に公称資本金2500万円（払込1250万円）と巨大企業として設立された同社は、1939年3月には払い込みを完了し、1943年には2760万円へとさらに増資される。満州化学工業の営業状況を**図表 II-12-10**により確認すると、営業期間により当期損益は変動するが1942年までは相対的に順調な営業状況にあったと見てよい。同社は1935年3月に大連甘井子工場を設置し、年産18万トンの予定で硫安製造を行なうほかに硝安、硫酸、タール、ベンゾールなどの副産物処理設備を有する満州を代表する合成化学企業であった。1942年に関東軍は満州化学工業と大和染料の合併と軍用火薬原料であるジニトロクロロベンゼンの生産体制の構築を立案する。これにより1942年10月に満州化学工業は大和染料を合併し、資本金を260万円増資する[123]。満州化学工業の製造硫安はその60％以上が全国購買組合連合会との販売契約の下に日本本国に輸出された。しかし、同社硫安は日本国内では硫安製造業組合との厳しい競合関係にあった[124]。

続いて1938年12月20日に公布された満州硫安工業株式会社法（勅令第239号）に基づき1939年2月9日に公称資本金5000万円（払込1250万円）で新京に特殊会社として満州硫安工業株式会社が設立される。資本金の50.0％を満州国政府が出資し、残余の50.0％は日本本国の全国購買組合連合会と都道府県の

組合連合会が出資していた[125]。同社は工場建設地を壺芦島に予定し、ハーバー法によるアンモニア合成と硫酸銀を用いて年産20万トンの硫安製造を行なうことが目的であった[126]。同社は「硫安対日供給を目的として設立を企図」された企業であった[127]。壺芦島への工場立地は阜新火力発電所の電力と石炭の利用を図るためであった[128]。しかし、ヨーロッパで戦端が開かれ輸送ルートが閉ざされた結果、ドイツに発注した製造機械の入手が困難となる。この結果、満州国政府は1942年3月に満州硫安工業の整理縮小を行ない、公称資本金5000万円は600万円にまで減資されることとなる。このように満州においては満州化学工業と満州硫安工業という2社の巨大化学肥料企業が設立されるが、実際には満州硫安工業は操業に至らず、満州における化学肥料製造は満州化学工業が中心的に担うことになった。なお、副生硫安製造企業として既述の撫順炭砿、南満州瓦斯の他に本渓湖煤鉄公司と昭和製鋼所も存在したが、その生産量は小さかった[129]。

2 ソーダ工業

次に相互に関連の深い製塩副産物工業とソーダ工業について見てみる。満州はソーダ工業に不可欠な工業塩が低廉かつ豊富に存在した。また、石炭、コークス、アンモニア、石灰石などの原材料も比較的安価に調達が可能であった。工業塩については満州塩業が積極的な塩田開発と製塩を行ない、同社の精製塩は満州国専売総局により統制されていた。こうした製塩過程では塩化苦土や塩化カリなど狭雑物が除去される。いわゆる苦汁である。この除去される副産物を原料として利用するのが製塩副産物工業である。この製造分野には、1939年5月1日に大連に設立される関東州加里工業株式会社と1941年6月9日に旅順で設立される関東州苦汁化学工業株式会社の2社がある。関東州加里工業は公称資本金400万円（払込100万円）の大企業であり、その製造品は精製塩、硫酸加里、塩化苦土、臭素などであった。専務取締役には東洋紡績の科学研究所長の作川鐸太郎が就任しているが、東洋紡績の出資あるいは経営関与は確認できない。また、関東州苦汁化学工業は、公称資本金50万円（払込12万5000円）で設立され、その事業目的は塩、苦汁の精製および副産物処理加工であった。ただし、これら両社の企業活動の詳細に関しては未詳である。

また、精製塩を主原料とするより重要な化学工業分野はソーダ工業であった。ソーダ工業は化学工業の諸分野に基礎素材としてソーダ灰などを供給する。満州では満鉄が賦存資源を利用したソーダ工業の確立を進めた。しかし、ソーダ製品には国際カルテルが形成され、アジア市場においては英国のブラナモンド社の市場独占状態にあった。日本本国のソーダ工業さえもその支配下に置かれていた。そのため満鉄によるソーダ工業の企業化の市場環境は厳しい状態にあった。満鉄は1928年に関東州ソーダ灰工業株式会社の設立計画を立案し、満鉄とイギリス系のICI（Imperial Chemical Industries）を中心とした合弁会社構想を具体化させた。ICIは1925年にドイツのIGファルベン（Interessengemeinschaft Farben）が成立したことに対抗して1926年にユナイティッドアルカリなどイギリスの有力化学メーカー4社が合併して成立した企業であった。しかし、1929年にICIは原料塩の品質および価格を理由に関東州ソーダ灰工業への出資計画を撤回し、関東州ソーダ灰工業の設立構想は実現しなかった[130]。しかし、満州事変を契機に日本のソーダ工業が発展し、満州においても産業開発5ヵ年計画においてソーダ工業の確立が重点課題と位置づけられた[131]。この背景にはソーダ灰の国際市場を支配しダンピング販売を行なう英国のブラナモンド社への対抗があった。第1次大戦後の同社によるダンピング販売によって日本本国のソーダ工業は大きな打撃を受けてきた[132]。こうして1936年5月22日に満州国実業部指令第720号により準特殊会社として新京に公称資本金800万円（払込400万円）で満州曹達株式会社が設立される。工場は大連甘井子の満州化学工業の隣接地に建設された。同社はアンモニアソーダ法により日産100トンのソーダ灰生産を目標とした[133]。出資は旭硝子株式会社が35％、旭硝子の満州子会社である昌光硝子株式会社が15％、満鉄が25％、満鉄が設立しその資本系列下にあった満州化学工業が25％の比率であった。旭硝子は三菱財閥系の企業であり、その意味では満州曹達は満鉄と三菱の共同子会社と見ることができる[134]。満州曹達は2度の増資を行ない、1944年12月には公称資本金2500万円（払込1825万円）の巨大企業に成長する。満州曹達は1940年3月に倍額増資を行ない、大連、営口、奉天、吉林、図們などに精製ソーダ工場と電解工場を設置した。また、**図表Ⅱ-12-11**で満州曹達の生産状況を、**図表Ⅱ-12-12**で営業状況を示した。これらによれ

ば同社は1938年から生産が軌道に乗り、経営状態も1942年まで比較的順調に推移していたことが分かる。満州曹達奉天工場は1942年8月8日に苛性ソーダや塩素製造を目的とする公称資本金800万円（払込500万円）の奉天曹達株式会社として独立する[135]。この奉天曹達も翌43年に満鉄タービン油工場と統合され、満鉄化学工場の第一製造所となった[136]。ソーダ工業は一般に電力多消費型の事業分野であるが、1941年8月に鴨緑江水力発電事業の水豊発電所が完成して送電を開始すると、その電力を利用して製造活動を行なった[137]。

満州曹達のほかのソーダ工業会社としては、大和染料奉天工場が法人化され設立された満州染料化学株式会社と満州軽金属製造株式会社が存在した。満州染料化学は1942年に満州化学工業が大和染料を吸収合併した際に、その奉天工場を満州国法人として独立法人化した企業である。同社は電解塩素からモノクロールベンゾールを製造し苛性ソーダを供給した。満州軽金属製造は36年11月10日に公称資本金2500万円（625万円払込）で設立された特殊会社である。同社は

図表II-12-11 満州曹達株式会社の生産状況

（単位：トン）

年	ソーダ灰	苛性ソーダ
1937	11,122	—
1938	44,903	—
1939	54,407	—
1940	64,811	—
1941	61,520	—
1942	57,923	—
1943	58,579	1,985
1944	44,333	1,594

出所：経済部調査組化工班「満州曹達株式会社大連工場・開原工場（民国35年3月）」（1946年）（独立行政法人日本貿易振興機構アジア経済研究所蔵『張公権文書』R7-12）。
注：大連工場のみの実績値。

図表II-12-12 満州曹達株式会社の営業状況

（単位：千円）

営業期間	収入	支出	当期損益	配当率
1936.05～1936.06	—	—	—	—
1936.07～1936.12	—	—	—	—
1937.01～1937.06	—	—	—	—
1937.07～1937.12	549	465	84	0％
1938.01～1938.06	2,358	1,884	473	8％
1938.07～1938.12	2,681	2,090	591	8％
1939.01～1939.06	2,659	2,205	454	8％
1939.07～1939.12	3,797	3,287	510	8％
1940.01～1940.06	4,579	4,012	567	8％
1940.07～1940.12	5,548	5,145	404	7％
1941.01～1941.06	6,022	5,491	531	7％
1941.07～1941.12	6,302	5,691	611	6％
1942.01～1942.06	7,014	5,609	663	6％
1942.07～1942.12	6,156	4,824	517	5％
1943.07～1943.12	7,125	7,166	▲41	0％
1944.07～1944.12	7,861	9,961	▲2,100	0％

出所：満州曹達株式会社『営業報告書』各期版。
注：(1) 1936年5月から1937年6月は工場建設中のため営業収支はなし。
(2) 1943年1月～1943年6月、1944年1月～1944年6月は『営業報告書』を未見。
(3) ▲はマイナスを示す。

図表 II-12-13 酸・アルカリ工業の主要企業（1942年9月現在）

(単位：千円)

企業名	特殊会社	設立年月日	公称資本金額	払込資本金額	会社所在地	事業内容
満州化学工業㈱		1933.05.30	25,000	25,000	大連	肥料製造
満州曹達㈱	準特殊	1936.05.22	16,000	16,000	新京	ソーダ灰・ソーダ製造
満州硫安工業㈱	特殊	1939.02.09	50,000	12,500	新京	肥料製造
関東州加里工業㈱		1939.05.01	4,000	2,000	大連	硫酸加里・塩化苦土・臭素製造
奉天曹達㈱		1942.08.08	8,000	5,000	奉天	苛性ソーダ・塩素製造

出所：前掲『満州銀行会社年鑑 昭和十七年版』。
注：払込資本金額100万円以上の企業。

当初は満州国政府と満鉄の出資により設立されるが、その後に満業傘下に編入される。同社は礬土頁岩を原料とするアルミニウム製造を事業目的にした企業であったが、アルミニウム製造に必要な自家消費用として食塩電解工場を有し、ソーダ灰の生産を行なっていた[138]。

3 企業構造の特質

図表 II-12-13 は、酸・アルカリ工業における払込資本金額100万円以上の企業を抽出したものである。酸・アルカリ工業には、確認し得る限りで15社の企業が存在した。そのうち払込資本金100万円以上の企業数は5社である。この事業分野も相対的に大企業が多い分野と言える。特徴的な点は満州化学工業や満州曹達、あるいは後に減資されるが、満州硫安工業のように払込資本金額が1000万円を超える巨大企業が存在する点にある。酸・アルカリ工業の製造品が他の化学工業部門の生産活動や爆薬製造の基礎原料であったことがその要因と考えられる。これまで触れなかった企業としては1941年9月20日に公称資本金50万円（払込12万5000円）で奉天に設立される満州硝石株式会社と1939年8月29日に公称資本金20万円（払込10万円）で設立される奉天窒素ライト工業株式会社がある。満州硝石は硝酸カリの製造企業であり、奉天窒素ライト工業は電気絶縁体などに利用される石炭酸系合成樹脂の製造企業であった。しかし、酸・アルカリ工業の装置産業としての特性から見れば、いずれも中小規模の企業であった。

第8節　電気化学工業

　電気化学工業は電力業の発展に伴って発展した。電力は一般的には工業化の動力源として重要な意味を持つが、電気化学工業では電力は単なる動力ではなく、それ自体がほかの原材料と同様に原料となる点に特徴がある。その意味で典型的な電力多消費型の工業であった。第Ⅱ部第2章第2節の電力で述べられたように、それまで石炭を利用した火力発電体制にあった満州は、満州電業株式会社や満州鴨緑江水力発電株式会社による水力発電事業が拡充し、1940年代以降に急激に電力生産を増大する[139]。こうした電力を利用する事業分野が電気化学工業である。電気化学工業がカバーする製造分野は広範であるが、本章では有機合成化学としてのカーバイド工業と電極・溶接棒製造工業とに区分して検討する。

　石灰石を焼成して生石灰を製造し、これにコークスを加えてさらに電気炉で加熱してカーバイドが生成される。このカーバイドを原料として、石炭窒素、ブタノール、アセトンなど軍需物資、工業原料、薬品などを製造する軍事的にも重要な事業分野がカーバイド工業であった[140]。満州における電気化学工業で圧倒的な存在であったのが、満州電気化学工業株式会社である。満州電気化学工業は1938年10月24日に公称資本金3000万円（払込750万円）で吉林に設立された特殊会社である[141]。同社の出資比率は、満州国政府が66.7％、満州電業が23.3％、電気化学工業株式会社、日本化成工業株式会社、大日本セルロイド株式会社がそれぞれ3.3％であった。同社は第二松花江豊満発電所の電力を利用し、カーバイド事業を中核として石灰窒素、合成ゴム、合成樹脂、アセトンなど多種の化学工業製品の製造を目的にしていた[142]。こうした事業分野は同社に出資した日本の代表的な電気化学メーカー3社により分業体制が採られている[143]。三井系の電気化学工業はカーバイド、石炭窒素製造、三菱系の日本化成工業はコークス、ブナ系合成ゴム製造、大日本セルロイドはアセト・アルデハイド誘導部門の担当であった[144]。同社は1942年に8000万円の増資を行ない、公称資本金1億円の巨大企業に発展する[145]。なお、既述のように満州合成ゴム工業は満州電気化学工業とブリヂストンタイヤの共同出資により設立された企業で、満州電気

化学工業からカーバイドの供給を受け合成ゴム製造を行なった[146]。満州国政府は満州合成ゴム工業のように満州電気化学の製造原料を利用する企業を日本本国企業との合弁で同社関連企業として設立する方針を進めていた[147]。

　満州電気化学工業に比べれば小規模になるが、満州理化学工業株式会社も満州のカーバイド工業において重要な企業である。満州理化学工業は1938年7月22日に公称資本金50万円（払込25万円）で設立されたカーバイドおよび溶解アセチリンの製造企業であった[148]。設立資本金は小規模であったが、同社は1941年3月23日に5倍増資を行ない公称資本金250万円（払込150万円）の大企業に発展する。また、満州電気化学工業が石灰石、石炭、電力など原料立地の要因から吉林に設立されたのに対して、満州理化学工業は関連工業集積の観点から奉天市鉄西地区に設立された。満州理化学工業の筆頭株主は石鹸工業のミヨシ化学興業株式会社であった。

　次に電極・溶接棒製造工業について見てみる。溶接棒製造企業はいずれも中小規模の企業であり、ここでは電極工業を中心に検討する。電極工業は電気炉や電熱化学の重要素材を供給する事業分野である。特に満州産業開発5ヵ年計画が発動し満州における重化学工業化が進展すると、鉄鋼業、軽金属工業、機械工業をはじめとして電極および電極炭素工業製品の需要が急増する。そのため満州国政府は「満州炭素工業株式会社設立要綱」を立案し、電極工業製品の満州国内での自給を企図する。こうして1941年5月28日に公称資本金1500万円（払込375万円）で安東に準特殊会社として満州炭素工業株式会社が設立される[149]。同社への出資構成は、日本カーボン株式会社と昭和電極株式会社が各三分の一、住友系の満州軽金属製造と満州電気化学工業が各六分の一であった。社長には日本カーボンの石川等が就任している。同社の主要事業は特殊鋼精錬用電気炉の電極棒製造であった。これはコークスを原料とした人造黒鉛の電極棒でアルミ精錬には不可欠の資材であった[150]。

　カーバイド工業、炭素電極工業、溶接棒製造、酸素ガス製造の4事業分野を組み込むと、電気化学工業に分類し得る企業としては14社を確認できる。その事業分野別構成は、カーバイド工業が2社、炭素電極工業が1社、溶接棒製造が7社、酸素ガス製造が4社となる。これら14社のうち払込資本金額が100万円を

図表Ⅱ-12-14　電気化学工業の主要企業（1942年9月現在）

（単位：千円）

企業名	特殊会社	設立年月日	公称資本金額	払込資本金額	会社所在地	事業内容
満州理化学工業㈱		1938.07.22	2,500	1,500	奉天	溶解アセチリン・カーバイト製造
満州電気化学工業㈱	特殊	1938.10.24	30,000	26,250	吉林	カーバイド製造
満州炭素工業㈱	準特殊	1941.05.28	15,000	3,750	安東	電極・炭素加工品製造

出所：前掲『満州銀行会社年鑑　昭和十七年版』。
注：払込資本金額100万円以上の企業。

超える企業を抽出したのが**図表Ⅱ-12-14**であり、3社が該当する。満州電気化学工業は、既述のように公称資本金を1億円まで増資し、その巨大性が際立っている。これらの企業を1944年3月31日現在の払込資本金額で満州の法人企業構成に位置付けると、公称資本金1億円のうち7100万円の払込が完了している満州電気化学工業が18位、公称資本金1500万円のうち1125万円の払込を完了した満州炭素工業は84位に位置する。法人企業総数が約6370社の中の順位であり、巨大企業が続々と新設された満州国末期の時期で見ても、この2社が巨大企業であったことを確認できる。なお、公称資本金額250万円が払込完了した満州理化学工業は260位になる。

　これら3社以外の電気化学工業で主要な企業について見ておく。合資会社奉天酸素製造工廠は、1921年7月28日に資本金50万円の合資会社として設立された満州で最初の酸素工業分野の企業である。同社は酸素ガスの製造を行ない、満州において約70％の市場シェアを有した[151]。東亜酸素工業株式会社は1939年6月24日に公称資本金48万円（払込12万円）で奉天に設立され、酸素および金属の溶接切断用機械器具材の製造を行なった。同社は1940年に満州国の物動計画に組み込まれ、工場建設資材の配給を受けて1941年8月より操業を開始する[152]。大満酸素工業株式会社は1941年3月19日に公称資本金100万円（払込40万円）で哈爾浜に設立される。同社は牡丹江に工場を建設し操業を開始する。その後、1942年7月にやはり哈爾浜で酸素製造事業を行なう資本金17万5000円の合資会社大満工業所を買収し、さらに1943年には斎斎哈爾にも工場を新設する[153]。満州鎔接器材株式会社は1938年12月26日に公称資本金50万円（払込12万5000円）で鞍山に設立される。同社は電気ガス熔接棒や溶接機材製造を目的に、大連の株式会社大信洋行社長である石田栄造により設立された[154]。

第 9 節　薬品工業

　化学工業の発達により多種多様な工業薬品の生産と供給が可能となった。これを背景として、満州においても各種の工業薬品を利用し医薬品、農薬、化粧品、火薬などを製造する薬品工業が発展する。本章では薬品工業を、医薬品、農薬、工業薬品、化粧品など広義の製薬事業と火薬事業に区分する。

1　製薬工業

　満州には薬房と呼ばれる比較的大規模な薬品販売店は存在したが、これらは各種の漢方薬を調合し販売するもので、在来産業としても薬品工業とは言えない。満州における薬品工業の開始は、1914年6月に大阪の薬品問屋乾卯商店が大連に製薬工場を設置し無水アルコールやエーテル製造を行なったことから始まる[155]。この製薬工場を基礎として1917年9月10日に公称資本金20万円（払込5万円）で大連に乾卯商店の乾卯兵衛を中心として満蒙興業株式会社が設立される。満蒙興業は大連および赤峰に工場を設置し、甘草エキス製造を行なった。甘草は一般に漢方薬として用いられたが、そのエキスは薬用の他に調味料や菓子、煙草の香料としても利用された。これ以降もバリウム製造を行なう満州バリウム工業株式会社が1918年5月に公称資本金50万円（払込12万5000円）で大連に設立され、1920年7月11日には甘草エキス製造を行なう特許甘草株式会社が公称資本金80万円（払込20万円）で大連に設立される。こうした小規模な製薬企業の設立はあるが、薬品工業が本格的に進展するのは、1930年代の満州国成立以降であった。

　1930年代の前半では、1933年12月1日に公称資本金150万円（全額払込）で極東生薬株式会社が設立される。極東生薬は製薬原料となる薬用植物の栽培、加工と医薬品、工業薬品の製造を目的として設立された。同社は東亜拓殖株式会社が改組された大同産業株式会社の子会社であり、主にヒマシ油やエフェドリンを製造した。同社は1936年11月に大同生薬工業株式会社に社名変更される[156]。また、翌34年3月14日には新京に公称資本金500万円（払込125万円）で満州

製薬株式会社が設立された。同社はエーテル製造を行なったとされるが、1936年5月末現在の企業データを収録する『1936銀行会社年鑑』ではすでに休業会社となっており、事業活動の実態はほとんどなかったと推測できる。また、柏野洋行の柏野菊太郎と内藤喜一との共同出資により1935年1月15日に資本金50万円で奉天に設立された商社の合資会社柏内洋行が、1939年7月6日に専属化粧品工場を資本金48万円の合資会社柏内化学工業所として法人化する。その後、合資会社柏内化粧品製造所と改称される同社は、中国人向けの化粧品を製造販売し「三搭牌」および「搭牌」という商標で広範に販売され、当時の満州化粧品市場で過半のシェアを有したと言われる[157]。確認できる限りで、この合資会社柏内化学工業所が満州で最初の化粧品メーカーであった。

1930年代前半にはこうした満州地場企業の設立はあったが、薬品工業で画期をなすのは1930年代末から1940年代初期における日本本国の主要な製薬企業による集中的な進出と現地法人企業の設立であった。まず、1939年11月6日に公称資本金300万円（払込75万円）で満州武田薬品株式会社が設立されると、同年12月25日には公称資本金100万円（払込25万円）で田辺製薬株式会社が設立される。1940年では、3月8日に公称資本金250万円（払込125万円）で株式会社満州藤沢友吉商店、6月17日に公称資本金100万円（払込50万円）で塩野義薬品株式会社、7月9日に公称資本金150万円（全額払込）で若素製薬株式会社、11月15日に公称資本金50万円（払込15万円）で満州山田製薬株式会社、11月17日に公称資本金5万円（払込1万2500円）で満州参天堂株式会社が設立されている。さらに、1941年9月3日に公称資本金200万円（払込100万円）で藤沢工業株式会社、同年11月11日に公称資本金200万円（払込50万円）で満州第一製薬株式会社が設立され、翌42年4月27日には公称資本金50万円（全額払込）で満州山之内製薬株式会社、12月10日には公称資本金40万円（全額払込）で満州メンソレータム株式会社が、1943年12月9日には公称資本金25万円（全額払込）で満州万有製薬株式会社がそれぞれ設立されている。

また、化粧品製造では1939年9月11日に公称資本金4万5000円（全額払込）で満州クラブ化粧品株式会社が、10月5日に公称資本金48万円（払込24万円）で満州ライオン歯磨株式会社が、12月27日には公称資本金30万円（全額払込）

で満州ウテナ製薬株式会社が設立されている。これらはすべて奉天に設立された。

以下、これら日本本国の製薬企業の満州進出により設立された企業について簡単に紹介する。まず、満州武田薬品である。株式会社武田長兵衛商店は1934年11月に奉天出張所を開設し、1936年には支店に昇格させる。また、1935年4月に大連駐在所、1938年10月に新京駐在所を設置した。これら満州支店では武田製品をはじめとした薬品の卸販売やプロパー活動を行なったが、同時に満州における製薬事業での進出を企図して設立されたのが満州武田薬品であった。満州武田薬品は1940年1月から操業を開始し、1944年5月には資本金を500万円に増資する[158]。なお、1943年に本国の武田長兵衛商店は武田薬品工業株式会社に商号変更を行なうが、満州ではこの他に、公称資本金50万円で奉天に満州ラジウム製薬株式会社（出資比率85％）を、また大連に公称資本金18万円で南満水産化学工業株式会社（満州武田薬品工業出資）を設立している[159]。田辺製薬は大阪の田辺元三郎商店により満州国法人の株式会社田辺商店として設立され、1941年6月に田辺製薬に社名変更が行なわれる。当初は日本からの輸入医薬品の販売を行なったが、1942年からは満州において製薬事業に着手する[160]。大阪の藤沢友吉商店は1929年4月に大連出張所を開設し、1934年10月に奉天にも出張所を開設する[161]。その後の1940年4月に大連、奉天、天津の各出張所を統合し奉天を本社に設立されたのが株式会社満州藤沢友吉商店である。同社は奉天市蘇家屯に化学工場を設置し1942年2月から操業を開始した[162]。満州藤沢友吉商店は1944年1月に大阪の本社の商号変更に連動して社名を藤沢薬品株式会社に変更する。また、自社の工業薬品部を分離独立する形で1941年9月3日に公称資本金200万円（払込100万円）で藤沢工業株式会社が設立される。藤沢工業はゴム工業薬品や塗料、染料、顔料、化粧品原料などの取扱いを行なった[163]。また、1939年5月31日に炭酸カルシウム製造を目的に資本金10万円で設立した合資会社満州化学工廠を吸収する形で、1941年10月16日に公称資本金25万円（全額払込）で東邦工業株式会社を設立する。東邦工業は本渓県に工場を設置し、豊富な石灰石を原料とする軽質炭酸カルシウムを製造し、ゴム工業原料として供給した[164]。塩野義薬品は1931年に塩野義商店奉天駐在所として出発し、1938年7月に支店、1940年に満州国法人として設立された企業である[165]。また、若素製

薬は1936年に株式会社わかもと本舗栄養と育児の会が設立した満州出張所を1940年に法人化した企業である[166]。満州参天堂は「大学目薬」の商標を有する大阪の参天堂株式会社の子会社である[167]。満州山田製薬はロート目薬などの商標を有する山田安民薬房が奉天に設立した企業である[168]。満州第一製薬は、東京の第一製薬株式会社が1935年に開設した奉天出張所から出発し、1939年に支店昇格、1941年に法人化される。同社は奉天に2工場を有し薬品、化粧品の製造を行なった[169]。満州山之内製薬は大阪の山之内薬品商会の子会社である[170]。この他に満州メンソレータムと満州万有製薬の設立を満州中央医薬品組合の加盟会社から確認できた。前者は近江セールズ株式会社（株式会社近江兄弟社）、後者は東京の万有製薬株式会社の子会社と推測できるが、活動の詳細は不明である。

　化粧品製造では、奉天において中山太陽堂満州支店が満州におけるクラブ化粧品の一手販売を行なっていた。この支店が1939年9月に法人化されたのが満州クラブ化粧品である[171]。満州ウテナ製薬は製薬および化粧品、石鹸、売薬部外品の製造・加工を行なうウテナ製薬株式会社の子会社であり、満州ライオン歯磨はライオン歯磨株式会社の子会社である[172]。また、農薬製造であるが1938年12月23日に公称資本金50万円（払込12万5000円）で奉天に満州農薬株式会社が設立される[173]。同社は大阪の日本農薬株式会社の子会社であり、同社のデリス石鹸が棉花害虫の駆除剤として有効であったことから、同社が満州進出し設立した企業であった[174]。満州農薬はデリス石鹸の年産200トンを生産目標に操業を行なった[175]。

　満州における地場の薬品工業では、1939年12月28日に公称資本金30万円（払込7万5000円）で新京特別市に興亜製薬株式会社が設立される。同社は新薬の製造、販売を目的とし、奉天および東京に出張所を設置する[176]。また、1940年10月26日には公称資本金45万円（払込11万2500円）で奉天に鶴原製薬株式会社が設立された。同社は1906年に奉天で開業する鶴原薬房から始まる。同薬房は満州医科大学で開発された漢方薬「麻黄」を原料とする喘息薬の製造を目的に奉天に製薬工場を設置する。これが発展し法人化された企業が鶴原製薬であった[177]。このように満州における製薬事業は1930年代末から1940年代にかけて日本の有力製薬企業が次々と満州国法人企業を新設することで、急激に拡充さ

れた。さらに満州産業開発の重点が食糧増産を目的とした農業部門へ移行され、農産物増産計画が進展すると農薬製造企業の新設が増大することになる[178]。

2 火薬工業

次に火薬工業について見てみる。満州の豊富な鉱物資源開発に爆薬、雷管、導火線などの火薬工業製品は不可欠であった。特に満州国が成立し産業開発計画が発動される1930年代以降にその需要は急増する。満州における火薬製造の始まりは古いが、それが工業として定置するのは奉天兵工廠が設立され軍用無煙火薬工場を設置して以降であった。しかし、軍需用火薬製造に対し鉱山用火薬など工業用火薬を製造する企業は少なかった。むしろ工業用火薬を必要とする撫順炭砿や鞍山製鉄所は自社内に自家消費用として火薬製造工場を設置していた。それ以外の供給はすべて輸入に依存していた。

火薬工業に日系の法人企業が設立されるのは、1919年4月18日に公称資本金10万円（払込5万円）で安東に満州鉱山薬株式会社が最初であった。同社は鉱山用火薬類の製造、販売を行ない、開業当初は満州における火薬製造の独占的企業であった[179]。出資は三井物産の藤瀬政次郎、満鉄、坂本治一郎などが行なった。坂本治一郎は大連の田崎鉄砲火薬店支配人を経て坂本商店を開業し、満州火薬商同業組合長に就任する、満州の代表的な火薬商であり、同時に満州における多数の企業に役員として関わる有数の地場企業家でもあった。同社の役員構成を見ると三井物産と中日実業株式会社の関係者が多い。工場は安東官有財産管理会および満鉄から11万坪の貸与を受けて建設され、1919年2月から操業を開始する。事業内容は黒色鉱山火薬、硝安爆薬、導火線などの製造であった。しかし、開業直後から満州経済低迷の影響を受けて在庫過剰となり、経営状態は低調であった[180]。満州鉱山薬の設立以降では、1929年7月26日に公称資本金50万円（払込37万5000円）で撫順に南満火工品株式会社が設立される。同社は起爆用火工品の専業メーカーであった。また、1930年3月には関東州における火薬需要の増大に対応して資本金10万円で大連に南満火薬合資会社が設立される。

満州事変が勃発すると奉天兵工廠は関東軍の管理下に置かれ、1932年10月29日に公称資本金200万円（全額払込）の株式会社奉天造兵所に改組される。同社

には三井物産と大倉商事が折半で出資していた。そして兵工廠の火薬製造工場も同造兵所に組み入れられ、軍用火薬に加えて鉱山用硝安火薬の製造を開始する[181]。その後、満州国が成立すると火薬工業統制に着手され、1業1社方針に基づく火薬工業の再編が進められた。まず満州における火薬販売を1935年11月に公布された満州火薬販売株式会社法（勅令第129号）に基づき1935年11月11日に公称資本金50万円（払込37万5000円）の特殊会社として設立された満州火薬販売株式会社に一元化する。次に満州鉱山薬を奉天造兵所に吸収合併させる[182]。その後、1940年1月に満州火薬工業株式会社法（勅令308号）を公布して、1941年2月1日に公称資本金850万円（全額払込）で特殊会社として満州火薬工業株式会社を設立する。満州火薬工業の設立により奉天造兵所の火薬製造部門、南満火工品、満州火薬販売は同社に統合される。同社は満州における火薬工業製品の製造、販売、輸出入を一元的に統制する企業となった[183]。出資は奉天造兵所が75％、南満火工品が18％、そのほかに満州国政府、本渓湖煤鉄公司、昭和製鋼所、満鉄、満州炭砿などが出資していた。同社は1943年4月に資本金を2000万円に増資している[184]。満州火薬工業は奉天、安東、阜新、撫順に工場を有し、硝安火薬、黒色火薬、導火線、雷管などを製造した[185]。満州火薬工業の設立以降では、満州国の火薬工業は製造、販売ともに完全な同社の統制下に入った。しかし、爆竹、煙火製造は同社の統制外であったと思われ、中小あるいは零細規模の火薬工業企業は同社設立以降でも存続していることが分かる。

3　企業構造の特質

最後に薬品工業の企業構成を確認しておく。満州における薬品工業には1942年9月現在で89社の法人企業が存在した。化学工業では企業総数111社を確認できる油脂工業に次いで法人企業の多い事業分野であった。油脂工業では中小零細規模の企業が多数存在する油房業が法人企業の半分以上を占めた。薬品工業を事業分野別に類別すると、製薬事業が70社、化粧品製造事業が10社、火薬工業が9社であった。薬品工業のほぼ80％が製薬事業に集中していることが特徴的であった。これら企業の大半は1930年代後半から1940年代初期に設立、より厳密にいえば法人化された企業であった。**図表Ⅱ-12-15**はこうした企業構成の

852　第Ⅱ部　産業別企業分析

図表Ⅱ-12-15　薬品工業の主要企業（1942年9月現在）

企業名	特殊会社	設立年月日	公称資本金額	払込資本金額	会社所在地	事業内容
満州火薬工業㈱	特殊	1941.02.01	8,500	8,500	奉天	火薬製造
満州林産化学工業㈱	準特殊	1942.07.09	20,000	5,000	新京	鞣革剤製造
大同生薬工業㈱		1933.12.01	1,500	1,500	奉天	製薬業
満州武田薬品㈱		1939.11.06	3,000	1,500	奉天	製薬業
満蒙天産開発㈱		1939.07.06	3,000,	1,500	新京	製薬業
若素製薬㈱		1940.07.09	1,500	1,500	奉天	製薬業
満州製薬㈱		1934.03.14	5,000	1,250	新京	製薬業
㈱満州藤沢友吉商店		1940.03.08	2,500	1,250	奉天	製薬業
藤沢工業㈱		1941.09.03	2,000	1,000	奉天	工業薬品製造

出所：前掲『満州銀行会社年鑑　昭和十七年版』。
注：払込資本金額100万円以上の企業。

　特質を有する薬品工業で払込資本金100万円を超える企業を抽出した表である。払込資本金額が最大の企業は特殊会社として設立された満州火薬工業であった。同社が43年に公称資本金2000万円に増資されることはすでに述べた。払込資本金100万円台に日本から進出した製薬会社の満州国法人が並ぶ。

　これらの企業のなかで、これまで触れてこなかった満州林産化学工業株式会社と満蒙天産開発株式会社について簡単に紹介する。満州林産化学工業は満州国の「満州林産化学工業株式会社設立要綱」に基づき1942年7月9日に公称資本金2000万円（払込500万円）で新京特別市に設立された準特殊会社である。1942年中に資本金払込を完了し、遼陽に工場を設置してタンニン剤製造やクラフト紙の製造を行なった[186]。タンニン剤は鞣革剤であると同時に媒染剤など工業用薬品として重要であったが、日本や満州では製造されずほぼすべてが輸入品であった。この自給体制を構築することを目的に設立されたのが満州林産化学工業であった。東拓および満蒙毛織株式会社がそれぞれ25.0％、旭産業株式会社が12.5％、満鉄が10.0％を出資し、その他に東洋製紙工業株式会社、満州大倉商事株式会社、高島屋飯田株式会社、満州皮革株式会社などの各社が残余を出資していた[187]。また、満蒙天産開発は1939年7月6日に公称資本金300万円（払込75万円）で新京特別市に設立される。同社の目的は、甘草の収買・加工や杏仁、麻黄、防風など薬用植物の収買・加工であった。満蒙天産開発は薬草事業の統制機関として満州国産業部の指令により設立された企業であった。このため1940

年7月には満州甘草輸出同業組合が解散され同社に併合されている。同社の設立時の出資は大阪合同株式会社によって行なわれたが、満蒙天産開発株式はその後に倉敷紡績株式会社に譲渡されている。同社は1943年に満州天産開発株式会社に商号を変更し公称資本金500万円に増資される[188]。しかし、具体的な事業実態は未詳である。

第10節　液体燃料・アルコール工業

　液体燃料工業は化学工業のなかでも軍事的かつ戦略的な事業分野である。ここではその液体燃料工業とアルコール抽出工業について検討する。

1　液体燃料工業

　液体燃料工業は原油の精製加工を行なう石油精製、含油質鉱物からの油質抽出、石炭液化の事業に区分できる。そのなかで満州において最初に着手されるのは含油質鉱物から液体燃料を抽出するオイルシェール（頁岩油）工業であった。満鉄撫順炭砿の炭層上部に含油性の油頁岩層が厚く存在することは炭砿の開発当初に発見された。露天掘り採炭を行なう撫順炭砿では炭層上部の油頁岩層を除去しなければ石炭層に到達しない。しかし、含有油分の効率的な抽出技術が開発されない限り、その豊富なオイルシェールも活用は不可能であった。満鉄中央試験所は当初よりその実用化研究を進め、撫順式乾留炉の開発により工業化が可能となった。満鉄撫順炭砿は製油工場を設置し、1930年1月より操業を開始する[189]。満州におけるオイルシェール工業の始まりである。撫順炭砿製油工場は、重油、揮発油、軽油、粗蝋などを製造し、1936年には第2次拡張に着手され年産35万トンの粗油生産が企図される[190]。この撫順炭砿製油工場は満州における人造石油製造で実績をあげた唯一の事例であった。しかし、これも1940年代に入り油頁岩の不足から含油率の低い油頁岩層を利用せざるを得なくなることで、生産効率を急速に悪化させていく[191]。満州におけるオイルシェール工業はこの満鉄撫順炭砿製油工場のみである[192]。

　これに対し石油精製事業が開始されるのは満州国が成立して以降である。それ

まで満州の石油事業はスタンダード石油をはじめとする欧米石油資本に市場支配されていた。満州国政府は1934年2月に石油事業の一元的統制を目的として満州石油株式会社法（勅令第7号）を公布し、1935年4月から石油専売法施行する[193]。満州石油株式会社は特殊会社法に基づく満州国最初の特殊会社として、1934年2月24日に公称資本金500万円（払込125万円）で大連に設立される。満州石油は輸入原油を揮発油、灯油、重油などの石油製品に精製する事業と満州国内の油田開発をその目的とした。その公称資本金は1936年8月に1000万円、1938年2月には2000万円へと増資され、1941年には公称資本金4000万円の巨大企業に成長する[194]。創立資本は満州国政府が20.0％、満鉄が40.0％、そのほかに三井物産と日本の主要石油精製企業であった日本石油株式会社、小倉石油株式会社、三菱石油株式会社が各10.0％を出資した[195]。理事長には日本石油社長の橋本圭三郎が就任している。1935年1月には大連製油所が設置され、原油は甘井子繋船所のタンカーからパイプラインで製油所まで圧送された[196]。しかし、石油専売制の導入と満州石油の設立計画は、満州市場からシェルやテキサス石油など欧米石油資本を排除することを意図していたため、満州国を承認していない英米国政府と日本との間の外交問題にまで発展する[197]。結果的に1935年4月の石油専売制の実施により欧米石油企業は満州より撤退し、満州石油は満州唯一の石油供給機関として石油精製および販売を行なうこととなった[198]。しかし、同社のもう一つの事業目的であった満州国内の油田開発事業は阜新その他における油田試掘が成功せず、結果的に満州における原油の輸入依存構造は解消されなかった。満州石油の生産実績を**図表Ⅱ-12-16**に示したが、明らかに同社の生産実績は収縮していた。他方で軍需の拡大により満州国の石油需要は急増していた。そのため満州石油の石油事業のみでは満州における石油専売制は維持が困難になりつつあった[199]。こうした液体燃料の需給の逼迫を背景に、石炭液化工業が着手される。石油需給の逼迫は、酒精、松根油、人造石油などの増産計画を促進させたが、これら人造石油で重要な比重を占めるのが石炭液化工業であった。油田開発が進まないなかで豊富な石炭資源の液化工業は有望な事業と考えられていた[200]。満鉄中央試験所は日本海軍の徳山燃料廠と共同で撫順炭砿の瀝青炭を原料とする相接液化法により液体燃料製造を研究し1934年にその実用化に成功する。この

図表 II-12-16　満州石油株式会社の生産状況

(単位：トン)

年	ガソリン	灯油	軽油	重油	潤滑油（千リットル）
1940	165,286	73,630	8,388	35,457	9,256
1941	123,380	72,630	7,060	32,700	6,430
1942	—	—	—	—	—
1943	840	220	1,200	3,800	300
1944	4,000	600	900	4,700	3,100
1945	1,300	—	960	590	1,000

出所：『旧満州経済統計資料』（柏書房、1991年）111頁、および経済部調査組化工班「満州石油株式会社大連製油所（民国35年3月）」（1946年）（前掲『張公権文書』R7-9）。
注：大連製油所の実績値。

工業化のため満鉄は1935年8月に1600万円を投資して石炭液化工場の建設に着手し1938年1月より操業を開始する。これが満鉄撫順炭砿石炭液化工場である[201]。当時の石炭液化技術は、石炭とタールを原料として高温高圧の下に直接水素を添付するベルギウス法、石炭をガスに変成し、その合成ガスを低温常圧状態で触媒を通過させ揮発油を製造するフィッシャー法、石炭を低温乾留してコーライト（半成骸炭）と低温タールを生成し、そこから油分を抽出する低温乾留法の3種類があった[202]。満鉄撫順炭砿の石炭液化工場はこのうちのベルギウス法による製造工場であった。しかし、この方法は高温高圧による製造法であるため耐熱耐圧設備を必要とし、技術的にもコスト的にも課題が大きかった[203]。この満鉄撫順炭砿の石炭液化工業は液体燃料工業としては重要な事業であったが、満州の法人企業を分析対象とする本章では直接的な検討対象とはしない。

　液体燃料工業の法人企業として満州に最初に設立されるのは、1937年7月に公布されたの「満州合成燃料株式会社法」（勅令第36号）に基づき、同年8月6日に公称資本金5000万円（払込1000万円）の特殊会社として新京特別市に設立される満州合成燃料株式会社であった[204]。満州合成燃料は、三井合名会社、三井物産および三井鉱山株式会社の三井系企業が34.0％、満州国政府が同じく34.0％、満州炭砿株式会社が16.0％、帝国燃料興業株式会社が10.0％、満州石油が6.0％を出資して設立された。出資比率は満州国政府と同率であるが工場建設と経営は三井に一任されており、満州合成燃料理事長には三井鉱山会長の尾形次郎が就任した。この背景には、三井鉱山や同社から分離独立した三井化学工業

株式会社が三池炭鉱に石油合成試験工場を設置し石炭液化事業に着手していた点があった[205]。その意味では満州合成燃料を三井財閥系の企業と見ることが可能である[206]。同社は錦州に工場を設置し阜新炭を利用してフィッシャー法により液体燃料を製造することを目的とした。

続いて1939年8月16日に公称資本金600万円（払込300万円）の準特殊会社として株式会社満州石炭液化研究所が奉天に設立される。創立資本は三分の二が満州国政府の出資により、残りの三分の一が株式会社神戸製鋼所の出資であった[207]。同社は1942年1月に公称資本金1000万円（払込700万円）に増資される。満州石炭液化研究所は陸軍の主導による人造石油製造を目的にした研究試験所であったが、神戸製鋼所はそれまでガス混合物の分離装置を陸軍技術本部に納入していた。このため陸軍から神戸製鋼所に満州石炭液化研究所への出資要請が行なわれ、神戸製鋼所は200万円を限度にその出資に応じた[208]。石炭液化研究所はドイツのヒアグ式石炭液化特許を利用して揮発油製造を行なう中間的工業試験を目的とし、ハンガリーのヒアグ式石炭液化プラントをすべて輸入し奉天に工場を設置した。同工場での課題は液化石炭に含まれる硫黄分の除去であった[209]。同工場はプラント試運転で航空機油の製造を実現し関東軍に納入する。しかし、奉天工場が本格操業を開始する以前に敗戦を迎え、同社工場設備と資材はソ連軍に接収される結果に終わった[210]。

さらに、1939年9月4日に吉林人造石油株式会社法（勅令第229号）に基づく公称資本金1億円（払込2000万円）の巨大特殊会社として吉林人造石油株式会社が設立される。同社は1941年7月23日に倍額増資が行なわれ公称資本金2億円（払込1億4000万円）という満州でも最大規模の企業となった。創立資本は満州国政府が50.0％、日本窒素肥料株式会社が30.0％、帝国燃料興業が20.0％の比率で出資した。同社は直接液化法による液体燃料の製造を目的としていた[211]。吉林省の舒蘭炭田の石炭が原料となり、日本窒素肥料の野口式石炭液化法による液体燃料製造を行なった[212]。しかし、同社の事業は資金、技術、資材ともに行き詰まり、実質的に経営を担当した日本窒素は同社を放棄し、満州国政府に委託する。満州国政府はこれを満鉄に継承させ、撫順の石炭液化工場と合併した新会社を設立し、吉林の工場、施設を継承させることにした。こうして実

質的に破綻した吉林人造石油を継承する形で1943年6月1日に公称資本金5000万円（払込1250万円）で新設されたのが満州人造石油株式会社であった[213]。

このように液体燃料工業は戦略的な重点産業であったため、特殊会社あるいは準特殊会社形態による巨大会社により担われていた。しかし、結果から見ると、どの企業も資材と労働力の欠乏から工場建設が遅延し、目指された石炭液化による石油資源の代替工業化の目的は果たされないままに敗戦を迎えることになる。代用石油工業としては、これら以外に代用燃料の研究を目的とする満州コーライト工業株式会社と松根油製造を目的とする満州林産工業株式会社を確認できる。満州コーライト工業は1941年10月27日に公称資本金19万5000円（払込9万7500円）で鞍山に設立され、満州林産工業は1942年6月3日に公称資本金5万円（全額払込）で奉天に設立される。しかし、両社とも払込資本金額が10万円未満の零細的な企業であった。これら2社と異なり本章の企業データから脱漏する重要企業として満州油化工業株式会社があった。本章が基本的に依拠する企業データは1921年、1926年、1936年、1942年を調査時点とする。この企業データに内在する決定的な難点は、各調査時点の間に設立され消滅する企業をデータ的に捕捉できないことである。この重大な事例がこの満州油化工業の脱漏である。同社について簡単に補足しておく。満州油化工業は1936年9月1日に公称資本金250万円（払込125万円）で新京特別市に満州油化工業股份有限公司として設立された。同社には満州石油と満州炭砿が約10％、日本石油が6.0％を出資していた[214]。日中戦争が始まると液体燃料に対する需要が急増し、1938年2月17日に満州油化工業株式会社法（勅令第15号）が公布され、同法に基づき同年2月22日に満州油化工業公司は公称資本金2000万円（500万円払込）に増資され、特殊会社に改組された[215]。こうして設立されたのが満州油化工業株式会社であった。出資比率は満州国が50.0％、満州興業銀行が25.0％を出資し、そのほかに満州炭砿や満州石油の出資が維持されている[216]。同社は西安炭を利用して四平街工場において低温乾留水素添付法により石炭液化事業行なう予定であった[217]。しかし、「或る特殊事情のため康徳八年春遂に解散せられ」、「石炭液化事業なるものが如何に困難かを物語る一証左」とされ、1941年に同社は解散している。「或る特殊事情」が何を指すのかは残念ながら未詳である[218]。

2 アルコール工業

次にアルコール工業について見てみる。満州におけるアルコール工業はロシアのアルコール醸造事業から始まる。しかし、第1次大戦と1922年の禁酒令の発布によりロシア系資本の醸造事業は衰退する。これに対し中国系を中心とするアルコール醸造業が台頭し、市場は供給過剰に陥った。このため1925年2月19日に公称資本金35万円（全額払込）で哈爾浜に、広記酒廠の徐鵬志を中心とした各醸造所のシンジケート企業となる満州酒精股份有限公司が設立される。その後、満州国が成立しアルコール工業の重要性が認識されると、満州国政府はその統制を目的に満州酒精公司を母体として1933年11月21日に公称資本金167万円（全額払込）の満州国法人として哈爾浜に大同酒精股份有限公司を設立させた。東拓系の昭和酒精股份有限公司と徐鵬志の広記酒廠および一面坡酒廠が中心となって設立された企業である[219]。同社社長には徐鵬志が就任する。大同酒精はアルコール飲料のみならず、燃料用アルコールや工業用アルコールも製造するアルコール工業の代表的な企業であった。同社は1940年9月7日に公称資本金を400万円（払込341万7000円）に増資している。また、これに先立つ1938年1月に満州国酒精専売法が公布され、製造アルコールはすべて専売総局へ納入されることとなった[220]。

大同酒精以外のアルコール工業には、1934年9月13日に公称資本金100万円（払込30万円）で大連に関東州興業株式会社が設立される。同社は飲料用アルコール製造を目的とし、日本の有力醸造企業であった宝酒造株式会社、合同酒精株式会社、大日本酒類株式会社が共同で大連のアルコール製造工場を買収して設立した企業であった[221]。1940年2月17日に関東州興業は公称資本金200万円（払込150万円）に倍額増資され、翌41年に全額払込を完了している[222]。関東州興業については、本書第Ⅰ部第7章第6節「共同出資による進出」でより詳細な企業情報が与えられている。また、1940年9月12日には公称資本金200万円（全額払込）で新京特別市に高粱化学工業株式会社が設立される。同社は高粱の加工、製造を目的にし、蘇家屯に工場を設置し事業を行なった。この2社以外にも小規模な飲料用アルコール醸造企業として1938年11月15日に公称資本金12万円

図表Ⅱ-12-17　液体燃料・アルコール工業の主要企業（1942年9月現在）

(単位：千円)

企業名	特殊会社	設立年月日	公称資本金額	払込資本金額	会社所在地	事業内容
大同酒精㈱		1933.11.21	4,000	3,418	新京	アルコール
満州石油㈱	特殊	1934.02.24	40,000	30,000	新京	石油採掘精製
関東州興業㈱		1934.09.13	2,000	2,000	大連	アルコール
満州合成燃料㈱	特殊	1937.08.06	50,000	50,000	新京	人造石油
㈱満州石炭液化研究所	準特殊	1939.08.16	10,000	7,000	奉天	人造石油
吉林人造石油㈱	特殊	1939.09.04	200,000	140,000	吉林	人造石油
高粱化学工業㈱		1940.09.12	2,500	2,500	哈爾浜	アルコール

出所：前掲『満州銀行会社年鑑 昭和十七年版』。
注：払込資本金額100万円以上の企業。

（払込8万円）で大連に設立された東亜炭酸製造株式会社や1939年6月26日に資本金10万円で奉天に設立された満州葡萄酒醸造合名会社などが存在した。

1942年9月現在で確認しうる限りで、満州には13社の液体燃料・アルコール工業企業が存在する。事業分野別に区分すると液体燃料工業が6社、アルコール工業が7社となる。これらのうち払込資本金100万円を超える企業を抽出したのが**図表Ⅱ-12-17**である。最大規模の企業は吉林人造石油であり、液体燃料・アルコール工業企業の過半数は払込資本金100万円を超える大企業である。また特殊会社、準特殊会社形態での設立も多く、化学工業の中でもより戦略的な重要性が高い事業分野であったことが確認できる。しかし、その重点産業化の一方で工場建設は資材調達の面で遅延し、それらの企業の多くは本格的操業に着手し得ないまま、日本による満州の植民地支配それ自体が終焉することとなった。

第11節　その他化学工業

化学工業に包摂される事業分野は著しく多方面におよぶ。これまで検討してきた事業分野に区分できない企業をここで一括して確認しておく。企業データとして捕捉可能な「その他化学工業」に区分される企業は16社である。ただし、それらの事業領域は異なるため、それを概括的に取り上げることはできない。これら16社のうち払込資本金100万円以上の2社を抽出したのが**図表Ⅱ-12-18**である。

最大規模の企業は1929年2月23日に公称資本金200万円（全額払込）で大連

図表 II-12-18　その他化学工業の主要企業（1942 年 9 月現在）

(単位：千円)

企業名	設立年月日	公称資本金額	払込資本金額	会社所在地	事業内容
日本精鑞㈱	1929.02.23	4,000	4,000	大連	パラフィン精製
日満写真工業㈱	1941.09.29	2,000	1,000	瓦房店	写真材料製造

出所：前掲『満州銀行会社年鑑　昭和十七年版』。
注：払込資本金額 100 万円以上の企業。

　に設立された日本精蠟株式会社であった。日本精鑞はパラフィンの精製を目的に、満鉄が全額出資した完全子会社である。満鉄は撫順炭砿製油工場におけるオイルシェール事業の副産物である粗鑞精製を目的に同社を設立する。日本精鑞は本社を大連に置いたが、その精製工場は日本の徳山に設置された特異な満州企業であった。日本精鑞徳山工場は重油および精鑞を製造し、製造重油は徳山の海軍燃料廠へ、精鑞は三菱系の日本化成工業へ一手販売された。徳山に工場を設置した理由はこれら販売先との利便性である [223]。操業当初は欠損を生じたが 1932 年下期から利益を計上し、1935 年下期からは株式配当が可能となっている [224]。日本精鑞に次ぐ企業規模を有したのが 1941 年 9 月 29 日に公称資本金 200 万円（払込 100 万円）で瓦房店に設立された日満写真工業株式会社である。同社は写真用印画紙やフィルムなど写真材料の製造販売を目的とした。日満写真工業は株式の 90％以上をオリエンタル写真工業株式会社が所有する同社子会社であった。当時の満州の写真材料は日本からの輸入品であり、その大半がオリエンタル写真工業の製品であった。しかし、円ブロック内の為替管理により輸出制限が強化される傾向があった。このため「我ガ写真工業モ亦産業計画ノ一翼トシテ満州国ニ進出シ写真用感光材料製品ノ綜合生産ヲ為シ満州国内ノ全需要」に対応しようとしたのが同社設立の目的であった [225]。同社瓦房店工場は日本の平塚工場の遊休設備を移出し設置される。しかし、製造材料の輸入が滞り、1945 年 8 月まで本格操業に着手することなく敗戦を迎えることとなった [226]。

　また、1942 年 10 月現在の払込資本金は減資された結果 50 万円となったが、減資以前の払込資本金が 100 万円を超えていた企業に満蒙殖産株式会社がある。満蒙殖産は 1920 年 3 月 6 日に公称資本金 330 万円（払込 82 万 5000 円）で大連に設立された。同年 7 月に公称資本金を 500 万円（払込 125 万円）に増資するが、

逆に1922年10月には公称資本金100万円（全額払込）に減資し、さらに1931年5月にも50万円（全額払込）に再減資される。同社は向井骨粉工場、満州皮革、奉天化学工業、大連皮革の4社を母体として設立された企業であった。動物性の有機燐酸肥料や養鶏飼料に利用される骨粉工業としては、同社は満州で唯一の製造企業であった。しかし、第1次大戦後の恐慌や1920年代末の世界大恐慌の影響から経営が低迷する。これにより1920年代以降に2度の減資を余儀なくされたものと思われる。満蒙殖産は大連と鹿児島に骨粉工場を、大連と奉天に膠製造工場を有していた[227]。

おわりに

これまで満州における化学工業の発展過程を法人企業構造に着目しながら検討してきた。満州特産品である大豆を利用した油房業やアルコール醸造などを中心に初期の満州における化学工業は在来的な事業分野で企業設立が進んだ。その後の第1次大戦期に日系法人企業の新設が増大するが、大戦期に膨張した満洲経済は大戦後の反動恐慌の影響も深刻で、放漫経営の結果としての経営低迷や休業に追い込まれる企業も少なくなかった。こうした第1次大戦期および1920年代に化学工業で設立された企業は、初期の延長線上で油房、薬品、染料などやはり在来工業の色彩が強い事業分野に多く、企業規模としても中小零細な企業が多かった。

化学工業で法人企業の新設が本格的に進展するのは満州国が成立した後の1930年代後半以降であった。満州国の成立により直接投資環境が安定したことや重化学工業を中心に積極的な産業育成政策が展開されたこと、こうしたことを背景に多数の日系法人企業が設立されたと考えられる。特に1937年の満州産業開発5ヵ年計画の発動と日中戦争の勃発を契機とした重化学工業化政策の加速は、化学工業に新たな局面を提供した。油脂工業、薬品工業、電気化学工業、ゴム工業などを中心に高度に技術集約的かつ資本集約的な事業分野で企業の設立がこの時期以降に急増する。化学工業では特別法に基づき満州国政府が配当保証を行なう特殊会社が、他の産業部門と比較して相対的に多数設立された。高度国防国家

体制の確立や重化学工業基盤形成の戦略的な産業部門に化学工業が位置づけられたことが、化学工業に特殊会社形態で巨大な企業群が生じた理由として指摘できる。1930年代後半から1940年代初期にこうした特殊会社が集中的に設立される液体燃料工業やアルコール工業は、その典型的な事例と見ることができる。しかし、1930年代末から1940年代に化学工業で設立された装置型企業の多くは、製造工場の建設や操業に着手する際に、戦局悪化の影響から資材、機械設備、労働力欠乏という制約に直面し、現実には企業設立から工場建設と本格的操業の間に多くの時間が費やされ、操業開始が大幅に遅延する企業も少なくなかった。

満州の化学工業において戦略的に企業体制の拡充が図られたことは、本章における企業構造分析からも確認できる。しかし、そうした拡充政策が生産力水準の上昇を実現する以前に、日本による満州植民地支配それ自体の崩壊を迎えることになった。戦時経済体制の深化が満州化学工業の発展と企業構造の上方シフトを実現したことは事実であるが、同時にその過程は産業発展の桎梏を増殖させ、企業の存立それ自体を喪失に向かわせる過程でもあった。

注

1) 山本有造『「満州国」経済史研究』(名古屋大学出版会、2003年) 28-29頁。
2) 『現代史資料7 (満州事変)』(みすず書房、1964年) 594-596頁。
3) 原朗「1930年代の満州経済統制政策」(満州史研究会編『日本帝国主義下の満州』御茶の水書房、1972年) 59-65頁。
4) 前掲『「満州国」経済史研究』34-35頁。
5) 石川滋「終戦にいたるまでの満州経済開発」(日本外交学会編『太平洋戦争終結論』東京大学出版会、1958年)。
6) 同前、744頁。
7) 同前、760頁。
8) 山本有造「『満州国』生産力のマクロ的研究・序説」(『経済研究』第47巻第2号、1996年) および山本有造「『満州国』鉱工業生産力の水準と構造」(『人文学報』第88号、2003年)。
9) 田島俊雄「中国化学工業の源流—永利化工・天原電化・満州化学・満州電化—」

（『中国研究月報』第 57 巻第 10 号、2003 年）。

10) 田中泰夫「工業化学会満州支部と『満州』における化学工業」Ⅰ、Ⅱ（『化学史研究』第 19 号、1992 年、第 20 号、1993 年）。

11) 峰毅「『満州』化学工業の開発と新中国への継承」（『アジア研究』第 52 巻第 1 号、2006 年）。

12) これら以外に満州重化学工業を検討した研究として、小島精一「満州重工業の今昔」（『明治学院論叢』第 54 巻第 2 号、1959 年）がある。しかし、同論文は満州工業を概観した水準にあり本稿で取り上げるべき論点は示されていない。

13) 田島俊雄、前掲「中国化学工業の源流」7 頁。

14) 前掲「『満州』化学工業の開発と新中国への継承」24-27 頁。

15) 石田武彦「二〇世紀初頭中国東北における油房業の展開過程」（『北大史学』第 13 号、1971 年）。

16) 同前、63-64 頁。

17) 同前、76-77 頁。

18) 小峰和夫「日本商社と満州油房業」（『日本大学農獣医学部一般教養研究紀要』第 19 号、1983 年）。

19) 同前、18 頁。

20) 大塩武『日窒コンツェルンの研究』（日本経済評論社、1989 年）。

21) 同前、241-243 頁。

22) 前掲『「満州国」経済史研究』31 頁。

23) 南満州鉄道株式会社調査課『満州に於ける燐寸工業』（満鉄調査資料第 17 編、1923 年）193-195 頁。

24) 南満州鉄道株式会社東亜経済調査局『我国に於ける化学工業の発達』（『経済資料』第 13 巻第 2 号、1927 年）123-127 頁。

25) 満史会編『満州開発四十年史』下巻（1964 年）400-401 頁。

26) 前掲『満州に於ける燐寸工業』111 頁。

27) 同前、118-131 頁。

28) 南満州鉄道株式会社『南満州鉄道株式会社第三次十年史』上巻（1938 年）980-981 頁。

29）『満州日日新聞』1930年10月7日。

30）工業化学会満州支部編『満州の資源と化学工業　増訂改版』（丸善、1937年）458-459頁。

31）秋田忠義編『満州国産業要覧』（産業調査会、1933年）50頁。

32）前掲『満州の資源と化学工業　増訂改版』460頁。

33）鉱工事業所「東北地区燐寸工業概要（民国35年11月）」（独立行政法人日本貿易振興機構アジア経済研究所蔵『張公権文書』R8-57）。

34）南満州鉄道株式会社東亜経済調査局『内地化学工業に対する満州の価値』（『経済資料』第14巻第8号、1928年）68-75頁。

35）満州鉱工技術員協会編『満州鉱工年鑑　康徳九年版』（亜細亜書房、1942年）253頁。

36）前掲『満州の資源と化学工業　増訂改版』208-210頁。

37）ただし、ゼラチン、膠製造の満州における最大企業は1920年3月に設立された満蒙殖産株式会社であった（前掲『満州の資源と化学工業　増訂改版』211-219頁）。しかし、満蒙殖産の営業目的には皮革工業が掲出されていないこと、さらにその事業内容は骨粉製造が主体であることを考慮し、本章では満蒙殖産は「その他化学工業」に分類した。

38）『満州経済』第5巻第1号（1944年）26-28頁。

39）南満州鉄道株式会社『満州産業事情　昭和十六年版』（1942年）71頁。

40）こうした油房に関しては、前掲『内地化学工業に対する満州の価値』42-60頁を参照。

41）伊藤武一郎『成功せる事業と人物』（満州十刊行会、1916年、晧星社復刻版、1999年）120頁。

42）南満州鉄道株式会社調査課、前掲『満州に於ける油坊業』157-161頁。

43）前掲「日本商社と満州油房業」22頁。

44）前掲『満州に於ける油坊業』141-144頁。

45）南満州鉄道株式会社『南満州鉄道株式会社十年史』（1919年）681頁。

46）前掲『南満州鉄道株式会社第三次十年史』上巻、975頁。

47）前掲『満州に於ける油坊業』148-150頁。

48）同前、145-148 頁。
49）前掲『満州鉱工年鑑　康徳九年版』238 頁。
50）前掲『満州に於ける油坊業』155 頁。
51）前掲『南満州鉄道株式会社第三次十年史』上巻、977 頁。
52）前掲『満州に於ける油坊業』161-165 頁。
53）日清製油株式会社『日清製油株式会社 60 年史』(1969 年) 5-6 頁。
54）同前、34 頁。
55）日清製油株式会社『日清製油株式会社 80 年史』(1987 年) 24-25 頁。
56）前掲『満州に於ける油坊業』138-140 頁。
57）前掲『日清製油株式会社 60 年史』159-161 頁。
58）前掲『満州産業開発四十年史』下巻、414 頁。
59）前掲『満州に於ける油坊業』737-743 頁
60）前掲『満州鉱工年鑑　康徳九年版』238 頁。
61）前掲『満州産業開発四十年史』下巻、428 頁、『満州日報』1934 年 7 月 16 日。
62）前掲『満州の資源と化学工業　増訂改版』107-112 頁。
63）『満州国現勢　康徳九年版』(満州国通信社、1941 年) 286 頁。
64）南満州鉄道株式会社『南満州鉄道株式会社第四次十年史』(龍渓書舎、1986 年) 528 頁。
65）日本油脂株式会社『日本油脂 50 年史』(1988 年) 39-40 頁。
66）『満州経済』(第 4 巻第 6 号、1943 年) 74 頁。
67）秋田忠義編『図解満州産業体系』第 5 巻 (新知社、1933 年) 55 頁。
68）前掲『満州の資源と化学工業　増訂改版』118-119 頁。
69）日清興信所編『満州会社興信録　大正十一年版』(1922 年)。
70）満州石鹸株式会社『第 1 回営業報告書』。
　　なお、満州石鹸は 1930 年 10 月に満州ペイント株式会社に合併され、同社石鹸部となる、とする記述が前掲『日清製油株式会社 80 年史』(27 頁) にある。しかし、『1935 銀行会社年鑑』には満州石鹸の記載 (179-180 頁) があり、1931 年から 1934 年までの貸借対照表などの財務データが記載されている。また、営業報告書も 1934 年までは確認できる。この点から考えると、『日清製油株式会社 80 年史』

の既述は誤りで、少なくとも1934年までは満州石鹸は法人企業として存続していたと考えられる。ただし、『1936銀行会社年鑑』以降には同社の記載はない。

71) 前掲『満州の資源と化学工業　増訂改版』113-117頁。
72) 前掲『日本油脂50年史』26頁。
73) 日本油脂株式会社『日本油脂三十年史』(1967年) 370-371頁。
74) 『満州経済』第4巻第5号 (1943年) 58頁。
75) 前掲『日本油脂三十年史』371-373頁。
76) 前掲『満州鉱工年鑑　康徳九年版』240頁。
77) 前掲『日清製油株式会社60年史』64-65頁。
78) 大連商工会議所編『満州銀行会社年鑑　昭和十七年版』(1943年)。
79) 前掲『戦時体制下に於ける事業及人物』360頁。
80) 日本ペイント株式会社『日本ペイント百年史』(1982年) 159-167頁。
81) 関西ペイント株式会社『明日を彩る　関西ペイント六十年のあゆみ』(1979年) 65-66頁。
82) 宮本惇夫『くらしと産業を彩る　神東塗料物語』(日本工業新聞社、1983年) 41-42頁。
83) 『満州経済』第4巻第7号 (1943年) 78頁。
84) 前掲『明日を彩る　関西ペイント六十年のあゆみ』65頁。
85) 前掲『満州鉱工年鑑　康徳九年版』241頁。『満州経済』第4巻第7号 (1943年) 76-77頁。
86) 大日本セルロイド株式会社『大日本セルロイド株式会社史』(1952年) 173頁。
87) 同前、161-162頁。
88) 同前、191頁。
89) 三井文庫編『三井事業史』本編第3巻下 (2001年) (鈴木邦夫執筆) 705-706頁。
90) 『満州日日新聞』1924年2月15日。
91) 渡辺徳二編『現代日本産業発達史　第13巻　化学工業 (上)』(交詢社出版局、1968年) 230-231頁。
92) 前掲『満州の資源と化学工業　増訂改版』447-449頁。
93) 前掲『満州鉱工年鑑　康徳九年版』252頁。

第 12 章　化学工業

94）満州鉱工技術員協会編『満州鉱工年鑑　康徳十一年版』（東亜文化図書、1944 年）201 頁。
95）同前、201 頁。
96）前掲『我国に於ける化学工業の発達』140-148 頁。
97）前掲『満州鉱工年鑑　康徳九年版』249 頁。
98）この時期のゴム工業企業については、前掲『満州の資源と化学工業　増訂改版』476-477 頁を参照。
99）前掲『満州鉱工年鑑　康徳九年版』250-251 頁。
100）前掲『満州鉱工年鑑　康徳十一年版』203 頁。
101）『満州経済』第 5 巻第 1 号（1944 年）82-83 頁。
102）前掲『満州鉱工年鑑　康徳九年版』249-250 頁。
103）前掲『満州鉱工年鑑　康徳十一年版』373 頁。
104）東洋紡績株式会社『東洋紡績七十年史』（1953 年）382-383 頁。
105）同前、720 頁。
106）ブリヂストンタイヤ株式会社『ブリヂストンタイヤ五十年史』（1982 年）113 頁。
107）前掲『戦時体制下に於ける事業及人物』81 頁。
108）前掲『満州鉱工年鑑　康徳十一年版』378 頁。
109）前掲『ブリヂストンタイヤ五十年史』114 頁。
110）同前、379 頁。
111）前掲『戦時体制下に於ける事業及人物』782-783 頁。ただし、『満州銀行会社年鑑』昭和 17 年版には会社所在地が同一で、満州再生ゴムと協和ゴム工業の両企業が記載されている。協和ゴム工業の法人登記が抹消されずに登記簿上に残された結果と推測される。満州においては、特に第 1 次大戦後の不況の中で実体的に経営破綻した企業が法人登記を抹消せずに、法人登記のみが存続した事例は多い。しかし、協和ゴム工業に関しての詳細は未詳である。
112）前掲『満州鉱工年鑑　康徳十一年版』378 頁。
113）満州合成ゴム工業株式会社『第 1 回営業報告書』。
114）同『第 4 回営業報告書』。
115）前掲『戦時体制下に於ける事業及人物』169 頁。

116）前掲『満州鉱工年鑑　康徳十一年版』386頁。
117）前掲『戦時体制下に於ける事業及人物』453頁。
118）前掲『満州会社興信録　大正十一年版』。
119）関東軍司令部「硫安製造会社設立に関する要綱案（昭和七年十二月十五日）」（南満州鉄道株式会社経済調査会『立案調査書類』第6編第12巻、1935年）3頁。
120）「満州化学工業株式会社創立計画案」（1932年）4頁。
121）満州化学工業株式会社『第1回営業報告書　株主名簿』。
122）『満州日報』1934年7月24日。
123）蘇崇民『満鉄史』（中華書局、1990年）686-689頁。
124）前掲『満州経済年報　昭和十二年上』123頁。
125）満州硫安工業株式会社「第1期営業報告書」、「第2期営業報告書」。
126）菊池主計『満州重要産業の構成』（東洋経済出版部、1939年）176頁。
127）『満州日日新聞』1939年2月10日。
128）小林義宣『阜新火力発電所の最後』（新評論、1992年）43頁。
129）前掲『満州鉱工年鑑　康徳十一年版』197頁。
130）旭硝子株式会社臨時社史編纂室編『社史　旭硝子株式会社』（1967年）225頁。
131）前掲『満州鉱工年鑑　康徳九年版』231頁。
132）『満州日日新聞』1936年5月8日。
133）前掲『満州経済年報　昭和十二年下』262頁。
134）旭硝子株式会社臨時社史編纂室編、前掲『社史　旭硝子株式会社』226頁。
135）『満州経済』第4巻第6号（1943年）76-77頁。
136）前掲『満鉄史』689-690頁。
137）『満州経済』第3巻第1号（1942年）75頁。
138）前掲『満州鉱工年鑑　康徳十一年版』195頁。
139）満州の電力事業に関しては、須永徳武「満州における電力事業」（『立教経済学研究』第59巻第2号、2005年）を参照。
140）『満州経済』第4巻第6号（1943年）51頁。
141）満州電気化学工業株式会社「第1回営業報告書」。
142）『満州経済』第3巻第9号（1942年）81頁。

143) 前掲『大日本セルロイド株式会社史』166-167頁。
144) 『満州経済』第3巻第1号（1942年）74-75頁。
145) 大東朝雄編『満州鉱工会社総覧　康徳十年版』（満州鉱工技術員協会、1943年）121頁。
146) 前掲『戦時体制下に於ける事業及人物』715頁。
147) 『満州日日新聞』1938年10月30日。
148) 前掲『満州鉱工年鑑　康徳十一年版』381頁。
149) 同前、200頁。
150) 日本カーボン株式会社『日本カーボン50年史』（1967年）40-41頁。
151) 前掲『戦時体制下に於ける事業及人物』56頁。
152) 前掲『満州鉱工年鑑　康徳十一年版』390頁。
153) 同前、388頁。
154) 前掲『満州鉱工会社総覧　康徳十年版』63頁。
155) 前掲『戦時体制下に於ける事業及人物』477頁。
156) 同前、140頁。
157) 同前、159頁。
158) 武田薬品工業株式会社『武田二百年史』本編（1983年）310-312頁。
159) 同前、309頁。
160) 田辺製薬株式会社『田辺製薬三百五年史』（1983年）152-154頁。
161) 藤沢薬品株式会社『藤沢薬品七十年史』（1966年）65頁。
162) 同前、73頁。
163) 藤沢薬品株式会社『フジサワ100年史』（1995年）80-81頁。
164) 同前、81頁。
165) シオノギ製薬株式会社『シオノギ百年』（1978年）195頁。
166) 前掲『満州鉱工年鑑　康徳十一年版』384頁。
167) 前掲『戦時体制下に於ける事業及人物』88頁。
168) 同前、84頁。
169) 同前、828頁。
170) 同前、401-402頁。

171）同前、146-147 頁。
172）前掲『満州鉱工会社総覧　康徳十年版』159-160 頁。
173）日本農薬株式会社『五十年史』（1981 年）68 頁。
174）同『社史　日本農薬株式会社』（1960 年）194 頁。
175）前掲『五十年史』68 頁。
176）前掲『満州鉱工年鑑　康徳十一年版』392 頁。
177）前掲『戦時体制下に於ける事業及人物』1170-1171 頁。
178）同前、203 頁。
179）日清興信所編『満州会社興信録　大正十一年版』（1922 年）。
180）満州鉱山薬株式会社「第 1 回営業報告書」、「第 2 回営業報告書」。
181）前掲『満州の資源と化学工業　増訂改版』453 頁。
182）同前、454-455 頁。
183）『満州経済』第 4 巻第 6 号（1943 年）76 頁。
184）前掲『満州鉱工年鑑　康徳十一年版』371 頁。
185）『満州経済』第 5 巻第 2 号（1944 年）72 頁。
186）前掲『戦時体制下に於ける事業及人物』445 頁。
187）『満州経済』第 3 巻第 9 号（1942 年）124-125 頁。
188）前掲『戦時体制下に於ける事業及人物』764 頁。
189）前掲『満州鉱工年鑑　康徳九年版』235 頁。
190）南満州鉄道株式会社産業部『満州経済年報　昭和十三年』（改造社、1939 年）111-112 頁。
191）国民経済研究協会・金属工業調査会共編『第 1 次満州産業開発 5 ヵ年計画書』（1946 年）756 頁。
192）なお、満鉄撫順炭砿のオイルシェール事業に関しては以下の二つの研究が詳細な分析を行なっている。飯島靖「満鉄撫順オイルシェール事業の企業化とその展開」（『アジア経済』第 44 号第 8 号、2003 年）、山本裕「満鉄オイルシェール事業：1909-31」（『三田学会雑誌』第 95 巻第 4 号、2003 年）。
193）『満州国現勢　康徳八年版』満州国通信社（1941 年）424 頁。
194）前掲『満州鉱工年鑑　康徳九年版』233 頁。

195）満州事情案内所編『満州国策会社綜合要覧』（1939年）157-160頁。
196）前掲『満州の資源と化学工業　増訂改版』396頁。
197）『満州日報』1934年11月20日、1935年5月22日。
198）日本石油株式会社・日本石油精製株式会社社史編纂室編『日本石油百年史』（日本石油株式会社、1988年）314-315頁。
199）南満州鉄道株式会社調査部「液体燃料関係資料」（『満州・五箇年計画立案書類』第2編第3巻、1937年）462頁。
200）前掲『満州開発四十年史』下巻、387頁。
201）前掲『満州経済年報　昭和十三年』110頁。
202）前掲『満州の資源と化学工業　増訂改版』484-490頁。
203）前掲『満州経済年報　昭和十二年上』128-129頁。
204）前掲「液体燃料関係資料」584-586頁。
205）三井鉱山株式会社『男たちの世紀―三井鉱山の百年』（1990年）162、172-173頁。
206）前掲『満州国策会社綜合要覧』167-172頁。
207）前掲『満州鉱工年鑑　康徳十一年版』375頁。
208）株式会社神戸製鋼所『神戸製鋼80年』（1986年）57頁。
209）『満州国現勢　康徳八年版』424頁。
210）前掲『神戸製鋼80年』58頁。
211）『満州国現勢　康徳八年版』425頁。
212）前掲『満州経済年報　昭和十三年』111頁。
213）蘇崇民『満鉄史』（中華書局、1990年）625-627頁。
214）大連商工会議所調査課編『満州銀行会社年鑑　昭和十二年版』（1937年）631頁。
215）満州事情案内所編『満州国策会社綜合要覧』（1939年）。
216）前掲『満州経済年報　昭和十三年』111頁。
217）高田源清『満州国策会社法論』（東洋書館、1941年）151頁。
218）前掲『満州鉱工年鑑　康徳九年版』234頁。
219）前掲『満州の資源と化学工業　増訂改版』194頁。
220）前掲『満州国現勢　康徳八年版』423頁。

221) 宝酒造株式会社『宝酒造株式会社三十年史』(1958年) 764頁。
222) 前掲『満州銀行会社年鑑　昭和十七年版』。
223) 脇英夫・大西昭生・兼重宗和・冨吉繁貴『徳山海軍燃料廠史』(徳山大学総合経済研究所、1989年) 160頁。
224) 南満州鉄道株式会社『南満州鉄道株式会社第三次十年史』下巻 (1938年) 2596-2601頁。
225) オリエンタル写真工業株式会社『オリエンタル写真工業株式会社三十年史』(1950年) 376頁。
226) 同前、384-385頁。
227) 前掲『満州の資源と化学工業　増訂改版』211-217頁。

第13章　製紙業

はじめに

　製紙・パルプ製造での日系資本による満州への進出を扱ったものは、1958年刊行の『王子製紙社史』第3巻である。その後、1976年に『王子製紙山林事業史』が刊行され、かなり詳細に第1次大戦期における王子製紙株式会社による満州への積極的な進出の過程が明らかになった。なお、三井合名会社が1916年11月に持株の半分を売却した後の三井合名会社持株比率は32.9％に低下したが[1]、依然として三井合名会社が筆頭株主として役員を送り込んでいるため、第1次大戦期の王子製紙株式会社は三井財閥の傘下企業とみることができる。先述のように王子製紙が三井財閥の傘下から離脱するのは、1933年5月18日に富士製紙株式会社・樺太工業株式会社を合併してまもなくのことである。

　特にパルプ製造ついては、1967年に鈴木尚夫編『現代日本産業発達史』XII（紙・パルプ）が満州国建国後の日系資本によるパルプ製造事業への進出を概括的に分析している。

　研究論文では、1981年に原沢芳太郎が、おもに『王子製紙山林事業史』に依拠して第1次大戦期に開始した王子製紙による大規模な満州投資がなぜ失敗したかを分析した論文「王子製紙の満州（中国東北部）進出―『余裕』あっての戦略の失敗」（土屋守章・森川英正編『企業者活動の史的研究』日本経済新聞社、1981年）を発表した。1982年には金子文夫が1次資料に依拠して大倉組の製紙業投資（鴨緑江製紙）の経緯を分析した論文「満州における大倉財閥」（大倉財閥研究会編『大倉財閥の研究』近藤出版社、1982年）を発表した。

　全体としてみると、パルプ製造への進出に関しては『現代日本産業発達史』XII

（紙・パルプ）が 1939 年までの基本的な事実を把握している。この書籍での未解明部分（1940 年以降のパルプ製造の動向）については、『王子製紙山林事業史』が王子製紙系のパルプ製造会社の経緯を叙述している。製紙への進出は、満州国建国以前は原沢芳太郎による第 1 次大戦期の王子製紙の失敗の分析と金子文夫による鴨緑江製紙株式会社の分析によって、日系事業の基本的な事実は把握されている。しかし満州国建国後の製紙部門への進出と動向に関しては金子文夫による鴨緑江製紙の分析のほかは十分とはいえず、日系資本の動向の全体像が明らかになっていない。

以下では、上述の社史・研究に依拠しながら、他の資料で補足することにより日系資本による製紙・パルプ製造への進出とその動向を明らかにする。

第 1 節　満州国設立以前

満州では近代的な製紙工場を建設しようという計画が第 1 次大戦以前から存在した。すなわち、1907 年頃に吉林省に二つの製紙会社設立計画があったという（いずれも中国人による計画）。そのうちの一つが元吉林農工商務局長胡宗瀛による吉林官立造紙局設立計画である。この案は鏡泊湖（松花江の一大支流である牡丹江の上流に位置）の飛瀑を利用し（発電）、東満州の森林資源を利用する製紙工場の設立計画であった。1908 年 11 月、日本から技師加藤某を招いて工場設計を委任したが、しかし資金難のため工場建設に至らなかった。1915 年に至り、胡は再度計画を練り直したうえ、出資者をもとめて鈴木商店に働きかけたが、うまくいかず、ちょうど満州進出を意図して情報を集めていた王子製紙との間で話がまとまったのである。そして 1917 年 11 月 16 日に日中合弁（中国法人）の富寧造紙股份有限公司（本店吉林）が設立された。これが満州における近代的パルプ工場計画をもった最初の製紙会社である。公司の目的は木材パルプ生産および製紙とこれに付帯する事業である。王子製紙は第二の苫小牧工場ともいうべき一大製紙工場をこの公司によって創ろうとしたのである。設立時の公称資本金は日本円 100 万円（払込 25 万円）で、日中双方半額出資であったが、実際は全額王子製紙が出資した。しかも、この出資金のほかに、調査費や北京政界要人への

工作費として提供した資金を加えると、王子製紙はゆうに500万円を超える資金をつぎ込んだという[2]。

製紙工場の建設については、治安の悪化と民族意識の高揚＝排日運動の激化によって見通しが全く立たなかった。そのため、1918年頃から木材伐採事業へ乗り出すことになった。しかし、木材伐採・搬出などの費用算定の不備や、「馬賊」の来襲などに災いされて、松花江上流での伐採事業の失敗などで大打撃を被り、1920年頃には富寧造紙の経営が停止したという[3]。富寧造紙への投資の失敗の理由として、日本国内での好況と王子製紙の資金的な余裕、北海道での成功体験が、専務取締役藤原銀次郎ら王子製紙首脳部の眼を曇らせたのではないかと原沢は指摘している[4]。

王子製紙以外の日系資本による製紙工場設立のもう一つの試みは、大倉組によるものである。大倉組は1917年頃から黒竜江省興安嶺の山林を対象とした製紙会社の設立を企画していたが、適当でないため、吉林省の山林に着目して第二松花江流域に林場を確保して1921年11月に日中合弁（中国法人）で吉省興林造紙股份有限公司（本店吉林）を設立し、製紙工場を建設しようとした。中国側の提携先は、張作霖系の鮑貴郷であった。同社の公称資本金は日本円500万円（払込125万円）である。払込資本金125万円のうちの中国側払込分も大倉組が調達した。大倉組が日中合弁（中国法人）で1918年11月14日に設立した豊材股份有限公司（公称資本金日本円500万円[5]、払込125万円は形式上折半であったが、事実上は大倉組が全額出資、本店長春）から原木（第二松花江流域の林場で伐採）の供給を予定していた。しかし製紙工場の建設は実現しなかった[6]。

満州で初めて近代的製紙事業（機械製紙事業）に着手したのは、日系の松浦製紙所（個人企業）であった（1918年7月事業開始）。法人に限定すると、ほぼ時を同じくして参入した日系の満州製紙株式会社（1918年12月21日設立）が最初である。

松浦良太郎は、満鉄から反故紙の無償提供を受けて、1918年7月に大連でチリ紙の生産を開始し、製品を満鉄や関東庁などに販売した。しかし1920年の戦後恐慌と反故紙の競争入札制の導入などのため、松浦製紙所は業績不振に陥ってしまった。この事態を切り抜けるため、松浦自身が出資するとともに松浦に対す

る債権者3人が債権を振り替える形で出資して、1922年10月に、合名会社松浦製紙所（資本金8500円、うち松浦の出資は3000円）が設立された。しかし、これによっても事態は改善されず、1920年代後半までに休止状態に陥ってしまい、登記上で会社は存在するが、実際の会社の所在は不明となってしまった[7]。

満州製紙は、大連・営口の日本人財界人によって1918年12月21日に設立された（公称資本金50万円、払込20万円。本店大連）。社長には河辺勝（営口の松茂洋行の店主、元大連汽船株式会社取締役）、取締役には大連の山田三平商店の山田三平などが就任している。同社は「和洋紙ノ製造加工及販売」を目的に掲げたが、実際の主な目的はチリ紙製造であった[8]。同社は、関東州の夏家河子に工場を建設して、山海関付近の豊富な「支那楮」を原料として製造を開始し、満鉄沿線や哈爾浜などで製品を販売する予定であった[9]。しかし、同社は1920年3月の工場完成と同時に戦後恐慌に直面した。資金不足のために東洋拓殖株式会社や諸銀行から5万3000円を借り入れて事業の継続を図ったが、一時休業状態に陥った。1924年から種々の紙の製造試験を行ない、1925年に中国人向けに焼紙（礼拝用の紙）の試売を行なったところ、評判となり注文が急増した[10]。需要に応じるため、1927年5月15日には休業中であった営口製紙合資会社の工場を借り受け[11]、これを分工場として経営しはじめた。しかし、1928年初めの本工場での機関故障や5月の営口分工場での製紙ドライヤーの爆破など、経営にマイナスの事態も発生している。

1929年上期決算までをみると、同社の損益は、創業から3期目の1920年上期以来連続して当期損失を計上している。経営内容がかなり改善してきた1927年下期（同年6月～11月）でも43円の赤字であった。1929年上期（1919年12月～1920年5月）における前期繰越損金は26万円に達した。これは、同期の払込資本金23万円を上回っており、同社は債務超過に陥っていた[12]。満州製紙による1930年の生産高は326トンに過ぎない。当時の製造品目は、チリ紙、海光紙、焼紙などであった[13]。後述するように、同社は1933年に松浦製紙株式会社に工場を売却し、単に社名が存続するだけの会社となる。

ところで1921年時点でみると、日本法人の製紙会社は満州製紙と鴨緑江製紙株式会社、営口製紙合資会社の3社に過ぎない（**図表Ⅱ-13-1**）。そこでつぎに

3社のなかで、払込資本金額が飛びぬけて大きい鴨緑江製紙をみよう。鴨緑江製紙株式会社は日本法人として1919年5月24日に設立された。

図表II-13-1 製紙会社の状況（1921年）

(単位：千円)

会社名	本店	設立年月	公称資本金	払込資本金
鴨緑江製紙㈱	安東県	1919.05.24	5,000	1,250
満州製紙㈱	大連	1918.12.21	500	200
営口製紙㈲	営口	1921.09.05		100

出所：『1922興信録』、『1936銀行会社年鑑』。

会社は6月7日に安東領事館で登記され、本店は安東県におかれた[14]。この会社は大倉組と大川平三郎の共同事業として企画されたものである。王子製紙・富士製紙の二大製紙メーカーに対抗して九州製紙株式会社・樺太工業などの経営に当たっていた大川平三郎にとって、満州への進出は二大製紙メーカーに対抗するための重要な位置を占めていた。

設立時の鴨緑江製紙の公称資本金は500万円、払込125万円、総株数10万株であった。1919年10月31日現在でみると、株主は44名である。うち大株主は、大倉喜八郎4万2600株、大川平三郎2万株、下郷伝平1万株（大川系の株主）であり、その他は4000株以下の株主である。大倉組系が約45％を占め、大川系が約40％を占めていた。役員は会長大倉喜八郎、副会長大川平三郎、常務取締役長谷川太郎吉（大川系）、取締役門野重九郎（大倉系）・田中栄八郎（大川平三郎の実弟）・式村茂（大倉系）・梅野健吉（大倉系）であり、大川系の長谷川が実際に業務を執行する常務取締役のポストについた[15]。

実際の会社の事業目的は、紙の製造そのものではなく、製紙原料の木材パルプ（亜硫酸パルプ）を生産し、これを日本などに販売することにあった。パルプ製造工場（年産1万5000トン規模）は、1920年4月起工から17ヵ月後の1921年9月に完了し、10月1日から操業を開始した。大川系の九州製紙株式会社の技術者が操業を指導した。1922年上期（1921年11月〜1922年4月）の6ヵ月間のうち、171日間操業できたが、満鉄の新発電所の工事が遅延したため、前半の3ヵ月は予定の半額の生産にとどまり、ようやく予定の生産量をあげるようになったのは2月からである。そのため、6ヵ月間の生産量は5308トンにとどまった。もっとも欧州・北米産パルプの東洋市場への投げ売りによって、市況は不振を極めていたため、同社は「品位ノ改良ニ努メテ製産ノ多キヲ求メザルノ方針ヲ採」[16]

図表 II-13-2　鴨緑江製紙の業績

(単位：千円、%)

年度	払込資本金	当期利益金	配当	後期繰越金
1919 下期	1,250	30	—	—
1920 上期	1,250	37	—	67
下期	1,250	37	5	35
1921 上期	1,250	7	5	10
下期	1,250	24	5	2
1922 上期	2,000	55	5	4
下期	2,750	▲1	—	3
1923 上期	2,750	▲1	—	2
下期	2,750	1	—	4
1924 上期	2,750	3	—	6
下期	3,000	2	—	8
1925 上期	3,000	▲3	—	5
下期	3,000	2	—	6
1926 上期	3,000	2	—	8
下期	3,000	▲11	—	▲2
1927 上期	3,500	12	—	9
下期	3,500	5	—	15
1928 上期	3,800	12	—	26
下期	3,800	▲89	—	▲62
1929 上期	3,800	▲49	—	▲112
下期	4,000	▲75	—	▲187
1930 上期	4,000	▲39	—	▲226
下期	4,000	▲40	—	▲266
1931 上期	4,000	▲103	—	▲370
下期	4,000	5	—	▲364
1932 上期	4,000	13	—	▲352
下期	4,000	112	—	▲240
1933 上期	4,000	264	—	24
下期	4,000	56	—	80
1934 上期	4,000	77	—	57
下期	4,000	47	—	55
1935 上期	4,000	16	—	0
下期	4,000	17	—	0
1936 上期	4,000	17	—	0
下期	4,000	15	—	13
1937 上期	4,000	162	5	27
下期	4,000	184	5	46
1938 上期	4,000	499	6	125
下期	4,000	499	8	171
1939 上期	4,000	514	10	223
下期	4,000	509	10	226
1940 上期	4,000	357	10	264
下期	4,000	622	10	383
1941 上期	4,000	495	10	373
下期	4,000	496	10	369
1942 上期	4,000	538	10	402
下期	4,000	471	10	418
1943 上期	4,000	209	10	374
下期	4,000	207	10	329
1944 上期	4,000	424	…	406
下期	4,000	331	…	…

出所：鴨緑江製紙株式会社『営業報告書』各期、満州国『政府公報』。
注：上期は前年11月から当年4月、下期は当年5月から10月である。

ったという。鴨緑江製紙の工場建設費は同業他社よりはるかに安く、賃金も低廉であったが、樺太産に比べ満州産木材の価格は極めて高かったという[17]。パルプ需要が急増するなど外的条件が大きく変化しない限り、満州産木材の高価格は鴨緑江製紙にとってパルプ販売市場で競争するうえで極めて不利な要因であった。

欧州・北米産パルプの東洋市場への投売り[18]などに災いされて、翌期になっても市況は好転しなかった。この事態に対処するため、鴨緑江製紙は1922年8月23日に王子製紙・富士製紙・樺太工業とともに、共同パルプ株式会社を設立した。この会社は亜硫酸木材パルプを共同で販売するためのカルテル組織である[19]。これまで鴨緑江製紙は、大川系の九州製紙株式会社を主な取引先として日本内地にパルプを販売していたが、月1.5万円の補給金を共同

パルプから受け取るかわりに、共同パルプ設立前の8月1日からパルプの操業を停止したのである。パルプの操業停止は1926年12月まで続いている[20]。

鴨緑江製紙の配当をみると、まだ工場が建設途上にある1920年下期から年換算5％の配当を始めている。未使用の建設資金をおそらく銀行や大倉組などに預けて、その利息を収益として計上したため、当期純利益が発生した(図表Ⅱ-13-2)。そしてこれを内部に留保せず、3期にわたって株主に配当として分配した。鴨緑江製紙は内部留保による経営的な安定よりも、株主の利益を優先する不健全な利益処分を行なったのである。操業が本格化した1922年上期（1921年11月～1922年4月）にはパルプ販売によって利益をあげ、それを配当に回した。だが、この期のパルプ市況は依然として不振であった。しかも出材費がかさむなど満州産原木が極めて割高で、そのため鴨緑江製紙産のパルプが価格面で劣るという認識を経営者側がもっていたにもかかわらず（「パルプノ商況ヤ甚シク不振ニシテ漸次製品ノ堆積ヲ増スノ趨勢」、「木材ノ価格遥カニ樺太ニ及バザルヲ遺憾トス」[21]、配当を実施したのである。

ところで1922年8月1日からパルプ製造工場の操業を停止した鴨緑江製紙は、営業上に新たな活路を開くため、1924年頃から機械による「支那紙」の製造計画に着手し、約60万円を投じて1927年1月から紙の製造を開始した（抄紙機4台）。この製造開始に合わせて、既設のパルプ製造工場も一部を改造して、部分的な操業を再開した。4月末までの生産量は有光紙・宜紙・毛辺紙・包装紙など合計182万ポンド（824トン）であった[22]。しかし、中国における政治的な動乱と日本軍の1927年5月の第1次山東出兵などに伴う日貨排斥の動き、さらに1928年頃からの紙価の低落に災いされて同社の経営は苦しく[23]、1931年上期まで慢性的な赤字を計上し、1931年上期の後期繰越損失金は37万円に膨らんだ。

1920年代末で満州全体の製紙業をみると、日系の製紙工場では「塵紙或は焼紙の製造に止り、紙類の多くは日本及欧米より輸入」されるという状況にあった。中国系では「紙坊と称して家内工業的の工場各地に散在し毛頭紙の製造をなし、一地方の需要を満す」程度にすぎなかった[24]。中国系の機械製紙工場としては、1927年設立の六合成無限公司（資本金5500元、本店安東）があるに過ぎなかった[25]。

図表II-13-3 製紙会社の状況（1936年）

(単位：千円)

形態	企業名	本店	設立年月日	公称資本金	払込資本金
株式	鴨緑江製紙㈱	安東県	1919.05.24	5,000	4,000
股份	満州パルプ工業股份有限公司	新京	1936.05.11	5,000	2,500
股份	股份有限公司六合成造紙廠	安東県	1935.07.10	1,500	1,500
株式	満州製紙㈱	夏家屯	1918.12.21	500	200
株式	松浦製紙㈱	夏家屯	1933.07.29	150	150
株式	撫順製紙㈱	撫順	1930.11.23	120	120
合資	営口製紙会社	営口	1921.09.05		100
合資	睦堂製紙工場	大連	1935.10.26		40
合名	松浦製紙所	大連	1922.10.01		4
株式	東満州人絹パルプ㈱	東京	1934.05.01	15,000	3,750
株式	満州パルプ工業㈱	大阪	1934.05.27	10,000	2,500

出所：『1936銀行会社年鑑』。

　中国系の資本が大規模な機械製紙業に着手するのは1930年である。張学良は紙類消費の激増と満州での豊富な製紙原料に注目し、奉天の実業家の張志良（奉海鉄路公司総理）に指示して、製紙工場の六合成を母体として1930年に安東六合成公記造紙廠を設立させた。同社は、英国に抄紙機を発注し、吉林省旬樺県に工場の建設を始めた[26]。しかし、まもなく満州事変が勃発したため、満州国建国までに紙製造には至らなかった。

第2節　満州国建国後

　満州国建国後の1936年における満州での製紙会社は**図表II-13-3**のとおりである。商号にパルプという文字を含んでいる満州所在の1社（1936年設立）と、日本内地所在の2社（ともに1934年設立）がある。満州国建国後の最初の製紙業界における大きな変化は、新規のパルプ製造事業の開始であった。

　前述のように満州産原木は割高であり、これを用いた鴨緑江製紙製造のパルプの価格競争力は劣っていた。しかし、日本内地での人絹工業の急速な発展とこれに伴う人絹・スフ用パルプ（熔解パルプ）需要の激増を受けて、満州の森林資源が日本資本によって注目されるようになったのである。

　1933年に満州国政府は日本の資本と技術によるパルプ工場の誘致構想を発表した。この事業に対する出願申請は20数社に達したという。結局、1934年2月、

1ヵ年以内に指定区域内で森林資源調査を終え工場建設計画を作成するという条件で、川西清兵衛系（日本毛織系）、寺田元之助系、王子製紙系、大川平三郎系の出願に内認可を与えた。これを受け、大川平三郎系は日本内地で1934年5月1日に東満州人絹パルプ株式会社を設立し（本店東京、設立時の公称資本金1500万円、払込375万円、社長大川平三郎）、寺田元之助系は同年5月27日に満州パルプ工業株式会社を設立して（本店大阪、設立時の公称資本金1000万円、払込250万円、会長大橋新太郎、社長寺田元之助）、森林調査を行ない現地法人の設立計画を立案した。大川平三郎、寺田元之助とも、資本的に依拠できる企業がなかったため、多数の人から資金を調達して、まず日本法人を設立したのである（1934年11月末現在の東満州人絹パルプの株主は2252人、1934年9月末現在の満州パルプ工業の株主は1559人）[27]。

東満州人絹パルプ（日本法人）が1935年3月15日に満州国実業部と関東軍に調査報告書や満州国法人の設立認可申請書を提出し、満州パルプ工業も3月25日に同様の書類を提出するなど、4社からの申請が揃ったが、満州国・関東軍側では森林行政に関する根本方針が立たないために、パルプ事業に関する決定を遅らせた[28]。その後、申請から1年後の1936年3月12日になってようやく満州国実業部からパルプ工業経営許可の指令が申請者に下された。東満州人絹パルプ（日本法人）は5月11日に東満州人絹巴爾普股份有限公司設立認可申請書を実業部大臣宛に提出し、6月8日に設立許可をえて6月17日に東満州人絹巴爾普股份有限公司（満州国法人）を設立した（本店間島県和竜県開山屯、公称資本金750万円全額払込）。出資は全額日本法人が行なった。しかし1937年7月、鐘淵紡績が経営を肩代りする[29]。

満州パルプ工業（日本法人）も、パルプ工業経営の許可をえて1936年5月11日に満州パルプ工業股份有限公司（満州国法人）を設立した（本社新京、公称資本金1000万円、払込750万円）[30]。なお、製紙事業経験をもたないものが中心となって設立された満州パルプ工業（満州国法人）に対して、パルプ生産部門を擁していなかった三菱製紙株式会社が1936年から人材・技術・資金面から全面的な支援を行ない、1937年には専務取締役ポストなどに人を派遣した。1938年1月17日の増資（公称資本金を500万円から1000万円へ、払込500万円）後の

11月時点には総株数20万株のうち6万5000株（持株率32.5％）を所有し、同社の経営を支配した[31]。

原木の伐採区域を分割して、四つの会社の経営許可が下されたが、原木は特殊会社の満州林業股份有限公司（1936年2月29日設立、設立時の公称資本金500万円、払込250万円）の伐出材と官行伐採材を使用することとされ、各社の伐出生産への進出は認められなかった。しかも、パルプ年産額を1社1年目1万トン、2年目1万5000トンと制限されたため、企業側が意図した最低生産規模（3万トン）とは大きな隔たりが生じた。そのため、王子製紙は4社の合同を画策し、生産規模を拡大しようとしたが、満州パルプ工業は合同に不参加を表明し、関東軍も合同に反対したため、合同案は破綻した。そのため1936年9月11日になって王子製紙系の日満巴爾普製造股份有限公司（満州国法人）と川西清兵衛系（日本毛織系）の東洋パルプ股份有限公司（満州国法人）が設立された。前者の本店は新京、公称資本金1000万円、払込500万円、後者の本店は新京、公称資本金1000円、払込500万円であった[32]。

東満州人絹パルプは1938年1月から、満州パルプ工業・日満パルプ製造は6月から、東洋パルプは8月から操業を開始した[33]。

ところで、満州国は1937年から始める産業開発5ヵ年計画のなかにパルプ製造を組み込み、目標を1941年末で年産12万トンとした。そこで4社はまず年1万5000トンを目標として工場建設に着手した。その後、日中戦争開始のため、日本政府は1938年1月の閣議で日満を総合した「パルプ増産5ヵ年計画」を決定し、計画達成年の1942年に、日本での生産目標を137万トン、満州からの輸入目標を30万トン（製紙用、人絹・スフ用、半々）としたため、これに対応して満州国は1942年の生産目標を40万トンに引き上げた（木材パルプ30万トンだけでなく、後述の葦パルプ7万トン、豆稈パルプ3万トンを含む）[34]。このように満州国全体の目標が引き上げられるのであるが、最初の各企業の目標と比べると1939年はどのような状態になっているかを見よう。鴨緑江製紙を含む5社の1939年パルプ生産の総計は5万1363トンで、その内訳は人絹・スフ用2万5408トン、製紙用2万5955トンでほぼ半々である。企業別では、第1位鴨緑江製紙（安東工場）1万5428トン（すべて製紙用）、第2位日満パルプ製造（敦化

図表Ⅱ-13-4 製紙会社の状況（1942年）

(単位：千円)

国籍	形態	特殊	会社名	本店	設立年月日	公称資本金	払込資本金
満州	株式		錦州パルプ㈱	錦州	1939.06.02	30,000	7,500
満州	株式		満州パルプ工業㈱	牡丹江	1936.05.11	10,000	7,500
満州	株式		東満州人絹パルプ㈱	間島省	1936.06.17	7,500	7,500
満州	株式		日満パルプ製造㈱	新京	1936.09.11	10,000	5,000
満州	株式	準特殊	満州豆稈パルプ㈱	新京	1937.09.04	10,000	5,000
満州	株式		康徳葦パルプ㈱	奉天	1936.12.04	5,000	5,000
満州	株式		東洋パルプ㈱	間島省	1936.09.11	10,000	5,000
満州	株式		鴨緑江製紙㈱	安東	1919.05.24	5,000	4,000
満州	株式	準特殊	満州特殊製紙㈱	新京	1939.03.02	3,500	3,500
満州	株式		満州紙工㈱	奉天	1936.10.21	2,000	2,000
満州	株式		六合製紙㈱	安東	1935.07.10	1,500	1,500
満州	株式		安東造紙㈱	安東	1936.09.11	3,000	1,125
満州	株式		満州製紙㈱	奉天	1939.04.13	1,000	1,000
日本	株式		松浦製紙㈱	大連	1933.07.29	470	470
満州	株式		吉林製紙㈱	新京	1939.12.25	450	450
満州	株式		照国製紙㈱	哈爾浜	1938.08.19	300	300
日本	株式		満州製紙㈱	大連	1918.12.21	500	200
満州	株式		撫順製紙㈱	撫順	1930.11.23	250	198
満州	合資		協和製紙所	撫順	1940.02.12		190
満州	株式		大陸興業㈱	新京	1941.05.29	180	180
満州	株式		日満製紙㈱	撫順	1940.05.13	100	100
満州	合資		営口製紙会社	営口	1921.09.05		100
日本	合資		睦堂製紙工場	泉水屯	1935.10.26		80
日本	合資		裾野製紙所	大連	1938.05.02		55
日本	合名		松浦製紙所	大連	1922.10.01		4

出所：『1942銀行会社年鑑』。

工場）1万0483トン（人絹・スフ用1万0179トン、製紙用304トン）、第3位満州パルプ工業（樺林工場）9492トン（製紙用9413トン、人絹・スフ用79トン）、第4位東洋パルプ（石硯工場）8585トン（人絹・スフ用7775トン、製紙用810トン）、第5位東満州人絹パルプ（開山屯工場）7375トン（すべて人絹・スフ用）である。満州パルプ工業の場合、まず未晒パルプの製造から始め、これが軌道に乗った1939年から人絹・スフ用パルプ製造に着手したが、人絹・スフ用は技術的問題のために生産量の1割にも満たなかった。のちに人絹・スフ用7割、製紙用3割に変わったという[35]。

つぎに1942年での製紙会社の状況をみよう。商号にパルプの文字を含む満州所在の会社が7社存在する（**図表Ⅱ-13-4**）。これらは払込資本金の上位7社で

図表II-13-5　パルプ製造企業の業績

(単位：千円、％)

会社名		1940年度当期利益	対払込資本金利益率	1941年度当期利益	対払込資本金利益率	1942年度当期利益	対払込資本金利益率	1943年度当期利益	対払込資本金利益率	1944年度当期利益	対払込資本金利益率
満州パルプ工業	上	…	…	243	6.4	233	6.1	321	6.4	315	6.3
	下	…	…	248	6.6	286	6.6	137	2.7	…	…
日満パルプ製造		…	…	306	6.1	729	14.6	…	…	1,108	11.1
東洋パルプ	上	…	…	427	17.1	155	6.2	213	5.7	380	7.6
	下	…	…	439	18.3	159	6.4	…	…	382	7.6
東満州人絹パルプ	上			268	7.1	252	7.1				
	下			465	12.3	377	8.7				
康徳葦パルプ	上	26	2.1	▲70	▲2.8	252	10.1	…	…		
	下	108	4.3	222	8.9	377	15.1				
満州豆稈パルプ	上	▲3	▲0.5	235	9.4	未決算		262	10.5	473	9.5
	下	110	4.4			131	5.3	327	8.7	622	12.4
錦州パルプ	上	74	2	▲19	▲0.5	417	11.1	1,190	8	2,340	15.6
	下	▲141	▲3.8	▲6	▲0.2	862	23.0	2,351	15.7	2,204	14.7

出所：大連商工会議所『満州事業成績分析』第1回（1937年度）～第5回（1941年度）、満州中央銀行資金部資金統制課『満州国会社業態分析一覧表』1942年度（吉林省社会科学院満鉄資料館所蔵）、『1942鉱工年鑑』、満州鉱工技術員協会編『満州鉱工会社総覧』1943年版(1943年)、錦州パルプ株式会社『考課状』1940年上期～1944年上期、満州国『政府公報』1942年6月10日～1945年1月11日。

あり、払込資本金は750万円から500万円という巨額である。この7社のなかには、上述の木材パルプメーカー4社のほかに、木材以外を原料としたパルプメーカー3社が含まれている。

3社を設立順で見ると、康徳葦パルプ株式会社は鐘淵紡績株式会社の全額出資により、1936年12月4日に設立された（公称資本金500万円、払込250万円）。同社は葦を原料として人絹用パルプを製造することを目的とした[36]。のち、1944年に至って満州人絹パルプが康徳葦パルプを吸収合併し、さらに東満州人絹パルプが1944年11月29日に満州鐘紡製紙株式会社に商号変更する[37]。

満州豆稈パルプ株式会社（準特殊会社）は、日本内地の酒伊繊維工業株式会社と満州国政府、満鉄などの出資により1937年9月4日に設立された（公称資本金1000万円、払込500万円）。1940年12月末の大株主は総株数20万株のうち、酒伊繊維2万0256株、満州国政府1万9900株、満州興業銀行1万9900株、満鉄1万8800株である[38]。この会社は大豆の稈を原料としてクラフト・パルプを作ることを目的とし、経営は筆頭株主の酒伊繊維が担当した。しかし豆稈を材料とした生産は技術的に困難を極めた。そのため、やむなく木材を原料とするクラフト・パルプ生産に切り替えたが、生産量がなかなか増加しないため、敗戦直前

の1945年8月1日に酒井繊維工業に代わって王子製紙が経営を委託された。従来、満州国の紙幣については、紙の製造から印刷までを日本の造幣局で作られていたが、1945年になって日本に依存できない状況に陥った。紙幣用の強靭な紙を漉くために、セメントの重包装紙の原料となるクラフト・パルプ生産が至急求められていたのである[39]。

錦州パルプ株式会社は、王子製紙がパルプ工業経営許可をえて1939年6月2日に設立した企業である（本社錦州、公称資本金3000万円、払込750万円）。この会社は木材ではなく、葦を原料として製紙用パルプを製造することを目的とした[40]。多くの人が株式を引き受けたが（1940年5月31日現在、株主1293名）、総株数60万株のうち、37万6600株（持株率62.8％）は王子製紙の別働会社である王子証券株式会社が所有した[41]。

以上に述べたパルプ製造企業の業績（**図表Ⅱ-13-5**）をみると、木材パルプ製造企業4社は1941年度、1942年度とも当期利益を計上している。1943年度、1944年度の判明する決算でも、いずれも当期利益が計上されている。ただし、設備投資に充当する多額の資本金を必要としているため、対払込資本金利益率が10％に達しないものがみられ、危惧されたように低収益性に陥る恐れがあったようである。

非木材パルプ製造企業3社では、1940年度～1942年度で当期損失あるいは未決算となっているものがあるが、1942年下期には3社とも当期利益を計上するようになった。満州豆稈パルプは上述のような問題を抱えていたが、それでも1942年下期～1944年下期まで毎期、当期利益を計上している。葦を原料とした錦州パルプをみると、業績は本格操業を開始（1942年2月11日）した1942年上期から黒字となり1944年下期まで良好であった。なお、同社は1943年3月1日に未徴収分の追加払込徴収を行なって払込資本金を750万円から2973万円に増加させ、王子製紙からの多額の借入金（1942年10月末現在で2073万円、主に設備投資に充当）の返済に充てた[42]。1943年下期、1944年上期・下期の当期利益が急増したのは、従来の王子製紙への利子支払いがなくなったためと思われる。

つぎに紙そのものの製造を行なう企業をみよう。前述のように1920年代後半に満州製紙は、焼紙の好調な売れ行きによっても赤字から脱却できなかった。こ

図表 II-13-6　六合

決算期	1937年度当期利益	対払込資本金利益率	1938年度当期利益	対払込資本金利益率	1939年度当期利益	対払込資本金利益率	1940年度当期利益	対払込資本当期利益
上	91	12.1	158	21.1	160	21.4	144	19.2
下	90	12.0	145	19.3	169	22.7	358	47.8

出所：大連商工会議所『満州事業成績分析』第1回（1937年度）〜第5回（1941年度）、満州中央銀行資金部資金公報』1944年3月24日〜1945年1月22日。

のため、満州製紙はまず営口分工場を処分せざるをえなくなった。この工場を引き受ける形で1930年11月23日に設立されたのが撫順製紙株式会社（公称資本金6万円全額払込、本店撫順）である。同社は、紙屑、麻屑、藁などを原料として、焼紙、包紙、チリ紙を製造した。1934年12月20日に公称資本金を12万円全額払込に増資したのちの、1938年頃の生産量は年1000トン余りである[43]。満州製紙は満州国建国後、本工場をも処分せざるをえなくなる。すなわち、この本工場を買収して製紙業に参入するために1933年7月29日に松浦製紙株式会社が設立された（公称資本金5万円、払込2.5万円、本店大連）。この企業は、海運業（松浦汽船株式会社）を経営する松浦静夫（のち、静男と改名）が設立したものである。同社は次々と増資を行ない、1938年11月3日の増資によって公称資本金が47万円全額払込になった。紙屑などを原料として、和紙や焼紙を製造していた同社の1938年頃の生産能力は日産6.8トンであった。

　このように1930年代前半には二つの日系の企業が生まれたが、パルプを主原料とする鴨緑江製紙と異なり、それらは未だ小規模で、しかもパルプ以外を主原料として製紙を行なっている段階であった。1930年代にパルプを主原料として大規模な製紙を行ない始めるのは満州国政府が接収した安東六合成公記造紙廠の工場（接収時は未稼働状態）である。この工場では、王子製紙の朝鮮工場から技師長として小林茂が招聘されて、1933年末に諸機械の据付が始まった。そして1934年9月日本製の第1号抄紙機、12月英国製の第2号抄紙機の運転が始まった。ついで満州国政府は接収した資産によって、新会社の股份有限公司六合成造紙廠を1935年7月10日に設立した（公称資本金150万円全額払込、総株数3万株、本店安東県）。話は前後するが、王子製紙は1932年2月に張学良政権に対して吉林省内の森林伐採権の代償として200万円を融資していた。満州国政府は

成造紙廠の業績

(単位：千円、%)

1941年度当期利益	対払込資本金利益率	1942年度当期利益	対払込資本金利益率	1943年度当期利益	対払込資本金利益率	1944年度当期利益	対払込資本当期利益
198	26.3	205	27.3	…	…	158	21.1
191	25.5	202	26.9	313	41.7	71	6.3

統制課『満州国会社業態分析一覧表』1942年度（吉林省社会科学院満鉄資料館所蔵）。満州国『政府

張学良政権のこの債務を代って弁済する措置として、1936年5月、六合成造紙廠株式の約8割を王子製紙に譲渡した（ほぼ同時に他の株式も買収して王子製紙が全株所有）。この措置により六合成造紙廠の経営を王子製紙が行なうことになった。1938年頃の生産能力は、年産5000トン余りである。のち1942年1月、六合成造紙廠は六合製紙株式会社に商号変更する。

六合成造紙廠（六合製紙）はパルプ（鴨緑江製紙と日満パルプ製造から供給）を主原料にして、模造紙、印刷紙、焼紙などを生産した。とりわけ、従来日本からの輸入に依存していた印刷紙については、急増する需要に応じきれない状態であり、設備拡張の計画が立てられた[44]。

六合成造紙廠の業績は、1937年度上期～1944年度上期まで順調であり、対払込資本金利益率は1938年度上期以降、1944年上期まで（1943年上期は不明）、19％以上という高い水準で推移した（図表Ⅱ-13-6）。

1936年以降も製紙会社が次々と設立されているので、簡単に説明しておこう（前掲、図表Ⅱ-13-4）。中国人と王子製紙によって1936年9月11日に安東造紙株式会社（公称資本金50万円、払込35万円、本店は安東市）が設立された。大株主は王子証券である。古麻を原料としてライスペーパー（煙草用紙）を製造する安東造紙は、増資・払込徴収により設備を拡張し、満州のライスペーパー市場で独占的な地位を築いた。1943年下期決算（1943年6～11月）では当期利益24万円（対払込資本金利益率20.4％）、1944年上期決算では同17万円（14.6％）、下期決算（ただし、1944年6～9月の4ヵ月間）では9万円（9.6％）を計上している[45]。

1936年10月21日には大阪のボール紙製造業者らによって満州紙工株式会社（公称資本金30万円全額払込、本店奉天）が設立された。藁と紙屑を原料として

ボール紙を製造する同社は、1938年4月に火災に見舞われたが同年7月14日に公称資本金200万円（払込72.5万円）に増資して工場を復旧し、月産約500トンでボール紙を製造した[46]。

1938年には松浦静男らによって照国製紙株式会社（公称資本金20万円全額払込）が設立され、1939年には満州特殊製紙株式会社（公称資本金50万円全額払込）が、また大阪に本社を置く日本紙業株式会社の子会社として吉林製紙株式会社（公称資本金45万円全額払込）が、さらに大阪財界（野村生命保険株式会社など）によって満州製紙株式会社（公称資本金40万円、払込10万円）が設立され、1940年、1941年にも製紙会社が設立されていった。このうち、満州特殊製紙は、防諜のため官庁や特殊会社の反古紙を専門に収集してクラフト紙を製造する企業である。1940年末現在（公称資本金350万円全額払込、総株数7万株）の株主構成は満州国3万株、満鉄1万5000株などである。また吉林製紙は薄葉和紙の製造、照国製紙は焼紙の製造、満州製紙は高粱・藁を原料とする印刷用紙、一般用紙、焼紙の製造を目的とした[47]。

このように細分化された市場を狙って、つぎつぎと製紙会社が設立され、しかもそれらの会社は増資を行ないながら設備を拡張し、日本内地からの紙輸入を代替していったのである。

もちろん、この代替化で最も大きな役割を果たしたのは、1927年1月以来、紙製造を行なってきた鴨緑江製紙である。経営再建のため、1935年6月から同社の委託を受けて王子製紙が経営を担当した。1941年頃には紙類の年生産能力が2800万ポンド（1万2700トン）に達しており、Gロール、Sロール、和紙、焼紙、自家用包紙、外包紙など多様な商品を製造した。1941年下期では紙類1341万ポンド（6081トン）を製造している[48]。前掲の**図表Ⅱ-13-2**のように、鴨緑江製紙の業績は1937年上期から上向き、配当を復活するまでになり、1939年上期からは10％配当を行なえるようになった。1943年上期、下期に当期利益金は減少するものの、経営は判明する1944年下期まで比較的良好に推移した。

おわりに

このように満州での近代的製紙業は、満州国建国前ではパルプ生産、紙生産の両面で困難を強いられていたが、満州国建国後、とくに1930年代後半にパルプ・紙生産が本格化し、日本へのパルプ（製紙用と人絹・スフ用）供給と紙の輸入代替生産が行なわれるようになった。

たとえば、日本からの紙類の輸出額は（**図表Ⅱ-13-7**）、関東州・満州国とも1932年以降、需要拡大のため次第に増加し、ともに1939年がピークとなった。日本から輸出総計は1941年まで増加するが、満州国・関東州での紙生産拡大＝輸入代替化により、1940年以降、日本から満州国・関東州への輸出額が減少しはじめている。

ところが、満州でのパルプ生産には隘路があった。先述のように満州でのパルプ生産の目標は30万トンに引き上げられたが、実際には、原木確保、機械設備、人員補充の点で、目標を達成できる見込みがまったく立たず、そのまま敗戦を迎えたのである。たとえば、満州パルプ工業のパルプ生産量は、1941年度1万0611トン、1942年度1万2545トンに止まり、最初の目標1万5000トンにさえ達しなかった[49]。

また、満州から日本内地へのパルプ供給は、1936年供給ゼロ、1937年315円、3トン（すべて製紙用）から一挙に1938年636万円、1万7889トン（うち製紙用5077トン、人絹・スフ用1万2812トン）、さらに1939年1634万円、4万8800トン（うち製紙用1万7975トン、人絹・スフ用3万0825トン）へと人絹・スフ用を主として増加した。しかし、計画完成年の1942年では、対日目標額30万トンに対して、実績はわずか380万円、1万0034トン（うち製紙用9324

図表Ⅱ-13-7　日本からの紙類の輸出

（単位：千円）

	総計	うち関東州	うち満州国
1932	14,021	3,604	307
1933	17,687	6,128	1,287
1934	20,650	6,851	1,933
1935	23,084	7,157	2,532
1936	27,544	9,698	3,007
1937	38,707	13,813	5,931
1938	52,126	19,393	8,857
1939	77,946	26,024	16,128
1940	78,634	21,657	14,538
1941	98,082	23,779	14,822
1942	75,622	18,670	11,984
1943	53,757	10,610	9,771
1944	40,031	10,850	4,716
1945	8,881	2,111	1,604

出所：『横浜市史』資料編2［増訂版］統計編（1980年）210頁。

トン、人絹・スフ用710トン）に止まった。さらに1943年71万円、1868トン（すべて製紙用）、1944年8万円、122トン（すべて製紙用）、1945年供給ゼロへと低下し（とくに人絹・スフ用が急減）、満州から日本への供給は望みえない状況に陥っていった[50]。

1944年に日本から満州国への紙輸入が急減するが、これ以前の1942年に、日本からの新聞用紙の供給に不安を抱いた満州国政府は王子製紙に対して新聞用紙の一貫工場の建設を要請している。この要請に応えて1943年12月28日に設立されたのが満州造紙株式会社（公称資本金2000万円、払込500万円）である。満州の新聞用紙のすべてをこれにより賄う予定で、1946年1月創業を目指して工場（佳木斯）の建設が始まったが、未完成のまま敗戦を迎えた。

また、アジア太平洋戦争末期になると、パルプ生産と製紙との一貫制を強化するため、王子製紙系の鴨緑江製紙、六合製紙、安東造紙の3社が1945年2月20日に合併・解散を決議し、3月に安東製紙工業株式会社（公称資本金1025万円、払込862.5万円）を新設するとともに、1945年5月19日にともに王子製紙系である木材パルプの日満パルプ製造と葦パルプの錦州パルプが合併を決議し、まもなく錦州パルプが日満パルプ製造を吸収合併した。しかし、いずれも敗戦直前のため、合併は形式だけに終わった[51]。

注

1) 三井文庫編『三井事業史』本篇、第3巻（上）（1980年）194頁。
2) 王子製紙株式会社『王子製紙山林事業史』（1976年）238-243頁。
3) 同前、244-246頁。
4) 原沢芳太郎「王子製紙の満州（中国東北部）進出―『余裕』あっての戦略の失敗」（土屋守章・森川英正編『企業者活動の史的研究』日本経済新聞社、1981年）153頁。
5) 南満州鉄道株式会社社長室調査課『満蒙に於ける各国の合弁事業』第2輯（1922年）1-11頁。
6) 関東庁『満蒙権益要録』（1932年）548頁、金子文夫「満州における大倉財閥」（大倉財閥研究会編『大倉財閥の研究―大倉と大陸』近藤出版社、1982年）358-

359頁、前掲『王子製紙山林事業史』260頁。

7)『1923興信録』311頁、南満州鉄道株式会社庶務部調査課『満州に於ける紙の需給と製紙工業』(1929年) 281頁。

8)『1922興信録』58頁、『満州銀行会社名鑑』(1921年) 195頁。

9)『満州開発十五年誌』(1920年) 489-490頁。

10) 前掲『満州に於ける紙の需給と製紙工業』337-338頁。

11) 1921年9月5日設立の営口製紙合資会社は、焼紙製造を目的として設立され、土地建物を満鉄から、製紙機械を関東庁から借り受けて事業を開始したが、設立時期が戦後恐慌と重なったため休業状態に陥っていた(同前、283頁)。

12) 同前、292-293、338、350-351、374-375頁。

13)『満蒙年鑑』1932年版 (1931年) 246頁。『1936銀行会社年鑑』202頁では、同社は休業中の会社に分類されている。

14) 鴨緑江製紙株式会社『第1回事業報告書』1919年5月24日~10月31日。

15) 同前。

16) 同前。

17) 同前、および、前掲『王子製紙山林事業史』334頁。

18) 日本内地でのパルプ輸入量は、1920年78.6万ピクルス (1万ピクルス当たり16.8万円)から1921年65.6万ピクルス(同13.5万円)へ減少したが、1922年111.5万ピクルス(同10.5万円)へと激増した。その後、1万ピクルス当たり価格は、1923年10.6万円、1924年10.5万円と低迷している(『横浜市史』資料編2 [増訂版] 統計編、1980年、282頁)。

19) 四宮俊之『近代日本製紙業の競争と協調』(日本経済評論社、1997年) 120頁。なお設立日の23日というデータは『索引政治経済大年表』による。

20) 金子文夫、前掲「満州における大倉財閥」365-366頁、四宮俊之、前掲『近代日本製紙業の競争と協調』120頁。

21) 鴨緑江製紙株式会社『第6回営業報告書』1921年11月1日~1922年4月30日。

22) 鴨緑江製紙株式会社『第12回営業報告書』1924年11月1日~1925年4月30日、同『第16回営業報告書』1926年11月1日~1927年4月30日、前掲『王子製紙山林事業史』334頁。

23) 鴨緑江製紙株式会社『第17回営業報告書』1927年5月1日～10月31日、同『第18回営業報告書』1927年11月1日～1928年4月30日。

24) 南満州鉄道株式会社殖産部商工課『満州商工概覧』(1930年)(アメリカ議会図書館蔵) 91-92頁。

25) 前掲『満州に於ける紙の需給と製紙工業』283、439頁、『1944鉱工年鑑』385頁。

26) 前掲『満蒙年鑑』1932年版、246頁、中外産業調査会編『産業財閥王子製紙の新研究』(1938年) 244-245頁、『1944鉱工年鑑』385頁。

27) 東満州人絹パルプ株式会社『第1回営業報告書』1934年5月1日～11月30日、満州パルプ工業株式会社『第1回営業報告書』1934年5月27日～9月30日。

28) 満州人絹パルプ工業株式会社『第2回営業報告書』1934年12月1日～1935年5月31日、満州パルプ工業株式会社『第3回営業報告書』1935年4月1日～9月30日。

29) 日本法人の東満州人絹パルプは、その後、1937年7月13日に東邦パルプ工業株式会社 (1937年3月16日設立。社長は津田信吾) に吸収合併された。これに伴い、東洋パルプ工業の親会社である鐘淵紡績が事実上、東満州人絹巴爾普を経営することとなった。東邦パルプ工業は1940年3月に鐘淵実業に吸収合併され、ついで1944年2月に鐘淵実業は鐘淵紡績と合併して鐘淵工業となった。

30) 東満州人絹パルプ株式会社『第4回営業報告書』1936年上期、同『第5回営業報告書』1936年下期、『1937銀行会社年鑑』634頁、『1942銀行会社年鑑』368頁。東満州人絹巴爾普股份有限公司は、のちに東満洲人絹パルプ株式会社に商号変更した。また満州パルプ工業股份有限公司は、1938年1月29日、満州パルプ工業株式会社に商号変更した (『1944鉱工年鑑』375頁)。

31) 三菱製紙株式会社『三菱製紙百年史』(1999年) 258-261頁。

32) 前掲『王子製紙山林事業史』338-339頁、鈴木尚夫編『現代日本産業発達史』ⅩⅡ紙・パルプ (交詢社、1967年) 288-289頁、『1942銀行会社年鑑』364、369頁。日満巴爾普製造股份有限公司は1938年11月21日に日満パルプ製造株式会社に商号変更した (『1944鉱工年鑑』374頁)。東洋パルプ股份有限公司も東洋パルプ株式会社に商号変更した。

33) 『1944鉱工年鑑』373、374-376頁。

34) 前掲『三菱製紙百年史』258頁、前掲『現代日本産業発達史』ⅩⅡ　（紙・パルプ）290-291頁。

35) 前掲『現代日本産業発達史』ⅩⅡ紙（パルプ）289-291頁、前掲『三菱製紙百年史』259頁。

36) 『1942銀行会社年鑑』366頁、『満州年鑑』1942年版（1941年）203頁。

37) 満州国『政府公報』1945年1月17日、1月18日。

38) 『1942銀行会社年鑑』366頁。

39) 上野直明『朝鮮・満州の想い出―旧王子製紙時代の記録』（1975年）109-112頁。

40) 『1942銀行会社年鑑』368頁。

41) 錦州パルプ株式会社『考課状』1940年上期。

42) 錦州パルプ株式会社『考課状』1942年下期、同1943年上期、同1943年下期。

43) 『満洲年鑑』1940年版（1939年）244頁、『1942銀行会社年鑑』366頁。

44) 前掲『産業財閥王子製紙の新研究』244-245頁、日満商工社編『満州商工年鑑』（1943年）219頁、満州鉱工技術員協会編『満州鉱工会社総覧』1943年版（1943年）151頁、『1942銀行会社年鑑』367-368頁、前掲『王子製紙山林事業史』531頁。

45) 前掲『産業財閥王子製紙の新研究』247-248頁、前掲『満州商工年鑑』219頁、『1942銀行会社年鑑』368頁、満州国『政府公報』1944年2月15日、12月12日。

46) 『満州年鑑』1942年版（1941年）201-202頁、『1942銀行会社年鑑』365頁。

47) 『1942銀行会社年鑑』364-367頁、前掲『満州年鑑』1942年版、202頁、満州鉱工技術員協会編、前掲『満州鉱工会社総覧』1943年版、143-144、151、161頁、『1944鉱工年鑑』380頁。

48) 前掲『王子製紙山林事業史』533頁、前掲『満州年鑑』1942年版、201頁、鴨緑江製紙株式会社『第45回営業報告書』1941年下期（1941年5月1日～10月31日）。

49) 前掲『三菱製紙百年史』260頁。

50) 前掲『横浜市史』資料編2（増訂版）統計編、282頁、『日本外国貿易年表』1937年上巻、1037頁、同1939年上巻、893-894頁、同1943年上巻、268頁、同1944-1948年上巻、714頁。

51) 前掲『王子製紙山林事業史』432頁、前掲「満州における大倉財閥」399頁、満

州国『政府公報』1945年2月21日、5月21日。

第 14 章　農業・林業

はじめに

　満州における農業拓殖については、満州事変前の日本人移民とその会社、すなわち農地経営法人の活動がこれまで知られてきたが、その経営主体もしくは耕作主体は日本人（朝鮮人を含む）であることが前提とされている。中国人資本による農地投資もありうるが、中国人法人の規模・実体・活動が不明に属しているため、検討の対象外とした。日本人・朝鮮人の満州移民と密接に結びついた農事法人のあり方は、満州国建国後に国策の力点が置かれており、満州国・日本政府の国策法人がその事業遂行に絡むことになる。満州国前と満州国期における法人形態による移民事業会社の活動を課題とする。その法人活動としてはすでに事業史が複数刊行されている[1]。従来から植民地地主制研究の延長で土地商租権が検討され、また国策移民の研究で多くの業績が残されている[2]。他方、中国でも日本内資料を発掘した研究が公開されており[3]、またアメリカでも満鉄研究で満鉄の移民政策のかかわりが紹介されている[4]。満州国前には東亜勧業と大連農事が主たる日系農事企業であり、特にその前者の土地権利について着目されており、これまでも研究がある[5]。次に、満州における林業としては、満州国前は林業利権獲得と絡む問題であり、林業利権を求め日本事業者は多岐にわたるチャネルで実現を模索してきた。とりわけ満州事変前においては満鉄系・東拓系・大倉・王子製紙系の林業利権獲得と関係会社による活動がみられる。特にこれまで満州林業研究については、満鉄の林業利権との関係で言及されてきた[6]。大倉組研究の中で満州林業投資にも言及されている[7]。個別企業として、第 1 次大戦前に事業に着手した鴨緑江採木公司についてのモノグラフがある[8]。これまでに鴨緑江採木

図表 II-14-1　1922 年拓殖会社

(単位：千円)

会社名	本店	設立年月	払込資本金	備考
㈾孤山農園	旅順	1915.01.13	25	
安東興業㈱	安東	1919.02.03	125	
興安産業㈾	大連	1917.11.26	70	
大連園芸㈱	大連	1920.05.-	69	
中和興業㈱	奉天	1917.11.01	750	
満州産業㈱	撫順	1919.09.20	50	撫順産業㈱を吸収合併
旅順殖産㈱	旅順	1919.10.-	125	

出所：南満州鉄道株式会社地方部勧業課『南満州商工要鑑』1919 年（アメリカ議会図書館蔵）、『1922 興信録』、『1936 銀行会社年鑑』。

公司に関わる事業史と満州林業株式会社・満州林産公社の関係者の回顧録も編纂されているが、資料紹介としては内容が乏しい[9]。そのため本章において、満州の農林業について、企業史から政策資料と営業報告等を発掘し、分析を加える。

第 1 節　農　　業

1　満州事変以前の移民会社

　日本人の農地経営は、日露戦後の 1905 年に普蘭店西に小規模水田を開始したことに始まる。その後、1915 年、関東都督府は金州東の大魏家屯を水田に開墾するため、日本人 19 戸を移民させた。これが国策満州移民のはじまりといわれている。日本人移民のための会社が関東州・満鉄付属地に設置され、これらの移民会社を通じて日本人移民が開始される。関東州において土地取得に問題なく、日本人移民の送出は法制上容易ではあったが、日本人移民が成功するためには、農事経営において中国人農民との競合を勝たなければならない。それは実際に困難であり、日本人移民は期待したほど伸張しない。1922 年で（**図表 II-14-1**）、払込資本金 5 万円以上の拓殖会社は 7 社のみで、ここに農業移民企業が含まれている。

　日本人満州移民支援のため、国策移民会社設立が検討される。東亜勧業株式会社の設立の目論見書では、資本金 2000 万円、四分の一払込で設置、業務としては、荒蕪地の開墾と土地改良、農事その他土地利用事業、資金の貸付並びに物品

供給、農産物その他物品加工、売買および委託売買を目的とし、その資金調達としては、株式払込のほか社債・借入金にも依存するものとした[10]。そして1921年12月10日に東拓本社で東亜勧業株式会社が設置された。同月13日に社長に倉知鉄吉（元外務次官）、取締役に大淵三樹（満州実業人）、ほかを選任した。1923年4月15日現在の株主名簿を見ると、株主36名、40万株のうち、最大株主東拓15万9700株、以下、満鉄11万7000株、本宿家全（大倉組系）9万9000株ほかであった[11]。株式名簿から判断すると、東拓・満鉄・大倉組の資金で設立された。

東亜勧業は設立後、1922年1月20日に本社を奉天に設置した。そして同年5月1日に蒙古産業公司を合併することについて同公司代表荒井泰治と覚書を交わし、土地取得を実現した。土地取得は大体において順調に進み、その土地は全部利用できていないが、一部は小作に出して運用した。土地のみならず、社有地の小作農ほかに資金を貸出した。牧畜業では、羊毛のほか牛畜の飼育繁殖と販売にもあたり、缶詰用として満蒙冷蔵株式会社に引き渡していた[12]。奉天農場では水田経営に着手した。その後、荒井泰治は東亜勧業の取締役に就任する。東亜勧業は満蒙冷蔵の株式を保有したようである。土地経営では1924年4月期に社有地12.1万町歩に達したが、商租権問題が解決しないため、土地を十分に利用することができなかった。満蒙冷蔵は関東大震災の打撃による罹災と売掛金の回収困難、山東省からの対日輸出との競合による業績不振で、東亜勧業は葛原冷蔵株式会社に満蒙冷蔵株式を売却し、あわせて同社売掛金と合計額相当の葛原冷蔵の株式5000株を取得した。そのほか株式会社協済公司（1920年3月21日設立、本店安東、資本金100万円、四分の一払込、1920年代中頃には協成銀行に改称）の株式を引き受けた。同社は奉天付近の朝鮮人農民に対する金融機関として設立されたもので、東亜勧業は2万株内1万3960株を引受け、払込額17.45万円であった[13]。大倉組は合弁の土地保有の組合の利権をめぐり東北政権ともめて、1924年8月29日に持株10万株を満鉄と東拓に各5万株を売却して東亜勧業の経営から撤収した[14]。1925年3月期でも同様に商租権問題が膠着したままであり、土地取得を縮小した。他方、農業金融は増大し、社有地小作人に対するほか、協済公司、太堡金融組合・安東金融会・撫順朝鮮人金融組合・興京農務組合・海林勧農会・

通化農商組合等の地方の朝鮮人金融機関に対する事業資金の貸し出しを実行し、残高45.2万円に達していた[15]。土地取得をほぼ停止していたが、農場経営も商租権否認による攻撃に晒され、さらに1925年11〜12月の郭松齢の反乱で奉天農場付近は戦場となり甚大な被害を蒙った。新たな事業としては、関東州内に関東庁支援により養蚕事業を開始した。前年度に開始した奉天の精米事業は順調に作業できた[16]。その後も商租権の否認、奉天票の暴落、干害の発生と東亜勧業を取り巻く情勢は好転せず、1927年4月期では専務取締役佐々木藤太郎は辞任し、取締役荒井泰治1927年3月3日死亡となった。畜産業の牛肉輸出は満蒙冷蔵との連携事業であったが、同社の不振のため1927年度で打ち切り、養豚事業は規模が小さいため個人事業に移した。養蚕では桑園の植栽を開始していたが、片倉系の日華蚕糸株式会社が関東庁の誘いで、1926年9月15日に満州蚕糸株式会社を設立した（本店旅順、資本金100万円、払込25万円）。東亜勧業は既存の蚕園の土地と全事業を満州蚕糸に譲渡して、8000株、10万円払込の株式に転換し、養蚕直営から撤収した。東亜勧業の資金繰りが悪化し、東拓からの借入金も発生していた[17]。満鉄と東拓との間で経営方針に円滑を欠くこともあり、また東拓本体の事業が苦しくなり、業務整理を余儀なくされたことから、1928年4月14日に東拓保有株式を満鉄に譲渡して、満鉄は95％の株式を保有するにいたった[18]。

　土地商租権問題がこじれ東亜勧業の営業状況が悪化した。そのため1928年7月14日に社長倉知鉄吉ほかが辞任し、社長に田辺敏行が就任した（満鉄理事兼務）。その後、1929年2月28日に半額減資を決議した。そして資本金は公称1000万円、払込250万円とし、損失を減資で処理し、併せて対東拓債務84.5万円、対満鉄債務20.3万円については債務免除を受けた[19]。その後、1929年12月27日に社長田辺が辞任し、大蔵公望（満鉄理事兼務）が就任した。東拓・満鉄からの借入金が増大していった[20]。さらに1930年5月5日に社長大蔵が辞任し、花井修治（満鉄出身）が専務取締役に就任した[21]。東亜勧業は満鉄からの住宅地1万町歩と合わせ、13.6万町歩の土地を取得していたが、そのうち利用できている面積は僅かに1万町歩に過ぎず、土地商租権否認の圧迫を受け続けていた。1931年9月16日に向坊盛一郎が社長に就任した[22]。満州事変前の1929年、日本事業者は延吉一帯の土地収買に着手したが、中国側の反撃で成功しなかった。

1931年、朝鮮総督府と満鉄は、「延吉自作農（自地自耕）5年計画」を策定し、東亜勧業を使って実施するものとした。その計画とは、毎年朝鮮総督府10万円、満鉄20万円、5年間150万円の資金をもって、未耕地を買収し、既耕地とも朝鮮人農民に分譲する、朝鮮人農家3000戸、分譲には土地取得の貸付金を行ない償還させるというものであったが、満州事変勃発となり停頓した。

満鉄・東拓の出資による東亜勧業のほか、合名会社大倉組の資金で着手された事業もある。1923年初に大倉喜八郎が東部内蒙古の奈曼王に食い込み、同王の支配する旗内に、農業・牧畜・植林を業務とする、華興公司を設置した。その土地で華興公司は、水田と耕地を開き、稲作と高粱豆類の耕作を行ない、さらに牛羊の放牧と植林を続けた。ただしこの事業は大倉組の直営事業であり、満州における法人格を有する関係会社の設置ではない。華興公司は1931年まで8年間に水田・畑地・植林・牧畜に90万円を超える投資を行なった[23]。モンゴル族の王族に取り入ることができたため、ほかの地域の商租権否認による日系事業者への攻撃のような事態は発生しなかったようである。この事業は後述のように、満州国期に復活して別法人事業に切り替えられる。

日本の租借地の関東州では土地商租権否認のような法的紛争が起こらないため、関東州における日本人移民の導入策が試みられる。関東州の移民事業を行なうため、大連農事株式会社が1929年4月15日に設置された。その定款によると、土地取得・開墾・分配、移民募集、農業・牧畜・植林経営、拓殖のための水利・運搬、拓殖のための農産加工および貯蔵、移民用建物築造・貸付・売買、農業経営用物資供給貸付とし、本店を大連市に置き、資本金1000万円とし、500万円で設置された[24]。1930年3月末で経営者は社長田辺敏行ほかであったが[25]、社長田辺は12月21日に辞任し、大蔵公望が社長となる（満鉄理事兼任）。同社は土地の買収を開始し、民有地買収898.5万坪、官有地借地権110万坪を取得した。この土地は1年耕作契約で農家に貸し付けた。次年度移住者農家50戸と契約を締結した[26]。その後、1930年5月27日に定款を変更し、社長を置かなくともよいものとし、社長大蔵が辞任し専務取締役栃内壬五郎が会社を代表した。1931年3月期で、移住農家60戸、移住者農業資金貸付も開始した。大連農事の余裕金は満鉄への預け金としており、手元流動性はまだ潤沢であった。移民事業を行

なう法人であるため、関東庁からの補助金を受給している[27]。制度化された移住者補助金は移住者に対する渡航補助、家屋建築補助に充当した。専務取締役栃内が1931年9月12日辞任し、後任に小沢鐸二が選任された[28]。

2 満州事変後の移民会社の概要

満州事変で満州における移民事業の位置づけは急変する。満州における日本人土地商租権を排撃する東北政権が消滅し、満州国は日本人に土地商租権を開放した。そのため日本人移民の増大が期待された。ただし移民については外務省・拓務省の補助金による対象事業者として国策移民の送出政策が採用される。そのため1930年代前半の移民事業者はさほど増えていない。1936年の拓殖興業として分類されている事業から払込資本金5万円以上の農業・移民のみを選択したところ、16社が集計されているが（**図表Ⅱ-14-2**）、株式会社は9社のみで零細企業が多く、このうち1920年代から存続する事業者の半分はすでに休業状態となっており、移民事業者としては存続できていなかった。関東州では土地利用権で紛争が発生しなかったため、果樹園業者を中心に事業者件数は多いが、規模が大きな企業は大連農事のみである。満州国内では東亜勧業のみが規模が大きい。その後、拓殖事業として、国策日本人移民送出が政策として選択されると、日本人移民機関が後述のように充実するが、それのみならず周辺産業として種苗供給や特定農産物栽培等の農事事業者が参入した。土地造成を除外して、株式会社のみで1942年で払込資本金20万円以上で16社がみられた（**図表Ⅱ-14-3**）。ほとんどは1938年以降の設置である。このうち関東州所在法人は大連農事のみである。それ以外はすべて満州国の株式会社である。払込資本金では後述の満州拓殖公社が傑出しているが、そのほか大同産業株式会社の規模が比較的大きい。それ以外の資本金規模は小さい。さらに小規模の合資会社、合名会社も多数みられた。もちろんこれら以外に畜産酪農乳業が別に存在しており、農業移民とその周辺業者だけでも件数は急増したことが確認できよう。また日本人移民の中には朝鮮人移民も含まれており、移民受け皿会社が地域的にも多面的な展開を見せていたといえよう。

先述の大倉組の企画になる華興公司は満州事変後の混乱で収穫物・家畜・建物

図表 II-14-2　1936年拓殖会社

(単位：千円)

企業名	本店	設立年月日	払込資本金	備考
南満州太興(名)	奉天	1915.09.23	500	飯田延太郎経営
日支合弁中和興業㈱	奉天	1917.11.01	750	休業中
日満興業㈱	奉天	1919.12.25	250	休業中
㈱新民公司	奉天	1921.02.15	125	休業中
日支合弁宵安興業㈱	吉林省宵安塔	1921.07.28	75	休業中
東亜勧業㈱	奉天	1921.12.10	2,500	満鉄系
東亜物産㈱	大連	1921.12.15	125	休業中
㈱民天公司	奉天	1924.03.05	125	休業中
平田農園(資)	大連	1926.07.16	50	
石丸果樹園(資)	瓦房店	1928.03.27	50	
朝鮮土地開墾㈱	安東	1928.04.20	70	休業中
大連農事㈱	大連	1929.04.15	5,000	満鉄系
(資)泰安公司	奉天	1932.05.03	200	
同和興業㈱	奉天	1932.11.09	2,000	
撫順起業㈱	撫順	1933.09.23	62	
(名)東満実業社	新京	1934.07.08	210	

出所：『1936銀行会社年鑑』。
注：(1) 南満州大興合名の当初の本店は東京。移転時期不明。
　　(2) 林業・漁業・畜産業・煙草栽培・塩業・牧場経営を除外し、農業経営に限定。
　　(3) 払込資本金5万円以上。

図表 II-14-3　1942年拓殖会社

(単位：千円)

会社名	本店	設立年月日	払込資本金	備考
日支合弁中和興業㈱	奉天	1917.11.01	750	休業中
大満興業㈱	新京	1919.12.25	350	
大同産業㈱	奉天	1920.04.10	5,000	
大連農事㈱	大連	1929.04.15	5,000	満鉄系
南満州農事㈱	営口	1936.05.22	300	
満州拓殖公社	新京	1937.08.31	65,000	満州国・日本政府出資
㈱新義農場	営口	1938.06.20	250	
吉林農鉱開発㈱	蛟河	1938.07.14	250	
満州殖産工業㈱ →満州麻工業㈱	新京	1939.07.25	2,000	東京麻糸紡績系、1942.09.03 改称
満州岩村産業㈱	延吉	1939.09.25	1,020	
満蒙興業㈱	公主嶺	1939.09.25	315	
満蒙産業㈱	四平	1940.02.13	690	
満州蓖麻蚕㈱	奉天	1941.05.01	500	
満州農産工業㈱	奉天	1941.08.26	590	
湯池子開発㈱	安東	1941.11.14	600	
㈱大倉蒙古農場	奉天	1942.01.28	200	大倉系

出所：『1942銀行会社年鑑』。
注：払込資本金20万円以上を掲載。

は略奪を受け破壊され、事業を中断した。しかし同公司は経営主体の法人格を持たないことから、再開墾地を得たものの一時的な措置に過ぎなかった[29]。1940年代の満州の食糧増産と畜産の開発が急務とされたため、満州国地政局より1940年12月3日に華興公司の商租権を耕種権に転換を認めるとの審決が降りた。耕種権を取得した土地は面積6450町歩、可耕地1560町歩、現在耕作地1200町歩という規模の土地であり、耕種権の期間50年、使用者は合名会社大倉組であった[30]。この決定を踏まえて大倉組はこの土地を経営する法人設置に乗り出した。そして1942年1月26日に大倉組は株式会社大倉蒙古農場を設置した（資本金40万円、半額払込、本店奉天）。同社は高粱・玉蜀黍を中心に作付けを行ない、植林・牧畜も再開した。ただし旧華興公司の事業規模が小さいため、事業再開しても投資額を多額に増やす必要がない。大倉蒙古農場の事業規模は、1944年3月期で総資産42万円、未払込資本金20万円、耕種権10万円で、小さいままであった[31]。大倉蒙古農場は事業拡張を図る前に満州国の消滅に直面する。

3　満州国期の東亜勧業

　満州事変後の政治的混乱により、東亜勧業は新たな状況下に置かれた。日本政府は東亜勧業を利用した移民事業計画を決定しなかったが、関東州金州で実習中の移民30名を関東庁と協議の上、1932年度に東亜勧業の通遼農場の小作人として送出した。対満州移民について日本・満州内の各レヴェルで議論されているが、東亜勧業は自社の移民送出事業のプレゼンスを高め、移民事業の受け皿となることを狙っていた。そのほか満州事変以来鉄道沿線に避難していた朝鮮人農民の一部を収容し、将来の自作農として育成するため、1932年度より朝鮮総督府の援助を受け、満鉄線乱石山付近に農場を新設し、200戸1000人を収容し、1993年度より農耕作業に着手させた[32]。

　土地商租権の問題は満州国政府との交渉で逐次解決がなされ、東亜勧業の土地商租権の法的認知が進んだ。新たな業務として、朝鮮人農民の収容事業が安全農村設定事業に切り替えられる。すなわち朝鮮人農民で原住地に帰還できないものについては収容し、朝鮮総督府の援助と満鉄の低利資金供給により、鉄嶺・河東・営口の3農村を設定し、1934年3月期でこれら農村に収容した朝鮮人農民

をすべて自作農扱いで耕作させた。さらに安全農村を拡張する方針であった。これらの事業拡張のため、東亜勧業の満鉄ほかからの借入金733.3万円は払込資本金250万円の3倍を超え、未払込資本金を控除した負債・資本1153.8万円の7割近かった[33]。東亜勧業に代わる国策移民会社の設立計画が別途進行しており、それまでの時期について、関東軍の依頼と満鉄の支援により、移民会社の代行機関として、土地の賠償、分譲、管理等の業務を遂行することになり、哈爾浜郊外の土地1万町歩、旧吉林省東北部の土地における拓務省の第2次移民用地の区域を含む76.5万町歩を短期間に買収した。さらに引続き拓務省第3次移民用地として浜江省の土地の買収に着手した[34]。この間、満鉄からの借入金は一段と増加したが、東亜勧業の役割は移民会社再編までの過渡的な位置づけとなったため、未払込資本金徴収は行なわれなかった。さらに1936年3月10日に東亜勧業専務取締役花井修治は満州拓殖理事に就任するため東亜勧業を辞職した[35]。こうして日本人移民事業の担い手は満州拓殖に移動した。さらに1936年9月9日の満鮮拓殖股份有限公司が設置され、それと同時に東亜勧業は朝鮮人移民事業を譲渡して解散した。その譲渡金額は468.4万円であった[36]。

4 鮮満拓殖・満鮮拓殖

満州国における朝鮮人移民・農民の支援のため、朝鮮総督府で国策的在満朝鮮人支援機関設立方針が提起された。1932年5月頃の朝鮮総督府側の提案として「満鮮農事株式会社設立計画」がある[37]。同案によれば満州における朝鮮人農村建設のため、移民事業の特殊法人を設置し、資本金6000万円、半額を朝鮮総督府が引き受け、残りを民間に出資させるというものであった。その提案を拓務省・関東軍と折衝したがまとまらず、朝鮮人のみを対象とする機関を設置するよりは、将来設置される満州国の拓殖会社に統合させたほうがよいとする意見も見られた。それを朝鮮総督府側が押し切って、朝鮮人のみを対象とする特殊機関設置を承認させた。ただしその段階でも満州に日本法人を設置するか、満州国法人とするかといった点でも意見が一致していなかった。新設の拓殖会社が満州国に支店を設置して、その事業所が朝鮮人農民支援策を行なう方針が転換され、結局朝鮮に日本法人を設置し、新京にその法人の出資によって事業を行なう満州国法

人を設置する方針が固まった[38]。朝鮮における朝鮮人移民支援機関設置のため、1936年6月4日制令「鮮満拓殖株式会社令」が公布された。同社の設立準備委員会には、朝鮮総督府関係者のほか、拓務省・満鉄等とならび、東亜勧業社長向坊盛一郎が参加していた。法人設立の詳細を定めて、同年9月9日に鮮満拓殖株式会社が設置された（本店京城）。資本金2000万円、払込800万円、40万株中、満鉄10万株、東拓9.9万株、朝鮮殖産銀行6万株、朝鮮銀行4万株、三井合名会社2.5万株、三菱合資会社2.5万株、住友本社1.6万株、という構成で、満鉄・東拓の資金を中心に、政府の財閥出資の斡旋で資金力を強化して設置された。その事業は満州における朝鮮人農民・移民の事業支援である。鮮満拓殖の総裁は二宮治重（退役陸軍中将）である[39]。同社は制令により鮮満拓殖債券発行の特典を有し、資金調達で苦慮することはなかった。その事業は現業機関の満州国法人への投融資である。

鮮満拓殖の設置と平行して満州国における朝鮮人移民支援機関の設置作業が進行した。そして1936年6月26日「満鮮拓殖股份有限公司法」の公布をみた。それに基づいて設置された満鮮拓殖股份有限公司設立準備委員会には、関東軍顧問、朝鮮総督府・満州国・満鉄の関係者のほか、東亜勧業社長向坊盛一郎も参加していた。そして1936年9月14日に満鮮拓殖股份有限公司が設置された[40]。満鮮拓殖は本店を新京に置き資本金1500万円で設置された。同社の役員は鮮満拓殖と全く同じで、鮮満拓殖の総裁が満鮮拓殖の理事長を兼務し、以下の役職者もすべて兼務で成り立っていた[41]。満州国の法律による特殊法人の性格としては、特異なものである。すなわち満州国法律で設置されたにもかかわらず、その出資者は全額鮮満拓殖であり、満州国側からの出資を受けていない。それは朝鮮総督府側の提案を法人設立過程で拓務省と満州国側ある程度受け入れたためである。

満鮮拓殖股份有限公司は、設立と同時に東亜勧業の朝鮮人関連事業資産を満鉄から買収した。その買収資産の中には、土地210.1万円、農地201.1万円、管理土地104.4万円、経営土地96.6万円、貸付金40.9万円、朝鮮総督府関係25.1万円、安全農村設定費322.8万円が含まれていた。土地関係の資産項目が多額であるが、安全農村設定費も数年でこの規模の大きな額となっていた[42]。同公司が積極的に引き受けた事業としては、朝鮮からの新規開拓民の入植援助、在満朝鮮人

農民の統制集結、在満既往小作朝鮮人農民の自作農化である[43]。そのほか土地の取得、土地の管理、土地の改良、金融事業、精米事業、開拓民訓練所の経営等であった。関係会社投資としては、1937年9月1日設立の満州畜産股份有限公司への出資がある。また1938年12月21日に満州糧穀株式会社が設置されると、当初資本金1000万円、20万株に対し、2万株、50万円を出資した[44]。

鮮満拓殖股份有限公司は1938年7月21日に満州国の「会社法」施行に伴う設置法改正で、満鮮拓殖株式会社に改称した。満鮮拓殖が満州国の特殊法人にもかかわらず、全額日本法人の出資という変則的形態を採用したのは、移民事業のリスクの高さ・収益性の低さにある。同社は満州中央銀行と満州興業銀行から借入していたが、鮮満拓殖も朝鮮内で朝鮮銀行・日本興業銀行ほかから資金調達して、それを満鮮拓殖に供給していた。すなわち満鮮拓殖は満州内と朝鮮内の二重の資金調達窓口を有していたことになる。資金調達において斡旋する行政機関が異なるため、2経路の資金調達窓口は有効に機能したといえよう。満州国側は表面的な面子を捨てて、在満朝鮮人政策を所管する朝鮮総督府が主導した提案に乗ることで、資金調達負担が軽減するという実をとったものといえよう。朝鮮人移民・在満朝鮮人に対する資金供給や各種支援策は朝鮮側で独自資金調達を行ない、その資金を満州国側に鮮満拓殖から全額供給するという体制が続いた。1941年10月27日に設置法が廃止され、満鮮拓殖の事業は満州拓殖公社に吸収された。

5　満州拓殖・満州拓殖公社

1936年に日本人大量移民計画が策定され、国策移民計画が樹立されたのに伴い、移民政策が強化される。すなわち1935年12月12日「満州拓殖股份有限公司法」に基づく特殊会社満州拓殖股份有限公司が翌年1月4日に満州国からの出資を受けて設置された。先述のように東亜勧業が日本人移民用地として買収した北満商租地の譲渡契約を締結し、東亜勧業から移民用地を取得した。満州拓殖の資本金1500万円、1936年12月期で払込1200万円、資産として土地689.2万円、預金310.7万円、移民貸付金110.2万円が計上され、完全な自己資本経営であった[45]。1937年に農業増産第1次5カ年計画が策定された。また食糧需要急増に対処するため、日本人移民、優良種子、米穀管理制度を導入した。その後、1937

年8月31日に満州拓殖公社設置に吸収された。

　日本人の満州大量移民政策が、日本の国策として採用されることなり、その事業の受け皿が必要となる。満州拓殖の組織を拡大強化する形で、大量国策移民の土地取得と移民事業支援に全面支援する大規模法人の設置が計画される。その設立趣旨によれば、既存の満州拓殖は移住用既商租地100万町歩の管理を目的に設立された暫定的性格があり、日本政府の大規模移民政策の確定をみて、それを実行する特殊法人を設立するものとされた[46]。事業目論見書によれば、満州拓殖公社の出資者は日本政府1500万円、満州国政府1500万円、満鉄1000万円、日満民間1000万円である。事業は、土地買収、基礎施設設置、移住者融資であり、資金調達として、株式5000万円、社債2億1000万円、一時借入金460万円を予定した[47]。1937年8月2日「満州拓殖公社設立に関する日満協定」により満州拓殖公社の設置が確定した。そして満州拓殖公社は1937年8月31日に設立され、9月1日開業した。併せて満州拓殖会社の業務と資産承継した。その定款によれば満州拓殖公社は日満政府合弁とし、移住者に必要な施策を目的とするもので、本社を新京に置き、支社を東京に置き、資本金5000万円とし、社債発行を可能とした[48]。満州拓殖公社は日満条約に基づいて設置された特殊法人である。同様の日満条約に基づく設置として満州電信電話株式会社がある。

　満州拓殖公社は1938年3月末までに土地整備事業2621万円、移住地施設費127万円、移住者等融資1007万円、満州畜産株式会社出資75万円、そのほか青年義勇隊訓練所の設置も行なうものとした[49]。また水田の政府統制、水田造成は政府許可となった。さらに満州拓殖公社は1939年3月期では満州糧穀株式会社への出資も行なっている。満州拓殖公社の債務では社債発行（満州国政府保証）4500万円、満州中央銀行当座貸越4500万円、特殊借入金として株主より借入金4件1000万円がある[50]。1940年3月期に特殊借入金は償還して、社債に乗り換えられたようである。満州拓殖公社の資産としては土地、開拓民貸付、訓練本部勘定の順に多額である[51]。

　1939年12月22日閣議決定「満州開拓政策基本要綱」に基づき、満州拓殖公社と満鮮拓殖の統合実施要領は1940年12月28日に対満事務局一部事務官会議で決定され、満州拓殖公社は満鮮拓殖を買収することとなった。そして満州拓殖

公社は 1941 年 4 月 28 日に資本金を 6500 万円に増資した。増資 1600 万円については、日満両政府の折半出資とし、日本側は朝鮮総督府特別会計が出資した。5 月 31 日現在の満鮮拓殖の事業を 6 月 1 日に 753.9 円で譲渡を受けた。そのほか満州拓殖公社は鮮満拓殖の社債を承継した。鮮満拓殖は既に同年 1 月 31 日に西北朝鮮開拓事業を東拓に有償譲渡していた。6 月 31 日に鮮満拓殖は解散した。東拓の鮮満拓殖に対する貸付金 328 万円は北西朝鮮開拓事業有償譲渡と現金で処理した[52]。その結果、出資に大蔵省のほか朝鮮総督府が追加され、鮮満拓殖に出資していた東拓の持株が増加した。これに伴い在満朝鮮人移民事業も満州拓殖公社が取り込み、事業範囲は一段と拡大した。その後、満州拓殖公社は 1942 年 3 月 31 日に倍額増資し 1 億 3000 万円となる[53]。満鮮拓殖を吸収合併後の満州拓殖公社の出資は日満政府と満鉄が予定額を出資したほか、東拓 375 万円、三井合名会社、三菱合資会社各 250 万円、株式会社住友本社 115 万円となっている。

　1944 年 3 月期で満州拓殖公社の資産は開拓貸付金 3.35 億円、土地 2 億円、融資金 0.87 億円、仮払金、貯蔵品の順で、社債・株式による資金調達で貸付金を急増させた。その後の満州拓殖公社の出資先は満州畜産公社、満洲農産工業株式会社、満関種苗統制組合、満州林業種苗統制組合ほかである[54]。さらに 1944 年 8 月 14 日「農産物管理法」が公布され、農産物流通統制が強化された。満州拓殖公社は農業関係の流通統制の拡大に伴い、幅広い長期資金供給機関となっていった。日満政府協定による設置機関のため、資金調達が格段に有利であった。

6　満州国期の大連農事

　満州事変以後の政治状況の激変と満州国への国策移民送出が政策として掲げられると、大連農事の移民事業は停滞せざるを得ない。1935 年 3 月期で、大連農事の管理地における移住農家は前年度からの事業計画書改定案が決定をみず、自作農 53 戸、借地農 13 戸、合計 66 戸にとまり[55]、その後も同様に新規入植を停止した。そのほか満鉄改組に伴う事業見直しとも連動しているのかもしれない。それに代えて、入植までの土地の荒廃を防ぐため、漢族農民に土地を分益小作に出し、その貸付地の小作料を徴収していた[56]。移住者募集計画は 1938 年 3 月 28 日に満鉄より承認を受けた。そのほか東亜生果株式会社が 1938 年 3 月に設置さ

れるのに伴い、大連農事の事業と関連があるため、関東州庁の斡旋を受けて、2万株のうち800株を引受け四分の一払込で1万円を出資した[57]。しかし日本からの移住者の収容が困難となったため、1940年3月期には年度予定100戸のうち3戸のみ実現し、そのため大連農事の営業方針を転換した。すなわち新移住者の収容は第2次的事業とし、積極的募集を見合わせ、既移住者の支援に傾注し、種苗種畜の生産に重点を置き、満州全体の農業の生産拡充に対処することとなった。こうして移住会社としての性格を大きく転換した。なお代表の小倉鐸二は辞任し[58]、1940年11月30日に社長として野中時雄が選出された。事業内容の新分野の種苗斡旋として、甜菜種子、甘藷苗、イタチハギ苗の販売を満州国各地に開始した[59]。このうち甜菜は満州国製糖業の原料供給に貢献するものであった。甜菜種子は満州国政府指令に基づき、満州製糖株式会社にほぼ全量を売却していた[60]。

戦時統制が強化される中で、大連農事は1942年11月1日設立の満州養鶏株式会社（本社瓦房店、社長野中時雄）の資本金50万円の半額25万円を満鉄に代わり出資した。そのほか1942年10月23日設立の関東州青果配給統制株式会社（資本金500万円全額払込）が関東州庁の指導で設置され、大連農事は1100株、5.5万円を出資した。これに伴い東亜生果株式会社を廃止しその事業は関東州青果配給統制株式会社に吸収された。そのほか満州国に設立された満州種子業組合、満州種苗協会、満州緑地協会と大連農事は業務関係があり、これら3会の関東州内支部が大連農事内に設置された[61]。その後も大連農事の農業・畜産業関係の事業は拡張した。所有果樹園の果樹は関東州青果配給統制に売却した。1943年3月8日に大連農事は奉天事務所を開設し、奉天興農種苗株式会社解散に伴うその業務一切を承継し、満州国内種苗供給体制を強化した[62]。こうして大連農事の業務は満州国農林畜産業の支援を強めていった。

7　農地造成

農産物増産政策として、初期投資の大きな農地開発がある。1939年1月「未利用地開発要綱」公布により、土地開発会社設立方針に基づき、同年4月20日「満州土地開発株式会社法」により、同年6月1日に特殊会社として満州土地開発株式会社が設立された（資本金2000万円、払込500万円、全額政府出資、本

店新京、理事長花井修治)。目的は満州国政府、開拓団、公共団体所有未利用地と満州拓殖公社および鮮満拓殖の保有地の開発であり、農地造成に従事した。その後、1943年1月20日「戦時緊急農産物増産方策要綱」と「水利組合之設立要綱」、4月8日「自給農場之設立要綱」決定、3月「緊急造成農地之計画要綱」決定、5月24日勅令「農地ノ利用促進ニ関スル件法」公布がなされた。

　日本国内の食糧需給が逼迫しているため、満州国内の供給力を増強することを目的とした緊急造成農地を実施に移すことになり、大東亜省提案の1943年11月22日閣議決定「満州国緊急農地造成計画ニ対スル協力援助ニ関スル件」により[63]、満州国の緊急の1944・1945年度に実施する農地造成事業のため、農地造成改良費用の5割を日本政府が支援することとし、増産分については生産者の自家消費を除く部分を対日供給させるものとした。その添付された具体案の「満州国緊急農地造成計画要綱(案)」では[64]、この事業を満州国の特殊会社の「満州農地開発公社(仮称)」に担当させ、日本側から直接補助金を得るものとし、既存の満州土地開発株式会社を改組拡充するものとした。1943年12月7日の「満州農地開発公社法案(未定稿)」によると[65]、設置目的を「農地ノ造成及改良事業ノ促進ヲ図リ農産物ノ増産ニ資スル為」設置するとされ、日本の食糧需給悪化を打開する目標があるとは明示されていない。事業目的は農地造成改良、管理経営および水利施設維持管理とされ、本社新京、資本金5000万円とした。さらに「満州農地開発公社(仮称)設立要綱(案)」によると[66]、政府全額払込とし第1回払込3000万円、払込資本金の5倍の社債発行を認め、事業に必要な土地は政府が取得し公社に譲渡するものとした。日本政府との関係では、「緊急農地造成改良事業補助金交付ニ関スル日満両国政府ノ取極(案)」によると[67]、同事業に対し、日本政府は補助金を直接に満州農地開発公社に交付するとした。補助金の執行内容を点検するため、同公社の業務の収支予算・決算・基本計画・造成改良施設の処分について、あらかじめ日本政府への協議を経た上で認可するものとした。

　1944年2月21日「満州農地開発公社法」公布となり、運営資金の半額を日本政府が補助することで、同日に満州土地開発が満州農地開発公社に改組された(理事長花井修治)。満州農地開発公社は特殊法人であり、資本金5000万円、払込3000万円、全額政府出資である。開拓農地促進造成改良農地を開発した。同

公社は政府の方針代行、農地造成、開拓農民導入、管理経営責任を負い、水利組合中央会の地位を引き受け、対組合への資金供給、資材技術供給を業務とした。

1944年度の満州農地開発公社の事業は、同年8月末で予定土木工事の75％、工作物の25％を終了し、良好な進捗状況であった。ただし労働者調達では苦慮し、国外労働力については募集不振となった。満州拓殖公社に委託している地区についても同様に労働者募集で困難を極めた。日本からの資材調達については、概ね順調に推移した。資金繰りでは5割を日本政府、3割を満州国政府、2割を自己調達することとなっていたが、政府補助金交付が遅れ、繋ぎ資金として借入金に依存し、それが7月末で8600万円に達した。6、7月に満州国政府2960万円、8月中に日本政府4000万円の交付を受けたが、8月末でなお6460万円の借入金が残っていた[68]。満州国の物価騰貴の顕在化で資金計画を上回る資金需要があり、また華北の高率のインフレにより華北労働者の満州国への出稼ぎは期待できない状況でも、日本からの優先資材供給と満州国内の労務調達で、夏場の作業が中心の満州国の農地造成作業を何とか凌げたといえよう。満州農地開発公社の借入金は興農金庫に依存した[69]。次年度には日本からの物資が期待できなくなり、満州国内物価騰貴もすすみ、農地開発事業は一段と困難になる。

第2節　林　業

1　満州事変前の鴨緑江採木公司と満鉄系林業

満州の林業地域は広く、その伐木利権を取得すれば有望な事業として期待できた。早期に取得に成功した事例として鴨緑江の林業利権がある。1908年5月14日に清朝政府と「日清間鴨緑江日清合同木材会社章程」を北京で締結し、合弁法人を設立しその資本金300万円（北洋銀）、清国政府・日本政府各半額出資、合弁期間25年とした。同年9月11日「鴨緑江採木公司業務章程」を経て、同年9月25日に鴨緑江採木公司が開業した。同社の営業は木材の伐採・買収、伐採資金の貸付、木材の販売、漂流木の整理、木材の寄託保管等である。同社は鴨緑江右岸に伐採林区を取得した。同社は日清両国政府の合弁のため、税制上も木税・

同付加税の軽減等の特典を得た。鴨緑江採木公司は直営林区からの伐木事業のほか、域外の伐木業者に貸付けたが、貸付資金は安東到着木材で決済した。他方、同社は1915年10月に大倉組と合弁で鴨緑江製材無限公司を設立した。同社の資本金50万円である[70]。同社は鴨緑江採木公司の木材の販売事業を承継した。満州林業利権にも満鉄は深く関わり、後述の札免採木公司を設立したほか、満鉄林業部による林業利権確保と維持が行なわれた。満鉄系の林業法人の満鮮坑木株式会社が1919年12月21日に安東に設置された。

1922年における中国法人を除く満州の製材業者は、株式会社23社、合名会社・合資会社22社であり、このうち大連の木材加工事業者が多く、林業利権の獲得が困難なことを示している。それでも林産資源の豊富な吉林省・黒竜江省では鉄道敷設用や鉱山・炭坑用の坑木の需要が多く、上述の満鮮坑木のほか本渓湖坑木株式会社やその他の事業者が参入していた。また森林地帯の鴨緑江沿岸の木材取得と加工で事業が可能であり、鴨緑江木材株式会社・安東県挽材株式会社が参入していた。事業規模では、払込資本金によると東拓系の1919年4月5日設立の中東海林実業公司150万円（本店哈爾浜）、満鮮坑木75万円と秋田商会木材株式会社75万円が多きい[71]（**図表Ⅱ-14-4**）。

第1次大戦期の物価暴騰により、満鉄撫順炭砿は坑木納入を安定的に確保することが難しくなり、大量生産による価格安定も必要で、先述の満鮮坑木が設置された。同社の定款によると、工業用坑木および木材、鉄道枕木並びに一般木材の生産および販売、植林、付帯事業を業務とし、資本金300万円、120万円払込で設置された[72]。満鉄がほぼ半分を出資した。1922年10月期で、満鮮坑木は坑木を撫順炭砿に納入するほか、海軍燃料廠平壌鉱業部炭坑用と青島守備隊民政部鉄道部炭坑用に納入した。坑木以外に鉄道用枕木として撫順炭坑用枕木と満鉄本社ほか電柱用材も供給した[73]。同社が撫順炭砿に坑木を安定的に供給し、そのほか鉄道枕木を供給する関係にあった。その後、関東庁・朝鮮総督府への電柱納入、製材事業者への原木丸太類納入にも事業を広げた[74]。1924年10月期の株主名簿によると、90名で6万株のうち満鉄が半分を保有し、ほかには安東を中心とした奉天省在住日本人が株式を保有していた[75]。木材価格も第1次大戦後の反動的暴落で打撃を受け、満鮮坑木は事業不振となった。それでも配当を継続していた。

図表II-14-4　1922年林業会社

(単位：千円)

企業名	本店	設立年	払込資本金	備考
東亜興業(資)	営口	1907.01.23	100	
安東燐寸製材(株)	安東	1913.08.07	12.5	
長春製材(資)	長春	1913.08.25	10	
安東木材(名)	安東	1918.01.27	20	
満州材木(株)	長春	1918.02.01	125	
大連工業(株)	大連	1918.04.05	200	
(株)南満州製材公司	安東	1918.05.01	200	
鞍山木材(資)	鞍山	1919.01.07	50	
中東海林実業公司	哈爾浜	1919.04.05	1,500	東拓系
大連木材(株)	大連	1919.04.06	750	
大正木材(株)	安東	1919.05.30	50	
(資)守永製材所	安東	1919.06.—	50	
(資)茂林公司	吉林	1919.08.—	50	
関東木材(株)	大連	1919.09.25	125	
吉長木材(資)	長春	1919.09.09	10	
満州家具製作(株)	大連	1919.09.—	50	
東亜木材興業(株)	安東	1919.10.—	500	
遼東木材(株)	大連	1919.10.25	370	
撫順製材(株)	撫順	1919.11.—	75	
安東県挽材(株)	安東	1919.12.23	250	
本渓湖坑木(株)	本渓湖	1919.12.25	75	本渓湖煤鉄公司系
満鮮坑木(株)	安東	1919.12.21	750	満鉄系
(資)面高製材所	長春	1920.01.—	80	
中満建材工業(株)	鞍山	1920.01.—	125	
鴨緑江木材(株)	安東	1920.02.15	250	
大連製材家具(株)	大連	1920.03.—	125	
(資)沙河口木材工業所	大連	1920.04.05	20	
吉林木材(株)	吉林	1920.04.—	250	
秋田商会木材(株)(支店)	大連	1920.04.01	750	本店下関
日満木材(株)	安東	1920.06.06	100	
(資)富林公司	大連	1920.05.20	500	
豊永製材(資)	奉天	1920.06.25	100	
(株)石崎商店	安東	1920.10.—	1,000	
南満製材(株)	長春	1920.10.—	50	
吉林木材興業(株)	吉林	1920.11.22	60	
満鮮製函木材(株)	安東	1919.10.22	250	

出所：前掲『南満州商工要覧』、『1922興信録』、『1936銀行会社年鑑』。
注：払込資本金1万円以上。

　在満日本人民間業者が保有している満鮮坑木株式を、1927年12月30日に満鉄が買上償却して、資本金150万円、払込60万円に半額減資を行ない、満鉄の全額保有会社とした[76]。満鉄が完全に支配下に置き、満鉄中心の供給体制を築いた。景気低迷の中で、1930年10月期に、三井物産株式会社と白楊材売買契約を、本

渓湖坑木と坑木売買契約を、中東海林実業公司と原木売買契約をそれぞれ締結した[77]。不振とはいえ同社は配当を継続していた。

　ほかの満鉄系木材業者として札免採木公司がある。同公司は1922年6月に哈爾浜に設置された。大興安嶺における森林伐採権を取得していたロシア人に対し、1919年11月に中華民国政府がこれを取り消すと主張した。この紛糾を日本の事業投資の機会と見て満鉄が割り込んだ。そして日露中の3国合弁の形態で、北満における林業開発の共同事業に着手した。資本金600万大銀元、日露中均等出資とした。満鉄の出資は222.1万円である。この公司の運転資金は借入金に依存した。中国側官憲は林区回収に動き、他方、ロシア側は従来の権利に固執して、経営が安定せず、作業の大半は休止し、売り上げは急減していた。そのため前途に見込みがないと満鉄側では判断していた[78]。事態の打開のため1925年10月29日に満鉄と黒竜江省実業庁は「札免林区善後弁法」を締結し、ロシア側利権者を排除して、満鉄と黒竜江省の間で札免採木公司の事業を新設合弁機関に移し林業を共同経営するとの方針をまとめた[79]。しかしその細目協定を締結する際に双方の出資条件の隔たりが表面化した。満鉄側では資本金150万円、双方折半とし、係争中の木材価格に関する満鉄の取り分45万円と追加現金出資30万円に抑える方針であったが、黒竜江省実業庁側は、満鉄がこれまでの札免採木公司の事業で利益を得ていたと判断しており、400万円の資本金とし満鉄に現金出資200万円を求め、まとまることはなかった[80]。妥結できない状況の中で黒竜江省官憲が札免林区の満鉄の伐木搬出に圧迫を加えたことで、日本側が硬化する等の混乱も発生し[81]、交渉がまとまるような状況から程遠いものであった。またこの弁法により札免採木公司は解散した形になるが、ロシア側利権者の承諾を得ていないため、曖昧な形のまま満州事変をむかえた。

　合弁事業の林業として東拓系の事業がある。日本人が1918年に北満林区の調査を行ない、その調査を東拓が承継し有望と判断した。東拓が吉林省側と協議し、1919年4月5日に日中合弁の中東海林実業公司を設立した。資本金日本円300万円、払込125万円、東拓出資63万円で、中国側出資62万円も東拓が肩代わりした。北溝と大海林の林区権利者のイギリス人に125万円を支払い、一切の権利を取得し、事業に着手した。その後、東拓の代表者の公司理事長の吉野小一郎が

財産横領の廉で東拓から告訴された。この不始末が北満最初の合弁事業に影響するのを恐れた外務省と拓殖局は、1920年1月31日に東拓の権利義務を225万円で日本紙器製造株式会社に譲渡した。その後も排日の動きが強まる中で、中東海林実業公司は経営困難に陥り、1921年1月に中華民国財政部による同公司買収案が提起され、その運動の結果国務院会議を通過したが反対にあい実現しなかった。日本側でも日本興業銀行と東拓を中心に救済案を検討していたが、1922年4月に東拓が日本紙器製造から中東海林実業公司の権利義務を171万円で買い戻した[82]。その後も同公司の経営は改善されず、東拓は中国側と交渉の結果、1924年1月23日に「中東海林採木有限公司契約書」を吉林財政庁と中東海林実業公司が締結し、中東海林採木有限公司を同日に設置した。資本金日本円350万円、折半出資とし、中東海林実業公司が既存林区と実物資産を出資し、吉林省財政庁は同公司から借り入れて出資した[83]。事業主体を改組したものの、中東海林採木の事業は改善されず、1924・1925年度で計46.8万円の損失を計上した。その原因は木材価格の不調、公司組織の欠陥による業務不円滑、職員の日中複数制とすることによる過剰経費にあった。そのほか産出する木材の品位も悪く、質の向上のためには軌条整備等の投資を不可欠とした。この状況に直面した東拓は、中東海林採木の事業の一時中止を決断した[84]。これに対して同公司理事長深沢羅が業務中止に反対し、中国側もそれに同調して反撃に出た[85]。東拓本社は深沢の辞任をせまり混乱が露呈しそうになったため、在哈爾浜領事館で深沢の任期末までの操業を東拓に認めさせた[86]。その後も東拓は合弁事業を簡単には操業停止に追い込むことができず、中東海林採木は細々と満州事変まで操業を続けた。

2　王子製紙系・大倉組系事業と共栄起業による再編

　1917、18年の頃、吉林督軍孟恩遠は吉林省内森林の開発を目的とした林業公司の設立を勧め、日本資本の投資を認めた。そのため王子製紙株式会社系と大倉組系の林業法人が複数設置され、合弁事業という形態を採用した[87]。王子製紙系の伐木を主とする合弁法人として、1917年11月16日に富寧造紙股份有限公司が設置された。日本円100万円、四分の一払込、王子製紙が半額の12.5万円出資、中国側出資のうち10万円は王子製紙から年6％で貸し付けた。総理は胡宗

瀛、総董事小笠原菊次郎、董事に藤原銀次郎、倉知鉄吉、大橋新太郎ほかが並んでいた。製紙原料及び紙類製造販売を目的とした。設立以来、木材の売買を主たる事業とし製紙業に着手できていないが、鏡泊湖の水力発出事業のため多額の資金を投じて調査を続けた[88]。黄川採木股分有限公司は 1918 年 11 月 9 日に設置された。同年 7 月 1 日に発起人陸潤生ほかの上仲尚明（南満州太興合名会社社員、東洋炭鉱株式会社取締役）からの借入契約と、同公司と吉林永衡官銀銭号との間に黄花松甸子および四合川の林場の伐採契約を締結した上で、同公司が設置された（役員は陸宗興ほか全員中国人）。設置目的は森林伐採、製材販売ほかで、資本金日本円 400 万円、出資者のうち 100 万円は同官銀銭号、上仲尚明 150 万円、一般株主 150 万円であった。上仲尚明名義で中国側出資 100 万円を貸し付けた。両林場で伐木販売を開始したが、1921 年 9 月 23 日に外資を受け入れた事業として、吉林省会議ほかで伐木事業の取り消し運動が発生し営業を停止した。停止する前の同年 6 月 1 日に同公司全資産を富寧造紙公司に譲渡して事業の存続を図った。その後、上仲の持株は貸付契約の更改の際に王子製紙に肩代わりされた[89]。華森製材股份有限公司は 1918 年 10 月 22 日に設置された。同年 5 月 28 日に吉林官弁濛江林業局長陶昌善と森恪との間に締結された濛江林業借款 200 万円と同日に両者間で締結された華森公司共同組織契約によって設置された。資本金日本円 200 万円、日本側半額出資で、日本側の督理小笠原菊次郎、中国側周玉柄であり、同公司は官弁濛江林業局の監督を受けた。同公司の目的は濛江県内の伐木の製材販売であり、設立以来、濛江県内林場における伐木販売を専業とし、富寧造紙公司とともに満鉄坑木納入その他の木材供給に従事した[90]。

他方、大倉組系の合弁法人として周自斎と組み豊材股份有限公司は、1918 年 11 月に設置された。資本金 500 万円、四分の一払込、総理董事曲卓新、副総理董事大倉喜七郎である。目的は吉林省における木材売買、木材業への資金貸付、木材業、林業委託経営である。設立と同時に伐木に着手し、設立当初はいくらか利益を実現できたが、戦後恐慌後、満州の木材需要が減退し不振を続けた[91]。吉省興林造紙股份有限公司は 1921 年 11 月に設置された。資本金 500 万円、四分の一払込で、中日折半出資であった。総董事鮑貴卿、副総董事大倉喜八郎であり、目的は製紙業、紙類ならびに製紙原料の販売であった。製紙原料供給のため、松

花江上流に11箇所の林場の伐採権を得て製紙工場敷地を購入したが、戦後恐慌による不振のため事業を中止した[92]。

　これらの林業利権にからむ合弁事業が苦境に陥っており、打開する手立てとして、王子製紙系と大倉組系の林業関係合弁企業を統合した共栄起業株式会社が1923年6月1日設置された（本店長春、支店吉林、資本金850万円、全額払込、会長門野軌郎、社長藤原銀次郎）。同社の中国名は共栄起業公司である。同社の事業は林業の経営、木材の売買、木材保管業、製材業、製紙業、鉄道、電気事業、これらにかかる事業に関する資金の貸付、関連事業の出資を行うものである[93]。同月12日に1000万円（全額払込）に増資した[94]。出資者は王子製紙4560株、大倉組380株、ほか役員持株を含み計8500株、そのほか優先株として王子製紙674株と大倉組826株、計1500株という構成で[95]、王子製紙の持株が大倉組のそれを若干上回っていた。王子製紙・大倉組の林業合同による共栄起業設立とともに、旧5公司の利権は共栄起業に吸収された。共栄起業は当初から流動資金が不足するため、設立時に王子製紙・大倉組より各25万円を借り受ける契約を締結しており、1924年1月18日に共栄起業は合計50万円を借り入れた。金利8％であり、毎年4万円の利払いを必要としたが、創業間もない共栄起業が多額の利子支払いの負担を引き受けることが困難であるため、王子製紙・大倉組が協議の結果、1925年11月以降は利子を当分免除する契約に改訂した[96]。

　共栄起業の事業はかなりの規模の枕木・原木・製材の出材を見込んでいたものの、経営は不振だった。吉林・敦化線の敷設に着手したため、その沿線における事業拡張を期待したが、吉林省政府は封禁令を敷いて伐木を防止したため、そのまま不振を続けた。その結果、1930年に休業状態に陥った。同社の累積損失の処理が必要となり、1931年1月31日株主総会で半額減資を決議し、資本金500万円とした。その財源を華森製材公司の解散による出資金のうち320万4942円、豊材公司貸付金のうち30万9269円、興林公司貸付金のうち30万9269円、黄川採木公司貸付金のうち117万6169円、合計500万円の損失処理を行なった[97]。休眠状態のまま、同社は満州における林業利権を維持し続け、満州事変を迎える。

3　満州国における「大同林業公司」設置計画

　満州事変後に満州国が出現すると満州林業は新たな展開を迎える。満州国における林業統制機構の設置を模索していた関東軍は、1933年5月14日「満州林業経営機関設立要綱案」を決定した。それによると指定国有林の合理的経営を行なわせるため、日満合弁の満州国法人の特殊林業会社「大同林業公司（仮称）」を設置し、資本金500万円、林場権者の優先出資200万円、ただし林場権の放棄を求める、満州国国鉄200万円、一般公募100万円とし、事業地として吉林省の京図線沿線の樺甸、額穆、敦化、寧安県南部の国有林を予定した[98]。さらに関東軍特務部第3委員会は1933年7月6日「大同林業公司ノ設立方進行ニ関スル件」で[99]、「大同林業公司（仮称）」を設置し、京図線沿線の国有林の経営にあたらせるものとした。そのため吉林永衡官銀銭号から満州中央銀行が承継した林場権を返還させ、日本側企業林場権者を参加させるものとした。さらに関東軍・満州国実業部は教令案として「大同林業株式会社法（案）」を立案し、資本金500万円とし、指定地域国有林経営の「大同林業株式会社」設置を検討していた。

　林業権を有する共栄起業については王子製紙・大倉組がその利権の主張を行ない、それを踏まえて、1933年7月6日に関東軍特務部は「大同林業公司設立ニ関スル説示事項」を共栄起業側に提示し、林場権者の優先出資を認める代わりに既得林場権の放棄を求めていた。満鉄・共栄起業以外に松江林業、丹華公司ほかが含まれていた[100]。これに対して、共栄起業側に7月末までに回答を求めた。関東軍と満州国の意向として、鉄道材料と建築材料の需要の急増に対処するため、同年冬には事業着手の方針であった。この関東軍側の提案では、共栄起業が持つ旧権益を承認せず、そのため旧投資額は全額損失となり、また新規投資まで要求されているが、新設公司への参加による権益は永久的利権としてその拡張が期待できると見ていた。満鉄は満州国鉄の代理出資と林場権者として出資を行なうこととなっていた[101]。さらにここに東拓が加わることになる。上記の関東軍の提案が、後述のような満州国林政や対日本政府折衝で確定まで時間がかかるが、その間、1933年9月以降に東拓総裁菅原通敬が吉林省当局と交渉し、東拓出資の海林公司の林場権を認めさせ、有利な取り決めを得たようである[102]。東拓は

「大同林業公司」設立計画段階でかなり強引な割り込み工作を行ない、奏効した。
　しかし「大同林業」の設立計画は後述のように停滞する。なお「大同林業公司」設立計画の周辺計画として、満鉄経済調査会第2部が1934年5月「満州木材防腐株式会社設立案」を検討している[103]。この案では、満鉄の保有する蘇家屯工場を吸収し、本店を吉林に予定する工場所在地におき、敦化、蛟河ほかその付近に工場をおき、事業は枕木・電柱その他一般用材の防腐事業、防腐剤・防腐注入材の売買とし、資本金100万円、出資は満鉄50万円、「大同林業公司」40万円、株式会社昭和製鋼所5万円、満州電信電話株式会社5万円とした。このうちには満鉄現物出資を含むものであった。他方、1933年5月に関東軍「大同林業股份有限公司設立要綱」をまとめたが、林業法人としての「大同林業公司」設立は遅れた。そのため1933年9月8日の関東軍の指示により、「大同林業公司」創立までの中間機関として、11月1日に大同林業事務所が設置され、操業を開始した。同事務所は京図線沿線の国有林から搬出する木材代金徴収事務を実業部指定伐採人の形式を取って従事した。しかし1934年2月頃設置が見込まれていた「大同林業公司」の設置がさらに遅れ、同事務所の事業が継続された。他方、当該沿線の関係する木材商等は、大同林業事務所の業務が木材の二重検収を行ない、中間搾取機関であるとして非難して、大同林業事務所の解散を求めていた[104]。大同林業事務所の操業は、後述の満州林業股份有限公司設立まで続いたと思われる。

4　満州国林業の概要

　満州国の林業を概観しよう。1936年の満州における製材と拓殖興業に分類されている林業会社は合計80社ある。合資会社45社、合名会社3社を除き、株式会社に限定すると32社が確認できる。このうち11社は1920年代までに設置されてすでに休業状態に陥っている事業者である。これらは満州国で事業活動を行なっているとはみなせない。満州国出現後の新設法人で事業継続中のものはこの表では僅かに9社のみである。このうち大連における製材業者はほどほどの事業で継続できていた。満鉄系の満鮮坑木、大連工業株式会社、本渓湖煤鉄公司系の本渓湖坑木も事業を継続できていた。新設事業者は、鴨緑江流域事業者の鴨緑江製材合同株式会社と無限製材株式会社である（**図表Ⅱ-14-5**）。伐木増大の中で

図表II-14-5　1936年林業会社

(単位：千円)

会社名	本店	設立年月日	払込資本金	備考
東亜興産㈱	新京	1913.07.06	125	休業中
大連工業㈱	大連	1918.04.05	250	満鉄系
㈱大二商会	安東	1919.01.25	400	
安東興業㈱	安東	1919.02.03	125	休業中
大連木材㈱	大連	1919.04.06	500	休業中
大正木材㈱	安東	1919.05.30	50	休業中
関東木材㈱	大連	1919.09.25	125	休業中
満鮮製函木材㈱	安東	1919.10.22	250	
遼東木材㈱	安東	1919.10.25	370	休業中
満鮮坑木㈱	安東	1919.12.21	600	全株満鉄保有
安東挽材㈱	安東	1919.12.23	250	
本渓湖坑木㈱	本渓湖	1919.12.25	75	本渓湖煤鉄公司系
鴨緑江木材㈱	安東	1920.02.15	250	休業中
大連製材㈱	大連	1920.03.15	105	
秋田商会木材㈱	大連	1920.04.01	600	
日満木材㈱	安東	1920.06.06	100	休業中
吉林木材興業㈱	吉林	1920.11.22	60	休業中
哈爾浜製材㈱	哈爾浜	1921.11.20	150	休業中
東洋企業㈱	哈爾浜	1925.03.31	150	
小笹木材工業㈱	大連	1930.06.30	250	休業中
東亜木材㈱	奉天	1933.09.25	125	休業中
㈱大連新宮木行	大連	1935.03.03	100	
新京共同木材㈱	新京	1935.11.09	125	
鴨緑江製材合同㈱	安東	1935.12.01	250	鴨緑江採木公司系
牡丹江木材工業㈱	安東	1936.01.11	500	
無限製材㈱	安東	1936.01.25	1,000	大倉組系
共同木材㈱	鞍山	1936.04.01	50	
満州木材工業㈱	大連	1936.04.15	100	
哈爾浜木材㈱	安東	1936.05.20	150	

出所：『1936銀行会社年鑑』。
注：払込資本金5万円以上。

事業機会が拡大し、既存事業者を統合して両社が設置された。

　1942年の満州における製材と拓殖興業のなかの林業会社を概観しよう。同年の林業会社は273社を数える。そのうち株式会社145社、合資会社101社、合名会社28社となっているが[105]、そのうちの資本金20万円以上の株式会社54社に限定し紹介しよう。そのうち関東州の事業者は7社である。関東州の事業者は主に製材加工の川下部門に特化している。満州国の事業者も合板のような川下部門の事業者がかなり見受けられるため、林業の中の川下部門への新規参入あるいは

図表 II - 14 - 6　1942年林業企業

(単位：千円)

会社名	本店所在地	設立年月日	払込資本金	備考
大連工業㈱	大連	1918.04.05	1,000	満鉄系
㈱大二商会	安東	1919.01.25	1,500	日鮮土地・清水植林系
大連木材㈱	大連	1919.04.06	500	
満鮮坑木㈱	安東	1919.12.21	1,500	満鉄全株保有
安東挽材㈱	安東	1919.12.23	250	
本渓湖坑木㈱	本渓湖	1919.12.25	200	本渓湖煤鉄公司系
東洋木材㈱	大連	1920.04.01	1,200	秋田商会木材を改称
吉林木材興業㈱	吉林	1920.11.22	300	
共栄起業㈱	吉林	1923.06.01	1,000	王子製紙・大倉組系持株会社
日本海木材㈱	敦化	1926.05.01	325	
㈱大連新宮木行	大連	1935.03.03	300	
鴨緑江製材合同㈱	安東	1935.12.01	1,250	鴨緑江採木公司系
牡丹江木材工業㈱	安東	1936.01.11	1,750	
無限製材㈱	安東	1936.01.25	1,000	大倉組系
満州林業㈱	新京	1936.02.29	30,000	満州国・満鉄・東拓出資
満州木材工業㈱	大連	1936.04.15	480	
哈爾浜木材㈱	哈爾浜	1936.05.20	1,000	満鮮坑木系
間島林業㈱	竜井街	1936.07.22	325	
吉林木材伐採㈱	吉林	1936.11.25	248	
㈱東発隆	哈爾浜	1937.04.25	200	
満州親和木材㈱	図門	1937.11.15	4,000	親和木材系・東満州産業出資
満州森林産業㈱	吉林	1937.12.23	500	
吉林共栄木材㈱	吉林	1938.05.12	200	
栃木産業㈱	図門	1938.06.18	250	
吉林農鉱開発㈱	蛟河街	1938.07.14	250	
㈱石崎洋行	琿春街	1938.07.23	250	
福生木材㈱	新京	1938.08.08	1,000	
三和木材工芸㈱	新京	1938.08.17	250	
㈱宮下木廠	大連	1938.09.30	300	
海林木材㈱	牡丹江	1938.12.24	3,750	東拓系
㈱三江木材公司	哈爾浜	1939.03.07	200	
東亜木材工業㈱	撫順	1939.04.27	300	
哈爾浜林業㈱	哈爾浜	1939.04.28	400	
満州ベニヤ工業㈱	大連	1939.05.28	450	
共保木材㈱	新京	1939.06.05	200	
住吉興業㈱	新京	1939.06.08	500	
満州東洋木材㈱	新京	1939.07.11	1,500	東洋木材系
㈱撫順製材公司	撫順	1939.07.21	450	
満州宮下木材㈱	奉天	1939.08.21	480	
興安林業㈱	安東	1939.08.25	400	
満州坑木㈱	新京	1939.09.23	5,000	満州炭砿全株保有
満州岩村産業㈱	延吉	1939.09.25	1,020	
高橋木材㈱	新京	1939.10.13	300	
輔信産業㈱	図門	1939.11.24	500	
㈱大倉製材所	図門	1939.12.28	480	
三共木材㈱	図門	1939.12.28	300	
共信木材㈱	新京	1940.02.05	500	
徳和林業㈱	新京	1940.02.24	400	

会社名	本店所在地	設立年月日	払込資本金	備考
鴨緑江林業㈱	安東	1940.10. 7	500	
満州造林㈱	新京	1941.02.14	8,000	準特殊会社
満州山下林業㈱	新京	1941.05.17	250	
大二林業㈱	哈爾浜	1941.06.20	300	
松栄木材㈱	新京	1942.06.30	350	
松江膠合板㈱	哈爾浜	1942.09.26	1,000	

出所:『1942年銀行会社年鑑』。
注:払込資本金20万円以上を掲載。

法人転化が幅広くなされたことを告げるものである。最大の事業者は満州林業株式会社である。払込資本金3000万円の特殊会社として、林業利権を確保してそれを委託伐木し川下部門に供給するものである。満州造林株式会社も伐木による林業資源の減少を抑えるため造林事業に傾注する準特殊会社である。それ以外に満鮮坑木、本渓湖坑木、鴨緑江製材合同、無限製材、哈爾浜木材株式会社等の1936年にすでに事業基盤を有していた事業者のほか、新たに満州親和木材株式会社、満州東洋木材株式会社、満炭坑木株式会社といったかなりの規模の事業者が参入した。大手は満州炭砿系、満鉄系、その他の企業系列系も含まれている。それ以外の独立系中堅企業が数多く並んでいた(図表Ⅱ-14-6)。1938年以降の事業者参入状況から見て、満州の林業は1942年まで大いに活況を呈していた。

5 満州林業

満州国では1934年6月9日「林場権整理法」が公布された。また1935年9月日満経済共同委員会「国有林伐採要綱」決定した。他方、国有林野事業管理のため、国有林事業特別会計を設置した。そして国有林業会社設置に向け、1935年10月10日関東軍司令部決定「満州林業股份有限公司設立要綱案」により[106]、日満合弁の特殊会社満州林業股份有限公司の設立を行なうこととなった。その事業は、政府の指定する国有林の伐採ならびに伐木の運搬及び販売であり、事業地域は吉林省の京図線沿線の樺甸・額穆・敦化および寧安県における国有林とし、資本金は500万円、満州国250万円、満鉄100万円、東拓50万円、林場権者100万円とし、林場権者は出資と引き換えに既存林場権を放棄させるものとした。東拓の割り込みによる出資引受については、共栄起業側は蚊帳の外に置かれていた

ようである。1936年1月14日に、共栄起業側が関東軍側から受けた説明によると、満州林業股份有限公司設立後に中東海林採木と札免採木公司区域を合併し、出資は満州国250万円のほか満鉄と共栄起業各125万円、理事選出でも満州国側・満鉄・共栄起業側の枠が与えられており、この決定の2、3日前より新たに東拓が参加運動を開始したとされている[107]。しかし前年10月10日段階ですでに東拓の出資枠は確定していた。東拓の後発の強力な割り込み工作の結果、特別配慮でそれが認められた。この方針は1933年5月17日「満州林業経営機構設立要綱案」のかなりの部分を改めて、事業規模を縮小した地域限定の特殊法人の設置となる。その理由は、満州国における林場権整理の進行、国有林伐採実行計画の樹立等に即応して、当面は林業の特殊会社による全面統制が見送られたためである。1934年10月26日には関東軍特務部「満州国林政指針要綱」により満州国林業政策全般の位置づけのなかで「大同林業公司」設立案が修正されることとなった。そのほか満州国の林区に西原借款の吉黒林鉱借款の担保対象地が含まれており、陸軍省が1933年8月頃より折衝を行なったところ、大蔵省は国有林の管理および造林のため年間収入の40％の範囲で必要な金額を充当し、ほかは借款返済の準備として積み立てるべきであると主張した。これに対して関東軍より1934年9月25日に修正意見を提出したものの、大蔵省より回答を得ることができず、そのまま林業機関設立が停頓した[108]。これも満州林業股份有限公司の設立が当初の「大同林業公司」設立計画から大幅に遅延した理由である。

　この方針に基づき、1936年2月20日「満州林業股份有限公司法」を公布した。同法に基づいて、同月27日に満州林業股份有限公司が設置された。資本金半額払込250万円で事業を開始した。第2年度に残る半額を払い込むものとした。本社新京、支社吉林である。伐木・販売は主に用材であり、枕木は副次的なものであった[109]。これに伴い既存の大同林業事務所事業を承継した。こうして吉林省における京図線沿線の国有林は満州林業股份有限公司によって一元的に伐木・搬出が行なわれることとなったが、同公司は満州国のほかの地域については伐木・搬出の統制対象外であり、それゆえ準特殊会社として分類される。

　1937年第1次満州産業開発計画発動に伴い、国策会社の動員体制が強まった。さらに「満州林業股份有限公司法」は満州国「会社法」公布に伴い、1938年7

月21日に「満州林業株式会社法」に改正され、法人名称も満州林業株式会社に改称した。主要役員の変更はない。ただし満州林業株式会社はこの時点では全国的統制会社ではないため、準特殊会社のままである。その後、1938年10月13日に「満州林業株式会社法」は再度改正された。この改正により、満州林業は木材の配給および統制を図るものとされ、木材の売買輸出入ならびに製材、木材伐採業者に対する融資を業務とした。社長は理事長に改称され榛葉可省が就任した。こうして満州林業は満州国全域を通ずる統制会社になり、準特殊会社から特殊会社に位置づけが変更された。増資を引き受けたのは、満州国政府・満鉄・東拓・共栄起業である。なお満州林業股份公司以来、直接伐採に関わっている事業については、「満州林業株式会社法」付則として、当分の間、産業部大臣の指定する地域において認めることとなり、そのまま伐木事業を継続した。こうして満州産業開発計画に伴う林業統制は満州林業を中心に行なわれることとなった。法律改正に併せ、満州林業は同年11月7日に2500万円増資を決議し、資本金3000万円、12月7日に払込2000万円となっていた。1939年1月末株主名簿によると、60万株のうち満州国経済部大臣35万株、東拓10万株、満鉄9.9万株、共栄起業4.9万株ほか役員持株で[110]、これにより東拓は満鉄と並ぶ第2位株主となったが、満州林業の経営権を握る立場にはなく、また共栄起業の持株比率は一段と低下した。東拓の関係会社の株式会社海林採木公司が満州国における林業利権を有していたが、1938年9月27日総務庁「海林公司関係林場処理要綱」により、森林経営一元化方針として、満州林業に統合される方針となり、同事業所の清算、東拓出資融資債権の満州国への譲渡、一部製材事業の存続が方針として決定され、1938年10月末に海林採木公司は解散した[111]。その際に同公司に対する出資と融資債権を満州国に譲渡することとし、その譲渡代金から500万円以内で満州林業の増資株式を引き受けて[112]、東拓は額面500万円の新株を取得した。このほか満鉄系の哈爾浜林業所、札免採木公司等の満州事変前から特殊林場権を有し、伐木事業を営むことができる事業者が残っていたが、満州林業増資と改組に併せ、これらは満州林業に統合され、林場権は消滅した[113]。こうして満州国における旧来の林場権を有する事業者は皆無となり、その体制のもとで林業統制が実施されることとなった。ただし東拓は手に残った製材事業を中心に、1938年12月1

日に海林木材株式会社を設置した。

満州林業は直営製材工場を吉林省・黒竜江省の森林地帯に設置し、木材輸送のため一部森林鉄道を敷設した。1938年9月26日現在の各地営林署検収未了材を委託統制材として収買に着手し、また伐採業者対しては請負金額の6割以内で融資を行ない、販売については需要者が原木を求める場合には直接売買契約を行ない、製品を求める場合には適当な製材工場を選定し原木を販売し製品を斡旋した。取引先との未収金・未払金が多額に発生し、貸付金も増大するため、資金は自己資本のほか不足分は満州興業銀行からの借入金で賄った[114]。直営製材工場を満州国で10箇所ほどを保有していた。1940年1月29日に理事長は南正樹（満州硫安工業株式会社理事長）に交替した[115]。満州国政府は満州林業の株式35万株を保有していたが、その半分を売却し投資特別会計の歳入に計上し、併せてパルプ事業者として日満パルプ製造系の共栄起業のみ出資構成を改め、満鉄・東拓の出資比率を引き下げ、東満州人絹パルプ株式会社、東洋パルプ株式会社、満州パルプ工業株式会社にも出資させるとの方針が満州国側から提案された。東拓は、この措置は満鉄・東拓の後退とパルプ会社の進出となり納得できないと反発したが、1940年7月15日開催の対満事務局一部事務官会議で「満州林業株式会社資本構成及重役機構改組要綱」が決定され、満州国政府・満鉄・東拓の持株から各250万円（額面）をパルプ3社に引き受けさせ、株主構成を改めた[116]。1941年4月1日より、満州国の余剰製材は全面的に満州林業が収買することになり、満州国における木材自由市場は表面的に消滅した。製材事業統制のため1943年8月23日に満州林業はさらに5000万円に増資し資金力を増強した。

6　満州造林・満州林産公社

国土保安、治水、水源維持、産業振興等から森林資源の増殖が必要と考えられていたが、1930年代中頃の造林の担い手としての国策会社の設置は考慮されてはいなかったようである[117]。他方、産業開発計画発動後の満州国の急速な木材需要の増大に対処し、満州国における林業資源確保のため、組織的に造林する必要が生じた。その造林業を行なう特殊法人への日本側の出資財源として、1940年7月25日対満事務局一部事務官会議で、陸軍省の提案になる、1940年9月24

日に事業期間満了により解散となる鴨緑江採木公司の日本政府の出資にかかる清算分配金を満州国に還元し、それを財源に充当されることが決定された[118]。そして同年9月4日の対満事務局一部事務官会議で「満州造林株式会社設立要綱」が決定された[119]。それによれば鴨緑江採木公司残余財産を利用し、準特殊会社を設立するものとし、資本金800万円全額払込、出資は満州国政府400万円、満鉄200万円、東拓200万円とした。

1941年2月15日に準特殊会社として満州造林株式会社が創立された（本店新京）。同社の資本金800万円（全額払込）である。資本金は予定通り3者が引き受けた。その業務は造林事業、苗圃事業、採取買売種子事業である。そのほか当初は製炭事業にも関わった。国策造林会社の設置で、満州国おける造林業は組織的に行なわれることとなった。しかし政府の造林請負事業の圧縮で、計画した8333ヘクタールの新植が5641ヘクタールに縮小された[120]。当初の計画に盛り込まれた鴨緑江採木公司の解散による財産の吸収はなされなかった。1942年度には政府の造林事業予算の圧縮のため、政府からの委託事業費が減少したため、やはり予想したほど事業を拡張できなかった[121]。

満州国期の特殊会社制度では、特殊会社と称する法人から公社と称する法人に規模の大きなものが切り替えられる。特に農林系事業ではそれが顕著に見られた。1944年8月14日「満州林産公社法」に基づき、同日に満州林産公社が設立され（資本金7000万円、半額払込）、満州林業は解散し同社への政府出資のうち3200万円を満州林産公社の出資に振り替えた。そのほか満州国政府は東拓と満鉄の満州林業出資各250万円と共栄起業出資も取得して、満州林産公社を全額政府出資とした。満州林産公社はさらに満州森林伐採協会と満州製材統制組合の事業も吸収した。自社の製材部門の傘下14工場を分離し、1944年9月23日に満州製材株式会社を設置し各地製材工場を統制させた。満州林業の1943年～44年3月林業融資15,894万円であり、林業資金の多額供給窓口として機能していた[122]。そのほか1945年3月に林野総局の林産鉄道業務を満州林産公社への移管を決定した。その林産鉄道19路線976キロである。そのほか1945年3月に松香油、白樺油生産事業についても満州林産公社が統制機関となり生産業者を通じて収買する体制となった。そして1945年5月1日に林野局所管の生産事業と森林鉄路運営

事業を満州林産公社に移管し、併せて満州林産公社は先述の満州造林株式会社を吸収し、造林・伐採・集荷の全面的な統制会社となった。旧満州林業と同様に、林業者ほかに事業融資を多額に行なった。満州林産公社の林業融資は、敗戦時で6500万円であり、そのうち回収可能額は4500万円とみられていた[123]。

7　満州国の満鉄系・満炭系林業

　札免採木公司は満鉄にとって数年来の要処理案件であった。同公司にはロシア人シェフチェンコ商会の出資もあり、経営に影響力を有していた。京図線沿線の林区については、満州林業股份有限公司が担当することとなったため、同様に、札免採木公司の林区についても地域的な国有林と伐採権を有する林区との調整により、政府出資法人の設置案が提案された。すなわち黒竜江省政府と満鉄との合弁による法人設立が計画される。1934年1月8日満鉄重役会議で、「日満合弁宜興林業無弁公司設立」が提案された[124]。この合弁法人設置により従来の込み入った林場権を日本側は満鉄に、それ以外については満州国に統合したうえで林業法人の設置に移ることが期待された。同公司の資本金は満州国・満鉄の持分を各100万円として、運転資金として満鉄から35万円を限度に貸し付ける第1案と、満鉄持分65万円、満州国100万円とし、満鉄から必要に応じて35万円を追加出資する第2案が検討された。その後の検討の結果、独自法人設立を断念し、同公司は1938年10月の満州林業株式会社の統制会社への改組に伴い統合された。

　満鉄系の満鮮坑木は、満州国になるとしばらく沈滞したが、1933年には新線敷設による鉄道枕木需要等で注文が激増し、状況が大きく転換した[125]。1934年12月には、株式会社本渓湖煤鉄公司と木材供給契約を、1935年10月には大同電気株式会社（1933年4月1日設立、満州電業系）および満州電業と電柱納入契約を交わした。運転資金の拡大には借入金の増大で対処した[126]。1935年12月1日設立の鴨緑江製材合同と競合し、事業地一帯における製材業は打撃を受けたが、他方、1936年6月1日に満鮮坑木と安東の有力木材商と提携して、哈爾浜木材株式会社を設置した（資本金30万円、払込15万円）、これにより北満製材業の掌握を図った。また安奉線沿線の坑木養植林のため、本渓湖坑木と植林を開始した。そのほか1935年に着手していた吉林の木材防腐工場が1936年9月に操業開

始となり、また満鉄所有の蘇家屯坑木防腐工場を同年 10 月 1 日より満鮮坑木が譲渡を受けたため、木材防腐事業は満鮮坑木の全面統制下に入った 127)。満鮮坑木は 1937 年 12 月 1 日に治外法権撤廃に伴い、満州国法人に転換した 128)。

1938 年 10 月 1 日に満鮮坑木は満州炭砿・本渓湖坑木と合同通化伐採組合を結成した。1939 年 8 月 25 日に興安林業株式会社を設置し（本社安東）、満鮮坑木社長福田稔が社長を兼務した 129)。興安林業は南興安における大裕木材株式会社の事業を 1939 年 10 月 31 日に承継した。満鮮坑木は欧州大戦後の引締政策の中で、資金繰り強化のため 1940 年 9 月 30 日に払込を徴収し、150 万円全額払込となった 130)。1941 年 5 月 24 日に満鮮坑木株式全部を満鉄保有に切り替えた。その後は満州国における資金統制強化の中で事業の萎縮が続いた 131)。

先述の哈爾浜木材の株主総会は安東の満鮮坑木本社で開催されており、完全に満鮮坑木の支配下に置かれていた。哈爾浜木材は投資会社として共栄木材株式会社ほかに出資しているが、さらに 1942 年 8 月 1 日哈爾浜木材は哈爾浜地区製材統制組合の監督下に、同社が主体となり、株式会社哈爾浜製材機械製作所を設立することに決定した。その資本金 18 万円で半額を哈爾浜木材が出資した。そのほか「奉天特殊木工会社（仮称）」の出資参加の諒解も得た 132)。「奉天特殊木工会社（仮称）」らしき企業は見当たらないが、哈爾浜木材は満鉄孫会社として哈爾浜周辺における木材関連業に積極的に介入を加える役割を担っていた。

1934 年 5 月 7 日設置の満州炭砿が各地の炭砿を操業していたが、これらの事業所に坑木供給を行なうため、1939 年 9 月 21 日に満炭坑木株式会社を創立した（本店新京、資本金 500 万円払込）。同社は伐木業者には融資・前払いにより用材の購入をすすめ、満州炭砿の関係部署に坑木を納入できた。事業開始当初のため余剰資金として 250 万円を満州炭砿本社に預け金とし、一部は満州興業銀行に預金していた 133)。1940 年上期では、前年度に引続き伐木の出回り順調のため、坑木・用材ともに予定通り調達し納入できた。納入先はやはり満州炭砿の本社と各地砿業所である。満州炭砿への納入に伴う未収金と商品在庫のほか、伐採組合出資や伐木業者貸付金が主要資産で、伐木等の未払金・仮受金と満州炭砿からの借入金が主要債務であった 134)。その後、満州炭砿の本体の炭砿部門の子会社化が進んだ。満炭坑木は 1940 年代の資金統制と物資入手難に直面すると、1942 年下

期では事業用物資の獲得難、労働力不円滑、貨車の不円滑により事業困難となったが、なんとか所期の坑木数量を満州炭砿と関係会社に納入できた。売掛金や買付前渡金等で伐木に先払いし、売上前受金・仮受金で調整していたが、資金調達は満州炭砿からの借入金から満州興業銀行からの当座借越に切り替え、他方、余裕資金は同行への預金として多額に抱えられていた[135]。その後、満炭坑木は満業の子会社に移管され、満業坑木株式会社に商号変更した。

東拓は1938年12月24日に製材利権を保持して、海林木材株式会社を新設した（本社牡丹江）。資本金500万円、払込3750千円、全株を東拓が保有し、満州国における官行伐採の請負事業を営む目的で設置された。社長河野通介（元広島営林局長）は東拓が推薦し、取締役小川新のほかの役員はいずれも東拓職員の兼務であった[136]。開業当初のため、余裕金が多額に発生し、東拓に預け金としていた。海林木材は、伐木を満州林業に統制材として販売したが、それに伴い海林木材は木材売却後に満州林業に対する未収金を多額に発生させていた[147]。1940年度より満州国政府の官行伐採事業の実施に伴う請負事業として、北満各地に所在する不便な場所で事業に着手した[138]。

8　その他の満州国の民間林業会社

その他の民間事業者として鴨緑江採木公司とその関係会社、軍の命令により設置された協和林業、日本法人・満州国法人の同名2法人体制を採用した東洋木材、朝鮮事業の満州進出後、間島省を中心に各種開発投資を行なった東満州産業系の企業に再編される親和木材・満州親和木材を紹介する。

満州国前から日本政府と清国政府の協定により25年間の存続期間として設置された鴨緑江採木公司は、満州国期の1933年9月25日に営業満期となる。その前に満鉄経済調査会は満州国体制下の鴨緑江採木公司の処理も検討した。1933年1月満鉄経済調査会第2部林業班は「鴨緑江採木公司の善後処置要綱」をまとめ、1933年5月13日に鴨緑江採木公司の営業にかかる条約上の期限が到来するが、同公司を存続させるものとした。条約の更改では、旧条約の条項を変更し、従来どおり鴨緑江右岸の森林を経営させ、日満林業統制機構の一構成員とするものとした[139]。日満政府は「鴨緑江日清合同採木公司章程」に基づき、1935年9

月25日まで臨時に存続期間を延長した[140]。こうして鴨緑江採木公司の存続が決定された。そのほか満州国体制における監督官庁の実業部への移行、満州国国有林の払下を受ける等が実業部の方針として固められていた[141]。ただし鴨緑江沿岸の鴨緑江採木公司の林区を調査したところ、白頭山山麓のみ利用価値があるが、それ以外の地域については立木地帯といえる地域はなく、このままでは事業継続が困難であり、森林地帯の回復策を施すことが必要と見られていた[142]。さらに両国政府協議の結果、鴨緑江採木公司は1940年9月25日まで5ヵ年間の延長を行なった[143]。その期間満了を以って解散することとなり、先述にようにその日本政府残余資産分配金は、満州造林株式会社の日本側出資に充当が予定された。これは鴨緑江採木公司が伐採した旧森林地帯の植林が考慮されたと思われる。安東の製材工場の統一のため合弁会社設立となった鴨緑江採木公司の関係会社の鴨緑江製材無限公司は1936年に鴨緑江製材合同株式会社に改称した[144]。

1937年7月に日本人木材商等が結成していた牡丹江木材商工組合は軍より治安路線の清掃伐採を命令され、同組合がそれを実施する機関として共同出資により同年10月2日に協和木材株式会社を創立した（資本金50万円、払込12.5万円）[145]。株主は1940年2月末で1万株のうち、牡丹江木材工業株式会社1900株、親和木材株式会社1500株等である[146]。協和林業は事業に着手し、伐木を陸送もしくは流送することで出資企業等の業者に木材の分配処分した[147]。しかし1939年8月20日に牡丹江営林局に第2期計画の伐採許可を申請したところ許可を得ることができず、第2期作業はそのまま停頓した[148]。

大連に本店の東洋木材株式会社は1920年4月1日設置の秋田木材商会を改称した。同社は満州国治外法権撤廃に伴い、満州国の支店・出張所を分離して1939年7月1日に同名の東洋木材株式会社（本店新京）を設置した[149]。同社の資本金300万円、払込150万円である6万株のうち最大株主東洋木材（大連）2万7895株、そのほか主要役員が保有していた[150]。そのため大連の東洋木材が完全に支配下に置く子会社といえる。満州国内の需要が大きく、日本からの木材大量輸入を図った。製材工場も満州林業の斡旋により、好成績を挙げたが、1939年12月に輸入財を含む全面的木材統制の導入となり、満州林業の監督下に満州木材輸入組合が結成され、東洋木材（新京）も加盟した[151]。1941年には満州国製材

工場は全満 11 ブロックに分け、各地区に製材統制組合を設置させ、その組合と満州林業が協力することで製材統制配給の実現を図ったが、そこに東洋木材も積極的に参加し、好成績を上げることができた[152]。

朝鮮本店会社の進出後、満州国法人への分離という経緯を辿った事例がある。親和木材株式会社は朝鮮京城に本店を置き 1934 年 12 月 25 日に設立された（社長中村直三郎、当初公称資本金 50 万円）。同社は朝鮮・満州における木材伐採、製材および販売、満州国政府官行伐採の請負、軍需材の指定伐採納入、満鉄林場の特命伐採、原木枕木の納入、製材所経営等を目的とした。その後、1936 年 11 月に公称資本金を 200 万円に増資した。満州国撤収後の 1938 年 6 月にさらに 600 万円、払込 325 万円に増資している。満州国治外法権撤廃に伴い、満州国内事業を 1937 年 11 月 18 日設置の満州親和木材株式会社（本店間島省図們）に分離した。満州親和木材の社長は中村直三郎であった。当初の公称資本金 200 万円であったが、1939 年 11 月に倍額増資し、その増資の三分の一を後述の東満州産業株式会社が引き受けた[153]。親和木材は奉天の親和企業株式会社（1938 年 7 月 29 日設置、社長中村五郎）と親密な企業でもある。

東満州産業株式会社は 1938 年 3 月 29 日、東京に設立された（社長安江好治）。同社は朝鮮北部と満州国間島省一帯の開発を目的として、貿易・木材・工業・鉄道等の事業の統制運営を図るため設置された。すなわち地上・地下資源の開発あるいは物資供給を担当する各種事業への投資・融資を統合運営を目的とした。鉄道広軌化については朝鮮総督府の強い推奨がなされた。同社は親和木材と満州親和木材のみならず、満州国本店法人として東満鉱業株式会社（1937 年 4 月 26 日設立）、東満州鉄道株式会社（1938 年 6 月 15 日設立）、満州親和貿易株式会社（1938 年 8 月 8 日設立）、琿春炭砿株式会社（1939 年 9 月 29 日設立）、東満セメント株式会社（1940 年 11 月 9 日設立）に投資して系列下に置いた。そのほか満州国法人以外の法人が 3 社ある[154]。満州親和木材の事業は、1943 年 4 月期では、公称資本金 800 万円、払込 500 万円であり、伐採、営林署森林鉄道委託経営、満鉄枕木供給、土建、営林署製材所委託経営、木材売買を事業とした。社長中村直三郎は 1943 年 1 月 28 日に辞任し、後任に東満州産業社長安江好治が就任した[155]。親和木材の持株は新旧合計 5 万 0312 株、東満州産業の持株は 1 万 7815 株である

が[156)]、安江の社長就任で東満州産業の経営下に完全に移行した。

第3節　綿花集買

満州では乾燥地域のため綿花栽培が適しており、また綿は有力農産品であり、日本の繊維原料として満州における増産とその集荷が期待された。満州事変前から綿花増産を促進するため、1924年に関東庁は満州棉花栽培協会を設置し、関東州における綿花普及策を講じていた。しかし補助金を受けている組合組織の同協会に多大の資金負担を期待できず、法人を設立することとなった。それが満州棉花株式会社である。その起業目論見書によると、本店を大連に置き、綿花の買入および加工、綿花種子売買、綿花栽培用品供給、綿花栽培を事業とし、資本金100万円、四分の一で設置するとし、関東庁令により綿花買入及加工の許可を受け、満州棉花栽培協会と提携して事業を行なうものとし、補助金支援も求めていた[157)]。そして1926年10月20日に満州棉花株式会社が設置された。本店大連、社長樺山資英（元満鉄理事）、専務取締役斎藤茂一郎（株式会社南昌公司）、取締役門野重九郎（大倉組）ほか、資本金100万円、四分の一払込である。同社の株主は1928年5月で2万株のうち日本綿花株式会社、東洋棉花株式会社、樺山資英、門野重九郎、根津嘉一郎、槙哲、斎藤茂一郎ほか1000株で、幅広く出資を募った。満州棉花は満州棉花栽培協会から綿花を調達し大連で繰綿工場を経営していた[158)]。同社の操業に当り関東庁から毎年2万円の補助金を受給していた[159)]。

満州事変後、関東軍・満鉄経済調査会で満州における綿花栽培の促進策が検討された。既存の満州棉花栽培協会と満州棉花の運営も参考にされた。そして1932年12月7日に関東軍司令部は「満州に於ける棉花改良増殖計画案」を決定し、満州における綿花栽培を奨励し紡績工業の原料自給の一助とし軍需用にも充当させるため、綿花生産の増加、栽培面積拡張、優良品種の育成普及、栽培法の改良、取引の改善を行ない、既存の試験場の充実のほか、満州国の綿花普及奨励機関として「満州棉花栽培協会」を設置し、生産実綿の購入に当たる株式会社の機関を設置するものとした[160)]。その担い手として、1934年4月6日「満州棉花股份有限公司法」が公布され、同法に基づき1934年4月19日に満州棉花股份有

限公司が設置された。同公司の本店奉天、資本金200万円、50万円払込、満州国政府半額出資、役員株を除く残りを大連の満州棉花が出資した。社長孫奏庭、取締役斎藤茂一郎ほかである。こうして大連を拠点とする日本普通法人が満州国政府と法律に基づく準特殊会社を合弁で設置した。大連の満州棉花の出資は関東州庁と満州国が求めたものであった。同公司の業務は棉花の買入・加工、棉花および種子販売、棉花栽培資金の供給のほか栽培も掲げられているが[161]、直接栽培には参入しなかった。満州棉花股份有限公司は満州棉花栽培協会と協力し、棉花集買に傾注した。産業開発5ヵ年計画の着手で、棉花増産5ヵ年計画を政府が決定し、棉花の改良増殖、生産および配給統制を必要とし、1938年10月7日「棉花統制法」公布により、棉花の改良増殖と生産配給を統制することとなり、1938年12月14日に満州棉花股份有限公司は設置法が「満州棉花株式会社法」に改正されたことに伴い、同日に満州棉花株式会社に商号変更し、資本金を1000万円に増資し、増資新株を満州国が引き受けた。理事長劉夢庚、副理事長横瀬花兄七(満鉄を経て東亜勧業役員、産業部農務司特産科長を歴任)である。新たな法律で同社は特殊会社に移行し満州棉花栽培協会を解散させ、満州国棉花統制業務に当たることとなった。この改組に当り従来の民間持株、すなわち大連の満州棉花と役員保有分を各県に設置された農事合作社に肩代わりさせた。満州棉花は種子を耕作者に供給し、資金を貸し付け、棉花を集買し加工し、その事業規模を一元的集買担当者として満州全域へと拡張した[162]。大連の満州棉花もそのまま存続したため、満州国の特殊会社と大連の日本普通法人が同名で並列し相互に出資関係もなくした。

　特殊会社に改組後、資金力を強化するため1938年12月14日に増資し、公称資本金1000万円、払込450万円となり、その後の払込徴収を進めた。この資金力強化で満州棉花は1939年10月16日に満州棉実工業株式会社(本店遼陽、公称資本金500万円、半額払込、社長横瀬花兄七)を、大日本セルロイド株式会社(本店大阪)と折半で設置し、事業の川下部門にあたる棉実の加工と輸出を担当させた。さらに満州棉花は1941年10月22日増資で公称資本金1500万円、払込1100万円へと事業規模を拡大させた結果、満州国900万円、棉作の興農合作社200万円の出資となった[163]。この間、1940年に棉作5ヵ年計画は25万ヘクター

ル、100 万担を目標とする棉花増産 10 ヵ年計画に拡大され、その増産と統制の実働部隊として満州棉花が位置づけられた。そのため綿花の農事経営にも関わることになった。満州棉花は各地に綿花繰棉集荷所 74 所、洋麻・青麻集荷所 11 所、農場 2 所、出張所 1 所等を擁し、栽培強化と集荷に当たっていた[164]。

なお大連の満州棉花は奉天の満州棉花への出資を引き揚げた後も、そのまま従来の関東州における業務を続けた。1938 年 8 月 1 日に樺山が辞任し齋藤茂一郎が代表した[165]。同社は、満州棉花栽培協会に種子を供給し、同会を通じて綿花を調達し、それを原料として繰り綿工場で加工した関東州繊維連合会等へ供給しており、事業規模はさほど拡大しなかったが、関東州庁からの支援もあり安定していた[166]。

おわりに

満州における農業としては、満鉄・東拓系の東亜勧業や大倉組系事業が活動していた。しかし土地商租権の否認により、関東州外における農事事業の拡張は困難であった。関東州では大連農事が満鉄支援で設置され、満州国期も事業を続けた。満州国出現後に日本人移民を支援する満州拓殖、朝鮮人移民を支援する満鮮拓殖が設置され、さらに満州拓殖公社が出現し、満州拓殖を吸収し、さらの満鮮拓殖も吸収した。他方、農業用地開発のため、満州土地開発が設置され、同社は満州農地開発公社に改組された。そのほか大倉組系の事業が大倉蒙古農場として法人化したが零細規模で終わった。

次に林業では、満州事変前に鴨緑江採木公司、中東海林公司、王子製紙・大倉組系の共栄起業等が活動していた。林場権を獲得した伐木が中国側の利権回収運動の中で困難となった。満州事変後には、「大同林業公司」の設置がすすめられた。しかし満州林業の出現となり、1938 年に全国的な木材流通統制を担当する特殊会社となった。そのほか満鉄系の満鮮坑木と満州炭砿系の満炭坑木があり、後者は満業坑木に改称し、東拓系の林業利権の延長で海林木材も事業を続けた。鴨緑江採木も事業は低調となり解散による満州林業への事業譲渡が計画された。そのほかの民間林業者として、大連本店法人の東洋木材が同名の満州現地法人を

設立して林業を維持し、朝鮮を拠点とする親和木材が満州親和木材を設置して参入し、さらに東満州産業が満州親和木材を系列下に置き事業を拡張した。満州造林を設置して、別に植林事業を強化したが、満州林業が満州林産公社に拡大改組されて、満州造林も満州林産公社に吸収された。

注

1) 満鮮拓殖株式会社・鮮満拓殖株式会社『満鮮拓殖株式会社・鮮満拓殖株式会社五年史』(1941年)、東亜勧業株式会社『東亜勧業株式会社拾年史』(1933年)、がある。

2) 浅田喬二「満州における土地商租権問題——日本帝国主義の植民地的土地収奪と抗日民族運動の一側面」(満州史研究会『日本帝国主義下の満州』御茶の水書房、1972年)、満州移民史研究会『日本帝国主義下の満州移民』(龍溪書舎、1976年)、君島和彦「満州農業移民関係機関の設立過程と活動状況——満州拓殖会社と満州拓殖公社を中心に」(前掲『日本帝国主義下の満州移民』)、高橋泰隆『昭和戦前期の農村と満州移民』(吉川弘文館、1997年)。

3) 高楽才『日本「満州移民」研究』(人民出版社、2000年)。

4) Matsusaka, *The Making of Manchuria*, Harvard University Asian Center, 2000.

5) 黒瀬郁二『東洋拓殖会社——日本帝国主義とアジア太平洋』(日本経済評論社、2003年)、江夏由樹「中国東北地域における日本の会社による土地経営——中国史研究のなかに見える日本社会」(『一橋論叢』第131巻第4号、2004年4月)、同「近代東北アジア地域の経済統合と日本の国策会社——東亜勧業株式会社の事例から」(『東北アジア研究』第8号、2003年3月)、同「東亜勧業株式会社の歴史からみた近代中国東北地域——日本の大陸進出にみる「国策」と「営利」」(江夏ほか編『近代中国東北地域史研究の新視角』山川出版社、2004年)。

6) 金子文夫『近代日本の対満州投資の研究』(近藤出版、1991年)、蘇崇民『満鉄史』(中華書局、1990年、(日訳『満鉄史』山下睦男ほか訳、葦書房、2000年)。

7) 大倉財閥研究会編『大倉財閥の研究——大倉と大陸』(近藤出版、1982年)。

8) 塚瀬進「日中合弁鴨緑江採木公司の分析——中国東北地域における日本資本による林業支配の特質」(『アジア経済』第31巻第10号、1990年10月)。

9) 鴨緑江採木公司『鴨緑江林業史』(1919年)、鴨緑江製材無限公司『鴨緑江製材

無限公司沿革史』（1924 年）、満林会『満林の思い出』（1990 年）、彼末徳雄『満州林業外史―満州木材水送論：山焦夜話』（大空社、2005 年）、萩野敏雄『朝鮮・満州・台湾林業発達史論』（林野弘済会、1965 年）。

10）『東亜勧業株式会社設立趣意書事業目論見書定款』。

11）東亜勧業株式会社『第 1 回営業報告書』1923 年 3 月決算、付録。

12）同『第 1 回営業報告書』1923 年 3 月決算、2-4 頁。

13）同『第 2 回営業報告書』1924 年 3 月決算、3-6 頁。

14）前掲『東亜勧業株式会社拾年史』17 頁。

15）東亜勧業株式会社『第 3 回営業報告書』1925 年 3 月決算、4-5 頁。

16）同『第 4 回営業報告書』1926 年 3 月決算、3-5 頁。

17）同『第 5 回営業報告書』1927 年 3 月決算、4-5 頁。

18）前掲『東亜勧業株式会社拾年史』、18 頁。

19）東亜勧業株式会社『第 7 回営業報告書』1929 年 3 月決算、2-5、9-10 頁。

20）同『第 8 回営業報告書』1930 年 3 月決算、3 頁。

21）同『第 9 回営業報告書』1931 年 3 月決算、4 頁。

22）同『第 10 回営業報告書』1932 年 3 月決算、3-4 頁。

23）株式会社大倉蒙古農場「第壱回営業報告書」1943 年 3 月決算（東京経済大学図書館蔵『大倉財閥資料』〔以下『大倉財閥資料』と略記〕46-38）。

24）『大連農事株式会社定款』。

25）「大連農事株式会社株主名簿」1930 年 3 月 31 日、大連農事株式会社『第 1 回営業報告書』1930 年 3 月決算、2 頁。

26）前掲大連農事『第 1 回営業報告書』2-7 頁。

27）大連農事株式会社『第 2 回営業報告書』1931 年 3 月決算、2-15 頁。

28）同『第 3 回営業報告書』1932 年 3 月決算、2-3、10 頁。

29）前掲大倉蒙古農場「第壱回営業報告書」。

30）「華興公司農場新経営案」合名会社大倉組作成と推定、1941 年 4 月 10 日（『大倉財閥資料』46-38）。

31）前掲大倉蒙古農場「第壱回営業報告書」、株式会社大倉蒙古農場「第弐回営業報告書」1944 年 3 月決算（『大倉財閥資料』46-38）。

32）東亜勧業株式会社『第11回営業報告書』1933年3月決算、9頁。
33）同『第12回営業報告書』1934年3月決算、4-5、13-14頁。
34）同『第13回営業報告書』1935年3月決算、13-14頁。
35）同『第14回営業報告書』1936年3月決算、2頁。
36）前掲『鮮満拓殖株式会社・満鮮拓殖株式会社五年史』67頁。
37）外務省記録E2-2-1-3。作成者明示はないが内容と「朝鮮総督府ヨリ送付」の手書き追記から、また日付は1932年5月24日接受の記載より判断。
38）前掲『鮮満拓殖株式会社・満鮮拓殖株式会社五年史』12-14頁。
39）同前、14-19、29、35頁。財閥持株会社の名前は当初出資時点のものに調整。
40）同前、20-24頁。
41）同前、35-36頁。
42）同前、68-69頁。この統計は1936年3月末時点のものとなっているが、東亜勧業が満鮮拓殖に承継されたのは同年9月であり、集計時点が異なるのかもしれない。
43）同前、70頁。
44）同前、137頁。
45）満州拓殖株式会社『康徳3年度決算書』。
46）『満州拓殖公社設立趣意書』。
47）『満州拓殖公社事業目論見書』。
48）『満州拓殖公社定款』。
49）満州拓殖公社『第1回定時株主総会報告書』1938年6月決算。
50）同『第2回営業報告書』1939年3月決算。
51）同『第3回営業報告書』1940年3月決算。
52）「満州拓殖公社ト満鮮拓殖株式会社トノ統合経緯」、東拓の作成と推定、1941年と推定（外務省記録E94）。
53）満州拓殖公社『第4回営業報告書』1941年3月決算。
54）同『第7回営業報告書』1944年3月決算。
55）大連農事株式会社『第6回営業報告書』1935年3月決算、9頁。
56）同『第8回営業報告書』1937年3月決算、3-5頁。
57）同『第9回営業報告書』1938年3月決算、3-4頁。

58) 同『第11回営業報告書』1940年3月決算、2-5頁。
59) 同『第12回営業報告書』1941年3月決算、2、8-9頁。
60) 同『第13回営業報告書』1942年3月決算、5-6頁。
61) 同『第14回営業報告書』1943年3月決算、4-5頁。
62) 同『第15回営業報告書』1944年3月決算、2、11頁。
63) 外務省記録E231。
64) 日付なし、「(案)」を二重線で上書き削除。閣議決定により政府方針確定となり、(案) が不要となった (外務省記録E231)。
65) 日付なし、「(未定稿)」を二重線で上書き削除 (外務省記録E231)。
66) 日付なし、「(案)」を二重線で上書き削除 (外務省記録E231)。
67) 日付なし、「(案)」を二重線で上書き削除 (外務省記録E231)。
68) 「満州国緊急農地造成事業昭和19年度事業進捗状況 (8月末現在)」1944年作成 (外務省記録E231)。
69) 柴田善雅『占領地通貨金融政策の展開』(日本経済評論社、1999年) 第4章参照。
70) 満州木材通信社「満鮮林業概観」1940年版 (吉林省社会科学院満鉄資料館 (以下、満鉄資料館と略記) 03849) 127-128頁。日清間の協定等の細かな日付は、外務省『日本外交年表並主要文書』上 (原書房、1965年) 172-174頁。鴨緑江採木公司の大倉組のかかわりについては、前掲『大倉財閥の研究―大倉と大陸』342-355頁で詳細に紹介があり、ここでは省略しよう。
71) 秋田商会木材は本店下関、後日大連に移転するが、大倉組傍系の秋田木材株式会社 (1907年設立) とは別法人 (前掲『大倉財閥の研究』371頁)。
72) 『満鮮坑木株式会社定款』。前掲『満鉄史』では満鮮坑木について満州国期の説明しかない。
73) 満鮮坑木株式会社『第3回営業報告書』1922年10月決算、2-3、10頁。
74) 同『第5回営業報告書』1924年10月決算、5頁。
75) 同前、13-16頁。
76) 満鮮坑木株式会社『第9回営業報告書』1928年10月決算、1-2頁、南満州鉄道株式会社『関係会社統計年報』1938年版、1093頁。
77) 満鮮坑木株式会社『第11回営業報告書』1930年10月決算、2-3頁。

78）南満州鉄道株式会社『南満州鉄道株式会社第二次十年史』1928年、1002-1003頁。
79）在斉斉哈爾領事館「札免林区善後弁法写送付ノ件」1927年7月8日（外務省記録E4-2-1-3）。
80）在斉斉哈爾領事館「札免採木公司興安嶺林場封禁問題ニ関シ呉督軍ト懇談ヲ遂ケタル件」1927年7月7日（外務省記録E4-2-1-3）。
81）「札免公司問題最近経過（昭和四年七月末迄）」（外務省記録E4-2-1-3）。
82）「中東海林実業公司ニ関スル件」1927年10月27日（外務省記録E4-2-1-4）。なお前掲『東洋拓殖会社』では中東海林実業公司と中東海林採木公司についてはほとんど言及がない。
83）「中東海林採木有限公司契約書」1924年1月23日（外務省記録E4-2-1-4）。
84）東洋拓殖株式会社「中東海林採木有限公司ノ件」（仮題）1927年7月8日（外務省記録E4-2-1-4）。
85）中東海林採木公司理事長深沢羅「中東海林採木公司ノ件」（仮題）1927年11月26日（外務省記録E4-2-1-4）。
86）在哈爾浜領事館発本省電報、1927年11月1日（外務省記録E4-2-1-4）、在哈爾浜領事館「中東海林公司ニ関スル件」1927年12月26日（外務省記録E4-2-1-4）。
87）「対支投資事業ノ経過」1927年10月22日（『大倉財閥資料』73-2）。王子製紙と大倉組の林業投資と共栄起業設立による再編については、前掲『大倉財閥の研究』356-364頁で操業内容や吉林省政権側の対応を詳述している。
88）「旧五公司組織概要」1931～32年頃（『大倉財閥資料』73-2）。
89）同前。
90）同前。
91）同前。
92）同前。
93）共栄起業株式会社「定款」（『大倉財閥資料』73-2）。
94）『1942銀行会社年鑑』。
95）「共栄起業株式会社株式引受人名簿」1923年5月1日、同名資料、同年6月19日（『大倉財閥資料』73-2）。
96）前掲「対支投資事業ノ経過」。

97) 共栄起業株式会社「共栄起業株式会社第 8 回定時株主総会決議録謄本」1931 年 1 月 31 日（『大倉財閥資料』73 - 2）。
98) 南満州鉄道株式会社経済調査会「満州林業方策」1935 年 11 月（満鉄資料館 07099）。
99) 同「満州国森林会議ニ関スル件」1935 年 10 月（満鉄資料館 20707）。
100) 『大倉財閥資料』73 - 8。
101) 戸田盛次（共栄起業取締役）「共栄起業会社権益ト新設大同林業公司」1933 年 7 月 17 日（『大倉財閥資料』73 - 8）。
102) 戸田盛次「共栄権益確認交渉ニ就テ」1933 年 9・10 月頃（『大倉財閥資料』73 - 8）。
103) 満鉄資料館 04236。
104) 大同林業事務所『第 2 期業務報告書』1935 年 10 月決算（『大倉財閥資料』73 - 9）。
105) 『1942 銀行会社年鑑』。
106) 前掲「満州国森林会議ニ関スル件」。別資料の関東軍司令部「満州林業股份有限公司設立要綱案」1935 年 10 月 14 日（一橋大学社会科学統計文献センター蔵『美濃部洋次文書』〔以下『美濃部洋次文書』と略記〕H38 - 1）によると、満鉄 100 万円、林場権者 100 万円、その他 50 万円として、東拓の名称はぼかされている。
107) 1936 年 1 月 15 日新京発大倉組宛電報（『大倉財閥資料』73 - 9）。
108) 前掲「満州国森林会議ニ関スル件」。
109) 「満州林業股份有限公司事業目論見書」（前掲「満州国森林会議ニ関スル件」）。
110) 満州林業株式会社『第 4 回営業報告書』1939 年 10 月決算、1 頁、「株主名簿」1939 年 1 月末。
111) 外務省記録 E55。
112) 東洋拓殖株式会社「海林公司関係林場処理ニ関スル件」1938 年 10 月 29 日（外務省記録 E55）。
113) 満州木材通信社『満鮮林業概観』1940 年版（満鉄資料館 03849）129 頁。
114) 前掲満州林業『第 4 回営業報告書』5 - 12 頁。
115) 満州林業株式会社『第 6 回営業報告書』1940 年 12 月決算、3 頁。
116) 対満事務局一部事務官会議決定「満州林業株式会社資本構成及重役機構改組要綱」

1940 年 7 月 15 日（外務省記録 E55）、同説明、東洋拓殖株式会社「満州林業株式会社株式分譲ノ件」（外務省記録 E55）。

117）「満州国造林計画要綱」1937 年 3 月、満鉄経済調査会が解散しているため満鉄産業部の作成と推定（満鉄資料館 03850）。

118）陸軍省「鴨緑江採木公司解散ニ関連スル処置要綱案」1940 年 7 月 24 日（外務省記録 E55）。

119）外務省記録 E55。

120）満州造林株式会社『第 1 回決算報告書』、1941 年 12 月決算、1‐21、32‐33 頁（満鉄資料館 02488）。

121）同『第 2 回決算報告書』1942 年 12 月決算、3 頁（満鉄資料館 02488）。

122）東北物資調節委員会『東北経済小叢書』「林業」。

123）同前。

124）「日満合弁宜興林業無限公司設立ニ関スル重役会議案要旨」1934 年 1 月 8 日（早稲田大学現代政治経済研究所蔵『八田嘉明文書』0998、マイクロフィルム版）、「日満合弁宜興林業無限公司設立ニ関スル件（重役会議案）」（『八田嘉明文書』0999）、「日満合弁宜興林業無限公司設立計画ニ伴フ参考事項」（『八田嘉明文書』1001）、「重役会決議事項（昭和 9 年 1 月 8 日決議）」1934 年 1 月 13 日（『八田嘉明文書』1002）。

125）満鮮坑木株式会社『第 14 回営業報告書』1933 年 10 月決算、3‐4 頁。

126）同『第 15 回営業報告書』1935 年 10 月決算、1‐2、7 頁。

127）同『第 16 回営業報告書』1936 年 10 月決算、2‐5 頁。

128）同『第 19 回営業報告書』1938 年 9 月決算、2 頁。

129）同『第 20 回営業報告書』1939 年 9 月決算、1‐4 頁。

130）同『第 21 回営業報告書』1940 年 9 月決算、1‐3、7 頁。

131）同『第 22 回営業報告書』1941 年 9 月決算、2‐3 頁。

132）哈爾浜木材株式会社『第 7 期営業報告書』1942 年 11 月決算、1‐5 頁（満鉄資料館 02405）。

133）満炭坑木株式会社『第 1 回営業報告書』1939 年 12 月決算（満鉄資料館 02437）。

134）同『第 2 回営業報告書』1940 年 6 月決算（満鉄資料館 24398）。

135) 同『第7期営業報告書』1942年12月決算、3-6頁（満鉄資料館24403）。
136) 1940年3月25日拓務省決裁「海林木材株式会社定款変更ニ関スル件」（外務省記録E52）。
137) 海林木材株式会社「決算書」第1年度、1939年6月決算（外務省記録E51）。
138) 同「決算書」第2年度、1940年10月決算（外務省記録E52）。
139) 南満州鉄道株式会社鉄経済調査会「満州林業方策」1935年11月（満鉄資料館07099）。
140) 「外交部案」1935年7月30日、満州国外交部作成と推定（『美濃部洋次文書』139-2）。
141) 「鴨緑江採木公司ニ関スル件」1935年7月11日日付印、満州国実業部作成と推定（『美濃部洋次文書』139-2-1）。
142) 「鴨緑江採木公司林場視察報告ノ一端」日付なし、1935年頃と推定（『美濃部洋次文書』139-2-2）。
143) 前掲「外交部案」。
144) 鴨緑江製材無限公司『第3回営業報告書』（満鉄資料館02582）。
145) 協和木材株式会社『第1期決算報告書』1938年10月決算、1-3頁（満鉄資料館20603）。
146) 同『第2期決算報告書』1939年10月決算（満鉄資料館20603）。
147) 前掲協和木材『第1期決算報告書』22-23頁。
148) 前掲協和木材『第2期決算報告書』。
149) 東洋木材株式会社『第1期営業報告書』1939年12月決算、1、5頁（満鉄資料館02474）。
150) 同『第2期営業報告書』1940年12月決算、5、16-17頁（満鉄資料館02384）。
151) 前掲東洋木材『第1期営業報告書』5-6頁。
152) 東洋木材株式会社『第3期営業報告書』1941年12月決算、3頁（満鉄資料館02384）。
153) 東満州産業株式会社「社業概観」1945年8月25日（外務省記録E2-2-1-3-35）。
154) 同前。
155) 満州親和木材株式会社『第10期営業報告書』1943年4月決算（外務省記録

E2-2-1-3-35)。

156)　同『株主名簿』1943年4月30日現在（外務省記録 E2-2-1-3-35)。

157)　「満州棉花株式会社設立趣意書起業目論見書収支予算書」（『大倉財閥資料』75-22)。

158)　満州棉花株式会社『第2回営業報告書』1928年5月決算（『大倉財閥資料』75-22)。

159)　南満州鉄道株式会社経済調査会『満州紡績工場に対する方針及満州に於ける棉花改良増殖計画』1935年6月、212頁。

160)　同前5-6頁。

161)　『1936銀行会社年鑑』、満州棉花株式会社「陳情」（仮題）1942年7月31日（『大倉財閥資料』75-23)。

162)　満州棉花株式会社『第5回営業報告書』1939年6月決算、1-3頁、『1942銀行会社年鑑』。

163)　『1942銀行会社年鑑』、東京電報通信社『戦時体制下に於ける事業及び人物』1944年、1240頁。

164)　前掲『戦時体制下に於ける事業及び人物』1240頁。

165)　満州棉花株式会社『第13回営業報告書』1939年5月決算（『大倉財閥資料』75-22)。

166)　同『第19回営業報告書』1945年5月決算（『大倉財閥資料』75-22)。

第15章　請負労力供給業・不動産業

はじめに

　本章では、請負・労力供給業と不動産業の企業動向を検討する。今回の企業データベースとして利用した一連の資料においては、各種建設工事の請負ならびに各種の労力供給が「請負・労力供給」という分類でくくられている。請負には、土木建築業のほか、電気工事、暖房設備工事などの請負も含まれている。不動産業には、家屋賃貸業、宅地開発業、工業用地造成業などが含まれる。

　満州国の土木建築業者については、柳沢遊「榊谷仙次郎──『満洲』土木請負業者の世代交代──」（竹内常善・阿部武司・沢井実編『近代日本における企業家の諸系譜』大阪大学出版会、1996年）が、満洲における日本人「地場」企業の展開の好事例として榊谷の企業家としての成長過程ならびに業界活動を考察し、あわせて満洲における土木建築請負業界の改革や世代交代をも分析している。西澤泰彦「『満州国』の建設事業」（山本有造編『「満州国」の研究』緑蔭書房、1995年、所収）は、満州国の建設事業計画、政府の担当組織、建設事業（鉄道・道路建設、都市計画）を分析しているが、土木建築業者についての言及は乏しい。満史会編『満州開発四十年史』補巻（満州開発四十年史刊行会、1965年）の「付章二　満州における建築の沿革」には、満洲各都市における主要な建物の一覧があり、その施工業者を知ることができる。大倉土木については、渡辺渡が「大倉財閥の研究」(3)（『東京経大学会誌第101号』1977年5月所収）で満州大倉土木株式会社設立の事情について、「大倉財閥の研究」(6)（『東京経大学会誌第107号』1978年7月所収）で満州大倉土木株式会社への出資金の検討に関連して、1940年代におけるその経営悪化について言及している。土木工業会・電

力建設業協会編『日本土木建設業史』（1971年）は、土木請負業者の満州進出事情を知るうえで有用である。南満州鉄道株式会社『満州鉄道建設誌』（1939年）からは、満州事変後に南満州鉄道が建設した鉄道各線の受注請負業者を知ることができる。飯吉精一編著『戦時中の外地土木工事史』（日本土木工業協会、1978年）には、拉浜線松花江鉄橋新設工事の工事記録がまとめられており、実際の工事施工状況とともに受注をめぐる業者間のかけひきも伺うことができる。

労力請負業については、大連埠頭における荷役業務を担った福昌公司の活動を『満州と相生由太郎』（福昌公司互敬会、1932年）から知ることができる。

不動産業に関しては、柳沢遊『日本人の植民地経験』（青木書店、1999年）が、日露戦後と第1次大戦後の時期の大連における貸家業者の動向を分析している。

第1節　満州国設立以前の請負・労力供給業

土木建築業分野での日本企業の満州進出は日露戦争とともに開始された。大本営は満州占領地内の東清鉄道利用の方針を定め、1904年6月野戦鉄道提理部を設置し、直ちに軌道幅改修工事に着手させた。同部に従属して日本から土木建築請負業者が渡満した。これらの業者は、日露戦後、安東、奉天、鉄嶺、営口等に残留したが、満鉄が設立されると、本拠を大連に移し、鉄道工事や関東州および鉄道付属地での建設需要に応じることになった。

日露戦争時に渡満した土木建築業者を把握できる資料は見あたらないが、設立直後の満鉄が行なった安奉線改築工事の担当請負業者は、間組代人楠目省介、白川組、飯塚工程局、荒井初太郎、鉄道工業、間組代人遠藤兵作、同小谷清、鹿島組、松本組、大倉組代人横山信毅、西本健次郎であった[1]。

1914年ごろまで、満州の土木建築業界は「創業的建設時代」とも称される活況を呈したが、1915年には第1次世界大戦の影響を受けて、諸建設工事は全面的に中止された。1918年から戦後の好景気を背景に民間建築が盛んとなるが、1920年以後の不況下では「未完成の建物が主要街路に面して櫛比する」ありさまとなり、1920年代を通じて建築業界では「気息奄々たる状態」が続いた[2]。

『1922興信録』によると、1921年時点で登記されている請負・労力供給業の会

社は22社と3支店である（**図表Ⅱ-15-1**）。株式会社が5、合資会社が12、合名会社が5、支店3（うち日本本店法人の支店1）という構成である。業務内容別では、土木建築が主であるものが20（うち支店3）、労力供給が主たるものが5である。

土木建築業では、満州本店法人で株式会社形態のものは、東亜土木企業株式会社、大連土木建築株式会社、満州土木建築株式会社の3社である。

図表Ⅱ-15-1　満州の請負・労力供給業会社（1921年）

形態	企業名	本店	設立年月日	公称資本金	払込資本金
				千円	千円
株式	東亜土木企業㈱	大連	1920.01.10	5,000	1,250
株式	日華興業㈱	大連	1919.09.20	2,000	500
合資	㈾柳生組	大連	1921.01		300
合資	㈾飯塚工程局	大連	1918.11.24		200
合資	㈾竹中組	大連	1920.03.18		200
合資	㈲矢野商会	大連	1921.05		200
合名	㈴原組	大連	1921.04		200
合名	㈴近藤組	奉天	1921.04		200
株式	大連土木建築㈱	大連	1919.08.13	500	125
合資	㈾川見建築事務所	大連	1920.01.19		110
合資	㈾常盤組	大連	1921.06		100
合名	㈴小川組	大連	1921.04		100
合資	㈾比婆商会	旅順	1921.04		100
合資	大満工業合資会社	大連	1920.11		85
株式	満州土木建築㈱	大連	1920.05.26	200	50
合名	㈴香取洋行	大連	1921.04		50
合資	㈾立泰洋行	鞍山	1918.06.01		50
株式	日満人事㈱	奉天	1920.05	200	50
合資	㈾万紹社	大連	1920.08		30
合資	㈾深見組	大連	1921.01		20
合名	㈴大日組	大連	1921.06		10
合資	㈾泰通公司	大連	1912.03		5
支店	㈱清水組大連支店	東京	1915.06		3,000
支店	㈾比婆商会大連支店	旅順			
支店	㈴近藤組長春支店	奉天			

出所：『1922 興信録』。

東亜土木企業株式会社（1920年1月10日設立、公称資本金500万円、払込資本金125万円、本店大連、社長石本鑽太郎）は、専務取締役有賀定吉が中心となって起業ブームの最中に設立され、当時においては突出した資本規模を誇る土木建築業企業であったが、設立直後に、不況に遭遇し、1920年11月22日に石本と有賀が取締役を辞任し、12月5日に相生由太郎が代表取締役社長、津田元吉が専務取締役に選任された[3]。1924年12月31日現在の同社株主名簿によると、総株式は10万株で、筆頭株主は、満鉄1万1600株、第2位が相生由太郎9775株となっている。1000株以上の株主21名で64％の株式を所有しており、1000株未満の株主が265人、株主総数286人である。株主には、大連実業界の有力者、とくに土木建築業者が名を連ねているが、他方、少額の株主には、中国・満州各

図表II-15-2　東亜土木企業の収益

期	年	請負収益金	当期純益金	後期繰越金	配当率
		円	円	円	％／年
1	1920				
2	1921	74,571	101,699	4,438	6.0
3	1922	16,357	2,591	6,029	0.0
4	1923	163,046	111,344	9,781	5.0
5	1924	19,547	−16,282	-6,500	0.0
6	1925	126,361	89,283	5,183	3.2
7	1926	140,380	47,037	4,420	2.4
8	1927	264,785	51,953	4,324	3.2
9	1928	125,792	53,016	4,590	2.4
10	1929	8,750	−110,477	−105,886	0.0
11	1930	−403146 *	−560,568	−666,455	0.0
12	1931	−175140 *	−208,183	−874,639	0.0
13	1932	252,483	120,528	−754,110	0.0
14	1933	1,160,682	945,813	57,302	8.0
15	1934	1,394,872	620,855	100,658	16.0
16	1935	937,868	604,317	108,975	12.0
17	1936	544,245	293,006	121,982	10.0
18	1937	419,725	140,893	125,475	8.0
19	1938	496,732	167,913	138,889	8.0
20	1939	458,348	180,996	164,886	8.0
21	1940	661,085	224,429	159,316	8.0
22	1941	348,690 *	408,322	205,638	8.0
23	1942	824,934	517,784	170,822	8.0
24	1943	1,462,387	743,698	163,346	8.0

出所：東亜土木企業株式会社各期『営業報告書』。
注：(1) 第7期までは、1月～12月が1期。第8期は、1927年1月～28年3月まで。第9期以降は、当年4月から翌年3月が1期である。
(2) 11期、12期、22期の「請負収益金」は「工事収入」と「工事支出」との差額。
(3) 15期の配当には、創立15周年記念の特別配当6％を含む。

地や、日本内地の株主も多く、また中国人の株主も多数存在する。また、取締役（1927年までは専務取締役を含む）ならびに監査役に中国人が就任しており、実態はともあれ日中「共同」経営の姿をとっている。1930年3月31日現在の株主は、総株数10万株のうち、満鉄4万7405株、第2位は丘襄二1万5900株となっている[4]。1920年の有賀退任後、同社の経営を担ったのは専務取締役津田元吉（元満鉄鉄道部）[5]であり、受注面でも資本面でも満鉄との関係を強化して生き残りを図ったが、1920年代の業績は不振であった（**図表II-15-2**参照）。特に、1929年から1931年にかけては、「当社内容は近年甚だ苦境に在り」と自ら述べる危機的状況であった[6]。とりわけ第11期（1930年4月～1931年3月）は、「露支国交紛糾」、降雨・水害、銀貨暴落、下請負人の破綻等により大損害を被り、工事収支で40万円余、当期純損失で56万円余という多額の欠損を計上した。経費節減のため、1930年3月末に59名いた社員を、1931年3月末には17名（内2名は嘱託）に削減している。翌第12期（1931年4月～32年3月）も、期中に竣工した朝鮮諸工事が難工事であったことなどにより、20万円余の当期純損失を計上した。なお、同

社では、1925年4月に「社礎ノ安定ヲ策セン為メ」朝鮮・京城に出張所を設けて活動を開始したが、関係工事竣工を俟って1931年12月に同出張所を閉鎖し、以後「専ラ全力ヲ満蒙ノ天地ニ注グ」こととなった[7]。

大連土木建築株式会社（1919年8月13日設立、公称資本金50万円、払込12万5000円、本店大連、社長岡田時太郎）は、市内土木建築請負同業者の主なる人々が発起して設立された[8]。総株数1万株で、筆頭株主は池内新八郎750株、他に500株以上の株主が8人と所有は分散していた[9]。岡田工務所を経営していた岡田時太郎が同工務所を廃して社長に就任した[10]。満鉄社宅及び聖徳会[11]住宅等の建築請負いを軸とした経営をめざしたが、設立直後から財界不況に遭遇し業績は不振であった。営業資金確保のために、第3期（1921年4月～9月）、第4期（同年10月～1922年3月）と立て続けに株式の払込徴収を行なわざるを得なかった[12]。第4期以降毎期損失を計上し、第8期末（1924年3月末）時点で10万8千円の繰越損失を抱えていた[13]。この間、取締役の辞任も相次いだ。以後、同社経営の推移は判明しないが、『1936銀行会社年鑑』では、休業中となっている。

満州土木建築株式会社（1920年5月設立、公称資本金20万円、払込資本金5万円、本店大連、代表取締役柴田広太郎）は、不動産の売買および金融業を目的に設立されたが、不況による地価暴落等のために所期の目的を達することができず、その後建築請負業に進出したが、「何等特記すべき業績を見ず」という状態であった[14]。

合資会社ならびに合名会社についてみると、土木建築業と分類しうる会社は14社あるが、そのうち合資会社竹中組、合資会社常磐組は、会社としての実体がないと推測されている（ただし、両社とも『1936銀行会社年鑑』ならびに『1942銀行会社年鑑』には、1921年時点とほぼ同一内容で記載されている）。以下有力企業や注目すべき点のある企業について簡単に紹介する[15]。

有力な合資会社・合名会社には、明治期に、個人経営として出発したものが、第1次大戦後の時期に合資会社ないしは合名会社に組織形態を改めたものが多い。

合資会社柳生組（資本金30万円、本店大連、代表社員柳生亀吉・河村統治）は、1920年1月の設立であるが、前身は明治39年に開業した柳生亀吉個人経営

の土木建築請負業柳生組であった。柳生が高齢になったため合資会社を組織して一切の営業を継承したもので、実際の業務は間瀬増吉が担当していた。開原、公主嶺、鉄嶺、遼陽および長春に出張所を持ち、業績は堅調であった。

合資会社飯塚工程局（資本金20万円、本店大連、代表社員小島鉦太郎）も、設立は1918年11月であるが、飯塚松太郎個人経営の飯塚工程局を基礎として、従来関係の深かった小島が入社して合資組織に変更したものであった。同社は、1926年時点での調査[16]では姿を消している。

合資会社矢野商会（資本金20万円、本店大連、代表社員矢野健次郎）も、1921年5月の創立であるが、明治43年に開業した矢野健次郎経営の矢野組を合資組織に改めたもので、その業態は満鉄の指定請負人の名義を下請人に貸与することを主としており、奉天に支店、撫順、長春、公主嶺等に出張所を設置していたが、いずれも同様の業態で直営の支店出張所ではなかったようである。

1920年代には、土木建築業者が共同経営の企業を設立する動きもあった。合名会社大日組（1921年6月設立、資本金1万円、本店大連、代表社員松浦長吉）は、「近時建築請負業者が提携して資本を集め共同経営に依る趨勢」に乗り、「松浦氏主唱の下に同志相寄り合名組織となしたるもの」であったが、1926年時点の調査では姿を消している。合名会社香取洋行（1921年4月設立、資本金5万円、本店大連、代表社員山本重太郎）も、同様の共同経営企業と推測される。

合名会社および合資会社のほとんどは大連に本店を置いている。例外は旅順に本店を置く合資会社比婆商会と奉天に本店を置く合名会社近藤組であるが、このうち比婆商会は、営業の中心は大連に置いた支店であった。一方、近藤組は大連に本店・支店いずれも置かぬ唯一の企業であるが、「自家経営の煉瓦工場を奉天に設け1ヶ年150万個の製造能力あり、尚公主嶺にモルタル瓦の製造工場を所有せり」との紹介があるので、目的の筆頭に土木建築請負をかかげてはいるものの、土木建築材料製造が主たる事業である可能性がある。

支店は3店ある。1店は合資会社比婆商会の大連支店、1店は合名会社近藤組の長春支店である。日本内地企業の支店は1店だけで、合資会社清水組の大連出張所である。清水満之助店（個人商店、1915年10月に合資会社清水組に改組）は、1915年6月に大連市に出張所を開設した。同出張所は、大連市役所庁舎、

長春取引所、満鉄大連埠頭貨物倉庫などの大工事を受注している[17]。その後、同出張所は一時閉鎖されたようであるが、1929年7月満鉄から遼東ホテル新築の特命を受けたのを機会に大連出張所を再設置し、1931年8月に支店に昇格した[18]。

満鉄庶務部調査課編『満蒙に於ける日本の投資状態』(1926年調査)には、建設業として47社が記載されている。株式会社が3(うち1社は合弁)、合資会社が35、合名会社が9となっている。『1922興信録』に記載されている22社(支店を除く)のうち、8社が姿を消している一方で、1922年から26年の間に26社(払込資本金額合計は、219万4500円)が設立されており、1920年代の建築不況のもとで、新規設立、個人経営からの改組、経営者の交替が進んでいる[19]。

労力供給業の会社は、『1922興信録』に5社掲載されているが、同書によれば営業実態があるのは、2社のみである(ただし、所在不明とされる合資会社立泰洋行、合資会社泰通公司の2社は、『1936銀行会社年鑑』『1942銀行会社年鑑』には、1921年時点とほぼ同一内容で記載されている)。

日華興業株式会社(1919年9月設立、公称資本金200万円、払込資本金50万円、本店大連、代表取締役高橋津郎)は、労力供給、一般土木建築、白粘土の採掘及販売、陶器磁器耐火煉瓦製造ならびに販売、金融及信託業などと多岐にわたる目的をかかげていたが、労力の供給を主業とし、満鉄および官庁を主なる顧客としていた。業績は順調だったようだがブーム期に行なった投資の失敗や貸付金の焦げ付きの処理のため、第2回払込を徴する必要に迫られた。同社は、『1936銀行会社年鑑』では日満興業株式会社と社名を変更しており、事業内容も土木建築請負が主となっている。

日満人事株式会社(1920年5月設立、公称資本金20万円、払込金5万円、本店奉天、社長菅野道親)は、人事一般の仲介及代弁などを目的とする会社であったが、1926年時点では、その存続を確認できない。

『1922興信録』には掲載されていないが、労力供給の有力企業として福昌公司があった。同社は、満鉄で大連埠頭業務を担当していた相生由太郎が1909年11月に満鉄を退社して創立した。大連および営口埠頭における船舶・倉庫・鉄道貨物の荷役業務の満鉄からの請負を中核として、土木建築、煉瓦製造、石炭その他の採掘販売、貸家、倉庫、貿易などへと事業を拡大した。1926年に相生が病気

を理由として「事業の返納」を満鉄に申し出、福昌華工株式会社（1926年10月21日設立、公称資本金180万円、全額払込、満鉄全額出資）が、福昌公司の鉄道港湾荷役業務を継承して設立されている。同社は、満鉄に対する鉄道船舶及倉庫貨物の荷役および付帯作業の請負と「華工の供給請負」を主たる業務としていた[20]。

第2節　満州国設立後の請負労力供給業

満州事変と満州国建国は、沈滞していた土木建築業の状況を一変させた。土木建築工事量は、1931年の1368万円から、1932年5757万円、1933年1億0280万円、1934年1億5463万円と飛躍的に増大した[21]。土木建築請負業者も建築景気に乗じて日本内地や朝鮮から続々進出してきた。当初の建築ラッシュは1934年をピークとして一段落し、以後土木建築工事量は若干減少するが、1937年には1億6198万円と再び増加に転じた。

1939（康徳6）年度の諸工事計画段階では、工事量の急増に対し、土木建築業者の施工能力が不足する事態が懸念された。起業当局は、満州土木建築業協会に対し各請負業者の施行能力調査を依嘱し、同時に日本内地から新たに有力業者を招来するよう要請した。同協会は、加盟各業者に対し極力能力の増加を図るよう要望するとともに、日本土木建築連合会に対し、内地よりの進出慫慂を依頼した。その結果、満州に店舗を有する各業者の請負能力が、土木1億4300万円・建築2億4800万円・合計3億9100万円に達し、さらに日本土木建築連合会よりの推薦による新規進出組の能力が、土木3030万円・建築1740万円、合計4770万円加わり、総計4億3870万円となり、同年度の工事を施行しうる見通しがたった[22]。

日中戦争期になると、労力面での隘路が生じ工事の進捗が阻害される状況が生れた。国策事業遂行への影響を懸念した満州国政府は、土木建築業統制を企図し、1939年11月20日、国務院会議に土木建築統制要綱案を上程しこれを決定した。1940年5月22日には、土木建築統制法の公布、土木建築統制施行規則の制定、満州土木建築業協会令の制定がなされ、これにより土木建築請負業のうち一連の工事費3万円以上の工事を行なうものについては許可営業制となり、また許可業

者を組織化する政策（満州土木建築業協会に一定の公共的性格を付与）が実施された[23]。

1941年には臨時土木建築工事調整法が公布され、1942年7月1日には国務院会議が土建統制強化要綱を決定した。1942年11月23日に土木建築統制法および同法施行規則の改正と満州土建公会法公布がなされ、1943年1月に満州土木建築業協会が廃止され、満州土建公会が新設された。企業の存続に直接関わる措置としては、1942年12月に、交通部布告により、土建業営業許可基準の改正が行なわれた。この改正により土木建築業者は満州国法人たる会社（株式会社、合資会社、合名会社）であることが要求され、従来認められていた個人経営が排除されるとともに、日本法人の改組、兼業の専業化も必要とされた。基準資本金が従来の3万円から20万円（ただし水道、電気、衛生、煖房等特殊業者は10万円）に引き上げられ、基準に達しない業者にはその整備が迫られ、その整備方式を明示するため、1942年9月「土木建築業合同要領」が定められた。同要領は基準に達しない業者のほかに最近2ヵ年における実績寡少の業者をも合同の対象とし、1943年6月までに合同を完了させることとした。不適格業者は、もっぱら同要領による経営の整備強化を要求され、増資等による単独整備は原則として認められなかった。こうした政策により、土木建築業者の合同が進み、同要領による合同の実績は、1942年12月末現在で、合同業者総数76、改組業者14、新設会社42社であった[24]。

土木建築業者の満州国法人化が制度的に義務づけられたのは、上記のように、1942年末のことであるが、満州国法人化の慫慂はそれ以前からなされていた。しかし、土木建築業者の側では、消極的であった。当時の関係者は「業者側としては支店扱いにしておきたいのです。それを独立させることは社員も困るわけですね。本社から離れるので。そういった問題もあるし、社員の融通もきかなくなるし、いろいろな点で業者の方はさきほどお話しがあったように喜ばないんですね。なれなれと言われたのですが、タイムリミットがこなければ変えなかった」と回顧している[25]。

1944年には、満州国政府が自ら出資して株式会社満州特別建設団（1944年10月20日設立、公称資本金2000万円、払込資本金1000万円、本店新京、代表取

締役近藤安吉）を設立した。同建設団は、福昌公司、高岡工務店はじめ在満建設業者33社を買収、社員3000人を擁する大建設会社として緊急事業の遂行に当たることになった[26]。

『1936銀行会社年鑑』には、請負・労力供給業の会社150社が掲載されている。144社が土木建築業、6社が荷役請負・労力供給業である。形態別に見ると、株式会社が15社、合名・合資が131社、支店は4社である。資本金20万円以上の29社を**図表Ⅱ-15-3**に示した。資本金額階層（支店は除く）は、**図表Ⅱ-15-4**の通りである。200万円以上の会社はなく、20万円以上200万円未満が29社で会社数で19.9％、払込資本金額で63.9％を占める。会社数では、2万円以上の階層が最も分厚く55.5％である。払込資本金額では、福昌華工が最も大きく、土木建築業としては東亜土木企業の125万円が最高である。それに続くのは、日満興業、満州飛島組、長谷川組の50万円となっている。

『1942銀行会社年鑑』に掲載の請負・労力供給業の会社は488社で、うち479社が土木建築業、9社が荷役請負・労力供給等である。株式会社が142社、合名・合資が346社である。資本金50万円以上の45社を**図表Ⅱ-15-5**に示した。資本金額階層は、**図表Ⅱ-15-6**の通りである。200万円以上の階層が10社、20万円以上の階層が100社となり、両階層を合わせると、会社数で22.5％、払込資本金額では、74.1％を占める。1936年と比べると、平均資本金額は10万8000円から、22万5000円に増加しており、2万円未満の階層が、会社数で24.7％から10.5％へ比率を低下させている。

払込資本金500万円の満州清水組、満州大林組、満州土木の3社が突出した地位にあり、以下250万円の満州大倉土木、200万円の藤田組、榊谷組、満州西松組、満州松本組、満州高岡組が続いている。一見してわかるように、日本国内の土木建築会社の現地法人が半数近くを占め、ことに上位企業でその比率が高い。1936年には、大連に本店を置く会社が多数派であったが、1942年になると新京に本店を置く会社が多数となり、奉天がそれに続いている。設立年は東亜土木企業の1920年を例外として、他は1930年代後半から40年代、とりわけ1938年～40年に集中している（**図表Ⅱ-15-7**）。先述した1942年交通部布告に先立ち、土木建築企業に対する満州国法人設立の勧奨が強力に行なわれており、この時期

図表II-15-3 満州の主要請負・労力供給業会社 (1936年)

形態	企業名	本店	設立年月日	公称資本金	払込資本金
				円	円
株式	福昌華工㈱	大連	1926.10.15	1,800	1,800
株式	東亜土木企業㈱	大連	1920.01.10	5,000	1,250
株式	日満興業㈱	大連	1919.09.20	2,000	500
株式	㈱満州飛島組	新京	1936.01.30	500	500
合資	長谷川組	大連	1929.12.29		500
合資	大同組	大連	1921.01.25		300
合資	鈴木組	大連	1928.02.20		300
合資	池内市川工務所	大連	1929.12.20		300
合資	昭和工務所	新京	1931.03.14		300
合資	高山組	新京	1933.08.01		300
株式	㈱福井組	大連	1920.03.25	500	250
株式	㈱多田工務所	大連	1925.09.02	250	250
株式	志岐土木㈱	奉天	1935.03.08	250	250
合資	蔦井組	大連	1928.12.10		250
合資	三国公司	哈爾浜	1935.05.05		250
株式	大連土木建築	大連	1919.07.31	200	200
合資	竹中組	大連	1920.03.18		200
合資	共進組	大連	1926.09.18		200
合資	三田組	大連	1928.03.01		200
合資	草場組	大連	1934.02.08		200
合資	大鳳工程公司	大連	1935.11.15		200
合資	山松洋行	奉天	1933.08.01		200
合資	細川組	奉天	1934.01.25		200
合資	阿川組	新京	1931.02.27		200
合資	丸山組	新京	1932.04.08		200
合資	武甕組	哈爾浜	1935.03.10		200
合名	原組	大連	1921.04.25		200
合名	近藤組	奉天	1921.04.01		200
合名	満蒙興発公司	奉天	1934.01.25		200

出所:『1936銀行会社年鑑』。
注: 払込資本金20万円以上。支店は除く。

の一斉設立となったものであろう。『満州国会社名簿』[27]によると、1943年3月の調査時点で、請負・労力供給業の会社が142社あり、うち資本金200万円以上2000万円未満が11社、20

図表II-15-4 請負・労力供給業会社の資本金階層 (1936年)

払込資本金階層	会社数	構成比	払込資本金	構成比
	社	%	千円	%
20万円以上	29	19.9	10,100	63.9
2万円以上	81	55.5	5,416	34.2
2,000円以上	36	24.7	300	1.9
合　計	146	100.0	15,816	100.0

出所:『1936銀行会社年鑑』。

図表II-15-5　満州の主要請負・労力供給業会社（1942年）

国籍	形態	企業名	本店	設立年月日	公称資本金	払込資本金
					千円	千円
満州	株式	㈱満州清水組	新京	1940.03.29	5,000	5,000
満州	株式	㈱満州大林組	奉天	1940.03.25	5,000	5,000
満州	株式	満州土木㈱	奉天	1940.03.07	5,000	5,000
満州	株式	満州大倉土木㈱	奉天	1939.09.03	10,000	2,500
満州	株式	㈱藤田組	新京	1938.09.28	2,000	2,000
満州	株式	㈱榊谷組	新京	1938.09.30	2,000	2,000
満州	株式	㈱満州西松組	新京	1940.04.11	2,000	2,000
満州	株式	満州ボーリング㈱	新京	1940.06.04	2,000	2,000
満州	株式	㈱満州松本組	新京	1940.08.05	2,000	2,000
満州	株式	㈱満州高岡組	奉天	1939.09.25	2,000	2,000
日本	株式	福昌華工㈱	大連	1926.10.15	1,800	1,800
満州	株式	㈱伊賀原組	新京	1938.03.30	1,500	1,500
満州	株式	㈱銭高組	新京	1939.05.25	2,000	1,500
満州	株式	㈱満州松村組	新京	1940.01.30	2,000	1,500
満州	株式	㈱大同組	新京	1940.06.12	2,000	1,500
満州	株式	㈱満州鹿島組	新京	1940.03.14	2,000	1,500
満州	株式	㈱福島組	奉天	1940.04.10	2,000	1,500
満州	株式	㈱満州間組	奉天	1940.09.23	2,000	1,500
満州	株式	㈱阿川組	新京	1937.11.10	1,500	1,250
満州	株式	㈱満州竹中工務店	新京	1939.03.11	2,000	1,250
満州	株式	東亜土木企業㈱	奉天	1920.01.10	5,000	1,250
満州	株式	㈱岡組	奉天	1940.04.24	1,250	1,250
満州	株式	㈱坂本組	鞍山	1941.04.01	1,250	1,250
日本	株式	㈱高岡組	大連	1937.03.10	1,000	1,000
満州	株式	㈱満州飛島組	新京	1936.01.30	1,000	1,000
満州	株式	㈱満州鴻池組	新京	1940.05.10	1,000	1,000
満州	株式	㈱満州辰村組	新京	1941.09.08	1,000	1,000
満州	株式	㈱松沢商会	新京	1941.12.25	1,000	1,000
満州	株式	㈱満州戸田組	奉天	1939.10.05	2,000	1,000
満州	株式	㈱千々岩組	新京	1939.12.23	750	750
満州	株式	建築興業㈱	新京	1940.03.02	1,000	750
満州	株式	第一土建㈱	新京	1937.04.24	1,500	750
満州	株式	興安土建㈱	海拉爾	1942.01.10	1,000	750
満州	株式	㈱上木組	奉天	1940.06.29	700	700
日本	株式	日満興業㈱	大連	1919.09.20	2,000	500
満州	株式	㈱長浜組	新京	1940.04.16	500	500
満州	株式	満州舗道㈱	新京	1940.07.17	1,000	500
満州	株式	㈱満州中島組	新京	1942.02.17	500	500
満州	株式	㈱篠宮組	奉天	1940.03.14	1,000	500
満州	株式	㈱三田組	奉天	1940.07.31	1,000	500
満州	株式	㈱鈴木組	哈爾浜	1938.12.20	500	500
満州	株式	㈱大村組	安東	1940.07.17	500	500
満州	合資	四先土木建築公司	奉天	1936.03.25		500
満州	合資	満州辻組	奉天	1940.10.12		500
満州	合資	河村組	奉天	1941.12.20		500

出所：『1942銀行会社年鑑』。
注：払込資本金50万円以上。

万円以上 200 万円未満が 103 社、2 万円以上 20 万円未満が 28 社である。合資会社ならびに合名会社は 147 社あり、資本金 20 万円以上 200 万円未満が 25 社、2 万円以上 20 万円未満が 109 社、2000 円以上 2

図表II-15-6　請負・労力供給業会社の資本金階層（1942年）

払込資本金階層	会社数	構成比	払込資本金	構成比
	社	%	千円	%
200 万円以上	10	2.0	29,500	26.8
20 万円以上	100	20.5	51,969	47.3
2 万円以上	327	67.0	28,058	25.5
2,000 円以上	51	10.5	424	0.4
合　計	488	100.0	109,950	100.0

出所：『1942 銀行会社年鑑』。

万円未満が 13 社である。1942 年 12 月に行なわれた土建業営業許可基準改正による企業整理の影響を見て取ることができる。

　以下、いつくかの会社について、経営状況や満州への進出事情を見て行こう。

　株式会社満州清水組（公称資本金 500 万円、全額払込、本店新京）は 1940 年 3 月 29 日の設立であるが、満州への進出は前節で触れた通り 1915 年にさかのぼることができる。満州国建国後は、大連支店を拠点に満州国建設関連工事の受注に努め、その業務は飛躍的に発展した。1933 年 1 月には同支店を満州支店と改称して組織を拡大、同年 7 月には新京営業所を開設、さらに翌 1934 年 7 月に満州地区の支店業務の中心を新京営業所に移し、翌 1938 年 5 月には、満州支店を大連から新京に移動した[28]。このように、満州国成立後は積極的な営業活動を展開していたが、当時は支店による営業であったために、『1936 銀行会社年鑑』では、その存在は把握できない。1940 年 3 月 29 日に満州清水組を設立（設立総会は 3 月 22 日）し、取締役会長に清水康雄、代表取締役社長に清水揚之助が就任した。同年 4 月 20 日に臨時株主総会を開催し、「株式会社清水組満州支店ノ営業全部ヲ康徳 7 年 3 月 31 日現在ヲ以テ本会社ニ譲受ケノ件」を可決した。満州国法による新会社設立の動機は、工事量の増大、営業範囲の拡大に対処するための経営組織の整備強化と、満州国政府からの法人格改組の慫慂を受けたことと、説明されている。1940 年 12 月 31 日現在の貸借対照表をみると、資産は、未成工事 94 万 3355 円、受取手形 93 万 2256 円、未収入金 80 万 2311 円、銀行預金 182 万 7978 円などで、合計 613 万 2921 円、負債の部では、資本金 500 万円（全額払込）、当期利益金 82 万 2643 円、預り金 11 万 9780 円、仮受金 15 万 1477 円、東

図表 II-15-7 請負・労力供給業会社の設立年

設立年	会社名	構成比	払込資本金	構成比
	社	%	千円	%
1910	1	0.2	100	0.1
1911		0.0	0	0.0
1912	1	0.2	5	0.0
1913		0.0	0	0.0
1914		0.0	0	0.0
1915		0.0	0	0.0
1916		0.0	0	0.0
1917		0.0	0	0.0
1918	1	0.2	50	0.0
1919	4	0.8	950	0.9
1920	2	0.4	1,360	1.2
1921	6	1.2	760	0.7
1922	6	1.2	453	0.4
1923	5	1.0	465	0.4
1924	2	0.4	62	0.1
1925	2	0.4	350	0.3
1926	5	1.0	2,190	2.0
1927	4	0.8	26	0.0
1928	4	0.8	420	0.4
1929	4	0.8	436	0.4
1930	5	1.0	158	0.1
1931	3	0.6	315	0.3
1932	5	1.0	457	0.4
1933	17	3.5	1,582	1.4
1934	13	2.7	1,246	1.1
1935	15	3.1	1,406	1.3
1936	29	5.9	3,393	3.1
1937	22	4.5	5,157	4.7
1938	29	5.9	8,373	7.6
1939	62	12.7	16,184	14.7
1940	102	20.9	45,746	41.6
1941	89	18.2	11,995	10.9
1942	50	10.2	6,312	5.7
総計	488	100.0	109,950	100.0

出所：『1942 銀行会社年鑑』。

京清水組 788 円などで、合計 613 万 2921 円となっている。この時点を見る限りでは、外部からの借入金などには依存しない経営となっている。当期利益金からは、諸銷却金 10 万円、諸税引当金 18 万円を控除し、残額 54 万 2643 円のうち、株主配当に 30 万円、役員賞与に 5 万円を振り向け、残りは法定積立金・別途積立金・退職手当積立金・後期繰越金として処理している[29]。

満州大林組（公称資本金 500 万円、全額払込、本店奉天）は、1940 年 3 月 25 日に設立された[30]。1942 年 9 月 30 日現在で、総株数 10 万株（株主 556 名）、筆頭株主は株式会社大林組 6 万 4050 株、以下大林義雄 1 万株、柏葉会会長・大林義雄 4418 株となっている。同時点の貸借対照表をみると、資産は、請負工事、190 万 7008 円、地所建物工場 125 万 3361 円、貯蔵材料 127 万 9025 円、代用舎宅 132 万 0043 円、銀行預金 122 万 3981 円などで、合計 914 万 0858 円、負債の部では、資本金 500 万円、仮受金が 123 万 0933 円、諸積立金が 133 万 0934 円、当期利益金が 83 万 0779 円、合計 914 万 0858 円となっている。同社も、外部からの借入金には依存しない経営となっている。総益金が 212 万 9640 円、総損金 129 万 8861 円で、差引当期利益が 83 万 0779 円、ここから役員賞与に 5 万 5000

円、配当に 25 万円（年 1 割）を当てている。

　株式会社満州西本組（1943 年 3 月 6 日設立、公称資本金 80 万円、全額払込、本店新京）の満州への進出は、1909 年安奉線改良工事の請負にさかのぼることができる[31]。大正期には、朝鮮での工事（鉄道工事）が増大し、京城支店を開設した。満州国成立後は、年々増大していく満州国における工事に対応して、当初は大連市を満州進出の本拠に、奉天・新京・吉林・哈爾浜・牡丹江等に随時、出張所を設けて地盤を築き、のちに新京に支店を開設した。新京支店は、京城支店の管轄下に置かれていた。京城支店における「現場の運営は所長—技師—現場監督—下請け（主として和歌山県の業者）—孫請け（現地業者）という形で統一されて」おり、満州国での事情も同様であったと思われる。満州国法人化は 1943 年であった。満州国での事業が、満州国法人でなければ認められなくなるギリギリの時点で「西本組の満州部隊をそっくり引き継ぎ株式会社満州西本組を資本金 30 万円で設立した」。社長には西本組常務取締役・京城支店長千田修二が兼務のまま就任した。社員、機械などもすべて相互融通していた。同社の主要得意先は陸軍および在満日本企業であり、「社員 55 名、年商 600 万円（推定）、手持ち工事は 1627 万円余（19 年 8 月末）と親会社をしのぐ優良会社だった」。同社の場合も、『1936 銀行会社年鑑』、『1942 銀行会社年鑑』などではその存在を把握できない。

　東亜土木企業は、先にみたように 1920 年代末には苦境にあったが、満州国建国によって生じた新線鉄道、道路、橋梁、各種建築等の工事を受注し、業績は一気に回復した（前掲図表 II-15-2）。1936 年になると、工事発注は減退し、また従来の特命工事が原則として廃止され競争入札となったことにより利益が大幅に減退した。1935 年には、仏蘭西財団と提携して株式会社極東企業公司（1935 年 4 月 28 日設立、公称資本金 10 万円、払込資本金 5 万円、本店大連、社長柳生亀吉）を設立したが、フランス側の融資が困難となり、1936 年 6 月に解散を決議し 9 月に清算を終了した。1937 年 11 月 22 日には、本店を大連から奉天に移転した（11 月 30 日奉天日本領事館に登記完了）。第 1 次産業開発計画のもとでは、水力電気建設局発注の鏡泊湖水力電気工事、松花江大豊満水力電気発電所工事を受注し、いずれも 4 ヵ年にわたる大工事となり、それぞれ 1942 年 4 月、1943 年 3 月

に竣工した。1940年代に入ると、資材獲得難・諸物価高騰・労力不足による発注の手控えや工事遅延など困難な状況が生じたが、「満鉄傍系会社たる関係」に恵まれ、満鉄ならびにその関係会社からの工事受注により、安定した成績をあげていた。1942年12月には、政府の土建業統制（合同推進）に協力し、合名会社長谷川工務所（1936年7月11日設立、資本金20万円、本店新京、代表社員長谷川貞三）ならびに寺岡組（東亜土木企業の専属下請け）を吸収合併した。1943年度には、満鉄からの特命により興安北省における森林伐採ならびに枕木、坑木等の造材運搬を30年継続予定事業として請け負った。それらの事業資金充当のため、同年9月に第2回株金払込（1株12円5角、総額125万円）を決議し、同年度中に払込を終了した[32]。

第3節　満州国設立以前の不動産業

『1922興信録』に掲載されている不動産業の会社は36社である（**図表Ⅱ-15-8**）。株式会社が24、合資会社が8、合名会社が4という構成である。

最も設立が古いのは、合名会社営口建物組合（1913年10月設立、資本金6万円、本店営口、代表社員河田昂）である。同社は家屋を新築して満鉄へ代用宿舎として貸与する会社であったが、「修繕費意外に嵩める為」業績はふるわなかった[33]。満州興業株式会社（1917年8月創立、公称資本金500万円、払込資本金250万円、本店鞍山、社長安田善雄）は、株式の7割を安田家が所有する会社で、やはり所有家屋の満鉄への代用社宅としての賃貸を主業としていたが、主力となるべき鞍山の衰退により、打撃を受けていた。撫順興業株式会社（1917年9月設立、公称資本金30万円、払込資本金15万円、本店撫順、社長山上吉蔵）は、満鉄撫順炭坑の苦力への宿舎賃貸を目的とし、満鉄ならびに東拓から低利資金の融通を受けて、業績は順調であった。

大信合資会社（1918年3月設立、資本金20万円、本店鞍山、代表社員楠正彦）は、鞍山市内に、借家30戸、「支那人借家」約350戸を建設し貸家業を営んでいたが、やはり鞍山の衰微の影響を受けて空き家となるものが多く、業績不振であった。

図表II-15-8　満州の不動産業会社（1921年）

形態	企業名	本店	設立年月日	公称資本金	払込資本金
				千円	千円
株式	大連郊外土地㈱	大連	1920.03.20	20,000	5,000
株式	満蒙土地建物㈱	大連	1919.12.10	10,000	2,500
株式	満州興業㈱	鞍山	1917.08	5,000	2,500
株式	星ヶ浦土地建物㈱	大連	1919.09.03	5,000	1,250
株式	満州土地建物㈱	奉天	1919.11.12	3,000	750
株式	臭水土地建物㈱	大連	1919.06.10	2,000	500
株式	満州不動産信託㈱	大連	1919.08.29	2,000	500
株式	南満建物㈱	大連	1919.10.19	2,000	500
株式	山東殖産㈱	奉天	1919.05.01	2,000	500
株式	北満興業㈱	哈爾浜	1919.12.08	2,000	500
株式	哈爾浜土地建物㈱	哈爾浜	1920.05.01	2,000	500
株式	大連共信㈱	大連	1919.01.24	1,500	375
株式	撫順信託㈱	撫順	1916.08.17	1,000	287
株式	南山建物㈱	大連	1916.09	1,000	250
株式	大正興業㈱	大連	1920.02.26	1,000	250
株式	営口土地建物㈱	営口	1920.01.25	1,000	250
株式	開原商事信託㈱	開原	1920.03.06	1,000	250
株式	長春建物㈱	長春	1920.05.23	1,000	250
合資	大信合資会社	鞍山	1918.03		200
株式	瀋陽土地建物㈱	奉天	1920.04.03	500	150
株式	撫順興業㈱	撫順	1917.09.29	300	150
株式	星ヶ浦小松台建物㈱	大連	1919.10.16	500	125
合資	㈾丸三商会	旅順	1918.10.16		110
合資	沙河口起業合資会社	大連	1919.09.19		104
合資	沙河口建物合資会社	大連	1918.09		100
合資	㈾浪華洋行	大連	1920.07.15		100
合名	四平街土地建物合名会社	四平街	1920.03.01		100
株式	奉天土地建物㈱	奉天	1918.02.08	100	75
株式	瀋陽建物㈱	奉天	1917.11	66	66
合名	㈴営口建物組合	営口	1913.10.08		60
合資	沙河口土木建築合資会社	大連	1919.11.20		50
合資	鞍山建物合資会社	鞍山	1919.08.21		50
合資	㈾商工起業公司	奉天	1921.05		50
合名	㈴鞍山起業組合	立山	1919.06.11		30
株式	㈱瀋陽信託公司	奉天	1915.06.22	40	16
合名	長春競売合名会社	長春	1920.06		12

出所：『1922 興信録』。

土地建物の所有者が共同で会社を設立したものに、瀋陽建物株式会社と奉天土地建物株式会社とがあった。瀋陽建物株式会社（1917年11月設立、公称資本金6万6000円、払込資本金6万6000円、本店奉天、専務取締役向野堅一）は、向野堅一ほか2名が共同で組織した瀋陽組合を継承して株式会社組織に改組したも

ので、「業礎堅実」と評価されていた。奉天土地建物株式会社（1918年2月設立、公称資本金10万円、払込資本金7万5000円、本店奉天、専務取締役峰節翁）は、土地建物の所有者10名程が共同して会社を起したものであった。

南山建物株式会社（1916年9月設立、公称資本金100万円、払込資本金25万円、本店大連、社長大津久次郎）は、当初は「九八検番」という名で芸妓置屋業を営むことを目的とし、貸家業は副業であったが、財界不況により検番の営業が振わず、他方資本の大部分を建物建築費に充当したため、1921年5月に芸妓置屋業を譲渡して商号を変更し、建築物賃貸を主業とした。

撫順信託株式会社（1916年8月設立、公称資本金100万円、払込資本金28万7500円、本店撫順、専務取締役中島右仲）は、動産不動産の管理または売買賃貸借の仲介を目的の筆頭にかかげていたが、実際は「撫順に於ける唯一の講会経営会社」で、1921年5月末現在1130人の会員を擁していた。1921年3月に、資本金を5万円から100万円に増資している。

株式会社瀋陽信託公司（1915年6月設立、公称資本金4万円、払込資本金1万6000円、本店奉天、社長山下永幸）、沙河口建物合資会社（1918年9月設立、資本金10万円、本店大連、代表社員塩田芳松）、㈾丸三商会（1918年10月設立、資本金11万円、本店旅順、代表社員松尾健吉）の3社は、営業中止あるいは事実上解散状態にあった。

第1次大戦後の好況期、とくに1919年には、住宅需要の増大を見込んで多くの住宅開発会社が設立されたが、1920年恐慌後の不況によって、いずれも経営難に直面した。

臭水土地建物株式会社（1919年6月設立、公称資本金200万円、払込資本金50万円、本店大連、社長神成季吉）は、大連における将来の住宅難を見越して、郊外臭水子に36万7000坪の土地を買収し、第1期計画として内11万8000坪に800戸の住宅を建設し「完全なる田園都市」を建設するという計画であったが業績は不振で、満鉄の出資を得て同社雇員級住宅60戸を建築しその貸与契約を締結するなどして業績を下支えしていた。

星ヶ浦土地建物株式会社（1919年9月設立、公称資本金500万円、払込資本金125万円、本店大連、代表取締役野津孝次郎）は、大連郊外の遊園地星ヶ浦に

土地を所有有する人々が共同で別荘地開発（家屋建設とその賃貸）を目的として設立したが、景気の悪化により、計画は画餅に帰し、地価暴落により多大の損失を被り、市内に所有する家屋の賃貸収入があるのみで、業績はまったく不振であった。

満州不動産信託株式会社（1919年8月設立、公称資本金200万円、払込資本金50万円、本店大連市、代表取締役五泉賢三）は、市内の「旧露国寺院跡」の土地約5000坪を買収し、分割して希望者に年賦販売契約を結び、概ね売渡し済みとなったが、不況下で賦金の回収がはかばかしくなく、その他の沿線に所有する不動産の経営で収支を合わせる状況であった。

大連共信株式会社（1919年1月設立、公称資本金150万円、払込資本金37万5000円、本店大連、社長平田哲造）は破綻に瀕していた。同社は家屋の建築経営、土木建築の請負、動産不動産の売買賃貸借並に保管等を目的に掲げてはいたが、不動産や株式への思惑投資とそれへの融資を目的としており、投資ブームに乗じて相当の成績を挙げたが、「勢に乗じて」増資を行なったところで、不況に直面し、著しい打撃を受けていた。

関東庁は1919年8月、住宅難解消のため官有地競売規程を制定し、年賦計算による土地の入札売渡を開始した[34]。この土地払下の受け皿となるべく企画された会社も多くあった。

満蒙土地建物株式会社（1919年12月設立、公称資本金1000万円、払込資本金250万円、本店大連、専務取締役石光幸之助）は、関東庁より土地の払下を受け、それに家屋を建設して貸家業を経営する目的で設立されたが、直後に不況に直面して新事業を中止し、また会社内部に不祥事件が発生し、ほとんど事業に着手できぬまま、「好転到底不可能」と観測されるに至っている。

大連郊外土地株式会社も、土地払下の受け皿の一つとして創立された会社であった。同社は、1920年3月20日に、公称資本金2000万円、払込資本金500万円で創立された。本店は大連におかれ、代表取締役・専務取締役は古財治八であった。大連市外老虎灘街道一円の土地約68万坪の特定払下を受けて住宅地として開発する目的で関東庁の諒解を得て設立されたが、創立早々財界不況に直面して資金調達が困難となり、さらに土地払下価格の決定が遅延し、「事業経営ノ根

本計画ヲ立ツル能ハザルノ不幸ヲ来シ」た[35]。そのため、1920年12月16日の第1期定時株主総会には、早くも「資本減少ノ件」が提案され（同日の総会では撤回）、1921年6月28日の第2期定時株主総会において「資本減少ノ件」を可決、1922年3月1日減資を完了し、公称資本金1000万円内250万円払込となった。1922年3月30日には、大連民政署長との間で土地払下契約が締結され、事業資金についても、東拓との間で、114万円借受（1925年3月まで据え置き、以後7年で年賦返済）の契約を1922年3月30日に締結し、ようやく本格的に事業が動き出した[36]。

創立時の株主構成は不明であるが、1922年5月31日現在では、総株数20万株、筆頭株主は、飯塚松太郎1万7305株で、以下大連財界の有力者が名を連ね、1000株以上を所有する38人の株主の持株合計が、10万5909株であるが、株主総数は845名に及び、幅広い株主から資金を調達している[37]。

第5期（1922年6月～11月）において初めて5万2755円の利益を計上したが、1922年12月28日の第5期定時株主総会では、資本金の1000万円から600万円への減資（任意買収による消却）を決定し、古財が社長・取締役を辞任、小島鉦太郎が代表取締役・専務取締役に就任した。

1923年6月には、静浦塩田地区（約12万7千坪）の干潟埋立開拓の許可を受け、事業に着手した。同社の収益は、土地販売益金と月賦利息（土地代金ならびに建築資金貸付に対する）であったが、いずれも不況下で伸び悩んだ。第9期（1924年6月～11月）には、既定計画の実行が困難となり、関東庁および東拓等関係者との交渉を余儀なくされる事態となった。1925年3月に小島が代表取締役を辞任し、山川吉雄を代表取締役に選出した。同年4月は、東拓からの借入金返済開始の期限であったが、返済の目途は立たず、同年5月末段階での東拓からの借入金は、184万円余に膨れあがっていた[38]。以後、山川が、東拓との間でその返済方法をめぐる交渉を積み重ねて、1927年5月になってようやく決着を見た。1927年3月31日現在の、東拓および東省実業株式会社からの借入金元利合計217万4119円返済のため、社有土地30万坪と土地年賦売却代金及建築貸付金債権のうち7万4119円を東拓に譲渡して決済することとなった[39]。これによって、債務は完済したが、同時に事業資産の中核である土地の大半を失い（資産

価格211万円→23万円)、以後唯一残された事業である「静浦塩田埋立及開拓土地」事業に邁進することとなった。1927年10月4日臨時株主総会において資本金500万円への減資を決議した。第16期 (1927年12月～1928年5月) には、初めての配当、1株につき20銭 (年3.2％) を実施し、以後静浦塩田埋立及開拓土地事業を進めつつ、土地売却利益・月賦利子収入・賃貸料などからの収入を原資に、少額ではあるが利益を計上し、配当を続けていく。第22期 (1930年12月～31年5月) には、静浦塩田埋立及開拓土地の一部売却が開始され、以後、順次竣工する静浦塩田埋立及開拓土地の売却により、同社の業績は安定し、創立15周年と20周年には、記念配当も行ない、年8～10％の安定した配当を実施している。

満鉄系の不動産会社が2社あった。哈爾浜土地建物 (1920年5月1日設立、公称資本金50万円、全額払込、本店哈爾浜) は、邦人既得権維持のため満鉄100％出資で設立された会社であった。鞍山不動産信託株式会社 (1921年10月26日設立、公称資本金 100万円、全額払込済み、本店鞍山) は、満鉄が「鞍山市民の窮状を救済する趣旨に於いて貸付けた金額を株式に変更」して設立した会社で、約43％を出資していた。いずれも業績は不振であった[40]。

第4節　満州国設立後の不動産業

『1936銀行会社年鑑』には、不動産業の会社は96社掲載されている。形態別に見ると、株式会社が39社、股份公司が3社、合資会社が37社、合名会社が17社である。資本金20万円以上の27社を**図表Ⅱ-15-9**に示した。資本金額階層は、**図表Ⅱ-15-10**の通りである。

『1942銀行会社年鑑』に掲載の不動産業の会社は231社で、満州国法人が186社、日本法人が45社である。形態別では、株式会社が114社、合資会社が76社、合名会社が41社である。資本金50万円以上の34社は、**図表Ⅱ-15-11**の通りである。資本金額階層は、**図表Ⅱ-15-12**の通りである。1936年と1942年を比較すると、会社数では、2万円以上20万円未満層が最も分厚くその比率にも大きな変化は見られないが、資本金額でみると、20万円以上層が59.4％から

図表II-15-9　満州の主要不動産業会社（1936年）

形態	企業名	本店	設立年月日	公称資本金	払込資本金
				千円	千円
株式	満州興業㈱	鞍山	1917.08.18	5,000	2,500
股份	奉天工業土地股份有限公司	奉天	1935.03.11	2,500	2,500
株式	大連郊外土地㈱	大連	1920.03.20	5,000	1,250
株式	満州興拓㈱	鞍山	1934.04.13	1,000	1,000
株式	大同土地㈱	奉天	1932.10.23	1,000	1,000
株式	満州開発㈱	奉天	1934.04.12	1,000	1,000
股份	大徳不動産股份有限公司	新京	1934.06.04	1,000	1,000
株式	鞍山不動産信託株式会社	鞍山	1921.10.26	1,000	1,000
株式	星ヶ浦土地建物㈱	大連	1919.09.03	3,000	750
合名	木村土地起業会社	錦州	1934.11.10		510
株式	周水土地建物㈱	周水子	1919.06.10	2,000	500
株式	協和建物㈱	大連	1934.07.23	2,000	500
株式	哈爾浜土地建物㈱	哈爾浜	1920.05.01	500	500
株式	㈱大連連鎖街	大連	1934.11.03	500	500
株式	盛満土地建物㈱	奉天	1934.08.20	500	400
株式	満蒙土地建物㈱	大連	1919.12.10	1,500	375
株式	㈱白川保善社	大連	1929.09.10	500	375
株式	営口土地建物㈱	営口	1920.01.25	500	312
株式	瀋陽建物㈱	奉天	1917.11.25	300	300
株式	満州土地建物㈱	奉天	1919.11.12	1,000	250
株式	新興起業㈱	奉天	1933.07.28	500	250
株式	南満建物	大連	1919.10.19	1,000	250
株式	日華土地建物	大連	1929.06.01	1,000	250
合資	大丸店	奉天	1930.09.20		250
株式	㈱扇芳ビルデイング	大連	1930.09.18	300	210
株式	長春建物㈱	新京	1920.06.05	200	200
合資	千代田商会	奉天	1935.02.11		200

出所：『1936銀行会社年鑑』。
注：払込資本金20万円以上。

図表II-15-10　不動産業会社の資本金階層（1936年）

払込資本金階層	会社数	構成比	払込資本金	構成比
	社	%	千円	%
200万円以上	2	2.1	5,000	22.6
20万円以上	25	26.0	13,133	59.4
2万円以上	60	62.5	3,888	17.6
2000円以上	7	7.3	76	0.3
2,000円未満	2	2.1	2	0.0
合計	96	100.0	22,099	100.0

出所：『1936銀行会社年鑑』。

25.9％に比率を落とし、200万円以上層が22.6％から38.4％へ、2000万円以上層が0％から25.5％へと比率を上げている。平均資本金額も、1936年23万円から1942年50万9千円に増大しており、会社規模

図表 II-15-11　満州の主要不動産業会社 (1942年)

国籍	形態	企業名	本店	設立年月日	公称資本金	払込資本金
					千円	千円
満州	株式	満州房産㈱	新京	1938.02.19	30,000	30,000
満州	株式	満州不動産㈱	奉天	1937.10.30	20,000	15,000
満州	株式	満州土地開発㈱	新京	1939.06.01	20,000	10,000
日本	株式	関東州工業土地㈱	大連	1939.07.12	10,000	5,000
満州	株式	共栄土地建物㈱	新京	1941.09.30	5,000	5,000
満州	株式	満州土地建物㈱	奉天	1919.11.12	5,000	5,000
満州	株式	康徳吉租㈱	新京	1937.09.08	3,200	3,200
満州	株式	協和建物㈱	新京	1934.07.23	4,000	2,000
日本	株式	東拓土地建物㈱	大連	1926.06.05	5,000	1,625
日本	株式	大連郊外土地㈱	大連	1920.03.20	5,000	1,250
満州	株式	満州中央不動産㈱	新京	1920.03.21	2,000	1,250
満州	株式	康徳不動産㈱	鞍山	1937.11.13	5,000	1,250
満州	合名	三和興業公司	奉天	1938.10.28		1,100
満州	株式	満州興拓㈱	新京	1934.04.13	1,000	1,000
満州	株式	満州電電建物㈱	新京	1941.07.01	2,000	1,000
満州	株式	大同土地㈱	奉天	1932.10.23	1,000	1,000
満州	株式	満州開発㈱	奉天	1934.04.12	1,000	1,000
満州	株式	高岡不動産㈱	奉天	1939.09.25	1,000	1,000
満州	株式	鞍山不動産信託㈱	鞍山	1921.10.26	1,000	1,000
満州	株式	東辺不動産㈱	安東	1941.11.11	950	950
満州	株式	豊国興業㈱	奉天	1935.11.21	1,000	800
日本	株式	星ヶ浦土地建物㈱	大連	1919.09.03	3,000	750
満州	株式	阜成房産㈱	哈爾浜	1937.05.31	1,440	720
満州	株式	大東興業㈱	安東	1939.11.01	960	600
日本	株式	周水土地建物㈱	大連	1919.06.10	2,000	500
日本	株式	今津不動産㈱	大連	1937.11.12	1,000	500
日本	株式	㈱大連連鎖街	大連	1934.11.03	500	500
満州	株式	康徳興業㈱	新京	1936.12.01	1,000	500
満州	株式	新興起業㈱	奉天	1933.07.28	500	500
満州	株式	共栄実業㈱	奉天	1937.01.10	500	500
満州	株式	協和地産㈱	奉天	1937.06.28	500	500
満州	株式	哈爾浜土地建物㈱	哈爾浜	1920.05.01	500	500
満州	株式	東亜不動産㈱	奉天	1942.06.06	500	500
満州	合名	木村土地建物会社	錦州	1934.11.10		500

出所：『1942銀行会社年鑑』。
注：払込資本金50万円以上。

の拡大が明瞭である。1942年時点で存続する不動産業会社の、設立年は**図表 II-15-13**の通りである。

この時期には、増大する日本人向けの住宅開発会社と、工業用地開発会社が新たに上位に登場してきている。一方、満州土地建物、大連郊外土地、星ヶ浦土地

図表II-15-12　不動産業会社の資本金階層（1942年）

払込資本金階層	会社数	構成比	払込資本金	構成比
	社	%	千円	%
2,000万円以上	1	0.4	30,000	25.5
200万円以上	7	3.0	45,200	38.4
20万円以上	55	23.8	30,449	25.9
2万円以上	151	65.4	11,947	10.1
2,000円以上	15	6.5	128	0.1
2,000円未満	2	0.9	2	0.0
合計	231	100.0	117,725	100.0

出所：『1942銀行会社年鑑』。

図表II-15-13　不動産業会社の設立年

設立年	会社名	構成比	払込資本金	構成比
	社	%	千円	%
1917	1	0.4	300	0.3
1918	2	0.9	400	0.3
1919	7	3.0	6,705	5.7
1920	8	3.5	3,738	3.2
1921	2	0.9	1,125	1.0
1922	2	0.9	102	0.1
1923	3	1.3	151	0.1
1924	0	0.0	0	0.0
1925	1	0.4	55	0.0
1926	3	1.3	1,775	1.5
1927	2	0.9	55	0.0
1928	1	0.4	100	0.1
1929	7	3.0	825	0.7
1930	4	1.7	500	0.4
1931	3	1.3	197	0.2
1932	2	0.9	1,009	0.9
1933	4	1.7	586	0.5
1934	18	7.8	6,287	5.3
1935	7	3.0	1,243	1.1
1936	23	10.0	2,663	2.3
1937	28	12.1	23,235	19.7
1938	21	9.1	33,620	28.6
1939	39	16.9	21,402	18.2
1940	15	6.5	1,332	1.1
1941	18	7.8	8,748	7.4
1942	10	4.3	1,574	1.3
総計	231	100.0	117,725	100.0

出所：『1942銀行会社年鑑』。

建物、周水（臭水）土地建物など1920年代の不況を生き延びた会社も存在する。

大徳不動産股份有限公司（1934年6月4日設立、公称資本金100万円、全額払込、本店新京、専務取締役鈴木英一）は、大興公司が全額出資で設立した子会社で、日本人向け住宅の供給を主目的とする会社であったが、1938年2月満州房産に買収された[41]。

満鉄系では、奉天工業土地（股份有限公司→株式会社）（1935年3月11日設立、公称資本金250万円、全額払込、本店奉天、満鉄50％出資）が設立され、工業用地と付属市街地を経営した。満州不動産株式会社（1937年10月30日設立、公称資本金2000万円、払込資本金1500万円、本店奉天）は、満鉄が、付属地行政権移譲に伴い、保有土地建物の経営に当たらせるため全額出資で設立した会社であった。また、満鉄が所有していた奉天工業土地、哈爾浜土地建物、鞍山不動産信託の株式も同社に譲渡された[42]。

満州土地開発株式会社（1939

年6月1日設立、公称資本金2000万円、払込資本金1000万円、本店新京）は、満州土地開発株式会社法（1939年4月20日公布）に基づき設立された満州国特殊法人で、政府・満州拓殖公社・満鮮拓殖株式会社などが取得した未利用地の開発工事の請負やその他の土地改良事業を主目的としていた[43]。

この時期の不動産業界における大きな動きとしては、満州房産株式会社の設立があった。満州房産株式会社は、全満における住宅建設を促進する目的で「満州房産株式会社法」（康徳5年2月10日勅令第9号）に準拠して設立された特殊法人である。1938年2月17日に創立総会を開催し、3月1日より営業を開始した。設立時の資本金は、公称3000万円、払込1500万円、本店は新京、理事長が謝介石、副理事長が山田茂二であった。

「満州房産株式会社法」では、「政府ハ住宅其ノ他ノ家屋ノ建設ヲ促進セシムル為満州房産株式会社ヲ設立セシム」（第一条）とし、業務内容は「1. 家屋ノ建築又ハ購入資金及宅地ノ購入又ハ借受資金ノ貸付　2. 賃貸又ハ賣却ヲ目的トスル家屋ノ建築　3. 宅地建物ノ賣買、賃貸借及其ノ仲立　4. 宅地建物ノ受託管理　5. 前各號ノ業務ニ附帯スル一切ノ事務　6. 火災保険業ノ代理　7. 其ノ他政府ノ特ニ命ジタル業務」（第八条）とされ、払込資本金額の10倍までの社債発行が認められ（第九条）、年6分の配当を政府が保証することが定められていた（第11条）。創立時の株式総数は60万株で、満州国政府、東拓、満州興業銀行がそれぞれ20万株を所有していた。

1940年7月には、追加払込徴収を行ない、3000万円全額払込済みとなった。同社は、第4期（1941年1月～12月）の期央において新規事業を中止し1942年4月1日満州房産株式会社法が改正され、それに伴い同社の定款の一部改正がなされ、同時に政府関係の土地建物ならびに建築資材保有分の全部を政府に譲渡し、その代金で政府からの融資金を返済し、資本の一部（東拓分1000万円）を買入れ銷却し、銀行借入金の一部も返済した。これに伴い、建築部門、資材部門および管理部門の社員の大部分が官吏に転出した[44]。同社は、1943年11月29日設置法廃止で普通法人に転換した。

おわりに

　土木建築請負業者の満州進出は、日露戦争とともに開始されたが、大手業者は大半が大連に設けた支店・出張所による進出であった。地元に根づいた中小請負業者は、その多くが個人経営の形態をとっていた。第1次大戦後の時期には、従来の個人経営が合資会社・合名会社などの会社組織に改組される動きがみられたが、資本規模は小さく、株式会社となるものは例外的であった。満州国建国後は、土木建築工事発注が急増し、土木建築請負業の会社数も増加したが、満州国および関東州に登記されている会社は、依然として資本金50万円以下の合資会社・合名会社が中心であった。大規模な工事は分割発注され、大手元請け・下請け・孫請けという重層的な請負関係が存在するもとでは、工事の大規模化や、工事量の増大があっても、必ずしも請負業者の規模拡大を必要としなかったのであろう。この時期においても、日本の大手土木建築請負業者は、支店・出張所による営業で、現地法人は設立していない。1940年以降、満州国政府が強制的な満州国法人化政策を進めた結果、大手土木建築請負業者が相次いで満州国法人を設立した。同時に、1940年代には政府の土木建築業統制により、企業の合同が進められた。

　不動産業では、第1次大戦後の時期に、従来個人経営で営んでいた貸家業を共同で会社組織に改組する動きが見られた。同時に、大連を中心とした住宅地需要の増大を見越して大規模な住宅開発を行なう株式会社が設立された。1920年代の不況下でこれらの住宅開発会社の経営は苦しく、減資や整理を余儀なくされた会社も多かったが、満州国建国後は、住宅需要の増大を背景に業績は好転した。この時期には、工業用地開発を主目的とする大規模な不動産開発会社も設立された。

注

1) 南満州鉄道株式会『南満州鉄道株式会社十年史』(1917年) 168-169頁 折り込み付表。
2) 満州国史編纂刊行会『満州国史　各論』(満蒙同胞援護会、1971年) 1043、1054頁。

3）石本、有賀の退任経緯については、柳沢遊「榊谷仙次郎―『満州』土木請負業者の世代交代―」（竹内常善・阿部武司・沢井実編『近代日本における企業家の諸系譜』（大阪大学出版会、1996年））261頁を参照されたい。
 4）満鉄による株式の買い増し年月日は不明であるが、前掲『南満州鉄道株式会社十年史』によれば、1927年3月末現在で所有する東亜土木企業株式は5000株である。
 5）前掲「榊谷仙次郎」263頁。
 6）東亜土木企業株式会社『第10期営業報告書』1930年3月決算、同『第11期営業報告書』1931年3月決算、同『第12期営業報告書』1932年3月決算。
 7）東亜土木企業株式会社『第6期営業報告書』1925年12月決算、同前掲『第12期営業報告書』。
 8）『1922興信録』。
 9）大連土木建築株式会社『第1期営業成績報告』1919年12月決算。
10）岡田工務所は1907年の大連多額納税者筆頭に位置する土木建築業者であった（柳沢遊『日本人の植民地経験』青木書店、1999年、37頁）。
11）聖徳会については、第Ⅰ部第4章を参照されたい。
12）大連土木建築株式会社『第4期営業報告』1922年3月決算。
13）大連土木建築株式会社『第4期営業報告』1922年3月決算、同『第6期営業報告』1923年3月決算、同『第7期営業報告』1923年9月決算、同『第8期営業報告』1924年3月決算。
14）『1922興信録』。
15）以下の会社概要は、『1922興信録』による。
16）南満州鉄道株式会社『満蒙に於ける日本の投資状態』満鉄調査資料第七六編、1928年。
17）清水建設株式会社『清水建設百七十年史』（1973年）54頁。
18）同前、79頁。
19）この点については、前掲「榊谷仙次郎」261‐265頁を参照のこと。なお、同論文では1920年代後半の大連市における主要土木建築請負業者の一覧が作成されている。
20）『満州と相生由太郎』（福昌公司互敬会、1932年）145‐165、971‐980頁。南満

州鉄道株式会社『南満州鉄道株式会社第三次十年史』（1938年）2655頁。
21）建築学会新京支部編『満州建築概説』（満州事情案内所、1940年）687‐696頁。満州国通信社『満州国現勢』1939（康徳6）年版。
22）「五年度土建界の回顧と六年度業界の展望」（満州国通信社『満州国現勢』康徳6年版359～363頁）。
23）前掲『満州国史　各論』1054‐1055頁。
24）満洲興業銀行考査課「満洲土建業の新体制確立」1943年1月（一橋大学所蔵『水津資料』R‐1‐2‐3）。
25）土木工業会・電力建設業協会編『日本土木建設業史』（1971年）862頁。元満州間組取締役飯吉精一の発言。
26）前掲『満州国史　各論』1056頁、『満州国政府公報』1945年1月19日。
27）満州中央銀行資金部資金統制課『康徳十年三月三十一日現在満州国会社名簿』。
28）前掲『清水建設百七十年史』80頁。
29）満州清水組『第一期第二期併合営業報告書』1940年3月29日～12月31日（吉林省社会科学院満鉄資料館所蔵資料）。
30）満州大林組『第5期営業報告書』1942年4月1日～9月30日。
31）三井建設株式会社『三井建設社史』1993年、14‐16頁。
32）東亜土木企業株式会社『第15期営業報告書』1935年3月決算、『第16期営業報告書』1936年3月決算、『第17期営業報告書』1937年3月決算、『第18期営業報告書』1938年3月決算、『第23期営業報告書』1943年3月決算、『第24期営業報告書』1944年3月決算。
33）以下の会社概要は、前掲『1922興信録』による。
34）前掲『満州開発四十年史』補巻313頁。
35）大連郊外土地株式会社『第1期営業報告書』。
36）同『第4期営業報告書』1922年5月決算。
37）同前。
38）大連郊外土地株式会社『第9期営業報告書』。
39）同『第14期営業報告書』。
40）「満鉄関係会社一覧表」（前掲『南満州鉄道株式会社第三次十年史』付図・付表

所収)。鞍山不動産信託は設立が1921年10月なので『1922興信録』には掲載されていない。

41) 柴田善雅「『満州国』における大興公司の活動」(『中国研究月報』607号、1998年9月) による。

42)「満鉄関係会社一覧表」(前掲『南満州鉄道株式会社第三次十年史』付図・付表所収) および財団法人満鉄会『南満州鉄道株式会社第四次十年史』(龍溪書舎、1985年) 532頁。

43) 満州国通信社『満州国現勢』1939 (康徳6) 年版。

44) 満州房産株式会社『第5期営業報告書』。

973

第16章　サービス産業

はじめに

『1922興信録』『1936銀行会社年鑑』『1942銀行会社年鑑』において、「旅館・娯楽場」および「雑業」とされている会社をサービス業として分類した。これらの会社ならびに経営者のうちいくつかについては、柳沢遊が『日本人の植民地経験』（青木書店、1999年）の中で言及しているが、それ以外にはまとまった研究はない。

本章第1節では、旅館業について上記3時点での主要会社一覧を提示し、ついで満州の旅館業の頂点的位置にあった満鉄経営のホテル・旅館に言及する、さらに旅行関連のサービス事業体として東亜交通公社満州支部の活動を紹介し、最後に娯楽業の主要会社一覧を提示する。第2節では、雑業の会社一覧を提示する。

第1節　旅館・娯楽業

1　旅館業

『1922興信録』の1921年時点での調査によれば、満州における旅館業の会社数は、3社にすぎない（**図表Ⅱ-16-1**）。日露戦争直後から大連などには日本人による旅館経営が展開しているが[1]、その多くは個人営業の形をとり、法人化されているものは例外的であることがわかる。表掲の3社の内でも㈾日本橋ホテルの場合は、明治39年頃から桑島旅館を経営していた桑島豊重が、大正5年に妻名義で日本橋ホテルを開業、さらに自身がブローカー業に進出し、その失敗がホ

図表Ⅱ-16-1　満州の旅館業会社（1921 年）

形態	企業名	本店	設立年月	公称資本金	払込資本金
				千円	千円
株式	湯崗子温泉㈱	湯崗子	1920.03	2,000	500
合名	㈴大星商会	奉天	1920.11		100
合資	㈾日本橋ホテル	大連	1921.06		10

出所：『1922 興信録』。

図表Ⅱ-16-2　満州の旅館業会社（1936 年）

形態	企業名	本店	設立年月日	公称資本金	払込資本金
				千円	千円
株式	㈱遼東ホテル	大連	1928.09.26	1,000	900
株式	湯崗子温泉㈱	湯崗子	1920.03.20	1,000	250
合資	大星商会	奉天	1934.02.13		80
合資	寿旅館	撫順	1935.08.01		25
合資	みどり旅館	瓦房店	1930.09.20		25
合資	錦水ホテル	大連	1930.11.15		20
合資	大陸ホテル	哈爾浜	1935.03.08		12
合資	花屋ホテル	大連	1910.01.01		10
合資	東旅館	大連	1933.08.23		10
合資	昭和ホテル	奉天	1932.05.10		10
合資	裕豊旅館	大連	1932.01.06		6
合資	奉山ホテル	錦州	1932.08.15		5
合資	富士屋旅館	大連	1924.02.20		2

出所：『1936 銀行会社年鑑』。

図表Ⅱ-16-3　旅館業会社の資本金階層（1936 年）

払込資本金階層	会社数	構成比	払込資本金	構成比
	社	%	千円	%
20 万円以上	2	15.4	1,150	84.9
2 万円以上	4	30.8	150	11.1
2,000 円以上	7	53.8	55	4.1
合計	13	100.0	1,355	100.0

出所：『1936 銀行会社年鑑』1936。

テル業に累を及ぼすのを防ぐために合資会社へと改組したものであった[2)]。湯崗子温泉株式会社（1920 年 3 月 20 日設立、公称資本金 200 万円、払込資本金 50 万円、本店湯崗子、専務児玉翠静）は、1919 年 8 月に湯崗子温泉で起きた火災からの復興を契機に満鉄が中心となって同地の温泉旅館を統合して株式会社を設立したもので、満鉄は半額を出資し設備資金の貸付も行なっていた[3)]。

『1936 銀行会社年鑑』には、旅館業の会社は 13 社掲載されている（**図表Ⅱ-16-2**）。形態別に見ると、㈱遼東ホテル、湯崗子温泉株式会社の 2 社が株式会社、他は合資会社である。資本金額階層は、**図表Ⅱ-16-3** の通りで、資本金 2 万円未満の会社が 7 社あり、前記の株式会社 2 社を別とすると、大半が小規模な経営である。株式会社遼東ホテル（1928 年 9 月 26 日設立、公称資本金 100 万円、払込資本金 90 万円、本店大連、代表取締役山田三平）は、満鉄が 55 % を出資する関係会社であった[4)]。1921 年調査に登場した 3 社のうち、湯崗子温泉は払込資本

第16章 サービス産業

図表II-16-4 満州の旅館業会社（1942年）

国籍	形態	企業名	本店	設立年月日	公称資本金	払込資本金
					千円	千円
満州	株式	満州観光ホテル㈱	新京	1940.02.13	3,500	2,100
日本	株式	㈱遼東ホテル	大連	1928.09.26	1,000	900
満州	株式	㈱新京第一ホテル	新京	1940.04.22	1,500	750
満州	株式	㈱国都ホテル	新京	1941.12.27	700	700
満州	合資	近江屋ホテル	鞍山	1941.10.09		500
満州	株式	湯崗子温泉㈱	湯崗子	1920.03.20	1,000	250
満州	株式	㈱ホテル・ニュー・ハルビン	哈爾浜	1938.08.17	1,000	250
満州	株式	㈱中央ホテル	哈爾浜	1941.10.31	195	195
満州	合名	扇房ホテル	新京	1941.12.01		180
満州	株式	㈱協和ホテル	竜井	1940.09.05	100	100
満州	合資	昭和ホテル	奉天	1932.05.10		100
満州	合資	亜細亜ホテル	哈爾浜	1937.06.01		100
満州	合名	芙蓉ホテル	牡丹江	1937.09.14		100
満州	合資	大星商会	奉天	1934.02.13		80
日本	株式	㈱中央ビルホテル	大連	1936.09.19	200	70
満州	合資	白水ホテル	新京	1941.11.17		55
満州	合資	通遼ホテル	通遼	1936.12.02		50
日本	合資	錦水ホテル	大連	1930.11.15		20
満州	合資	赤心閣	安東	1939.02.13		15
日本	合資	花屋ホテル	大連	1910.01.01		10
日本	合資	裕豊旅館	大連	1932.01.08		6
満州	合資	天元大旅社	奉天	1939.01.10		5
満州	合資	青山ホテル	錦州	1932.08.15		5
日本	合資	合順旅館	大連	1936.10.28		3
満州	合資	清川旅館	奉天	1939.01.23		3
日本	合資	富士屋旅館	大連	1924.02.20		2

出所：『1942銀行会社年鑑』。

金50万円から25万円に減資して存続、合名会社大星商会は、合資会社に組織が変更され資本金が10万円から8万円に減少している。大連にあった㈲日本橋ホテルは姿を消しているが、同社を経営していた桑島豊重は、奉天において合資会社の昭和ホテルを経営している。

『1942銀行会社年鑑』に掲載された旅館業の会社は26社（**図表II-16-4**）で、

図表II-16-5 旅館業会社の資本金階層（1942年）

払込資本金階層	会社数	構成比	払込資本金	構成比
	社	%	千円	%
200万円以上	1	3.8	2,100	32.1
20万円以上	6	23.1	3,350	51.1
2万円以上	11	42.3	1,050	16.0
2,000円以上	8	30.8	50	0.8
合計	26	100.0	6,550	100.0

出所：『1942銀行会社年鑑』。

図表II-16-6　旅館業会社の設立年

設立年	会社数	構成比	払込資本金	構成比
	社	%	千円	%
1910	1	3.8	10	0.2
1920	1	3.8	250	3.8
1921		0.0		0.0
1922		0.0		0.0
1923		0.0		0.0
1924	1	3.8	2	0.0
1925		0.0		0.0
1926		0.0		0.0
1927		0.0		0.0
1928	1	3.8	900	13.7
1929		0.0		0.0
1930	1	3.8	20	0.3
1931		0.0		0.0
1932	3	11.5	111	1.7
1933		0.0		0.0
1934	1	3.8	80	1.2
1935		0.0		0.0
1936	3	11.5	124	1.9
1937	2	7.7	200	3.1
1938	1	3.8	250	3.8
1939	3	11.5	23	0.4
1940	3	11.5	2,950	45.0
1941	5	19.2	1,630	24.9
1942		0.0		0.0
総計	26	100.0	6,550	100.0

出所：『1942銀行会社年鑑』。

満州国法人が19社、日本法人が7社である。形態別では、株式会社が9社、合資会社が15社、合名会社が2社である。資本金額階層は、図表II-16-5の通りである。資本金200万円以上の階層に、満州観光ホテル株式会社（1940年2月創立、公称資本金350万円、払込資本金210万円、本店新京、代表取締役乗杉寿慶）が登場し、20万円以上200万円未満の階層も、2社から6社に増加している。資本金50万円以上の5社のうち3社は新京に新設された会社である。一方、1936年には1社もなかった資本金額10万円から20万円の会社が6社登場している。これらの会社の所在地は、哈爾浜、新京、竜井、奉天、牡丹江と分散しており、各地に相応の規模を持ったホテルが設立されていることがわかる。平均資本金額は、1936年10.4万円から1942年25.2万円に増大している。1942年時点で存続する旅館業会社の設立年は図表II-16-6の通りである。

2　満鉄とホテル・旅館業

満州におけるホテル・旅館業の展開において重要な役割を果たしたのは満鉄であった。「沿線主要駅ニ旅客ノ宿泊食事ノ為メ必要ナル設備ヲ為スヘキハ亦政府ノ命令セル所」でもあり、また「欧亜連絡鉄道幹線ノ一部」という自覚から「外国人旅客ノ宿泊ニ適スル洋風旅館」を設けることに、設立当初から意を用いてい

た。

　満鉄における旅館業務の担当は、当初は運輸部営業課、1911年3月に旅館監督が置かれ同年8月以降本社旅館係、1914年に運輸部営業課の管掌に復帰という経緯をたどった[5]。その後、1920年7月から旅館事務所、1922年からは鉄道部旅客課（経理事務は鉄道部経理課）が所管したが[6]、1927年度において「旅館の特殊性は分離経営を便とし且つ自由の立場に於て充分な活動をなさしめむとの見地より」南満州旅館株式会社（資本金800万円、全額満鉄出資）を設立し、1928年1月1日から旅館、食堂車、その他付属業務の一切をその経営に移管した。しかし、その後、旅館営業は「鉄道事業と密接不可分の関係を生じ之が助長発達は社直営を以て鉄道と統一経営の必要を認め」1931年4月1日、満鉄社内に旅館事務所を設置してその業務を回収した。1934年11月には、旅館事務所を廃止して、各旅館の施設計画ならびに営業監督は鉄道部旅客課に、経理その他は各当該課の所管としたが、1936年11月の職制改定に際し、鉄道総局営業局に旅館課を設置して、食堂車業務（旅客課に残置）以外の直営旅館業務ならびに付帯業務を統轄することとなった[7]。

　満鉄の直営ホテルは、社線関係が大連、星ヶ浦、旅順（のち大連ヤマトホテル黄金台別館）、奉天、新京、五龍背、羅津の七つのヤマトホテルであった。

　大連においては、当初、ロシア時代の旧ホテル、満鉄社宅、旧本社事務所などを改修して暫定的なホテル営業を行なっていたが、1909年6月中央大広場に面した大規模旅館の建設に着手し、1914年3月に竣工、同年8月から営業を開始した。ルネサンス式4階建て、客室115、工費90余万円の大連ヤマトホテルである[8]。

　星ヶ浦ヤマトホテルは、大連郊外の海岸に建設されたリゾートホテルで、1910年9月に本館客室10室、貸別荘8棟で営業を開始し、その後設備の拡充が続いた[9]。

　旅順ヤマトホテルは、ロシア時代の未竣工建物を借り受け改修し、1908年3月に客室15で営業を開始した。1918年には旅順民政署より黄金台貸別荘の委任経営を引き受け、1928年6月にはその払下を受けた。満州事変後は、関東庁ならびに関東軍の新京移転などによりホテルへの需要が減じ、大連ヤマトホテルの

別館となった[10]。

奉天ヤマトホテルは、1910年10月に奉天駅舎の一部を利用して、客室数12で営業を開始した。その後独立の建物を新たに建築することとなり、1929年5月に中央広場に面する新ホテル（客室71室）が落成・営業を開始した[11]。

長春（新京）ヤマトホテルは、1908年10月に長春倶楽部の建物で客室10で営業を開始した。1907年9月に、長春駅前の地で新ホテル（客室25）の建設工事に着手し、1909年10月に竣工、1910年2月から営業を開始した。新築後の同ホテルの景況は振るわなかったが、満州国建国後状勢が一変し、「ホテルは軍機関の占拠する処となり余ヘ千客万来して凡ゆる方面に施設の不足を生ずる」事態となったため、新館（客室31室）の増築を決定して、1933年11月に竣工した[12]。

国線関係では、1934年度に壺蘆島ホテル、興城温泉ホテル、1936年度に斉々哈爾ヤマトホテル、哈爾浜ヤマトホテル、1937年度にハロンアルシャンヤマトホテル、1938年度に牡丹江ヤマトホテル、1941年度に海拉爾ヤマトホテル、孫呉ヤマトホテル、1942年度に東安ヤマトホテルをそれぞれ開設し運営した[13]。

満鉄は、直営ヤマトホテルのほかに、沿線主要地等の旅館業に対し建物または資金を貸付け、あるいは株式を引き受けて、その経営を援助した。これらは「助成旅館」と称せられた。その数は、1927年時点で17、1936年度末で15であった。このうち株式を引き受けたのは、湯崗子温泉株式会社と株式会社遼東ホテルの2社である[14]。

満鉄では、ヤマトホテルのほかに、扶桑館（北京）、筑紫館（撫順）、満州屋旅館（吉林）、二葉館（開原）などを直営したが、これらは、経営困難となった助成旅館をやむなく直営にしたもので、順次貸付営業に転換させていった[15]。

旅館部門の付属業務として、自動車部（車馬部）、洗濯所、食堂車の経営を行なった[16]。

旅館ならびに付帯事業に投じた資金は、1907年度からの累積で、1916年度末で204万円、1926年度末で277万円、1936年度末には475万円（このほかに助成旅館関係で57万円）に上っていた[17]。

旅館営業については「政府命令ノ一ニシテ唯ニ営利ヲ以テ目的トスルモノニアラス、畢竟鉄道及水運業ノ補助及培養機関タルヘキモノニシテ之ニ依リ営利ヲ期

スルヲ得サルハ当然ナリ」[18]との認識であったようである。実際旅館営業全体の収支は、事業開始以来一貫して赤字であったが、1917年度、18年度に初めて利益を計上したものの、19年度以降再び赤字に転じ、以後1936年度までのうち、利益を計上したのは、1928年度〜1930年度（南満州旅館株式会社の収支）と1934年度だけであり、しかも1928年度〜1930年度の利益は、南満州旅館株式会社が満鉄との関係上財産償却を一時繰り延べたことによるものであった。損失額は、1917年度〜1926年度の合計で171万円、1927年度〜36年度では389万円に上っている。ただし、満州事変後の時期を見ると、「旅館」収支と「付属業」収支は黒字に転じており、「其の他」の経費によって赤字が生じているが、その内容は判明しない[19]。1938年度以降は、直営ホテルの収支は、黒字に転じた[20]。

3 東亜交通公社満州支部

　会社組織ではないが、旅行関連のサービス業として東亜交通公社満州支部に触れておきたい。同支部の歴史は、ジャパン・ツーリスト・ビューロー（1912年創業）の大連支部として同年11月に設置されたことに始まる。ジャパン・ツーリスト・ビューローは、1927年6月に公益社団法人に、1934年9月に社団法人ジャパン・ツーリスト・ビューロー（日本旅行協会）に、1941年8月に社団法人東亜旅行社に、1942年12月に財団法人東亜旅行社に、1943年12月に財団法人東亜交通公社にそれぞれ改称・改組された。大連支部（満州支部）は以下で見るように実質的には日本の本部から独立して満鉄の支配下に運営されていた[21]。

　1912年11月、ジャパン・ツーリスト・ビューロー大連支部が南満州鉄道株式会社運輸部内に設置された。当時は、ジャパン・ツーリスト・ビューロー本部が発足したばかりの時で、大連支部に専務員を派遣して独立した事務所を設置する力はなく、満鉄社員に業務を委嘱して「外客誘致並に斡旋」に当たった。1914年3月には、大連、旅順、奉天、哈爾浜、長春に嘱託案内所を設け、外国人旅行者斡旋に備えた。当時は大連支部の費用として、ジャパン・ツーリスト・ビューロー本部から毎年2000円を支給し、事務所の経常費と「案内記」の刊行費用などに充てていた。業務内容は、「案内記」およびジャパン・ツーリスト・ビュー

ロー本部から送付したパンフレット類の配布、外人の斡旋等が主な業務で、極めて小規模なものであった。

当時の満州では、奉天で中国旅行社、哈爾浜で万国寝台車会社支店が活躍し、トーマスクック商会も、満鉄沿線への進出を目論む状況で、日本人経営の旅行社は立遅れており、ジャパン・ツーリスト・ビューローでは、満州内の旅行斡旋を外国人経営機関に占有されることを危惧し、1926年3月の理事会で、旅行案内ならびに乗車券の発売所として京城、大連、上海、哈爾浜の4案内所開設の提案がなされたが、当時のジャパン・ツーリスト・ビューロー本部の経営状態では、その実現は困難であった。そこでジャパン・ツーリスト・ビューロー本部は満鉄に対して大連支部拡充を提案した。満鉄では、この提案を検討し、ジャパン・ツーリスト・ビューロー本部に対し、大連支部受持区域を満州、中華民国本部、シベリアとして大連、奉天、長春、安東、哈爾浜、青島、上海、北京の各地に案内所を設置すること、大連支部経費は本部より補給を受けず支部において独立処理し満鉄鉄道部がその監督に当たること、現在北京案内所に勤務する者は、そのまま大連支部所属に移管すること、などを提案した。ジャパン・ツーリスト・ビューロー本部は、この提案を受け入れ、1926年4月20日開催の理事会で、大連支部案内所設立を決議し、大連支部案内所開設費用として1万円を支出し、それまで大連支部に対し支出していた年額2000円の経費は打ち切ることとした。一方、満鉄では、大連支部が自立するまでの補助金として、一時金10万円を寄付の形式で交付することとなった。

1926年5月28日、大連案内所を開設し、満鉄の乗車券及ワゴンリー会社寝台券の代売を開始した。同年中に、奉天、哈爾浜、上海、長春、天津、満州里と相次いで案内所を設置し、北京にあったジャパン・ツーリスト・ビューロー本部直属の案内所も大連支部の所属に移して「首尾一貫した案内所網」を張ることになった。1927年5月には、それまで事務を委嘱してきた満鉄社員を、大連支部従事員として改めて正式に任命し、大連支部は、会計的にも人事面でも完全な独立機関となった。

1927年7月以降は、それまで満鉄鉄道部が当たっていた満蒙視察案内業務も、大連支部に委託されることになり、大連、奉天両案内所に専任の案内員を常置し、

また撫順案内所を新設した。これによって、旅客に対する斡旋と切符代売を兼ね備えたビューロー本来の姿が整った。

　各案内所の利用者は漸次増加し、代売総額も順調に増加した。また日本からの来満視察団体も逐年増加した。1930年には、大連支部統轄の下に案内所12、出張所5、代理店7を有する規模となっていたが、1930年、1931年は、不況の影響を受けて、業績が悪化し、欠損を余儀なくされた。1931年には2度にわたり人員の大整理も行なったが、1931年度末の累積損失は、9万6233円に達した。

　満州国が建国されてからは、日満間の往来が活発となり、各案内所は繁忙を極める状態となった。治安の回復とともに視察団体数も増加を示した。満州国内鉄道の統一、鉄道総局の設立、北鉄接収等と鉄道網の整備発達に伴って、大連支部の事業も発展し、各地に案内所を開設・拡充していった。

　1934年には、満鉄に請願中であった事業拡張に要する助成補助金が、年額4万円、向こう5ヵ年計20万円交付されることとなった。同年7月には雑誌『旅行満州』を発刊、「大陸文化の紹介並に旅行趣味涵養」に努めた。

　この時期の特筆すべき業務に、「華工輸送」の斡旋があった。1934年7月に青島、天津、芝罘および龍口にそれぞれ出張所を増新設し、山東方面からの入満労働者に対する斡旋業務を行ない、松花江支流の豊満ダム建設などに従事する膨大な中国人労働者を送り込んだ[22]。

　1936年10月に、満州国内鉄道の一元化に伴う満鉄の機構改革により、鉄道総局が奉天に設置されると、「同局と不可分の関係」にある大連支部も、奉天に移転し満州支部と改称した。1936年度時点で、案内所数17、出張所7、駐在員2、代理店2となり、都市別にみると満州（含朝鮮北部）14都市、中国4都市にわたり、「殆ど全満に旅客斡旋網」が整備された。案内所の増設に伴って従事員数も増加し、1936年3月末の総人員は271名となった。

　1937年7月の日中戦争の開始によって、中国内の案内所が一時閉鎖を余儀なくされたが、その後日本軍占領地域が拡大すると、それに合わせて満州支部の事業は、満州から華北華中、さらに蒙彊へと受持区域が拡大し、各都市に次々と案内所を開設し、駐在員を派遣して「文化工作の一端」を担った。

　1938年4月号から、月刊『旅行満州』を『観光東亜』と改題し「日本の大陸

図表Ⅱ-16-7　満州の娯楽業会社（1921年）

形態	企業名	本店	設立年月	公称資本金	払込資本金
				千円	千円
株式	大連電影㈱	大連	1920.04	1,000	250
株式	㈱長春座	長春	1919.10	200	100
株式	㈱哈爾浜座	哈爾浜	1920.04	300	75
株式	㈱奉天劇場	奉天	1918.11	50	50
株式	営口電影㈱	営口	1920.04	100	25
株式	㈱安東劇場	安東	1919.12	50	25
株式	㈱花月舘	大連	1915.04	35	17

出所：『1922 興信録』。

政策の進展に伴ふ時運に順応し、内容を汎く満支蒙綜合の事情に求め経済、産業、風土、文化等大陸民族のあらゆる生活部門を網羅」する綜合雑誌と位置づけた。

　中国主要都市の治安が確保されるようになると視察および慰問旅行者が激増した。また、満州国産業開発五ヵ年計画による労働力の需要、商工業に関わる人材の需要は内地、中国、蒙彊を通じて「驚異的交通量の増大」を招来し、各地で案内所設立の要望が高まった。満州支部では、1938年度よりの第2期拡充計画をたて、1938年中に延吉、通化、太原、羅津、漢口、1940年には蒙古の厚和に案内所を設立した。従事員も増員し、1940年3月末における従事員総数は1047名となった。1940年5月に華北出張所の組織を拡張し、徐州、塘沽、開封、保定に案内所を開設した。中南支方面においても、同年6月に華中出張所を新設、9月に蘇州案内所を、10月には上海新亜細亜ホテル内出張所を設けた。しかし、1940年12月、「中南支の特殊的事情を考慮し、之が発展の為に」華中出張所および管下各案内所、出張所、駐在員を本部に移管した。また朝鮮北部の清津の案内所は同年7月末限りで朝鮮支部に移管された。

4　娯楽業

　『1922興信録』には、娯楽業の会社が、7社掲載されている（**図表Ⅱ-16-7**）。

　このうち、設立が比較的早いのは、㈱花月舘と㈱奉天劇場であった。㈱花月舘（1915年4月設立、公称資本金3.5万円、払込資本金1万7500円、本店大連、社長河井宇多吉）は、寄席賃貸を目的にかかげていたが、「近来其小屋は消防組頭伊藤忠次郎氏によりて専ら経営せられ主として活動写真を興行しつつあ」った。㈱奉天劇場（1918年11月設立、子公称資本金5万円、払込資本金5万円、本店奉天、社長笹部杉一）は、「大正3年4月以来井村氏が個人にて経営せし奉天座

第16章 サービス産業

図表II-16-8 満州の娯楽業会社（1936年）

形態	企業名	本店	設立年月日	公称資本金	払込資本金
				千円	千円
合資	大同倶楽部	大連	1932.06.23		250
合資	豊楽劇場	新京	1935.09.21		200
株式	㈱長春座	新京	1919.10.26	200	152
合資	日満合同会社帝都キネマ	新京	1934.10.05		150
株式	中央興業㈱	大連	1932.05.18	225	121
株式	㈱扇芳会館	新京	1935.12.18	110	110
株式	㈱哈爾浜座	哈爾浜	1920.04.23	300	75
合資	光明公司	新京	1935.10.15		70
株式	鞍山劇場㈱	鞍山	1934.04.25	100	50
合資	長興行会社	大連	1924.03.15		50
合資	舞踏場大連会館	大連	1933.01.31		50
株式	㈱東亜会館	大連	1932.07.01	100	45
合資	斉斉哈爾会館	斉斉哈爾	1934.06.12		40
株式	㈱旅順映画館	旅順	1936.03.30	38	38
株式	㈱帝国館	大連	1915.09.18	33	33
株式	㈱ペロケダンスホール	大連	1932.12.28	30	30
株式	㈱図們劇場	図們	1935.05.31	25	25
合資	天盛倶楽部	大連	1930.04.03		20
株式	㈱オリオンダンスホール	鞍山	1934.02.20	15	15
合資	浪速館	大連	1930.12.20		3
合資	大連キネマガイド	大連	1931.04.30		2
合資	満貫倶楽部	大連	1935.07.18		2

出所：『1936銀行会社年鑑』。

の興行権を買収設立した」ものて、奉天劇場と彌生座の2劇場を村上演芸部に賃貸していた。

第1次大戦後のブーム期に企画されたのが、㈱安東劇場、大連電影株式会社、営口電影株式会社などである。㈱安東劇場（1919年12月設立、公称資本金5万円、払込資本金2.5万円、本店安東、専務取締役荒川

図表II-16-9 娯楽業会社の資本金階層（1936年）

払込資本金階層	会社数	構成比	払込資本金	構成比
	社	%	千円	%
20万円以上	2	9.1	450	29.4
2万円以上	16	72.7	1,060	69.2
2,000円以上	4	18.2	22	1.4
合計	22	100.0	1,532	100.0

出所：『1936銀行会社年鑑』。

図表II-16-10 娯楽業会社の資本金階層（1942年）

払込資本金階層	会社数	構成比	払込資本金	構成比
	社	%	千円	%
200万円以上	1	2.7	2,500	35.7
20万円以上	7	18.9	2,370	33.9
2万円以上	22	59.5	2,072	29.6
2,000円以上	7	18.9	59	0.8
合計	37	100.0	7,001	100.0

出所：『1942銀行会社年鑑』。

図表II-16-11 満州の主要娯楽業会社（1942年）

国籍	形態	企業名	本店	設立年月日	公称資本金	払込資本金
					千円	千円
満州	株式	㈱満州電影総社	新京	1941.11.21	5,000	2,500
満州	株式	㈱満州演芸協会	新京	1940.05.24	500	500
満州	株式	㈱千日座	鞍山	1938.12.28	400	400
満州	株式	牡丹江興業㈱	牡丹江	1939.12.04	400	400
満州	株式	㈱長春座	新京	1919.10.26	300	300
満州	株式	㈱帝都キネマ	新京	1936.10.14	280	280
日本	合資	大同倶楽部	大連	1932.06.23		250
満州	合資	豊楽劇場	新京	1935.09.21		240
日本	株式	㈱文映館	大連	1942.12.28	190	190
満州	合名	国泰電影院	奉天	1939.10.07		180
満州	合名	啓明電影院	鞍山	1940.03.30		174
満州	株式	鞍山劇場㈱	鞍山	1934.04.25	180	160
満州	合資	日満合同会社帝都キネマ	新京	1934.10.05		150
満州	合資	大同電影院	撫順	1940.12.24		150
日本	株式	中央興業㈱	大連	1932.05.18	225	135
満州	合名	遼陽劇場	遼陽	1941.09.22		120
満州	株式	㈱明星会館	哈爾浜	1936.03.08	100	100
満州	合資	国都電影戯院	新京	1939.12.20		100
満州	合資	大東演芸興業会社	哈爾浜	1942.02.25		100
満州	合資	共楽館	斉々哈爾	1937.12.28		100
日本	株式	大明興行㈱	大連	1941.11.26	150	75
満州	合資	光明公司	新京	1935.10.15		70
日本	合資	舞踏場大連会館	大連	1933.01.31		50
満州	合資	斉々哈爾会館	斉々哈爾	1934.06.16		50
満州	合資	奉天会館	奉天	1936.05.01		36
満州	合資	錦州大戯院	鉄嶺	1938.12.02		30
満州	合名	蜂谷興行慰安社	撫順	1936.04.20		30
満州	株式	満州興業商事㈱	新京	1942.01.19	100	25
満州	合名	裕興合名会社	吉林	1938.12.27		24
満州	株式	㈱日独映画館亜細亜	哈爾浜	1936.11.30	22	22
満州	株式	新撫順商場㈱	撫順	1939.07.15	60	15
満州	株式	㈱オリオンダンスホール	鞍山	1934.02.20	15	15
満州	合資	双依電影院	双城縣	1937.08.20		12
満州	合名	水都合名会社	吉林	1939.11.22		10

出所：『1942銀行会社年鑑』。
注：払込資本金1万円以上。

吉平）は、「劇場を建設し之れを貸し若しくは演芸其他の興行を営む」ことを目的に、「煉瓦造の宏壮なる安東第一の劇場」を建設し1920年11月に柿葺落をした。大連電影株式会社（1920年4月設立、公称資本金100万円、払込資本金25万円、本店大連）は、活動写真館の経営を目的として設立されたが、設立と同時に不況に直面し「計画は中絶し久しく行悩の姿」となり、その後活動写真館を新

設することに決したが、成果は不明である。営口電影株式会社（1920年4月設立、公称資本金10万円、払込資本金2.5万円、本店営口、社長鈴木友一）は、営口旧市街に活動写真常設館を設置する目的で設置されたが「余儀なく此常設館を支那人に賃貸し支那芝居を興行せしめつつある模様にて当分好転は覚束」ないものと目されていた。これらの会社は戦後ブームの中で、いち早く活動写真館経営に着目したがその前途は厳しいものがあった。

図表II-16-12　娯楽業会社の設立年

設立年	会社数	構成比	払込資本金	構成比
	社	%	千円	%
1919	1	2.7	300	4.3
1930	1	2.7	3	0.0
1931	1	2.7	2	0.0
1932	2	5.4	385	5.5
1933	1	2.7	50	0.7
1934	4	10.8	375	5.4
1935	3	8.1	312	4.5
1936	5	13.5	469	6.7
1937	2	5.4	112	1.6
1938	3	8.1	454	6.5
1939	5	13.5	705	10.1
1940	3	8.1	824	11.8
1941	3	8.1	2,695	38.5
1942	3	8.1	315	4.5
総計	37	100.0	7,001	100.0

出所：『1942銀行会社年鑑』。

『1936銀行会社年鑑』には、娯楽業の会社は22社掲載されている（**図表II-16-8**）。形態別に見ると、株式会社が11、合資会社が11である。資本金額階層は、**図表II-16-9**の通りで、払込資本金2万円未満が4社、2万円以上20万円未満が16社、最高が25万円で、2万円以上20万円未満層に会社数・資本金額ともに集中している。平均払込資本金額は7万円弱である。業務内容では、22社のうち14社が、映画上映を目的の一つに掲げている。舞踏場経営の会社も5社ある。

『1942銀行会社年鑑』に掲載された娯楽業の会社は37社で、満州国法人が29社、日本法人が8社である。形態別では、株式会社が15社、合資会社が16社、合名会社が6社である。資本金額階層は、**図表II-16-10**の通りである。資本金200万円以上の会社が1社登場し、20万円以上200万円未満の階層も、2社から7社に増加している。平均資本金額は、18.9万円に増大している。業務内容では、映画上映に関係する会社がやはり多く、37社中24社を数える。払込資本金額1万円以上の34社を**図表II-16-11**に掲載した。1942年時点で存続する娯楽

図表 II-16-13 満州の雑業会社（1921年）

形態	企業名	本店	設立年月	公称資本金	払込資本金
				千円	千円
株式	営口水道電気㈱	営口	1906.11	2,000	1,500
株式	㈱大連車夫合宿所	大連	1919.05	500	250
株式	㈱奉天検番	奉天	1920.02	200	200
株式	㈱老虎灘保健浴場	大連	1920.03	500	125
合名	㈴開原屠獣場	開原	1918.01		80
株式	大連蒸気洗濯㈱	大連	1919.08	300	75
株式	㈱共立検番	営口	1919.12	300	75
株式	㈱開原検番	開原	1920.02	300	75
株式	㈱長春検番	長春	1915.02	150	75
株式	㈱哈爾浜検番	哈爾浜	1918.11	300	75
株式	㈱四平街検番	四平街	1919.10	150	37
株式	㈱公主嶺検番	公主嶺	1920.06	150	37
株式	㈱長春共和公司	長春	1919.02	100	36
株式	㈱奉天馬車公司	奉天	1920.03	100	25
株式	㈱旅順検番	旅順	1918.06	23	23
株式	大連礼装㈱	大連	1914.01	50	17
合資	㈾大連クリーニング商会	大連	1919.08		12
株式	㈱安東検番	安東	1919.03	50	12
合資	㈾柏原紹介所	大連	1918.12		12
合資	㈾雨蓮社	大連	1918.01		10
合資	長春洗濯合資会社	長春	1921.02		10
株式	㈱鉄嶺検番	鉄嶺	1919.04	35	8
合資	㈾北満葬儀社	長春	1919.02		3
株式	鞍山葬儀㈱	大連	1918.02	10	2

出所：『1922会社興信録』。

業会社の、設立年は**図表Ⅱ-16-12**の通りである。

第2節　雑　　業

『1922会社興信録』には、雑業の会社は、24社掲載されている（**図表Ⅱ-16-13**）。

この一覧で興味深いのは、検番の多いことである。すなわち、長春、旅順、哈爾浜、営口、四平街、安東、鉄嶺、奉天、公主嶺、開原の各地検番で、24社中10社を占めている。しかもこの10社はいずれも株式会社組織であり、長春の1915年以外は、1918年から20年の間に一斉に設立されている。経営状況にはバラツキがあったようで、㈱長春検番（1915年2月設立、公称資本金15万円、払込資本金7.5万円、本店長春、専務取締役今井虎吉）は、「長春に於ける独占的

特殊の営業にして創立以来6年の歴史を有す。其業績累年良好にして現在抱妓約40名。社業の基礎漸く固きものあり」と評されているが、㈱安東検番（1919年3月設立、公称資本金5万円、払込資本金1.25万円、安東県市場通、専務取締役張却覚）の場合は「安東に於ける料理店組合員に依りて設立せられ同地が木材の本場として各地より商人の往来する関係上此方面の業務も相当繁忙を極めしも近来不況に祟られ漸次寥びれつつ」あったし、㈱奉天検番（1920年2月設立、公称資本金20万円、払込資本金20万円、本店奉天、専務取締役磯浦元次郎）は、資本金100万円（四分の一払込）で設立させたが1921年6月に五分の一に減資し、資本金20万円払込済となった。㈱共立検番（1919年12月設立、公称資本金30万円、払込資本金7.5万円、本店営口、社長大坪熊市）の場合は営口新市街の「各料理店抱えの芸妓を統一する計画」が順調には進まず、「好況当時稍採算を無視せる仕込を為したる為不況来と共に貸し金のみ徒に嵩むの窮境」に陥っていた。㈱鉄嶺検番（1919年4月設立、公称資本金3.5万円、払込資本金8750円、本店鉄嶺附属地、常務取締役松田栄二）に至っては、「看板さへも掲げ居らず、殆んど其存在を認め居られざる状態」にあった。これらの検番のうち、『1936銀行会社年鑑』で存続が確認できるのは、旅順検番（公称資本金・払込資本金が2万3000円から3000円に減資されている）だけである。なお、㈱鉄嶺検番は休業中の会社として掲載されている。

　葬祭業では、大連礼装株式会社（1914年1月創立、公称資本金5万円、払込資本金1万7500円、本店大連、専務取締役黒田伊平）が最大手であった。同社は数名の同業者が相寄り組織したもので「相当の業績を辿りつつありて当地同業者間の地位第一流なり」と評せられた。他方、同じ大連で営業する㈾雨蓮社（1918年1月設立、資本金1万円、本店大連、代表社員藤田半七）は、「同業者としては大連礼葬会社あり相当の成績を挙げ居れば自然之れが圧迫を受け漸く手一杯の業態を維持し居る」状況で、また鞍山で営業する鞍山葬儀株式会社（1918年2月設立、公称資本金1万円、払込資本金2500円、本店大連）の場合は「所有の営業用器具其他一切を株主の一人なる楢崎某に一ヶ月100円を以て賃貸し居る而已、其他何等業務を執る事なく今日に至れるものなれは殆んど会社の実なきに等しと観測」されていた。葬祭3社のうち、大連礼装株式会社のみは、『1936

図表II-16-14 雑業会社の資本金階層（1936年）

払込資本金階層	会社数	構成比	払込資本金	構成比
	社	%	千円	%
20万円以上	5	6.4	1,250	51.4
2万円以上	17	21.8	878	36.1
2000円以上	46	59.0	292	12.0
2,000円未満	10	12.8	13	0.5
合　計	78	100.0	2,433	100.0

出所：『1936銀行会社年鑑』。

銀行会社年鑑』でその存続を確認できる。

洗濯業の大連蒸気洗濯株式会社（1919年8月、公称資本金30万円、払込資本金7.5万円、本店大連、社長佐治大助）は、「多田惣八郎氏が青島に於けるドイツ人の西洋洗濯業に則り当時同業一般的の弊を矯正する目的の下に最も新しき試として創立せられ当初相当活況を呈したりしが技術上に就き兎角の評あり加うるに使用人中得意先きに対する責任観念の乏しきものありし等が因を為し業績漸次不振となり昨年9月頃より休業の止むなきに至れり」とある。『1936銀行会社年鑑』では姿を消している。

㈱大連車夫合宿所（1919年5月設立、公称資本金50万円、払込資本金25万円、本店大連、社長山田三平）は、「人力車夫並に乗用馬車の馭者に対する舎宅の貸付、人力車馬馬車及付属品の販売修繕、日用品の販売」を目的とする会社で、「同社の前身は明治44年8月資本金3万4390余円を以て創立したる合資会社大連車夫合宿所にして業務の発展に伴ひ大正8年5月株式組織に変更したるもの」で、「本業は半公共的事業なれば業面地味なるも堅実なる営業振りを示し相当の業績を挙げ」ていた。

『1936銀行会社年鑑』には、雑業の会社は78社掲載されている。形態別に見ると、株式会社が14、股份が1、合資会社が51、合名会社が12である。資本金額階層は、**図表II-16-14**の通りで、払込資本金20万円以上が、5社（6.4％）で払込資本金額の51.4％を占め、2万円以上20万円未満が、17社（21.8％）で払込資本金額の36.1％を占める。会社数では、2000円以上2万円未満が46社（59.0％）と最も多いが、資本金額では12％を占めるにすぎない。平均資本金額は、3.1万円である。業務内容は、飲食店、洗濯、葬祭をはじめとして、種々雑多である。払込資本金額1万円以上の32社を**図表II-16-15**に掲載した。

『1942銀行会社年鑑』に掲載された雑業の会社は144社で、満州国法人が101社、日本法人が43社である。形態別では、株式会社が40社、合資会社が76社、

第16章 サービス産業　989

図表II-16-15　満州の主要雑業会社（1936年）

形態	企業名	本店	設立年月日	公称資本金	払込資本金
				千円	千円
股份	新京屠宰股份有限公司	新京	1936.04.01	300	300
株式	㈱大連車夫合宿所	大連	1919.05.15	500	250
株式	日満観光㈱	大連	1935.10.22	250	250
株式	哈爾浜競馬場	哈爾浜	1922.03.03	1,000	250
株式	㈱馬車収容所	大連	1922.02.20	200	200
合名	開原屠獣場	開原	1928.05.29		150
株式	老虎灘保養場	大連	1920.03.27	500	125
合資	大連製薬公司	大連	1925.02.25		100
合資	旅順振興協会	旅順	1936.02.20		100
合資	化学興業公司	奉天	1923.03.31		100
合資	満州ネオンサイン製作所	大連	1932.03.20		40
株式	長春英利公司	新京	1919.02.05	100	36
合資	八千代	鞍山	1924.01.17		30
合資	南満防腐会社	安東	1925.03.27		30
株式	奉天馬車公司	奉天	1920.03.09	100	25
合名	若松屋	大連	1934.05.28		22
株式	長春浴場洗布	新京	1922.05.22	20	20
合資	新橘	大連	1923.09.14		20
合資	大連冷蔵会社	大連	1926.07.10		20
合資	開春楼	大連	1935.04.30		20
合資	金六	奉天	1928.10.25		20
合資	奉天葬祭会社	奉天	1932.12.05		20
合資	恵比須洋行	大連	1924.02.01		18
株式	大連礼装㈱	大連	1914.01.25	50	17
株式	沙河口礼装㈱	大連	1923.07.19	50	12
合資	大連クリーニング商会	大連	1919.08.25		12
合資	柏原紹介所	大連	1918.12.01		12
合資	水月	新京	1930.12.01		12
合資	満月園	大連	1932.11.25		10
合資	長春洗濯会社	新京	1921.02.25		10
合資	国際花壇	新京	1935.10.25		10
合名	つるや	奉天市	1930.12.01		10

出所：『1936銀行会社年鑑』。
注：払込資本金1万円以上。

図表II-16-16　雑業会社の資本金階層（1942年）

払込資本金階層	会社数	構成比	払込資本金	構成比
	社	%	千円	%
200万円以上	1	0.7	2,000	21.0
20万円以上	8	5.6	3,050	32.0
2万円以上	57	39.6	3,985	41.8
2000円以上	67	46.5	481	5.1
2,000円未満	11	7.6	14	0.2
合計	144	100.0	9,531	100.0

出所：『1942銀行会社年鑑』。

図表 II-16-17 満州の主要雑業会社 (1942年)

国籍	形態	企業名	本店	設立年月日	公称資本金	払込資本金
					千円	千円
満州	株式	鞍山起業㈱	鞍山市	1939.11.29	2,000	2,000
満州	株式	営口水道㈱	営口	1906.11.15	1,000	1,000
満州	株式	満州軍援産業㈱	新京	1935.05.29	2,000	500
満州	株式	奉天製油工業㈱	奉天	1942.04.06	300	300
満州	合名	西岡合名会社	牡丹江	1938.12.03		300
日本	株式	㈱大連車夫合宿所	大連	1919.05.15	500	250
日本	株式	東方観光㈱	大連	1935.10.22	250	250
満州	株式	哈爾浜競馬場	哈爾浜	1922.03.03	1,000	250
日本	株式	㈱大連馬車収容所	大連	1922.02.20	200	200
満州	合資	銀城連鎖店	新京	1941.06.09		195
日本	株式	常盤興業㈱	大連	1942.09.23	190	190
満州	株式	大新京商事㈱	新京	1941.12.27	190	190
満州	株式	奉天つるや洗染㈱	奉天	1937.10.03	150	150
満州	株式	錦州祭礼㈱	錦州	1940.11.02	150	150
満州	合資	大洋軒	新京	1941.03.17		150
満州	合名	開原屠獣場	開原	1928.05.29		150
満州	株式	奉天軍需㈱	奉天	1942.06.04	180	126
満州	株式	㈱長春浴池	新京	1936.10.01	200	125
満州	株式	㈱温泉閣	新京	1938.08.24	190	122
満州	株式	㈱満州白洋舎	新京	1937.04.18	120	120
満州	株式	東洋商事㈱	新京	1939.12.28	450	112
満州	株式	㈱牡丹江検番	牡丹江	1940.10.22	150	105
日本	株式	㈱満州興信所	大連	1941.02.19	100	100
日本	合資	大連製薬公司	大連	1925.02.25		100
日本	合資	旅順振興協会	旅順	1936.02.20		100
満州	合資	野田市	新京	1939.12.13		100
満州	合資	オガタ満蒙民謡社	新京	1942.02.24		100
満州	合資	大満州都市清掃会社	新京	1942.02.25		100
満州	合資	大洋舎	新京	1942.03.26		100
満州	合資	化学興業公司	奉天	1923.03.31		100

出所:『1942銀行会社年鑑』。
注:払込資本金10万円以上。

合名会社が28社である。資本金額階層は、**図表Ⅱ-16-16**の通りである。2000円以上2万円未満が67社(46.5％)、払込資本金額で5.1％で1936年に比して薄くなり、2万円以上20万円未満が、57社(39.6％)、払込資本金額41.8％と分厚くなり、上層へシフトしているが、平均資本金額が6.6万円と小規模であることには変わりがない。払込資本金額10万円以上の30社を**図表Ⅱ-16-17**に掲載した。1942年時点で存続する雑業会社の設立年は**図表Ⅱ-16-18**の通りである。ピークは会社数、資本金額ともに1939年である。比較的フラットに分散している。

おわりに

1920年代までは、旅館業で、会社組織をとるものはほとんど存在しておらず、満鉄が直営するヤマトホテル以外は、個人経営の旅館のみという状況であった。1930年代に入ると、合資会社・合名会社形態でホテルを名乗る会社が、大連や奉天に設立され始めたが、その規模は資本金10万円にも満たない小さなものであった。1940年代になってようやく、新京などに資本金が50万円を越えるホテルが設立されるようになった。

1912年に設置されたジャパン・ツーリスト・ビューロー大連支部(のちの東亜交通公社満州支部)は、実質的には日本の本部から独立して満鉄の支配下で運営されていた。満州国建国以降の旅行者増大を背景に業容を拡大した。同支部には文化工作の担い手としての役割も期待されていた。

娯楽業では、第1次大戦後直後の時期に、常設の映画館設立の試みがいくつかあったが、1920年代の不況下で、その多くが挫折した。1930年代半ばには大連や新京で、1930年代後半から1940年代にかけては満州各都市で、常設映画館が相次いで設立され、娯楽の花形の地位を占めるに至った。

雑業については、その内容が多様で、かつ会社規模が小さく、資料面でも制約

図表II-16-18 雑業会社の設立年

設立年	会社数	構成比	払込資本金	構成比
	社	%	千円	%
1906	1	0.7	1,000	10.5
1914	3	2.1	55	0.6
1918	3	2.1	18	0.2
1919	3	2.1	271	2.8
1920	1	0.7	25	0.3
1921	1	0.7	10	0.1
1922	4	2.8	472	5.0
1923	3	2.1	133	1.4
1924	2	1.4	48	0.5
1925	4	2.8	137	1.4
1926	3	2.1	29	0.3
1927	3	2.1	10	0.1
1928	3	2.1	188	2.0
1929	1	0.7	2	0.0
1930	5	3.5	33	0.3
1931	6	4.2	69	0.7
1932	4	2.8	34	0.4
1933	5	3.5	30	0.3
1934	2	1.4	9	0.1
1935	9	6.3	780	8.2
1936	6	4.2	300	3.2
1937	10	6.9	451	4.7
1938	12	8.3	599	6.3
1939	16	11.1	2,444	25.6
1940	9	6.3	385	4.0
1941	14	9.7	968	10.2
1942	11	7.6	1,034	10.9
総計	144	100.0	9,531	100.0

出所:『1942銀行会社年鑑』。

があり、ほとんど検討することができなかった。雑業の多くは、個人経営で営まれていたと思われ、本章の会社一覧に掲載されるような会社は例外的なものと見なすべきかもしれない。

注

1) 柳沢遊『日本人の植民地経験』(青木書店、1999年) 37頁。
2) 『1922会社興信録』。
3) 南満州鉄道株式会社『南満州鉄道株式会社第二次十年史』(1927年) 433頁。
4) 「満鉄関係会社一覧表」(南満州鉄道株式会社『南満州鉄道株式会社第三次十年史』(1938年、復刻龍渓書舎、1976年) 付図・付表所収)。
5) 南満州鉄道株式会社『南満州鉄道株式会社十年史』(1917年) 667-668頁。
6) 前掲『南満州鉄道株式会社第二次十年史』417頁。
7) 前掲『南満州鉄道株式会社第三次十年史』543頁。
8) 前掲『南満州鉄道株式会社十年史』668-670頁、前掲『南満州鉄道株式会社第二次十年史』418-420頁、前掲『南満州鉄道株式会社第三次十年史』543-546頁。
9) 前掲『南満州鉄道株式会社十年史』670-671頁、前掲『南満州鉄道株式会社第二次十年史』420-422頁、前掲『南満州鉄道株式会社第三次十年史』546-548頁。
10) 前掲『南満州鉄道株式会社十年史』671頁、前掲『南満州鉄道株式会社第二次十年史』422-423頁、前掲『南満州鉄道株式会社第三次十年史』548-550頁。
11) 前掲『南満州鉄道株式会社十年史』671頁、前掲『南満州鉄道株式会社第二次十年史』424-425頁、前掲『南満州鉄道株式会社第三次十年史』550-553頁。
12) 前掲『南満州鉄道株式会社十年史』671-672頁、前掲『南満州鉄道株式会社第二次十年史』425-427頁、前掲『南満州鉄道株式会社第三次十年史』553-555頁。
13) 財団法人満鉄会『南満州鉄道株式会社第四次十年史』(龍渓書舎、1986年) 280-281頁。
14) 前掲『南満州鉄道株式会社第二次十年史』433-434頁、前掲『南満州鉄道株式会社第三次十年史』570-571頁。
15) 前掲『南満州鉄道株式会社第三次十年史』555-561頁。
16) 前掲『南満州鉄道株式会社第二次十年史』429-431頁、前掲『南満州鉄道株式

会社第三次十年史』561-569頁。

17）前掲『南満州鉄道株式会社十年史』673頁、前掲『南満州鉄道株式会社第二次十年史』431頁、前掲『南満州鉄道株式会社第三次十年史』571頁。

18）前掲『南満州鉄道株式会社十年史』673頁。

19）前掲『南満州鉄道株式会社第二次十年史』431-432頁、前掲『南満州鉄道株式会社第三次十年史』571-574頁。

20）前掲『南満州鉄道株式会社第四次十年史』229頁。

21）以下、大連支部の沿革と事業内容については、東亜交通公社満州支社『東亜旅行社満州支部十五年誌』（1943年）による。

22）日本交通公社『日本交通公社七十年史』（1982年）74頁。

第17章　メディア産業

はじめに

　本章ではメディア産業として、新聞、出版、映画制作・興行、印刷業などの事業分野に設立され、企業活動を展開した満州法人企業について検討を行なう。満州に多数の日本人が移民、定住し、そこに日本人社会が形成されれば、彼らに日本語により情報や娯楽を提供するメディアが必要とされる。さらに満州国が成立し、多民族と多言語により形成される空間を植民地統治するため、メディアに課せられた役割が変質し、その意義は急激に高度化した。こうした植民地統治にメディアが果たした広範な役割のみならず、近年のいわゆるポストコロニアリズム研究の影響もあって、満州のマス・メディアに関する研究は一定の進展を示しつつある。これらの研究は、新聞、放送事業、映画、通信事業が中心であった。

　新聞では中下正治「中国における日本人経営の雑誌・新聞史　その1―明治期創刊のもの」、「中国における日本人経営の雑誌・新聞史　その2―大正期創刊のもの」があるが、これらは満州を含む中国において発行された新聞および雑誌の書誌と発行事情に関する簡単な紹介に止まる[1]。満州における新聞について唯一の本格的研究は、李相哲『満州における日本人経営新聞の歴史』のみである[2]。同書は『満州日日新聞』を中心に満州における新聞事業の発展過程を整理すると共に『満州日日新聞』の社説を中心に掲載記事の分析を行ない、『満州日日新聞』が日本の対満州政策をどのように捉え報道したかを検討した労作である。同書に示された論点や事項について、やや掘り下げが不十分な点も目立つが、満州の日系新聞がほぼ網羅的に紹介される点で、満州における日系新聞史研究の現在における一つの到達点と見ることができる。

これに対し放送事業は近年急速に研究が充実しつつある分野である。林惠玉「東アジアにおけるマス・メディア史研究―日本統治下の台湾、満州における放送事業―」は台湾および満州のラジオ放送を検討した[3]。ここでの関心はラジオ放送が植民地の多言語社会において「教化、宣伝の使命」をどのように果たしたかに置かれている[4]。また、川島真「満州国とラジオ」は、多民族性と言語・文化の多様性を特徴とした満州のラジオ放送を「満州側が日本側を捉える視線は無く、あくまでも日本側が満州を説明し、特徴づけ、『満州文化』の建設を行なおうとした」ものと述べる[5]。山本武利「満州における日本のラジオ戦略」は、ラジオ放送をプロパガンダと宣撫工作の手段として位置づける[6]。そして満州における放送メディアの特質として、その重層構造を指摘する。満州の放送メディアを担った、異なる機能を有する三つの機関、すなわち「放送界は電々会社（娯楽）―弘報処（プロパガンダ）―関東軍（宣撫）の3つの機関の重層構造」を強調する[7]。これらの研究に対し、石川研「満州国放送事業の展開―放送広告業務を中心に―」は、満州における放送事業の担った企業である満州電信電話株式会社を研究の中心に位置付け、その設立過程とハードウェアの拡充状況、さらに放送広告活動を検討した経済史研究として充実した成果である[8]。しかし、同論文の主たる目的は、満州電信電話の放送広告業務が戦後日本の商業放送事業にどのような影響を与え、どのように継承されていったかにあり、満州のメディア産業そのものを検討する本章の課題とは視角を異にする。また、ラジオ放送事業は満州におけるマス・メディアとして重要な事業ではあったが、その中心的な事業主体は満州電信電話であった。満州企業を産業部門に区分して分析する本書において満州電信電話は第Ⅱ部第2章第1節通信で取り上げられている。したがって、本章では放送事業を直接的に取り上げることはしない[9]。

　また、満州の映画事業についても有益な研究が存在する。満州における映画制作事業は、1937年8月21日に公称資本金500万円（払込125万円）の特殊会社として設立された株式会社満州映画協会により独占的に進められた。映画は大衆的な娯楽であると同時に強いプロパガンダ性を有する媒体である。映画に内在するこうした特性は、満州という植民地社会空間においてはより多義的な解釈を必要とする形で現象した。こうした満州映画の制作過程や映像は植民地社会として

の満州をより多面的かつ立体的に把握するための絶好の分析対象であった。満州映画の表象は、植民地体制下の満州社会の多様性とその内部で増殖する異質性が生み出す矛盾を投影したものであった。こうした満州映画の有する多義性が、満州映画事業に対する関心や問題意識を生み出していたと思われる。満州映画協会については、まず山口猛『幻のキネマ満映―甘粕正彦と活動屋群像―』が、満州映画協会理事長に就任した甘粕正彦と満州映画協会を舞台に活動した映画人を軸に、満映という植民地における映画制作会社に固有に内包された混沌と闇を生々しく描き出した[10]。同書は映画史の観点から記されたドキュメンタリーであって、いわゆる研究書とは異なる。しかし、資料的な裏付けも比較的手堅く行なわれ、満州映画協会を検討する際の有益な文献である。また同書では第2次大戦後に満州映画協会が東北電影公司に改組される状況に言及されている。これに対し満州映画協会それ自体に関する本格的な研究として、胡昶・古泉『満映―国策電影面面観』が存在する[11]。同書は、満州映画協会が設立される前史となる満州国の映画政策の立案過程から満州映画協会の設立と活動、さらにその解体まで満州映画協会の全生涯を描いた研究である。満州における映画統制政策の展開過程、満州映画協会の会社機構の変化、そして満州映画協会が制作した映画作品の紹介が比較的バランスよく紹介されている。特に満州における映画事業を検討する際に、同書で言及される多くの事実は有益であり、同書の資料的価値は高い。本章における映画事業の検討もその多くを同書に負っている。

この『満映―国策電影面面観』以外では、モヤ・マリア・デ・ロス・アンヘレス「満州占領（1931～45年）下の日本のプロパガンダ―戦時下初期における『楽土』の表象―」が、満州映画を映像技法とプロパガンダ映画という視角から検討するが、同論文には経済史的な研究視点はない[12]。また、小関和弘「満鉄記録映画と『満州』―異郷支配の視線」は、満州映画協会の設立過程を満鉄の映画制作事業の展開のなかに位置づけた研究である[13]。満州映画協会が満鉄文書課映画班を前身とする「満鉄映画製作所とのゆるやか、かつ明確な連携のもとで」発足したことを指摘した[14]。この満鉄映画製作所は1944年6月に満州映画協会に統合され、満鉄の内部機関による映画製作は終焉する[15]。さらに満州のみを研究対象としたものではないが、加藤厚子『総動員体制と映画』において満州映画協

会の設立とその活動が検討されている[16]。同書では「満州における映画統制のバックボーン」であった満州国映画法と株式会社満州映画協会法が検討され、満州映画協会に内在した「政府直轄の情報宣伝機関」としての性格が強調される[17]。そして「満映が自給自足体制の形成を図る過程は、政策と産業の両面で自己完結性を高めることで満州映画政策が日本映画政策の隷属的立場から離脱する過程でもあり、満映が『独立国』満州国の映画国策実施機関＝情報宣伝実施機関となる過程であった」と指摘する[18]。

満州の情報通信事業は、1932年12月1日に創立され、1937年7月1日に公称資本金50万円（払込25万円）の法人組織に改組される満州国通信社により担われる。この満州国通信社の設立過程を、同盟通信社の情報ネットワーク形成の視角から検討した研究が、佐藤純子「満州国通信社の設立と情報対策」および「同盟情報圏形成期の満州国通信社」である[19]。前者では満州国通信社の設立を外務省、陸軍省、関東軍の情報戦略の展開と関連させて検討される。そして満州国通信社の設立が日本本国における同盟通信社の設立を促進した要因であったことが明らかにされた[20]。また、後者では満州国通信社の組織構造の変化や資金構成を分析し、同盟通信社の設立後に満州国通信社が同盟通信社を基幹とする情報ネットワークの一環に位置づけられ、結果的にその主体性や独自性が喪失されていった点を明らかにしている[21]。

これらの研究はメディア史研究あるいは映画史研究などそれぞれ固有の視角から行なわれたものであった。これらの研究には、本章で進める満州のメディア企業分析に有益な企業情報や周辺情報が多く含まれており、本章でもそれらを利用する。しかし、これらは満州における企業史研究の視角から行なわれたものではない。本章では満州におけるこれら代表的なメディア企業を含むメディア産業全体を法人企業に着目して産業分析の視角から検証する。

figure II-17-1 満州日系企業構成におけるメディア企業

(単位：千円)

年　月	メディア企業		満州全企業		(a)/(c)	(b)/(d)
	企業数(a)	払込資本金額(b)	企業数(c)	払込資本金額(d)		
1921.06	12	971	714	561,182	1.7 %	0.2 %
1926.12	34	2,576	1,324	624,205	2.6 %	0.4 %
1936.05	34	2,952	2,442	1,349,290	1.4 %	0.2 %
1942.09	129	34,978	6,523	6,471,981	2.0 %	0.5 %

出所：日清興信所編『満州会社興信録　大正十一年版』1922年、南満州鉄道株式会社調査課編『満蒙に於ける日本の投資状態』1928年、大連商工会議所編『満州銀行会社年鑑　昭和十一年版』1936年、大連商工会議所編『満州銀行会社年鑑　昭和十七年版』1943年。

第1節　メディア産業の企業構造

1　メディア企業の構造変化

　本節では、満州におけるメディア産業についてその設立動向や企業編成に着目し、メディア産業の企業構造上の特質について確認する。まず最初にメディア企業の設立動向を時期的変化に着目しながら概観しておきたい。本章でメディア産業として扱う事業分野は、新聞、出版、映画制作・興行、印刷、調査、広告などである。ラジオ放送などメディア事業それ自体としては、これら以外に重要な事業分野は存在する。しかし、本章の基本的な目的は産業部門ごとに区分して満州に存在した日系法人企業の企業構造とその事業活動を検討することであり、メディア事業を展開した企業それ自体が検討対象となる。

　こうした限定をした上で、満州における日系メディアの法人企業を抽出すると、確認される限りで196社を見出すことができる。これらの企業について、1920年代から1940年代における4時点で確認できるメディア企業の企業数と払込資本金総額を算出し、それらが満州の法人企業全体のなかに占める構成比を示したのが**図表Ⅱ-17-1**である。これによれば1921年6月末における満州のメディア企業は、企業数が12社、その払込資本金総額は約97万円であった。第1次大戦終了後の反動恐慌期にあたるこの時期には、これ以降の時期に比較すれば満州の日系法人企業そのものが全体として低水準ではあった。しかし、そのなかでもメ

ディア企業の存在感は乏しく、企業数は全体の 1.7％、払込資本金総額は 0.2％を構成するに過ぎなかった。時期に応じて各種の企業ディレクトリーに依拠して検討を進める本章に示されるデータは、基本的に依拠する企業ディレクトリーのカバレッジに制約され、一定度のバイアスと他の時期の企業データとの齟齬は避け難い。この時期のデータ抽出に利用した『1922 興信録』のカバレッジが狭いことが推測されるが、それでもこの時期の満州のメディア産業は法人企業構成から見る限り、低調な産業部門であったと言えよう。この時期の 12 社の事業分野を確認すると 4 社が新聞社であり 8 社が印刷業である。このうち払込資本金が 10 万円を超えるのは 3 社の新聞社であった。それらは 1913 年 11 月 26 日に公称資本金 50 万円（払込 22 万 6250 円）で大連に設立された株式会社満州日日新聞社、後に満州日日新聞社に合併される 1919 年 10 月にやはり大連に設立される公称資本金 50 万円（払込 25 万円）の株式会社遼東新報社および 1919 年 11 月 26 日に公称資本金 50 万円（払込 12 万 5000 円）で設立された株式会社大連経済日報社の 3 社であった。8 社の印刷企業はいずれも払込資本金が 10 万未満の中小零細企業であった。

　こうしたメディア企業は 1926 年 12 月末までに企業数で 34 社、払込資本金額で 257 万 6000 円まで拡大する。企業数の構成比は 2.6％に上昇し、払込資本金総額の構成比も 0.4％と微増した。新聞社は 9 社に増大し、中小零細規模の印刷企業や出版社も新たに設立されている。新聞社では 1922 年 11 月 1 日に公称資本金 20 万円（全額払込）で株式会社哈爾浜新聞社が、1925 年 11 月 20 日には公称資本金 20 万円（全額払込）で株式会社盛京時報社が新設されている。また、印刷業では 1921 年 9 月に資本金 10 万円の合資会社日清印刷所や 1922 年 3 月に公称資本金 30 万円（払込 9 万円）の奉天オフセット印刷株式会社などが設立される。このほぼ 10 年後の 1936 年 5 月末で確認するとメディア産業では企業数は 34 社と変化せず、払込資本金総額も約 295 万円とほとんど増加していない。満州国の成立と産業開発政策が始動するなかで、この時期には満州の法人企業構造において企業数で 1100 社以上の増加が示され、払込資本金総額も倍増したのに対比すれば、メディア産業の停滞状態が際立つ。この結果、メディア企業の構成比は企業数で 1.4％、払込資本金総額で 0.2％へと低下した。しかし、企業数そ

のものは 34 社と変化していないが、これを構成する企業は 1926 年とは相当数が変化している。1920 年代における満州経済の低迷の中で多数のメディア企業が休廃業に追い込まれた一方で、1930 年代、特に満州国成立後に新たに設立された企業も多く、メディア産業の内部構造を見れば企業構成の変化が生じていたことが分かる。この時点で新たに捕捉される企業は、新聞では 1935 年 3 月 8 日に公称資本金 20 万円（全額払込）で設立された株式会社泰東日報社や 1933 年 10 月 9 日に公称資本金 10 万円（全額払込）で設立された株式会社マンチュリア・デーリー・ニュースがある。また、印刷業でも新たに中小零細規模の企業が設立されていた。

最後に、満州産業開発 5 ヵ年計画が本格的に展開した 1942 年 10 月末の時点を確認しておこう。1930 年代後半から 1940 年代にかけてメディア産業では、企業数が 129 社に増加し、払込資本金総額もほぼ 3500 万円と大きく増大した。しかし、この時期は満州における法人企業全体も急激に膨張する時期であり、メディア企業の拡充は全体的にはこの膨張に埋没した形になった。それでも構成比で見れば企業数で 2.0％、払込資本金総額で 0.5％と、1936 年時点に比較すれば一定の比重を回復する。この時期には満州のメディア産業として重要な企業が多く新設されている。新聞では 1936 年 8 月 25 日に公称資本金 9 万 9000 円（全額払込）で株式会社満州新聞社が設立される。満州新聞社は 1941 年 8 月 10 日に公称資本金 64 万 9000 円に増資され、49 万 8208 円の払込を完了する。出版では 1937 年 4 月 9 日に教科書用図書の出版・印刷を行なう満州図書株式会社が公称資本金 200 万円（払込 50 万円）の特殊会社として新設された。満州図書は 1940 年 1 月 22 日に公称資本金 800 万円に増資され、1942 年 10 月時点で 650 万円の払込を完了し巨大企業となっている。また、同じ 1937 年 7 月 1 日には公称資本金 50 万円（払込 25 万円）で新京に股份有限公司満州国通信社が設立される。「国通」と略称される同社は 1941 年 8 月 10 日に公称資本金 290 万円に増資され、払込も完了している。1939 年 12 月 28 日には準特殊会社として公称資本金 50 万円（払込 25 万円）で株式会社満州事情案内所が新設された。満州事情案内所も 1942 年 10 月末で 37 万 5000 円の資本金払込が完了している。

1937 年 8 月 21 日には満州における国策的メディアの重要な一翼となる映画制

作企業の株式会社満州映画協会が公称資本金500万円（払込125万円）の特殊会社として新設される。このいわゆる満映は1940年11月25日に公称資本金900万円に増資され、1942年10月までに750万円の払込を完了する。この満州映画協会の配給子会社として1941年11月21日に公称資本金500万円（払込250万円）で設立されたのが株式会社満州電影総社である。満州電影総社のような興行分野では、1936年10月14日に公称資本金28万円（全額払込）で新京に設立された株式会社帝都キネマがある。映画館や演芸場などの興行事業には企業規模としては零細規模の法人企業が満州にも多数存在した。そうしたなかで比較的規模の大きな企業としては帝都キネマのほかに、1938年12月28日に公称資本金10万円（全額払込）で鞍山に設立される株式会社千日座や1939年12月4日に公称資本金40万円（払込20万円）で牡丹江に設立される牡丹江興業株式会社などがある。千日座は1941年1月31日に公称資本金40万円に増資され、払込を完了する。牡丹江興業も1940年4月20日に公称資本金40万円の全額払込を完了する。また、1940年5月24日には株式会社満州演芸協会が公称資本金50万円（全額払込）で設立されている。

印刷業でもこの時期に多数の企業が新設される。印刷企業はそれまでにも比較的多くの企業が存在したが、それらの大多数は零細規模の印刷企業であった。この時期に新設された印刷企業の多くも中小零細規模の企業であったが、それらのうち比較的規模の大きな企業を示すと、1933年12月6日には公称資本金10万円（全額払込）で新大陸印刷株式会社が設立されている。新大陸印刷は1939年9月15日に公称資本金100万円に増資が行なわれ60万円が払い込まれた。1935年5月6日には公称資本金50万円（払込25万円）で興亜印刷株式会社が新設される。興亜印刷は1941年9月26日に公称資本金80万円に増資され、払込も完了していた。この時点の満州における印刷法人企業のなかで興亜印刷が払込資本金額で見る限り最大規模の企業であった。1936年7月17日に公称資本金5000円（全額払込）で設立された協和オフセット印刷株式会社は設立期には零細企業であったが、1936年8月5日に公称資本金20万円、1941年5月26日には公称資本金100万円まで増資され、払込資本金額も68万8000円に増大した。1940年6月12日には公称資本金18万円（全額払込）の満州秀英舎印刷株式会社が、

図表 II-17-2　メディア企業の設立動向

（単位：企業数）

年	印刷	新聞	出版	映画製作・興行	その他	合計	払込資本金総額（千円）
1904～1919	8	4		3		15	2,200
1920～1929	9	6	2	5	3	25	1,499
1930				1		1	3
1931	1			1		2	7
1932	2			2		4	405
1933	1	1		1		3	674
1934	3		1	3		7	541
1935	5	1		2		8	1,587
1936	5	2		4		11	1,903
1937	4		3	3		10	17,059
1938	8	1		3		12	1,281
1939	12		2	5	1	20	2,264
1940	5	1	2	3	1	12	1,789
1941	4	1	2	5		12	3,767
1942	15	1	2	7	1	26	3,771
1943	11		2	1		14	3,327
1944	9		5			14	5,583
合計	102	18	21	49	6	196	47,658

出所：前掲『満州会社興信録　大正十一年版』、前掲『満蒙に於ける日本の投資状態』前掲『満州銀行会社年鑑　昭和十一年版』、前掲『満州銀行会社年鑑　昭和十七年版』1943 年、満州中央銀行『康徳十年三月三十一日現在満州国会社名簿（資本金二十万円以上）』1943 年、満州中央銀行『康徳十年三月三十一日現在満州国会社名簿（資本金二十万円未満）』1943 年、満州中央銀行『康徳十一年三月三十一日現在満州国会社名簿（資本金二十万円以上）』1944 年、満州鉱工技術員協会編『満州鉱工年鑑　康徳十一年版』1944 年、満州国『政府公報』各号。

注：1937 年は満州図書株式会社（650 万円払込）、株式会社満州国通信社（290 万円払込）、株式会社満州映画協会（750 万円払込）の大企業 3 社が設立されたため払込資本金総額が増大している。

1942 年 3 月 28 日には奉天印刷株式会社が公称資本金 50 万円（全額払込）で設立されている。満州秀英舎印刷は 1941 年 5 月 30 日に公称資本金 36 万円（全額払込）に増資された。また 1904 年に日本本国で設立された東亜印刷株式会社が 1935 年 12 月 23 日に本社を大連に移し公称資本金 100 万円（払込 52 万 7000 円）の企業として新設されている。

2　メディア企業の事業分野構成

メディア企業の設立動向を事業分野に区分して示したのが**図表 II-17-2** である。これによっても 1930 年代後半以降の拡充状況が明らかである。メディア産業では 1930 年代以前では、相対的に規模の大きな新聞社と零細規模の印刷および興行企業を中心に法人企業構造が形成されていた。1930 年代前半の停滞期を

図表II‐17‐3　メディア企業の規模別

払込資本金額	印刷		新聞		出版	
	企業数	払込資本金総額	企業数	払込資本金総額	企業数	払込資本金総額
500万円以上1000万円未満					1	6,500
100万円以上500万円未満	2	5,000			1	2,900
50万円以上100万円未満	6	3,755	1	500		
20万円以上50万円未満	11	3,023	6	1,840	2	675
10万円以上20万円未満	23	3,499	4	510	6	745
10万円未満	60	1,789	7	297	11	388
合計	102	17,066	18	3,147	21	11,208

出所：前掲『満州会社興信録　大正十一年版』、前掲『満蒙に於ける日本の投資状態』前掲『満州銀行会社年鑑　昭『康徳十年三月三十一日現在満州国会社名簿（資本金二十万円以上）』1943年、満州中央銀行『康徳十年三月『康徳十一年三月三十一日現在満州国会社名簿（資本金二十万円以上）』1944年、満州鉱工技術員協会編『満

図表II‐17‐4　主要なメディア企業（払込資本金50万円以上）

(単位：千円)

企業名		設立年月日	公称資本金	払込資本金	所在地	事業分野
㈱満州映画協会	特殊会社	1937.08.21	9,000	7,500	新京	映画製作
満州図書㈱	特殊会社	1937.04.09	8,000	6,500	新京	出版
満州特殊印刷㈱		1944.07.08	3,000	3,000	新京	印刷
㈱満州国通信社		1937.07.01	2,900	2,900	新京	出版
㈱満州電影総社		1941.11.21	5,000	2,500	新京	興行
八紘印刷㈱		1943.12.28	2,000	2,000	新京	印刷
興亜印刷㈱		1935.05.06	800	800	奉天	印刷
協和オフセット印刷㈱		1936.07.17	1,000	688	奉天	印刷
新大陸印刷㈱		1933.12.06	1,000	600	奉天	印刷
佳木斯興産㈱		1942.12.26	600	600	佳木斯	興行
営口印刷紙器工業㈱		1944.07.18	600	600	営口	印刷
東亜印刷㈱		1904.01.19	1,000	527	大連	印刷
㈱満州日日新聞社		1913.11.26	500	500	大連	新聞
㈱満州演芸協会		1940.05.24	500	500	新京	興行
奉天印刷㈱		1942.03.28	500	500	奉天	印刷

出所：前掲『満州会社興信録　大正十一年版』、前掲『満蒙に於ける日本の投資状態』前掲『満州銀行会社年鑑　昭和十一年版』、前掲『満州銀行会社年鑑　昭和十七年版』1943年、満州中央銀行『康徳十年三月三十一日現在満州国会社名簿（資本金二十万円以上）』1943年、満州中央銀行『康徳十年三月三十一日現在満州国会社名簿（資本金二十万円未満）』1943年、満州中央銀行『康徳十一年三月三十一日現在満州国会社名簿（資本金二十万円以上）』1944年、満州鉱工技術員協会編『満州鉱工年鑑　康徳十一年版』1944年、満州国『政府公報』各号。

経て、後半期に印刷、出版、興行分野で法人企業の増加があったことが分かる。払込資本金総額は1935年に100万円を超えるが、払込資本金総額の変化は新設企業数の増加と必ずしも明確な相関性を見出せない。その点に注目すれば1930年代後半期に企業新設数は増大したが、それらは払込資本金総額の変化に大きな

別分布

(単位:千円)

映画製作・興行		その他		合計	
企業数	払込資本金総額	企業数	払込資本金総額	企業数	払込資本金総額
1	7,500			2	14,000
1	2,500			4	10,400
2	1,100			9	5,355
7	2,070			26	7,608
15	2,159			48	6,913
23	734	6	175	107	3,382
49	16,063	6	175	196	47,658

和十一年版」、前掲『満州銀行会社年鑑 昭和十七年版』1943年、満州中央銀行
三十一日現在満州国会社名簿(資本金二十万円未満)』1943年、満州中央銀行
州鉱工年鑑 康徳十一年版』1944年、満州国『政府公報』各号。

影響を及ぼし得ない資本規模の企業が多かったと指摘することができる。むしろ、1937年には新設企業数は10社と突出して多くはないが、払込資本金750万円の満州映画協会をはじめとして資本規模の大きな企業の設立が集中したため、払込資本金総額は約1700万円とメディア産業としては突出した資本金総額となっている。

1930年代後半以降に拡充されるメディア企業の企業構成について、満州国の官報である『政府公報』に掲出される法人登記公告を利用して1943年と1944年を補充し、事業分野と払込資本金額に応じて集計したものが**図表Ⅱ-17-3**である。払込資本金額が500万を超えるメディア企業はすでに紹介をした満州映画協会と満州図書であった。この2社以外に払込資本金額が100万円超える4社の大企業が存在している。しかし、メディア法人企業の中心的な階層は払込資本金額が10万円未満の零細企業であった。これら零細規模の企業は印刷部門で60社と満州の印刷企業の過半数を占める。同様に出版および興行部門でも法人企業の半数はこの階層に属する零細企業であった。メディア産業全体の企業構成を見ると、法人企業総数196社のうち54.6％は払込資本金額が10万円未満の企業であった。これに対し、本章で暫定的に大規模企業と考えている払込資本金額100万円以上の企業は6社であり、その構成比は3.1％に過ぎない。こうした結果から言えば、メディア産業は満州日日新聞社、満州映画協会、満州国通信社などよく知られた著名な満州企業を比較的多く含む産業部門であったが、その産業部門内の法人企業構造は企業規模の零細性が濃厚な部門であったと指摘できる。

図表Ⅱ-17-4は、これまで述べてきた満州におけるメディア法人企業から払込資本金額が50万円を超える企業を主要企業として抽出したものである。事業

図表Ⅱ-17-5　満州国成立を画期とするメディア企業の設立状況

(単位：千円)

満州国成立以前			満州国成立以後		
事業分野	企業数	払込資本金総額	事業分野	企業数	払込資本金総額
印刷	18	693	印刷	74	10,573
興行	10	585	映画制作・興行	39	15,478
新聞	10	1,611	新聞	8	1,536
出版	2	13	出版	14	10,622
その他	3	55	その他	3	120

出所：前掲『満州会社興信録　大正十一年版』、前掲『満蒙に於ける日本の投資状態』、前掲『満州銀行会社年鑑　昭和十一年版』、前掲『満州銀行会社年鑑　昭和十七年版』、前掲『康徳十年三月三十一日現在満州国会社名簿（資本金二十万円以上）』、前掲『康徳十年三月三十一日現在満州国会社名簿（資本金二十万円未満）』、前掲『康徳十一年三月三十一日現在満州国会社名簿（資本金二十万円以上）』、前掲『満州鉱工年鑑　康徳十一年版』。

　分野別の分布を見ると、事業分野としては零細規模の企業が多いとはいえ、印刷事業が8社と最も企業数が多い。次いで興行部門が3社、出版事業が2社となっている。最も一般的かつ大衆的な情報媒体と思われる新聞には、満州地域のみでも18社の新聞社が設立されていた。これらの企業には満州日日新聞や盛京時報などよく知られた新聞を発行する新聞社が多く含まれる。これらの新聞社が発行した新聞は著名であり、研究の基礎史料として使用される頻度が高いため、発行主体の新聞社も過大に考えがちであるが、メディア企業構成に位置づけ直して評価すれば、企業規模としてはむしろ中小零細規模の企業であったと指摘できる。**図表Ⅱ-17-4**でも掲出される新聞社は満鉄系の満州日日新聞社1社のみであった。

第2節　満州国成立以前のメディア企業

1　企業構成

　メディア産業に限らず満州における法人企業の設立動向は、明らかに1930年代の前半期までと後半期以降とで大きな画期を示す。こうした画期を生じさせた主要な背景は満州国が成立し、満州国により統制色の強い産業育成政策が展開された点にあった。もちろん、本書の満州企業分析を通じて明らかにされるように、

満州国成立直後の時期は企業構造の拡充が顕著に進展した時期とは必ずしも言えない。しかし、1930年代後半期に急激に進展する満州における企業ブームは、満州国により進められた産業政策が一定の時間的ラグをもって結実した現象と見るべきである。こうした観点から、本章では満州におけるメディア産業の発展過程を満州国の成立以前と成立以後に区分し、メディア企業の設立と事業展開に着目しながら紹介していく。**図表Ⅱ-17-5**は、これまでの図表で示してきたデータを満州国成立以前と成立以後に再編して示したものである。満州国成立以前のメディア企業構成は印刷部門が18社、興行部門が10社、新聞社が10社を確認でき、これら三つの事業分野を中心として法人企業構造を形成していた。法人企業総数は43社である。企業数で見ると確かに3部門構成であるが、払込資本金総額を見ると印刷および興行部門は新聞10社の払込資本金総額の半分に満たない資本額である。この両部門の企業規模が押しなべて零細規模であったことが分かる。

2 新聞社

満州国成立以前に設立されたメディア企業のうち払込資本金額が10万円を超える主要な企業を示したのが**図表Ⅱ-17-6**である。その過半数以上が新聞社で占められている。満州国成立以前のメディア産業は基本的に新聞社を中心に発展してきたといえる。また、満州におけるメディア産業で最初に設立を確認できる法人企業もまた、すでに紹介した満州日日新聞社であった。しかし、満州で最初に発行された日本語新聞は『満州日報』である。なお、『満州日報』という新聞名は、満州では何度か登場する。後述する『満州日日新聞』と『遼東新報』の合併により1927年10月に大連で『満州日報』が創刊され、さらに奉天に本社を移した『満州日日新聞』と『満州新聞』が合併されて1944年4月にも新京において『満州日報』が創刊されている。ここで述べる『満州日報』は日露戦後の軍政下にあった営口で1905年7月26日に創刊された新聞である。発行人は中島真雄で、それまで北京で中国語新聞『順天時報』を発行していた[22]。この『満州日報』は1907年10月には発行を停止し、約2年で廃刊となっている。このように短期間で廃刊したため、その発行主体が個人経営であったか法人企業であったかは確

図表II-17-6 満州国成立以前の主要メディア企業（1926年）

企業名	事業分野	設立年月日	公称資本金(千円)	払込資本金(千円)	所在地
㈱満州日日新聞社	新聞	1913.11.26	500	500	大連
㈱遼東新報社	新聞	1919.10.27	500	250	大連
㈱盛京時報社	新聞	1925.11.20	250	250	奉天
撫順印刷㈱	印刷	1920.04.16	200	200	撫順
㈱哈爾浜日日新聞社	新聞	1922.11.01	200	200	哈爾浜
合資会社精美館印刷所	印刷	1928.05.01	—	180	安東
㈱大連新聞社	新聞	1919.11.04	140	140	大連
㈱大連経済日報社	新聞	1919.12.26	500	125	大連
合資会社北満州新聞社	新聞	1920.12.20	—	110	哈爾浜
㈱長春座	興行	1919.10.26	200	100	新京
合資会社日清印刷所	印刷	1921.09…	—	100	大連

出所：前掲『満州会社興信録　大正十一年版』、前掲『満蒙に於ける日本の投資状態』。

認できていない。

　法人企業として設立された最初の企業は、1913年11月26日に公称資本金13万5000円で設立される株式会社満州日日新聞社であった。満鉄は自社事業の広報機関紙の発行を企図して1907年11月3日に『満州日日新聞』を創刊する。満鉄は「事業ノ性質トシテ利益ヲ挙クルコト難キモ内外ニ対シ満州ヲ紹介シ事実ヲ報道シ産業交通ノ為メ社会家庭ノ為メ多少貢献スル所アリシト共ニ会社ノ事業上便宜ヲ得タルコト少シトセス」であったが「永ク之ヲ会社ノ直営トスハ種々ノ点ニ於テ不利不便ノ伴フ虞アル」として、1911年8月に『台湾日日新聞』を経営していた守屋善兵衛に経営を委託し、1913年に株式会社に改組した[23]。当初の満鉄の出資比率は82％であった。同社はその後の増資により1936年5月現在で公称資本金75万円（全額払込）となり、1919年以降は満鉄が全株を保有している。『南満州鉄道株式会社第二次十年史』に記載された1917年から1925年までの収支成績によれば、1922年に欠損を計上するが、それ以外の時期は年間数万円程度の利益を計上している[24]。しかし、その営業実態は「相当派手ナ経営振リニテ為ニ欠損ヲ続ケ、兼営スル印刷所収入ニヨリ辛ウシテ赤字ヲ補填スル状態」であったと言われる[25]。

　その後、1919年に3社の新聞社が法人企業として設立される。1919年10月に新設されたのは、後に満州日日新聞社に合併される公称資本金50万円（払込25万円）の株式会社遼東新報社である。『遼東新報』は1905年10月25日に大連で

創刊された新聞であった。同紙の創刊は『満州日日新聞』よりも早く、当時の大連における唯一の日本語新聞であった。『満州日日新聞』の創刊に先立ち満鉄は『遼東新報』の買収を図るが、遼東新報社はこれを拒否する。その結果、『満州日日新聞』が創刊されるが、これにより『遼東新報』は『満州日日新聞』と激しい競争状況に置かれた。『満州日日新聞』が満鉄機関紙の色合いが濃厚であったのに対し『遼東新報』は民間新聞としての立場を鮮明にした[26]。こうした特色を有した『遼東新報』は大連の日本人社会の拡大とともに部数を伸ばし、1919年に株式会社遼東新報社に改組される。しかし、満鉄に対し批判的な同社の編集方針は満鉄中心主義の大連の日本人社会においては経営基盤が脆弱で、満州の支配拡大を図る関東軍とも対立的な立場に立つこととなった。こうしたことを要因として1927年10月24日に遼東新報社は満州日日新聞社に買収・合併されることとなる[27]。この両社の合併により『満州日日新聞』と『遼東新報』は共に廃刊され、新たに『満州日報』が創刊される。また、1919年11月には公称資本金14万円（全額払込）で大連新聞社が設立され、1920年5月5日に『大連新聞』が創刊される[28]。同社の経営状況は設立当初から低迷し、「経営困難ノ為再三首脳部更迭、社員給料支払ニ窮セシ」「無配ノ状態ニ在リ」とされた[29]。同じ1919年11月26日にも、公称資本金50万円（払込12万5000円）で株式会社大連経済日報社が設立されている。同社は満州の特産品および銭鈔市況を報道する目的で設立された新聞社であった。『大連経済日報』は同社が法人企業となる以前の1918年3月13日に創刊されている[30]。

1922年11月1日には公称資本金20万円（全額払込）で株式会社哈爾浜日日新聞社が設立される。『哈爾浜日日新聞』の前身は大連で1908年10月5日に創刊された新聞の『北満州』であった。しかし、『北満州』は資金不足から休刊しがちであり、哈爾浜の企業家に経営が委託された後、1922年に満鉄に譲渡される。この際に紙名が『哈爾浜日日新聞』に変更され、同年11月に株式会社に改組されたものである[31]。当初の満鉄の持株比率は75％とされるが、1936年5月の時点では4.5％に低下している。また、1925年11月20日には公称資本金20万円（全額払込）で株式会社盛京時報社が新設されている。同社は前述した営口で『満州日報』を創刊した中島真雄が奉天で設立した新聞社である。同社の発行

した『盛京時報』は中国語新聞であり、満州における中国語新聞としては最大の発行部数を獲得する[32]。中島の個人経営であった盛京時報社は1925年に満鉄へ経営が移譲され、11月20日に株式会社として法人に改組された。1921年4月20日には零細な規模であるが資本金5900円の合資会社間島新報社が設立されている。『間島新報』は、『東満通信』と『間島時報』が合併する形で東満州間島の竜井村で創刊された新聞であった[33]。このほかに、1920年12月20日に哈爾浜で合資会社北満州新聞社が資本金11万円で設立されたことが確認できる。また、1922年7月に資本金1万5000円で合資会社関東新報社が、1923年11月23日に公称資本金1万5000円（全額払込）で株式会社関東新聞社が設立されていたことも確認できる。しかし、これらの企業の設立経緯や活動実態については未詳である。

3　興行および印刷業

　興行部門では10社の法人企業が設立されている。これらの大半は法人企業ではあるが、零細規模の寄席、映画館、演芸場であった。他方、興行部門では個人経営の劇場や映画館が多く存在したが、本章はメディア産業を法人企業に着目して検討するため、こうした満州各地に多数存在した個人経営による映画館や演芸場はその分析対象から除外されている。こうしたなかで最も資本規模の大きな企業が株式会社長春座であった。長春座は1919年10月26日に新京に公称資本金20万円（払込5万円）で設立された劇場であった。同社は1937年に公称資本金30万円に増資され1939年には全額の払込を完了している。長春座は満州各地に劇場を建設し、そこでの興行を営業目的とする企業であった。

　満州国成立以前に最も多い18社の法人企業を有した事業分野は印刷部門である。満州で最初に確認できる印刷企業は1918年10月に公称資本金25万円（払込6万2500円）で設立された哈爾浜印刷株式会社であった。これら印刷企業で比較的大規模な企業は、1920年4月16日に公称資本金20万円（払込5万円）で設立される撫順印刷株式会社である。撫順印刷は1939年に20万円の資本金払込を完了する。また、1921年9月30日に資本金10万円の合資会社として大連に日清印刷所が設立される。同社は熊本県選出の衆議院議員であり大連企業家で

もあった門田新松により設立された企業であった[34]。さらに1928年5月1日に安東において資本金2万円で合資会社精美館印刷所が設立される。同社の活動実態は不明であるが、その後に資本金を18万円まで拡大しており、順調に事業経営が進展したと推測される。これらが満州国成立以前の主要なメディア企業であった。

第3節　満州国成立以後のメディア企業

本節では満州国が成立した1932年以降に新設されたメディア産業の代表的な法人企業について検討する。

1　新　聞

まず新聞社から検討する。満州において法人形態をとる代表的な新聞社を**図表Ⅱ-17-7**に示した。満州国成立後には、まず1933年10月20日に資本金2万4000円の合資会社として大連関東報社が設立される。次いで1935年3月8日に公称資本金20万円（全額払込）で大連に株式会社泰東日報社が設立される。泰東日報社は1937年9月18日に公称資本金30万円に増資され、さらに1941年8月25日には公称資本金42万5000円（全額払込）に再増資される。泰東日報社は1908年10月8日に中国人商人の組合組織で設立された中国語新聞社である。その後に日本人経営に移行する[35]。同社の経営には1936年に満州日日新聞社から社員や顧問が派遣されている[36]。1936年8月25日には公称資本金9万9000円（全額払込）で新京に株式会社満州新聞社が設立される。同社も1941年8月10日に公称資本金64万9000円（払込49万8208円）に増資される。『満州新聞』は1910年1月に『長春日報』として創刊され、その後『大新京日報』と改題されて関東軍および満州国政府直属の機関紙として発行された[37]。満州新聞社と同じ1936年8月25日に公称資本金2万1000円（全額払込）で新京に株式会社満鮮日報社が設立される。同社も1941年8月10日に公称資本金9万円に増資され、1942年には全額払込を完了する。『満鮮日報』はもともと在満州の朝鮮人向けに関東軍の指令で李性在により『満蒙日報』として創刊された新聞であった。李性

図表 II-17-7　満州の新聞社

新聞社名	設立年月日	公称資本金(千円)	払込資本金(千円)	所在地
㈱満州日日新聞社	1913.11.26	500	500	大連
㈱遼東新報社	1919.10.27	500	250	大連
㈱大連新聞社	1919.11.04	140	140	大連
㈱大連経済日報社	1919.11.26	500	125	大連
合資会社北満州新聞社	1920.12.20	—	110	哈爾浜
合資会社間島新報社	1921.04.20	—	6	延吉
合資会社関東新報社	1922.07…	—	15	大連
㈱哈爾浜日日新聞社	1922.11.01	200	200	哈爾浜
㈱関東新聞社	1923.11.23	15	15	大連
㈱盛京時報社	1925.11.20	250	250	奉天
合資会社大連関東報社	1933.10.20	—	24	大連
㈱泰東日報社	1935.03.08	425	425	大連
㈱満州新聞社	1936.08.25	649	498	新京
㈱満鮮日報社	1936.08.25	90	90	新京
㈱ハルビン・スコエ・ウレミヤ社	1938.06.17	217	217	哈爾浜
㈱青旗報社	1940.12.17	135	135	新京
㈱錦州新報社	1941.01.25	87	87	錦州
㈱満州興農経済特報社	1942.02.23	60	60	哈爾浜

出所：前掲『満州会社興信録　大正十一年版』、前掲『満蒙に於ける日本の投資状態』、前掲『満州銀行会社年鑑　昭和十一年版』、前掲『満州銀行会社年鑑　昭和十七年版』、前掲『康徳十年三月三十一日現在満州国会社名簿（資本金二十万円以上）』、前掲『康徳十年三月三十一日現在満州国会社名簿（資本金二十万円未満）』、前掲『康徳十一年三月三十一日現在満州国会社名簿（資本金二十万円以上）』。

在は同社の社長に就任している[38]。さらに1938年6月17日には哈爾浜で公称資本金15万円（払込12万円）の株式会社ハルビン・スコエ・ウレミヤ社が設立される。同社も1941年8月11日に公称資本金21万7000円に増資され、1942年4月20日に全額払い込みを完了した。同社は在満州のロシア人向けに日系のロシア語新聞を発行した[39]。1940年12月17日には新京に公称資本金12万円（全額払込）で株式会社青旗報社が設立される。同社は1941年8月10日に公称資本金13万5000円（全額払込）に増資されている。また、1941年1月25日に公称資本金8万7000円（全額払込）の株式会社錦州新報社、1942年2月23日に公称資本金6万円（全額払込）で哈爾浜に株式会社満州興農経済特報社が設立されている。錦州新報社はもともとは個人経営の新聞社であったが、1939年8月に盛京時報社に経営が委託され、『錦州新報』および『遼西農報』を発行していた[40]。

本章は基本的に企業ディレクトリーを利用して、1921年6月、1926年12月、1936年5月、1942年9月の時点で確認できる法人企業を検討の対象としている。

しかし、この検討方法に内在する最大の難点はこれらの対象時点の間に設立され消滅した企業がデータに埋没する点にある。重要なメディア企業でこの陥穽に陥るのが株式会社満州弘報協会である。満州弘報協会は「満州ニ於ケル輿論ノ独立性ヲ確保シ、国策遂行ニ必要ナル宣伝ノ一元的統制並其ノ実行ヲ的確容易ナラシメン」ことを目的に、満州国通信社や満州日日新聞社など日本、満州国および満鉄の統括下にある通信、新聞社など12媒体を糾合して、1935年10月に組合形態で設立された[41]。その後の1936年3月に新聞統制の強化とそれを目的とした同協会の法人化が図られ、同年4月9日に満州国勅令第51号「株式会社満州弘報協会ニ関スル件」が公布される。これによれば「新聞、通信其ノ他弘報事業ノ健全ナル発達ヲ遂ケシムル」ことが目的とされた。株式会社満州弘報協会定款では「弘報事業ノ連絡統制ヲ図リ其ノ健全ナル発達ヲ遂ケシムルヲ以テ使命」とされる。この勅令により1936年9月28日に公称資本金200万円（全額払込）の特殊会社として株式会社満州弘報協会が創立された[42]。出資は満州国政府および満鉄が系列の新聞社および通信社である満州国通信社、満州日日新聞社、大新京日報社、哈爾浜日日新聞社、大同報社、盛京時報社、満蒙日報社、マンチュリヤ・デーリー・ニュースを現物出資する形で175万円を出資し、通信事業に関連を有する満州電信電話株式会社が25万円を出資した。この結果、満州弘報協会は、満州国通信社を直営とし、先にあげた新聞7社の株式を取得して資本関係からそれらを統制下に置いた[43]。同協会はこれ以降、1937年7月に公称資本金300万円、1939年2月に500万円、1940年6月に800万円へと立て続けに増資が行なわれる。ちなみに1939年の増資後の出資比率を見ると、満州国政府が354万2000円、満鉄が120万8000円、満州電信電話が25万円となっている[44]。なお、第1次増資が行なわれた1937年7月1日に直営とされていた満州国通信社が公称資本金50万円（払込25万円）の株式会社として分離し法人化される。ただし、資本金は満州弘報協会の全額出資であった。満州弘報協会は満州国内の新聞事業を統制するために新聞各社の株式を取得・保有するために設立された実質的には持株会社であった。同協会による新聞統制は、大連、奉天、新京、哈爾浜の主要4都市を拠点として、各都市の日本語および中国語新聞を同協会に加盟させ、これを基軸に満州全域の新聞事業を統制しようとするものであった。この結果、満州

弘報協会加盟の新聞の満州全域における市場シェアは90％を占めるに至った[45]。しかし、1940年12月27日に満州国政府は、満州国内の新聞および通信事業と満州弘報協会の機能を総務庁の下に統合することを決定する。いわゆる「弘報新体制」とよばれたこの機構改革案は、1941年1月1日から実施される。満州弘報協会の事業は総務庁弘報処に移管され、新たに新聞用紙や資材の割当，供給業務を行なうことを目的とする満州新聞協会が1941年1月に設立される。これにより満州弘報協会は解散する。こうした満州国における新聞統制の動向は1941年8月25日に新聞社法、記者法が公布されることで一つの完結をみる。これにより満州国の新聞統制は法的根拠が与えられ、新聞記者は弘報処により登録、管理されることになった[46]。1942年1月22日にこれら2法が施行され、日本語新聞は奉天の満州日日新聞社と奉天の満州新聞社の2社に統合される。満州日日新聞社には、安東新聞、錦州新報、熱河日日新聞が統合され、満州新聞社には哈爾浜日日新聞、三江日日新聞、斉斉哈爾日日新聞、間島新聞、東満日日新聞および英字新聞のマンチュリア・デーリー・ニュースの6紙が統合された[47]。満州日日新聞社と満州新聞社は満州を南北に二分した市場分割の下で新聞発行を行なう[48]。さらに1944年5月1日には弘報体制のさらなる一元化を企図してこの両社の統合が行なわれ、満州日報社が設立された。これにより満州の中央紙と地方紙のすべては満州日報社による編集一元化の統制下に置かれることになる[49]。また、中国語紙については、公称資本金500万円（払込370万円）で新京に満州国政府出資の新たな新聞社である株式会社康徳新聞社が設立され、基本的に同社への統合が進められる。康徳新聞社には大同報、大北新報、安東時報など18紙の中国語新聞が統合された[50]。

2　出　版

次に出版事業について見てみる。満州国は1932年10月に出版法を公布する。この内容は日本本国の新聞紙法と出版法に準ずるものであったが、これにより雑誌の発行は満州国政府の許認可事業となり、輸入雑誌の取次ぎには届出制が採られた。こうした満州国成立以後の出版法の下で最初の主要な法人出版社として設立されるのは1934年7月26日に新京で公称資本金25万円（払込12万5000円）

で設立される股份有限公司満州行政学会であった。同社は法令書などの出版および印刷を事業目的に設立され、1938年4月に株式会社に改組される[51]。満州行政学会は1932年に日本の帝国地方行政学会の新京出張所として設立され、1934年に日満合弁の法人企業となった。満州では唯一の法令書の出版社であり、『満州国法例輯覧』、『満州国六法全書』などの法律書や『満州行政』、『満州帝国文官講座』などの月刊誌の発行を行なった。次いで1937年4月9日に公称資本金200万円（払込50万円）で新京に満州図書株式会社が設立される。満州図書は1937年3月29日に勅令第41号として公布された満州図書株式会社法に準拠して設立された特殊会社であった。その設立目的は「教科用図書ノ発行頒布事業ヲ統制確立スル」（満州図書株式会社法第1条）ことにあった。また、公称資本金は200万円とされ、その50％が満州国政府の出資と規定された（同法第3条）[52]。多民族かつ文化的多様性が内在する満州国において、満州国政府の「最も焦眉の急は新国民的思想の涵養に資すべき学校教科用図書の完成に在り」と認識されていた[53]。このための業務を行なう出版社として設立されたのが満州図書である。同社は「満州国教科用図書全部の印刷、出版、卸売、配給」を行ない、「思想啓導」、「文化向上」のための「普通優良書籍、雑誌」の出版や「関東軍全部の機密図書の印刷」なども業務内容としていた[54]。1940年1月22日に公称資本金800万円に増資され、1941年8月現在で650万円の払込が完了した。しかし、1942年8月31日の臨時株主総会による決議により、同社の配給部門を満州書籍配給株式会社として分離して子会社とし、これに伴い同社の資本金は550万円に減資された。満州図書に対する満州国政府以外の出資は、東京書籍株式会社、日本書籍株式会社、大阪書籍株式会社など日本本国の代表的な教科書出版社と日満文教株式会社により行なわれた。満州図書理事長には東京書籍出身の駒越五貞が就任している[55]。

　満州図書と同じ1937年に設立されたのが満州国通信社であった。満州国通信社は1932年12月1日に創業する。同社はその創業当初から法人企業化が検討されたが、この創業の時点で法人企業化は実現していない。しかし、同社は1933年4月1日にそれまでの日本政府から満州国政府の監督下に置かれ、企業組織編制の整備が進められる[56]。その後、すでに述べた通り1937年7月1日に満州弘

報協会から分離され、同社は股份有限公司満州国通信社として法人化する。満州国通信社の法人企業への改組は、満州国が独立国としての体面を維持するために独自の通信社が必要と考えられたからであったが、実際には満州国通信社の社長は満州弘報協会の理事長が兼務していた[57]。満州国通信社は満州弘報協会の「通信部関係一切ノ業務並ニ雑誌斯民ノ発刊及之ニ付帯スル業務ヲ継承」するものであった。同公司は1938年3月30日に商号を株式会社満州国通信社に変更された[58]。同社は新京に設立されたが、当初の公称資本金は50万円（払込25万円）であった。その後の1941年8月10日に公称資本金280万円と6倍増に近い増資を行ない、同年10月25日にはその払い込みを完了する。満州国通信社は「産業開発ノ重要国策線ニ副ヒ」「通信網ノ整備」[59]、「北満ニ於ケル通信網ヲ更ニ拡大強化」[60]、「通信機能ノ万全ヲ期スル」ため、満州国内の支局を急速に拡充していった[61]。さらに、満州弘報協会が解散した後の1941年8月25日に満州国は勅令第197号として満州国通信社法を公布する。この満州国通信社法に準拠して同社は特殊会社に改組された[62]。満州国通信社法では「政府ハ電信、電話其ノ他ノ通信方法ニ依ル信報ノ蒐集及供給ノ事業ヲ統制確立シ以テ国政ノ滲透ト国威ノ発揚トニ資セシムル」ことを目的に同社を設立することが明示された[63]。また資本金も280万円とされ、そのうちの255万円は満州国政府出資とすることも同法に規定された。1941年に実施された6倍増に近い増資はこのためであった。なお、政府出資の残余の25万円は満州電信電話が出資することが満州国通信社定款の第6条に規定されている[64]。同社の業務は満州国内外の情報蒐集と情報の新聞社、通信社、放送局への配給であった。これに向けて満州国内の支局網の拡充が急速に図られ、日本本国に設立された同盟通信社を基軸とするネットワークの一翼となっていく[65]。同社の具体的業務は、日本語や中国語をはじめ5ヵ国語による『満州国通信』の発行が中心であったが[66]、付帯業務として『満州国現勢』や『満州開拓年鑑』の編集・発行や印刷事業など多岐にわたっている[67]。

1939年12月28日には公称資本金50万円（払込25万円）の準特殊会社として新京に株式会社満州事情案内所が設立される。同社は1942年1月31日現在で37万5000円の払込を完了している。出資は全額が満州国政府出資であった。満州事情案内所は1933年1月18日に関東軍命令と満州国政府、駐満州国日本大使

館、満鉄の支援を受け、満州経済事情案内所の名称で創設され、満州に関する調査・紹介事業を開始する。1934 年 1 月からは駐満州国海軍部司令部や関東庁の支援も得て、満州事情案内所に名称変更する 68)。1936 年に満州弘報協会が設立されると、同協会に統合されるが、同協会の改組後

図表 II-17-8　主要出版社（払込資本金 10 万円以上）

企業名	設立年月日	公称資本金(千円)	払込資本金(千円)	所在地
満州図書㈱	1937.04.09	8,000	6,500	新京
㈱満州国通信社	1937.12.01	2,900	2,900	新京
㈱満州事情案内所	1939.12.28	500	375	新京
新京出版㈱	1944.06.02	300	300	新京
㈱満州木材通信社	1941.06.07	195	195	新京
㈱満州行政学会	1934.07.26	250	125	新京
大陸教科用図書㈱	1941.09.22	500	125	大連
合資会社満州雑誌社	1940.12.08	—	100	新京
㈱大陸科学社	1942.03.03	100	100	新京
満州航空教材㈱	1944.09.06	100	100	新京

出所：前掲『満州会社興信録　大正十一年版』、前掲『満蒙に於ける日本の投資状態』、前掲『満州銀行会社年鑑　昭和十一年版』、前掲『満州銀行会社年鑑　昭和十七年版』、前掲『康徳十年三月三十一日現在満州国会社名簿（資本金二十万円以上）』、前掲『康徳十年三月三十一日現在満州国会社名簿（資本金二十万円未満）』、前掲『康徳十一年三月三十一日現在満州国会社名簿（資本金二十万円以上）』、満州国『政府公報』各号。

に再び分離・独立をし、1939 年の法人企業への改組にいたる 69)。その目的は「満州諸般事情の調査並に之が対内外宣伝を行ふを以て目的」とし、業務は「満州事情の調査・関係資料の蒐集及整理」や「満州事情の紹介宣伝及民衆の啓蒙に必要なる施設の整備並に運営」であった。

　1940 年代に入ると、1940 年 12 月 8 日に資本金 10 万円で新京に合資会社満州雑誌社が設立され、1941 年 6 月 7 日に公称資本金 19 万 5000 円（全額払込）で新京に株式会社満州木材通信社が設立される。満州雑誌社の代表社員は野間清三であった。同社については、後述する満州映画協会の関係会社として、同じ社名の合資会社満州雑誌社が設立されたことが指摘されている。これは 1940 年 2 月 6 日に資本金 10 万円で新京特別市大同大街に設立され、社長には満州映画協会理事長の甘粕正彦が就任したとされる 70)。しかし、この両社には設立日における 2 日の相違、新京特別市内の本社所在地の地番の相違、また代表者の違いなどが存在する。したがって、現時点ではこの両社が同一の企業であるか否かは判断できない。満州木材通信社は木材事業の専門誌を発行する出版社として、満州林業機具株式会社社長の山辺十一により設立された 71)。また、1941 年 9 月 22 日には公称資本金 50 万円（払込 12 万 5000 円）で大連に大陸教科用図書株式会社が設

立される。同社は、関東局の在満教務部の許可の下に同部および在満日本教育会教科書編集部が著作権を有する満州の国民学校、中等学校、公学堂などの教科書の発行を行なう出版社であった。また、1942年3月3日に公称資本金10万円（全額払込）で株式会社大陸科学社、1944年6月2日に公称資本金30万円（全額払込）で新京出版株式会社、1944年9月6日に公称資本金10万円（全額払込）で満州航空教材株式会社が新京に設立されていたことが確認できる。これらの企業はその設立を満州国『政府公報』に掲載された公告から抽出できる。したがって、これらの企業が設立されたことは間違いないと思われるが、それら企業の活動を詳らかにできるデータは見出せていない。これらの出版社が設立された1940年代に入ると満州国の出版事業統制が強化される。1943年3月に満州国政府は国内出版事業の一切について指導統制に当たる政府代行機関として満州出版協会を設立する。満州国内の出版社はこれに強制加入が義務付けられ、印刷用紙は出版協会の査定に基づく配給制が採用される。また、不定期の出版物についてはその企画内容が出版協会の許可制となった[72]。さらに出版物の配給はすでに紹介した満州書籍配給が一元的に行われるようになる。

　なお、これまで紹介をした出版社以外で事業活動が不明な中小規模の出版社についても企業設立情報のみを紹介しておく。1939年9月14日に公称資本金2万円（払込5000円）で奉天に満州書籍株式会社、1940年3月19日に公称資本金9万5000円（全額払込）で新京に株式会社満州経済社、1942年11月26日に資本金5万円で新京に合資会社開明図書公司、1943年1月5日に公称資本金10万円（払込2万5000円）で新京に東亜文化図書株式会社、1943年1月28日に公称資本金10万円（払込2万5000円）でやはり新京に株式会社国民画報社が新設されている。また、1944年5月12日には公称資本金15万円（払込3万8000円）で奉天に満州出版興業株式会社、1944年5月30日にも新京に公称資本金18万円（払込4万5000円）で株式会社満州春陽堂、1944年9月4日に公称資本金18万円（払込9万円）で新京に株式会社満鮮文化社が設立されていたことが企業ディレクトリーの情報から確認できる。

図表II-17-9 映画制作企業および興行企業（払込資本金20万円以上）

企業名	事業分野	設立年月日	公称資本金(千円)	払込資本金(千円)	所在地
㈱満州映画協会	映画製作	1937.08.14	9,000	7,500	新京
㈱満州電影総社	興行	1941.11.21	5,000	2,500	新京
佳木斯興産㈱	興行	1942.12.26	600	600	佳木斯
㈱満州演芸協会	興行	1940.05.24	500	500	新京
㈱千日座	興行	1938.12.28	400	400	鞍山
牡丹江興業㈱	興行	1939.12.04	400	400	牡丹江
㈱長春座	興行	1919.10.26	300	300	新京
㈱帝都キネマ	興行	1936.10.14	280	280	新京
合資会社大同倶楽部	興行	1932.06.23	—	250	大連
合資会社豊楽劇場	興行	1935.09.21	—	240	新京
㈱康徳戯院	興行	1943.02.02	400	200	新京

出所：前掲『満州会社興信録 大正十一年版』、前掲『満蒙に於ける日本の投資状態』、前掲『満州銀行会社年鑑 昭和十一年版』、前掲『満州銀行会社年鑑 昭和十七年版』、前掲『康徳十年三月三十一日現在満州国会社名簿（資本金二十万円以上）』、前掲『康徳十年三月三十一日現在満州国会社名簿（資本金二十万円未満）』、前掲『康徳十一年三月三十一日現在満州国会社名簿（資本金二十万円以上）』。

3　映画制作および興行

さらに満州国成立以後に設立された興行分野の法人企業について見てみる。**図表II-17-5**に示したように、満州国成立以後に設立された法人興行企業は39社を確認できる。それらの企業から払込資本金20万円以上の企業を掲出したものが**図表II-17-9**である。

ここには満州で唯一の映画制作企業であった満州映画協会が含まれ、同社以外の企業はすべて興行を事業内容とする企業である。まず、映画制作会社の満州映画協会から見ていくことにする。

株式会社満州映画協会は1937年8月14日に公布された勅令第248号の株式会社満州映画協会法に準拠して、1937年8月21日に公称資本金500万円（払込125万円）で新京に設立をされた特殊会社である。同社設立の目的は「映画ノ製作、輸出入及配給ノ指導統制ヲ為シ映画事業ノ健全ナル発達ヲ遂ケシムル」（第1条）とされ、事業目的も映画の制作、輸出入、配給（第2条）とされた。資本金の50％は満州国政府の出資（第4条）であった[73]。残余の50％は満鉄が出資した[74]。同社はアメリカ映画や中国映画に代えて「五族協和、並にその建国精神に順応した国策的映画の普及」を目標とし、満州国および関東州における映画の

一手配給権が付与されていた[75]。同社は1940年11月25日に公称資本金900万円に増資され、1941年6月2日現在で750万円の払込を完了している。すでに先行研究により明らかにされているが、それらに拠りながら満州映画協会の設立の背景について概観しておく。満州国の成立後の1933年9月に満州国映画国策研究会が発足し、満州国における映画統制方針の検討が開始される。こうした満州国における映画統制に主導的な役割を果たしたのは関東軍司令部であった。関東軍は「映画会社は国防上にも宣撫工作上にも必要なもの」という認識であった[76]。1936年7月に国家による映画産業の確立と統制機構整備を目的とする満州国映画対策樹立案が立案される。同案には「映画中ニハ満州国ノ治安工作及国民ノ思想善導上有害ノモノ少ナカラザル」と指摘され、その一方で「内地有力映画会社ハ現今ノ経済状態ニ進出スルコト困難ナルベク、若シ来ラントスルモ日本ノタメノモノヲ製作スルニ止マルナラン」として、満州国において独自の映画統制政策と映画制作企業の設立が企図される[77]。この満州国映画対策樹立案を基本として、1937年4月に満州国映画法が、8月には映画国策案が国務院で可決された[78]。こうして株式会社満州映画協会法が公布され、満州映画協会が設立されることになる。さらに同年10月7日に勅令第290号として満州国映画法が公布される。こうして満州国における映画制作と映画統制機構の枠組みが形成された[79]。

満州映画協会の理事長には粛親王の七男で新京特別市の市長や竜江省長を歴任した金璧東が就任する。しかし、満州映画協会の実質的な実権は満鉄庶務課長から専務理事に就任した林顕蔵が有していた[80]。その後、1939年11月に理事長は周知のように甘粕正彦に代わる。この交代の直接の理由は配給収入の遅延問題と満州映画協会における汚職問題であった[81]。これに対処するため満州国総務庁弘報処長であった武藤富雄が総務庁次長の岸信介を通じて甘粕正彦に理事長就任を要請したとされる[82]。甘粕正彦の理事長就任後に公称資本金900万円の増資が行なわれ、増資の引受も満州国政府と満鉄が折半出資で行なった。こうした満州映画協会の発展により企業規模も拡大し、設立された1937年9月に社員100人で出発した同社は1938年末には社員491名に増加し、1944年11月には1858名となった。このうち700名以上は中国人社員であった[83]。満州映画協会は日本の敗戦後に中国に接収され東北電影公司となる。また、同社は積極的な関係事業投資

も行なっていた。満州映画協会の興行部門拡充のために準特殊会社として設立された満州電影総社については後述する。そのほかに、1942年2月28日に新京で公称資本金50万円（払込25万円）で満映光音工業株式会社が設立された。同社は16ミリ映写機およびその部品の製造修理を目的とした企業であり、社長には満州映画協会理事長の甘粕正彦が就任している。同じ1942年10月9日には、奉天に公称資本金30万円（全額払込）で満州恒化工業株式会社が設立される。同社はフィルム乳化用ゼラチンの製造企業であった。さらに1943年5月28日に公称資本金50万円（全額払込）で新京に満州音盤配給株式会社が設立された。同社は蓄音機やその部品販売を目的にし、レコードや楽譜の販売も行なう企業であった。社長には満州映画協会専務理事の林顕蔵が就いている。さらに、出版社の個所で触れたが、1940年12月6日に資本金10万円で合資会社満州雑誌社が設立される[84]。満州雑誌社は満州映画協会宣伝部が発行していた『満州映画』が改称された『電影画報』や『麒麟』などの映画雑誌を出版した。

さらに、満州映画協会は満州国内に止まらず、華北電影股份有限公司や1939年6月27日に上海に設立された中華電影股份有限公司に対しても役員を派遣し、満州映画協会の映画配給ネットワークに組み入れた[85]。出資で見てみると、公称資本金100万円で設立される中華電影にはその25％に該当する25万円を出資している。この他では汪兆銘政府が50％、残余の25％を日本本国の松竹、東宝映画など有力な映画制作企業が共同出資した。また、1939年12月10日に北平において公称資本金60万円で設立される華北電影股份有限公司にも25万円を出資した[86]。こうした満州映画協会の設立と事業展開は「満映が自給自足体制の形成を図る過程は、政策と産業の両面で自己完結性を高めることで満州映画政策が日本映画政策の隷属的立場から離脱する過程でもあり、満映が『独立国』満州国の映画国策実施機関＝情報宣伝実施機関となる過程であった」と評価されている[87]。

満州における映画制作企業は満州映画協会のみであり、その他の興行分野の企業はすべて配給会社、映画上映館であった。この満州映画協会の映画配給を担ったのが、1941年11月21日に公称資本金500万円（払込250万円）の準特殊会社として設立された株式会社満州電影総社であった。満州映画協会は映画を通じた情報宣伝と宣撫工作の目的からも、制作映画の上映部門の強化を図っていた。

1940年12月には組織再編を行ない上映部が新設され、直営の上映館の設置を進めていた。こうした満州映画協会の配給業務と直営館の建設・運営を遂行するために設立されたのが満州電影総社であった[88]。同社の社長は満州映画協会理事長の甘粕正彦が兼任し、常務取締役も満州映画協会の林顕蔵と根岸寛一が就任している。ちなみに根岸寛一は日本本国の日活多摩川撮影所の元所長であった。満州電影総社は設立直後から満州映画協会の配給業務を引き継ぎ、満州映画協会も系列下の上映館の一部を同社の直轄館として譲渡している。その意味では満州映画協会と満州電影総社は表裏一体の関係にあったと見ることができる。そして、満州電影総社の設立により満州全域の映画館は全て同社の管理下に置かれることとなった[89]。

満州電影総社以外の興行企業は押しなべて中小・零細規模の法人企業であった。そもそも、満州における映画上映館は満鉄が大連に設立した電気館が最初であったとされている[90]。これ以降の1920年代に上映館が増加する。1922年11月に大連劇場、1928年8月にやはり大連に満鉄協和会館、12月に常盤館などが開設されている。1935年の日本人経営による映画上映館の分布を見ると、大連に8館、奉天に5館、新京、撫順、哈爾浜に3館、鞍山、斉斉哈爾、安東、旅順、海垃爾に2館、その他の10都市に各1館の映画館が存在し、合計で42館があった。この他に中国人経営のものが32館、外国人経営のものが14館あったとされる[91]。こうした映画上映館は日本人経営のものに限定しても、1938年9月には58館に増加し、その分布も満州の各都市へと地域的広がりを示している[92]。これらの映画館には個人経営のものも多かった。確認できる限りで満州における映画制作および興行事業分野の法人企業は49社が存在する。しかし、すでに述べたように、満州における映画制作企業は満州映画協会1社であり、残りの48社はすべて映画上映などを行なう興行企業であった。満州国成立以前では**図表Ⅱ-17-6**に掲出した長春座以外に法人企業は9社を確認できるが、これらの企業はすべて払込資本金が10万円未満の零細規模の企業であった。満州事変以後の興行部門の法人企業には38社が存在したが、1942年12月28日に公称資本金19万円（全額払込）で大連に設立された株式会社文映館、1939年10月7日に資本金18万円で奉天に設立された合名会社国泰電影院、1942年12月24日に公称資

本金18万5000円（全額払込）で牡丹江に設立された株式会社牡丹江劇場をはじめとして、15社は資本金が10万円以上20万円未満の資本規模の企業であり、10万円に満たない企業も14社を数えた。すでに述べたように、満州映画協会の制作する映画を上映するための上映館も拡大していた。たとえば文映館はもともとダンスホールであったが1942年に映画上映を目的とする企業に転業している。同社の社長には大連の代表的な日本人企業家であった首藤定が就任している。

　興行法人企業は中小零細規模の企業が大半であるため、その事業実態が不明な企業が少なくない。以下で**図表Ⅱ-17-9**に示した払込資本金20万円以上の企業について、事業状況が判明する限りで簡単に紹介する。満州電影総社に次いで払込資本金額が大きい企業は、1942年12月26日に公称資本金60万円（全額払込）で佳木斯に設立される佳木斯興産株式会社である。しかし、設立後2年半で敗戦を迎える同社の活動状況を知り得るデータは見出せていない。1940年5月24日に公称資本金50万円（全額払込）で新京に設立されたのが株式会社満州演芸協会である。同社は満州における演芸活動の指導統制を目的とし、演芸の配給、上演・興行、上演場の経営、技芸員の養成などを事業内容としていた。社長には、すでに紹介した日活多摩川撮影所の元所長で満州映画協会理事の根岸寛一が就任していた。この点から満州映画協会との関係を推測させるが、出資関係などは確認できていない。1938年12月28日の公称資本金10万円（全額払込）で鞍山に株式会社千日座が設立されている。同社は1939年11月8日に公称資本金20万円（全額払込）に、さらに1941年1月31日に公称資本金40万円（全額払込）へと増資された。しかし、同社の事業活動も未詳である。同じ1939年12月4日には公称資本金40万円で牡丹江に牡丹江興業株式会社が設立される。同社は1940年4月20日に40万円の資本金払込を完了する。牡丹江興業は有楽劇場という映画および演劇ための劇場経営と貸家経営を目的にした企業であった。有楽劇場の収容人数は1500人で牡丹江における代表的な劇場であった[93]。社長は伊藤勘三で、牡丹江や安東を基盤に活動する満州の代表的な日本人企業家の一人である。1936年10月14日には公称資本金28万円（全額払込）で新京に株式会社帝都キネマが設立される。同社の目的も映画常設館経営および貸家業であった。同社の活動実態も未詳であるが、同社の社長には前田伊織が就任していた。前田

図表 II-17-10　主要印刷企業（払込資本金 20 万円以上）

企業名	設立年月日	公称資本金(千円)	払込資本金(千円)	所在地
満州特殊印刷㈱	1944.07.08	3,000	3,000	新京
八紘印刷㈱	1943.12.28	2,000	2,000	新京
興亜印刷㈱	1935.05.06	800	800	奉天
協和オフセット印刷㈱	1936.07.17	1,000	688	奉天
新大陸印刷㈱	1933.12.06	1,000	600	奉天
営口印刷紙器工業㈱	1944.07.18	600	600	営口
東亜印刷㈱	1935.12.23	1,000	527	大連
奉天印刷㈱	1942.03.23	500	500	奉天
東陽印刷㈱	1944.07.11	400	400	鞍山
満州秀英舎印刷㈱	1940.06.12	360	360	新京
第一印刷㈱	1943.11.20	300	300	新京
亜細亜印刷㈱	1944.07.04	300	300	新京
㈱満州文祥堂	1939.05.26	480	288	新京
㈱共同印刷	1939.06.19	500	250	牡丹江
満州共同印刷㈱	1942.04.15	500	250	新京
東亜精版印刷㈱	1938.02.11	300	225	奉天
撫順印刷㈱	1920.04.16	200	200	撫順
三盛印刷㈱	1939.11.17	200	200	吉林

出所：前掲『満州会社興信録　大正十一年版』、前掲『満蒙に於ける日本の投資状態』、前掲『満州銀行会社年鑑　昭和十一年版』、前掲『満州銀行会社年鑑　昭和十七年版』、前掲『康徳十年三月三十一日現在満州国会社名簿（資本金二十万円以上）』、前掲『康徳十年三月三十一日現在満州国会社名簿（資本金二十万円未満）』、前掲『康徳十一年三月三十一日現在満州国会社名簿（資本金二十万円以上）』、前掲『満州鉱工年鑑　康徳十一年版』、満州国『政府公報』各号。

　伊織は日清燐寸株式会社の取締役を皮切りに、吉林燐寸や宝山百貨店など多数の企業経営に関わったやはり満州有数の日本人企業家であった。なお、すでに紹介をした長春座も前田伊織により設立、経営された興行企業である。1932 年 6 月 23 日に資本金 25 万円で大連に設立をされた合資会社大同倶楽部、1935 年 9 月 21 日に同じく資本金 24 万円で設立される合資会社豊楽劇場、1943 年 2 月 2 日に公称資本金 40 万円（払込 20 万円）で新京に設立される株式会社康徳戯院の 3 社は、すべて映画および演芸のための劇場経営をする企業であったが、その活動はやはり未詳である。

4　印　　刷

　次に印刷業について見てみる。これまでに示したデータから分かるように満州のメディア産業で最も法人企業数が多い事業分野が印刷業である。**図表Ⅱ-17-10** は払込資本金額が 20 万円以上の主要な法人印刷企業を示したものである。これ

らについて事業活動が確認できる範囲で見ておこう。満州国が成立した以後に設立される最初の企業は、1933年12月6日に公称資本金10万円(全額払込)で奉天に設立された新大陸印刷株式会社であった。同社は1935年9月25日に公称資本金20万円(全額払込)に、さらに1939年9月15日には公称資本金100万円に増資され、1942年10月末現在で60万円の払込が完了している。この新大陸印刷は日本本国の凸版印刷株式会社の子会社として設立された企業であった[94]。業務内容は一般印刷業であった。経営トップの専務取締役には凸版印刷本所工場長だった滝上米造が就任している。次いで1935年5月6日に公称資本金50万円(払込25万円)で興亜印刷株式会社が設立される。興亜印刷は1935年の設立時における社名を股份有限公司興亜印刷局としていたが、満州国における会社法の制定により1938年7月15日に興亜印刷株式会社へと社名変更が行なわれた。同社は満州国の奉天省公署印刷局の工場設備および従業員を引き継いで設立された企業であった。奉天省公署印刷局は、奉天省内における中等学校の教科書印刷、印花税票など各種の奉天省官庁用印刷、また満鉄が国営鉄道の委託経営のために奉天に設置した鉄道総局の受注を得るなど経営状況は良好であった。そのため官営の事業形態を民営化して事業の伸張を図る目的で奉天省公署印刷局が改組されたのが興亜印刷局であった。同社の主要事業は国定教科書の印刷および配給であり安定した事業基盤となっていた。しかし、1937年4月に満州国内の学校教科書の発行・配給を統制する目的で特殊会社として新京に満州図書株式会社が設立される。そして、教科書の印刷業務は一元的に満州図書に委託されることになった。このため興亜印刷はその需要を失い経営状態を一時的に悪化させ、一般印刷事業に進出する[95]。一般印刷業に進出した同社は、活版印刷、平版印刷、グラビヤ印刷など満州における総合印刷企業として有力な地位を獲得した。そして、1941年9月26日に公称資本金80万円に増資され払込も完了する。こうした同社の成長には日本本国の有力印刷企業であった大日本印刷株式会社の資本出資と役員派遣が大きく寄与している。1942年における同社の株式保有を見ると、大日本印刷が5290株を所有し、それ以外では原安三郎、弓場常太郎、相生由太郎などの出資を確認できる。社長には奉天省公署印刷局長が就任しているが、常務取締役として大日本印刷の営業課長が就いている[96]。興亜印刷と同じ1935年の

図表 II - 17 - 11　東亜印刷株式会社および興亜印刷株式会社の収益状況

(単位：千円)

企業名	1937年			1938年			1939年			1940年			1941年		
	収入	支出	当期利益	収入	支出	当期利益	収入	支出	当期利益	収入	支出	当期利益	収入	支出	当期利益
東亜印刷㈱	798	764	34	1,133	1,076	57	1,179	1,148	31	2,104	1,993	67	2,102	1,960	142
興亜印刷㈱	626	604	22	859	833	26	1,454	1,378	75	1,369	1,321	48	1,786	1,642	144

出所：大連商工会議所『満州事業成績分析』第1回、1938年、第2回、1939年、第3回、1940年、第4回、1941年、第5回、1943年。
注：期間は各年4月〜翌年3月。

　12月23日には公称資本金100万円（払込29万円）で大連に東亜印刷株式会社が設立される。東亜印刷はすでに触れたが1904年1月19日に東京で設立された東亜印刷株式会社の大連支店であった。この大連支店が本社に転換され、東京本社が支店になる形で1935年に設立されたのが東亜印刷であった。同社も一般印刷と製本を主要業務する企業であった[97]。同社は1940年6月10日に52万7000円の資本金払込を完了している。**表 II - 17 - 11** は東亜印刷および興亜印刷の1930年代後半期における収支状況を示す。両社とも利益率は必ずしも高くないが、一定の当期利益金を確保している点が確認できる。

　1936年7月17日に公称資本金5万円（全額払込）で奉天に設立されるのが協和オフセット印刷株式会社である。同社は資本金5万円の合資会社として設立されたが、1936年8月5日に公称資本金20万円（全額払込）に増資され、さらに1941年5月26日に公称資本金100万円（払込88万8000円）にまで増資される。同社は500名以上の従業員を有して、オフセット印刷、凸版印刷、撮影プロセス製版、紙器製造などを業務とする、満州有数の規模の印刷企業であった[98]。1938年2月11日には公称資本金15万円（全額払込）で奉天に東亜精版印刷株式会社が設立される。同社は1939年10月25日に公称資本金30万円（払込22万5000円）に増資される。東亜精版印刷は日本国法人の満州オフセット印刷株式会社として1926年に設立されたが、その後の治外法権の撤廃を受けて満州国法人に改組された。同社の設立は、満州東亜煙草株式会社と大阪精版印刷株式会社の共同出資によるものであった[99]。事業内容は満州東亜煙草の業務発展に伴い需要が拡大した煙草表装紙の印刷と煙草用紙箱印刷であった。同社は満州東亜煙草だけで

なく、株式会社満州煙草や株式会社華北東亜煙草の印刷も請け負っていた[100]。1939年5月26日には公称資本金48万円（払込28万8000円）で新京に株式会社満州文祥堂が設立される。同社は1935年9月1日に日本本国の株式会社文祥堂新京支店として設立され、その後に法人化された企業であった。営業内容は一般印刷、事務用品、文房具、帳簿および手帳製造などであった[101]。同じ1939年6月19日には公称資本金50万円（払込12万5000円）で株式会社共同印刷が設立され、1940年11月30日に25万円の払込が完了する。同社は1934年12月8日に設立された共同印刷所が株式会社組織に改組されたものである。同社は牡丹江で最も古い印刷企業であり牡丹江鉄道局などの指定印刷所であった。また、同年11月17日には吉林に三盛印刷株式会社が公称資本金20万円（払込10万円）で設立される。同社は1942年1月5日に全額払込を完了する。その事業内容は、印刷一般をはじめ文具紙類の販売、印章彫制、活字鋳造販売などであった。三盛印刷は約150名の従業員数を有し、社長には吉林の代表的な日本人企業家であった今村知光が就任している[102]。

　1940年6月12日には公称資本金18万円（全額払込）で新京に満州秀英舎印刷株式会社が設立される。同社は1941年5月30日に公称資本金36万円（全額払込）へと増資されるが、その事業実態は未詳である。1942年には2社の印刷企業が設立された。まず、3月23日に公称資本金50万円（全額払込）で奉天印刷株式会社が設立される。同社は哈爾浜の有力商社で和洋紙や事務用品を取り扱う近沢洋行が奉天の個人経営による印刷所であった奉天印刷所を1942年に買収し法人化した企業である[103]。さらに4月15日には新京に公称資本金50万円（払込25万円）で満州共同印刷株式会社が設立される。しかし、同社の営業状況も未詳である。これ以降、1943年には11月20日に公称資本金30万円（全額払込）で第一印刷株式会社が、12月28日には公称資本金200万円（全額払込）で八紘印刷株式会社が設立されている。また1944年には、7月4日に公称資本金30万円（全額払込）で新京に亜細亜印刷株式会社、7月8日に公称資本金300万円（全額払込）で満州特殊印刷株式会社、7月11日に公称資本金40万円（全額払込）で鞍山に東陽印刷株式会社、7月18日に公称資本金60万円（全額払込）で営口印刷紙器工業株式会社の4社が設立されていたことが確認できる。満州特

図表Ⅱ-17-12　その他のメディア企業

企業名	事業分野	設立年月日	公称資本金(千円)	払込資本金(千円)	所在地
㈱日清興信所	調査	1939.10.28	100	50	奉天
㈱満州帝国興信所	調査	1942.10.31	100	50	新京
㈱錦州商品陳列所	商品陳列所	1925.03…	50	50	営口
合資会社鞍山興信所	調査	1940.11.11	−	20	鞍山
合資会社三共社	広告	1924.04…	−	4	大連
合資会社文化広告社	広告	1926.09.25	−	2	大連

出所：前掲『満州会社興信録　大正十一年版』、前掲『満蒙に於ける日本の投資状態』、前掲『満州銀行会社年鑑　昭和十一年版』、前掲『満州銀行会社年鑑　昭和十七年版』、前掲『康徳十年三月三十一日現在満州国会社名簿（資本金二十万円以上）』、前掲『康徳十年三月三十一日現在満州国会社名簿（資本金二十万円未満）』、前掲『康徳十一年三月三十一日現在満州国会社名簿（資本金二十万円以上）』。

殊印刷は、有価証券類や精密地図などの特殊印刷を主要業務とする企業であったが、他の3社については事業活動について未詳である。

　これらの企業以外に払込資本金額が20万円未満の印刷企業として、1942年6月12日に公称資本金19万5000円（全額払込）で哈爾浜に設立された近沢印刷株式会社、1941年2月19日に公称資本金19万円（全額払込）で鞍山に設立された康徳製缶印刷株式会社、1942年12月25日に公称資本金19万円（全額払込）で鞍山に設立された昭和印刷株式会社など23社が存在した。さらに払込資本金額が10万円未満の零細規模の企業は60社が存在した。このように満州にはメディア産業部門として印刷法人企業が相対的に数多く設立されていた。しかし、1943年の八紘印刷と1944年の満州特殊印刷を除けばすべて中小零細規模の企業であった。そのため、これらの企業の事業状況を明らかにし得る資料に乏しい。結果として事業内容が未詳の企業が多くなった点は本章に今後の課題を残すものである。

　最後に、これまでの事業分類に区分し得ないメディア企業が6社満州に存在した。これらはいずれも零細な企業である。これらの企業については**図表Ⅱ-17-12**に掲出した。1939年10月28日に公称資本金10万円（払込5万円）で奉天に設立された株式会社日清興信所、1940年11月11日に資本金2万円で鞍山に設立された合資会社鞍山興信所、1942年10月31日には新京に公称資本金10万円（払込5万円）で設立された株式会社満州帝国興信所など3社の企業調査機関が法人企業として存在する点が注目される。

おわりに

　本章では満州のメディア産業を、新聞、出版、映画制作・興行、印刷の事業分野に区分し検討を進めてきた。満州国成立以前のメディア産業は満州日日新聞社や遼東新聞社など相対的に規模の大きな新聞社と興行および印刷業における零細規模の企業とにより構成されていた。しかし、満州国が成立し、植民地統治においてマス・メディアが果たす役割と意義が再認識される。こうした観点から1930年代後半以降に満州国内の情報の管理統制体制の整備が進展し、それを担う法人企業の新設が行なわれた。満州国のマス・メディア統制の主体として、満州映画協会や満州図書など比較的大規模な企業の設立もあったが、産業全体として見れば企業規模の中小零細性という特質は残存したと見ることができる。

　満州には日本語紙や中国語紙をはじめとして多数の新聞社が満州各都市を中心に数多く設立される。これらの新聞社は満州国成立以前から自然発生的に統廃合が行なわれていたが、満州国成立後に新聞統制を目的とした特殊会社である満州弘報協会が設立され、満州国政府主導で満州国内の新聞各社は同協会の資本傘下に編入される。さらに1940年代に入ると同協会は満州新聞協会に再編され、最終的に満州の新聞各社は日本語紙では満州日日新聞社と満州新聞社に統合され、中国語紙は康徳新聞社に統合された。さらに1944年には満州日日新聞社と満州新聞社は満州日報社へと再統合されている。

　出版では満州国成立以前にはめぼしい企業は存在しない。満州国成立後の1932年に出版法が公布され、1937年に特殊会社として教科書出版を目的とする満州図書が設立される。また、同じ年に通信および出版事業を行なう満州国通信社が設立される。これら以外に小規模な出版社も設立されていたが、満州における出版事業部門の法人企業として注目すべき存在は、ほぼこの2社と考えることができる。

　満州の日本人社会の拡張は、彼らの娯楽施設として映画、演芸などの劇場数を増加させた。しかし、これらの多くは個人経営で営まれ、法人企業形態をとった劇場もその資本規模は小規模あるいは零細規模の企業であった。しかし、それま

で満鉄の社内事業として小規模に行なわれていた映画制作を、本格的に行なう企業として満州映画協会が特殊会社として設立される。満州映画協会は数多くの娯楽映画を制作したが、同社の設立とその目的はあくまで満州における民族融和と宣撫工作にあった。満州映画協会は制作映画の配給企業として満州電影総社を設立し、満州電影総社は満州国内の映画上映館をその管理下に置いた。企業数で見れば興行法人企業は比較的多く設立されているが、それらは全て中小、零細規模の企業であり、興行部門でも主要企業は表裏一体の関係にある満州映画協会と満州電影総社の2社であったと言える。

満州のメディア産業で最も多く法人企業が存在したのは印刷事業であった。印刷企業は満州国成立以前からある程度設立されていたが、それらの企業はすべて小規模あるいは零細規模の企業であった。満州国成立後にも法人印刷企業は着実に企業数を増やすが、やはり中小および零細規模の企業が中心であった。日本本国の大日本印刷の出資を受けた興亜印刷が500人以上の従業員を擁していたが、その払込資本金額は80万円で、資本規模としては中規模企業であった。1943年および1944年に払込資本金が200万円の八紘印刷や300万円の満州特殊印刷など大企業が設立されていたことは確認できたが、本章では残念ながらその事業活動を詳らかにすることができなかった。

このように満州におけるメディア産業は企業構造から検討すると、満州国政府のマス・メディア統制の主体として設立された企業を除けば、総体的に中小、零細規模の企業により構成されていた。こうした企業構造上の特質は、満州においてメディア産業の有した意義の低位性を示すものではなく、装置型産業と異なり、相対的に労働集約性の高い業務内容を反映したものと見ることの方が適切であると思われる。

注

1) 中下正治「中国における日本人経営の雑誌・新聞史　その1―明治期創刊のもの」（『資料月報』アジア経済研究所、第19巻第7号、1977年）、同「中国における日本人経営の雑誌・新聞史　その2―大正期創刊のもの」（『資料月報』アジア経済研究所、第19巻第9号、1977年）。

2) 李相哲『満州における日本人経営新聞の歴史』（凱風社、2000年）。
3) 林恵玉「東アジアにおけるマス・メディア史研究―日本統治下の台湾、満州における放送事業―」（『中央大学経済研究所年報』第32号（Ⅰ）、2001年）。
4) 同前、496頁。
5) 川島真「満州国とラジオ」（『アジア遊学』第54号、2003年）39頁。なお、同論文は、川島真「満州国とラジオ」（貴志俊彦・川島真・孫安石編『戦争・ラジオ・記憶』勉誠出版、2006年）に内容を拡充して再録されている。
6) 山本武利「満州における日本のラジオ戦略」（『インテリジェンス』第4号、2004年）。
7) 同前、20頁。
8) 石川研「満州国放送事業の展開―放送広告業務を中心に―」（『歴史と経済』第185号、2004年）。
9) 満州の放送事業については、北山節郎「『満州放送年鑑』解説」（『満州放送年鑑』、日本植民地文化運動資料10、緑蔭書房、1997年）が簡明な解説を行なっている。
10) 山口猛『幻のキネマ満映―甘粕正彦と活動屋群像―』（平凡社、1989年）。
11) 胡昶・古泉『満映―国策電影面面観』（中華書局、1990年）、なお、同書は『満映　国策映画の諸相』（パンドラ、1999年）として翻訳出版されている。
12) モヤ・マリア・デ・ロス・アンヘレス「満州占領（1931～45年）下の日本のプロパガンダ―戦時下初期における『楽土』の表象―」（『立教大学大学院社会学研究科年報』第8号、2001年）。
13) 小関和弘「満鉄記録映画と『満州』―異郷支配の視線」（岩本憲児編『映画と「大東亜共栄圏」』森話社、2004年）。
14) 同前、54頁。
15) 同前、60頁。
16) 加藤厚子『総動員体制と映画』（新曜社、2003年）172-189頁。
17) 同前、176-178頁。
18) 同前、189頁。
19) 佐藤純子「満州国通信社の設立と情報対策」（『メディア史研究』第9号、2000年）、同「同盟情報圏形成期の満州国通信社」（『日本歴史』第635号、2001年）。

20）前掲「満州国通信社の設立と情報対策」40頁。
21）前掲「同盟情報圏形成期の満州国通信社」82-83頁。
22）前掲『満州における日本人経営新聞の歴史』39、90頁。
23）南満州鉄道株式会社『南満州鉄道株式会社十年史』（1919年）681頁。
24）南満州鉄道株式会社『南満州鉄道株式会社第二次十年史』（1928年）1004頁。
25）「満州ニ於ケル新聞通信調査」（遼寧省档案館所蔵、文教1958）。
26）末木儀太郎『満州日報論』（日支問題研究会、1932年、遼寧省档案館所蔵、文教1968）7頁。
27）前掲『満州における日本人経営新聞の歴史』63頁。
28）南満州鉄道株式会社『満州に於ける言論機関の現勢』（吉林省社会科学院満鉄資料館所蔵、07690）9-10頁。
29）前掲「満州ニ於ケル新聞通信調査」。
30）東方拓殖協会編『支那在留邦人興信録』（1926年）479頁。
31）前掲『満州における日本人経営新聞の歴史』123-124頁。
32）『成功せる事業と人物』（満州十年史刊行会、1916年）200頁。
33）前掲『満州における日本人経営新聞の歴史』133頁。
34）前掲『支那在留邦人興信録』38頁。
35）前掲「満州ニ於ケル新聞通信調査」。
36）満州日日新聞社『第48回営業報告書』。
37）満州弘報協会『満州の新聞と通信』（1940年）45頁。
38）同前、55頁。
39）同前、111頁。
40）同前、95頁。
41）「在満興論指導機関ノ機構統制案」（『マス・メディア統制1』現代史資料第40巻、みすず書房、1973年）398頁。
42）南満州鉄道株式会社『満州主要会社定款集』（1937年）。
43）森田久『満州の新聞は如何に統制されつつあるか』（1938年、遼寧省档案館所蔵、文教1945）1-2頁。
44）満州国通信社『満州国現勢』康徳6年版（満州国通信社、1939年）452頁。

45）前掲『満州の新聞は如何に統制されつつあるか』6頁。
46）前掲『満州における日本人経営新聞の歴史』179-180頁。
47）満州国史編纂刊行会編『満州国史』各論編（満蒙同胞援護会、1971年）65頁。
48）満史会『満州開発四十年史』（満州開発四十年史刊行会、1965年）120頁。
49）前掲『満州国史』各論編、67頁。
50）同前、65頁。
51）満州鉱工技術員協会編『満州鉱工年鑑』康徳11年版（東亜文化図書、1944年）446-447頁。
52）高田源清『満州国策会社法論』（東洋書館、1941年）256頁。
53）満州国政府特設満州事情案内所編『満州国策会社綜合要覧』（満州事情案内所、1939年）250頁。
54）同前、251頁。
55）山川隣『戦時体制下に於ける事業及人物』（東京電報通信社、1944年）425頁。
56）満州国通信社『国通十年史』（1942年）50-52頁。
57）前掲「同盟情報圏形成期の満州国通信社」82頁。
58）満州国通信社『第1期営業報告書』。
59）同『第2期営業報告書』。
60）同『第3期営業報告書』。
61）同『第4期営業報告書』。
62）前掲『国通十年史』64-66頁。
63）同前、254頁。
64）同前、258頁。
65）前掲「同盟情報圏形成期の満州国通信社」82-83頁。
66）前掲『国通十年史』227-230頁。
67）同前、237-242頁。
68）満州国通信社編『満州国現勢』康徳4年版（満州国通信社、1937年）487頁。
69）前掲『満州国史』各論編、63頁。
70）前掲『満映　国策映画の諸相』175-176頁。
71）前掲『戦時体制下に於ける事業及人物』186頁。

72）前掲『満州開発四十年史』132頁。
73）前掲『満州国策会社法論』258頁。
74）前掲『満州国策会社綜合要覧』255頁。
75）前掲『満州国策会社法論』176頁。
76）前掲『総動員体制と映画』174-175頁。
77）前掲『満映　国策映画の諸相』27-28頁。
78）同前、32頁。
79）前掲『総動員体制と映画』176頁。
80）前掲『満映　国策映画の諸相』33頁。
81）前掲『総動員体制と映画』180頁。
82）前掲『幻のキネマ満映—甘粕正彦と活動屋群像—』70-73頁。
83）前掲『満映　国策映画の諸相』198頁。
84）前掲『幻のキネマ満映』177-178頁。
85）前掲『幻のキネマ満映』189-195頁。
86）前掲『満映　国策映画の諸相』165頁。
87）前掲『総動員体制と映画』187頁。
88）同前、183-184頁。
89）同前、184頁。
90）前掲『満映　国策映画の諸相』4頁。
91）同前、7-9頁。
92）同前、76-77頁。
93）前掲『戦時体制下に於ける事業及人物』952-953頁。
94）前掲『満州鉱工年鑑』444頁。
95）同前、445頁。
96）前掲『戦時体制下に於ける事業及人物』169頁。
97）同前、60頁。
98）同前、1100頁。
99）前掲『満州鉱工年鑑』445頁。
100）前掲『戦時体制下に於ける事業及人物』406頁。

101）同前、281 頁。
102）同前、950 頁。
103）同前、907、1139 頁。

終章　戦後処理と総括

第1節　満州企業の戦後処理

1　国民政府の企業接収体制

　1945年8月15日日本敗戦で満州国は崩壊した。日本敗戦前後の満州国政治体制の崩壊過程の紹介はこれまでいくつかなされてきているため、本書では省略し、満州における企業の戦後処理と事業の承継について紹介する。国民政府経済部は1944年3月24日「淪陥区重要工砿事業処理弁法」をまとめ、それにより日本敗戦後の中国占領地における敵産処理方針を概ね固めた[1]。さらに1945年3月24日に「淪陥区重要工砿事業処理弁法」を提案した[2]。日本の敗戦が明確になったため、国民政府経済部で日本降伏後の鉱工業事業の処理方針を提案したものである。それによる東北区における方針として、この地域の重要物資の基礎をなす鉱工業の事業規模は特に大きく、国家統一および政権強化のため、中央の工砿事業関係の機関すなわち経済部管轄下にある資源委員会が接収管理するものとした。資源委員会は事業を管理する事業主体を設置し、それを直営下に置くか、経営に参加するものとした。繊維産業等の重要視されていない事業については、民間経営として指導するとした。接収管理を予定した事業として個別事業所93件ほか各紡績所等の表記で15の業種が列記されていた。具体的には満鉄経営の25件（ほかとのジョイント出資を含む、撫順炭砿、撫順液化工廠、撫順頁岩油工廠、烟台炭砿ほか4炭砿）、満州炭砿経営の23件（阜新炭砿ほか10炭砿と満州合成燃料株式会社、満州油化工業株式会社、吉林人造石油株式会社）、満業経営9件（株式会社昭和製綱所、鞍山鉄鉱、同和自動車工業株式会社、満州自動車製造株

式会社ほか)、大倉組経営4件(株式会社本渓湖煤鉄公司ほか)等が並んでいる。これらについて資源委員会の直営、もしくは日本敗戦後の事業管理企業の設置による資源委員会が経営参加するという管理の形態が、それぞれの満州の事業に示されている。

ただし国民政府側が満州国の企業情報が十分入手できないため、接収対象事業者の記載は敗戦時の状況を正しく反映していない。前記のうち満州炭砿は満州油化工業に出資していたが、満州油化工業は1941年7月21日に解散している。また満州合成燃料の出資を満業に移転しており、吉林人造石油には出資を行なっていない。昭和製鋼所と本渓湖煤鉄公司の統合で設置された満州製鉄株式会社が含まれておらず、満州自動車製造に吸収された同和自動車工業が連記されており、また1942年に満州鉱業開発株式会社に吸収合併された満州採金株式会社の経営による金山5事業所が列記されている等のいくつもの不備が含まれている。1941年頃の企業状況を基礎に処理方針が検討されており、敗戦時の満州国企業の状況とは言えないが、国民政府側の方針としてほぼこの方針が採用される。そして日本敗戦後の接収事業の着手で、法人名称等が現在のものに置き換えられたはずである。なお経済部は1938年1月設置(部長翁文灝)、資源委員会は経済部に同時に設置された(委員長翁文灝)[3]。この接収事業を担当する責任者が1945年8月11日に経済部で決定され、行政院に報告されていた。撫順、鞍山等の地域別と事業種類別に責任者が選任された。これらは国民政府の鉱工業の専門家が中心である[4]。

日本降伏後、収復区全国性事業接収委員会が1945年11月23日「収復区敵偽産業処理弁法」に基づき設置され、その下に蘇浙皖区や華北平津区等の地方別の敵偽産業処理局と敵偽産業審議委員会が設置されたが、満州では関内とはやや異なった。当初は東北行轅が設置され、そこで敵偽事業資産統一接収委員会を設置し、敵産接収を行なった。同委員会は東北敵偽事業資産統一接収委員会に改組され、さらに同委員会は東北敵偽産業処理局に改組された。関内占領地では同法により1946年12月に、各区に産業審議委員会が設置され、中央信託局の各区の敵偽産業清理処が接収事業を承継したが、満州では東北敵偽産業処理局による接収と経営が続いた。同処理局の局長洪鈁、東北11省市と熱河を所管区域とした。

関内の敵偽産業審議委員会が行政院、中央信託局の各地区清理処が中央信託局本局に隷属していたのに対し、満州では東北剿匪総司令部に隷属した[5]。すでに東北の北部で中国共産党が攻勢を強めており、国共内戦が如実に反映していた。その中で中国法幣の乱発で激しいインフレに陥っていった。

2 瀋陽における接収企業

満州国消滅後に日系事業者が担当していた企業の中には、操業をある程度持続した事例や、略奪の標的となって機械設備が撤去された事例等がある。ここでは満州における国民政府による接収政策のあり方を紹介し、さらに満州最大の工業都市の奉天（日本敗戦後瀋陽に改称）とその周辺の工業都市における事業所の承継を検討する。これまでも日本敗戦後の満州における企業資産の処理に言及する研究は少なくない[6]。満州国最大の工業都市の遼寧省瀋陽とその周辺における日本人事業所の接収処理データ残っている。このデータは接収着手後の接収継続・接収希望・使途不適切ゆえの別の管理へ移転等を一覧表にしたものである[7]。このデータは 1946 年末ころの集計ではないかと思われる。このデータを法人名のほか地域・接収主体・処理内容等で分類し、日本敗戦後の日系企業処理を分析する素材とする。同様の採録基準のデータがほかの地域について作成されたか不明であるが、瀋陽・撫順・遼陽・鉄嶺・本渓湖・鞍山・営口を含むため、ほぼ関東州を除く遼寧省全域を網羅するデータといえよう。遼寧省は関東州を除く満州国時期の満州鉱工業の 8 〜 9 割以上を占めていたと思われる。一部商社・流通統制機構や土木・建築業を含むために、このデータすべてが鉱工業であるとはいえない。このデータでは満鉄の輸送部門は接収案件として集計されていない。満鉄の個別事業所では撫順炭砿が採録されているだけである。この接収資産 688 件については、非民間事業の関東軍の工場・病院、満州国軍の病院、国営等農事試験場が含まれている。満州国企業研究としての一貫性から、その非民間事業所と事業形態とその性格が不明の複数の農場を除外した民間事業所 655 件に限定して検討する。

この接収企業データは企業名がややあいまいで、株式会社・合名会社・合資会社の明示のないものが多く、また設立年月日・資本金も一部収録されているが、

データに疑点の残るのもが含まれている。代表的な満州国における企業リストと比べても[8]、これらに所載の企業名称と異なる例が少なくない。このデータは中国語で表記されているため、例えば「護謨」が「膠皮」と改称される等の法人名称の調整がなされている。また1事業法人でも複数事業所で接収処理されている場合には、複数件として計算されている。また

図表終-1　接収機関別分類

(単位：件)

	接収	適当	不適当
空軍第13司令部	60	51	9
軍政部	26	14	12
東北保安長官司令部	9	7	2
後方勤務司令部第16汽車修理廠	11	7	4
軍政部撫順兵行署	1	—	1
経済部	158	81	77
交通部	39	22	11
財政部	7	4	3
司法行政部	5	5	—
糧政部	39	12	27
農林部	5	5	—
生産管理局	89	87	—
生産管理局撫順分局	70	70	—
水利委員会	2	—	2
衛生署	7	6	1
遼寧省政府	72	22	50
瀋陽市政府	23	3	20
撫順市政府	28	1	27
合　計	651	397	246

出所：独立行政法人日本貿易振興機構アジア経済研究所蔵張公権文書 R8-6。

地域の異なる複数事業所を有した法人は複数の接収主体により接収されており、そのためこの一覧表では重複して表示されている。その重複は49社等で発生している。大矢組株式会社4件、田辺製薬株式会社4件、合資会社奉天酸素製造工廠4件、満州製紙株式会社4件、満州製鉄4件、満州農産公社4件、富士機械工業株式会社3件、満州工作機械株式会社3件、満州曹達株式会社3件等が含まれているため、これらの名寄せをすると、69件がネットの法人件数から除外されことになる。ただし地域を異にする事業所を1件としてまとめて集計することは、接収のあり方から無意味である。地域分類・接収主体分類をするため、個別事業所単位で接収処理を分類する。また一部設立年月日が記載されているが、中には日本敗戦後の設立となっている日系企業もあり、明らかな誤りであるが、設立と企業の正式名称の個別の情報補正は、今後の課題とし、とりあえずここでは接収処理の全貌を紹介することに傾注する。このデータのうち、日系企業接収希望という案件もあり、こうした事業所の件数は多く、それらはまだ接収されていなかった事業と思われる。

このデータにより接収事業所の地域別の件数をみると、瀋陽418件で6割、つづいて撫順116件、以下、鞍山41件、遼陽19件、錦州17件、営口11件で最大工業都市瀋陽と石炭工業都市撫順・鉄鋼工業都市鞍山に集中している。このうちの資本金規模の大きな特殊会社・準特殊会社が多数含まれている。瀋陽・鞍山所在の規模の大きな鉱工業特殊法人の製造業はほぼ網羅されている。

その所管別と接収後の適否を紹介しよう（**図表終-1**）。空軍第13地区司令部による接収60件　適当51件、不適当9件であり、その関連企業としては、満州航空株式会社、満州飛行機製造株式会社、満州航機工業株式会社、満州内燃機株式会社、満州航空精密機械株式会社、満州藤倉工業株式会社等が並んでいた。これらの航空関連事業が多いため、当初の不適当件数は少ないが、その後不適当であると判断されれば生産管理局の管理に任せるとされたものが46件含まれていた[9]。この全案件が瀋陽に所在していた。次に軍政部は26件、うち適当14件、不適当12件と多い。満蒙毛織株式会社、東亜製靴株式会社、株式会社満州製絨所、満州製麻株式会社の繊維関係・衣料関係が含まれており、また田辺製薬・満州第一製薬株式会社・満州武田薬品株式会社・満州山之内製薬株式会社・塩野義薬品株式会社等の薬品工業が含まれていたが、これらの工場を軍政部で抱え込む必要がないため、所管事業としての不適当が多い。ほとんど瀋陽に所在していた。経済部は158件のうち適当81件、不適当77件で、不適当の比率が高い。瀋陽・鞍山・遼陽・錦州に多く、撫順は少ないのが特徴である。広範囲の製造業者と鉱業事業者が列記されている。規模の大きな企業としては、満州製鉄（本渓湖）・（営口）・（鞍山）、満州林産化学工業株式会社・満州軽金属製造株式会社・満州化成工業株式会社・満州工作機械株式会社・株式会社満州工廠・満州自動車製造株式会社・満州通信機株式会社・満州電線株式会社・満州銅鉛鉱業株式会社・株式会社満州日立製作所・満州三菱機器株式会社・満州住友金属工業株式会社・阜新炭砿株式会社・北票炭砿株式会社・南票炭砿株式会社が並んでいた。これらはいずれも現在の操業主体が適当なものとして分類されている。他方、不適当が多いのは、事業所規模が小さい企業が多数含まれており、それらを経済部が抱え込んで操業する必然性が乏しいためであり、生産管理局への移管がふさわしいとされていた。

交通部は鉄道部門を別に取り込んでいるが、個別事業所として、39件を接収し、22件が適当とされた。その中には、満州横河橋梁株式会社、満鉄化学工廠、無限製材株式会社が並んでいた。他方、不適当とされた事例は小規模事業所であるため、交通部で接収して抱える必要はないと見られていた。交通部の接収事業所はすべて瀋陽である。

　生産管理局（行政機関名不祥）の接収管理事業所はすべて瀋陽で、89件うち適当87件で、残る2件は暫定的に空軍に利用させていた。主に民生用事業所を管理していた。そのうち満州繊維公社、満州製紙、奉天鉄鋼工業株式会社、日満紡麻株式会社等が含まれており、繊維・紙・ゴム・窯業・鉄工所・製薬が中心であった。生産管理局撫順分局は70件、すべて撫順で、すべて適当である。民生用中小工業がほとんどである。中には満州大倉土木株式会社、満州高岡組株式会社撫順工場が資本金で大きいほうである。

　糧政部は39件であるが、そのうち12件が適当、27件が不適当となっている。12件の適当のうち満州特産公社6件、糧穀加工の大矢組が3件であり、実質的5法人のみである。不適当が多いのは、小規模食料加工工場を生産管理局に移管し、また地域食糧配給は市政府に任せるのがふさわしいとされたためである。

　地方政府の所管となった事業所も少なくない。遼寧省政府は72件の接収事業を引き受けたが、そのうち適当とされたものは22件で、さらにそのうちの9件の炭砿は迅速に民間に移行し省政府が管理することがふさわしいとされた。中小規模製造業の管理は不適当とされ、生産管理局に移行することがふさわしいとされた。省政府が雑多な製造業を抱えることにさほど意義は認められていなかった。概ね瀋陽に集中している。瀋陽市政府は23件のうち3件のみ適当とされ、そのうち水道管のためパイプ工業を直営とするというのが2件、製氷業1件であり、それ以外の工業は生産管理局に任せるのがふさわしいとされた。撫順市政府は29件の接収案件を有したが、適当とされたのは製氷業の1件のみで、中小工業はほとんど生産管理局に任せるのがふさわしいとされた。地方政府所管資産に比べ中央政府所管の資産として利用する事業資産が格段に多い。この接収は中央省庁の所管別で接収管理されたが、とりわけ鉱工業を所管する経済部が中心となる。また多数の中小企業の実質的な事業所管理は生産管理局が実行する。中央省庁の

経済部ほかで接収管理しても、実質的な生産業務でふさわしくない場合もある。各省庁の利権と絡むため、奪い合いとなりより広い事業資産を獲得しようと試みたと思われる。地方政府による接収資産の取得は制限された。

このように遼寧省の製造業は概ね事業資産が承継されたが、そのうちの機械設備が略奪により撤去された事業については再起は容易でなかったと思われる。日本からの機械導入で事業復活するとの方針を持っていた事例も複数見られた。

以上から、大規模事業所から中小工場まで接収されたことが確認できる。それらの資産も有効に活用された。接収された事業は、生産管理局で暫定操業した後、民営事業に転換される。ただし事業規模の大きな事例については、国営事業として転換する方針が明確な事例も見られた。それは国民政府の国有事業として運営される事業となる。そのほか吉林省・黒竜江省・関東州における事業資産も接収されているが、その処理の全貌については個別事業史の記述以外には未確認である。中国東北で多数刊行されている地方史にも旧日系企業資産を承継して立ち上がった事業が少なくないが、満州国時期の資産に言及する著作はほとんどない。

3　日本国内の敗戦処理

1945年8月15日の日本敗戦後、連合国総司令部の名の下で事実上アメリカ軍が単独占領を行ない、日本政府はその指令の下に置かれた。日本敗戦後の満州企業の国内処理についても手短かな言及を与えよう[10]。連合国総司令部は日本の植民地・占領地支配を遂行していた企業について、その事業を断ち切るため、それらの活動を停止させる。すなわち1945年9月30日に連合国総司令部覚書により大規模な国内統制会社・戦時機関のほか国外で活躍した法人の事業の閉鎖を命じた。その中には満州関係の企業も多数含まれていた。さらに事業を停止させていた企業に対して、連合国総司令部の命令は、1946年3月8日ポツダム勅令「閉鎖機関令」として公布され、その内容が規定された[11]。そして閉鎖機関は特殊清算に移行することとなった。特殊清算とは閉鎖機関の国内資産負債を先行的に分離して処理することを意味する。そして国内の資産・負債関係の清算により残余資産が発生した場合には、後日の「閉鎖機関令」改正をもって、その残余資産が解除されることとなる。この閉鎖機関に指定された満州関係企業としては、満州

図表終-2 満洲関係閉鎖機関の閉鎖日と特殊清算結了

閉鎖日	閉鎖機関名	清算結了日
1945.09.30	満州中央銀行	1960.09.07
	満州拓殖公社	1953.02.26
	満州重工業開発㈱	1957.08.01
	満州興業銀行	1959.05.11
	満州投資証券㈱	1956.10.24
	東洋拓殖㈱	1958.03.03
	南満州鉄道㈱	1957.04.13
	㈱朝鮮銀行	1957.07.24
1946.04.04	満州軽金属製造㈱	1957.05.23
	阜新炭砿	1957.05.23
	満州製鉄㈱	1956.04.14
	満州飛行機製造	1953.03.10
	満州軽金属製造㈱	1953.01.29
	満州マグネシウム㈱	1952.02.13
	満州鉱山㈱	1953.01.29
	密山炭砿㈱	1952.11.29
	鶴岡炭砿㈱	1957.05.23
	西安炭砿㈱	1952.02.13
	日満商事	1957.03.30
	㈱満州映画協会	1952.02.13
1946.10.04	満州電業㈱	1956.07.12
	満州電信電話㈱	1955.01.04
1946.11.25	満州自動車製造㈱	1956.03.01
1947.06.30	㈱横浜正金銀行	1964.06.16
1947.07.15	大連船渠鉄工㈱	1956.03.01
1947.08.05	南満鉱業㈱	1953.06.25
1948.09.07	大連汽船㈱	1956.03.22

出所：閉鎖機関整理委員会『閉鎖機関とその特殊清算』1954年、旧大蔵省資料。

中央銀行、満州拓殖公社、満業、満州興業銀行、満州投資証券、満鉄があり、そのほか東拓・朝鮮銀行も含まれていた（**図表終-2**）。さらに1946年4月4日には12社が指定された。その中には、満州炭砿から分離して満業の関係会社に切り替えられた阜新炭砿等の炭砿4社、満州製鉄、満州飛行機製造、安東軽金属株式会社、満州軽金属製造、日満商事株式会社等が含まれていた。これらの閉鎖機関に指定された事業者は日本国内に生産すべき事業資産を有している法人であり、日本国内になんら清算すべき資産がなければ、閉鎖機関として指定されることはない。その後も1946年10月4日に満州電業株式会社、満州電信電話株式会社、11月25日に満州自動車製造が指定された。そのほか満州に事業所を持つ企業として大連船渠鉄工株式会社・南満鉱業株式会社・大連汽船株式会社が閉鎖機関に指定されている。

以上の閉鎖機関指定法人は1949年5月31日に閉鎖機関整理委員会が廃止されるまで、同委員会により特殊清算されたが、在外事業資産負債が多額に残る企業にとっては、清算に時間を要した。国外に本店を有する未清算企業については、閉鎖機関整理委員会廃止後、在外関係閉鎖機関特殊清算人事務所によって特殊清算が続行された。「閉鎖機関令」に基づくその資産負債関係の整理が完了すれば、特殊清算結了の認可を受けて結了登記をして閉鎖機関の解除となる。ただしこれ

らの清算の結了には時間がかかる。満州本店企業だけでも、最も早く結了したのは満州マグネシウム株式会社、西安炭砿株式会社と株式会社満州映画協会の1952年2月13日であり、講和発効前に特殊清算結了となったのは、僅かにこの3社のみであった。その後も1953年に結了となった企業5社、1955年結了1社で

図表終-3 満州関係在外会社

（単位：件）

	満州国	関東州	合計
株式会社	380	49	429
合資会社	6	3	9
合名会社	2	2	4
営団・公社・金庫	3	2	5
金融組合等	―	1	1
その他	1	―	1
合計	392	60	452
1949年指定	360	45	405

出所：柴田善雅「在外会社の処理とその分析」（『大東文化大学紀要』第35号（社会科学）、1997年3月）。

ある。特殊清算はその後も1956年に6社、1957年に7社で決了し、満州関係の閉鎖機関の特殊清算は概ね終了した。在外資産で回収不能なものは放棄された。特に東京に支店として多額の不動産を有していた満鉄については、残余財産の処分で時間がかかった。他方、満州からの多数の引揚者を抱えたため、未払い給与等の債務も多額に抱えていた。満鉄は1957年4月13日に特殊清算を結了した。満州企業の敗戦処理は国内でも多くの問題を発生させた。

　閉鎖機関に指定されなかった国外に本店を有する残存法人の処理として、連合国総司令部でその調査を早くから着手し、その対象の概要を把握した上で、1949年8月1日ポツダム政令「旧日本占領地域に本店を有する会社の本邦内にある財産の処理に関する政令」により、国外に本店を有する会社を在外会社として指定し、この「在外会社令」に基づく特殊整理が実施されることとなった[12]。同年8月1日共同省告示により、「在外会社令」に基づく在外会社が指定された。同日の在外会社指定405件のうち、満州関係360件、関東州45件である。さらにその後の指定追加があり、最終的に452件となり、うち満州国392件の指定が行なわれた（図表終-3）。事業形態としては株式会社が429件、うち満州国380件であり、満州国の株式会社が指定された企業の9割方を占めていた。満州における日本人経営の会社は閉鎖機関指定以外に3000社を下回らないはずである。ここに含まれる合資会社・合名会社はわずかである。日本に事業資産を持つような満州国や関東州に本店を持つ合名会社・合資会社は乏しいと見られる。商取引でなんらかの資産負債関係が発生した企業も少なくなったはずであるが、「在外会社

令」公布以前の事前の調査段階での申告がほとんどなかったのであろう。満州の在外会社令指定企業のうち、満州国の法人件数に対して関東州の比重がいくらか高いことも指摘できよう。それは相対的に日本との商取引で対日資産負債関係が発生しやすかったことを表すものかもしれない。

1949年8月1日に指定された企業を列記するには件数が多すぎるが[13]、その中には満州国の特殊会社・準特殊会社が多数含まれている。特殊会社・準特殊会社には、満州国出資法人、日本政府出資法人（関東州法人が多い）が並ぶが、その他の財閥系、独立企業系、中小事業者まで多数並んでいることが分かる。

満州関係事業のうち特殊整理に着手して、整理資産が乏しく、特殊整理の必要がなければ指定解除される。1950年10月11日〜1951年7月6日までに257件が解除された。うち満州国企業は239件である[14]。それ以外の企業は特殊整理を結了し次第、残余財産の分配を受けてその処分権が引揚者日本人に帰属する。敗戦後に在外財産を放棄したため、多数の満州からの引揚企業は、巨額の損失を発生させた。引揚企業は政府に対し、在外財産補償要求運動を行った。多数の引揚者企業は日本国内における連絡事務所を海外事業戦後対策中央協議会におき、そこを窓口として特殊整理された。海外事業戦後対策中央協議会は、同協議会に満州支部設置し、それを中心に在満企業の補償要求が行なわれたが、その運動体とその経緯は省略しよう。

第2節　総　括

これまで分析した1890年代から1945年敗戦に至るまでの満州における企業活動（とりわけ日系企業）の状況・特徴を、時期区分してまとめよう。

［日露戦争以前］

早くも日清戦争開始以前の1891年3月に日本郵船が、南満州の貿易都市営口に進出し、営口—神戸の定期航路を開設した。

ついで日清戦争（1894〜1895年）後に貿易や海運を担う先駆的な日本人個人商店が満州で設立された。大手商社としては初めて、三井財閥の三井物産が1895年9月に営口に進出し、豆粕などの日本への輸入を始めた。日清戦争終了

後の1895年末、営口には他に3つの日本人個人商店があった。三井物産は1900年1月に、ロシアが租借したポートアーサー（旅順）に「関東省出張員」事務所を設置し、日本から輸出をおこなった。さらに1903年4月には事務所をダルニー（のちの大連）に移転している。

これに加えて、満州での日系金融機関の嚆矢として、1900年1月に横浜正金銀行が牛荘支店を設置し、三井物産などの商社・商店への融資や外国為替取引を開始した。

このように日清戦争後までに、貿易を行なう商社・商店とこれを支える金融機関、航路（海運会社）が南満州に設置・敷設されたのである。

日露戦争前（1903年6月時点）の満州には2525人の日本人が在住するようになった。在住地はロシア租借地域の旅順、東支鉄道の結節点の哈爾浜が多く、ついでロシア租借地域のダルニー、営口であった。南満州だけでなく、北満州（とくに哈爾浜）にも日本人は進出していた。

[日露戦争中と戦後]

日露戦争（1904〜1905年）中に日本軍が大連などを占領すると、軍用達商が流入し、大阪商船が戦争中の1905年1月、大阪—大連定期航路を敷設した。そして1905年7月に満州奥地への日本人の渡航解禁、9月に大連への日本人の渡航解禁が行なわれると、続々と日本人商人が満州に進出した。そのなかに、有力な地場資本家に成長する人たちがいた。三井物産など有力な組織からスピンアウトして地場実業家となる人も含めて、代表的な人物をあげると、1906年に安東で貿易業を始めた庵谷忱、1909年に福昌公司（大連）を設立する相生由太郎、そして山田三平、佐藤精一、石本鑚太郎、石田栄造などである。

日露戦後に満州で設立された最大の組織は、いうまでもなく満鉄である。同社は1906年11月26日に日本租借地関東州の最大都市大連に設立された（幹線は大連-長春）。鉄道事業以外に、満鉄は日本政府から撫順の炭田を引き継ぎ、採炭を開始した。1908年には大連—上海定期航路を開設し、1913年には華北沿岸へ航路の延長をおこなった。1907年8月には大連ヤマトホテルを開業し、1909年には大連市内での電車運転も開始した。同年には、撫順炭砿でガス製造事業とガス発電事業を開始し、1910年3月には、大連でガス供給事業を開始し、さらに

1911年に倉庫業の営業を開始するなど、満鉄は急速に事業を多角化した。このほか1908年11月に満鉄の後援で発行された『満州日日新聞』に関しては、1913年11月、満鉄全額出資で満州日日新聞社（個人企業）を株式会社化した（株式会社満州日日新聞社）[15]。

満鉄以外でみると、日本人・日本企業の単独ではなく中国側との合弁で大きな事業が企画・実施されていった。

たとえば電力業では、1906年11月、軍政署（日本軍）が経営していた水道、電話、電灯事業を移管するため、多くの人の賛同をえて日中合弁で営口水道電気株式会社が設立された。1911年10月には、満鉄、中国人企業家などにより遼陽電灯公司が設立された。電力業関係では満鉄が資金を提供し、地場の日本人実業家が参加して日中合弁で設立されたものが多い。

金融業では1906年7月に、日中合弁で営口に株式会社正隆銀行が設立された。ただし、この銀行は大連、奉天に支店を設置して業務を拡大しようとしたが[16]、業績は不振であった。このため1911年に安田銀行（安田財閥）の手で経営が再建された。

金属工業では、1910年5月、大倉と奉天省政府との合弁で商弁本渓湖煤砿有限公司が設立された。同社は石炭の採掘から製鉄へ事業を拡大した（1911年10月、商弁本渓湖煤鉄有限公司へ商号変更）。

化学工業では、1907年5月に、三井物産と中国人商人により営口で三泰油房が設立されて、大連で工場の建設が始り、林業では1908年5月に、清朝政府と日本政府の合弁で鴨緑江採木公司が設立された。

取引所とその周辺業者では、1913年3月に官営の大連重要物産取引所が業務を開始した（重要物産＝大豆三品）。そしてこの取引所に付随して、清算事務を担当する会社として、1913年6月、大連取引所信託株式会社、1917年5月、大連取引所銭鈔信託株式会社が設立された。両社は相生由太郎ら大連の日本人実業家と中国人が中心となって設立されたものである[17]。

つぎに日本人・日本企業が主体となった事業の動向をみよう。

金融業では日露戦争中の1904年8月に、横浜正金銀行がダルニーに出張所を設置した。同行は戦争中に牛荘で営業を再開し（1904年7月）、旅順口、遼陽

（ただし、まもなく閉鎖）、奉天、鉄嶺に店舗を開設した。戦争終了後には、遼陽、安東県、長春に、そして1912年哈爾浜に店舗を開設して、満州に支店網を形成したのである[18]。朝鮮銀行は、1913年8月に大連と奉天に支店を開設し、以後、満州各地に店舗を開設した。このほか、満州の主要都市の安東、大連、遼陽、奉天、鉄嶺、哈爾浜などでも、地場の日系銀行が次々と設立された（出資の中心は日本人の地場実業家）。なお、1902年に、中国人により世合公銀行が設立されているが、中国人経営の銀行は銀号、銭号、銭荘とほぼ同じ業務を行なっていた。

　化学工業では日清燐寸株式会社（1907年10月設立、本店は日本の広島市）が日系最初の燐寸製造工場を長春に建設した。大倉財閥の日清豆粕製造株式会社（1907年3月設立、本店東京）も大連に工業を建設した。窯業では、1908年6月、日本内地の大手事業法人の小野田セメント製造が大連支社を設立し、1909年6月からセメント製造を開始している。

　食料品工業では1906年12月、地場の日本人実業家や日本内地の実業家など多数の出資者により鉄嶺に満州製粉株式会社が設立された。出資者のなかには日本内地の製粉業者岩崎清七も含まれている[19]。また、関東州での天日塩製造については、日本人事業者の代表的な存在となる日本食塩コークス株式会社（1903年9月設立、本店神戸）が関東州で生産を始めた（同社は1908年12月、大日本塩業株式会社に商号変更）。煙草については、日本の煙草事業者によって東亜煙草株式会社（1906年12月設立、本店東京）が1906年11月に大連支店を設置した。のちに同社は満州で英米煙草トラストに対抗する日系最大の事業者に成長する。

　海運業では、日本内地の船会社が日本内地での輸入船舶への課税を回避するため、1912年から関東州で便宜置籍船会社を設立しはじめた。

　商業では先述のように日露戦争中に軍用達商がダルニー（青泥窪）に渡航した。その一員である三井物産は1904年12月に「青泥窪出張員」事務所を開設した（1907年大連出張所とする）。この後、1905年の自由渡航許可により、大連や奉天へ日本人が大量に流入した。そして第1次大戦開始（1914年）前までに大倉財閥の大倉組、鈴木財閥の鈴木商店、湯浅商店、日本綿花など日本内地の大手商社が大連に出張所ないし支店を開設したのである。

　このほか請負労力供給事業・不動産業では1909年10月、苦力による大連埠頭

の積卸し・荷役請負のため相生由太郎が福昌公司（個人企業）を設立した。サービス業では1911年8月、大連の日本人実業家により、人力車夫への社宅の貸付や人力車の販売・修理のため合資会社大連車夫合宿所を設立した。1912年11月、旅行業者のジャパン・ツーリスト・ビューローが満鉄運輸部内に大連支部を設立した。メディア産業では1911年6月、大連に日本人の信用調査機関の日清興信所（個人企業）が設立された[20]。1905年10月、大連で末永純一郎が『遼東新報』の発行を開始した（株式会社遼東新報社設立は1919年10月）。

このように第1次大戦開始前に、日中合弁で、あるいは日本人・日本企業単独で様々な産業分野において日本から経済的な進出が行なわれたのである。

[第1次大戦期（1914年7月から1920年戦後恐慌直前まで）]

この時期には好景気に支えられて次々と法人企業が設立された。資本類型別でみると、満鉄による子会社の設立、東洋拓殖による子会社の設立、三井財閥の王子企業による合弁会社の設立、大倉財閥による合弁会社の設立がなされた。とりわけ注目されるのが、この期の後半（1918年、1919年、1920年初め）に増加する地場企業の法人化や地場実業家による法人企業の設立である。

満鉄をみると、1915年2月に、満鉄全額出資で大連汽船株式会社を設立した。同社は満鉄から航路を引き継ぎ、業務を拡大する。その後、満鉄は他と共同して、1916年3月に長春取引所信託株式会社、4月に溪城鉄路公司と大連油脂工業株式会社を設立し、1917年5月に長春市場株式会社、9月に満州市場株式会社（本店奉天）、1918年4月に南満鉱業株式会社、1919年8月に公主嶺取引所信託株式会社、9月に四平街取引所信託株式会社、12月に満鮮坑木株式会社、1920年1月に東亜土木工業株式会社を設立して、ピラミッド型の複合事業体を形成した。満鉄内部でも1917年3月に鞍山工場の建設に着手して、1919年4月、第1溶鉱炉で銑鉄の製造を開始するなど、事業をさらに多角化していった。

東拓をみると、1918年12月、奉天に満蒙毛織株式会社を設立した。この企業には満鉄や日本人地場実業家、日本内地の実業家も出資している。のちに同社は、紆余曲折をへて満州最大の毛織会社に成長する。東拓は1918年4月、哈爾浜に北満電気株式会社を設立した。また5月に東省実業株式会社を設立し、この会社により様々な企業へ投資・融資をおこなった。たとえば、東省実業は11月に哈

爾浜に北満倉庫株式会社を設立している。株式会社遼東銀行（1916年4月設立、本店大連）へは、その設立後に東洋拓殖が出資した。このほか、1918年に日本の製塩が大凶作になったため、関東州の天日塩製造事業に東洋拓殖が新規参入した。

　財閥と大手事業法人では、日中合弁で森林資源関係の企業が設立された。すなわち1915年10月、鴨緑江採木公司と大倉組の合弁で鴨緑江製材無限公司が設立された。ついで三井財閥の王子製紙が日中合弁で、1917年11月、富寧造紙股份有限公司、1918年10月、華森製材公司を設立し、また実質的に日中合弁で11月に黄川採木公司を設立した。大倉財閥も、日中合弁で11月、豊材股份有限公司と吉省興林造紙股份有限公司を設立した。さらに1919年5月、大倉財閥と日本の製紙業者の大川平三郎が、安東県に鴨緑江製紙株式会社を設立した。同社の初期の目的は紙そのものの生産ではなく、日本向けのパルプ生産であった。1920年2月には、安田財閥系（日本内地の帝国製麻系）の奉天製麻が設立された。

　このほか、日本からの出資としてつぎのような動きがみられる。1916年12月に、奉天に南満州製糖株式会社が設立された（目的は甜菜糖の製造）。この企業に満鉄も出資している。経営は台湾の塩水港製糖が担当し、販売は日本内地の鈴木商店・安部幸兵衛商店が担当した。1917年3月には、高木睦郎など対中国投資に積極的に関与していた人たちによって、撫順の塔連炭砿で採炭するため東京に東洋炭鉱株式会社が設立された（撫順に支店を設置）。また1918年9月には、日本の大手鉱業会社の明治鉱業（安川敬一郎が経営）が西安炭田の利権を活用するため満州採炭株式会社（本店は日本の戸畑）を設立した。1918年3月、飯田延太郎が中日合弁で天図軽便鉄道公司を設立した（事業地は吉林省東部）。商業では三井物産、鈴木商店を初めとする日本内地の大手商社が幅広く活動した。

　つぎに主に日本人地場実業家に即して産業毎に動向をみよう。

　倉庫業では、好況により倉庫に対する需要が増加したため、倉庫業（倉庫専業、運輸との兼業）が乱立した。倉庫専業で最大の企業として、大連の日本人地場実業家が中心となって1919年9月に南満州倉庫建物株式会社が設立された（社長山田三平）。

　電力業では満州各地に日本法人の会社が設立された。最大は東拓とロシア人

(旧、営業者)との共同出資による北満電気株式会社(1918年4月設立)であるが、そのほかは主に日本人地場実業家の出資により設立された。なお、中国人による中国法人の電力会社(遼源華興電気公司)も設立されている。

金融業では、好況を背景に満州各地で日系の銀行が設立された(出資の中心は日本人の地場実業家と推定)。ただし、株式会社竜口銀行(本店大連)は最初から横浜正金銀行系の銀行であり、益通商業銀行股份有限公司(本店長春、未登記)は1919年1月に、中国人により設立された銀行である。

取引所とその周辺業者でみると、民営の取引所として1918年8月、日本人地場実業家とロシア人により哈爾浜信託株式会社が設立された。同社は日本通貨・ロシア通貨・官帖(地域通貨)と大豆・小麦を取り扱った。この企業は、中国人により1915年8月設立の浜江農産信託公司と激しく対立した。哈爾浜信託は1919年末に改組され、日本人のみが株主となり、その際、大連の実業家も参加している。1919年9月には、奉天証券信託株式会社が設立された(目的は有価証券の売買仲介)。大連を含む日本人の地場事業家が中心となって設立されたと推定される[21]。

「信託」と名乗って商品・証券・銭鈔の売買仲介や、これに関連する短期の貸付を行う会社も設立された。1914年7月設立の奉天信託株式会社の場合、社長の佐伯直平、取締役の石田武亥は、それぞれ株式会社奉天銀行の取締役と専務取締役であり、取締役の上田久衛は株式会社奉天銭鈔公司の社長であった[22]。つまり奉天信託は地場の日本人実業家が設立したものである。1916年3月設立の長春取引所信託株式会社の場合には、満鉄と地場の中国人・日本人の出資である。1919年10月設立の営口証券信託株式会社は地場の日本人実業家が中心となって推定されたものと思われる。1920年3月設立の満蒙証券株式会社には地場の株式現物取引業者と日本内地の野村商店(大阪)、大連の臼井熊吉らが出資した。野村系持株率25%で、満州最大の証券会社となる。1920年2月には、投機的な株式・商品取引を背景として大連の日本人実業家と日本内地の代議士(政友会の小泉策太郎)などにより株式会社大連株式商品取引所が設立された(取り扱いは株式、綿糸、綿布、麻袋)。

紡織工業では1917年5月、地場の日本人実業家や、山本条太郎など日本内地

の実業家によって大連に満州製麻株式会社が設立された[23]。食料品工業では日本人地場実業家により多数の食料品会社が設立された。このうち、1918年10月設立の満州麦酒株式会社は大連の日本実業家が共同して設立したものである[24]。

鉱業では1918年4月に、満鉄や大連・日本内地の日本人実業家によって大連に南満鉱業株式会社が設立された（目的はマグネシア、レンガ関係の製造事業）。金属工業では日系の金属工業会社の設立は10社程度である。うち1918年3月に大連で設立の合資会社大華電気冶金公司は、満鉄に勤務していた技術者上島慶篤（東京高等工業学校電気科卒）が特殊製鋼法を考案して設立した企業である。のちに上島は様々な鉱業権を入手し、鉱業会社の経営に関与する有力な地場実業家に成長する[25]。機械器具工業では1918年5月に、大連の日本人地場実業家や日本内地の日本車両製造などが出資して大連に株式会社大連機械製作所が設立された。同社は満鉄鉄道工場の下請けである。そのほか、大連の金属・機械取扱商社の鳥羽洋行（個人商店）が設立した株式会社鳥羽鉄工所（1918年7月）など小規模な機械器具製造会社が10社近く設立されている。

請負労力供給業・不動産業では1919年3月、人口急増で住宅難となった大連で関東庁から土地払下げをうけ家屋を建設して貸家業を経営するため、多くの大連日本人実業家が出資して大連郊外土地株式会社が設立された。さらに1920年1月、満鉄と大連の日本人・中国人実業家らによって東亜土木企業株式会社が設立された。

サービス業では1915年2月、日本人の関係者により株式会社長春検番が設立され、以後、1920年までに満州各地で9社の法人検番が設立された。

最後に、商業では株式会社大信洋行、合名会社原田組、満州殖産株式会社など日系地場企業が業務規模を拡大していった。

このように当該期では、好況で一時的に急膨張した需要に対応と楽観的先行き見通しのもとで日系企業が次々と設立されたのである。そのなかには泡沫ともいうべき企業が数多く含まれていた。

［1920年代から1932年満州国建国前］

この期では、投機的な行動を行なっていたために1920年の戦後恐慌とその後の景気低迷で多くの企業が破綻した。破綻は日本人地場実業家が関わった企業だ

けでなく、日本内地の有力商社でもおこった。満鉄はこの期においても事業部門を分離独立させる形でつぎつぎと子会社を設立するが、東洋拓殖系では前の時期におこなった泡沫的な事業の整理に追われ、王子製紙・大倉財閥も森林伐採事業で行き詰まり、新会社によって体制を立て直そうとした。1920年代に満鉄が出資した企業でも不振に陥る企業がある。

　倉庫業では、戦後恐慌と満鉄倉庫業による圧迫（低価格政策）により民間倉庫業者が大打撃を受けた。その経営不振な既設倉庫を国際運輸株式会社（1926年8月設立）が引き受ける形で整理が進行した。金融業では弱小銀行の休業あるいは吸収合併がおこなわれた。すなわち1923年に4銀行（株式会社大連銀行、株式会社満州商業銀行、東拓系の遼東銀行、株式会社奉天銀行）が統合して株式会社満州銀行が設立された。横浜正金銀行系の竜口銀行は弱小銀行を吸収合併（株式会社鞍山銀行、株式会社東華銀行）した。しかし竜口銀行も業績不振に陥り、1925年12月に正隆銀行に吸収合併されている。ただし、中国系では、中国人により東辺実業銀行（1921年7月、安東の商業儲蓄会を改組）、義来銀行（1926年設立）、益発銀行（1926年設立、個人企業）が新たに設立されている。

　取引所とその周辺業者では、1920年12月、奉天証券信託が株式会社奉天証券商品交易所に商号変更し（ただし、有価証券のみの売買仲介）、さらに1923年に株式会社満州取引所に商号変更したが、しかし業績は極めて不振であった。1922年には哈爾浜信託の資産を継承して、日中合弁の株式会社哈爾浜取引所が設立されたが（満鉄が25％出資、特産物、銭鈔、有価証券などを取引）、業績低迷で1924年10月に解散した。

　1920年8月、満鉄の50％出資で遼陽取引所信託株式会社が、10月、東亜証券株式会社（大連）と開原相互証券信託株式会社が、1921年6月、満鉄50％出資で鉄嶺証券信託株式会社が、10月、鞍山証券信託株式会社がそれぞれ設立され、ほぼ1921年までに満州の取引所周辺事業者の設立が完了した。しかし、その後、これらの企業はいずれも事業不振に陥り、消滅するか休業するに至った。このほか、取引所の清算事業を担当した取引所信託各社も同様の運命をたどった。満州最大の証券会社であった満蒙証券も1929年5月に廃業に追い込まれた。景気低迷のため、株式会社大連株式商品取引所の業績は不振となり、1930年11月半額

に減資して、損失を処理した。大連証券信託も業績不振、大連取引所銭鈔信託は1928年に解散した。

商業では、1920年の戦後恐慌で商品価格が暴落したため、満州に本店をおく地場企業は大打撃をうけ、解散・休業が続出した。日本に本店をおく企業でも、古河商事、伊藤忠兵衛商店、日本綿花などが苦境に陥り、1925年には高田商会、1927年には鈴木商店が破綻した。

紡織工業では、満州における近代的紡績業の嚆矢として1921年3月、奉天省政府と民間の中国人により、奉天紡紗廠が設立された。同社は紡績錘数2万錘、織機200台で1923年10月に操業を開始し、しばらくは経営が順調であったが、その後、政治的・経済的混乱のため、経営が悪化した。奉天紡紗廠についで日系の最初の近代的紡績会社として1923年3月、日本の大手紡績会社の富士瓦斯紡績と満鉄、現地の日本人実業家とが共同して満州紡績株式会社が設立された。同社は遼陽に工場を建設して、紡績・織布を行った。設立後、しばらくは経営が順調であったが、その後、経営が悪化し、1930年に半額減資をせざるをえなくなる。また満蒙毛織は、毛織物価格の下落などのため、経営を悪化させた。1923年4月には、日本内地の福島紡績による満州福紡株式会社も大連に設立されるが、全体としてみると満州における1920年代の近代的紡績業・毛織業は満州国建国直前に厳しい状況に陥るのである。

食料品工業では、南満州製糖が砂糖価格の下落のため業績を悪化させ、英米煙草トラストと競合して東亜煙草・亜細亜煙草が業績を悪化させ、1927年7月、東亜煙草が亜細亜煙草を吸収合併するに至った。機械器具工業では大連機械製作所が業績不振のため、1925年10月、半額減資をおこなった。

つぎに満鉄をみると、1925年7月には、耐火煉瓦を製造する満鉄窯業工場を分離独立させて大連窯業を設立した。満鉄は奉天・安東・長春でガス供給事業を開始し、7月に瓦斯作業所を分離独立させ、南満州瓦斯株式会社を設立した。1926年5月、満鉄は電気事業を分離独立させて南満州電気株式会社を設立した。1928年11月、満鉄のガラス工場を分離独立させて南満州硝子株式会社を設立した。このほか満鉄は1925年11月に、日本内地の多数の大手企業に出資を仰いで設立された金福鉄路公司（事業地は遼東半島）の経営を満鉄が受託し、1926年1

月に福昌公司の鉄道港湾荷役業務を継承して福昌華工株式会社を設立した。前の期に設立された大連汽船は1928年に大幅増資をおこない、社船を増加させながら、華北沿岸航路を初めとする定期航路・不定期航路を拡充して大規模な業務拡張をおこなった。

東拓系では、事業の整理をおこなうとともに、1921年12月、日本人農業移民促進のため、東拓が満鉄などとの出資により奉天に東亜勧業株式会社を設立した。

財閥と大手事業法人系では、1922年3月、満鉄、東京海上火災保険、大正海上火災保険などの出資により、満州最初の損害保険会社として大連火災海上保険株式会社が設立された。事実上、同社は東京海上火災保険の大連における別働隊であり、国際運輸などが代理店を引き受けた。パルプ市況不振のため、鴨緑江製紙が1922年8月～1926年12月までパルプの製造を停止し、経営を立て直すため1927年に紙の製造を開始した。1923年6月、林業利権にからむ合弁事業が苦境に陥ったため、王子製紙と大倉組が共同出資して共栄企業株式会社を設立して事業を統合したが、その事業はさらに不振に陥っていった。1925年4月、板ガラス生産のため、満鉄と三菱財閥の旭硝子が共同出資して昌光硝子株式会社（本店東京、工場大連）を設立し、1926年6月、大倉組が奉天電車株式会社を設立した。1926年8月には、日本の大手運輸会社の国際運送が支社部門を独立させて国際運輸を設立した。

日本人地場実業家による設立としては、つぎのようなものがある。中小・零細企業向け金融で需要が増加したため、1926年7月、「関東州無尽業令」が公布された。これを受けて1927年11月、第一無尽株式会社（本店大連）などが、関東州・満鉄付属地でつぎつぎと設立された（全部で6社）。そのなかには既存の一般金融業者が転換したものも2社含まれている。いずれも日本人地場実業家が中心となって設立や転換がなされたと推定される[26]。

中国人による設立では、張学良の指示に基づき、1930年に奉天の中国人実業家が安東六合成公記造紙廠を設立し、製紙事業に着手した。

最後に商社についてみると、1920年代に、大豆3品の輸出を巡って、日系商社と外国系商社が激しい競争をおこなった。日系の有力商社は、日本内地に本店を置く三井物産、三菱商事、豊年製油、日清製油と大連地場企業の瓜谷商店（個

人商店）であり、外国系の有力商社はデンマークの東亜商会であった。

　[1932年満州国建国から1936年]

　1932年3月1日の満州国建国後、満州国・関東軍が主導して大企業がつぎつぎと設立された。はじめは、満州国が接収した財産をもとに企業が設立され、あるいは財閥から資金を拠出させて企業が設立された。財閥系の中ではいち早く住友財閥が満州国へ進出し、日本内地の大手事業法人も共同出資という型で満州国に企業を設立した。満州国では、重要産業については1業1社主義による大規模な特殊会社・準特殊会社が設立され始めた。特殊会社・準特殊会社は、当然のことながら満州国が大口出資者となるものが多く、しかも満鉄も大口出資者になっているものも多い。

　そして、住友財閥の後を追って他の財閥でも満州国で企業を設立し始め、日本内地の大手事業法人も企業を設立し始めた。特にこの期の最後の1936年になると、1937年開始の産業開発5ヵ年計画を先取りする形で日本内地から大規模な投資が始まる。

　まず、接収財産を継承したか、あるいは財閥に資金の拠出を要請した満州国出資企業の事例をみよう。1932年6月15日、東三省官銀号、吉林永衡官銀号、黒竜江省官銀号、辺業銀行の資産と負債を継承して、満州国政府全額出資で満州中央銀行が設立された[27]。その際、紙幣発行準備金に充当するため、三井財閥・三菱財閥に対してそれぞれ1000万円の拠出が求められ、三井合名会社・三菱合資会社は朝鮮銀行を経由して合計2000万円を融資した（年利5％、2年据え置き後、10年間で返済という条件）[28]。9月には、満州中央銀行関係で融資を求められなかった住友合資会社に対して100万円の出資が要請され、満州国の現物出資、満鉄の金銭出資とあわせて満州航空株式会社が設立された。住友合資会社の出資は経営に関与できない名望家的出資である。満州航空は軍用定期航路と営業定期航路（民間輸送）を運航しただけでなく。奉天で航空機製造事業に着手した（航空工廠）。10月、満州国が接収した東三省兵工廠をもとに兵器生産のため、三井物産と大倉商事に出資を要請して株式会社奉天造兵所が設立された。のち奉天造兵所は1936年7月、「株式会社奉天造兵所法」に基づき、満州国政府も出資して特殊会社に改組された。1934年5月には、張作霖政権の特設工場であった大亨

公司工廠（接収工場）をもとに、根本富士雄らが多数の人々に出資を呼びかけて株式会社満州工廠を奉天に設立した。同社は車両・鉱山機械・兵器の生産を目的とした。1935年7月には、接収した製紙工場（安東六合成公記造紙廠）をもとに満州国政府や満州中央銀行などが出資して股份有限公司六合成造紙廠が設立された。

これ以外で満州国政府が出資した企業をみると、1933年8月、日本政府・満州国政府などの出資により満州電信電話株式会社が設立され、これにより関東州と満州国を含めた公衆電気通信と放送事業が統合された。1934年3月、関東軍の要請により日本内地の自動車メーカー7社の協議と「同和自動車工業株式会社法」に基づき、自動車の組立製造事業を経営し「自動車工業ノ統制確立ヲ図ル」ため、満州国政府・満鉄と自動車メーカー各社の出資により奉天に同和自動車工業株式会社が設立された。4月には、棉花栽培促進のため「満州棉花股份有限公司法」に基づき満州国政府と大連の満州棉花株式会社の出資により満州棉花股份有限公司が設立された。

5月には、「満州炭砿株式会社法」に基づき、「石炭砿業ノ開発統制」をおこなうため、満州国・満鉄・満州中央銀行が鉱業権・付属財産・持株を現物出資して満州炭砿株式会社が設立された。同社は直営炭砿と子会社の炭砿会社を経営する。同じ5月に、金増産のため、「満州採金株式会社法」に基づき満州国政府、満鉄などの出資により満州採金株式会社が設立された。1930年代前半に、満州国各地に電力会社が設立されたのち、1934年11月、南満州電気、北満電気など、関東州と満州国の電力会社が合同して、満州国政府、満鉄、満州興業銀行などの出資により満州電業株式会社が設立された。1935年8月、「満州鉱業開発株式会社法」に基づき満州国政府と満鉄の出資により満州鉱業開発株式会社が設立された。同社は民間の鉱業権取得手続きの窓口となる。

1936年1月、日本内地から大量の農業移民を促進するため、「満州拓殖股份有限公司法」に基づき、満州国政府の出資で満州拓殖股份有限公司が設立された。2月、「満州林業股份有限公司法」に基づき、満州国政府、満鉄、共栄企業、東洋拓殖の出資により満州林業股份有限公司が設立された。同社の事業目的は国有林の伐採である。4月、「満州塩業株式会社法」により満州国で天日塩を製造す

るため、満州国政府、満鉄、大日本塩業と、曹達原料の需要家である日本内地・満州の企業（旭硝子、徳山曹達、満州化学工業）の出資により満州塩業株式会社が設立された。9月、勅令「株式会社満州弘報協会ニ関スル件」にもとづき、満州国政府、満鉄、満州電信電話の出資で株式会社満州弘報協会が設立された。この協会は新聞・通信事業の連絡統制を図るためのものであり、満州国通信社（1932年12月設立）を直営し、満州日日新聞社など新聞各社が加盟した。10月には、「満州生命保険株式会社法」に基づき、満州国50％、日本の生命保険会社50％の出資により満州生命保険株式会社が設立され、満州国へこれ以外の参入を認めないこととなった。1936年12月には朝鮮銀行の満州国内の店舗、正隆銀行・満州銀行の満州国内の店舗を統合して、「満州興業銀行法」（1936年12月3日公布）により満州国政府・朝鮮銀行の折半出資で満州興業銀行が設立された。

　つぎに満鉄が主に出資した企業をみると1933年5月、化学肥料生産などのため、満鉄や日本内地の全国購買組合連合会などが出資して大連に満州化学工業株式会社を設立した。株式会社昭和製鋼所（1929年7月、満鉄全額出資により朝鮮の京城で設立、のち鞍山に本店を移転）が6月に満鉄の鞍山製鉄所を継承し、これにより満州で製鉄事業を担うに至った。1934年7月には満鉄の全額出資で撫順セメント株式会社を設立した。

　1936年10月に、満鉄は商事部を分離独立させて日満商事株式会社を設立した。同社は満州国産の石炭、硫安、ソーダ、染料などの取り扱いを拡大する。解散する東亜勧業の畜産工業部門を継承するため、11月、満鉄は奉天に満州畜産工業株式会社を設立した（畜産食料品の加工・販売を目的）。11月、「満州軽金属製造株式会社法」に基づき、満鉄が主に出資して撫順に満州軽金属製造株式会社を設立した（その後、満鉄出資分を満州重工業開発が肩代わり）。アルミニーム製造を目的とする同社は、つぎの期の1938年7月に、子会社として満州マグネシウム株式会社を設立する。なお、満鉄が大株主であった南満州製糖は業績不振のため、1934年2月に解散した。

　東拓系では、朝鮮からの農業移民を促進するため、朝鮮側で1936年9月に東拓などの出資により鮮満拓殖株式会社（本店京城）が設立され、満州国で同月、「満鮮拓殖股份有限公司法」に基づき鮮満拓殖の出資により新京に満鮮拓殖股份

有限公司が設立された。

　財閥系をみると、まず1934年4月に三井財閥の三機工業株式会社（三井物産の子会社）が経営する東洋鋼材が日満鋼材工業株式会社を設立したが、東洋鋼材は三井財閥の傘下にあるとはいえ弱小企業であったため、満州国への三井財閥の本格的な進出とはいいがたい。事実上、財閥系で満州国に最初に進出したのは1934年9月に、住友財閥（住友合資会社と住友伸銅鋼管）により奉天で設立された満州住友鋼管株式会社である。ついで1935年11月には、発電機・発動機製造のため、三菱合資会社、三菱重工業、三菱電機、三菱商事が出資して奉天に満州機器股份有限公司を設立した。12月には、大倉財閥の拠点である本渓湖媒鉄公司が出資して本渓湖洋灰股份有限公司を設立した。1936年12月には、住友財閥の日本電気が奉天に満州通信機股份有限公司を設立した。これに続き1937年に入って日本内地の電機メーカー各社が奉天に進出する。

　大手事業法人による共同出資型進出をみると、満州国でのセメント工場設立を受けて日本内地のカルテル組織のセメント連合会が1933年12月、吉林に大同洋灰股份有限公司を設立した。同社は、日系の現地法人として満州でセメント製造をおこなう初めての企業である。ただし、実質的に同社は浅野セメントの子会社である。1934年4月、日本内地の麦酒共同販売（麒麟麦酒と大日本麦酒が設立）が奉天に満州麦酒株式会社を設立した。同社の実態は、工場を麒麟麦酒と大日本麦酒に賃貸し、両ビールメーカーがそれぞれ製造するというものであった。6月、新京に満日亜麻紡織股份有限公司が設立された。同社は日本内地の日満亜麻紡織株式会社が出資して設立されたものである。日満亜麻紡織は日本の大手製麻企業の帝国製麻や三井物産などが出資して設立したものである。満日亜麻紡織はのちに満州最大規模の製麻会社となった。6月、満州国が接収した製粉工場を買収して経営するため、関東軍の要請に基づき日本内地の日本製粉、日清製粉などの製粉業者と三井物産、三菱商事などが出資して、哈爾浜に日満製粉株式会社が設立された。1935年12月、台湾の大手製糖会社各社の出資で奉天に満州製糖株式会社（日本法人）が設立され、同月設立の満州製糖股份有限公司（満州国法人、本店奉天）へ、この日本法人が出資した。そしてこの満州国法人が南満州製糖の工場を買収した。

日本内地の大手事業法人による進出では、つぎのような動きがみられる。1934年に3つのセメント会社が満州で設立されたが、このうち5月に設立された満州洋灰股份有限公司（本店遼陽）が資金的に行き詰まった。そのため磐城セメントが資金援助をおこなって同社の経営を支配した。11月に設立された関東州小野田セメント製造株式会社は、小野田セメント製造の大連支社を分離独立させた企業である。1935年12月には、大日本紡績が主導して奉天に恭泰莫大小紡績股份有限公司を設立した（目的はメリヤス製造、のち紡績・織布も）。1936年4月には、大日本麦酒などにより哈爾浜麦酒股份有限公司が設立された。

　1936年から日本内地の製粉各社が満州への進出を開始する。まず1936年8月、日東製粉が新京に日東製粉股份有限公司を設立した。また5月には、王子製紙が満州国政府から株式を譲渡されて六合成造紙廠を経営し始め、6月には、王子製紙が鴨緑江製紙の経営を受託した。満州パルプ資源活用のため、1936年5月、寺田元之助系の満州パルプ工業股份有限公司、6月、大川平三郎系の東満州人絹巴爾普股份有限公司、9月、王子製紙系の日満巴爾普製造股份有限公司と川西清兵衛系の東洋パルプ股份有限公司、12月、鐘淵紡績系の康徳葦パルプ株式会社が設立された。

　このほか日本からの進出をみると、1933年10月、大阪の高津久右衛門らの出資により北満州製糖株式会社が設立された。1934年12月、日本の煙草関係業者により新京に満州煙草株式会社（日本法人）が設立された。同社は1935年2月に満州煙草股份有限公司（満州国法人）を設立する。1934年4月、日本内地の共同漁業と日本水産が大連に日満漁業株式会社を設立した。1935年7月、大谷米太郎（東京ロール製作所）が鞍山に株式会社満州ロール製作所を設立した。また満州国建国後の建築ラッシュのため、日本内地や朝鮮から土木建築請負業者が続々と満州に進出した。

　日系の地場企業では1933年5月、大連の日本人地場実業家（金属商）が共同で鞍山に満州亜鉛鍍株式会社を設立した。また1936年までに満鉄付属地などで無尽会社が4社設立された。いずれも日本人の地場実業家が中心となって設立されたようである。ただし、うち1社（間島無尽株式会社）は朝鮮族の日本人が中心となって設立されている[29]。

中国系の地場企業では1933年3月に中国人により営口紡織股份有限公司が設立されたが、のち、朝鮮紡織が資本参加している。1933年12月には、満州国での「銀行法」公布を受け、儲蓄会の改組などによって股份有限公司の中国人系銀行が次々と設立された。そのなかで最大のものが1934年12月に設立された奉天商業銀行股份有限公司である（奉天儲蓄会を改組）。この銀行には満州国政府も出資している。1936年12月には、中国人製粉事業者（1904年創業）が新京に股份有限公司裕昌源を設立した。

このほか、満州国政府が背後で関係していると推定される企業として、1934年4月、華北からの中国人労働者の身分証明書の発給、募集供給業務を行なうため天津に大東公司設立され、ついで1935年2月、新京に合資会社大東公司が設立された。

全体としてみると、満州国建国後には、会社設立地域の中心が関東州から満州国へ移動しはじめた。1936年5月31日現在の法人を国籍別でみると、日本法人2288社、満州国法人154社で、満州国法人の数は少数に止まっているが、満州国内にある治外法権下の満鉄付属地に日本法人がつぎつぎと設立されていったのである。新設企業数でみると払込資本金20万円以上の、規模が大きな企業よりも、資本金20万円未満の中小零細企業の方が圧倒的に多く、地場実業家、とりわけ日本人により多数の中小零細企業が設立された。また、工業部面では、第1に、昭和製鋼所による鞍山製鉄所継承後、鞍山の製鉄工場地区内に関連工場（企業）が次々と設立され、工場団地が造成された奉天でも次々と企業が進出することによって、鞍山と奉天に二大工業地帯が形成され始めた。第2に、同和自動車工業や奉天造兵所のように満州国が軍事関連で意識的に追求した自給化と、恭泰莫大小紡績や満日亜麻紡織などのように民間企業側の意思による現地市場向け生産への着手という、2つの現地自給化の動きが進行していった。商業では大豆三品の輸出を巡って、1920年代から引き続き、前述の有力商社が鎬を削る状況が続いた。

［1937年から1942年］

1936年末に立案された満州産業開発5ヵ年計画が1937年から実施された。現地自給化と対日物資供給という2つの目的を持つこの計画を実現するため、満州

国・関東軍は日本内地の企業に満州国への進出を働きかけた。この働きかけに応じて、日本産業は1937年11月に本社を東京から満州国の新京（満鉄付属地内）に移転し、12月1日に治外法権撤廃にともない日本産業は満州国法人となった。ついで12月20日公布の「満州重工業開発株式会社管理法」に基づき、満州国政府の出資をえて12月27日に満州重工業開発株式会社と改称した。満業は満州国における重工業全般の総合的開発を担当するという独占的地位を与えられた。このため、満鉄は所有する5社（満州炭砿、同和自動車工業、満州採金、昭和製鋼所、満州軽金属製造）の株式を1938年3月に満州国政府に譲渡し、さらに4月に満州国政府が満業へ譲渡するという形で、事実上、5社株式の満業への譲渡を強制された。また満州国・関東軍からは、その他の多くの企業に対して進出要請がなされ、これに応じて財閥資本・大手事業法人が続々と進出した。これに加えて関東州の企業や日本内地企業の現地事業所も、満州国で事業を円滑におこなうため、つぎつぎと法人化した。

　満業は、非鉄金属、石炭、自動車、鉄鋼、軽金属、航空機の各企業に投資し、その経営指導にあたることとなった。まず1938年2月、満業は金属鉱業開発を目的として、満業全額出資により満州鉱山株式会社を設立した。4月、満業は満州国・旧満鉄所有の満州炭砿株、旧満鉄所有の同和自動車工業株・満州採金株・昭和製鋼所株・満州軽金属製造株を取得し、これらの企業を傘下に組み入れて経営指導にあたった。昭和製鋼所は、満鉄全額出資から満業と満鉄の折半出資となった。なお、満業が取得した満州採金株は、1939年に再び満業から満州国へ譲渡されている。1938年6月には、「満州飛行機製造株式会社法」に基づき、満業全額出資により奉天に満州飛行機製造株式会社を設立した。同社は満州航空の製造部門（航空工廠）の移譲を受けて飛行機の製造に着手する。9月には、満業と子会社の満州炭砿の出資により東辺道開発株式会社を設立した。同社は東辺道の石炭・鉄鉱石を用いて製鉄業を行なおうとしたが、東辺道開発の諸事業は進捗せず、損失が累積することとなる。さらに自動車工業拡充のため、1939年5月、「満州自動車製造株式会社法」に基づき、満業全額出資により奉天に満州自動車製造株式会社を設立した。これに伴い同和自動車工業は製造事業を同社に移譲し、業務内容を組立・修理・販売に変更した。1942年5月には、満州自動車製造が

同和自動車工業を合併する（ただし、あらかじめ満業などから満州自動車製造が同和自動車工業株を譲り受けていたため、無増資で合併）。このように満業は6つの重要な分野で傘下に企業を形成し、その経営指導に当たったのである。

満州国政府が出資して新設された企業には、満州国・関東軍がその経営にかなり関与したものと、出資した民間企業に経営を担当させたものがある。

前者に分類されるものをみると、1937年8月、「株式会社満州映画協会法」に基づき満州国政府と満鉄の出資で映画製作会社の株式会社満州映画協会が設立された。同月、移民事業を全面的に支援するため、満州国政府、日本政府、満鉄、東拓などの出資で満州拓殖公社が設立された。満州拓殖公社は満州拓殖股份有限公司の事業・資産を継承し、さらに1941年6月、満鮮拓殖の事業を譲り受けた。1937年9月には、満州国政府、東拓などの出資で発電会社の満州鴨緑江水力発電株式会社が設立された。同月、満州国政府、満州拓殖公社、満鮮拓殖の出資で満州畜産股份有限公司が設立された（家畜の輸入・売買、畜産物の加工が目的）。1938年2月には、満州各地での住宅建設を促進するため、「満州房産株式会社法」に基づき、満州国政府、東拓、満州興業銀行の出資で満州房産株式会社が設立され、1941年2月、造林のため、満州国政府、満鉄、東拓の出資で満州造林株式会社が設立された。

後者の企業は満州国政府・関東軍の要請に応えて設立されたものである。1937年7月、満州国政府、三井鉱山、鉱区提供者上島慶篤の出資で熱河鉱山股份有限公司が設立され（のち東亜鉱山株式会社に商号変更）、三井財閥の三井鉱山が経営を担当した。8月、「満州合成燃料株式会社法」に基づき、三井系各社（三井合名会社、三井物産、三井鉱山）、満州国政府、満州炭砿などの出資で満州合成燃料株式会社が設立され、三井鉱山が経営を担当した。9月、満州国政府、満鉄、日本内地の酒伊繊維工業などの出資により満州豆稈パルプ株式会社が設立され、酒伊繊維工業が経営を担当した。1938年10月、「満州電気化学工業株式会社法」に基づき、満州国政府、満州電業の出資で吉林に満州電気化学工業株式会社が設立され（カーバイド系化学品の製造が目的）、満州電業が経営を担当した。のちに同社には電気化学工業（三井物産との関係が強い）、三菱財閥の日本化成工業も出資する。12月、満州国での葉煙草自給のため、満州の煙草事業者と満州国

政府が出資して満州葉煙草が設立された。1939年8月、「吉林人造石油株式会社法」に基づき、満州国政府、日本窒素肥料の出資で吉林人造石油株式会社が設立され、日本窒素肥料が経営を担当した。

つぎに満鉄が主導して設立した企業をみよう。満鉄子会社の日満商事（1936年設立）は1937年8月から満州国での銑鉄、鋼材などの価格・配給統制を担当し、1939年12月に特殊法人に改組されて、重要生産資材の配給と輸出入統制を担当することとなった。1937年11月には、満鉄子会社の南満州瓦斯が満州国内事業を分離して全額出資で満州瓦斯株式会社を設立した。しかし、前述のように満鉄は1938年に有力子会社5社の株式を事実上、満業に譲渡せざるをえなくなった。その後は、5月に、満鉄と日本内地の車両製造会社の共同出資により奉天に設立した満州車両株式会社と、1939年4月中華民国の北京に設立した華北交通株式会社への投資以外、めぼしい新規投資はみあたらない。

既述したもの以外で財閥や日本内地の大手事業法人関係の企業をみると、紡織工業では1938年2月、三井財閥の東洋棉花により錦州に東棉紡織株式会社が設立され、満州最大規模の紡績・織布兼営企業となる。1937年11月、鐘淵紡績が康徳毛織株式会社を設立し、哈爾浜の毛織工場を買収した。前述の奉天紡紗廠では、1938年に鐘淵紡績が満州国政府・満州中央銀行から株式を購入して経営を担当した。

食料品関係では日本内地の大手製粉業者が製粉会社を以下のように設立した。三井財閥の日本製粉が1937年2月、奉天に東洋製粉股份有限公司を、日清製粉が1937年2月、新京に康徳製粉股份有限公司を設立した。1937年10月には、東亜煙草（本店東京）が奉天に満州東亜煙草株式会社を設立した。

鉱業では、鐘淵紡績が1937年10月、マグネサイト・ドロマイト採掘のため康徳鉱業株式会社を設立した[30]。三井財閥の三井鉱山が、1938年から資金援助をおこなっていた非鉄金属（銅、鉛・亜鉛）採掘の天宝山鉱業株式会社の経営権を1941年8月に飯田延太郎から肩代わりし、さらに1939年9月、三井鉱山が鉱区提供者高炳鎔とともに石炭採掘のため三宝鉱山株式会社を設立して経営した[31]。三菱財閥の三菱鉱業も、1940年2月、金生産をおこなうため満州採金との共同出資で昭徳鉱業株式会社を設立し、経営を担当した[32]。

機械器具工業では1937年6月、電球・真空管などの製造のため、東京電気が新京に満州東京電気株式会社を設立し、9月、古河財閥の富士電機製造が子会社の富士通信機製造と共同で奉天に股份有限公司富士電機工廠を設立した。1938年3月、日立製作所が奉天に株式会社満州日立製作所を設立した。

窯業では、板ガラス需要増加のため、1937年9月、旭硝子（三菱財閥の企業）の子会社昌光硝子が奉天に満州昌光硝子株式会社を設立した。さらに建設ブームでセメント需要が増大したため、日本内地から2社が新規参入した。すなわち1940年3月、岐阜セメント、小野田セメント製造、満州軽金属製造などが安東セメント株式会社を設立し、1940年11月、東満州産業（本店東京）が東満セメント株式会社を設立した（工場は東満総省廟嶺）。

化学工業では1938年3月、東洋紡績が横浜護謨製造と共同で奉天に東洋タイヤ工業株式会社を設立し（自動車用タイヤの製造が目的）、1939年4月、満州電気化学工業とブリヂストンタイヤが出資して吉林に満州合成ゴム工業株式会社を設立した。また日本内地の製薬メーカーでも、1939年11月、満州武田薬品株式会社設立、1940年3月、株式会社満州藤沢友吉商店設立など、つぎつぎと満州国に進出した。

製紙業では、1939年6月、王子製紙系の錦州パルプが設立された。請負労力供給事業・不動産業では、1939年〜1940年にかけて日本の大手建設会社が次々と満州国内の支店を現地法人化した（1940年3月、株式会社満州清水組設立など）。

共同出資による進出では、1937年3月、住友電気工業、古河電気工業、藤倉電線、日立製作所など日本内地の電線メーカーが共同して奉天に満州電線股份有限公司を設立した。

このほか日本内地から大手事業法人だけでなく多数の中堅企業が満州国に進出した。1937年8月、日本内地の中堅製麻会社の小泉製麻が出資して遼陽に遼陽紡麻株式会社が設立され、1939年12月、京城紡織を中心とする朝鮮人系資本により蘇家屯に南満紡績株式会社が設立された。南満紡績は満州最大規模の紡績・織布兼営企業に成長する。機械器具関係の日本内地の中小企業も満州に多数進出した。

つぎに満州地場企業の動きをみよう。倉庫業では景気上昇に支えられて満州国内に地場実業家によって再び倉庫会社が新設されるようになった。

金融業では1937年12月の満鉄付属地の治外法権撤廃にともない、付属地内の無尽会社が満州国法人に転換した。さらに1942年までに無尽会社が5社新設された。いずれも日系の地場実業家が出資の中心で中国人も出資したと推定される[33]。また、1938年に満州国の「銀行法」が改正されて最低資本金規制が導入されたため、1942〜1943年にかけて満州国内の銀行の再編・統合が進展した。たとえば、奉天では3行（日系の奉天銀行、中国系の志城銀行、中国系の瀋陽商業銀行）に淘汰された。

取引所とその周辺業者では、株式取引の中心が大連から奉天へ移動し、奉天の株式会社満州取引所は1939年2月、株式会社満州証券取引所に社名変更した。また1937年以降、満州国内に株式会社組織の証券会社が次々と設立された（奉天本店のものが多い）。設立主体をみると日本の証券会社（野村証券など）だけでなく、地場の日本人実業家、地場の朝鮮族の日本人実業家、関東州の証券会社が含まれている。

金属工業、とくに鉄鋼関係では、個人企業を含む中小零細企業が多数あるため、1941年7月に奉天省鉄工業組合、10月に哈爾浜鉄工業組合が結成されて組織化された。

つぎに会社の設立状況をみると、1937年以降も、新設会社数が増加していった。そのなかに多数の零細な地場企業が含まれている。とくに1940年1月の臨時資金統制法改正施行で資本金20万円以上の会社の設立が規制されたため、規制を回避するため資本金20万円未満の企業が急増した。

全体としてこの期には軍需ワンセット型重化工業化ともいうべき現地自給のための重化学工業化が試みられた。生産財の日本からの供給に支えられたこの現地自給化の試みは、対日物資供給というもうひとつの政策目的と対立しはじめる。1937年以降、1939年までに綿関係企業が集中的に設立（15社）されるなど、現地自給化は重化学工業だけでなく、紡織・製粉などの軽工業でも進展した。ただし、不要不急として整理の対象となった紡績機・織機を日本内地から輸入することにより急速に成長した紡織工業では早くも1940年頃から原綿不足が深刻化し、

操業短縮やスフとの混紡などの措置をとらざるをえなくなる。また商業での変化をみると、1939年9月の第2次世界大戦勃発後に満州国で大豆三品に対する統制が強化され、輸出面で商社の取り扱いが大幅に制約された。ただし、三井物産のような有力商社や特産商は、満州農産公社の特約収買人に指定されて、満州国内で農産物の収買業務を担当することとなった。

［1943年から敗戦まで］

1942年になると満州産業開発の困難な側面が顕在化し、開発に基軸的な位置を占めていた満業で経営の先行きが見えなくなった。そのため鮎川義介は12月27日に満業総裁を辞任して日本へ「逃亡」した。日本からの生産財や生活物資の入手が次第に困難となり、現地自給化という政策目標と対日物資供給という政策目標が相対立するなかで、満州国は生産増強のため合併などの組織変更によって資材・人員・資金・技術の効率的な利用を図ろうとした。しかし、そのような試みも十分な成果を挙げないまま敗戦となった。

大企業同士の合併をみると、化学工業では1943年6月、満鉄により満州人造石油株式会社が設立され、資金、技術、資材で行き詰まった吉林人造石油の事業を継承した（吉林人造石油とその子会社の舒蘭炭砿株式会社は、1944年12月に解散）。窯業では1943年8月から、セメント製造企業8社13工場が、浅野セメント、小野田セメント製造、磐城セメントの3系統に統合されはじめ、1945年7月、満州磐城セメント株式会社（満州洋灰が商号変更）が大倉財閥の本渓湖洋灰を合併した。金属工業では1944年4月、昭和製鋼所、本渓湖煤鉄公司、東辺道開発が合併して、満州製鉄株式会社が設立された。林業では、1944年8月、「満州林産公社法」に基づき、満州国政府全額で満州林産公社が設立されて満州林業株式会社の事業を引き継ぎ、1945年5月、満州造林株式会社の事業も吸収した。食品工業などでは1944年5月、「満州畜産公社法」に基づき満州畜産株式会社、満州畜産工業株式会社、満州羊毛株式会社（1941年6月設立）を合併して満州畜産公社が設立された。製紙業では1945年3月、王子製紙系3社（鴨緑江製紙株式会社、六合製紙株式会社、安東造紙株式会社）が合併して安東製紙工業株式会社が設立され、敗戦直前に王子製紙系の錦州パルプ株式会社が同系の日満パルプ製造株式会社を吸収合併した。

これらより規模の小さな合併をあげると、金属工業では1943年4月、斉々哈爾市で15の中小鉄工所が合併して株式会社竜興製作所を設立し、工場を8か所に集約した。食料品工業では、競合を避けるため、1944年1月、満州煙草株式会社が満州東亜煙草株式会社との合併を決議し、まもなく満州東亜煙草を吸収合併した。請負労力供給事業・不動産業では1945年1月、満州国政府の出資により株式会社満州特別建設団を設立し、在満建設業者33社を買収した。

他方で、事業所の分離によって効率化を図ろうとする動きも一部にみられる。満州炭砿の経営不振を打開するため、1943年1月、満州国政府は「満州炭砿改組要綱」をまとめ、阜新、西安、北票、鶴岡の有力鉱業所の分離独立を決定し、2月に株式会社としてそれぞれを独立させた（新設会社の大株主は満業）。

つぎに工業生産のうち、戦争遂行に不可欠とされたアルミニウムと飛行機の生産が行き詰っていく過程をみよう。1938年〜1944年までの満州軽金属製造株式会社のアルミニウム生産量は4万0876トンで、生産のピークは1943年8557トンであった。1944年には7617トンに低下し、1945年には4月〜6月に約2000トンを生産するに止まった。このように同社では製造能力（年産2万トン規模）を十分に発揮できないまま敗戦を迎えた[34]。

満州飛行機製造株式会社では1944年12月7日、奉天への米軍の空襲により工場が罹災した。そのため工場を公主嶺に疎開させた。1938年〜1945年までの生産実績は、機体製造数3374台、発動機製造数2323台であった。機体製造のピークは1943年の1000台、発動機製造のピークも1943年の786台であった。1944年には機体製造が793台、発動機製造が423台に低下し、1945年には8月までに機体124台、発動機236台を生産するに止まった[35]。

最後に敗戦時ないし敗戦直前の資本系列別の投資状況をみよう。ただし、資本系列により、データを採取できる時点や採取方法が異なるため、大まかな比較にならざるをえない。

南満州鉄道系企業についてみると、1945年3月末現在、満鉄（払込資本金14億円）が傘下企業71社に投資し、その払込額は5億2194万円に上った。このうち満州地域では60社3億7856万円である。払込額1000万円以上のものは11社に達した。

東洋拓殖系企業については、1945年6月末現在、東拓が傘下企業14社に投資し、その払込額は2億4532万円である。払込額1000万円以上のものは満蒙毛織の1社にすぎない。

　満州国系企業についてみると、1945年6月末現在、満州国による払込額は、特殊会社18社へ6億9830万円（うち満業への払込2億2500万円）、準特殊会社15社へ1億4033万円、合計33社へ8億3863万円にのぼった。うち払込額1000万円以上のものは特殊会社13社、準特殊会社4社、合計17社に達した。なかでも払込額第1位は満業2億2500万円である。第2位は興農金庫5000万円、第3位満州拓殖公社4813万円、第4位満州生活必需品株式会社4648万円である。

　満州重工業開発系企業についてみると、1945年6月末現在、満業（払込資本金5億0625万円）が社債26億7156万円、借入金11億3124万円、合計38億0280万円の資金を調達することにより30社に投資し、その払込額は19億6915万円にのぼった。このうち払込額1000万円以上のものが22社もある。満業の払込額合計は、満州国の8億3863万円、満鉄の5億2194万円だけでなく、両者の合計をもはるかに凌駕する水準にあった。

　つぎに財閥と大手事業法人系をみよう。

　三井財閥では敗戦時に29社あり（ただし持株率30％以上の会社）、それに対する払込額は1億0024万円である。うち払込額1000万円以上のものは満州合成燃料3060万円、東棉紡織1460万円である。大倉財閥では敗戦時に20社あり、それに対する払込額は1億1917万円である。うち払込額1000万円以上のものは満州製鉄8000万円である。

　三菱財閥では敗戦時に43社あり、それに対する払込額は7675万円である。うち払込額1000万円以上のものは満州三菱機器1950万円である。住友財閥では敗戦時に19社あり、それに対する払込額は1億1260万円である。うち払込額1000万円以上のものは満州住友金属工業2650万円、安東軽金属2500万円である。

　王子製紙では、敗戦時に5社、それに対する払込額は4223万円である。うち1000万円以上は錦州パルプ2924万円である。鐘淵工業（鐘淵紡績と鐘淵実業が合併）では敗戦時に14社あり、それに対する払込額は4249万円である。うち

1000万円以上は満州鐘紡製紙1250万円である。東洋紡績では敗戦時に12社あり、それに対する払込額は4023万円であった。うち1000万円以上は満州東洋紡績2500万円、東洋タイヤ工業1050万円である[36]。

　共同出資型のうち、満州国出資のないもので、会社の払込資本金が1000万円以上の企業は1944年3月末現在、満州電線1750万円（のち敗戦までに2500万円に増加）、満州製糖2000万円、満州車両1500万円、日満製粉1000万円である[37]。

　満州地場企業では、1943年3月末現在、その大多数は会社の払込資本金が20万円未満の中小零細企業である。満州国内の企業4915社のうち、その63％に相当する3116社が払込資本金20万円未満の企業であった。

　単体でみると、払込資本金が最大のものは満鉄であるが、傘下企業への投資でみると、満業が満州地域での最大の投資主体であった。満業を頂点としてその下に満州国政府、満鉄、東拓が続き、さらに住友財閥・大倉財閥・三井財閥が払込額1億円強で並んでいる。三菱財閥の払込額はこれら3財閥よりやや少ない。ついで鐘淵工業・東洋紡績、さらに王子製紙が続いている。そしてずっと下ると、膨大な数の中小零細企業が広い裾野を形成していたのである。

注

1) 国史館、1102-084.02-01。関内占領地における日系企業処理政策の経緯については、柴田善雅「中国関内占領地日系企業の敗戦後処理」（『東洋研究』第158号、2005年12月）で紹介がある。
2) 国史館、1102-0824.02-01。
3) 経済部は1948年5月に廃止、その後、工商部となり、1948年3月に経済部として再設置されている（劉寿林ほか『民国職官年表』中華書局、1995年、563-566頁）。資源委員会は1946年10月に経済部から独立した行政機関となり1949年まで存続した（同前、573頁）。
4) 「東北重要工砿事業接管弁法及主持人選」1945年8月10日（国史館、1102-0824.02-01）。
5) 「行政院呈報処理敵偽産業情形及加速出售敵偽房地産弁法」1948年9月9日（国史館、1102-084.02-06）。

6) 満州国後の個別事業の承継について、たとえば満州製鉄について革命後への承継にまで検討がなされている（松本俊郎『「満州国」から新中国へ—鞍山鉄鋼業からみた中国東北の再編過程 1940-1954』名古屋大学出版会、2000 年）。個別事業として、満州中央銀行の接収過程の紹介もある（柴田善雅『占領地通貨金融政策の展開』日本経済評論社、1999 年）。そのほか個別の引揚者団体等でまとめた戦後の事業史として、たとえば財団法人満鉄会『南満州鉄道株式会社第四次十年史』（竜渓書舎、1986 年）があり、個別事業にかかわった側の立場で、国内残存資料に主に依拠してまとめられている。そのほか関係者の回想録の類は多い。個別モノグラフとしては、満鉄の保有技術の戦後の連続性について検討するものも現れた（長見崇亮「満鉄の鉄道技術移転と中国の鉄道復興—満鉄の鉄道技術者の動向を中心に」『日本植民地研究』第 15 号、2003 年 6 月）。以上の既存の公表された著作をもって満州における日系企業の戦後処理を代表させることはできない。満州占領下ソ連ほかによる略奪がなされたため、敗戦後満州における事業資産はかなりの打撃を受けた。ソ連占領・国民政府軍の接収・中国共産党軍の政治着手と、政治状況はめまぐるしく変貌するため、その下での工場操業自体が大変な困難に晒されたはずであるが、かなりの工場は敗戦後も破壊されずに残っていた。残余工場設備の生産可能性に注目した研究もある（山本有造「国民政府統治下における東北経済—1946 年〜1948 年」江夏由樹ほか編『近代中国東北地域史研究の新視角』山川出版社、2005 年に所収）。ただし満州国日系企業の敗戦後の現地における接収処理の全貌を分析する研究はいまのところ見られない。

7) 独立行政法人日本貿易振興機構アジア経済研究所蔵『張公権文書』R8-6。

8) 『1936 銀行会社年鑑』、『1942 銀行会社年鑑』、新京商工公会編『満州国法人名録』1940 年版、『1943 会社名簿（20 万円以上）』、『1944 鉱工会社年鑑』、等。

9) 生産管理局という中央政府の部署は見当たらない。戦時生産局の誤りと思われる。戦時生産局は、中央重要直属機関として、1944 年設置され、1946 年廃止となっている。局長は経済部長翁が兼務した。そのためこの企業敗戦処理のデータは 1946 年の状況についてまとめられたものであろう（前掲『民国職官年表』672 頁）。財政部は 1927 年 5 月 11 日設置でそのまま存続し（同前、524 頁）、農林部は 1940 年 3 月 15 日設置（同前、567 頁）。「糧政部」なる組織は見当たらないが、糧食部なら

1941年5月20日設置であり（同前、579頁）、糧食部の誤りのようである。水利委員会は行政院水利委員会を指し、1941年9月設置（同前、596頁）、司法行政部は1928年11月13日設置（同前、634頁）、衛生署は行政院衛生署を指し、1937年設置（同前、612頁）。軍政部は1928年10月24日設置（同前、457頁）、国防部は1946年5月31日設置（同前、453頁）。以上のうち、国防部の設置時期から見て、この資料の取りまとめ時期は、1946年6月以降の同年中ということができよう。満州航機工業は「満州飛行機工業」を修正、満州高岡組は大連の高岡組となっていたが修正、その他法人名を調整している。満州製麻は大連本店のため同社全額出資の奉天製麻株式会社を指すものと推定。

10) これまでも閉鎖機関処理についてまとまった事業史として閉鎖機関整理委員会『閉鎖機関とその特殊清算』（1954年）がある。そのほか閉鎖機関・在外財産処理・在外会社等を所管した大蔵省の行政史でも、閉鎖機関整理委員会解散後の時期まで視野に入れた、大蔵省財政史室『昭和財政史－終戦から講和まで』第1巻「賠償・終戦処理」（原朗執筆）（東洋経済新報社、1984年）、同『昭和財政史－昭和27～48年度』第6巻「国有財産」（柴田善雅執筆）、（1995年）がある。在外会社処理の検討も行われている（柴田善雅「在外会社の処理とその分析」（『大東文化大学紀要』第35号〔社会科学〕1997年3月）。

11) 前掲『閉鎖機関とその特殊清算』。

12)「在外会社令」の制定経緯は前掲「在外会社の処理とその分析」。

13) 同前で一覧表を掲げているため参照。

14) 同前。

15)『1922 興信録』20、105頁。

16)『満州開発十五年誌』（1920年）144頁。

17)『満州銀行会社名鑑』（1921年）106、114頁。

18)『横浜正金銀行全史』（1920年）248－409頁。

19) 前掲『満州銀行会社名鑑』536頁。

20)『1922 興信録』巻末1頁。

21) 前掲『満州銀行会社名鑑』419頁。

22) 前掲『満州銀行会社名鑑』418－421頁。

23) 前掲『満州銀行会社名鑑』210頁。
24) 前掲『満州銀行会社名鑑』199頁。
25) 『満州人名辞典』(1989年)648頁。
26) 『1942銀行会社年鑑』2-3頁。
27) 満州中央銀行史研究会編『満州中央銀行史―通貨・金融政策の軌跡―』(東洋経済新報社、1988年)48頁。
28) 三井文庫編『三井事業史』本篇、第2巻(中)(1994年)245-246頁。なお、実際には紙幣発行準備金には充当されていない。
29) 『1942銀行会社年鑑』180頁。
30) 満州鉱工技術員協会編『満州鉱工会社総覧』1943年度(1943年)21頁。総株数20万株のうち、19万8800株が鐘紡実業の名義。
31) 『三井事業史』本篇、第3巻(下)699-701頁。
32) 『1944鉱工年鑑』314頁。
33) 『1942銀行会社年鑑』178-180頁。
34) 満州軽金属製造株式会社東京事務所「閉鎖機関調査報告書」1946年5月31日(閉鎖機関整理委員会資料)。
35) 満州飛行機製造株式会社「閉鎖分文書綴」1946年～1949年(閉鎖機関整理委員会資料)。
36) 三菱財閥、住友財閥、鐘淵工業、東洋紡績に関する数値は、持株会社整理委員会編『日本財閥とその解体 資料』(1950年)により算出した。
37) 『1944会社名簿(20万円以上)』。

あとがき

　1995年に南方研究会の研究成果として、疋田康行編『「南方共栄圏」—戦時日本の東南アジア経済支配—』（多賀出版）を刊行し、アジア太平洋戦争期の占領地・介入地における日系企業活動の全貌を明らかにした。幸いにも同書は多くの読者を得ることができた。長期にわたるその研究で、われわれは南方占領地・介入地における企業データベースを構築して、産業史アプローチを取り込みながら、資本系列を踏まえた企業史的なアプローチにより日本の対外的な進出を分析する手法を身につけ、この手法はほかの地域にも有効であると判断した。余勢を駆って、同じ手法で次の研究として満州企業の分析をすることとして、同年夏に南方研究会のメンバーを一部入れ替え、鈴木邦夫を代表として満州企業研究会を立ち上げた。われわれの研究手法は南方研究会と同様に内外の資料を渉猟した上で成り立つものであり、大量の資料収集が必要となるため、文部省科学研究費を申請し、幸いにも平成9〜11年度の科学研究費研究補助金基盤研究（C）［研究代表者鈴木邦夫、研究題目：旧「満州」における企業活動の総合的研究］の交付を受けた。

　満州には多数の企業が存在したが、それに関する資料が膨大にあり、内外で満州企業の資料調査を行なった。国内の資料収蔵機関はもとより、アメリカと中国に資料調査を行ない、特に中国の資料収蔵機関には何回も調査に出向いた。その結果、日本では入手困難な多くの資料を収集できた。集積した企業が膨大なものになり、それらを利用して企業データベースを構築と入力データの点検を続け、この作業に数年をかけた。予想されたこととはいえ企業数が8000件ほどの企業データとなった。法人国籍や企業の形態にもこだわったため、混濁した資料記述を読み抜くのに手間取り、終わりの見えない作業が続いた。いつまでも続けるわけにはいかず、蓄積したデータの分析に着手し、なんとか満州企業の全体像を取りまとめる展望を得た。振り返ればすでに企画に着手後10年を経ていた。そしてようやく2006年度に大部の研究書として刊行できる目処がついた。

あとがき

　本書刊行に当たっては、多数の資料収蔵機関と先達のお世話になった。国内では国立国会図書館、外務省外交史料館、財務省財務総合政策研究所財政史室、財務省文庫、一橋大学経済研究所、同社会科学統計情報研究センター、同旧産業経営研究所、埼玉大学図書館、大東文化大学図書館、東京経済大学図書館、立教大学図書館、早稲田大学中央図書館、独立行政法人日本貿易振興機構アジア経済研究所、財団法人三井文庫、財団法人東洋文庫、神奈川県立川崎図書館、小田原市立図書館、国外ではアメリカ議会図書館、スタンフォード大学フーバー研究所旧東アジア図書館、遼寧省档案館、遼寧省図書館、吉林省社会科学院満鉄資料館、大連市図書館、国史館のお世話になった。また個人では、郭洪茂氏、李力氏、呂超氏、マツサカヨシヒサ氏、ルイス・ヤング氏、小竹直美氏、山崎志郎氏、藤田繁男氏からは格別のご支援をいただいた。

　満州企業の件数があまりに膨大で、また企業情報が入り乱れている資料も多く、ようやく本書の刊行にこぎつけたとはいえ、本書で言及した多数の企業についてさえ、論述に当たりそれらについて設立・事業展開・消滅等の経緯を確認するには多くの困難が付きまとった。そのため残念ながらかなりの企業については検証が不足している部分が残されている。また企業の資本系列分析や産業史分析でもさらに補強すべき論点が残されていることも自認している。新たな個別企業や個別企業系列あるいは個別産業の研究の進展を待ちたい。本書の刊行が今後の満州企業研究を触発することになれば幸いである。

　最後に出版状況の厳しい折から、このような大部の図書の刊行を快諾していただいた、株式会社日本経済評論社代表取締役栗原哲也氏と、膨大な編集・校正作業の負担を引き受けていただいた同社谷口京延氏に改めて感謝したい。なお本書は平成18年度日本学術振興会科学研究費補助金研究成果公開促進費の交付を受けて刊行されるものである。

　2007年1月

満州企業研究会執筆者一同

索引 1077

索引

企業名索引

五十音で配列した。
本文の注と付表は採録範囲から除外した。
個人事業と法人形態の不明のものも採録した。
法人形態の記載を省略した。
企業の支店等企業内部署は除外した。
政府機関と学校等を除外したが、組合組織は採録した。
本書で紹介した法人には同名の別法人がかなりあり、また股份有限公司が株式会社に転換したような事例が多数ある。これらの企業を区別をせずに、同一名称でまとめて採録した。

ア行

RCAコミュニケーションズ・コーポレーション ……379
相生合名 ……524, 642, 685, 831
愛国精機 ……728
愛国生命保険 ……361, 383, 424
ICI ……840
赤司鉱業 ……250
赤山鉱山 ……667
秋田商会木材 ……911
秋田木材 ……196
浅野証券保有 ……201, 800
浅野スレート ……800
浅野セメント ……200, 201, 773, 774, 776, 777, 780, 783, 784, 786, 787, 800, 1060, 1068
浅野醸造 ……588
旭硝子 ……143, 208, 211, 244, 245, 613, 614, 791, 795-797, 801, 840, 1056, 1059, 1066
旭乾電池製作所 ……711, 712
旭産業 ……852
旭重工業 ……726
旭セメント ……781, 785
旭電化 ……614
旭螺子 ……728
亜細亜印刷 ……1027
亜細亜公司 ……833
亜細亜ゴム工業 ……836

亜細亜製粉 ……248, 604
亜細亜煙草 ……616, 617, 626, 1055
亜細亜鋳鋼 ……725
亜細亜麦酒 ……44, 608, 609, 610
安治川組鉄工 ……725
味の素本舗鈴木商店 ……247, 592, 601
亜州機械工廠 ……695
亜州興業麺粉 ……603
阿什河製糖廠 ……597, 598
東鉱業 ……693
東工業鉄工所 ……695
東メッキ ……693
安宅商会 ……746
穴水合名 ……217
安部幸兵衛商店 ……595, 1051
荒津商店 ……501
阿波国共同汽船 ……345, 353, 354
鞍山銀行 ……442, 443, 1054
鞍山高級炉材 ……793
鞍山鋼材 ……499, 541, 683
鞍山興信所 ……1028
鞍山シャリング工業 ……692
鞍山証券信託 ……1054
鞍山製材 ……497
鞍山製氷 ……606
鞍山製鋲 ……684, 692
鞍山葬儀 ……987
鞍山鉄鉱 ……1037

鞍山鉄鉱振興	681	池貝鉄工所	715
鞍山不動産信託	497, 963, 966	池田金網工廠	694
鞍山無尽	470	射越屋証券	501
鞍振鋳鉄	710	射越屋商店	501
安信無尽	470	石田洋行	532
安東株式商品取引所	481, 484	石原窯業所	788
安東硝子製造	797	怡信石鹸	826
安東銀行	335, 438, 441, 442, 461	頤中煙草	620
安東金融会	897	出光商会	532
安東軽金属	178, 212, 214, 215, 697, 1044, 1070	伊藤忠合名	532
安東劇場	983	伊藤忠兵衛商店	534, 1055
安東県大倉製材所	196	稲葉製作所	721, 744
安東検番	987	乾卯商店	846
安東県挽材	911	乾合名	348
安東興業	114	岩城硝子	797
安東交通	325	磐城セメント	207, 667, 776, 777, 800, 1061, 1068
安東産業自動車	318, 325	岩崎鉄工所	695
安東実業銀行	441, 453, 461	インターナショナル・スタンダード・エレクトリック	214
安東証券商品信託公所	481	鵜川沢太郎	693
安東商工銀行	461	臼井洋行	530, 534
安東信託	470	内田	753
安東製紙工業	202, 203, 205, 216, 890, 1068	内田工業	753
安東製氷	606	内田洋行	753, 754
安東セメント	169, 784, 1066	ウテナ製薬	849
安東造紙	202, 216, 220, 887, 890, 1068	宇部セメント	776
安東地方銀行	453, 461	宇部曹達	614
安東地方儲蓄会	453	宇部窒素工業	245
安東昼夜金融	469	浦塩運輸	329
安東昼夜無尽	469, 470	浦製紙所	875
安東貯蓄銀行	438, 441	瓜谷商店	536, 537, 539, 1056
安東電気	398, 399	雨蓮社	987
安東電業	401, 415	永安建物	101
安東取引所	481, 490, 493, 496-498	永安膠皮工廠	833
安東取引所信託	490	営蓋塩業	614
安東取引代行	498, 499	映機工業所	752
安東燐寸製材	817	営口印刷紙器工業	1027
安東無尽	470	営口硝子製造	797
安東窯業	766, 768, 788	営口汽船	741
安東煉瓦製造所	788	営口銀行	441, 444
安東六合成公記造紙廠	219, 880, 886, 1056, 1058	営口興業	789
安奉鉱業	171, 661	営口小寺機器油房	820
安立電気	214	営口三泰桟	195
イー・ゲー・ファルベン	840	営口商業銀行	77, 453, 456, 461
飯塚工程局	944, 948	営口証券信託	484, 1052
井口洋行	684		

索 引 1079

営口証券 ……………………………485
営口証券信託 ………………………489
営口水産 ……………………………621
営口水道 ……………………………318
営口水道交通 …………………316, 318
営口水道電気 ……309, 315, 316, 398, 400, 401, 406 - 408, 410, 415, 429, 497, 517, 1048
営口製紙 ……………………………876
営口倉庫汽船 ………………………330
営口造船 ……………………559, 726, 741
営口建物組合 ………………………958
営口電影 …………………………983, 985
営口取引所信託 …………484, 485, 489, 490
営口紡織 ……44, 559, 564, 572, 726, 741, 1062
営口窯業 ……………………………789
営口糧穀 ……………………………605
営口煉瓦製造所 ……………………789
永勝火磨 ……………………………601
営城子炭砿 ……………………174, 653
営城子炭砿公司 ……………………653
英米煙草トラスト ……592, 615 - 618, 1049, 1055
益元昌鋳物工場 ……………………695
エキスポート・フレク …………535, 536
益通商業銀行 …………449, 457, 458, 1052
益発銀行 …………………449, 456, 458, 1054
益発合 ……………………………535, 538
益発号銭荘 …………………………449
益和永久銭荘 ………………………449
江戸川工業所 ………………………210
荏原製作所 …………………………749
海老農機械工業 ……………………726
塩水港製糖………121, 250, 273, 594, 596, 1051
延和金鉱 …………………………146, 643, 657
欧亜航空 ……………………………360
王子証券 …………………202, 219, 220, 885, 887
王子製紙 ……82, 185, 188 - 190, 196, 202, 205, 216 - 220, 223, 254, 873 - 875, 877, 878, 882, 885, 887, 888, 890, 914 - 917, 1051, 1056, 1061, 1070, 1071
横道河子福盛電灯公司 ……………403
鴨北鉄道 ……………………………318, 327
近江セールズ ………………………849
鴨緑江林業 …………………………290
鴨緑江護謨工業所 …………………833
鴨緑江採木 ……2, 31, 32, 37, 145, 196, 895, 910, 911, 925, 928, 929, 933, 1048, 1051

鴨緑江水力発電 ……………………841
鴨緑江製材 ………32, 196, 911, 929, 1051
鴨緑江製材合同………918, 921, 926, 929, 1051
鴨緑江製紙 ………44, 196, 197, 202, 205, 216, 218 - 220, 874, 876 - 880, 882, 886, 888, 890, 1051, 1056, 1061, 1068
鴨緑江日清合同採木………………32
鴨緑江木材 …………………………911
大石橋電灯 …………………………410
大分セメント …………………774, 780
大川合名 ……………………………219
大久保耐久家具 ……………………725
大倉組 ……32, 138, 142, 152, 167, 175, 188, 190, 191, 196, 197, 199 - 202, 205, 206, 218, 219, 312, 313, 322, 527, 635, 714, 823, 875, 877, 895, 897, 899, 900, 902, 911, 916, 917, 931, 944, 1038, 1049, 1056
大倉鉱業 ………196, 200 - 203, 216, 690, 782, 783
大倉産業 ……………………………202
大倉事業 ………9, 201 - 203, 205, 690, 691
大倉商事 …200, 201, 247, 312, 527, 528, 532, 601, 714, 782, 786, 787, 851, 1057
大倉土木 …………………………202, 608
大倉蒙古農場 …………………902, 933
大阪石綿工業 ………………………800
大阪瓦斯 ……………………………420
大阪株式取引所 …………485, 496, 498
大阪株式取引所取引員組合 ………498
大阪金属工業 ………………………722
大阪金属工業所 ……………………723
大阪合同 ……………………………853
大阪商事 …………………………501, 502
大阪商船 ……329, 343, 345, 346, 353 - 355, 363, 485, 486, 511, 513, 1047
大阪書籍 …………………150, 245, 1015
大阪精版印刷 ………………………1026
大阪製粉 ……………………………247
大阪変圧器 …………………………745
大阪紡績 ……………………………187
大阪窯業セメント …………………776
大阪窯業 …………………………776, 789
大滝化学工業 ………………………819
大谷重工業 …………………………684, 692
大谷証券 ……………………………502
大橋製陶所 …………………………799
大橋本店 ……………………………594

大林組	788, 956
大星商会	975
近江兄弟社	849
大矢組	497, 543, 544, 1040
岡崎工業	739, 740
岡田工務所	947
岡田鉄工所	739
岡田電気商会	745
岡山紡績	187
沖電線	251, 688
奥野製陶所	799
小倉石油	139, 207, 244, 854
小野田セメント製造	761, 762, 766, 771, 773-775, 777, 779, 780, 782, 784, 800, 860, 1049, 1061, 1066, 1068

カ行

海外事業戦後対策中央協議会	1046
開原銀行	441, 444
開原交易	484, 485
開原交通	324
開原証券商品信託	486
開原相互証券信託	484, 489, 1054
開原長途汽車	324
開原取引信託	484
開原取引所信託	490, 499
開原満州電気	412, 413
海城金鉱	657, 660
海城利通汽車	318
海城利通自動車	323
海仁洋行	511
開拓工業	750
海南鉱業	746
蓋平明興電気公司	410
開豊鉄道	152, 324
開明図書公司	1018
堺力洋行	536
海林勧農会	897
海林公司	917
海林採木公司	923
海林木材	126, 924, 928, 933
華英洋行	535
化学塩業	245, 613
化学工業	827
花月館	982
華興公司	196, 899, 900, 902
華興利公司	639
柏内化学工業所	847
柏内化粧品製造所	847
柏内製瓶工廠	798
柏内洋行	847
鹿島組	944
加治屋自動車工場	738
香取洋行	948
金巾製織	187
鐘淵工業	231, 255, 1070, 1071
鐘淵実業	227-229, 231, 232, 604, 625, 825, 1070
鐘淵紡績	82, 186, 213, 221, 222, 224-228, 231, 232, 255, 485, 496, 557, 566, 573, 575, 625, 819, 881, 884, 1065, 1070
嘉納酒造	607
カバルキン	536
瓦房店銀行	441, 443
瓦房店電灯	409
華北運輸	342
華北交通	101, 694, 1065
華北煙草	618
華北電影	1021
華北電信電話	395, 396
華北東亜煙草	619, 1027
蒲田製作所	600
樺太工業	190, 216, 218, 873, 877, 878
華森製材	189, 218, 915, 916, 1051
川崎車両	165, 253
川崎重工業	361
川崎造船所	252
川崎鉄網	693
川崎窯業	792
川島屋証券	501, 667
川西製作所	728
漢口取引所	480
関西製鋼	693
環城銀行	459, 460
間島銀行	455
間島鉱業	643, 657
関東工業土地	101
関東州アルミニウム工業	698
関東州小野田セメント製造	44, 761, 766, 779-782, 784, 785, 786, 1061
関東州価格平衡金庫	42
関東州火災保険協会	463

関東州加里工業 ……………………839
関東州苦汁化学工業 ………………839
関東州興業 …………………249, 858
関東州工業会 ………………………725
関東州産業設備営団………………42
関東州住宅営団……………………42
関東州水産会 ………606, 622, 626
関東州水産振興会 …………………592
関東州水産振興 ……………………622
関東州水産物配給統制 ……………622
関東州青果配給統制 ………………908
関東州ソーダ灰工業 ………………840
間島商業金融 ………………………455
関東新聞社…………………………1010
間島新報社…………………………1010
関東新報社…………………………1010
関東水産 ………………………592, 622
関東タンカー ………………………155
関東貿易振興 ………………………101
関東火柴 ……………………………817
関東火柴製造 ………………………817
間島無尽 …………………………470, 1061
間島油粉 ……………………………603
官屯鉱業 ……………………………657
義興自動車公司 ……………………316
汽車製造 ………………………252, 739
紀昌洋行 ……………………………186
義昌無線電気 …………719, 720, 725, 743
義昌洋行 ……………………………720
義済会 ………………………………173
木曽興業 ……………………………216
北河製品所 …………………………828
北支那開発 …………101, 177, 178, 396
北満州新聞社………………………1010
北満州製糖…………………598, 625, 1061
吉昌公司 ……………………………751
吉省興林造紙…………190, 196, 875, 915, 1051
吉磐自動車 …………………………315
吉奉交通 ………………………324, 323
吉蘭自動車 …………………………316
吉林永衡官銀銭号………110, 915, 917, 447, 1057
吉林銀行 ………………453, 454, 458
吉林軽車両 …………………………740
吉林工廠 ……………………………747
吉林交通 ……………………………325
吉林実業煙草店 ……………………115
吉林自動車 …………………………325
吉林人造石油 …153, 326, 327, 650, 810, 856, 857, 859, 1037, 1038, 1065, 1068
吉林製紙 ……………………………888
吉林倉庫金融 ………………………330
吉林鉄道 ………………………318, 326
吉林電灯廠 …………………………401
吉林燐寸 …………………44, 817, 818, 1024
吉林無尽 ……………………………470
吉林窯業 ……………………………790
冀東火油 ……………………………244
義同行程局 …………………………788
木徳製粉 ……………………………247
木原無線 ………………………719, 720
岐阜セメント ……………………784, 1066
九州製紙 …………………216, 877, 878
教育銀行 ……………………………443
教育貯蓄銀行 ………………………441
共栄起業 143, 190, 196, 202, 205, 219, 916, 921-923, 933, 1056, 1058
共栄証券 ……………………………502
共栄木材 ……………………………927
共益社 ………………………………530
協済公司 ……………………………897
恭山洋行 ……………………………534
共信無尽 ……………………………469
協成銀行 ………………442, 453, 461, 897
協盛膠皮廠 …………………………833
恭泰莫大小紡績 ………559, 573, 744, 1061, 1062
共同印刷 ……………………………1027
共同印刷所 …………………………1027
共同漁業……………………………592, 1061
共同信託 ……………………………250
共同製鋲 ……………………………692
共同パルプ ………………………878, 879
京都立正電気製作所 ………………746
共立検番 ……………………………987
協和オフセット印刷 ……………1002, 1026
協和工業 ………………559, 726, 727, 741
協和鉱山 ………………………153, 167
協和ゴム工業 …………………738, 836
協和産業 ……………………………726
協和石鹸製造 ………………………826
協和建物 ……………………………744
協和煙草 ………………………195, 592
協和木材 ……………………………929

極東企業公司	957
極東生薬	846
極東森林	639
旭東農機製造	751
玉茗魁	524
義来銀行	449, 461, 1054
麒麟麦酒	588, 608-610, 625, 1060
近海汽船	353
錦州商工銀行	462
錦州殖産	220
錦州新報社	1012
錦州製氷	606
金州鉄工所	752
錦州パルプ	217, 220, 885, 890, 1066, 1068, 1070
錦州紡麻	568
錦州無尽	470
金城銀行	453, 459, 460
金廠鉱業	658
錦西鉄道	318, 327, 663
錦西煤砿	638
錦熱銀行	462
金福鉄路公司	206, 311, 312, 316, 318, 362, 497, 1055
金門商会	429
金融合作社連合会	136
葛原冷蔵	897
葛山電機	743
久原鉱業	162, 171, 527
久原商事	527, 529
久原農園	162
久保田鉄工所	684
倉敷紡績	853
呉羽紡績	825
黒崎窯業	793
黒姫汽船	354
桑島旅館	973
渓城炭砿	93, 174, 643, 650, 653
恵華銀行	458
渓城鉄路	2, 93, 1050
経済平衡資金部	42
京城株式現物取引市場	485
京城護謨工業所	833
京城紡織	561, 1066
啓新洋灰	775
慶泰祥製粉製油廠	601
恵通航空	359, 360, 363
恵通銭号	114
啓東煙草	44, 592, 620
小泉製麻	567, 1066
興亜印刷	1002, 1025, 1026, 1030
興亜印刷局	1025
興亜企業	561, 572
興亜銀行	461, 462
興亜金属工業	728, 753
興亜金属粉	699
興亜工業	696
興亜産業	561, 572
興亜醸造	797
興亜食料工業	591
興亜製糸	753
興亜製薬	849
興亜紡績	561
興亜窯業	737
興亜坩堝	800
興安商事	740
興安水産	622
興安林業	927
江界水電	127
黄海渤海裕民漁業	585, 621
興記	538
広記酒廠	858
鴻業公司	111, 122, 128
工業鉄工所	695
興京農務組合	897
興元化学	830
江工公司	333
興斉鉄工所	695
宏治商会	520, 524
恒聚銀行	460
琿春鉄路	316
工珠洋行	699
公主嶺銀行	438
公主嶺精米	604
公主嶺電灯	413, 414
公主嶺取引所信託	490, 499, 1050
公順銀行	462
広信公司	603
広信泰火磨	601
広信電灯廠火磨	601
功成銀行	456, 462
興盛銀行	460
黄川採木	189, 218, 916, 951, 1051

索 引 1083

興中公司 …………………………24, 177
交通銀行 ………………………453, 459, 460
合同酒精 ………………………249, 858
合同水産 ………………………838
合同通化伐採組合 …………………927
康徳葦パルプ ……44, 223, 229, 231, 884, 1061
康徳化学工業 ……………………819
康徳戯院 ………………………1024
康徳吉租 ………………………208, 744
興徳銀行 ………………………77, 457, 500
康徳金属工業 ……………………743
康徳組合 ………………………777
康徳計量器 ……………………429, 753
康徳毛織 ……………224, 227, 568, 572, 1065
康徳鉱業 ………………224, 229, 643, 668
康徳興業 ……………………716, 1065
康徳興農化学 ……………………229
康徳膠皮工廠 ……………………833
康徳桟 ……………………208, 209, 526
康徳飼料工業 ……………………209
康徳新聞社 ………………101, 1014, 1029
康徳製缶印刷 ……………………1028
康徳製鋼所 ……………………686
康徳製粉 ………………248, 588, 591, 603, 1065
康徳染色 ………………………222
康徳鉄山 ………………………152
康徳図書印刷書 …………………150
康徳農産化学工業 ………………740
康徳産業 ………………………101
興農金庫 ………………54, 116, 156, 437, 1070
神戸製鋼所 ……………82, 361, 684, 856
神戸ボイル油 ……………………828
興茂銀行 ………………………461
興奉鉄工廠 ……………………696, 722
高梁化学工業 ……………………858
興隆号機械 ……………………695
興林公司 ………………………916
呼蘭製糖公司 ……………………594
呼蘭製糖廠 ……………………596
国光会 …………………………680
国際運送 ………………………328－330, 339
国際運輸 ……48, 50, 94, 156, 247, 309, 330－334, 339－342, 354, 363, 463, 466, 1054, 1056
国際航空 ………………………360, 363
国際耕作工業 ……………………750
国際通運 ………………………330

国際電気通信 ……………………82, 396
国産電機 ………………………729
国泰電影院 ……………………1022
興農合作社中央会 ………………622
国民画報社 ……………………1018
黒竜江省官銀号 ………………447, 600, 1057
国華護謨工業 ……………214, 254, 836
小寺機器油房 ……………………810
小寺油房 ………………………188, 820
小寺洋行 ………………………820, 821
小林鉱業 ………………………499
金剛自動車商会 …………………737
金剛製作所 ……………………737
琿春炭砿 ……171, 174, 643, 650, 653, 657, 930
琿春鉄路 ………………………328
権太商会 ………………………532
近藤組 …………………………948

サ行

才賀電機商会 ………309, 406, 407, 412, 413
佐伯洋行 ………………………532
酒伊繊維工業 ………151, 221, 884, 885, 1064
榊谷組 …………………………952
沙河口建物 ……………………960
坂本商店 ………………………850
作川鐸太郎 ……………………726
桜麦酒 …………………………609
桜屋酒類 ………………………588, 607
札免採木公司 ……32, 64, 911, 913, 922, 923, 926
札賓炭砿 ………………174, 635, 643, 650
佐藤電気 ………………………710
佐藤電気商会 ……………………710
晒粉同業会 ……………………244
晒粉販売 ………………………613
三機工業 ………………………685, 1060
産業設備営団 ……………………42, 836
三興 ……………………………726
三江銀行 ………………………462
杉松崗炭砿 ……………………650, 652
山城鎮東興電気 …………………415
三信証券 ………………………502
三盛印刷 ………………………1027
三省膠皮工廠 ……………………833
三泰桟 …………………………191
三泰産業 ………194, 200, 248, 526, 604, 696
三泰油脂工業 ……………………195

三泰油房 …188, 190, 191, 195, 197, 199, 254, 517, 810, 821, 1048
参天堂 …849
山東興業 …773
三宝鉱山 …1065
三豊証券 …502
三有公司 …295, 297
三友商会 …740
シェフチェンコ商会 …926
シェル …244, 854
塩野義商店 …848
塩野義薬品 …847, 848, 1041
志城銀行 …459, 1067
志成銀行 …77
磁土鉱業 …665
自動車工業 …165
品川製作所 …429
芝浦製作所 …743
渋沢同族 …783
四平街三泰桟 …191
四平街自動車 …324
四平街製氷 …606
四平街電灯 …412, 414
四平街取引所信託 …490, 499, 1050
四平街無尽 …470
四平交通 …325
シベリア商会 …535, 536, 537
西比利洋行 …535
島谷汽船 …354
島津製作所 …746
清水組 …948, 956
清水満之助店 …948
ジャパン・ツーリスト・ビューロー …980, 991, 1050
佳木斯無尽 …470
上海取引所 …480, 482, 493
上海満州ペイント …199
臭水（周水）土地建物 …497, 960, 966
秋林 …524
秋林洋行 …524
順安砂金 …657
純益染織 …752
春陽鉱業 …221
勝栄石綿工業 …114
松花銀行 …440, 441
松記車両製作所 …740

松記洋行 …740
商工 …534
昌光硝子 …208, 211, 791, 796, 797, 801, 840, 1056, 1066
商工銀行 …455
松黒運輸 …333
招商局 …335
松竹 …1021
聖徳会 …124, 947
昭徳鉱業 …208, 209, 1065
舒蘭炭砿 …643, 1068
昌竜汽船 …354, 355
正隆銀行 …122, 143, 273, 335, 336, 438, 443, 444, 447, 456 - 453, 484, 496, 497, 1048, 1054, 1059
昭和印刷 …1028
昭和航機製作所 …728
昭和鋼線 …693
昌和ゴム …738
昭和産業 …825
昭和酒精 …858
昭和製綱所 …44, 100, 142, 147, 156, 163 - 165, 167 - 169, 175, 201, 210, 273, 394, 406, 416, 427, 635, 652, 653, 675, 677, 678, 682 - 684, 688, 689, 691, 692, 700, 731, 761, 793, 830, 839, 851, 918, 1037, 1038, 1059, 1062, 1063, 1068
昭和製糖 …250
昭和曹達 …613
昭和建物 …101
昭和電気工業 …697
昭和電極 …844
昭和電工 …177
昭和電線電機 …251, 687
昭和ホテル …975
昭和ヤスリ …693
昌和洋行 …738
舒蘭炭砿 …153, 650, 668
白川組 …944
新音公司 …752
新京運送 …333
新京銀行 …454, 457
新京交通 …316, 323, 324, 326
新京三泰桟 …191, 194
新京重機工業 …692
新京出版 …1018
新京食料品貯蔵 …153
新京鉄工鋳物 …686

新京電灯廠	401	住友アルミニウム製錬	697
新京取引所信託	457, 500	住友化学工業	212, 214, 697, 828
新京哈洋行	720	住友金属工業	143, 212, 213, 215, 253, 361, 697, 722, 739, 1066
新京酪農	592, 624		
新興永タオル製織	726	住友合資	138, 206, 213, 215, 312, 357, 1057, 1060
振興銀行	441, 444		
新興人絹	825	住友伸銅鋼管	213, 1060
振興鉄鉱	93, 640	住友製鋼	213
振興鉄工所	695	住友通信工業	214
新隆鉄工所	722	住友電気工業	177, 212, 214, 215, 697, 1066
神桟汽船	346	住友電線	252
仁寿生命保険	424	住友電線製造所	251
晋昌銀行	462	住友本社	45, 166, 177, 178, 212, 214, 697, 904, 907
新進コンクリート工業	726		
真盛汽船	349	西安県電気公司	415
新大陸印刷	1002, 1025	西安炭砿	174, 648, 649, 651, 653, 1045
神東塗料	214, 828	西安煤砿	647, 649
新聞連合社	394	西義順	821
神保鋳鉄所	684	政記鉄工	725
新民鉄工	725	青旗報社	1012
瀋陽銀行	449, 459	盛業銀行	461
湊陽護謨工廠	836	盛京時報社	1000, 1009, 1010, 1012, 1013
瀋陽商業銀行	459, 1067	盛京精機工廠	753
瀋陽信託公司	960	政記輪船	345
瀋陽建物	959	成源鉄工所	695
瀋陽馬車鉄道	32, 312	牲々火柴	817
瀋陽窯業	789	精炭砿業	174
新隆鉄工所	725	精美館印刷	1011
親和企業	785, 930	西北銀行	462
進和商会	524, 526, 528, 532, 533, 544, 685, 707, 725	清和公司	411
		靖和商会	346
親和貿易	738	セールフレザー	532
親和木材	328, 363, 928 - 930, 934	石炭液化研究所	153
瑞祥銀行	460	世合公銀行	449, 1049
瑞祥号	114	摂津貯蓄銀行	424
水上洋行	754	ゼネラルエレクトリック	720
水利組合中央会	910	世美行	833
瑞典燐寸	817, 818	セメント連合会	775, 776, 780, 1060
菅原工務所	336	全国購買組合連合会	213, 837, 838, 1059
鈴木三栄	592, 605	戦時金融公庫	101
鈴木商店	492, 527 - 530, 532, 535, 594, 595, 610, 611, 822, 874, 1049, 1051, 1055	千住製絨所	568
		千日座	1002, 1023
鈴木食料工業	825	全満一般機械製造工業組合	703, 725
スタンダード石油	854	鮮満拓殖	45, 125, 128, 151, 623, 624, 904, 907, 909, 1059
スタンダード油脂	162		
スパスカヤセメント	775	双興木舗	688

双合盛 ……………………………………249
双和金属工業 …………………………722
双和桟糧業 ………………………524, 534
ソースキン（索斯金）…………444, 535, 536
曹達晒粉同業会 …………………211, 613
ソーライト製造 …………………………827

タ行

大安煙公司 ……………………………616
大安汽船 ………………………………139
第一印刷 ………………………………1027
第一証券 ………………………………502
第一生命保険 ………………143, 383, 424, 467
第一製薬 ………………………………849
第一無尽 …………………………469, 1056
大華火油 ………………………………155
大華鉱業 ……………………677, 681, 725
大華電気冶金公司 ………………681, 1053
大華窯業 …………………………798, 800
大華窯業公司 …………………………798
大亨公司鉄工廠 …………………714, 1057
太古洋行 ………………………………342
大興鉛粉公司 ……………………699, 742
大興公司 …………40, 77, 152, 247, 438, 465, 466, 499, 966
大興鉄工所 ……………………………750
大興煤鉱 ………………………………636
太古洋行 ………………………………335
大三商会 ………………………………346
大正海運 ………………………………348
大正海上火災保険 ……246, 463, 465, 466, 468, 469, 1056
大正生命保険 …………………………615
大正電機工業 …………………………712
大新京日報社 …………………………1013
大信合資 ………………………………958
大信鉄工所 ……………………………750
泰信無尽 …………………………469, 470
大信洋行 ……524, 527, 528, 544, 709, 749, 1053
大豆統制 ………………………………539
大成銀行 ………………………………460
大石橋電灯 ……………………………93
大石橋マグネシア工業 ………………792
大石橋菱苦土 …………………………641
大中銀行 ………………………………453
泰東煙草 ………………………………592

大東銀行 ………………………………461
大東公司 ………………………………1062
大同倶楽部 ……………………………1024
大同産業 ……………………497, 657, 846, 900
大同酒精 ………………44, 117, 121, 128, 858
大同生薬工業 …………………………846
大同製鋼 ………………………………748
大同生命保険 ……………………424, 425
大同炭砿 ………………………………101
大同電気 ……………………413, 414, 926
泰東日報社 ………………………1001, 1011
泰東皮革 …………………………625, 819
大同貿易 ………………………………492
大同報社 ………………………………1013
大同洋灰 ……44, 327, 663, 775 - 777, 783 - 786, 1060
大同林業 ………………………………918
大徳不動産 ………………………152, 966
第二旭製作所 …………………………726
第二銭鈔信託 …………………………494
大日組 …………………………………948
大日電線 …………………………251, 687
第二奉天窯業 …………………………790
大日本印刷 ………………………1025, 1030
大日本塩業 ……143, 211, 244, 245, 592, 610, 611, 613, 615, 1049, 1059
大日本火災保険 ………………………463
大日本金粉箔工業 ……………………699
大日本航空 ………………………360, 361
大日本酒類 ………………………249, 858
大日本製糖 ………………………250, 493
大日本セルロイド ……825, 830, 843, 932
大日本麦酒 ……588, 607 - 609, 625, 1060, 1061
大日本紡績 ……………328, 559, 560, 573, 1061
大日本油脂 ……………………………825
第二満州肥料 …………………………837
泰平組合 …………………………190, 714
太平洋炭鉱 ……………………………688
太堡金融組合 …………………………897
大満鉱業 ………………………………658
大満工業所 ……………………………845
大満採金 …………………………643, 656
大満採金公司 ……………………643, 656
大満酸素工業 …………………………845
大満州忽布麦酒 ………………44, 588, 607, 608
大満州木材工業 ………………………249

大満鋳工廠	694, 715
大明陶瓷	799
大華火油	244
大裕木材	927
太陽インキ	827
大窰溝煤砿	638
太陽ゴム	834, 835
太陽車両	737
太陽煙草	592, 620
太陽バルブ製作所	725
太陽和紡	564, 567
大陸アルミニウム工業	698
大陸化学工業	178, 830, 831
大陸科学社	1018
大陸窯	766
大陸機械工業	742
大陸教科用図書	1017
大陸鉱業	658
大陸工作所	742
大陸証券	502
大陸マグネシア工業	792
大陸窯業	114, 497, 767, 788
大利膠皮工廠	833, 836
大連運送組合	333
大連窯業	790, 791
大連運送	333, 334, 354
大連化学廠	809
大連火災海上保険	49, 50, 210, 246, 247, 437, 463 - 466, 468, 471, 1056
大連金網商会	693
大連株式商品取引所	484, 490 - 493, 495 - 497, 499, 1052, 1054
大連株式信託	484, 485, 492
大連硝子工業	768, 797
大連関東報社	1011
大連機械製作所	308, 467, 493, 497, 532, 684, 707, 725, 739, 754, 1053, 1055
大連起業倉庫	334, 335, 338, 363
大連汽船	93, 94, 309, 343 - 346, 350, 351, 353 - 356, 363, 713, 739, 1044, 1050
大連共信	961
大連銀行	445, 1054
大連経済日報社	1000, 1009
大連劇場	1022
大連鹸廠	809
大連郊外土地	273, 497, 961, 964, 1053
大連工業	93, 918
大連工業会	725
大連工材	638
大連興信銀行	443, 455
大連五品代行	494
大連車夫合宿所	988, 1050
大連重要物産取引所	837, 1048
大連蒸気洗濯	988
大連商業会議所	271
大連商業銀行	441, 455
大連証券信託	494, 1055
大連商工会議所	536
大連商品信託	494
大連商品取引信託	494, 497
大連醤油	584, 605
大連新聞社	1009
大連聖徳会	124
大連製氷	584, 588, 606
大連製油	115, 188, 308
大連精糧	604
大連石鹸製造所	826
大連船渠鉄工	101, 725, 739, 741, 1044
大連倉庫	336, 339
大連鋳造	680
大連鋳造所	725
大連貯蓄銀行	438
大連通関	333
大連鉄工所	725
大連電影	983, 984
大連電気器具製作所	710 - 712, 754
大連電機製作所	710 - 712
大連電器鉄工	712
大連東和汽船	348, 354, 355
大連都市交通	309, 318, 320 - 323, 325, 326, 362, 400, 725
大連土地家屋	307
大連土木建築	945, 947
大連取引所	146
大連取引所信託	486, 494 - 497, 1048
大連取引所銭鈔信託	494, 1048, 1055
大連農事	94, 895, 899, 900, 907, 908
大連農薬	172
大連麦酒	584
大連皮革	861
大連肥料商会	837
大連燐寸	817, 818

大連ミルクプラント …………………591
大連油脂工業………44, 93, 821, 825, 826, 1050
大連窯業……………………793, 801, 1055
大連礼装 ……………………………987
大連煉瓦 ………………………766, 788
泰和膠皮公司 ………………………833
台湾銀行 ……………………………535
台湾製糖 …………………250, 251, 616
高岡組 ………………………………725
高岡工務店 …………………………952
高砂製作所 …………………………695
高砂鉄工 ……………………………695
高田アルミニウム製作所 ……………699
高田商会 ………527, 528, 532, 535, 1055
タカタモーター製作 ………………739
田中汽船 ……………………………354
宝酒造 ……………………………249, 858
宅合名 ………………………………610
竹島製作所 …………………………753
武田長兵衛商店 ……………………848
武田薬品工業 ………………………848
竹中組 ………………………………947
竹村商店 ……………………………233
田崎鉄砲火薬店 ……………………850
田附商店 ………………………560, 572
田中汽船 ………………………354, 355
田中車両 ………………………252, 253
田中商会 ………………………350, 351
田中商事 ………………………354, 355
田中東亜商会 ………………………534
田辺商店 ……………………………848
田辺製薬 ……………847, 848, 1040, 1041
田辺元三郎商店 ……………………848
高島屋飯田 …………………………852
暖房用放熱器鋳造所 ………………696
近沢印刷 ……………………………1028
近沢洋行 ……………………………1027
斉斉哈爾商業銀行 …………………462
斉斉哈爾電灯廠 ……………………401
秩父セメント ………………………776
千村商店 ……………………………713
中央製紙 ……………………………216
中華匯業銀行 ………………………383
中華航空 ……………………………360
中華製粉 ……………………………584
中華電影 ……………………………1021

中興産業 ……………………………657
中興福 ………………………………248
中国銀行 ……………………………453
中国葉煙草 ……………………616, 617
中国旅行社 …………………………980
中泰銀行 ……………………………460
中東海林 ……………………………933
中東海林採木 ………112, 121, 126, 146, 922
中東海林実業 ………………112, 911, 913, 914
中東鉄道 ………………………329 - 331, 648
中日粉干公司 …………………584, 604, 605
中日実業 ………………………383, 850
中満軽車両 …………………………740
中満鉱業 ……………………………643
中和興業 ……………………………585
中和公司 ………………………616, 774
肇興公司 ……………………………345
長春運輸 ………………310, 329, 335, 337, 339
長春銀行 ……………………………441
長春検番 …………………………986, 1053
長春座 ……………………………1010, 1024
長春市場 ………………………93, 1050
長春実業銀行 ………441, 453, 454, 457
長春製氷 ……………………………606
長春倉庫 ……………………………337
長春電灯廠 …………………………399
長春特産 ……………………………490
長春取引所信託 ………93, 489 - 500, 1050, 1052
長春窯業 ………………………768, 789
長津江水力発電 ………………126, 419
肇新窯業 ………………………792, 798
朝鮮鴨緑江水力発電……44, 126, 127, 327, 402, 419
朝鮮銀行 …45, 108, 109, 121, 122, 143, 335, 383,
　397, 415, 437, 441, 444 - 446, 455, 485, 496,
　497, 595 - 597, 599, 600, 614, 658, 904, 905,
　1044, 1049, 1057, 1059
朝鮮毛織 ……………………………570
朝鮮合同酒精焼酎原料 ……………798
朝鮮殖産銀行………………………45, 904
朝鮮水力電気 …………………127, 150, 419
朝鮮住友軽金属 ……………………698
朝鮮送電 ………………………150, 419
朝鮮電業 ………………………127 - 129
朝鮮電力 ……………………………127
朝鮮取引所 …………………………499
朝鮮紡織 ………………………559, 726, 1062

索　引　1089

朝鮮放送協会 …………………………386
朝鮮無煙炭 …………………………497
朝鮮郵船 ……………………………354
千代田生命保険 …………143, 383, 425, 467
通化製氷 ……………………………606
通化農商組合 ………………………898
通商銀行 ……………………………441
通裕鉄路 ……………………………638
通裕鉄路煤砿 ………………………637
津田電線 ………………………251, 688
つちやたび …………………………214
ツバメ自動車 ………………………310
鶴岡炭砿 …………………174, 651, 653
鶴岡煤砿 …………………………647, 648
鶴原製薬 ……………………………849
鶴原薬房 ……………………………849
帝国製糸 ……………………………560
帝国製麻 …………………566, 1051, 1060
帝国生命保険 ………………383, 424, 467
帝国繊維 ……………………………566
帝国燃料興業 ………………246, 855, 856
帝都キネマ ………………………1002, 1023
帝都銀行 ……………………………458
テキサス石油 ………………84, 244, 854
鉄道工業 ……………………………944
鉄都自動車工業 ……………………721
鉄法長途汽車 ………………………315
鉄嶺交通 ……………………………323
鉄嶺銀行 ………………………438, 441
鉄嶺検番 ……………………………987
鉄嶺実業銀行 …………………438, 441
鉄嶺商業銀行 …………………441, 443
鉄嶺証券 ……………………………485
鉄嶺証券信託 ………………………1054
鉄嶺電灯局 ……………………411, 412
鉄嶺取引所信託 ………………489, 490
鉄嶺日華銀行 ………………………441
デ・ハビランド ……………………718
寺岡組 ………………………………958
寺田合名 ……………………………210
照国製紙 ……………………………888
テレフンケン社 ……………………379
電気化学工業 ……………………843, 1064
電気器具工業組合 …………………724
天合義鉄工所 ………………………412
電工公司 ………………………712, 754

天興福 ………………………………247
天津昌和工廠 ………………………738
天津取引所 …………………………480
天泰銀行 ……………………………460
天図軽便鉄道 ……305, 314 - 316, 318, 639, 1051
天興福 ………………………………249
天宝山鉱業 ……………………666, 1065
電報通信社 …………………………394
天宝鉱山 ……………………………643
天満織物 ……………………187, 236, 562
天隆証券 ……………………………502
天和銀行 ……………………………460
東亜印刷 ………………………1003, 1026
東亜運送 ………………………328, 329
東亜雲母 ……………………………209
東亜塩業 ……………………………610
東亜海運 ………………………353, 354
東亜勧業 …94, 110, 111, 622, 623, 896 - 900, 902,
　903, 905, 933, 1056, 1059
東亜興業 ………………………383, 517
東亜鉱山 ………82, 151, 194, 195, 643, 666, 1064
東亜交通公社 …………………973, 980
東亜酸素工業 ………………………845
東亜商会 ………………535 - 539, 1057
東亜証券 ………………484, 485, 489, 1054
東亜殖産 ……………………………497
東亜生果 ………………………907, 908
東亜製靴 ……………………………1041
東亜製缶 ……………………………750
東亜精版印刷 ………………………1026
東亜セメント ………………………776
東亜拓殖 ……………………………846
東亜煙草 …44, 48, 50, 496, 497, 585, 592,
　615 - 620, 626, 1049, 1055, 1065
東亜炭酸製造 ………………………859
東亜通信調査会 ……………………396
東亜鉄工廠 …………………………750
東亜鉄山 ……………………………668
東亜土木企業 ………493, 497, 945, 952, 957, 958,
　1050, 1053
東亜文化図書 ………………………1018
東亜紡織 ……………………………124
東亜燐寸 ……………………………817
東亜毛皮革 ……………………223, 625, 819
興亜窯業 ……………………………790
東亜洋蝋 ……………………………822

東亜旅行社	980, 991
東亜煉瓦	789
東亜勧業	895
東永茂	186, 511, 821
同益商業銀行	459
東海起業	339
東海曹達	613
東海電線	251, 688
同記商場	524
東京石川島造船所	743, 744
東京海上火災保険	208, 210, 246, 248, 463, 465, 466, 468, 469, 1056
東京化学工業	693
東京瓦斯	420
東京瓦斯電気工業	165, 731
東京株式取引所	496, 498, 499
東京カルピス製造	605
東京機器工業	253
東京鋼材	720
東京自動車工業	731
東京芝浦電気	82, 743
東京書籍	150, 245, 1015
東京製綱	693
東京製線	251, 687
東京測機舎	753
東京電気	720, 1066
東京電線	251
東京発動機	739
東京メトロ電気工業	746
東京ロール製作所	1061
東華銀行	443
東興火磨	600, 601
東興銀行	77, 456, 462, 1054
東興銀行	456, 462
湯崗子温泉	497, 974, 978
東光醸造	602
東興紡織廠	559
東山鉱山	33
東三省官銀号	247, 447, 1057
東三省済農	534
東支鉄道	328, 329
東省実業	107, 110, 113 - 115, 117, 122, 123, 128, 337, 484, 774, 962, 1050
東泰盛鋳物工場	695
東盛銀行	456
東大鋳造所	742
東拓 (→東洋拓殖)	
東拓土地建物	122, 123, 128
洮南軽便鉄路	333
東辺実業銀行	449, 453, 461, 1054
東辺道開発	156, 167 - 169, 175, 201, 643, 650 - 653, 668, 691, 692, 694, 792, 1063, 1068
東辺道興業	792
東宝映画	1021
東邦海運	356
東邦工業	848
東方電業	290, 414, 415
東邦輸送機	748
東北電影公司	997
東北火柴維持会	818
東満銀行	462
東満鉱業	930
東満セメント	781, 785, 930, 1066
東民鉄工廠	688
同盟通信社	998, 1016
東棉紡織	195, 559 - 561, 572 - 576, 752, 1065, 1070
東裕公司	831
東陽印刷	1027
東洋海運	331
東洋汽船	346
東洋金属機工	742
東洋金属工業	749
東洋絹織	825
東洋鉱機	721, 749
東洋鉱業	637
東洋鋼材	685, 1060
東洋護謨製品販売	234, 835
東洋人織	235 - 237, 562, 574, 575, 726
東洋スレート工業	638
東洋製鋼	693
東洋製紙工業	852
東洋製粉	195, 248, 603, 1065
東洋精麻加工	234, 237, 562, 567
東洋精密機	752
東洋石材	638
東洋セメント	774
東洋染料製造	832
東洋曹達工業	245, 614
東洋タイヤ工業	233, 237, 239, 726, 824, 834, 1071
東洋拓殖	42, 45, 79, 107 - 117, 120 - 128,

139, 146, 150, 151, 166, 211, 247, 318, 337, 407,
　　　415, 419, 441, 446, 484, 496, 497, 569, 571, 574,
　　　601, 611, 613 - 616, 655, 668, 852, 876, 897 -
　　　899, 904, 907, 913, 914, 917, 921 - 925, 928,
　　　958, 962, 967, 1044, 1050, 1051, 1056, 1058,
　　　1059, 1064, 1070, 1071
東洋炭鉱……………………………636, 1051
東洋畜産興業………………………113, 114
東洋窒素工業………………………213, 837
東洋通信機…………………………………214
東耀電灯公司………………………………403
東洋塗料製造………………………………828
東洋パルプ……44, 235, 725, 882, 883, 924, 1061
東洋フェルト………………………………570
東洋ベアリング……………………………743
東洋貿易……………………………………535
東洋紡績………82, 186, 231 - 240, 255, 562, 825,
　　　835, 839, 1066, 1071
東洋棉花………………194, 575, 752, 931, 1065
東洋木材……………………………928 - 930, 933
同和塩業……………………………………615
東和汽船……………………………………355
同和自動車工業………44, 100, 139, 147, 165, 167
　　　716 - 718, 723, 725, 729, 730, 732, 733, 736,
　　　1037, 1038, 1058, 1062 - 1064
トーマスクック商会………………………980
常盤館……………………………………1022
常磐組………………………………………947
登喜和商会…………………………………532
徳義銀行……………………………………459
徳泰銀行……………………………………460
徳泰公司……………………………………496
徳永硝子……………………………………609
徳永満州硝子………………………………797
徳増鉄工……………………………………725
徳山曹達………………143, 211, 245, 613, 614, 1059
徳和染色廠…………………………560, 572
徳和紡織廠…………………………560, 572
徳和紡績……………………………560, 568, 743
土佐セメント………………………………776
特許甘草……………………………………846
凸版印刷…………………………………1025
鳥羽公司……………………………………709
戸畑鋳物……………………………………165
鳥羽鉄工所……………534, 709, 725, 754, 1053
鳥羽洋行…………527, 532, 534, 713, 721, 1053

図們金融倉庫………………………………339
図們軽便鉄道………………………315, 639
豊国セメント………………………………776
トランスラヂオ……………………………379
塗料統制協会………………………………829

ナ行

内外商事……………………………………710
内外綿………………………………………44, 558
内国通運……………………………………330
直木洋行……………………………………534
長坂鉄工……………………………………725
中支那振興…………………………………101
中島飛行機…………………………718, 727
中之島製紙…………………………………216
中村鉄工……………………………………725
中山鋼業所…………………………………692
中山太陽堂…………………………………849
名古屋株式取引所…………………………498
名古屋株式取引所取引員組合……………498
七尾セメント………………………776, 777
ナニワペイン………………………………827
成重酒造所…………………………………607
南山建物……………………………………960
南昌工業……………………………………790
南昌洋行……………………524, 640, 790, 831
南票炭砿……………………175, 653, 1041
南満火工品……………………154, 178, 850, 851
南満化成工業……………208, 209, 254, 830
南満火薬……………………………………850
南満機械製氷………………………………606
南満銀行……………………………441 - 443, 455
南満鉱業…206, 499, 638, 641, 643, 659, 660, 663,
　　　664, 667, 1044, 1050, 1053
南満興業……………………………………790
南満膠皮工場………………………………833
南満水産化学工業…………………………848
南満製糖……………………411, 484, 486, 588, 1051
南満精米……………………………………604
南満倉庫……………………………484, 497
南満農産……………………………114, 604
南満紡績……………………………560, 561, 1066
南洋兄弟商会………………………616, 617
南洋興発……………………………………250
西満州鉄道…………………………………327
西山鉄工所…………………………………686

日米商店 …………………………………740
日満亜麻紡織………………………497, 566, 1060
日満アルミニウム ………166, 215, 497, 686, 687
日満塩業 …………………………………612
日満化学 …………………………………101
日満漁業…………………172, 592, 606, 621, 622, 1061
日満鋼管 ……………………………541, 684
日満鉱業 ………………169, 624, 643, 662, 663
日満興業 ……………………………949, 952
日満鋼材工業………………………………685, 1060
日満写真工業 ……………………………860
日満商事 …77, 153, 171, 511, 519, 541‑545, 635, 648, 664, 665, 691, 693, 695, 722, 786, 787, 1044, 1059, 1065
日満醸造 …………………………………588
日満人事 …………………………………949
日満製粉 …44, 46, 48, 118‑121, 128, 207, 247, 248, 499, 588, 591, 601‑603, 625, 1060, 1071
日満倉庫 ………………………………94, 339
日満鍛工 …………………………………721
日満塗料 …………………………………827
日満鉛工業 …………………………699, 750
日満巴爾普製造……………………220, 882, 1061
日満パルプ製造 ……44, 216, 220, 235, 394, 882, 887, 890, 924, 1068
日満文教 ……………………………150, 245
日満紡麻 ……………………………561, 567, 1042
日満マグネシウム ……………………44, 686
日満林産化学工業…………………………828
日魯漁業 ……………………………497, 499
日華銀行 …………………453, 454, 456, 458, 459
日華興業 …………………………………949
日華蚕糸 …………………………………898
日華証券信託 ……………………………493
日華製粉 …………………………………588
日華生命 …………………………………383
日華製薬 …………………………………516
日華製油 …………………………………830
日華油房 …………………………………822
日華窯業公司 ……………………………789
日光食品工業 ……………………………602
日産化学 ……………………………171, 614
日産汽船 ……………………………163, 355
日産自動車 ………………………………163
日清印刷所 ……………………………1000, 1010
日新化学 …………………………………212
日清汽船 …………………………………353
日清興信所 …………………………1028, 1050
日清桟 ……………………………200, 526, 823
日清実業 …………………………………205
日新昌 ……………………………………191
日清製粉 …………247, 248, 588, 600, 601, 603, 1060, 1065
日清製油 ……188, 196‑200, 203, 205, 336, 529, 536‑538, 586, 823, 824, 826, 827, 1056
日清燐寸…………………44, 817, 878, 1024, 1049
日清豆粕製造 ……188, 196‑198, 254, 823, 1049
日清洋行 …………………………………511
日清ラッカー ……………………………826
日鉄鉱業 …………………………………653
日東アルミニウム製造所 ………………699
日東製粉………………247, 248, 588, 601, 603, 1061
日東洋行 …………………………………792
日本内田洋行 ……………………………753
日本運送 …………………………………328
日本エヤーブレーキ ……………………253
日本カーボン ……………………………844
日本海洋漁業統制 …………………172, 622
日本化成工業 ………163, 178, 208, 210, 212, 830, 843, 860, 1064
日本カタン ………………………………560
日本教育生命保険 ………………………615
日本軽金属 ………………………………687
日本光学工業 ………………208, 210, 726, 751
日本鋼管 ……………………………497, 684
日本高級塗料 ……………………………828
日本鉱業 …………………163, 171, 497, 661, 662
日本興業 …………………………………412
日本興業銀行 ………………………905, 914
日本航空輸送………………356‑358, 360, 363, 718
日本国策航空工業 ………………………499
日本ゴム ……………………………834, 835
日本護謨工業 ……………………………214
日本産業 …99, 147, 150, 161‑163, 171, 496, 497, 663, 1063
日本産業汽船 ……………………………162
日本産業護謨 ………………………162, 163
日本産業護謨園 …………………………162
日本産金振興 ……………………………656
日本紙器製造 ………………………112, 914
日本紙業 …………………………………888
日本自動車 …………………………165, 728, 828

日本自動車工業	728
日本車両製造	165, 252, 707, 739, 1053
日本食塩コークス	610, 1049
日本食料工業	623
日本書籍	150, 245, 1015
日本信号	725
日本水産	163, 171, 172, 592, 606, 622, 1061
日本製鉄	82, 653, 664
日本製粉	194, 195, 247, 248, 600, 601, 603, 1060, 1065
日本生命保険	143, 383, 424, 425, 467, 694, 715
日本精蝋	94, 860
日本石油	207, 244, 497, 854, 857
日本セメント	776
日本曹達	166, 215, 499, 613
日本曹達工業組合連合会	244
日本曹達漂白粉同業会	245
日本タール工業	208
日本鍛工	721
日本窒素肥料	126, 127, 153, 326, 363, 419, 643, 810, 856, 1065
日本通信工業	214
日本電気	212, 215, 216, 719, 1060
日本電工	143
日本電信電話工事	396
日本電信電話公社	377
日本電線	251, 687
日本電池	746
日本糖業連合会	250, 596
日本特殊塗料	828
日本塗装	721
日本土木建築聯合会	950
日本内燃機	737
日本郵船	343
日本農薬	849
日本橋ホテル	973, 975
日本パッキング製作所	728
日本ビクター蓄音機	746
日本ペイント	827, 828
日本ペイント製品販売	827
日本放送協会	383
日本綿花	492, 527, 528, 530, 534, 931, 1049, 1055
日本綿布輸出組合	187
日本冶金	721
日本郵船	186, 295, 350, 353, 355, 485, 486, 511, 1046
日本油脂	162, 163, 171 - 173, 825, 826
日本油料統制	539
日本旅行協会	980
日本坩堝	800
日本レイヨン	560
熱河廻運	316
熱河蛍石鉱業	214
熱河鉱業	147, 169, 657, 661, 662
熱河鉱山	151, 194, 643, 666, 1064
熱河産金	657, 660
熱河製氷	606
熱河鉄山	635, 668
野沢組	640
野田醤油	605, 624
野村合名	171, 175, 412, 491, 715, 748
野村証券	501, 643, 1067
野村商店	490, 491, 1052
野村信託	664
野村生命保険	888

ハ行

博文館	594
間組	944
長谷川組	952
長谷川工務所	958
八紘印刷	396, 1027, 1028, 1030
発動機製造	253
早川金属工業	746
林兼商店	622
原商事	349
原田組	528, 532 - 534, 827, 1053
原田商会	533, 534
原田鉄工所	725
播磨工廠	726, 741
哈爾洋行	720, 721, 747
哈爾洋行精米所	721
哈爾浜印刷	1010
哈爾浜協和銀行	453, 460
哈爾浜銀行	442, 444, 453, 454, 460
哈爾浜交易所	146, 495 - 498
哈爾浜電業局	401
哈爾浜航業連合	308
哈爾浜航業連合局	333
哈爾浜交通	318, 326
哈爾浜三泰桟	191

哈爾浜実業銀行	459
哈爾浜信託	482, 1052, 1054
哈爾浜新聞社	1000
ハルビン・スコエ・ウレミヤ	101, 1012
哈爾浜製材機械製作所	927
哈爾浜製氷	606
哈爾浜セメント	497
哈爾浜倉庫	329, 337, 338
哈爾浜地区製材統制組合	927
哈爾浜鉄工業組合	694, 725, 1067
哈爾浜電業局	415
哈爾浜電業公司	110, 311, 407
哈爾浜土地建物	963, 966
哈爾浜取引所	467, 482, 483, 1054
哈爾浜日日新聞社	1009, 1013
哈爾浜印刷	114, 744
哈爾浜交易所	145
哈爾浜日日新聞社	124
哈爾浜麦酒	44, 588, 607, 608, 1061
哈爾浜無尽	470
哈爾浜木材	921, 926, 927
哈爾浜洋灰	44, 781, 782, 784 - 786
范家屯電気	413, 414
万国寝台車	980
万歳自動車工業	737
万有製薬	849
東吉林交通	325
東満州銀行	462
東満州産業	171, 174, 328, 643, 650, 781, 785, 930, 931, 934, 1066
東満州人絹パルプ	223, 228, 229, 231, 394, 881 - 884, 924
東満州人絹巴爾普	44, 881, 1061
東満州鉄道	318, 326, 328, 363, 930
貔子窩銀行	112, 441, 445
貔子窩自動車運輸	310
貔子窩電灯	399
日立製作所	162, 163, 171 - 173, 251 - 253, 687, 739, 745, 1066
日立電力	163
美徳電気	743, 746
日之出商会	571
比婆商会	948
貔普自動車	310
百興証券	501
麦酒共同販売	588, 608, 1060
日吉商会	566
飛輪自動車工廠	737
浜江貨幣交易所	483, 1052
浜江実業銀行	459, 460
浜江農産信託公司	482, 483, 1052
浜江糧食証券交易所	483, 495
フォード自動車	731
フォッカー	718
富錦鉱業所	101
福井組	642, 665, 792
福井商工	792
復県交通	324
福興公司	792
福島発鉄工所	695
福島紡績	558, 573, 1055
復州鉱業	642, 663 - 665
復州粘土窯業公司	642, 665, 791
福寿鉄工廠	752
福昌華工	94, 950, 952, 1056
福昌公司	295, 336, 337, 339, 524, 527, 544, 640, 685, 786, 787, 944, 949, 950, 952, 1047, 1050, 1056
福信金融	457
福信金融建物	457
福助産業	834
福田組	534
福徳銀行	460
福徳鉄工所	738
福富洋行	511
富国徴兵保険	361, 424
富士瓦斯紡績	557, 558, 573, 1055
富士機械工業	739, 740, 750, 1040
藤倉化学工業	828
藤倉電線	251, 252, 1066
不二工業	208, 210
不二越鋼材工業	499, 726
藤沢工業	847, 848
藤沢友吉商店	848
藤沢薬品	848
富士証券	501
富士製紙	190, 216, 218, 873, 878
藤田組	952
富士通信機製造	744, 1066
富士電機工廠	743, 744, 1066
富士電機製造	744, 1066
藤平兄弟商会	516

索引 1095

藤本ビルブローカー証券	501
福順銀行	461
撫順窯業	101, 791
撫順石綿	721
撫順印刷	1010
撫順興業	958
撫順鉱業所	722
撫順人造黒鉛	721
撫順信託	960
撫順炭販売	541, 640
撫順精機工業	742
撫順製鋼	727
撫順電気熔接所	721
撫順製紙	497
撫順製氷	606
撫順製錬	638
撫順セメント	44, 169, 778, 785, 787, 1059
撫順朝鮮人金融組合	897
撫順無尽	469
撫順窯業	497, 498, 793
撫順煉瓦組合	791
阜新製作所	171, 175, 747, 748
阜新炭砿	174, 651, 653, 1041, 1044
扶桑金属	212
復県農事合作社	620
復興公司	33
富士製紙	877
富寧造紙	189, 218, 874, 875, 914, 915, 1051
富来洋行	492, 528, 534
ブラナモンド	840
ブリヂストンタイヤ	835, 836, 843, 1066
古河鉱業	527, 783
古河商事	527 - 529, 534, 1055
古河電気工業	251, 252, 361, 1066
文映館	1022, 1023
文祥堂	1027
平和銀行	442, 443, 455
平和膠皮工廠	833
辺業銀行	447, 1057
宝華電灯公司	399
豊材	190, 196, 875, 915, 916, 1051
房産銀行	460
宝山百貨店	1024
宝山燐寸	44
奉天大和染料	832
奉天印刷	1003, 1027

奉天オフセット印刷	1000
奉天匯業銀行	453, 461, 462
奉天化学工業	861
奉天硝子	797
奉天機器製造	739
奉天共融組合	441
奉天銀行	441 - 443, 449, 458, 459, 484, 485, 499, 1052, 1054, 1067
奉天恵臨火柴	817
奉天劇場	982
奉天検番	987
奉天郊外交通	323
奉天公株信託	484, 485, 487
奉天工業	101
奉天工業土地	146, 152, 966
奉天航空螺子	693
奉天交通	322 - 324, 722, 746
奉天合同煉瓦	789
奉天興農種苗	908
奉天膠皮工廠	833
奉天酸素製造工廠	1040
奉天実業貨桟	114
奉天実業銀行	449, 459
奉天市鉄工廠消費組合	742
奉天醤園	484, 605
奉天商業会議所	789
奉天商業銀行	77, 456, 459, 1062
奉天証券	484, 485, 489
奉天証券信託	483, 1052, 1054
奉天商工銀行	146, 449, 456, 467, 498, 499
奉天省水産物配給統制組合	622
奉天省鉄工業組合	694, 725, 738, 1067
奉天商品証券交易所	484, 485, 489, 1054
奉天信託	114, 443, 446, 458, 484, 485, 487, 789, 1052
奉天製缶加工	750, 1051
奉天銭鈔公司	1052
奉天製作所	712, 721, 741, 743, 744, 753
奉天製氷	606
奉天製麻	497, 565 - 577, 1051
奉天石灰セメント	774
奉天銭鈔公司	1052
奉天石鹸	826
奉天倉庫運輸	737
奉天倉庫金融	441, 789
奉天曹達	841

奉天造兵所 …44, 77, 138, 421, 144, 178, 190, 191, 714, 716, 720, 722, 726, 850, 851, 1057, 1062
奉天煙草 …………………………………592
奉天窒素ライト工業 …………………………842
奉天鋳鉄公司 ………………………………707
奉天儲蓄会 ……………………………449, 1062
奉天鉄鋼工業 ………………………………1042
奉天電車…196, 305, 312, 313, 318, 322, 362, 1056
奉天電灯廠 ……………………399, 401, 414, 415
奉天土地建物 ……………………………959, 960
奉天取引所信託 …………455, 484, 487, 490, 496, 497, 499
奉天儲蓄会 …………………………………146
奉天不動産 …………………………………486
奉天紡紗廠……44, 145, 224, 227, 556, 1055, 1065
奉天前田鉄工所 ……………………………696
奉天満州ペイント ……………………199, 827
奉天無尽 ……………………………………469
奉天大和染料 …………………………831, 832
奉天油脂 ………………………………171, 825, 826
奉天窯業 ………………114, 484, 486, 789, 790, 792
奉天林業銀行 ………………………………449
奉南交通 ……………………………………324
豊年製油 ………………536, 537, 538, 822 - 825, 1056
奉北交通 ……………………………………325
蓬莱信託 ……………………………………469
蓬莱無尽 ……………………………………469
豊楽劇場 …………………………………1024
宝隆銀行 ………………………………441, 535
北清輪船 ……………………………………350
北支煙草 ……………………………………618
北鮮運輸 ……………………………………330
北票炭砿 ………174, 643, 647, 648, 651, 653, 1041
北辺産業 ……………………………………790
北満運輸倉庫 ………………………………114
北満銀行 ……………………………………438
北満金鉱業 …………………………………658
北満産業 ………………………………120, 694
北満水産 ……………………………………101
北満製糖 ………………………………………44
北満製粉 ……………………………………114
北満製油 ……………………………………822
北満セメント瓦 ……………………………114
北満倉庫 ………………114, 329, 337, 338, 1050
北満電気 …109, 110, 126, 128, 311, 399, 401, 402, 406, 407, 415, 429, 484, 1050, 1052, 1058

北満窯工 ……………………………………788
穆稜炭砿 ……………………………………155
穆稜煤鉄 ……………………………………145
星ケ浦土地建物 …………………497, 960, 964
牡丹江劇場 ………………………………1023
牡丹江興業 …………………………1002, 1023
牡丹江交通 …………………………………325
牡丹江商業銀行 ……………………………462
牡丹江製氷 …………………………………606
牡丹江無尽 …………………………………470
牡丹江木材工業 ………………………499, 929
牡丹江木材商工組合 ………………………929
北海道炭砿汽船 ……………………………497
穂積玻璃工廠 ………………………………797
保土ヶ谷化学工業 …………………………245
保土ヶ谷曹達 …………………………613, 614
堀井謄写堂 …………………………………738
ボロヂン高田醸造 …………………………117
本渓湖坑木 ……………………912, 918, 921, 927
本渓湖特殊鋼 …171, 178, 200, 201, 205, 677, 691
本渓湖ドロマイト工業 ……………………201
本渓湖煤砿 ……32, 196, 197, 254, 680, 700, 1048
本渓湖煤鉄………2, 31, 37, 44, 64, 142, 144, 156, 167, 169, 171, 175, 178, 179, 196, 200, 201, 394, 416, 541, 635, 652, 653, 675 - 678, 680, 682, 684, 689 - 692, 774, 782, 783, 793, 807, 830, 839, 851, 926, 1038, 1048, 1060, 1068
本渓湖白雲石工業 …………………………200
本渓湖無尽 …………………………………470
本渓湖洋灰 ………44, 200, 201, 202, 205, 777, 782 - 785, 787, 1060, 1068
本渓湖米穀 …………………………………604
香港上海銀行 ………………………………84

マ行

牧野鉄工 ……………………………………739
増田製粉 ……………………………………247
増田貿易 ………………………528, 529, 535
増田増蔵商店 ………………………………527
松浦汽船 ………………………354, 355, 886
松浦製紙所 …………………………………876
松浦製紙 ……………………………………886
松尾橋梁 ……………………………………748
松尾合名 ……………………………………748
松尾鉄骨橋梁 ………………………………748
松風工業 ……………………………………799

索　引　1097

松風陶器 …………………………………799
松茂洋行 …………………………350, 800, 876
松下商店 …………………………………197
松下電器産業 ……………………………746
松田精機製作所 …………………………753
松本組 ……………………………………944
松山商店 …………………………………728
丸永 ………………………………………752
マルコーニ社 ……………………………379
丸三商会 …………………………………960
丸永商店 …………………………………721
丸満洋行 …………………………………750
満映光音工業………………………752, 1021
満漢塩業 …………………………………610
満関暖房器材工業組合 …………………695
満関種苗統制組合 ………………………907
満業（→満州重工業開発）
満業坑木 …………………175, 654, 928, 933
万合公 ……………………………………191
満興鉄工廠 ………………………………695
万興徳鉄工所 ……………………………695
満山製作所 …………………………662, 747, 748
満洲亜鉛鍍 ………………683, 692, 709, 750, 1061
満洲浅野スレート ………………………800
満洲麻袋 …………………………………567
満洲アルミニウム工業 …………………698
満洲石綿 …………………………………643
満洲射越屋証券 …………………………501
満洲鋳物 ……………………………678, 694, 715
満洲医薬品生産 ……………………101, 156
満洲医理科機械工業 ……………………726
満洲医理科器械中央統制組合 …………725
満洲磐城セメント ……………202, 207, 1068
満洲岩城硝子 ………………………777, 784, 797
満洲印刷インキ …………………………832
満洲ウテナ製薬 ……………………848, 849
満洲雲母 ……………………………208, 209
満洲運輸 ……………………………344, 346
満洲映画協会 …9, 101, 150, 752, 996, 997, 1002,
　　1005, 1017, 1019 - 1022, 1029, 1030, 1045, 1064
満洲荏原製作所 …………………………749
満洲塩業 …………………143, 210, 211, 243, 244, 592,
　　613 - 615, 626, 1059
満洲演芸協会 ………………………1002, 1023
満洲鉛鉱 ……………………169, 327, 643, 661, 662
満洲鉛板鉛管 ……………………………699

満洲鴨緑江航運 ……………………152, 327
満洲鴨緑江水力発電 ……44, 126, 127, 150, 327,
　　402 - 404, 406, 417 - 419, 694, 843, 1064
満洲大倉産業 ……………………………205
満洲大倉商事 …………………………201, 852
満洲大倉土木…………………205, 943, 952, 1042
満洲大谷重工業 …………………………677
満洲大林組 …………………………952, 956
満洲岡崎工業 ……………………………739, 740
満洲小野田セメント製造 ………………761
満洲小野田洋灰…………44, 780 - 782, 784 - 786,
満洲オフセット印刷 ……………………1026
満洲音盤配給 ……………………………1021
満洲海運 ……………………………156, 354, 355
満洲海事 …………………………………346
満洲花王石鹸 ……………………………826
満洲化学工業 …44, 143, 211, 213, 245, 497, 541,
　　613, 614, 809, 813, 831, 837 - 840, 842, 1059
満洲化学工廠 ……………………………848
満洲化学機械製造工業組合 ……………725
満洲角丸証券 ……………………………502
満洲化工 ……………………………171, 826, 828
満洲火災海上保険 …50, 208, 210, 246, 247, 438,
　　464, 466, 468, 469, 471
満洲火災保険協会 ………………………464
満洲瓦斯 ……………………423, 425 - 430, 791, 1065
満洲瓦斯証券 ………………………424, 501
満洲化成工業 ………………………178, 1041
満洲架線金具 ……………………………745
満洲滑石 ……………………………659, 664
満洲活版製造 ………………………710, 711
満洲金網工廠 ……………………………694
満洲金網製線 ……………………………694
満洲鐘紡製紙 ………………………232, 884, 1071
満洲上組運送 ……………………………354
満洲火薬工業 ………………………154, 178, 851, 852
満洲火薬販売 ………………………142, 154, 178, 851
満洲硝子工業組合 ………………………795
満洲カルピス製造 ………………………605
満洲川崎鉄網 ……………………………694
満洲川島屋証券 ……………………501, 502
満洲管楽器 ………………………………726
満洲観光ホテル …………………………976
満洲関西ペイント ……………………828, 829
満洲甘草輸出同業組合 …………………853
満洲乾電池 …………………………743, 745

満州漢薬貿易 ……………………………524
満州機械工業 ……………………710, 711, 715
満州機械工業組合中央会 ……………703, 724
満州機械工業統制組合 …………………725
満州機械製造 ……………………………747, 751
満州汽缶製造 ……………………………753
満州機器……………………208, 253, 719, 744, 1060
満州機器公司 ……………………………720
満州企業 ……………………………486, 492
満州機材工業 ……………………………710
満州急送貨物運輸 …………………………48, 50
満州共益社 ……………………………532, 534
満州京三製作所 ……………………712, 744
満州行政学会……………………………1015
満州共同セメント ………………786, 787, 801
満州金鉱 …………………………………657
満州銀行 …112, 122, 143, 424, 444, 444, 446, 447, 453 - 455, 458, 485, 487, 496, 497, 1054, 1059
満州金属工業 ……………………………722, 747
満州金属粉工業 …………………………699
満州久保田鋳鉄管 ………………………541, 684
満州クラブ化粧品 ………………………847, 849
満州栗本鉄工所 …………………………749
満州計器……77, 143, 713, 716, 717, 725, 749, 753
満州軽金属製造 ……44, 100, 143, 147, 166, 168, 169, 177, 178, 214, 215, 665, 677, 686, 689, 697, 698, 727, 731, 778, 784, 841, 844, 1041, 1044, 1059, 1063, 1066, 1069
満州軽合金工業 ……………………………215
満州経済社……………………………1018
満州軽車両工業 …………………………334, 740
満州牽引車製造 …………………………685
満州建材 …………………………………638
満州光学工業………208, 210, 254, 726, 751, 1021
満州昌光硝子 ……………………………208
満炭砿機 …………………………………650
満州鋼機 …………………………………693
満州航機工業……………………………728, 1041
満州鉱機 …………………………………747
満州興業 ……………………101, 484, 496, 497, 958
満州鉱業開発 …117, 136, 142, 147, 154, 155, 642, 643, 656, 659 - 661, 664, 668, 688, 1038, 1058
満州興業銀行 ……54, 77, 116, 120, 122, 137, 143, 151, 154, 173, 221, 243, 247, 415, 424, 437, 455, 466, 494, 497, 499, 501, 502, 600, 620, 659, 783, 857, 884, 905, 925, 927, 928, 967, 1044, 1058,

1059, 1064
満州興業証券 ……………………498, 501, 502
満州工業石材 ……………………………638
満州航空 …44, 136, 138, 144, 207, 210, 213, 215, 306, 357 - 363, 688, 718, 719, 727, 728, 744, 1041, 1057, 1063
満州航空教材……………………………1018
満州航空精密機械 ………………………728, 1041
満州工具軸受製造工業組合 ……………703, 725
満州鋼索 …………………………………693
満州工作機械 ………694, 715, 742, 1040, 1041
満州工作所 ……………………720, 721, 747
満州工作所自動車部 ……………………721, 737
満州鉱山 …………167 - 169, 327, 643, 652, 655, 660 - 663, 668, 748, 1063
満州鉱産工業 ……………………………664
満州鉱山薬 ………………………………850, 851
満州鉱山用機械製造工業組合 …703, 723, 724
満州工廠 ……497, 498, 694, 714 - 716, 749, 1041, 1058
満州合成ゴム工業………………843, 844, 1066
満州合成燃料…150, 155, 195, 243, 246, 650, 855, 856, 1037, 1064, 1070
満州高度農機製造 ………………………751
満州興農経済特報社……………………1012
満州弘報協会 ………124, 143, 154, 391, 393, 394, 1013, 1015 - 1017, 1029, 1059
満州コーライト工業 ……………………857
満州黒鉛鉱業 ……………………………229
満州国産電機 ……………………………729
満州国通信社 ……154, 394, 395, 397, 998, 1001, 1005, 1013, 1015, 1016, 1029, 1059
満州穀粉管理 ……………………153, 541, 602
満州護謨 ……………………………339, 688, 834
満州護謨工業連合会 ……………………834, 836
満州護謨統制協会 ………………………834
満州採金 …44, 100, 117, 139, 147, 154, 155, 166, 169, 209, 643, 655 - 658, 660, 661, 668, 731, 1038, 1059, 1063, 1065
満州再生ゴム工業 ………………………738, 836
満州採炭……………………………637, 638, 1051
満州柞蚕 ……………………………153, 571
満州桜田機械製作所 ……………………747
満州雑誌社 ……………………………1017, 1021
満州佐藤農機 ……………………………750
満州三栄精機製作所 ……………………747, 748

満州産業 …………………………………585
満州参天堂 ……………………………847, 849
満州資源愛護協会 ……………………154, 750
満州紙工 …………………………………887
満州市場 ……………93, 484, 485, 497, 1050
満州事情案内所…………153, 1001, 1016, 1017
満州実業振興 …………………………………101
満州自転車工業組合 …………725, 738, 740
満州自動車運輸 ………………………311, 322
満州自動車交通 ………315, 316, 318, 324, 325
満州自動車製造 ……167, 685, 722, 729, 731, 733, 735, 736, 1037, 1038, 1041, 1044, 1063, 1064
満州清水組………………………952, 955, 1066
満州車両 ………101, 186, 215, 252, 725, 739, 744, 1065, 1071
満州秀英舎印刷………………1002, 1003, 1027
満州重機 ………………………………167, 747
満州重工業開発 ……6, 9, 42, 77, 79, 93, 99, 101, 104, 135, 139, 147, 150, 151, 155, 158, 161 - 169, 171 - 175, 177 - 180, 200 - 202, 210, 214, 406, 497, 519, 649 - 656, 661 - 663, 667, 668, 688, 690, 694, 697, 727, 731, 742, 751, 772, 830, 1038, 1044, 1059, 1063 - 1065, 1068 - 1071
満州種子業組合 ………………………………908
満州酒精 ………………………………………858
満州酒精工業 …………………………101, 249
満州酒造 ………………………………………607
満州出版興業 ………………………………1018
満州種苗協会 …………………………………908
満州春陽堂 …………………………………1018
満州消火機 ……………………………………738
満州商業銀行 ……441, 442, 445 - 447, 484, 485, 1054
満州証券信託 …………………………………492
満州証券取引所 ………………498 - 503, 1067
満州昌光硝子……………………254, 796, 797, 1066
満州硝石 ………………………………………842
満州醸造 ………………………………………605
満州消費組合 …………………………………153
満州商品証券 ……………………………486, 487
満州醤油 ………………………………………605
満州昌和製作所 ………………………737, 739
満州昌和洋行 …………………………………738
満州殖産………………………………534, 611, 1053
満州殖産銀行 …………………………441, 455
満州織布 ………………………………………411

満州書籍配給……………………………245, 1015
満州書籍……………………………………1018
満州書籍販売…………………………………245
満州白藤証券……………………………………502
満州飼料工業……………………………………209
満州神鋼金属工業 ………………………677, 692
満州人造石油 …………………101, 857, 1068
満州神東塗料 ………………214, 828, 829
満州新聞協会…………………………………1029
満州新聞社 ……101, 1001, 1011, 1014, 1029
満州森林伐採協会 ……………………………925
満州進和商会 ………………526, 685, 692
満州親和貿易 …………………………………930
満州親和木材 ……………499, 921, 928, 930, 934
満州水産 …………………………………621, 622
満州水産物統制組合 …………………………622
満州水上洋行 …………………………………754
満州住友金属工業 ……185, 213, 254, 541, 677, 683, 692, 1041, 1070
満州住友鋼管…………………185, 213, 683, 1060
満州製菓 ………………………………………605
満州生活必需品 ……77, 101, 153, 210, 339, 597, 622, 624, 696, 698
満州生活必需品配給 ………153, 519, 597, 598
満州精機製作所 ………………………………719
満州精綱 ………………………………677, 693
満州精穀 ………………………………………605
満州製材統制組合 ……………………………925
満州製材 ………………………………………925
満州製鎖所 ……………………………………709
満州製糸 …………………………………560, 572
満州製紙 ……875, 876, 885, 886, 888, 1040, 1042
満州清酒 ………………………………………607
満州製絨所………………………568, 571, 1041
満州製袋 ………………………………………664
満州製鉄…79, 101, 156, 175, 177 - 179, 201 - 203, 205, 653, 692, 1038, 1040, 1041, 1044, 1068, 1070
満州製糖 ……44, 250, 588, 591, 597, 598, 625, 739, 908, 1060, 1071
満州製陶 …………………………………768, 799
満州製氷 ……………………………484, 485, 606
満州製鋲鉄工所 ………………………725, 692
満州製瓶 ………………………………………797
満州製粉 …248, 411, 484, 493, 497, 517, 584, 586, 599, 600, 603, 625, 1049

満州製粉協会 ……………………………602
満州製粉連合会 …………………………602
満州製帽 …………………………………497
満州製麻 …44, 492, 493, 497, 565, 567, 577, 1041, 1053
満州精米 …………………………………604
満州生命保険 …143, 438, 449, 465, 467, 471, 498, 664, 1059
満州製薬 …………………………………846
満州製油 …………………………………822
満州石炭液化化学研究所 ………………856
満州石油 …44, 100, 136, 139, 142, 150, 155, 210, 243, 244, 246, 635, 854, 855, 857
満州石油化学 ……………………………249
満州石鹸 ……………………………199, 826
満州石鹸製造所 …………………………826
満州セメント ……………207, 497, 774, 777, 787
満州セメント協会 ………………785, 786, 801
満州セメント生産統制組合 ……………787
満州セメント統制組合 …………………781
満州繊維工業 ……………………………568
満州繊維公社 ………………………157, 1042
満州繊維連合会 …………………………157
満州船渠 ……………………………713, 739
満州千福醸造 ……………………………588
満州染料化学 ………………………831, 841
満州造紙 ……………………………220, 890
満州造酒 …………………………………588
満州造林 ………101, 154, 921, 925, 926, 929, 934
満州曹達 ……44, 82, 210, 211, 541, 614, 722, 809, 840 - 842, 1040
満州測機 …………………………………728
満州測機舎 ………………………………753
満州第一製薬 ………………………847, 849, 1041
満州耐火工業 ……………………………792
満州大商証券 ……………………………502
満州大信洋行 ………………………526, 527
満州大豆化学工業 …82, 173, 208 - 210, 240, 824, 825, 830
満州大豆工業 …………………44, 173, 209, 824, 825
満州大成製作所 …………………………721
満州高岡組 …………………………952, 1042
満州拓殖 …45, 136, 151, 211, 903, 905, 906, 933, 1058, 1064
満州拓殖公社 …45, 125, 128, 150, 151, 156 - 158, 215, 623, 624, 694, 819, 900, 905 - 907, 909, 910, 933, 967, 1044, 1064, 1070
満州武田薬品 ………………847, 848, 1041, 1066
満州煙草 ………44, 592, 617, 618, 620, 626, 1027, 1061, 1069
満州タルク ………………………………642
満州炭砿 …42, 44, 139, 142, 144, 147, 150, 155, 165, 166, 168, 169, 171, 174, 175, 180, 246, 406, 541, 642, 643, 647 - 653, 667, 688, 731, 748, 851, 855, 857, 927 - 928, 1037, 1038, 1044, 1058, 1063, 1064, 1069
満州炭素工業 ………………………169, 844, 845
満州蓄音器 ………………………………744
満州畜産 …151, 157, 592, 622 - 626, 819, 905, 906, 1064, 1068
満州畜産工業 ……………157, 623, 624, 1059, 1068
満州畜産公社 ……………157, 622, 624, 907, 1068
満州中央医薬品組合 ……………………849
満州中央銀行 …40, 42, 45, 54, 77, 137 - 139, 144, 146, 156, 158, 166, 173, 220, 225, 247, 415, 437, 449, 453, 456 - 463, 466, 600, 601, 614, 642, 647, 649, 651, 655, 771, 905, 906, 917, 1043, 1057, 1058, 1065
満州中央不動産 …………………………457
満州鋳鋼所 …………………253, 684, 692
満州鋳鉄 …………………………………680
満州鋳鉄所 ………………………………684
満州鋳鉄暖炉製造組合 …………………696
満州中部製絨 ……………………………238
満州昼夜金融 ……………………………484
満州通信機 ………214, 254, 719, 743, 1041, 1060
満州漬物 …………………………………591
満州帝国興信所 …………………………1028
満州蹄鉄 …………………………………693
満州鉄業工廠 ……………………………693
満州鉄工 ……………………………742, 746
満州電影総社 ………752, 1002, 1021 - 1023, 1030
満州電気化学工業 …152, 210, 211, 809, 836, 843 - 845, 1064, 1066
満州電気機器工業組合 ……………703, 725
満州電気機器工業 ………………………743
満州電気通信機器製造工業組合 ………703
満州電気 …………………………………708
満州電気通信機器製造工業組合 ……725, 743
満州電気土木 ……………………………709
満州電業 …82, 126, 127, 142, 144, 146, 153, 207, 210, 215, 251, 273, 320, 377, 378, 400 - 408,

410-412, 415-417, 420, 429, 430, 497-499, 650, 688, 745, 746, 791, 843, 926, 1044, 1058, 1064
満州電元社 …………………………………742
満州天産開発 ………………………………853
満州電信電話 …136, 143, 144, 251, 273, 316, 383, 388, 390, 392, 394-396, 398, 429, 496-498, 688, 719, 743, 746, 747, 906, 918, 996, 1013, 1016, 1044, 1058, 1059
満州電線 …………215, 251, 252, 383, 388, 392, 394-396, 398, 677, 685, 687, 697, 698, 744, 836, 1041, 1066, 1071
満州電動工業 ………………………………713
満州天満紡織 ………………………236, 237, 561
満州電話 ……………………………………139
満州東亜証券 ………………………………502
満州東亜煙草 ………49, 498, 592, 618-620, 626, 1026, 1065, 1069
満州銅鉛鉱業 ………………………………667, 1041
満州豆稈パルプ …………101, 151, 216, 221, 884, 885, 1064
満州陶器 ……………………………………800
満州東京芝浦電気 …………………………744
満州東京電気 ………719, 720, 743, 744, 1066
満州陶磁 ……………………………………799
満州陶磁器 …………………………………799
満州投資証券 ………173, 175, 519, 526, 1044
満州東洋紡績 ………………………237-239, 562, 1071
満州東洋木材 ………………………………921
満州特産工業 ………………………120, 128, 498
満州特産 ……………………………………534
満州農産公社 ………………………………544
満州特産専管公社 ………153, 156, 331, 539, 541, 544, 825
満州特殊印刷 ………………………………1027, 1030
満州特殊器材工業 …………………………728
満州特殊製紙 ………………101, 153, 396, 499, 888
満州特殊鉄鉱 ………………154, 167, 179, 327, 662
満州特別建設団 ……………………156, 951, 1069
満州図書 ……77, 147, 243, 245, 1001, 1005, 1015, 1025, 1029
満州土地開発 ………146, 152, 157, 908, 909, 966
満州土地建物 ………………………484, 497, 964
満州土地 ……………………………………497
満州飛島組 …………………………………952
満州土木 ……………………………………952

満州土木建築 ………………………………945, 947
満州土木建築業協会 ………………………950, 951
満州取引所 ………485-487, 491, 493, 496-498, 501, 503, 1054, 1067
満州取引所信託 ……………………485, 486, 490
満州塗料 ……………………………………199
満州塗料工業 ………………………………828, 829
満州塗料工業会 ……………………………829
満州豚毛 ……………………………………625
満州内燃機 …………………………………737, 1041
満州鉛工業 …………………………………699
満州西松組 …………………………………952
満州西本組 …………………………………957
満州日日新聞社 …101, 1000, 1005-1009, 1011, 1013, 1014, 1029, 1059
満州日東製粉 ………………………………588, 603
満州日報社 …………………………………1014, 1029
満州日本電池 ………………………743, 744, 746, 747
満州日本ペイント …………………………828, 829
満州乳業 ……………………………………592, 605
満州農機具製造組合 ………………………724
満州農機製作所 ……………………………695
満州農機 ……………………………………709
満州農具工業 ………………………………742
満州農具製造 ………………………709, 710, 750
満州農産化学 ………………………………592
満州農産公社 ………154, 156, 157, 494, 519, 541, 602, 1040, 1068
満州農地開発公社 …………………157, 909, 910, 933
満州農薬 ……………………………………849
満州野田醤油 ………………………………605
満州野村証券 ………………………………501, 502
満州葉煙草 …………………………152, 619, 620, 1065
満州バリウム工業 …………………………846
満州パルプ工業 ……44, 208, 210, 235, 881-883, 889, 924, 1061
満州万歳自動車 ……………………………737
満州万有製薬 ………………………………847, 849
満州麦酒 …44, 497, 588, 607, 608, 609, 1053, 1060
満州皮革 ……………………………625, 819, 852, 861
満州皮革興業 ………………………………818
満州引抜シャフト製造 ……………………709
満州飛行機製造 ………138, 167-169, 359, 719-721, 727, 1041, 1044, 1063, 1069
満州飛行協会 ………………………………359
満州日立製作所 …171, 173, 743, 744, 753, 1041,

満州肥料 ……………………………………837
満州福紡 …………………44, 558, 573, 1055
満州藤倉工業………………………………1041
満州藤沢友吉商店………………848, 847, 1066
満州富士バルブ …………………………725
満州物産 …………………………………534
満州不動産 ……………………101, 497, 966
満州不動産信託 …………………………961
満州葡萄酒醸造 …………………………859
満州刷子工業 ……………………………114
満州文祥堂…………………………………1027
満州ベアリング製造 ……………………743
満州米穀産業組合 ………………………486
満州ペイント …………199, 200, 467, 827, 829
満州変圧器 …………………………743, 745
満州ベンジン工業 ……………………114, 822
満州貿易 …………………………………492
満州房産……………………120, 151, 155, 967, 1064
満州紡績………44, 497, 557, 564, 571 - 573, 1055
満州ボーリング …………………………167
満州木材通信社……………………………1017
満州マグネシウム …………169, 178, 1045, 1059
満州マグネシウム工業 ………………178, 686
満州松尾鉄工廠 …………………………747, 748
満州松風工業………………………………799
満州松下電器 ………………………743, 746
満州燐寸 …………………………………817
満州火柴同業連合会 ……………………818
満州松本組 ………………………………952
満州丸永株式会社 ………………………721
満州丸善機械製作所 ……………………750, 751
満州ミシン統制組合 ……………………725
満州水上洋行 ……………………………753
満州三菱機器 ……208, 254, 743, 744, 1041, 1070
満州宮田製作所 …………………………719, 739
満州無線工業 ………………………396, 743, 746
満州明治牛乳 ………………………592, 605
満州明治産業 ……………………………605
満州明治製菓 ………………………591, 605
満州棉花 ………42, 142, 152, 213, 562, 563, 830,
 931 - 933, 1058
満州棉花栽培協会…………………………931 - 933
満州棉実工業 ……………………………830, 932
満州メンソレータム ……………………847, 849
満州モータース …………………………746

満州木材輸入組合 ………………………929
満州森永食料工業 ………………………591
満州山一証券 ………………………502, 503
満州山源証券 ……………………………502
満州山田製薬 ……………………………847, 849
満州山之内製薬………………………847, 849, 1041
満州湯浅伸銅 ……………………………700
満州湯浅電池 ………………………743, 746
満州油化工業 ………44, 142, 152, 155, 648, 857,
 1037, 1038
満州油脂 ……………………171, 821, 825, 826, 830
満州油脂化工 ……………………………827
満州洋灰…………44, 777, 784, 785, 1061, 1068
満州養鶏 …………………………………908
満州鎔接器材 ………………………750, 845
満州羊毛 ……………………………157, 624, 1068
満州横河橋梁………………………………1042
満州ライオン歯磨 ………………………847, 849
満州ラジウム製薬 ………………………848
満州ラジオ普及社 ………………………395
満州理化学工業 …………………………844, 845
満州立正電機 ………………………743, 746
満州硫安工業 …………152, 838, 839, 842, 924
満州糧穀 ……………………152, 331, 541, 905, 906
満州緑地協会 ……………………………908
満州林業 …125, 126, 143, 144, 157, 622, 882, 896,
 912, 921 - 926, 928, 929, 1058, 1068
満州林業機具………………………………1017
満州林業種苗統制組合 …………………907
満州林産化学工業…………101, 126, 852, 1041
満州林産工業 ……………………………857
満州林産公社…126, 157, 896, 925, 926, 934, 1068
満州林産塗料 ……………………………101
満州坩堝 …………………………………800
満州レール用品製造 ……………………709, 725
満州ロール製作所…………541, 683, 692, 1061
満州蚕糸 …………………………………898
満州石油 …………………………………207
満州土建公会 ……………………………951
満鮮運送 …………………………………310
満鮮坑木 …93, 911, 918, 921, 926, 927, 933, 1050,
満鮮拓殖 …45, 125, 623, 819, 903 - 907, 933, 967,
 1059, 1064
満鮮鉄工所 …………………………704, 706, 754
満鮮日報社…………………………………1011
満鮮文化社…………………………………1018

満拓農産工業 …………………………907
万玉洋行 ………………………………826
満炭坑木 …………174, 650, 654, 921, 927, 933
マンチュリア・デーリー・ニュース ………146,
 1001, 1013
万通倉庫 ………………………………339
満鉄(→南満州鉄道)
満鉄協和会館……………………………1022
満鉄生計組合 …………………………153
満日亜麻紡織……………44, 561, 566, 1060, 1062
満日紡麻 ………………………………566
満蒙毛織 …44, 110, 111, 117, 123, 124, 128, 484,
 497, 499, 568, 572, 577, 852, 1041, 1050, 1055,
 1070
満蒙毛織工業 ………………123, 124, 570
満蒙毛織百貨店 ……………123, 526, 571
満蒙興業 ………………………………846
満蒙証券…………484, 490 - 492, 1052, 1054
満蒙醸造 …………………………588, 605
満蒙殖産 ………………………206, 860, 861
満蒙製氷 ………………………………606
満蒙繊維工業 ……………………484, 485
満蒙天産開発 ……………………852, 853
満蒙土地建物 …………………………961
満蒙日報社 ……………………………1013
満蒙牧場 …………………………485, 585
満蒙冷蔵 ………………………………897
三重紡績 ………………………………187
三井化学工業 …………178, 194, 246, 830, 855
三井銀行 …………………………224, 226, 227
三井鉱山 ……150, 194, 195, 246, 666, 855, 1064,
 1065
三井合名 …150, 188, 190, 195, 215, 873, 904, 907,
 1057, 1064
三井物産 …45, 124, 138, 139, 150, 185 - 191, 194,
 195, 197, 200, 206, 207, 244, 246, 247, 254, 295,
 312, 336, 348, 351, 353, 355, 361, 492, 509, 511 -
 513, 526 - 530, 532, 533, 535 - 539, 541 - 543,
 566, 595, 601, 625, 640, 641, 685, 714, 752, 774,
 780 - 782, 786, 810, 820, 821, 825, 850, 851,
 854, 855, 912, 1046 - 1049, 1051, 1056, 1057,
 1060, 1064, 1068
密山炭砿……………………82, 174, 643, 650, 653
光武商店 ………………………………728
三菱海上火災保険 ………………208, 210
三菱化成工業 ……………206, 208, 212, 830

三菱関東州マグネシウム ……………208, 209
三菱機器 …………………………744, 753
三菱銀行 …………………………224, 226, 227
三菱鉱業 ……………………206 - 209, 1065
三菱航空機 ……………………………207
三菱合資 ……206 - 208, 212, 215, 312, 527, 638,
 744, 907, 1057, 1060
三菱社………………………………45, 208
三菱重工業 ……206 - 208, 253, 361, 718, 727,
 739, 746, 1060
三菱商事 …………194, 200, 206 - 209, 212, 247,
 526 - 528, 532, 536 - 539, 541, 601, 640, 643,
 777, 786, 821, 825, 1056, 1060
三菱製鋼 ………………………………720
三菱製紙 ………………………208, 210, 881
三菱石油 …………………………244, 854
三菱造船 ………………………………165
三菱電機 ……………206, 208, 209, 1060
三菱本社 …………………………206, 208 - 210
皆川鉄工所 ……………………………686
南満州海洋漁業統制 ……………172, 622
南満州瓦斯 ……94, 421 - 430, 467, 497, 839, 1055,
 1065
南満州硝子………………………794, 795, 1055
南満州汽船 ……………………………822
南満州殖産 ……………………………524
南満州製糖 ……93, 250, 273, 584, 594 - 597, 625,
 1051, 1055, 1059, 1060,
南満州倉庫建物 ………………335 - 339, 1051,
南満州太興 …………313, 315, 318, 638, 639, 666,
 668, 915
南満州鉄道……………1, 3 - 6, 13 - 20, 24, 25, 31,
 32, 37, 41, 42, 45, 47, 53, 55, 63, 65, 67, 71, 74,
 75, 77, 79, 84, 89, 91, 94, 95, 98 - 101, 103, 104,
 111, 124, 135, 138, 139, 142, 143, 146, 147, 150,
 151, 153, 154, 156, 161, 164 - 166, 169, 171,
 177, 180, 187, 206, 210, 211, 213, 215, 221, 244 -
 246, 249, 251 - 254, 269, 273, 279, 291, 295,
 305 - 309, 311, 312, 315, 316, 318, 320 - 323,
 326, 329 - 332, 334, 335, 337, 339 - 342, 345,
 350, 351, 357, 361 - 363, 377 - 379, 394, 399 -
 403, 405 - 415, 420 - 422, 424 - 426, 429, 430,
 463, 467, 480, 483, 484, 489, 495 - 497, 499,
 513, 516, 517, 532, 533, 541, 557, 558, 569, 571,
 592, 594, 595, 613, 614, 616, 622, 623, 635, 636,
 638 - 643, 646 - 648, 655, 656, 659, 661 - 664,

668, 677, 681-684, 687-691, 694, 699, 700, 707, 713, 718, 720, 722, 725, 731, 739, 746, 754, 772, 773, 778, 779, 786, 787, 790, 791, 794-796, 798, 801, 807, 819, 821, 824, 825, 830, 837, 840, 842, 850-855, 860, 875, 877, 884, 895, 897-899, 902-904, 906, 907, 911-913, 917, 918, 921-927, 933, 944-946, 949, 950, 958, 963, 966, 973, 977, 978, 980, 981, 991, 997, 1008, -1010, 1013, 1017, 1020, 1022, 1030, 1037, 1039, 1044, 1047, 1048, 1050, 1052-1059, 1063-1065, 1068-1071
南満州電気 …………94, 142, 308, 310, 315, 316, 320-323, 362, 377, 399, 400-403, 406-411, 413-415, 429, 1055, 1058
南満州物産 …………………821, 822, 824
南満州旅館…………………94, 977, 980
宮崎煉瓦所 …………………………788
宮原機械製作所 ……………………747, 748
ミヨシ化学興業 ……………………844
向井骨粉 ……………………………861
椋梨金属粉工業 ……………………699
無限製材…………………918, 921, 1042
明治海運 ……………………………348
明治火災海上保険 ……………210, 247
明治鉱業 ………………636-638, 649, 1051
明治商店 ……………………………605
明治製菓 ……………………………591, 605
明治製糖 …………………250, 605, 624
明治生命保険 ………………208, 424, 467
明治屋 ………………………………591
蒙彊雲母 ……………………………209
蒙彊石油 ………………………155, 244
蒙古産業 ……………………………897
森田商事 ……………………………722
森村組 ………………………………799
森洋行 ………………………………728

ヤ行

柳生組 ………………………………947
安田銀行……………………………1048
安田生命保険 ………………………383
安田保善社 …………………………566
楊井鉄工所 …………………………722
矢野商会 ……………………………948
山一証券 ………………………501, 502
山口運輸 ………………………328, 329
山口タクシー ………………………323
山口洋行 ……………………………826
山下汽船 ………………………348, 355
山田安民薬房 ………………………849
山田三平商店 …………………336, 876
山田出張店 …………………………336
山田銭荘 ……………………………336
大和工作所 …………………………749
大和染料…………497, 541, 831-833, 838, 841
大和耐火工業 ………………………793
大和特殊合金 ………………………728
山中鉄工 ……………………………725
山中電気 ……………………………746
山之内薬品商会 ……………………849
弥生会 ………………………………252
湯浅商店…………………527, 530, 532, 1049
湯浅蓄電池製造 ……………………746
湯浅貿易 …………………528, 529, 535
有機肥料統制 ………………………539
裕慶徳毛織 …………………………224
裕昌源 ………………………………1062
裕昌産業 ……………………………604
裕和鉱業 ……………………………712
世興金店 ……………………………688
楡樹鉄道 ……………………………499
猶太国民銀行 …………………453, 460
ユナイティッドアルカリ …………840
耀華機器製造玻璃 ……………795, 796
横浜護謨製造 ……………233, 237, 835, 1066
横浜正金銀行 ……116, 335, 437, 511-513, 1047, 1048
芳沢鉛管製作所 ……………………699
吉村商会 ……………………………599
四日市製紙 …………………………216
四平街銀行 …………………………441

ラ行

ライオン歯磨 ………………………849
ライオン油脂 ………………………825
ラジオ受信機配給 …………………396
蘭菊酒造 ………………………588, 607
欒平鉄道 ……………………………318
理化学研究所 ………………………687
理化学興業 …………………………120
梨樹県地方儲蓄会 …………………453
梨樹地方銀行 …………………453, 462

利信商事 …………………………………742
利達 ………………………………………536
利豊洋行 …………………………………535
硫安製造業組合 …………………………838
竜運汽船 …………………………………355
竜烟鉄鉱 ……………………………177, 178
竜王汽船 …………………………………354
隆化鉱業 …………………………………214
竜口銀行 ………440, 443, 444, 491, 1052, 1054
竜江酒精 …………………………………685
竜江証券 …………………………………502
竜江水産開発 ……………………………622
竜興製作所 …………………………695, 1069
竜江製油 …………………………………209
竜江無尽 …………………………………470
竜山工作 …………………………………499
遼海農商長途汽車 ………………………323
遼源華興電気公司 ……………………412, 1052
遼東汽船 …………………………………348
遼東銀行 ………………112, 445, 446, 1051, 1054
遼東新報社 ……………1000, 1008, 1009, 1050
遼東製氷 …………………………………606
遼東ホテル ……………………………773, 974, 978
遼寧省城四行号連合発行準備庫 ………447
遼陽銀行 …………………………………438
遼陽護謨工廠 ……………………………835
遼陽電灯 ……………………………………2
遼陽電灯公司 ……………………………410
遼陽取引所信託 ………484, 485, 489, 490, 1054
遼陽農事合作社 …………………………142
遼陽紡麻 ……………………………567, 1066
旅順機業 …………………………………710
旅順銀行 ……………………………441, 443
旅順製氷 …………………………………606
旅順染料公司 ……………………………832
旅順鉄工所 …………………………710, 754
旅順無尽 …………………………………469
ルイ・ドレフュス商会 ……………536, 538
ルフトハンザ航空 …………………359, 360
老晋隆洋行 ………………………………713
六合成 ………………………………879, 880
六合製紙 ………………202, 216, 887, 890, 1068
六合成造紙廠 ……219, 220, 886, 887, 1058, 1061
老巴奪煙草 ………………………………44

ワ行

若本製作所 ………………………………725
若素製薬 ……………………………847, 848
わかもと本舗栄養と育児の会 …………849
和記洋行 …………………………………532
和成永鋳物工場 …………………………695
和盛利油房 ………………………………822
渡辺商事 …………………………………534

人名索引

五十音で配列した。
本文の注と付表は採録範囲から除外した。
満州と満州企業に関わる人物のみ採録した。

ア行

相生常三郎 ……………………………527, 665
相生由太郎 ……199, 285, 290, 295, 336, 412, 443, 523, 640, 642, 787, 821, 945, 1025, 1047, 1048, 1050
鮎川義介………99, 161, 162, 171 - 173, 650 - 652, 661, 662, 1068
合田寛太郎 ……………………………………249
青木一男……………………………………………28
青木哲児 …………………………………………426
赤司初太郎 ……………250, 597, 598, 607, 739
赤星陸治 …………………………………………207
秋山正八 …………………………………………253
浅田亀吉 …………………………………………636
浅野良三 ……………………………………657, 776
浅原源七 …………………………………………733
後宮信太郎 …………………………………250, 597
穴水要七 …………………………………………217
安部幸之助 ………………………………………616
安部幸兵衛 ……………………………594, 595, 641
阿部房次郎 ………………………………………218
甘粕正彦 ………………………………1017, 1020 - 1022
天春又三郎 ………………………………………406
荒井泰治 ………………206, 594, 595, 640, 897, 898,
荒井初太郎 ………………………………………944
荒川吉平 …………………………………………983
有賀定吉 ………………………………336, 800, 945, 946
有島健助 …………………………………………250, 597
飯島宗平 …………………………………………783
飯塚松太郎 ………………………………………962
飯田延太郎 ……………313, 314, 638, 639, 1051, 1065
飯田邦彦 ……………………………………636, 640
飯沼剛一 ……………………………………468, 469
井伊一 ……………………………………………800
庵谷忱 ……113, 290, 295, 296, 482, 493, 597, 606, 641, 746, 1047
池内新八郎 ………………………………………947
池田成彬 …………………………………………227
池本喜三夫 ………………………………………225
石川正作 …………………………………………245
石川留吉 …………………………………………656
石川等 ……………………………………………844
石塚英蔵 …………………………………………111
石田栄造 ……………………………………749, 845, 1047
石田武亥 ………………442, 443, 458, 728, 789, 792, 1052
石田豊重 …………………………………………532
石橋正二郎 …………………………………834, 836
石原莞爾 ………………………………13, 15, 221, 225
石原重高 …………………………………………14
石原正太郎 ………………………………………788
石光幸之助 ………………………………………961
石本鑽太郎 ………412, 443, 594, 607, 641, 821, 837, 945, 1047
石渡荘太郎 ………………………………………28
石川鉄雄 …………………………………………14
五泉賢三 …………………………………………713
井関隆吉 …………………………………………712
磯浦元次郎 ………………………………………987
磯野長蔵 …………………………………………608
板垣征四郎 ……………………………13, 15, 221
伊藤勘三 …………………………………………1023
伊藤武雄 …………………………………………16
伊藤伝七 …………………………………………233
稲田幾次郎 …………………………………229, 792
稲葉幸太郎 ………………………………………721
乾卯兵衛 …………………………………………846
犬丸鉄太郎 ………………………………………616
井上健彦 …………………………………………619
井上信翁 …………………………………………414
井上輝夫 …………………………………………566
今井虎吉 …………………………………………986
入江正太郎 ………………………………………410
岩崎勲 ……………………………………………788
岩崎清七 ……………………………………667, 777, 1049
厳崎弥五郎 ………………………………………410
岩崎康弥 …………………………………………206
岩波蔵三 …………………………………………619
尹子寛 ……………………………………………742

索　引　1107

尹喜広	742
上島慶篤	643, 656, 681, 1053, 1064
上田久衛	1052
上仲尚明	636, 637, 915
上野井一	721
鵜川良範	693
宇佐美寛爾	14, 15, 253
臼井熊吉	490, 1052
薄井佳久	610
内野晋	249
于沖漢	411
梅野健吉	877
瓜谷長造	536
江口定條	15
江崎誠一	605
江正太郎	400
遠藤兵作	944
王永江	411, 557
王翰生	792, 817
王荊山	604, 799
王執理	799
王必寿	695
翁文灝	1038
大川平三郎	196, 216-219, 223, 877, 881, 1051
大倉喜七郎	197, 200, 915
大倉喜八郎	197, 218, 823, 877, 899, 915
大蔵公望	898, 899
大倉彦一郎	783
大小原万寿雄	467
大沢次郎	604
大志摩孫四郎	601
大谷与市	502
大谷米太郎	1061
太田秀次郎	481
大津久次郎	960
大坪熊市	987
大達茂雄	28
大橋銀次郎	799
大橋新太郎	594, 640, 881, 915
大林義雄	956
小笠原菊次郎	217, 915
丘襄二	946
岡田栄太郎	653
岡田耕一	223
尾形次郎	218, 246
岡田卓雄	14, 16
岡田徹平	821
岡田時太郎	947
岡田精之助	657
岡部次郎	412
小川新	928
小川逸郎	786
沖藤鶴三	740
奥野税	799
奥村喜和男	29
奥村慎次	14, 16, 651
小倉鐸二	908
小沢鐸二	900
小谷清	944
小畑忠良	251

カ行

金光庸夫	615
郭松齢	329, 898
景山泉造	247, 468
笠井真三	780
加島安次郎	616
梶山又吉	783
柏野菊太郎	798, 834, 847
糟谷陽二	410
片倉衷	13, 15
加藤定吉	113
加藤直輔	492
加藤安	571
門田新松	492, 1011
門野重九郎	199, 205, 219, 313, 318, 877, 931
門間堅一	426
金井佐次	707
金子直吉	615
金光秀文	619
金光庸夫	619
狩野宗三	781
樺山資英	931
神代勉一	625
神成季吉	800, 960
神谷義隆	410
カミング，A	713
亀井貫一郎	29
亀田浦吉	249
鴨田一郎	720
河井宇多吉	982
河井松之介	440

河合芳太郎	788
河田昂	958
川西幸夫	728
河辺勝	350, 351, 876, 800
河村統治	947
川本静夫	313
河本芳蔵	728
郭松齢	617
菅野道親	949
菊地吉蔵	412
菊池恭三	559, 560
菊池寿夫	620
岸信介	1020
城戸季吉	228
木下茂	502
木村賀七	741
裴慶元	412
久間善助	788
曲卓新	915
許鴻年	742
清田栄之助	501
金璧東	1020
金季洙	561
九鬼健一郎	571
草間秀雄	655
楠正彦	958
楠目省介	944
工藤雄助	620
国沢新兵衛	594
国本兼夫	723
国吉喜一	781
久保孚	16
窪田四郎	126, 216, 326, 327, 419
倉知四郎	222
倉知鉄吉	557, 898, 915
グラン，エール	713
クリヴァー，J.W.	713
黒川秀孝	426
黒田伊平	987
桑島豊重	973, 975
五泉賢三	961
小泉策太郎	481, 492, 493, 1052
小泉良助	567
小磯國昭	13, 16, 19, 21, 22, 654
高元勲	561
高炳鎔	1065
郷古潔	207
向野堅一	959
河野久太郎	313
河野通介	928
洪鈁	1038
河本大作	168, 648, 650, 651, 652
古賀松二	484
古財治八	961, 962
小島鉦太郎	335, 948, 962
小島和三郎	738
小住善蔵	642, 664
胡宗瀛	874, 914
児玉翠静	974
児玉常雄	357
後藤新平	420
後藤文夫	29
小西和	16, 594
小林茂	886
小日山直登	328, 329, 638, 651, 658
駒井徳三	13
駒越五貞	245, 1015
権太親吉	412, 532

サ行

斎藤勘七	425
斎藤茂一郎	597, 790, 931, 932
斎藤靖彦	732
崔模	468
坂梨哲	617
佐伯直平	1052
佐伯長生	251
境藤兵衛	738, 836
坂内義雄	561
榊谷仙次郎	943
坂野鉄次郎	638
坂本治一郎	850
坂本盛一	792
坂本格	792
崎山刀太郎	251
作川鐸太郎	233, 236, 237, 726, 839
佐々木藤太郎	898
笹部杉一	982
佐治大助	988
佐志雅雄	642, 665
佐藤清	710
佐藤精一	1047

佐藤俊久	16
佐藤安之助	411
椎名義雄	111, 113, 114
塩田芳松	960
式村茂	877
実相寺貞彦	637
篠塚宗吉	777
柴田広太郎	947
柴田虎太郎	197
柴山鷲雄	490, 491
渋沢栄一	216
島津源蔵	746
島田茂	468
島田利吉	662
清水揚之助	955
志村徳造	425, 429
下郷伝平	218, 877
謝介石	967
周自斎	915
粛親王	1020
首藤定	831
正田貞一郎	603
邵慎亭	247
徐慶釗	22, 695, 696
徐鵬志	117, 858
白井芳照	737
白浜多次郎	425
末永純一郎	1050
末藤武男	249
菅原通敬	917
杉原佐一郎	481
鈴木岩次郎	594, 615
鈴木英一	964
鈴木貞一	29
鈴木徳蔵	234
鈴木元	251
鈴木祥枝	468, 469
関甲子郎	412
関山延	695
相馬半治	624
副島千城	708
十河信二	15, 16, 19, 21, 24, 27, 648
孫奏庭	932
孫澂	400
孫烈臣	482

タ行

高木佐吉	654
高木陸郎	37, 316, 636, 640, 657
高碕達之助	173, 214, 652, 697, 831, 1051
高島小金治	197, 198, 823
高瀬梅吉	110, 407
高田市松	699
高津久右衛門	598, 1061
高橋協	746
高橋寛一	115
高橋錦一	745
高橋康順	467, 625
高橋仁一	400
高橋聿郎	949
高橋徳衛	597, 598
高橋竜太郎	608
宅徳平	610
竹内亀次郎	745
竹内徳亥	659
竹下義晴	13
武智直道	250, 597
武富吉雄	527
竹原伝	732
竹山吉治	695
田子金吾	788
田附左一	527
田附政次郎	527, 560
立脇耕一	251
田所耕耘	15
田中栄八郎	219, 877
田中拳二	412
田中末雄	350, 351
田中漸	695
田中藤作	783
田中徳三郎	837
田中房太郎	414
田辺熊三郎	511
田辺敏行	898
谷隆一	249
田沼義三郎	351
玉木為三郎	467
千秋寛	837
張学良	330, 880, 1056
張却覚	987
張弧	655

張作霖	329, 594
張志良	880
張竹林	688
張忠義	412
張保先	817
陳維則	792
陳楚材	225
塚本貞次郎	351
辻光	482
津田元吉	945, 946
津田信吾	221 - 224, 227, 228, 231, 232
堤一之	491
堤八郎	571
鄭垂	357
手塚安彦	484, 485
寺田元之助	881
寺原広	695
唐錫光	688
陶昌善	915
陶大均	411
遠山元一	667
栃内壬五郎	899, 900
鳥羽真作	534
鳥羽実	534
富次素平	420
鳥谷部愷	251

ナ行

内藤熊喜	113
内藤喜一	847
内藤游	420
中井国太郎	599
長崎義一郎	746
中沢正治	247, 601
中島右仲	960
中島久万吉	329
中島多嘉吉	329
中島真雄	1008, 1009
中島宗一	15
永田鉄山	29
中司清	223 - 225, 229, 231
中西敏憲	425
中野初太郎	481
中野武営	594
中丸一平	640
中村藤一	603

中村富士太郎	400
中村直三郎	328, 930
中村松之助	712
中村庸	228
中山悦治	693
中山貞雄	484, 485
名取和作	228
奈曼王	899
西川四朗	571
西宗茂二	830
西本健次郎	944
西脇勝茂	468
根岸寛一	1022, 1023
根津嘉一郎	931
根橋禎二	15
根本富士雄	695, 714, 1058
野口三郎	559
野口遵	126, 326, 419
野崎広太	228
野津孝次郎	443, 800, 960
野田文一郎	657, 658
野中時雄	908
野中秀次	253
野村徳七	490
野村元五郎	490
乗杉寿慶	976

ハ行

橋本圭三郎	854
橋本貞夫	594, 595
長谷川善次郎	426
長谷川太郎吉	218, 617, 877
長谷川貞三	958
長谷川浩	620
長谷川祐之助	620
長谷川六三	619
畑中繁太郎	826
八田嘉明	22
服部誠蔵	412, 414
花井修治	898, 909
花田等	609
馬場鍈一	29
林愛作	640
林顕蔵	1020 - 1022
原淳一郎	658
原田耕一	493

原田閒一	411
原安三郎	658, 1025
潘玉田	188, 821
バンジネル，フレデリック	186, 511
平井熊三郎	484
平田哲造	961
広瀬金蔵	511
広瀬源三郎	511
広瀬重太郎	497
広瀬安太郎	619
関奎植	561
深沢羅	914
福井米次郎	642, 792
福田熊治郎	831
福田稔	927
福井米次郎	665
藤瀬政次郎	850
藤田九一郎	484
藤田半七	987
藤山愛一郎	250, 597
藤原銀次郎	190, 216, 218, 727, 915, 916
二見松三	838
船田一雄	208
古沢丈作	336, 823, 826, 827
古田俊之助	215, 697
別宮貞俊	251
鮑貴卿	875, 915
星野直樹	221
原田猪八郎	827
堀末治	249
堀鉄三郎	658
本宿家全	897
本庄繁	13, 221, 356

マ行

前田伊織	1023
前田寛伍	425, 426
前田菊松	740
前田弥市	695
馬漢侯	688
槙哲	250, 594, 597, 641, 931
馬越恭平	113, 115, 594
馬春霖	688
増本芳太郎	598
間瀬増吉	948
松井春生	28, 29
松浦静男	354, 888
松浦静夫	886
松浦長吉	948
松江春次	250, 597
松尾健吉	960
松尾忠次郎	658
松尾晴見	619
松木俠	14
松下外次郎	199, 205, 823
松下チヨ	200
松下久治郎	188, 196 - 199, 823
松下芳三郎	658
松田栄二	987
松永安左ヱ門	337
松野鶴平	493
松村久兵衛	336
松村茂三郎	798
松浦良太郎	875
末網胖	746
松本真平	247, 248, 601, 603
松山博	728
丸山虎一	229
皆川成司	788
峰節翁	959
美濃部俊吉	496
三宅郷太	228
三宅光治	13, 15
宮越正良	484
宮崎正義	15, 16, 22, 27, 29
宮本通治	656
向井善勝	664
向坊盛一郎	898, 904
椋梨哲治	699
武藤富雄	1020
武藤信義	13
村井啓次郎	247, 468, 641
村上幸八	695
村上鶴蔵	710
村田立雄	707
室岡孫治郎	740
孟恩遠	914
茂木七左衛門	605
茂木惣兵衛	641
本木誠三	223, 224, 231
本橋武兵衛	789
森上卯平	482, 492

森上高明 ……………………………557
森真三郎 ……………………………728
森恪 ……………………636, 637, 641, 915
森英示 ………………………………249
守屋善兵衛……………………………1008

ヤ行

柳生亀吉 …………………………947, 957
安井英二………………………………28
安江好治 ……………………………930
安川敬一郎 ……………………636‒638, 1051
安田柾 ………………………………351
安田善雄 ……………………………958
楊井清一 ……………………………722
矢野健次郎 …………………………948
山上吉蔵 ……………………………958
山川吉雄 ……………………………962
山崎元幹 ……………………………14, 15
山下永幸 ……………………………960
山田晃 ………………………………722
山田卯太郎 …………………………599
山田三次郎 ………………………795, 796
山田三平 ………336, 482, 773, 797, 876, 974, 988, 1047, 1051
山田茂二 ……………………………967
山西恒郎 ……………………………659
山辺十一 ……………………………1017
山本盛正 …………………………714, 715
山本条太郎…………………186, 511, 641, 1052
山本惣治 …………………………732, 733
山本悌二郎 ………………………616, 617
弓場常太郎…………………………720, 1025

横尾龍 ………………………………726
横瀬花兄七 …………………………932
横田多喜助 ………………………408, 409
横山信毅 ……………………………944
吉植庄三 ……………………………407
吉川辰之助 …………………………236
吉川友一 ……………………………610
吉田茂………………………………29
吉田豊彦 ……………………………400
吉田寅五郎 …………………………732
吉野小一郎 ………………112, 482, 913
吉野信次 ……………………………732
吉村鉄之助 ……………594, 595, 599, 616
与田銀次郎 …………………………831
依田治作 ……………………………186, 511

ラ行

陸潤生 ………………………………915
陸宗輿 ………………………………915
李子初 …………………………792, 817
李序園 ………………………………821
劉華英 ………………………………696
劉紹文 ………………………………638
劉夢庚 ………………………………932
蘆尊賢 ………………………………413

ワ行

若尾璋八 ……………………………616
和田豊治 ……………………………641
渡辺元太郎 …………………………797
和田博雄………………………………29

【執筆者紹介】(執筆順)

小林英夫（こばやし・ひでお）
1943 年生。早稲田大学アジア太平洋センター教授

柴田善雅（しばた・よしまさ）
1949 年生。大東文化大学国際関係学部教授

疋田康行（ひきた・やすゆき）
1949 年生。立教大学経済学部教授

花井俊介（はない・しゅんすけ）
1958 年生。早稲田大学商学学術院准教授

須永徳武（すなが・のりたけ）
1956 年生。立教大学経済学部助教授

吉川　容（きっかわ・よう）
1959 年生。財団法人三井文庫主任研究員

老川慶喜（おいかわ・よしのぶ）
1950 年生。立教大学経済学部教授

【編著者紹介】

鈴木邦夫（すずき・くにお）

1948年北海道小樽市生。1979年、東京大学大学院経済学研究科単位取得退学、
財団法人三井文庫研究員、電気通信大学電気通信学部助教授をへて、
2001年埼玉大学経済学部教授、現在に至る。博士（経済学）。
主な業績：三井文庫編（鈴木邦夫執筆）『三井事業史』本篇、第3巻（下）（三井文庫、2001年）

満州企業史研究

2007年2月28日　第1刷発行

編著者　鈴　木　邦　夫
発行者　栗　原　哲　也
発行所　株式会社　日本経済評論社

〒101-0051　東京都千代田区神田神保町3-2
電話　03-3230-1661　FAX　03-3265-2993
E-mail: nikkeihy@js7.so-net.ne.jp
URL: http://www.nikkeihyo.co.jp/
印刷＊モリモト印刷・製本＊山本製本所
装幀＊渡辺美知子

乱丁落丁本はお取換えいたします。　　　　　　　　Printed in Japan
©Suzuki Kunio et al. 2007

・本書の複製権・譲渡権・公衆送信権（送信可能化権を含む）は㈱日本経済評論社が
　保有します。
・ JCLS 〈㈱日本著作出版権管理システム委託出版物〉
　本書の無断複写は著作権法上での例外を除き禁じられています。複写される場合
　は、そのつど事前に、㈱日本著作出版管理システム（電話03-3817-5670、
　FAX03-3815-8199、e-mail: info@jcls.co.jp）の許諾を得てください。

満州企業史研究（オンデマンド版）

2008年7月18日　発行

編著者　　鈴木　邦夫
発行者　　栗原　哲也
発行所　　株式会社　日本経済評論社
　　　　　〒101-0051　東京都千代田区神田神保町3-2
　　　　　　　電話 03-3230-1661　FAX 03-3265-2993
　　　　　　　　　　E-mail: info@nikkeihyo.co.jp
　　　　　　　　URL: http://www.nikkeihyo.co.jp/

印刷・製本　株式会社　デジタルパブリッシングサービス
　　　　　　URL: http://www.d-pub.co.jp/

AE944

乱丁落丁はお取替えいたします。　　　　Printed in Japan
　　　　　　　　　　　　　　　　　ISBN978-4-8188-1656-5

・本書の複製権・譲渡権・公衆送信権（送信可能化権を含む）は㈱日本経済評論社が
　保有します。
・JCLS〈㈱日本著作出版権管理システム委託出版物〉
本書の無断複写は著作権法上での例外を除き禁じられています。複写される場合
は、そのつど事前に、㈱日本著作出版管理システム（電話 03-3817-5670、
FAX03-3815-8199、e-mail: info@jcls.co.jp）の許諾を得てください。